COURS

DE CODE NAPOLÉON,

Par M. DELVINCOURT,

Avocat à la Cour impériale, Professeur et Doyen de la Faculté de Droit de Paris.

Ouvrage divisé en deux Parties, dont la première contient la Troisième Édition des Institutes de Droit Civil Français, du même Auteur, revue et corrigée par lui; et la seconde, les Notes et Explications sur lesdites Institutes.

TOME PREMIER.

PARIS,

CHEZ P. GUEFFIER, IMPRIMEUR-LIBRAIRE,

Rue Guénégaud, n°. 31.

1813.

AVERTISSEMENT.

L'Ouvrage que je donne ici au Public est divisé en deux Parties : la première se compose de la troisième édition de mes *Institutes de Droit civil français*, qui ont paru, pour la première fois, il y a cinq ans. J'y ai fait les additions et corrections que les lois et réglemens postérieurs ont dû nécessiter.

La deuxième Partie contient les Notes et Explications nécessaires pour l'intelligence du texte des Institutes, et la solution de plusieurs questions qui peuvent s'élever sur le sens des diverses dispositions du Code.

Quelques personnes auroient désiré que ces Notes accompagnassent la première édition de mes Institutes ; mais je dois faire observer que c'est après avoir terminé mon premier Cours triennal, que j'ai fait paroître cette édition. J'avois alors, à la vérité, expliqué en entier le Code Napoléon ; mais, ne l'ayant encore vu qu'une fois, je n'étois pas assez sûr d'en avoir saisi l'ensemble : et même actuellement, lorsque je considère l'étendue morale, si j'ose m'exprimer ainsi, du présent ouvrage, j'ai encore lieu de craindre qu'il ne me soit échappé plusieurs incohérences ou contradictions, soit dans les décisions elles-mêmes, soit dans les principes sur lesquels elles sont fondées.

Je dis *l'étendue morale*. Je prie, en effet, mes Lecteurs de ne point faire attention seulement au nombre de volumes dont cet ouvrage est composé. Il contient un Cours *entier* de Code Napoléon. Ce Code est un corps de droit civil à-peu-près complet. Il est nécessaire, dans plusieurs circonstances, d'en faire le rapprochement avec divers articles du Code de Procédure, du Code de Commerce, et même des Codes d'Instruction criminelle et Pénal. L'on doit sentir, d'après cela, qu'il ne m'eût pas été difficile de tripler, de quadrupler le nombre des volumes. Mais, indépendamment de ce que je n'ai pas naturellement l'habitude d'étendre ou de délayer mes idées, je voulois, en outre, faire un ouvrage qui fût à la portée de tout le monde, et sur-tout des Etudians, auxquels j'ai consacré spécialement mes travaux. D'ailleurs je regarde, en général, comme dangereux, d'offrir aux jeunes gens un travail trop facile; cela finit presque toujours par rendre leur esprit paresseux. Aussi verra-t-on qu'il m'arrive souvent de résoudre une question par oui ou par non, en ajoutant seulement le numéro de l'article du Code ou de la loi Romaine, qui contient, non pas précisément la solution, mais le principe sur lequel elle peut être fondée : souvent, aussi, je ne fais qu'indiquer la raison de décider, laissant ainsi à l'Etudiant à exercer sa pénétration. C'est en mettant des cailloux dans sa bouche, que Démosthènes parvint à s'exprimer aisément; de même, c'est en cherchant à découvrir le rapport, quelquefois éloigné, qui existe entre tel article ou tel principe, et la question présentée, que le raisonnement s'exerce, et que l'Etudiant acquiert cette sagacité si nécessaire au Juge et à l'Avocat consultant, et qui, sur l'énoncé d'une question, lui fait trouver, avec la plus grande facilité, le principe qui doit servir à la résoudre.

Mais il n'en est pas moins certain que les détails d'un pareil ouvrage sont immenses; et si l'on considère en même temps les dérangemens multipliés qu'occasionnent les fonctions de Professeur et celles de Doyen d'une école fréquentée par plus de seize cents Etudians, l'on pensera aisément qu'il est à-peu-près impossible, ainsi que je l'ai dit, qu'il ne s'y rencontre plusieurs inexactitudes, pour lesquelles je sollicite d'avance l'indulgence des Lecteurs, et dont je recevrai l'indication avec reconnoissance.

Voici, au surplus, la méthode que j'ai constamment suivie dans le cours de cet ouvrage.

D'abord j'ai tâché, autant qu'il m'a été possible, de me pénétrer de l'esprit du Législateur. J'ai consulté à cet effet les procès-verbaux du Conseil-d'Etat et du Tribunat, les discours des Orateurs du Gouvernement, etc. Les lumières que j'y ai puisées, m'ont suffi pour résoudre un certain nombre de difficultés. Pour les autres questions d'interprétation, je me suis attaché principalement aux deux règles générales suivantes :

La première, c'est que l'on ne peut supposer au Législateur l'intention d'avoir voulu induire les justiciables en erreur, mais bien plutôt celle de leur donner une loi simple autant que possible, facile à comprendre, et surtout mise à la portée de tout le monde. D'après cela, toutes les fois qu'une disposition m'a paru susceptible de deux sens, dont l'un se présentoit d'abord à l'esprit, sans aucune peine, sans aucune réflexion, et dont l'autre ne pouvoit être trouvé qu'à force de méditation, je n'ai pas balancé à préférer le premier, persuadé, comme je viens de le dire, que c'étoit le seul que le Législateur avoit pu avoir en vue.

La deuxième règle que j'ai suivie, est que, si, de deux sens que présente une disposition, l'un produit des résultats contraires à l'équité ou à la morale, il doit être rejeté sans hésitation. J'ai toujours pensé que c'étoit entrer parfaitement dans l'esprit du Législateur, que de chercher à former des honnêtes gens, autant que des profonds Jurisconsultes; que l'étude de la morale devoit être la base fondamentale de notre enseignement; et que le Professeur ne devoit jamais perdre de vue cette définition du droit, *jus est ars æqui et boni*. En conséquence, l'on trouvera sans doute dans cet ouvrage plusieurs opinions que le Jurisconsulte pourra attaquer; mais je crois pouvoir me rendre le témoignage qu'on n'en rencontrera aucune que l'honnête homme puisse désavouer.

Indépendamment de ces principes généraux, j'ai cru ne pouvoir suivre de meilleur guide, dans l'interprétation des lois, que DOMAT, appelé, à si juste titre, le Jurisconsulte des Législateurs. Voici comme s'exprime cet auteur:

« C'est par l'esprit et l'intention des lois qu'il faut les » entendre et en faire l'application; et l'on ne peut juger » de cet esprit, et du sens que l'on doit attribuer aux lois, » que par la teneur entière de toutes leurs parties, sans » en rien tronquer. De là il suit:

» 1°. Que, s'il arrive que quelques expressions pa- » roissent avoir un sens différent de celui qui est d'ailleurs » évidemment marqué par la teneur de la loi entière, il

» faut s'arrêter à ce vrai sens, et rejeter l'autre, qui paroît
» dans les termes, et qui se trouve contraire à l'intention;

» 2°. Que, si l'expression se trouve défectueuse, il
» faut y suppléer pour en remplir le sens, selon l'esprit
» du Législateur;

» 3°. Que c'est à l'esprit, et non à la lettre, qu'il faut
» s'attacher; et que l'on doit, en conséquence, regarder
» comme contraire à la loi, non-seulement tout ce qui en
» blesse l'esprit et la lettre, mais encore *ce qui en blesse*
» *seulement l'esprit, paroissant en garder la lettre.* »

Telles sont les règles dont j'ai tâché de ne point m'écarter dans le cours de cet ouvrage, en observant que le Code Napoléon devant être considéré, dans son ensemble, comme ne formant qu'une seule loi, chaque article doit être entendu dans ses rapports, non-seulement avec les autres articles du même titre, mais encore avec les articles des titres antérieurs ou subséquens.

C'est d'après ces principes que je me suis élevé fréquemment et avec force contre ces interprétations judaïques, dont l'usage paroît s'introduire, et qui, laissant entièrement de côté l'intention bien manifeste du Législateur, pour ne s'attacher qu'à la lettre de la loi, détruisent cet esprit d'ensemble qui en unit toutes les parties, et sans lequel un corps de lois ne seroit plus qu'une masse informe et indigeste, remplie de contradictions et d'absurdités.

On ne trouvera pas dans cet ouvrage un très-grand nombre de citations. Je connois l'habitude qu'ont la plupart des jeunes gens, de consulter tout-à-la-fois tous les auteurs qu'ils trouvent indiqués; il en résulte une confusion qui finit par embrouiller leurs idées, bien loin de les éclaircir. J'ai donc cru devoir me contenter d'indiquer les meilleurs ouvrages qui ont été faits sur chaque matière. Je n'ai rappelé, en général, le droit Romain et l'ancien droit Français, qu'autant que cela étoit nécessaire pour l'intelligence du nouveau droit. Il m'eût été impossible de me livrer à de plus grands développemens à cet égard, sans augmenter considérablement le nombre des volumes. C'est par la même raison que je n'ai point traité ces questions que l'on nomme *transitoires*, c'est-à-dire, qui naissent du passage d'une législation à une autre. Je n'ai pas cru devoir fatiguer l'esprit des jeunes gens, de questions dont le nombre diminue tous les jours, et qui auront disparu presqu'entièrement, à l'époque où ils entreront dans la carrière de la magistrature ou du barreau.

Il m'est arrivé plusieurs fois de combattre des opinions soutenues par des autorités imposantes. Mais c'est précisément la force de ces autorités qui m'a donné plus de courage pour les attaquer. J'ai pensé que, plus la réputation d'un auteur étoit grande, plus les opinions hasardées qui pouvoient se rencontrer dans ses écrits, étoient dangereuses, et plus il importoit de les détruire.

Quant aux arrêts, je ne suis pas de l'avis de ceux qui pensent qu'il est inutile de s'en occuper, et qu'un arrêt n'est bon, en général, que pour celui qui l'obtient. Cela n'est absolument vrai qu'à l'égard des arrêts qui sont uniquement fondés sur les circonstances du fait. Mais je ne pense pas, non plus, qu'il suffise, comme cela a lieu dans quelques ouvrages, de donner la date d'un arrêt pour toute réponse à une question. Je regarde un arrêt rendu sur un point de droit, comme une autorité très-respectable; et je suis très-satisfait, quand, après avoir établi un principe, ou donné une solution, je puis l'appuyer du suffrage de quelque Cour, et surtout de la Cour de Cassation. Mais comme il est une autorité à laquelle tout doit céder, celle de la loi et de la raison, je ne balance pas à combattre les décisions qui me paroissent contraires aux dispositions de la loi, bien entendues et bien interprétées.

Je ne parlerai point du style. Je le répète, je n'ai travaillé que pour les jeunes gens, et, dans cette vue, je devois sacrifier l'élégance à la clarté et à la précision. Dans un ouvrage de cette nature, l'obscurité est un des plus grands défauts; j'ai cherché à l'éviter, autant qu'il m'a été possible. Je ne me flatte pas d'y être entièrement parvenu. Tel raisonnement paroît très-clair à celui qui possède la matière, et qui est bien loin de l'être autant pour celui qui connoît à peine les premiers élémens de la science; c'est même ce qui rend, en général, les fonctions de l'enseignement si difficiles à remplir.

Je dois faire observer, en finissant, que presque toutes les opinions que l'on trouvera dans les Notes, sont, à très-peu de chose près, les mêmes que j'ai professées dans le premier Cours que j'ai ouvert, il y a bientôt huit ans, à l'Ecole de Droit de Paris. J'ai retrouvé les mêmes opinions dans plusieurs ouvrages qui ont été imprimés depuis. Je ne puis que me féliciter de m'être rencontré avec leurs auteurs; mais j'ai cru devoir faire cette observation, pour me disculper d'avance de l'accusation de plagiat; et je me réfère à cet égard au témoignage du très-grand nombre d'Etudians qui ont suivi mes Cours, et qui peuvent comparer les Notes ci-jointes, avec celles qu'ils ont pu prendre à mes leçons. Je suis persuadé qu'ils y trouveront, quant au fond, très-peu de différence.

ERRATA ET PRÆTERMISSA.

Nota. Le lecteur est invité à reporter les corrections et additions ci-dessous, aux passages indiqués.

Premier Volume.

Pag. 16, à quelques exemplaires, en marge; au lieu de VI, lisez V.

Pag. 19, à la fin, *lisez :* Le délai accordé par le décret ci-dessus, aux Français qui étoient naturalisés en pays étranger, ou au service d'une puissance étrangère, pour obtenir les Lettres-Patentes d'autorisation, est prorogé d'un an, à compter de l'expiration de ce même délai. (*Décret du* 31 *juillet* 1812, *Bulletin*, n°. 8180.)

Pag. 203, ligne 2, au lieu de *lieux*, lisez *biens*.

Pag. 308, ligne 3, *ajoutez :* Voir un décret impérial, rapporté dans SIREY, 1812, IIe. Part., pag. 64, qui a annullé un arrêté du Préfet du département du Var, qui avoit revendiqué une cause relative aux biens d'un condamné par contumace.

Pag. 324, ligne 29, *après ces mots :* Appliquez les règles de l'absence; *ajoutez :* Voir cependant l'art. 19 du décret du 3 janvier 1813, relatif aux personnes péries dans les mines, et dont on ne retrouve pas les cadavres. (*Bulletin*, n°. 8561.)

Pag. 396, à la fin de la page, *ajoutez :* Ceci étoit déjà imprimé depuis long-temps, lorsque j'ai eu connoissance d'un arrêt de la Cour de Cassation, du 13 octobre 1812, lequel a cassé un arrêt de Turin, qui avoit déclaré nul un acte passé par une femme mariée, sur le fondement que, l'acte étant dans l'intérêt du mari, la femme n'avoit pas été autorisée par justice. (SIREY, 1813, Ire. Part, pag. 143.)

Pag. 421, après la ligne 7, ajoutez ce qui suit:

Nota. Un arrêt du Parlement de Paris, du 28 mars 1746, rapporté par ROUSSEAU DE LACOMBE, *V°. Séparation*, n°. 21, a décidé que les héritiers de la femme qui avoit formé sa demande en séparation de corps, et qui étoit morte pendant l'appel, avoient pu réprendre le procès, à l'effet de le faire juger dans leur intérêt seulement.

Pag. 433, ligne 30, à la fin de l'alinéa, *lisez :* (Voyez ci-après, note (2) de la page 98.)

Pag. 453, ligne 25; *au lieu de* 307, *lisez* 337.

Pag. 522, ligne 15, *au lieu de* statut, *lisez* décret.

Pag. 721, ligne 35, *au lieu de*, n'auroit pas suffi, *lisez :* auroit pu ne pas suffire.

Pag. 756, ligne 1, *après ces mots*, émancipé ou non, *lisez :* L'article 935 le décide formellement; *et supprimez le reste de l'alinéa.*

Pag. 759, ligne 15, *ajoutez :* Pour la garantie des hypothèques existantes sur la chose au moment de la donation, voyez au 2e. vol., la note (6) de la page 245.

Second Volume.

Pag. 106, après la ligne 6, *au lieu de*, sect. II, *lisez* §. 2.

Pag. 251, ligne dernière, *supprimez* cette marque (8).

COURS
DE CODE NAPOLÉON.

TITRE PRÉLIMINAIRE.

Du Droit, et des Lois en général (1).

Le Droit est le résultat des dispositions de la Loi. On peut le définir : l'art de la justice et de l'équité, ou le recueil des principes servant à distinguer le juste de l'injuste, l'équitable de ce qui ne l'est point (2).

La *Loi*, en général, est une règle établie (3) par une autorité à laquelle on est tenu d'obéir (4).

Les Lois peuvent se considérer sous le rapport de leur origine ou de leur objet.

CHAPITRE PREMIER.

Des Lois considérées sous le rapport de leur origine.

Sous le rapport de leur origine, les Lois se divisent en naturelles et positives.

SECTION PREMIÈRE.

Des Lois Naturelles, et de leurs Effets.

Les Lois naturelles sont celles que la raison éternelle, c'est-à-dire Dieu, a gravées dans tous les cœurs. Le recueil, la collection de ces Lois, forme ce qu'on appelle le *Droit Naturel*.

Il résulte de cette définition que les Lois naturelles doivent être telles, que l'homme puisse les connoître par le seul secours de la raison. Pour en avoir une idée exacte, il est nécessaire d'établir quelques principes généraux, d'où découleront toutes les dispositions particulières.

On peut considérer l'homme sous trois rapports différens, qui, dans leur ensemble, embrassent tous les états particuliers dans lesquels il peut se trouver: 1°. état de l'homme par rapport à Dieu; 2°. état de l'homme par rapport à lui-même; 3°. état de l'homme par rapport aux autres hommes.

L'état naturel de l'homme, par rapport à Dieu, est évidemment un état de soumission et de reconnoissance; de-là il résulte que l'homme doit avoir un souverain respect pour Dieu, l'aimer, et lui obéir en toutes choses. C'est l'assemblage de tous ces sentimens qui se nomme *Religion.*

Par rapport à lui-même, l'homme devant tendre nécessairement à tout ce qui peut le rendre heureux, doit conséquemment faire tout ce qui convient à sa conservation et à son véritable bonheur.

Enfin, par rapport aux autres hommes, l'état naturel de l'homme étant un état de société, et aucune société ne pouvant subsister sans des sentimens mutuels d'amour et de bienveillance entre les associés, il est nécessaire que les hommes aient ces sentimens les uns pour les autres.

Ainsi, trois principes généraux des Lois naturelles: la religion, l'amour raisonnable et éclairé de soi-même (1), et la bienveillance pour les autres hommes. Ces principes constituent ce qu'on peut appeler le droit naturel primitif, c'est-à-dire, celui qui découle immédiatement de la constitution primitive et originaire de l'homme, et indépendamment d'aucun fait humain (2).

Mais l'homme pouvant, en conséquence de sa liberté naturelle, apporter différentes modifications à son état primitif, et entrer dans plusieurs états éventuels et secondaires, il faut nécessairement que ces trois principes puissent encore lui servir de règle; et c'est leur application aux différens états dans lesquels l'homme peut se trouver, qui constitue ce qui est appelé par quelques auteurs, *Droit Naturel secondaire*, et par les Romains, *Droit des Gens secondaire.*

C'est de ce dernier droit que dérivent la propriété, les contrats, le droit des gens proprement dit, c'est-à-dire celui qui règle les rapports des nations les unes envers les autres, les droits et devoirs respectifs des parens et des enfans, ceux des époux, etc. (PUFFENDORF, I, 238.)

Mais si la Loi naturelle impose à l'homme des obligations, elle lui donne en même temps la jouissance de différens droits.

Le premier et le principal est celui de la liberté naturelle, qui peut être définie : *le droit de faire tout ce qui n'est pas défendu par la Loi.*

Nous disons *tout ce qui n'est pas défendu par la Loi,* parce que l'homme a bien, par la nature, le droit de disposer de sa personne, de ses actions et de ses biens, de la manière qu'il juge la plus convenable à son bonheur, mais sous la condition de ne blesser en rien ses devoirs par rapport à Dieu, à lui-même, et aux autres hommes (1).

Le second droit naturel est la défense de soi-même. En effet, puisque, d'après le second principe ci-dessus, la Loi naturelle nous impose l'obligation de veiller à notre conservation, elle nous donne, par cela même, le droit de faire un usage convenable de nos forces pour nous défendre contre tout agresseur, même quand il résulteroit de cette défense un préjudice notable pour ce dernier (2).

Mais pour concilier ce droit avec les devoirs que nous avons à remplir envers les autres hommes, il faut que la défense soit juste, c'est-à-dire, qu'elle réunisse les conditions exigées par la Loi, et qui sont :

1°. Que l'agression soit injuste. Si une personne attaque un voleur pour défendre son bien, l'agression est juste; et si le voleur la tue, même en voulant se défendre, il est puni comme meurtrier.

2°. Qu'on ne puisse éviter le péril d'une manière sûre, qu'en nuisant à son adversaire : ce qui auroit bien plus d'étendue dans l'état de nature que dans l'état civil, parce que, dans ce dernier état, le souverain étant chargé du soin de défendre les particuliers contre toute injuste agression, on est tenu de recourir à sa protection ou à son autorité toutes les fois que les circonstances le permettent (1);

3°. Que la défense soit proportionnée à l'attaque, c'est-à-dire, qu'elle ne soit pas poussée au-delà de ce qu'exige la défense de nous-même et l'intérêt de notre conservation (2). C'est cette proportion que les auteurs canoniques appellent *moderamen inculpatæ tutelæ*.

Le troisième droit naturel est la propriété, c'est-à-dire, le droit de se servir d'une chose, et d'en disposer comme on le juge convenable, et à l'exclusion de tout autre. Il est évident que ce droit ne tient pas à la constitution primitive et originaire de l'homme, mais qu'il suppose toujours quelque fait humain, par l'effet duquel la chose, qui auparavant n'étoit à personne, est devenue propre à quelqu'un en particulier. Or ce fait humain qui produit la propriété, ne peut être autre chose que la prise de possession.

Mais comme la propriété une fois acquise à quelqu'un en particulier, devient un droit naturel dans sa personne, et ne peut, en conséquence, lui être enlevée sans son consentement, il s'ensuit que la prise de possession ne suffit pour acquérir la propriété, qu'autant que la chose qui en est l'objet n'appartenoit à personne auparavant.

L'on peut donc, d'après cela, distinguer deux modes principaux d'acquisition: l'un relatif aux choses qui n'appartiennent à personne, et qui sont acquises par la seule prise de possession (c'est ce mode que l'on nomme *occupation*); et l'autre, relatif aux choses qui appartiennent à quelqu'un, et qui ne peuvent être acquises par la prise de possession, qu'autant qu'elle est accompagnée du consentement du propriétaire. C'est ce mode qui, dans le droit Romain, est nommé *tradition* (3).

Ce consentement est le plus souvent exprès et formel; et alors il a pour effet de transférer de suite la propriété. Quelquefois aussi ce consentement n'est que présumé, c'est-à-dire, qu'il résulte du silence et de l'abandon du propriétaire pendant un intervalle de temps assez long pour que l'on puisse présumer qu'il a renoncé à sa propriété. C'est ce mode d'acquérir que l'on nomme en droit, *prescription* (4).

Il est encore un mode particulier d'acquisition, qui est également fondé sur la Loi naturelle : c'est celui qui est nommé par les Jurisconsultes *Droit d'accession*, parce qu'il est relatif aux accessoires de la chose, c'est-à-dire, aux fruits et produits d'une chose, ainsi qu'aux accroissemens et bonifications qu'elle a pu éprouver. Il est dans l'ordre naturel que ces objets appartiennent au propriétaire de la chose principale, à la charge par lui de rembourser les dépenses qu'ils ont pu occasionner à des tiers.

Enfin, le quatrième droit naturel est celui que nous avons d'exiger des autres hommes qu'ils ne nous troublent pas dans le juste exercice de nos droits. C'est ce droit qu'on peut appeler droit d'*égalité*, et qui consiste en ce que, quelqu'avantage qu'un homme ait, par le fait, au-dessus d'un autre, il n'a pas pour cela le droit de violer les Lois naturelles à son égard, plus que celui-ci n'en a de les violer par rapport à lui.

C'est sur le principe de l'égalité, ainsi entendu, que sont établis les axiomes suivans :

Qu'il ne faut pas faire à autrui ce que nous ne voudrions pas que l'on nous fît à nous-mêmes :

Que nous devons être toujours disposés à faire en faveur des autres ce que nous voudrions qu'ils fissent pour nous en pareille circonstance :

Enfin, un troisième axiome, qui n'est que la conséquence des deux premiers, c'est qu'il n'est pas permis de s'enrichir aux dépens d'autrui.

De ces axiomes découlent plusieurs conséquences qui sont la base de toutes les obligations de l'homme considéré dans l'état de société.

Première conséquence : Obligation de réparer le dommage que l'on a causé. Mais pour que cette obligation existe, il faut :

1°. Que l'acte qui a occasionné le dommage, soit défendu par quelque Loi (1) ;

2°. Que cet acte puisse nous être imputé directement ou indirectement ; ce qui exclut les cas fortuits (2) ; (*Cod. Napol.*, art. 1148 et 1384).

3°. Enfin, que celui qui reçoit le dommage, n'y ait pas consenti (1).

Deuxième conséquence : Obligation de réparer le dommage que les autres ont éprouvé, même à notre insu, et sans aucun fait qui nous soit imputable, lorsqu'il en est résulté pour nous quelqu'avantage. Mais cette obligation étant fondée sur le principe, que l'on ne doit pas s'enrichir aux dépens d'autrui, il est évident que nous ne devons, dans ce cas (2), la réparation du dommage, que jusqu'à concurrence seulement de l'utilité que nous en avons tirée (3). Cette obligation existe même à l'égard de celui qui possède de mauvaise foi une chose qui nous appartient. (*Cod. Nap.*, art. 548.)

Troisième conséquence : Obligation pour chacun de contribuer, autant qu'il le peut, à l'avantage et au bonheur d'autrui ; d'où il résulte :

1°. Que l'on est tenu de faire le bien d'autrui toutes les fois qu'on le peut, sans en éprouver soi-même de préjudice (4) ; (*Comm.* 154; *Cod. Napol.*, 614 et 1768.)

2°. Que l'on est tenu de le faire également, même quand il en résulteroit un préjudice pour soi-même, si ce préjudice est infiniment modique, en comparaison de l'avantage qui doit en résulter pour autrui (5) ; (*Cod. Napol.*, 682.)

Quatrième conséquence : Obligation de tenir fidèlement les engagemens valables que l'on a contractés. Mais pour que l'engagement soit valable, il faut :

1°. Que les parties aient l'usage de la raison ;

2°. Que leur consentement soit libre, exempt de dol et d'erreur ;

3°. Qu'il n'ait rien de contraire à la disposition des Lois ;

4°. Enfin, qu'il soit réciproque.

Tels sont les effets du droit naturel, effets qui se trouvent développés dans les Lois civiles dont nous entreprenons l'explication.

SECTION II.

Des Lois Positives.

Les Lois *positives* sont celles qui ne doivent qu'à l'homme leur existence et leur autorité.

Elles diffèrent des Lois naturelles, en ce que 1°. celles-ci sont fondées sur la raison et l'équité, qui sont immuables, et qui ne dépendent ni des temps ni des lieux. Elles ne peuvent donc varier, et règlent également toutes les actions des hommes. Les Lois positives, au contraire, devant toujours être faites en considération des mœurs, du caractère, et même des vices (1) du peuple qu'elles doivent régir, varient nécessairement en raison des circonstances; et comme une action n'est injuste en droit, qu'autant qu'elle est contraire aux dispositions d'une Loi existante, il en résulte que la Loi positive ne peut étendre son autorité sur les actes antérieurs à son existence. C'est donc un principe consacré par toutes les législations, et notamment par l'article 2 du Code, que la Loi (positive) ne dispose que pour l'avenir, et ne peut avoir d'effet rétroactif (2). 2.

2°. Les Lois naturelles étant essentiellement équitables et l'objet naturel de la raison, on ne peut pas dire qu'on les ignore, parce que ce seroit dire que l'on manque des lumières de la raison qui nous les enseigne. Elles ont donc leur effet, et sont obligatoires, sans avoir besoin d'aucune promulgation. Les Lois positives, au contraire, n'étant pas naturellement connues des hommes, sont comme des faits que l'on peut ignorer, et ne sont en conséquence obligatoires qu'après avoir été légalement publiées. 1.

3°. Enfin, les Lois positives étant, pour la plupart, des modifications que l'état de société a obligé d'apporter aux dispositions des Lois naturelles, il en résulte que les premières sont les principales dans l'état de civilisation. Lors donc que leurs dispositions sont formelles, les tribunaux doivent nécessairement y conformer leurs décisions, quand même elles paroîtroient contraires à l'équité (3). C'est sur ce principe qu'est fondée la distinction dont nous avons parlé plus haut, entre le juste et l'équitable.

Une chose est *juste* en droit, quand elle n'est pas contraire aux dispositions de la Loi positive.

Elle est *équitable*, quand elle est conforme aux Lois de la morale et de la conscience (4).

Mais si les Lois positives sont muettes, obscures ou insuffisantes, le juge doit y suppléer, soit par des inductions tirées

des dispositions des mêmes Lois sur d'autres objets (1), soit
même par l'équité naturelle (2). Il ne peut, dans aucun cas, se
dispenser de prononcer, sans s'exposer à être poursuivi comme
4. coupable de déni de justice (3); comme aussi, il ne doit jamais
appliquer sa décision qu'à l'espèce qui lui est soumise, sans
pouvoir en faire une règle générale pour les questions, même
5. parfaitement semblables, qu'il auroit à juger par la suite (4).

CHAPITRE II.

Des Lois considérées sous le rapport de leur objet.

Les Lois, considérées sous le rapport de leur objet, se divisent en Lois *du droit des gens, du droit public*, et *du droit civil*.

Les Lois *du Droit des gens*, sont celles qui fixent et déterminent les rapports des diverses nations entr'elles (5).

Celles *du Droit public*, sont celles qui établissent les rapports des membres de chaque nation avec son Gouvernement (6).

Enfin, celles *du Droit civil*, sont celles qui règlent les relations particulières et respectives des individus d'une même nation (7).

Ces dernières seules sont l'objet du présent cours.

CHAPITRE III.

Des Lois Civiles Françaises, de leur Promulgation, et de leurs Effets.

Nous avons dit, en général, que la Loi étoit une règle établie par une autorité à laquelle on est tenu d'obéir.

En France, il existe différentes espèces de dispositions, toutes obligatoires pour les particuliers, mais qui prennent différens noms, suivant l'autorité dont elles émanent, ou les formes dans lesquelles elles sont rendues (8).

Ce qui y est appelé proprement Loi, est un décret du Corps-Législatif, rendu dans les formes prescrites par les constitutions de l'Empire.

Quatre formalités sont nécessaires pour la confection de la Loi:

1°. Le projet est, au nom de l'Empereur, proposé au Corps-Législatif par des membres du Conseil-d'État. (*Constit.*, art. 25 et 53.)

2°. Le Corps-Législatif le renvoie à celle de ses Commissions que l'objet de la Loi concerne. (*Sénatus - Consulte organique du* 19 *août* 1807, art. 1, *Bulletin*, n°. 2785.)

3°. La Commission discute en secret, vote l'adoption ou le rejet, et expose son avis motivé au Corps-Législatif. (*Ibid.*, art. 2, 5 et 6.)

4°. Enfin, le projet ainsi discuté, doit être approuvé par la majorité du Corps-Législatif, réuni au nombre des deux tiers de ses membres au moins. (*Constit.*, art. 90.)

Après toutes ces formalités la Loi est faite ; mais elle n'est pas encore obligatoire : il faut qu'elle soit en outre promulguée (1) par l'Empereur.

Cette promulgation a lieu le dixième jour après l'émission du décret par le Corps-Législatif, à moins qu'il n'y ait eu, dans l'intervalle, recours au Sénat pour cause d'inconstitutionnalité. Ce recours n'a pas lieu contre les Lois promulguées. (*Constit.*, art. 37, et *Sénatus-Consulte organique du* 28 *floréal an* 12, art. 70, 71, 72 et 73.)

L'effet de la promulgation est de rendre la Loi exécutoire pour chaque partie de l'Empire, du moment où cette promulgation peut y être connue. Mais comme la question de savoir si une Loi nouvellement promulguée pouvoit être connue à telle époque dans tel département n'eût pas manqué d'occasionner une infinité de procès, le Législateur a établi, à cet égard, une présomption légale (2), qui s'estime à raison des distances (3).

Ainsi, dans le département de la résidence impériale, la promulgation est réputée connue un jour après (4) celui où elle a été faite ; et dans les autres départemens (5), après le même délai, augmenté d'autant de jours qu'il y a de fois dix myriamètres (environ vingt lieues) entre la ville où la promulgation a été faite, et le chef-lieu de chaque département (6). 1.

Il faut observer, au surplus, que, malgré que la réunion en un seul corps de Lois, de toutes celles qui composent le Code

Napoléon, et l'ordre dans lequel elles doivent être placées dans ce Code, aient été déterminés par une Loi du 30 ventose an 12, promulguée le 10 germinal suivant, chacune de ces Lois n'en a pas moins été exécutoire du jour de sa promulgation particulière. (*Art.* VI *de ladite Loi.*)

Les Lois civiles, quant à leurs effets, peuvent être considérées sous deux rapports : le but qu'elles se proposent, et les objets qu'elles concernent.

Sous le premier rapport, la Loi ordonne, défend ou permet. De là, la division des Lois, en impératives (1), prohibitives (2), et facultatives (3).

Il y a obligation de se conformer aux Lois impératives et prohibitives, et l'on ne peut y déroger par des conventions particulières, parce qu'elles sont toujours présumées intéresser l'ordre
6. public ou les bonnes mœurs.

Quant aux facultatives, il est de principe, en général, que chacun peut renoncer au droit introduit en sa faveur. Si cependant l'ordre public ou les bonnes mœurs étoient intéressés à ce que le droit fût exercé, et qu'il le fût par la personne à qui il est accordé, elle ne pourroit y renonçer pour l'avenir, quoiqu'elle pût, pour le présent, en user, ou n'en pas user, à sa volonté : cette observation peut s'appliquer principalement à la puissance paternelle, à celle maritale, etc.

Les Lois civiles, relativement aux objets qu'elles concernent, sont distinguées en Lois réelles et personnelles.

Il est une troisième espèce de Lois, appelées *Lois de police* ou *de sûreté :* ce sont celles qui maintiennent l'ordre, la tranquillité et la sûreté dans l'État. Ces Lois faisant partie de celles qu'on appelle du Droit Public, il n'en est question dans le Code Napoléon, que pour dire qu'elles obligent tous ceux qui habitent
3. le territoire français.

Les Lois *réelles* sont celles qui traitent immédiatement des choses, abstraction faite de ceux qui les possèdent, soit pour l'ordre de transmission, comme la plupart des Lois sur les successions (4), etc., soit à raison de la nature des biens, comme les Lois sur la distinction des biens et la propriété; soit enfin, à raison des charges qui peuvent être imposées sur les biens, comme les Lois sur les servitudes, les hypothèques, etc.

Les Lois *personnelles* sont celles qui fixent l'état, la condition et la capacité des personnes; telles sont celles relatives au mariage, à la paternité et à la filiation, à la majorité, etc.

Ces deux espèces de Lois ont des effets très-différens.

Les Lois réelles obligent tous ceux qui possédent en France des biens immeubles, même les étrangers qui n'y résident pas, mais seulement pour les causes relatives à ces mêmes biens (1).

Les Lois personnelles n'obligent que les Français; mais elles
les obligent, même en pays étranger (2). 3.

Nous voyons, d'après ces détails, que les Lois civiles ont deux principaux objets, les Personnes et les Choses. Les actions sont ordinairement regardées comme un troisième objet du droit, en tant qu'elles sont le moyen dont chacun doit se servir pour se faire rendre ce qui lui appartient; mais, sous ce rapport, elles sont l'objet d'un Code particulier, appelé Code de Procédure Civile.

Le présent Cours sera divisé en quatre Livres, dont le premier traitera des Personnes, et les trois autres, des Choses, dans l'ordre suivant :

Le deuxième Livre traitera de la distinction des Biens, de la Propriété, et de ses Modifications.

Le troisième, des manières d'acquérir la Propriété.

Et le quatrième, des différentes espèces de Contrats et d'Engagemens qui se forment sans conventions.

LIVRE PREMIER.

Des Personnes.

TITRE PREMIER.

De la Jouissance des Droits Civils (1).

Il résulte de la définition que nous avons donnée des Lois civiles (2), qu'elles sont propres et particulières à chaque nation. Les devoirs qu'elles imposent, et par suite les droits qui en résultent, et que l'on nomme, à cause de cela, *Droits Civils*, appartiennent donc éminemment (3) aux membres de la nation pour qui ces Lois sont faites. Il faut donc connoître ces membres; de là une division des personnes en Français et en étrangers.

On est Français par droit de naissance, ou par le bienfait de la Loi (4).

Sont Français par droit de naissance, ceux qui sont nés en France, ou dans l'étranger, d'un Français qui n'a pas perdu cette
10. qualité.

On perd la qualité de Français de cinq manières :

17. 1°. Par la naturalisation acquise en pays étranger, sauf la distinction que nous verrons plus bas, entre la naturalisation autorisée, et la naturalisation non autorisée.

2°. Par l'acceptation, sans autorisation de l'Empereur, de
17 et 21. fonctions publiques ou de service militaire chez l'étranger.

3°. Par l'affiliation, également non autorisée, à une corpo-
21. ration militaire étrangère.

19. 4°. A l'égard des femmes, par leur mariage avec un étranger (5).

5°. Enfin, par tout établissement fait en pays étranger, sans esprit de retour (6). L'établissement de commerce n'est jamais
17. censé exclure l'esprit de retour.

On est Français par le bienfait de la Loi, quand on a rempli les formalités prescrites pour acquérir ou recouvrer cette qualité.

Celles pour l'acquérir sont déterminées ainsi qu'il suit :

Il faut, 1°. avoir déclaré l'intention de se fixer en France. Cette déclaration ne peut se faire qu'à l'âge de vingt-un ans accomplis.

2°. Avoir obtenu l'autorisation de résider en France, et y avoir résidé pendant dix années consécutives, à compter de cette déclaration. (*Acte Constitutionn. de l'an* 8, art. 3.)

3°. La demande en naturalisation, et les pièces à l'appui, sont transmises par le Maire du domicile du pétitionnaire, au Préfet, qui les adresse, avec son avis, au Grand-Juge Ministre de la Justice, sur le rapport duquel l'Empereur statue. (*Décret impérial du* 17 *mars* 1809, *Bulletin*, n°. 4195.)

Quand on a rempli ces formalités, on est non-seulement Français, mais encore citoyen Français (1). La première qualité est indépendante de la seconde, c'est-à-dire, qu'on ne peut être 7
citoyen Français sans être Français, mais qu'on peut être Français sans être citoyen : par exemple, les femmes, les mineurs, les domestiques, les interdits, les faillis, etc. (*Voyez* les art. 4 et 5 de l'*Acte Constitut.*)

Telle est la règle générale : on y a fait depuis plusieurs exceptions.

Une première a été introduite par les Sénatus-Consultes des 26 vendémiaire an 11 (*Bulletin*, n°. 2044), et 19 février 1808 (*Bulletin*, n°. 3064), qui autorisent le Gouvernement à conférer la qualité et les droits de citoyen français aux étrangers qui auront rendu des services importans à l'État, qui auront apporté dans son sein des talens, des inventions, ou une industrie utile, ou qui y auront formé de grands établissemens. Ces individus sont seulement assujettis à un an de domicile.

Le Code indique trois autres manières d'acquérir la qualité de Français (2).

1°. L'enfant né en France d'un étranger (3) suit, à la vérité, la condition de son père ; mais il peut réclamer la qualité de Français en remplissant les formalités suivantes :

Il faut qu'il réclame dans l'année de sa majorité (4) ;

S'il réside en France, qu'il déclare (5) que son intention est d'y fixer son domicile ;

S'il n'y réside pas, qu'il se soumette à y fixer son domicile,

et qu'il l'y établisse en effet dans l'année à compter du jour de
9. sa soumission (1).

2°. L'enfant né (2), même dans l'étranger (3), d'un Français qui a perdu cette qualité, peut également la réclamer en tout
10. temps (4), en remplissant les mêmes formalités.

3°. L'étrangère qui épouse un Français, devient Française par
12. le fait seul de son mariage.

Les formalités pour recouvrer la qualité de Français, sont : de rentrer en France avec l'autorisation de l'Empereur, et de déclarer que l'on veut s'y fixer ; ce qui peut avoir lieu à quelqu'époque
18 et 19. que ce soit, la Loi n'ayant fixé aucun délai pour cette déclaration.

Cette disposition ne s'applique pas aux Français qui ont perdu cette qualité par l'acceptation de service militaire chez l'étranger, ou par l'affiliation à une corporation militaire étrangère. Non-seulement ils sont obligés d'obtenir l'autorisation de l'Empereur pour rentrer en France, mais encore ils ne peuvent recouvrer la qualité de Français qu'en remplissant toutes les conditions
21. imposées à l'étranger pour devenir citoyen.

En général, l'individu qui recouvre la qualité de Français, n'en jouit qu'après avoir rempli les conditions prescrites par la Loi, et ne peut, en conséquence, exercer que les droits ouverts à son
20. profit depuis cette époque.

Cette disposition s'applique, à plus forte raison, à l'enfant né d'un Français qui a perdu cette qualité (5).

Cette division des personnes bien établie, il ne reste que quelques principes généraux à indiquer, relativement à la jouissance des droits civils.

Le premier et le principal, c'est que tout Français (6) jouit des
8. droits civils (7).

Quant aux étrangers, ils ne jouissent de la plénitude de ces droits, que dans le cas où ils ont été admis par l'Empereur à
13. établir leur domicile en France, et qu'ils continuent d'y résider (8) : autrement, ils ne peuvent réclamer que les mêmes droits accordés dans leur pays aux Français, par les traités (9) faits avec la nation
11. à laquelle ils appartiennent (10).

Outre ces différences quant à la jouissance des droits civils,

les étrangers sont encore, dans certains cas, assujettis à des règles particulières. Ainsi, lorsqu'il y a procès, l'étranger demandeur (1) principal ou intervenant (2), est tenu, si le défendeur le requiert *Pr.* 166.
avant toute exception (3), de donner caution (4), pour répondre du paiement des frais et dommages-intérêts résultans du procès (5), auxquels il pourroit être condamné. Dans ce cas, le Tribunal fixe la somme jusqu'à concurrence de laquelle la caution doit être fournie. *Pr.* 167.

Cette caution ne peut être exigée en matière de commerce. Il *Pr.* 423.
en est de même en toute autre matière, lorsque l'étranger consigne la somme fixée, ou lorsqu'il justifie de propriétés immobilières, situées en France, et suffisantes pour en répondre (6); {16. *Pr.* 167.}

Ou enfin, lorsqu'il existe dans les traités faits avec la nation dont un étranger est membre, quelque disposition qui l'en exempte.

Secondement, l'étranger qui a contracté avec un Français, soit en France, soit dans l'étranger, devient, quand même il ne résideroit pas en France, justiciable des tribunaux français (7), pour l'exécution des obligations résultant de ces contrats; et 14.
réciproquement, il peut citer devant les tribunaux de France le Français qui a contracté des engagemens avec lui, même en pays étranger (8). 15.

En troisième lieu, tout jugement de condamnation qui intervient au profit d'un Français contre un étranger non domicilié en France (9), emporte la contrainte par corps; et même, avant la condamnation, mais toutefois après l'échéance ou l'exigibilité de la dette, le Président du Tribunal de Première Instance, dans l'arrondissement duquel se trouve l'étranger non domicilié, peut, sur la requête du créancier français (10), et s'il y a des motifs suffisans, ordonner son arrestation provisoire.

Néanmoins, cette dernière disposition n'a pas lieu, ou doit cesser, si l'étranger justifie qu'il possède en France un établissement de commerce (11), ou des immeubles, le tout suffisant pour assurer le paiement de la dette; ou s'il fournit une caution valable domiciliée en France. (*Loi du* 10 *septembre* 1807, *Bulletin*, n°. 2788.)

Dans aucun cas, l'étranger contraignable par corps n'est admis
Pr. 905. au bénéfice de cession (1).

Quatrièmement, les jugemens rendus par les tribunaux étrangers, et les actes reçus par les officiers publics étrangers, ne sont susceptibles d'exécution en France, qu'autant qu'ils ont été dé-
2123. } clarés exécutoires par un tribunal français (2), sauf toutefois les
Pr. 546. } dispositions contraires des Lois politiques et des traités (3).

Enfin, les jugemens rendus au profit des étrangers qui auroient obtenu des adjudications, dans les matières pour lesquelles il y a, d'après le décret du 22 juillet 1806, recours au Conseil-d'État, ne peuvent être exécutés pendant le délai accordé pour ce recours, qu'autant que l'étranger aura préalablement fourni en France une caution bonne et solvable. (*Décret du 7 février* 1809, *Bulletin*, n°. 4122.)

Un décret postérieur, du 26 août 1811 (*Bulletin*, n°. 7186), ayant apporté quelques modifications à ce qui vient d'être dit relativement à la naturalisation, et à l'acceptation de service chez l'étranger, nous allons en faire connoître les dispositions dans deux chapitres, dont le premier traitera de la Naturalisation, et le second de l'acceptation de service chez une Puissance étrangère.

(Nota. *Les articles en marge des deux chapitres suivans sont ceux du décret précité.*)

CHAPITRE PREMIER.

De la Naturalisation des Français en pays étranger.

Aucun Français ne doit se faire naturaliser en pays étranger, sans
I. l'autorisation de l'Empereur (4). Mais cependant, comme il peut arriver de fait que la naturalisation ait lieu sans cette autorisation, nous diviserons ce chapitre en deux sections, dont la première traitera de la naturalisation autorisée; et la seconde, de la naturalisation non autorisée. On observera toutefois que le Français naturalisé, avec ou sans autorisation, ne peut porter les armes contre la France, sous peine d'être traduit devant les tri-
VI. } bunaux français et condamné à la peine de mort, avec confisca-
XIII. } tion des biens, conformément à l'article 75 du Code Pénal.

SECTION PREMIÈRE.

De la Naturalisation autorisée.

L'autorisation à l'effet de se faire naturaliser en pays étranger, est accordée par des Lettres patentes dressées par le Grand-Juge, signées de la main de l'Empereur, contre-signées par le Ministre Secrétaire d'État, visées par l'Archichancelier de l'Empire (1), insérées au Bulletin des Lois, et enregistrées en la Cour Impériale du dernier domicile de celui qu'elles concernent. (*Le modèle de* II.
ces Lettres patentes est annexé au décret du 9 *décembre* 1811, Bulletin, n°. 7507.)

L'effet de la naturalisation ainsi autorisée, est de conserver au Français le droit de posséder et de transmettre des propriétés, ainsi que celui de succéder, quand même les sujets du pays où il est naturalisé, ne jouiraient pas de ces droits en France. III.

Cet effet est personnel à l'individu naturalisé, et ne s'étend point à ses enfans conçus en pays étranger postérieurement à la naturalisation. Ils sont considérés comme étrangers, sauf les deux exceptions suivantes :

1°. Ils peuvent réclamer la qualité de Français, en remplissant les formalités prescrites par les articles 9 et 10 du Code Napoléon.

2°. Ils recueillent les successions, et exercent tous les droits qui s'ouvrent à leur profit pendant leur minorité, et pendant les dix ans qui suivent leur majorité accomplie (2). IV.

SECTION II.

De la Naturalisation non autorisée.

L'effet de la naturalisation non autorisée est de faire perdre les droits civils (3) en France. Cette perte est constatée pardevant la Cour du dernier domicile de l'individu, à la diligence du Procureur-Général, ou sur la requête de toute partie intéressée. VII.

En conséquence de ce jugement, les biens du Français ainsi naturalisé sont confisqués; sauf les droits de sa femme, qui sont VI.
réglés comme en cas de viduité (4). IX.

Il perd le droit de succéder (1); toutes les successions qu'il auroit pu recueillir passent à l'héritier régnicole qui y est appelé après
VI. lui.

Il est déchu de tout titre institué par le Sénatus-Consulte du 14 août 1806, soit qu'il l'ait eu primitivement, ou par trans-
VIII. mission. Ce titre, et les biens y attachés, sont dévolus à la per-
IX. sonne restée Française, qui y est appelée selon les Lois.

S'il avoit reçu l'un des Ordres français, il est biffé des registres
X. et états; et défense lui est faite d'en porter la décoration.

S'il est trouvé sur le territoire de l'Empire, il est, pour la première fois, arrêté, et reconduit au-delà des frontières : en cas de récidive, il est traduit devant les tribunaux français, et con-
XI. damné à être détenu pendant un an au moins, et dix ans au plus.

Néanmoins, le Français qui a encouru les peines et déchéances dont on vient de parler, peut en être relevé par des lettres de relief, accordées, comme les lettres de grâce, par l'Empereur,
XII. en Conseil privé.

Quant aux individus qui se trouveroient naturalisés en pays étranger, sans autorisation, au moment du présent décret, ils pourront obtenir l'autorisation dans le délai d'un an, s'ils sont sur le continent européen; de trois ans, s'ils sont hors de ce continent; et de cinq ans, s'ils sont au-delà du Cap de Bonne-
XIV. Espérance et aux Indes Orientales. Ce délai passé, ils sont passibles des dispositions dont on vient de parler relativement aux
XVI. individus naturalisés sans autorisation, et ne pourront être relevés du retard que par des lettres de relief de déchéance, accordées par l'Empereur en Conseil-privé, sur la proposition de
XV. l'un des Ministres, et délivrées par le Grand-Juge.

CHAPITRE II.

Du Français qui a pris du service chez une puissance étrangère.

Nul Français ne peut entrer au service d'une puissance étran-
XVII. gère (2) sans l'autorisation spéciale de l'Empereur, sous peine
XXV. d'être traité comme Français naturalisé sans autorisation (3).

L'autorisation est accordée par lettres patentes délivrées dans les
formes prescrites pour la naturalisation. (*Voyez le modèle an-* XIX.
nexé au décret précité du 9 *décembre* 1811, Bulletin, n°. 7507.)

L'autorisation est toujours présumée accordée sous la condi-
tion de revenir en France en cas de rappel, soit que ce rappel
soit l'effet d'une disposition générale, ou d'un ordre direct. XVII.

Le Français, même autorisé, ne peut prêter serment à la puis-
sance chez laquelle il a pris du service, que sous la réserve de
ne jamais porter les armes contre la France, et de quitter le
service, même sans être rappelé, si cette puissance venoit à être
en guerre avec la France, et ce, sous les peines portées par le
décret du 6 avril 1809. (*Bulletin*, n°. 4296.) XVIII.

Il ne peut entrer en France qu'avec la permission spéciale de
l'Empereur (1) ; et, même avec cette permission, il ne peut se XXI.
montrer dans les lieux soumis à l'obéissance de l'Empereur, avec la
cocarde ou l'uniforme étrangers (2) : mais il peut y porter les cou- XXII.
leurs nationales, ainsi que les décorations des Ordres étrangers,
quand il les aura reçus avec l'autorisation de l'Empereur. XXIII.

Il ne peut jamais être accrédité auprès de l'Empereur, comme
Ambassadeur, Ministre ou Envoyé, ni reçu comme chargé de
mission d'apparat, qui le mettrait dans le cas de paraître avec
un costume étranger. XXIV.

Il ne peut servir, comme Ministre plénipotentiaire, dans aucun
traité où les intérêts de la France pourroient être débattus. XX.

La disposition relative au délai accordé au Français qui se trou-
verait naturalisé au moment du présent décret, pour obtenir l'au-
torisation de l'Empereur, est commune à l'individu qui se trou-
verait à la même époque, et sans autorisation, au service d'une
puissance étrangère. (*Voir le décret du* 22 *juin* 1811, Bulletin, XXVI.
n°. 7097, *relatif aux princes de la famille impériale qui ont
été, ou qui seroient appelés, du consentement de l'Empereur, à
une couronne étrangère.*)

TITRE II.

De la Privation des Droits Civils, par suite de condamnations judiciaires.

La privation des droits civils résulte, dans plusieurs cas, d'une condamnation judiciaire.

Quelquefois elle est prononcée comme peine principale : le plus souvent, elle est la suite nécessaire de la condamnation à une autre peine.

Dans le premier cas, elle est temporaire et partielle (1). Dans le second, elle est quelquefois totale, et toujours perpétuelle, sauf le cas de réhabilitation.

Nous en traiterons dans deux chapitres différens.

CHAPITRE PREMIER.

De la Privation des Droits Civils, prononcée comme peine principale.

Les Tribunaux, jugeant correctionnellement, peuvent, dans certains cas, interdire, en tout ou en partie, l'exercice des droits civiques, civils, et de famille, suivans ; savoir :

1°. Ceux de vote et d'élection ;

2°. D'éligibilité ;

3°. D'être appelé ou nommé aux fonctions de juré, ou autres fonctions publiques, ou aux emplois de l'administration, ou d'exercer ces fonctions ou emplois ;

4°. De port d'armes ;

5°. De vote et de suffrage dans les délibérations de famille ;

6°. D'être tuteur, curateur, si ce n'est de ses enfans, et encore seulement sur l'avis de la famille ;

7°. D'être expert, ou employé comme témoin dans les actes ;

8°. De témoignage en justice, autrement que pour y faire de simples déclarations. (*Code Pénal*, art. 42.)

Au surplus, les tribunaux ne peuvent prononcer cette interdiction, que lorsqu'elle a été ordonnée ou autorisée par une disposition particulière de la Loi. (Art. 43 dudit.)

CHAPITRE II.

De la Privation des Droits Civils, comme suite de la condamnation à certaines peines.

Nous avons dit que la privation des droits civils, qui a lieu par suite de la condamnation à une autre peine, étoit quelquefois totale ; dans ce cas, elle se nomme *Mort Civile.* Nous en traiterons dans une première section.

Il est des peines qui n'emportent que la privation, perpétuelle à la vérité, mais de certains droits seulement. Nous les ferons connaître dans une seconde section.

SECTION PREMIÈRE.

De la Mort Civile (1).

La mort civile, considérée en elle-même, est l'état (2) d'un homme qui a subi, en vertu de jugement, une peine ayant pour effet de retrancher celui qui en est frappé, du nombre des membres de la société. En effet, la jouissance d'un droit suppose toujours un devoir à remplir. Ceux donc qui, au lieu d'exécuter les engagemens qu'ils ont contractés avec le corps social, en troublent, au contraire, par leurs crimes, l'ordre et l'harmonie, méritent d'être privés des droits que l'ordre social leur assure.

Lorsque cette privation est totale, elle est appelée *Mort Civile*, parce que la société regarde celui qui en est frappé comme n'étant plus, en quelque sorte, par rapport à elle, un être vivant ; elle n'attend plus de lui aucun secours, et elle lui refuse réciproquement non-seulement tous les droits civils, mais encore plusieurs autres résultant du droit naturel (3), ainsi que nous le verrons dans la présente section : et c'est même ce qui distingue le mort civilement, de l'étranger, qui n'est privé que des droits purement civils (4).

Pour traiter avec ordre la matière de la mort civile, nous examinerons :

1°. Comment cette mort est encourue ;

2°. Quels sont ses effets.

§. Ier.

Comment la Mort Civile est-elle encourue ?

Quoique la mort civile soit le résultat de la violation des devoirs imposés par l'acte social, elle n'est cependant pas regardée en droit comme une peine, mais, ainsi que nous l'avons dit, comme un état qui est la suite d'une peine à laquelle la Loi a
22. attaché la mort civile.

(La mort civile est cependant prononcée comme peine principale, par les articles 22, 26, 28 et 29 du décret du 6 avril 1809. (*Bulletin*, n°. 4296.) (1)

Le principe général, à cet égard, est qu'une peine quelconque ne peut emporter la mort civile, qu'autant qu'elle est afflictive
24. et perpétuelle.

Dans le droit actuel, il y a trois sortes de peines auxquelles la Loi a attaché la mort civile ; celle de mort (2), celle de la déportation, et celle des travaux forcés à perpétuité. Cependant le Gouvernement peut accorder au déporté, mais dans le lieu de la déportation seulement, l'exercice de tous, ou de quelques-uns des droits civils. (*Code Pénal*, art. 18.)

Puisque la mort civile n'est pas une peine, mais seulement la suite d'une peine, il en résulte qu'elle n'a pas besoin d'être prononcée par jugement (3), mais qu'elle est encourue par cela seul que l'individu est condamné à une peine à laquelle la Loi a attaché cet effet.

Le jugement de condamnation ne l'opère cependant pas encore de plein droit, il faut qu'il soit exécuté (4) ; et, en conséquence, la mort civile, quoiqu'étant une suite nécessaire de ce jugement, n'a lieu que du moment de l'exécution, soit réelle, soit par effigie (5),
26. et encore, dans le cas où l'accusé a été jugé contradictoirement (6).

S'il n'a été condamné que par contumace (1), la mort civile n'est encourue qu'à l'expiration des cinq années (2) qui ont suivi l'exécution du jugement par effigie. 27.

Le condamné est seulement privé, pendant ce temps, de l'exercice (3) de ses droits ; ils sont exercés, et ses biens séquestrés, et régis, comme ceux *des absens*, par l'administration des Domaines, qui doit rendre le compte du séquestre à qui il appar- 28.
tiendra, lorsque la condamnation est devenue irrévocable par l'expiration du délai donné pour purger la contumace, c'est-à-dire après vingt ans, à compter du jour du jugement (4). (*Cod. d'Instr. Crimin.*, art. 471, 476 et 635.)

§. II.

Des Effets de la Mort Civile.

La mort civile, considérée dans ses effets, est la privation de tous les droits qui ne sont pas rigoureusement nécessaires au soutien de la vie naturelle de l'individu qui en est frappé. En effet, comme la fiction ne peut jamais prévaloir sur la vérité, et que le mort civilement peut conserver la vie naturelle, il faut bien lui laisser les moyens de la soutenir. En conséquence, quoiqu'il soit mort aux yeux de la Loi, néanmoins, comme cette mort n'est que fictive, elle doit être distinguée, quant à ses effets, de la mort effective et naturelle.

Ainsi, le condamné perd la propriété de tous les biens qu'il possédoit au moment où il a été frappé de la mort civile (5) : son conjoint et ses héritiers peuvent dès-lors exercer respectivement tous les droits et actions auxquels sa mort naturelle et *ab intestat* (6) donneroit ouverture (7). Il est déclaré, en général, incapable de recevoir et de disposer, soit entre-vifs, soit par testament ; mais l'incapacité de recevoir n'est point étendue à ce qui pourroit lui être donné à titre d'alimens.

Par suite du même principe, la Loi lui interdit la faculté de procéder en justice ; mais, cependant, puisqu'il peut acquérir, il est exposé à des procès ; elle permet alors aux tribunaux de désigner un curateur spécial chargé de le représenter (8).

En un mot, tout ce qui tend seulement à lui procurer les moyens de subsister, lui est accordé. La Loi ne lui refuse pas même la protection dont il peut avoir besoin pour défendre son existence; elle punit les attentats dirigés contre sa personne, comme elle le puniroit également, s'il commettoit un nouveau crime. Mais aussi, elle le prive rigoureusement, ainsi que nous l'avons dit, de tous les droits qui ne sont pas strictement nécessaires au soutien de sa vie naturelle.

Il ne peut plus être nommé tuteur, ni concourir à aucune des opérations relatives à la tutelle.

Il ne peut être témoin, ni dans les actes, ni en justice.

Il est incapable de contracter un mariage qui produise aucun effet civil (1): celui même qu'il auroit précédemment contracté
25. est dissous, quant à ses effets civils.

Il ne peut recueillir aucune succession. Les biens qu'il auroit acquis depuis qu'il a été frappé de la mort civile, appartiennent à l'État par droit de déshérence (2), sauf le droit réservé à l'Empereur de faire, dans ce cas, au profit de la veuve, des enfans, ou autres parens du condamné, les dispositions que l'humanité
33. peut lui suggérer.

L'application de ces effets au condamné n'est susceptible d'aucune difficulté, lorsque la condamnation a été contradictoire, parce qu'alors elle est définitive et irrévocable.

Mais lorsque le jugement de condamnation a été rendu par contumace, il n'est pas aussi aisé d'appliquer les règles qui viennent d'être établies, à cause des différentes circonstances dans lesquelles peut se trouver le condamné, et qui peuvent se réduire à quatre:

Ou le condamné meurt dans les cinq ans à compter de l'exécution, sans avoir comparu en justice;

Ou il comparoît dans les cinq ans;

Ou il ne comparoît qu'après les cinq ans, mais avant vingt ans à compter de la date du jugement.

Ou il ne comparoît qu'après les vingt ans.

Dans le premier cas, il est réputé mort dans l'intégrité de ses droits (3): le jugement est anéanti de plein droit (4), même pour les condamnations civiles (1), sauf au plaignant à se pourvoir de nouveau contre les héritiers du prévenu, mais par la voie civile seulement (2). 31.

S'il comparoît dans les cinq ans, soit volontairement, soit par suite d'une arrestation, le jugement est également anéanti de plein droit, ainsi que les procédures faites contre lui depuis l'ordonnance de prise de corps, ou de se représenter. (*Code d'Instruct. Crimin.*, art. 476.) L'accusé (3) est remis en possession de ses biens; il est jugé de nouveau; et s'il est condamné à une peine emportant mort civile, elle n'a lieu qu'à compter du jour de l'exécution du second jugement (4). 29.

Il n'en est pas de même s'il se représente, ou n'est arrêté qu'après les cinq ans. En effet, le premier jugement est bien anéanti quant à la condamnation (5), et l'accusé doit être jugé de nouveau; mais la question d'état reste indécise jusqu'à l'événement du procès. S'il est condamné à une peine emportant mort civile, sa comparution est censée n'avoir apporté aucun changement dans son état, et il est réputé mort civilement dès l'expiration des cinq années.

S'il est absous, ou condamné à une peine n'emportant pas mort civile, il rentre, à la vérité, dans la plénitude de ses droits, mais seulement à compter du jour où il s'est représenté, et sans préjudice des effets produits par le premier jugement, depuis l'expiration des cinq ans jusqu'au jour de sa comparution (6). 30.

Enfin, si le condamné laisse passer vingt ans sans comparoître, alors, aux termes du Code d'Instruction Criminelle (art. 635), il a prescrit la peine, et ne peut être pris ni jugé (7); mais cette prescription n'empêche pas la mort civile de subsister (8), et ne lui rend pas ses droits, même pour l'avenir. Il n'est pas même admis 32.
à se présenter pour purger la contumace (9). (*Ibid.*, art. 641.)

SECTION II.

De la Privation à perpétuité de certains Droits Civils, comme suite de la condamnation à certaines peines.

Celui qui a été condamné à la peine des travaux forcés à temps, du bannissement, de la réclusion, et du carcan, ne peut jamais être juré, expert, employé comme témoin dans les actes, ni déposer en justice autrement que pour y donner de simples renseignemens.

Il est incapable de tutelle et de curatelle, si ce n'est de ses enfans, et sur l'avis seulement de sa famille.

Il est déchu du droit de port d'armes, et du droit de servir dans les armées de l'Empire. (*Code Pénal*, art. 28.)

La peine de la dégradation civique emporte la privation des mêmes droits, et de plus l'exclusion et la destitution de toutes fonctions ou emplois publics. (*Ibid.*, art. 34.)

Enfin, dans les cas de condamnation aux travaux forcés à temps, ou à la réclusion, outre la privation des droits ci-dessus, le condamné est, pendant la durée de la peine, dans un état d'interdiction légale. (*Ibid.*, art. 29.) Nous verrons les effets de cette disposition, au titre de *l'Interdiction.*

Tous ces effets cessent lorsque le condamné a été réhabilité. (*Cod. d'Instruct. Crimin.*, art. 633.)

La réhabilitation ne peut avoir lieu qu'après que le condamné a subi sa peine. Elle n'est jamais accordée au condamné pour récidive. (*Ibid.*, 634.)

Quant aux formes requises pour demander et obtenir la réhabilitation, Voyez le même Code, art. 619 à 632.

TITRE III.

Des Actes de l'État Civil (1).

On entend par *État Civil*, ce qui détermine le rang que les personnes doivent occuper dans la cité ou dans la famille. Ainsi, considéré sous le rapport de l'état civil, un individu est célibataire, veuf, ou marié, père ou enfant, majeur ou mineur, parent, à tel ou tel degré, de telle autre personne, etc. ; et comme, pour déterminer ces diverses qualités, il est presque toujours nécessaire d'établir le fait et l'époque de la naissance, du mariage, ou du décès de certaines personnes, le législateur a dû s'occuper particulièrement du soin de fixer la forme des actes dont la preuve de ces faits doit résulter, et que l'on appelle pour cela *actes de l'état civil.*

Les formalités de ces actes sont de deux espèces : les unes sont générales, et les autres sont particulières à chaque nature d'actes : elles feront l'objet des deux premiers chapitres ci-après.

Nous ferons connoître dans un troisième, les règles spéciales relatives aux actes de l'état civil concernant les militaires hors du territoire de l'Empire.

CHAPITRE PREMIER.

Formalités générales.

La première et la principale de ces formalités est, que les actes soient inscrits sur des registres (2). L'officier de l'état civil qui 40.
se permettroit d'en inscrire un seul sur une feuille volante, s'exposeroit à un emprisonnement d'un mois au moins, de trois mois au plus, et à une amende de 16 à 200 francs (*Code Pénal*, art. 192), sans préjudice des dommages-intérêts des parties. 52.

Quant aux autres formalités, elles servent, ou à constater l'authenticité des registres en eux-mêmes, ou à déterminer la manière dont les actes doivent y être inscrits.

SECTION PREMIÈRE.

Des Formalités générales relatives à la tenue des Registres.

Les formalités relatives aux registres en eux-mêmes, sont :
40. 1°. Qu'ils soient tenus doubles, dans chaque commune (1), par
la personne chargée de cette fonction, et qui est, en conséquence,
appelée *Officier de l'état civil* (2);

2°. Qu'ils soient cotés par première et dernière, et paraphés
sur chaque feuille par le président du Tribunal de l'arrondisse-
41. ment, ou par le juge qui le remplace ;

3°. Qu'ils soient clos et arrêtés par l'officier de l'état civil à la
fin de chaque année, et déposés, dans le premier mois de l'année
suivante, savoir : un des doubles aux archives de la commune, et
43. l'autre au greffe du Tribunal d'arrondissement (3). A ce dernier
double doivent être jointes les procurations et autres pièces qui
44. auroient été annexées aux actes ;

4°. Qu'ils soient ouverts à tout le monde, de manière que chacun
puisse en prendre communication, et en demander des ex-
traits (4), qui, lorsqu'ils sont délivrés conformes aux registres
par l'autorité compétente, et dûment légalisés (5), font foi jusqu'à
45. inscription de faux (6).

Ces formalités sont requises pour tous les registres dits *de l'état civil*, c'est-à-dire, qui contiennent les actes de naissance, mariage ou décès ; mais il est en outre un registre particulier, tenu également par l'officier de l'état civil ; c'est celui des publications de mariage.

Ce registre ne peut, à proprement parler, être regardé comme
registre de l'état civil, puisqu'il n'a pas pour but direct de prouver
la célébration du mariage, mais seulement l'observation d'une
des formalités requises pour ce contrat (7). En conséquence, on
n'exige pas qu'il soit tenu double ; mais cependant, comme rien
de ce qui peut intéresser, même indirectement, l'état des citoyens,
ne doit être laissé à l'arbitraire, on a dû donner à ce registre le
même caractère d'authenticité qu'à ceux de l'état civil. Il doit donc
être également coté, paraphé, et déposé, à la fin de chaque année,
63. au greffe du tribunal.

SECTION II.

Des Formalités générales relatives à la rédaction des Actes de l'État Civil.

Ces formalités sont : 1°. qu'ils soient inscrits de suite, sans aucun blanc ; que les ratures et renvois soient approuvés, et signés de la même manière que le corps de l'acte (1) ; qu'il n'y soit rien écrit en interligne, par abréviation, ou surcharge, et qu'aucune date ne soit mise en chiffre ; 42.

2°. Qu'ils contiennent l'indication de l'année, du jour, et de l'heure où ils sont reçus (2), ainsi que les prénoms, noms, âges, professions et domiciles de tous ceux qui y sont dénommés ; 34.

3°. Que, dans les cas où les parties intéressées ne sont point obligées de comparoître en personne (3), elles ne soient représentées que par un fondé de procuration spéciale et authentique, laquelle 36.
doit demeurer annexée à l'acte, après avoir été paraphée par l'officier de l'état civil et par la personne qui l'aura produite (4); 44.

4°. Que les témoins (5) produits auxdits actes soient mâles ; qu'ils soient majeurs, et choisis par les personnes intéressées, parmi leurs parens ou autres (6) ; 37.

5°. Qu'il ne soit inséré aux actes, soit par note, soit par énonciation quelconque, que ce qui est (7), et doit être (8) déclaré par les comparans ; 35.

6°. Qu'il soit, par l'officier de l'état civil, donné lecture des actes aux parties ou à leurs fondés de procuration, et aux témoins ; et qu'il soit fait mention de l'accomplissement de cette formalité ; 38.

7°. Que ces actes soient signés par l'officier de l'état civil ; 39.

8°. Qu'ils soient également signés par les comparans et les témoins, ou que mention soit faite de la cause qui les empêche de signer ; *Ibid.*

9°. Enfin, que, dans le cas où la mention d'un acte relatif à l'état civil, soit jugement de rectification, soit acte de recon- 101.
noissance d'un enfant, doit avoir lieu en marge d'un autre acte 62.
déjà inscrit, cette mention soit faite à la requête des parties intéressées (9), savoir : par l'officier de l'état civil sur les deux regis-

tres, si l'acte en marge duquel la mention doit être faite, est de l'année; sinon, par le même officier, sur le double déposé aux archives de la commune, et par le greffier du Tribunal, sur celui déposé au greffe : à l'effet de quoi, dans ce dernier cas, l'officier de l'état civil doit donner, dans les trois jours, avis de la mention, au Procureur impérial près le Tribunal, qui veillera à ce
49. qu'elle soit faite d'une manière uniforme sur les deux doubles.

Quoique toutes les formalités mentionnées dans ce chapitre et dans le suivant soient de la plus grande importance, en raison de la solemnité des actes auxquels elles s'appliquent, on n'a pas dû cependant attacher la peine de nullité à leur inobservation. C'eût été faire dépendre l'état des citoyens de la négligence, ou peut-être même de la malveillance d'un officier de l'état civil. Mais comme il falloit néanmoins pourvoir d'une manière efficace à ce que les formes prescrites fussent observées, on s'est contenté d'établir une responsabilité qui pèse sur les personnes chargées de la tenue (1), de la garde (2) et de la surveillance (3) des registres.

Cette responsabilité a pour objet, entr'autres :

1°. Les simples contraventions aux règles établies ci-dessus, quand même elles ne résulteroient que de l'erreur ou de la négligence; elles sont poursuivies devant le Tribunal civil, et punies
50. d'une amende qui ne peut excéder cent francs, sauf ce qui a été dit relativement à l'inscription des actes sur une feuille volante, et sans préjudice des dommages-intérêts des parties, s'il y a
1383. lieu (4);

2°. Les altérations ou faux (5) commis dans les actes; mais, à cet égard, il faut distinguer : si le dépositaire des registres est auteur ou complice des faux ou altérations, il est soumis aux peines portées par le Code Pénal, et, de plus, aux dommages-intérêts envers les parties. Les mêmes peines ont lieu à l'égard de tout individu
52. coupable de pareil délit.

Si le dépositaire des registres n'est auteur ni complice, il demeure seulement responsable civilement (6) des altérations, envers les parties intéressées, sauf son recours contre les auteurs
51. du délit.

La responsabilité dont il s'agit peut être invoquée, non-seule-

ment par les parties intéressées, mais encore par le ministère public. Le Procureur impérial est tenu de vérifier l'état des registres, lors du dépôt qui en est fait au greffe; de dresser procès-verbal sommaire de la vérification; et s'il aperçoit des contraventions ou délits, il doit les dénoncer, et requérir même d'office, s'il y a lieu, contre les officiers de l'état civil, la condamnation à
l'amende (1). 53.

La connoissance de ces faits appartient, savoir : pour les délits, aux Cours Impériales; et pour les simples contraventions, aux Tribunaux de première instance jugeant civilement, et non en police correctionnelle, et sauf l'appel, qui est, par la même raison, porté devant la chambre civile de la Cour Impériale. (Art. 54, et *Avis du Conseil-d'État, approuvé le 4 pluviose an 12.*) (2)

La Loi, en donnant aux Procureurs impériaux le droit de constater et de dénoncer les délits ou contraventions, et aux Tribunaux celui d'en ordonner la punition, ne leur donne pas, pour cela, la faculté de requérir ou d'ordonner d'office la rectification des registres, lorsqu'ils en sont susceptibles. Le droit de demander
cette rectification appartient aux seules parties intéressées (3), 99.
qui doivent, dans ce cas, présenter requête au Président du
Tribunal (4). Il y est statué sur rapport, et sur les conclusions *Pr.* 855.
du ministère public. Les juges peuvent, s'ils l'estiment convenable, ordonner, avant faire droit, la mise en cause de ceux, autres que les demandeurs, qui pourroient avoir intérêt à contester la rectification. Dans ce cas, la demande est formée par exploit, sans préliminaire de conciliation (5). Le Tribunal peut également ordonner, s'il y a lieu, la convocation d'un conseil de
famille (6). *Pr.* 856.

Si la rectification est ordonnée, elle n'est point faite sur l'acte (7); mais expédition du jugement est remise à l'officier de l'état civil, dépositaire du registre contenant l'acte dont il s'agit, lequel est tenu d'inscrire de suite ledit jugement sur ses registres courans,
et d'en faire mention en marge de l'acte réformé (8), et il ne peut 101.
plus, à compter de ce moment, et à peine de tous dommages-intérêts, délivrer expédition de l'acte qu'avec les rectifications
ordonnées (9). *Pr.* 857.

Tout jugement rendu sur une demande en rectification peut être attaqué par la voie de l'appel, par ceux qui y ont été parties. S'il n'y a point d'autre partie que le demandeur en rectification, et qu'il croie avoir à se plaindre du jugement, il peut, dans les trois mois de sa date, se pourvoir à la Cour Impériale, par requête présentée au Président, qui indiquera le jour auquel il sera statué.

L'arrêt est prononcé à l'audience, et sur les conclusions du mi-
Pr. 858. nistère public.

Dans aucun cas, le jugement ou l'arrêt ne peut être opposé aux parties intéressées qui ne l'auroient point requis, ou qui n'y
100. auroient pas été appelées (1).

Les dispositions mentionnées jusqu'ici ne peuvent s'appliquer qu'aux actes passés sur le territoire français. Cependant, comme des Français peuvent naître, se marier, ou mourir en pays étranger, il a fallu pourvoir aux moyens d'assurer leur état. Des Étrangers peuvent être également tenus de justifier en France de leur état civil, et l'on a dû leur en procurer les moyens; en conséquence, tous actes de l'état civil des Français faits en pays étranger font foi, s'ils ont été rédigés d'après les formes usitées dans ce
47. pays (2), ou s'ils ont été reçus, conformément aux lois françaises,
48. par les agens diplomatiques ou par les consuls français.

Quant aux actes de l'état civil des Étrangers, à plus forte raison font-ils foi, s'ils sont rédigés suivant les formes usitées dans le
47. pays où ils ont été passés.

Pour compléter le système général relatif aux actes de l'état civil, il ne reste plus à prévoir que le cas où il n'existe pas de registres, soit parce qu'il n'en a pas été tenu, soit parce qu'ils sont perdus. Alors la preuve de la non-existence des registres, ainsi que de la cause de cette non-existence, peut se faire, tant par titres que par témoins; et les parties ont également la faculté de prouver les naissances, mariages et décès, tant par titres, c'est-à-dire, principalement (3) par les registres et papiers émanés des
46. pères et mères décédés (4), que par témoins (5).

CHAPITRE II.

Des Formalités particulières à chaque espèce d'Actes.

On peut distinguer cinq espèces d'actes de l'État civil :
Ceux de naissance ;
d'adoption ;
de mariage ;
de divorce ;
et de décès.

On ne trouve dans le Code aucune disposition particulière relative aux actes d'adoption et de divorce, qui doivent cependant être inscrits sur les registres de l'état civil, comme ceux de naissance, etc. {264. 359.}

Probablement le motif de cette omission a été que, l'adoption et le divorce devant être préalablement admis par un jugement, l'on a pensé que les dispositions générales concernant les actes de l'état civil devoient suffire, et qu'il étoit inutile de déterminer des formes particulières pour ces sortes d'actes, à l'égard desquels la marche de l'officier de l'état civil se trouve naturellement tracée par le jugement.

Quant aux actes de mariage, les formalités qui y sont relatives paroissent devoir être plus convenablement placées sous le titre de ce nom ; nous n'aurons donc à parler ici que de celles qui concernent les actes de naissance et ceux de décès.

SECTION PREMIÈRE.

Des Actes de Naissance.

La première formalité à remplir lors de la naissance d'un enfant, c'est d'en faire la déclaration à l'officier de l'état civil du lieu. 55.

Cette déclaration doit être faite, dans les trois jours de l'accouchement, par le père ; à son défaut, par les officiers de santé (1), sages-femmes, ou autres personnes qui ont assisté à l'accouchement ; ou enfin, si la mère est accouchée hors de son domicile,

56. par la personne chez qui elle est accouchée ; et ce, sous peine d'un emprisonnement de six jours à six mois, et d'une amende de seize à trois cents francs. (*Code Pénal*, art. 346.)

L'enfant doit être en même temps présenté à l'officier de l'état
55. civil (1), qui rédige de suite l'acte de naissance en présence de
56. deux témoins.

Cet acte énonce : 1°. le jour, l'heure et le lieu de la naissance ; 2°. Le sexe de l'enfant, et les prénoms (2) qui lui sont donnés ; 3°. Les prénoms, noms, professions et domiciles de ses père
57. et mère (3), et des témoins.

Cependant l'énonciation du père ne doit avoir lieu qu'autant qu'il est présent (4), ou légalement certain (5) : autrement l'officier de l'état civil, ainsi qu'il résulte des principes établis ci-dessus, chap. I, ne pourroit pas même recevoir, ni conséquemment insérer dans l'acte la déclaration des comparans, relativement à la paternité (6). Si le père de l'enfant veut par la suite le recon-
334. noître, il peut le faire, soit par un acte authentique quelconque, soit par un acte passé devant l'officier de l'état civil, inscrit à sa date sur les registres, et dont il est fait mention en marge de l'acte
62. de naissance, s'il en existe un (7).

Telles sont les formalités requises pour les cas ordinaires ; mais il peut se présenter deux circonstances qui exigent des dispositions particulières.

La première est celle de l'exposition d'un enfant. Toute personne qui trouve un enfant nouveau-né, doit le remettre à l'officier de l'état civil, avec les vêtemens et autres effets trouvés sur lui, et déclarer toutes les circonstances du temps et du lieu où
58. il a été trouvé ; et ce, sous peine d'un emprisonnement de six jours à six mois, et d'une amende de seize à trois cents francs. Cependant cette disposition n'est point applicable à celui qui a consenti à se charger de l'enfant, et qui en a fait la déclaration devant la municipalité du lieu où l'enfant a été trouvé. (*Code Pénal*, art. 347.)

L'officier dresse du tout un procès-verbal détaillé, qu'il inscrit sur ses registres, et qui énonce en outre l'âge apparent de l'enfant, son sexe, les noms qui lui sont donnés, et l'autorité civile à laquelle il est remis (1). 58.

Le deuxième cas est celui d'un accouchement sur mer. Il y a à cet égard deux espèces de formalités : les unes doivent être observées au moment de la naissance ;

Elles consistent : 1°. à dresser l'acte de naissance dans les vingt-quatre heures, en présence du père, s'il est sur le bâtiment, et de deux témoins pris parmi les officiers dudit bâtiment, ou à défaut, parmi les hommes de l'équipage. Cet acte est rédigé, sur les bâtimens de l'Empereur, par l'officier d'administration, et sur ceux du commerce, par le capitaine, maître, ou patron (2).

Et 2°. à inscrire cet acte à la suite du rôle d'équipage (3). 59.

Les autres formalités ne peuvent avoir lieu qu'à terre. En conséquence, à l'arrivée du bâtiment dans le port de désarmement, comme le rôle d'équipage doit, aux termes des réglemens maritimes, être déposé au bureau du préposé à l'inscription maritime, cet agent est tenu d'envoyer une expédition de l'acte de naissance, de lui signée, à l'officier de l'état civil du domicile du père de l'enfant, ou de la mère si le père est inconnu. L'officier inscrit de suite l'expédition sur ses registres. 61.

Mais comme, avant d'arriver au port de désarmement, le bâtiment peut venir à relâcher dans un autre port, soit français, soit étranger, et qu'il importe de soustraire, le plus tôt possible, l'acte de naissance aux dangers de la mer, il est enjoint :

1°. Aux officiers d'administration, capitaines, maîtres ou patrons, à leur arrivée au premier port, de déposer au bureau du préposé à l'inscription maritime, si c'est en France, ou entre les mains du Consul français, si c'est dans l'étranger, deux expéditions authentiques (4) des actes de naissance qu'ils ont reçus dans la traversée ;

2°. Au préposé ou au Consul, de déposer une de ces expéditions à son bureau ou à sa chancellerie (5), et d'envoyer l'autre au Ministre de la marine, qui transmet copie de chacun de ces actes, par lui certifiée, à l'officier de l'état civil du père, ou de la mère si le père est inconnu, laquelle copie est de suite inscrite par cet officier sur ses registres. 60.

SECTION II.

Des Actes de Décès.

Aussitôt qu'une personne est décédée, il en doit être fait déclaration à l'officier de l'état civil, qui est tenu de s'assurer du décès, soit en se transportant auprès du cadavre, soit par le rapport
77. d'un officier de santé commis par lui.

Si le décès est constant, et qu'il n'y ait aucun indice de mort violente, il délivre, sur papier libre et sans frais, l'autorisation d'inhumer : l'inhumation ne peut avoir lieu que sur cette autorisation (1), et vingt-quatre heures seulement après le décès,
Ibid. sauf les cas prévus par les réglemens de police. Ceux qui auroient fait inhumer, sans autorisation préalable, un individu décédé, ou qui contreviendroient, de quelque manière que ce fût, à la loi et aux réglemens relatifs aux inhumations précipitées, sont punis d'un emprisonnement de six jours à deux mois, et d'une amende de seize à cinquante francs. (*Code Pénal*, art. 358.)

En délivrant la permission d'inhumer, l'officier de l'état civil dresse l'acte de décès, sur la déclaration de deux témoins qui sont, s'il est possible, les deux plus proches parens ou voisins du défunt. Si l'individu est décédé hors de son domicile, la personne chez qui il est mort, doit être un des témoins, si
78. elle réunit d'ailleurs les qualités requises.

L'acte de décès contient : 1°. les prénoms, nom, âge, profession et domicile de la personne décédée, ainsi que des déclarans; et, s'ils sont parens, leur degré de parenté;

2°. Les prénoms et nom de l'autre époux, si la personne décédée étoit mariée, veuve, ou divorcée (2);

3°. Autant qu'on pourra le savoir, le lieu de la naissance du décédé, ainsi que les prénoms, noms, profession et domicile de
79. ses père et mère.

Telles sont les seules formalités requises pour les cas ordinaires (3).

Les cas extraordinaires sont au nombre de six.

1°. Lorsqu'il y a des indices de mort violente, ou d'autres circonstances qui donnent lieu de la soupçonner ; alors l'autorisation d'inhumer ne peut être délivrée qu'après qu'il a été dressé, par un officier de police, assisté d'un docteur en médecine ou en chirurgie, procès-verbal de l'état du cadavre, et des circonstances y relatives, ainsi que des renseignemens qui auront pu être recueillis sur les prénoms, nom, âge, profession, domicile et lieu de naissance de la personne décédée. 81.

L'officier de police transmet de suite à l'officier de l'état civil du lieu où le cadavre a été trouvé, tous ceux des renseignemens énoncés dans son procès-verbal, qui sont seulement relatifs à l'état civil du décédé (1). 82.

D'après ces renseignemens, l'acte de décès est rédigé dans la forme ordinaire, et sans aucune mention du genre de mort (2). 85.

Expédition de cet acte est envoyée par l'officier de l'état civil qui l'a rédigé, à celui du domicile de la personne décédée, s'il est connu, lequel est tenu de l'inscrire sur ses registres. 82.

Le deuxième cas est celui d'exécution à mort par suite d'un jugement criminel. Le greffier doit, dans les vingt-quatre heures de l'exécution, envoyer à l'officier de l'état civil du lieu où elle s'est faite, les renseignemens nécessaires pour la rédaction de l'acte de décès. 83.

Ces renseignemens doivent être, comme dans le premier cas, uniquement relatifs à l'état civil du condamné : tout autre détail est absolument inutile à l'officier de l'état civil, qui ne peut que rédiger l'acte dans les formes ordinaires, et sans aucune mention du genre de mort. 85.

Troisième cas : Décès dans les hôpitaux militaires (3) ou civils, ou autres maisons publiques (4). Les directeurs de ces maisons sont tenus d'en donner avis, dans les vingt-quatre heures, à l'officier de l'état civil de l'arrondissement, qui remplit les formalités requises pour s'assurer du décès, et en dresse l'acte à l'ordinaire (5), d'après les déclarations qui lui sont faites et les renseignemens qu'il peut se procurer : il en envoie une expédition à l'officier de l'état civil du domicile actuel, ou du dernier domicile

du décédé, s'il est connu, lequel l'inscrit sur ses registres : les mêmes déclarations et renseignemens sont en outre consignés sur
80. des registres particuliers, tenus dans lesdits hôpitaux et maisons.

Quatrième cas : Décès dans les prisons, maisons de réclusion ou de détention. Il en doit être donné sur-le-champ avis par les concierges ou gardiens, à l'officier de l'état civil de l'arrondissement, qui est tenu de se conformer aux dispositions prescrites pour le cas précédent, tant pour constater le décès, que pour
84. en rédiger l'acte, dans lequel il ne doit pas être fait mention du
85. lieu du décès

Cinquième cas : Décès sur mer. Les formalités sont absolument les mêmes que pour les actes de naissance, tant pour la
86. 87. rédaction de l'acte, que pour son dépôt au premier port de relâche, ou à celui de désarmement.

Enfin, le sixième cas est lorsqu'on présente à l'officier de l'état civil le cadavre d'un enfant dont la naissance n'a pas été enregistrée. Ce cas n'avoit pas été prévu par le Code; il y a été pourvu par un décret du 4 juillet 1806 (*Bulletin*, n°. 1744), portant que l'acte dressé en cette occasion doit être inscrit à sa date sur les registres de décès ;

Que l'officier de l'état civil ne doit pas y exprimer qu'un tel enfant est décédé, mais seulement qu'il lui a été présenté sans vie ;

Qu'il doit de plus y inscrire la déclaration des témoins, touchant les noms, prénoms, qualités et demeures des père et mère, et la désignation des an, jour et heure auxquels l'enfant est sorti du sein de sa mère, sans qu'il puisse néanmoins résulter des diverses énonciations qui pourront être faites, aucun préjugé sur la question de savoir si l'enfant a eu vie ou non.

CHAPITRE III.

Des Règles particulières relatives aux Actes de l'État civil concernant les militaires hors du territoire de l'Empire.

Tant que les armées sont sur le territoire français, il n'y a point de raison d'exempter les militaires qui les composent, de l'exécution des règles prescrites pour constater l'état civil de tous les citoyens en général (1).

Mais ces mêmes règles ne peuvent plus leur être appliquées, quand les armées sont sur le territoire étranger. A la vérité, nous avons vu que les actes de l'état civil des Français, faits en pays étranger, sont valables quand ils ont été rédigés suivant les formes usitées dans le pays où ils ont été reçus ; mais l'on a observé avec raison, que le militaire sous le drapeau n'est jamais présumé être dans l'étranger, parce que, *où est le drapeau, là est la France* (2).

En conséquence, on a dû, en assujettissant d'ailleurs les militaires aux règles générales, apporter à ces mêmes règles les modifications commandées par les circonstances. 88.

Ces modifications sont relatives : 1°. *aux personnes qui doivent remplir, dans ce cas, les fonctions d'officier de l'état civil.* C'est, pour les militaires attachés à un corps, le major (3), si le corps est au moins d'un bataillon ou escadron ; dans les autres corps, le capitaine commandant : et pour les officiers sans troupe et les employés de l'armée, l'inspecteur aux revues. 89.

En cas de décès dans les hôpitaux militaires, ambulans ou sédentaires, l'acte est rédigé par le directeur de l'hôpital, et envoyé par lui au major, ou à l'inspecteur, suivant la qualité du décédé. 97.

2°. *A la tenue des registres.* Il en est tenu un (4) dans chaque corps pour les individus de ce corps, et un à l'état-major de l'armée ou du corps d'armée, pour les officiers sans troupes et les employés. Ils sont cotés et paraphés, savoir : ceux de 90. chaque corps, par l'officier qui le commande (5) ; et celui de l'état-major, par le chef de l'état-major général. Ils sont con- 91. servés de la même manière que les autres registres des corps et états-majors ; et à la rentrée sur le territoire de l'Empire, ils sont déposés aux archives de la guerre. 90.

3°. *Aux formalités particulières à chaque nature d'actes.* Ainsi, les naissances doivent être déclarées dans les dix jours de l'accouchement. 92.

Les publications de mariage doivent être faites, suivant la règle générale, au lieu du dernier domicile (6) des parties, et elles sont en outre mises, vingt-cinq jours avant la célébration, à

l'ordre du jour du corps, pour les individus qui tiennent à un
94. corps ; et pour les autres, à celui de l'armée ou du corps d'armée.
96. Enfin, trois témoins sont exigés pour les actes de décès.

4°. *A la manière de faire connoître aux familles les changemens arrivés dans l'état des membres qui les composent.* A cet effet, l'officier chargé de la tenue du registre doit en adresser extrait, savoir :

Pour les naissances, dans les dix jours de l'inscription, à l'officier de l'état civil du dernier domicile du père, ou de la mère,
93. si le père est inconnu.

Pour les mariages, immédiatement après l'inscription de l'acte de célébration (1), à l'officier de l'état civil du dernier domicile
95. de chacun des époux.

96.} Et pour les décès, dans les dix jours de l'inscription de l'acte (2),
97.} à l'officier de l'état civil du dernier domicile du décédé (3).

Dans ces différens cas, tout officier de l'état civil qui reçoit de l'armée expédition d'un acte relatif à des personnes qui ont été, ou qui sont domiciliées dans son arrondissement, est tenu de
98. l'inscrire de suite sur ses registres.

Il faut, au surplus, bien observer que les dispositions du présent chapitre ne sont applicables qu'aux militaires et autres per-
88. sonnes employées à la suite des armées (4).

TITRE IV.

Du Domicile (1).

Le domicile civil (2) du Français (3) est, en général, au lieu où il a son principal établissement. 102.

Le premier domicile est celui d'origine. Il se forme de plein droit au moment de la naissance : il est le même que celui du père, ou de la mère si le père est inconnu (4) ; et il se conserve ainsi jusqu'à la majorité ou l'émancipation de l'individu (5).

Mais une fois majeur ou émancipé, il est libre d'en changer ; et comme la résidence et le domicile peuvent être distincts l'un de l'autre (6), la difficulté consiste à déterminer les indices servant à faire connoître le lieu du véritable domicile.

L'article 103 décide en principe général, que le changement de domicile s'opère par le fait d'une habitation réelle dans un autre lieu, joint à l'intention d'y fixer son principal établissement.

Le fait du changement d'habitation est ordinairement facile à constater ; il n'est pas aussi aisé d'établir l'intention.

En effet, l'article 104 porte bien que la preuve de l'intention résulte d'une déclaration expresse faite, tant à la municipalité du lieu que l'on quitte, qu'à celle du nouveau domicile ; mais comme cette déclaration n'est que facultative, et qu'on ne pouvoit la rendre impérative, parce qu'il eût fallu attacher une peine à son omission, ce qui eût été difficile, on a dû se contenter de décider qu'à défaut de déclaration, la preuve de l'intention dépendroit des circonstances. 105.

Quelles sont maintenant les circonstances qui peuvent faire présumer l'intention de changer de domicile ? Cette question se compose de détails si variés et si multipliés (7), qu'il est impossible de rien prononcer de positif à cet égard. La solution en est donc laissée entièrement à l'arbitrage du juge ; et il n'a été prévu que deux cas dans lesquels la présomption légale (8) de domicile doit avoir lieu.

Le premier, est celui d'un majeur ou d'un mineur émancipé, demeurant dans la même maison que la personne chez laquelle il sert ou travaille habituellement ; s'il est capable d'avoir un domicile

particulier (1), il est présumé avoir le même que celui de cette
109. personne (2);

Le deuxième cas est celui de l'acceptation, par un individu, de fonctions publiques qu'il ne peut exercer sans quitter le lieu de sa résidence ordinaire. Mais alors même il faut distinguer : Si les fonctions sont à vie, l'acceptation seule (3) fait présumer
107. l'intention de changer de domicile, parce que l'on doit supposer au fonctionnaire l'intention de remplir ses devoirs dans toute leur étendue, et d'y consacrer sa vie entière.

C'est par une suite de ce principe que la femme, par le fait seul de son mariage, change de domicile, et prend de plein droit celui
108. de son mari (4).

Si, au contraire, les fonctions sont temporaires ou révocables, la présomption cesse d'avoir lieu, et le fonctionnaire n'est censé avoir changé de domicile, qu'autant qu'il en a manifesté d'ailleurs
106. l'intention.

Il résulte de ce que nous venons de dire : 1°. que, pour acquérir domicile, il faut l'intention jointe au fait de l'habitation
103. réelle (5) ; mais que l'intention seule suffit pour le conserver, quand il est une fois acquis (6);

2°. Que, conséquemment, ceux auxquels la Loi ne reconnoît point de volonté, ne peuvent se choisir un domicile. C'est pour cette raison que le mineur non émancipé ne peut en avoir d'autre
108. } que celui de ses père et mère, ou tuteur; et le majeur interdit,
505. } celui de son tuteur (7);

3°. Enfin, que le domicile étant le lieu du principal établisse-
110. ment, ce doit être aussi le lieu de l'ouverture de la succession (8).

Il arrive souvent, lors de la passation d'un acte (9), que les parties, ou l'une d'elles, se choisissent, pour l'exécution de cet acte, un autre domicile que celui qu'elles ont réellement. Ce domicile se nomme domicile élu, conventionnel, ou d'élection.

Cette stipulation n'ayant rien de contraire à l'ordre public, est admise ; et son effet est de valider les significations, demandes, et poursuites faites au domicile élu (10), et en outre de déterminer la compétence du juge de ce domicile ; mais cet effet doit être restreint aux contestations relatives à l'exécution de l'acte
111. dans lequel l'élection de domicile a eu lieu (11).

TITRE V.

Des Absens.

On entend par *absent*, dans le langage ordinaire, celui qui est hors du lieu de sa résidence, soit que l'on ait, ou non, de ses nouvelles (1). Mais, dans le style des Lois, et notamment dans le présent Titre, l'*absent* est celui qui a été déclaré tel par sentence du juge. Cette déclaration ne peut avoir lieu qu'autant qu'on ignore l'existence ou le décès de l'individu, et qu'il s'est écoulé en outre le temps déterminé par la loi, sans qu'il ait été reçu de ses nouvelles.

Ce temps est de cinq ans, au moins, si la personne n'a point
laissé de procuration, et de onze ans, si elle en a laissé une, quand 115. 119.
même cette procuration viendroit à cesser (2) avant l'expiration
du délai (3). 121. 122.

Pendant cet intervalle, l'individu est seulement *présumé absent ;* et alors, s'il n'y a pas de procuration, ou si elle vient à cesser, et qu'il y ait nécessité (4) de pourvoir, en tout ou en partie (5), à l'administration de ses biens, il y est statué par le Tribunal du domicile
de l'absent, sur la demande des parties intéressées (6), et de la manière 112.
qui est jugée la plus convenable, suivant les circonstances (7). Les juges ont à cet égard la plus grande latitude ; mais ils ne doivent user de ce droit qu'avec une extrême circonspection (8), et les mesures doivent se borner à celles strictement nécessaires pour le moment. La loi a seulement prévu le cas où l'absent présumé seroit intéressé à une succession ouverte avant sa disparition (9) ; et alors le Tribunal doit, à la requête de la partie la plus diligente, commettre un notaire, chargé de représenter (10) l'absent pré-
sumé dans toutes les opérations relatives à ladite succession. 113.

Le ministère public est, en outre, spécialement chargé de veiller aux intérêts des absens présumés. Il peut donc prendre, même par voie d'action, toutes les mesures qu'il juge conve-

nables dans leur intérêt, et il doit être entendu sur toutes
114. les demandes qui les concernent.

L'attention du Législateur a dû se porter également sur les enfans de l'absent présumé, s'il en existe. Cependant, si c'est la mère qui a disparu, et que le père soit vivant, comme les enfans restent alors sous la protection de celui auquel la nature et la loi ont confié leur défense, toute disposition ultérieure est inutile. Il n'y a donc à prévoir que le cas de disparition du père, et il est naturel alors de réunir ses droits à ceux de la mère, et d'abandonner en conséquence à celle-ci la surveillance de l'éducation
141. et l'administration des biens de ses enfans (1).

Si la mère est décédée avant la disparition du père, l'administration de la personne et des biens des enfans est déférée par le conseil de famille à l'ascendant le plus proche (2), ou, à défaut d'ascendans, à un tuteur provisoire. Mais comme cette mesure peut avoir pour effet de procurer à des étrangers les moyens de s'immiscer dans les affaires de l'absent, ce que la loi n'autorise que très-difficilement, on a décidé que cette tutelle ne seroit déférée, même aux ascendans, que six mois après la disparition
142. du père (3).

Si les enfans sont d'un premier lit, l'existence de la seconde femme devient une circonstance indifférente, et il y a lieu
143. d'appliquer les règles qui viennent d'être établies. Il en est de même, lorsque leur mère, vivant au moment de la disparition
142. du père, vient à décéder avant la déclaration d'absence.

Telles sont les mesures prescrites pour la première période, celle de la présomption d'absence (4). Mais lorsqu'il s'est écoulé un certain temps sans que l'on ait reçu des nouvelles de l'absent, quoique la mort soit encore incertaine, néanmoins il n'est plus possible de laisser les biens dans un état de suspension nuisible; mais aussi, comme l'administration de ces biens va être confiée à des mains étrangères, qui auront droit, en outre, de s'approprier une portion des fruits, il doit être pris des mesures particulières, dont le but est, d'abord, de constater que le délai fixé par la loi est écoulé, sans qu'il ait été reçu de nouvelles de l'absent; et en second lieu, de lui garantir, en cas de retour, la restitution de ses biens.

Pour faire connoître ces mesures, nous diviserons en trois chapitres ce qui nous reste à dire sur la matière de l'absence.

Nous traiterons, dans le premier, de la déclaration d'absence, et de l'envoi en possession qui en est la suite.

Ce premier envoi n'étant que provisoire, doit lui-même avoir un terme. Nous ferons connoître, dans un second chapitre, comment et à quelle époque il peut devenir définitif, et quels sont alors ses effets.

Enfin, un troisième chapitre exposera les effets de l'absence, relativement au mariage de l'absent et aux droits qui peuvent lui écheoir.

CHAPITRE PREMIER.

De la Déclaration d'absence, et de l'Envoi en possession provisoire.

Quatre ans après la disparition ou les dernières nouvelles (1), ou au bout de dix ans, à compter de la même époque, si l'absent a laissé une procuration, *les parties intéressées* (2) peuvent se pourvoir devant le tribunal du domicile de l'absent, pour faire déclarer l'absence. 115. 121.

Sur leur requête, à laquelle doivent être joints les pièces et documens, s'il en existe, le tribunal ordonne, s'il y a lieu (3), qu'une 117.
enquête soit faite contradictoirement avec le Procureur impérial (4), dans l'arrondissement du domicile de l'absent, et dans celui de sa résidence (5), s'ils sont distincts l'un de l'autre. 116.

Ce jugement est adressé, aussitôt qu'il est rendu, par le Procureur impérial, au Grand-Juge Ministre de la Justice, qui le rend public (6). 118.

Le jugement de déclaration d'absence ne peut être rendu qu'un an après le jugement qui a ordonné l'enquête (7); il est adressé au 119.
Grand-Juge, et rendu public comme le premier (8). 118.

En vertu de ce dernier jugement, les ayant-droit peuvent, en donnant caution pour la sûreté de leur administration (9), se faire envoyer (10) en possession provisoire des biens qui apparte-

noient à l'absent au jour de sa disparition, ou de ses dernières
120. nouvelles (1).

Mais pour déterminer quelles sont les personnes qui ont droit de demander et d'obtenir cet envoi, il est nécessaire d'établir ici un principe général, qui servira d'ailleurs à lever plusieurs difficultés qui peuvent se rencontrer dans la matière de *l'absence.*

Ce principe est, que l'absent qui ne reparoît point et qui ne donne point de ses nouvelles, est, excepté pour ce qui concerne son mariage et les droits de son conjoint (2), réputé mort du jour de sa disparition ou de ses dernières nouvelles. De-là il résulte : 1°. que l'envoi en possession doit être accordé, non pas à ceux qui se trouvent ses héritiers au moment de la déclaration d'absence, mais à ceux qui l'étoient au moment de sa disparition ou de ses
120. dernières nouvelles (3), leurs successeurs (4) ou ayant-cause (5), à la charge, toutefois, s'il venoit à être prouvé que l'absent est décédé postérieurement, de rendre sa succession à ceux qui
130. étoient ses héritiers au moment du décès effectif (6);

2°. Que, si l'absent a laissé un testament, il doit être ouvert à la réquisition, soit des parties intéressées, soit du Procureur impérial (7);

3°. Enfin, que par suite de la présomption de mort de l'absent, ses légataires, ses donataires (8), et généralement tous ceux qui ont, sur ses biens, des droits subordonnés à la condition de son décès, peuvent les exercer provisoirement, à la charge de donner
123. caution (9).

Ces effets de la déclaration d'absence sont néanmoins suspendus dans un cas (10); c'est celui où, l'absent étant marié et commun en biens (11), l'époux présent demande la continuation de la communauté : ce dernier est alors autorisé à prendre ou à conserver (12) de préférence l'administration des biens de l'absent (13); et il empêche par-là l'envoi en possession, ainsi que l'exercice provisoire de tous les droits subordonnés à la condition du décès.

Si, au contraire, l'époux présent demande la dissolution provisoire de la communauté, il se borne à exercer tous les droits, légaux (14) ou conventionnels (15), auxquels la mort de l'absent auroit donné ouverture, à la charge de donner caution pour les choses susceptibles de restitution (1); et l'envoi en possession a lieu, comme à l'ordinaire, au profit des ayant-droit (2). 124.

Il est, au surplus, à remarquer que la faculté accordée à l'époux présent, d'opter, au moment de la déclaration d'absence, pour la continuation de la communauté, peut être exercée par la femme, sans préjudicier au droit qu'elle a de renoncer ensuite à cette même communauté (3). *Ibid.*

Après l'envoi en possession, ou l'option pour la continuation de la communauté, les envoyés, ou l'époux, étant les représentans légaux de l'absent, c'est contr'eux que doivent être poursuivis tous les droits que les tiers ont à exercer contre lui (4). 134.

La possession provisoire accordée aux envoyés ou à l'époux commun en biens (5), n'est toujours qu'un dépôt qui leur donne seulement l'administration des biens de l'absent, et qui les rend comptables, envers qui de droit (6), de cette même administration : 125. de là plusieurs formalités requises pour constater la quotité des biens et en garantir la restitution.

La première, est l'inventaire du mobilier et des titres de l'absent (7). Il y est procédé à la requête des envoyés en possession, ou de l'administrateur légal (8), et en présence du Procureur impérial, ou d'un juge-de-paix requis par lui.

La deuxième : Vente de tout ou partie du mobilier, suivant que le tribunal le juge convenable (9).

La troisième : Emploi du prix, ainsi que des fruits échus (10). 126.

La quatrième : Les immeubles de l'absent ne peuvent, tant que dure l'envoi provisoire, être aliénés ni hypothéqués, si ce 128. n'est pour les causes et dans les formes établies par la loi (11), ou en vertu de jugement (12) : ceux qui en jouissent, doivent les admi- 2126. nistrer en bons pères de famille, et les rendre, s'il y a lieu, dans l'état où ils les ont reçus, sauf les détériorations survenues par cas fortuit ou par vétusté ; ils peuvent, d'ailleurs, pour leur propre sûreté, requérir, lors de leur entrée en jouissance, que l'état desdits immeubles soit constaté par un expert que le tribunal désigne, et dont le rapport doit être homologué (13) en présence du Procureur impérial, le tout aux frais de l'absent. 126.

A défaut de cette formalité, ils sont censés avoir reçu les immeubles en bon état, et sont tenus de les rendre de même (1).

Telles sont les précautions prises pour assurer les droits de l'absent. Mais si, d'un côté, les obligations imposées aux envoyés en possession doivent être rigoureuses, de l'autre il eût été injuste que leur administration fût purement gratuite, tellement qu'en cas de restitution ils fussent obligés de rendre la totalité des bénéfices provenant de cette même administration : on a donc dû leur présenter quelques avantages, sans imposer cependant à l'absent des sacrifices trop considérables.

Tel est le motif de la disposition qui accorde à tous ceux qui ont joui provisoirement des biens de l'absent (2), les quatre cinquièmes des revenus (3) de ces biens, si l'absent reparoît (4) dans les quinze ans à compter du jour de sa disparition (5); les neuf dixièmes après
127. les quinze ans, et la totalité après trente ans d'absence.

Dans tous les cas, les effets de la déclaration d'absence cessent du moment que l'absent reparoît ou que son existence est prouvée, sauf à prendre, dans ce dernier cas, s'il y a lieu, les mesures conservatoires prescrites pour le temps qui a précédé cette décla-
131. ration.

CHAPITRE II.

De l'Envoi en possession définitif, et de ses Effets.

Si l'absent ne reparoît pas, comme l'envoi provisoire et l'administration légale ne sont que des états précaires qui ne peuvent se prolonger indéfiniment, il a dû être fixé un terme après lequel ils doivent cesser : ce terme est de trente ans, à compter de l'envoi provisoire ou de l'administration légale; ou de cent ans, à compter du jour de la naissance de l'absent, si la centième année vient à
129. se compléter avant l'expiration des trente ans (6).

Après ce délai, les cautions sont déchargées; si la communauté a été continuée, elle est dissoute : tous les ayant-droit peuvent demander le partage des biens de l'absent (7), et faire prononcer
Ibid. par le tribunal (8) l'envoi en possession définitif, dont l'effet est

de leur transmettre la propriété, et par conséquent la libre disposition des biens de l'absent.

Mais cette propriété, quoique très-réelle, puisqu'elle leur donne le droit d'aliéner irrévocablement (1), n'est cependant pas incommutable dans leur personne; elle est résoluble dans deux cas: 132.

1°. Si l'absent reparoît, ou si l'on a de ses nouvelles; *Ibid.*

2°. S'il se présente des enfans ou autres descendans de lui, qui ne fussent pas connus lors de l'envoi définitif. Mais il y a cette 133. différence entr'eux et l'absent, que ce dernier peut exercer son droit de répétition dans tous les temps, sans pouvoir être écarté par aucune prescription, au lieu que ses enfans ou descendans ne sont admis, qu'autant qu'ils se présentent dans les trente ans (2), à compter de l'envoi définitif. *Ibid.*

Dans tous les cas, l'absent ou ses descendans ne peuvent se faire restituer que les biens existans encore entre les mains des envoyés en possession, et dans l'état où ils se trouvent alors (3), le prix de ceux aliénés (4), ou ceux provenans du remploi, mais non ceux acquis par des tiers. 132.

CHAPITRE III.

Des Effets de l'Absence, relativement au mariage de l'absent, et aux droits qui peuvent lui échoir pendant sa disparition.

SECTION PREMIÈRE.

Des Effets de l'Absence, relativement aux droits échus à l'absent pendant sa disparition.

Nous avons dit précédemment que le principe général, en matière d'absence, étoit, que l'absent qui ne reparoissoit pas, étoit présumé mort du jour de sa disparition; c'est donc à celui qui veut exercer un droit subordonné à la condition de son existence, à prouver qu'il existoit (5) à l'époque à laquelle le droit s'est ouvert. 135.

En appliquant ce principe aux objets dont il s'agit dans la présente section, les dispositions qui y sont relatives vont en découler naturellement.

S'ouvre-t-il une succession à laquelle soit appelé un individu dont l'existence n'est pas reconnue (6), comme on ne peut succéder

725. à quelqu'un, qu'autant qu'on lui a survécu, il est clair que cette succession ne peut être réclamée du chef de l'individu dont il s'agit, qu'autant qu'il sera prouvé qu'il existoit quand elle a été
135. ouverte, et qu'à défaut de cette preuve, elle est dévolue exclusivement à ceux avec lesquels l'absent auroit eu le droit de
136. concourir, ou à ceux qui l'auroient recueillie à son défaut (1); sauf à lui, ses représentans ou ayant-cause, à réclamer (2), dans
137. le délai de la prescription (3), les fonds et les capitaux (4), mais non les fruits, qui appartiennent en toute propriété à ceux qui ont
138. recueilli la succession, s'ils les ont perçus de bonne foi (5).

Ce principe s'applique, sans exception, à tous les droits qui peuvent s'ouvrir depuis la disparition de l'absent, et auxquels il
135. eût participé, s'il eût été présent.

SECTION II.

Des Effets de l'absence relativement au mariage de l'Absent.

En établissant précédemment le principe qui répute l'absent mort du jour de sa disparition, nous avons observé qu'il ne s'appliquoit pas au mariage de l'absent ni aux droits de son époux. L'on sent, en effet, combien il seroit dangereux de déclarer un mariage dissous, et de permettre à un époux de convoler en secondes noces, sur la foi d'une simple présomption. En conséquence, quelque longue qu'ait été l'absence, l'époux présent ne peut se remarier, qu'il n'apporte la preuve légale du décès de son premier époux.

Cependant, si, d'un côté, la présomption de mort ne peut jamais suffire pour autoriser un nouveau mariage, de l'autre, l'incertitude de la vie ne permet pas que l'on trouble inconsidérément le second mariage une fois contracté.

Si donc, nonobstant la prohibition, il a été contracté de fait un second mariage, soit en trompant l'officier de l'état civil, soit de concert avec lui, l'acte est, à la vérité, illicite, puisqu'il a été fait contre la disposition de la Loi; mais comme la nullité réelle et effective de ce second mariage est subordonnée à la preuve de l'existence du premier époux, il a été décidé, avec raison, que cet époux seul seroit recevable (6) à l'attaquer, soit par lui-même, soit
139. par son fondé de pouvoir muni de la preuve de son existence (7).

TITRE VI.

Du Mariage. (1)

Le mariage peut être défini l'union légitime de l'homme et de la femme.

Nous aurons donc à examiner :

1°. Quelles sont les conditions nécessaires pour que cette union soit légitime :

2°. Comment peut et doit se faire la preuve que le mariage a été légitimement contracté ;

3°. Les conditions requises pour le mariage n'ayant pas toutes une égale influence sur sa validité, nous ferons connoître quelles sont celles dont le défaut peut entraîner la nullité du mariage, et par quelles personnes les moyens de nullité peuvent être proposés ;

4°. Nous déterminerons les effets du mariage légitimement contracté ;

5°. Enfin, nous exposerons comment cette union peut se dissoudre.

Le présent Titre sera, en conséquence, divisé en cinq chapitres.

Le premier traitera des conditions requises pour la légitimité du mariage ;

Le deuxième, de la preuve du mariage ;

Le troisième, des nullités du mariage ;

Le quatrième, de ses effets ;

Et le cinquième, de sa dissolution.

Observons, avant tout, qu'il est défendu à tout ministre d'un culte, de procéder aux cérémonies religieuses d'un mariage, sans qu'il lui ait été justifié d'un acte de mariage préalablement reçu par les officiers de l'état civil, sous peine, pour la première fois, d'une amende de seize à cent francs ;

D'un emprisonnement de deux à cinq ans, pour la première récidive ;

Et de la déportation, pour la seconde. (*Code Pénal*, art. 200.)

CHAPITRE PREMIER.

Des Conditions requises pour la légitimité du mariage.

Cinq conditions sont requises pour que le mariage soit légitime :

1°. L'âge compétent des parties contractantes ;

2°. Leur consentement ;

3°. Le consentement de ceux à l'autorité desquels ils sont soumis ;

4°. Qu'il n'y ait point d'empêchement ;

5°. L'observation de toutes les formalités prescrites par la loi.

Nous allons exposer séparément les règles relatives à ces cinq conditions (1).

SECTION PREMIÈRE.

De l'Age compétent pour le Mariage.

L'âge requis pour le mariage est de dix-huit ans révolus pour
144. les hommes, et de quinze ans aussi révolus pour les femmes, sauf
le cas des dispenses, qui peuvent être accordées par l'Empereur
145. pour des motifs graves.

Les formalités relatives à ces dispenses sont déterminées par l'arrêté du 20 prairial an 11 (*Bulletin*, n°. 2792), ainsi qu'il suit :

1°. La pétition doit être remise au Procureur impérial près le tribunal du domicile du pétitionnaire ;

2°. Ce magistrat met son avis au pied de la pétition, qui est ensuite adressée au Grand-Juge ;

3°. Le Grand-Juge en fait le rapport à l'Empereur, qui statue ;

4°. Si la dispense est accordée, le décret est, à la diligence du Procureur impérial, et en vertu d'ordonnance du Président, enregistré au greffe du tribunal de l'arrondissement dans lequel le mariage sera célébré ;

5°. Enfin, expédition du décret, dans laquelle il est fait mention de l'enregistrement, demeure annexée à l'acte de célébration du mariage.

SECTION II.

Du Consentement des contractans.

Le mariage étant, comme nous l'avons dit, l'union de deux personnes, et toute union supposant nécessairement le consentement des personnes qui s'unissent, il est clair qu'il n'y a pas de mariage, quand ce consentement n'existe pas (1). Mais comme d'un autre côté le consentement n'est point valable quand il a été donné par erreur ou extorqué par violence, il en résulte que 1109.
le mariage peut être annullé, quand il a été contracté par suite d'une crainte grave (2), ou d'une erreur quant à la personne. 180.
Nous verrons, au troisième chapitre, par qui, et dans quel délai la nullité peut être demandée.

SECTION III.

Du Consentement de ceux auxquels les contractans sont soumis.

Le mariage étant un contrat par lequel chacun des époux dispose de sa personne, et le plus souvent même de ses biens, il ne peut avoir lieu, si les contractans sont mineurs, qu'avec le consentement de ceux auxquels ils sont soumis.

Lorsqu'il existe des ascendans, la minorité pour le mariage (3) dure jusqu'à l'âge de vingt-cinq ans accomplis pour les hommes, et de vingt-un ans, aussi accomplis, pour les femmes.

Tant que les contractans n'ont pas atteint cet âge, ils sont obligés d'obtenir le consentement de leurs ascendans, dans l'ordre qui suit :

Premièrement, celui de leurs père et mère : en cas de dissentiment, l'avis du père doit l'emporter (4); si le père est mort, 148.
ou dans l'impossibilité de manifester sa volonté (5), le consentement de la mère suffit (6). 149.

Secondement, à défaut du père et de la mère (1), l'on exige le consentement des aïeuls ou aïeules, et ainsi de suite (2). En cas de dissentiment dans la même ligne (3), l'avis de l'ascendant mâle est préféré. S'il y a dissentiment entre les deux lignes (4),
150. ce partage emporte consentement (5).

Mais lorsque tous les ascendans sont morts (6), ou dans l'impossibilité de manifester leur volonté, la majorité pour le mariage est fixée, comme pour les autres actes civils, à vingt-un ans accomplis pour les hommes et les femmes indistinctement. (*Pour la manière de justifier du décès des ascendans, quand il est impossible de s'en procurer l'acte, voyez ci-après l'avis du Conseil d'État, approuvé le 4 thermidor an 13, Bulletin*, n°. 858.) Jusqu'à
160. cet âge, ils doivent obtenir le consentement du conseil de famille. Pour assurer l'exécution de ces dispositions, outre la nullité du mariage, qui peut avoir lieu, ainsi que nous le verrons ci-après, il est encore prononcé une peine contre tout officier de l'état civil qui auroit célébré un mariage, sans énoncer dans l'acte le consentement des personnes désignées ci-dessus, dans les cas où il est requis (7); cette peine est une amende de seize à trois cents francs, et un
156. emprisonnement de six mois au moins, et d'un an au plus. (*Code Pénal*, art. 193.)

Mais quoique la Loi n'exige pas absolument le consentement des ascendans pour le mariage des hommes majeurs de vingt-cinq ans, et des femmes majeures de vingt-un, cependant, comme
371. l'enfant, à tout âge, doit honneur et respect à ses ascendans, elle lui impose l'obligation de demander leur conseil (8), même
151. quand il a atteint la majorité requise pour le mariage.

Ce conseil doit être demandé aux ascendans dont le consentement est requis pour le mariage (9), par un acte respectueux notifié par deux notaires (10), ou par un notaire et deux témoins (11). Il en est dressé procès-verbal, qui fait mention de
154. la réponse (12) de la personne à qui l'acte est notifié.

Jusqu'à l'âge de trente ans pour les hommes, et de vingt-cinq pour les femmes, cet acte doit être renouvelé deux fois, de mois en mois (13); et si l'ascendant ou les ascendans persistent dans leur refus, le mariage ne peut être célébré qu'un mois après le

troisième acte. Passé cet âge, une seule notification suffit (1), et 152.
le mariage peut être célébré un mois après. 153.

En cas d'absence présumée ou déclarée de l'ascendant ou des ascendans auxquels l'acte respectueux eût dû être notifié, il y est suppléé par la représentation du jugement de déclaration d'absence; ou, à défaut de ce jugement, de celui qui a ordonné l'enquête; ou enfin, s'il n'y a pas encore eu de jugement, par un acte de notoriété constatant la non-présence sans nouvelles. Cet acte est délivré par le juge-de-paix du lieu où l'ascendant a eu son dernier domicile connu, sur la déclaration de quatre témoins appelés
d'office par lui. Mais comme il étoit difficile, sur-tout à la classe 155.
pauvre, de se procurer cet acte, à cause de l'ignorance du dernier domicile de l'ascendant, l'avis précité du Conseil-d'État, inséré au *Bulletin*, n°. 858, a pourvu à cet inconvénient, ainsi qu'à celui résultant de l'impossibilité dans laquelle sont quelquefois des mineurs, de produire les actes de décès de leurs père et mère. Cet avis porte :

1°. Qu'à défaut d'actes de décès des père et mère des futurs mariés, il suffit que le décès soit attesté par les aïeuls et aïeules, et qu'il soit fait mention de cette attestation dans l'acte de mariage;

2°. Qu'à défaut d'actes de décès des père, mère, aïeuls et aïeules, et si leur non-présence sans nouvelles ne peut être prouvée dans la forme prescrite par l'article 155 du Code, il peut être procédé à la célébration du mariage des majeurs (2), sur leur déclaration à serment que le lieu du décès et celui du dernier domicile de leurs ascendans leur sont inconnus; laquelle déclaration doit être certifiée par les quatre témoins du mariage, qui affirmeront aussi par serment qu'ils sont dans la même ignorance. Il doit être fait mention, dans l'acte de mariage, desdites déclarations.

Toutes les dispositions dont nous venons de parler, relativement à la nécessité du consentement des père et mère (3), si les époux sont mineurs pour le mariage, ainsi qu'aux actes respectueux, s'ils sont majeurs, s'appliquent aux enfans naturels légalement reconnus. Quant à ceux non reconnus, ou qui, après l'avoir été, ont 158.
perdu leurs père et mère, ils ne peuvent se marier avant l'âge

de vingt-un ans révolus, qu'avec le consentement d'un tuteur
159. nommé (1) *ad hoc* (2).

Le consentement des parens, ainsi que nous l'avons déjà fait observer, n'étant pas absolument nécessaire pour le mariage de leurs enfans majeurs, on n'a pas dû attacher la peine de nullité à l'inobservation d'une formalité tendant à obtenir ce consentement : en conséquence, le mariage qui n'a pas été précédé d'actes respectueux dans les cas où ils sont requis, est valide ; mais comme il falloit néanmoins assurer par quelque moyen l'exécution de la loi, on a cru devoir faire porter la peine de l'infraction sur l'officier public qui, par négligence ou par connivence, s'est permis de célébrer le mariage : cette peine consiste dans une amende de trois cents francs au plus, et un emprisonnement d'un
157. mois au moins (3).

Du droit qu'ont les ascendans de donner leur consentement ou leur conseil sur le mariage de leurs descendans, résulte nécessairement celui de former opposition au futur mariage, s'ils le jugent convenable. Ce droit peut être exercé par eux, dans l'ordre qui a été désigné ci-dessus, relativement au consentement à donner
173. au mariage (4).

Le conseil de famille étant appelé, à défaut d'ascendans, et dans le cas de minorité des futurs époux, à donner son consentement au mariage, ceux qui le composent doivent être également reçus à y former opposition, lorsque ce consentement n'a pas été obtenu. Ce droit n'est cependant pas accordé à tous les collatéraux indistinctement, mais seulement au frère de l'époux mineur, à la sœur, à l'oncle, à la tante, au cousin ou à la cousine germaine, majeurs (5).

Les mêmes individus ont encore le droit de s'opposer au mariage, lorsqu'ils allèguent que le futur époux, quoique majeur, est en état de démence (6) ; mais, dans ce cas, l'opposition n'est reçue, qu'à la charge par l'opposant de provoquer l'interdiction dans le délai fixé par le tribunal, qui peut même, s'il y a lieu, prononcer
174. la main-levée pure et simple de l'opposition (7).

Le tuteur ou curateur peut également, dans les deux cas précédens (celui de minorité et celui de démence), former opposition au mariage, après y avoir été autorisé par un conseil de famille dont il peut requérir la convocation (1). 175.

Tout acte d'opposition doit contenir :

1°. La qualité qui donne à l'opposant le droit de la former (2);

2°. Election de domicile dans le lieu où le mariage doit être célébré (3);

3°. Les motifs de l'opposition, quand elle n'est pas faite à la requête d'un ascendant (4);

Le tout à peine de nullité de l'acte, et en outre à peine de l'interdiction de l'officier ministériel qui l'auroit signé. 176.

4°. La signature, sur l'original et sur la copie, de l'opposant, ou de son fondé de procuration spéciale et authentique. 66.

L'acte d'opposition doit être signifié, avec la copie de la procuration, s'il y en a une, à la personne ou au domicile des parties (5), et à l'officier de l'état civil (6), qui met son *visa* sur *Ibid.*
l'original, et en fait de suite mention sommaire sur le registre des publications. 67.

Lorsqu'il y a opposition à un mariage, l'officier de l'état civil ne peut le célébrer, qu'il ne lui en ait été remis main-levée (7); et ce, à peine de trois cents francs d'amende et de tous dommages-intérêts. 68.

La demande en main-levée est portée devant le Tribunal de première instance (8), qui doit prononcer dans les dix jours. 177.
S'il y a appel, il y est également statué dans les dix jours de la citation. 178.

Si l'opposition est déclarée mal fondée, les opposans, autres néanmoins que les ascendans (9), peuvent être condamnés à des dommages et intérêts; et il est fait, par l'officier de l'état civil, 179.
mention du jugement, en marge de l'inscription de l'opposition: la même mention doit avoir lieu pour tout acte de main-levée (10) dont expédition lui est remise. 67.

Outre les consentemens ci-dessus énoncés, les militaires en activité de service sont tenus de rapporter, savoir : les officiers, la permission, par écrit, du Ministre de la Guerre; et les sous-officiers et soldats, celle du conseil d'administration de leurs corps; sous peine, pour les officiers, d'être destitués et de perdre tout droit, tant pour eux que pour leurs veuves et leurs enfans, à toute pension ou récompense militaire.

Tout officier de l'état civil, qui aura sciemment célébré le mariage d'une des personnes indiquées ci-dessus, sans s'être fait remettre la permission exigée, ou même qui aura négligé de la joindre à l'acte de célébration, sera destitué (1). (*Décret impérial du* 16 *juin* 1808, *Bulletin*, n°. 3463.)

Ces dispositions ont été appliquées,

1°. Aux commissaires ordonnateurs, et ordinaires des guerres, et aux adjoints;

2°. Aux officiers de santé;

3°. Aux militaires de toutes classes et de tous grades;

4°. Aux officiers, sous-officiers et soldats en activité de service dans les bataillons d'équipage (*Décret impérial du* 28 *août* 1808, *Bulletin*, n°. 3681);

5°. Aux officiers réformés, et jouissant d'un traitement de réforme (*Avis du Conseil-d'État, approuvé le* 21 *décembre* 1808, *Bulletin*, n°. 4032);

6°. Aux officiers et aspirans de la marine impériale, aux officiers des troupes d'artillerie de la marine, aux officiers du génie maritime, aux administrateurs de la marine, et enfin à tout officier militaire ou civil du département de la marine, nommé par l'Empereur. En conséquence, nul desdits officiers, etc., ne peut se marier, sans en avoir la permission, par écrit, du Ministre de la marine.

Sont néanmoins autorisés les capitaines généraux des colonies, et les chefs coloniaux, à consentir au mariage des officiers qui leur sont respectivement subordonnés, si toutefois les circonstances ne permettent pas d'attendre la permission du Ministre, et à la charge par eux de lui en rendre compte par la plus prochaine occasion.

7°. Aux sous-officiers et soldats des troupes appartenant au même département, qui ne peuvent également se marier, qu'après en avoir obtenu la permission du conseil d'administration de leurs corps. (*Décret impérial du* 3 *août* 1808, *Bulletin*, n°. 3604.)

SECTION IV.

Des Empêchemens du Mariage.

Nous entendons ici par *empêchement du mariage*, une qualité de la personne, qui la rend incapable, soit de contracter un mariage quelconque, soit d'en contracter un avec telle ou telle personne.

Nous disons *une qualité de la personne*, parce qu'il y a d'autres empêchemens, qui naissent du défaut de quelqu'une des conditions requises pour la validité du mariage. Mais comme ils ont été, ou qu'ils seront traités en parlant de ces conditions, il ne sera question ici que des empêchemens résultans de la qualité des personnes.

Qui la rend incapable, soit de contracter, etc. De là résulte une division des empêchemens, en absolus et relatifs (1).

§. Ier.

Des Empêchemens absolus.

L'empêchement absolu est celui qui empêche de contracter mariage avec qui que ce soit. Il en existe trois dans le droit actuel : le lien d'un premier mariage, la mort civile, et le divorce.

On ne peut en général contracter un second mariage avant la dissolution du premier (2); il faut donc que cette dissolution 147.
soit légalement prouvée (3). Cependant cette dernière disposition n'est rigoureusement observée que quand le second mariage n'est pas encore contracté ; car s'il l'étoit par le fait, l'époux remarié ne pourroit être astreint à administrer la preuve de la dissolution de son premier mariage (4). Nous avons déjà fait l'application de ce principe au titre *de l'Absence.* 139.

L'empêchement résultant du lien d'un premier mariage s'étend même au-delà de l'époque de la dissolution de ce premier mariage, à l'égard de la femme, qui ne peut se remarier au plutôt 228.
que dix mois après cette dissolution (5), lorsqu'elle est le résultat 296.

de la mort naturelle ou civile du mari, ou du divorce pour cause déterminée (1); et ce, sous peine d'une amende de seize à trois cents francs contre l'officier de l'état civil qui auroit célébré le mariage d'une veuve avant l'expiration de ce délai. (*Cod. Pén.*, art. 194.)

Par suite du principe qu'il vaut mieux prévenir le crime, que le punir quand il est commis, on a dû donner à la personne qui se prétend engagée par mariage (2) avec l'un des futurs époux, le droit de former opposition à l'union que ce dernier voudroit
172. contracter avec une autre personne. Cette opposition est formée et jugée comme celle de la famille (3).

Quant à l'empêchement résultant de la mort civile, nous avons vu qu'un des effets de cette mort étoit de dissoudre même le mariage existant, et à plus forte raison, de rendre incapable d'en
25. contracter un nouveau.

Le divorce n'est un empêchement absolu, que quand il a eu lieu par consentement mutuel; et dans ce cas même, il n'est que temporaire: l'incapacité de contracter un nouveau mariage n'existe, à l'égard des époux, que pendant trois ans, à compter de la pro-
297. nonciation du divorce (4); au bout de ce temps, il est libre à chacun d'eux de contracter une nouvelle union avec une autre personne, mais non avec son premier époux, ainsi que nous le verrons dans le paragraphe suivant.

§. II.

Des Empêchemens relatifs.

Les empêchemens relatifs sont ceux qui n'empêchent point de contracter mariage en général, mais seulement avec certaines personnes. Il en existe quatre: la parenté, l'alliance, le divorce et le crime (5).

La parenté est un lien produit par la nature seule, ou par la loi seule, ou par la nature et la loi tout ensemble; d'où l'on distingue trois sortes de parentés: la naturelle, la civile et la mixte.

La parenté naturelle résulte de la nature seule: elle a lieu entre les enfans naturels, leurs père et mère, et les parens de ceux-ci (6).

La parenté civile résulte de la loi seule : elle a lieu entre l'adoptant (1), l'adopté et les descendans de celui-ci, ainsi qu'entre l'adopté et les enfans naturels (2) ou adoptifs de l'adoptant.

La parenté mixte résulte de la nature et de la loi tout ensemble : elle a lieu entre les enfans légitimes, leurs père et mère, et tous les parens de ceux-ci.

Il y a deux choses à distinguer dans la parenté : la ligne et le degré.

La ligne est l'ordre ou la série des parens : elle est directe ou collatérale (3).

La ligne directe est la série de ceux qui descendent l'un de l'autre ; les parens qui la composent sont désignés sous le nom générique d'ascendans et de descendans (4). 736.

La ligne collatérale est la série de ceux qui, sans descendre l'un de l'autre, ont cependant une souche commune (5). *Ibid.*

Le degré est la distance d'un parent à un autre. Les degrés se comptent par générations, en sorte que chaque personne engendrée fait un degré. 735.

Ce calcul est aisé en ligne directe (6) ; il ne l'est pas également 737. en collatérale, où les parens ne descendent pas les uns des autres. Dans cette ligne, les degrés entre deux parens se comptent en remontant de l'un d'eux à la souche commune, puis en descendant de cette souche jusqu'à l'autre parent ; et autant, d'après ce calcul, il se trouve, dans les deux lignes, de personnes engendrées, autant il y a de degrés de parenté (7). 738.

L'alliance, ou affinité, est le lien qui unit l'un des époux aux parens (8) de l'autre époux. L'alliance n'a point, à proprement parler, de lignes ni de degrés, puisqu'il n'y a, entre alliés, ni générations ni souche commune ; mais elle les emprunte de la parenté, c'est-à-dire, qu'une personne est alliée du mari, dans la même ligne et au même degré qu'elle est parente de la femme, *et vice versâ*.

Cela posé, il sera facile de comprendre les dispositions suivantes :

A raison de la parenté, quelle qu'elle soit, le mariage est toujours 161. prohibé en ligne directe à l'infini (9). 348.

Mais en collatérale, la prohibition varie suivant la nature de la parenté.

Dans le cas de parenté naturelle ou civile, la prohibition n'a
162. 348. lieu que jusqu'au deuxième degré (1).

A raison de la parenté mixte, le mariage peut avoir lieu au
163. quatrième degré. Cependant, si une personne est éloignée d'un degré seulement de la souche commune, la prohibition a lieu à l'infini entr'elle et tous les autres descendans de cette même souche commune (2), sauf le droit réservé à l'Empereur d'accorder, pour des causes graves, dispense pour le troisième degré
164. et les subséquens (3). (*Art.* 164, *et Décision de l'Empereur, du* 7 *mai* 1808, *Bulletin*, *n°.* 3308.) Les formalités pour obtenir ces dispenses, sont les mêmes que pour les dispenses d'âge, sauf que le droit de donner son avis sur la pétition, est attribué, dans ce cas, au Procureur impérial près le Tribunal dans l'arrondissement duquel les pétitionnaires se proposent de célébrer le mariage. (*Arrêté du* 20 *prairial an* 11, *Bulletin*, *n°.* 2792.)

A raison de l'alliance, si elle provient d'une parenté naturelle
161. ou mixte, le mariage est prohibé, en ligne directe, à l'infini (4);
162. et en collatérale, au deuxième degré (5): il n'est prohibé qu'en directe, et au premier degré seulement, si l'alliance provient
348. d'une parenté civile (6).

Le Divorce est un empêchement relatif entre les deux époux seulement, qui ne peuvent jamais, quelle que soit la cause du
295. divorce, se remarier ensemble (7).

Enfin le mariage est prohibé, à raison du crime, entre l'époux contre lequel le divorce a été obtenu pour cause d'adultère, et
298. son complice.

SECTION V.

Des Formalités du Mariage.

Il y a deux sortes de formalités requises pour le mariage : les unes le précèdent, et les autres l'accompagnent.

§. Ier.

Des Formalités qui précèdent le Mariage.

Ces formalités sont : 1°. Les publications;

2°. La remise des pièces exigées par la loi.

Des Publications de Mariage.

Les publications sont l'annonce publique du mariage qui doit être contracté.

Elles doivent être faites le dimanche, par l'officier de l'état civil, à la municipalité du domicile de chacun des contractans, et devant la porte de la maison commune. 63. 166.

Il faut observer que, pour tout ce qui concerne le mariage, le domicile s'établit uniquement par six mois d'habitation continue (1) dans la même commune. 74.

Néanmoins, lorsque le domicile n'est établi que par une résidence de six mois, les publications doivent être faites, en outre, à la municipalité du dernier domicile (2). 167.

Si même les contractans, ou l'un d'eux, sont, relativement au mariage, sous la puissance d'autrui, les publications doivent être faites, non-seulement à leurs municipalités respectives, mais encore à la municipalité du domicile de ceux sous la puissance desquels ils se trouvent (3). 168.

Il doit être fait deux publications du mariage, à huit jours d'intervalle, sauf le cas de dispense. 63. 169.

Cette dispense, qui ne peut avoir lieu que pour des causes graves, et seulement pour la deuxième publication, est accordée, au nom de l'Empereur, par le Procureur impérial près le tribunal dans l'arrondissement duquel les pétitionnaires se proposent de célébrer leur mariage. Ce magistrat est tenu de rendre compte au Grand-Juge des causes qui ont donné lieu à la dispense.

Elle est déposée au secrétariat de la commune où le mariage doit être célébré; le secrétaire en délivre une expédition, dans laquelle il est fait mention du dépôt, et qui demeure annexée à l'acte de célébration. (*Arrêté du 20 prairial an* 11, *Bulletin*, n°. 2792.)

Les publications doivent énoncer :

1°. Les prénoms, noms, professions et domiciles des futurs époux;

2°. Leur qualité de majeurs ou de mineurs;

3°. Les prénoms, noms, professions et domiciles de leurs pères et mères.

Il en est dressé acte, qui est inscrit sur le registre particulier des publications, dont nous avons parlé au titre *des Actes de l'État Civil;* cet acte énonce en outre les jours, lieux et heures
63. où les publications ont été faites: extrait en est affiché à la porte de la maison commune, et y reste pendant les huit jours d'intervalle de l'une à l'autre publication.

Le mariage ne peut être célébré au plutôt que deux jours francs
64. après la seconde publication, et au plus tard dans l'année, à compter de l'expiration dudit délai (1); passé lequel temps, les publications sont regardées comme non avenues, et doivent
65. être renouvelées.

Quelqu'essentielle que soit la formalité des publications, cependant leur défaut n'entraîneroit point la nullité du mariage (2). Mais si les publications requises n'ont pas eu lieu, ou si l'on n'a pas observé l'intervalle prescrit, soit de l'une à l'autre publication, soit entre la dernière publication et la célébration, l'officier de l'état civil est passible d'une amende qui peut aller jusqu'à trois cents francs; et les parties contractantes, ou ceux sous l'autorité desquels elles ont agi, sont également passibles d'une amende proportionnée à leur fortune.

Les condamnations, dans ce cas, sont provoquées par le
192. Procureur impérial.

Des Pièces qui doivent être remises à l'officier de l'état civil avant la célébration du mariage.

Ces pièces sont: 1°. l'acte de naissance de chacun des futurs époux; lequel acte peut être suppléé, ainsi que nous le verrons ci-
70. après.

2°. L'acte de consentement de tous ceux dont il est requis (3); cet acte doit être authentique, et contenir les prénoms, noms, professions et domiciles de l'époux auquel ce consentement est nécessaire, ainsi que de tous ceux qui ont concouru à l'acte,
73. et leur degré de parenté;
76. 3°. Les procès-verbaux d'actes respectueux, s'il en a été fait;

4°. Les certificats constatant les publications faites dans les divers domiciles;

5°. La main-levée des oppositions, si aucunes ont été faites, 76.
ou les certificats délivrés par les officiers de l'état civil des communes où il a été fait des publications, attestant qu'il n'existe point d'opposition (1). 69.

6°. Enfin, expédition authentique des dispenses qui ont pu être accordées.

En cas d'impossibilité de se procurer l'acte de naissance de l'un des époux (2), il peut y être suppléé par un acte de notoriété, délivré par le juge-de-paix du lieu de la naissance ou du domicile de celui des époux qui a besoin d'en justifier. 70.

Cet acte contient, 1°. la déclaration faite par sept témoins de l'un ou de l'autre sexe, parens ou non parens, des prénoms, nom, profession, domicile, lieu de naissance du requérant, de l'époque de ladite naissance, autant approximative qu'il sera possible (3); ainsi que des prénoms, noms, professions et domiciles de ses père et mère (4), s'ils sont connus;

2°. Les causes qui empêchent de rapporter l'acte de naissance;

3°. La signature du juge-de-paix, et celle des témoins; s'il en est parmi ces derniers qui ne peuvent ou ne savent signer, il en est fait mention. 71.

Cet acte est présenté au Tribunal du lieu où doit être célébré le mariage, lequel, après avoir entendu le Procureur impérial, donne ou refuse son homologation (5). 72.

§. II.

Des Formalités qui accompagnent le Mariage.

Les formalités qui accompagnent le mariage sont déterminées ainsi qu'il suit :

1°. Il doit être célébré dans la commune où l'un des époux 74.
a son domicile (6), et devant l'officier civil de ce domicile (7); 165.

2°. Il doit être célébré publiquement, dans la maison com- 165.
mune (8), et en présence de quatre témoins, parens ou non 75.

parens, mais ayant les qualités requises pour les témoins des actes de l'état civil;

3°. L'officier de l'état civil fait lecture aux parties, des pièces dont la remise a dû lui être faite, et du chapitre VI du titre *du Mariage*, sur les droits et devoirs respectifs des époux (1).

4°. Il reçoit de chaque partie, l'une après l'autre, la déclaration qu'elles veulent se prendre pour mari et femme;

5°. Il prononce, au nom de la loi, qu'elles sont unies par
75. mariage; et il en dresse acte sur-le-champ.

Cet acte contient les mêmes énonciations que celui des publications; et il énonce en outre : 1°. les âges et lieux de naissance des époux;

2°. Le consentement de ceux dont il est requis;

3°. Les pièces dont la remise a dû précéder le mariage : s'il n'y a pas d'opposition, il en est fait mention;

4°. Les prénoms, noms, âges, professions et domiciles des témoins (2), et leur déclaration si, de quel côté, et à quel degré
76. ils sont parens des parties.

Les dispositions du présent paragraphe ne peuvent s'appliquer aux mariages contractés par des Français en pays étranger (3). En conséquence, d'après la règle, *locus regit actum*, règle appliquée aux actes de l'état civil par les articles 47 et 48 du Code, tout mariage de ce genre, contracté, soit avec un Français, soit avec un étranger, est valable, s'il a été célébré suivant les formes usitées dans le pays; pourvu toutefois (4) qu'il ait été précédé
170. des publications prescrites par le précédent paragraphe (5). Seulement, l'acte constatant cette célébration doit, dans les trois mois après le retour du Français sur le territoire de l'Empire, être transcrit sur le registre de l'état civil du lieu de son do-
171. micile (6).

Mais, comme d'après les principes établis dans le titre préliminaire, les lois personnelles (7) suivent le Français par-tout, il s'ensuit que, même en pays étranger, il est tenu (8) de se conformer aux dispositions des lois françaises, relativement à l'âge des contractans, à leur consentement et à celui de leur famille,
170. et aux empêchemens (9).

CHAPITRE II.

De la Preuve du Mariage.

Pour déterminer comment le mariage peut être prouvé, il faut distinguer les personnes auxquelles cette preuve est demandée.

Si c'est aux époux, ou à l'un d'eux, il n'y a que le cas de non-existence des registres, prévu par l'article 46, qui puisse les dispenser de représenter l'acte de célébration de leur mariage. 194.
La possession d'état (1) n'est jamais une preuve suffisante, même à l'égard des époux entr'eux (2). 195.

Mais aussi, cette même possession, jointe à la représentation de l'acte de célébration, forme une fin de non-recevoir insurmontable contre celui des deux époux qui voudroit demander la nullité dudit acte (3). 196.

Il peut arriver cependant que des malveillans aient cherché à supprimer la preuve du mariage, en supprimant l'acte de célébration, par exemple, en déchirant la feuille du registre, en la falsifiant, etc. Cette suppression est un crime qui peut être poursuivi par la voie criminelle; et si, par le résultat de la procédure, la preuve de la célébration se trouve acquise, l'inscription du jugement sur les registres de l'état civil assure au mariage, à compter du jour où il est constaté que ladite célébration a eu lieu, tous les effets civils (4), tant à l'égard des époux, qu'à l'égard des enfans issus de ce mariage. 198.

L'action criminelle ne peut être intentée, dans ce cas, que par les époux seuls, tant qu'ils sont vivans tous deux; mais après leur décès, ou même celui de l'un d'eux (5), elle appartient à tous ceux qui ont intérêt de prouver le mariage, ainsi qu'au ministère public. 199.

Si le délit n'est découvert qu'après la mort du coupable (6), il ne peut plus y avoir lieu aux poursuites criminelles; mais comme il ne seroit pas juste que cet événement privât les parties intéressées du droit de faire réparer le préjudice qui leur a été causé, elles ont la faculté de dénoncer (7) le fait au Procureur

impérial, qui est tenu de poursuivre, en leur présence, mais
200. par la voie civile seulement, les héritiers du coupable (1).

Lorsque les époux sont décédés tous deux (2), l'obligation de représenter l'acte de célébration n'a pas dû être aussi rigoureusement imposée aux enfans, qui peuvent ignorer ce qui s'est passé avant leur naissance (3).

Si donc les père et mère ont vécu publiquement comme mari et femme, et si les enfans ont en leur faveur une possession d'état, qui ne soit pas contredite par leur acte de naissance (4), ils n'ont pas besoin, pour prouver leur légitimité, de repré-
197. senter l'acte de célébration du mariage de leurs père et mère.

On entend par possession d'état, en général, la notoriété résultante d'une suite non interrompue de faits tendant à prouver l'état dont une personne a joui dans la société et dans la famille.

Ainsi, deux personnes qui ont toujours vécu publiquement comme mari et femme, et qui ont passé pour tels, sans contradiction, ont pour elles la possession de l'état de mari et femme.

Si un enfant a toujours porté le nom du père auquel il prétend appartenir; si celui-ci l'a traité et élevé comme son enfant légitime; s'il a été reconnu constamment pour tel dans la société et dans la
321. famille, il est en possession de l'état d'enfant légitime (5).

Nous venons de voir, et nous verrons encore par la suite, de quelle importance peut être la preuve résultante de la possession d'état.

CHAPITRE III.

Des Nullités du Mariage.

On distingue deux espèces de nullités du mariage : les nullités absolues, et les nullités relatives.

Les nullités absolues sont celles qui sont fondées sur des motifs d'ordre public, et qui, en conséquence, peuvent être invoquées, non seulement par tous ceux qui ont intérêt, mais même par les époux, et par le ministère public (6).

Les nullités relatives sont celles qui sont fondées sur des motifs d'intérêt privé. Elles ne peuvent, en conséquence, être invoquées que par les personnes dans l'intérêt desquelles elles sont établies, et dont le silence, pendant un intervalle donné, suffit pour qu'on ne puisse plus attaquer le mariage sous ce rapport (1).

Nous allons traiter séparément de chacune de ces espèces de nullités; mais nous observerons préalablement qu'un mariage, quoique nul, et déclaré tel, pour quelque motif que ce soit, produit néanmoins les effets civils, tant à l'égard des époux qu'à l'égard des enfans, quand il a été contracté de bonne foi (2). 201.

On entend par bonne foi l'ignorance dans laquelle étoient les parties, de la cause qui les empêchoit de contracter mariage ensemble (3).

Si la bonne foi n'a existé que de la part de l'un des époux (4), le mariage ne produit les effets civils qu'en faveur de cet époux et des enfans issus du mariage (5). 202.

SECTION PREMIÈRE.

Des Nullités absolues.

Les nullités absolues sont, 1°. toutes celles résultant des empêchemens dirimans, sauf, pour ce qui concerne le lien d'un premier mariage, ce que nous avons dit relativement au cas d'absence du premier époux; { 147. 184. } 139.

2°. Le défaut d'âge. Cette nullité, quoiqu'absolue, puisqu'elle peut être invoquée, soit par les époux eux-mêmes, soit par tous ceux qui ont intérêt, soit même par le ministère public, se couvre (6) 184.
néanmoins dans deux cas: premièrement, lorsqu'il s'est écoulé six mois sans réclamation, depuis que les époux, ou celui qui n'avoit pas l'âge compétent, l'ont atteint; secondement, la nullité ne peut plus être demandée, quand même les six mois ne seroient pas encore écoulés, si c'étoit la femme qui n'avoit pas l'âge, et qu'elle ait conçu avant l'échéance de ces six mois (7); elle ne 185.
peut être également invoquée dans aucun cas par les parens qui ont consenti sciemment au mariage; 186.

3°. Le défaut de publicité, lors de la célébration; 191.

4°. L'incompétence de l'officier public devant lequel le mariage a été célébré. Ibid.

Outre la nullité du mariage que ces deux dernières causes peuvent entraîner, elles donnent encore lieu à des peines pécuniaires, qui sont les mêmes que pour le défaut de publications, c'est-à-dire, une amende de trois cents francs au plus contre l'officier public qui a célébré, et contre les parties contractantes ou ceux sous la puissance desquels elles ont agi, une amende proportionnée à leur fortune.

Ces peines peuvent être encourues par les délinquans, lors
193. même que la nullité du mariage n'auroit pas lieu (1).

Nous avons dit que ces diverses nullités pouvoient être invoquées par tous ceux qui ont intérêt : il faut entendre par-là un intérêt né et actuel, ce qui suppose que les collatéraux, et même les enfans d'un autre mariage, ne peuvent intenter l'action du
187. vivant des deux époux, puisqu'il est possible, en effet, qu'ils n'aient jamais d'intérêt à faire prononcer la nullité du mariage (2).

Cette restriction n'est point applicable à l'époux au préjudice duquel il a été contracté un second mariage, parce qu'il a effectivement toujours intérêt. Il peut donc attaquer le second mariage
188. du vivant de l'époux, qu'il prétend engagé avec lui; mais si ce dernier soutient, au contraire, que c'est le premier mariage qui est nul, alors, comme la nullité du second est subordonnée à la validité du premier, il est clair qu'il faut, avant tout, prononcer
189. sur cette validité (3).

Quant au ministère public, son intervention n'est obligée que dans les cas où l'ordre de la nature ou celui de la société sont violés : tels sont ceux du défaut d'âge, de la parenté au degré prohibé, ou d'un premier mariage existant. Dans ces trois circonstances donc, il doit (4), sauf encore les cas d'exception dont nous avons parlé (5), demander la nullité du mariage, si les époux
190. sont vivans tous deux (6), et les faire condamner à se séparer.

Dans tous les autres cas où il a droit d'attaquer le mariage, c'est une faculté qu'il exerce (7), et non une obligation qui lui est imposée. Il ne doit donc le faire qu'avec discrétion, et seu-
191. lement lorsqu'il existe scandale public,

SECTION II.

Des Nullités relatives.

Les nullités relatives sont, comme nous l'avons dit, celles qui ne peuvent être invoquées que par certaines personnes.

Il y a trois causes de nullité relative :

La première est le défaut de liberté. Elle ne peut être proposée que par les époux, s'ils ont été forcés tous deux, ou par celui des deux dont le consentement n'a pas été libre (1). 180.

Observez que dans le droit actuel il peut y avoir rapt de deux manières :

1°. Par fraude ou violence. Si la fille enlevée de cette manière a moins de seize ans accomplis, la peine est, pour le ravisseur, celle des travaux forcés à temps. (*Code Pénal*, art. 355.) Si elle a plus de seize ans, et moins de vingt-un, la peine est celle de la réclusion. (*Ibid.*, art. 354.) (2)

2°. Si la fille au-dessous de seize ans a consenti à son enlèvement, ou suivi volontairement son ravisseur, il est puni des travaux forcés à temps, si au moment de l'enlèvement il étoit majeur de vingt-un ans ; et d'un emprisonnement de deux à cinq ans, s'il n'avoit pas encore cet âge. (*Ibid.*, art. 356.)

Si cependant le ravisseur a épousé la fille enlevée, il ne peut, dans aucun cas, être poursuivi que sur la plainte des personnes qui ont droit de demander la nullité du mariage ; et il ne peut être condamné, qu'après que cette nullité a été prononcée. (*Ibid.*, art. 357.)

La seconde cause de nullité relative est l'erreur quant à la personne (3). Le mariage ne peut être également attaqué, dans ce cas, que par celui des époux qui a été induit en erreur (4) ; 180.

Ces deux nullités se couvrent, d'ailleurs, par une co-habitation continuée pendant six mois, depuis que la liberté a été recouvrée, ou l'erreur reconnue ; 181.

La troisième cause est le défaut de consentement des parens (5), dans les cas où il est requis. Cette cause ne peut être invoquée

que par ceux dont le consentement étoit nécessaire, ou par celui
182. des deux époux qui avoit besoin de ce consentement (1). Les premiers sont non recevables, lorsqu'ils ont approuvé expressément ou tacitement le mariage.

L'approbation tacite résulte : 1°. du silence gardé par eux pendant une année, depuis qu'ils ont eu connoissance du mariage (2) ; 2°. de faits émanés d'eux, et qui peuvent faire supposer l'approbation (3).

L'époux est également non recevable, d'abord : lorsque son mariage a été approuvé expressément ou tacitement par ceux dont le consentement étoit nécessaire (4) ; et ensuite, lorsqu'il s'est écoulé une année sans réclamation de sa part, depuis qu'il a atteint l'âge compétent pour consentir seul et par lui-même au
183. mariage (5).

CHAPITRE IV.

Des Effets du Mariage.

Les effets du mariage sont relatifs, 1°. aux droits et devoirs respectifs des époux ;

2°. A l'état des enfans ;

3°. Aux droits et obligations respectifs des parens et des enfans.

SECTION PREMIÈRE.

Des Effets du Mariage relatifs aux droits et devoirs des époux.

Ces effets sont : que les époux se doivent mutuellement
212. fidélité (6), secours (7), assistance (8) ;

Que le mari doit protection à sa femme, et la femme obéissance
213. à son mari.

Il résulte de cette dernière disposition, en premier lieu : que la femme est obligée d'habiter avec le mari (9), et de l'accompagner par-tout où il juge à propos de résider (10) ; et que, réciproquement, le mari est obligé de la recevoir, et de lui fournir le
214. nécessaire suivant son état et sa fortune (11).

Et secondement, que la femme doit être autorisée par lui pour les actes qu'elle peut avoir à passer entre-vifs.

Nous disons *entre-vifs*, parce que cette disposition ne s'étend point au droit de tester, que la femme peut exercer sans autorisation, le testament devant être l'expression pure et certaine de 226.
la volonté du testateur seul (1).

Mais la femme ne peut, en général, ester en jugement (2), donner, aliéner, hypothéquer, acquérir à titre gratuit (3) ou onéreux, sans l'autorisation de son mari, ou au moins sans son concours dans 215.
l'acte (4), ou son consentement par écrit (5). 217.

Ce principe est néanmoins susceptible de plusieurs exceptions : 1°. Lorsque la femme est poursuivie (6) en matière criminelle ou de police (7). 216.

2°. Si elle est autorisée par justice (8). Cette autorisation a lieu 218.
en cas de refus, d'absence (9), d'interdiction ou de minorité (10) 222.
du mari, ou lorsqu'il est frappé d'une condamnation emportant 224.
peine afflictive ou infamante (11), encore qu'elle n'ait été prononcée que par contumace ; et ce, pendant toute la durée de la peine (12). 221.

Lorsqu'il y a refus du mari, la femme doit, après sommation à lui faite, et sur son refus, présenter requête au président du Tribunal de première instance du domicile commun, qui permet de citer le mari, à jour indiqué, à la chambre du conseil, pour déduire les causes de son refus. *Pr.* 861.

Le mari entendu ou défaillant, il est rendu, sur les conclusions du ministère public, jugement qui statue sur la demande de la femme. *Ib.* 862.

En cas d'absence du mari, la femme présente également une requête au président, qui commet un juge sur le rapport duquel le Tribunal statue, le ministère public entendu. *Ib.* 863.

La même forme est suivie en cas d'interdiction du mari. Seulement, alors, il faut joindre à la requête le jugement d'interdiction. *Ib.* 864.
Il en doit être de même, dans le cas de minorité ou de condamnation du mari à une peine afflictive ou infamante ; et il suffit de représenter, dans le premier cas, l'acte de naissance du mari, et dans le second, le jugement de condamnation.

Observez qu'en général, aux termes de l'art. 83 du même Code, toutes les affaires qui intéressent des femmes non autorisées par leurs maris, doivent être communiquées au ministère public.

3°. Si la femme est marchande publique, c'est-à-dire, si elle
220. fait un commerce séparé de celui de son mari (1); ce qui ne peut
Com. 4. avoir lieu sans le consentement de ce dernier (2). Elle peut alors s'obliger seule (3) pour tout ce qui concerne son négoce, et elle
220. oblige même son mari, s'il y a communauté entr'eux (4): elle peut également, et sans être autorisée, engager, hypothéquer et aliéner ses immeubles personnels (5), à moins qu'elle ne soit mariée sous le régime dotal, auquel cas l'immeuble faisant partie de la dot ne peut être hypothéqué ni aliéné (6), que dans les cas et avec les formes déterminés par les articles 1555 et suivans
Com. 7. du Code Napoléon.

4°. Si elle est séparée de biens, soit par contrat de mariage, soit par justice. Mais même alors, son droit se borne à l'aliéna-
1449. tion de ses meubles, et aux actes d'administration et de jouissance
1536. de ses immeubles. Il en est de même à l'égard des biens paraphernaux (7), lorsque les époux se sont mariés sous le régime dotal : la femme en a bien également l'administration et la jouissance; mais elle ne peut aliéner les immeubles qui en font partie,
1576. sans être autorisée par son mari ou par justice.

Observez, au surplus, que la femme, sous quelque régime qu'elle soit mariée, et même marchande publique, ne peut, dans aucun cas, ni à la faveur d'aucune stipulation, ester en jugement, même à l'égard de ses biens meubles, personnels ou parapher-
215. naux, sans être autorisée.

La puissance maritale étant, en quelque sorte, de l'essence du mariage, tout ce qui tend à la détruire est réprouvé par la loi; en conséquence, quelque favorable que soit le contrat de mariage, et quoiqu'il soit susceptible de toute espèce de clauses, même de celles qui seroient interdites dans tout autre acte, il est défendu cependant d'y insérer, expressément ou tacitement, aucune dérogation générale aux dispositions de la loi relatives à
1388. cette puissance.

Ainsi, toute autorisation, quelque générale qu'elle soit, donnée à la femme, même par contrat de mariage, est nulle pour ce qui concerne l'aliénation de ses immeubles (1) et le droit d'ester en jugement; cette autorisation n'auroit donc d'autre effet que de rendre la femme capable de percevoir ses revenus, d'aliéner ses meubles, et d'administrer ses immeubles personnels. 1538. 223.

Nous verrons, au titre *Des Obligations*, etc., quel est l'effet de la nullité résultant du défaut d'autorisation.

SECTION II.

Des Effets du Mariage relatifs à l'état des enfans.

Le mariage a deux effets relativement à l'état des enfans.

Le premier, c'est de donner l'état et les droits d'enfans légitimes à ceux qui en sont issus;

Et le deuxième, c'est de légitimer également, dans certains cas, les enfans provenant du commerce que les époux ont eu ensemble antérieurement au mariage. C'est ce qu'on appelle *légitimation par mariage subséquent.*

§. Ier.

De la Légitimité des Enfans issus du mariage.

Le principe général, relativement à cette légitimité, est, que tout enfant conçu pendant le mariage est censé avoir pour père le mari, et conséquemment être légitime. 312.

Est présumé conçu (2) pendant le mariage l'enfant né au plus tôt le 180e. jour du mariage, et au plus tard le 300e après sa dissolution. 314. 315.

La présomption de légitimité cesse donc d'avoir lieu à l'égard de l'enfant né avant ou après ce terme.

Il y a cependant une distinction à faire entre les deux cas; c'est que l'enfant né 300 jours après la dissolution du mariage, est, de droit, illégitime (3), tellement que le vice de sa naissance ne peut être couvert en aucune manière; au lieu que l'enfant né avant le 180e. jour du mariage, pouvant être présumé provenir du commerce que les époux auroient pu avoir ensemble auparavant (4), est réputé légitime, tant qu'il n'est pas désavoué par le mari (5).

Ce désaveu n'est pas même admis, lorsqu'il existe une des trois circonstances suivantes :

1°. Si le mari a eu connoissance de la grossesse avant le mariage (1);

2°. S'il a assisté à l'acte de naissance, et s'il l'a signé, ou si cet acte contient sa déclaration qu'il ne sait signer (2);

314. 3°. Si l'enfant n'est pas né viable (3).

L'enfant conçu même pendant le mariage, peut être désavoué par le mari dans les cas suivans :

1°. Si, pendant le temps qui s'est écoulé depuis le 300e jusqu'au 180e. jour avant la naissance de l'enfant, le mari étoit, soit par cause d'éloignement, soit par l'effet de quelqu'accident, autre cependant que l'impuissance naturelle (4), dans l'impos-
312. sibilité physique de cohabiter avec sa femme;

313. 2°. En cas d'adultère, si toutefois la naissance lui a été cachée (5).

Dans ces deux cas, cependant, le fait de la conception pendant le mariage établit toujours en faveur de l'enfant une présomption quelconque, dont l'effet est, dans le premier cas, de rejeter sur le
312. mari la preuve de l'impossibilité de la cohabitation; et dans le second, de le faire admettre seulement à proposer tous les faits
313. propres à justifier qu'il n'est pas le père (6).

Dans tous les cas où le mari est autorisé à désavouer l'enfant, il doit le faire dans le mois, s'il se trouve sur les lieux au moment de la naissance; et dans les deux mois (7) après son retour, si à la même époque il étoit absent (8).

Si la naissance lui a été cachée, il a deux mois (9) pour désa-
316. vouer, à compter du jour où il en a eu connoissance.

S'il meurt sans avoir réclamé, mais avant l'expiration des délais, ses héritiers (10) ont deux mois pour contester la légitimité, à compter de la prise de possession par l'enfant des biens du mari, ou de l'époque à laquelle ils seroient troublés eux-mêmes
317. par lui dans cette possession (11).

Le désaveu, soit du mari, soit de ses héritiers, peut se faire par un acte extra-judiciaire (12); mais cet acte (13) est comme non-avenu, s'il n'est suivi, dans le délai d'un mois, d'une action en justice (14) dirigée contre un tuteur *ad hoc* (15) donné à l'en-
318. fant, et en présence de sa mère (16).

Des Preuves de la Légitimité.

Il résulte de ce qui a été dit précédemment, que, pour prouver sa légitimité, l'enfant doit commencer par prouver sa filiation.

Cette preuve ne peut se faire le plus généralement que par l'acte de naissance (1), ou, à défaut d'acte (2), par la possession cons- 319.
tante de l'état d'enfant légitime. Nous avons vu ci-dessus ce qu'on 320.
doit entendre par possession d'état.

Si l'enfant réunit à-la-fois titre et possession, son état ne peut lui être contesté (3); et de son côté, il ne peut réclamer un état contraire. 322.

Si l'enfant n'a ni titre, ni possession constante, ou s'il a été inscrit sous de faux noms (4), ou comme né de père et mère inconnus, alors la preuve de la filiation peut se faire par témoins, pourvu qu'il y ait un commencement de preuve par écrit, ou une réunion de faits constans, assez graves (5) pour déterminer l'admission de la preuve testimoniale. 323.

On entend par *commencement de preuve par écrit*, un indice résultant des titres de famille, des registres et papiers domestiques du père ou de la mère (6), ou des actes publics, et même privés, émanés d'une partie engagée dans la contestation, ou qui, si elle étoit vivante, y auroit un intérêt opposé à celui du réclamant. 324.

Dans tous les cas, la partie adverse doit être admise à la preuve contraire (7), qui pourra se faire par tous les moyens (8) propres à établir, ou que l'enfant n'est pas né de la mère qu'il prétend avoir, ou, en supposant la maternité constante, qu'il se trouve dans un des cas d'exception à la règle qui veut que l'enfant de la femme soit censé l'enfant du mari (9). 325.

La preuve testimoniale étant de l'essence de la procédure criminelle, et n'ayant pas besoin, dans ce cas, d'être appuyée d'un commencement de preuve par écrit, il étoit à craindre que pour éluder les sages dispositions de la loi, on ne commençât par prendre la voie criminelle (10).

L'on a pris deux précautions pour prévenir cet inconvénient: d'abord, les tribunaux civils sont déclarés seuls compétens pour

326. statuer sur les réclamations d'état relatives à la filiation (1); et en second lieu, même en cas de délit, l'action criminelle ne peut avoir lieu (2), qu'après le jugement définitif des tribunaux civils
327. sur la question d'état (3).

L'action en réclamation d'état est imprescriptible dans la per-
328. sonne de l'enfant (4).

Quant à ses héritiers (5), il faut distinguer : ou l'enfant a réclamé de son vivant, et alors les héritiers peuvent suivre l'action commencée, à moins qu'il ne s'en soit désisté formellement, ou qu'il n'ait laissé passer trois années sans poursuites, à compter du
330. dernier acte de la procédure (6).

Si l'enfant n'a pas réclamé, ses héritiers ne peuvent intenter l'action qu'autant qu'il est décédé mineur, ou dans les cinq ans
329. de sa majorité (7).

§. II.

De la Légitimation des enfans par mariage subséquent (8).

Nous avons dit que le deuxième effet du mariage, relatif à l'état des enfans, étoit de rendre légitimes ceux provenus du
331. commerce que les deux époux ont eu ensemble avant le mariage, et de leur donner les mêmes droits que s'ils étoient nés de ce
333. mariage même (9); mais il faut pour cela, 1°. que les père et mère ayent pu contracter mariage ensemble au moment de la conception; ce qui exclut les enfans provenus d'un commerce incestueux ou adultérin (10);

Et 2°. que l'enfant ait été reconnu par ses père et mère, soit
331. avant le mariage, soit au plus tard dans l'acte de célébration (11).

La légitimation par mariage subséquent profite, non seulement
332. aux enfans existans, mais encore aux enfans de ceux prédécédés (12).

SECTION III.

Des Effets du Mariage, relatifs aux droits et aux obligations respectifs des parens et des enfans.

C'est la loi naturelle même qui a déterminé les droits et les obligations des parens et des enfans. C'est elle qui proclame haute-

ment ces vérités : que l'enfant à tout âge doit honneur et respect à ses père et mère, et que ceux-ci sont obligés de nourrir (1) et 371.
élever (2) leurs enfans (3) ; mais la loi civile a dû s'occuper aussi 203.
du soin de régler ces droits et ces obligations d'une manière précise : de là les dispositions relatives à la puissance paternelle, qui seront l'objet d'un Titre particulier, et celles concernant les alimens que les parens et les enfans se doivent mutuellement : c'est de ce dernier objet qu'il va être traité dans la présente Section.

Nous avons dit que les père et mère étoient obligés de nourrir et élever leurs enfans ; mais là se borne le droit de ceux-ci, quant à l'action civile. Ils ne peuvent, comme autrefois chez les Romains, forcer leurs parens de leur procurer un établissement par mariage, ou autrement (4). 204.

Réciproquement, les enfans doivent des alimens à leurs père et mère, et autres ascendans (5), en cas de nécessité. Cette 205.
obligation est même étendue aux gendres et belles-filles envers leurs beau-père et belle-mère (6), excepté dans deux cas :

Le premier, si la belle-mère s'est remariée (7) ;

Et le second, lorsque l'époux qui produisoit l'affinité est mort, ainsi que les enfans issus de son union (8). 206.

Cette obligation est également réciproque, c'est-à-dire, que les alimens peuvent être exigés par les gendres et belles-filles, excepté dans les cas (9) où ils seroient eux-mêmes dispensés de les fournir (10). 207.

Les alimens sont ordinairement fournis en argent, dans la pro- 210.
portion du besoin (11) et de la fortune respectifs des parties ; d'où 208.
il suit, que si les besoins de l'une ou les moyens de l'autre viennent à cesser ou à diminuer, il y a lieu à ordonner la cessation ou la réduction de la pension (12). 209.

Les père et mère peuvent même, en connoissance de cause (13), être dispensés de payer la pension en argent, en offrant de recevoir, nourrir, et entretenir dans leur demeure l'enfant à qui elle est due. La même faculté peut être accordée, aussi en connoissance 211.
de cause, à toutes les autres personnes qui doivent des alimens,

mais à la charge par elles de justifier qu'elles ne peuvent payer
210. en argent (1).

Observez qu'en cas de confiscation, les biens confisqués demeurent grevés de la prestation des alimens envers qui de droit (2). (*Code Pén.*, art. 38.)

CHAPITRE V.

De la Dissolution du Mariage.

Le mariage se dissout :

1°. Par la mort naturelle ou civile de l'un des époux (3);

227. 2°. Par le divorce.

TITRE VII.

Du Divorce.

Le divorce peut être défini : la dissolution du mariage prononcée par l'officier de l'état civil, en vertu de la sentence du juge (1).

Les juges peuvent admettre le divorce, soit d'après le consentement mutuel des époux, soit sur la demande de l'un d'entr'eux, 233.
lorsqu'il existe une des causes déterminées par la loi.

CHAPITRE PREMIER.

Du Divorce pour cause déterminée.

Ce chapitre sera divisé en quatre sections, dont la première traitera des causes du divorce ;

La deuxième, des formalités du divorce pour cause déterminée ;

La troisième, des mesures provisoires auxquelles la demande en divorce peut donner lieu;

Et la quatrième, des effets de ce divorce.

SECTION PREMIÈRE.

Causes de Divorce.

Il y a trois causes de divorce ;

L'adultère, soit de la femme, soit du mari. Cependant l'adul- 229.
tère du mari n'est une cause de divorce, qu'autant qu'il a tenu (2)
sa complice dans la maison commune (3) ; et, dans ce cas, il est 230.
non-recevable lui-même à demander le divorce pour cause d'adultère de sa femme. (*Cod. Pén.*, art. 336.)

Les excès (4), sévices (5), ou injures graves (6) de l'un des
époux envers l'autre (7) ; 231.

Et la condamnation de l'un des époux à une peine infamante. 232.

SECTION II.

Des Formalités du Divorce pour cause déterminée.

Lorsque le divorce est demandé pour condamnation à une peine infamante (1), la seule formalité à observer consiste à présenter au Tribunal civil du domicile commun, une expédition en forme du jugement de condamnation, avec un certificat de la Cour criminelle, portant que ce jugement n'est plus susceptible d'être
261. réformé par aucune voie légale (2). Sur la représentation de ces pièces, le tribunal doit admettre le divorce.

Pour toute autre cause, la demande en divorce s'introduit par une requête présentée au Président du Tribunal civil (3) du
234. domicile commun (4), par l'époux demandeur en personne (5), à moins qu'il n'en soit empêché par maladie (6); dans ce cas, sur sa réquisition et le certificat de deux officiers de santé, le magistrat se transporte en son domicile pour y recevoir sa
236. demande.

La requête doit contenir les faits sur lesquels la demande est
Ibid. fondée, et être accompagnée des pièces à l'appui, s'il y en a : si quelques-uns des faits allégués peuvent donner lieu à une procédure criminelle de la part du ministère public, l'action en divorce reste suspendue jusqu'après le jugement criminel, sans que cependant l'absolution de l'accusé puisse être opposée au
235. demandeur, lors de la reprise de l'action (7).

S'il n'y a point lieu à l'action criminelle, le magistrat auquel la requête est présentée, entend le demandeur, lui fait les observations convenables, et paraphe la demande et les pièces, de la remise desquelles il dresse (8) procès-verbal, signé de lui et du demandeur, ou contenant mention que celui-ci ne sait ou ne
237. peut signer. Au bas de ce procès-verbal, il ordonne (9) la comparution des parties en personne, devant lui, à jour et heure indiqués; et copie de cette ordonnance est adressée par lui (10)
238. à l'époux défendeur.

Au jour indiqué, il fait aux deux époux, ou au demandeur seul, si l'autre ne se présente pas (11), les représentations propres

à opérer un rapprochement. En cas de refus, il en dresse procès-verbal, et ordonne la communication de la demande et des pièces au Procureur impérial, et le référé du tout au Tribunal 239.
qui, dans les trois jours suivans, sur le rapport du Président et les conclusions du ministère public, accorde ou suspend (1) la permission de citer. La suspension ne peut excéder le terme de vingt jours. 240.

En vertu de la permission du Tribunal, le demandeur fait citer le défendeur, dans la forme ordinaire, à comparoître en personne (2), à l'audience, à huis clos (3), dans le délai de la loi (4). La citation doit porter en tête copie de la demande en divorce et des pièces produites à l'appui. 241.

A l'échéance du délai, soit que le défendeur comparoisse ou non, le demandeur en personne, mais assisté d'un conseil, s'il le juge convenable (5), expose ou fait exposer les motifs de sa demande, présente les pièces à l'appui, et nomme les témoins qu'il se propose de faire entendre. 242.

Si le défendeur comparoît, ou si, comme il en a le droit, il se fait représenter par un fondé de pouvoir, il propose ou fait proposer ses fins de non-recevoir (6), s'il croit pouvoir en alléguer, ainsi que ses observations sur les motifs de la demande, sur les pièces produites à l'appui, et sur les témoins désignés par le demandeur. Il désigne de son côté ceux qu'il se propose de faire entendre, et sur lesquels le demandeur fait réciproquement ses observations. 243.

Il est dressé procès-verbal du tout, ainsi que des dires et aveux des parties; il leur en est donné lecture; elles sont requises de le signer, et mention expresse est faite de leur signature, ou de leur déclaration de ne pouvoir ou ne vouloir signer : le Tribunal 244.
nomme un rapporteur, ordonne la communication de la procédure au Procureur impérial, et renvoie les parties à l'audience publique (7), à jour et heure indiqués. Si le défendeur est défaillant (8), le demandeur est tenu de lui faire signifier l'ordonnance de renvoi, dans le délai qui sera déterminé par le tribunal. 245.
A partir de cette époque, le Procureur impérial doit assister à

tous les actes, et être entendu sur tous les objets relatifs à la demande en divorce (1).

A l'audience, le rapporteur est entendu, et le Tribunal prononce d'abord sur les fins de non-recevoir (2), s'il en a été proposé : si elles sont trouvées concluantes, la demande en divorce
246. est rejetée. La principale (3) fin de non-recevoir est la réconciliation, survenue postérieurement aux faits sur lesquels la
272. demande est appuyée (4).

Si la réconciliation est déniée, il en est fait preuve, soit par écrit, soit par témoins, dans la forme prescrite ci-après pour la
274. preuve des faits servant à appuyer la demande en divorce.

Si la réconciliation est prouvée, le demandeur est déclaré non-recevable; cependant, s'il survient par la suite une nouvelle cause de divorce, il peut, non seulement intenter une nouvelle demande, mais encore faire usage des anciennes causes pour
273. l'appuyer (5).

S'il n'a pas été proposé de fins de non-recevoir, ou si celles proposées sont rejetées, le Tribunal prononce l'admission de la
246. demande, et immédiatement après statue au fond (6), sur le rapport du juge commis, soit en faisant droit sur la demande, si elle est en état d'être jugée, soit en admettant le demandeur à la preuve des faits pertinens (7) par lui allégués, et le défen-
247. deur à la preuve contraire (8).

Les parties peuvent, soit lors de l'admission de la demande, soit lors du jugement au fond, proposer ou faire proposer par un conseil (9) leurs moyens respectifs, tant sur les fins de non-recevoir que sur le fond; mais il y a cette différence entre les deux parties, que le conseil du défendeur peut être entendu même en l'absence de ce dernier, au lieu que celui du demandeur n'est admis, sous aucun prétexte, qu'autant que le demandeur
248. lui-même l'accompagne en personne (10).

Si l'enquête est ordonnée, il est fait lecture, par le greffier, aux parties, de l'article du procès-verbal contenant la nomination des témoins, et elles sont averties par le président qu'elles peuvent en désigner de nouveaux. Cette désignation doit être

faite sur-le-champ (1), ainsi que la proposition des reproches 249
contre les témoins respectifs. 250.

Les domestiques (2) des parties, et leurs parens, autres toutefois que leurs descendans (3), ne peuvent être reprochés (4) pour raison de la parenté ou de la domesticité (5), sauf au Tribunal à avoir tel égard que de raison à leurs dépositions. 251.

Tout jugement qui admet la preuve testimoniale, dénomme les témoins qui doivent être entendus, et détermine le jour et l'heure auxquels ils doivent être présentés. 252.

L'audition des témoins a lieu devant le Tribunal, séant à huis clos (6), en présence des parties et de leurs conseils ou amis, au nombre de trois au plus de chaque côté. Les parties, ou leurs 253.
conseils, peuvent faire aux témoins telles observations et interpellations qu'ils jugent convenables, sans pouvoir néanmoins les interrompre dans le cours de leurs dépositions. 254.

Les dépositions sont rédigées par écrit, ainsi que les dires et observations auxquels elles ont donné lieu. Il est dressé, du tout, procès-verbal, qui est lu aux témoins et aux parties; les uns et les autres sont requis de le signer, et il est fait mention de leur signature, ou de leur déclaration de ne pouvoir ou ne vouloir signer. 255.

Après la clôture des enquêtes, ou de celle du demandeur, si le défendeur n'a pas produit de témoins, la cause est renvoyée à l'audience publique, à jour et heure indiqués par le Tribunal, qui nomme un rapporteur, et fixe le délai dans lequel l'ordonnance de renvoi doit être signifiée au défendeur (7). 256.

Au jour fixé pour le jugement définitif, après le rapport du juge (8), les parties ou leurs conseils sont entendus; le Procureur impérial donne ensuite ses conclusions, et le jugement est pro- 257.
noncé publiquement. 258.

Si la demande en divorce est fondée sur l'adultère de l'un ou l'autre des époux, le Tribunal ne peut que prononcer l'admission ou le rejet définitif du divorce; mais si elle a pour cause des excès, sévices, ou injures graves, le Tribunal peut, quand même la preuve seroit complète, différer d'un an l'admission du divorce. Dans ce cas, il doit, si fait n'a été, autoriser la

femme (1) à quitter le domicile du mari, sans qu'elle puisse être tenue de le recevoir, si elle ne le juge à propos; et, si elle n'a pas des revenus suffisans pour subvenir à ses besoins, le mari est condamné à lui payer une pension alimentaire proportionnée
259. à ses facultés.

Cette disposition a pour but de laisser aux époux le temps de réfléchir sur les suites du divorce, après lequel ils ne pourront plus se réunir. Si elle n'amène aucun résultat, et si au bout de l'année les parties ne se sont pas réunies, l'époux demandeur peut (2) faire citer l'autre époux à comparoître au Tribunal dans les délais de la loi, pour entendre prononcer le jugement définitif
260. qui, pour lors, admet nécessairement le divorce, et renvoie les
258. parties devant l'officier de l'état civil pour le faire prononcer.

Tout jugement d'admission, soit de la demande, soit du
262. divorce, peut être attaqué par la voie de l'appel, mais seulement dans les trois mois de la signification, soit qu'il ait été
263. rendu contradictoirement ou par défaut (3).

Sur l'appel, la cause est instruite et jugée comme affaire
262. urgente.

Le pourvoi en cassation, qui en cette matière est suspensif (4), doit avoir également lieu dans le délai de trois mois, à compter
263. de la signification du jugement d'appel.

Lorsque toutes les voies de recours sont épuisées, et que le divorce est définitivement admis, le demandeur est tenu de se présenter, dans le délai de deux mois, devant l'officier de l'état civil du domicile commun, le défendeur dûment appelé (5),
264. pour faire prononcer le divorce.

Ces deux mois commencent à courir, à l'égard des jugemens de première instance, à compter de l'expiration du délai d'appel; à l'égard de ceux d'appel, à compter de l'expiration du délai de l'opposition (6), s'ils sont par défaut; ou de celui du pourvoi
265. en cassation, s'ils sont contradictoires (7).

Le demandeur qui ne s'est point présenté dans le délai ci-dessus fixé, est déchu du bénéfice du jugement, et ne peut intenter une seconde fois l'action en divorce, que pour causes nouvelles, auquel
266. cas il peut néanmoins faire valoir les anciennes.

En outre, aux termes de l'art. 66 du Code de Commerce, si l'un des deux époux est commerçant, le jugement qui admet le divorce, est soumis aux formalités prescrites pour les jugemens de séparations de biens par l'art. 872 du Code de Procédure, et qui sont relatées ci-après, au titre du *Contrat de mariage;* à défaut de quoi, les créanciers sont toujours admis à s'opposer audit jugement pour ce qui concerne leurs intérêts, et à contredire toute liquidation qui en auroit été la suite.

SECTION III.

Des Mesures provisoires auxquelles peut donner lieu la demande en Divorce pour cause déterminée.

Ces mesures sont relatives aux enfans provenans du mariage dont la dissolution est demandée, ou aux époux eux-mêmes.

Quant aux enfans, comme leur situation, en pareille circonstance, mérite le plus grand intérêt, le législateur n'a pas voulu mettre de bornes, pour ce qui les concerne, à l'autorité du Tribunal, qui peut, en conséquence, ordonner, sur la demande (1), soit de la mère (2), soit de la famille, soit même du ministère public, tout ce qu'il croira être plus avantageux auxdits enfans. 267.

Si aucune mesure particulière n'est provoquée à cet égard, il est dans la nature des choses que l'administration provisoire des enfans reste au mari, demandeur ou défendeur. *Ibid.*

Quant aux époux, la foiblesse de la femme a dû être prise en considération, même quand le divorce est demandé contr'elle. Elle peut donc, pendant la poursuite, quitter le domicile de son mari (3); mais alors il lui est indiqué par le Tribunal une maison pour y résider; et comme il n'est pas possible de dépouiller le mari de ses droits avant le jugement, qu'il peut arriver cependant que la femme n'ait pas de quoi pourvoir aux frais du procès, ni même à sa subsistance (4), le Tribunal détermine, s'il y a lieu, une provision alimentaire que le mari est obligé de lui payer (5). 268.

La permission de quitter le domicile commun n'étant, comme nous l'avons dit, accordée à la femme qu'à cause de sa foiblesse,

pour lui éviter le désagrément d'habiter avec celui contre lequel elle plaide en divorce, et nullement pour lui procurer les moyens de mener une vie désordonnée, elle est rigoureusement tenue de résider dans la maison indiquée, et doit même justifier de cette résidence, toutes les fois qu'elle en est requise (1); à défaut de quoi, non seulement le paiement de la pension peut lui être refusé; mais encore, si elle est demanderesse, elle peut être
269. déclarée non-recevable (2).

La communauté, lorsqu'elle a été stipulée, ou qu'elle a lieu de droit, n'est dissoute, comme le mariage, que du jour de la prononciation du divorce; cependant, comme il seroit à craindre, dans ce cas, que le mari, auquel la loi donne la libre administration des biens communs, ne profitât de la circonstance pour les dilapider, il est permis à la femme, demanderesse ou défenderesse, de requérir (3) l'apposition des scellés sur les effets mobiliers qui dépendent de la communauté (4). Cet acte étant purement conservatoire, peut avoir lieu en tout état de cause, mais seulement à partir de la première ordonnance de comparution des deux
270. parties (5), dont il est question dans l'art. 238.

Les scellés ne peuvent être levés qu'avec inventaire et prisée, et en outre, à la charge par le mari de représenter les effets invento-
Ibid. riés, ou de répondre de leur valeur comme gardien judiciaire (6).

Quant aux immeubles qui dépendent de la même communauté, on ne peut, par la même raison, laisser au mari le droit d'en disposer indéfiniment. En conséquence, l'art. 271 prononce la nullité de toute aliénation desdits immeubles, faite par lui en fraude des droits de sa femme (7), à partir de l'ordonnance
271. sus-mentionnée.

La même nullité a lieu à l'égard des obligations contractées *frauduleusement* (8) par lui, depuis la même époque, à la
Ibid. charge de la communauté (9).

SECTION IV.

Des Effets du Divorce pour cause déterminée.

Nous suivrons dans cette Section la même marche que dans la précédente, et nous considérerons les effets du divorce, soit relativement aux époux eux-mêmes, soit relativement aux enfans issus du mariage.

§. Ier.

Des Effets du Divorce relativement aux Epoux.

Indépendamment de la prohibition de se réunir, dont nous avons parlé au Titre *du Mariage*, et qui est la même pour toute espèce de divorce, les effets particuliers du divorce pour cause déterminée, sont :

1°. Que le défendeur perd tous les avantages (1) que lui a faits l'autre époux, soit avant, soit depuis le mariage (2); 299.
celui-ci conserve au contraire tous ceux qui lui ont été faits par l'époux défendeur (3), quand même ils auroient été stipulés réciproques; en observant néanmoins qu'il ne peut exercer les 300.
gains de survie (4) qu'à l'époque où ils auroient pu être exercés s'il n'y avoit pas eu de divorce, c'est-à-dire, lors de la mort naturelle ou civile de l'autre conjoint (5); 1452.

2°. Que si l'époux demandeur ne reste pas avec un revenu suffisant pour sa subsistance, il peut se faire adjuger sur les biens de l'autre époux une pension alimentaire (6), qui ne peut toutefois excéder le tiers du revenu du défendeur, et qui peut être révoquée dans le cas où elle cesseroit d'être nécessaire; 301.

3°. Que, si le divorce est prononcé contre la femme pour cause d'adultère (7), elle est, par le même jugement (8), et sur la réquisition du ministère public (9), condamnée à la réclusion dans une maison de correction, pour un temps qui ne peut être moindre de trois mois, ni excéder deux années (10). Le complice 298.
est également puni d'un emprisonnement de trois mois à deux ans, et en outre d'une amende de cent à deux mille francs (11). Mais les seules preuves qui peuvent être admises contre lui, sont, outre le flagrant délit, celles résultant de lettres ou autres pièces écrites par le prévenu. (*Cod. Pén.*, art. 338.)

4°. Enfin, si le divorce est prononcé contre le mari pour la même cause, il est condamné à une amende de cent à deux mille francs. (*Ibid.*, art. 339.)

§. II.

Des Effets du Divorce relativement aux Enfans.

Les effets du divorce relativement aux enfans sont : 1°. qu'ils conservent tous les avantages qui leur ont été assurés par la loi ou par les conventions matrimoniales de leurs père et mère; mais ils ne peuvent les exercer que de la même manière, et à la même
304. époque que s'il n'y avoit pas eu de divorce.

2°. Qu'ils doivent être confiés à l'époux demandeur. Cependant, comme le Tribunal doit, ainsi que nous l'avons dit, rechercher toujours ce qui peut leur être plus avantageux, il peut, sur la demande, soit de la famille, soit du ministère public, ordonner que tous, ou quelques-uns d'entr'eux, seront confiés aux soins
302. de l'autre époux, ou même d'une tierce personne (1), sans préjudice du droit qu'ont, dans tous les cas, les père et mère, de surveiller leur entretien et éducation, avec l'obligation d'y con-
303. tribuer en proportion de leurs facultés.

CHAPITRE II.

Du Divorce par consentement mutuel.

Il ne faut pas croire, d'après ce titre, que le simple consentement des époux suffise pour faire prononcer la dissolution du mariage.

En effet, quoique la loi paroisse n'exiger que ce consentement, cependant le divorce dit *par consentement mutuel*, ne peut avoir lieu, que sous des conditions, après des délais et épreuves, et avec des sacrifices tels, qu'il ne peut rester aucun doute que la vie commune ne soit insupportable aux deux époux, et qu'il n'existe,
233. par rapport à eux, une cause péremptoire de divorce (2).

Cela posé, nous verrons : 1°. quelles sont les conditions nécessaires, pour que le divorce puisse être demandé par consentement mutuel ;

2°. Quelles sont les formalités requises pour y parvenir;

3°. Quels sont ses effets.

SECTION PREMIÈRE.

Des Conditions nécessaires pour demander le divorce par consentement mutuel.

Quatre conditions sont nécessaires, pour que le divorce puisse être demandé par consentement mutuel :

La première, que le mari ait au moins vingt-cinq ans (1) ; 275.

La seconde, que la femme n'ait pas moins de vingt-un ans, *Ibid.*
et pas plus de quarante-cinq (2) ; 277.

La troisième, qu'il se soit écoulé, depuis le mariage, au 276.
moins deux ans, et au plus vingt (3) ; 277.

La quatrième enfin, que le divorce soit autorisé par les pères et mères des époux, ou par leurs autres ascendans vivans, dans l'ordre et suivant les règles prescrites par l'article 150 (4). 278.

SECTION II.

Des Formalités requises pour parvenir au Divorce par consentement mutuel.

Ces formalités sont de deux espèces : les unes doivent précéder toute déclaration tendant à obtenir le divorce ; et les autres sont relatives à la demande, et à la procédure qui doit la suivre (5).

§. Ier.

Formalités préliminaires.

Les formalités à remplir par les époux, avant toute demande, sont : 1°. faire inventaire et estimation de tous leurs biens ; 279.

2°. Régler leurs droits respectifs, par transaction ou autre acte à l'amiable (6) ; *Ibid.*

3°. Désigner la personne (7) à laquelle seront confiés les enfans nés de leur union, soit pendant le temps des épreuves, soit après la prononciation du divorce ;

4°. Indiquer la maison dans laquelle la femme devra résider pendant le temps des épreuves (8). 280.

5°. Enfin, fixer, s'il y a lieu, la somme à payer par le mari, pendant le même temps, pour subvenir aux besoins de la femme.

280. Toutes ces conventions (1) doivent être rédigées par écrit (2).

§. II.

Formalités à observer sur la demande en Divorce.

Les formalités préliminaires remplies, les deux époux doivent se présenter, ensemble et en personne, accompagnés de deux notaires, devant le Président du Tribunal de leur domicile, ou celui
281. qui en fait les fonctions, et lui faire la déclaration de leur volonté.

Ce magistrat leur fait à tous deux, et à chacun en particulier, en présence des notaires, les représentations convenables; leur donne lecture du chapitre du présent Titre qui règle les effets
282. du divorce; et s'ils persistent, il leur donne acte de leurs
283. demande et consentement.

A l'instant, les époux produisent et déposent entre les mains des notaires,

1°. Les actes relatés dans le précédent paragraphe;

2°. Leurs actes de naissance et celui de leur mariage;

3°. Les actes de naissance de tous les enfans issus de leur union;

4°. Les actes de décès de ceux desdits enfans qu'ils ont perdus;

5°. Les actes authentiques du consentement de leurs pères et mères, ou autres ascendans vivans: à défaut d'acte de consentement, les actes de décès de tous leurs ascendans, jusqu'au
283. degré d'aïeul inclusivement (3).

Il est dressé, par les notaires (4), procès-verbal détaillé de tout ce qui a été dit et fait en exécution des précédentes dispositions; on y insère également l'avertissement qui doit être donné à la femme, de se retirer, dans les vingt-quatre heures, dans la maison convenue, et d'y résider jusqu'à la prononciation du divorce. Les pièces produites sont annexées à la minute dudit
284. procès-verbal; et le tout reste au plus âgé des deux notaires.

Les mêmes formalités sont renouvelées dans la première quinzaine de chacun des quatrième, septième et dixième mois suivans; et il est, chaque fois, rapporté une nouvelle décla-
285. ration authentique du consentement des ascendans (5).

Dans la quinzaine du jour où est révolue l'année à compter de la première déclaration, les époux, assistés chacun de deux amis, personnes notables de l'arrondissement, âgés de cinquante ans au moins, se présentent, ensemble et en personne, devant le Président du Tribunal, ou celui qui en fait les fonctions, lui remettent les expéditions des quatre procès-verbaux précédemment faits, ainsi que des pièces annexées, et requièrent de lui, chacun séparément, mais en présence l'un de l'autre et des quatre notables, l'admission du divorce. 286.

Si, après les observations convenables, faites tant par le juge que par les assistans, les époux persévèrent, il leur est donné acte de leur réquisition et de la remise des pièces; il est dressé, par le greffier du Tribunal (1), procès-verbal du tout, lequel est signé des parties (à moins qu'elles ne déclarent ne savoir ou ne pouvoir signer, ce dont il est fait mention), des quatre assistans, du juge et du greffier, et au bas duquel le Président 287.
met son ordonnance portant que, dans trois jours, il en sera par lui référé au Tribunal en la chambre du Conseil, communication préalablement faite des pièces au ministère public par le greffier. 288.

Il ne peut être fait, soit par le Procureur impérial, soit par le Tribunal lui-même, d'autres vérifications que celles qui sont relatives aux conditions nécessaires, aux formalités prescrites, et à la remise des pièces exigées. Le Procureur impérial donne ses conclusions par écrit, en ces termes: *la loi permet*, ou, *la loi empêche*. 289.

Si le tout se trouve en règle, le divorce est admis; sinon, le Tribunal déclare qu'il n'y a pas lieu à l'admettre, et déduit les 290.
motifs de sa décision. Dans ce dernier cas, le jugement peut être attaqué; mais l'appel n'est recevable, qu'autant qu'il est interjeté par les deux parties (2), et cependant par actes séparés, le dixième jour au plus tôt (3), et le vingtième au plus tard, à compter de la date (4) du jugement. Les deux époux se signifient réci- 291.
proquement leurs actes d'appel, et les signifient également au Procureur impérial (5). 292.

Ce dernier, dans les dix jours de la signification du deuxième acte, transmet expédition du jugement, avec les pièces, au Pro-

cureur général près la Cour impériale, qui donne ses conclusions par écrit dans les dix jours de la réception; et, dans les dix jours suivans, la Cour, séant en la chambre du Conseil, entend
293. le rapport du Président, et statue définitivement.

Lorsque le divorce est admis, soit en première instance, soit en appel, les parties sont tenues, dans les vingt jours de la date du jugement, et à peine de déchéance, de se présenter ensemble et en personne (1), devant l'officier de l'état civil, pour faire
294. prononcer le divorce (2).

SECTION III.

Des Effets du Divorce par consentement mutuel.

Les effets du divorce par consentement mutuel, sont :

1°. Ainsi que nous l'avons dit au titre *du Mariage*, que les
295. époux ne peuvent se remarier ensemble dans aucun temps, et avec une autre personne, si ce n'est trois ans après la pronon-
297. ciation du divorce ;

2°. Que la propriété de la moitié de tous leurs biens est acquise de plein droit, du jour de leur première déclaration (3), aux enfans nés de leur mariage (4) ; la jouissance de cette moitié leur est néanmoins conservée jusqu'à la majorité desdits enfans, à la charge de pourvoir convenablement à leur entretien, nourriture et éducation ; le tout, sans préjudice des autres avantages qui pourroient avoir été assurés aux enfans par les conventions ma-
305. trimoniales de leurs père et mère.

CHAPITRE III.

De la Séparation de Corps.

La nécessité de ménager une ressource à l'époux malheureux dont la croyance religieuse n'admet point le divorce, a fait
306. conserver la séparation de corps (5).

Cette séparation peut être définie : la faculté accordée par le juge, à l'un des époux (6), d'habiter séparément de l'autre, sans pouvoir être forcé de le recevoir.

Elle diffère du divorce (1), en ce que. 1°. elle ne dissout point le lien du mariage;

2°. Elle ne peut avoir lieu par consentement mutuel (2), mais 307.
seulement pour les motifs qui pourroient donner lieu au divorce pour cause déterminée; 306.

3°. Elle est intentée, instruite et jugée comme toute autre action civile, sauf les exceptions suivantes: 307.

L'époux demandeur présente au Président du Tribunal du domicile commun, une requête contenant sommairement les faits, et y joint les pièces à l'appui, s'il y en a. *Pr.* 875.

Le Président ordonne que les parties comparoîtront devant lui à jour indiqué; auquel jour, il fait aux deux époux (3), qui *Pr.* 876.
sont tenus de comparoître en personne, sans avoués ni conseils, *Pr.* 877.
les représentations propres à opérer un rapprochement (4). S'il ne peut y parvenir, il le constate par une seconde ordonnance, qui renvoie les parties à se pourvoir, sans citation préalable au bureau de conciliation, et autorise (5) la femme à procéder sur la demande, à se retirer provisoirement dans la maison convenue entre les parties, ou indiquée d'office, et à se faire remettre les effets à son usage journalier. S'il y a une demande en provision, elle est renvoyée à l'audience. *Pr.* 878.

L'affaire est, du reste, poursuivie comme à l'ordinaire (6), et jugée sur les conclusions du ministère public. *Pr.* 879.

Les effets de la séparation de corps sont: 1°. d'emporter toujours séparation de biens (7). En conséquence, le jugement qui 311.
l'ordonne, est soumis aux mêmes formalités que celui qui prononce simplement la séparation de biens; *Pr.* 880.

2°. De donner à l'époux défendeur le droit de demander, au bout de trois ans, le divorce, qui est nécessairement admis, si le demandeur originaire, présent ou dûment appelé, ne consent pas immédiatement à se réunir: néanmoins ce droit n'est pas accordé à la femme, lorsque la séparation a été prononcée contr'elle pour cause d'adultère (8); elle doit en outre, dans ce 310.
cas, être condamnée à la même peine que celle contre laquelle le divorce a été obtenu pour la même cause (9). Mais le mari 308.
peut toujours arrêter l'effet de la condamnation, en consentant à la reprendre (10). 309.

TITRE VIII.

Des Enfans Naturels.

Les enfans naturels sont, en général, ceux conçus hors mariage (1).

Ils se divisent en trois classes : les enfans naturels proprement dits, les adultérins, et les incestueux.

Les premiers sont ceux dont le père et la mère pouvoient, sans nul empêchement, contracter mariage ensemble au moment de la conception.

Les adultérins sont ceux dont le père et la mère, ou l'un d'eux, étoient, à la même époque (celle de la conception), engagés dans les liens du mariage avec une autre personne (2).

Enfin, les incestueux sont ceux dont le père et la mère sont parens ou alliés au degré prohibé (3).

La présomption de paternité résultant du mariage ne pouvant avoir lieu à l'égard des enfans naturels, il s'ensuit que leur père est incertain aux yeux de la loi, tant qu'il ne les a pas reconnus.

Cette reconnoissance doit être volontaire. Tout acte qui tendroit
340. à la forcer est rigoureusement interdit (4), excepté dans un seul cas, celui d'enlèvement (5), et lorsque l'époque de cet enlèvement se rapporte à celle de la conception (6) ; alors seulement la recherche de la paternité est permise, et le ravisseur peut (7), sur la demande des parties intéressées, être déclaré le père de
Ibid. l'enfant, pourvu, toutefois, qu'il n'y ait ni inceste, ni adultère ;
335. } car alors, le cas même d'enlèvement ne pourroit pas donner lieu
342. } à la recherche de la paternité.

La même prohibition n'existe pas quant à la recherche de la maternité. La grossesse et l'accouchement étant des faits positifs, qui peuvent être facilement constatés, l'enfant peut être admis à prouver qu'il est identiquement le même que celui dont telle
341. personne est accouchée.

Cette preuve peut se faire par témoins, pourvu qu'il y ait
Ibid. un commencement de preuve par écrit (8) ; mais la recherche,

soit de la maternité, soit de la paternité dans le cas unique où elle est admise, ne peut avoir lieu qu'en faveur des enfans qui peuvent être reconnus; et tel est le caractère de réprobation attaché au commerce adultérin ou incestueux, que les enfans qui en proviennent ne peuvent jamais être reconnus, au moins directement (1). 335. 342.

La reconnoissance, lorsqu'elle a lieu, ne peut être faite que par le père ou la mère (2), dans l'acte de naissance, ou dans un autre acte authentique (3). Celle du père peut avoir lieu sans 334. l'indication de la mère; et elle n'a d'ailleurs aucun effet contr'elle sans son aveu (4). 336.

La reconnoissance d'un enfant naturel ne lui procure pas les mêmes avantages que s'il étoit légitime. Néanmoins, elle a des effets assez importans; d'abord, elle lui donne le droit de porter le nom de celui qui l'a reconnu; et en second lieu, elle lui assure une portion quelconque dans les biens de sa succession (5); et 338. comme il auroit été à craindre en conséquence que des reconnoissances frauduleuses ou tardives ne vinssent porter préjudice aux droits des tiers, et sur-tout à ceux résultans d'un mariage légitime, on a remédié à cet inconvénient par les deux dispositions suivantes :

La première est celle qui accorde à toute personne ayant intérêt (6), le droit de contester la reconnoissance, soit quant au fond (7), soit quant à la forme (8). La même faculté est accordée, à plus forte raison, lorsqu'il s'agit d'une simple réclamation de la part de l'enfant. 339.

La seconde est relative au cas où un individu reconnoît, pendant son mariage, un enfant naturel provenant de son commerce avec un autre que son époux (9). On a pensé que, même abstraction faite de tout soupçon de fraude, la considération du mariage devoit l'emporter : en conséquence, cette reconnoissance ne peut nuire à l'époux innocent, ni aux enfans issus du mariage, et ne produit d'effet que dans le cas où le mariage vient à se dissoudre sans postérité (10). 337.

TITRE IX.

De la Puissance Paternelle.

La puissance paternelle peut être définie : un droit accordé aux pères et mères, par la nature et par la loi, sur la personne et sur les biens de leurs enfans.

Aux pères et mères : parce que, dans notre droit, la puissance paternelle étant uniquement fondée sur les rapports naturels qui unissent les parens et les enfans, appartient à la mère aussi bien qu'au père (1) ; mais comme, durant le mariage, la femme est elle-même soumise à la puissance maritale, l'exercice de la puissance paternelle a dû être accordé au père seul pendant le
373. même temps (2).

Par la nature et par la loi : parce que c'est la nature elle-même, comme nous l'avons dit au Titre *du Mariage*, qui a posé les fondemens des devoirs respectifs des parens et des enfans ; mais, le principe établi, c'étoit à la loi civile à en régler l'application.

Sur la personne : l'enfant est soumis par la loi à l'autorité de
372. ses père et mère, jusqu'à sa majorité ou son émancipation (3). Il résulte de cette disposition :

1°. Qu'il ne peut jusque-là quitter la maison paternelle sans leur permission : cependant la nécessité du recrutement a fait admettre que cette prohibition cesseroit à l'égard du fils enrôlé,
374. même volontairement, mais seulement après dix-huit ans révolus ;

Nota : Les filles qui veulent s'engager dans les Congrégations hospitalières avant l'âge de vingt-un ans, sont obligées de se conformer aux articles 148, 149, 150, 159 et 160 du Code (4). (*Décret impérial du* 18 *février* 1809, *Bulletin*, n°. 4127, art. 7.)

2°. Que la loi a dû mettre dans la main des père et mère les moyens de corriger l'enfant qui leur donneroit des sujets graves
375. de mécontentement.

Ces moyens varient en raison de l'âge et de la position de l'enfant.

S'il n'a pas encore quinze ans accomplis, le père peut, par sa seule volonté, le faire détenir pendant un mois au plus; et, à cet effet, l'ordre d'arrestation est délivré sur sa simple demande, non motivée, par le Président du Tribunal de son domicile (1). 376.

Depuis l'âge de quinze ans accomplis jusqu'à la majorité ou l'émancipation, le père ne peut plus agir que par voie de réquisition. En conséquence, il est tenu d'adresser sa demande motivée au Président du même Tribunal, qui, après en avoir conféré avec le Procureur impérial, peut délivrer ou refuser l'ordre d'arrestation; ou même, en l'accordant, abréger le temps de détention fixé par le père, lequel ne peut, dans aucun cas, excéder six mois. 377.

Les mêmes formalités doivent être observées, même à l'égard de l'enfant qui n'a pas quinze ans accomplis, dans les quatre cas suivans :

1°. Si le père est remarié (2); 380.

2°. Si l'enfant a des biens personnels;

3°. S'il exerce un état.

Dans ces deux derniers cas, l'enfant détenu (3) peut même adresser un mémoire au Procureur général près la Cour impériale, qui, après s'être fait rendre compte, par le Procureur impérial, des motifs de l'arrestation, en fait son rapport au Président de la Cour. Ce dernier en donne avis au père (4); et, après avoir pris les renseignemens convenables, il peut révoquer ou modifier le premier ordre; 382.

4°. Enfin, si la puissance paternelle est exercée par la mère, la détention de l'enfant ne peut être que requise par elle, et encore autant qu'elle n'est pas remariée, et qu'elle agit avec le concours (5) des deux plus proches parens paternels (6). 381.

Au reste, ceux qui ont ordonné ou requis la détention (7), ont toujours le droit de l'abréger; comme aussi ils peuvent en ordonner ou requérir une nouvelle, si l'enfant, après sa sortie, retombe dans de nouveaux écarts; mais, dans tous les cas, à la 379. charge de payer tous les frais, et de fournir les alimens convenables. 378.

Il ne doit y avoir, d'ailleurs, aucune autre espèce de formalités,

que l'ordre d'arrestation, qui ne doit pas même énoncer les
378. motifs, quand il a dû en être donné.

Et sur les biens : le droit des père et mère sur les biens de leurs enfans, consiste dans la jouissance desdits biens (1), aux
384. conditions suivantes :

D'être tenu des charges usufructuaires (2);

De nourrir, élever et entretenir les enfans selon leur fortune;

De payer les arrérages ou intérêts des capitaux (3);

385. De payer les frais funéraires et ceux de dernière maladie (4).

Ne sont pas compris dans cette jouissance :

1°. Les biens que l'enfant acquiert par un travail ou une industrie séparés (5);

2°. Ceux qui lui sont donnés ou légués sous la condition
387. expresse que les père et mère n'en jouiront pas (6);

3°. Ceux provenans d'une succession dont le père ou la mère
730. ont été déclarés indignes;

4°. Les biens composant les majorats. (*Avis du Conseil-d'État, approuvé le* 30 *janvier* 1811, *Bulletin, n°.* 6505.)

La jouissance appartient au père tant que dure le mariage; mais, après sa dissolution, il faut distinguer : si la dissolution est arrivée par mort, la jouissance appartient au père survivant,
384. soit qu'il se remarie ou non : elle n'appartient à la mère survi-
386. vante, que pendant sa viduité (7). Dans aucun cas, le survivant ne peut la réclamer, qu'autant qu'il a fait procéder à l'inventaire
1442. des biens du décédé.

S'il y a eu divorce, la jouissance n'a pas lieu au profit (8)
386. de celui contre lequel le divorce a été prononcé (9).

Quelle que soit la personne au profit de qui la jouissance a lieu, elle cesse de plein droit, lorsque les enfans ont atteint l'âge de dix-huit ans accomplis, ou lorsqu'ils sont émancipés avant
384. cet âge (10).

De leurs enfans : légitimes seulement. Cependant, comme les droits sur la personne (11) sont établis dans l'intérêt des mœurs, et plutôt en faveur des enfans eux-mêmes que des parens, ils peuvent être exercés également sur les enfans na-
383. turels reconnus.

Dans tous les cas, les pères ou mères qui ont attenté aux mœurs de leurs enfans, en excitant, favorisant, ou facilitant leur débauche ou leur corruption, sont privés de tous les droits et avantages résultans de la puissance paternelle. Ils sont punis, en outre, d'un emprisonnement de deux à cinq ans, et d'une amende de trois cents à mille francs; privés de toute tutelle et curatelle, et de toute participation aux conseils de famille, pendant un intervalle de dix à vingt ans; et pourront être mis, pendant le même temps, sous la surveillance de la haute police.

Les mêmes peines sont appliquées aux tuteurs, ou autres personnes chargées de la surveillance des enfans. (*Code Pénal*, art. 334 et 335.)

TITRE X.

De l'Adoption.

CHAPITRE PREMIER.

De l'Adoption et de ses Effets.

L'adoption est, en général, un acte civil qui établit entre deux personnes des rapports de paternité et de filiation qui n'existoient pas naturellement (1).

Un acte civil: L'adoption étant une institution purement civile, ceux-là seuls peuvent adopter ou être adoptés, auxquels la loi le
343. permet expressément.

Quatre conditions sont nécessaires pour pouvoir adopter.

Il faut : 1°. avoir au moins cinquante ans (2), et quinze ans de
Ibid. plus que l'adopté ;

2°. Avoir donné à l'individu que l'on veut adopter, durant sa minorité (3), et pendant six ans au moins (4), des soins et des
345. secours non interrompus ;

3°. N'avoir, à l'époque de l'adoption, ni enfans, ni descen-
343. dans légitimes (5) ;

4°. Enfin, avoir le consentement de son conjoint, si l'on est
344. marié (6) ; cependant le consentement du conjoint n'est pas nécessaire lorsque l'adoption a lieu par testament, conformément à l'article 366.

Les deux premières conditions ne sont point nécessaires dans le cas où l'adopté auroit sauvé la vie à l'adoptant, soit dans un combat, soit en le retirant des flammes ou des flots (7). Il suffit
345. alors que l'adoptant soit majeur et plus âgé que l'adopté (8).

Les conditions requises pour pouvoir être adopté, sont au nombre de trois (9) :

1°. La majorité ;

2°. Le consentement des père et mère (10) de l'adopté, ou du survivant d'eux (11), s'il n'a pas encore vingt-cinq ans accomplis (1). S'il a atteint cet âge, il suffit qu'il requière leur conseil (2); 346.

3°. Enfin, il faut qu'il n'ait pas déjà été adopté par une autre personne, si ce n'est par le conjoint de l'adoptant. 344.

Des rapports de paternité et de filiation : C'est-à-dire, quelques-unes des relations qui existent entre le père et ses enfans légitimes.

Ainsi, 1°. l'adopté a le droit de joindre à son nom celui de l'adoptant (3); 347.

2°. Il a sur la succession (4) de l'adoptant les mêmes droits que s'il étoit issu de lui en mariage (5), quand même il y en auroit de cette dernière qualité, nés depuis l'adoption (6). Mais ce droit est borné à la succession de l'adoptant, et ne s'étend en aucune manière à celle des parens de ce dernier (7); 350.

3°. L'adoptant et l'adopté sont soumis tous deux à l'obligation de se fournir mutuellement des alimens en cas de besoin; 349.

4°. Enfin, l'adoption produit entre l'adopté, l'adoptant, et quelques-uns de leurs parens et alliés, l'empêchement dont nous avons parlé au Titre *du Mariage.* 348.

Mais comme tous ces rapports ne sont que l'effet d'une fiction de la loi, et que la fiction ne peut prévaloir sur la vérité, il s'ensuit que l'adoption ne peut préjudicier aux rapports naturels qui existent entre l'adopté et sa propre famille. Il y conserve *Ibid.* donc tous ses droits : il est soumis aux mêmes obligations que s'il n'eût pas été adopté (8), et notamment à celle de la prestation des alimens envers ses ascendans naturels (9), qui restent également assujettis, à son égard, à la même obligation, s'il y a lieu. Sa succession est dévolue à ses parens dans l'ordre établi 349. par la loi, sauf cependant l'exception suivante.

Si l'adopté n'a point de descendans légitimes, et qu'au nombre des biens qu'il laisse à son décès, il s'en trouve en nature (10) quelques-uns qui lui aient été donnés par l'adoptant, celui-ci, en cas de survie, a le droit de les reprendre, à la charge de contribuer aux dettes (11), et sans préjudice des droits acquis à des tiers (12) sur ces mêmes biens.

Le même droit de reprise dans la succession de l'adopté appar-

tient, avec les mêmes charges, aux descendans de l'adoptant, en cas de prédécès de ce dernier, non seulement sur les biens donnés par lui, mais encore sur ceux provenans de sa suc-
351. cession, et qui se trouvent encore en nature.

Il y a cependant cette différence entre l'adoptant et ses descendans, que le premier a toujours le droit de reprendre les biens qu'il a donnés, soit qu'ils se trouvent dans la succession de l'adopté, ou dans celle de ses descendans morts eux-mêmes sans postérité (1); au lieu que les descendans de l'adoptant ne peuvent exercer le droit de reprise, qu'autant que l'adopté est mort sans descendans légitimes; car, une fois que les biens provenans de l'adoptant ont été recueillis dans la succession de l'adopté par les descendans de ce dernier, le droit de reprise, même en cas de décès de ces mêmes descendans sans postérité, est personnel à l'adoptant, s'il leur survit, et ne passe à aucun autre, s'il est
352. prédécédé.

CHAPITRE II.

Des Formes de l'Adoption.

Pour déterminer d'une manière générale les formes de l'adoption, il seroit nécessaire d'en distinguer préalablement deux espèces : l'adoption entre-vifs, et l'adoption dite testamentaire. Mais cette dernière ne pouvant avoir lieu que de la part du tuteur officieux, en faveur de son pupille, nous nous réservons d'en parler, lorsque nous ferons connoître les règles et les effets de la tutelle officieuse, et nous nous bornerons ici à ce qui concerne l'adoption entre-vifs.

Les formes en sont déterminées ainsi qu'il suit :

La personne qui veut adopter, se présente devant le juge-de-paix de son domicile, avec celui ou celle qu'elle veut adopter (2); et
353. là, il est passé acte de leurs consentemens respectifs (3).

Expédition de cet acte est remise, dans les dix jours suivans (4), par la partie la plus diligente, au Procureur impérial près le Tribunal du domicile de l'adoptant, pour être soumis à l'homo-
354. logation.

Le Tribunal, réuni en la chambre du conseil, et après avoir pris les renseignemens convenables, vérifie : 1°. si toutes les conditions prescrites par la loi sont remplies ; et 2°. si l'adoptant jouit d'une bonne réputation. 355.

Cette vérification faite, le Procureur impérial entendu, et sans aucune autre procédure, le Tribunal prononce (1), sans énoncer de motifs (2) : *Il y a,* ou, *il n'y a pas lieu à l'adoption.* 356.

Le jugement (3) est soumis, dans le mois de sa date (4), et aussi sur les poursuites de la partie la plus diligente, à la Cour impériale, qui suit les mêmes formes, et prononce également sans exprimer de motifs : *Le jugement est confirmé*, ou, *le jugement est réformé* : *en conséquence, il y a lieu*, ou, *il n'y a pas lieu à l'adoption.* 357.

Si la Cour impériale admet l'adoption, l'arrêt est prononcé à l'audience (5), et affiché en tels lieux, et en tel nombre d'exemplaires que la Cour juge convenable. 358. Il en est remis une expédition, par l'une ou l'autre des parties, à l'officier de l'état civil du domicile de l'adoptant, qui l'inscrit sur ses registres. Cette inscription doit, à peine de nullité de l'adoption, avoir lieu dans les trois mois de la date de l'arrêt. 359.

Le décès de l'adoptant, survenu depuis l'acte de consentement passé devant le juge-de-paix, et avant la prononciation du jugement définitif (6), n'empêche point la continuation de l'instruction, et par suite l'admission de l'adoption, s'il y a lieu. Mais, dans ce cas, les héritiers de l'adoptant peuvent transmettre au Procureur impérial tous les moyens qu'ils croient propres à faire déclarer l'adoption inadmissible (7). 360.

TITRE XI.

De la Minorité, de la Tutelle, et de l'Émancipation.

Les personnes, considérées par rapport à l'âge, se divisent en majeurs et mineurs.

Le majeur est celui qui a atteint l'âge de vingt-un ans accomplis;
488. il est capable de tous les actes de la vie civile, sauf les restrictions portées aux Titres *du Mariage* et *de l'Adoption* (1).

Le mineur est celui qui n'a pas encore atteint l'âge de vingt-un
388. ans; il est soumis à la puissance paternelle ou à l'autorité d'un tuteur; ou, enfin, il a besoin, dans certains cas, de l'assistance d'un curateur, s'il est émancipé.

Nous avons traité de la Puissance paternelle dans un des Titres précédens; il nous reste à parler, dans celui-ci, de la Tutelle et de l'Émancipation.

La tutelle officieuse étant soumise à des règles particulières, quant au mode de l'établir, de l'administrer, et quant à ses résultats, nous commencerons par en exposer les principes. Elle se trouvera d'ailleurs, par là, placée à la suite du Titre *de l'Adoption*, avec laquelle elle a une très-grande affinité.

Un second chapitre exposera les règles de la tutelle ordinaire.

Nous traiterons, dans un troisième, de l'émancipation et de la curatelle;

Et enfin, dans un quatrième, d'une espèce particulière de tutelle légitime.

CHAPITRE PREMIER.

De la Tutelle Officieuse.

La tutelle officieuse peut être définie : l'obligation contractée volontairement d'élever un mineur, et d'administrer sa personne et ses biens.

Volontairement : à la différence de la tutelle ordinaire, qu'on peut, dans certains cas, être forcé d'accepter.

D'élever : ce mot est pris ici dans sa signification la plus étendue, et comprend non seulement l'obligation de nourrir le pupille et de lui donner l'éducation convenable, mais encore celle de le mettre en état de gagner sa vie ; le tout aux frais du tuteur, 364.
et sans qu'il puisse imputer sur les biens du pupille aucune des dépenses relatives à ces différens objets (1). 365.

D'administrer sa personne et ses biens : parce que l'administration de la personne et des biens du pupille passe au tuteur officieux, quand même le pupille seroit déjà soumis à une autre tutelle (2). Il doit, comme le tuteur ordinaire, rendre compte *Ibid.*
de cette administration. 370.

Les conditions particulières à la tutelle officieuse sont, pour ce qui concerne le tuteur :

1°. Qu'il ait plus de cinquante ans (3) ; 361.

2°. Qu'il n'ait, au moment de la tutelle, ni enfans, ni descendans légitimes ; *Ibid.*

3°. Qu'il ait le consentement de son conjoint, s'il est marié. 362.

Les conditions relatives au pupille sont :

1°. Qu'il soit mineur de quinze ans (4). 364.

2°. Qu'il ait le consentement de ses père et mère, ou du survivant d'eux ; à leur défaut, d'un conseil de famille (5) ; ou enfin, s'il n'a point de parens connus, celui des administrateurs de l'hospice où il a été recueilli, ou de la municipalité du lieu de sa résidence. 361.

La seule formalité requise est la rédaction, par le juge-de-paix du domicile de l'enfant (6), du procès-verbal des demande et consentement. 363.

Les effets de la tutelle officieuse, indépendamment des obligations dont nous avons déjà parlé, sont :

1°. Que le tuteur peut adopter son pupille à sa majorité, si ce dernier y consent (7). Dans ce cas, l'adoption doit être faite suivant les formes prescrites dans le Titre précédent, et elle a les mêmes effets ; 368.

2°. Que le pupille devenu majeur peut requérir l'adoption.

Si cette réquisition (1) n'a pas d'effet (2), dans les trois mois qui suivent la majorité, et que le pupille ne soit pas en état de gagner sa vie, le tuteur peut (3), être condamné à lui fournir les secours propres à lui procurer un métier (4), sans préjudice toutefois des stipulations qui auroient pu être faites dans la prévoyance de ce cas (5), si elles se trouvent plus avantageuses au
369. pupille ;

3°. Que le tuteur peut adopter le pupille par testament, même avant sa majorité ; mais, pour que l'adoption soit valable, il faut que le tuteur ne laisse ni enfans ni descendans légitimes, et qu'il se soit écoulé cinq ans depuis le commencement de la tutelle (6). Cette adoption donne au pupille, sur la succession du tuteur,
366. les mêmes droits que si elle eût été faite entre-vifs (7) ;

4°. Enfin que, si le tuteur vient à mourir avant les cinq ans, ou même après ce temps, mais sans avoir adopté son pupille, ses représentans sont tenus de fournir à ce dernier, jusques à sa majorité, des moyens de subsister (8), dont la quotité et l'espèce sont fixées, soit à l'amiable, soit en justice ; le tout, sans préjudice des stipulations particulières qui, dans tous les cas, doivent être
367. exécutées.

CHAPITRE II.

De la Tutelle Ordinaire.

Tant que dure le mariage, le père est administrateur (9) des biens personnels de ses enfans mineurs. Cette administration le rend comptable, quant à la propriété et aux revenus, des biens dont il n'a pas la jouissance ; et, quant à la propriété seulement,
389. de ceux dont il a l'usufruit.

Le mariage une fois dissous, les enfans non encore majeurs sont soumis à la tutelle ou à la curatelle.

La tutelle est la charge imposée à une personne, par la loi, ou par la volonté de l'homme, d'administrer gratuitement (10) la personne et les biens d'un mineur.

La charge imposée : Ces mots emportent avec eux une idée de contrainte, parce qu'en effet la tutelle est une charge que l'on est forcé d'accepter, à moins qu'on ne se trouve dans le cas d'une excuse légitime.

Par la loi : Cette expression indique la tutelle légitime.

Ou par la volonté de l'homme : Ce qui comprend la tutelle testamentaire, et la dative, qui sont déférées par les père ou mère, ou le conseil de famille. Nous allons traiter séparément de chacune, et nous exposerons ensuite les règles communes à toutes les tutelles. En conséquence, le présent chapitre sera divisé en huit sections, dont la première traitera de la tutelle légitime;

La deuxième, de la tutelle testamentaire;

La troisième, de la tutelle dative;

La quatrième, du subrogé-tuteur et de ses fonctions;

La cinquième, des causes qui dispensent de la tutelle;

La sixième, des incapacité, exclusion, et destitution de la tutelle;

La septième, de l'administration du tuteur;

Et la huitième, du compte de tutelle.

SECTION PREMIÈRE.

De la Tutelle légitime.

La tutelle légitime est celle qui est déférée directement et de plein droit par l'autorité de la loi.

De plein droit : C'est-à-dire sans aucune espèce de formalités, tellement que le tuteur légitime devient responsable, du moment qu'il a dû avoir connoissance de l'événement qui donne lieu à ce que la tutelle lui soit déférée.

La tutelle légitime est de trois espèces : celle des père et mère, celle des ascendans, et celle des hospices. Toutes les règles relatives à cette dernière espèce de tutelle seront réunies dans un chapitre particulier.

§. Ier.

De la Tutelle des Père et Mère.

La tutelle légitime des père et mère est celle qui, après la mort naturelle ou civile de l'un des époux, est déférée au survivant (1). 390.

Après la mort, etc. : Parce que, dans le cas de divorce ou d'absence de l'un des époux, l'administration de la personne et des biens des enfans est réglée conformément aux dispositions rapportées aux Titres *de l'Absence* et *du Divorce* (1).

Au survivant : Le droit des deux époux n'est cependant pas le même à cet égard. Il y a plusieurs distinctions à faire entre le père et la mère.

1°. Le père ne peut refuser la tutelle, à moins qu'il n'ait une cause légitime : la mère, au contraire, peut la refuser sans donner de motifs ; mais alors elle est tenue de faire nommer un
394. autre tuteur, et, jusque-là, de gérer la tutelle.

2°. La tutelle du père survivant ne peut être modifiée par la mère, au lieu que, s'il décède le premier, il peut désigner un conseil spécial, dont la mère doit prendre l'avis sur tous les actes de la tutelle (2), si le père n'a pas fait d'exception ; ou, dans le
391. cas contraire, sur ceux qu'il a expressément spécifiés (3). La nomination de ce conseil peut être faite, soit par acte de dernière volonté (4), soit par déclaration devant notaires, ou devant le
392. juge-de-paix assisté de son greffier.

3°. Le second mariage du père ne change rien à la tutelle (5), tandis que, dans le même cas, la tutelle n'est conservée à la mère (6), qu'autant que cela est ainsi décidé par le conseil de famille, qu'elle est tenue de convoquer avant son mariage, à peine d'être déchue de plein droit de la tutelle (7) et de rendre son second mari solidairement (8) responsable de toutes les
395. suites (9). Si le conseil de famille, convoqué par elle, lui conserve la tutelle, son second mari est alors nécessairement nommé co-tuteur (10), et devient solidairement responsable de la gestion
396. postérieure au mariage (11).

4°. Enfin, si la mère est enceinte (12) lors de la mort du père, la tutelle est suspendue jusqu'après l'accouchement ; et il est nommé, pour cet intervalle, par le conseil de famille, un curateur au ventre (13), qui, lors de la naissance, est, de plein droit, le subrogé-tuteur de l'enfant, dont la mère devient alors
393. tutrice légitime (14).

§. II.

De la Tutelle des Ascendans (1).

La tutelle légitime des ascendans est celle qui, à défaut des père et mère, et de tuteur désigné par eux (2), est déférée, de plein droit, aux ascendans mâles du pupille, au degré le plus proche, de manière cependant à préférer toujours, à degré égal, la ligne 402.
paternelle et masculine. 403.

Nous disons, *à défaut de tuteur désigné par eux :* Parce que la tutelle des ascendans n'a lieu qu'à défaut de la testamentaire, dont il sera question dans la section suivante : 402.

Aux ascendans mâles : Parce que la mère est la seule femme qui soit tutrice légitime. Les autres ascendantes ne sont capables 401.
que de la tutelle dative ou testamentaire (3). 442.

De manière à préférer toujours la ligne paternelle : Parce qu'à égalité de degré l'ascendant paternel est toujours préféré (4). 402.

Et masculine : Parce qu'il peut arriver qu'à défaut d'ascendans du deuxième degré, il y ait concurrence entre deux ascendans au troisième degré, tous deux de la ligne paternelle, mais non tous deux de la ligne masculine ; et alors la tutelle appartient de préférence à l'ascendant par mâles. *Exemp :* un individu veuf, n'ayant ni père ni mère, mais ayant encore son aïeul paternel et son aïeul maternel, meurt, laissant un enfant mineur, qui n'a aucun ascendant maternel ; cet enfant se trouve donc avoir deux bisaïeuls, tous deux de la ligne paternelle ; dans ce cas, on doit préférer la ligne masculine, c'est-à-dire, celui qui ne tient au pupille que par des mâles, ou, en d'autres termes, l'aïeul paternel de son père. 403.

Si la même concurrence a lieu entre deux bisaïeuls maternels, c'est au conseil de famille à choisir celui des deux auquel la tutelle doit être confiée (5). 404.

SECTION II.

De la Tutelle Testamentaire.

La tutelle testamentaire est celle qui est déférée par le dernier
397. mourant des père et mère (1). Elle est appelée *testamentaire*, parce qu'à l'exemple des dispositions de dernière volonté, elle n'a d'effet qu'après la mort de celui qui l'a déférée. Elle peut, au surplus, être déférée, non seulement par testament, mais encore
392. } par acte passé devant notaires, ou devant le juge-de-paix assisté
398. } de son greffier.

Nous disons, *par le dernier mourant des père et mère :* 1°. Parce que, si la mère survit, le père ne peut déférer la tutelle à son préjudice ; il peut seulement, comme nous l'avons dit, lui adjoindre un conseil ;

2°. Parce que le droit de désigner un tuteur est commun au père et à la mère, avec cette différence cependant, que la mère remariée et non maintenue dans la tutelle, est privée de ce droit
399. à l'égard des enfans de son premier mariage (2), et que le tuteur désigné par la mère remariée, même maintenue, a besoin d'être
400. confirmé par le conseil de famille (3).

Au surplus, le tuteur désigné par le père ou la mère peut refuser la tutelle dans tous les cas où il eût pu le faire s'il eût été nommé par le conseil de famille. (*Voyez* ci-après, sect. V.)

SECTION III.

De la Tutelle Dative.

La tutelle dative est celle qui, à défaut de la légitime et de la
405. testamentaire, est déférée par le conseil de famille ; et comme d'ailleurs l'intervention de ce conseil est nécessaire en toute tutelle, et qu'il importe conséquemment de déterminer, d'une manière générale, le mode de sa composition, la forme de ses délibérations, et la nature ainsi que l'étendue de ses fonctions, nous traiterons de ces différens objets dans les quatre paragraphes suivans.

§. Ier.

De la Formation du Conseil de Famille (1).

Le conseil de famille est une assemblée des parens ou alliés du mineur, présidée par le juge-de-paix. Il est convoqué sur la réquisition et à la diligence des parens du mineur, de ses créanciers, ou de toute autre partie intéressée (2). Il peut même être convoqué d'office par le juge-de-paix du lieu où la tutelle est ouverte, auquel, en conséquence, toute personne peut dénoncer (3) le fait qui donne lieu à la convocation. 407. 416. 406.

Ce conseil est ordinairement composé, outre le juge-de-paix, de six parens ou alliés (4), dont moitié du côté paternel, et moitié du côté maternel, en suivant l'ordre de proximité dans chaque ligne. 407.

Nous disons *ordinairement :* Parce que les ascendans, même ceux valablement excusés de la tutelle, les ascendantes veuves (5), les frères germains, et les maris des sœurs germaines (6), font nécessairement partie du conseil de famille, quel que soit leur nombre, et quand même il excéderoit celui désigné ci-dessus. 408.

En suivant l'ordre de proximité : Sauf toutefois les exceptions et modifications suivantes :

Premièrement : le parent doit toujours être préféré à l'allié du même degré ; et à égalité de degrés, soit entre parens, soit entre alliés, le plus âgé est préféré. 407.

Secondement : si un ou plusieurs des parens les plus proches demeurent à plus de deux myriamètres (environ quatre lieues) de distance de la commune où la tutelle est ouverte, ils peuvent être remplacés (7) par des parens d'un degré plus éloigné (8). *Ibid.*

Troisièmement : en cas d'insuffisance du nombre des parens et alliés de l'une ou de l'autre ligne (9), demeurant dans la distance ci-dessus, le juge-de-paix (10) peut appeler, soit ceux domiciliés à de plus grandes distances, soit des personnes connues pour avoir eu des relations habituelles d'amitié avec le père ou la mère du mineur. Il a également la faculté, lors même que le nombre de 409.
parens ou alliés étant sur les lieux, est suffisant, d'appeler, s'il le

croit utile au mineur, les parens plus proches, ou égaux (1) en degrés, qui se trouveroient hors de la distance ci-dessus, en retranchant toutefois un nombre égal des premiers, de manière
410. à ne pas excéder le nombre précédemment fixé.

Il est certaines personnes que la loi déclare incapables d'être membres d'un conseil de famille, et qui, en conséquence, ne doivent pas être appelées ; ce sont :

Les mineurs, excepté le père et la mère;

Les interdits ;

Les femmes, excepté les ascendantes ;

Ceux qui ont, ou dont les père ou mère (2) ont avec le mineur un procès dans lequel l'état, la fortune, ou une partie notable
442. des biens de ce dernier, sont compromis ;

445. Enfin, ceux qui ont été exclus ou destitués d'une tutelle (3).

La citation pour comparoître est donnée à jour fixe, qui est indiqué par le juge-de-paix. Le délai, quand toutes les parties demeurent dans l'arrondissement de deux myriamètres, ne peut être moindre de trois jours (4); quand quelques-uns des individus cités demeurent au-delà de cette distance, le délai est augmenté
411. d'un jour par trois myriamètres.

Les personnes convoquées sont tenues, à moins qu'elles n'aient une excuse légitime, de comparoître en personne, ou de commettre un mandataire spécial, qui ne peut représenter plus d'un
412. membre de la même assemblée (5).

La peine du défaut de comparution sans excuse légitime, est une amende qui ne peut excéder cinquante francs, et qui est
413. prononcée sans appel, par le juge-de-paix.

S'il y a excuse suffisante, le juge-de-paix examine s'il convient d'attendre ou de remplacer le membre absent; auquel cas, il
414. peut ajourner ou proroger (6) l'assemblée ; comme aussi, le conseil peut délibérer de suite, si les trois quarts (7) des membres con-
415. voqués (8) sont présens. Le juge-de-paix a d'ailleurs également le droit d'ajourner ou de proroger l'assemblée, dans tous les cas
414. où il croit que l'intérêt du mineur peut l'exiger.

§. II.

De la Forme des Délibérations du conseil de famille, et de leur Homologation.

Le conseil de famille se tient chez le juge-de-paix, à moins que ce magistrat ne désigne un autre local. 415.

La présence des trois quarts des membres convoqués suffit, comme nous l'avons dit, pour que le conseil puisse délibérer. *Ibid.*

Les délibérations sont prises à la pluralité absolue (1). En cas de partage, la voix du juge-de-paix est prépondérante (2). 416.

Toutes les fois que la délibération n'est pas unanime, l'avis de chacun des membres doit être consigné au procès-verbal, et, dans ce cas (3), la délibération peut être attaquée, soit par le tuteur, subrogé-tuteur ou curateur, s'ils n'ont pas été d'avis de la délibération, soit même par les membres dissidens : ils forment leur demande contre ceux qui composent la majorité (4), sans qu'il soit nécessaire d'appeler en conciliation. La cause est *Pr.* 883.
jugée sommairement, et sauf l'appel. *Pr.* 884 et 889.

Dans tous les cas où la délibération est sujète à homologation, elle est poursuivie par le tuteur, ou par tout autre que le conseil de famille en a spécialement chargé (5), dans le délai fixé par la délibération, ou, à défaut de fixation, dans le délai de quinzaine. *Pr.* 887.

Pour parvenir à l'homologation, on présente au Président du Tribunal une expédition de la délibération, à la suite de laquelle est une requête à fin d'homologation. (*Tarif des Frais*, art. 78.)

Le Président rend, au bas de ladite requête, une ordonnance, par laquelle il commet un juge pour en faire le rapport à jour indiqué, et ordonne la communication au ministère public. *Pr.* 885.

Le Procureur impérial donne ses conclusions au bas de l'ordonnance du Président, et la minute du jugement est mise à la suite des conclusions (6). *Pr.* 886.

Si les délais ci-dessus fixés sont écoulés, sans que l'homologation ait été demandée, elle peut l'être par tout membre de l'assemblée, contre celui qui auroit dû la poursuivre dans le principe, et aux frais de ce dernier, sans répétition (7). *Pr.* 887.

Si la délibération n'a pas été unanime, il est libre aux membres composant la minorité, de s'opposer à l'homologation, en le déclarant, par acte extra-judiciaire (1), à celui qui est chargé de la poursuivre : ils doivent alors être appelés au jugement; à
Pr. 888. défaut de quoi, ils peuvent y former opposition (2).

Au surplus, tous les jugemens rendus sur délibération du
Pr. 889. conseil de famille, peuvent être attaqués par la voie de l'appel (3).

§. III.

Des Fonctions du Conseil de Famille.

Les fonctions du conseil de famille peuvent être considérées sous deux rapports, *le personnel* et *le matériel* de la tutelle.

Sous le premier rapport, sont comprises les fonctions qui concernent directement la personne, soit du tuteur, soit du pupille. Nous en avons déjà énoncé quelques-unes; nous allons les réunir ici sommairement (4).

Elles consistent à nommer un tuteur, lorsqu'il n'en existe pas
405. de légitime ni de testamentaire;

A nommer un curateur au ventre, lorsque la femme reste
393. enceinte au décès du mari;

A décider si la mère, convolant en secondes noces, doit con-
395. server la tutelle;

A confirmer, s'il y a lieu, le tuteur désigné par la mère remariée
400. et maintenue dans la tutelle;

A déterminer, en cas de concurrence, le choix entre deux
404. ascendans de la ligne maternelle;

A nommer un subrogé-tuteur. Cette nomination a lieu en toute
420. tutelle;

A prononcer sur les excuses proposées par les tuteurs et su-
438. 447. broges-tuteurs, ainsi que sur leur exclusion ou destitution;

A autoriser l'emploi des moyens de correction que la mauvaise
468. conduite du mineur peut nécessiter;

478. A autoriser l'émancipation du mineur resté sans père ni mère,
480. et à lui nommer un curateur;

A statuer sur la révocation de cette émancipation, dans le cas où elle peut avoir lieu; 485.

Enfin, à consentir au mariage du mineur resté sans père ni mère, ni autres ascendans; et par suite, à approuver, dans ce 160. cas, ses conventions matrimoniales. 1398.

Quant au matériel, c'est-à-dire à l'administration des biens du mineur, et à la surveillance que le conseil de famille doit exercer à cet égard, ses fonctions se trouveront fixées ci-après, Section VII, en même temps que nous déterminerons les actes que le tuteur ne peut faire sans son autorisation.

§. IV.

De la Nomination du Tuteur.

Quand il n'existe point de tuteur légitime ni testamentaire, il en est nommé un par le conseil de famille convoqué, formé et délibérant comme il a été dit ci-dessus. La tutelle est alors appelée *Dative*. 405.

En général, il ne peut être nommé qu'un tuteur, quelles que soient l'étendue et les distances respectives des biens du pupille. Le conseil de famille peut seulement, s'il y a lieu, autoriser le tuteur à se faire aider par un ou plusieurs administrateurs salariés, de la gestion desquels il est responsable (1). 454.

Si cependant le mineur, domicilié en France, a des biens dans les colonies, ou *vice versâ*, l'administration spéciale des biens (2) situés hors du lieu de son domicile, est donnée à un protuteur (3), dont la gestion est absolument indépendante de celle du tuteur, et sans aucune responsabilité respective (4). 417.

Si le tuteur n'est pas présent lors de sa nomination, elle lui est notifiée à la diligence d'un membre de l'assemblée, désigné par elle, et ce, dans les trois jours de la délibération, plus, un jour par trois myriamètres de distance, entre le lieu où s'est tenue l'assemblée, et le domicile du tuteur. *Pr.* 882.

SECTION IV.

Du Subrogé-Tuteur et de ses Fonctions.

Nous avons dit qu'en toute tutelle (1) il y avoit lieu à la nomi-
420. nation (2) d'un subrogé-tuteur.

Lorsque la tutelle est dative, cette nomination a lieu immé-
422. diatement après celle du tuteur. Lorsque la tutelle est légitime ou testamentaire, le tuteur, avant d'entrer en fonctions, est tenu, à peine de dommages-intérêts, et même de destitution (3) en cas de dol, de faire convoquer un conseil de famille pour procéder
421. à la nomination du subrogé-tuteur, qui doit toujours être pris dans la ligne à laquelle le tuteur n'appartient pas (4), sauf le cas où le tuteur appartiendroit aux deux lignes; par exemple, si c'est
423. un frère germain.

Le tuteur ne peut, dans aucun cas, concourir à la nomination
Ibid. du subrogé-tuteur (5), ni à sa destitution, qu'il ne peut pas même
426. provoquer (6).

Les fonctions du subrogé-tuteur sont, en général :

Premièrement, d'être contradicteur légitime et nécessaire dans tous les actes qui tendent à constater la quotité, la nature et la valeur des biens du mineur; par exemple, lors de l'inventaire
451. des biens qui lui sont échus, inventaire auquel il est tenu de
1442. faire procéder, à peine de tous dommages-intérêts; lors de la
452. } vente de ses meubles ou de ses immeubles, etc.;
459. }

Secondement, d'agir pour les intérêts du mineur, lorsqu'ils
420. sont en opposition avec ceux du tuteur (7);

Troisièmement, de se faire remettre, aux époques déterminées par le conseil de famille, les états de situation de la gestion du tuteur, si toutefois cette remise a dû être, et a été (8)
470. effectivement ordonnée;

Quatrièmement, de provoquer, s'il y a lieu, la destitution
446. du tuteur (9);

Cinquièmement, en cas de vacance ou d'abandon de la tutelle, de provoquer la nomination d'un nouveau tuteur (10); et ce, à
424. peine de tous dommages-intérêts;

Sixièmement enfin, tout jugement rendu contre le mineur, doit être signifié au subrogé-tuteur, quand même il n'auroit pas été en cause; et le délai de l'appel ne court que du jour de la signification faite, tant à lui qu'au tuteur (1). *Pr.* 444.

Les fonctions du subrogé-tuteur cessent à la même époque que la tutelle (2); et l'on doit également lui appliquer ce que 425.
nous allons dire des excuses, incapacité, exclusion, et destitution de la tutelle. 426.

SECTION V.

Des Causes qui dispensent de la Tutelle.

Il est de l'intérêt public que les mineurs ne restent pas sans défense; mais, d'un autre côté, les fonctions de tuteur étant onéreuses et gratuites, il seroit souvent difficile de trouver des personnes honnêtes qui consentissent volontairement à s'en charger; de là, l'obligation d'accepter, imposée par la loi à toute personne désignée pour être tuteur, et qui ne peut alléguer d'excuse (3) légitime. 1370.

Les motifs d'excuse sont en assez grand nombre. Nous allons les parcourir succinctement.

Ces motifs sont : 1°. le sexe. Ce n'est une excuse que pour 394.
les ascendantes : pour les autres, c'est incapacité (4); 442.

2°. Les dignités et fonctions mentionnées dans les titres 3, 5, 6, 8, 9 et 10 de l'acte des constitutions du 18 mai 1804 (28 floréal an 12) (5);

3°. Celles de membre de la Cour de cassation et de la Cour des comptes (6);

4°. Celles de préfet,

5°. Toute fonction publique dans un département, autre que celui où la tutelle s'établit. Par *avis du Conseil-d'État*, approuvé 427.
le 20 novembre 1806, les ministres du culte, obligés à résidence par les lois de l'État, sont compris dans cette disposition. (*Bulletin*, n°. 2047.)

6°. L'activité de service militaire;

7°. Toute mission de l'Empereur hors du territoire (7) de l'em-

428. pire, sauf, dans le cas où la mission seroit secrète et contestée, à ne prononcer la dispense qu'après explication donnée par le Ministre, dans le département duquel se place la mission articulée
429. comme excuse (1);
434. 8°. Toute infirmité (2) grave, et dûment justifiée.

Toutes ces causes (3), non seulement dispensent d'accepter la
430. tutelle, mais encore donnent la faculté de s'en faire décharger,
431. } 434. } si elles sont survenues après l'acceptation (4), et à la charge de faire convoquer, dans le mois, un conseil de famille pour pro-
431. céder au remplacement.

Si les fonctions, services ou missions, venoient à expirer avant la fin de la tutelle, l'ancien tuteur peut la redemander; comme aussi, en cas de silence de sa part, le nouveau peut également réclamer sa décharge, sauf au conseil de famille à prononcer
Ibid. sur le tout.

9°. L'âge de soixante-cinq ans accomplis. Si le tuteur n'avoit pas cet âge (5) au moment où la tutelle lui a été déférée, il peut s'en
433. faire décharger, mais à l'âge de soixante-dix ans (6) seulement;

10°. La charge de deux tutelles existantes, et même d'une seule,
435. si celui qui en est chargé, est en même-temps époux ou père (7);

11°. L'existence (8), au moment de la tutelle, de cinq enfans
436. légitimes (9). Les enfans survenus depuis la tutelle ne comptent
437. point. Il en est de même de ceux décédés auparavant, à moins qu'ils n'aient laissé des enfans existans, ou qu'ils ne soient morts
436. en activité de service dans les armées de l'empire (10).

Nota. Les dixième et onzième causes d'excuses ne sont point admises, lorsqu'il s'agit de la tutelle des enfans de celui qui les
435. } 436. } propose.

12°. Si le tuteur nommé n'est ni parent ni allié du mineur; mais cette cause n'est admise, qu'autant qu'il existe, dans la distance de quatre myriamètres, des parens ou alliés en état de
432. gérer la tutelle (11).

Les motifs d'excuse existans au moment de la nomination du tuteur, doivent être proposés par lui, sur-le-champ, s'il est pré-
438. sent (12). En cas d'absence, il doit, dans les trois jours, à partir de celui où sa nomination lui a été notifiée (13), faire convoquer

le conseil de famille pour délibérer à ce sujet. Si le lieu de son domicile n'est pas le même que celui de l'ouverture de la tutelle, le délai est augmenté d'un jour par trois myriamètres de distance. Ces dispositions sont toutes de rigueur; et, faute par le tuteur de s'y être conformé, il doit être déclaré non-recevable (1). 439.

Si les excuses sont admises, le conseil de famille procède sur-le-champ à la nomination d'un autre tuteur; si elles sont rejetées, le tuteur peut se pourvoir devant les tribunaux pour les faire admettre; mais il est tenu d'administrer provisoirement pendant le litige. 440.

Si, en définitif, elles sont jugées valables, ceux qui les ont rejetées (2) peuvent (3) être condamnés aux dépens; dans le cas contraire, le tuteur y est condamné lui-même. 441.

SECTION VI.

Des Incapacité, Exclusion, et Destitution de la Tutelle.

Les motifs d'incapacité pour la tutelle sont les mêmes que ceux pour le conseil de famille (4). 442.

L'exclusion diffère de la destitution, en ce qu'on exclut le tuteur qui n'est pas encore entré en fonctions, et qu'on destitue celui qui a commencé à administrer (5). En conséquence, l'exclusion ne peut s'appliquer qu'au tuteur légitime ou testamentaire (6).

Les motifs d'exclusion sont :

1°. L'inconduite notoire; 444.

2°. La condamnation à une peine afflictive ou infamante. 443.
Dans ce cas, l'exclusion a lieu de plein droit. Cependant le condamné, après avoir subi sa peine, peut être nommé, par le conseil de famille, tuteur de ses enfans. (*Code Pénal*, art. 28.)

3°. L'interdiction des droits de famille prononcée par les tribunaux, dans les cas et pendant le temps désignés par le Code Pénal, art. 34, 335, 374, 401, 405, 406, 407 et 410.

La destitution a lieu pour les mêmes motifs, et, en outre, toutes les fois que la gestion du tuteur atteste son incapacité ou son infidélité (7). *Ibid.*

Les motifs d'exclusion ou de destitution sont soumis à un

conseil de famille convoqué à la diligence du subrogé-tuteur, ou d'office par le juge-de-paix, qui ne peut même se dispenser de faire cette convocation, quand il en est requis par un parent ou allié du mineur, au degré de cousin germain, ou à un degré
446. plus proche (1). Si les griefs allégués contre le tuteur sont jugés par le conseil susceptibles d'être pris en considération, il doit faire appeler le tuteur; et s'il comparoît, il doit l'entendre dans ses défenses (2); si l'exclusion ou la destitution sont prononcées,
447. la délibération du conseil est motivée, et il est procédé de suite à la nomination d'un nouveau tuteur.

Si l'ancien tuteur adhère à la délibération, il en est fait mention, et le nouveau tuteur (3) entre aussitôt en fonctions. S'il réclame (4), l'homologation de la délibération est poursuivie (5) devant le Tribunal de première instance, qui prononce, sauf l'appel; et même, en cas d'inaction de la personne chargée de poursuivre l'homologation, le tuteur exclu ou destitué peut la faire assigner, conjointement avec le subrogé-tuteur, pour voir dire qu'il sera
448. maintenu dans la tutelle (6).

Si la convocation du conseil de famille a été requise par d'autres que par le subrogé-tuteur, les requérans peuvent intervenir dans l'instance, qui est d'ailleurs instruite et jugée comme
449. affaire urgente.

SECTION VII.

De l'Administration du Tuteur.

Les fonctions du tuteur consistent dans l'administration de la
450. personne et des biens du mineur.

Cette administration commence du jour de la nomination, si le tuteur est présent; sinon, du jour que cette nomination lui a
418. été notifiée, si la tutelle est dative ou testamentaire. Si elle est légitime, sa responsabilité commence du jour où il a eu connoissance de l'événement qui donne lieu à la tutelle (7).

L'administration du tuteur, quant à la personne du mineur, consiste, 1°. à lui procurer l'éducation physique et morale, proportionnément aux facultés dudit mineur (8);

2°. A le mettre, autant que possible, en état de gagner sa vie par son travail, s'il est dans une situation qui l'exige; 450.

3°. A veiller sur sa conduite, et même à requérir, s'il est nécessaire, toutefois avec l'autorisation du conseil de famille (1), les moyens de correction que la loi met à sa disposition, et qui sont les mêmes que ceux rapportés au titre *de la Puissance Paternelle.* 468.

Quant aux biens, les fonctions du tuteur sont de les administrer en bon père de famille, et de représenter le mineur dans tous les actes civils (2); de-là plusieurs obligations imposées au tuteur, dont les unes ont lieu au moment de l'établissement de la tutelle, et les autres pendant toute sa durée. 450.

§. Ier.

Des Obligations du Tuteur, au moment de l'établissement de la Tutelle (3).

La première et la principale de ces obligations, est de constater la nature et la quotité des biens appartenans au mineur.

Le tuteur doit donc d'abord, et au plus tard dans les dix jours après celui où il a eu connoissance que la tutelle lui a été déférée, provoquer la levée des scellés, s'ils ont été apposés, et faire procéder en même temps à l'inventaire (4); le tout, en présence du subrogé-tuteur. 451.

Le tuteur qui ne fait point procéder à cet inventaire, et le subrogé-tuteur qui ne le provoque point, sont tenus solidairement de toutes les condamnations qui peuvent être prononcées au profit du mineur; et, si le tuteur étoit le père ou la mère, il seroit, en outre, comme nous l'avons dit, privé de la jouissance légale; le tout, sans préjudice des poursuites des parties intéressées (5), relativement à la consistance des biens et effets, dont la preuve pourra être faite, tant par titres que par témoins, ou même par commune renommée (6). 1442.

Dans le mois de la clôture de l'inventaire, le tuteur doit faire vendre, en présence du subrogé-tuteur, les meubles, aux enchères, par un officier public, et après affiches ou publications,

452. dont le procès-verbal de vente fait mention. (*Voyez*, pour les formalités de cette vente, les articles 945 à 951, et 617 à 625 du Code de Procédure.)

Si cependant le conseil de famille, pour le plus grand avantage du mineur, a autorisé la conservation en nature de tout ou partie
Ibid. des meubles, le tuteur doit se conformer à cette disposition. Cette autorisation n'est pas même nécessaire, quand il y a lieu à la jouissance légale. Dans ce cas, celui du père ou de la mère qui a cette jouissance, peut, s'il le préfère, et sans être autorisé, garder les meubles pour les remettre en nature; mais alors il est tenu :

1°. D'en faire faire, à ses frais, l'estimation à juste valeur, par un expert que nomme le subrogé-tuteur (1), et qui prête serment devant le juge-de-paix;

Et 2°. de rendre la valeur, sur le pied de l'estimation, de ceux desdits meubles qu'il ne peut représenter en nature à la fin de
453. sa jouissance.

Le produit de la vente des meubles sert à payer les dettes, s'il en existe, et il est fait emploi du surplus, ainsi que nous le verrons dans le paragraphe suivant.

§. II.

Des Obligations du Tuteur pendant la durée de la Tutelle.

Nous avons dit que le tuteur devoit administrer en bon père de famille, c'est-à-dire, avoir, pour les affaires du pupille, le même soin et la même vigilance qu'un père de famille exact et économe a pour ses affaires propres.

450. Il doit, en conséquence, à peine de tous dommages-intérêts, poursuivre les débiteurs; entretenir les biens en bon état; les louer ou affermer, s'il y a lieu, aux meilleures conditions; payer, autant que possible, les dettes exigibles ou onéreuses; faire tous actes conservatoires; interrompre les prescriptions (2); couvrir les péremptions (3); prendre les inscriptions hypothécaires; intenter, soit de sa seule autorité, soit avec l'autorisation du conseil de famille, quand elle est requise, toutes les actions appartenantes au mineur; défendre à toutes celles intentées

contre lui; faire emploi des deniers du mineur, soit de ceux trouvés dans la succession à laquelle est appelé le mineur, soit de ceux restans de la vente des meubles après le paiement des dettes, etc.

Il doit également faire emploi, dans le cours de la tutelle, des deniers provenans, soit de l'excédent des revenus sur la dépense, soit des capitaux remboursés; et, pour prévenir toutes les difficultés qui pourroient s'élever, tant sur la quotité de la somme à laquelle ces deniers doivent monter pour être employés, que sur le délai dans lequel l'emploi doit être fait, le tuteur, autre que le père ou la mère (1), doit se conformer aux dispositions suivantes :

Il doit premièrement, lors de l'établissement de la tutelle, faire régler (2) par le conseil de famille, et par aperçu, la somme à laquelle pourra s'élever la dépense annuelle du mineur, ainsi que celle d'administration de ses biens. 454.

Cette base une fois arrêtée, le conseil détermine la somme précise (3) à laquelle doit commencer, pour le tuteur, l'obligation de faire emploi: et, si cet emploi n'est pas fait dans le délai de six mois, à compter du jour où la somme fixée a été complétée, le tuteur doit les intérêts, à partir de l'expiration des six mois (4). 455.

Faute par le tuteur d'avoir fait déterminer la somme à laquelle doit commencer l'obligation de faire emploi, il doit les intérêts de toutes les sommes non employées, quelque modiques qu'elles soient, à compter de l'expiration de six mois après qu'il les a reçues. 456.

Telles sont, en général, les obligations du tuteur. Il nous reste maintenant à faire connoître en particulier les actes qui lui sont entièrement interdits, et ceux pour lesquels il a seulement besoin de l'autorisation du conseil de famille.

Le tuteur ne peut, à peine de nullité, acheter les biens de son pupille, même en adjudication publique (5). { 450. 1596.

Il ne peut accepter la cession d'aucun droit ni d'aucune créance contre lui (6); et s'il se trouve en avoir, de son chef, au moment de sa nomination, il est tenu, à peine de déchéance, d'en faire 450.

la déclaration dans l'inventaire (1), sur la réquisition qui doit lui en être faite par l'officier public (2), et qui est mentionnée au
451. procès-verbal.

Il ne peut donner à bail les biens de son pupille pour un temps excédant neuf années (3) ; et s'il l'a fait, le bail, au moment où le tuteur cesse ses fonctions, n'est obligatoire, à l'égard du pupille, que pour le temps qui reste à courir, soit de la première période de neuf ans, si elle n'est pas encore terminée, soit de la seconde, si elle est commencée, et ainsi de suite (4). Quant aux baux, même de neuf années seulement, ils sont entièrement nuls (5), s'ils sont passés plus de trois ans avant l'expiration des baux courans, pour les biens ruraux, et plus de deux ans avant la même époque, pour les maisons. Si cependant l'exécution des baux, quoique renouvelés prématuré-
1429. 1430. 1718. ment, étoit commencée avant la cessation des fonctions du tuteur, la nullité ne pourroit en être demandée.

Les actes pour lesquels le tuteur a besoin de l'autorisation du conseil de famille, sont ceux indiqués ci-après. Le tuteur ne peut donc sans cette autorisation,

1°. Prendre à ferme les biens de son pupille ; si l'autorisation
450. a lieu, le bail lui en est passé par le subrogé-tuteur (6) ;

2°. Transférer les inscriptions, ou promesses d'inscriptions sur le grand livre de la dette publique, appartenantes au mineur, et excédant cinquante francs de rente. Quant à celles de cinquante francs et au-dessous, il peut les vendre sans autorisation. Dans tous les cas, et quelle que soit la valeur de l'inscription, il n'est pas besoin d'affiche ni de publication ; mais il faut que le cours de la place, au jour de la vente, soit légalement constaté (7) : et le tuteur doit compter du produit de la vente, comme de celui des meubles. (*Loi du* 24 *mars* 1806, *Bulletin*, n°. 1440.)

3°. Accepter ou répudier une succession échue au mineur ; et même avec autorisation, il ne peut l'accepter que sous bénéfice
461. d'inventaire (8) ;

4°. Accepter une donation faite au mineur (9) ; dans ce cas, l'acceptation autorisée a le même effet, à l'égard du mineur, que
463. s'il étoit majeur (10) ;

5°. Introduire en justice une action relative aux droits immobiliers (1) du mineur, ou acquiescer à une demande relative à ces mêmes droits. 464.

6°. Intenter une demande en partage ; mais il peut y défendre sans autorisation (2). Nous verrons, au titre *des Successions*, 465.
quelles formalités doivent être remplies pour que les partages dans lesquels les mineurs sont intéressés puissent être regardés comme définitifs.

7°. Transiger au nom du mineur (3) ; et encore la transaction, même autorisée, doit, pour être valable, être faite conformément à l'avis de trois jurisconsultes désignés par le Procureur impérial, et soumise ensuite à l'homologation du tribunal. 467.

8°. Emprunter pour son mineur (4). La délibération du conseil, dans ce cas, doit être homologuée par le tribunal, sur les conclusions du Procureur impérial. 457. 458.

9°. Hypothéquer les immeubles du mineur. Le conseil de famille ne doit, dans ce cas, accorder son autorisation que pour cause de nécessité absolue, et après qu'il lui a été démontré par un compte sommaire que le tuteur est tenu de lui présenter, que les deniers et revenus du mineur sont insuffisans ; la délibéra- 457.
tion qui autorise doit être également homologuée par le Tribunal, sur les conclusions du ministère public (5). 458.

10°. Enfin aliéner les immeubles du mineur. Cependant il faut 457.
distinguer : l'autorisation du conseil de famille n'est point nécessaire dans les cas suivans : 1°. si l'aliénation est provoquée par un créancier du mineur sur expropriation forcée, sauf l'obligation imposée au créancier de discuter (6) préalablement le mobilier du mineur. Cette discussion n'est pas même exigée, si l'im- 2206.
meuble est possédé indivisément par le mineur et un majeur, et que la dette leur soit commune (7), ou si les poursuites ont été commencées contre un majeur auquel le mineur a succédé (8). 2207.
Du reste la vente se poursuit, dans ce cas, suivant les formalités prescrites par le Code de Procédure (art. 673 et suivans.) 2°. L'autorisation du conseil de famille n'est pas nécessaire, si la vente est provoquée par un co-propriétaire par indivis (9), majeur (10). Mais il faut, alors, qu'il soit constaté par experts que la division

827. de l'immeuble ne peut se faire commodément ; que, sur leur rap-
port, la licitation (1) soit ordonnée par un jugement ; et, en outre,
que l'on observe pour la vente toutes les formalités dont il va
460. être question, relativement à l'aliénation proposée par le tuteur.

Mais si c'est le tuteur qui propose l'aliénation, le conseil ne doit
l'autoriser que s'il y a avantage évident, ou nécessité absolue,
démontrée comme il a été dit pour l'hypothèque. Dans tous les
cas, le conseil indique les conditions qu'il juge utiles ; et si le
choix de l'immeuble à aliéner n'est pas déterminé par les cir-
constances (2), il désigne celui ou ceux qui doivent être vendus
457. de préférence.

Sa délibération doit être également homologuée ; et le jugement
d'homologation doit contenir, en outre, la nomination d'un ou
de trois experts (3), suivant l'importance des objets, pour
Pr. 955. procéder à l'estimation des biens dont la vente est proposée.

D'après cette estimation, mais cependant sur une mise à prix
inférieure, les enchères sont publiquement ouvertes devant un
membre du Tribunal, ou devant un notaire à ce commis par
Ibid. le même jugement.

Le cahier des charges est déposé au greffe ou chez le notaire (4) :
Pr. 958 et 959. il est lu six semaines au moins avant l'adjudication préparatoire,
dont le jour est annoncé lors de la lecture.

Cette adjudication est, en outre, indiquée par des affiches ou
Pr. 960. placards apposés par trois dimanches consécutifs, aux lieux
désignés par l'art. 961 du Code de Procédure (5). Ces placards sont
visés et certifiés, sans frais, par les Maires des communes où ils
ont été apposés, et copie en est insérée dans le journal du lieu
ou celui du département. Cette insertion est constatée par la
feuille qui en contient la mention, revêtue de la signature de
Pr. 683. l'imprimeur, légalisée par le Maire. Elle doit avoir lieu huit jours
Pr. 962. au moins avant l'adjudication préparatoire.

L'apposition des placards et l'insertion aux journaux sont
Pr. 963. reitérées huit jours au moins avant l'adjudication définitive.

Si, au jour indiqué pour cette dernière adjudication, les
enchères ne s'élèvent pas au prix de l'estimation, le Tribunal
peut, sur un nouvel avis du conseil de famille, ordonner que

l'immeuble sera adjugé au plus offrant, au-dessous de ladite estimation ; à l'effet de quoi, l'adjudication est remise à un délai, qui ne peut être moindre de quinzaine, et indiquée par de nouveaux placards, apposés, visés, certifiés et insérés, comme dessus, huit jours au moins avant l'adjudication. *Pr.* 964.

Dans tous les cas, l'adjudication ne peut avoir lieu qu'en présence du subrogé-tuteur. 459.

Lorsque toutes ces formalités ont été remplies, ainsi que celles prescrites par l'art. 965 du Code de Procédure, relativement à la réception des enchères, à la forme de l'adjudication, etc., le mineur est, à l'égard de ces aliénations, regardé comme majeur, 1314. et n'est pas reçu à se faire restituer, même pour cause de lésion des sept douzièmes (1). 1684.

Avant de terminer cette section, il convient d'observer :

1°. Que le tuteur qui a compromis les intérêts de son pupille par une contestation évidemment mal fondée, peut être condamné aux dépens en son propre et privé nom, sans répétition, et même aux dommages-intérêts, s'il y a lieu. *Pr.* 132.

2°. Que les demandes qui intéressent les mineurs (2) ne sont point sujettes au préliminaire de conciliation, et qu'elles doivent *Pr.* 49. être communiquées au ministère public ; *Pr.* 83.

3°. Que les mineurs sont, en outre, reçus à se pourvoir par requête civile (3), lorsqu'ils n'ont pas été défendus, ou qu'ils ne l'ont pas été valablement ; et que le délai de la requête civile ne court que du jour de la signification du jugement, faite, depuis leur majorité, à personne ou à domicile. *Pr.* 481 et 484.

SECTION VIII.

Du Compte de Tutelle.

Nous avons parlé, Section IV, du droit qu'a le subrogé-tuteur, de se faire remettre, lorsque cela a été ainsi déterminé par le conseil de famille, et aux époques fixées par ce conseil, des comptes sommaires, ou états de situation de la gestion du tuteur.

Les père et mère tuteurs ne peuvent être assujettis à la remise

de ces états, qui doivent être, au surplus, sur papier libre, et remis sans frais ni formalités. Il ne peut en être exigé plus d'un
470. chaque année.

Mais comme, indépendamment de ces états, tout tuteur doit un compte exact et régulier de sa gestion, lorsqu'elle est
469. terminée, il est nécessaire d'exposer en peu de mots comment finit la tutelle (1).

Elle finit de la part du mineur,

1°. Par sa mort naturelle ou civile. Le compte est dû à ses représentans.

2°. Par sa majorité. Le compte lui est rendu à lui-même (2).

3°. Par son émancipation. Le compte lui est également rendu, mais avec l'assistance d'un curateur (3), nommé par le conseil de
480. famille.

La tutelle finit de la part du tuteur,

1°. Par sa mort naturelle ou civile. En effet, la tutelle est une charge personnelle qui ne passe pas aux héritiers du tuteur; mais ils sont tenus, en cette qualité, de rendre compte de son administration; et même, s'ils sont majeurs, de continuer la
419. gestion jusqu'à la nomination d'un nouveau tuteur (4);

2°. Par la démission du tuteur dûment acceptée;

3°. Par sa destitution.

Dans ces trois cas, le compte est rendu au nouveau tuteur, en présence du subrogé-tuteur (5).

Quelle que soit, au surplus, la cause qui donne lieu à la reddition du compte, ceux qui sont chargés de le rendre, sont tenus d'en avancer les frais, sauf à les répéter, s'il y a lieu (6),
471. contre le mineur.

L'on doit allouer au rendant compte toutes les dépenses
Ibid. utiles (7) et suffisamment justifiées (8); s'il y a contestation, elle
*Pr.*527. est portée devant le juge du lieu où la tutelle a été déférée ou
473. ouverte, et jugée comme toute autre contestation civile. (Pour la manière dont doit être rendu le compte en justice, *voyez les articles* 528 *et suivans du Code de Procédure.*)

Quant au reliquat, il faut distinguer: Si c'est le tuteur qui est débiteur, il doit les intérêts, à partir de la clôture du

compte (1), et sans qu'il soit besoin de demande en justice (2). 474.
Il peut (3) même être contraint par corps au paiement de ce reliquat, sans pouvoir alors invoquer le bénéfice de cession (4); {*Pr.* 126 et 905.}
et le mineur a, en outre, sur ses immeubles, une hypothèque générale et tacite qui remonte au jour de la tutelle. 2135.

Si c'est, au contraire, le tuteur qui est créancier, les intérêts ne lui sont dus qu'à compter du jour de la sommation de payer (5), faite après la clôture du compte (6). 474.

L'obligation de rendre compte est tellement de rigueur, de la part du tuteur, que tout traité passé entre lui et le mineur, même devenu majeur, sur les faits de la tutelle, est nul, s'il n'a été précédé, de dix jours au moins, d'un compte détaillé, accompagné des pièces justificatives, le tout constaté par un récépissé de l'oyant-compte (7). 472.
De plus, si le tuteur n'est pas un ascendant, il ne peut rien recevoir, entre-vifs ou par testament, du mineur, même devenu majeur, tant que le compte n'est pas apuré. 907.
Au surplus, toute action du mineur contre son tuteur, relativement aux faits de la tutelle (8), se prescrit par dix ans à compter de la majorité (9). 475.

CHAPITRE III.

De l'Émancipation.

Nous avons dit que la tutelle finissoit par l'émancipation du mineur.

L'émancipation est l'acte par lequel le mineur acquiert le droit de se gouverner lui-même (10), et d'administrer lui-même ses biens.

Il y a deux sortes d'émancipations : l'émancipation légale ou tacite, et l'émancipation expresse.

L'émancipation légale est celle qui a lieu de plein droit, par le fait du mariage du mineur. 476.
Comme elle est une suite nécessaire du mariage, elle n'est assujettie à aucune formalité.

L'émancipation expresse est celle qui résulte de la déclaration faite par les personnes auxquelles la loi donne le droit de la conférer ; et, à cet égard, il faut distinguer :

Si le mineur a encore père et mère, ou l'un d'eux seulement, il peut être émancipé à l'âge de quinze ans révolus, par la seule déclaration du père, ou, à son défaut (1), de la mère, ladite
477. déclaration reçue par le juge-de-paix assisté de son greffier.

S'il n'a ni père ni mère, il ne peut être émancipé qu'à l'âge de dix-huit ans accomplis (2), et seulement en vertu d'une délibération du conseil de famille, convoqué à la réquisition du
478. tuteur (3).

Si le tuteur (4) ne fait aucunes diligences à ce sujet, l'émancipation peut être provoquée par un ou plusieurs parens ou alliés du mineur (5), au degré de cousin-germain, ou à des degrés plus proches. Ils doivent, dans ce cas, requérir la convocation d'un conseil de famille pour délibérer à ce sujet, et le juge-de-
479. paix est tenu de déférer à leur réquisition.

Les effets de l'émancipation sont : 1°. de faire cesser la puis-
372. } sance paternelle, soit quant à la personne, soit quant aux
384. } biens ;

480. 2°. De donner au mineur le droit d'exiger le compte de tutelle, de toucher ses revenus, de passer les baux dont la durée n'excède pas neuf ans (6), et de faire, en un mot, pour ce qui concerne ses immeubles, tous les actes de pure administration, sans pouvoir être
481. restitué, excepté dans les cas où le majeur le seroit lui-même (7) ;

3°. De lui donner également le droit de disposer de ses meubles. Cependant il ne peut recevoir ses capitaux mobiliers qu'avec l'assistance de son curateur (8), qui doit même en surveiller le
482. remploi. Il peut aussi transférer, avec la seule assistance de son curateur, et sans autre autorisation, les inscriptions de cinq pour cent consolidés, de cinquante francs de rente et au-dessous. (*Loi du* 24 *mars* 1806, *Bulletin*, n°. 1440.)

4°. De l'autoriser à ester en jugement : cependant, s'il s'agit d'une action immobilière, il doit, soit pour l'intenter, soit pour
Ibid. y défendre, être assisté de son curateur (9).

Pour tous les autres actes, tels qu'emprunts (10), aliénations d'immeubles, acceptation de succession, etc., en un mot, pour
483. } tout ce qui excède les bornes d'une simple administration, il est
484. } assujetti aux mêmes formalités que le mineur non émancipé ; et

s'il vient même à contracter, par voie d'achats, ou autrement, des obligations excessives, les tribunaux peuvent, d'après les circonstances (1), en ordonner la réduction; et alors (2) l'émancipation 484.
peut (3) lui être retirée, en suivant les mêmes formes que celles qui ont lieu pour la conférer (4). Dans ce cas, il est remis en 485.
tutelle, et il y reste jusqu'à sa majorité (5). 486.

Ces dispositions ne sont pas applicables au mineur émancipé, commerçant, banquier ou artisan, qui est réputé majeur pour tous les faits relatifs à son commerce, à son négoce ou à sa pro- 487.
fession; mais, pour jouir du bénéfice de cette disposition, il 1308.
faut: 1°. qu'il ait dix-huit ans révolus (6);

2°. Qu'il ait été autorisé (7) par son père, ou, à son défaut (8), par sa mère; et à défaut du père et de la mère, par une délibération du conseil de famille, homologuée par le Tribunal civil;

3°. Que l'acte d'autorisation ait été enregistré et affiché (9) au Tribunal de commerce du lieu où il veut établir son domicile. *Com.* 2.

Lorsque toutes ces formalités ont été remplies, le mineur est, comme nous l'avons dit, réputé majeur (10) pour tous les faits de son commerce (11). Il est, en conséquence, justiciable des Tribunaux de commerce, et soumis à la contrainte par corps; il peut même engager et hypothéquer ses immeubles (12); mais il ne peut les aliéner qu'avec les formalités requises pour le mineur non émancipé. *Ibid.* 6.

Les mêmes dispositions s'appliquent aux mineurs, même non commerçans, pour tous les faits déclarés faits de commerce par les articles 632 et 633 du Code de Commerce (13). *Ibid.* 3.

CHAPITRE IV.

De la Tutelle des Enfans admis dans les hospices.

La loi du 15 pluviose an 13 (*Bulletin*, n°. 526) ayant soumis les enfans reçus dans les hospices à des règles particulières, quant à leur tutelle et à leur émancipation, nous avons cru devoir réunir dans un chapitre spécial toutes les dispositions relatives à cet objet.

La tutelle de ces enfans appartient de droit (14) à la commission administrative de l'hospice où ils résident; et elle est exercée par

celui des membres de ladite commission qu'elle désigne. Les autres forment le conseil de tutelle, qui remplace le conseil de
I. famille.

En cas de changement de résidence de l'enfant, pour raison d'apprentissage ou autre, la Commission peut, par un simple acte administratif (1), visé du préfet ou du sous-préfet, déférer la tutelle à la commission administrative de l'hospice le plus voisin
II. de la nouvelle résidence de l'enfant.

Si l'enfant a des biens, ils sont administrés par le receveur de l'hospice, sous la garantie de son cautionnement, et sans qu'il puisse résulter de cette administration aucune hypothèque sur
V. les biens de l'administrateur-tuteur.

Cette tutelle finit, comme les autres, par la mort, la majorité,
III. ou l'émancipation de l'enfant.

L'émancipation peut avoir lieu, comme dans les cas ordinaires, soit de plein droit par le mariage, soit par une déclaration
Ibid. expresse. Dans ce dernier cas, la Commission jouit des droits attribués aux père et mère par le Code Napoléon; et la déclaration d'émancipation est faite, d'après son avis, par celui des membres qui a été désigné tuteur, et qui est seul tenu de comparoître à cet effet devant le juge-de-paix; l'acte d'émancipation est délivré sans autres frais que ceux de timbre et d'enregis-
IV. trement.

Le receveur de l'hospice remplit, à l'égard de l'enfant éman-
V. cipé, les fonctions de curateur.

Jusqu'à ce que l'enfant sorte de l'hospice, les revenus qu'il peut avoir sont perçus au compte de la maison, à titre d'in-
VII. demnité des frais de nourriture et entretien. Les capitaux de cent cinquante francs et au-dessus sont placés dans les Monts-de-Piété, ou à la Caisse d'Amortissement dans les communes où il n'y a pas de Mont-de-Piété. La Commission dispose, suivant qu'elle le juge convenable, des capitaux au-dessous de cent
VI. cinquante francs.

Ces dispositions ont été confirmées par l'article 15 du décret impérial du 19 janvier 1811, *Bulletin*, n°. 6478.

TITRE XII.

De l'Interdiction et du Conseil Judiciaire.

Nous avons dit qu'en général le majeur étoit capable de tous les actes de la vie civile. Mais il peut arriver qu'un état habituel 488. d'infirmité morale lui ôte le jugement nécessaire pour l'administration de sa fortune, et même de sa personne. Il est également possible que, sans éprouver un dérangement marqué dans ses facultés intellectuelles, un individu ait cependant un goût tellement excessif pour les dépenses inutiles, qu'il soit exposé à être en peu de temps plongé, lui et sa famille, dans une profonde misère. Dans ces deux cas, la loi doit veiller au bien-être de celui qui manque du pouvoir ou de la volonté d'y veiller lui-même. De là, l'interdiction et le conseil judiciaire.

L'interdiction est la déclaration faite par le juge, qu'une personne est, à raison du dérangement ou de l'affoiblissement de ses facultés morales, incapable de procéder par elle-même à aucun acte de la vie civile.

L'on voit par cette définition, que l'interdiction ne peut avoir lieu qu'à l'égard des individus (1) qui sont dans un état habituel d'imbécillité, de démence ou de fureur (2). 489.

Nous disons *habituel*, 1°. Parce qu'un seul acte de démence ou de fureur ne suffiroit pas pour donner lieu à l'interdiction;

Et 2°. Parce qu'il n'est pas nécessaire que l'état de démence ou de fureur (3) soit perpétuel; l'interdiction peut être prononcée, quand même l'individu auroit des intervalles lucides. *Ibid.*

La prodigalité n'est plus mise actuellement au nombre des causes d'interdiction. Cependant, quand elle est excessive, elle peut, comme nous l'avons dit, nécessiter une mesure particulière, qui consiste dans la nomination (4) d'un conseil, sans l'assistance duquel le prodigue ne peut plaider (5), transiger, emprunter, recevoir des capitaux, aliéner, ni hypothéquer ses biens (6). 513.

L'établissement de ce conseil, appelé en droit *Conseil Judiciaire*, étant, quant au mode de provocation (1), instruction, nomination et révocation, assujetti aux mêmes règles et formalités que l'interdiction, il suffit de faire connoître celles qui sont
514. relatives à cette dernière disposition (2).

L'interdiction peut être provoquée, soit par l'autre époux (3), si l'individu est marié, soit par un parent quelconque, soit par
490. le Procureur impérial, quand il n'existe ni époux, ni parens connus (4): ce magistrat doit (5) même la provoquer, dans le
491. cas de fureur, si l'époux ou les parens restent dans l'inaction.

La demande s'introduit (6) par une requête présentée au Pré-
492. sident du Tribunal de première instance du domicile de la personne que l'on veut faire interdire, et contenant les faits d'imbécillité, démence, ou fureur, ainsi que les noms des
493. témoins qu'on veut produire. A cette requête sont jointes les
Pr. 890. pièces justificatives, s'il en existe.

Le Président ordonne la communication du tout au ministère public, et commet un juge pour en faire rapport à jour
Ib. 891. indiqué.

Audit jour, sur le rapport du juge et les conclusions du Procureur impérial, le Tribunal ordonne la convocation d'un conseil
Ib. 892. de famille, formé comme il a été dit au Titre *de la Minorité*, et dont ceux qui ont provoqué l'interdiction ne peuvent faire partie. Cependant, si elle a été provoquée par l'époux, l'épouse ou les enfans, ils peuvent assister au conseil, mais sans y avoir
495. voix délibérative (7).

494. Le conseil donne son avis sur l'état de la personne. Cet avis,
Pr. 893. ainsi que la requête, sont signifiés au défendeur, qui est ensuite interrogé par le Tribunal (8) en la chambre du conseil, s'il peut y être transporté: sinon, l'interrogatoire a lieu dans sa demeure, par un juge à ce commis, assisté du greffier, et, dans tous les
496. cas, en présence du Procureur impérial.

S'il résulte de l'interrogatoire qu'il soit urgent de pourvoir au soin de la personne et des biens du défendeur, le Tribunal peut, en attendant le jugement définitif, commettre un admi-
497. nistrateur provisoire.

Si le Tribunal juge que les faits sont pertinens, mais qu'ils
ne sont pas suffisamment prouvés par l'interrogatoire et les
pièces, il ordonne une enquête, qui se fait dans la forme ordi-
naire, sauf qu'elle peut avoir lieu, si les circonstances l'exigent,
hors de la présence du défendeur (1), qui peut alors être repré-
senté par un conseil. *Pr.* 893.

Lorsque le Tribunal se croit suffisamment instruit, il statue
définitivement sur la demande, en audience publique, les parties
entendues ou dûment appelées (2), et sur les conclusions du 498.
ministère public. Cette dernière formalité est, au surplus, de
rigueur, pour tous les jugemens rendus en matière d'interdiction,
ou de nomination de conseil, soit en première instance, soit en
appel. 515.

Si le Tribunal reconnoît que le défendeur, sans être dans les
cas déterminés pour l'interdiction, est néanmoins, à raison de
la foiblesse de son esprit, hors d'état de conduire seul ses
propres affaires, il peut, en rejetant la demande (3), se contenter
de lui nommer un conseil, sans l'assistance duquel il ne pourra
faire aucun des actes dont nous avons parlé plus haut, relative-
ment au prodigue. 499.

Le jugement, quel qu'il soit, peut être attaqué par la voie de
l'appel. S'il a prononcé l'interdiction, ou nommé un conseil,
l'appel est interjeté par le défendeur, et dirigé contre le provo-
quant. Dans le cas contraire, il est interjeté par le provoquant,
ou par un des membres du conseil de famille qui ont voté pour
l'interdiction, et dirigé contre le défendeur. *Pr.* 894.

Sur l'appel, la Cour peut, si elle le juge nécessaire, interroger
de nouveau le défendeur, ou le faire interroger par un commissaire. 500.

S'il n'y a pas d'appel du jugement qui a prononcé l'interdic-
tion (4), ou s'il est confirmé sur l'appel, il est nommé (5) à
l'interdit, un tuteur et un subrogé-tuteur. On suit, pour ces nomi-
nations, les règles prescrites au Titre *de la Minorité et de la
Tutelle*. L'administrateur provisoire, s'il y en a eu un de nommé,
cesse ses fonctions, et rend compte au tuteur, s'il ne l'est pas
lui-même. 505.

Le mari est, de droit, tuteur de sa femme interdite (6); quant 506.

à la femme, elle n'est tutrice de son mari, qu'autant qu'elle est nommée (1) à cette fonction par le conseil de famille, qui règle, dans ce cas, la forme et les conditions de l'administration, sauf le recours de la femme devant les Tribunaux (2), si elle
507. se croit lésée par la délibération prise à ce sujet.

Dans tous les cas, les revenus de l'interdit doivent être essentiellement employés à adoucir son sort, et à accélérer sa guérison, si elle est possible. Le conseil de famille peut d'ailleurs, d'après les caractères de sa maladie et l'état de sa fortune, arrêter qu'il sera traité dans son domicile, ou qu'il sera placé dans une
510. maison de santé, ou même dans un hospice.

La tutelle de l'interdit est régie par les mêmes lois que celle des mineurs, auxquels il est entièrement assimilé pour sa
509. personne et pour ses biens. Il y a cependant cette différence, que, si le tuteur de l'interdit n'est ni son époux, ni un de ses ascendans ou descendans (3), il peut demander, et doit obtenir son rem-
508. placement au bout de dix ans (4).

L'effet de l'interdiction ou de la nomination d'un conseil a lieu du jour du jugement (5). En conséquence, tous actes passés postérieurement par l'interdit, ou sans l'assistance du conseil,
502. sont nuls de droit (6) : et même, dans le cas d'interdiction (7), les actes antérieurs au jugement peuvent être annullés, si l'interdit est encore vivant, et si la cause de l'interdiction existoit
503. notoirement (8) à l'époque où ils ont été faits.

Nous disons, *si l'interdit est encore vivant*, parce que, s'il est décédé, les actes faits par lui ne peuvent être attaqués, qu'autant que l'interdiction a été provoquée avant le décès, ou
504. que la preuve de la démence résulte de l'acte même attaqué (9).

S'il est question de marier l'enfant d'un interdit (10), la dot, ou avancement d'hoirie (11), et les autres conventions matrimoniales, sont réglées par un avis du conseil de famille (12), homo-
511. logué par le Tribunal, sur les conclusions du ministère public.

La loi, en protégeant l'interdit ou l'homme foible, contre les surprises qui pourroient lui être faites, a dû prendre, d'un autre côté, les précautions convenables pour faire connoître leur incapacité à ceux qui, trompés par de fausses apparences, pourroient contracter avec eux. Il est, en conséquence, ordonné que tout jugement (1) portant interdiction ou nomination d'un conseil, soit, à la diligence du provoquant, levé, signifié à partie, et inscrit (2), dans les dix jours de sa date, sur des tableaux affichés dans la salle de l'auditoire et dans les études des notaires de l'arrondissement (3). 501.

L'interdiction cesse avec les causes qui l'ont déterminée; mais il faut que la main-levée soit prononcée par un jugement, pour lequel on doit observer les mêmes formalités que celles prescrites pour parvenir à l'interdiction. 512.

Nota. Le Code Pénal a établi, en outre, une interdiction légale à l'égard de celui qui a été condamné aux travaux forcés à temps, ou à la réclusion, et ce, pendant la durée de sa peine. Il lui est, en conséquence, nommé un curateur pour gérer et administrer ses biens, dans les formes prescrites pour la nomination des tuteurs des interdits par jugement (art. 29); et pendant le même temps, il ne peut lui être remis aucune somme, aucune provision, ni aucune partie de ses revenus. (Art. 31.)

Lorsque le condamné a subi sa peine, ses biens lui sont remis, et le curateur lui rend compte de son administration. (Art. 30.)

FIN DU LIVRE PREMIER.

LIVRE SECOND.

De la Distinction des Biens, de la Propriété et de ses Modifications.

TITRE PREMIER.

De la Distinction des Biens (1).

Sous le nom de *biens*, on comprend toutes les choses qui peuvent être l'objet d'une propriété publique ou particulière.

Les biens peuvent être considérés, soit en eux-mêmes, soit dans leur rapport avec ceux qui les possèdent.

CHAPITRE PREMIER.

Des Biens considérés en eux-mêmes.

Les biens considérés en eux-mêmes, sont corporels ou incorporels (2).

SECTION PREMIÈRE.

Des Biens Corporels.

Les biens corporels sont ceux qui ont une existence réelle et effective, et qui tombent sous les sens, comme *un cheval, une maison.*

516. Les biens corporels sont meubles ou immeubles (3).

Les meubles sont, en général, les objets qui peuvent se transporter d'un lieu à un autre, soit par eux-mêmes, comme les êtres animés (4), soit par l'effet d'une force étrangère, comme
528. les choses inanimées.

Nous disons *en général*, parce qu'en droit, on met au nombre des immeubles divers objets qui, par leur nature, appartiennent à la classe des meubles. C'est même pour cette raison, que nous allons nous occuper en premier lieu des immeubles, et en faire connoître les différentes espèces (1).

Les immeubles sont tels par leur nature ou par leur destination (2). 517.

Les biens immeubles par leur nature sont ceux qui ne peuvent être transportés d'un lieu à un autre, tels que les fonds de terre, et les objets qui leur sont adhérens, comme les bâti- 518.
mens, les moulins à vent ou à eau, fixés sur piliers ou pilotis, et faisant partie du bâtiment (3). Les mines sont également 519.
immeubles, ainsi que les bâtimens, machines, puits, galeries, et autres travaux établis à demeure pour l'exploitation. (*Art.* 8 *de la loi du* 21 *avril* 1810, *Bulletin*, n°. 5401.)

Les récoltes sont pareillement immeubles, tant qu'elles sont pendantes par les racines; il en est de même des fruits des arbres, tant qu'ils ne sont pas cueillis (4); mais à mesure que les grains sont coupés, ou les fruits détachés, ils deviennent meubles, quand même ils ne seroient pas encore enlevés (5). 520.

Les bois, même mis en coupe réglée, soit futaies, soit taillis, sont également immeubles, tant qu'ils ne sont pas abattus (6). 521.

Les biens immeubles par destination sont ceux qui étant naturellement meubles, sont cependant regardés, en droit, comme faisant partie des immeubles, et comme devant en conséquence participer à leur nature.

Telles sont : 1°. Les choses qui sont de nature à n'être pas possédées par elles-mêmes, et qui ne nous appartiennent que comme l'accessoire du fonds où elles se trouvent, comme les poissons des étangs, les lapins des garennes, les pigeons des colombiers. Il n'en est pas de même des lapins de clapier, des 524.
pigeons de volière, ou des poissons mis dans un vivier ou réservoir (7);

2°. Les objets que le propriétaire (8) d'un fonds y a placés pour le service et l'exploitation de ce même fonds, et avec l'intention présumée qu'ils y restent à perpétuelle demeure (9), par exemple :

Les animaux attachés par lui à la culture (10), soit qu'il exploite 524.
lui-même, soit qu'il ait affermé son fonds. Dans ce dernier cas,

ils conservent la qualité d'immeubles, quand même ils auroient été livrés au fermier sur estimation (1). Mais aussi ils ne la conservent, qu'autant qu'ils demeurent attachés au fonds par l'effet
522. de la convention (2);

Ceux donnés à cheptel (3) par le propriétaire de la ferme (4)
Ibid. au fermier ou au métayer;

523. Les tuyaux servant à la conduite des eaux;

Les ustensiles aratoires;

Les pailles et engrais destinés à l'amélioration du fonds (5);

Les semences données aux fermiers ou colons partiaires (6);

Les ruches à miel (7);

Les pressoirs, chaudières, alambics, cuves et tonnes (8);

Les ustensiles nécessaires à l'exploitation des forges, papeteries
524. et autres usines;

Les agrès, outils, et ustensiles servant à l'exploitation des mines, ainsi que les chevaux exclusivement attachés aux travaux intérieurs desdites mines. (*Art.* 8 *de la loi du* 21 *avril* 1810, *Bulletin*, n°. 5401.) Mais sont meubles, les matières extraites, les approvisionnemens, et autres objets mobiliers. (*Art.* 9 *de ladite loi.*)

Enfin, tous les objets scellés, ou qui ne peuvent être détachés sans fracturer ou détériorer, soit les objets eux-mêmes, soit la partie du fonds à laquelle ils sont attachés.

Il est même des objets qui, sans être inhérens au fonds en aucune manière, sont cependant regardés comme immeubles, quand le fonds est tellement disposé pour les recevoir, que, s'ils n'y étoient pas, il sembleroit y manquer quelque chose (9): tels sont les glaces, tableaux et autres ornemens, lorsqu'ils font corps avec la boiserie. Il en est de même des statues, lorsqu'elles
525. sont placées dans des niches pratiquées exprès pour les recevoir (10).

Il faut observer, au surplus, que les objets meubles, destinés par le propriétaire au service du fonds, n'acquièrent la qualité d'immeubles qu'à raison de l'emploi qui en est fait par le propriétaire, et qu'ils ne la conservent qu'autant que cet emploi n'est pas changé par le propriétaire lui-même (11): ainsi, des matériaux provenant de la démolition d'un édifice sont meubles, ainsi que ceux assemblés pour en construire un nouveau, jusqu'à ce que les uns et les autres soient employés dans une construction (1). 532.

Après avoir fait connoître les objets qui sont immeubles, soit naturellement, soit par destination, il suffira, pour donner une idée de ceux qui doivent être regardés comme meubles, de dire en général que ce sont les biens qui sont tels par leur nature, et qui ne sont pas compris dans les exceptions ci-dessus, quels que soient d'ailleurs leur volume ou leur valeur.

Ainsi, les diamans et pierres précieuses, les pièces d'argenterie, les bateaux, bacs, moulins et bains sur bateaux, et généralement toutes usines non fixées par des piliers, et ne faisant point partie de la maison, sont meubles. Il en est de même des navires et bâtimens de mer, quels que soient leur nature et leur port en tonneaux; le tout sans préjudice des dispositions des 531.
articles 620 et 621 du Code de Procédure, et 197 et suivans du Code de Commerce, relativement aux formes particulières à suivre pour la saisie et la vente de ces objets (2).

Les meubles se divisent en choses fongibles et non fongibles (3).

Les choses fongibles sont celles dont on ne peut se servir sans les consommer, comme le vin, le blé, etc. L'argent monnoyé est aussi une chose fongible; car, bien que la pièce de monnaie reste toujours la même, elle périt cependant pour celui qui l'emploie, *utenti perit.*

Les choses non fongibles sont celles qui s'altèrent à la vérité, mais qui ne se consomment pas entièrement par le premier usage: tels sont les vêtemens, les meubles meublans, etc.

SECTION II.

Des Biens Incorporels.

Les biens incorporels sont ceux qui ne consistent que dans un droit, et qui n'existent, pour ainsi dire, que civilement (4): telles sont les obligations, les actions, les servitudes.

Ces biens n'ayant donc pas d'existence réelle et effective, il en

résulte qu'ils ne peuvent avoir d'autre nature que celle de l'objet
auquel ils se rapportent (1). Ils seront donc meubles ou
immeubles, suivant que cet objet le sera lui-même. Ainsi, toute
créance pécuniaire ou d'effets mobiliers, est meuble, soit qu'elle
ait pour objet une somme exigible, ou une rente perpétuelle (2)
529. ou viagère, constituée sur l'Etat ou sur particuliers (3).

Les actions ou intérêts (4) dans les compagnies de finance,
commerce ou industrie, sont également meubles (5), quand
même ces compagnies seroient propriétaires d'immeubles (6);
sans que cette disposition puisse cependant rien changer à la
nature des droits qui pourroient appartenir, soit à des tiers,
pendant la durée de la société (7), soit aux associés eux-mêmes
529. après sa dissolution.

Par suite du même principe, toute action tendant à revendiquer un immeuble, est regardée elle-même comme immeuble :
telle est l'action en réméré, celle en rescision, lorsqu'elles
s'appliquent à des immeubles. Un droit de servitude est également un immeuble, parce que la servitude ne peut être établie
que sur un fonds, et qu'elle est un démembrement de la propriété de ce même fonds, comme nous le verrons au Titre
526. suivant. Il en est de même de l'usufruit des immeubles (8).

Les rentes foncières étoient aussi regardées anciennement
comme des immeubles, parce qu'elles étoient, de leur nature,
non rachetables, et qu'elles représentoient la chose baillée à
rente, tellement que, de droit commun, le possesseur du fonds,
même celui auquel l'héritage avoit été concédé personnellement,
avoit la faculté de se libérer de la prestation de la rente, en
déguerpissant. Ces dispositions n'existent plus dans l'ordre
actuel. Maintenant, toute rente, quoiqu'établie à perpétuité
pour le prix de la vente, ou comme condition de la cession, à
quelque titre que ce soit, d'un fonds immobilier, est essentiellement rachetable, nonobstant toute clause contraire, sauf à
530. convenir des termes et conditions du rachat, comme nous le
1911. verrons au Titre *du Prêt*, chapitre des *Rentes constituées*.
Le créancier pourroit, à la vérité, à défaut de paiement,
rentrer en possession de l'héritage ; c'est un droit commun

accordé à tout vendeur d'immeubles, par l'article 1654. Mais le débiteur *personnel* (1) ne pourroit plus se libérer de la prestation de la rente, en déguerpissant. Cette rente a donc perdu ce qui lui donnoit le caractère d'immeuble, et elle est meuble comme les autres rentes constituées.

Noùs observerons, en terminant ce chapitre, que nous avons pris jusqu'à présent les mots, *biens meubles*, dans leur signification la plus étendue. Mais il arrive souvent que, dans l'usage, on emploie indistinctement les expressions suivantes, *meubles*, *biens meubles*, *meubles meublans*, *mobilier*, et *effets mobiliers*, expressions qui sont loin d'être synonymes en droit. Il est donc essentiel d'établir d'une manière précise la signification légale de chacune d'elles.

Les mots *biens meubles*, *mobilier*, et *effets mobiliers*, signifient généralement tout ce qui est réputé meuble d'après les règles ci-dessus établies. 535.

Les mots, *meubles meublans*, ne comprennent que les meubles destinés à l'usage et à l'ornement des appartemens, comme tapisseries, lits, siéges, glaces (2), pendules, tables, et autres objets de cette nature. Les statues, tableaux (3) et porcelaines, y sont également compris, mais seulement lorsqu'ils font partie de la décoration de l'appartement. Il en seroit autrement, s'ils formoient une collection. Il suit de là que la vente ou le don 534.
d'une maison meublée ne comprend que les meubles meublans (4), 535.
tandis que la vente ou le don d'une maison avec tout ce qui s'y trouve, comprend tous les objets mobiliers quelconques, à l'exception de l'argent comptant (5), et des dettes actives dont les titres peuvent s'y trouver déposés (6). 536.

Quant au mot *meubles*, employé seul, il a différentes significations suivant le sens de la disposition à laquelle il est joint (7). Quand il n'y a aucune désignation qui puisse le déterminer à un sens plutôt qu'à un autre (8), il ne comprend pas l'argent comptant, les dettes actives, les pierreries, livres, médailles, instrumens des sciences, arts et métiers, le linge de corps, les chevaux, équipages, armes, grains, vins, foins et autres denrées, ni ce qui fait l'objet d'un commerce. 533.

CHAPITRE II.

Des Biens considérés dans leur rapport avec ceux qui les possèdent.

Les biens, considérés dans leur rapport avec ceux qui les possèdent, sont nationaux, communaux, ou patrimoniaux (1).

Les biens nationaux sont ceux qui appartiennent à l'Etat; ils sont de deux espèces: la première comprend les biens qui dépendent tellement du domaine public, qu'ils ne peuvent, sans changer de nature (2), cesser d'en faire partie: tels sont les chemins, routes et rues, entretenus par le Trésor public, les fleuves et rivières (3), navigables ou flottables, les rivages (4), lais et relais de la mer (5), les ports, hâvres (6) et rades (7), ainsi que les portes, murs, fossés et remparts des places de
538. guerre et forteresses.

540. Les biens nationaux de la deuxième espèce sont ceux qui
appartiennent à l'Etat, mais qui peuvent cependant, sans changer
de nature, devenir propriété privée, soit par aliénation volon-
541. taire, soit par prescription. Tels sont tous les biens nationaux
qui ne sont pas compris dans l'énumération ci-dessus, les biens
713. vacans et sans maître (8), ceux adjugés à l'Etat par droit de
539. deshérence, les îles qui se forment dans les fleuves ou rivières
560. navigables ou flottables, et enfin les terrains, fortifications et
541. remparts des communes qui ont cessé d'être places de guerre.

Les biens communaux sont ceux à la propriété ou au produit
desquels les habitans d'une ou plusieurs communes ont un
542. droit acquis (9).

L'administration et l'aliénation des biens nationaux et commu-
537. naux sont soumises à des règles particulières.

Les biens patrimoniaux sont ceux qui appartiennent à des particuliers. C'est de cette sorte de biens qu'il sera principalement question dans le cours du présent traité.

On peut avoir, relativement à ces biens, deux espèces de droits: le droit dans la chose, dit *jus in re*, ou droit réel; et le droit à la chose, dit *jus ad rem*.

Le droit dans la chose est celui qui donne la faculté de poursuivre la chose contre celui qui la possède, quel qu'il soit. De ce droit, naît l'action nommée *réelle.*

Le droit à la chose est celui que nous avons de poursuivre seulement la personne qui a contracté envers nous l'obligation de nous donner la chose dont il s'agit. De ce droit, résulte l'action dite *personnelle.*

Ces deux actions diffèrent principalement, en ce que l'action réelle a lieu contre toute personne qui détient la chose, ou qui empêche celui qui a le *jus in re*, d'en user selon son droit.

On la nomme *réelle*, parce qu'elle n'est pas donnée déterminément contre telle ou telle personne, mais, en général, contre celui qui se trouve posséder la chose au moment où l'action est intentée : *cum re ambulat.*

L'action personnelle, au contraire, résultant uniquement d'une obligation, ne peut avoir lieu, comme il est évident, que contre celui qui a contracté cette obligation, ou contre ceux qui le représentent (1).

Les causes qui produisent le *jus in re*, peuvent, en général, être réduites à deux : propriété et hypothèque. Les autres droits réels doivent être réputés, et sont effectivement des démembremens du droit de propriété, comme nous le verrons dans le Titre suivant.

TITRE II.

De la Propriété (1).

La propriété est parfaite ou imparfaite.

La propriété est parfaite, quand l'exercice du droit du propriétaire ne peut être gêné par l'effet d'aucun droit appartenant à un autre particulier.

Elle peut être définie le droit (2) de jouir d'une chose et d'en disposer à sa volonté, pourvu qu'on n'en fasse pas un usage
544. prohibé par la loi ou par les réglemens.

Jouir : c'est-à-dire, retirer de la chose tous les fruits, tout l'avantage qu'elle est susceptible de procurer.

Disposer : c'est-à-dire, dénaturer la chose, la détériorer, l'aliéner, la perdre même, si cela plaît au propriétaire (3).

A sa volonté : parce que nul ne peut être contraint de céder la chose dont il est propriétaire, si ce n'est pour cause d'utilité
545. publique (4), et moyennant une juste indemnité. Dans ce cas, l'expropriation s'opère par l'autorité judiciaire, et les tribunaux ne peuvent la prononcer, qu'autant que l'utilité ou la nécessité a été constatée dans les formes établies par la loi, et qui consistent,

1°. Dans le décret impérial, qui seul peut ordonner des travaux publics, ou achats de terrains, ou édifices destinés à des objets d'utilité publique;

2°. Dans l'acte du préfet, qui désigne les localités ou territoires sur lesquels les travaux devront avoir lieu, lorsque cette désignation ne résulte pas du décret même, et dans l'arrêté ultérieur par lequel le préfet détermine les propriétés particulières auxquelles l'expropriation est applicable. (*Loi du* 8 *mars* 1810, *Bulletin*, n°. 5255, art. 1, 2, 3.)

Au surplus, cette application ne peut être faite à aucune propriété particulière, qu'après que les parties intéressées ont été mises en état d'y fournir leurs contredits, selon les règles établies par les articles 5 et suivans de la même loi ; le tout, sans préjudice des arrangemens volontaires et amiables qui peuvent avoir lieu entre l'administration et les parties intéressées. (*Ibid.*, art. 12.)

Tout propriétaire dépossédé doit être indemnisé. Le paiement de l'indemnité doit, en général, être fait comptant. Si cependant des circonstances particulières empêchent le paiement actuel de tout ou partie de ladite indemnité, les intérêts sont dus à compter du jour de la dépossession, et payés de six en six mois, sans néanmoins que le paiement du capital puisse être retardé au-delà de trois ans, sans le consentement des propriétaires. (*Ibid.*, art. 20.)

Pourvu qu'on n'en fasse pas un usage prohibé : parce que l'homme jouissant des avantages de la société, doit, de son côté, accomplir les obligations qu'elle lui impose, au nombre desquelles est celle de ne point faire de sa chose un usage contraire aux dispositions établies par les lois (1) ou les réglemens (2), dans l'intérêt, soit du public (3), soit des particuliers.

La propriété est imparfaite, lorsque l'exercice du droit du propriétaire peut être gêné par l'effet d'un droit appartenant à un autre particulier.

Ainsi, celui qui a la propriété parfaite, a, comme nous avons vu, le droit de perdre entièrement sa chose, et, à plus forte raison, celui de lui donner une autre forme, meilleure ou pire que celle qu'elle avoit auparavant. Il peut également l'aliéner, et transférer par-là à un autre la propriété irrévocable, comme il l'a lui-même. Mais si le droit du propriétaire n'est pas lui-même irrévocable, s'il peut se résoudre dans un certain temps, ou par l'événement d'une certaine condition, comme dans les biens grevés de restitution (4), les biens acquis à faculté de rachat (5), il est clair que le propriétaire ne peut transférer à d'autres personnes un droit irrévocable qu'il n'a pas lui-même ; qu'il ne peut dégrader la chose, au préjudice de celui ou de ceux qui peuvent avoir droit d'en réclamer la restitution ; qu'il ne peut en changer la forme, etc. : sa propriété est donc, dans ce cas, une propriété imparfaite (6).

En outre, celui qui a la propriété parfaite d'un héritage, a le droit d'empêcher toute autre personne d'en user, et celui d'en interdire l'entrée à qui que ce soit. Mais si le propriétaire voisin a le droit de s'en servir, pour y passer, pour y puiser de l'eau, même pour y avoir des vues immédiates (1), on sent aisément que le propriétaire n'a encore, dans ce cas, qu'une propriété imparfaite.

Enfin, celui qui a la propriété parfaite a le droit d'user de la chose et d'en jouir, c'est-à-dire, de s'en servir comme il le juge convenable, et d'en percevoir tous les fruits. Mais si ce droit d'user ou de jouir appartient, en tout ou en partie, à une autre personne, il est clair que sa propriété n'est, pendant tout le temps que dure cette jouissance, qu'une propriété très-imparfaite.

Il résulte de ces détails, qu'il peut exister une infinité de droits réels détachés de la propriété, et qui en sont comme autant de démembremens. Pour plus grande facilité, nous les réduirons à deux espèces principales, qui comprendront toutes les autres,
543. *droit de jouissance*, et, *droit de servitude*.

Le droit réel (2) de jouissance peut embrasser tout ou partie des produits de la chose. Dans le premier cas, il se nomme *usufruit*: dans le second, il prend le nom *d'usage*, s'il s'applique à un fonds, et *d'habitation*, s'il s'agit d'une maison. Nous traiterons de ces trois espèces de droits, dans le Titre suivant; et du droit de servitude, dans le Titre quatrième et dernier du présent Livre (3).

TITRE III.

De l'Usufruit, de l'Usage et de l'Habitation.

CHAPITRE PREMIER.

De l'Usufruit (1).

L'usufruit est le droit de jouir en totalité de la chose d'autrui, à la charge d'en conserver la substance et la forme (2); ou, si la chose est fongible, d'en rendre pareille quantité, qualité et 578.
valeur, ou l'estimation, à la fin de l'usufruit. 587.

L'usufruit est établi par la loi, ou par la volonté de l'homme. 579.

Par la loi : En faveur des père et mère dans deux cas : 1°. à raison de la puissance paternelle, sur les biens de leurs enfans vivans, jusqu'à l'époque fixée par la loi; et 2°. sur une portion des 384.
biens de leurs enfans décédés sans autres ascendans ayant droit de succéder, ni frères et sœurs, ni descendans de ces derniers (3). 754.

Par la volonté de l'homme : Par convention, donation entre-vifs ou testamentaire (4).

L'usufruit peut être établi, ou purement (5), ou à certain jour (6), ou sous condition (7), sur toute espèce de biens, 580.
meubles ou immeubles, fongibles ou non fongibles. 581.

L'usufruitier d'un objet quelconque a le droit d'en jouir en totalité, c'est-à-dire, de retirer de la chose tous les fruits qu'elle peut légitimement procurer; mais, s'il a le droit de jouir, il ne 582.
peut disposer, ni par conséquent abuser de la chose non fongible (8), c'est-à-dire, la détériorer, ni même l'appliquer à un autre usage que celui auquel elle est naturellement destinée.

C'est de la combinaison de ces deux principes, que naissent tous ceux relatifs aux droits et aux obligations de l'usufruitier, qui font l'objet des deux sections suivantes. Nous verrons dans une troisième, comment s'éteint l'usufruit.

SECTION PREMIÈRE.

Des Droits de l'Usufruitier.

Comme l'usufruit consiste dans le droit de jouir de la chose, c'est-à-dire, d'en percevoir les fruits, il convient, avant tout, de faire connoître ce qu'on doit entendre par *fruits*.

Les fruits sont les produits nés du corps même de la chose, ou perçus à son occasion. De là, une première division en fruits naturels et fruits civils.

Les fruits naturels sont ceux qui naissent du corps même de la chose, comme les moissons : ils sont purement naturels, quand ils viennent d'eux-mêmes et sans le secours habituel (1) de l'industrie humaine, comme les bois, le croît des animaux ; sinon,
583. on les nomme industriels.

Les fruits civils sont ceux qui ne naissent pas du corps même de la chose, mais qui sont perçus à son occasion, tels que le loyer des maisons, le prix des baux à ferme (2), l'intérêt de
584. l'argent.

Ces distinctions établies, nous dirons, que les droits de l'usufruitier varient, suivant la nature de la chose soumise à l'usufruit.

Si elle est meuble, il faut distinguer si elle est fongible ou non fongible.

L'usufruitier de meubles non fongibles ne peut s'en servir que pour l'usage auquel ils sont destinés ; mais aussi, il n'est tenu de les rendre à la fin de l'usufruit, que dans l'état où ils se trouvent alors, sans être responsable d'autres pertes (3) ou détériorations, que de celles survenues par son dol ou par sa
589. faute (4).

Si l'usufruit est d'une rente viagère, l'usufruitier a le droit d'en percevoir les arrérages échus pendant sa jouissance, sans
588. être tenu à restitution (5).

Si l'usufruit comprend des choses fongibles, alors, comme on ne peut en faire usage sans les consommer, l'usufruit donne sur ces choses le même droit que la pleine propriété. Elles sont donc entièrement aux risques de l'usufruitier, qui en devient propriétaire, et peut en disposer librement, à la charge d'en rendre pareille quantité et qualité, ou l'estimation (1), à la fin de l'usufruit. 587.

Enfin, s'il s'agit d'immeubles, l'usufruitier recueille à son profit tous les fruits de la chose, même ceux pendans par racines à l'ouverture de l'usufruit (2); et réciproquement, ceux qui sont dans le même état, à la cessation de l'usufruit, appartiennent au propriétaire, sans récompense, de part ni d'autre, pour les labours et semences, et sauf les droits du colon partiaire, s'il en existe un au commencement ou à la fin de l'usufruit (3). 585.

Quant aux fruits civils, comme ils sont réputés s'acquérir jour par jour, ils appartiennent à l'usufruitier, à proportion de la durée de son usufruit; et ce, quand même il s'agiroit du prix de baux à ferme (4). 586.

Mais le droit de l'usufruitier se borne à la perception des fruits que la chose produit dans son état ordinaire; il ne peut, en conséquence, changer la forme ni la nature de l'objet. En un mot, il a le droit de jouir comme jouissoit le propriétaire, mais non pas comme le propriétaire pouvoit jouir; car ce dernier pouvoit changer le mode de jouissance (5), au lieu que l'usufruitier ne le peut pas.

Si donc l'usufruit, par exemple, comprend des bois, il faut distinguer : si ces bois sont de nature à être mis en coupe réglée, tels que des taillis, l'usufruitier a le droit de les exploiter à son profit, en se conformant à l'ordre établi pour les coupes, ou à l'usage constant des propriétaires (6). 590.

Il en est de même à l'égard des futaies (7) qui ont été mises antérieurement en coupe réglée par le propriétaire, soit que ces coupes se fassent périodiquement sur une certaine étendue de terrain, soit qu'elles se fassent d'une certaine quantité d'arbres pris indistinctement sur toute la surface du domaine; mais, dans aucun 591.
cas, il n'est dû d'indemnité à l'usufruitier ou à ses héritiers, pour les coupes, soit de taillis, soit de baliveaux (8), soit de futaies, qu'il auroit pu faire, et qu'il n'a pas faites pendant sa jouissance (9). 590.

Si les futaies ne sont pas en coupe réglée, alors, par suite du principe établi ci-dessus, l'usufruitier ne peut les exploiter de

cette manière ; il peut seulement employer aux réparations dont
il est tenu, les arbres arrachés ou brisés par accident (1). Il peut
même en faire abattre pour cet objet ; mais alors il est obligé d'en
592. faire constater la nécessité avec le propriétaire.

S'il y a des arbres fruitiers, il a le droit d'en recueillir les
fruits, sans toucher au corps de l'arbre ; mais ceux qui meurent,
ou qui sont arrachés ou brisés par accident, lui appartiennent (2),
594. à la charge de remplacement. Il peut également tirer des arbres
d'une pépinière, pourvu qu'il ne la dégrade pas, et qu'il se
590. conforme à l'usage des lieux pour le remplacement. Enfin, il
peut prendre dans les bois des échalas pour les vignes, ainsi que
les autres produits annuels ou périodiques (3) dont ils sont sus-
ceptibles, mais toujours suivant l'usage du pays ou la coutume
593. des propriétaires.

S'il y a des mines ou carrières en exploitation, il en jouit
comme le propriétaire, sauf l'exécution des réglemens relatifs
aux mines (4). Mais il n'a aucun droit sur celles qui n'étoient pas
ouvertes, ni sur les tourbières qui n'étoient pas en exploitation
598. au commencement de l'usufruit (5).

Les droits de l'usufruitier se bornant, comme nous l'avons
dit, à recueillir les produits ordinaires et naturels de la chose,
il s'ensuit qu'il n'a rien à prétendre sur le trésor trouvé dans le
fonds, parce que ce trésor ne peut être regardé comme un pro-
Ibid. duit, ni comme une partie du fonds (6). Mais aussi, il profite,
quant à la jouissance seulement, de l'augmentation que la chose
596. peut éprouver par alluvion (7).

Quant aux améliorations provenant de son fait (8), il ne peut,
à la cessation de l'usufruit, réclamer, à raison de ce, aucune
indemnité, quand même la valeur de la chose en seroit aug-
mentée (9) ; il peut seulement enlever les glaces, tableaux, et
autres ornemens qu'il a fait placer (10), en rétablissant toutefois les
599. lieux dans leur premier état ; et ses héritiers ont le même droit.

L'usufruitier étant, pour tout ce qui concerne la jouissance
ordinaire de la chose, aux droits du propriétaire, peut user comme
lui de toutes les servitudes et autres droits acquis à l'héritage dont
597. il a l'usufruit (11).

Enfin, il peut, s'il ne veut pas jouir par lui-même, céder son droit à un autre, à titre gratuit ou onéreux. Il peut, à plus forte raison, donner à bail la chose sujette à l'usufruit; mais les baux faits par lui sont assujettis aux mêmes règles que ceux des biens de mineurs (1). 595.

De son côté, le propriétaire, tant que dure l'usufruit, ne peut rien faire qui nuise aux droits de l'usufruitier (2). En consé- 599.
quence, quoiqu'il puisse disposer de la chose en faveur d'un tiers, il ne peut transmettre plus de droit qu'il n'en a lui-même; et l'usufruit continue, à moins que l'usufruitier n'y ait formellement (3) renoncé. 621.

SECTION II.

Des Obligations de l'Usufruitier.

L'usufruitier doit, premièrement, prendre les choses dans l'état où elles sont (4); et il ne peut entrer en jouissance, qu'après avoir fait dresser, en présence du propriétaire, ou lui dûment appelé, un inventaire des meubles et un état des immeubles sujets à l'usufruit (5). 600.

Il doit jouir en bon père de famille: il est même tenu d'en donner caution (6), s'il n'en est dispensé, soit par le titre constitutif de l'usufruit (7), soit par la disposition de la loi, comme dans le cas de l'usufruit légal des père et mère sur les biens de leurs enfans (8), ou de celui réservé par le vendeur ou le donateur. 601.

S'il ne peut trouver de caution, les immeubles sont donnés à ferme ou mis en séquestre; les sommes de deniers, comprises dans l'usufruit, sont placées; les denrées et autres choses fongibles sont vendues, et le prix placé; et l'usufruitier perçoit les intérêts du tout, ainsi que le prix des loyers et fermages. 602.

Quant aux choses mobilières non fongibles, le propriétaire peut demander que les mêmes dispositions leur soient appliquées, sauf au Tribunal à ordonner, suivant les circonstances, et si l'usufruitier le demande, que les meubles nécessaires pour l'usage de ce dernier lui soient délaissés sous sa simple caution

juratoire (1), et à la charge de les représenter (2) à l'extinction
603. de l'usufruit.

Régulièrement, la caution doit être donnée avant l'entrée en jouissance; néanmoins, si l'usufruitier a joui avant de la fournir, il n'est tenu à aucune restitution; et s'il n'a pas joui, les fruits
604. lui sont dus à compter de l'ouverture de l'usufruit.

L'obligation de jouir en bon père de famille emporte celle de donner à l'objet tous les soins qu'y donneroit le propriétaire lui-même, pourvu qu'ils aient directement trait à la jouissance: ainsi l'usufruitier est tenu aux réparations d'entretien (3), mais non à celles qui sont inhérentes à la propriété, dites *grosses réparations*, lesquelles demeurent à la charge du propriétaire (4), à moins qu'elles n'aient été occasionnées par le défaut de réparations d'entretien depuis l'ouverture de l'usufruit; auquel cas,
605. l'usufruitier en est également tenu.

On entend par *grosses réparations*, celles des gros murs et des voûtes (5), le rétablissement des poutres et des couvertures entières, ainsi que celui des digues et des murs de soutenement et de clôture, aussi en entier. Toutes les autres réparations sont
606. censées *d'entretien*, et à la charge de l'usufruitier.

Quant aux choses entièrement tombées de vétusté ou détruites par cas fortuit, ni le propriétaire (6) ni l'usufruitier ne sont
607. tenus de les rétablir.

L'usufruitier, percevant à son profit tous les fruits de la chose, est tenu, pendant sa jouissance, de toutes les charges de l'héritage, qui sont censées charges des fruits, telles que les
608. contributions et autres semblables (7).

A l'égard de celles qui peuvent être imposées sur la propriété (8) pendant la durée de l'usufruit, elles sont supportées par le propriétaire, qui a seulement droit de réclamer de l'usufruitier les intérêts (9) de la somme qu'il a déboursée; en cas de refus ou de retard du propriétaire, l'usufruitier peut (10) avancer la somme nécessaire; et il a le droit d'en réclamer le rembourse-
609. ment, mais sans intérêts, à la fin de l'usufruit.

Si l'usufruit est établi sur un troupeau, l'usufruitier est tenu de remplacer, mais jusqu'à concurrence du croît seulement, les têtes des animaux qui périssent. 616.

Nous verrons, au Titre *des Donations*, dans quels cas et dans quelle proportion le légataire en usufruit doit contribuer aux dettes.

S'il survient un procès relatif à l'objet sur lequel repose l'usufruit, l'usufruitier n'est tenu des frais qu'autant que la jouissance est l'objet direct de la contestation (1). 613.

L'obligation de jouir en bon père de famille rend encore l'usufruitier responsable, non seulement des abus provenant de son fait, mais encore de tous ceux provenant du fait d'autrui, et auxquels il a pu donner lieu par sa négligence : si donc il a laissé prescrire quelque servitude, s'il n'a pas dénoncé au propriétaire les usurpations commises sur le fonds (2), il est garant de tout le dommage qui peut en résulter. 614.

Enfin, l'usufruitier n'ayant que le droit de jouir comme jouissoit le propriétaire, ne peut, comme nous l'avons dit, changer la forme de l'objet, ni l'appliquer à un autre usage que celui auquel il est destiné, quand même cette nouvelle forme ou ce nouvel usage seroient plus utiles pour le propriétaire (3).

SECTION III.

De l'Extinction de l'Usufruit.

L'usufruit s'éteint de neuf manières (4) :

1°. Par la résolution du droit de celui qui l'a constitué (5) ; sauf ce qui a été dit au Titre *des Absens*, et sauf les autres cas où la loi, en annullant le titre de l'ancien propriétaire, laisse néanmoins subsister les aliénations par lui faites. (Art. 747, 865, 930, et 958.)

2°. Par l'événement du jour ou de la condition, s'il a été ainsi établi ; en observant cependant que l'usufruit accordé jusqu'à ce qu'un tiers ait atteint tel âge, dure jusqu'à l'époque à laquelle ce tiers auroit eu l'âge fixé, quand même il seroit mort auparavant (6) ; 617. 620.

3°. Par la mort naturelle ou civile (7) de l'usufruitier ; 617.

4°. Par une jouissance de trente ans, s'il a été constitué au profit d'un corps, d'une communauté, ou d'un autre établisse-
619. ment public;

5°. Par la consolidation, c'est-à-dire, par la réunion de la
617. propriété à l'usufruit, dans la personne de l'usufruitier (1);

Ibid. 6°. Par la non-jouissance pendant trente ans (2);

7°. Par la perte totale de la chose sur laquelle l'usufruit est
Ibid. établi; mais si une partie seulement est détruite, l'usufruit se
623. conserve sur ce qui reste : de là il résulte que, si, par exemple, l'usufruit ne repose que sur une maison qui vienne à être détruite par accident, ou à écrouler de vétusté, il est éteint, même à l'égard du sol et des matériaux (3); au lieu que l'usufruitier conserve la jouissance du tout, si le bâtiment détruit faisoit seule-
624. ment partie des choses soumises à l'usufruit. C'est par la même raison que l'usufruit établi sur un animal est éteint, si l'animal
615. vient à périr; tandis que, s'il étoit établi sur un troupeau, l'extinction n'auroit lieu, qu'autant que le troupeau périroit entièrement par accident ou par maladie, sauf, comme nous l'avons dit, l'obligation imposée à l'usufruitier de remplacer les pertes individuelles jusqu'à concurrence du croît. Dans le cas de perte totale du troupeau, s'il n'y a point de faute de la part de l'usufruitier (4), il n'est tenu de rendre compte au propriétaire que
616. des cuirs ou de leur valeur;

8°. Par l'abus que l'usufruitier fait de sa jouissance, soit en commettant des dégradations sur le fonds, soit en le laissant dépérir faute d'entretien. Mais il faut, dans ce cas, que l'extinction de l'usufruit soit prononcée par le juge, qui peut, suivant la gravité des circonstances, ordonner cette extinction, ou purement et simplement, ou à la charge par le propriétaire de payer annuellement à l'usufruitier, ou à ses ayant-cause, une somme déterminée, jusqu'au moment où l'usufruit auroit dû cesser; le juge peut également accorder la jouissance aux créanciers de l'usufruitier, s'ils la demandent avant que l'extinction soit prononcée (5), et s'ils offrent en même temps la réparation des dégradations
618. commises, et des garanties pour l'avenir;

9°. Enfin, par la renonciation de l'usufruitier, pourvu qu'elle ne soit pas faite au préjudice (1) de ses créanciers, qui pourroient, dans ce cas, la faire annuller. 622.

CHAPITRE II.

De l'Usage et de l'Habitation (2).

Nous avons dit que le droit de jouissance, considéré même comme droit réel, pouvoit embrasser seulement partie des produits de la chose, et qu'alors il prenoit le nom d'*usage* ou *d'habitation*, suivant qu'il se rapportoit à un fonds de terre ou à une maison. Ces droits s'établissent et se perdent de la même
manière que l'usufruit, et ils exigent les mêmes formalités et 625.
garanties (3). Leur étendue est ordinairement déterminée par le 626.
titre qui les constitue (4) : si le titre est muet à cet égard, ils sont 628.
réglés de la manière suivante : 629.

L'usage se borne au droit d'exiger la quantité de fruits nécessaires pour les besoins de l'usager et ceux de sa famille (5) ; et 630.
l'habitation, à ce qui est également nécessaire pour le logement
des mêmes individus. 633.

La famille se compose, non seulement des enfans existant au moment de la concession, mais encore de tous ceux survenus
depuis, quand même l'individu n'auroit pas été marié à l'époque { 630.
de l'établissement du droit (6). { 632.

Ceux qui ont un droit d'usage ou d'habitation, sont assujettis aux mêmes charges que l'usufruitier, dans la proportion de l'émolument qu'ils retirent du fonds ou de la maison ; et ils doivent, 635.
comme l'usufruitier, user en bons pères de famille. Mais il y a 627.
cette différence entr'eux et l'usufruitier, qu'ils ne peuvent louer, { 631.
céder, ni vendre leurs droits à des tiers (7). { 634.

L'usage des bois et forêts est réglé par des lois particulières (8). 636.

TITRE IV.

Des Servitudes ou Services fonciers.

Le second droit réel, considéré comme démembrement de la propriété, est le droit de servitude.

La servitude est une charge imposée sur un héritage, pour l'usage et l'utilité d'un héritage appartenant à un autre pro-
637. priétaire.

On dit *une charge :* Parce qu'en effet on ne peut concevoir de servitude, comme le mot même l'indique, sans que le fait qui en est l'objet, ne soit onéreux à l'héritage servant.

Sur un héritage : Parce que les servitudes ne peuvent être
686. établies que sur les fonds, jamais sur les personnes, et sans qu'on puisse même faire résulter de l'établissement de services fonciers quelconques, aucune idée de prééminence d'un héritage sur
638. l'autre.

Pour l'usage et l'utilité : L'intérêt étant le principe de toutes les actions, on ne peut stipuler de servitude, qu'autant qu'elle est susceptible de procurer un avantage, au moins éventuel (1), au fonds en faveur duquel elle est stipulée (2).

D'un héritage : Parce que les servitudes dont il s'agit dans ce Titre, ne peuvent être établies qu'en faveur d'un fonds, et
686. non en faveur d'une personne (3).

Appartenant à un autre propriétaire : Je peux, à la vérité, imposer sur un de mes propres héritages une charge en faveur d'un autre fonds qui m'appartient également; mais c'est alors par droit de propriété, et non à titre de servitude : *jure dominii, non servitutis : res propria nemini servit.* Si cependant la servitude est continue et apparente, et que j'aliène l'un des deux héritages, sans que le contrat renferme aucune disposition relative à la servitude, elle continue d'exister activement ou passivement
694. sur le fonds, ou en faveur du fonds aliené. C'est dans ce sens que
692. l'on dit que la destination du père de famille vaut titre.

On distingue trois sortes de servitudes, suivant qu'elles dérivent de la nature des lieux, de la loi, ou du fait de l'homme (1). 639.

CHAPITRE PREMIER.

Des Servitudes Naturelles.

La servitude naturelle est celle qui dérive de la situation naturelle des lieux. Ainsi, le fonds inférieur est assujetti à recevoir (2) les eaux qui découlent naturellement (3) du fonds supérieur. 640.

On dit *naturellement*, c'est-à-dire, sans que la main de l'homme y ait contribué; de là il suit: 1°. que, si l'on veut diriger l'égout de ses toîts sur le fonds du voisin, ou y faire passer son ruisseau, il faut une concession particulière (4); 681. et 2°. que les propriétaires des deux fonds, supérieur et inférieur, ne peuvent rien faire qui puisse empêcher ou aggraver la servitude (5). 640.

C'est encore par une espèce de servitude naturelle, que celui dont l'héritage est traversé (6) par une eau courante, qui ne fait point partie du domaine public (7), peut bien en user dans l'intervalle qu'elle parcourt sur son fonds (8); mais il est tenu, à la sortie, de la rendre à son cours ordinaire. Si l'eau ne fait que border l'héritage, le propriétaire peut seulement s'en servir au passage, pour l'irrigation de ses propriétés (9). 644.

Quant à celui qui a la source dans son fonds (10), son droit est plus étendu, parce qu'il en est réellement propriétaire (11): en conséquence, il peut non seulement en user à sa volonté sur 641. son fonds, mais encore en diriger le cours à la sortie, comme il le juge convenable (12), excepté dans les deux cas suivans:

Le premier, lorsque le propriétaire du fonds inférieur a acquis, par titre ou par prescription, un droit quelconque sur cette eau. *Ibid.* La prescription, dans ce cas, ne peut s'acquérir que par une jouissance non interrompue de trente ans, à compter du moment où le propriétaire du fonds inférieur (13) a fait et terminé (14) des ouvrages (15) apparens (16), destinés à faciliter la chute (17) et le cours de l'eau dans sa propriété. 642.

Le second cas dans lequel le propriétaire de la source ne peut

en changer le cours, c'est quand elle fournit l'eau nécessaire aux habitans d'une commune, village ou hameau, sauf à lui à réclamer une indemnité, à dire d'experts, si toutefois les habitans n'en
643. ont pas acquis l'usage par titre ou par prescription (1).

Il est, au surplus, deux observations applicables à tous les cas ci-dessus, et que les Tribunaux ne doivent point perdre de vue : c'est d'abord, que le Législateur n'a pas entendu déroger aux réglemens particuliers et locaux sur le cours et l'usage des eaux; et en second lieu, que, dans toutes les contestations qui peuvent s'élever à ce sujet, les juges doivent concilier, autant que possible, l'intérêt de l'agriculture avec le respect dû à la
645. propriété (2).

CHAPITRE II.

Des Servitudes Légales.

La servitude légale est celle qui est établie par la loi seule, et indépendamment de toute convention. Il y en a de deux
651. espèces : les unes ont pour objet l'utilité publique ou communale;
649. et les autres, celle des particuliers.

Celles de la première espèce sont, par ex. : le marche-pied ou chemin de halage (3) le long des rivières navigables ou flottables; la construction ou réparation des chemins ou autres ouvrages publics ou communaux, etc. Tout ce qui concerne cette espèce de servitude est déterminé par des lois ou réglemens par-
650. ticuliers (4). Quant à celles de la seconde espèce, plusieurs d'entr'elles sont réglées par la police rurale. Celles dont il est question dans le Code Napoléon, sont au nombre de six : droit d'indivision, de bornage, de passage, de clôture, de mitoyenneté, et de
652. vue. Ce ne sont pas, à proprement parler, des servitudes; ce sont plutôt des effets du quasi-contrat (5) de communauté, ou de celui de voisinage. Mais comme il en résulte néanmoins des assujettis-
651. semens respectifs d'un propriétaire à l'égard de l'autre, on peut, sans inconvénient, ranger le tout dans la classe des servitudes (6).

SECTION PREMIÈRE.

Du Droit d'Indivision.

La servitude légale que nous appelons *droit d'indivision*, est celle qui a lieu, lorsque les différens étages d'une maison appartiennent à divers propriétaires, et que le mode de réparation et reconstruction n'est pas déterminé par les titres de propriété. L'on doit alors se conformer aux règles suivantes.

Les reconstruction, réparations et entretien de la toiture et des gros murs (1), sont à la charge de tous les propriétaires, chacun en proportion de la valeur de l'étage (2) qui lui appartient (3).

Le plancher de chaque étage doit être fait et réparé par le propriétaire de cet étage.

Quant aux escaliers, celui qui mène au premier étage au-dessus du rez-de-chaussée, doit être fait et réparé par le propriétaire de cet étage; celui du second, par le propriétaire du second; et ainsi de suite (4). 664.

SECTION II.

Du Droit de Bornage (5).

Ce droit est celui par l'effet duquel tout propriétaire (6) peut, en tout temps (7), obliger son voisin de fixer, à frais communs (8), les limites de leurs propriétés respectives et contiguës. 646.

SECTION III.

Du Droit de Clôture, et de celui de Passage.

On n'entend pas ici par droit de clôture, celui qu'a tout propriétaire de clore son héritage : cela est de droit commun, et 647.
tient à la propriété; et si l'article 647 renferme, à cet égard, une disposition expresse, c'est qu'il y avoit quelques endroits dans lesquels il existoit sur ce point des usages prohibitifs (9) auxquels il a été, avec raison, dérogé, mais toutefois avec la restriction que le propriétaire qui fait clore son héritage,

perd le droit qu'il peut avoir au parcours et vaine pâture (1),
648. en proportion du terrain qu'il y soustrait (2).

Le droit qu'a tout propriétaire de se clore, souffre néanmoins encore aujourd'hui une exception, dans le cas où celui qui veut se clore, se trouve placé entre la voie publique, et un héritage qui est enclavé de manière à n'avoir aucune issue (3) sur cette voie. Le propriétaire de ce dernier fonds peut alors réclamer le passage dont il a besoin pour son exploitation (4), à la charge d'une
682. indemnité proportionnée au dommage qui doit en résulter (5). C'est ce qui constitue la servitude légale, dite *droit de passage*.

Si les parties ne conviennent pas à l'amiable, soit du montant de l'indemnité, soit du mode suivant lequel la servitude doit être exercée, le tout est réglé à dire d'experts, en observant que le passage doit, en général, être pris du côté où le trajet est le
683. plus court du fonds enclavé à la voie publique (6), mais en même temps dans l'endroit le moins dommageable au fonds sur lequel
684. il est accordé (7).

Cette servitude a cela de particulier (8), qu'elle peut s'acquérir gratuitement par la prescription, dans le sens, que si le propriétaire du fonds enclavé en a joui pendant trente ans sans réclamation, le passage doit être continué, quoique l'action en indemnité
685. soit prescrite.

Le droit *de clôture* dont il s'agit dans la présente Section, et considéré comme servitude légale, est celui en vertu duquel tout propriétaire d'héritages, dans les villes et faubourgs (9), peut obliger son voisin de contribuer à la construction et à la réparation de la clôture (10) faisant séparation de leurs propriétés
663. respectives.

La hauteur de cette clôture est déterminée par les réglemens et usages locaux. A défaut d'usages ou de réglemens, elle est fixée, pour les murs qui seront construits ou rétablis à l'avenir (11), à trente-deux décimètres (dix pieds) au moins de hauteur (12), dans les villes de cinquante mille ames et au-dessus, et à vingt-six décimètres (huit pieds) dans les autres; le tout y compris le chaperon. Les murs ainsi bâtis à frais communs, sont appelés *murs*
Ibid. *mitoyens*.

SECTION IV.

De la Mitoyenneté.

La mitoyenneté est une servitude légale, par laquelle deux propriétaires voisins, ayant clôture commune, sont tenus, l'un envers l'autre, à des obligations respectives (1). Cette matière étant très-usuelle, doit être traitée avec quelques détails : nous diviserons, en conséquence, cette Section en deux paragraphes, dont le premier traitera de l'acquisition du droit de mitoyenneté ; et le second, des effets résultant du droit acquis.

§. Ier.

De l'Acquisition du Droit de Mitoyenneté.

On peut se clore avec un mur, un fossé, ou une haie. Nous ne parlerons pas ici du cas où il y a preuve que le mur, le fossé, ou la haie, ont été établis à frais communs, et par accord entre les propriétaires ; il est évident que, dans ce cas, le droit de mitoyenneté est acquis incontestablement à chacun d'eux. Mais comme la clôture peut exister, sans qu'il reste de traces du mode d'après lequel elle a été établie, et qu'il importe cependant de prévenir les contestations déjà si fréquentes entre voisins, il a bien fallu recourir, dans ce cas, à une présomption légale (2).

En conséquence, le principe général, à cet égard, est que tout mur de séparation (3) entre bâtimens jusqu'à l'héberge (4), ou entre cours et jardins (5), et même entre enclos (6) dans les champs (7), est présumé mitoyen, s'il n'y a titre ou marque du contraire (8). 653.

Il y a marque de non-mitoyenneté (9), lorsque la sommité du mur est droite et aplomb de son parement d'un côté, et présente de l'autre un plan incliné (10), ou lorsqu'il n'y a de chaperon que d'un côté ; ou enfin, lorsqu'il n'y a également que d'un côté des filets (11) et corbeaux (12) de pierre qui y ont été mis en bâtissant le mur (13). Dans ce cas, le mur est censé (14) appartenir en entier à celui du côté duquel sont le plan incliné, le

654. chaperon, les corbeaux ou les filets (1). Mais néanmoins, dans tous les cas, et quand même la non-mitoyenneté du mur seroit constatée par titre, le propriétaire voisin a toujours le droit (2) de le rendre mitoyen, en tout ou en partie, même sans le consentement de celui à qui il appartient, en lui remboursant la moitié de la valeur du terrain sur lequel le mur (3) est bâti, ainsi que la moitié de la
661. valeur actuelle (4) de la portion de mur qu'il veut rendre mitoyenne.

La présomption de mitoyenneté a également lieu pour les haies et fossés qui séparent deux héritages, s'il n'y a titre ou marque
666. } 670. } du contraire.

Il y a marque de non-mitoyenneté pour le fossé, quand le
667. rejet de la terre se trouve d'un côté seulement : le fossé est censé appartenir exclusivement à celui du côté duquel le rejet
668. se trouve.

Quant à la haie, la présomption de mitoyenneté cesse dans deux cas :

1°. S'il y a possession (5) suffisante au contraire;

670. 2°. S'il n'y a qu'un seul des héritages en état de clôture (6).

§. II.

De l'Effet du Droit de Mitoyenneté.

Nous allons faire connoître séparément les effets du droit de mitoyenneté, relativement aux murs, aux fossés, et aux haies.

Ces effets, quant aux murs, sont :

1°. Que les réparations, entretien et reconstruction (7) desdits murs, sont à la charge de tous ceux qui y ont droit (8), et pro-
655. portionnément au droit de chacun. Néanmoins, tout co-propriétaire peut se dispenser de cette charge (9), en abandonnant son droit de mitoyenneté (10), pourvu toutefois que le mur ne sou-
656. tienne pas un bâtiment qui lui appartienne.

2°. Que tout co-propriétaire peut bâtir contre le mur mitoyen, et y faire placer des poutres et solives dans toute son épaisseur, à cinquante-quatre millimètres (deux pouces) près, et sauf au voisin, s'il veut lui-même asseoir des poutres dans le même lieu, ou y adosser une cheminée (11), à faire réduire la poutre déjà assise,

jusqu'à la moitié du mur, à l'ébauchoir, c'est-à-dire, sans la changer de place ; en observant néanmoins que le voisin qui veut prati- 657.
quer quelqu'enfoncement dans le corps du mur, y appliquer ou appuyer quelqu'ouvrage (1), doit préalablement obtenir le consentement de l'autre propriétaire, ou, à son refus (2), faire régler par experts les moyens nécessaires, pour que le nouvel ouvrage ne nuise pas au droit de ce dernier. Il est même cer- 662.
taines constructions qui ne peuvent être faites qu'à la distance prescrite, et avec les précautions exigées par les usages et réglemens locaux (3), soit que le mur auprès duquel se font ces construction soit mitoyen ou non (4). Ce sont les puits (5), fosses d'aisance (6), cheminées, âtres, forges, foyers, fourneaux, et étables. La même disposition s'applique aux magasins de sel, et à tout amas de matières corrosives (7). 674.

3°. Que tout co-propriétaire a également le droit de faire exhausser le mur (8), en payant à lui seul la dépense de l'exhaussement, l'indemnité de la charge (9) à raison dudit exhaussement, et en se chargeant, aussi en totalité, des réparations et de l'entretien de la partie exhaussée (10); et si la partie mitoyenne, 658.
quoique suffisamment bonne pour clôture, n'est pas en état de supporter l'exhaussement, par défaut d'épaisseur ou de solidité, il est tenu de la faire reconstruire à ses frais (11), et de prendre, de son côté, l'excédent d'épaisseur (12). Dans tous ces cas, la 659.
partie exhaussée appartient à celui qui en a fait les frais; mais le voisin peut, dans tous les temps, en acquérir la mitoyenneté (13), en payant la moitié de la dépense totale (14), et la valeur de la moitié du terrain fourni pour l'excédent d'épaisseur ; 660.

4°. Qu'aucun des co-propriétaires ne peut, sans le consentement (15) du voisin, faire de percement dans le mur mitoyen, ni y pratiquer des fenêtres ou ouvertures, de quelque manière que ce soit. 675.

Le seul effet de la mitoyenneté du fossé, est qu'il doit être entretenu à frais communs (16). 669.

Quant à la haie, les arbres qui se trouvent dans celle qui est mitoyenne, sont également mitoyens (17); et chacun des deux propriétaires peut requérir qu'ils soient abattus (18). Le cas de 673.

la haie mitoyenne excepté, il n'est permis à personne de planter des arbres, même sur son terrain, sinon à une distance suffisante pour que les branches et les racines ne puissent nuire au fonds voisin. Cette distance est ordinairement fixée par les usages ou réglemens locaux (1). A défaut de réglemens et d'usages, elle doit être de deux mètres (environ six pieds), pour les arbres de haute tige, et d'un demi-mètre (un pied et demi), pour les autres
671. arbres et les haies vives. Le voisin peut, en conséquence, demander que toute plantation faite à une moindre distance, soit arrachée (2) : il peut également exiger l'ébranchement de celles faites même à la distance requise, mais dont les branches avancent sur sa propriété (3). Si ce sont les racines, il peut les couper
672. lui-même (4).

SECTION V.

Du Droit de Vue.

La servitude légale (5), dite *droit de vue*, est celle en vertu de laquelle celui qui est seul propriétaire (6) d'un mur joignant immédiatement l'héritage d'autrui (7), peut y pratiquer des jours ou fenêtres (8), sous les conditions suivantes :

1°. Que ces fenêtres soient garnies d'un treillis de fer, dont les mailles ayent un décimètre (environ trois pouces huit lignes) au
676. plus d'ouverture, et d'un châssis à verre dormant (9);

2°. Que ces jours soient établis à vingt-six décimètres (huit pieds) au-dessus du plancher de la chambre qu'on veut éclairer (10), si c'est à rez-de-chaussée, et à dix-neuf décimètres (six pieds) pour
677. les étages supérieurs (11).

On peut rapporter à cette espèce de servitude le droit qu'a tout propriétaire d'empêcher son voisin d'avoir des vues droites (12) ou obliques (13) sur son héritage, clos ou non clos (14), si ce
678. n'est à la distance prescrite par la loi (15).

Cette distance est, pour les vues droites, de dix-neuf décimètres (six pieds), à partir du parement extérieur du mur où la vue est pratiquée, jusqu'à la ligne de séparation des deux pro-
678. priétés (16). S'il y a balcons ou autres semblables saillies, la

distance se compte de leur ligne extérieure, jusqu'à celle de séparation. 680.

La distance pour les vues obliques est de six décimètres (deux pieds), mesurés de la même manière (1). 679.

CHAPITRE III.

Des Servitudes établies par le fait de l'homme.

Il est permis, en général, d'établir sur sa propriété, ou en faveur de sa propriété (2), telles servitudes que l'on juge convenables, pourvu qu'elles ne rappellent point l'ancienne féodalité (3), et qu'elles n'ayent rien de contraire à l'ordre public. 686.

Cela posé, nous verrons, 1°. comment se divisent les servitudes établies par le fait de l'homme; 2°. comment elles s'établissent; 3°. quels sont les droits et obligations résultant de l'établissement de ces servitudes; 4°. comment elles s'éteignent.

SECTION PREMIÈRE.

Des diverses Espèces de Servitudes qui peuvent être établies par le fait de l'homme.

Les servitudes établies par le fait de l'homme sont affirmatives ou négatives, continues ou discontinues, apparentes ou non apparentes (4).

La servitude affirmative est celle qui impose seulement au propriétaire du fonds servant, l'obligation de laisser faire, comme la servitude de vue, celle de passage, etc.

La servitude négative est celle en vertu de laquelle le propriétaire du fonds servant peut être empêché de faire sur son fonds, ce qu'il auroit naturellement droit d'y faire, s'il n'y avoit pas de servitude : telle est la prohibition de bâtir, ou de bâtir au-delà de telle hauteur.

La servitude continue (5) est celle dont l'usage est, ou peut être continuel, sans avoir besoin du fait actuel (6) de l'homme : telles sont les conduites d'eau, les droits d'égout, de vue, etc., et toutes les servitudes négatives.

La servitude discontinue est celle qui a besoin du fait actuel de l'homme pour être exercée ; tels sont les droits de passage,
688. puisage, pacage, et autres semblables.

La servitude apparente est celle qui s'annonce par un ouvrage extérieur, comme une porte, une fenêtre, un aqueduc.

La servitude non apparente est celle qui n'a pas de signe extérieur d'existence : toutes les servitudes négatives sont en
689. même temps non apparentes.

SECTION II.

Comment s'établissent les Servitudes.

Il faut distinguer : les servitudes discontinues, quelles qu'elles soient (1), et les servitudes continues, qui ne sont pas apparentes (2), ne peuvent s'établir que par titres (3). La possession, même immémoriale, ne suffit pas pour les établir (4). Mais comme la loi ne peut avoir d'effet rétroactif, cette disposition ne préjudicie en rien aux servitudes de cette nature, qui se trouvoient acquises (5) par la prescription, au moment de la promulgation de la présente loi, dans les pays où elles pouvoient
691. s'acquérir de cette manière. (*Le Titre des servitudes a été promulgué le 20 pluviose an 12.*)

Les servitudes continues et apparentes (6) peuvent s'acquérir
690. par titre, ou par la possession de trente ans (7).

Le titre constitutif de la servitude peut être suppléé de différentes manières, suivant la nature de la servitude : ainsi, à l'égard de celles qui ne peuvent s'acquérir par prescription, c'est-à-dire, des discontinues, et des continues non apparentes, il ne peut être suppléé que par un titre recognitif (8), émané du
695. propriétaire du fonds asservi : à l'égard des autres, nous avons vu au commencement de ce Titre, que la destination du père de famille valoit titre, mais avec le concours des circonstances
692. suivantes :

Il faut que les fonds actuellement divisés aient appartenu au même propriétaire ;

Que ce soit lui ou ses auteurs (1) qui aient mis les choses dans l'état d'où résulte la servitude ; 693.

Enfin, que l'acte d'aliénation (2) ne renferme rien de contraire au droit prétendu. 694.

Dans ce cas, la servitude continue d'exister, activement ou passivement, en faveur du fonds, ou sur le fonds aliéné (3).

SECTION III.

Des Droits et Obligations résultant de l'établissement des Servitudes.

L'effet des servitudes qui dépendent du fait de l'homme, est d'établir entre le propriétaire du fonds dominant et celui du fonds servant, des rapports particuliers qui augmentent ou modifient ceux résultant du simple voisinage, et qui produisent des droits en faveur de l'un, et des obligations correspondantes de la part de l'autre.

L'étendue de ces droits et de ces obligations est ordinairement réglée par le titre qui constitue la servitude. Il nous suffira donc de faire connoître les dispositions générales qui, dans le silence du titre, doivent être observées, et qui sont subordonnées, dans tous les cas, aux conventions particulières. 686.

Comme le droit de l'un des propriétaires constitue l'obligation de l'autre, *et vice versâ*, nous ne traiterons ici que de ce qui concerne les droits et les obligations du propriétaire du fonds dominant.

Ses droits sont : 1°. Qu'il peut réclamer l'usage de tous les moyens nécessaires pour user de la servitude établie, quand même le titre constitutif n'en contiendroit pas la stipulation expresse (4). Ainsi, celui qui a le droit de puisage à une fontaine qui est sur le fonds voisin, a, par cela seul, le droit de passage pour y aller (5) ; 696.

2°. Qu'il peut également faire (6) tous les ouvrages nécessaires pour user de la servitude et pour la conserver. Ces ouvrages 697.
sont à ses frais (7), à moins que le titre (8) ne dise le contraire. 698.
Mais même dans le cas où le propriétaire du fonds servant est

tenu de faire ces sortes d'ouvrages, il a toujours le droit de s'affranchir de la charge, en abandonnant le fonds (1) au pro-
699. priétaire du fonds dominant;

3°. Que, si le fonds dominant vient à être divisé, la servitude reste due au propriétaire de chaque portion, de manière cepen-
700. dant que la condition du fonds servant n'en soit point aggravée: si, par exemple, il s'agit d'un droit de passage, tous les copropriétaires seront tenus de l'exercer par le même endroit (2).

4°. Que le propriétaire du fonds assujetti ne peut rien faire qui tende à changer, diminuer, ou rendre plus incommode l'usage de la servitude. Si cependant, par la suite des temps, ou par l'effet des circonstances, le mode primitif de la servitude lui étoit devenu plus onéreux, et qu'il fût constant que les changemens proposés ne préjudicient en rien au propriétaire du fonds
701. dominant, celui-ci ne pourroit s'y refuser (3).

Tels sont, en général, les droits du propriétaire du fonds dominant. Quant à ses obligations, elles se réduisent à user de la servitude suivant son titre (4), sans pouvoir rien faire, dans aucun des deux fonds, qui aggrave la condition de celui qui
702. doit la servitude.

SECTION IV.

De l'Extinction des Servitudes.

La servitude s'éteint de six manières:

1°. Par la résolution du droit de celui qui l'a constituée (5);

2°. Par l'événement du jour ou de la condition, si elle a été ainsi établie;

3°. Par la confusion, c'est-à-dire, par la réunion parfaite et
705. irrévocable (6) des deux fonds dans la main du même propriétaire;

4°. Par la remise faite par le propriétaire du fonds dominant (7);

706. 5°. Par le non usage pendant trente ans (8). Mais cependant, à cet égard, il faut distinguer: s'il s'agit de servitudes discontinues, la simple non-jouissance donne lieu à la prescription, qui court alors du jour où le droit a cessé d'être exercé. Mais s'il s'agit d'une servitude continue, il faut qu'il y ait eu, en outre,

un acte contraire à la servitude ; et ce n'est que du jour de cet acte que le délai de la prescription commence à courir (1). 707.

Il faut observer d'ailleurs, relativement à cette manière d'éteindre les servitudes, que le mode de la servitude peut se prescrire comme la servitude elle-même (2) ; que si le fonds dominant 708.
appartient à plusieurs par indivis, la jouissance de l'un empêche la prescription à l'égard des autres ; enfin, que, dans le même cas, 709.
la prescription est également suspendue, quand personne n'auroit joui, s'il se trouve un des propriétaires contre lequel la prescription n'ait pu courir (3). 710.

6°. Enfin, les servitudes cessent (4) pareillement, lorsque les choses se trouvent en tel état, qu'on ne peut plus user de la servitude (5) ; mais elles revivent, si les choses sont rétablies avant 703.
le temps suffisant pour la prescription (6). De là il suit que, si 704.
la maison ou le mur qui devoient (7), ou auxquels étoit due (8) la servitude, viennent à être détruits, l'usage de la servitude se trouve suspendu; et le droit même est éteint, si les choses restent dans le même état pendant le temps nécessaire pour la prescription : mais si la reconstruction a lieu avant l'expiration de ce temps, les servitudes revivent, tant activement que passivement, à l'égard du nouveau mur ou de la nouvelle maison. 665.

FIN DU LIVRE SECOND.

LIVRE TROISIÈME.

Des différentes Manières d'acquérir la Propriété.

DIVISION GÉNÉRALE.

La propriété s'acquiert de six manières :
Par l'Occupation ;
l'Accession ;
la Succession ;
la Donation ;
711. les Contrats translatifs de propriété ;
712. Et par la Prescription (1).

TITRE PREMIER.

De l'Occupation (2).

L'occupation est une manière d'acquérir, par laquelle les choses désignées ci-après sont acquises au premier occupant.

Ce sont : 1°. les bêtes sauvages, sauf l'exécution des lois rela-
715. tives à la chasse ou à la pêche (3).

On entend par bêtes sauvages, celles qui jouissent de toute leur liberté (4). Nous avons vu, au Livre précédent, que celles qui peuvent être regardées comme l'accessoire d'un fonds, telles que les pigeons d'un colombier, les lapins d'une garenne, les poissons d'un étang, appartiennent au propriétaire de ce fonds. Mais comme il ne les a pas sous sa puissance immédiate, et qu'il ne les possède que comme faisant, en quelque manière, partie de l'objet qui les renferme, il en résulte que si, par cas fortuit et sans qu'il y ait fraude ni artifice, elles passent dans un autre étang, garenne ou colombier, elles cessent de lui appartenir (5),
564. et sont acquises au propriétaire de la nouvelle demeure.

2°. Les choses trouvées; elles sont de deux espèces : 1°. le trésor, c'est-à-dire toute chose (1) cachée ou enfouie (2), sur laquelle personne ne peut justifier sa propriété. Le trésor appartient en totalité à l'inventeur, s'il l'a trouvé dans son propre fonds; sinon, la moitié appartient au propriétaire (3) du fonds, et l'autre moitié à l'inventeur, si toutefois ce dernier l'a découvert (4) par le pur effet du hasard (5). Dans le cas contraire, il appartient en entier au propriétaire du fonds (6). 716.

La seconde espèce de choses trouvées, ce sont les choses abandonnées (7), et celles perdues dont le propriétaire ne se représente pas. Le droit sur ces choses est réglé par des lois particulières (8). Il en est de même des effets jetés à la mer pour soulager le navire en cas de gros de temps (9); de ceux rejetés par la mer (10); et des plantes et herbages qui croissent sur ses rivages (11). 717.

Il est encore plusieurs manières d'acquérir par l'occupation, telles que la découverte d'une île inhabitée, le butin fait sur l'ennemi, les prises maritimes, etc. Mais comme ces objets tiennent plutôt au droit public qu'au droit privé, les règles qui y sont relatives n'entrent pas dans le plan de ce traité.

TITRE II.

De l'Accession (1).

L'accession est une manière d'acquérir, par laquelle la chose
546. accessoire appartient au propriétaire de la chose principale.

Une chose peut être l'accessoire d'une autre, de deux manières :
ou parce qu'elle est produite par elle, ou parce qu'elle y a été
Ibid. unie ou incorporée.

CHAPITRE PREMIER.

Du Droit d'Accession sur ce qui est produit par la chose.

Le droit d'accession sur ce qui est produit par la chose, s'ap-
547. plique principalement (2) aux fruits. Nous avons vu, au Titre
de l'Usufruit, Livre précédent, ce qu'on doit entendre par fruits,
et quelles sont leurs différentes espèces.

Régulièrement, les fruits d'une chose appartiennent à celui
547. qui en est le propriétaire, ou à ceux à qui il a donné le droit
de les percevoir (3), à la charge de tenir compte des frais de
548. labour, travaux et semences faits par des tiers (4).

Si cependant la chose a été possédée de bonne foi par un
autre que le propriétaire, les fruits perçus (5) appartiennent au
549. possesseur.

On entend par possesseur de bonne foi, celui qui possède
comme propriétaire, en vertu d'un titre translatif de propriété,
dont il ignore les vices. Par conséquent, sa bonne foi cesse, du
550. moment que ces vices lui sont connus (6) ; mais elle est toujours
présumée, quand il y a titre ; et c'est alors à celui qui allègue la
2268. mauvaise foi, à la prouver.

Si la mauvaise foi est prouvée, et que la chose principale ne
soit pas prescrite, la restitution des fruits est ordonnée. Cette
restitution a lieu, à compter du jour où la mauvaise foi a com-
549. mencé. Elle doit se faire, autant que possible, en nature, pour

la dernière année ; et, pour les précédentes, suivant les mercuriales du marché le plus voisin, ou, à défaut de mercuriales, à dire d'experts. Si la restitution en nature pour la dernière année est impossible, elle se fait comme celle des années précédentes. *Pr.* 129.

CHAPITRE II.

Du Droit d'Accession sur ce qui est uni ou incorporé à la chose.

Les règles relatives à cette espèce d'accession, étant différentes, suivant que la chose est mobilière ou immobilière, nous allons traiter séparément ce qui concerne chacune des deux espèces.

SECTION PREMIÈRE.

De l'Accession par union ou incorporation, relativement aux choses mobilières.

Il est difficile de poser des règles générales et précises relativement au droit d'accession, quant aux choses mobilières. Aussi, en établissant d'abord généralement que ce droit, quand il a pour objet deux choses appartenant à deux maîtres différens, est entièrement subordonné aux principes de l'équité naturelle, il suffira ensuite de donner quelques règles particulières, propres à déterminer le juge dans les cas analogues et non prévus. 565.

Ces règles sont relatives à trois cas :

Union de deux choses appartenant à divers propriétaires ;

Formation d'une nouvelle espèce, avec une matière appartenant à autrui ;

Mélange de plusieurs matières appartenant à divers propriétaires.

§. Ier.

Union de deux choses appartenant à divers propriétaires.

Lorsque deux choses appartenant à différens propriétaires, ont été unies de manière à former un seul tout (1), ce tout appartient

au propriétaire de la chose principale, quand même les deux choses seroient séparables et pourroient subsister l'une sans l'autre, à la charge toutefois par lui de rembourser la valeur de l'autre
566. objet (1).

Est réputée partie principale, celle, pour l'usage, l'ornement,
567. ou le complément de laquelle l'autre a été ajoutée (2). Si néanmoins il étoit difficile de discerner laquelle est l'accessoire de l'autre (3), alors il faudroit réputer chose principale, celle qui seroit la plus considérable en valeur, ou en volume si les valeurs
569. étoient à-peu-près égales (4).

Le principe que nous venons de poser, souffre cependant une exception, quand la valeur de la chose unie est beaucoup plus considérable que celle de la chose principale (5). Dans ce cas, le propriétaire de l'objet accessoire peut, si la chose a été employée à son insu, demander qu'elle soit séparée (6) pour lui être rendue, quand même il devroit résulter de l'opération, quelque dégrada-
568. tion de la chose principale (7).

§. II.

Formation d'une nouvelle espèce avec une matière appartenant à autrui.

Ce cas est celui qui est appelé, en droit romain, *Spécification.*

Le principe général, à cet égard, est que, dans tous les cas, et soit que la matière puisse, ou non, reprendre sa première forme (8), celui qui est propriétaire de la matière en totalité, a le droit de réclamer la nouvelle espèce, en remboursant le prix de la main-
570. d'œuvre. Mais si l'ouvrier est, en même temps, propriétaire d'une partie de la matière (9), et que la séparation ne puisse se faire sans inconvénient, alors la nouvelle espèce lui est commune avec le propriétaire de l'autre partie, en raison, quant à ce dernier, de la partie de matière qui lui appartient ; et, quant à l'ouvrier, en raison tout-à-la-fois, et du prix de sa matière, et de celui de sa
572. main-d'œuvre (10).

Cependant, comme ces principes, tout équitables qu'ils paroissent, deviendroient rigoureux et même injustes, dans le cas où le prix de la main-d'œuvre surpasseroit de beaucoup celui de la matière (1), l'on doit regarder alors l'industrie comme la chose principale, et décider que l'ouvrier a le droit de retenir la chose travaillée (2), en indemnisant le propriétaire de la matière (3). 571.

De même, quand le propriétaire de tout ou partie de la matière a ignoré l'emploi qui en a été fait (4), comme il seroit contre l'équité de le forcer de faire, contre son gré, une dépense qu'il n'a pas prévue, celle du prix de la main-d'œuvre, il peut, même dans le cas où la loi lui donne le droit de réclamer la propriété de tout ou partie de la nouvelle espèce, exiger, à son choix, de l'ouvrier, ou la valeur de sa matière, ou la restitution en même nature, quantité, poids, mesure et bonté (5). 576.

§. III.

Formation d'une chose par le mélange de plusieurs matières appartenant à divers propriétaires (6).

Dans cette espèce, si l'une des deux matières, à raison d'une grande disproportion dans la quantité et le prix, peut être regardée comme la chose principale, celui qui en est propriétaire peut (7) réclamer le mélange entier, en remboursant à l'autre la valeur de sa matière. 574.

Dans le cas contraire, il faut distinguer :

Si les matières peuvent se séparer, comme dans le cas de fusion de deux métaux ensemble, celui à l'insu duquel elles ont été mélangées, peut demander la division (8).

Si la séparation ne peut avoir lieu, ou qu'il en résulte un inconvénient notable, la chose devient commune à tous les propriétaires, en proportion des quantité, qualité et valeur de la matière appartenant à chacun d'eux. 573.

§. IV.

Dispositions applicables aux trois cas ci-dessus.

Elles sont au nombre de trois : la première, c'est que, dans tous les cas où la chose reste commune, chaque propriétaire a le droit de demander qu'elle soit licitée (9) au profit commun. 575.

La seconde, que ceux qui ont employé des matières appartenant à autrui, à l'insu des propriétaires, peuvent être condamnés aux dommages-intérêts de ceux-ci, sans préjudice des
577. poursuites extraordinaires (1), si le cas y échet.

La troisième, que si la chose faite, en tout ou en partie, avec la matière d'autrui, a passé en mains tierces, par achat ou autrement, il faut distinguer :

Si le propriétaire de la matière l'avoit perdue, ou si elle lui avoit été volée, il conserveroit, pendant trois ans, le droit de
2279. la revendiquer, même contre les tiers; sauf néanmoins le cas où ceux-ci auroient acheté la chose dans une foire, dans un marché, dans une vente publique, ou d'un marchand vendant des choses pareilles; auxquels cas, le propriétaire ne pourroit agir, contre le possesseur, qu'à la charge de lui rendre le prix
2280. qu'il auroit payé.

Si la matière n'a été ni perdue, ni volée, alors la possession
2279. vaut titre, et le propriétaire n'a aucune action contre les tiers.

SECTION II.

De l'Accession par union ou incorporation, relativement aux choses immobilières.

Les choses qui se rapportent à cette espèce d'accession, sont :

1°. Les constructions, plantations, et autres ouvrages du même genre ;

2°. Les alluvions;

3°. Les îles formées dans les rivières.

§. Ier.

Des Constructions, Plantations, etc.

En général, la propriété du sol emporte celle du dessus et du dessous. De là il résulte :

1°. Que le propriétaire du sol peut faire au-dessus toutes les plantations et constructions qu'il juge à propos, en se conformant aux réglemens de police (1), et sauf les droits des tiers à raison des servitudes qu'ils peuvent avoir ;

2°. Qu'il peut faire au-dessous toutes constructions et fouilles, et tirer de ces fouilles tous les produits qu'elles peuvent fournir, sauf l'exécution des lois de police (2), et de celles relatives à l'exploitation des mines (3) ; 552.

3°. Que toutes constructions, plantations, et ouvrages faits sur un terrain ou dans l'intérieur, sont présumés faits aux frais et avec les matériaux du propriétaire du terrain, sauf la preuve contraire, et sans préjudice du droit de propriété qu'un tiers pourroit acquérir ou avoir acquis par prescription, soit d'un souterrain sous le bâtiment (4), soit de toute autre partie du bâtiment même (5). 553.

Nous disons *sauf la preuve contraire*, parce qu'il peut être prouvé que les ouvrages ont été faits, ou par le propriétaire du sol, avec les matériaux d'autrui, ou par un tiers avec ses propres matériaux.

Dans le premier cas, le propriétaire du fonds n'est pas tenu de restituer les matériaux en espèce ; mais il est tenu d'en payer la valeur, sans préjudice des dommages et intérêts, s'il y a lieu (6). 554.

Dans le second cas, le propriétaire du fonds a le choix, ou de retenir les ouvrages, en remboursant la valeur des matériaux et le prix de la main-d'œuvre, sans égard au plus ou moins d'augmentation de valeur que le fonds a pu éprouver à raison des ouvrages faits (7) ; ou d'obliger celui qui a fait les ouvrages, de les enlever à ses frais, et même de lui payer, s'il y a lieu, des dommages et intérêts (8).

Si cependant les ouvrages ont été faits par un possesseur de bonne foi (9), le propriétaire ne peut en demander la suppression ; mais il a le choix, ou de rembourser ce que les ouvrages ont coûté, ou de payer une somme égale à l'augmentation de valeur du fonds (10). 555.

§. II.

De l'Alluvion.

L'alluvion est un accroissement qui se forme, successivement et imperceptiblement, aux fonds qui bordent un fleuve ou une
556. rivière.

Un accroissement : Il peut avoir lieu de deux manières ; ou par la jonction successive de terres charriées par le fleuve, et alors l'alluvion se nomme aussi *attérissement ;* ou par des relais que forme quelquefois l'eau courante, en se retirant insensible-
557. ment de l'une de ses rives, pour se reporter sur l'autre. L'alluvion appartient, dans les deux cas, au propriétaire riverain, sans aucune indemnité pour celui de la rive opposée ; mais à la charge, s'il s'agit d'une rivière navigable ou flottable, de laisser le marche-pied ou chemin de halage, conformément aux régle-
556. mens (1).

Successivement et imperceptiblement : En conséquence, si une partie considérable et reconnoissable d'un champ riverain est enlevée par la crue subite d'une rivière, navigable ou non, et portée vers un champ inférieur ou vers la rive opposée, le propriétaire de cette partie peut la réclamer, mais dans l'année seulement (2), à moins cependant que le propriétaire du champ auquel la partie enlevée a été unie, n'en ait pris possession : auquel cas, la réclamation pourra être faite, tant que la prise de
559. possession ne sera pas effectuée.

Par une conséquence du même principe, si une rivière navigable, flottable, ou non, abandonne son lit (3) pour s'en former un nouveau, il n'y a pas lieu au droit d'alluvion ; mais le lit abandonné appartient, à titre d'indemnité (4), aux propriétaires des fonds nouvellement occupés par le fleuve, chacun en pro-
563. portion du terrain qui lui a été enlevé.

Qui bordent un fleuve ou une rivière : Parce que l'alluvion
538. n'a pas lieu, 1°. à l'égard des relais de la mer ; ils appartiennent
557. à l'État.

2°. A l'égard des lacs et étangs. Le propriétaire de l'étang conserve toujours le terrain que l'eau couvre, quand elle est à la hauteur de la décharge, et ce, quand même le volume d'eau viendroit à diminuer; comme aussi, il n'acquiert aucun droit sur les terres riveraines que l'eau de son étang viendroit à couvrir dans des crues extraordinaires (1). 558.

§. III.

Des Iles formées dans les Rivières.

Nous avons vu, Livre précédent, que les îles formées dans les rivières navigables ou flottables appartiennent à l'État, s'il n'y a titre ou prescription contraire.

Il en est de même des attérissemens (2) qui se forment dans le lit des mêmes rivières. 560.

Quant aux îles et attérissemens formés dans les autres rivières, ils appartiennent aux propriétaires riverains; mais pour déterminer la manière dont cette propriété doit être distribuée, il faut supposer une ligne tracée au milieu de la rivière; si l'île est toute entière d'un côté de la ligne, elle appartient en entier aux propriétaires de ce côté, qui prennent chacun la portion qui se trouve en face de leur héritage.

Si l'île est coupée par la ligne du milieu de la rivière, alors la portion qui se trouve de chaque côté de la ligne appartient aux propriétaires de ce côté, qui se la partagent comme ci-dessus. 561.

Ces dispositions s'appliquent seulement aux îles formées, soit par la dessiccation d'une portion du lit, soit par un amas de sable charrié par la rivière; mais si l'île est formée par un simple détour de la rivière, qui, au moyen d'un bras nouveau, coupe et embrasse le champ d'un propriétaire riverain, la propriété n'est pas changée, quand même il s'agiroit d'une rivière navigable ou flottable. 562.

TITRE III.

Des Successions (1).

Le mot de *Succession*, dans le langage ordinaire, et souvent même dans celui des lois (2), signifie la masse ou l'universalité des biens et charges qu'une personne laisse en mourant (3). Mais quelquefois, et principalement dans ce Titre, on entend par *succession*, le droit de recueillir cette masse ou universalité; et l'on appelle ordinairement *héritier* (4) celui auquel ce droit est dévolu.

C'est sous ce dernier rapport que la succession peut être regardée comme manière d'acquérir la propriété. On en distingue deux espèces : la succession légitime, qui est déférée par la loi seule; et la testamentaire, qui est déférée par la volonté de l'homme, d'après la permission de la loi.

On verra dans le Titre suivant quels sont les cas dans lesquels l'une de ces successions doit être préférée à l'autre.

La succession testamentaire étant réellement un effet de la libéralité du testateur, se rapporte naturellement à la quatrième manière d'acquérir, qui est l'objet du Titre suivant. Il ne sera donc parlé ici que des successions légitimes (5); et nous verrons, en premier lieu, comment s'ouvrent les successions;

2°. Quels sont les divers ordres de succession;

3°. Quelles sont les qualités requises pour pouvoir succéder;

4°. De quelle manière ceux auxquels une succession est dévolue, peuvent l'accepter ou la répudier;

5°. Enfin, quelles sont les obligations de l'héritier qui a accepté, tant à l'égard de ses cohéritiers, qu'à l'égard des créanciers de la succession.

CHAPITRE PREMIER.

De l'Ouverture des Successions.

Il est important de fixer le moment de l'ouverture de la succession, parce que c'est de ce moment que le droit de l'héritier est définitivement fixé (1). *La place du défunt*, dit l'Orateur du Conseil-d'État, *ne peut rester vacante*, *ni le sort de ses propriétés incertain;* tellement que l'héritier, n'eût-il survécu que d'un instant au défunt, est censé avoir recueilli la succession, et l'avoir transmise, avec la sienne, à ses propres héritiers (2). Il est donc nécessaire d'établir les règles servant à déterminer l'instant de cette ouverture.

Et d'abord, on ne succède point à une personne vivante. En conséquence, la succession ne peut s'ouvrir que par la mort, soit naturelle, soit civile, soit présumée (3). 718.

Nous avons vu, au Titre *de la Mort Civile*, à quelle époque cette mort est encourue, et en conséquence la succession ouverte; 719. nous avons vu également, au Titre *des Absens*, ce qui résulte de la présomption de mort des personnes absentes.

Il sembleroit qu'il ne dût y avoir aucune difficulté pour fixer le moment de l'ouverture d'une succession par la mort naturelle. Cependant il peut arriver que deux personnes, dont l'une est héritière de l'autre, décèdent ensemble dans un naufrage, un incendie, etc.; et comme il est très-souvent important de déterminer quelle est celle qui est morte la première (4), il faut bien, dans ce cas, à défaut de preuve certaine, s'en rapporter à des présomptions.

La principale est celle qui se tire des circonstances du fait, s'il en existe de suffisantes (5) : à défaut de circonstances, la présomption de survie est déterminée suivant l'âge et le sexe, conformément aux règles suivantes : 720.

Le plus âgé est présumé avoir survécu dans deux cas :

1°. Si ceux qui ont péri ensemble avoient tous moins de quinze ans; 721.

2°. Si l'un avoit moins de quinze ans, et l'autre moins de soixante (6).

C'est, au contraire, le moins âgé qui est présumé avoir survécu dans les cas suivans :

1°. S'ils ont tous deux plus de soixante ans;

2°. Si l'un a moins de quinze ans, et l'autre plus de soixante (7); *Ibid.*

3°. A plus forte raison, si l'un a plus de quinze ans, et l'autre plus de soixante (8);

4°. Enfin, s'ils ont tous deux plus de quinze ans, et moins de soixante. Si néanmoins, dans ce dernier cas, il y a diversité de sexe, et qu'il y ait égalité d'âge, ou une différence seulement
722. d'une année, le mâle est présumé avoir survécu (1).

CHAPITRE II.

Des divers Ordres de succéder.

Les successions sont régulières ou irrégulières.

Les successions régulières sont celles qui sont dévolues dans l'ordre de la parenté civile ou mixte.

Les successions irrégulières sont celles qui sont dévolues à des personnes qui n'étoient unies au défunt par aucun lien de parenté civile ou mixte, ou, à défaut de ces personnes, au domaine
723. public (2).

Ces deux espèces de successions diffèrent, en ce que, dans les successions régulières, l'héritier est saisi de plein droit, du moment de la mort, des biens, droits et actions du défunt (3), sous la condition d'en acquitter les charges; tandis que ceux à qui les successions irrégulières sont dévolues, sont tenus de se faire envoyer en possession par justice (4), dans les formes qui
724. seront ci-après déterminées.

740. 742. 759. Comme la représentation a lieu dans plusieurs espèces de successions, tant régulières qu'irrégulières, nous ferons connoître dans une première section, ce qu'on entend en droit par cette expression, et quels en sont les effets; et dans les deux sections suivantes, nous exposerons l'ordre dans lequel sont déférées les successions, tant régulières qu'irrégulières.

SECTION PREMIÈRE.

De la Représentation.

La représentation est une fiction de la loi, dont l'effet est de faire monter les enfans ou descendans d'une personne prédécédée, au degré de cette même personne, et, par suite, de leur donner les droits qu'elle auroit eus, si elle eût survécu à l'ouverture de la succession (1). 739.

Nous disons *les enfans ou descendans*, parce que la représentation n'a lieu que dans la ligne descendante, et jamais dans la ligne ascendante. Le plus proche ascendant, dans chaque ligne (2), exclut toujours le plus éloigné. 741.

D'une personne prédécédée, c'est-à-dire, d'une personne morte (3) avant celui de la succession duquel il s'agit. Il faut donc que la personne qu'on veut représenter, soit morte, au moins civilement, avant l'ouverture de la succession. De là cette maxime, qu'on ne peut représenter une personne vivante. En 744.
conséquence, si l'héritier au premier degré renonce, sa part accroît à ses cohéritiers; ou, s'il est seul de son degré, elle est dévolue au degré subséquent; et ses descendans ne peuvent 786.
venir à la succession à laquelle il a renoncé, qu'autant qu'ils y ont droit de leur chef, et sans le secours de la représentation (4); 787.
et alors ils succèdent par tête.

Au degré : De là il résulte que le représentant montant au degré du représenté, exclut ceux d'un degré égal au sien, et même d'un degré plus proche, mais qui ne peuvent s'aider du secours de la représentation. Ainsi, l'arrière-petit-fils dont l'aïeul et le père sont morts, exclut de la succession de son bisaïeul le petit-fils dont le père a renoncé (5).

Et de leur donner les droits qu'elle auroit eus, etc. : Ce qui signifie deux choses; la première, que les représentans n'ont absolument que le même droit qu'auroit eu leur auteur, s'il avoit survécu. Si donc ce dernier n'eût pu être héritier, pour raison d'indignité, par exemple, ses enfans ne pourroient le devenir de son chef, et en prenant sa place (6). Et la seconde, 730.
que les représentans, quel que soit leur nombre, ne peuvent prendre que la même part qu'auroit eue la personne qu'ils représentent; c'est ce que l'on exprime, quand on dit que le partage se fait par souche (7), et ce qui a lieu dans tous les cas où la représentation est admise, soit entre les différentes souches, soit entre les diverses branches d'une même souche (8). 743.

La représentation a lieu, 1°. en ligne directe descendante à

l'infini (1), soit que les héritiers soient entr'eux au même
740. degré (2), ou à des degrés inégaux.

2°. En collatérale, mais seulement en faveur des enfans et descendans des frères et sœurs du défunt, aussi à l'infini, soit qu'ils concourent avec d'autres frères ou sœurs, ou avec des enfans ou descendans de frères ou sœurs prédécédés, à degrés
742. égaux ou inégaux.

Elle n'a jamais lieu, comme nous l'avons dit, en ligne directe
741. ascendante.

Il faut observer, au surplus, que le représentant ne tient pas son droit du représenté, mais de la disposition de la loi seulement; que c'est à lui, en un mot, que la succession est personnellement déférée. De là il suit, 1°. qu'on peut représenter quelqu'un sans être son héritier; par exemple, celui à la succession
744. duquel on a renoncé (3);

Et 2°. que, pour être capable de représenter, il faut être capable de succéder à celui de la succession duquel il s'agit; car, quoique le représentant vienne du chef du représenté, ce n'en est pas moins à lui que la succession est déférée; et il faut par conséquent qu'il ait la capacité personnelle de succéder à celui à la succession duquel il vient par représentation (4).

SECTION II.

Des Successions Régulières.

Il y a trois sortes de successions régulières:

Celle des descendans;

Celle des ascendans;

751. Et celle des collatéraux.

Nous allons exposer séparément les règles relatives à ces divers ordres de successions.

Rien de plus simple que celles concernant la succession des descendans. Ils succèdent à l'exclusion de tous autres, soit de leur chef (5), soit par représentation, sans distinction de lit, de
745. sexe ou de primogéniture.

Nous disons *à l'exclusion de tous autres:* parce que le descendant, à quelque degré qu'il soit, et quand même il ne pourroit user du bénéfice de la représentation, excluroit toujours l'ascendant ou le collatéral, à un degré égal ou même plus proche (1). 746.

Mais en ligne collatérale, ou directe ascendante, le principe général est que toute succession se divise en deux parts égales, dont l'une pour les parens les plus proches de la ligne paternelle, et l'autre pour les parens également les plus proches de la ligne maternelle (2), sans aucun égard à la nature ou à 733.
l'origine des biens (3). Cette première division opérée, il ne 732.
s'en fait plus entre les diverses branches de la même ligne (4), sauf le cas de la représentation, quand elle a lieu. 734.

Ce principe néanmoins est susceptible de quelques modifications et exceptions, tant à l'égard des ascendans qu'à l'égard des collatéraux.

§. Ier.

Ligne directe ascendante.

Les ascendans sont au premier degré, c'est-à-dire, père ou mère, ou à un degré plus éloigné.

Succession des Père et Mère.

Pour déterminer les droits des père et mère dans la succession de leurs enfans, il faut distinguer deux cas :

Si le défunt n'a laissé ni frères ni sœurs, ni descendans d'eux, alors, d'après le principe général, la succession se divise par moitié entre le père et la mère, s'ils sont tous deux vivans; sinon, entre le survivant d'une part, et les plus proches parens { 746.
de l'autre ligne, d'autre part. Mais, si ces plus proches parens { 753.
sont des collatéraux, le survivant a l'usufruit du tiers des biens auxquels il ne succède pas (5). 754.

Si le défunt a laissé des frères ou sœurs, ou descendans d'eux, la succession se divise encore en deux parts égales, dont l'une est déférée auxdits frères, etc., et l'autre seulement au père et

748. à la mère, par portion égale, s'ils sont tous deux vivans. Si l'un des deux est prédécédé, sa portion accroît à celle des frères, sœurs, etc., qui recueillent alors les trois quarts de la succes-
749. }
751. } sion (1).

Cette disposition a lieu en faveur des frères, quels qu'ils soient, germains, utérins ou consanguins (2) : il y a seulement cette différence, que, s'ils sont tous du même lit (3), ils prennent part égale dans la portion dévolue aux frères; mais s'ils sont de lits différens, alors cette portion, pour ce qui les concerne (4), se divise par moitié entre les deux lignes, paternelle et maternelle du défunt : les germains, s'il y en a, prennent part dans les deux lignes, et les utérins et consanguins, seulement dans
752. leur ligne respective (5).

Succession des Ascendans autres que les Père et Mère.

Il faut apporter la même distinction qu'à l'égard des père et mère, mais avec des effets différens.

S'il y a des frères, sœurs (6), ou descendans d'eux (7), les
750. ascendans sont exclus.

S'il n'y a pas de frères, etc., le principe général reprend toute sa force, et la succession se divise en deux parts égales, dont une pour les ascendans paternels, et l'autre pour les maternels,
745. à l'exclusion de tous autres collatéraux.

S'il n'y a d'ascendans que dans une ligne, ils n'ont toujours que la moitié; et le surplus est dévolu aux parens collatéraux
753. les plus proches de l'autre ligne.

La représentation, ainsi que nous l'avons dit, n'ayant pas lieu entre ascendans, celui qui se trouve le plus proche dans chaque ligne, recueille la moitié affectée à sa ligne, à l'exclusion de tous les autres; et s'ils sont plusieurs au même degré dans
746. la même ligne, ils succèdent par tête.

Succession des Ascendans aux choses par eux données.

Il est un droit particulier aux ascendans, quels qu'ils soient, père, mère, ou autres; c'est celui de succéder, à l'exclusion de tous autres, aux choses par eux données à leurs enfans ou descendans décédés sans postérité. 747.

Nous disons *le droit de succéder:* parce que ce n'est pas un droit de retour (1), mais une véritable succession *ab intestat.* Les ascendans sont donc, sous ce rapport, vraiment héritiers légitimes, et, comme tels, tenus des faits du défunt. De là il résulte :

1°. Qu'ils contribuent aux dettes de la succession, en proportion de la valeur desdits objets (2);

2°. Que ce droit ne peut être exercé, qu'autant que le donataire n'a disposé des objets entre-vifs ni par testament (3); et qu'il ne peut être également exercé au préjudice des aliénations faites par le défunt (4);

3°. Que les objets donnés reviennent à l'ascendant donateur, avec les charges et hypothèques dont ils sont grevés, sauf son recours contre la succession, si, par l'effet de l'action hypothécaire (5), il est obligé de payer au-delà de sa portion contributoire dans les dettes.

A l'exclusion de tous autres : parce que ce droit appartient à l'ascendant, en sa seule qualité de donateur, et indépendamment de tout autre droit qu'il peut avoir d'ailleurs sur la succession. De là il suit :

1°. Qu'il peut l'exercer, quand même il ne seroit pas héritier du défunt d'après les règles établies ci-dessus (6);

Et 2°. que, lorsqu'il est d'ailleurs héritier, il succède aux choses données par lui, par préciput et hors part, c'est-à-dire, sans être tenu d'imputer ce qu'il en retire, sur la part héréditaire qu'il a droit de prétendre dans le surplus de la succession (7).

Aux choses (8) *par eux données :* comme l'ascendant donateur ne peut succéder qu'aux choses mêmes qu'il a données, il en résulte que son droit est nul, du moment que ces choses ne se trouvent plus en nature dans la succession du donataire (9). Si cependant le prix provenant de l'aliénation n'est pas encore confondu avec les autres biens de la succession, par exemple, s'il est encore dû, l'ascendant a droit de le recueillir. Par la même raison, il succède à l'action en reprise que pouvoit exercer le donataire (10).

A leurs enfans ou descendans : ainsi l'aïeul qui a donné à son petit-fils, succède aux objets donnés, de préférence même au père ou à la mère du donataire (1).

Décédés sans postérité : parce que cette espèce de succession ne peut avoir lieu au préjudice de la postérité du donataire (2) : l'ascendant est censé avoir embrassé dans sa libéralité toute cette postérité.

§. II.

Ligne Collatérale.

Le principe de la division en deux lignes reçoit aussi deux exceptions en collatérale.

La première, lorsqu'il n'existe que des frères utérins ou consanguins, ou des descendans d'eux : ils excluent alors tous autres colla-
750. 752. téraux ; mais s'ils concourent avec des frères germains, alors l'application du principe a lieu, et ils ne prennent part que dans leur ligne,
733. tandis que les germains prennent part dans les deux lignes (3).

La deuxième exception consiste en ce que les parens au-delà du douzième degré ne succèdent pas : si donc il ne s'en trouve pas de ce degré dans une des deux lignes, ceux de l'autre ligne
755. succèdent pour le tout.

SECTION III.

Des Successions irrégulières.

Les successions irrégulières sont au nombre de quatre :
Celle des hospices ;
Celle des enfans naturels ;
Celle du conjoint survivant ;
Et celle du domaine.

§. Ier.

De la Succession des Hospices.

Les hospices succèdent,

1°. Dans certains cas, aux enfans qui y ont été admis. Cette succession se règle, en général, de la manière suivante :

Si l'enfant décède avant sa sortie de l'hospice, son émancipation, ou sa majorité (1), sa succession appartient à ses héritiers légitimes, s'il s'en présente, mais à la charge d'indemniser l'hospice des alimens fournis à l'enfant décédé, et des dépenses faites pour lui pendant le temps qu'il est resté à la charge de la maison, sauf à faire entrer en compensation, jusqu'à due concurrence, les revenus perçus par l'établissement.

S'il ne se présente aucun héritier, l'hospice, à la diligence du receveur, et sur les conclusions du ministère public, est envoyé en possession des biens que l'enfant peut avoir.

S'il se présente des héritiers après l'envoi en possession, la succession leur est rendue, avec les fruits, à compter du jour de la demande. (2) (*Loi du* 15 *pluviose an* 13, *Bulletin*, n°. 526, art. 8 et 9.)

2°. Les hospices succèdent également, à l'exclusion des héritiers, et même du domaine en cas de déshérence, aux effets mobiliers apportés par les malades qui y sont décédés, et qui y ont été traités gratuitement.

Quant aux malades, ou personnes valides, dont le traitement et l'entretien ont été acquittés de quelque manière que ce soit, l'hospice succède également, dans le cas de déshérence, et à l'exclusion du domaine national, aux effets mobiliers que ces personnes y ont apportés. Mais s'il existe des héritiers ou des légataires, le droit de l'hospice cesse, et ces effets appartiennent à ceux qui ont droit de les réclamer d'après les dispositions du Code. (*Avis du Conseil-d'État, approuvé le* 3 *novembre* 1809, *Bulletin*, n°. 4778.)

§. II.

De la Succession des Enfans Naturels.

Quoique la loi refuse à l'enfant naturel le titre d'héritier, elle lui accorde cependant le droit (3) de prendre une portion, et quelquefois même la totalité de la succession de ses père et mère, lorsqu'il a été légalement reconnu (4). 756.

Cette portion varie suivant la qualité des héritiers légitimes.

Si ces héritiers sont des enfans légitimes, la portion de l'enfant

757. naturel est du tiers de ce qu'il auroit eu, s'il eût été légitime lui-même (1); mais il faut, en outre, dans ce cas, qu'il ait été reconnu
337. avant le mariage dont sont issus les enfans avec lesquels il concourt (2).

Il prend la moitié de la succession, lorsqu'il n'y a que des ascendans ou des frères et sœurs; les trois quarts, lorsqu'il n'y
757. a ni ascendans, ni frères, ni sœurs (3); enfin il succède à la totalité, lorsque ses père ou mère ne laissent pas de parens au
758. degré successible (4).

La représentation a lieu dans ce genre de succession, dans le sens que l'enfant naturel peut être représenté, mais non représentant: ainsi, quand il est prédécédé, ses descendans (5) peuvent réclamer la portion qu'il auroit eue dans la succession de ses
759. père et mère; mais quant à lui, il n'a de droit, à aucun titre,
756. sur les biens des parens de ces mêmes père et mère.

Dans tous les cas, l'enfant naturel ou ses descendans sont tenus d'imputer sur leur portion légale tout ce qu'ils ont reçu, ou tout ce que leur auteur a reçu de celui auquel ils succèdent, si toutefois les objets donnés sont sujets à rapport, suivant les règles
760. ci-après établies (6).

Tels sont les droits accordés par la loi à l'enfant naturel, et
908. auxquels les père et mère ne peuvent rien ajouter, quoiqu'ils puissent néanmoins en diminuer l'étendue. Car si, par exemple, il a reçu (7) d'eux, de leur vivant, un objet quelconque, avec déclaration expresse que leur intention est de le réduire à ce qu'ils lui ont assigné, il ne peut réclamer qu'autant que la valeur de l'objet donné est inférieure à la moitié de la portion légale; et, dans ce cas même, il ne peut répéter que le supplément
761. nécessaire pour parfaire cette moitié (8).

L'enfant naturel n'étant point héritier, ne peut prétendre, comme nous l'avons dit, à la saisine, dont les héritiers (9) sont investis par la loi. Il est donc tenu de demander aux héritiers légitimes la délivrance de la portion qui lui est attribuée; et, lors même qu'il a droit à la totalité des biens, il doit se faire envoyer en possession par le Tribunal dans le ressort duquel
770. } la succession est ouverte, après avoir préalablement fait apposer
773. } les scellés et procéder à l'inventaire dans les formes qui seront

déterminées ci-après pour le cas du bénéfice d'inventaire. Il est fait, en outre, trois publications et affiches dans les formes usitées (1), et l'envoi en possession ne peut être accordé qu'après l'observation de toutes ces formalités, et sur les conclusions du Procureur impérial (2). 769. 770.

Cet envoi étant toujours présumé ordonné à la charge de restitution aux héritiers légitimes, s'il en existe, l'enfant naturel est tenu de faire emploi du mobilier, ou de donner caution suffisante pour en assurer la restitution aux héritiers (3) qui se présenteroient dans l'intervalle de trois ans. Après ce temps, la caution est déchargée, sans préjudice néanmoins de l'action en pétition d'hérédité, qui peut être exercée tant qu'elle n'est pas prescrite (4), mais contre l'envoyé en possession seul, sans aucun recours contre la caution. 771.

Toutes les formalités ci-dessus étant requises dans l'intérêt des héritiers qui viendroient à se présenter, leur inobservation pourroit, le cas échéant, donner lieu à des dommages-intérêts (5) contre l'enfant naturel qui auroit négligé de s'y conformer. 772.

Les enfans naturels reconnus étant admis, comme on vient de le voir, à la succession de leurs père et mère, ceux-ci, par réciprocité, sont également appelés (6) à la succession de ces mêmes enfans, décédés sans postérité (7).

Dans ce cas, si l'enfant a été reconnu par son père et sa mère, et qu'ils soient tous deux vivans, sa succession se partage entr'eux par égale portion. Si l'un d'eux est prédécédé, elle appartient en entier au survivant; elle appartient également en entier à celui qui l'a reconnu, lorsqu'il ne l'a été que par un seul. 765.

En cas de prédécès des père et mère, ou de celui des deux qui a reconnu l'enfant, les biens qu'il en a reçus, et qui se trouvent encore en nature dans sa succession, passent (8) à ses frères et sœurs légitimes (9). Il en est de même des actions en reprise, s'il en existe, ainsi que du prix des biens aliénés, s'il est encore dû. Tout le surplus est dévolu à ses frères et sœurs naturels, légalement reconnus, ou à leurs descendans; à leur défaut, au conjoint survivant et non divorcé; et à défaut de conjoint, au fisc. 766.

L'enfant naturel ne pouvant réclamer la portion fixée par la loi, qu'autant qu'il est reconnu, il en résulte que l'adultérin et
335. l'incestueux, qui ne peuvent être reconnus, n'ont aucun droit à cet égard. Si cependant il arrivoit que la paternité ou la maternité se trouvât prouvée, indépendamment de toute reconnois-
762. sance (1), alors l'enfant pourroit exiger des alimens, dont la quotité seroit réglée, eu égard aux forces de la succession, au
763. nombre et à la qualité des héritiers (2). Si le père ou la mère lui ont assuré des alimens de leur vivant, ou même s'ils lui ont fait apprendre un art mécanique (3), il ne pourra rien réclamer
764. de leur succession (4).

§. III.

De la Succession du Conjoint survivant, et de celle du Domaine.

Lorsque le défunt ne laisse ni parens au degré successible, ni
767. enfans naturels, ses biens passent à son conjoint non divorcé (5);
768. et à défaut de conjoint, au domaine.

Ces deux espèces de successions donnent lieu aux mêmes formalités que celle dévolue en totalité à l'enfant naturel, sauf cependant l'emploi du mobilier et l'obligation de donner caution, auxquels l'administration du domaine n'est pas assu-
771. jettie (6).

CHAPITRE III.

Des Qualités requises pour succéder.

L'héritier étant, comme nous l'avons vu, saisi du moment de la mort, il s'ensuit que c'est de cette époque qu'il faut partir pour déterminer sa capacité; et comme le néant ne peut avoir aucun droit, il est évident que la première qualité requise pour succéder, est l'existence au moment de l'ouverture de la succession (7). L'enfant conçu étant regardé comme existant toutes les fois qu'il s'agit de ses intérêts, succède, pourvu toutefois qu'il
725. naisse viable (8).

Ibid. La seconde qualité est la jouissance des droits civils. En conséquence, le mort civilement ne succède point. Il en est de même de l'étranger, sauf la restriction portée aux art. 11 (1) et 13. 726.

Enfin la troisième qualité est de n'être point dans les cas d'indignité prévus par la loi.

Sont déclarés indignes de succéder :

1°. Celui qui a été condamné (2) pour avoir donné ou tenté de donner la mort au défunt ;

2°. Celui qui a porté contre lui une accusation (3) capitale (4) jugée calomnieuse (5) ;

3°. Celui qui, étant majeur (6), n'a pas dénoncé à la justice le meurtre du défunt (7). Cependant cette dernière cause d'indi- 727.
gnité ne peut être opposée aux proches parens du meurtrier, tels que ses ascendans ou descendans, ses frères, sœurs, oncles, tantes, neveux, nièces, ou alliés aux mêmes degrés (8). Elle ne peut l'être, à plus forte raison, à son conjoint. 728.

L'indignité devant être prouvée, et ne pouvant l'être qu'après la mort du défunt (9), n'empêche point la saisine (10) ; mais si l'héritier, jugé indigne, a perçu, dans l'intervalle, des fruits ou revenus de la succession, il est tenu de les restituer (11). 729.

Au surplus, l'indignité étant une peine, et provenant d'un fait personnel, ne préjudicie pas aux enfans de l'indigne, qui peuvent en conséquence venir à la succession dont leur père est exclu, pourvu que ce soit de leur chef, et sans le secours de la représentation (12). Mais, dans ce cas, leur père est privé de l'usufruit légal qu'il pourroit prétendre, par suite de la puissance paternelle, sur les biens provenant de cette succession (13). 730.

CHAPITRE IV.

De l'Acceptation et de la Répudiation des Successions.

Il existe sur cette matière deux principes de notre ancien droit, que le Code a consacrés :

1°. *Le mort saisit le vif ;*

2°. *N'est héritier qui ne veut.*

Nous allons développer succinctement ces deux principes, qui au premier coup-d'œil paroissent contradictoires, et qui néanmoins se concilient facilement.

Le mort saisit le vif: c'est-à-dire, que l'héritier étant le successeur immédiat et universel du défunt, est, comme nous l'avons dit, saisi (1), dès le moment de la mort, de tous les biens composant sa succession, sous la condition d'en acquitter les charges.

Cette saisine a lieu de plein droit, c'est-à-dire, en l'absence de l'héritier, et même sans qu'il ait la moindre connoissance que la succession lui est déférée ; tellement que, n'eût-il survécu au défunt qu'un seul instant, c'est assez pour qu'il ait recueilli la succession, et pour qu'il la transmette, avec la sienne, à ses propres héritiers.

Mais si l'héritier peut acquérir une succession sans le savoir, il ne peut l'acquérir malgré lui. Sa volonté, comme dit Pothier, n'est pas nécessaire pour la saisine ; mais sa volonté contraire l'empêche. De là ce second principe, *n'est héritier qui ne veut;* c'est-à-dire, que nul n'est tenu d'accepter une
775. succession qui lui est échue (2). En conséquence, quoique la saisine existe de plein droit, cependant son effet, quant à la personne en faveur de laquelle elle doit avoir lieu, est suspendu, jusqu'à ce que l'héritier présumé se soit expliqué sur l'acceptation ou la répudiation de la succession. S'il accepte, il est réputé
777. avoir été saisi (3) du moment de la mort. S'il répudie, il est
785. censé n'avoir jamais eu la saisine, qui appartient alors, et toujours rétroactivement (4), à celui qui se trouve appelé à son défaut.

Ces principes posés, nous aurons à voir comment on peut accepter ou répudier une succession. Si elle est répudiée par tous ceux qui y ont droit, elle est dite *vacante*, et il en résulte des formalités particulières à remplir. Le présent Chapitre sera donc divisé en trois Sections :

La première traitera de l'acceptation des successions ;

La deuxième, de leur répudiation ;

Et la troisième, des successions vacantes.

SECTION PREMIÈRE.

De l'Acceptation des Successions.

En principe général, l'héritier qui accepte, est tenu, comme nous le verrons par la suite, d'acquitter, même sur ses biens personnels, toutes les obligations du défunt. Cependant il peut se trouver des successions dont l'état soit tellement incertain, qu'il seroit difficile, et quelquefois même impossible, de prendre de suite à leur égard un parti définitif. Dans ce cas, la loi vient au secours de l'héritier, en lui procurant, sous certaines conditions, le moyen d'accepter, sans courir le risque d'une pareille responsabilité; c'est ce qu'on appelle *le bénéfice d'inventaire.* En conséquence, nous distinguerons deux espèces d'acceptation; celle pure et simple, et celle sous bénéfice d'inventaire. 774.

§. Ier.

De l'Acceptation pure et simple.

L'acceptation pure et simple est expresse ou tacite.

Elle est expresse, quand on prend la qualité d'héritier dans un acte authentique ou privé (1).

Elle est tacite, quand l'on fait un acte qui suppose nécessairement (2) l'intention d'accepter, ou que l'on n'a droit de faire qu'en qualité d'héritier. Telle est : 1°. la donation, vente ou 778.
transport que feroit un héritier, de ses droits successifs, en faveur de quelque personne que ce fût, même de tous ses cohéritiers (3), ou de quelques-uns d'eux;

2°. La renonciation même pure et simple à la succession, si elle n'est pas faite gratuitement (4);

3°. La renonciation même gratuite, si elle n'est faite qu'au profit de quelques-uns des cohéritiers (5); 780.

4°. Enfin, toute disposition des effets de la succession, qui ne peut être faite que par le propriétaire. Si cependant il existe des objets susceptibles de dépérissement, ou d'une conservation dispendieuse, l'héritier présumé peut, en sa seule qualité d'habile

à succéder, et sans qu'on puisse en induire une acceptation, se
796. faire autoriser par justice à procéder à la vente. L'autorisation est accordée, sur requête, par le Président du Tribunal de l'ouverture de la succession ; et la vente est faite par un officier
Pr. {617 986.} public, après affiches et publications.

L'héritier présumé peut faire également, et même sans autorisation, tous les actes purement conservatoires (1) de surveillance (2), ou d'administration provisoire (3), sans qu'on puisse en induire acceptation, pourvu qu'il n'y prenne pas la qualité
779. d'héritier (4).

D'après les effets de la saisine dont nous avons parlé au commencement de ce chapitre, l'héritier qui meurt après le défunt, mais avant d'avoir pris qualité (5), transmet à ses propres héritiers le même droit qu'il avoit. Ceux-ci peuvent donc, lorsqu'ils ont toutefois accepté sa succession, accepter ou répudier de son
781. chef celle qui lui est échue : mais ils ne peuvent l'accepter purement et simplement, qu'autant qu'ils sont tous d'accord ; dans le cas contraire, elle doit être acceptée sous bénéfice d'in-
782. ventaire.

L'acceptation d'une succession emportant, ainsi que nous l'avons dit, obligation, de la part de l'acceptant, de satisfaire à toutes les charges, il s'ensuit :

1°. Qu'elle ne peut être faite que par une personne ayant capacité de s'obliger. En conséquence, la succession échue à une femme mariée ne peut être acceptée par elle qu'avec l'autorisation
776. de son mari ou de justice; et celle échue à un mineur (6) ou à un interdit, ne peut l'être que par le tuteur ou curateur, avec l'autorisation du conseil de famille, et sous bénéfice d'in-
484. 461. ventaire.

2°. Que l'acceptation ne peut être révoquée que pour dol ou violence (7). Quant à la lésion, quelque considérable qu'elle soit, elle ne peut entraîner la nullité de l'acceptation, que dans le cas où la succession se trouveroit diminuée de plus de moitié, par la découverte d'un testament inconnu au moment de ladite
783. acceptation (8).

Les effets de l'acceptation étant, comme on le voit, de la plus

grande importance, on a dû mettre à la disposition de l'héritier les moyens suffisans pour connoître les forces de la succession. Les principaux de ces moyens, sont l'inventaire et les délais pour délibérer. La confection de l'inventaire entraîne toujours quelque délai. D'ailleurs, dans tous les cas, il ne peut être commencé au plus tôt que trois jours après l'inhumation ; et comme *Pr.* 928.
il est essentiel d'empêcher, pendant ce temps, le divertissement des effets de la succession, il y est pourvu par l'apposition du scellé.

Le scellé est l'application du sceau d'un juge-de-paix sur les effets de la succession qui en sont susceptibles (1). *Pr.* 907.

L'apposition du scellé peut être requise :

1°. Par tous les prétendans droit à la succession (2), ou à la communauté (3) ;

2°. Par tout créancier (4) fondé en titre exécutoire (5), ou muni d'une permission, soit du Président du Tribunal, soit du 820.
juge-de-paix du canton où le scellé doit être apposé. *Pr.* 909.

Les prétendans droit et les créanciers mineurs peuvent requérir l'apposition du scellé, même sans l'assistance de leur curateur, pourvu qu'ils soient émancipés ; sinon elle est requise par leur tuteur, ou par un de leurs parens, s'ils n'ont pas de tuteur, ou qu'il ne soit pas présent. *Pr.* 910.

3°. En cas de non présence (6), soit du conjoint du défunt, soit des héritiers, ou de l'un d'eux, l'apposition du scellé peut être requise par les personnes qui demeuroient avec le défunt, ainsi que par ses serviteurs ou domestiques. *Pr.* 909.

4°. Enfin, le scellé est apposé à la diligence du ministère public, ou sur la déclaration d'un officier municipal, ou même d'office par le juge-de-paix, dans les trois cas suivans :

Si l'héritier mineur est sans tuteur (7), et que le scellé ne soit pas requis par un parent ;

En cas de non présence du conjoint ou des héritiers, lorsque personne ne requiert l'apposition ;

Si le défunt étoit dépositaire public ; mais, dans ce dernier cas, le scellé ne peut être apposé que pour raison de ce dépôt, et sur les objets qui le composent. *Pr.* 911.

Lorsque le scellé a été apposé, tous créanciers peuvent y former opposition (1), quoiqu'ils n'aient ni titre exécutoire, ni permis-
821. sion du juge (2). L'effet de l'opposition, est que le scellé ne peut
Pr. 931. être levé sans appeler l'opposant.

La levée du scellé ne peut avoir lieu que trois jours après l'inhumation, si le scellé a été apposé auparavant; ou trois jours après l'apposition, si elle a été faite depuis l'inhumation (3); à moins, dans les deux cas, que, pour des raisons urgentes, il n'en soit autrement ordonné par le Président du tribunal, qui alors (4) commet un notaire pour représenter, tant à la levée
Pr. 928. du scellé qu'à l'inventaire, les parties non présentes, qui ont droit d'y assister.

La levée du scellé (5) est ordinairement accompagnée de l'inventaire.

L'inventaire est un acte contenant la déclaration des titres actifs et passifs de la succession, ainsi que la description des effets mobiliers qui en dépendent, et qui doivent être en outre estimés
Pr. 943. à juste valeur et sans crue (6).

L'inventaire, même quand il n'est pas précédé du scellé, ne peut être commencé, au plus tôt, que dans le délai fixé ci-dessus
Pr. 928. pour la levée du scellé; et il doit être terminé dans les trois
795. mois, à compter du jour de l'ouverture de la succession (7).

L'héritier a, de plus, pour prendre connoissance des forces de la succession, et pour délibérer sur son acceptation ou sa répudiation, un délai de quarante jours, qui commencent à courir du jour de l'expiration des trois mois ci-dessus (8), ou du jour
Ibid. de la clôture de l'inventaire, s'il a été terminé avant les trois mois. Pendant ces délais, il ne peut être contraint à prendre qualité; il ne peut être obtenu contre lui aucune condamnation (9); et, s'il renonce, les frais faits par lui légitimement (10)
797. jusque-là, sont à la charge de la succession.

Il peut même, en cas de poursuites dirigées contre lui après l'expiration des délais, en demander un nouveau (11), que le
798. Tribunal accorde ou refuse suivant les circonstances; mais les frais de poursuites sont à sa charge, quand même il viendroit à renoncer, à moins qu'il ne justifie, ou qu'il n'a pas eu connois-

sance du décès, ou que les délais ont été insuffisans, à raison, soit de la situation des lieux, soit des contestations survenues (1). 799.

Dans tous les cas, comme la faculté de renoncer, ainsi que celle d'accepter, ne se prescrivent que par trente ans (2), l'héri- 789.
tier présumé conserve, pendant tout ce temps, le droit de renoncer ou d'accepter, sous bénéfice d'inventaire, pourvu qu'il n'ait pas fait d'ailleurs acte d'héritier, et qu'il n'existe pas contre lui de jugement passé en force de chose jugée, qui le condamne en qualité d'héritier pur et simple (3). 800.

§. II.

De l'Acceptation sous bénéfice d'inventaire.

Le bénéfice d'inventaire, d'après ce que nous avons dit, est la faculté accordée à l'héritier présumé d'accepter la succession, sans être tenu des charges au-delà de l'émolument (4).

L'héritier qui veut user de ce bénéfice est assujetti à plusieurs formalités.

Il doit, 1°. en faire la déclaration au greffe du tribunal dans l'arrondissement duquel la succession est ouverte, et sur le registre destiné à recevoir les actes de renonciation; 793.

2°. Procéder, si fait n'a été (5), à un inventaire fidèle et exact des biens de la succession, conformément aux dispositions du paragraphe précédent. L'héritier qui se rendroit coupable de 794.
recélé, ou qui omettroit sciemment, et par mauvaise foi, de comprendre dans l'inventaire quelques-uns des effets de la succession, seroit déchu du bénéfice (6), tenu pour héritier pur et simple, et privé, en outre, de tout droit dans les effets divertis 801.
ou recélés. 792.

3°. Il est chargé d'administrer les biens de la succession, et 803.
il est tenu des fautes graves (7) qui pourroient lui être imputées. Il 804.
peut néanmoins, dans tous les temps, se décharger de cette administration, en abandonnant (8) aux créanciers et aux légataires tous les biens de la succession (9) qui sont en son pouvoir. 802.

4°. Pour la vente du mobilier, des rentes, et des immeubles (10) dépendant de la succession, il est tenu, à peine d'être réputé

héritier pur et simple (1), de se conformer aux dispositions des articles 987, 988 et 989 du Code de Procédure. S'il représente les meubles en nature, il est tenu de la dépréciation et détérioration (2) causées par sa négligence. Il ne peut transférer les inscriptions au-dessus de cinquante francs de rente, sans autorisation préalable (3).
805.

5°. Le prix de la vente des immeubles est distribué aux créanciers privilégiés et hypothécaires, dans l'ordre de leurs priviléges
Pr. 991. et hypothèques (4).

6°. Celui de la vente du mobilier est distribué par contribution (5)
Pr. 990. entre les créanciers opposans (6). Il en est de même de la portion du prix des immeubles, non distribuée aux créanciers hypothécaires ou privilégiés. S'il n'y a pas d'opposans, l'héritier paye les
808. créanciers et les légataires, à mesure qu'ils se présentent (7).

7°. Il est tenu, si les créanciers (8) ou autres personnes intéressées l'exigent, de donner bonne et solvable caution (9) de la valeur du mobilier compris dans l'inventaire, et des deniers comptans dépendant de la succession; sinon, les meubles sont vendus, si fait n'a été, et leur prix est déposé, ainsi que les deniers comptans, pour le tout être employé à l'acquit des
807. charges de la succession.

8°. Enfin, il doit compte de son administration aux créanciers
803. non payés qui se sont fait connoître, et aux légataires (10). Il est autorisé à y porter les frais du scellé, s'il a été apposé, ceux d'inventaire et du compte même : ces frais sont à la charge de la succession, ainsi que toutes les autres dépenses légitimes faites
810. par lui, et suffisamment justifiées (11).

L'effet du bénéfice d'inventaire est d'empêcher la confusion du patrimoine de l'héritier avec celui du défunt ; d'où il résulte :

1°. Que l'héritier conserve le droit de réclamer contre la
802. succession le paiement de ses créances (12). Son action, dans ce cas, est dirigée contre les autres héritiers. S'il n'y en a pas, ou que l'action soit intentée par tous, elle est dirigée contre un curateur au bénéfice d'inventaire, nommé en la même forme que
Pr. 996. le curateur à la succession vacante (13).

Et 2°. qu'il ne peut être tenu sur ses biens personnels (14)

pour raison des dettes et charges (1) de la succession, excepté 802.
dans deux cas : si, après avoir été mis en demeure de rendre son compte, il ne satisfait pas à cette obligation; ou pour le paiement du reliquat, si par l'événement du compte il se trouve débiteur. 803.

Quant aux créanciers non opposans qui ne se présentent qu'après l'apurement du compte et le paiement du reliquat, ils n'ont de recours à exercer que contre les légataires payés (2), et encore pendant trois ans seulement (3), à compter du jour du paiement du reliquat. 809.

SECTION II.

De la Répudiation des Successions.

S'il résulte de l'inventaire, ou de la connoissance particulière de l'héritier, que la succession lui seroit plus onéreuse que profitable, il a la faculté d'y renoncer; quoi faisant, il est censé n'avoir jamais été héritier, et sa part accroît à ses cohéri- 785.
tiers (4); s'il est seul de son degré, elle est dévolue au degré subséquent (5). Mais pour user de la faculté de renoncer, il 786.
faut :

1°. Que la succession ait été déférée au renonçant. En conséquence, on ne peut, même par contrat de mariage, renoncer à la succession d'une personne vivante, ni aliéner les droits éventuels qu'on peut y avoir, même du consentement de celui 791.
de la succession duquel il s'agit (6). 1130.

2°. Que le renonçant soit capable d'aliéner. En conséquence, la femme mariée ne peut renoncer qu'avec l'autorisation de son mari ou de justice; et si l'héritier est mineur même émancipé, 217.
ou interdit, la renonciation ne peut être faite que par le tuteur ou curateur, avec l'autorisation du conseil de famille. 461. 509.

3°. Que le renonçant n'ait fait aucun acte d'héritier.

4°. Qu'il n'ait diverti ni recélé aucun des effets de la succession; autrement il seroit, comme nous l'avons dit, réputé héritier pur et simple, nonobstant toute renonciation (7); et, s'il avoit des cohéritiers, il seroit en outre privé de toute portion dans les objets divertis ou recélés. 792.

789. 5°. Qu'il n'ait pas laissé prescrire la faculté de répudier (1).

La renonciation doit être formelle, et faite au greffe du tribunal dans l'arrondissement duquel la succession est ouverte, sur un
784. registre particulier tenu à cet effet.

En général, toute renonciation à succession est définitive et irrévocable, excepté dans deux cas :

Premièrement, si elle a été faite au préjudice des créanciers du renonçant. Ceux-ci (2) peuvent se faire autoriser (3) en justice à accepter du chef de leur débiteur (4); mais, dans ce cas, la renonciation n'est annullée que dans leur intérêt; et ce qui peut rester de la portion de l'héritier débiteur, après leur paiement total, accroît à ses cohéritiers, sans que le renonçant puisse y
788. prétendre aucun droit.

La renonciation peut encore être révoquée, lorsque la succession n'a pas été acceptée (5) par d'autres héritiers (6), et que la faculté d'accepter n'est pas prescrite, sans préjudice toutefois des droits acquis par des tiers, soit par la prescription, soit par des
790. actes valablement faits avec le curateur à la succession vacante.

SECTION III.

Des Successions vacantes.

Une succession est vacante, quand il n'y a pas d'héritiers
811. connus, ou que tous les héritiers connus y ont renoncé (7).

Dans le premier cas, la succession est dévolue au domaine par droit de déshérence.

Dans le second cas, qui est celui dont il s'agit dans cette section (8), il est nommé un curateur pour administrer la succession.

Cette nomination est faite par le Tribunal du lieu de l'ouverture de la succession, sur la demande des parties intéressées (9), ou
812. sur la réquisition du Procureur impérial (10).

Si, par événement, il se trouve deux ou plusieurs curateurs nommés pour la même succession (11), le premier nommé est
Pr. 999. préféré, sans qu'il soit besoin de jugement.

Ce curateur est assujetti aux mêmes obligations (12) et formalités que l'héritier bénéficiaire, quant à l'inventaire (1), à l'administration, à la vente des meubles, des rentes et des immeubles de la succession, ainsi qu'aux comptes à rendre : il exerce et poursuit les droits de la succession ; il répond aux demandes formées contr'elle ; mais il est tenu de verser ou faire verser le numéraire trouvé dans la succession (2), et celui provenant du prix des meubles ou immeubles vendus (3), dans la caisse d'Amortissement (4), pour la conservation des droits de qui il appartiendra ; le tout sans préjudice de l'exécution des lois relatives aux priviléges et hypothèques. {Pr. 1000 et 1001. 814. 813.

CHAPITRE V.

Des Obligations de l'héritier qui a accepté, tant à l'égard de ses cohéritiers, qu'envers les créanciers de la succession.

Le titre seul de ce chapitre indique sa division. Il est évident que la première section n'a pas d'objet, lorsqu'il n'y a qu'un seul héritier.

SECTION PREMIÈRE.

Des Obligations respectives des Cohéritiers.

Lorsqu'une succession est acceptée par plusieurs cohéritiers, chacun d'eux a le droit, comme nous le verrons au §. II, de provoquer le partage des biens qui la composent.

Le partage est la division, entre les divers cohéritiers, des biens auxquels ils ont droit en cette qualité.

L'égalité est de l'essence du partage (5). Or, cette égalité seroit blessée dans trois cas :

Le premier, si le cohéritier qui auroit été avantagé par le défunt, ne rapportoit pas à la masse ce dont il a profité ;

Le second, si, après le partage, un des copartageans se trouvoit évincé, en tout ou en partie, des objets composant son lot ;

Le troisième, enfin, s'il existoit une différence considérable entre la valeur réelle des objets, et celle qui leur a été donnée dans le partage.

C'est donc pour rétablir l'égalité, qui doit régner principalement entre cohéritiers, qu'ont été établies la nécessité du rapport, l'action en garantie des lots, et celle en rescision.

D'après cela, nous diviserons cette section en cinq paragraphes :

Le premier traitera des rapports ;

Le second, du partage en lui-même, et de la manière d'y procéder ;

Le troisième, de la garantie respective des lots ;

Le quatrième, de la rescision du partage :

Et le cinquième, de l'effet du partage valablement consommé.

§. Ier.

Des Rapports (1).

Le rapport est la réunion, réelle ou fictive (2), à la masse de la succession, des objets donnés par le défunt à l'un des successibles, pour le tout être partagé ensuite entre les divers cohéritiers.

La nécessité du rapport étant fondée sur l'égalité, le principe général sur cette matière est que tout héritier, venant à la succession, doit rapporter à ses cohéritiers tout ce qu'il a reçu du
843. défunt à titre gratuit (3), entre-vifs ou pour cause de mort, directement ou indirectement, et même les sommes dont il est débi-
829. teur. Pour le développement de ce principe, nous aurons à voir par qui est dû le rapport, à qui il est dû, de quelles choses il est dû, et enfin comment il doit être effectué.

Par qui est dû le Rapport ?

Nous disons que le rapport est dû par *tout héritier*, pur et simple ou sous bénéfice d'inventaire, en ligne directe ou collatérale (4); mais il faut que l'héritier ait été lui-même donataire
843. du défunt.

Il faut qu'il ait été donataire : Il ne suffiroit pas qu'il eût profité de la donation. En conséquence, le père ne doit, dans aucun
847. cas, le rapport de ce qui a été donné à son fils (5).

Pareillement, le fils ne doit point le rapport de ce qui a été donné à son père, quand même il auroit accepté la succession de ce dernier, si toutefois il vient de son chef à celle du donateur; mais s'il vient par représentation, il doit le rapport (1), quand même il auroit répudié la succession de son père (2). 848.

L'époux ne doit point le rapport de ce qui a été donné à son conjoint (3); et si le don a été fait à tous deux, le rapport n'est dû que pour moitié, et par celui des deux qui est successible. 849.

Il faut que l'héritier ait été *donataire du défunt*, parce que le rapport n'est dû qu'à la succession du donateur; en conséquence, le petit-fils, donataire de l'aïeul, ne doit point le rapport à la succession de son père (4). 850.

Pour connoître à quelle succession est dû le rapport de la dot, il est nécessaire d'entrer dans quelques détails.

Quand le père et la mère ont doté conjointement l'enfant commun, sans exprimer la portion pour laquelle ils entendoient y contribuer chacun, ils sont censés avoir doté chacun pour moitié (5), soit que la dot ait été fournie en effets de la communauté, ou en biens personnels à l'un des époux (6); et, dans ce cas, le rapport doit se faire pour moitié à la succession de chacun. 1438.

Si la dot a été constituée par un des époux seul, sur ses biens personnels, le rapport n'est dû qu'à sa succession.

Si elle a été constituée par le mari seul, mais sur les biens de la communauté, et sans déclaration de la part pour laquelle il entend s'en charger, elle est toujours, à la vérité, à la charge de la communauté; mais néanmoins, quant au rapport, il faut distinguer :

Si la femme accepte la communauté, comme elle se trouve, par le fait, avoir payé la moitié de la dot (7), le rapport doit se faire, par moitié, à sa succession et à celle de son mari.

Si, au contraire, elle y renonce, alors le mari se trouve avoir doté seul (8), et le rapport doit se faire en totalité à sa succession.

Si la dot a été constituée par le mari seul, sur les biens de la communauté, mais avec déclaration qu'il entend s'en charger pour le tout, ou pour une portion plus forte que la moitié, il est dû à sa succession le rapport, soit de la totalité de la dot,

1439. soit de la portion dont il a déclaré se charger ; et dans ce dernier cas, le surplus doit être rapporté à la succession de la mère, si elle a accepté la communauté.

Nous disons que le rapport est dû par tout héritier *venant à la succession;* ce qui signifie deux choses: premièrement, qu'il suffit, pour que le donataire soit sujet à rapport, qu'il soit un des successibles au moment du décès, quoiqu'il ne le fût
846. pas au moment de la donation; et, en second lieu, que, s'il renonce à la succession, il peut retenir les dons et réclamer les
845. legs à lui faits par le défunt, sauf réduction, s'il y a lieu (1).

A qui est dû le Rapport?

Le rapport est dû aux cohéritiers seuls, et jamais aux léga-
857. taires (2) ni aux créanciers de la succession (3).

De quoi est dû le Rapport?

Nous avons dit que le rapport étoit dû de tout ce que le successible a reçu du défunt à titre gratuit, directement ou indi-
843. rectement, et même des sommes dont il est débiteur envers la
829. succession.

Il faut qu'il ait reçu *à titre gratuit :* en conséquence, ne doivent pas être rapportés les profits qu'il a pu retirer des conventions passées avec le défunt (4), si ces conventions ne présentoient
853. aucun avantage indirect quand elles ont été faites (5). Il en est de même à l'égard des avantages que le successible a pu retirer des associations faites sans fraude avec le défunt, lorsque les condi-
854. tions en ont été réglées par un acte authentique (6).

La règle que tous les objets reçus du défunt, à titre gratuit, sont sujets à rapport, est elle-même susceptible de plusieurs exceptions. Ainsi, ne doivent point être rapportés:

1°. Les frais de nourriture, éducation, entretien et appren-
852. tissage (7); mais ce qui a été employé pour l'établissement ou pour le paiement des dettes d'un des cohéritiers, est sujet à
851. rapport.

2°. Les frais ordinaires d'équipement, de noces, et présens d'usage ; 852.

3°. Enfin, les objets donnés ou légués par le défunt, avec dispense du rapport (1), pourvu qu'ils n'excèdent pas la portion disponible ; autrement, l'excédant doit être rapporté. 843. 844.

La fille dotée doit le rapport de la dot, quand même le mauvais état des affaires de son mari lui ôteroit tout espoir de s'en procurer la restitution. Si cependant le mari étoit déjà insolvable lorsque la dot a été constituée, et qu'il n'eût dès-lors ni métier ni profession, elle est tenue seulement de rapporter à la succession du constituant, l'action qu'elle a contre son mari ou sa succession, pour se faire rembourser (2). 1573.

Nous disons *directement ou indirectement :* parce que l'héritier doit le rapport de tout ce dont il a profité aux dépens du défunt, à quelque titre que ce soit (3).

Même des sommes dont il est débiteur : parce que l'on regarde comme un avantage sujet à rapport, les sommes prêtées par le défunt à l'héritier (4). Il est, en conséquence, tenu de les imputer sur sa part, quand même elles ne seroient pas encore exigibles (5).

Comment le Rapport doit-il être effectué ?

Le rapport, comme nous avons dit, se fait réellement ou fictivement. 858.

Le rapport réel, ou en nature, a lieu, lorsque c'est l'objet même donné, qui est rapporté à la succession. Il ne s'applique qu'aux immeubles, et seulement dans le cas où l'objet donné est encore dans la main du donataire : ce dernier peut même alors se dispenser du rapport réel (6), s'il y a d'ailleurs dans la succession des immeubles de même nature, valeur et bonté, dont on puisse former des lots à-peu-près égaux pour chacun des autres cohéritiers, qui les prélèvent alors avant partage. 859. 830.

Le rapport a également lieu en nature, s'il est possible, pour l'excédant de la portion disponible, lorsque l'immeuble a été donné avec dispense du rapport (7) ; mais si la division ne peut se pratiquer commodément (8), il faut distinguer si l'excédant est de plus ou moins de moitié de la valeur de l'immeuble.

Dans le premier cas, le donataire doit le rapport de l'objet en totalité, sauf à prélever sur la masse la valeur de la portion disponible.

Dans le second, il peut (1) retenir l'immeuble, sauf à moins prendre, ou à récompenser (2) ses cohéritiers, en argent ou
866. autrement.

Le rapport en nature a deux effets principaux : le premier, c'est que les biens sont rapportés francs et quittes de toutes charges et hypothèques créées par le donataire (3), sauf aux créanciers hypothécaires de ce dernier, à intervenir au partage, pour em-
865. pêcher que le rapport ne se fasse en fraude de leurs droits (4).

Le second, c'est que ce rapport devant avoir lieu, comme dit Pothier, *en essence et en espèce*, il en résulte que l'objet à rapporter, est censé avoir été aux risques de la succession depuis le moment de la donation (5), et qu'il doit y être réuni tel qu'il se trouve au moment où le rapport en doit être fait, c'est-à-dire, à l'époque de l'ouverture de la succession.

Si donc la valeur que l'objet donné avoit au moment de la donation, se trouve augmentée à l'époque du décès, il faut considérer si cette plus value provient de causes étrangères au donataire, et indépendantes de son fait, ou d'améliorations industrielles qui lui aient occasionné quelques dépenses.

Dans le premier cas, le bénéfice est pour la succession, sans que le donataire puisse rien réclamer.

Dans le second, l'équité exige qu'il soit tenu compte au donataire de ses dépenses, mais seulement jusqu'à concurrence de la
861. plus value qui en résulte (6). Si cependant les dépenses faites étoient nécessaires pour la conservation du fonds, il a droit de les ré-
862. péter (7), quoique la valeur du fonds n'en soit pas augmentée (8).

Dans tous les cas où le donataire a quelques répétitions à exercer, il a droit de retenir l'immeuble jusqu'à son entier rem-
867. boursement.

La même distinction doit avoir lieu, si l'héritage a péri, ou s'il est diminué ou déprécié : si c'est par la faute ou la négligence du donataire, il doit tenir compte de la perte ou de la moins
855. } 863. } value (9); sinon la perte est pour la succession (10).

Le rapport est fictif, quand ce n'est point l'objet même donné qui est rapporté, mais sa valeur ou une quantité représentative.

Le rapport fictif peut s'appliquer à des immeubles ou à du mobilier.

Il s'applique aux immeubles dans deux cas :

Le premier, quand il existe dans la succession de quoi faire des lots à-peu-près égaux pour les autres cohéritiers. 859.

Le second, quand le donataire a aliéné l'immeuble avant l'ouverture de la succession (1), ou quand l'objet a péri par sa faute. 860.
Dans ces deux cas, la somme à rapporter par lui, est évaluée d'après les mêmes principes que nous avons établis ci-dessus relativement au rapport en nature, sans aucun égard au prix de la vente qui a pu en être faite.

Ainsi, le donataire doit la valeur de l'immeuble au moment de l'ouverture de la succession (2). *Ibid.*

Les améliorations ou dégradations faites par l'acquéreur, doivent être imputées comme si elles avoient été faites par le donataire lui-même. 864.

Enfin, si l'immeuble a péri par cas fortuit, le donataire n'est sujet à aucun rapport, pas même à celui de la somme qu'il a reçue pour prix de la vente (3). 855.

Si l'objet donné est de l'argent comptant, le rapport n'est susceptible d'aucune difficulté.

Si la donation consiste en effets mobiliers, le rapport se fait sur le pied de la valeur au moment de la donation (4), d'après l'état estimatif annexé à l'acte; et, à défaut d'acte, d'après une estimation par experts, à juste prix, et sans crue. 868.

Dans tous les cas, le rapport fictif se fait en moins prenant, 858.
c'est-à-dire, qu'on ajoute à la masse des biens de la succession la valeur de l'objet donné, estimée d'après les règles ci-dessus; on détermine, d'après cette réunion, la part que chacun des cohéritiers doit avoir dans ladite masse, et l'héritier donataire tient compte, sur la sienne, de la valeur des objets sujets à rapport.

L'excédant de la part des autres cohéritiers doit être composé, autant que possible, en objets de même nature que ceux donnés. Si la donation consiste en argent comptant, et qu'il n'y ait pas

assez de numéraire dans la succession, pour former une part égale à chaque cohéritier, le donataire est tenu, ou de remettre du numéraire, ou de moins prendre sur le mobilier, ou, à défaut
869. de mobilier, sur les immeubles de la succession.

Le rapport étant dû par le donataire, du moment de l'ouverture de la succession, de plein droit, et sans qu'il soit besoin de demande, il doit, à compter de la même époque (1), les fruits
856. et intérêts des choses sujettes à rapport.

§. II.

Du Partage, et de la Manière d'y procéder.

Les inconvéniens sans nombre qui résulteroient d'une indivision forcée, ont déterminé la disposition portant que nul ne peut être contraint à y demeurer (2); en conséquence, l'action en partage ne peut être écartée, au moins à perpétuité, par aucune prohibition (3) ou exception, même celle du pacte ou de la prescription.

Nous disons *à perpétuité*, parce que les cohéritiers peuvent convenir entr'eux de suspendre le partage, mais pendant cinq années au plus. La convention qui fixeroit un temps plus long, seroit nulle de droit (4) au bout de cinq ans; mais elle pourroit
815. être renouvelée.

Quant à la prescription, elle ne peut jamais être opposée, tant que dure l'indivision (5); mais si, par le fait, un des cohéritiers (6) a joui séparément de partie des biens de la succession pendant le temps requis pour la prescription (7), le partage est censé, dans ce cas, avoir été fait à son égard dans le principe,
816. et ne peut plus, en conséquence, être demandé.

Le partage ne peut être provoqué que par les cohéritiers. Cependant, si l'un d'eux a cédé ses droits successifs (8) à un étranger (9), le cessionnaire peut provoquer le partage, comme il peut être provoqué contre lui; mais si la cession a été faite à titre onéreux (10), les autres cohéritiers (11) ont le droit d'écarter le
841. cessionnaire du partage, en lui remboursant ce qu'il a payé.

Le partage peut être provoqué par tout cohéritier, sauf les modifications suivantes :

S'il y a des cohéritiers mineurs ou interdits (1), l'action ne peut être exercée, pour ce qui les concerne, que par leur tuteur, à ce spécialement autorisé par un conseil de famille ; et, s'il y en 817.
a plusieurs qui aient des intérêts opposés dans le partage, et qui aient le même tuteur, il doit leur en être donné, à chacun, un spécial et particulier, nommé suivant les règles prescrites au Titre 838.
de la Minorité. *Pr.* 968.

A l'égard des cohéritiers absens (2), l'action appartient aux envoyés en possession (3). 817.

Si une femme mariée est héritière, il faut distinguer :

Si elle est séparée de biens, et que la succession soit purement mobilière, elle peut procéder au partage, seule et sans autorisation. S'il y a des immeubles dans la succession, elle ne 1449.
peut procéder au partage qu'avec l'autorisation de son mari ou de justice (4). 1538.

Si les époux sont en communauté, le mari peut, seul et sans le concours de sa femme, procéder au partage de tous les objets meubles ou immeubles (5) qui sont de nature à tomber dans la communauté : à l'égard des objets qui n'y tombent pas, il ne peut procéder au partage sans le concours de sa femme ; il peut seulement, s'il a le droit de jouir de ces biens, demander un partage provisionnel, sauf aux cohéritiers de la femme à la mettre en cause, s'ils veulent rendre le partage définitif. 818.

Si les époux sont mariés sous le régime dotal, et que les biens à venir ayent été constitués en dot, la succession est alors dotale, et le mari peut procéder seul au partage, soit en demandant, soit en défendant (6), et soit que la succession soit mobilière ou immobilière. 1549.

Si les biens à venir n'ont pas été constitués en dot, la succession est alors paraphernale ; et l'on appliquera ce que nous avons dit plus haut, pour le cas de séparation de biens.

Dans tous les cas où nous avons dit que la femme pouvoit procéder seule au partage, vous avons supposé qu'il étoit fait à

l'amiable. S'il est fait judiciairement, elle doit toujours être auto-
215. risée par son mari ou par justice.

Le partage doit être fait avec tous les cohéritiers. En cas de refus de l'un ou de plusieurs d'entr'eux d'y consentir, la contestation est soumise au Tribunal du lieu de l'ouverture de la succession, qui connoît également de toutes celles qui peuvent survenir dans le cours des opérations. Le Tribunal procède à cet égard, comme en matière sommaire (1), ou commet, s'il y a lieu, pour les opérations du partage, un des juges, sur le rapport
823. duquel il décide les contestations.

C'est devant le même Tribunal qu'il est procédé aux licitations (2), et que doivent être portées les demandes relatives à la garantie des lots entre les copartageans, et même celles en
822. rescision de partage (3).

De la Forme du Partage.

Lorsque tous les cohéritiers sont présens et usant de leurs droits, le partage peut être fait dans la forme, et par tel acte qu'ils jugent convenables. Dans le cas contraire (4), il ne peut avoir lieu définitivement qu'en justice, et avec les formalités sui-
838. vantes (5) :

Nous avons vu précédemment ce qui concernoit l'apposition et la levée des scellés, ainsi que l'inventaire. Quant à la vente des meubles, elle n'est indispensablement nécessaire, qu'autant qu'il y a des créanciers saisissans ou opposans, ou que la majorité des cohéritiers l'exige (6). Si la vente n'a pas lieu, chacun
826. des cohéritiers peut prendre sa part en nature, d'après l'estimation faite dans l'inventaire, ou, à défaut, d'après celle faite par
825. gens à ce connoissant, à juste prix et sans crue : ou enfin, la totalité des meubles est portée dans la masse pour le montant de ladite estimation.

Pr. 966. La poursuite du partage appartient à la partie la plus diligente. Si deux ou plusieurs ont formé leur demande le même jour, la poursuite appartient à celui qui, le premier, a fait viser l'original de son exploit par le greffier du Tribunal. Le *visa* doit faire mention du jour et de l'heure. Pr. 967.

Sur cette demande intervient jugement, qui 1°. commet un juge, s'il y a lieu, pour les opérations du partage; Pr. 969.

2°. Ordonne que les immeubles, s'il y en a, seront estimés par experts (1) choisis par les parties, ou, à leur refus, nommés d'office (2). Le procès-verbal des experts doit présenter les bases de l'estimation (3), indiquer la possibilité ou l'impossibilité de partager commodément les objets, et, s'ils sont divisibles, fixer chacune des parts qu'on peut en former, et leur valeur (4). 824.

S'il résulte de ce procès-verbal, que les immeubles ne peuvent se partager commodément, ils sont vendus par licitation devant un membre du même Tribunal, ou devant un notaire à ce commis par jugement (5). La licitation a lieu avec les formalités pres- Pr. 955.
crites pour l'aliénation des biens de mineurs, et les étrangers (6) y sont nécessairement admis (7). 839.

Si la demande en partage n'a pour objet que la division d'un ou plusieurs immeubles, sur lesquels les droits des parties soient déjà liquidés (8), les experts, en procédant à l'estimation, et si la division est possible, composent les lots, qui, après l'entérinement (9) du rapport, sont tirés au sort, soit devant le juge commissaire, soit devant le notaire. Pr. 975.

Dans les autres cas, c'est-à-dire, lorsque les droits des parties ne sont pas encore liquidés, ce qui est le plus ordinaire, le juge commissaire renvoie (10) les parties devant un notaire dont elles conviennent, si elles peuvent (11) et veulent en convenir, ou qui, à défaut, est nommé d'office par le Tribunal. On procède devant Pr. 976.
ce notaire, seul, et sans qu'il soit besoin de l'assistance d'un second notaire, ou de témoins: Pr. 977.

1°. Au compte que les copartageans peuvent se devoir (12);

2°. A la formation de la masse générale: cette masse se com- 828.
pose de tous les objets existant dans la succession, du prix de ceux vendus, et des rapports qui ont dû être faits par chacun des cohéritiers, d'après les règles établies au précédent paragraphe (13); 829.

3°. Aux prélèvemens à faire, en faveur des cohéritiers auxquels

le rapport est dû, dans le cas où ce rapport ne se fait pas en
830. nature (1);

4°. A la composition, sur ce qui reste de la masse, d'autant de lots
831. égaux, qu'il y a de copartageans ou de souches copartageantes; sauf, dans ce dernier cas, à procéder ensuite entre les branches de chaque souche, et d'après les mêmes règles, à la subdivision du lot échu à
836. la souche. Les lots sont faits par l'un des cohéritiers, s'ils sont tous majeurs, s'ils s'accordent sur le choix, et si celui qui a été choisi accepte la commission; sinon, et à défaut d'une seule de ces trois circonstances, ils sont faits par un expert nommé par le juge com-
Pr. 978. missaire. L'on doit, autant que possible, faire entrer dans chaque lot la même quantité de meubles, immeubles, droits ou créances, de même nature et valeur, en évitant néanmoins, s'il se peut,
832. de morceler les héritages et de diviser les exploitations, dût-on même, pour y parvenir, compenser l'inégalité des lots par un
833. retour, soit en rente, soit en argent (2). Ce retour se nomme *soulte*. Le copartageant auquel la soulte est due, conserve un privilége sur les biens du lot qui en est chargé, en prenant une inscription hypothécaire sur lesdits biens, dans les soixante jours, à dater de l'acte de partage; et, durant ce temps, il ne peut être consenti aucune hypothèque (3) sur lesdits biens, au préjudice
2109. du privilége de la soulte. Cette disposition a lieu, toutes les fois qu'il y a soulte, et soit que le partage ait été fait à l'amiable ou en justice (4).

Si, dans le cours du partage, il s'élève des contestations, soit sur la formation des lots, soit sur les opérations antérieures, le notaire en dresse procès-verbal, qu'il remet au greffe, et l'on procède dans la forme prescrite par l'article 977 du Code de
837. Procédure.

S'il n'y a pas de réclamations, ou quand elles sont jugées, le notaire clot son procès-verbal, les parties présentes ou dûment
Pr. 980. appelées, le signe avec les parties qui peuvent et veulent le signer, et en remet une expédition à la partie la plus diligente, sur la poursuite de laquelle le Tribunal homologue, s'il y a lieu, le partage, les parties présentes ou appelées, si elles n'ont pas toutes concouru à la clôture du procès-verbal, sur le rapport du juge

commissaire, et sur les conclusions du Procureur impérial, dans les cas où la qualité des parties requiert son ministère (1). *Pr.* 981.

Le jugement d'homologation ordonne le tirage des lots au sort (2), soit devant le juge, soit devant le notaire, lequel en 834. fait la délivrance aussitôt après le tirage, et remet les titres, *Pr.* 982. savoir : ceux communs à toute l'hérédité, au dépositaire choisi par les copartageans, ou nommé d'office par le juge, s'ils ne s'accordent pas sur le choix, à la charge d'en aider les ayant-droit, à toute réquisition (3) ; ceux relatifs à une propriété divisée, à celui qui en a la plus grande partie, à la charge d'en aider, comme dessus ; et enfin ceux particuliers à chaque objet, à celui des copartageans dans le lot duquel l'objet est tombé. 842.

Lorsque toutes les formalités ci-dessus ont été remplies, le partage est définitif, même à l'égard des absens, non présens, mineurs ou interdits. Dans le cas contraire, il n'est que provisionnel (4). 466. 840.

Il est cependant un cas où le partage est définitif avec toutes sortes de personnes, quoique toutes ces formalités n'aient pas été observées ; c'est quand les héritiers sont en ligne directe descendante, et qu'il a été fait un partage anticipé par l'ascendant de la succession duquel il s'agit. Ces sortes de partages font 1075. loi entre les copartagés, lorsqu'ils réunissent les conditions suivantes :

Ils doivent être faits par actes entre-vifs ou testamentaires, avec les formalités, conditions et règles prescrites pour les donations entre-vifs (5) ou les testamens (6). En conséquence, ceux faits par actes entre-vifs, ne peuvent avoir pour objet que les biens présens (7). 1076.

Il n'est pas nécessaire que ce partage comprenne tous les biens que l'ascendant laissera à son décès (8) ; et, alors, ceux qui n'y sont pas compris, sont partagés, conformément aux règles établies pour les partages ordinaires (9). 1077.

Mais, si ce partage peut ne pas comprendre tous les biens, il est essentiel au moins qu'il soit fait entre tous les ayant-droit à la succession (10) ; autrement, l'omission d'un seul annulleroit le tout, et donneroit lieu à un nouveau partage dans la forme

ordinaire, qui pourroit être provoqué, même par ceux mentionnés
1078. expressément dans le premier (1).

§. III.

De la Garantie respective des Lots.

L'égalité qui doit régner dans les partages, exige que les copartageans soient respectivement garans des troubles et évictions (2)
884. que chacun d'eux éprouve dans les objets qui lui sont échus.

Chaque cohéritier est personnellement obligé à cette garantie, en proportion de sa part héréditaire. Si l'un d'eux est insolvable, sa part dans l'obligation de garantie est répartie également entre
885. le cohéritier évincé et les autres copartageans. Outre l'action personnelle, le cohéritier évincé a encore, à raison de cette garantie, un privilége sur les immeubles dépendant de la
2103. succession (3).

En cas d'éviction, pour déterminer le montant de l'indemnité due au cohéritier évincé, il faut : 1°. considérer uniquement la valeur qui a été donnée dans le partage à l'objet dont il s'agit,
885. sans aucun égard aux changemens qu'il a pu éprouver depuis (4);

Et 2°. reporter cette valeur sur tous les cohéritiers, même sur celui évincé (5), chacun en proportion de sa part héréditaire.

La garantie de partage cesse dans quatre cas :

1°. Si l'éviction qui y donne lieu, a été expressément (6) prévue et exceptée par l'acte de partage ;

884. 2°. Si elle est arrivée par la faute du cohéritier évincé (7);

3°. Par le laps de trente ans écoulés depuis le moment du
2257. trouble ;

884. 4°. Enfin, si elle procède d'une cause postérieure au partage (8). En conséquence, la garantie d'une créance n'a pas lieu pour l'insolvabilité du débiteur, quand cette insolvabilité n'est survenue qu'après le partage (9) : et s'il s'agit d'une rente, la garantie ne peut être exercée que dans les cinq ans qui suivent
886. le partage (10).

§. IV.

De la Rescision en matière de partage.

Les partages (1) peuvent être rescindés (2) pour trois causes; violence, dol et lésion (3). 887.

La violence et le dol ont, en général, à l'égard des partages, le même effet qu'à l'égard de toutes les autres conventions (4). Il faut seulement observer que l'action en rescision, pour l'une de ces deux causes (5), cesse, lorsque le cohéritier demandeur a aliéné tout ou partie de son lot, postérieurement à la découverte du dol, ou à la cessation de la violence. 892.

Quant à la lésion, il suffit qu'elle soit de plus du quart (6) pour donner lieu à la rescision. 887.

Pour juger s'il y a eu lésion, on estime les objets suivant leur valeur à l'époque du partage. 890.

L'action en rescision pour lésion, cesse dans les cas suivans:

1°. Si la lésion provient de l'omission d'un objet de la succession: il y a seulement lieu alors à une demande en supplément de partage (7). 887.

2°. Si, après un premier acte de partage, les parties ont transigé sur des difficultés réelles (8) que présentoit cet acte, l'action en rescision n'est pas admise contre la transaction, quand même il n'y auroit pas eu encore de procès commencé (9). Mais il faut qu'il y ait eu un premier acte de partage; car l'action, en général, est admise contre tout acte ayant pour objet de faire cesser l'indivision entre cohéritiers, fût-il qualifié de vente, échange, transaction, ou de toute autre manière. Si cependant 888.
un ou plusieurs des cohéritiers ont vendu, avant partage, et sans fraude (10), leurs droits successifs, à l'un d'entr'eux, aux risques et périls de l'acquéreur, l'acte ne peut être attaqué pour cause de lésion (11). 889.

3°. Si le défendeur offre de fournir au demandeur le supplément (12) de sa portion héréditaire, soit en numéraire, soit en nature (13). 891.

Les dispositions du présent paragraphe ne s'appliquent qu'aux partages faits par les cohéritiers eux-mêmes entr'eux. Quant à ceux faits par les ascendans, dont il a été précédemment question, ils ne peuvent être attaqués que dans deux cas :

1°. Pour lésion de plus du quart ;

Et 2°. si, du partage combiné avec d'autres dispositions faites par préciput, il résulte, en faveur d'un ou de plusieurs des co-
1079. partagés, un avantage supérieur à la portion disponible (1).

§. V.

De l'Effet du Partage.

Le principal effet du partage est de faire cesser l'indivision, et de déterminer la portion de chaque cohéritier, en la restreignant aux objets tombés dans son lot.

Le partage, dans notre droit, n'est pas translatif, mais simplement déclaratif de propriété.

Pour entendre ce principe, il faut considérer que, dans la rigueur du droit, chaque cohéritier a, du moment du décès, un droit indivis sur chacun des objets qui composent la succession ; que le partage ayant pour but de faire cesser l'indivision, attribue ordinairement à chaque cohéritier des objets entiers autant que possible ; qu'il se fait donc, dans le partage, une espèce d'échange, entre les copartageans, des droits respectifs et partiels qu'ils avoient sur les objets tombés dans le lot de chacun d'eux (2).

Il sembleroit donc, d'après cela, que le partage dût être regardé comme une acquisition que chaque copartageant fait, des portions que ses cohéritiers avoient, avant le partage, dans les effets tombés dans son lot ; et c'est effectivement ainsi qu'il étoit considéré dans le droit romain. Mais de-là il seroit résulté que chaque cohéritier ayant pu, dans l'intervalle écoulé depuis le décès jusqu'au partage, hypothéquer la part qu'il avoit dans chaque immeuble, cette part auroit passé, avec la charge de l'hypothèque, à celui des copartageans dans le lot duquel elle seroit tombée. De là se seroient ensuivies des difficultés sans nombre pour terminer les partages, des recours en garantie, etc. C'est pour prévenir ces inconvéniens, que, dans notre droit, on a préféré de ne point considérer le partage comme un titre d'acquisition, mais de supposer que chaque cohéritier a succédé seul et immédiatement au défunt, dans tous les objets compris dans son lot, et n'a eu aucun droit de propriété sur aucune partie des autres objets de la succession. 883.

En conséquence, chez nous, le partage est regardé seulement comme un acte déterminatif ou déclaratif des choses dans lesquelles chacun des cohéritiers a succédé au défunt.

Chaque héritier n'acquiert donc rien de ses cohéritiers par le partage; mais il tient tout du défunt immédiatement.

De là il suit : 1°. que chacun des cohéritiers n'ayant pu donner à des tiers plus de droit qu'il n'en avoit lui-même, il n'a pu aliéner ni hypothéquer les objets tombés dans les lots de ses cohéritiers, puisqu'ils ne lui ont jamais appartenu;

2°. Que les hypothèques, même générales, qui peuvent exister sur ses biens, sont restreintes aux seuls immeubles qui tombent dans son lot;

3°. Qu'elles n'ont aucun effet sur les biens de la succession, lorsqu'il ne lui est échu que des objets mobiliers;

4°. Que les créanciers (1) d'un copartageant ayant, d'après cela, un très-grand intérêt à ce que le partage ne se fasse pas en fraude de leurs droits, peuvent s'opposer (2) à ce qu'il y soit procédé hors de leur présence; et qu'ils ont même le droit d'y intervenir à leurs frais, pour veiller plus sûrement à leurs intérêts. Mais si le partage a été consommé sans opposition de leur part, ils ne peuvent plus l'attaquer (3); 882.

5°. Enfin, que, jusqu'au partage, ces mêmes créanciers ne peuvent saisir aucun des objets de la succession, parce que, jusqu'au partage, on ne peut dire quels sont les objets qui appartiennent à leur débiteur. Mais alors, et en cas de refus ou de retard, de la part des cohéritiers, de procéder au partage, ils peuvent le provoquer et y intervenir. 2205.

Tout ce que nous avons dit dans ce paragraphe, sur l'effet du partage, s'applique également à la licitation (4). 883.

SECTION II.

Des Obligations des Héritiers envers les Créanciers de la Succession.

L'acceptation pure et simple assujettit l'héritier, ainsi que nous l'avons dit plusieurs fois, à toutes les dettes et charges de la succession.

Le motif de ce principe est évident. Il est de toute justice que celui qui a les bénéfices, supporte les charges. Aussi n'est-ce pas du principe en lui-même qu'il doit être traité dans cette section, mais du mode d'en faire l'application.

Cette application n'est susceptible d'aucune difficulté, lorsqu'il n'existe qu'un seul héritier : il est tenu, dans ce cas, du paiement de toutes les dettes et charges, même sur ses biens personnels (1). Il en est bien de même lorsqu'il y a plusieurs héritiers, c'est-à-dire, qu'ils sont tenus tous ensemble de l'universalité des charges, même au-delà de l'émolument; sauf le cas du bénéfice d'inventaire ; mais il reste à déterminer dans quelle proportion chacun d'eux en est tenu.

Le principe général à cet égard, est qu'ils doivent contribuer au paiement des dettes et charges de la succession, chacun au
870. prorata de sa part et portion héréditaire (2).

La division des dettes a lieu non seulement à l'égard des héritiers entr'eux, mais encore à l'égard des créanciers de la succession, qui ne peuvent demander à chaque cohéritier qu'une part
873. dans les dettes, proportionnée à sa part héréditaire (3). Mais ils n'ont pas besoin pour cela de faire déclarer exécutoires contre lui les titres qui l'étoient déjà contre le défunt (4); ils sont seulement tenus de les lui signifier à personne ou à domicile; et ils ne peuvent en poursuivre l'exécution, que huit jours (5)
877. après cette signification.

Nous verrons, au Titre *des Contrats en général*, quelles sont les exceptions dont le principe de la divisibilité des dettes est susceptible. Nous nous contenterons d'énoncer ici la plus fréquente, celle résultant de l'action hypothécaire.

Comme l'hypothèque est, de sa nature, indivisible, qu'elle subsiste en entier sur tous les immeubles affectés, sur chacun d'eux, et sur chaque portion desdits immeubles, et qu'elle les suit dans quelque main qu'ils passent, il en résulte que le créancier hypo- 2114.
thécaire peut demander le total de la dette à celui qui possède la plus petite partie de l'immeuble qui lui est hypothéqué (1).

D'après cela, si la succession est grevée d'une dette hypothécaire, il est évident, qu'outre l'action personnelle contre chacun des héritiers pour sa part et portion héréditaire, le créancier a encore l'action réelle et hypothécaire contre ceux d'entr'eux qui possèdent tout ou partie des immeubles hypothéqués à sa créance, comme il l'auroit contre tout autre détenteur (2); action qui lui donne le droit de conclure, contre chacun desdits possesseurs, 871.
au paiement du total de sa créance (3). 873.

Lorsque la créance hypothécaire est d'une rente constituée, comme alors il n'y a pas de terme d'exigibilité, chaque cohéritier, pour ne pas être exposé indéfiniment à l'action hypothécaire (4), peut exiger qu'avant de procéder à la formation des lots, il soit pris sur les biens libres, de quoi rembourser la rente, et dégager l'hypothèque. Si ce remboursement n'est pas exigé, et que la succession soit partagée dans l'état où elle se trouve, l'immeuble hypothéqué n'est porté dans la masse que pour sa valeur, déduction faite du capital de la rente; et le cohéritier, dans le lot duquel il tombe, demeure seul chargé du service de ladite rente, et doit garantir (5) ses cohéritiers de toute poursuite. 872.

Dans tous les cas, l'héritier qui, par suite de l'action hypothécaire, a été obligé de payer au-delà de sa part dans la dette commune, a, de droit, son recours, soit contre les autres cohéritiers, soit contre les légataires universels (6). On doutoit, dans 875.
l'ancien droit, si ce recours, quand il y avoit subrogation (7), pouvoit être exercé contre chacun des cohéritiers détenteurs d'immeubles, pour le total de la dette, déduction faite de la part de celui qui avoit payé, ou simplement pour la portion dont chacun desdits cohéritiers étoit personnellement tenu, à raison de son émolument (8).

Cette question a été décidée par l'article 875, portant que ce

recours, même dans le cas de la subrogation, ne peut jamais avoir lieu, que pour la part et portion personnelle de chaque cohéritier, sauf, en cas d'insolvabilité de l'un d'eux, la réversion
876. sur tous les autres, de sa part dans la dette, au marc le franc (1).

Si cependant l'héritier qui a payé le total, n'avoit accepté que sous bénéfice d'inventaire, comme alors, par l'effet de ce bénéfice, il conserve la faculté de réclamer le paiement total de ses créances personnelles, comme tout créancier étranger, il peut exercer contre ses cohéritiers tous les droits résultant de la
875. subrogation (2).

L'effet de l'acceptation de la succession étant de confondre le patrimoine du défunt avec celui de l'héritier, il pourroit arriver que cette confusion préjudiciât aux créanciers du défunt, et principalement à ceux non hypothécaires (3), dans le cas, par exemple, où l'héritier se trouveroit avoir personnellement plus de dettes que de biens (4).

C'est pour parer à cet inconvénient, que l'on a accordé aux créanciers de la succession, ainsi qu'aux légataires, le droit de
878. demander la séparation des patrimoines (5).

Par l'effet de cette séparation, les créanciers de l'héritier ne peuvent exercer d'action sur les biens provenant de la succession, qu'après l'entier acquittement de la portion que cet héritier doit supporter dans les dettes et charges de cette même succession.

Le droit de demander la séparation des patrimoines cesse dans trois cas :

1°. Si les créanciers de la succession ont consenti à la novation (6)
879. de la dette, en acceptant l'héritier pour débiteur (7);

2°. Si les biens (8) sont sortis des mains de l'héritier;

3°. A l'égard des meubles, si les créanciers ont laissé passer trois ans (9) sans demander la séparation. Quant aux immeubles, l'action peut être exercée tant qu'ils existent dans la main de
880. l'héritier (10), pourvu toutefois que l'action principale ne soit pas prescrite. Mais pour conserver leur privilége à l'égard des créanciers de l'héritier (11), ceux de la succession sont tenus, dans les six mois à compter de l'ouverture de ladite succession (12), de prendre inscription sur chacun des biens immeubles qui en

dépendent ; et il ne peut être établi, pendant cet intervalle, aucune hypothèque, à leur préjudice (1), sur lesdits biens, par les héritiers ou leurs représentans. 2111.

Le principe qui a fait admettre la séparation des patrimoines, n'étant pas applicable aux créanciers de l'héritier, ils ne peuvent, dans aucun cas, demander cette séparation contre les créanciers de la succession (2). 881.

TITRE IV.

Des Donations Entre-Vifs et Testamentaires (1).

La donation est la quatrième manière d'acquérir la propriété.

Elle peut être définie, en général, un acte par lequel une personne dispose, à titre gratuit (2), en faveur d'une autre personne, de tout ou partie de ses biens.

La donation peut être faite de différentes manières et par différens actes. Mais avant d'exposer les règles particulières à chaque espèce, il est bon de faire connoître les dispositions qui s'appliquent généralement à tous les genres de donations. En conséquence, le présent Titre sera divisé en six chapitres, dont le premier traitera des dispositions communes à tous les genres de donations ;

Le second, des donations entre-vifs, proprement dites ;

Le troisième, des dispositions testamentaires ;

Le quatrième, des donations à charge de restituer ;

Le cinquième, des donations faites aux époux par contrat de mariage.

Et le sixième, des donations entre époux.

CHAPITRE PREMIER.

Dispositions générales.

Ces dispositions sont relatives au mode de disposer, à la capacité personnelle et respective du donateur et du donataire, et enfin à la portion de biens dont il est permis à chacun de disposer.

SECTION PREMIÈRE.

Du Mode de disposer.

Comme il existe des règles spéciales pour chaque espèce de donation, le principe général est que l'on ne peut disposer de ses biens à titre gratuit, que dans les formes et suivant les conditions expressément déterminées (1). 893.

Sont en outre prohibées certaines dispositions, reconnues comme trop gênantes pour le commerce et la circulation des biens; ce sont les donations à charge de conserver et de rendre à une autre personne. Nous verrons au quatrième chapitre ce qu'on doit entendre par ces expressions, et les modifications que le législateur lui-même a cru devoir apporter à la prohibition générale contenue dans l'article 896.

Ce cas excepté, toutes les autres conditions moralement ou physiquement impossibles (2), apposées à une donation entre-vifs ou testamentaire, sont réputées non écrites (3). 900.

SECTION II.

De la Capacité de donner ou de recevoir.

La faculté de donner et de recevoir est regardée comme étant de droit commun (4); elle appartient en conséquence à toute personne qui n'en est pas privée formellement par la loi (5); 902.

Sont incapables de donner :

1°. Le mort civilement (6); 25.

2°. Celui qui n'est pas sain d'esprit (7); 901.

3°. Le mineur. Cependant, à son égard, il faut distinguer : s'il s'agit de disposer entre-vifs, il ne peut le faire que par contrat de mariage (8), en faveur de son époux, et avec le consentement et l'assistance (9) de ceux dont le consentement est requis pour la validité du mariage (10); mais aussi, alors, il peut donner à son conjoint tout ce dont il pourroit disposer en sa faveur, s'il étoit majeur (11). Quant au testament, le mineur (12) peut, lorsqu'il 1095.
est parvenu à l'âge de seize ans (13), disposer seulement de la moitié (14) de ce dont il pourroit disposer, s'il étoit majeur. 904.

4°. La femme mariée, à moins qu'elle n'ait le consentement spécial de son mari, ou qu'elle ne soit autorisée par justice, si toutefois elle dispose entre-vifs (15); car, ainsi que nous l'avons vu au Titre *du Mariage*, elle peut tester sans aucune autorisation; 905.

5°. Toutes donations d'objets immobiliers (16), faites par un

failli, dans les dix jours qui précèdent l'ouverture de la faillite, sont nulles (1) et sans effet, relativement à la masse des créan-
Com.444. ciers (2).

6°. Enfin, les religieuses hospitalières ne peuvent, par actes entre-vifs, disposer de leurs biens en faveur de qui que ce soit. (*Art.* 10 *du décret impérial du* 18 *février* 1809; *Bulletin*, n°. 4127.)

Quant à l'incapacité de recevoir, elle est absolue ou relative.

L'incapacité absolue est celle qui rend l'individu incapable de recevoir de qui que ce soit. Telle est :

1°. Celle de l'individu qui n'étoit pas encore conçu au moment de l'acte, s'il s'agit d'une donation entre-vifs, ou au moment du décès du testateur, s'il s'agit d'un testament (3). Dans les deux cas, pour que l'enfant, même conçu, soit capable de recevoir,
906. il faut en outre qu'il naisse viable (4). Cette disposition, comme nous le verrons par la suite, ne s'applique pas aux donations de biens à venir, qui peuvent avoir lieu au profit des enfans à naître d'un mariage, ni aux dispositions à charge de conserver et de rendre, dans les cas où elles peuvent avoir lieu.

2°. Celle du mort civilement, à moins que la disposition ne
25. soit purement alimentaire;

3°. Celle de l'étranger (5), qui ne peut recevoir, que dans les
912. cas où il pourroit lui-même disposer en faveur d'un Français (6).

L'incapacité relative est celle qui rend l'individu incapable de recevoir de certaines personnes seulement, mais qui ne lui ôte pas le droit de recevoir de tout autre.

Ainsi, 1°. le tuteur ne peut rien recevoir de son pupille, même par testament, avant la majorité de ce dernier (7). Il ne le peut, même à cette époque, tant que le compte définitif de tutelle n'a pas été rendu et apuré (8). Si cependant le tuteur étoit un ascen-
907. dant, la prohibition n'auroit lieu dans aucun cas (9).

2°. Les enfans naturels ne peuvent, comme nous l'avons dit, rien recevoir de leur père et mère, au-delà de ce qui leur est
908. accordé au Titre *des Successions* (10).

3°. Les officiers de santé de tout genre, les pharmaciens, et les ministres des cultes, ne peuvent profiter en aucune manière des dispositions qu'une personne à laquelle ils ont donné des soins (1) pendant la maladie dont elle est décédée, auroit faites en leur faveur pendant cette même maladie (2). Ils sont cependant capables de dispositions rémunératoires (3) faites à titre particulier (4), et proportionnées aux facultés du donateur, ainsi qu'aux services qu'ils ont pu lui rendre. Ils peuvent même recevoir des dispositions universelles dans deux cas : le premier, quand ils sont héritiers en directe du donateur ; et le second, quand ce dernier n'a pas d'héritiers en directe, et qu'ils sont ses parens en collatérale au quatrième degré, ou à un degré plus proche (5). 909.

En établissant ces diverses prohibitions, on a dû prévenir les fraudes qui pourroient être mises en usage pour les éluder. En conséquence, sont déclarées nulles, toutes dispositions faites au profit des personnes désignées ci-dessus, soit qu'elles aient été déguisées sous la forme d'un contrat à titre onéreux, ou faites sous le nom de personnes interposées (6).

Sont réputées de droit (7) personnes interposées, les père, mère (8), époux et descendans de l'incapable (9). 911.

Il est encore une espèce d'incapacité relative, qui a lieu entre deux époux dont l'un a des enfans d'un premier mariage. Il en sera traité spécialement au chapitre VI du présent Titre.

Enfin, les hospices, les pauvres, et en général les établissemens d'utilité publique, ne peuvent recevoir qu'autant que l'acceptation est autorisée par le gouvernement, et, en outre, sur 910.
l'avis de l'évêque du domicile du donateur, si la donation est faite à une congrégation hospitalière. (*Art.* 13 *du décret du* 18 *février* 1809, *Bulletin*, n°. 4127.)

SECTION III.

De la Portion disponible.

Le législateur, en accordant à chaque individu le droit de disposer de ses biens à titre gratuit, n'a pas dû cependant lui permettre l'exercice de ce droit dans toute sa plénitude, toutes les fois qu'il en résulteroit le dépouillement total de ceux auxquels ces biens semblent en quelque sorte naturellement dévolus.

D'un autre côté, il eût été fort inutile de déterminer la quotité jusqu'à concurrence de laquelle on peut disposer, s'il n'eût pas été, en même temps, permis d'attaquer les dispositions qui entameroient la quotité réservée. En conséquence, la présente section sera divisée en deux paragraphes, dont le premier traitera de la quotité disponible; et le second, de la réduction des donations qui excèdent cette quotité.

§. Ier.

De la Quotité disponible.

La portion de biens, affectée spécialement par la loi aux héritiers qu'elle désigne, et dont il est défendu de disposer à leur préjudice, se nomme réserve (anciennement *légitime*). Cette portion varie en raison du nombre et de la qualité des héritiers laissés par le disposant, et même quelquefois en raison de la qualité du donataire (1).

Quand il n'y a ni ascendans ni descendans, les libéralités entre-vifs ou testamentaires peuvent épuiser la totalité des
916. biens (2). Mais s'il existe des héritiers directs, il faut distinguer : si ces héritiers sont des ascendans, ils ont droit à une réserve qui est fixée à la moitié des biens (3), s'il y a des ascendans dans les deux lignes; et au quart, s'il n'y en a que dans une ligne. Cette réserve est recueillie par eux dans l'ordre où ils sont appelés *ab intestat* (4); et elle leur appartient exclusivement, dans tous les cas où un partage, en concurrence avec des collatéraux, ne leur donneroit pas la quotité de biens à
915. laquelle elle est fixée (5).

Quant à la réserve des enfans ou descendans, elle varie également en proportion de leur nombre.

Ainsi, pour un enfant légitime, elle est de moitié des biens; pour deux, des deux tiers; pour trois ou un plus grand nombre,
913. des trois quarts (6), en observant toutefois que les descendans, au-delà du premier degré, ne sont comptés que pour l'enfant au
914. premier degré, dont ils descendent (7).

La réserve varie encore, lorsque les dispositions sont en faveur

de l'époux du donateur. Dans ce cas, la réserve des ascendans est bornée à la nue propriété seulement de la portion qui compose cette même réserve (1). Celle des descendans, en quelque nombre qu'ils soient (2), est de moitié des biens en toute propriété, et du quart en nue propriété seulement (3), sans préjudice, 1°. du 1094.
droit qu'a le donateur de disposer, en faveur de tout autre que de son époux, du surplus de la quotité disponible, dans le cas où elle se trouveroit excéder la portion dont il lui est permis de disposer en faveur de son époux (4); et 2°. des dispositions portées en l'article 1098, relativement aux seconds mariages, et dont il sera traité à la fin de ce Titre.

La portion disponible peut être donnée, en tout ou en partie, aux enfans ou autres successibles du donateur, sans être sujette à rapport, quand même le donataire viendroit à la succession; pourvu, comme nous l'avons dit dans le Titre précédent, qu'il soit déclaré expressément que la disposition est faite *à titre de préciput*, ou *hors part*, ou autres termes équivalens (5). Cette déclaration peut être faite, soit par l'acte qui contient la disposition, soit par un acte subséquent, revêtu toutefois des formalités requises pour les dispositions entre-vifs ou testamentaires (6). 919.

Il existe néanmoins, à l'égard des successibles en ligne directe (7), une disposition particulière (8), qui consiste en ce que les biens aliénés à leur profit, par le défunt, à charge de rente viagère, ou avec réserve d'usufruit (9), sont présumés leur avoir été transmis en pur don, et à titre de préciput. En conséquence, ils sont imputés sur la portion disponible pour leur valeur en pleine propriété; et l'excédant, s'il y en a, est rapporté à la masse (10). Il en est de même des fonds placés à fonds perdu entre les mains d'un des héritiers en ligne directe. Mais ces dispositions, qui ne peuvent être, dans aucun cas, invoquées par les collatéraux (11), ne peuvent l'être davantage par les héritiers même directs, qui ont consenti à l'aliénation ou au placement (12). 918.

Observez, 1°. qu'en cas de confiscation générale des biens sur lesquels la légitime seroit due, les enfans ont droit d'en réclamer une, égale à la moitié de celle qui est fixée par le présent paragraphe (13). (*Code Pénal*, art. 38.)

Et en second lieu, que les biens confisqués demeurent grevés de la prestation des alimens, à qui il en est dû de droit. (*Ibid.*)

§. II.

De la Réduction des Donations excédant la quotité disponible.

La réduction des dispositions qui excèdent la quotité disponible, est une suite nécessaire de l'établissement d'une réserve. En conséquence, il est de principe que toutes dispositions (1), soit entre-vifs, soit à cause de mort (2), ont, à la vérité, pendant la vie du donateur, tout l'effet dont elles sont susceptibles; mais qu'elles peuvent être attaquées à son décès, et réduites à la quotité dont il lui étoit permis de disposer, eu égard à la valeur
920. des biens qui composent sa succession (3). Nous verrons, en conséquence, dans ce paragraphe :

1°. Quelles sont les personnes qui peuvent demander la réduction;

Et 2°. Comment l'on doit procéder pour déterminer s'il y a lieu à l'opérer, et dans quel ordre elle doit être effectuée.

Par qui peut être demandée la réduction?

La réduction des dispositions à titre gratuit faites par le défunt, n'ayant d'autres motifs que celui de compléter la réserve fixée par la loi, il est clair qu'elle ne peut être demandée que par ceux au profit desquels la loi a établi cette réserve, leurs héritiers, ou ayant-cause (4). Quant aux donataires, légataires (5), ou créanciers du défunt, ils ne peuvent jamais la demander, ni même en profiter, au moins pour ce qui concerne les donations entre-
921. vifs (6).

Comment la réduction doit-elle être opérée?

Pour déterminer s'il y a lieu à opérer la réduction, et sur quelles donations elle doit porter, il faut distinguer trois cas : ou il n'existe que des dispositions testamentaires, ou il n'existe que des donations entre-vifs, ou il en existe des deux espèces.

Nous allons faire connoître les règles à suivre dans chacune de ces trois circonstances.

S'il n'existe que des dispositions testamentaires, on forme la masse de tous les biens existant au décès du testateur; on en déduit les dettes; on calcule, sur le restant, quelle est, eu égard à la qualité et au nombre des héritiers, la quotité dont le défunt a pu disposer; et si le montant des legs excède cette quotité, ils 922.
sont tous réduits au marc le franc, sans aucune distinction entre les legs universels et les legs particuliers (1). 926.

Si cependant le testateur a ordonné qu'un legs soit acquitté de préférence, alors la contribution porte d'abord exclusivement sur les autres dispositions; et le legs préféré n'est sujet à réduction, qu'autant que la valeur entière des autres ne suffit pas pour compléter la réserve. 927.

S'il n'a été fait que des donations entre-vifs, on forme la masse, et on en déduit les dettes comme dans le cas précédent (2); on réunit ensuite fictivement, au surplus, s'il y en a, le montant des biens donnés, calculé d'après leur état à l'époque des donations, et leur valeur au temps du décès (3). On détermine, d'après 922.
cette réunion, le montant de la réserve; et si les biens restant dans la succession ne suffisent pas pour la compléter, on procède à la réduction, en commençant par la dernière donation, l'épuisant même s'il est nécessaire, et, en cas d'insuffisance, en remontant graduellement, par ordre de dates, des dernières aux plus anciennes (4). 923.

Troisièmement enfin, s'il existe tout ensemble des dispositions entre-vifs et par testament, on réunit, comme dessus, le montant des biens donnés entre-vifs à ceux existant au décès, déduction faite des dettes. On fixe, d'après cette masse, le montant de la réserve; et si les biens libres ne suffisent pas pour la compléter, la réduction porte d'abord exclusivement sur les dispositions testamentaires, par contribution, s'il y a lieu; et ce 925.
n'est qu'après qu'elles sont totalement épuisées, que l'on peut attaquer les donations entre-vifs, à l'égard desquelles on suit la marche tracée pour le second cas (5). 923.

Ces principes établis, il reste à faire connoître les effets de la

réduction, et les diverses actions que le légitimaire peut exercer à ce sujet. Le principe général sur cette matière est, que le légitimaire est saisi, du moment du décès du donateur ou testateur,
928. 930. de tous les objets qui doivent composer sa réserve (1); en conséquence, rien de plus simple que l'exercice de son droit pour ce qui concerne les dispositions testamentaires. Comme les objets sont encore dans la succession, l'effet de la réduction est d'annuller les legs jusqu'à due concurrence, et les légataires sont censés n'avoir eu aucun droit sur les objets compris dans la réserve.

La réduction des donations entre-vifs ne présente pas beaucoup plus de difficulté, lorsqu'elles n'ont pour objet que du mobilier: comme en général les meubles n'ont pas de suite, et que, conséquemment, le légitimaire ne peut exercer aucune action contre les tiers détenteurs, il n'a, dans le cas de la réduction, qu'une simple action personnelle contre le donataire, pour la somme nécessaire au complément de la réserve (2).

Mais quand la réduction frappe sur des donations entre-vifs d'objets immobiliers, alors comme les donataires n'ont eu sur les objets donnés qu'un droit de propriété résoluble, droit qu'ils ont pu néanmoins transférer ou hypothéquer, mais tel qu'ils l'avoient eux-mêmes, l'effet de la réduction devient plus compliqué, parce que l'intérêt des tiers peut s'y trouver compromis.

Nous observerons d'abord que l'on va retrouver ici la distinction que nous avons déjà fait remarquer, entre les acquéreurs et ceux qui n'ont sur les objets donnés qu'un simple droit d'hypothèque.

En effet, si les biens à recouvrer par suite de la réduction, sont encore dans la main du donataire, ils sont repris francs de toutes
929. dettes ou hypothèques créées par ce dernier (3). Mais si les biens ont été aliénés, il faut distinguer: si l'aliénation n'a été que partielle, la réduction doit porter d'abord sur les objets restés dans la main du donataire; en cas d'insuffisance, ou si la totalité des biens a été aliénée, l'action en réduction ou revendication peut, à la vérité, être exercée contre les tiers détenteurs,

suivant l'ordre de date des aliénations (1), en commençant par la plus récente; et les biens sont également repris francs de toutes hypothèques. Mais, même dans ce cas, et toujours dans le dessein de favoriser l'acquéreur, on exige que le légitimaire se contente de l'estimation des choses sur lesquelles la réserve doit frapper, si le donataire est en état de la fournir, et qu'il ne puisse s'adresser aux tiers, que discussion préalablement faite des biens dudit donataire (2). 930.

Dans tous les cas, comme le légitimaire est saisi du jour du décès, c'est de ce jour que lui sont dus les fruits ou intérêts de ce qui excède la portion disponible (3), pourvu toutefois qu'il forme la demande en réduction dans l'année; sinon, ils ne sont dus que du jour de la demande (4). 928.

Si la donation réductible est d'un usufruit ou d'une rente viagère, alors, pour éviter les embarras d'une estimation toujours difficile dans ce cas, le légitimaire est tenu, ou d'exécuter la disposition en entier, ou d'abandonner au donataire la valeur de la quotité disponible, en toute propriété (5). 917.

En terminant ce paragraphe, il ne faut pas omettre deux observations importantes: la première, que le légitimaire est tenu d'imputer sur la réserve qu'il réclame, tout ce qu'il tient (6) de celui de la succession duquel il s'agit;

Et la seconde, que, si la donation entre-vifs, sujette à réduction, a été faite à un légitimaire qui a renoncé à la succession pour s'en tenir à la donation, il peut retenir sur les biens donnés la valeur de la portion de réserve à laquelle il auroit droit comme héritier, pourvu que les biens qu'il retient, ne soient pas d'une nature plus avantageuse que ceux qui restent pour former la part des autres légitimaires (7). 924.

CHAPITRE II.

Des Donations entre-vifs proprement dites.

Nous ajoutons *proprement dites*, parce que la donation entre-vifs, en général, est celle qui a un effet quelconque du vivant du donateur; ce qui comprendroit les donations faites, soit entre époux, soit aux époux eux-mêmes, par contrat de mariage; donations qui ont un effet pendant la vie du donateur, puisqu'elles sont irrévocables sous quelques rapports, mais qui ne sont pas néanmoins, pour la plupart, assujetties, ainsi que nous le verrons par la suite, aux règles établies dans le présent chapitre.

La donation dont il s'agit ici, est un acte solennel (1) par lequel une personne se dépouille actuellement, gratuitement et irrévocablement, de tout ou partie de ses biens, en faveur
894. d'une autre personne qui l'accepte.

La seule formalité à remplir pour cette espèce de donation, est que l'acte qui la contient soit passé devant notaires, dans la forme ordinaire des contrats (2), et qu'il en reste minute; le
931. tout à peine de nullité (3).

Si la donation est d'effets mobiliers (4), et qu'il en ait été passé acte (5), elle n'est valable qu'autant qu'il a été annexé à la minute de l'acte un état estimatif (6) des objets donnés, signé du donateur, et du donataire ou de ceux qui acceptent pour lui; et si la totalité des objets donnés n'est pas portée audit état, la
948. donation n'est valable que pour ceux qui s'y trouvent compris.

Quant aux conditions nécessaires pour la validité de la donation en elle-même, il résulte de la définition que nous avons donnée, qu'il faut :

1°. Que le donataire l'accepte ;

2°. Que le donateur se dépouille actuellement ;

3°. Qu'il se dépouille gratuitement ;

4°. Enfin, qu'il se dépouille irrévocablement, sauf les exceptions qui seront mentionnées.

Nous allons exposer les principes relatifs à ces diverses conditions, en observant préalablement que les nullités prononcées par la loi dans cette matière, ne peuvent être couvertes par aucun acte confirmatif de la part du donateur, qui n'a d'autre moyen, s'il veut que sa libéralité ait effet, que de refaire la donation
1339. dans la forme légale. Il en seroit autrement, si l'acte confirmatif émanoit de ses héritiers ou ayant-cause (7), après son décès (8), parce que ces nullités étant établies principalement dans leur intérêt, il leur est libre de renoncer au droit introduit en leur

faveur. Ils seroient donc, dans ce cas, non recevables à opposer, soit les vices de forme, soit toute autre exception. 1340.

SECTION PREMIÈRE.

De l'Acceptation des Donations.

La donation entre-vifs étoit, et peut encore être regardée comme un contrat, qui exige, en conséquence, le concours de la volonté des deux parties. De là il suit qu'elle n'est parfaite que du moment que ce concours a eu lieu, c'est-à-dire du jour qu'elle a été acceptée par le donataire, et que jusque-là, ce n'est qu'un simple projet que le donateur peut révoquer. 932.

L'acceptation du donataire ne se présume pas : elle doit être expresse (1). Il n'est cependant pas nécessaire qu'elle soit faite dans l'acte même qui contient la donation; elle peut être faite par un acte postérieur, pourvu que le donateur soit encore vivant (2), que l'acte d'acceptation soit authentique, et qu'il en reste minute (3). Il faut, en outre, dans ce cas, que l'acceptation soit notifiée au donateur; et ce n'est que du moment de cette notification, que la donation devient irrévocable à son égard (4). 932.

Il faut, de plus, et d'après les mêmes principes, que l'acceptation soit faite par personne capable. En conséquence, si le donataire est majeur, l'acceptation ne peut être faite que par lui, ou, en son nom, par une personne fondée d'un pouvoir spécial d'accepter la donation, ou au moins d'un pouvoir général d'accepter toutes donations faites ou à faire. Dans tous les cas, la procuration doit être passée devant notaires, et il en doit être annexé expédition (5) à la minute de la donation, ou à celle de l'acceptation, si elle a lieu par un acte séparé. Le sourd-muet 933.
peut également accepter par lui-même ou par un fondé de pouvoir, quand il sait écrire; sinon, la donation est acceptée en son nom par un curateur nommé à cet effet, suivant les règles établies au Titre *de la Minorité, etc.* 936.

Si la donation est faite à une femme mariée (6), elle ne peut accepter qu'avec le consentement de son mari, ou, en cas de refus de ce dernier, avec l'autorisation de justice. 934.

Si le donataire est interdit ou mineur non émancipé, la donation ne peut être acceptée que par son tuteur, spécialement autorisé par le conseil de famille. Si le mineur est émancipé, il peut
935. accepter avec l'assistance de son curateur (1).

La nécessité d'une acceptation valable est telle, que les mineurs, les interdits et les femmes mariées, ne peuvent se faire restituer contre le défaut d'acceptation, sauf leur recours en dommages-intérêts contre leurs tuteurs ou maris, sans néanmoins qu'ils puissent invoquer le bénéfice de la restitution, dans le cas où ce recours leur deviendroit inutile, par l'effet de l'insolvabilité
942. desdits tuteurs ou maris.

C'est même pour tempérer cette rigueur de la loi à l'égard du mineur (2), que ses père et mère (3), ainsi que ses autres ascendans, même du vivant des père et mère (4), sont autorisés à accepter les donations qui lui sont faites, quoiqu'ils ne soient
935. ni ses tuteurs ni ses curateurs.

Enfin, si la donation est faite à un hospice, aux pauvres d'une commune, ou à d'autres établissemens d'utilité publique, elle doit être acceptée par les administrateurs de ces communes ou
937. établissemens, à ce dûment autorisés (5).

L'autorisation ne peut être accordée que par un décret impérial, pour les donations excédant, en capital, une valeur de trois cents francs, ainsi que pour toutes celles contenant des charges quelconques, quand même leur valeur ne seroit pas de trois cents francs.

Quant à celles au-dessous de trois cents francs, et à titre purement gratuit, il suffit que l'acceptation soit autorisée par le sous-préfet. (*Arrêté du 4 pluviose an 12, Bulletin*, n°. 3540.) Cette dernière disposition a été étendue par le décret impérial du 12 août 1807, *Bulletin*, n°. 2658, aux fabriques, aux établissemens d'instruction publique, et aux communes, sans préjudice néanmoins de l'approbation préalable de l'Evêque diocésain, dans le cas où les dons seroient faits à la charge de service religieux.

Les dispositions relatives à l'acceptation des donations ne sont

applicables, que lorsque la donation est faite directement du donateur au donataire. Il en seroit autrement, si elle étoit le résultat d'une convention faite avec un tiers (1). C'est une conséquence du principe, que l'on peut valablement stipuler au profit d'un tiers (2), lorsque telle est la condition d'une stipulation que l'on fait pour soi-même (3), ou d'une donation que l'on fait à un autre (4), et que cette stipulation est irrévocable,
lorsque le tiers a déclaré vouloir en profiter. Il ne faut donc, dans 1121.
ce cas, de la part du tiers, quoique réellement donataire, qu'une simple déclaration, qui n'a pas besoin des formes requises pour l'acceptation des donations (5).

Par suite du même principe, si une personne a fourni des deniers à une autre, pour constituer une rente viagère au profit d'un tiers, cet acte, quoiqu'ayant, à l'égard de ce tiers, les caractères d'une libéralité, n'est point cependant assujetti aux formes requises pour les donations, mais seulement aux dispositions relatives à la quotité disponible, et à la capacité de donner
ou de recevoir dans la personne du donateur et du donataire. 1973.

SECTION II.

Il faut que le Donateur se dépouille actuellement.

Le mot *donation* emporte nécessairement l'idée de la translation de la chose donnée au pouvoir du donataire. Or, le donataire ne peut devenir propriétaire, qu'autant que le donateur cesse de l'être. Il faut donc que ce dernier se dessaisisse de l'objet donné, au moment même de la donation.

Il n'est cependant pas nécessaire qu'il en transfère la pleine propriété; il peut en réserver la jouissance à son profit (6) ou au profit d'un tiers; comme il peut également donner la jouissance,
en se réservant (7), ou en disposant de la nue propriété. 949.

Si les objets donnés avec réserve d'usufruit, sont mobiliers, le donataire est tenu, à l'expiration de l'usufruit, de prendre ceux qui existent en nature, en l'état où ils se trouvent. Quant à ceux qui n'existent plus, il a action contre le donateur ou ses héritiers (8),

jusqu'à concurrence de la valeur qui leur a été donnée dans l'état
950. estimatif qui a dû être annexé à la donation.

La propriété de l'objet donné est transférée au donataire par l'effet du seul consentement des parties, valablement exprimé, et
938. sans qu'il soit besoin de tradition (1). C'est une conséquence du nouveau principe adopté dans le Code, et d'après lequel la tra-
1138. dition n'est plus exigée actuellement pour transférer la propriété. Mais il faut remarquer cependant qu'en matière de donation, cette translation de propriété, par le seul consentement des parties, n'a réellement son effet qu'à l'égard du donateur. Mais, pour ce qui concerne les tiers, il faut distinguer :

Si la donation est d'effets mobiliers, la tradition réelle est encore nécessaire, non pas à la vérité pour dépouiller le donateur, mais pour empêcher l'effet de la disposition qu'il pourroit en faire postérieurement au profit d'une autre personne, qui en deviendroit propriétaire, si elle en acquéroit la possession réelle,
1141. avec titre et bonne foi, avant le donataire (2).

Quant aux immeubles, il faut également une sorte de tradition qui s'opère par la transcription (3). En conséquence, tout acte portant donation de biens susceptibles d'hypothèques (4), doit être transcrit (5) aux bureaux des hypothèques, dans l'arrondissement desquels les biens sont situés. La même formalité est exigée à l'égard de l'acceptation, quand elle a eu lieu séparé-
939. ment, ainsi qu'à l'égard de l'acte de notification de l'acceptation.

La transcription est faite à la diligence du mari, quand les biens ont été donnés à la femme. Cette dernière peut même, en cas de négligence du mari, y faire procéder sans autorisation.

Si la donation est faite à des mineurs, à des interdits, ou à des établissemens publics, la transcription est faite à la dili-
940. gence des tuteurs, curateurs, ou administrateurs (6), qui sont, ainsi que les maris, responsables, s'il y échet (7), du défaut de transcription ; sans néanmoins que les femmes, les mineurs, ou les interdits (8), puissent se faire restituer contre ledit défaut, même en cas d'insolvabilité de ceux qui étoient tenus de faire
942. faire la transcription.

La transcription n'est point nécessaire pour la validité de la donation en elle-même, qui est parfaite entre les parties du moment qu'elle a été légalement faite et acceptée. En conséquence, le défaut de transcription ne peut être opposé par le donateur (1). Il en est de même de tous ceux auxquels la loi impose l'obligation de faire transcrire (2), ainsi que de leurs successeurs ou ayant-cause. Mais, ces personnes exceptées, le défaut de transcription peut être opposé par tous ceux qui ont intérêt (3). 941.

SECTION III.

Il faut que le Donateur se dépouille gratuitement.

Il ne faut pas conclure de ce principe, que le donateur ne puisse imposer aucune charge au donataire. Nous verrons même, dans la suite, que l'inexécution des conditions peut entraîner la révocation de la donation. Mais il faut entendre par-là, 1°. que la donation étant une libéralité, doit être, au moins dans le principe, avantageuse pour le donataire, et qu'elle cesseroit d'être donation, si les charges imposées étoient égales au bénéfice présumé que le donataire peut en retirer (4);

2°. Que celui qui ne donne que ce qu'il doit, ou ce qu'il est obligé de donner, ne fait pas une donation, mais un paiement: ainsi celui qui donne pour accomplir la condition d'une donation qui lui est faite, ou d'une obligation qu'il a contractée, ne fait pas lui-même une donation, quand même ce qu'il a été chargé de donner seroit pris sur ses propres biens; de même les donations appelées *rémunératoires* ne sont vraiment donations aux yeux de la loi, que quand la récompense des services ne peut être exigée par aucune action civile.

SECTION IV.

Il faut que le Donateur se dépouille irrévocablement.

L'irrévocabilité est un des principaux caractères de la donation entre-vifs proprement dite, dans le sens que le donateur ne peut, par son fait seul, en détruire ni en altérer l'effet. De là il suit, que toute donation qui peut dépendre de la seule volonté du donateur, est absolument nulle.

Cette disposition s'applique, 1°. aux donations faites sous
944. une condition qui dépend de cette seule volonté (1). Si cependant la condition ne frappe que sur une partie de la donation, cette partie seulement est annullée; ainsi, par exemple, si le donateur s'est réservé la faculté de disposer d'un objet compris dans la donation, ou d'une somme à prendre sur les biens donnés, la donation est valable pour le surplus; mais le donataire ne peut prétendre aucun droit sur la somme ou l'objet réservé, qui est dévolu aux héritiers du donateur, s'il meurt sans en avoir disposé, et quand même la donation contiendroit la clause expresse,
946. qu'à défaut de disposition l'objet appartiendroit au donataire (2);

2°. Aux donations de biens à venir (3). Mais par la même raison que ci-dessus, si la donation comprend des biens présens et à
943. venir, elle n'est annullée que pour ces derniers (4);

3°. Aux donations faites sous la condition d'acquitter des dettes ou charges quelconques, autres que celles ayant date certaine (5), à l'époque, ou par l'acte même de la donation (6), ou par un
945. état qui y seroit annexé.

Si le fait seul du donateur ne peut porter atteinte à la donation, elle peut d'ailleurs être révoquée par l'effet de circonstances indépendantes de sa volonté; ces circonstances sont au nombre de quatre :

1°. Prédécès, soit du donataire seul, soit du donataire et de
951. sa postérité, si toutefois ce cas a été prévu et le retour stipulé;

2°. Inexécution des conditions apposées à la donation;

3°. Ingratitude du donataire;

953. 4°. Survenance d'enfans au donateur (7).

§. Ier.

Du Droit de Retour (8).

Le droit de retour, comme nous venons de le dire, est celui que le donateur s'est réservé par l'acte même de donation, de reprendre les objets donnés, dans le cas du prédécès, soit du donataire seul, soit du donataire et de ses descendans (1). Ce droit ne se présume pas (2); il doit être expressément stipulé; et il ne le peut l'être qu'au profit du donateur seul (3). 951.

La donation est censée faite, dans ce cas, sous une condition que l'on nomme *résolutoire*. L'effet de cette condition, lorsqu'elle s'accomplit, étant de remettre les choses au même état que si la disposition n'avoit pas existé, il en résulte que toutes les alié- 1183.
nations des biens donnés, faites par le donataire ou sa postérité, sont également résolues, et que le donateur reprend lesdits biens francs et quittes de toutes charges et hypothèques, créées, tant par le donataire, etc., que par les tiers détenteurs.

Si cependant la donation a été faite par le contrat de mariage du donataire, alors, en cas d'insuffisance de ses autres biens, ceux compris dans la donation restent, même dans la main du donateur, et après l'exercice du droit de retour, sujets à l'hypothèque de la dot et des conventions matrimoniales, résultant du contrat de mariage dans lequel la donation a été faite (4). 952.

§. II.

De l'Inexécution des Conditions.

Les dispositions du paragraphe précédent s'appliquent également au cas d'inexécution, de la part du donataire, des conditions apposées à la donation (5) L'effet en est même plus étendu, puisque l'hypothèque de la dot et des conventions matrimoniales de la femme du donataire n'est pas exceptée (6) de la disposition qui fait revenir les biens francs et quittes de toutes charges dans les mains du donateur (7); mais comme le fait de l'inexécution 954.
des conditions doit être constaté, il faut nécessairement que la révocation soit demandée et prononcée en justice (8). 956.

§. III.

De l'Ingratitude du Donataire.

Les faits d'ingratitude étant très-multipliés, et la question de savoir, si tel ou tel fait est suffisant pour opérer la révocation de la donation, pouvant occasionner une infinité de discussions, on a remédié à cet inconvénient, en déterminant d'une manière précise ceux de ces faits qui peuvent donner lieu à la révocation (1).

Ces faits sont : 1°. Si le donataire a attenté à la vie du donateur (2);

2°. S'il s'est rendu coupable envers lui de sévices, délits ou injures graves (3);

955. 3°. S'il lui a refusé des alimens (4).

Les faits d'ingratitude devant être constatés, il est clair que la révocation pour cause d'ingratitude doit, comme celle pour inexécution des conditions, être demandée et prononcée en
956. justice.

La demande n'est plus recevable, toutes les fois qu'il y a remise, expresse ou présumée, de l'injure, de la part du donateur. La remise présumée résulte du silence du donateur pendant une année (5), à compter du jour où le fait d'ingratitude a pu lui être connu.

La demande en révocation ne peut être formée après la mort du donataire (6); elle peut l'être après celle du donateur, et par ses héritiers, quand il est décédé dans l'année du délit (7); à plus forte raison, peuvent-ils continuer les poursuites, quand il
957. les a commencées de son vivant.

Dans tous les cas, si la donation est d'objets immobiliers (8), la demande en révocation doit être inscrite par extrait au bureau des hypothèques où l'acte de donation a été transcrit, et en marge de cette transcription; et ce n'est que du jour de cette inscription, que le donataire devient, à l'égard des tiers, incapable de disposer des objets donnés. En conséquence, la révocation qui seroit prononcée par la suite, ne peut préjudicier aux hypothèques, ou autres droits réels, acquis par des tiers sur lesdits objets (9) antérieurement à l'inscription, sauf le recours du donateur contre le donataire, soit pour la restitution de la valeur des biens aliénés, eu égard au temps de la demande, soit en garantie des hypothèques, soit enfin en dommages-intérêts résultant des droits réels qui auroient pu être accordés par ledit donataire.

Lorsque la révocation est ordonnée, les fruits ou intérêts sont dus à compter du jour de la demande. 958.

La révocation pour cause d'ingratitude n'a pas lieu à l'égard des donations faites en faveur du mariage (1). 959.

§. IV.

De la Survenance d'Enfans.

La révocation pour survenance d'enfans est fondée sur une présomption (2) de la loi, qui suppose toujours que le donateur qui n'a pas d'enfans, n'eût pas fait la donation, s'il eût cru en avoir un jour (3). En conséquence, toutes donations, quelles qu'elles soient, mutuelles, rémunératoires (4), etc., lorsqu'elles sont faites par une personne sans postérité (5), sont toujours censées renfermer la condition qu'il ne surviendra pas d'enfans au donateur, et sont révoquées de plein droit, si l'accomplissement de la condition n'a pas lieu. 960.

Cette règle s'applique même aux donations faites en faveur du mariage, à moins qu'elles n'aient été faites par les conjoints l'un à l'autre (6), ou aux conjoints eux-mêmes par leurs ascendans (7). 960. 1096.

Cette révocation n'étant fondée, comme nous venons de le dire, que sur l'intention présumée du donateur, il s'ensuit que si la présomption ne peut avoir lieu, la donation n'est point révoquée. C'est ce qui arrive, lorsque le donateur avoit déjà des enfans ou descendans nés au moment de la donation (8), parce 960.
qu'il est certain alors qu'il a voulu préférer le donataire à sa propre postérité.

La donation est également révoquée par la légitimation d'un enfant naturel, pourvu que la naissance soit aussi postérieure à la donation. 960.

La révocation pour survenance d'enfans a lieu de plein droit, c'est-à-dire par la force même de la loi (9), sans avoir besoin d'être demandée ni prononcée en justice, indépendamment de la volonté du donateur, et même malgré sa volonté contraire. De là il suit :

Premièrement, qu'il ne faut aucun acte de sa part pour opérer

la révocation. Elle peut même avoir lieu après sa mort, par la
960. naissance d'un posthume;

Secondement, que toute clause par laquelle il auroit été dérogé aux dispositions de la loi relativement à ce mode de révocation,
965. est nulle et de nul effet;

Troisièmement, que la donation révoquée ne peut revivre, ni par la mort de l'enfant dont la naissance a donné lieu à la révocation, ni par aucun acte confirmatif de la part du donateur; tellement que, s'il veut donner les mêmes biens au même donataire pendant la vie, ou après la mort de l'enfant dont la naissance a opéré la révocation, il ne peut le faire que par une nouvelle donation, revêtue de toutes les formalités requises,
964. et sans préjudice des droits acquis aux tiers dans l'intervalle;

Quatrièmement enfin, que la donation est pareillement révoquée, quand même le donataire ne seroit entré en possession
962. des biens donnés que depuis la naissance de l'enfant. La continuation même de cette possession dans la personne, soit du donataire, soit de tout autre détenteur, ne peut empêcher la révocation, à moins que cette possession n'ait duré trente ans (1), à partir du jour de la naissance du dernier enfant du donateur (2), quand même ce seroit un posthume, et encore sans
966. préjudice des interruptions, telles que de droit (3).

La révocation, en cas de survenance d'enfans, ayant lieu par l'effet d'une condition résolutoire toujours sous-entendue, il en résulte que toute aliénation faite par le donataire est également résolue, et que les biens donnés rentrent dans le patrimoine du donateur, libres de toutes charges et hypothèques du chef du donataire ou de ses ayant-cause, même de celle de la dot et autres conventions matrimoniales de sa femme; et ce, quand même la donation auroit été faite en faveur de son mariage, insérée dans le contrat, et que le donateur se seroit obligé, comme
963. caution, à l'exécution dudit contrat (4).

Quant aux fruits, de quelque nature qu'ils soient, le donataire ne doit que ceux échus ou perçus depuis le jour que la naissance de l'enfant, ou sa légitimation par mariage subséquent, lui a été notifiée par exploit ou autre acte en bonne forme. Mais aussi il les doit dudit jour, quand même la demande à l'effet de rentrer dans les biens donnés, n'aurait été formée que postérieurement à cette notification (1). 962.

CHAPITRE III.

Des Dispositions Testamentaires.

Le testament est un acte révocable, par lequel une personne dispose de tout ou partie de ses biens, pour le temps où elle n'existera plus. 895.

Nous disons *un acte révocable :* La révocabilité est de l'essence du testament. Toute disposition par laquelle le testateur s'interdiroit la faculté de révoquer son testament, seroit nulle et de nul effet (2).

Une personne : Le testament ne peut être que l'expression de la volonté d'une seule personne : tout testament fait dans le même acte, par deux ou plusieurs personnes, soit à leur profit mutuel, soit au profit d'un tiers, est nul (3). 968.

Dispose : Cette disposition peut être faite, soit sous le titre d'institution d'héritier, soit sous le titre de legs, soit sous toute autre dénomination propre à manifester la volonté du testateur. 967.

De tout ou partie de ses biens : Parce que le testateur peut, s'il le juge convenable, et quand même il n'auroit pas d'héritiers légitimaires, disposer d'une partie de ses biens seulement; auquel cas, le surplus appartient à ses héritiers légitimes.

Pour le temps où elle n'existera plus : Parce que le testament n'a d'effet qu'au moment du décès du testateur, qui peut jusque-là, comme nous l'avons dit, le modifier ou le révoquer à sa volonté.

Ces principes établis, nous aurons à traiter, 1°. des règles relatives à la forme des testamens;

2°. Des différentes dispositions qui peuvent avoir lieu par testament, et de leurs effets;

3°. De la révocation de ces dispositions;

4°. Enfin, nous ferons connoître les précautions prises par

la loi, pour constater l'existence et assurer la conservation des testamens.

SECTION PREMIÈRE.

Des Règles relatives à la forme des Testamens.

Il y a trois sortes de testamens : olographe, par acte public,
969. et mystique (1). Ils ont cela de commun, 1°. qu'ils doivent être rédigés tous trois par écrit; et 2°. qu'ils ne peuvent être faits par signes (2).

Le testament olographe doit, à peine de nullité, être écrit en entier (3), daté (4) et signé (5) de la main du testateur; mais il
970. n'est assujetti à aucune autre forme (6); et il est valable, dans quelque situation, ou lieu, que se trouve le testateur, même chez l'étranger, et dans un pays où ces sortes de testamens ne seroient
999. point en usage (7).

Quant aux deux autres sortes de testamens, les circonstances peuvent être telles, qu'il soit impossible de remplir les formalités ordinaires. Tel est, par exemple, le cas d'une expédition militaire, d'un voyage maritime, etc.

Mais comme, d'un autre côté, tout est de rigueur dans le testament, et que rien de ce qui est relatif à la solennité et à l'authenticité de l'acte, ne doit être laissé à l'arbitraire, les formalités requises ont dû être modifiées par le législateur lui-même, suivant la position dans laquelle le testateur peut se trouver. De là, deux espèces de formalités pour tout testament autre que l'olographe : celles générales pour les temps et les cas ordinaires, et celles pour les cas d'exception. Elles ont cela de commun, que les unes et les autres doivent être observées, à peine
1001. de nullité (8).

§. Ier.

Des Formalités ordinaires des Testamens autres que l'Olographe.

Ces formalités sont différentes, suivant que le testament est par acte public, ou dans la forme mystique.

Du Testament par acte public.

Le testament par acte public est celui qui est reçu par deux notaires en présence de deux témoins, ou par un notaire en présence de quatre témoins (1). Les formalités de ce testament 971.
sont :

1°. Qu'il soit dicté par le testateur aux deux notaires, ou au notaire, s'il n'y en a qu'un seul ;

2°. Qu'il soit écrit par l'un des deux notaires, ou par le notaire (2) quand il n'y en a qu'un, tel qu'il a été dicté (3) ;

3°. Qu'il en soit donné lecture au testateur, en présence des témoins (4) ;

4°. Qu'il soit fait mention expresse de l'observation des trois précédentes formalités (5) ; 972.

5°. Qu'il soit signé par le testateur, ou, s'il déclare ne savoir ou ne pouvoir signer, qu'il soit fait mention expresse de sa déclaration (6), ainsi que de la cause qui l'empêche de signer (7) ; 973.

6°. Enfin, qu'il soit signé par les témoins : néanmoins, dans les campagnes (8), il suffit de la signature de la moitié des témoins appelés (9). 974.

Du Testament Mystique.

Les formalités requises pour le testament mystique sont :

1°. Qu'il soit écrit, ou au moins signé par le testateur (10) ; 976.
cependant, s'il ne sait pas signer, ou s'il n'a pu le faire lorsqu'il a écrit ou fait écrire ses dispositions, le testament est valable, pourvu qu'il soit appelé un témoin de plus à l'acte de suscription dont il va être parlé, et qu'il soit fait mention dans cet acte, de la cause pour laquelle ce témoin a été appelé (11) ; 977.

2°. Que le papier sur lequel le testament est écrit, ou celui servant d'enveloppe, soit clos et scellé (12). Cette opération peut se faire en présence du notaire et des témoins ;

3°. Que le testateur le présente dans cet état à un notaire et à six témoins (13) au moins (14) ;

4°. Qu'il déclare, en le présentant, que le contenu en ce papier est son testament, écrit et signé de lui, ou écrit par un autre (1) et signé par lui, ou écrit par un autre et non signé ;

5°. Que le notaire écrive (2) l'acte de ladite déclaration, dit *acte de suscription*, sur le papier du testament, ou sur la feuille servant d'enveloppe : cet acte doit être signé par le notaire, le testateur, et les témoins (3). Dans le cas où le testateur, qui auroit signé le testament, ne pourroit, par un empêchement survenu depuis, signer l'acte de suscription, il est fait mention de sa déclaration à cet égard ; mais il n'est pas nécessaire, pour cela, d'appeler un nouveau témoin ;

6°. Enfin, que toutes les opérations ci-dessus, depuis et y compris la présentation au notaire (4), soient faites de suite, et
976. sans divertir à autres actes (5).

Il n'est pas nécessaire, comme nous venons de le voir, que le testament ait été signé, ni même écrit par le testateur. Mais comme il faut au moins qu'il ait pu s'assurer si la personne qui a écrit ses dispositions, les a fidèlement rédigées, il s'ensuit que celui qui ne sait ou ne peut lire (6), ne peut faire de testament
978. mystique. Quant à celui qui ne peut parler, il peut tester de cette manière : mais alors il faut ; premièrement, que le testament soit entièrement écrit, daté, et signé de sa main (7) ;

Secondement, qu'il le présente clos et scellé au notaire et aux témoins, ou qu'il le fasse clore et sceller en leur présence ;

Troisièmement, qu'il écrive, également en leur présence, au haut du papier qui doit contenir l'acte de suscription, que ce papier qu'il présente est son testament (8) ;

Quatrièmement enfin, que l'on observe, pour la rédaction de l'acte de suscription, toutes les formalités ci-dessus, et qu'il y soit fait mention, en outre, que le testateur a écrit, en présence du notaire et des témoins, la déclaration dont nous venons de
979. parler.

En général, les témoins appelés pour les testamens, soit mystique, soit par acte public, doivent être mâles, majeurs, sujets
980. de l'Empereur (9), et jouissant des droits civils ; et de plus, s'il s'agit d'un testament par acte public, on ne peut prendre pour témoins, ni les légataires, à quelque titre qu'ils le soient (10), ni

leurs parens et alliés jusqu'au quatrième degré inclusivement (1), ni les clercs des notaires par lesquels le testament est reçu. 975.

Enfin, ne peut être témoin, en quelque temps que ce soit, celui qui a été condamné aux travaux forcés à temps, au bannissement, à la réclusion, ou au carcan (*Code Pénal*, art. 28), à moins qu'il n'ait été réhabilité. (*Code d'Instruct. Crimin.*, art. 633.)

§. II.

Des Formalités des Testamens dans les cas d'exception.

Les circonstances qui ont paru de nature à nécessiter la modification des règles prescrites dans le précédent paragraphe, sont au nombre de quatre :

Testament militaire,

Voyage maritime,

Maladie contagieuse,

Testament fait en pays étranger.

Nous allons faire connoître les formalités qu'il suffit de remplir dans chacun de ces cas, en rappelant ce que nous avons déjà fait observer, que les règles qui suivent, ne préjudicient en rien au droit qu'a tout Français de faire partout, quand il le veut et qu'il le peut, un testament olographe.

PREMIER CAS.

Testament Militaire.

Le testament militaire est celui fait par un militaire, ou par un individu employé dans les armées (2). Il peut être reçu :

Ou par un officier, ayant au moins le grade de chef de bataillon ou d'escadron, en présence de deux témoins ;

Ou par deux commissaires des guerres, sans témoins ;

Ou par un desdits commissaires, en présence de deux témoins ; 981.

Ou enfin, si le testateur est malade ou blessé, par l'officier de santé en chef, assisté du commandant militaire chargé de la police de l'hospice. 982.

Dans tous les cas, le testament doit être signé par le testateur, ou mention doit être faite de sa déclaration à ce sujet, ainsi que de la cause qui l'empêche de signer. Il doit être signé, en outre,

par ceux qui l'ont reçu; et s'il y a des témoins, par un d'eux au moins, avec mention de la cause pour laquelle l'autre n'a
998. pas signé (1).

Le testament militaire peut avoir lieu, dans quelque pays que se trouve le testateur. Cependant, tant qu'il est sur le territoire français, il faut distinguer : il peut tester militairement, s'il est en expédition, ou dans une place assiégée, ou dans un lieu quelconque dont les communications soient interrompues à cause de la guerre. Mais s'il est simplement en quartier ou en garnison dans l'intérieur, il est tenu de remplir les formes ordinaires. Dès qu'il est hors du territoire, en quartier, en garnison, ou prisonnier chez l'ennemi, il peut, dans tous les cas, profiter du bénéfice
983. de la loi.

Cette faveur n'étant accordée, dans ces circonstances, aux militaires et autres employés, qu'à raison de l'impossibilité dans laquelle ils se trouvent de remplir les formalités ordinaires, le testament militaire, quoique fait valablement dans le principe, devient nul à l'expiration des six mois, à compter de l'époque à laquelle le testateur est revenu dans un lieu où il peut observer
984. lesdites formalités (2).

DEUXIÈME CAS.

Voyage Maritime.

Le second cas d'exception est celui du testament fait en mer,
988. dans le cours d'un voyage, soit par les membres de l'équipage
995. du bâtiment, soit par les simples passagers.

Nous disons *fait en mer, dans le cours d'un voyage*, parce qu'il faut en effet le concours de ces deux circonstances. Ainsi, même après l'embarquement, tant que le voyage n'est pas commencé, le testament ne peut être fait que dans les formes ordinaires. De même, il n'y a pas lieu à l'exception, et le testament n'est pas réputé fait *en mer*, quoiqu'il l'ait été *dans le cours du voyage*, si, au temps où il a été fait, le navire avoit abordé soit une terre de la domination française, où il y avoit un officier public français, soit une terre étrangère. Dans le premier cas, il devra être revêtu des formes prescrites en France; et dans le second, de celles usitées dans le pays où il a été fait (1). 994.

Mais si le testament est fait en mer et dans le cours du voyage, il peut être reçu, savoir: à bord des bâtimens de l'Etat, par le commandant, ou, à son défaut, par celui qui le supplée dans l'ordre du service, assisté, l'un ou l'autre, de l'officier d'administration ou de celui qui en remplit les fonctions; et à bord des bâtimens du commerce, par l'écrivain du navire, ou celui qui en fait les fonctions, l'un ou l'autre assisté du capitaine, maître, ou patron, ou de celui qui le remplace (2).

Dans tous les cas, le testament est reçu en présence de deux témoins, et signé comme il a été dit pour le cas précédent. 988. 998.

Si le testateur est lui-même un de ceux désignés ci-dessus pour recevoir les testamens, le sien est reçu par celui qui vient après lui dans l'ordre du service, en se conformant, pour le surplus, aux dispositions précédentes. 989.

Le testament doit être fait en double original (3); et si le bâtiment, avant son retour en France, aborde dans un port étranger où il se trouve un consul français, ceux qui ont reçu le testament, sont tenus de déposer l'un desdits originaux, clos et cacheté (4), entre les mains du consul, qui le fait parvenir au Ministre de la marine, lequel en fait faire le dépôt au greffe de la justice de paix du domicile du testateur. 990. 991.

Au retour du bâtiment dans un port de France, celui de l'armement ou tout autre, les deux originaux, clos et cachetés, ou celui qui reste, si l'autre a été déposé dans le cours du voyage, sont remis au bureau du préposé à l'inscription maritime, qui les fait passer sans délai au Ministre de la marine, lequel en ordonne le dépôt comme dessus. 992.

Mention est faite, en outre, sur le rôle d'équipage, à la marge (5) du nom du testateur, de la remise desdits originaux, soit dans un port de France, soit dans un port étranger, si elle a eu lieu. 993.

Il faut d'ailleurs observer, à l'égard de ces testamens (6):

1°. Qu'ils ne peuvent contenir aucune disposition au profit des officiers du bâtiment, à moins qu'ils ne soient parens du testateur; 997.

2°. Qu'ils ne sont valables qu'autant que le testateur décède en mer, ou dans les trois mois après qu'il est débarqué dans un
996. lieu où il a pu tester suivant les formes ordinaires (1).

TROISIÈME CAS.

Maladie contagieuse.

Ceux qui se trouvent dans un lieu, avec lequel toute communication est interceptée pour raison de maladie contagieuse,
986. peuvent, quand même ils n'en seroient pas encore attaqués, faire leur testament devant le juge-de-paix, ou devant l'un des officiers
985. municipaux de la commune (2), l'un ou l'autre assisté de deux
998. témoins; les signatures comme dans le cas du testament militaire.

Ces testamens deviennent nuls à l'expiration de six mois, après que les communications ont été rétablies, ou que le testateur a
987. passé dans un lieu où elles ne sont point interceptées.

QUATRIÈME CAS.

Testament fait dans l'Étranger.

Le Français peut tester en pays étranger, avec les formes usitées dans le pays où il se trouve. Il peut également, comme
999. nous l'avons dit, faire partout un testament olographe; mais, dans tous les cas, son testament ne peut être exécuté sur les biens qu'il a en France, qu'après avoir été enregistré au bureau de son domicile, s'il en a conservé un; sinon, au bureau de son dernier domicile connu (3); et, s'il a disposé d'immeubles situés en France, il faut, en outre, que le testament soit enregistré au bureau de la situation de ces immeubles, sans qu'il puisse cepen-
1000. dant être exigé un double droit.

SECTION II.

Des différentes Dispositions qui peuvent avoir lieu par Testament, et de leurs Effets.

Les dispositions testamentaires peuvent être de trois espèces: en effet, ou elles concernent le testateur seul; telles sont, par exemple, celles par lesquelles il détermine le lieu et le mode de ses obsèques, le monument qu'il veut qu'on lui érige, etc.; ou elles ont pour objet de gratifier un individu; et alors on les désigne plus particulièrement sous le nom de *legs;* ou enfin, le testateur a voulu pourvoir lui-même à l'exécution de son testament, par la désignation d'une ou de plusieurs personnes chargées d'y veiller.

Il ne paroît pas nécessaire de s'arrêter sur les dispositions de la première espèce; il suffit de savoir qu'elles doivent être exécutées fidèlement par celui qui en est chargé, à moins qu'elles ne soient physiquement ou moralement impossibles. Nous ne traiterons donc avec détail que des deux dernières espèces.

§. Ier.

Des Legs en général.

On nomme, en général, *legs*, toute donation faite par testament. Il est, au surplus, indifférent que le testateur se serve du mot *legs*, *institution d'héritier*, ou de toute autre dénomination. 1002.

Ces dispositions peuvent embrasser la totalité du disponible, ou une partie aliquote de ce même disponible (1), ou un objet particulier qui en fasse partie.

Dans le premier cas, elles se nomment *legs universels.* 1003.

Dans le second, *legs à titre universel.*

Dans le troisième, *legs particuliers.* 1010.

Chacune de ces espèces a des règles qui lui sont propres; mais avant de les exposer, il est bon de connoître les principes qui leur sont communs.

Le legs, en général, est pur et simple, à terme, ou conditionnel.

Le legs est pur et simple, toutes les fois que le testateur n'a apposé ni terme, ni condition, à l'exécution de sa disposition : ce legs donne au légataire (2), s'il survit au testateur, et du jour du décès de ce dernier, un droit en la chose léguée (3); droit qu'il transmet à ses héritiers ou ayant-cause, s'il vient à mourir avant d'avoir été mis en possession. 1014.

Le legs est à terme, quand le testateur a fixé un délai pour l'exécution de sa disposition. L'effet de ce legs est le même que celui du legs pur et simple, quant au droit du légataire sur la chose, et à la transmission à ses héritiers. La seule différence, est qu'il ne peut exiger la délivrance qu'à l'expiration du délai fixé (1).

Quant au legs conditionnel, il faut distinguer: si la disposition est telle, qu'il paroisse avoir été dans l'intention du testateur qu'elle n'ait d'effet qu'autant que l'événement arrivera (2), le droit du légataire ne peut naître avant l'événement de la condition (3). De là il suit que, s'il meurt avant cet événement, il ne
1040. transmet rien à ses héritiers.

Mais si le testateur n'a voulu que suspendre jusqu'à l'événement l'exécution de sa disposition (4), alors le legs est censé pur et simple quant à la transmission aux héritiers du légataire,
1041. et à terme, pour ce qui concerne l'exigibilité.

Dans tous les cas, si les légataires craignent que la confusion du patrimoine de la succession avec celui de l'héritier ne préjudicie à leurs droits, ils peuvent en demander la séparation; et ils ont, tant à l'égard de cette demande, que pour la conservation de leur privilége, le même droit que les créanciers de la suc-
2111. cession (5).

Il résulte des principes que nous venons d'établir, que les héritiers du légataire n'ont de droit à la chose léguée, qu'autant que
1039. leur auteur a survécu au testateur, ou à l'événement de la condition, suivant que le legs est pur et simple (6), ou réellement
1040. conditionnel; faute de quoi, la disposition est caduque. Elle l'est également par la répudiation valable ou l'incapacité du
1043. légataire (7).

Dans ces différens cas, la chose ou la quantité léguée retourne aux héritiers du testateur, ou à ceux qui étoient chargés de la prestation du legs (8), sauf le cas de substitution vulgaire et celui d'accroissement (9).

Nous verrons au Chapitre IV du présent Titre, quand il y a substitution vulgaire.

Le droit d'accroissement est, en général, celui de réunir à sa portion la part de celui qui ne peut, ou ne veut la recueillir.

A sa portion : Parce que le droit d'accroissement, comme le mot l'indique, n'a lieu qu'en faveur de celui qui a déjà une portion de l'objet à l'égard duquel le droit s'exerce.

Qui ne peut ou ne veut, etc.: Parce que le droit d'accroissement a lieu, dans les cas prévus par la loi, de quelque manière que le legs de l'autre portion vienne à défaillir, soit par le prédécès du légataire, soit par son incapacité, ou même par sa répudiation.

Il n'y a lieu au droit d'accroissement (1), que quand le legs d'une seule et même chose a été fait à plusieurs conjointement, ce qui arrive dans deux cas :

1°. Lorsqu'une chose a été léguée à plusieurs, par une seule et même disposition (2), et sans que la part de chacun ait été assignée (3); 1044.

2°. Lorsqu'une chose, non susceptible d'être divisée sans détérioration (4), est donnée par le même acte (5), à plusieurs personnes, même séparément. 1045.

Dans ces deux cas, il y a lieu, comme nous l'avons dit, au droit d'accroissement, c'est-à-dire, que la part de celui qui ne recueille pas le legs, pour quelque raison que ce soit, appartient exclusivement à celui ou à ceux auxquels le legs a été fait conjointement avec lui (6).

Quand le legs est sujet à délivrance (7), les frais de la demande en délivrance sont à la charge de la succession, pourvu qu'il n'en résulte pas de diminution de la réserve légale. Les droits d'enregistrement sont dus par le légataire; le tout, à moins qu'il n'en ait été autrement ordonné par le testateur. Il n'est pas, d'ailleurs, nécessaire que le testament soit enregistré en totalité (8); et chaque disposition peut l'être séparément, sans que cela puisse profiter à celles qui ne l'ont pas été. 1016.

Ces principes généraux établis, nous allons faire connoître ceux relatifs à chaque espèce de legs en particulier.

§. II.

Du Legs universel.

Le legs universel est celui par lequel le testateur donne à une ou plusieurs personnes (9) l'universalité des biens dont il peut disposer. 1003.

Les effets de cette disposition varient suivant la qualité des héritiers légitimes.

Si le testateur laisse des héritiers légitimaires (1), ils sont, nonobstant toute disposition universelle, saisis de plein droit, par sa mort, de tous les biens de la succession ; et la délivrance du legs universel doit, en conséquence, leur être demandée par
1004. le légataire (2).

L'obligation de demander la délivrance ne préjudicie cependant en rien à la jouissance du légataire, qui a toujours droit aux fruits, à compter du jour du décès, si la demande en délivrance a été formée dans l'année; sinon, du jour de la demande,
1005. ou du jour que la délivrance a été volontairement consentie (3).

Quant aux dettes, il en est tenu personnellement pour sa part et portion (4), et hypothécairement pour le tout (5): et il est, de plus, chargé d'acquitter tous les legs (6), sauf réduction, si elle
1009. a lieu (7).

S'il n'y a point d'héritiers légitimaires, le légataire universel est saisi, par la mort du testateur, de tous les biens composant la succession, sans être obligé de demander la délivrance (8); et
1006. il est tenu de toutes les dettes et de tous les legs sans distinction (9). Dans ce cas, la saisine a lieu de plein droit, si le testament est par acte public (10); mais s'il est olographe ou mystique (11), le légataire, quoique saisi de la propriété de toute la succession, est néanmoins tenu de se faire envoyer en possession par une
1008. ordonnance du Président du Tribunal (12).

§. III.

Du Legs à titre universel.

Le legs à titre universel est celui par lequel le testateur dispose, soit en pleine propriété, soit en usufruit seulement,

Ou d'une partie aliquote de la portion disponible,

Ou de tous ses immeubles (13),

Ou de tout son mobilier,

Ou d'une partie aliquote de tous ses immeubles ou de tout
1010. son mobilier.

Le legs de l'universalité de la succession, mais en usufruit seulement, seroit encore regardé comme un legs à titre universel (1). 612.

Les légataires à titre universel sont tenus de demander la délivrance (2) aux héritiers légitimaires, s'il en existe : à défaut, aux légataires universels (3); et s'il n'y a ni légitimaires ni légataires universels, aux héritiers légitimes. 1011.

Les légataires à titre universel en pleine propriété sont tenus des dettes et charges de la succession, personnellement pour leur part et portion, et hypothécairement pour le tout (4). Cependant, quant au paiement des legs, il faut distinguer : s'il existe des héritiers légitimaires, et que la totalité des legs, y compris ceux à titre universel, égale ou excède la portion disponible, les légataires à titre universel sont seuls tenus (5) d'acquitter les legs particuliers, sauf réduction, s'il y a lieu. Mais si la portion disponible n'est pas entièrement absorbée, ils ne sont tenus d'acquitter les legs que par contribution avec les héritiers légitimaires. Il en est de même, s'ils concourent avec des légataires universels seuls, ou avec des héritiers légitimes, mais non légitimaires, quel que soit, dans ces deux cas, le montant des dispositions (6). 871. 1012. 1013.

Lorsque le legs à titre universel est seulement en usufruit, le légataire doit contribuer aux dettes (7) de la manière suivante :

Si l'usufruit frappe sur l'universalité des biens de la succession, le légataire doit avancer la somme nécessaire pour le paiement de toutes les dettes et charges, laquelle somme lui est remboursée par l'héritier, ou par le légataire universel de la nue propriété, à la fin de l'usufruit, sans intérêt.

S'il ne veut pas faire cette avance, le propriétaire a le choix, ou de la faire lui-même; et alors l'usufruitier est tenu de lui en payer les intérêts tant que dure l'usufruit; ou de faire vendre jusqu'à due concurrence, une portion des biens soumis à l'usufruit (8).

Lorsque le legs d'usufruit ne porte que sur une partie aliquote, soit de la succession totale, soit des immeubles, soit du mobilier, on suit la même marche que ci-dessus, sauf que le légataire ne doit contribuer aux dettes et charges que dans la proportion de la partie de biens dont il a l'usufruit. 612.

Mais, dans les deux cas, le légataire est tenu d'acquitter, soit en total, s'il a l'usufruit universel, soit à raison de sa quote-part, et, toujours sans répétition, les arrérages des rentes viagères ou pensions alimentaires léguées par le testateur (1), qui échoient
610. pendant sa jouissance.

§. IV.

Du Legs particulier.

Le legs particulier est celui par lequel le testateur dispose, soit d'une somme déterminée, soit d'un ou de plusieurs objets désignés, et faisant partie de sa succession.

Nous disons *désignés:* il n'est cependant pas nécessaire que la désignation soit individuelle. Il suffit qu'elle ait lieu, quant à l'espèce seulement; et alors, si le testateur n'a pas donné expressément le choix au légataire, il appartient à l'héritier (2), qui ne peut cependant offrir une chose de la plus mauvaise qualité,
1022. comme il n'est pas obligé de la donner de la meilleure (3).

Faisant partie de sa succession : Parce que le legs de la chose d'autrui est nul, soit que le testateur ait su, ou non, qu'elle ne
1021. lui appartenoit pas (4).

Les legs ayant, en général, pour objet, comme nous l'avons dit, de gratifier ceux en faveur de qui ils sont faits, il s'ensuit qu'ils doivent être avantageux aux légataires. En conséquence, le legs fait par un débiteur à son créancier n'est point censé fait en compensation de la créance, ni celui fait par un maître à son domestique, en compensation des gages qui peuvent lui
1023. être dus (5).

Le légataire particulier, même lorsque le legs est pur et simple et d'un corps certain, ne peut se mettre lui-même en possession de la chose léguée; mais il est tenu d'en demander la délivrance (6), dans l'ordre établi pour les légataires à titre universel; et il ne peut prétendre les fruits ou intérêts (7) que du jour de cette demande, ou du jour que la délivrance lui a été volontairement
1014. consentie (8).

Il y a cependant deux cas dans lesquels les fruits ou intérêts courent au profit du légataire, du jour du décès, et sans demande :

1°. Lorsque le testateur a expressément déclaré sa volonté à cet égard dans son testament (1);

Et 2°. lorsque le legs est d'une rente viagère ou d'une pension, et qu'il a été fait à titre d'alimens (2). 1015.

Les legs particuliers doivent être acquittés par les héritiers légitimes ou institués, qui en sont tenus personnellement, au prorata de leur émolument dans la succession, et hypothécairement pour le tout (3), jusqu'à concurrence de la valeur des immeubles de ladite succession dont ils sont détenteurs. Néanmoins, si le testateur a chargé une seule personne d'acquitter le legs, elle en est seule tenue. 1017.

Lorsque le legs est d'un corps certain, l'héritier, ou autre débiteur du legs, ne doit absolument que la chose même qui est léguée. En conséquence, il est libéré, et le legs est caduc, si la chose est périe totalement (4), soit avant, soit depuis la mort du testateur, pourvu, dans ce dernier cas, que la perte ne provienne point du fait (5) ou de la faute (6) de l'héritier. Ce dernier n'est même point tenu de la perte de la chose arrivée après qu'il a été mis en demeure, s'il peut prouver qu'elle eût également péri chez le légataire (7). 1042.

Si l'objet existe, il doit être délivré avec les accessoires nécessaires (8); et si l'objet donné entre-vifs ou par testament est une terre, les bestiaux et ustensiles servant à son exploitation sont toujours censés compris dans la donation. La chose 1064.
léguée doit également être délivrée dans l'état où elle se trouvoit au jour du décès du testateur (9). Si donc elle étoit, à ce moment, 1018.
grevée d'un usufruit, ou hypothéquée pour une dette quelconque, antérieure ou postérieure au testament, le légataire ne peut demander qu'elle soit dégagée (10), qu'autant que le testateur l'a expressément ordonné (11). Mais si, par suite de l'action hypo- 1020.
thécaire, il est obligé de payer, comme il n'est pas tenu des dettes, {871.
il demeure subrogé aux droits du créancier contre les héritiers {1024.
ou autres successeurs à titre universel. 874.

Cette disposition s'applique, à plus forte raison, au légataire particulier en usufruit, qui a également son recours dans le même cas. 611.

Par suite du principe que la chose léguée doit être délivrée telle qu'elle se trouve au moment du décès, le légataire d'un immeuble a droit à tous les embellissemens et à toutes les constructions faites par le testateur sur le fonds légué, depuis l'époque du testament.

Il n'en est pas de même des acquisitions faites depuis le testament, et qui ont augmenté l'étendue du fonds légué : elles ne sont point censées faire partie du legs, quand même elles seroient contiguës au fonds, à moins que ce fonds ne soit un
1019. enclos (1), et qu'elles n'aient servi à en augmenter l'enceinte (2).

§. V.

De l'Exécution Testamentaire.

Nous avons dit que le testateur pouvoit charger une ou plusieurs personnes de veiller à l'exécution de ses volontés. Ces personnes se
1025. nomment *exécuteurs testamentaires* (3).

Ces exécuteurs ne sont plus, comme autrefois en pays coutumier, saisis, de droit, du mobilier de la succession. Cependant le testateur peut ordonner qu'ils auront cette saisine (4), en tout ou en partie ; mais elle ne peut durer au-delà de l'an et jour,
1026. à compter du décès (5). Dans ce cas, s'ils sont plusieurs, et qu'ils aient tous accepté (6), ils sont solidairement responsables (7), à moins que le testateur n'ait divisé leurs fonctions, et que chacun ne se soit renfermé soigneusement dans celle qui lui étoit
1033. attribuée.

Dans tous les cas, l'héritier peut toujours faire cesser la saisine, en justifiant de l'exécution des volontés du testateur, relatives au mobilier (8), ou en offrant aux exécuteurs de leur remettre
1027. une somme suffisante à cet effet.

L'exécution testamentaire étant une marque de la confiance du défunt, confiance qui est purement personnelle, elle cesse entièrement par la mort de celui à qui elle avoit été déférée, et ne passe point à ses héritiers, qui sont néanmoins tenus, en cette
1032. qualité, de la gestion antérieure au décès.

Les fonctions des exécuteurs testamentaires sont :

1°. De faire apposer les scellés, s'il y a lieu (9) ;

2°. De faire procéder, en présence des héritiers (1), ou eux dûment appelés, à l'inventaire des biens de la succession;

3°. De veiller à ce que le testament soit exécuté. Ils peuvent même, en cas de contestation sur son exécution, intervenir pour en soutenir la validité;

4°. De provoquer la vente du mobilier, s'il n'y a pas de deniers suffisans pour l'acquittement des legs (2);

5°. Enfin, de rendre compte de leur gestion à l'expiration de l'année du décès. On doit leur allouer, dans ce compte, 1031.
tous les frais légitimement faits par eux, relativement à l'exécution dont ils ont été chargés (3). 1034.

Au surplus, lorsqu'il y a plusieurs exécuteurs testamentaires, et qu'ils ont tous accepté (4), un seul peut agir au défaut des autres, sauf leur responsabilité commune et solidaire. 1033.

La charge d'exécuteur testamentaire impose, comme nous venons de le voir, plusieurs obligations. En conséquence, celui qui ne peut s'obliger, ne peut être exécuteur testamentaire. 1028.

Ainsi, le mineur (5) ne peut l'être, même avec l'autorisation de son tuteur ou curateur (6). La femme mariée et commune 1030.
en biens ne peut accepter l'exécution testamentaire, qu'avec l'autorisation de son mari (7). Si elle est séparée contractuellement ou judiciairement, elle peut, au refus de son mari, l'accepter avec l'autorisation de justice (8). 1029.

SECTION III.

De la Révocation des dispositions testamentaires.

Les dispositions testamentaires peuvent être révoquées par le fait du testateur, ou par celui du légataire.

La révocation par le fait du testateur (9) est expresse ou tacite.

Elle est expresse, quand le testateur s'est expliqué formellement à cet égard, soit dans un testament postérieur (10), soit dans tout autre acte notarié, portant déclaration du changement de volonté (11). La révocation, dans ce cas, peut être totale ou partielle. 1035.

Elle est tacite, 1°. lorsque le testateur a anéanti son testament, ou l'a mis dans un état où il ne puisse plus être regardé comme tel (1);

2°. Lorsqu'il existe un testament postérieur, même ne contenant pas de révocation expresse. Mais, dans ce cas, la révocation n'a lieu que pour les dispositions du premier testament qui se trouvent incompatibles avec celles du second, ou qui leur sont
1036. contraires (2): comme aussi, elle a son effet, quand même les nouvelles dispositions resteroient sans exécution, par l'incapacité
1037. ou le refus du second légataire (3);

3°. Lorsque le testateur a aliéné la chose léguée (4), quand même l'aliénation auroit été faite par échange, avec faculté de rachat (5), ou qu'elle auroit été déclarée nulle, et que l'objet
1038. seroit rentré depuis dans la main du testateur.

La révocation a lieu par le fait du légataire,

1°. Pour cause d'inexécution des conditions sous lesquelles le legs a été fait;

2°. Pour cause d'ingratitude (6), dans les cas suivans:

S'il a attenté à la vie du testateur;

S'il s'est rendu coupable envers lui de sévices, délits, ou injures
1046. graves;

S'il a outragé sa mémoire: dans ce dernier cas, la demande en révocation doit être intentée dans l'année, à compter du jour
1047. du délit (7).

SECTION IV.

Des Formalités prescrites pour constater l'existence et assurer la conservation des Testamens.

Comme il importe de s'assurer, dès le principe, s'il existe un testament, et de prendre en même temps les précautions nécessaires pour en constater l'état et en empêcher la suppression, il a été prescrit à ce sujet des dispositions particulières. En conséquence, lorsque le juge-de-paix se présente pour l'apposition des scellés, si l'existence d'un testament lui est annoncée, il doit
Pr. 917. préalablement en faire perquisition; et s'il en trouve un, ou même s'il se rencontre un papier cacheté quelconque, il doit remplir les formalités suivantes:

D'abord, il constate la forme extérieure du paquet, le sceau et la suscription, s'il y en a; paraphe l'enveloppe avec les parties présentes, si elles le savent et le peuvent; et indique les jour et heure auxquels le paquet sera par lui présenté au Président du Tribunal. Il fait mention du tout sur son procès-verbal, lequel est signé des parties; sinon, mention est faite de leur refus, ou de la cause qui les empêche de signer. *Pr.* 916.

Aux jour et heure indiqués, et sans qu'il soit besoin d'assignation, le paquet est présenté par lui au Président, lequel en fait l'ouverture; et si c'est un testament, ou autres papiers con- *Pr.* 918.
cernant la succession (1), il en constate l'état par un procès-verbal, et en ordonne le dépôt entre les mains d'un notaire par lui commis. 1007.

Si le testament est trouvé ouvert, le juge-de-paix en constate l'état, et se conforme, pour le surplus, aux dispositions ci-dessus. *Pr.* 920.

Si la suscription annonce un testament mystique, les mêmes formalités doivent avoir lieu, sauf que l'ouverture ne peut se faire qu'en présence de ceux des notaire et témoins, signataires de l'acte de suscription, qui se trouvent sur les lieux, ou eux dûment appelés. 1007.

Les dispositions de la présente section ne sont point applicables aux testamens par acte public, qui, par leur nature, ne sont pas susceptibles de rester entre les mains des testateurs.

CHAPITRE IV.

Des Dispositions à charge de restituer, ou, Substitutions fidéïcommissaires (2).

Nous connoissons actuellement deux espèces de substitutions, la vulgaire et la fidéicommissaire.

La substitution vulgaire est celle par laquelle, après une institution, legs, ou donation, en faveur d'une personne, le donateur dispose du même objet en faveur d'un second individu, pour le cas où le premier ne voudroit ou ne pourroit pas recueillir (3). Cette disposition est permise. 898.

La substitution fidéicommissaire est celle par laquelle l'héritier institué (4), le légataire ou le donataire, qui recueille la disposition,

est chargé de rendre à un autre tout ou partie des biens qui en proviennent. Cette substitution est également permise, lorsque le donataire, etc., est chargé de rendre de suite (1); mais s'il est chargé de conserver, et de rendre seulement après un certain
896. temps, ou à son décès, la disposition est nulle, même à son égard (2).

Il faut, au surplus, bien se garder de confondre avec cette disposition, celle par laquelle l'usufruit d'une chose seroit donné à l'un, et la nue-propriété à l'autre. Ce sont alors deux donations distinctes, dont l'effet est de transférer à chaque donataire, dans le même moment, la propriété irrévocable de ce qui lui
899. est donné (3).

Mais, en établissant la prohibition générale dont nous venons de parler, le législateur a considéré la situation pénible d'un aïeul ou d'un oncle, mourant avec la perspective affligeante d'une postérité plongée dans la misère par les déportemens d'un père dissipateur; et il s'est déterminé à permettre en leur faveur
897. l'exception dont nous allons exposer les principes et les effets.

Nous verrons dans une première section, les cas dans lesquels la substitution fidéicommissaire peut avoir lieu, et les conditions nécessaires pour sa validité; et dans une seconde, les obligations qu'elle impose au grevé, ainsi que les droits qui en résultent en faveur des appelés.

SECTION PREMIÈRE.

Des Conditions nécessaires pour la validité des Substitutions.

Les dispositions à charge de conserver et de rendre, peuvent
1048. être faites par acte entre-vifs ou par testament, par les père et mère, ainsi que par les frères et sœurs du grevé, pourvu toutefois
1049. que ces derniers n'aient pas de descendans directs (4).

Les frères et sœurs jouissent même de ce droit d'une manière plus étendue que les père et mère, car la loi n'ayant pas établi de réserve en faveur des collatéraux, il en résulte qu'ils peuvent faire porter la charge de restitution sur la totalité de ce qui
Ibid. revient aux grevés (5), tandis que la substitution faite par les père
1048. et mère ne peut frapper que sur la portion disponible (6).

Mais, dans les deux cas, pour que la substitution soit valable, il faut : 1°. qu'elle ait lieu en faveur de tous les enfans du grevé, nés et à naître, sans exception, ni préférence d'âge ou de sexe (1); 1050.

2°. Qu'elle ne passe pas le premier degré (2); cependant les 1048.
descendans de l'appelé prédécédé ont le droit de recueillir la portion de leur père, quand même il existeroit d'autres enfans au premier degré (3); 1051.

3°. Que, si elle a lieu entre-vifs, elle soit faite par l'acte même qui contient la disposition au profit du grevé. Si, cependant, le donataire accepte une nouvelle libéralité, qui renferme la condition que les biens précédemment donnés demeureront grevés de restitution (4), il ne peut plus diviser les deux dispositions (5), quand même il offriroit de renoncer à la seconde, et de rendre les biens qui y sont compris (6). 1052.

SECTION II.

Des Obligations du Grevé, et du Droit des Appelés.

Il est de principe que les appelés n'ont aucune espèce de droit sur les biens sujets à restitution, tant que dure la jouissance du grevé (7). Leur droit, à cet égard, ne s'ouvre donc que du moment où cette jouissance vient à cesser, de quelque manière que ce soit (8), même par l'abandon anticipé que leur en feroit le grevé (9); sans néanmoins que cet abandon puisse préjudicier aux droits de ses créanciers, antérieurs à l'abandon (10), ainsi que des tiers 1053.
détenteurs des biens substitués.

Quant au grevé, il faut bien se garder de confondre son droit avec celui d'un simple usufruitier. Nous avons déjà vu, au commencement de ce chapitre, la distinction formelle que la loi établit entre la substitution et la disposition par laquelle l'usufruit seroit donné à l'un, et la nue-propriété à l'autre: et en effet, le grevé est réellement propriétaire des biens substitués, tellement que, son décès arrivant sans postérité, les aliénations faites, ou les hypothèques consenties, par lui, sont irrévocables. Mais comme cette propriété peut être résolue, et qu'elle est conséquemment incertaine dans sa personne, jusqu'au moment de son décès, il en résulte que ses obligations sont à-peu-près les mêmes que celles de l'usufruitier. De là, plusieurs formalités, dont les unes, prescrites dans l'intérêt des appelés, ont pour objet de constater la quotité des biens compris dans la substitution, et d'en assurer la conservation aux appelés ; et les autres, de prévenir les surprises qui pourroient avoir lieu à l'égard des tiers.

Nous traiterons dans les deux paragraphes suivans de ces deux espèces de formalités.

§. Ier.

Des Formalités prescrites dans l'intérêt des Appelés.

La première de ces formalités est la nomination d'un tuteur à la substitution. Ce tuteur est chargé de veiller à l'exécution de toutes les formalités contenues dans ce paragraphe et le suivant ; et il est personnellement responsable de leur inexécution (1). Il l'est également, s'il ne fait pas toutes les diligences nécessaires pour que, le cas de la restitution arrivant, elle soit bien et
1073. fidèlement opérée.

Le tuteur peut être nommé par le disposant lui-même, soit dans l'acte contenant la disposition, soit dans un acte postérieur,
1055. pourvu qu'il soit authentique. A défaut de tuteur nommé par le disposant (2), il est procédé à cette nomination (3), à la diligence du grevé, ou de son tuteur s'il est mineur ; et ce, dans le délai d'un mois, à compter du décès du disposant (4), ou du jour que l'acte contenant la disposition a été connu, postérieurement
1056. à son décès. De quelque manière que le tuteur ait été nommé, il ne peut se dispenser que pour une des causes exprimées au Titre
1055. *de la Minorité*, etc.

Faute par le grevé d'avoir satisfait à l'obligation de faire nommer un tuteur, il est déchu du bénéfice de la disposition (5), et le droit aux biens substitués peut être déclaré ouvert (6) au profit des appelés, à la diligence, soit des appelés eux-mêmes s'ils sont majeurs, soit de leur tuteur ou curateur s'ils sont mineurs ou interdits, soit d'un de leurs parens, soit enfin d'office, à la diligence du
1057. Procureur impérial près le Tribunal de l'ouverture de la succession.

Le tuteur nommé, il doit être procédé, en sa présence, et dans les formes ordinaires, à l'inventaire de tous les biens et

effets composant la succession du disposant (1). Il doit être fait 1058.
à la requête du grevé ; et faute par lui d'y avoir satisfait dans le 1059.
délai fixé au Titre *des Successions*, il y est procédé à la diligence du tuteur à la substitution, ou enfin, à défaut (2) de ce 1060.
dernier, à la diligence des personnes désignées ci-dessus pour provoquer l'ouverture du droit en faveur des appelés, en cas de déchéance du grevé (3). Dans tous les cas, le grevé, ou celui qui le représente, doit y être appelé. 1061.

L'inventaire doit contenir la prisée, à juste prix, et sans crue, des effets mobiliers. Les frais sont pris sur les biens compris dans la disposition. 1058. 1059.

Lorsque la quotité et la nature des biens compris dans la substitution sont déterminées, il reste à prendre les mesures convenables pour en assurer la conservation aux appelés.

Pour ce qui concerne les immeubles, le droit des appelés est suffisamment à couvert par la disposition qui ôte au grevé le droit de les aliéner, ou de les hypothéquer irrévocablement (4) au préjudice des appelés. Cependant le donateur peut ordonner (5) qu'en cas d'insuffisance des biens libres du grevé, la femme de ce dernier pourra exercer un recours subsidiaire sur les biens substitués ; auquel cas, ce recours ne peut avoir lieu que pour le capital (6) des deniers dotaux seulement (7). 1054.

Mais la même prohibition d'aliéner ne pouvant avoir lieu à
l'égard des meubles qui n'ont pas de suite, il a été nécessaire de 2119.
prendre à ce sujet des mesures particulières. Ces mesures sont à-peu-près les mêmes que celles prescrites relativement au mobilier des mineurs.

Ainsi, il doit être procédé, à la requête du grevé, à la vente aux enchères, et après affiches (8), de tous les meubles et effets
compris dans la disposition, à l'exception cependant de ceux dont 1062.
le donateur a ordonné la conservation en nature, et qui doivent être
rendus dans l'état où ils se trouvent au moment de la restitution (9). 1063.

Le grevé est également dispensé de faire vendre les bestiaux et ustensiles nécessaires à l'exploitation des terres. Il est seulement tenu de les faire priser et estimer, et d'en rendre une égale valeur (10) lors de la restitution. 1064.

Les deniers provenant de la vente des meubles et du remboursement des effets actifs, sont réunis à ceux trouvés dans la succession; et le grevé est tenu de faire emploi du tout, dans le délai de six mois, à compter de la clôture de l'inventaire, sauf
1065. prolongation, s'il y a lieu. Il doit également faire emploi des deniers provenant des remboursemens opérés pendant sa jouissance, et ce, dans les trois mois au plus, à compter de la date
1066. desdits remboursemens.

Si le donateur a désigné le mode d'emploi, l'on doit se conformer à ce qu'il a prescrit (1). S'il n'a rien déterminé à cet égard, l'emploi ne peut être fait qu'en immeubles, ou avec
1067. privilége sur des immeubles, et, dans tous les cas, en présence
1068. et à la diligence du tuteur à la substitution.

§. II.

Des Formalités prescrites dans l'intérêt des tiers.

L'intérêt des tiers exige que la plus grande publicité soit donnée aux dispositions à charge de restituer. Pour parvenir à ce but, il est ordonné, s'il y a des immeubles (2), que les actes portant substitution, soient transcrits (3) aux bureaux des hypothèques du lieu de la situation desdits immeubles. S'il y a des deniers comptans, la substitution est suffisamment rendue publique, pour ce qui concerne ces deniers, par l'inscription (4) prise sur les biens affectés au privilége résultant de l'emploi qui en a été fait. Ces transcription et inscription sont faites à la diligence, soit
1069. du grevé, soit du tuteur à la substitution.

La transcription et l'inscription étant le seul moyen légal de donner aux substitutions la publicité convenable, elles ne peuvent être suppléées par aucun autre acte. En conséquence, quelque connoissance que les créanciers, tiers acquéreurs (5), ou autres, aient eue d'ailleurs de la substitution, ils peuvent toujours opposer aux appelés, même mineurs ou interdits, le défaut de
1071. transcription ou d'inscription, sauf, s'il y a lieu, le recours des appelés contre le grevé et le tuteur à la substitution, mais sans qu'ils puissent être restitués contre le défaut de transcription, etc.,
1070. quand même le tuteur et le grevé se trouveroient insolvables.

Dans aucun cas, cependant, les donataires, légataires, ou même héritiers légitimes, de celui qui a fait la disposition, ne peuvent opposer aux appelés le défaut de transcription ou d'inscription. Il en est de même de leurs donataires, légataires ou héritiers légitimes (1). 1072.

Il faut observer, en finissant, que ni la minorité du grevé, ni l'insolvabilité de son tuteur, ne peuvent le faire restituer contre l'inexécution des règles qui lui sont prescrites par ce paragraphe et le précédent. 1074.

CHAPITRE V.

Des Donations faites aux époux par contrat de mariage.

Nous avons déjà eu occasion de faire observer que la faveur du contrat de mariage le rendoit susceptible de dispositions qui ne sont admises dans aucun autre acte.

En conséquence, les donations qui y sont faites, soit par l'un des époux à l'autre, soit aux époux par des tiers, ne sont point, en général, assujetties à des conditions et formalités aussi rigoureuses que celles énoncées au Chapitre II du présent Titre. Nous allons faire connoître les règles qui leur sont particulières, et les différences qui en résultent, entre ces sortes de donations et celles entre-vifs proprement dites.

Nous verrons dans le présent chapitre ce qui concerne les donations faites aux époux par des tiers; et dans le chapitre suivant, nous traiterons de celles faites respectivement par les époux.

Les donations faites aux époux par contrat de mariage diffèrent de celles entre-vifs proprement dites, en ce que, 1°. elles ne peuvent être annullées pour défaut d'acceptation; 1087.

2°. Etant toujours supposées faites sous la condition du mariage, elles sont caduques, si le mariage ne s'ensuit pas (2); 1088.

3°. Elles ne sont point révocables pour cause d'ingratitude (3); 959.

4°. Elles peuvent être faites sous des conditions dont l'exécution dépende de la volonté du donateur. En conséquence, s'il s'est réservé la faculté de disposer d'un objet compris (4) dans une donation,

même de biens présens, et entre-vifs, ou d'une somme fixe à prendre sur les biens qui la composent, et qu'il meure sans en avoir disposé, l'objet ou la somme sont censés compris dans la
1086. donation, et appartiennent au donataire ou à ses héritiers (1);

5°. Enfin, par la même raison, elles peuvent comprendre les biens présens et à venir du donateur, ensemble ou séparément.

Si la donation est des biens présens seulement, alors elle est, sauf les modifications ci-dessus, soumise aux règles générales prescrites pour ces sortes de donations (2). En conséquence, elle ne peut avoir lieu au profit des enfans à naître (3), si ce n'est dans
1081. les cas prévus dans le Chapitre précédent (4).

Si la donation est des biens à venir seulement, par exemple de tout ou partie des biens que le donateur laissera au jour de son décès (5), alors elle est valable, non-seulement à l'égard de l'époux donataire, mais encore à l'égard des enfans (6) issus du mariage, qui sont toujours présumés substitués vulgairement au
1082. donataire, en cas de prédécès de ce dernier (7).

Cette donation, appelée en droit *institution contractuelle*, peut être définie avec Laurière, *le don irrévocable de la succession du disposant.* Elle participe de la donation entre-vifs, proprement dite, en ce qu'elle est irrévocable de la part du donateur (8), mais seulement dans le sens qu'il ne peut plus disposer à titre gratuit (9) des objets compris dans la donation, sauf quelques
1083. dons modiques qu'il peut faire, à titre de récompense ou autrement.

Nous disons *à titre gratuit :* Le donateur peut donc disposer à titre onéreux; et, par conséquent, le donataire est tenu (10) de payer toutes les dettes et charges de la succession du donateur, puisqu'il n'est donataire que de la succession, c'est-à-dire, des biens qui existeront au jour du décès, et que *bona non intelliguntur, nisi deducto œre alieno.* Il peut d'ailleurs se dispenser
1086. de cette obligation, en renonçant à la donation (11).

Si la donation est tout-à-la-fois des biens présens et à venir, il doit être annexé à l'acte un état des dettes et charges du dona-
1084. teur, existant au moment de la donation (12).

Au moyen de cet état, l'acte est censé contenir deux donations distinctes : l'une, des biens présens, qui est certaine, parfaite, et irrévocable (1) au moment de l'acte, tant à l'égard du donateur qu'à l'égard du donataire (2); et l'autre, des biens à venir, subordonnée à la condition de payer les dettes de la succession, et à laquelle, par conséquent, le donataire peut renoncer (3). 1084.

Si, au contraire, l'état dont il s'agit n'a pas été annexé, l'acte n'est censé contenir qu'une seule donation, celle des biens qui existeront au jour du décès. De là il suit :

1°. Que le donataire est obligé de l'accepter ou de la répudier pour le tout ;

2°. Que, s'il accepte, il ne peut réclamer que les biens existant au jour du décès (4), et sous la condition de payer toutes les dettes et charges de la succession (5); 1085.

3°. Enfin, que la donation entière devient caduque, si le donateur survit au donataire et à sa postérité (6). 1089.

Quelque favorables que soient les donations faites par contrat de mariage, elles ne peuvent préjudicier à la réserve légale (7). Elles sont, en conséquence, réductibles, lors de l'ouverture de la succession, à la portion dont il étoit permis au donateur de disposer. 1090.

CHAPITRE VI.

Des Donations entre Epoux.

Les donations entre époux peuvent être faites par contrat de mariage, ou pendant le mariage.

Mais avant de traiter séparément de ces deux espèces de donations, il est nécessaire de faire connoître deux dispositions qui leur sont communes. 960.

La première, c'est que ces donations ne sont point révocables par la survenance d'enfans au donateur (8). 1094. 1096.

La seconde est relative à la portion disponible, qui varie suivant les circonstances.

Si l'époux donateur ne laisse ni ascendans ni descendans, il peut disposer en faveur de l'autre époux de la totalité de ses biens.

S'il laisse des ascendans, il peut donner à son époux la portion disponible en pleine propriété, et l'usufruit du surplus (9).

S'il laisse des descendans, il peut disposer en faveur de son époux de la moitié de ses biens (1); savoir, du quart en pleine
1094. propriété, et de l'autre quart en usufruit (2).

Enfin, s'il existe des enfans ou descendans d'un mariage précédent, il ne peut donner à son nouvel époux qu'une part d'enfant légitime le moins prenant, sans néanmoins que, dans aucun
1098. cas, cette donation puisse excéder le quart des biens (3).

En combinant ces dispositions avec celles relatives à la portion disponible ordinaire, l'on voit qu'il est possible que, dans les deux derniers cas, l'époux n'ait pas, à l'égard de son conjoint, la même latitude qu'il auroit à l'égard d'un étranger (4). De-là résulteroit un moyen facile d'éluder les dispositions de la loi, si elle n'avoit pris à cet égard des précautions spéciales.

Elle prohibe, en conséquence, et annulle toute donation faite
1099. par le moyen de personnes interposées (5); et sont réputés, de droit (6), personnes interposées, d'abord les enfans et descendans de l'époux donataire, issus d'un mariage précédent; et, en second lieu, les parens dont ledit époux étoit héritier présomptif au jour de la donation (7), quand même, par le fait, il n'en
1100. auroit pas hérité (8).

La donation déguisée (9) est également nulle. Il en est de même de toute disposition indirecte, mais seulement pour tout
1099. ce qui excéderoit les quotités fixées ci-dessus (10).

Ces règles générales établies, nous allons passer aux dispositions particulières à chaque espèce de donations entre époux.

SECTION PREMIÈRE.

Des Donations entre Époux par contrat de Mariage.

Les époux peuvent, par contrat de mariage, se faire, ou réciproquement, ou l'un des deux à l'autre, toutes les donations mentionnées dans le chapitre précédent; et elles sont assujetties aux
1091. mêmes formes (11). Il y a cependant cette différence, que la condition de survie du donataire est toujours sous-entendue dans les donations de biens à venir, et dans celles de biens présens et à venir (12), qui,

en conséquence, ne sont point transmissibles aux enfans issus du mariage (1), en cas de décès de l'époux donataire avant le donateur. 1093.

Si la donation est de biens présens seulement, la condition de survie n'a lieu, qu'autant qu'elle est formellement exprimée (2). 1092.

Enfin, les donations entre époux par contrat de mariage ne sont révocables que dans deux cas :

1°. S'il y a divorce ou séparation de corps. Nous avons vu, au Titre *du Divorce*, que, dans le cas d'admission, les donations faites par l'époux demandeur, à son conjoint, étoient annullées, { 299.
mais sans réciprocité (3) ; 300.

2°. Lorsque le mari est en faillite, la femme ne peut exercer aucune action pour raison des avantages qui lui ont été faits par contrat de mariage ; mais, dans ce cas, il y a réciprocité, et les créanciers du mari ne peuvent se prévaloir en aucune manière des avantages faits par la femme au mari dans le même contrat. *Com.* 549.

SECTION II.

Des Donations entre Époux pendant le Mariage.

Il est maintenant permis aux époux de s'avantager pendant le mariage ; mais, en même temps, il étoit nécessaire de prévenir, d'un côté, les abus d'une trop grande facilité ; et, de l'autre, les dissensions domestiques que des refus pourroient occasionner. C'est dans cette vue qu'il a été décidé que ces donations seroient toujours révocables par le simple changement de volonté du donateur, quand même elles seroient de biens présens, qualifiées entre-vifs (4), et revêtues en conséquence des formalités requises.

La femme peut même procéder à cette révocation, sans y être autorisée par son mari ni par justice. 1096.

C'est aussi parce que ces sortes de donations sont essentiellement révocables, et pour éviter les discussions qui pourroient s'élever dans le cas de révocation partielle (5), qu'aucune disposition mutuelle entre époux ne peut avoir lieu par un seul et même acte, soit entre-vifs, soit testamentaire (6). 1097.

Ces sortes de donations ne sont point révoquées par la surve-

nance d'enfans. L'on sent, en effet, que le principe qui a fait adopter
1096. ce mode de révocation, ne leur est point applicable (1).

Observez que le décret du 17 mai 1809 (*Bulletin*, n°. 4393), permet à la femme, autorisée par son mari, de constituer ses biens propres en majorat, en faveur de son mari, et de leurs descendans communs; et comme, aux termes de l'article 40 du décret du 1er mars 1808 (*Bulletin*, n°. 3207), les biens composant les majorats sont inaliénables, il faut en conclure que la donation, dans ce cas, seroit irrévocable.

NOTES
ET EXPLICATIONS.

PAGE 1.

(1) *Du Droit et des Lois en général.* Cette matière est traitée ici fort en abrégé, et comme elle nous a paru devoir l'être dans un ouvrage de cette nature : ceux qui voudront l'approfondir davantage, peuvent lire l'excellent *Traité des Lois*, que Domat a placé à la tête de son ouvrage, intitulé : *Les Lois Civiles dans leur ordre naturel.*

(2) *L'équitable, de ce qui ne l'est pas.* L'on verra plus bas la différence qui existe entre le juste et l'équitable, *justum et æquum.*

(3) *Une règle établie.* Dans les éditions précédentes, j'avois mis *prescrite :* mais j'ai pensé qu'alors la définition ne conviendroit pas aux lois facultatives, qui ne prescrivent rien, et qui se contentent de permettre.

(4) *On est tenu d'obéir.* On a reproché à cette définition, qu'elle convenoit aussi aux jugemens. Cela est vrai, et cela doit être ; nous considérons ici comme loi, tout acte qui exige obéissance : et sous ce rapport, les jugemens sont lois pour les parties entre lesquelles ils ont été rendus. (Art. 1351.)

PAGE 2.

(1) *L'amour raisonnable et éclairé de soi-même :* parce qu'il existe un amour de soi-même, mais amour désordonné et aveugle, qui nous porte à satisfaire nos passions, et qui, par une suite nécessaire, au lieu de nous mener au bonheur, finit par nous rendre entièrement malheureux.

(2) *Indépendamment d'aucun fait humain.* Que l'on prenne garde cependant que je n'ai pas entendu décider la question, s'il a jamais existé un état de pure nature ; j'ai seulement voulu dire que, pour déterminer les droits et les devoirs primitifs de l'homme, ceux qui tiennent à son essence, il falloit, pour un moment, faire abstraction de tout fait humain, de toute institution humaine ; comme, en géométrie, l'on considère le point, abstraction faite de toute longueur, largeur et profondeur, et la ligne, indépendamment de toute largeur et profondeur ; ce qui n'est cependant pas possible physiquement.

PAGE 3.

(1) *Et aux autres hommes.* C'est sur ce principe qu'est fondé l'axiôme : *quidquid lege prohibetur, viro probo impossibile videtur.* Voyez l'art. 1172,

qui met sur la même ligne la condition physiquement impossible, et celle qui est contraire aux lois et aux bonnes mœurs. Il y a cependant, entre ces deux espèces de conditions, une différence dont nous parlerons sur ledit article.

(2) *Un préjudice notable pour ce dernier.* « Il n'y a ni crime ni délit, » lorsque l'homicide, les blessures, et les coups, étoient commandés par la » nécessité actuelle de la légitime défense de soi-même ou d'autrui. » (*Code Pénal*, art. 328.)

PAGE 4.

(1) *Toutes les fois que les circonstances le permettent.* C'est sur ce principe qu'est fondée la distinction qui se trouve établie dans les articles 322 et 329 du Code Pénal. Dans ce dernier article, il n'y a ni crime ni délit, lorsqu'un homicide a été commis en repoussant, pendant la nuit, l'escalade ou l'effraction des clôtures. Mais s'il a été commis en repoussant la même attaque pendant le jour, il est seulement excusable (art. 322), c'est-à-dire, qu'il y a lieu à une moindre peine que pour l'homicide ordinaire (art. 326). La raison de différence est que, dans le premier cas, l'on peut croire qu'il a été impossible d'obtenir du secours du dehors. Par la même raison, je pense que, si l'habitation attaquée étoit isolée, et placée dans un endroit tellement écarté qu'il fût impossible d'être entendu, l'on appliqueroit la disposition de l'article 329 à l'homicide commis même pendant le jour.

(2) *Et l'intérêt de notre conservation.* Si donc vous avez assez de supériorité de forces sur celui qui vous attaque, pour le mettre hors d'état de vous nuire sans le tuer, vous commettez, en le tuant, un meurtre défendu par la loi naturelle, et qui, d'après les lois humaines, seroit tout au plus excusable.

(3) *Est nommé tradition.* Le Code ayant décidé, article 1138, que le seul consentement suffit en général pour transférer la propriété, la tradition n'est plus mise au nombre des manières d'acquérir. (Art. 711 et 712.) Cependant ce principe est encore sujet à plusieurs exceptions, comme nous le verrons sur ledit article 1138.

(4) *Que l'on nomme en droit prescription.* L'on voit, d'après cela, que je regarde la prescription comme étant du droit naturel. Et, en effet, j'ai toujours pensé que la prescription, sur-tout celle à l'effet d'acquérir, étoit fondée sur ce que l'on présume que le propriétaire qui a laissé passer un long intervalle de temps sans réclamer sa chose, étoit censé l'avoir abandonnée, *eam pro derelictâ habuisse.* Or, le mode d'acquisition, d'après lequel on devient propriétaire d'une chose abandonnée, est bien certainement une espèce d'occupation, et rentre par conséquent dans le premier mode dont nous venons de parler. Cette distinction est importante pour déterminer l'effet de la prescription, sur-tout à l'égard des étrangers, de ceux qui sont privés des droits civils, etc.

PAGE 5.

(1) *Soit défendu par quelque loi.* Si je n'ai fait qu'user de mon droit, quand même il en seroit résulté du dommage pour un tiers, je ne suis pas tenu de le réparer. Cependant ce principe, qui est vrai en général, peut, dans l'usage, admettre quelques modifications, d'après la règle que, *malitiis non est indulgendum.* (Voyez l'art. 645.)

(2) *Ce qui exclut les cas fortuits.* Lorsqu'il y a cas fortuit, le principe général est, que la perte est pour le propriétaire de la chose. Si cependant le cas fortuit avoit été précédé d'une faute de la part d'un tiers, qui y eût donné lieu, ce tiers pourroit en être tenu. Ainsi, le dépositaire n'est certainement pas tenu du préjudice causé par cas fortuit à la chose déposée. Si, cependant, il y a, de sa part, une négligence inexcusable, *lata culpa ;* si, par exemple, il s'agit d'un bijou, qu'il a laissé sur une cheminée, sur une table, et qui ait été volé, il est tenu d'en rembourser la valeur. Le vol n'eût pas été fait, si le bijou eût été renfermé.

PAGE 6.

(1) *N'y ait pas consenti.* S'il y a consenti, c'est parce qu'il a reçu d'avance l'indemnité, ou parce qu'il a voulu gratifier l'autre partie. Dans les deux cas, il est non recevable à se plaindre. De là l'axiôme, *volenti non fit injuria.*

(2) *Dans ce cas*, c'est-à-dire, lorsqu'il n'y a aucun fait de notre part ; car si le dommage a été éprouvé en exécutant un ordre que nous avions donné, il est clair que nous en devons réparation, quand même il n'en seroit résulté pour nous aucune utilité.

(3) *De l'utilité que nous en avons tirée.* C'est sur ce principe qu'est fondée l'obligation de celui dont les affaires ont été gérées à son insu. Il est tenu de rembourser toutes les dépenses qui ont été faites par le gérant, si elles ont été faites utilement, c'est-à-dire, si elles lui ont procuré un avantage, et jusqu'à concurrence seulement de l'avantage qu'elles lui ont procuré. Si donc les dépenses égalent cent, et que l'avantage soit égal à cinquante, il sera tenu seulement de rembourser cinquante.

(4) *Sans en éprouver soi-même de préjudice.* C'est pour cette raison que le Code de Commerce, art. 154, oblige le dernier endosseur d'une lettre-de-change qui se trouve égarée, de prêter son nom et ses soins au propriétaire de la lettre, pour agir contre l'endosseur précédent, et ainsi en remontant, d'endosseur en endosseur, jusqu'au tireur de la lettre, afin d'obtenir de ce dernier qu'il en délivre un second exemplaire ; mais à la charge par le propriétaire de la lettre, de supporter tous les frais.

De même, l'article 1768 du Code Napoléon oblige le fermier d'un bien rural, sous peine de tous dépens, dommages et intérêts, d'avertir le propriétaire, des usurpations qui peuvent être commises sur le fonds. La même obligation est imposée à l'usufruitier par l'article 614.

(5) *Qui doit en résulter pour autrui.* Ainsi l'article 682 donne au propriétaire d'un terrain enclavé de manière à n'avoir aucune issue sur la voie publique, le droit de contraindre le voisin de lui fournir un passage, moyennant une juste et préalable indemnité. Certainement il peut résulter de cette mesure une gêne, un préjudice pour le voisin, préjudice qui n'est pas toujours compensé par l'indemnité qui lui est accordée ; mais ce préjudice est très-modique, en comparaison de celui

qu'éprouveroit le propriétaire du terrain enclavé, qui, autrement, se trouveroit entièrement privé de la jouissance de son fonds.

C'est encore d'après ce principe que l'article 249 du Code de Commerce ordonne, qu'en cas de disette de vivres sur un bâtiment en mer, celui qui a des vivres pour son usage particulier, soit tenu de les mettre en commun, en lui en payant la valeur. On n'a pas voulu qu'un passager fût dans l'abondance, tandis que les autres seroient exposés à mourir de faim.

PAGE 7.

(1) *Et même des vices.* C'est un principe très-vrai en politique, que les lois, même civiles, doivent être faites en considération des vices du peuple qu'elles doivent régir. Sans doute elles doivent tendre, non à favoriser, mais à corriger les vices : mais cependant, une loi qui seroit faite dans la supposition que ceux qu'elle doit régir, sont tous vertueux, ne feroit qu'augmenter leur corruption, quand ils sont déjà corrompus. Supposons, par exemple, qu'un Législateur, dans le siècle actuel, regardant comme impossible qu'un homme rende sciemment un faux témoignage en justice, permette de prouver par témoins toute espèce d'obligations, quels abus n'en résulteront-ils pas ? Et une pareille disposition n'aura-t-elle pas pour effet nécessaire d'encourager le faux témoignage, au lieu de le détruire ? Dans ce cas donc, un Législateur prudent, qui voudra ôter un appât au crime, et qui sentira, d'un autre côté, qu'il est impossible, dans le commerce habituel de la vie, de passer des actes pour une infinité de contrats du plus mince intérêt, admettra bien la preuve testimoniale, mais seulement lorsque l'objet sera tellement modique, qu'il soit impossible de supposer que le bénéfice qui en résultera, soit suffisant pour payer les faux témoins que l'on pourroit employer. Tel est le motif de l'article 1341 du Code Napoléon, qui admet la preuve testimoniale pour les objets qui n'excèdent pas cent cinquante francs. En effet, comme, d'un côté, il faut au moins deux témoins pour faire une preuve; que, de l'autre, il faut supposer que le demandeur retirera également sa part du bénéfice, certainement une somme de cent cinquante francs, partagée entre trois personnes, n'est pas suffisante pour les déterminer à encourir la peine de la réclusion, et même celle des travaux forcés, infligée au faux témoin qui a reçu de l'argent de la partie en faveur de laquelle il a déposé.

(2) *D'effet rétroactif.* On excepte ordinairement de cette disposition les lois interprétatives, c'est-à-dire, celles qui font connoître dans quel sens on doit entendre une loi précédente. Il est vrai que l'effet de ces lois remonte ordinairement à la date de celles qu'elles interprètent; mais comme elles sont censées ne faire qu'un avec cette même loi, on ne peut pas dire, à proprement parler, qu'elles aient un effet rétroactif. Elles l'ont même si peu, qu'elles ne préjudicient en rien aux droits acquis irrévocablement à des tiers avant leur émission, quand même ces droits seroient contraires à l'interprétation qu'elles donnent de la loi primitive. On peut voir un exemple de ces principes, dans les articles 2 et 3 de la loi du 4 septembre 1807, interprétative de l'article 2148 du Code. (*Bulletin*, n°. 2742.)

Nous ferons observer à cette occasion que l'on distingue, en droit, deux espèces d'interprétations : celle dont il s'agit ici, qui est faite par le Législateur lui-même, et qui se nomme *interprétation par voie de réglement ;* et celle qui est faite par le juge ou par le jurisconsulte, et que l'on nomme *interprétation par voie de doctrine.* Elles diffèrent, en ce que la première détermine le sens de la loi d'une manière générale, et pour tous les cas semblables ; au lieu que celle du juge ne s'applique, de droit, qu'à l'affaire qui a donné lieu à l'interprétation. Cependant l'interprétation, même par voie de doctrine, lorsqu'elle est admise dans le même sens par les tribunaux, forme ce qu'on appelle *la jurisprudence*, et devient un moyen très-important en faveur de celui qui peut l'invoquer.

On a beaucoup écrit, fait beaucoup de raisonnemens, même métaphysiques, sur l'application du principe, que la loi n'a pas d'effet rétroactif. Obligé de parler à des étudians, et par conséquent de n'exprimer que des idées simples et à la portée de tout le monde, je vais tâcher de faire connoître, en très-peu de mots, comment ce principe me paroît devoir être appliqué. Je le considérerai sous ses quatre rapports principaux ; relativement aux délits, aux conventions, à la capacité des personnes, et à la forme des actes.

Relativement aux délits. C'est un principe incontestable, et qui n'a jamais été révoqué en doute, qu'il ne peut jamais y avoir lieu à d'autre peine qu'à celle qui étoit établie par la loi en vigueur à l'époque à laquelle le délit a été commis.

Relativement aux conventions. Toutes les contestations relatives à l'effet d'une convention, doivent être jugées d'après la loi qui étoit en vigueur à l'époque où la convention a été passée. Mais il faut qu'il s'agisse de l'effet direct de la convention. S'il s'agit seulement d'un fait relatif, à la vérité, à la convention, mais qui lui est postérieur, toutes les questions relatives à l'effet de ce fait, doivent être jugées d'après la loi sous l'empire de laquelle le fait a eu lieu. Exemple :

Supposons qu'une loi élève en ce moment l'intérêt légal, en matière civile, à six pour cent. Il est formé, depuis, une demande en paiement d'une somme d'argent, due en vertu d'une obligation passée antérieurement à cette loi. Le paiement n'a pas lieu. Intervient jugement qui condamne le débiteur à payer le principal, et les intérêts à compter du jour de la demande. Ces intérêts seront-ils dus sur le pied de cinq pour cent, taux légal de l'intérêt à l'époque du contrat, ou sur le pied de six pour cent, taux de la loi actuelle ? Ils seront dus sur le pied de six pour cent, parce qu'il ne s'agit point ici de l'effet direct de l'obligation, mais d'un fait qui lui est postérieur, c'est-à-dire, du non paiement. Or ce fait est arrivé sous l'empire de la nouvelle loi.

Par la même raison, le débiteur d'une rente, qui a, depuis le Code, laissé écouler deux mois sans payer les arrérages, peut être contraint au remboursement. Depuis que j'ai écrit ceci, la question s'est présentée à la Cour de Cassation, et a été jugée conformément à cette opinion, le 6 juillet 1812.

Il est évident, en effet, que ces différentes dispositions, quoique résultant des lois civiles, sont dans le fait des dispositions pénales, et que, par conséquent, elles doivent être appliquées, ainsi que nous l'avons déterminé relativement aux délits, toutes les fois que le fait qui y donne lieu, s'est passé depuis qu'elles sont établies.

Relativement à la capacité des personnes. Les lois sur la capacité saisissent les personnes au moment où elles sont promulguées. En conséquence, chaque individu qui se trouve compris dans la disposition de la loi, de capable qu'il étoit, devient incapable, ou d'incapable devient capable, suivant la disposition de la nouvelle loi, et à compter de sa promulgation : bien entendu, sans préjudice pour la validité des actes qui ont pu être passés auparavant, et qui étoient valides d'après l'ancienne loi.

Relativement à la forme des actes. L'acte est valable pour tout le temps qu'il peut avoir effet, quand il a été fait suivant les formes requises par les lois en vigueur à l'époque de sa confection. En effet, il étoit dès-lors parfait. Ce seroit donner à la loi nouvelle un effet rétroactif, que de prétendre qu'elle peut ôter à cet acte le caractère de perfection qu'il avoit acquis.

Tel est le petit nombre de principes, à l'aide desquels je pense qu'on peut résoudre la plupart des questions qui peuvent s'élever relativement à la non rétroactivité des lois.

(3) *Contraires à l'équité*. C'est encore un de ces principes qu'il est nécessaire de justifier. Il peut paroître singulier que le juge soit tenu de préférer la loi civile à l'équité. Cependant cela est absolument nécessaire ; d'abord, pour prévenir l'arbitraire qui s'introduiroit bientôt dans les jugemens. En effet, quoique l'équité soit une, il n'en est pas moins vrai que la décision de la question de savoir si telle chose est équitable ou non, dépend de la conscience du juge, qui peut être erronée ou corrompue. En second lieu, l'on doit supposer que la loi civile, en prescrivant des dispositions contraires, en apparence, à l'équité, a eu pour motif d'éviter des inconvéniens plus graves. Si donc il étoit permis aux juges de la violer pour revenir à l'équité, le but du Législateur seroit manqué totalement. Prenons pour exemple la loi de la prescription. Il n'est pas douteux que, dans quelques cas, la prescription ne puisse favoriser la mauvaise foi et la friponnerie. Mais c'est un abus inséparable de la chose, et qui n'est rien, en comparaison des avantages considérables résultant de l'institution même. Si donc il étoit permis aux Tribunaux, quand une fois la prescription est acquise, d'examiner encore le fonds du droit, et de condamner le débiteur à payer, ou le possesseur à restituer, sous prétexte que c'est un homme de mauvaise foi qui n'a pas réellement payé, ou qui n'est pas propriétaire, et qui abuse des dispositions de la loi pour dépouiller le créancier ou le véritable propriétaire, l'on sent que la prescription deviendroit entièrement inutile, puisque le seul avantage qu'elle procure, et qui est immense, c'est d'épargner à celui qui peut l'invoquer, l'embarras de justifier d'une quittance, lorsque la prescription est à l'effet de se libérer, ou d'un titre de propriété, lorsqu'elle est à l'effet d'acquérir. Un jugement donc qui, nonobstant la prescription acquise, condamneroit le débiteur à payer, ou le possesseur à restituer, devroit être nécessairement réformé, s'il étoit de première instance, ou cassé, s'il étoit en dernier ressort.

(4) *Et de la conscience*. Prenons pour exemple une obligation prescrite. Si le débiteur, quoique certain de n'avoir pas payé, se retranche uniquement sur le moyen tiré de la prescription, les juges, comme nous venons de le dire, seront

tenus de le renvoyer de la demande. Mais, dans le for intérieur, sera-t-il réellement acquitté ? Non, sans doute. La sentence est juste, parce qu'elle est conforme aux dispositions de la loi; mais la conduite du débiteur est inique, parce qu'elle est contraire aux règles de la morale.

PAGE 8.

(1) *Sur d'autres objets.* Cela fait partie de l'interprétation par voie de doctrine, dont nous avons parlé plus haut. Ainsi, l'article 1726 porte que le fermier troublé dans sa jouissance, ne peut exiger du propriétaire une diminution dans le prix de ferme, qu'autant qu'il lui a dénoncé le trouble. Un fermier n'a pas dénoncé, et cependant il demande une diminution, sous le prétexte que sa dénonciation eût été absolument inutile, attendu que, quand même elle eût été faite, le propriétaire n'auroit pas eu de bonnes raisons pour faire cesser le trouble. Le juge devra-t-il admettre ce moyen, l'article n'en disant rien ? Oui; d'abord parce qu'il est fondé sur l'équité; 2°. parce qu'il est dans l'intention du Législateur, qui n'a exigé la dénonciation qu'afin de mettre le propriétaire à portée de faire cesser le trouble. Si donc il n'avoit aucun moyen pour le faire cesser, le motif de la loi n'existe plus; 3°. enfin, et c'est ici le jugement par analogie, parce que cette exception se trouve expressément prévue, pour le cas de vente, par l'article 1640. Or, il y a d'abord une grande ressemblance entre le contrat de vente et celui de louage; il y en a encore une plus grande entre l'espèce proposée et celle de l'article 1640. Ce dernier article pourra donc servir de base au jugement.

Au surplus, cette obligation du juge, de suppléer au silence de la loi, n'a pas lieu en matière criminelle, où tout est de rigueur, et où l'on doit se conformer strictement à la lettre de la loi.

(2) *Par l'équité naturelle.* Ainsi l'article 1426 porte que les actes faits par la femme, sans le consentement du mari, n'engagent pas la communauté. Cependant, si celui qui a contracté avec la femme non autorisée, peut prouver que la communauté a profité du contrat, que l'argent emprunté, par exemple, a été versé dans le coffre de la communauté, certainement, quoique ce cas n'ait pas été prévu, le juge déclarera la communauté passible de l'obligation, et condamnera en conséquence le mari à l'acquitter; et il fondera ce jugement sur le principe que *nemo debet locupletior fieri cum alterius detrimento;* et sur ce que, d'ailleurs, il y a fraude de la part du mari, qui, d'un côté, a converti à son profit le contrat passé par sa femme, et qui, de l'autre, se refuse à l'exécuter, sous prétexte qu'il ne l'a pas autorisée.

(3) *De déni de justice.* Pour la forme à suivre, à l'effet de constater et de poursuivre le déni de justice, voyez les articles 506 et suivans du Code de Procédure : la peine est une amende de deux cents à cinq cents francs, et l'interdiction de l'exercice des fonctions publiques, depuis cinq ans jusqu'à vingt. (*Code Pénal*, art. 185.)

(4) *A juger par la suite.* Autrement, ce seroit empiéter sur les droits du législateur.

Les Cours souveraines avoient anciennement le droit de rendre ce qu'elles appeloient des *arrêts de réglement*, par lesquels elles déclaroient, *sous le bon plaisir du roi*, que, jusqu'à ce qu'il en eût été autrement ordonné par lui, elles jugeroient tel point de droit de telle manière, ou encore par lesquels elles interprétoient les articles des coutumes qui présentoient quelque difficulté.

(*Nota*. Lorsqu'il se présentoit à une audience particulière quelqu'affaire susceptible d'une décision générale, le jugement étoit renvoyé à une audience solemnelle. Voilà pourquoi l'on trouve souvent, dans les auteurs anciens, ces expressions: *Par arrêt rendu en robes rouges.*)

Il existe un grand nombre d'arrêts de réglement, ou d'interprétation générale, rendus par divers parlemens, et notamment par celui de Normandie. Ces arrêts, tant qu'ils n'étoient pas cassés par le roi, avoient en général force de loi dans le ressort du parlement qui les avoit rendus. Cet usage n'étoit peut-être pas sujet à de grands inconvéniens, à une époque où les coutumes étoient si multipliées; il avoit même l'avantage que ces arrêts, servant de régulateurs aux juridictions inférieures, épargnoient souvent aux parties les frais de l'appel. Cela tendoit d'ailleurs à rendre la jurisprudence uniforme, au moins dans le ressort de chaque parlement. Mais actuellement que la loi est unique pour tout l'Empire, on sent que ce seroit aller directement contre le but du législateur, que de permettre à un tribunal, quel qu'il soit, de rendre des arrêts de réglement.

(5) *Des diverses nations entr'elles.* Telles sont celles relatives au droit de la guerre et de la paix, aux négociations, aux ambassades, au commerce entre les diverses nations, etc.

(6) *Avec son gouvernement.* Telles sont celles qui règlent la manière dont le prince est appelé au gouvernement, les attributions des différentes charges publiques, l'administration de la justice. Les lois criminelles sont aussi regardées comme faisant partie du droit public.

(7) *D'une même nation.* Telles sont celles relatives aux contrats, aux successions, aux tutelles, etc.

(8) *Dans lesquelles elles sont rendues.* En effet, outre ce qui est appelé Loi, il existe encore en France d'autres dispositions générales pour le droit civil. Ce sont: 1°. les décrets rendus par l'Empereur pour l'exécution des lois : on les nomme *décrets impériaux;* et 2°. les décisions rendues par l'Empereur, sur l'avis du Conseil d'Etat, en interprétation des dispositions des lois qui présentent quelqu'incertitude. Plusieurs de ces décrets et avis sont cités dans le cours de cet ouvrage.

Nous avons encore d'autres dispositions générales, mais qui tiennent plus au droit public qu'au droit civil; ce sont:

1°. Les Sénatus-Consultes organiques, par lesquels le Sénat, sur la proposition de l'Empereur, règle tout ce qui n'a pas été prévu par la constitution, et qui est nécessaire à sa marche, ainsi que la constitution des colonies, etc. (Art. 54 et 56 du Sénatus-Consulte, du 16 thermidor an 10, *Bulletin*, n°. 1876.)

2°. Les simples Sénatus-Consultes, par lesquels le Sénat, également sur la proposition de l'Empereur, statue sur différens objets d'ordre public. (*Ibid.*, art. 55 et 56.)

3°. Enfin, les Statuts impériaux, qui sont les réglemens faits par l'Empereur, en exécution de l'article 14 de l'acte des constitutions du 28 floréal an 12, relativement à l'organisation du palais impérial, et aux devoirs des membres de la famille impériale.

On trouvera cité plusieurs fois le Statut impérial du 30 mars 1806.

PAGE 9.

(1) *Promulguée.* Pour la forme de la promulgation, voir l'article 140 du Sénatus-Consulte organique du 28 floréal an 12. (*Bulletin*, n°. 1.)

(2) *Une présomption légale.* Il y a présomption légale, quand la loi décide que, par cela seul que telle circonstance existe, tel fait est suffisamment prouvé. Ainsi, quand l'enfant est conçu pendant le mariage, il y a présomption légale qu'il a pour père le mari de la mère : quand un mur sépare deux héritages, il y a présomption légale qu'il est mitoyen, etc. Ici, par cela seul qu'il s'est écoulé tel intervalle de temps, depuis qu'une loi a été publiée à Paris, la loi présume qu'elle doit être connue de tous ceux qui habitent tel département. Cette présomption est du nombre de celles que l'on nomme *juris et de jure*, qui n'admettent pas la preuve contraire. Nous verrons, aux titres *des Obligations*, dans quels cas la preuve contraire peut être admise contre la présomption légale.

(3) *A raison des distances.* Cette règle n'a lieu que pour les lois. Quant aux décrets impériaux, un avis du Conseil-d'Etat, approuvé par l'Empereur le 25 prairial an 13, et inséré au *Bulletin* sous le n°. 812, a décidé :

Que les décrets insérés au Bulletin seroient obligatoires dans chaque département, du jour de la distribution du Bulletin au chef-lieu ;

Et que ceux non insérés au Bulletin, ou qui n'y sont indiqués que par leur titre, seroient obligatoires du jour qu'il en auroit été donné connoissance aux personnes qu'ils concernent, par publication, affiche, notification, signification, ou envois faits ou ordonnés par les personnes chargées de l'exécution.

(4) *Un jour après.* Or, d'après la maxime, *dies termini non computatur in termino*, il faut que le jour qui suit celui de la promulgation, soit tout-à-fait écoulé, pour que la loi soit obligatoire. Ainsi, par exemple, une loi promulguée à Paris le 13 septembre, ne commencera à être obligatoire dans tout le département de la Seine qu'à minuit, du 14 au 15.

(5) *Dans les autres départemens*, du continent. Les colonies doivent être l'objet d'un réglement particulier.

(6) *De chaque département.* Ainsi Privas, chef-lieu du département de l'Ardèche, étant à soixante myriamètres de Paris, la loi promulguée à Paris le 13 septembre, obligatoire dans le département de la Seine le 14 à minuit, le sera à la même heure, du 20 au 21, dans le département de l'Ardèche.

Nota : Les distances de Paris aux chefs-lieux des départemens ont été fixées par arrêté du 25 thermidor an 11 (*Bulletin des lois*, n°. 3149).

Un Sénatus-Consulte du 15 brumaire an 13 (*Bulletin*, n°. 375), a décidé implicitement que les fractions de dix à vingt, vingt à trente myriamètres, ne devoient pas être comptées ; de manière que le délai pour une distance de trente-six myriamètres, est le même que pour une distance de trente.

PAGE 10.

(1) *Impératives.* Exemple, celle qui ordonne d'accepter la tutelle, qui prescrit telle ou telle formalité pour le mariage, etc.

(2) *Prohibitives.* Ex. : Celle qui défend d'admettre dans certains cas la preuve testimoniale, qui prohibe certaines stipulations, etc.

(3) *Facultatives.* Ex. : Celle qui permet de divorcer, etc.

On sera peut-être étonné qu'il ne soit pas question des lois qui punissent, *L.* 7, ff. *de Legibus ;* mais j'observe, 1°. qu'il ne s'agit pas ici des lois criminelles; et 2°. qu'il n'y a pas, à proprement parler, de loi qui n'ait d'autre objet que celui de punir. Toute loi de ce genre est impérative ou prohibitive, et elle punit ceux qui ne font pas ce qu'elle ordonne, ou qui font ce qu'elle défend.

On pourra objecter contre cette division, qu'il ne devroit pas y avoir une classe séparée des lois facultatives, c'est-à-dire, qui permettent, d'après cet axiôme si connu: *tout ce que la loi ne défend pas est permis.* Il est donc inutile, dira-t-on, que la loi permette ; il suffit qu'elle ne défende pas. Donc les lois doivent être seulement impératives ou prohibitives.

Ceci a besoin de quelques développemens.

D'abord il est constant qu'en droit naturel, toutes les lois sont impératives ou prohibitives. A l'égard de ces lois, on peut donc dire réellement que tout ce qu'elles ne défendent pas est permis. Mais cet axiôme ne peut s'appliquer aux lois positives qu'avec quelques distinctions. Nous avons déjà observé que ces lois étoient, pour la plupart, des modifications apportées aux dispositions des lois naturelles. Et, en effet, dans le nombre infini d'actes qui ne sont point défendus, et qui sont conséquemment permis par ces dernières lois, il en est plusieurs que la loi positive a dû défendre, soit à cause des inconvéniens qui pourroient en résulter dans l'état de société, soit même parce qu'une permission indéfinie, à cet égard, nuiroit à l'exécution d'autres lois naturelles aussi importantes. Ainsi le droit naturel veut que chacun soit le maître de disposer, comme bon lui semble, de ce qui lui appartient. Mais n'est-il pas évident que ce droit, poussé à l'excès, pourroit être infiniment préjudiciable dans l'état de société? Peut-on permettre à un homme, par exemple, de faire chez lui, et sans aucune précaution, des préparations susceptibles de brûler, non-seulement sa maison, mais encore une ville entière ; d'établir chez lui des fours, des fourneaux, qui incommoderoient tous les habitans d'alentour? ne seroit-il pas dangereux de permettre à un père de dépouiller, dans un moment d'humeur, une postérité innocente, pour enrichir des étrangers, et par là de violer les préceptes de cette autre loi naturelle qui lui enjoint de pourvoir à la subsistance de ses enfans? Dans ces cas et autres semblables, la loi positive a donc dû restreindre le droit de disposer ; mais il est évident que, pour tous les cas dans lesquels la prohibition n'existe pas, la permission donnée par la loi naturelle reprend toute sa force et toute son étendue. Donc, pour appliquer l'axiôme ci-dessus aux lois positives, il faut dire que *toutes les choses permises par la loi naturelle, et qui ne sont pas défendues par la loi positive, sont permises par cette dernière loi.*

Quant à l'origine des lois facultatives, il faut considérer que la loi positive ne peut, à la vérité, ordonner ce que la loi naturelle défend; mais que, cependant, pour éviter de plus grands maux, elle peut le permettre. Ainsi, suivant l'opinion la plus générale, le mariage est, de droit naturel, indissoluble; cependant, eu égard à la corruption des mœurs, et à la nécessité de ne pas rendre l'époux innocent victime du désordre et des mauvais traitemens de l'autre époux, la loi positive a pu permettre le divorce. Cette permission n'a pu être accordée que par une loi expresse; car le divorce étant supposé défendu par la loi naturelle, l'axiôme ci-dessus ne pouvoit lui être appliqué. Voilà donc une loi facultative introduite dans le système de la législation. De même, il est contraire au droit naturel qu'un débiteur puisse se dispenser de payer, uniquement parce que le créancier a laissé passer trente ans sans lui demander son paiement. Néanmoins, comme il doit y avoir un terme à tout, et qu'on ne peut forcer le débiteur qui a vraiment payé, de conserver à perpétuité la preuve du paiement, on a établi généralement qu'au bout de trente ans écoulés sans poursuites, le créancier seroit non recevable à demander l'exécution de l'obligation. Mais il est évident que le droit d'opposer la prescription est de pure faculté pour le débiteur, et qu'il peut toujours payer, si sa conscience l'exige. La loi sur la prescription est donc encore une loi facultative. Ces exemples suffisent pour démontrer comment l'existence de ces lois peut se concilier avec le principe que *tout ce que la loi ne défend pas est permis*, puisqu'en effet ce principe ne s'applique qu'aux choses qui, étant permises par le droit naturel, ne sont point défendues par la loi positive; tandis que les lois facultatives, au contraire, s'appliquent aux choses qui, étant défendues par la loi naturelle, sont cependant, pour des motifs importans, permises par les lois positives.

Il est encore d'autres espèces de lois facultatives; ce sont celles qui contiennent des exceptions à une loi prohibitive. Ainsi, par exemple, les substitutions sont, en général, prohibées; cependant les articles 1048 et 1049 les permettent à l'égard de certaines personnes. Ces deux articles sont donc des lois facultatives, etc.

(4) *La plupart des lois sur les successions.* Car celles qui déterminent la capacité de succéder, et les causes d'indignité, sont des lois personnelles. Mais celles qui concernent la division en lignes, par tête ou par souche, la représentation, les rapports, le partage, le paiement des dettes, la garantie des lots, sont des lois réelles.

PAGE 11.

(1) *A ces mêmes biens.* Ainsi, quel que soit le propriétaire d'un immeuble situé en France, il ne pourra l'hypothéquer que d'après les formes voulues par la loi française, ni y imposer d'autres servitudes que celles qui sont permises par la même loi.

(2) *Même en pays étranger.* Ainsi, quelque part que réside un Français, il sera majeur à vingt-un ans, et il ne pourra se marier, sans le consentement de ses ascendans, qu'à vingt-cinq.

Les questions de réalité ou de personnalité des lois étoient beaucoup plus fréquentes sous l'ancien droit. Le nombre des coutumes qui régissoient la France étoit si considérable, qu'il arrivoit très-fréquemment que les tribunaux avoient à décider si telle disposition, qui avoit l'apparence de la personnalité, n'étoit cependant pas réelle, et ne devoit pas en conséquence être bornée au territoire de la coutume. Aujourd'hui que la France est régie par une loi unique, la question ne peut s'élever que dans le cas de biens possédés en France par un étranger, ou dans l'étranger par un Français. Nous n'insisterons pas, en conséquence, sur cette matière, qui a beaucoup occupé les jurisconsultes, et qui est d'ailleurs extrêmement abstraite; et nous nous contenterons de rappeler ici le principe posé par M. d'Aguesseau, à la suite de son cinquante-quatrième Plaidoyer, et qui paroît susceptible de résoudre le plus grand nombre des difficultés de la matière.

D'abord, il y a des dispositions sur la réalité ou la personnalité desquelles il ne peut s'élever de question. Les seules à l'égard desquelles il puisse y avoir doute, sont celles qui établissent des incapacités de disposer ou de succéder : et, pour savoir si une disposition de ce genre est réelle ou personnelle, il faut, dit M. d'Aguesseau, consulter l'intention du Législateur. N'a-t-il eu d'autre motif, en établissant la prohibition, que de conserver le bien dans la famille, sans avoir eu pour cela l'intention d'attacher aucune défaveur à la personne contre laquelle il a établi la prohibition; la loi est réelle. La prohibition est-elle au contraire fondée sur une qualité inhérente à la personne, tellement que, par cela seul que cette qualité existe, et toutes les fois qu'elle existe, la prohibition doive avoir lieu; la loi est personnelle. D'après cette distinction, nous dirons que la prohibition de disposer au préjudice de la réserve, est une loi réelle, puisqu'elle n'a d'autre motif que celui de conserver les biens aux enfans ou aux ascendans. Nous dirons la même chose de la prohibition faite aux conjoints de s'avantager dans certains cas. Ce n'est point la défaveur attachée au conjoint, mais le désir de conserver les biens à tel ou tel héritier, qui a fait introduire la prohibition, puisqu'à défaut de ces héritiers, le conjoint peut disposer de tous ses biens, même en faveur de son époux. De même, la loi qui défend au mari et à la femme, mariés sous le régime dotal, d'aliéner l'immeuble dotal, est une loi réelle. Au contraire, l'incapacité du mort civilement est l'effet d'une loi personnelle, puisque celui même qui n'auroit aucuns parens, ne pourroit disposer en sa faveur.

Il y a quelques dispositions qui me paroissent tenir tout-à-la-fois de la réalité et de la personnalité. Telle est la prohibition faite à l'enfant naturel de recueillir au-delà de certaine quotité de la succession. On peut dire que cette disposition est personnelle, puisqu'elle est bien certainement fondée sur la défaveur attachée à l'état d'enfant naturel. Mais, en même temps, on peut la regarder comme réelle, puisqu'on a eu également en vue l'avantage des héritiers; ce qui se prouve parce que, s'il n'y a pas d'héritiers légitimes, l'enfant naturel prend toute la succession, et que d'ailleurs sa part augmente en raison du degré d'éloignement des parens. Dans cet état de doute, d'après la maxime, *odia sunt restringenda*, je pense qu'une pareille disposition devroit être regardée plutôt comme réelle que comme personnelle.

PAGE 12.

(1) *De la jouissance des droits civils.* On peut consulter sur cette matière le *Traité du droit d'Aubaine*, par BACQUET.

(2) *Des lois civiles*, ou du droit civil.

(3) *Appartiennent donc éminemment.* Je dis *éminemment:* Nous allons voir tout-à-l'heure qu'ils peuvent en effet appartenir à d'autres, mais d'une manière en quelque sorte précaire, et subordonnée à telle ou telle circonstance.

(4) *Ou par le bienfait de la loi.* On peut aussi devenir Français par la réunion à la France, du pays que l'on habite. Dans ce cas, la condition des habitans est ordinairement réglée par l'acte de réunion.

(5) *Par leur mariage avec un étranger. Quid* à l'égard de la femme française qui a épousé un Français, mais dont le mari devient étranger, par exemple, par l'effet de la naturalisation non autorisée?

Il résulte de la discussion qui a eu lieu sur l'article 214, que l'obligation imposée à la femme par cet article, d'habiter avec son mari, et de le suivre partout où il juge à propos de résider, s'étend même au cas où le mari quitte le territoire français. Si donc la loi française fait un devoir à la femme de suivre son mari partout, elle ne peut la punir d'avoir satisfait à cette obligation. Or ce seroit la punir que de la priver de la qualité de Française. Je pense donc qu'elle la conserve. Il ne peut y avoir, d'ailleurs, de comparaison entre ce cas et celui d'une Française qui épouse un étranger. Celle-ci doit connoître la condition de celui qu'elle épouse. *Omnis ignarus esse debet conditionis ejus cum quo contrahit.* Elle sait qu'en l'épousant elle va suivre cette condition; c'est une chance qu'elle court en pleine connoissance de cause. L'autre, au contraire, a épousé un Français. Elle n'est pas présumée savoir ni deviner qu'il deviendroit étranger. Elle est obligée de le suivre. Encore une fois, on ne peut la punir d'avoir rempli fidèlement ses devoirs.

Telle étoit mon opinion d'après le Code seul. J'y ai été confirmé singulièrement par le décret du 26 août 1811 (*Bulletin*, n°. 7186), dont l'article 3 décide formellement, que le Français naturalisé en pays étranger, avec l'autorisation de l'Empereur, conserve tous ses droits civils en France. Or nul acte plus volontaire de la part du Français, que la naturalisation; et si, néanmoins, une simple autorisation de l'Empereur suffit, pour que le Français, devenu volontairement étranger par la naturalisation, conserve les droits civils en France, à combien plus forte raison la femme, qui n'est censée quitter la France que malgré elle, et en vertu de l'obligation que lui impose la loi française elle-même, doit-elle les conserver?

(6) *Sans esprit de retour.* Observez que ce n'est pas au Français à prouver qu'il a conservé l'esprit de retour. Sa qualité de Français forme présomption en sa faveur. Il est Français, jusqu'à ce qu'il soit prouvé qu'il a cessé de l'être. C'est donc à celui qui prétend qu'il ne l'est plus, à prouver qu'il a perdu l'esprit de retour, et par suite la qualité de Français.

PAGE 13.

(1) *Mais encore citoyen Français.* Aux termes de l'article 2 de l'acte constitutionnel

de l'an 8, le Français qui n'a pas perdu cette qualité, qui n'est pas citoyen, et qui veut le devenir, est tenu seulement de se faire inscrire sur le registre civique de son arrondissement communal, et de justifier qu'il a demeuré, depuis cette inscription, et pendant un an, sur le territoire de l'Empire. (*Voyez* la note (7) de la page suivante.)

(2) *D'acquérir la qualité de Français.* Il y en a encore une quatrième. (*Voyez* la note (4) de la page précédente.)

(3) *Né en France d'un étranger*, qui n'a pas les droits civils. Autrement, l'enfant seroit Français par droit de naissance, et sans aucune formalité.

(4) *Dans l'année de sa majorité.* De quelle majorité l'article entend-il parler? est-ce de celle fixée par les lois du pays de l'étranger, ou de celle de vingt-un ans, déterminée par les lois françaises? Dans la rigueur du droit, cet individu étant étranger, est sujet aux lois de son pays, tant qu'il n'est pas devenu Français. Or, nous avons vu que la loi sur la majorité est une loi personnelle qui suit l'individu partout. Si donc il n'existoit aucun motif particulier de décision contraire, je n'hésiterois pas à prononcer qu'il s'agit ici de la majorité, telle qu'elle est déterminée par les lois du pays du réclamant. Mais d'un autre côté, quand je remarque que la constitution de l'an 8 n'exige que l'âge de vingt-un ans, de l'étranger qui veut devenir Français, et que le législateur a eu certainement l'intention de traiter plus favorablement le fils de l'étranger, qui est né en France, je ne puis m'imaginer qu'il ait eu en vue une autre majorité que celle fixée par la loi française, c'est-à-dire celle de vingt-un ans.

Observez que le fils de l'étranger, né en France, qui n'a pas réclamé la qualité de Français dans l'année de sa majorité, est, s'il veut devenir Français par la suite, astreint à toutes les obligations imposées, à l'étranger qui veut devenir citoyen Français, par l'article 3 de l'acte constitutionnel.

(5) *Qu'il déclare.* Où doit être faite cette déclaration? Je pense qu'elle doit être faite à la municipalité du lieu où il veut établir son domicile. (Argument tiré de l'article 104.)

PAGE 14.

(1) *Du jour de sa soumission.* Bien entendu après avoir obtenu l'autorisation du gouvernement, laquelle doit précéder toute espèce de déclaration.

(2) *L'enfant né.* C'est-à-dire, conçu. Si donc l'époque de la conception peut se reporter à un temps antérieur à celui où le père a perdu la qualité de Français, le fils est Français de plein droit, d'après la maxime que, *infans conceptus pro nato habetur, quoties de ejus commodis agitur.* Mais comment déterminer l'époque de la conception, époque toujours couverte d'un voile impénétrable? La loi nous donne sur ce point une règle sûre. L'article 315 dit que la légitimité de tout enfant, né trois cents jours après la dissolution du mariage, peut être contestée. La loi regarde donc l'espace de trois cents jours comme le terme le plus long de la gestation. Si donc l'enfant est né trois cents jours ou davantage après que son père a perdu la qualité de Français, il est étranger, sauf la faculté de devenir Français, en remplissant les formalités prescrites par l'article 9. Mais si, au moment de sa naissance, il s'est

écoulé moins de trois cents jours, depuis que le père a perdu cette qualité, il est Français en naissant, et sans avoir besoin de remplir aucune formalité.

Quid, si l'enfant est né d'une Française et d'un père inconnu? Il est Français. L'enfant illégitime suit la condition de sa mère. (Instit., *de Ingenuis.*)

Quid, si le père est étranger, et qu'il le reconnoisse? La reconnoissance ayant un effet rétroactif au moment de la naissance, l'on doit tenir que l'enfant n'a jamais été Français, et n'a jamais joui des droits attachés à cette qualité. Si, néanmoins, l'enfant prétend que cette reconnoissance est frauduleuse, que l'individu qui l'a reconnu n'est pas son père, et que la reconnoissance a pour motif, par exemple, de le priver des droits qu'il pourroit prétendre dans la succession de sa mère, il pourra la contester. (Art. 339.)

Quid, si l'enfant est né d'une mère étrangère, et d'un père Français, non mariés?

Par la même raison, il faut tenir que, si l'enfant est reconnu, il est Français; sinon, il suivra la condition de sa mère, et sera étranger comme elle.

Si les lois du pays où se trouve le père Français, permettoient de reconnoître un enfant naturel par acte sous seing privé, une reconnoissance pareille auroit-elle effet en France?

Je ne le pense pas. *Nec obstat* la règle, *locus regit actum*. Cette règle ne s'applique qu'à la forme des actes. Ainsi, en vertu de cette règle, pour savoir si un acte est authentique, il faut consulter la loi du pays où il est passé. Si donc cette loi n'exige que la présence d'un seul notaire, l'acte sera regardé comme authentique en France, quoique la loi française exige de plus la présence d'un deuxième notaire, ou de deux témoins. Mais l'effet de cette règle ne peut pas aller jusqu'à changer la nature de l'acte exigé. L'acte sous seing privé est partout un acte sous seing privé; et, par conséquent, dès que la loi Française ne regarde pas un pareil acte comme suffisant pour la reconnoissance d'un enfant naturel, il ne le sera pas davantage pour avoir été signé en pays étranger. D'ailleurs, la disposition de la loi française a pour but de prévenir les surprises, d'empêcher les manœuvres qui pourroient être pratiquées pour faire signer de prétendues reconnoissances; surprises et manœuvres qui sont bien plus difficiles, lorque l'acte est passé devant un officier public. On peut donc regarder cette disposition comme une espèce de loi personnelle, puisqu'elle détermine, en quelque sorte, la capacité de l'individu, et, par conséquent, comme devant suivre e Français, même en pays étranger.

(3) *Même dans l'étranger.* Je crois que c'est ainsi que doit être entendu l'art. 10. Je pense qu'il est applicable à tout enfant d'un Français qui a perdu cette qualité, soit que la naissance ait eu lieu en France ou en pays étranger.

(4) *En tout temps.* Ainsi, il ne sera pas obligé de réclamer, dans l'année de sa majorité, comme le fils de l'étranger né en France. On a pu vouloir favoriser le fils du Français, en faveur du sang qui coule dans ses veines. L'on pourra donc réclamer pour lui la qualité de Français avant sa majorité, comme il pourra la réclamer lui-même long-temps après.

(5) *Qui a perdu cette qualité.* Quelques personnes ayant remarqué que l'article 9 ne

se trouvoit pas rappelé dans l'article 20, en ont conclu que ce dernier article ne s'appliquoit pas aux enfans de l'étranger, nés en France; et ils en ont tiré la conséquence ultérieure, que ces enfans pouvoient user du bénéfice de la rétroactivité, que l'article 20 refuse aux individus mentionnés dans les articles 10, 18 et 19; en sorte que, dans ce système, tous les droits qui pourroient écheoir aux enfans de l'étranger, nés en France, depuis le moment de leur naissance jusqu'à l'accomplissement de l'année d'après leur majorité, devroient rester *in suspenso*. Cette opinion me paroît trop contraire à l'esprit général du Code, pour pouvoir être adoptée. Nous voyons partout que le Législateur prend tous les moyens possibles pour ne pas entraver la circulation des biens; pour que les acquéreurs puissent compter sur leurs propriétés, et se livrer en conséquence à toutes les améliorations que leur fortune et les circonstances peuvent leur permettre. Ce n'est que dans des cas très-rares, et pour des motifs, j'oserois dire sacrés, qu'il se permet de déroger à ce principe; par exemple, pour le complément de la légitime; et l'on pourroit croire que, pour favoriser des enfans, auxquels le hasard a procuré le bonheur de naître en France, mais qui n'en sont pas moins les enfans de l'étranger, la loi laisseroit des propriétés dans une incertitude toujours nuisible au bien public, pendant un espace de vingt-deux, ou même peut-être de vingt-six ans. D'un autre côté, nous voyons que l'enfant du Français qui a perdu cette qualité, est nommément compris dans l'article 20; que le bénéfice de rétroactivité lui est donc rigoureusement interdit. Cependant il est certain que le Législateur a regardé cet enfant d'un œil plus favorable que l'enfant de l'étranger, né en France, puisqu'il lui permet de réclamer en tout temps, et à tout âge, la qualité de Français, tandis qu'il n'accorde cette faculté au fils de l'étranger que pendant l'année qui suit sa majorité; et l'on voudroit cependant qu'il eût accordé au dernier, et refusé au premier, un bénéfice entièrement contraire au système général de la Législation!

Je ne puis donc, encore une fois, adopter cette opinion. Quant à la raison pour laquelle l'article 9 ne se trouve pas rappelé dans l'article 20, j'en trouve une fort simple. Qu'a voulu le Législateur dans l'article 20? Abroger seulement la jurisprudence ancienne, d'après laquelle le Français qui avoit perdu cette qualité, et qui la recouvroit au moyen de Lettres du Roi, que l'on nommoit Lettres de Déclaration, étoit censé ne l'avoir jamais perdue, et pouvoit en conséquence réclamer tous les droits qui lui étoient échus dans l'intervalle. Cette jurisprudence est attestée par M. d'Aguesseau, dans son trente-deuxième Plaidoyer. Mais l'on sent que la question ne pouvoit jamais s'élever à l'égard de celui qui n'avoit jamais été Français, et qui le devenoit pour la première fois. A quel titre, en effet, et sous quel rapport cet individu auroit-il pu invoquer la rétroactivité? D'après cette explication, qui est toute naturelle, l'on voit pourquoi l'article 20 ne rappelle que les articles 10, 18 et 19: c'est que, dans ces trois articles, il est question de personnes qui recouvrent la qualité de Français, après l'avoir perdue, et qui se trouvant absolument dans la classe de ceux qui obtenoient anciennement des Lettres de Déclaration, auroient pu encore prétendre au même bénéfice. On le leur a refusé, parce qu'on n'a pas voulu laisser d'incertitude dans les propriétés. D'abord, cela est évident pour les articles 18 et 19. Cela n'est pas aussi clair pour l'article 10. L'on pourroit en effet prétendre avec raison que l'enfant né, en pays étranger, d'un Français qui a perdu cette qualité, n'a jamais été Français. Mais néanmoins, comme dans ce même article le Législateur s'est servi du mot *recouvrer*, l'on doit présumer qu'il a entendu ranger cet enfant dans la classe de ceux dont il est question dans les articles 18 et 19. Mais quant à l'article 9, il ne pouvoit y avoir de difficulté. On veut bien accorder quelque privilége au fils de l'étranger, qui est né en France; mais il n'en est pas moins étranger. On ne dit pas de lui qu'il *recouvre*, mais *qu'il réclame* la qualité de Français. La question de rétroactivité ne pouvoit donc s'élever à son égard, pas plus qu'à l'égard de tout autre étranger qui devient Français. Il étoit donc inutile d'en faire mention dans l'article 20.

(6) *Tout Français*, et non pas tout citoyen Français. Il n'est pas nécessaire d'être citoyen pour jouir des droits civils; il suffit d'être Français.

(7) *Jouit des droits civils*, et non pas des droits politiques ou de cité; pour en jouir, il ne suffit pas d'être Français, il faut encore être citoyen.

« Tout homme né et résidant en France, qui, âgé de vingt-un ans accomplis, » s'est fait inscrire sur le registre civique de son arrondissement communal, et » qui a demeuré depuis, pendant un an, sur le territoire de l'Empire, est citoyen » Français. » (*Constit. de l'an* 8, tit. Ier., art. 2.)

Ainsi, le Français âgé de vingt-un ans, qui ne s'est pas fait inscrire, n'est pas citoyen. Mais comme il est Français, il jouit des droits civils.

Remarquez que par ces mots *tout homme*, de l'article 2 de la Constitution, il faut entendre *tout Français*. Il est évident que cette disposition ne s'appliqueroit pas à l'étranger, quoique né et résidant en France, puisqu'en outre l'article 9 du Code Napoléon exige une déclaration faite dans l'année de la majorité.

(8) *Et qu'ils continuent d'y résider*. Cette disposition a eu principalement pour but d'accorder les droits civils aux étrangers qui veulent devenir Français, pendant les dix ans de stage exigés par la constitution. Mais l'on voit que, pour que l'étranger admis par l'Empereur à établir son domicile en France, y conserve les droits civils, il faut qu'il continue d'y résider. La cessation de résidence emportera donc la perte des droits civils. Mais il faut qu'il y ait cessation totale. Je pense bien qu'une absence momentanée ne suffiroit pas pour le priver de ces droits.

Quel est l'état des enfans de l'étranger admis à établir son domicile en France? Je pense qu'ils sont Français du moment de leur naissance. En effet, tout individu né en France est Français, sauf l'enfant de l'étranger proprement dit, et du Français qui a perdu cette qualité. Or, ici, on ne peut dire que le père soit étranger, puisqu'il jouit de tous les droits du Français, ni qu'il ait perdu la qualité de Français, puisqu'il ne l'a jamais été.

Au surplus, je ne vois dans le Code aucune trace de cet état mitoyen, imaginé par un auteur (M. PROUDHON), qui accorde une partie des droits civils seulement, à l'étranger qui jouit en France de ce qu'il appelle l'*incolat*, c'est-à-dire, qui réside en France sans l'autorisation de l'Empereur. Sauf le cas prévu par l'article 11, un étranger jouit en France de tous les droits civils, ou ne jouit d'aucun (*a*).

Cet auteur prétend que l'étranger qui a ce droit d'*incolat*, jouit de tous les droits civils purement personnels, c'est-à-dire, relatifs à sa qualité et à son état, et à la jouissance ou non jouissance desquels personne n'a intérêt; mais qu'il n'a pas l'exercice des droits civils relatifs à la successibilité, au droit d'aubaine, ni, en général, des droits qui intéressent le fisc ou les tiers.

Si, par là, l'auteur a entendu que cet étranger jouiroit des droits civils, tant que personne n'auroit intérêt à les lui contester, il a dit une vérité triviale. Car tout le monde sait que, pour agir, pour contester, il faut avoir un intérêt. Il me semble donc que le dilemme suivant répond à tous les raisonnemens de l'auteur sur cette question: ou les droits qu'il attribue à cet étranger, préjudicieront à quelqu'un, ou non?

Dans le premier cas, il avoue lui-même que la jouissance peut en être contestée par tous ceux qui ont intérêt.

Dans le second cas, on ne contestera pas, à la vérité, cette jouissance, non qu'elle ne soit également contestable, mais parce que l'intérêt étant le principe de toutes les actions, et personne n'ayant, dans l'hypothèse, d'intérêt à la contester, tous ceux qui s'aviseroient de le faire, seroient déclarés non-recevables.

(9) *Par les traités.* Il ne suffiroit pas que ces droits fussent accordés aux Français par les lois particulières du pays de l'étranger. On n'a pas voulu qu'une nation, en accordant, de sa seule autorité, un droit aux Français, pût forcer la France d'accorder le même droit aux étrangers de cette nation.

Mais quels sont les droits dont seroit privé l'étranger, s'il n'existoit aucun traité à ce sujet avec sa nation? Ce sont ceux de recevoir entre-vifs ou par testament (art. 912), de succéder, *ab intestat*, à ses parens Français ou étrangers (art. 726), d'être admis au bénéfice de cession (*Procéd.* 905,) etc.

Quid, à l'égard de sa propre succession? seroit-elle dévolue au fisc dans tous les cas indistinctement, même quand il existeroit des parens regnicoles au degré successible?

L'on pensoit anciennement que les parens, Français ou naturalisés, pouvoient recueillir la succession de leurs parens étrangers; mais que, ce cas excepté, la succession appartenoit au fisc par droit d'aubaine. Je crois que cette jurisprudence seroit encore suivie aujourd'hui. L'article 726 exclut bien le parent étranger du droit de succéder à son parent Français; mais je ne vois nulle part que le Français soit exclu du droit de succéder à son parent étranger. L'on oppose à cette opinion, que le droit de transmettre sa succession est un droit civil, dont l'étranger n'est pas capable. Je réponds que cela est vrai pour la transmission testamentaire, et faux

(*a*) Ce n'est pas que l'on ne puisse soutenir, avec quelque fondement, que l'autorisation tacite de résider pourroit suffire pour donner les droits civils, *putà*, si l'individu a été porté long-temps sur la liste civique, s'il a rempli les charges qui ne sont imposées qu'aux citoyens, telles que celles relatives à la garde nationale, à la conscription, etc. Mais alors, si cette espèce d'autorisation suffit, l'individu jouit de tous les droits civils; si elle ne suffit pas, il ne jouit d'aucun.

pour la succession *ab intestat*. Le mort civilement est bien certainement privé des droits civils au moment où sa succession s'ouvre, puisque le testament qu'il auroit pu faire auparavant est annullé; et cependant ses parens ne recueillent-ils pas la succession? On dira peut-être qu'ils ne recueillent pas celle des biens qu'il acquiert depuis la mort civile encourue. Cela est vrai; mais c'est par une autre raison que nous ferons connoître ci-après, note (2) de la page 24. Qu'il nous suffise maintenant d'avoir prouvé que les parens Français peuvent hériter d'un homme qui n'a pas les droits civils en France, et qu'il n'y a pas de raison pour ne pas appliquer ce principe à l'étranger, bien plus favorisé dans nos lois que le mort civilement. Et puis, je conçois que l'on empêche l'étranger de succéder au préjudice de parens Français; qu'on lui préfère même le fisc. Il est important pour l'État de ne pas laisser emporter hors du territoire le produit d'une succession opulente. Mais cette raison ne s'applique pas à l'héritier Français.

Concluons donc que la capacité de transmettre sa succession doit s'entendre uniquement de la succession testamentaire; que dans la succession *ab intestat*, ce n'est pas le défunt qui transmet sa succession, c'est la loi qui la transmet pour lui. Ce n'est donc point la capacité du défunt, mais seulement celle de l'héritier qu'il faut considérer. Mais si l'étranger ne peut disposer par testament, pourroit-il le faire par acte entre-vifs, en faveur d'un Français? Nous examinerons cette question au Titre *des Donations*, où nous la décidons pour l'affirmative. (*Voyez* la note (5) de la page 230.)

(10) *A laquelle ils appartiennent.* Voir le traité conclu avec la Suisse, le 4 vendémiaire an 12 (*Bulletin*, n°. 324); le décret impérial du 19 février 1806, relatif à l'affranchissement réciproque du droit d'aubaine, en faveur des habitans de l'Empire Français, du royaume d'Italie, des États de Parme, Plaisance et Guastalla (*Bulletin*, n°. 1347); le décret impérial rendu pour la Prusse, le 2 décembre 1811 (*Bulletin*, n°. 7479); celui rendu pour les sujets du grand-duc de Francfort, le 25 avril 1812 (*Bulletin*, n°. 7919); enfin, celui rendu pour les sujets du duc de Mecklembourg-Schwerin, le 28 mai 1812 (*Bulletin*, n°. 8002).

PAGE 15.

(1) *Demandeur.* Il faut donc qu'il y ait demande. Si l'étranger est porteur d'un titre paré, dont il poursuit seulement l'exécution, la caution ne peut être exigée.

Peut-on exiger la caution de l'étranger qui appelle d'un jugement? Si l'étranger a été demandeur en première instance, on a dû exiger la caution, et l'on ne peut pas en exiger une seconde. Si on ne l'a pas demandée en première instance, l'on n'est plus à temps pour la demander sur l'appel, puisqu'elle doit être requise avant toute exception.

S'il étoit défendeur en première instance, il n'étoit pas sujet à la caution; et il ne la doit pas davantage sur l'appel, qui n'est qu'un moyen de défense.

(2) *Ou intervenant.* L'article 166 du Code de Procédure oblige l'étranger intervenant de donner caution, mais seulement lorsqu'il est intervenant demandeur. Il faut remarquer, en effet, que tout individu qui intervient dans un procès, est demandeur en intervention, puisqu'il demande à être reçu partie intervenante, mais qu'il n'est

pas pour cela demandeur intervenant. Pour comprendre cette distinction, il faut entrer dans quelques détails.

On peut intervenir sous trois rapports: pour le demandeur, pour le défendeur, ou pour soi-même.

Pour le demandeur. Exemple : J'ai vendu dix arpens de terre à Pierre. Au moment où il va en prendre possession, il en trouve quatre occupés par Jacques, qui s'en prétend propriétaire. Il forme contre Jacques une demande en délaissement de ces quatre arpens. J'ai intérêt d'intervenir dans l'instance, parce que, si Pierre perdoit son procès, il auroit contre moi un recours en garantie. Dans ce cas, j'interviens pour le demandeur.

Pour le défendeur. Exemple : J'ai vendu dix arpens de terre à Pierre, et je l'ai mis en possession de la totalité. Bientôt après, Jacques l'assigne pour voir dire qu'il sera tenu de lui délaisser quatre desdits arpens, dont lui Jacques se prétend propriétaire. J'ai le même intérêt que dans l'espèce ci-dessus pour intervenir. Mais ici j'interviens pour le défendeur.

Enfin, l'on peut intervenir *pour soi-même.* Pierre et Paul se disputent la propriété de dix arpens de terre. De ces dix arpens, je prétends que quatre m'appartiennent. J'interviens dans l'instance pour obtenir le délaissement de ces quatre arpens. J'interviens pour moi-même, et dans mon seul intérêt.

En me supposant étranger, dans quel cas devrai-je être regardé comme demandeur intervenant, et par conséquent tenu de donner caution ? Il est évident que ce ne peut pas être quand j'interviens pour le défendeur, puisqu'alors je me constitue moi-même défendeur. Par la même raison, quand j'interviens pour le demandeur, je me constitue demandeur ; je suis donc tenu de donner caution. Il en est de même, à plus forte raison, quand j'interviens pour moi-même, puisqu'il est certain qu'alors c'est une véritable demande que je forme.

La caution peut-elle être exigée du mort civilement ? Non. Il n'est pas plus étranger que Français ; et, d'ailleurs, qui voudroit lui servir de caution ? Aussi l'article 25 se contente-t-il d'exiger qu'il agisse ou se défende par le ministère d'un curateur, sans parler, en aucune manière, de caution.

Quid, à l'égard de celui qui a fait cession de biens ? On l'exigeoit anciennement. La loi actuelle ne contenant aucune disposition à ce sujet, il faut tenir que la caution ne peut être exigée. C'est une disposition exorbitante du droit commun, et qui ne peut être étendue. *Odia restringenda.*

(3) *Avant toute exception.* L'article 169 du Code de Procédure dit également, que le déclinatoire, pour cause d'incompétence, doit être proposé avant toute exception. Si les deux exceptions concourent, laquelle devra être proposée la première ? Comme, aux termes de l'article 167, c'est au Tribunal à fixer la somme jusqu'à concurrence de laquelle la caution doit être fournie, il faut qu'il entre, au moins légèrement, en connoissance de cause. La caution ne doit donc être raisonnablement demandée que devant le Tribunal qui doit rester saisi de l'affaire. Le déclinatoire doit donc être proposé, avant que la caution puisse être demandée.

(4) *De donner caution*. Pour les formalités relatives à la réception des cautions, voyez le Code de Procédure, art. 517 et suiv.

(5) *Résultant du procès*. Si donc le jugement prononçoit contre l'étranger une condamnation en dommages-intérêts, mais résultant d'une autre cause que celle qui a donné lieu à la demande, la caution n'en seroit pas tenue. *Ex.* : Un étranger a vendu une maison. Pour se dispenser de la livrer, il forme une demande en rescision de la vente, pour vilité de prix. La caution est demandée et fournie. La demande en rescision est rejetée, et le vendeur condamné à livrer, et en outre à des dommages-intérêts, résultant, 1°. du retard que la demande a apporté à la livraison; et 2°. des dégradations qu'il a commises, depuis la vente, sur la chose vendue. La caution sera tenue des premiers, parce qu'ils sont la suite nécessaire du procès; et elle ne sera pas tenue des seconds, parce qu'ils sont le résultat d'un fait totalement étranger au procès.

De même, comme cette caution n'est exigée que dans l'intérêt du défendeur, je pense qu'elle ne seroit point tenue des condamnations qui pourroient être prononcées au profit du fisc.

(6) *Pour en répondre*. La justification de propriété ne suffiroit pas, il faut, de plus, qu'il soit passé un acte, ou rendu un jugement, en vertu duquel le défendeur puisse prendre une inscription hypothécaire.

On a critiqué cette opinion, et l'on a prétendu que la loi n'exigeant point que l'étranger donne une hypothèque, on n'avoit pas le droit de la demander. Mais qui veut la chose, veut les moyens. Quel est le but de la loi? C'est de fournir au défendeur une sûreté pour le paiement des frais et des dommages-intérêts auxquels l'étranger pourra être condamné. Or, la simple justification de propriété seroit-elle suffisante pour cela? Non, sans doute, puisque l'étranger pourroit vendre tous ses immeubles avant la fin du procès, et par là priver le défendeur de la sûreté que la loi a voulu lui donner. Et d'ailleurs, qui ne voit que l'hypothèque aura lieu par la force même des choses? Un étranger assigne. Le défendeur demande la caution. L'étranger oppose qu'il a en France des propriétés immobilières suffisantes, et il en justifie. Il faut bien un jugement qui constate qu'il a justifié de ces propriétés, qu'elles sont affectées, jusqu'à concurrence de telle somme, au paiement des frais et dommages-intérêts, et qui, en conséquence, le dispense de donner caution. Ce jugement ne produira-t-il pas une hypothèque, sur les biens affectés, en vertu de l'article 2123? et par conséquent ne donnera-t-il pas au défendeur le droit de prendre inscription? Si tout cela n'a pas été dit lors de la rédaction de l'article 16, c'est que l'on ignoroit alors quel seroit le système hypothécaire qui seroit adopté en définitif.

(7) *Des Tribunaux Français*. Mais il n'est utile de l'assigner en France, qu'autant qu'il y a des propriétés; autrement le jugement du tribunal français deviendroit inutile, à moins cependant qu'il n'existe, dans les traités, des dispositions, d'après lesquelles les jugemens des tribunaux d'un pays soient exécutoires dans l'autre, comme il est dit dans le traité avec la Suisse, art. 15.

Mais d'après quelle loi les tribunaux français devront-ils juger ? Il faut distinguer :

Si l'affaire est relative à un immeuble, on suivra la loi du pays où l'immeuble est situé.

Si l'action est mobilière, il faut encore distinguer : si l'action est relative à l'interprétation d'une convention, l'on suivra la loi du pays où le contrat a été passé ; si c'est au mode d'exécution, ce sera la loi du pays où le paiement devra être fait, ou l'obligation exécutée.

Si l'affaire est relative à la capacité de la personne, il faudra se conformer à la loi du pays de la personne dont la capacité est contestée.

Enfin, s'il s'agit de la forme d'un acte, il faudra consulter la loi du pays où l'acte a été passé.

Quid, si les deux parties sont des étrangers ? D'abord il n'est pas douteux qu'ils ne soient justiciables des tribunaux civils français, pour les actions concernant les immeubles situés en France. Ils le sont également des tribunaux criminels, correctionnels et de police, puisqu'ils sont soumis aux lois de police et de sûreté.

Quant aux actions civiles personnelles, je pense qu'il faut distinguer : s'il s'agit d'obligations contractées dans une foire française, les tribunaux français peuvent en connoître. C'étoit l'ancienne jurisprudence, qui se trouve même rappelée dans la discussion du Conseil-d'État, comme devant être maintenue. S'il s'agit de toute autre cause, je pense que non-seulement le défendeur peut décliner la juridiction des tribunaux français, mais encore que ces tribunaux pourroient et devroient renvoyer les parties d'office. (*Voir* un arrêt de Cassation, du 22 janvier 1806, rapporté par Sirey, 1811, deuxième partie, page 77.)

Mais lorsque les deux parties sont des étrangers, et que l'affaire est de nature à être portée devant les tribunaux français, le défendeur peut-il exiger la caution ? D'abord, s'il s'agit d'obligations contractées en foire, il n'y a pas lieu à la caution. Si la matière est réelle, je pense que, puisqu'on oblige l'étranger défendeur de plaider devant les tribunaux français, et qu'il doit même être jugé conformément aux lois françaises, l'on ne peut lui refuser les avantages résultant de ces mêmes lois. D'ailleurs, l'article 16 ne fait aucune distinction, et paroît ne considérer que la qualité du demandeur, sans s'embarrasser de celle du défendeur.

Observez que l'étranger cité devant les tribunaux français, et qui n'a pas de domicile en France, doit être assigné au domicile du Procureur impérial près le tribunal où la demande est portée, lequel vise l'original, et renvoye la copie au Ministre des relations extérieures. (*Code de Procédure*, art. 69, §. 9.) Mais quel est le tribunal où la demande est portée ? Si c'est en matière commerciale, c'est le tribunal du lieu où la marchandise devoit être fournie, ou du lieu où le paiement devoit être fait, au choix du demandeur. Si c'est en matière réelle, c'est le tribunal de la situation de l'immeuble litigieux. Si c'est en matière personnelle civile, c'est au tribunal du demandeur.

(8) *En pays étranger.* L'étranger a intérêt de citer le Français devant les tribunaux

de France. Autrement, les jugemens que l'étranger obtiendroit dans son propre pays contre le Français, ne pouvant être exécutés sur les biens de France, qu'après avoir été revus et déclarés exécutoires par un tribunal français (*Voyez* la note (2) de la page suivante), il en résulteroit qu'il auroit deux procès à soutenir au lieu d'un. Il est donc plus simple, si le Français a des biens en France, que l'étranger l'assigne d'abord devant les tribunaux de France.

(9) *Non domicilié en France.* Ainsi, il suffit que l'étranger soit domicilié en France, pour que cette disposition ne soit pas applicable. *Secùs* à l'égard de la caution, qui peut être exigée de l'étranger demandeur, domicilié ou non.

(10) *Du créancier français.* Il faut que le créancier soit Français. Le créancier étranger n'auroit pas le même droit. La disposition de la loi est expresse à cet égard. La contrainte par corps est un moyen bién plus violent que la simple caution exigée par l'article 16; et, d'ailleurs, elle peut avoir lieu, même avant la condamnation. Il n'est donc pas étonnant qu'un droit aussi exorbitant ne soit accordé qu'au Français.

(11) *Un établissement de commerce.* Quand même il n'y seroit pas domicilié; ce qui peut arriver. L'on a vu, en effet, des négocians avoir des maisons de commerce dans plusieurs places, à Amsterdam, Hambourg, Altona, etc., et cependant ils n'avoient qu'un seul domicile.

PAGE 16.

(1) *Au bénéfice de cession.* C'est à cause de la facilité qu'auroit l'étranger de se dérober à l'exécution de toutes les condamnations qui n'emportent pas la contrainte par corps. Observez qu'ici la loi ne fait plus de distinction, relativement au domicile ou aux propriétés de l'étranger. Dès qu'il demande à être admis au bénéfice de cession, c'est qu'il est probablement insolvable.

(2) *Par un Tribunal Français.* Cette déclaration est-elle une simple formalité, comme celle qui a lieu pour les jugemens arbitraux, d'après l'article 1020 du Code de Procédure; ou doit-elle être précédée de la révision de l'affaire par le Tribunal français? L'article 121 de l'Ordonnance de 1629, portoit formellement qu'il y avoit lieu à révision; et la Cour de Cassation l'a décidé ainsi par son arrêt du 18 pluviose an 12. Cette opinion doit être également suivie sous le Code. Ce qui le prouve, c'est la différence de rédaction qui se trouve entre l'article 1020 du Code de Procédure, d'une part, et les articles 546 du même Code, et 2123 du Code Napoléon. Dans l'article 1020, où il s'agit uniquement de donner au jugement arbitral un caractère, d'après lequel les agens de la force publique puissent être requis de l'exécuter, on se contente de l'ordonnance du Président. Mais dans les articles 546 et 2123, où il s'agit d'un jugement rendu dans l'étranger, on exige qu'il soit déclaré exécutoire par un *Tribunal Français*. Or, pourquoi exigeroit-on l'intervention du Tribunal entier, si l'affaire ne devoit pas être révisée? La demande à fin d'exécution doit donc être formée comme demande principale, et par exploit à personne, ou domicile.

Mais remarquez qu'un acte d'exécution, fait en pays étranger, en vertu d'un jugement rendu par un tribunal français, ou d'un titre passé en France, peut produire des effets en France. C'est ainsi qu'on a jugé en Cassation, le 14 février 1810, qu'une saisie-arrêt faite dans l'étranger, en vertu d'un jugement français, avoit pu empêcher en France la compensation.

(3) *Et des Traités.* Voyez un exemple de cette exception dans le traité fait avec la Suisse, le 4 vendémiaire an 12, art. 15. (*Bulletin*, n°. 524.) On exige seulement que les jugemens soient légalisés.

(4) *Sans l'autorisation de l'Empereur.* Cette prohibition étoit nécessaire pour justifier les dispositions pénales établies par les articles 6, 7, 8 et 10 du décret. En effet, en ne consultant que le Code Napoléon, on voit qu'il se contente de dire que la qualité de Français, et par suite les droits civils, se perdent par la naturalisation acquise en pays étranger. Le Code Napoléon paroît donc mettre le Français ainsi naturalisé, sur la même ligne que l'étranger; et comme l'étranger, quoique privé des droits civils, jouit en France des droits naturels, tels que ceux de propriété et autres semblables, il n'y auroit pas eu de raison de priver des mêmes droits le Français naturalisé. Mais comme l'article 1er. du décret contient une prohibition, et que la désobéissance à cette prohibition constitue un délit, l'on a pu établir, pour le réprimer, des peines particulières, telles que la confiscation des biens, etc.

Observez : 1°. que le Français qui accepte un titre héréditaire d'une puissance étrangère, est censé, par cela seul, naturalisé dans le pays de cette puissance; en conséquence, si l'acceptation a eu lieu sans la permission de l'Empereur, il est traité comme le Français naturalisé sans autorisation. (*Avis du Conseil-d'Etat, approuvé le 21 janvier* 1812, *Bulletin*, n°. 7602.)

2°. Que les dispositions des décrets des 6 avril 1809 et 26 août 1811 ne sont point applicables aux descendans des religionnaires fugitifs, qui n'ont point usé du droit qui leur étoit accordé par l'article 22 de la loi du 15 décembre 1790 (*ibid.*), ni aux femmes. (*Avis du Conseil-d'Etat, approuvé le 22 mai* 1812, *Bulletin*, n°. 7994.)

PAGE 17.

(1) *Par l'Archichancelier de l'Empire*, qui doit y apposer le grand sceau de l'Etat, après délibération du Conseil du Sceau, et à la charge, par l'impétrant, de payer pour droit de sceau une somme de mille francs. (*Décret du 4 mars* 1812, *Bulletin*, n°. 7715.)

Observez que l'autorisation, à l'effet de se faire naturaliser, n'est accordée que sur la demande personnelle et individuelle de celui qui veut être naturalisé. Il ne suffiroit pas que le prince étranger adressât l'état général des Français qu'il voudroit garder à son service. (*Avis précité du Conseil-d'Etat, du* 21 *janvier* 1812.)

(2) *Leur majorité accomplie.* Il se présente ici une question. Le droit de recueillir toutes les successions échues pendant la minorité et pendant les dix années suivantes appartient-il, dans tous les cas, aux enfans du Français naturalisé avec autorisation, ou ne leur est-il accordé que sous la condition qu'ils recouvreront la qualité de Français, conformément aux dispositions de l'article 10 du Code Napoléon?

J'avoue qu'au premier coup-d'œil la rédaction de l'article paroîtroit favoriser cette dernière interprétation. Mais quand l'on réfléchit qu'il en résulteroit l'inconvénient notable de laisser des successions en suspens pendant trente-un ans, ce qui est entièrement opposé à tout le système du Code, on ne peut admettre une semblable opinion. Et d'ailleurs, puisque la loi conserve au père qui, par sa naturalisation, quoique autorisée, n'en est pas moins devenu volontairement étranger, puisqu'elle lui conserve, dis-je, le droit de succéder, pendant toute sa vie, pourquoi ne le conserveroit-elle pas également aux enfans, quoiqu'étrangers, pendant trente-un ans seulement? Tant que la loi peut supposer à ces enfans l'intention de redevenir Français, elle ne veut pas leur ôter le principal droit attaché à cette qualité. Quand ils ont laissé passer dix ans depuis cette majorité, sans réclamer cette qualité, la loi présume qu'ils veulent rester étrangers, et elle les prive dès-lors du droit de succéder. Mais pourquoi donner à cette privation un effet rétroactif qui contrarieroit si ouvertement les principes établis par le Code, et qui ne pourroit qu'introduire dans le système des propriétés une incertitude d'autant plus nuisible au bien public, qu'elle seroit prolongée davantage? Je pense donc que le droit de succéder, pendant ces trente-un ans, est indépendant de la réclamation que ces enfans peuvent faire, ou ne pas faire, par la suite, de la qualité de Français.

(3) *Les droits civils.* Remarquez cependant qu'il n'est pas dans la même catégorie que l'étranger qui n'est privé que des droits purement civils. Le Français naturalisé sans autorisation peut être comparé au mort civilement. Il est même traité moins favorablement que ce dernier, puisque ses biens sont confisqués, et qu'il n'a pas la consolation de les voir passer à ses parens, ni même à ses enfans, s'il en a. Je pense donc que tous les effets de la mort civile, énumérés dans l'article 25 du Code Napoléon, lui doivent être appliqués.

(4) *Comme en cas de viduité.* Sa femme est donc considérée comme veuve. Nouvelle preuve que la loi le regarde comme mort civilement.

PAGE 18.

(1) *Le droit de succéder.* Quand même il existeroit des traités en vertu desquels les étrangers du pays où il s'est fait naturaliser, pourroient recueillir des successions en France. C'est une suite du délit qu'il a commis en se faisant naturaliser sans autorisation.

Ainsi l'on peut distinguer actuellement en France, outre les morts civilement, quatre classes de personnes ayant perdu la qualité de Français.

1°. Les Français naturalisés avec autorisation. Ils conservent les droits civils pendant toute leur vie, et notamment ceux de succéder et de transmettre leurs successions, quand même les sujets du pays où ils sont naturalisés, ne jouiroient pas de ces droits en France.

2°. Les enfans de ces Français. Ils conservent les mêmes droits que leur père, mais jusqu'à leur trente-deuxième année exclusivement.

3°. Les étrangers proprement dits. Leurs droits sont réglés par les dispositions du Code Napoléon.

4°. Enfin, les Français naturalisés sans autorisation, lesquels sont rangés sur la même ligne que les morts civilement.

(2) *D'une puissance étrangère.* On entend par-là tout service militaire ou civil, soit près de la personne, soit près d'un des membres de la famille d'un prince étranger, soit même une fonction dans une administration publique étrangère. (*Avis du Conseil-d'Etat*, *approuvé le* 21 *janvier* 1812, *Bulletin*, n°. 7602.)

Ces dispositions s'appliquent même aux habitans réunis à la France, qui auroient pris du service chez une puissance étrangère avant la réunion, à moins qu'ils n'ayent été naturalisés chez cette puissance avant ladite réunion. (*Ib.*) Cette exception prouve qu'il ne s'agit point, dans cet article, du service pris chez la puissance à laquelle étoit soumis le pays réuni : car dès-lors il ne pouvoit être question de naturalisation.

(3) *Naturalisé sans autorisation.* Cette disposition s'applique au Français qui a pris du service dans l'étranger, même avec la permission de l'Empereur, avant la publication du présent décret. Il est, en conséquence, obligé d'obtenir une nouvelle autorisation, conformément aux dispositions qui vont être rapportées. (*Ibid.*)

PAGE 19.

(1) *Qu'avec la permission spéciale de l'Empereur*, même quand il auroit quitté le service étranger. Dans tous les cas, la demande de cette permission doit être adressée au Grand-Juge. (*Ibid.*)

(2) *Ou l'uniforme étranger*, quand même le prince au service personnel duquel il est attaché, se trouveroit en France. Si cependant le corps militaire dans lequel il sert, est appelé par l'Empereur à traverser la France, ou à y stationner, il peut porter la cocarde et l'uniforme de ce corps, tant qu'il y est présent. (*Ibid.*)

PAGE 20.

(1) *Temporaire et partielle.* Sauf une seule exception que nous ferons connoître ci-après, note (1) de la page 22.

PAGE 21.

(1) *De la mort civile.* Voyez *le Traité de la Mort civile*, par RICHER, en ayant soin d'omettre tout ce qui a rapport à la mort civile encourue par suite de la profession religieuse, et qui n'a plus lieu dans nos mœurs.

(2) *Est l'état.* Il importoit d'établir que la mort civile est un état, et non simplement une peine, parce que, dans le premier cas, elle suit l'individu partout; dans le second, elle n'auroit d'effet que dans le pays où elle a été encourue. Or, la mort civile me paroît avoir tous les caractères d'un état. Ce sera, si l'on veut, un état négatif; mais ce n'en sera pas moins un. Et, en effet, qu'est-ce que l'état appliqué aux personnes? c'est la condition de chacune d'elles; c'est, dit M. d'AGUESSEAU (tom. V, pag. 426), une qualité qui rend ceux qui en sont revêtus, capables ou incapables de certains, ou de tous engagemens; capables ou incapables de recueillir certaines, ou même toutes successions; capables ou incapables de remplir certaines, ou même toutes places ou fonctions. Or, tous ces caractères ne sont-ils pas entièrement applicables à la mort civile? Tels sont les motifs qui m'ont déterminé à la regarder comme un état, et à prétendre en conséquence qu'elle suit l'individu partout, même en pays étranger. En vain diroit-on qu'elle est le résultat d'une condamnation prononcée par les Tribunaux français, dont les jugemens

n'ont pas force d'exécution en pays étranger. Mais les lois qui déterminent la majorité, celles concernant le mariage, la paternité ou la filiation, sont-elles exécutoires en pays étranger ? Et qui doute cependant que les dispositions de ces lois ne soient personnelles, et ne suivent conséquemment le Français, même dans l'étranger ? Le Français majeur de vingt-un ans, n'est-il pas également majeur dans un pays où la majorité est fixée à vingt-cinq ? L'étranger majeur de vingt-un ans, mais mineur de vingt-cinq, ne seroit-il pas regardé en France comme mineur, si les lois de son pays ne fixoient la majorité qu'à vingt-cinq ans ? Et, d'ailleurs, ce n'est pas, à proprement parler, le jugement qui fait encourir la mort civile ; c'est la loi qui a dit que, lorsqu'un individu seroit condamné à telle peine, il seroit réputé mort civilement, à compter de l'exécution. Or, si la loi qui a dit que le Français seroit majeur à vingt-un ans, s'exécute à son égard en pays étranger, pourquoi la loi qui a dit que, dans tel cas, la mort civile seroit encourue, ne s'y exécuteroit-elle pas également ?

(3) *Du droit naturel*, tels que ceux de propriété, de mariage, etc.

(4) *Purement civils*. Cependant nous avons vu que l'étranger ne peut recevoir entre-vifs, quoique cela tienne plutôt au droit naturel qu'au droit civil. Mais c'est une disposition particulière, qui n'a d'autre but que d'empêcher l'étranger d'acquérir gratuitement des biens dont il emporteroit, hors de France, le produit, et même, dans certains cas, le capital ; et ce qui prouve que c'est là l'unique but de la loi, c'est que l'étranger qui ne peut recevoir, peut lui-même donner entre-vifs.

PAGE 22.

(1) *Bulletin*, n°. 4296. L'article 22 prononce la peine de la mort civile, comme peine principale, contre les Français qui occuperoient des emplois ou exerceroient des fonctions politiques, administratives ou judiciaires, dans l'étranger, à l'époque des hostilités survenues entre la France et la puissance chez laquelle ils occuperoient ces emplois, et qui n'auroient pas justifié de leur retour en France dans le délai de trois mois, à compter desdites premières hostilités. Il en seroit de même quand il n'y auroit pas eu d'hostilités, s'ils n'ont pas obéi au décret de rappel. (Art. 28.)

L'article 26 prononce la même peine contre le Français qui, étant au service militaire d'une puissance étrangère, n'a pas obéi au décret de rappel, si toutefois la guerre n'a pas éclaté. Si la guerre a éclaté, la peine est celle de mort.

Enfin, la mort civile est également prononcée contre le Français qui n'a pas de service militaire chez l'étranger, ou qui n'y exerce aucune fonction, s'il n'a pas obéi au décret de rappel, pourvu toutefois qu'il y ait été nominativement compris. (Art. 29.) Mais alors il a cinq ans pour purger la contumace. (Art. 30.)

Le même délai est accordé à celui qui exerce des fonctions dans l'étranger, et qui n'a pas obéi au décret général de rappel, si toutefois il n'y a pas eu d'hostilités.

(2) *Celle de mort*. Qu'a-t-on besoin de dire que la condamnation à la mort naturelle emporte la mort civile, puisque la mort civile n'est encourue que par l'exécution, et que l'exécution produit la mort naturelle, dont les effets sont encore plus

étendus que ceux de la mort civile? Je réponds que cela étoit essentiel, afin d'ôter au condamné le droit de disposer de ses biens par testament.

(3) *Par jugement.* Et effectivement, le jugement ne prononce pas la peine de mort civile, excepté dans les cas mentionnés dans la note (1) ci-dessus.

(4) *Qu'il soit exécuté.* En général, les jugemens ne peuvent avoir d'effet qu'après qu'ils ont été signifiés. Le jugement en vertu duquel la mort civile est encourue, retranche un individu du nombre des membres de la société. Il faut que ce retranchement ait été signifié à la société même; et cette signification a lieu par l'exécution. D'ailleurs la mort civile n'étant que la suite de la peine, il faut que la peine ait eu lieu pour que la mort civile soit encourue. L'effet ne peut exister avant sa cause. Ce raisonnement, que je crois incontestable, me paroît suffisant pour démontrer combien est peu fondée l'opinion de ceux qui prétendent donner à la mort civile un effet rétroactif. M. Proudhon est de cet avis. Suivant cet auteur, le condamné qui est exécuté à quatre heures, par exemple, est mort civilement depuis minuit du même jour. J'avoue que je ne sais sur quoi peut être appuyée une opinion aussi singulière. En général, la rétroactivité est un effet exorbitant, qui ne peut donc avoir lieu, qu'autant qu'il est formellement exprimé dans la loi. M. Proudhon prétend que cela résulte de ce qu'il est dit dans l'art. 26, que la mort civile a lieu du jour de l'exécution; d'où il conclut qu'elle commence avec ce même jour. Mais c'est précisément la conséquence contraire qu'il auroit fallu tirer. En général, quand la loi se sert de cette expression, *à compter de tel jour*, il est de règle que l'on ne compte jamais le *dies à quo.* C'est sur ce principe qu'est fondé l'article 1033 du Code de Procédure. Ici, à la vérité, on ne peut pas négliger tout-à-fait le *dies à quo;* mais au moins faut-il dire que la mort civile ne peut être encourue que par l'exécution, et du moment de l'exécution.

(5) *Soit par effigie.* L'exécution par effigie a lieu quand le condamné n'est pas présent au moment de l'exécution; ce qui peut arriver, même quand la condamnation a été contradictoire, si le condamné a trouvé le moyen de s'évader depuis la condamnation.

Pour l'exécution par effigie, extrait du jugement de condamnation est, dans les trois jours de la prononciation, à la diligence du Procureur général ou de son substitut, affiché par l'exécuteur des jugemens criminels, à un poteau planté au milieu de l'une des places publiques de la ville, chef-lieu de l'arrondissement où le crime a été commis. (*Code d'Instruct. Crim.*, art. 472.)

De quand est censé avoir lieu l'exécution, dans le cas de condamnation à la déportation? Le Code Pénal ne fournit aucune base précise d'où l'on puisse partir pour décider cette question. Je penserois que, dans le silence de la loi, ce devroit être du jour de l'affiche de l'arrêt, portée par l'article 36 dudit Code; ou peut-être pourroit-on dire, par argument de l'article 35, que c'est du jour que l'arrêt est devenu irrévocable. Mais la première opinion me paroît préférable, puisque du moins il y a une espèce de publicité. La seule difficulté qu'elle présente, c'est qu'il ne paroît pas qu'il soit fait de procès-verbal d'affiche.

(6) *Contradictoirement.* Le jugement contradictoire est celui qui est prononcé, après que toute l'instruction a été faite avec le coupable présent.

PAGE 23.

(1) *Par contumace.* Le jugement par contumace est, en matière criminelle, ce qu'est le jugement par défaut en matière civile. Il a lieu, quand il a été rendu contre l'accusé absent, et dûment interpellé de comparoître.

(2) *Qu'à l'expiration des cinq années.* Ceci est un changement notable à l'ancienne jurisprudence. Dans l'ancien droit, le condamné par contumace avoit également un délai de cinq ans pour comparoître, ou, comme l'on disoit, *pour purger la contumace;* mais si, après avoir reparu, il étoit condamné à la même peine, ou à une autre emportant également mort civile, elle étoit censée encourue du moment de l'exécution du premier jugement. Il en étoit de même quand il ne reparoissoit pas. Si, au contraire, en reparoissant, il étoit absous ou condamné à une peine n'emportant pas mort civile, il étoit censé ne l'avoir jamais encourue. Il en étoit de même, s'il mouroit dans les cinq ans. Ce système étoit peut-être plus conforme à la rigueur des principes. Il est certain qu'un jugement par défaut doit avoir son plein et entier effet du jour qu'il a été rendu, tant qu'il n'a pas été infirmé. Mais de là résultoient de grands embarras dans la pratique, notamment pour ce qui concernoit les successions et autres droits échus au condamné pendant les cinq ans. Tous ces droits étoient *in suspenso.* Reparoissoit-il dans le délai, et étoit-il absous ou condamné à une peine n'emportant pas mort civile, il étoit censé avoir recueilli ces droits du moment de leur ouverture: s'il mouroit dans le même délai, il étoit censé les avoir recueillis également, et les avoir transmis à ses propres héritiers. Si, au contraire, il ne reparoissoit pas, ou si, après avoir reparu, il étoit condamné à la même peine, ou à une autre emportant également mort civile, il étoit censé n'avoir jamais recueilli ces mêmes droits, qui étoient alors réputés avoir appartenu, dès le moment de leur ouverture, à ceux qui avoient droit de les recueillir à son défaut. C'est pour faire cesser cet état d'embarras et d'incertitude, que le Législateur a préféré, avec raison, faire fléchir le principe, en décidant que, lors de la condamnation par contumace, la mort civile ne seroit encourue qu'à l'expiration des cinq années.

(3) *De l'exercice*, mais non du droit en lui-même. Un exemple fera sentir, mieux que tous les raisonnemens, comment l'on peut être privé de l'exercice d'un droit, sans être privé du droit même. « Une succession échoit au condamné; il n'est » pas privé du droit de succéder: cette succession lui est donc déférée; mais il ne » peut exercer ce droit; en conséquence, il ne peut accepter ni répudier cette » succession. Mais ses droits devant, aux termes de l'article, être exercés comme » ceux des absens, ceux à qui l'administration provisoire de ses biens a été accordée » pourront accepter ou répudier cette succession de son chef. »

(4) *Du jour du jugement.* Durant le séquestre, il peut être accordé des secours à la femme, aux enfans, au père et à la mère de l'accusé, s'ils sont dans le besoin. Ces secours sont réglés par l'autorité administrative. (*Cod. d'Inst. Crim.*, art. 475.)

Quant aux créanciers, ils peuvent poursuivre leurs droits contre la régie, comme représentant leur débiteur; et les jugemens rendus avec elle ont force de chose jugée contre lui.

(5) *De la mort civile*. Je pense néanmoins, ainsi que nous le verrons plus bas (note (6) de la page 25), que, dans le cas où la mort civile résulte d'un jugement rendu par contumace, la transmission des biens aux héritiers reste *in suspenso*, jusqu'au moment où la condamnation est devenue irrévocable.

(6) *Et ab intestat*. Ainsi il est toujours censé mort *ab intestat*, quand même il existeroit un testament fait avant la mort civile, parce que le testament n'ayant d'effet qu'autant que le testateur a persévéré jusqu'à sa mort dans la même volonté, c'est le moment de cette mort qu'il faut considérer, pour juger s'il a pu disposer ou non. Or ici, le condamné étoit, au moment de sa mort, incapable de toute disposition et de toute volonté, puisqu'un des effets de la mort civile est d'ôter le droit de disposer entre-vifs ou par testament.

Observez qu'il faut excepter de la disposition, qui adjuge aux héritiers *ab intestat* les biens du mort civilement, le cas de confiscation générale, établi par l'article 37 du Code Pénal, dans lequel les biens du condamné sont adjugés à l'Etat, sauf la prestation des alimens envers qui de droit, et même d'une partie de la légitime due aux enfans, comme nous le verrons par la suite (Art. 38 *dudit*); et en outre, sauf le droit réservé à l'Empereur de disposer des biens confisqués, en faveur de tels parens du condamné qu'il voudra choisir. (*Ibid.*, art. 39.)

(7) *Donneroit ouverture*. Je pense cependant que, dans le cas où la mort civile ne seroit pas la suite d'une condamnation à la mort naturelle, le condamné pourroit réclamer, sur ses propres biens, le strict nécessaire pour sa subsistance. (Argument tiré de la disposition qui lui permet de recevoir des donations alimentaires.)

(8) *De le représenter*. La Cour de Cassation a même jugé, le 23 novembre 1808, que la nullité des procédures faites par un mort civilement, étoit d'ordre public, et pouvoit être proposée en tout état de cause, même sur l'appel. Cet arrêt est fondé en principe. On ne peut dire que la prohibition faite au mort civilement, de procéder devant les tribunaux, soit établie dans l'intérêt de qui que ce soit, mais seulement parce qu'il répugne à la majesté de la Justice de voir paroître dans son sanctuaire l'individu que son glaive a frappé. Il est donc certain que cette prohibition, et par conséquent la nullité qui en résulte, sont d'ordre public.

PAGE 24.

(1) *Aucun effet civil*, sauf cependant le cas où l'individu qui a contracté mariage avec le mort civilement, auroit ignoré l'état de mort civile dans lequel il se trouvoit. Le mariage auroit, dans ce cas, les effets civils à l'égard de l'époux de bonne foi, et des enfans issus du mariage. (Art. 201.)

Mais, d'un autre côté, quand un jugement de condamnation a reçu toute la publicité possible par l'exécution, l'affiche, etc., peut-il y avoir encore bonne foi de la part de l'autre conjoint? RICHER paroît en douter, sur le fondement que les lois n'ont pas plus de publicité, et que cependant elles sont censées connues de tout le monde. Cependant il convient que cela est possible dans certains cas : si, par par exemple, le condamné avoit changé de nom, et qu'il eût été demeurer dans un lieu fort éloigné de celui de l'exécution.

Quant à moi, je pense qu'en principe général il peut y avoir bonne foi. L'exécution est un fait qui peut être ignoré, comme tous les autres faits, sur-tout de ceux qui ne demeurent pas dans des lieux très-voisins. Quant à la comparaison que fait Richer, entre l'exécution des jugemens criminels et la promulgation des lois, elle est très-inexacte. Les lois se promulguoient anciennement dans chaque Tribunal en particulier; ce n'étoit que du moment de cette promulgation particulière, qu'elles étoient obligatoires. Aujourd'hui on les connoît dans tout l'empire par les journaux, et même par le Bulletin, ordinairement bien avant l'expiration du délai fixé par l'article 1er du Code. L'exécution des jugemens criminels n'étoit, et n'est encore publique que dans le lieu même. L'affiche n'a lieu que dans cinq endroits. Hors de là, la condamnation peut fort bien être ignorée, et par conséquent le conjoint peut être présumé de bonne foi, sauf la preuve contraire.

L'on demande en second lieu, si les enfans issus du mariage contracté de bonne foi avec un mort civilement, pourroient lui succéder.

Ce qui avoit donné lieu anciennement à cette question, c'est que, d'après l'article 6 de la déclaration de 1639, les enfans procréés par ceux qui se marioient après avoir été condamnés à mort, étoient déclarés *incapables de toutes successions, aussi bien que leur postérité.*

Cependant l'on jugeoit qu'il falloit excepter le cas du mariage contracté de bonne foi, et que les enfans qui en étoient issus, pouvoient succéder au conjoint de bonne foi; qu'ils ne pouvoient, à la vérité, recueillir la succession du mort civilement, parce qu'il étoit incapable de transmettre; mais qu'ils pouvoient recueillir toutes les autres successions, même celles du côté et ligne du conjoint mort civilement, pourvu toutefois qu'ils n'y vinssent pas par droit de représentation. Quel seroit le droit, aujourd'hui que la déclaration de 1639 est abrogée?

Je pense que les tribunaux anciens se contredisoient, en accordant les effets civils au mariage contracté de bonne foi avec un mort civilement, et en refusant aux enfans qui en étoient issus, le droit de recueillir sa succession; car, bien certainement, un des effets civils du mariage est de donner aux enfans qui en sont issus, le droit de succéder à leurs père et mère; et puisque l'on convenoit que la disposition de la déclaration de 1639 devoit souffrir exception dans le cas de bonne foi, il n'y avoit pas de raison d'introduire une exception dans l'exception même. C'étoit, disoit-on, parce que le mort civilement étoit incapable de transmettre sa succession. Mais nous avons démontré que, dans les successions *ab intestat*, ce n'est point le défunt, c'est la loi qui transmet. Aujourd'hui qu'il est constant que la succession du mort civilement est transmise à ses héritiers, comme celle de tout autre individu, je pense que le principe de la bonne foi doit être appliqué dans son entier, et que les enfans issus du mariage dont il s'agit, doivent jouir des mêmes droits, relativement à toutes successions, que si le mariage eût été légitime, puisque ces droits font partie des droits civils que la loi assure au mariage dont ils sont issus.

Quant à l'objection qui pourroit être tirée de ce que l'article 33 adjuge à l'Etat les biens acquis depuis la mort civile encourue, elle ne me paroît nullement fondée ; d'abord, parce que ces biens sont adjugés à l'Etat à titre de déshérence, c'est-à-dire, comme étant les biens d'un homme qui n'a point d'héritiers. Or, c'est précisément la question de savoir si, dans le cas proposé, les enfans du mort civilement sont, ou non, ses héritiers. Si donc l'on commence par supposer qu'il est mort en état de déshérence, c'est évidemment supposer ce qui est en question.

En second lieu, la loi n'adjuge-t-elle pas à l'Etat, par droit de déshérence, les biens de ceux qui n'ont pas d'héritiers connus? Or, si l'on suppose qu'un de ces individus a contracté un mariage nul avec une femme de bonne foi, et qu'il en est issu des enfans, pourra-t-on prétendre que le fisc a droit de les exclure de la succession de leur père?

(2) *Par droit de déshérence. Déshérence*, pour *déhérence*. L'*s* a été ajoutée pour adoucir la prononciation; ce mot vient des deux mots latins, *de* privatif, et *heres*. Ce droit de déshérence est donc, en général, le droit de succéder à celui qui n'a point d'héritier, soit qu'il n'en ait pas réellement, comme celui qui décède veuf ou célibataire, sans enfans ni parens connus ; soit qu'il ne puisse en avoir, comme le mort civilement.

Il se présente ici une question, que nous avons prévue dans la note (9) de la page 14, et dont nous avons renvoyé ici la solution. Pourquoi le mort civilement, qui transmet à ses héritiers légitimes les biens qu'il possède au moment où la mort civile est encourue, ne leur transmet-il pas les biens acquis par lui depuis qu'il a encouru cette mort? Nous avons démontré que ce n'est pas parce qu'il est incapable de transmettre, puisqu'il transmet au moment où il est frappé de la mort civile, et que, d'ailleurs, comme nous l'avons fait observer, dans la succession *ab intestat* ce n'est pas le défunt qui transmet, c'est la loi qui transmet pour lui; c'est elle qui saisit ses héritiers, de suite et de plein droit, de tous les biens de la succession, sous la condition d'en acquitter toutes les charges. (Art. 724.) Pourquoi donc ici les parens du mort civilement ne succèdent-ils pas aux biens acquis depuis la mort civile encourue? C'est que par la mort civile tous les liens civils de famille ont été rompus. Le condamné est mort aux yeux de la loi. C'est, en un mot, un autre homme, qui n'a, ni ne peut avoir parens ni famille. C'est pour cela que l'article 33 dit, que les biens passent à l'Etat *par droit de déshérence*, c'est-à-dire, comme provenant d'une personne qui n'a pas d'héritiers. Cette doctrine étoit, au surplus, celle du droit romain. Dans la loi 17, §. 5, ff., *ad Senat. Trebell.*, Ulpien propose la question suivante :

« Une femme, en instituant héritier son fils, l'avoit chargé, dans le cas où il » mourroit sans enfans, de rendre la succession au frère d'elle testatrice. Le fils institué » est déporté ; ce qui, chez les Romains, emportoit la mort civile. Il n'avoit pas » d'enfans au moment de sa déportation ; mais il lui en étoit né depuis. (La mort civile

» ne dissolvoit pas le mariage chez les Romains. On demande si la condition du » fidéi-commis est arrivée, c'est-à-dire, si la succession doit être restituée au frère » de la testatrice. Ulpien décide que les enfans conçus depuis la déportation ne » peuvent empêcher la restitution du fidéi-commis, *quasi ab alio suscepti*, parce » que, dit-il, ils ne sont pas censés nés du fils de la testatrice, mais d'une autre » personne. »

D'après cette explication, qui est très-simple, l'on voit combien l'on seroit peu fondé à argumenter de l'article 33, pour prétendre que la faculté de transmettre est un droit civil, dont l'étranger, qui ne jouit pas des droits civils, doit conséquemment être privé, puisque le mort civilement transmet les biens qu'il possède au moment où il est frappé de la mort civile, et que, quant à ceux qu'il acquerroit depuis, ils ne sont dévolus à l'Etat, que parce qu'il n'a, ni ne peut avoir d'héritiers.

L'on voit, au surplus, par cet article 33, que le mort civilement peut acquérir des biens. Et en effet, il est, comme nous l'avons dit, capable de tous les actes qui peuvent être nécessaires pour le soutien de sa vie naturelle. *Deportatus*, dit la loi 15, ff. *de Interdict. et Releg.*, etc., *speciali quidem jure civitatis non fruitur, jure tamen gentium utitur. Emit enim et vendit, locat, conducit, permutat, fœnus exercet, et cætera similia; et posteà quæsita pignori dare potest.*

(3) *Dans l'intégrité de ses droits.* Tant qu'il reste un moment jusqu'à l'expiration des cinq ans, la loi suppose que le condamné auroit pu se représenter. Or, nous allons voir que la représentation du condamné, dans les cinq ans, anéantit le jugement.

(4) *De plein droit.* En conséquence, il n'est pas nécessaire d'en faire prononcer la nullité. *Quid*, à l'égard des actes faits par le condamné depuis le premier jugement? Ils sont valables. En effet, l'on ne pourroit en demander la nullité, qu'en exhibant le jugement. Or, il est anéanti; *et quod nullum est, nullum producit effectum.* Ce principe s'appliqueroit également au testament que le prévenu pourroit avoir fait, soit avant, soit depuis la condamnation.

PAGE 25.

(1) *Les condamnations civiles.* On appelle *condamnations civiles* les dommages-intérêts, ou autres réparations auxquelles l'accusé a pu être condamné envers la partie plaignante. Il est clair que le jugement qui constatoit le crime, étant anéanti, il ne peut y avoir de dommages-intérêts pour réparations d'un crime, qui n'existe pas aux yeux de la loi tant qu'il n'est pas prouvé.

Il en seroit autrement, si le coupable avoit été condamné contradictoirement, et étoit mort avant l'exécution. A la vérité, il est mort dans l'intégrité de ses droits, puisqu'il n'a pas encouru la mort civile; mais cependant les condamnations civiles subsistent. Ainsi décidé par avis du Conseil-d'État, approuvé le 26 fructidor an 13 (*Bulletin*, n°. 1052), et avec raison. Dans le premier cas, l'accusé n'a pas été entendu, et il est encore dans le délai pour se représenter et se justifier; dans le second, il a épuisé tous ses moyens de défense, puisque nous supposons qu'il a été jugé contradictoirement.

(2) *Par la voie civile seulement.* Il est de principe que la mort du coupable éteint le crime, et par conséquent les poursuites criminelles. Pendant sa vie, l'action civile peut être poursuivie en même temps, et devant les mêmes juges que l'action criminelle. Elle peut aussi être poursuivie séparément; mais alors la poursuite a lieu devant les tribunaux civils; et si l'action publique a été intentée auparavant, ou si elle est intentée pendant la poursuite de l'action civile, l'exercice de cette dernière action est suspendu, jusqu'à ce qu'il ait été prononcé définitivement sur l'action publique. (*Cod. d'Inst. Crim.*, art. 3.)

Si l'action civile n'est formée qu'après le jugement sur l'action publique, elle ne peut être portée que devant les tribunaux civils. (*Ibid.*, art. 359.)

(3) *L'accusé.* Il n'est plus qu'accusé ; le jugement qui le condamnoit, est anéanti.

(4) *Du second jugement.* Par conséquent, sa succession sera dévolue à ceux qui se trouveront ses héritiers à l'époque de l'exécution du second jugement, et non pas à ceux qui ouvoi ent l'être à l'époque du premier. C'est toujours une suite de la dérogation aux anciens principes, dont nous avons déjà parlé ; car, puisque le premier jugement a été confirmé, c'est une preuve que l'accusé avoit d'abord été bien jugé. Mais cela tient, comme nous l'avons déjà fait observer, à l'intention que l'on a eue, de ne point tenir les propriétés en suspens pendant les cinq années.

(5) *Quant à la condamnation.* Il en est de même des procédures faites depuis l'ordonnance de prise de corps, ou de se représenter. Elles sont également anéanties. (*Code d'Instr. Crimin.*, art. 476.)

(6) *Jusqu'au jour de sa comparution.* Si donc il s'est ouvert, depuis l'expiration des cinq ans, des successions auxquelles le condamné auroit eu droit s'il n'avoit pas été mort civilement, mais qui aient été recueillies par d'autres personnes à son défaut, il ne pourra rien réclamer à cet égard. Mais cela s'étendra-t-il à ses propres biens, de manière que, malgré que son innocence ait été reconnue et proclamée, il soit réduit à la mendicité, pendant que ses héritiers jouiront tranquillement de toute sa fortune? J'avoue que, même avant la promulgation du Code Criminel, je ne pouvois me faire à cette idée, tant elle me paroissoit contraire aux principes de la morale et de l'équité. Je sais bien que l'on peut reprocher au contumax de s'être méfié de la justice de ses concitoyens. Mais n'est-il pas assez puni par le séquestre de ses biens, par la privation de l'exercice de tous ses droits, par la déchéance de toutes les successions qui ont pu s'ouvrir en sa faveur ? Et d'ailleurs, ne peut-il pas se rencontrer un concours de circonstances telles qu'il ait pu craindre avec fondement l'effet de la prévention ; que par prudence même, il se soit cru obligé de disparoître pendant un certain nombre d'années, jusqu'à ce qu'un heureux hasard fasse éclater son innocence ? La loi pourroit-elle, dans ce cas, favoriser des parens avides, au préjudice du véritable propriétaire ? Telles étoient les raisons qui, même sous le Code Napoléon, me portoient à penser que, le cas arrivant, les biens propres du condamné seroient exceptés de la règle générale qui paroît établie par l'article 30. Mais j'ai été bien confirmé dans cette opinion par les dispositions du Code d'Instruction Criminelle.

En effet, nous voyons dans l'art. 465, que si, après un arrêt de mise en accusation, l'accusé n'a pu être saisi, il est rendu par le Président du Tribunal une ordonnance portant que, faute par lui de se représenter dans un nouveau délai de dix jours, ses biens seront séquestrés: aux termes de l'article 466, c'est la Régie des Domaines qui est chargée de l'administration de ce séquestre.

L'article 471 ajoute que, si l'accusé ne comparoît pas, et que la condamnation ait lieu par contumace, ses biens sont, à partir de l'exécution de l'arrêt, considérés et régis comme biens d'absens, toujours par la même administration, et que le compte du séquestre est rendu à qui il appartiendra, après que la condamnation est devenue irrévocable par l'expiration du délai accordé pour purger la contumace. Ce délai est de vingt ans, à compter de la date du jugement, d'après l'article 635.

Enfin, l'article 641 porte que, dans aucun cas, les condamnés par contumace, dont la peine est prescrite, ne peuvent être admis à se présenter pour purger la contumace.

L'on voit, par ces divers articles, que, dans le cas de non représentation du condamné, l'Administration des Domaines ne doit se dessaisir des biens, que vingt ans après la prononciation de l'arrêt, et que cet intervalle de vingt années est précisément celui qui est accordé au contumax pour se représenter et se faire juger de nouveau. Or, pourquoi retarderoit-on pendant vingt ans la restitution du séquestre, si, à compter de l'expiration des cinq premières années, les héritiers avoient un droit irrévocable à la succession, un droit entièrement indépendant de la comparution postérieure du condamné? N'est-il pas évident qu'en accordant, d'un côté, au condamné, vingt ans pour comparoître et se justifier, et en prescrivant, de l'autre, à la Régie des Domaines, de tenir les biens en séquestre pendant les mêmes vingt années, on a prévu qu'il étoit possible que l'accusé se représentât, justifiât son innocence, et pût, dans ce cas, réclamer le compte du séquestre apposé sur ses propres biens.

D'ailleurs, il n'y a qu'un seul motif qui eût pu déterminer le Législateur à adjuger aux héritiers du condamné la propriété irrévocable de ses biens, à compter de l'expiration des cinq ans. C'est le même dont nous avons déjà parlé, c'est-à-dire, le désir de ne point laisser les propriétés incertaines, de ne point déranger les calculs, les arrangemens de famille qui auroient pu être le résultat d'une succession opulente, dont on ne devoit pas s'attendre à être privé un jour. Mais l'on voit que, d'après les dispositions du Code d'Instruction Criminelle, cet inconvénient n'est plus à craindre, puisque les héritiers n'ont rien à réclamer, et ne jouissent de rien avant l'expiration des vingt années : il n'y a donc aucun motif d'intérêt public qui puisse justifier le dépouillement de l'accusé avant l'expiration des vingt ans qui lui sont accordés pour purger la contumace.

L'on ne manquera pas d'opposer à cette décision le premier alinéa de l'article 476 du même Code, ainsi conçu :

« Si cependant la condamnation par contumace étoit de nature à emporter la » mort civile, et si l'accusé n'a été arrêté, ou ne s'est représenté qu'après les cinq » ans qui ont suivi l'exécution du jugement de contumace, ce jugement, confor-

» mément à l'article 30 du Code Napoléon, conservera, pour le passé, les effets » que la mort civile auroit produits dans l'intervalle écoulé depuis l'expiration » des cinq ans, jusqu'au jour de la comparution de l'accusé en justice. »

Et l'on conclura de cet article, qu'en supposant que l'opinion, que nous venons d'émettre, soit vraie dans les autres cas, elle n'est pas applicable à celui où la mort civile a été encourue.

Mais, d'abord, je ferai observer qu'il y a, dans cet argument, une pétition de principe; car il est dit dans l'article, que le jugement conservera ses effets. Or, précisément la question sur laquelle on est divisé, est celle de savoir si, lorsque le jugement est par contumace, l'on doit mettre au nombre de ses effets l'envoi des héritiers légitimes en possession de la succession du condamné.

En second lieu, l'article 476 peut s'entendre dans le sens que le jugement conserve ses effets, quant aux droits qui ont pu s'ouvrir au profit du condamné, depuis l'expiration des cinq ans, et qui, même dans mon opinion, sont bien irrévocablement acquis à ceux qui les ont recueillis à défaut du condamné. Enfin, il peut s'appliquer aussi à la succession même du condamné, dans le sens que, pour juger à quelles personnes le compte du séquestre doit être rendu, si le condamné ne s'est pas représenté dans les vingt ans, il faut considérer uniquement l'époque de l'expiration des cinq années, et adjuger la succession du condamné à ceux qui se trouvoient ses héritiers à ce moment, leurs représentans ou ayant-cause.

Il me semble que cette interprétation concilie l'équité avec les dispositions déjà bien assez rigoureuses de la loi.

Je pense, au surplus, que toutes ces dispositions doivent être appliquées au cas où le condamné, après la mort civile encourue, obtiendroit sa grâce, ou même une commutation de peine, si toutefois la seconde peine n'est pas également de nature à emporter la mort civile.

Quid, si le condamné se représente après les cinq ans, et qu'il meure pendant l'instruction, et avant le jugement?

D'après la lettre de l'art. 30 du Code Napoléon, l'on devroit décider que le condamné est mort en état de mort civile; car, d'après cet article, il ne rentre dans ses droits civils qu'autant qu'il est absous ou condamné à une peine n'emportant pas mort civile; ce qui suppose qu'il y a eu jugement. Mais je pense qu'il a été dérogé à cette disposition par l'article 476 du Code d'Instruction Criminelle, ainsi conçu:

« Si l'accusé se constitue prisonnier, ou s'il est arrêté avant que la peine soit » éteinte par la prescription, le jugement rendu par contumace, et les procédures » faites contre lui depuis l'ordonnance de prise de corps, ou de se représenter, » seront anéanties de plein droit, et il sera procédé à son égard dans la forme » ordinaire, etc. »

Il résulte bien évidemment de cet article, que la seule représentation de l'accusé suffit pour anéantir le jugement, et pour lui ôter tous ses effets, mais seulement pour l'avenir. Si l'accusé meurt pendant l'instruction, il meurt donc *integri statûs*, sans préjudice néanmoins de tous les effets que la mort civile a pu produire pendant le temps qui s'est écoulé depuis l'expiration des cinq ans, jusqu'au jour de la comparution, conformément au deuxième alinéa du même article. En conséquence, tous les actes de disposition que le condamné a pu faire, pendant ce temps, sur ses propres biens, sont nuls. En seroit-il de même de son testament, s'il mouroit après sa comparution, ou même après le jugement d'absolution ? La raison de douter se tire de ce que le testament n'a d'effet, et n'est censé connu que du jour du décès. Or, nous supposons qu'à cette époque, le jugement qui le rendoit incapable, étoit anéanti. Il faut cependant décider que le testament, fait depuis la condamnation, est nul. En effet, il est de principe constant, que, pour déterminer la capacité de disposer dans la personne du testateur, il faut considérer deux époques : celle de la confection du testament, et celle de la mort. Si, à ces deux époques, le testateur étoit capable de disposer, son testament est valable, quoiqu'il ait été incapable dans l'intervalle, *quia media tempora non nocent.* (*L.* 1, §. 8, ff. *de Bon. Possess. sec. tab.*) Mais s'il étoit incapable à l'une de ces deux époques, le testament est nul. (*L.* 8, §. 1, et *L.* 19, ff. *Qui testam. fac. poss.*) Cela posé, l'on voit que, si le testament a été fait depuis la comparution de l'accusé, il est valable, puisque le jugement qui privoit le testateur de ses droits civils étoit alors anéanti. Il en est de même, si le testament avoit été fait avant la condamnation, puisqu'à cette époque le testateur étoit capable de disposer. Mais si le testament n'a été fait que depuis la condamnation, et avant la comparution, il est nul.

(7) *Pris ni jugé :* Il est donc libre. Cependant il lui est défendu de résider dans le département où demeureroient, soit celui sur lequel, ou contre la propriété duquel le crime a été commis, soit ses héritiers directs. Le Gouvernement peut, au surplus, lui assigner le lieu de son domicile. (*Cod. d'Inst. Crim.*, art. 635.)

(8) *De subsister.* On ne peut pas dire qu'il a prescrit la mort civile, puisqu'elle n'a pas cessé de le frapper depuis l'expiration des cinq années. On se libère par la prescription, d'une action qui n'a pas été exercée dans le délai déterminé par la loi. Ce délai s'est écoulé, sans que la peine corporelle ait été appliquée ; elle est prescrite ; mais la mort civile a continuellement frappé sur sa tête, il n'a pu la prescrire.

(9) *Pour purger la contumace.* Lorsqu'il n'y a pas eu de jugement, l'action publique et l'action civile, lorsque le crime est de nature à entraîner la peine de mort, ou des peines afflictives perpétuelles, ou toute peine afflictive ou infamante, se prescrivent par dix ans révolus, à compter du jour où le crime a été commis, si, dans l'intervalle, il n'a été fait aucun acte d'instruction ni de procédure : sinon, les dix ans ne courent qu'à compter du dernier acte, et ce, même à l'égard des personnes qui ne seroient pas impliquées dans cet acte. (*Code d'Inst. Crim.*, art. 637.)

Si le délit est de nature à être puni correctionnellement, les actions se prescrivent par trois ans, à compter des mêmes époques, et suivant les mêmes distinctions que ci-dessus. (*Ibid.*, art. 638.) S'il y a eu condamnation, la peine se prescrit par cinq ans, à compter du jugement, s'il est en dernier ressort, ou à compter de l'expiration du délai d'appel, si le jugement est de première instance. (*Ib.*, art. 636.)

A l'égard des contraventions de police, il faut distinguer:

Les actions publique et civile sont prescrites par un an, à compter du jour de la contravention, soit qu'il y ait eu, ou non, des poursuites, si toutefois il n'y a pas eu de condamnation.

S'il y a eu condamnation en première instance, et qu'il y ait eu appel, les deux actions se prescrivent par un an, à compter de la notification de l'appel. (*Ibid.*, art. 640.)

S'il n'y a pas eu d'appel, la peine est prescrite par deux ans, à compter de l'expiration du délai d'appel.

Enfin, s'il y a eu jugement en dernier ressort, la peine est prescrite par deux ans, à compter du jour du jugement. (*Ibid.*, art. 639.)

Mais, dans ces deux derniers cas, la prescription ne frappe que sur la peine, et non sur les condamnations civiles, qui ne se prescrivent que par trente ans. Il en est de même, en général, de toutes les condamnations civiles, portées par des arrêts, ou par des jugemens rendus en matière criminelle ou correctionnelle. (*Ibid.*, art. 642.)

En aucun cas, les condamnés par défaut, ou par contumace, dont la peine est prescrite, ne peuvent être admis à se présenter pour purger le défaut ou la contumace. (*Ibid.*)

PAGE 27.

(1) *Des actes de l'état civil.* Voyez le titre XX de l'ordonnance de 1667, art. 7 et suivans, ainsi que les Questions de RODIER, et le Commentaire de JOUSSE sur ces articles.

(2) *Sur des registres*, et non sur des feuilles volantes qui peuvent être égarées, supposées ou fabriquées après coup. (*Voyez* ci-après, note (1) de la page 30.)

PAGE 28.

(1) *Dans chaque commune.* Aux termes de l'article 40, il peut en être tenu un ou plusieurs, suivant la population, c'est-à-dire, qu'il peut être tenu trois registres séparés; un pour les naissances, un pour les mariages, et un pour les décès: ou bien, tous les actes peuvent être inscrits sur le même registre; mais, dans tous les cas, chaque registre doit être tenu double.

(2) *Officier de l'état civil.* Voir, pour les actes de l'état civil de la Maison Impériale, le titre II du Statut impérial du 30 mars 1806 (*Bulletin*, n°. 1432).

(3) *Au greffe du Tribunal d'arrondissement.* Cette disposition est faite dans la prévoyance d'un incendie, ou autre accident qui pourroit détruire un des dépôts.

(4) *Des extraits.* Voir un avis du Conseil-d'Etat, approuvé le 2 juillet 1807, qui valide les extraits délivrés jusqu'alors par les secrétaires des mairies, et leur fait défense d'en délivrer à l'avenir (*Bulletin*, n°. 2554). Ces extraits ne peuvent être délivrés que par les dépositaires des registres, c'est-à-dire, par l'officier de l'état civil, ou par le greffier pour les doubles déposés au greffe. (Pour les droits à percevoir par les officiers de l'état civil, pour la délivrance des extraits, *voyez* le décret impérial du 12 juillet 1807 (*Bulletin*, n°. 2567).

(5) *Dûment légalisés.* La légalisation est un certificat délivré par l'autorité compétente, et constatant que celui qui a reçu ou délivré l'acte dont il s'agit, est réellement revêtu de la fonction qui lui donne le droit de le recevoir ou de le délivrer. Les actes des notaires, et ceux de l'état civil, doivent être légalisés par le Président du Tribunal de première instance, ou celui qui le remplace. Le préfet légalise les actes administratifs délivrés par les sous-préfets, et même ceux délivrés par les maires, quand ils doivent être employés hors du département ; sinon, le certificat du sous-préfet suffit pour les actes délivrés par les maires.

(6) *Jusqu'à inscription de faux*, c'est-à-dire, que celui qui les présente n'a pas besoin d'en prouver la vérité. C'est à celui qui les prétend faux à le prouver ; et il est même tenu, pour cela, de prendre une voie particulière, que l'on appelle inscription de faux, soit principal, soit incident. (*Voyez* au IIe. volume, les notes (8) et (11) de la page 64.)

(7) *Pour ce contrat.* (Voyez cependant l'article 170 et la note (4) de la page 66.)

PAGE 29.

1) *Que le corps de l'acte.* Il ne suffiroit pas qu'ils fussent paraphés. La loi du 25 ventose an 11, relative à l'organisation du notariat, n'exige l'approbation que pour les renvois qui se trouvent à la fin de l'acte, et avant la signature des parties. Quant à ceux en marge, elle n'exige que la signature ou le paraphe. La raison de différence est que, lorsqu'une partie a paraphé un renvoi qui est en marge, elle ne peut dire qu'elle en a ignoré l'existence ; car, pourquoi auroit-elle apposé son paraphe dans cet endroit ? Mais quant aux renvois qui se trouvent à la fin de l'acte, on pourroit penser que l'on a profité d'un blanc qui a pu se trouver entre les dernières lignes de l'acte et les signatures des parties, pour y placer le renvoi. On exige donc qu'ils soient spécialement approuvés. Ici la loi paroît ne pas distinguer, et exiger indistinctement l'approbation pour toute espèce de renvois. Je ne crois pas cependant qu'on ait voulu attacher plus de rigueur à la rédaction des actes de l'état civil, qu'à celle des actes notariés ; et je pense, d'après cela, que la signature ou le paragraphe suffiroit pour les renvois en marge. D'ailleurs, comme nous le verrons par la suite, la nullité n'est expressément prononcée dans aucun cas.

(2) *Où ils sont reçus.* Ces renseignemens sont nécessaires en cas d'inscription de faux ; si, par exemple, il étoit prouvé qu'au moment où l'acte a été passé, une des personnes indiquées comme présentes, étoit dans un lieu éloigné.

(3) *En personne.* Dans les cas de mariage, et de divorce par consentement mutuel, les époux sont tenus de comparoître en personne. (Art. 75 et 294.)

(4) *Qui l'aura produite.* On exige ce paraphe, afin que, s'il s'élevoit quelque doute sur la vérité de la pièce, la personne qui l'a présentée, ne puisse pas dire que la pièce contestée n'est pas celle qu'elle a produite.

(5) *Que les témoins.* Remarquez qu'il ne s'agit ici que des témoins, qu'il faut bien distinguer des comparans ou déclarans. On n'exige de ceux-ci aucune qualité particulière. Une femme peut être déclarante : par exemple, dans les actes de naissance, la sage-femme, ou la femme chez laquelle l'accouchement auroit eu lieu.

Mais les témoins doivent toujours être mâles, etc. Néanmoins, dans les actes de décès, les déclarans sont toujours témoins. (Art. 78.)

(6) *Parens ou autres.* Est-il nécessaire qu'ils jouissent des droits civils en France? Il faut distinguer : le droit d'être témoin dans les actes, étant mis expressément au nombre de ceux dont le mort civilement est privé, il est certain qu'il ne pourroit l'être davantage dans les actes de l'état civil. Il en est de même de celui qui a encouru la privation temporaire, portée par l'article 42 du Code Pénal. Mais je ne crois pas que cela doive s'appliquer indistinctement à l'étranger, quand il ne jouiroit d'aucun droit civil en France. Un enfant Français peut avoir des étrangers pour parens, même les plus proches. Peut-on leur interdire le droit d'être témoins dans l'acte de naissance de cet enfant ? Je pense que c'est là le motif pour lequel la loi n'exige pas la jouissance des droits civils dans la personne des témoins des actes de l'état civil, comme elle l'exige à l'égard des témoins appelés aux testamens. (Art. 980.) Le testament n'est pas d'une nécessité aussi absolue que l'acte de l'état civil. Une personne peut, à la rigueur, mourir *ab intestat.* Mais quand un individu naît, se marie, ou meurt, il faut bien le constater ; et peut-on alors éloigner ceux qui, à raison de leur qualité de proches parens, peuvent en quelque sorte être regardés comme témoins nécessaires ? N'est-il pas convenable, d'ailleurs, que les proches parens soient témoins dans les actes de l'état civil de leurs parens ? Cela peut même devenir très-utile par la suite, ne fût-ce que pour élever une fin de non-recevoir contre ceux d'entr'eux qui voudroient contester la vérité des faits contenus dans ces actes. Or, il n'est pas également convenable que les parens soient appelés au testament de leurs parens. Il est même plutôt convenable qu'ils ne le soient pas.

(7) *Que ce qui est déclaré.* Ainsi l'officier de l'état civil doit se borner à recevoir les déclarations des comparans sur les faits qui doivent être énoncés dans les actes ; il ne doit ni les juger, ni les apprécier. Ce sera à la justice, s'il y a contestation, à déterminer le sens qu'on doit attacher à ces déclarations, et le degré de foi qu'elles peuvent mériter.

(8) *Et doit être déclaré.* Ainsi, ce qui est déclaré, mais qui ne devoit pas l'être, ne doit pas être inséré. En conséquence, si un enfant naturel est présenté, comme, aux termes de l'article 340, la recherche de la paternité est interdite, dans ce cas, toute déclaration relative à cette paternité, autre que celle faite par le père lui-même, ou par son fondé de procuration spéciale et authentique, doit être rejetée ; sinon, la rectification des registres pourroit être demandée par toute personne ayant intérêt, et l'officier public condamné aux dépens et aux dommages-intérêts.

Remarquez qu'une pareille déclaration ne doit point être insérée, même par énonciation. Ainsi, quand même l'acte n'auroit pas pour but principal de constater qu'un tel enfant est fils naturel de tel ; si, par exemple, il étoit dit, lors d'un mariage, qu'une des parties est fils naturel de telle personne, cette circonstance ne devroit être insérée, qu'autant qu'il seroit représenté à l'officier de l'état civil une expédition de l'acte de reconnoissance, ou du jugement qui a fixé l'état de l'enfant, dans les cas où la reconnoissance forcée est admise.

(9) *A la requête des parties intéressées.* Jamais ces sortes de mentions ne doivent être faites d'office, ainsi que nous le verrons plus bas.

PAGE 30.

(1) *De la tenue.* Ce sont les officiers de l'état civil. Nous avons déjà vu, au commencement de ce chapitre, à quelles peines s'expose l'officier qui inscrit un acte sur une feuille volante. Et remarquez que la peine est encourue par le fait seul de l'inscription, quand il n'y auroit ni malveillance ni collusion de la part de l'officier, et quand il n'en seroit résulté de préjudice pour qui que ce soit. L'officier public est en faute, et doit être puni, par cela seul qu'il ne s'est pas conformé aux dispositions de la loi.

(2) *De la garde.* Ce sont les officiers de l'état civil, et les greffiers.

(3) *Et de la surveillance.* Ce sont les Procureurs impériaux, par exemple, pour contravention à l'article 49.

(4) *S'il y a lieu*, c'est-à-dire, s'il est résulté de la contravention un dommage quelconque pour une personne; *putà*, si elle a été obligée d'obtenir un jugement de rectification, de soutenir un procès relativement à son état, elle a droit de s'en faire indemniser par l'officier de l'état civil, en vertu de l'article 1383, qui porte que chacun est responsable du dommage qu'il a causé, non-seulement par son fait, mais encore par sa négligence ou par son imprudence.

(5) *Les altérations ou faux.* Il y a cette différence entre le faux et l'altération, que le faux se commet au moment de la rédaction de l'acte, soit de la part de l'officier de l'état civil, lorsqu'il insère dans l'acte autre chose que ce qui a été déclaré, soit de la part des parties elles-mêmes, lorsqu'elles font de fausses déclarations, ou lorsqu'elles s'y donnent des noms et des qualités qu'elles n'ont pas.

L'altération, au contraire, se commet après coup, lorsque l'acte a été fait valablement dans le principe, et que l'on se permet d'y faire des changemens non autorisés.

En principe général, la peine est la même pour le faux et pour l'altération. (*Code Pénal*, art. 145, 147 et 150.)

Mais quelles seroient les énonciations fausses, ou les altérations qui pourroient donner lieu à l'accusation de faux?

Pour répondre à cette question, il faut poser en principe qu'il n'y a lieu à l'accusation de faux, que quand la fausse énonciation, ou l'altération, tendent à dénaturer la qualité substantielle de l'acte, à changer le but que les parties ou la loi se sont proposé en le souscrivant ou en en ordonnant la rédaction. Ainsi, le but principal et substantiel de l'acte de naissance, est de prouver la filiation de l'enfant, c'est-à-dire, quels sont ses père et mère. En conséquence, toute énonciation fausse, toute altération qui tendroit à donner à l'enfant un autre père ou une autre mère que ceux qu'il a réellement, sera un faux caractérisé, susceptible des peines portées par les articles 145, 146 et 147 du Code Pénal.

Mais si la fausse énonciation, ou l'altération, n'ont pas pour but de changer la filiation, ce sera une simple déclaration mensongère, qui pourra bien donner lieu à des dommages-intérêts contre celui qui se l'est permise, mais qui ne l'assujettit pas à la peine du faux. C'est sur ces principes que sont fondés deux arrêts de la Cour de Cassation. Dans l'un, en date du 10 messidor an 12, cette Cour a décidé que le père qui avoit présenté un enfant, comme né de lui, et de Marie, sa femme, tandis qu'il étoit né de Sophie, sa concubine, avoit commis un faux caractérisé; l'autre, en date du 18 brumaire de la même année, a jugé que celui qui avoit présenté un enfant comme né de lui et de Marie, *sa femme*, tandis que Marie n'étoit que sa concubine, n'étoit coupable que de mensonge, et nullement passible des peines du faux. Ces deux arrêts sont fondés sur ce que l'acte de naissance a pour but direct de prouver la filiation, et non la légitimité. *La filiation des enfans légitimes*, dit l'article 319, *se prouve par les actes de naissance, inscrits sur les registres de l'état civil. La filiation des enfans légitimes*, dit l'article, mais non *la légitimité*, parce qu'en effet, pour être jugé légitime, il ne suffit pas de prouver qu'on est né de tel ou de telle, quand même l'acte de naissance énonceroit que le père et la mère sont mariés; il faut encore prouver qu'ils étoient effectivement mariés; ce qui ne peut se faire qu'en rapportant l'acte de célébration.

A la vérité, l'article 197 dispense les enfans de rapporter l'acte de célébration du mariage de leurs père et mère, lorsqu'ils réunissent en leur faveur le concours des quatre circonstances suivantes:

1°. Si le père et la mère ont vécu publiquement comme mari et femme;

2°. S'ils sont tous deux décédés;

3°. Si les enfans sont en possession de l'état d'enfans légitimes;

4°. Si cette possession n'est point contredite par l'acte de naissance.

L'on pourroit conclure de cette dernière disposition, que l'acte de naissance pouvant, dans ce cas, contribuer à prouver le mariage, la fausse énonciation qui y seroit faite, du mariage des père et mère de l'enfant, tend à altérer une des qualités substantielles de l'acte, et doit en conséquence être considérée comme un faux caractérisé.

Mais il faut remarquer que, d'après l'article, il n'est pas nécessaire que l'acte de naissance soit conforme à la possession d'état; il suffit qu'il ne la contredise pas; ce qui est bien différent. En effet, pour que l'acte de naissance fût conforme à la possession d'état, il faudroit qu'il établît la légitimité de l'enfant, et par conséquent le mariage de ses père et mère. Mais, pour qu'il ne contredise pas cette possession, il suffit qu'il ne donne pas à l'enfant la qualité d'enfant naturel. Si donc, dans l'acte dont il s'agit, le père se fût contenté de dire que l'enfant étoit né de lui et de Marie, sans ajouter ces mots, *sa femme*, l'acte de naissance n'auroit toujours pas, le cas échéant, contredit la légitimité de l'enfant, puisqu'il ne lui auroit pas plus donné la qualité d'enfant naturel que celle d'enfant légitime. Donc la qualité de femme, donnée à Marie, n'a pas ajouté à la substance de l'acte, et ne doit pas en conséquence être regardée comme un faux.

Au surplus, il faut bien prendre garde que, si la plainte en faux doit avoir pour effet de changer la filiation d'un individu, elle ne peut être formée qu'après que la question d'état a été jugée définitivement par les tribunaux civils. Cela a été décidé formellement, et avec raison, par l'arrêt précité de Cassation, du 10 messidor an 12. Nous verrons les motifs de cette disposition, au Titre *de la Paternité et de la Filiation.*

(6) *Responsable civilement;* c'est-à-dire, qu'il ne sera pas sujet à l'action criminelle, mais qu'il pourra être poursuivi en dommages-intérêts; et ce, comme dit le texte, *quoiqu'il ne soit ni auteur ni complice.* Il devoit veiller à la sûreté et à la conservation des registres, de manière à empêcher qui que ce fût, d'y porter frauduleusement la main. Aussi doit-on remarquer qu'il n'est responsable que des altérations, c'est-à-dire, des falsifications commises depuis la rédaction de l'acte. Quant aux faux proprement dits, ou ils ont été commis à sa connoissance, et alors il est complice et sujet à l'action criminelle; ou ils ont eu lieu sans sa participation, et alors il n'en est pas responsable.

PAGE 31.

(1) *La condamnation à l'amende.* Il ne peut requérir que la condamnation à l'amende. S'il pense qu'il y a lieu à appliquer une peine plus grave, il doit renvoyer devant le juge d'instruction.

(2) *Avis du Conseil-d'Etat, approuvé le 4 pluviose an* 12. A cette époque, les avis du Conseil-d'Etat n'étoient pas insérés au Bulletin.

Ce même avis a décidé que les officiers de l'état civil ne devoient pas être regardés, à raison de ladite fonction, comme agens du Gouvernement, et qu'en conséquence ils pouvoient être poursuivis *de plano*, et sans autorisation préalable du Gouvernement.

(3) *Aux seules parties intéressées.* A l'appui de ce principe, nous avons cité l'article 99, qui paroît, au premier coup-d'œil, ne dire rien de semblable; mais il faut observer qu'il y est dit que le Tribunal doit statuer *sur les conclusions du Ministère public.*

Or, il faut savoir que, dans toute affaire où le Ministère public intervient, il ne peut que requérir ou conclure. Quand il requiert, il n'est pas nécessaire qu'il y ait déjà procès existant, partie en cause; il suffit que l'ordre public, les bonnes mœurs soient intéressés à ce qu'une disposition soit ordonnée, pour que le Ministère public ait droit de la requérir. C'est ainsi que, dans toutes les affaires criminelles, le Ministère public agit par voie de réquisition; il a le même droit, au civil, lorsqu'il s'agit de personnes dont les intérêts lui sont spécialement confiés par la loi, tels que les présumés absens. (Art. 114.)

Le ministère public ne fait, au contraire, que conclure, dans les contestations déjà existantes, lorsque l'affaire est de nature à lui être communiquée, à raison de la connexité qu'elle peut avoir avec des choses d'ordre public, ou à raison de la qualité des parties. (*Proc.*, art. 83.)

Lors donc que la loi dit qu'il est statué sur une demande quelconque, sur les conclusions du Ministère public, elle suppose que la demande a dû être déjà formée, puisque le Ministère public ne peut conclure que lorsqu'il existe procès à juger par le Tribunal. Ainsi, l'article 99, en disant que l'affaire est jugée sur les conclusions du Ministère public, décide par là implicitement qu'il n'a pas droit de requérir la rectification, et que, par conséquent, elle ne peut être demandée que par les parties intéressées.

Il peut arriver, au surplus, que le Ministère public requière et conclue tout-à-la-fois dans la même affaire. Supposons, en effet, un procès sujet à communication, et dans lequel il soit question d'un acte prohibé par la loi, d'une séparation volontaire, par exemple, d'un pacte sur une succession future, et que cependant les parties n'en aient pas demandé la nullité : le Ministère public pourra, en prenant ses conclusions, requérir, dans l'intérêt des mœurs, l'annullation de l'acte.

(4) *Au Président du Tribunal.* De quel Tribunal? On pensoit anciennement que c'étoit celui au greffe duquel le double du registre étoit, ou devoit être déposé. (Rodier, *sur l'art.* 10 *du tit. XX de l'Ordonnance de* 1667.) Il n'y a pas de raison pour ne pas admettre cette opinion dans le droit actuel.

Au surplus, un avis du Conseil-d'Etat, approuvé le 30 mars 1808 (*Bulletin*, n°. 5254), a dispensé les personnes qui veulent se marier, de la nécessité de recourir au jugement de rectification dans plusieurs cas :

1°. Si le nom d'un des futurs n'est pas orthographié dans son acte de naissance comme le nom de son père;

2°. Si l'on a omis dans ledit acte de naissance quelqu'un des prénoms des parens.

Dans ces deux cas, l'identité de l'individu est suffisamment constatée par le témoignage des pères, mères, ou aïeux, assistant au mariage, ou, en cas d'absence de leur part, par leur attestation insérée dans l'acte de consentement, qui, aux termes de l'article 73, doit être authentique.

En cas de décès des pères, mères, ou aïeux, l'identité est valablement attestée, savoir: pour les mineurs, par le conseil de famille, ou par le tuteur *ad hoc ;* et pour les majeurs, par les quatre témoins de l'acte de mariage.

3°. Si une lettre ou un prénom se trouve omis dans l'acte de décès des pères, mères, ou aïeux, il suffit, dans ce cas, pour les mineurs, de la déclaration à serment, des personnes dont le consentement est nécessaire pour le mariage; et, pour les majeurs, de celle des parties et des témoins.

Dans tous les cas, aucune des déclarations mentionnées ci-dessus ne peut nuire aux parties qui ne les ont point requises, ou qui n'y ont point concouru.

Ces diverses attestations ou déclarations ne sont exigées que pour la célébration du mariage, et non pour les publications, qui doivent toujours être faites, conformément aux notes remises par les parties aux officiers de l'état civil.

(5) *Sans préliminaire de conciliation.* Le préliminaire est inutile, puisque la conciliation n'auroit aucun effet, la rectification ne pouvant avoir lieu qu'en vertu d'un jugement.

(6) *D'un conseil de famille.* Pour le mode de formation, et la forme des délibérations des conseils de famille, voyez ci-après, au Titre *de la Minorité*, *de la Tutelle*, *etc.*

(7) *Elle n'est point faite sur l'acte ;* et ce, pour deux raisons : d'abord, pour éviter la confusion ; en second lieu, parce que le jugement de rectification étant comme non avenu à l'égard de ceux qui n'y ont pas été parties, il faut bien que l'acte reste tel qu'il étoit, afin qu'en cas de contestation, les juges puissent prononcer en connoissance de cause.

(8) *En marge de l'acte réformé.* Si l'acte réformé est inscrit sur un registre, dont le double soit déposé au greffe, nous avons vu que l'officier de l'état civil étoit tenu d'en donner avis au Procureur impérial, qui doit veiller à ce que la mention soit faite d'une manière uniforme sur les deux registres.

(9) *Qu'avec les rectifications ordonnées*, c'est-à-dire, que l'acte devra être délivré tel qu'il étoit, mais avec mention des rectifications ordonnées. Autrement, ce seroit tromper les parties, qui, si elles ne voyoient que l'acte rectifié, ignoreroient qu'il y a eu un jugement de rectification. (*Avis du Conseil-d'Etat*, *approuvé le* 4 *mars* 1808, *Bulletin*, n°. 3173.)

D'ailleurs, les expéditions des actes de l'état civil doivent être délivrées conformes aux registres. Or, les registres contiennent l'acte, tel qu'il a été rédigé primitivement, avec mention en marge des rectifications ; donc les extraits et expéditions doivent les présenter dans la même forme.

PAGE 32.

(1) *Qui n'y auroient pas été appelés.* Par conséquent, elles ne sont point même obligées d'y former tierce opposition. Le jugement est, à leur égard, comme non avenu.

(2) *Usitées dans ce pays ;* suivant la règle, *locus regit actum*, c'est-à-dire, que, toutes les fois qu'il s'agit d'un acte public, il est regardé comme authentique, et comme valable, quant à la forme, quand il est revêtu de celles qui sont prescrites pour ces sortes d'actes par les lois du pays où il a été passé.

(3) *Principalement.* J'ai ajouté ce mot, parce que j'ai pensé qu'à défaut de registres et papiers émanés des pères et mères, on pourroit admettre d'autres titres, tels que des contrats ou des publications de mariage, des dispenses de mariage, des inventaires, des partages, des délibérations de conseils de famille, etc.

(4) *Des pères et mères décédés.* Parce que, s'ils sont vivans, on peut croire que les papiers, s'ils n'ont pas, d'ailleurs, de date certaine, ont été faits pour la cause.

(5) *Que par témoins.* La possession d'état peut aussi, dans certains cas, être une preuve suffisante. (Art. 320.) Mais il se présente ici une question. L'article dit : *tant par les registres*, etc., *que par témoins.* Faut-il entendre que la preuve testimoniale ne sera admise qu'autant qu'il existera des registres et papiers domestiques ; ou bien, qu'à défaut des registres et papiers, la preuve testimoniale seule suffira ? Les Motifs disent expressément que l'article doit être entendu dans le premier sens. Mais l'on peut dire aussi qu'il s'agit dans cet article de prouver,

1°. La non existence des registres. La preuve peut être faite, ou par titres seulement, ou par témoins seulement, ou par titres et témoins tout-à-la-fois.

2°. Le fait, ou l'époque de la naissance, du mariage ou du décès. Or, en général, un fait peut se prouver par témoins, à moins que la loi ne prohibe ce genre de preuve par une disposition particulière. Si donc, par exemple, dans le cas de perte des registres, une personne demande à faire preuve de sa naissance, et que de cette preuve doive résulter celle de sa filiation, alors la preuve testimoniale ne doit être admise qu'autant qu'elle est accompagnée d'un commencement de preuve par écrit, ou de faits dès-lors constans, qui rendent vraisemblable l'allégation du demandeur. (Art. 323.) Mais si l'on suppose que la filiation est constante, et qu'il y a seulement contestation sur l'époque de la naissance, afin de déterminer, par exemple, la majorité, alors la preuve testimoniale seule suffira.

La même preuve suffira pour constater le fait et l'époque du décès.

Je pense que la preuve testimoniale pourra également suffire pour le mariage. L'article 198 suppose que la preuve de la célébration peut s'acquérir par une procédure criminelle : or, la preuve testimoniale est de l'essence de cette espèce de procédure.

Ainsi, en résumé, la non existence des registres peut se prouver de quelque manière que ce soit. Les naissances, mariages et décès peuvent se prouver par le genre de preuves que la loi permet d'administrer, suivant la nature du fait que l'on demande à prouver.

Telle est la manière dont l'article 46 me paroît devoir être interprété.

Quid, s'il existe des registres, mais que l'on allègue qu'ils sont incomplets, qu'il y a eu des feuilles arrachées? A l'égard de ceux qui prétendent que les actes qui les intéressent, étoient inscrits sur ces feuilles, c'est comme s'il n'avoit pas existé de registres, ou comme s'ils étoient perdus. L'on doit donc leur appliquer l'article.

Je crois qu'il en doit être de même, lorsque les registres ont été mal tenus, qu'ils présentent des omissions, etc.

Quid, si l'on ne peut retrouver les cadavres, comme dans les cas d'inondation, de tremblement de terre, d'incendie? Appliquer les règles de l'absence.

PAGE 33.

(1) *Par les officiers de santé.* Ce mot est générique, et comprend non-seulement les officiers de santé, proprement dits, mais encore les docteurs en médecine ou en chirurgie, accoucheurs, etc.

PAGE 34.

(1) *A l'officier de l'état civil.* Soit à la maison commune, soit même dans le lieu de l'accouchement, si l'enfant, par exemple, est hors d'état d'être transporté, etc.

(2) *Et les prénoms.* Il existe une loi du 11 germinal an 11 (*Bulletin*, n°. 2614), laquelle est divisée en deux titres relatifs, le premier aux prénoms et changemens de prénoms; et le second, aux changemens de noms de famille.

L'art. 1er du Tit. Ier défend de donner aux enfans d'autres prénoms que les noms en usage dans les différens calendriers, ou ceux des personnages connus de l'histoire ancienne.

L'article 2 permet à ceux qui portent d'autres prénoms, de les changer contre un ou plusieurs de ceux désignés dans l'article précédent.

L'article 3 prescrit la forme à suivre pour ce changement. Il a lieu d'après un jugement du Tribunal d'arrondissement, rendu sur une simple requête, présentée, soit par celui qui demande le changement, s'il est majeur ou émancipé, soit par ses père, mère ou tuteur, s'il est mineur; et, dans tous les cas, sur les conclusions du Procureur Impérial.

Le Titre II prescrit les formalités à remplir pour obtenir la permission de changer de nom de famille.

1°. La demande, motivée, est adressée à l'Empereur, qui statue dans la forme prescrite pour les réglemens d'administration publique, c'est-à-dire par un décret impérial, le Conseil-d'Etat entendu;

2°. Si la demande est admise, le décret est inséré au Bulletin des Lois, et il ne peut avoir son exécution qu'après un an, à compter de cette insertion;

3°. Pendant le cours de ladite année, toute personne est admise à présenter requête à l'Empereur, pour obtenir la révocation du décret, laquelle sera prononcée, si la réclamation est jugée fondée;

4°. S'il n'y a pas eu de réclamation, ou si celles faites n'ont pas été admises, le décret a son plein et entier effet à l'expiration de l'année;

5°. Enfin, il est bien entendu que ces dispositions ne dérogent en rien aux dispositions des lois existantes et relatives aux changemens de nom, par suite de questions d'état, qui continueront à se poursuivre devant les Tribunaux, dans les formes ordinaires.

(3) *De ses père et mère.* (*Voyez* la note (5) de la page 30.)

L'on a déjà vu, et l'on verra par ce qui va suivre, que, si l'enfant est présenté comme né hors mariage, l'officier de l'état civil n'a pas le droit d'exiger le nom du père, et que, lors même qu'on le lui déclareroit, il ne doit pas en faire mention, sans son consentement. Mais a-t-il droit d'exiger le nom de la mère? Il n'y a pas, à la vérité, la même raison qu'à l'égard du père, puisque la recherche de la maternité n'est pas interdite, comme celle de la paternité. Mais il y auroit un autre inconvénient bien plus sensible, c'est qu'il seroit à craindre qu'une mère, pour ne pas être forcée de dévoiler sa honte, ne fît pas constater l'état de son enfant, ou, ce qui seroit bien pis encore, ne le détruisît avant sa naissance. Cette considération importante, jointe à ce qu'il n'existe aucun texte formel qui ordonne d'exiger cette déclaration, me porte à penser qu'elle ne pourroit, en effet, être exigée.

(4) *Qu'il est présent*, ou représenté par un fondé de procuration spéciale et authentique; et encore, dans ce cas, s'il étoit marié à une autre femme, sa déclaration ne devroit-elle pas être admise, puisqu'on ne peut être admis à reconnoître un enfant adultérin. (*Instruction du Ministre de la Guerre*, *du* 24 *brumaire an* 12. Voyez ci-après, la note (4) de la page 40.)

(5) *Ou légalement certain.* Par exemple, si la mère est mariée, la paternité est légalement certaine (art. 312), sauf au mari à désavouer dans les cas prévus. (*Ibid.*, et art. 313 et 314.)

(6) *Relativement à la paternité.* Et si cette insertion avoit eu lieu, nonobstant la

prohibition de la loi, celui qui auroit été indiqué pour père, pourroit demander la rectification du registre, et faire condamner, s'il y avoit lieu, l'officier de l'état civil en ses dommages-intérêts. (*Voyez* la note (8) de la page 29.)

(7) *S'il en existe un.* Quelques personnes avoient conclu, de la manière dont est rédigé l'article 62, que tout acte de reconnoissance d'un enfant devoit, pour être valable, être inséré aux registres de l'état civil. Mais c'est une erreur. L'article 334 dit formellement que cette reconnoissance peut avoir lieu par un acte authentique quelconque; et l'on sent qu'il y a mille circonstances qui peuvent empêcher l'insertion de cet acte aux registres. L'article 62 a donc simplement pour but,

1°. De décider qu'on peut reconnoître un enfant par un acte inscrit sur le registre de l'état civil, même postérieurement à sa naissance, parce qu'effectivement un pareil acte est authentique, d'après la définition donnée dans l'article 1317;

Et 2°. de régler la manière dont doit être faite une pareille reconnoissance. L'acte qui la contient, doit être inscrit à sa date sur les registres courans, et mention doit en être faite en marge de l'acte de naissance, s'il en existe un. Il est bien entendu qu'à compter de cette époque, l'officier de l'état civil ne peut plus, aux termes de l'article 857 du Code de Procédure, délivrer expédition dudit acte de naissance, qu'avec la mention de l'acte de reconnoissance.

Remarquez que l'article 62 dit simplement, *l'acte de reconnoissance d'un enfant*, sans s'expliquer sur la qualité de l'enfant, s'il est naturel ou légitime, parce qu'en effet un enfant légitime peut avoir besoin d'être reconnu; si, par exemple, la mère étant accouchée dans un lieu où elle étoit inconnue, et se trouvant hors d'état de parler, l'enfant a été inscrit comme né de père inconnu, le père pourra par la suite le reconnoître pour assurer son état, et il pourra le faire, ou conformément aux dispositions de l'article 62, ou par un autre acte quelconque.

PAGE 35.

(1) *A laquelle il est remis.* Quant à ceux qui ont exposé ou délaissé un enfant au-dessous de sept ans accomplis, il faut distinguer si c'est dans un lieu solitaire, ou non.

Dans le premier cas, ils sont condamnés à un emprisonnement de six mois à deux ans, et à une amende de seize à deux cents francs. (*Code Pénal*, art. 349.) Si le coupable est tuteur ou tutrice, instituteur ou institutrice, la peine est un emprisonnement de deux ans à cinq, et l'amende de cinquante à quatre cents francs. (*Ibid.*, art. 350.)

Si, par suite de l'exposition et du délaissement, l'enfant est demeuré mutilé ou estropié, l'action est considérée comme blessure volontaire; et si la mort s'en est ensuivie, l'action est considérée comme meurtre, et punie, dans les deux cas, en conséquence. (*Ibid.*, art. 351.)

Les mêmes peines sont appliquées à ceux qui ont donné l'ordre d'exposer et de délaisser, si l'ordre a été exécuté. (*Ibid.*, art. 349.)

Si l'exposition et le délaissement ont été effectués dans un lieu non solitaire, la peine est un emprisonnement de trois mois à un an, et une amende de seize à cent francs. (*Ibid.*, art. 352.) L'emprisonnement est de six mois à deux ans, et l'amende est de vingt-cinq à deux cents francs, si le délit a été commis par le tuteur ou la tutrice, l'instituteur ou l'institutrice de l'enfant. (*Ibid.*, art. 353.)

Il a été rendu, le 19 janvier 1811 (*Bulletin*, n°. 6478), un décret impérial concernant les enfans trouvés ou abandonnés, et les orphelins pauvres. Les principales dispositions sont:

1°. Dans chaque hospice destiné à recevoir des enfans trouvés, il y aura un tour où ils devront être déposés. (Art. 3.)

2°. Des registres constateront, jour par jour, leur arrivée, leur sexe, leur âge apparent, et décriront les marques naturelles et les langes qui peuvent servir à les faire reconnoître. (Art. 4.)

3°. Lesdits enfans, élevés à la charge de l'Etat, sont entièrement à sa disposition; et, quand le Ministre de la marine en dispose, la tutelle des commissions administratives cesse. (Art. 16.)

(Pour cette tutelle, *voyez* ci-après, Titre *des Tutelles*, chapit. IV.)

4°. Il n'est rien changé aux règles relatives à la reconnoissance et à la réclamation desdits enfans; mais, avant d'exercer aucun droit, les parens devront, s'ils en ont les moyens, rembourser toutes les dépenses faites par l'administration publique ou par les hospices; et, dans aucun cas, un enfant dont l'État auroit disposé, ne pourra être soustrait aux obligations qui lui ont été imposées. (Art. 21.)

(2) *Capitaine, maître ou patron.* Lorsque le bâtiment est destiné à un voyage de long cours, le commandant a le titre *de capitaine;* sinon il se nomme *maître* dans l'Océan, et *patron* dans la Méditerranée.

(3) *Du rôle d'équipage.* Le rôle d'équipage est l'état dressé, avant le départ du bâtiment, de toutes les personnes embarquées.

(4) *Deux expéditions authentiques.* Qu'entend-on ici par expéditions authentiques? J'avois d'abord pensé que c'étoit des doubles signés par les mêmes personnes qui avoient signé l'acte; mais alors ce ne seroient plus des expéditions, mais des originaux. Je crois donc qu'il faut entendre ici, par *expéditions authentiques*, des copies délivrées conformes à l'original par l'officier qui a reçu l'acte, et qui est vraiment, dans ce cas, et pour cet objet, officier public ayant droit d'instrumenter.

(5) *A son bureau ou à sa chancellerie. Bureau*, si c'est le préposé à l'inscription; *chancellerie*, si c'est le consul.

PAGE 36.

(1) *Sur cette autorisation.* Voir le décret du 4 thermidor an 13, qui a appliqué cette disposition aux Ministres des divers cultes. (*Bulletin*, n°. 865.)

Voir aussi le réglement sur les sépultures, du 23 prairial an 12 (*Bulletin*, n°. 25), dont les principales dispositions sont:

1°. Qu'aucune inhumation ne peut avoir lieu dans les églises, temples, synagogues, hôpitaux, chapelles publiques, et généralement dans aucun des édifices clos et fermés, où les citoyens se réunissent pour la célébration de leur culte, ni dans l'enceinte des villes et bourgs. (Art. 1.)

2°. Que les terrains spécialement consacrés aux inhumations, doivent être à la distance de trente-cinq à quarante mètres au moins de l'enceinte des villes et bourgs. (Art. 2.)

3°. Que dans les communes où l'on professe plusieurs cultes, chaque culte doit avoir un lieu particulier d'inhumation; et dans le cas où il n'y auroit qu'un seul cimetière, on le partage par des murs, haies, ou fossés, en autant de parties qu'il y a de cultes différens. (Art. 15.)

Et 4°. que toute personne peut être enterrée sur sa propriété, pourvu que ce soit à la distance ci-dessus des villes et bourgs. (Art. 14.)

(2) *Veuve ou divorcée.* Je ne crois cependant pas qu'on puisse exiger rigoureusement cette mention. Il est très-possible que l'on connoisse une personne comme veuve, et que l'on ignore les nom et prénoms de son époux.

(3) *Pour les cas ordinaires.* Le Code n'exige pas la mention du jour et de l'heure du décès. L'ordonnance de 1667 et la déclaration de 1736 exigeoient la mention du jour. Celle de l'heure peut être également très-importante, principalement dans le cas où deux personnes, dont l'une peut hériter de l'autre, sont mortes le même jour. Ainsi, Pierre, héritier de Paul, est mort le même jour que lui; s'il lui a survécu, ne fût-ce que d'une heure, il a recueilli sa succession, et l'a transmise, en conséquence, à ses propres héritiers; si, au contraire, c'est Paul qui a survécu, sa succession n'a jamais appartenu à Pierre, qui n'a pu, en conséquence, la transmettre à personne. Il peut donc être important de connoître l'heure du décès.

Il est bien vrai que l'article 77 défend de faire l'inhumation avant les vingt-quatre heures. Mais cela ne peut donner aucun renseignement certain sur l'heure du décès, d'abord parce que rien ne constate l'heure de l'inhumation; et en deuxième lieu, parce qu'elle peut se faire après les vingt-quatre heures, et même auparavant, dans quelques circonstances. Enfin, l'énonciation, dans l'acte, du jour et de l'heure du décès, pourroit servir quelquefois à faire connoître si la règle des vingt-quatre heures a été observée.

PAGE 37.

(1) *Du décédé.* Les autres détails étant relatifs au délit présumé commis, et pouvant servir de base à des poursuites criminelles, doivent rester secrets pendant l'instruction du procès. D'ailleurs, le genre de mort ne devant pas être mentionné dans l'acte, l'officier de l'état civil n'a pas besoin de les connoître.

(2) *Du genre de mort.* Disposition sage, qui a pour but d'épargner des désagrémens aux familles. Pour la rendre plus complète, il eût peut-être été à désirer que, dans ce cas, comme dans celui d'exécution à mort, quand le décédé a un domicile connu, les renseignemens eussent été adressés directement à l'officier de l'état civil de ce domicile, qui alors eût été chargé de rédiger l'acte de décès.

Observez, au surplus, que quiconque a recélé ou caché le cadavre d'une personne homicidée, ou morte des suites de coups ou de blessures, est puni d'un emprisonnement de six mois à deux ans, et d'une amende de cinquante à quatre cents francs, sans préjudice de peines plus graves, s'il a participé au crime. (*Code Pénal*, art. 359.)

(3) *Décès dans les hôpitaux militaires*, en France. Pour le cas de décès dans les hôpitaux militaires dans l'étranger, voyez l'article 97.

(4) *Maisons publiques*. Excepté toutefois les prisons, maisons de réclusion, etc., dont il sera question ci-après.

(5) *A l'ordinaire*. Il n'est pas défendu ici de faire mention du lieu du décès, parce qu'il ne présente rien de déshonorant.

PAGE 39.

(1) *De tous les citoyens en général*. Avis du Conseil-d'Etat, approuvé le 4 complémentaire an 13 (*Bulletin*, n°. 1071).

(2) *Là est la France*. Paroles de l'Empereur, dans la séance du 14 fructidor an 9.

(3) *Le Major*. L'article dit *le quartier-maître;* mais depuis l'institution des Majors, un arrêté du 1er vendémiaire an 12, rapporté par M. LOCRÉ, a transporté la tenue des registres à ces derniers.

(4) *Il en est tenu un*. Il paroît, d'après une instruction du Ministre de la guerre, qui sera ci-après rapportée, qu'il n'est pas nécessaire que ce registre soit tenu double.

(5) *Qui le commande*. Il faut remarquer que, dans les détachemens composés de moins d'un bataillon ou escadron, le registre est tenu par le commandant du corps. Il ne paroîtroit donc pas convenable qu'il fût coté et paraphé par lui.

(6) *Du dernier domicile*. On verra, au Titre *du Mariage*, que le domicile, pour le mariage, s'établit par six mois de résidence continue dans la même commune. (Art. 74.)

PAGE 40.

(1) *De l'acte de célébration*. Pourquoi l'envoi de l'acte de mariage doit-il être fait immédiatement après la célébration, tandis qu'il est accordé un délai de dix jours pour l'envoi des actes de naissance et de décès? Je pense que c'est parce que les actes de naissance et de décès, étant commandés par les circonstances, peuvent être faits dans tels instans où l'envoi ne pourroit s'en faire commodément. Cela ne peut s'appliquer aux mariages : on ne choisit pas ordinairement de pareils momens pour se marier.

(2) *De l'inscription de l'acte*, ou de l'envoi de l'acte par le directeur de l'hôpital, si le décès y a eu lieu. (Art. 97.)

(3) *Du dernier domicile du décédé*. Observez, qu'à défaut de tout autre domicile, il faut entendre le lieu de la naissance de l'individu. (*Voyez* ci-après l'instruction déjà citée.)

(4) *Employés à la suite des armées*. Que doit-on entendre par ces expressions? L'article 31 de l'Ordonnance de 1735 accordoit la permission de tester militairement, *même à ceux qui, n'étant ni officiers, ni engagés dans les troupes, se trouvoient à la suite de l'armée, ou chez l'ennemi, soit à cause de leur emploi ou fonctions, soit pour le service qu'ils rendoient aux officiers, soit à l'occasion de la fourniture des vivres et munitions*. Il paroît assez naturel d'adopter cette interprétation.

Nota. Il existe, comme nous l'avons dit, une instruction du Ministre de la guerre, en date du 24 brumaire an 12, ayant pour but de faire connoître aux militaires les formes qu'ils doivent suivre dans tous les cas, pour donner aux actes de l'état civil, qu'ils auront à passer ou à rédiger, la régularité qui doit en assurer la validité.

Nous allons en faire connoître les dispositions, en nous contentant d'indiquer les articles du Code et des Lois, rappelés dans le texte.

Code Napoléon, art. 34.

Loi du 11 *germinal an* 11, Bulletin, n°. 2614.

Code Napoléon, art. 35, 36, 37, 38 et 39.

Le titre premier concerne les militaires dans l'intérieur de l'Empire.

Observations. Sur le territoire français, les droits des militaires sont réglés par la loi commune; ainsi on se bornera à en rapporter le texte littéral, et l'on ne donnera que les développemens convenables, pour que ses dispositions soient partout exécutées d'une manière uniforme.

Le titre II de la présente instruction traitera des actes de l'état civil concernant les militaires hors du territoire de l'Empire, et énoncera les différentes exceptions que la nature des circonstances a fait juger nécessaires.

Section Première.

De la Naissance des Enfans des Militaires sur le territoire de l'Empire.

Code Napoléon, art. 55 et 56.

Observation. Il est à observer que si la mère est mariée, nul autre que son mari ne peut être déclaré père de l'enfant; et que, si elle n'est pas mariée, la déclaration de paternité ne doit être reçue que du père même; et s'il étoit marié à une autre femme, sa déclaration ne seroit pas admissible, nul ne pouvant se reconnoître publiquement adultère.

Code Napoléon, art. 57.

Observation. Les conseils d'administration veilleront à ce que les dispositions des précédens articles soient toujours ponctuellement exécutées. Il importe qu'ils aient connoissance de quelques articles du Titre du Code Napoléon, sur la paternité et la filiation, non pour prononcer en pareille matière, mais pour indiquer à leurs subordonnés la marche qu'ils doivent suivre pour obtenir des tribunaux la justice qu'ils peuvent être en droit de réclamer. (*Voir en conséquence le Code Nap.*, art. 312, 313, 314, 315, 316, 317 et 318.)

Section II.

Du Mariage des Militaires sur le territoire Français.

Observations. L'article 74 du Code Napoléon fixe à six mois le temps de domicile nécessaire pour faire dans une commune la publication légale d'un projet de mariage; mais comme un militaire, obligé de suivre ses drapeaux, peut se trouver pendant long-temps dans la nécessité de ne pas résider six mois de suite dans le même lieu, il suffira qu'il justifie qu'il est au corps depuis plus de six mois; et l'officier public en fera mention, ainsi que du temps depuis lequel le corps est en garnison dans la commune: s'il s'agit d'un officier sans troupe, il suffira qu'il justifie de la date de l'ordre qui l'a appelé, pour le service, dans la commune où il est.

Dans tous les cas, la publication devra aussi être faite dans la commune où étoit la dernière résidence, ainsi que dans celle où est le domicile des parens sous l'autorisation desquels on se marie.

Code Napoléon, art. 63, 64, 65, 66, 67, 68, 69, 70, 71, 72, 73, 74, 75 et 76.

SECTION III.

Du décès des Militaires sur le territoire Français.

Code Napoléon, art. 77.

MODE D'EXÉCUTION. En conséquence de ces dispositions, aussitôt qu'un militaire sera décédé à la caserne ou dehors, quel que soit le genre de sa mort, la déclaration en sera faite de suite à l'officier de l'état civil du lieu, pour qu'il puisse opérer conformément à la loi.

Code Napoléon, art. 78 et 79.

MODE D'EXÉCUTION. L'officier, quel que soit son grade, qui commandera la compagnie dont un militaire décédé faisoit partie, sera tenu d'en faire faire aussitôt la déclaration à l'officier de l'état civil, et de veiller à ce que deux officiers ou sous-officiers, ou au moins un officier ou sous-officier et un soldat, se tiennent à portée de servir de témoins de l'acte à dresser par l'officier de l'état civil.

Code Napoléon, art. 80.

MODE D'EXÉCUTION. A l'égard des hôpitaux militaires, l'art. 485 de l'arrêté des Consuls, en date du 24 thermidor an 8, porte : « Les directeurs des hôpitaux remettront, tous les mois, un extrait » dudit registre, au commissaire des guerres, qui l'adressera au Ministre de la guerre, avec » une double expédition de l'acte de mort. » Le numéro que chaque militaire décédé avoit sur le registre-matricule de son corps, sera soigneusement relaté sur lesdits extraits, ainsi que le prescrit la décision du Ministre, en date du 11 brumaire an 11.

Quant aux militaires décédés dans les autres hôpitaux et maisons, l'officier de l'état civil devra envoyer *deux doubles de l'acte de décès* au Ministre de la guerre, par l'intermédiaire du commissaire des guerres. Il aura soin d'y relater également le numéro du registre-matricule qu'il aura trouvé sur le billet d'entrée ou sur les autres papiers du militaire.

Code Napoléon, art. 81 et 82.

MODE D'EXÉCUTION. Un double de cet acte sera remis au corps, dont faisoit partie le militaire décédé, s'il se trouve sur les lieux. Le conseil d'administration dudit corps en fera mention sur ses registres-matricules, ainsi que sur les états de mutation qu'il doit adresser chaque mois au Ministre de la guerre.

Si le corps avoit changé de garnison, l'officier de l'état civil enverroit directement cette expédition au Ministre de la guerre.

La mort violente comprend le duel et le suicide ; et l'intention du Gouvernement est qu'il n'en soit fait aucune mention dans les actes de décès.

Code Napoléon, art. 83.

Le commissaire du Gouvernement près un Tribunal militaire, qui aura requis l'exécution à mort en vertu d'un jugement, sera tenu d'envoyer, dans les vingt-quatre heures de l'exécution, le procès-verbal qu'il en aura dressé, au quartier-maître du corps auquel appartenoit le condamné ; et le quartier-maître le relatera, tant sur les registres-matricules, que sur les états de mutation, sans faire mention du genre de mort.

Ce commissaire enverra aussi, dans les vingt-quatre heures de l'exécution du jugement portant peine de mort, à l'officier de l'état civil du lieu où le condamné aura été exécuté, tous les renseignemens énoncés en l'article 79, d'après lesquels l'acte de décès sera rédigé.

Code Napoléon, art. 84.

Mode d'exécution. Une expédition de cet acte de décès sera adressée au lieu du dernier domicile du décédé, et une autre au Ministre de la guerre, comme il est dit plus haut pour tous les actes de mort en général.

Code Napoléon, art. 85.

Observation. Les conseils d'administration des corps dans l'intérieur, veilleront à ce que les dispositions des différens articles qui composent le Titre premier de la présente instruction, soient strictement exécutées, en ce qui concerne leurs subordonnés. Elles intéressent trop particulièrement l'ordre social, pour que la moindre négligence, à cet égard, ne compromette pas essentiellement leur responsabilité. Ils auront soin de relater, sur leurs registres-matricules et sur les états de mutation, la date et le lieu de la mort des militaires.

TITRE II.

Des Militaires hors du territoire de l'Empire.

Code Napoléon, art. 88 et 89.

Observations. En conséquence de ces dispositions, les quartiers-maîtres, capitaines et inspecteurs aux revues, devant remplir les fonctions d'officier de l'état civil, se pénétreront bien des formalités exigées dans l'intérieur, et dont vient de traiter le Titre précédent. Ils n'y dérogeront que dans les cas prévus par la loi, et pour lesquels elle a admis des exceptions : ils deviennent dès-lors personnellement responsables de leur entière exécution, et la moindre infraction de leur part les exposera aux peines prononcées à l'égard des officiers publics qu'ils représentent. S'il venoit à être apporté quelque changement à la nature des fonctions des quartiers-maîtres, les obligations relatives aux actes de l'état civil, qui leur sont imposées par la loi et par la présente instruction, devroient être remplies par les officiers, quel que fût leur grade, qui seroient chargés, dans les corps, de la tenue et du dépôt des registres-matricules et contrôles nominatifs. Cette observation s'applique à tous les articles de cette instruction, où il est question des quartiers-maîtres.

Code Napoléon, art. 90.

Mode d'exécution. En conséquence, aussitôt qu'un ou plusieurs corps, ou des détachemens sortiront du territoire de l'Empire, ils établiront un registre destiné à recevoir les actes de l'état civil : ces différens actes y seront inscrits de suite, sans aucun blanc ; les ratures et les renvois seront approuvés et signés de la même manière que le corps de l'acte ; il ne sera rien écrit par abréviation, et aucune date ne sera mise en chiffres.

Ces registres seront fournis par les corps et états-majors ; et aussitôt la rentrée sur le territoire français, ils seront envoyés au Ministre de la guerre, sauf à en établir de nouveaux, dans le cas où ces mêmes corps ou détachemens quitteroient encore le territoire de l'Empire. Les quartiers-maîtres et capitaines commandans seront surveillés, dans les fonctions d'officiers de l'état civil, par le conseil d'administration et les inspecteurs aux revues.

L'inspecteur aux revues chargé, à l'état-major, de la tenue desdits registres, en enverra, tous les mois, au Ministre de la guerre, un extrait collationné.

Code Napoléon, art. 91.

Section première.

De la Naissance des Enfans des Militaires et Employés de l'Armée, hors du territoire de l'Empire.

Code Napoléon, art. 92.

Observation. Cet article fait exception à l'article 55 du Titre I, qui accorde *trois jours* pour les déclarations. Il devra donc lui être entièrement substitué hors du territoire français: les mêmes formalités devront, d'ailleurs, être observées pour les déclarations à faire et les témoins qui doivent y assister.

Code Napoléon, art. 93.

Observation. Afin d'éviter les erreurs que pourroient commettre des bataillons ou escadrons qui, étant détachés du corps, se trouveroient dépourvus des registres-matricules, le quartier-maître enverra l'extrait mentionné en l'article précédent, au dépôt du corps, où il sera confronté avec le signalement du père de l'enfant, s'il est connu, et transmis par le conseil d'administration au lieu de son dernier domicile, ou à celui de la mère, dans le cas où le père est inconnu.

Mode d'exécution. Un double de cet acte sera envoyé au Ministre de la guerre, et le numéro du registre-matricule sous lequel le père aura été signalé, sera relaté avec soin dans ledit acte de naissance.

Dans le cas où des corps entiers se trouveroient hors du territoire de l'Empire, ils transmettroient directement lesdits actes, ainsi qu'il est prescrit ci-dessus.

Section II.

Du Mariage des Militaires et Employés de l'Armée, hors du territoire de l'Empire.

Code Napoléon, art. 94.

Observations. Cet article fait exception aux articles 63 et 64 énoncés au Titre I; il devra, en conséquence, être seul suivi hors du territoire français, en observant cependant que les enfans de troupe n'ayant jamais eu d'autre domicile que les drapeaux, les publications faites dans l'endroit où se trouve le corps, sont les seules exigibles à leur égard; quant aux autres militaires, ils devront déclarer quel a été leur dernier domicile, qui, à défaut de tout autre, sera censé être le lieu de leur naissance.

Code Napoléon, art. 95.

Mode d'exécution. Pour prévenir l'inexactitude des renseignemens, les quartiers-maîtres opéreront, à cet égard, ainsi qu'il est dit pour les actes de naissance; ils transmettront cet extrait au conseil d'administration, qui, après l'avoir comparé à ses registres-matricules, l'enverra à l'officier de l'état civil du dernier domicile des époux.

Quelques articles, extraits du Titre *du Mariage*, contiennent des dispositions particulières qu'il importe aux officiers de l'état civil de connoître; on croit, en conséquence, devoir les comprendre dans la présente instruction. (*Voir le Code Nap.*, art. 144, 145, 146, 147, 148, 149, 150, 151, 158, 159, 160, 161, 162, 163, 164, 227 et 228.)

Observations. Les quartiers-maîtres, capitaines et inspecteurs aux revues, faisant les fonctions d'officiers de l'état civil, observeront exactement si les qualités et conditions requises pour pouvoir contracter mariage, sont, dans les futurs époux, conformes, en tout point, au vœu de la loi. Ils se rappelleront sur-tout que la reconnoissance des enfans naturels (excepté le cas où elle seroit faite par un individu non marié au moment de la présentation de l'enfant, pour constater sa naissance, et celui où deux personnes libres en se mariant, reconnoîtroient les enfans qu'elles auroient eus précédemment; déclaration de reconnoissance que celui qui fait les fonctions d'officier public, pour l'acte de mariage, peut aussi recevoir et inscrire, *art.* 331), que le désaveu fait par le père, de l'enfant présenté sous son nom, et que la prononciation du divorce, sont des cas dont il ne leur est pas permis de connoître. Les parties devront se mettre en instance devant les tribunaux compétens; et ce n'est conséquemment que lors de leur rentrée sur le territoire français qu'elles pourront faire les diligences convenables, quels que soient, d'ailleurs, les droits qu'elles pussent avoir, et dont elles auront toujours pu faire des actes conservatoires.

SECTION III.

Du Décès des Militaires et Employés de l'Armée, hors du territoire de l'Empire.

Code Napoléon, art. 96.

MODE D'EXÉCUTION. Ledit extrait de mort sera envoyé à l'officier de l'état civil du dernier domicile du décédé, et au Ministre de la guerre, par l'intermédiaire du conseil d'administration, après qu'il aura été relaté sur les registres-matricules du corps. Il devra en être fait aussi mention dans les états de mutation qu'il doit adresser chaque mois.

A l'égard des militaires tués sur le champ de bataille, le quartier-maître fera rendre compte, à la suite de chaque action, par les sergens-majors des compagnies, du nom des militaires manquant. Il s'informera ensuite aux trois témoins voulus par la loi, des causes de l'absence; il constatera par ce moyen la mort, ou la prise par l'ennemi, des individus absens, et établira les actes de décès, qu'il enverra conformément aux dispositions ci-dessus énoncées.

Code Napoléon, art. 97.

OBSERVATIONS. L'extrait du registre que doivent tenir les directeurs desdits hôpitaux, sera en outre remis, chaque mois, en double expédition, au commissaire des guerres, qui fera de suite passer au Ministre ces deux actes mortuaires, avec un bordereau nominatif pour chaque hôpital.

Les quartiers-maîtres auront soin de réclamer des directeurs des hôpitaux, et particulièrement des hôpitaux ambulans, les actes de décès des militaires qu'ils sauroient y avoir été transportés.

Ils ne relateront le genre de mort, dans tous les actes de décès en général, qu'à l'égard des militaires morts sur le champ de bataille, ou des suites de blessures reçues en combattant l'ennemi, ou des maladies provenant des fatigues de la guerre, ou enfin morts de maladie ordinaire, et dont le genre sera spécifié par les officiers de santé.

DES TESTAMENS.

Règles particulières sur la forme de certains testamens.

Code Napoléon, art. 981, 982, 983, 984, 999 et 1000.

Appliquer également les dispositions des articles 909, 968, 970 et 975.

OBSERVATIONS. Le testament par acte public devra être signé par les témoins. Ne pourront être pris pour témoins les commis ou délégués de l'individu par lequel les actes sont reçus.

Les témoins devront être mâles et majeurs.

DES MILITAIRES EMBARQUÉS.

Les actes de naissance et de mort, relatifs aux militaires ou à leurs enfans embarqués avec eux soit sur les vaisseaux de l'Etat, soit sur des bâtimens de transport, seront rédigés par l'officier d'administration de la marine, ou celui qui les supplée, dans les vingt-quatre heures, et en présence de deux témoins pris parmi les officiers du bâtiment, ou, à leur défaut, parmi les hommes de l'équipage.

Les testamens faits sur mer, et non olographes, seront reçus par l'officier commandant le bâtiment, ou, à son défaut, par celui qui le supplée dans l'ordre du service, l'un ou l'autre conjointement avec l'officier d'administration, ou avec celui qui en remplit les fonctions. Dans tous les cas, ces testamens devront être reçus en présence de deux témoins, et l'officier commandant le vaisseau a des formalités particulières à remplir pour la conservation de ces actes.

Les officiers d'aucun grade, des troupes de terre, ne sont donc chargés de remplir, à la mer, les fonctions d'officiers de l'état civil; mais le commandant de chaque détachement devant toujours avoir un contrôle nominatif de la troupe qui est sous ses ordres, il aura soin d'y noter les mutations de toute nature, afin qu'on puisse les rapporter ensuite sur les registres-matricules du corps.

INSTRUCTIONS GÉNÉRALES.

Art. Ier. Les dispositions relatives aux militaires hors du territoire français, sont applicables, non-seulement à ceux réunis en corps d'armée au-delà des frontières de l'Empire, ou qui y sont employés dans des corps détachés, mais aussi aux corps qui, dans un cas d'invasion ou de révolte, se trouveroient dans l'impossibilité de recourir aux officiers publics ordinaires, pour constater le décès des militaires qui seroient morts sur le champ de bataille, ou pour faire divers actes relatifs à l'état civil. Dans tous les autres cas, les militaires sont assujettis aux mêmes lois que le reste des citoyens. A l'égard de l'envoi qui doit être fait, au dernier domicile, des actes de naissance, mariage et décès, des militaires hors de l'empire, ce dernier domicile doit être celui où est né l'individu, à moins d'une déclaration contraire.

Art. II. Quant aux militaires qui mourroient prisonniers de guerre, les actes en seront rédigés dans les formes usitées dans le pays où ils viendroient à décéder. Comme ils se trouvent alors éloignés de leurs drapeaux, l'article 47 du Code Napoléon leur est applicable sous tous les rapports; il porte: « Tout acte de l'état civil, des Français et des étrangers, fait en pays étranger, » fera foi, s'il a été rédigé dans les formes usitées dans ledit pays. »

Art. III. Tout dépositaire des registres sera civilement responsable des altérations qui y surviendront, sauf son recours, s'il y a lieu, contre les auteurs desdites altérations.

Art. IV. Toute altération, tout faux dans les actes de l'état civil, toute inscription de ces actes faite sur une feuille volante, et autrement que sur les registres à ce destinés, donneront lieu aux dommages-intérêts des parties, sans préjudice des peines portées au Code Pénal.

Art. V. Les différens actes faits jusqu'à ce jour par les quartiers-maîtres, capitaines et inspecteurs aux revues, remplissant les fonctions d'officiers de l'état civil, devront être de suite inscrits sur les registres prescrits par la loi; et, indépendamment de cette inscription, les minutes qu'ils auront faites sur feuilles volantes, seront et demeureront annexées auxdits registres, sans en rien inférer, pour l'avenir, de contraire aux dispositions du Code Napoléon.

Art. VI. Dans les cas où un militaire, hors du territoire de l'Empire, laisseroit, en mourant, dans le corps dont il fait partie, un ou plusieurs enfans, sans que leur mère fût présente, le conseil d'administration nommera de suite, parmi les officiers dudit corps, un tuteur temporaire, dont les fonctions se borneront seulement à régler les intérêts du mineur avec le corps. Cet officier se hâtera de prévenir la famille, du décès du père de l'enfant, afin que, conformément aux lois, il puisse lui être nommé un tuteur dans le plus court délai. Aussitôt la nomination de ce dernier, les fonctions du tuteur temporaire seront terminées de droit, après cependant qu'il aura rendu les comptes que pourroit nécessiter sa gestion.

Lorsqu'un militaire appartenant à un corps, viendra à décéder sur le territoire de l'Empire, le juge-de-paix de l'arrondissement en sera aussitôt prévenu; il mettra le scellé sur les effets du décédé; le scellé sera levé sous le plus bref délai, en présence d'un officier, chargé par le conseil d'administration d'y assister et de signer le procès-verbal de désignation des effets; la vente en sera faite avec les formalités requises, et le produit remis au conseil d'administration, qui le déposera dans la caisse du corps, et restera responsable, envers les héritiers, du montant de la succession.

Si un militaire meurt hors du territoire de l'Empire, le chef du corps, ou l'officier le plus élevé en grade, présent sur les lieux, commettra un officier pour apposer les scellés, qui seront ensuite levés, et la désignation des effets et leur vente faite comme il est dit ci-dessus.

PAGE 41.

(1) *Du domicile.* Voir les *Questions de* RODIER, sur l'article III du titre II de l'ordonnance de 1667.

(2) *Civil*, c'est-à-dire, celui où l'on exerce ses droits civils. Pour ce qui concerne le domicile politique, c'est-à-dire celui qui est requis pour l'exercice des droits de cité, *voyez* l'article 6 de la constitution, et le titre Ier. du décret impérial du 17 janvier 1806, art. 4 (*Bulletin*, n°. 1255).

On voit par là que le domicile politique et le domicile civil peuvent être distincts; mais néanmoins le domicile politique pourroit, en cas de contestation, servir d'indice, pour faire reconnoître le domicile civil : car ce pourroit être un des caractères de l'établissement principal, comme on l'a observé au Conseil-d'Etat.

(3) *Du Français.* Les mêmes dispositions s'appliqueroient à l'étranger autorisé par l'Empereur à résider en France.

(4) *Si le père est inconnu. Quid*, si l'on ne connoît ni le père ni la mère? L'enfant a pour domicile celui de son tuteur, s'il lui en a été donné un : sinon, il n'a d'autre domicile que le lieu où il réside.

(5) *De l'individu*, sauf le cas où il perdroit ses père et mère avant l'émancipation. Son domicile changeroit alors, et il prendroit celui de son tuteur.

(6) *L'un de l'autre.* On conçoit, en effet, qu'un négociant, par exemple, peut avoir le siége de son commerce à Paris, et résider cependant habituellement dans une autre commune. Il n'en sera pas moins réputé domicilié à Paris. Mais tous les cas ne sont pas aussi aisés à décider que celui-là.

Au surplus, les questions de domicile sont bien loin de présenter actuellement le même intérêt qu'avant la promulgation du Code. En effet, comme la France étoit régie par différentes coutumes, on tenoit en principe que la succession des immeubles, par exemple, étoit régie par la coutume du lieu de leur situation; mais que les meubles n'ayant pas d'assiette fixe, il falloit suivre, pour les successions mobilières, la coutume du domicile du défunt. Or, comme l'ordre de succéder n'étoit pas le même dans toutes les coutumes, on sent qu'il devenoit important de déterminer le domicile du défunt, afin de connoître ceux auxquels devoit appartenir la succession mobilière. Cette difficulté ne peut plus avoir lieu, actuellement que la France entière est régie par les mêmes lois. Les questions de domicile n'ont donc d'autre motif, dans le droit du Code, que d'établir la validité de l'assignation, la compétence du juge, etc. Le titre *du Domicile* est donc, sous ce rapport, plutôt un titre de procédure que de droit.

(7) *Si variés et si multipliés.* Voir quelques-uns de ces détails dans les lois 27,

§. 1, ff. *ad Municipalem*, et 7, Cod. *de Incolis* : ajoutez, dans notre droit, le service de la garde nationale, les rôles de patente, de contribution, etc.

(8) *La présomption légale.* Nous avons vu, au *Titre Préliminaire*, ce qu'on doit entendre par ces mots. (*Voyez* la note (2) de la page 9.)

PAGE 42.

(1) *D'avoir un domicile particulier.* Car, si c'étoit, par exemple, un interdit ou une femme mariée, ils auroient toujours, savoir : l'interdit, le domicile de son tuteur; et la femme, celui de son mari.

(2) *De cette personne.* Il y a ici le fait et l'intention. Le *fait*, puisqu'il y a habitation réelle dans la maison de la personne. La preuve légale de *l'intention* résulte du service ou travail habituel chez cette même personne.

(3) *L'acceptation seule.* Mais de quand l'individu nommé est-il présumé avoir accepté? C'est ordinairement du jour qu'il a prêté serment.

(4) *Celui de son mari*, qu'elle conserve jusqu'à la dissolution du mariage, quand même elle seroit séparée de biens. Il en seroit autrement, si elle étoit separée de corps: cette séparation ayant pour effet de la décharger de l'obligation de résider avec son mari, elle acquiert par là le droit de choisir un domicile.

Si la femme mariée fait un commerce séparé de celui de son mari, et avec son consentement, au moins tacite, non-seulement elle pourra avoir un domicile pour les faits de ce commerce, mais encore on pourra, à raison de ces faits, assigner le mari devant le juge de ce domicile. (*Procéd.* 420.)

(5) *De l'habitation réelle.* Il est cependant un cas dans lequel le domicile pourroit être changé, sans qu'il y eût changement d'habitation. Exemple :

Une femme domiciliée à Rouen, épouse un homme domicilié à Paris. Quand même elle resteroit à Rouen, elle n'en seroit pas moins présumée avoir acquis par son mariage un nouveau domicile à Paris, et cela par l'effet de la loi, qui veut que la femme mariée, et non séparée de corps, ne puisse avoir d'autre domicile que celui de son mari. Si cependant le mariage n'étoit point connu, *putà*, s'il a été tenu secret, si la femme a conservé son ancien nom, elle pourra être valablement assignée au lieu de son ancien domicile, et devant le Juge de ce domicile.

(6) *Quand il est une fois acquis.* Puisque l'on peut changer d'habitation sans changer de domicile, il est clair que, dans ce cas, le domicile ne se conserve que par l'intention.

(7) *Celui de son tuteur.* L'article dit *curateur*, parce qu'à l'époque à laquelle a été rédigée la loi sur *le domicile*, la loi sur *l'interdiction* n'étoit pas faite, et que, dans l'ancien droit, ce n'étoit pas un tuteur, mais un curateur que l'on donnoit à l'interdit.

(8) *De l'ouverture de la succession.* Cette question peut avoir quelqu'importance, parce que c'est le tribunal du lieu de l'ouverture de la succession qui doit connoître de toutes les opérations du partage, et de toutes les contestations qui peuvent s'élever à cette occasion. (Art. 822.)

(9) *Lors de la passation d'un acte.* Est-il nécessaire que l'élection de domicile soit faite dans l'acte même? Les Motifs paroissent décider l'affirmative. Je pense que

cela doit s'entendre dans le sens que l'une des parties ne pourroit seule, dans un acte séparé, élire domicile pour l'exécution d'un acte antérieur. Mais si tous les contractans sont d'accord, je ne vois pas pourquoi l'élection de domicile ne pourroit pas avoir lieu par un acte postérieur et séparé.

(10) *Au domicile élu.* Remarquez que le droit de faire les significations au domicile élu, est purement facultatif dans la personne du demandeur (l'article 111 dit, *pourront être faits*), et que celles qui seroient faites au domicile réel du défendeur, n'en seroient pas moins valables, à moins qu'il ne résulte des circonstances, que l'élection a été faite aussi dans l'intérêt du défendeur, si, par exemple, ce dernier étoit sur le point de s'absenter de son domicile, et qu'il en ait élu un chez un de ses amis, ou chez son fondé de pouvoir.

(11) *A eu lieu.* Ainsi, je suis domicilié à Paris; je fais un traité avec Pierre, domicilié à Rennes; je crains qu'il ne s'élève des difficultés, et je ne veux pas être obligé d'aller plaider à Rennes. En conséquence, il consent à élire un domicile à Paris; et, s'il y a effectivement contestation, je pourrai l'assigner à ce domicile, et devant le juge de Paris; mais je ne pourrai l'assigner à Paris et devant le juge de Paris, que pour les causes relatives à l'exécution de l'acte dont il s'agit. Pour toute autre cause, je serai obligé de me conformer aux lois ordinaires de la Procédure.

On a jugé en Cassation, le 5 février 1811, que, dans le cas où il étoit nécessaire de procéder à une saisie immobilière pour l'exécution d'un acte contenant élection de domicile, le commandement qui doit précéder la saisie, pouvoit être fait au domicile élu. Cela est très-vrai. Mais il paroît résulter des motifs de ce même arrêt, que, dans le même cas, la dénonciation du procès-verbal de saisie devroit être faite au domicile réel. Cette opinion ne me paroît pas fondée. Il est certain que la saisie immobilière fait partie des poursuites relatives à l'exécution de l'acte; et, sous ce rapport, comment peut-on ne pas lui appliquer la disposition de l'article 111, toutefois avec une modification, pour l'intelligence de laquelle il est nécessaire d'entrer dans quelques détails?

Je pense donc qu'il faut tenir, en principe général, que le domicile élu remplace, en tout point, pour l'exécution de l'acte, le domicile réel; qu'il est réellement ce domicile, pour tout ce qui a rapport à cette exécution; et que, par conséquent, on peut faire à ce domicile toutes les significations qui, aux termes de la loi, doivent être faites au domicile réel; que l'on peut assigner devant le juge de ce domicile, dans tous les cas où l'on devroit assigner devant le juge du domicile réel; mais que, pour tous les objets qui ne seroient pas de nature à être portés devant le juge du domicile, mais bien, par exemple, devant le juge de la situation de l'objet, l'élection de domicile ne peut avoir aucun effet. D'après cela, comme, aux termes de l'article 681 du Code de Procédure, la saisie immobilière doit être dénoncée au domicile du saisi, mais que, aux termes de l'article 2210 du Code Napoléon, elle doit être portée devant le juge de la situation des objets saisis, je pense que la dénonciation peut être faite valablement au domicile élu; mais qu'il n'en peut résulter aucun changement relativement au Tribunal devant lequel la saisie doit être portée.

Quid, si la partie qui a élu domicile, vient à décéder? On pensoit généralement que l'élection n'en demeuroit pas moins irrévocable, et que l'on pouvoit assigner les héritiers, chacun pour leur part, au domicile élu. (Bacquet, *des Droits de justice*, chap. VIII, n°. 16; Rousseau-de-lacombe, *v°*. Domicile, n°. 14.) Je pense qu'il en seroit de même encore aujourd'hui. (Argument tiré de l'art. 2156.) On peut regarder l'élection de domicile comme un engagement pris par la partie, de réputer valables toutes les significations faites au domicile élu, et qui, aux termes de la loi, auroient dû être faites au domicile réel: or cet engagement doit passer aux héritiers, comme toute autre obligation.

Quid, en cas de décès de la personne chez laquelle le domicile est élu? Bacquet, *ibid.*, pense également que cela ne doit rien changer à l'effet de la convention, *attendu*, dit-il, *que le domicile, dans ce cas, est plutôt réel que personnel:* c'est-à-dire, est plutôt attaché au lieu qu'à la personne. Rodier, sur l'article 3 du Titre II de l'Ordonnance de 1667, partage cette opinion, sauf, ajoute-t-il, le droit accordé à la partie d'élire un autre domicile dans le même lieu. Cette opinion me paroît fondée. L'élection de domicile est censée faire partie des conventions respectives des contractans; et très-souvent, celui en faveur de qui l'élection a été faite, n'eût pas autrement consenti à contracter. Quant à la modification apportée par Rodier, elle ne peut faire aucun tort à l'autre partie; elle seroit donc non-recevable à la contester. (Argument tiré de l'article 2152.)

Page 43.

(1) *De ses nouvelles.* En droit, celui qui est absent seulement du lieu où se traite l'affaire dont il s'agit, est dit *non présent.* (Art. 840.)

(2) *Viendroit à cesser.* Par la mort du fondé de pouvoir, ou de toute autre manière.

(3) *Avant l'expiration du délai.* On présume que l'individu, en laissant une procuration, a prévu le cas où son absence pourroit se prolonger, et a voulu pourvoir lui-même, pendant ce temps, à l'administration de ses affaires, et empêcher les effets de la déclaration d'absence, ainsi que l'envoi en possession, qui, comme nous le verrons tout-à-l'heure, donne aux envoyés le droit de percevoir à leur profit la majeure partie de ses revenus: or, la cessation de la procuration est un événement qui lui est entièrement étranger, qu'il a pu ne pas prévoir, et qui ne peut, en conséquence, lui préjudicier.

(4) *Et qu'il y ait nécessité.* Donc, hors le cas de nécessité, personne n'a le droit de s'immiscer dans les affaires du présumé absent; mais si une prescription est sur le point de s'accomplir, et qu'il faille l'interrompre; si des terres sont sans culture, si des enfans restent sans secours ou sans surveillance; dans ces différens cas et autres semblables, il y a nécessité, et les Tribunaux sont autorisés à prendre les mesures que leur sagesse leur suggérera.

(5) *En tout ou en partie.* Si donc il n'y a nécessité que pour un objet, le Tribunal

ne devra prendre qu'une mesure partielle relative à cet objet, et ne pas s'immiscer dans le reste.

(6) *Parties intéressées.* Il faut entendre par ces mots, tous ceux qui ont un intérêt pécuniaire quelconque, tels que l'époux, les enfans, les créanciers, le propriétaire ou principal locataire de la maison où demeure l'absent; mais il faut que ce soit un intérêt légal et actuel: un intérêt éventuel, comme celui des héritiers, ou d'affection, comme celui des parens, des amis, ne suffiroit pas. Le Procureur impérial pourroit également provoquer des mesures provisoires dans l'intérêt public, si, par exemple, il s'agissoit de prévenir la ruine d'un bâtiment, ou un autre événement qui pourroit nuire à la sûreté publique, etc.

(7) *Suivant les circonstances.* Il est présenté requête, à cet effet, au Président. On y joint les pièces et documens. Le président commet un juge, sur le rapport duquel il est statué, le Procureur impérial entendu. (*Procéd.* 859.)

(8) *Qu'avec une extrême circonspection.* L'usage de nommer un curateur aux absens avoit été abrogé par l'article 8 du Titre II de l'Ordonnance de 1667. Cette abrogation n'est pas maintenue par le Code, et il résulte de la discussion, que l'on a eu l'intention de ne point la maintenir; mais néanmoins les juges ne doivent adopter cette mesure qu'avec une extrême précaution. Les jugemens rendus avec le curateur, étant réputés contradictoires, et pouvant passer en forme de chose jugée, l'on sent aisément que l'absent pourroit être ruiné par un curateur négligent ou infidèle.

(9) *Avant sa disparition.* Nous verrons à la fin du Titre, quelles sont les dispositions de la loi, relatives aux successions ouvertes depuis la disparition.

(10) *Chargé de représenter.* Il est donc partie dans cette opération, il ne pourra donc pas faire, comme notaire, les actes qui y sont relatifs.

De plus, comme il est censé, ici, revêtu des pouvoirs de l'absent, il ne pourra faire que les actes permis à un mandataire ordinaire, mais non aucun de ceux qui ont trait à l'aliénation, comme seroit une transaction. Quant au partage, comme c'est là un des objets de son mandat, il n'est pas douteux qu'il ne puisse y être partie, sauf l'homologation du Tribunal, ordonnée par l'article 981 du Code de Procédure; mais s'il y a contestation, il faudra recourir à l'autorité du Tribunal, qui prendra les mesures convenables, soit en nommant un curateur, soit de toute autre manière.

PAGE 44.

(1) *Des biens de ses enfans.* Sera-t-elle tutrice, et devra-t-on, en conséquence, lui nommer un subrogé-tuteur? Je ne le pense pas : elle exerce les droits du père et les siens; par la même raison, je pense qu'elle a droit, de ce même moment, d'exercer la puissance paternelle, sauf peut-être l'observation de l'article 381. En effet, cette puissance appartient, pendant le mariage, au père et à la mère, quoiqu'elle ne puisse être exercée que par le père : or ici, la mère réunit les droits de son mari aux siens propres. Je pense également qu'elle pourra, en vertu du mandat légal qui lui est donné par l'article 141, exercer, sans autorisation, toutes les fonctions de

tutrice, sans qu'il soit nécessaire, comme le pense M. PROUDHON, qu'elle se fasse autoriser pour chaque acte, ni même qu'elle se fasse donner par le juge une autorisation générale, qui ne pourroit avoir plus de force que celle qui lui est donnée par la loi elle-même. Quand la femme est nommée tutrice de son mari interdit, elle n'a pas besoin de se faire autoriser pour administrer la tutelle: donc *à pari*, etc.

Quid, après la déclaration d'absence? Je pense, d'après les articles 123, 126 et 451, qu'il y a lieu à nommer un subrogé-tuteur.

Mais aura-t-elle la jouissance légale des biens de ses enfans, conformément à l'article 384, et de quand l'aura-t-elle?

L'absent, étant, comme nous l'avons dit, présumé mort du jour de sa disparition, la jouissance a dû avoir lieu au profit de la mère, à compter de cette époque. (Art. 384.)

Nec obstat l'article 126, portant, que les fruits échus jusqu'à l'envoi en possession, doivent être capitalisés; car, d'abord, il s'agit, dans cet article, des fruits des biens mêmes de l'absent. En second lieu, il faut prendre garde que l'abandon d'une partie des fruits a lieu au profit des envoyés en possession, pour les indemniser de la charge qu'ils ont d'administrer les biens de l'absent; charge qui ne commence qu'à compter de l'envoi en possession. La jouissance légale, au contraire, est un accessoire, une dépendance de la puissance paternelle, que la femme exerce du moment de la disparition, puisque c'est de ce moment qu'elle réunit les droits de son mari aux siens propres: elle doit donc avoir la jouissance légale, à compter de la même époque.

(2) *A l'ascendant le plus proche*. Pourquoi fait-on intervenir ici le conseil de famille, tandis que, dans le cas le plus ordinaire, celui du décès du père et de la mère, le plus proche ascendant est tuteur de droit (Art. 402)? Je crois que la véritable raison, c'est qu'à l'époque à laquelle le Titre *des Absens* a été rédigé, on ignoroit encore s'il y auroit une tutelle légitime des ascendans; cette tutelle n'existoit pas avant le Code.

(3) *Six mois après la disparition du père*. Qui aura soin des enfans pendant ces six mois? L'on présume que les parens, les amis du père ou de la mère, pourront y pourvoir. A défaut de qui que ce soit, le Procureur Impérial pourroit intervenir. (Art. 114.) Quant aux ressources pécuniaires, c'est bien là un des cas de nécessité prévus par l'article 112, et qui donnent au Tribunal le droit de prendre des mesures provisoires, relativement aux biens de l'absent.

(4) *Celle de la présomption de l'absence*. On a jugé à Bruxelles, le 24 mai 1809, que les dispositions du Code, relatives aux mesures à prendre pendant la présomption d'absence, n'étoient point applicables aux militaires en activité de service, et que l'on devoit se conformer, à leur égard, aux dispositions des lois des 11 ventose, 16 fructidor an 2, et 6 brumaire an 5. Ce qui me porteroit à adopter cette opinion, c'est qu'un décret du 16 mars 1807 (*Bulletin*, n°. 2266), postérieur conséquemment à la promulgation du Code, a ordonné la publication de ces trois lois dans les départemens situés au-delà des Alpes. On n'a donc pas pensé qu'elles fussent abrogées par le Code. Mais, dans tous les cas, cela ne doit rien changer aux dispositions

relatives à la déclaration d'absence, sauf la précaution particulière à prendre relativement aux militaires, ainsi qu'il est ordonné par l'instruction du Grand-Juge, dont il sera ci-après parlé, note (8) de la page suivante. Je ne pense pas non plus que cela doive rien changer aux dispositions des articles 135 et 136, relativement aux successions échues aux militaires absens, sur-tout s'il y a eu un jugement de déclaration d'absence.

PAGE 45.

(1) *Ou les dernières nouvelles.* Faut-il compter le délai, à compter de la date des dernières nouvelles, ou du jour qu'on les a reçues? Il peut y avoir une distance plus ou moins considérable entre les deux époques, à raison de l'éloignement du lieu d'où sont datées les dernières nouvelles. Je pense que le délai doit courir du jour où les nouvelles ont été reçues; et voici pourquoi :

L'individu absent est censé savoir qu'il lui suffit de donner de ses nouvelles à-peu-près tous les cinq ans, pour empêcher la déclaration d'absence et l'envoi en possession. Il a écrit une dernière lettre en date du 7 janvier 1808; il en écrit une seconde au mois de novembre 1812. Il n'y a pas entre les deux lettres un intervalle de cinq ans. Cependant la lettre du 7 janvier 1808 n'a été reçue qu'au mois de décembre suivant; et par conséquent, celle de novembre 1812, n'arrivera qu'en octobre 1813. Si l'on comptoit les quatre ou cinq ans, du jour de la date de la première lettre, il s'ensuivroit que la première demande pourroit être formée le 8 janvier 1812, et que la déclaration d'absence et l'envoi en possession pourroient être prononcés en janvier 1813, c'est-à-dire, neuf mois environ avant l'époque à laquelle sera reçue la seconde lettre, quoique cependant l'absent n'ait pas lai sé passer cinq ans sans donner de ses nouvelles.

Est-il nécessaire que ce soit l'absent lui-même qui ait donné de ses nouvelles? Non : il suffit qu'on en ait eu, même indirectement. L'article dit : *et que, depuis quatre ans, on n'en aura point eu de nouvelles.*

(2) *Les parties intéressées.* Il ne faut pas prendre ici ces expressions dans un sens aussi étendu que dans l'article 112. Les créanciers n'ont plus d'intérêt; ils ont pu poursuivre leurs droits contre l'absent. Les parties intéressées sont donc ici seulement celles qui ont notoirement un droit subordonné à la condition du décès de l'absent, tels que son époux ou ses héritiers. Je pense qu'on pourroit mettre de ce nombre le donataire de biens à venir, celui des biens présens à charge d'usufruit, etc.

(3) *S'il y a lieu.* Il ne faut pas entendre par là, que le Tribunal puisse déclarer l'absence sans faire une enquête : ce qui seroit contraire à la loi; mais bien que, si, d'après les pièces et documens, il juge qu'il a pu exister des raisons qui aient empêché l'absent de donner de ses nouvelles, il peut suspendre l'enquête jusqu'à nouvel ordre.

(4) *Avec le Procureur impérial*, qui pourra faire appeler tous les témoins qu'il jugera convenable d'appeler, même les parens et les successibles de l'absent, sauf au Tribunal à avoir tel égard que de raison à leurs dépositions.

(5) *De sa résidence*, et même dans toutes ses résidences, s'il en a plusieurs. (*Décision du Conseil-d'Etat sur l'article* 116.)

(6) *Qui le rend public*, ordinairement par la voie du Moniteur. Le but de cette mesure est d'avertir l'absent, s'il est dans quelque ville étrangère, que son absence va être déclarée, et qu'il ait à donner de ses nouvelles.

(7) *Un an après*, etc. C'est pour cela que nous avons dit, en commençant ce Titre, que l'absence ne pouvoit être déclarée qu'après cinq ou onze ans. La publicité du premier jugement est un appel fait à l'absent. Il faut bien lui donner le temps de reparoître ou de donner de ses nouvelles.

(8) *Comme le premier.* Et, si l'absence a pour cause le service militaire, soit de terre, soit de mer, le Procureur impérial doit demander préalablement, et par écrit, aux Ministres de la guerre ou de la marine, des renseignemens sur le présumé absent; et il doit en être fait mention dans les jugemens, soit préparatoires, soit définitifs. (*Circulaire du Grand-Juge, du* 16 *décembre* 1806.)

(9) *En donnant caution*, etc. Cette caution pourra être discutée par le Procureur impérial. (Art. 114.)

(10) *Se faire envoyer*, par un nouveau jugement. Les formes à suivre à cet égard sont les mêmes que celles qui sont rapportées précédemment, relativement aux mesures conservatoires qui peuvent être prises pendant la présomption d'absence. (*Procéd.* 860.) Il faut d'ailleurs un jugement d'envoi, parce qu'il faut bien déterminer les personnes auxquelles cet envoi doit être accordé.

PAGE 46.

(1) *Ou de ses dernières nouvelles.* Or, les successions ouvertes depuis la disparition ou les dernières nouvelles, n'appartenoient pas à l'absent à cette époque. C'est ce qui prouve que l'article 113 doit être entendu des successions ouvertes auparavant.

(2) *Et les droits de son conjoint.* Comme il est toujours incertain si l'absent ne reparoîtra pas ou ne donnera pas de ses nouvelles, on sent bien que la présomption de mort ne peut jamais autoriser des mesures qui seroient tout-à-fait irréparables en définitif. Voilà pourquoi, comme nous le verrons, l'époux de l'absent ne peut se remarier, quelque prolongée que soit l'absence.

Au surplus, le principe qui répute l'absent mort du jour de sa disparition, étoit consacré par M. de LAMOIGNON, dans ses Arrêtés, titre *des Absens*, art. 1.

(3) *Ou de ses dernières nouvelles.* Un exemple va faire sentir la nécessité de cette distinction.

Un homme disparoît: ses plus proches parens, à cette époque, sont deux cousins germains, dont l'un meurt deux ans après la disparition, laissant des enfans. Trois ans après cette mort, conséquemment cinq ans après la disparition, l'absence est déclarée. Si l'envoi en possession devoit être accordé à ceux qui se trouvent héritiers au moment de la déclaration d'absence, le cousin germain survivant pourroit seul le demander, et les enfans de l'autre seroient exclus, parce qu'à ce degré il n'y a pas lieu au bénéfice de la représentation. (Art. 742.) Mais comme l'absent est présumé mort du jour de sa disparition, et qu'en conséquence l'envoi doit être accordé à ceux qui étoient ses héritiers à cette époque, le cousin germain décédé est censé avoir recueilli avant sa mort la succession de l'absent, et l'avoir transmise à ses enfans, qui en prendront moitié, et l'autre moitié appartiendra au cousin survivant.

(4) *Leurs successeurs;* par exemple, dans l'espèce précédente, les enfans du cousin prédécédé.

(5) *Ou ayant-cause.* Pour établir ce qu'on doit entendre ici par *ayant-cause*, il faut, en continuant l'hypothèse précédente, en changer quelques circonstances. En supposant, par exemple, que le cousin germain décédé n'a point laissé d'enfant, et qu'il a institué un légataire universel, toujours d'après le même principe que l'absent est présumé mort du jour de sa disparition, le cousin décédé est censé avoir recueilli sa succession, et l'avoir transmise avec la sienne propre, à son légataire, qui partagera, en conséquence, par moitié, avec le cousin vivant, la succession de l'absent. Ce légataire est donc ici l'*ayant-cause* de l'héritier.

Il est bien entendu que, si l'absent n'a pas de parens au degré successible, c'est-à-dire, au douzième degré au moins, l'envoi doit être accordé à ceux que la loi appelle à défaut de parens, c'est-à-dire, aux enfans naturels, s'il y en a; à leur défaut, au conjoint non divorcé, et à défaut d'enfans naturels et de conjoint, au domaine. (Art. 758, 767 et 768.)

(6) *Au moment du décès effectif.* Ici, comme l'époque de la mort est certaine, la présomption doit céder à la réalité. Donc, en reprenant l'hypothèse de la note (3) ci-dessus, si l'on vient à découvrir que l'absent est réellement décédé trois ans après sa disparition, et par conséquent un an après la mort de son cousin germain, il est certain que ce dernier n'a jamais été son héritier, et que la succession appartient en entier à l'autre cousin.

Il en seroit de même, si, sans avoir de certitude sur l'époque du décès de l'absent, l'on avoit des nouvelles certaines qu'il existoit encore trois ans après sa disparition. Car, dans ce cas, comme dans le cas précédent, il seroit constant que son cousin germain est mort un an avant lui, et n'a jamais conséquemment recueilli sa succession.

(7) *Soit du Procureur Impérial.* Les dispositions d'un testament étant ordinairement secrètes, elles sont ignorées le plus souvent de ceux en faveur de qui elles sont faites, et qui, par conséquent, ne peuvent requérir l'ouverture du testament. C'est pour cela que la loi permet au Procureur impérial de la demander.

(8) *Ses donataires*, de biens à venir, ou de biens présens, avec réserve d'usufruit. Les donataires de biens présens, sans réserve d'usufruit, ont dû être saisis de suite, au moment de la donation.

Il paroîtroit résulter de la rédaction de l'article 123, que les légataires, donataires, et autres personnes qui ont des droits subordonnés à la condition du décès de l'absent, ne peuvent les exercer qu'après que les héritiers présomptifs ont obtenu l'envoi provisoire. Cependant il ne faut pas croire que l'article doive être entendu d'une manière aussi restrictive. En général, la loi statue pour les cas les plus ordinaires, *lex statuit de eo quod plerumquè fit.* Les autres cas doivent se décider, soit d'après l'équité, soit d'après les dispositions analogues de la loi. Il arrivera le plus souvent que les héritiers demanderont l'envoi provisoire, parce qu'ils auront, ou qu'ils croiront avoir intérêt à le faire. Mais s'ils se refusoient à le demander, et même à provoquer la déclaration d'absence, s'ensuivroit-il que les biens devroient rester indéfiniment sans être administrés? Cela n'a pas dû entrer dans l'esprit du Législateur. L'intérêt public s'opposeroit même à ce qu'on adoptât une pareille disposition. D'ailleurs, il ne doit pas être au pouvoir des héritiers de priver les tiers des droits que la loi leur accorde; et si les articles 120 et 123 devoient être entendus à la lettre, il en résulteroit que, si l'absent n'avoit point d'autre successeur qu'un enfant naturel, ou le fisc, l'absence ne pourroit jamais être déclarée, l'envoi en possession ne pourroit avoir lieu, et les légataires ne pourroient jamais exercer leur droit. Car le fisc n'est pas héritier; et la loi refuse expressément cette qualité à l'enfant naturel. Enfin, nous voyons que, dans le cas où le décès de l'absent vient à être prouvé, l'article 130 adjuge sa succession *à ses héritiers* les plus proches à cette époque. S'ensuit-il de là que, si ces héritiers n'étoient pas légitimaires, et qu'il y eût un légataire universel, les premiers auroient quelque droit à exercer à l'exclusion du second? De même, l'article 724 décide que les héritiers légitimes sont saisis de plein droit de la succession; et cependant, s'il y a un légataire universel, et que les héritiers ne soient pas légitimaires, le légataire est saisi, au préjudice des héritiers. (Art. 1006.) Concluons donc que, dans tous ces articles, comme dans l'article 123, la loi s'est exprimée d'une manière énonciative seulement, et pour le cas le plus ordinaire : et, en conséquence, si les héritiers, connoissant, par exemple, l'existence d'un testament qui les dépouille, refusoient de provoquer la déclaration d'absence, et de demander l'envoi provisoire, le légataire universel, qui connoîtroit la disposition faite en sa faveur, pourroit, sans doute, s'adresser au tribunal, l'héritier présomptif dûment appelé, pour faire déclarer l'absence et obtenir l'envoi en possession de son legs; et il en seroit de même, dans le même cas, de tous ceux qui auroient des droits subordonnés à la condition du décès de l'absent.

M. Proudhon fait à ce sujet une distinction. Il est de la même opinion que moi, relativement au légataire universel, et encore quand il n'y a pas de légitimaire; mais il prétend que le droit de tous les autres légataires, et celui du légataire universel lui-même, quand il y a un légitimaire, est subordonné à l'envoi en possession de l'héritier légitime; et il en donne pour raison qu'ils sont tenus de lui demander la délivrance, et que, d'ailleurs, il n'y a pas lieu de craindre un refus de sa part; parce qu'on ne peut le présumer d'être l'ennemi de ses intérêts: et cependant il leur donne à tous le droit de provoquer la délaration d'absence. Mais d'abord la dernière raison donnée par cet auteur, est nulle. Il n'est pas question d'examiner ici l'intérêt de l'héritier, mais le droit des légataires. S'il plaît à l'un de négliger ses intérêts, faut-il que les autres en soient les victimes ? D'ailleurs, ne peut-il pas arriver que la succession entière soit épuisée en legs particuliers ; que l'héritier légitimaire, s'il y en a un, ait reçu de l'absent, avant sa disposition, de quoi compléter sa réserve ; et dans ce cas, quel sera son intérêt ? Enfin, dans les successions ordinaires, les légataires qui sont obligés de demander la délivrance, ne peuvent-ils pas, après l'expiration des délais pour faire inventaire et pour délibérer, forcer l'héritier de prendre qualité, ou, à défaut, le faire condamner à leur délivrer les legs ? Et pourquoi n'exerceroient-ils pas le même droit en cas d'absence ? Concluons donc, encore une fois, qu'il n'y a aucune distinction à faire à ce sujet entre les légataires, quels qu'ils soient, et qu'ils pourront tous, après la déclaration d'absence, exercer les mêmes droits et actions qu'ils auroient pu exercer, si la succession avoit été ouverte par décès ; sauf que, les héritiers n'étant pas obligés de se prononcer sur l'envoi en possession, comme ils sont obligés de le faire sur l'acceptation ou la répudiation de la succession, on devra se contenter de conclure contr'eux à ce qu'ils soient tenus, dans tel délai qui sera fixé, de demander l'envoi en possession et de consentir la délivrance, sinon que le jugement à intervenir vaudra délivrance, etc.

(9) *A la charge de donner caution.* Le propriétaire de la chose dont l'absent avoit l'usufruit, seroit-il tenu de donner cette caution ? Il n'y a pas de raison de l'en dispenser, puisqu'il seroit obligé, en cas de retour de l'absent, de lui rendre la possession de la chose soumise à l'usufruit, et même une portion des fruits. Je regarde, au surplus, ce propriétaire comme étant dans une catégorie particulière ; et je pense qu'il peut, au moment de l'envoi provisoire, réclamer non-seulement la restitution de la chose, mais encore celle des fruits échus depuis la disparition. A quel titre, en effet, les héritiers pourroient-ils les retenir ? Ils tirent eux-mêmes leur droit uniquement de la supposition que l'absent est mort du jour de sa disparition ou de ses dernières nouvelles. Or, cette supposition doit être générale elle ne peut exister pour eux seuls. Si donc l'absent est censé mort à compter de cette époque, l'usufruit qui reposoit sur sa tête, doit être présumé éteint à compter du même moment, et les fruits échus depuis peuvent en conséquence être réclamés, par l'action appelée en droit *condictio sine causâ.* Ils sont réellement sans cause dans la main des héritiers.

(10) *Dans un cas.* C'est une exception au principe qui répute l'absent mort du jour de sa disparition, et cette exception est fondée sur ce qu'on n'a pas voulu, pour de très-bonnes raisons, déclarer le mariage dissous par l'absence. C'eût été mettre dans la main des époux un moyen trop facile d'opérer la dissolution. Or, puisque l'on répute l'absent vivant, relativement à son époux, pour l'empêcher de se remarier, on ne pouvoit, d'un autre côté, faire valoir contre lui la présomption de mort, pour le priver des droits qui peuvent résulter pour lui de la continuation de la communauté. Mais remarquez que cette disposition est établie uniquement dans l'intérêt de l'époux, et que, du moment que cet intérêt cesse,

le principe, que l'absent est réputé mort du jour de sa disparition, reprend toute sa force. En conséquence, si la communauté vient à se dissoudre, soit par l'expiration de trente ans à compter de l'option, soit par la mort de l'époux présent, soit par sa renonciation si c'est la femme, la succession de l'absent est toujours dévolue à ceux qui étoient ses héritiers présomptifs au moment de la disparition ou des dernières nouvelles, leurs successeurs ou ayans-cause.

(11) *Et commun en biens.* Je pense qu'il en devroit être de même, quand les époux seroient mariés sous le régime dotal, s'il y avoit entr'eux une société d'acquêts. Cette société étant, d'après l'article 1581, régie par les mêmes règles que la communauté réduite aux acquêts, qui n'est elle-même qu'une communauté modifiée, il y a même raison pour lui appliquer la disposition dont il s'agit.

(12) *A prendre ou à conserver. Il prend*, si c'est la femme; *il conserve*, si c'est le mari.

(13) *Des biens de l'absent.* Quel droit l'époux qui opte pour la continuation de la communauté, aura-t-il sur les biens de cette même communauté? Il faut distinguer: si c'est le mari qui est présent, comme, en sa qualité de mari et de chef de la communauté, il avoit le droit de disposer à titre onéreux, et même dans certains cas, à titre gratuit, des biens qui la composent (Art. 1421 et 1422), il est tout simple, que par cela seul que la communauté continue, il conserve le même droit; il faudroit une disposition expresse de la loi pour l'en priver; mais si c'est la femme qui est présente, comme, en vertu des principes qui seront établis ci-après, au Titre *du Contrat de Mariage*, les biens de la communauté doivent, tant que dure le mariage, être regardés comme appartenant au mari, la femme ne doit pas avoir plus de droit, à cet égard, que sur les biens personnels du mari.

Mais sera-t-elle tenue de donner caution? Je ne le pense pas; je me fonde sur ce que le même article a prévu les deux cas de continuation et de dissolution de la communauté, et qu'il n'astreint l'époux à donner caution que dans ce dernier cas. D'ailleurs il pourroit souvent arriver que la difficulté de trouver une caution, privât l'époux présent de l'avantage que la loi a voulu lui procurer. Au surplus, la question ne peut s'élever qu'à l'égard de la femme; car, pour ce qui concerne le mari, il est évident que, lorsqu'il opte pour la continuation de la communauté, il ne peut être astreint à donner caution, puisque cette option ne lui donne pas plus de droit qu'auparavant.

La femme doit-elle être autorisée, soit pour opter, soit pour administrer? Rappelons-nous d'abord que le mariage n'est pas dissous, et que par conséquent la puissance maritale subsiste toujours. La femme ne peut donc encore s'obliger sans autorisation. D'après cela, je pense qu'elle doit être autorisée pour opter, soit qu'elle demande la continuation ou la dissolution de la communauté. Elle s'oblige, en effet, dans les deux cas. Elle s'oblige, si elle demande la dissolution, puisqu'elle est tenue de donner caution pour les choses susceptibles de restitution. Si elle opte pour la continuation, elle s'oblige encore, puisqu'elle est responsable de sa mauvaise administration, soit envers son mari, s'il revient (Art. 125), soit envers ses héritiers.

Quant à l'administration, l'autorisation d'opter pour la continuation emporte autorisation d'administrer. D'ailleurs les actes d'administration sont si fugitifs et si multipliés, qu'il seroit presqu'impossible d'exiger pour chaque acte une autorisation particulière. *Secùs* pour les actes judiciaires, ainsi que pour ceux d'aliénation, à l'égard desquels il faut néanmoins distinguer : s'il s'agit des immeubles personnels de la femme, la simple autorisation de justice suffit, conformément à l'article 222; mais s'il s'agit des biens personnels du mari, ou de ceux de la communauté, qui sont censés biens du mari, tant que dure la communauté, comme la femme n'a pas plus de droit, à l'égard de ces biens, que les autres envoyés en possession, il faut lui appliquer ce que nous dirons de ces derniers.

(14) *Les droits légaux.* Les droits légaux sont ceux qui résultent des dispositions de la loi seule. Tels sont ceux qui ont lieu principalement dans le cas où les époux n'ont point fait de contrat de mariage. (*Voyez* au Titre *du Contrat de Mariage*, Chap. I, Partie Ire.)

(15) *Ou conventionnels.* Les droits *conventionnels* sont ceux résultant du contrat de mariage, lorsqu'il en a été fait un.

PAGE 47.

(1) *Susceptibles de restitution.* Quelles sont ces choses? Remarquons que, si l'époux ne revient pas, il n'y a lieu à aucune restitution; la caution ne doit donc être exigée que dans la supposition du retour de l'époux : or, si l'époux revient, ou si l'on a de ses nouvelles, tous les effets de l'absence cessent, et la communauté est censée, à l'égard des époux, avoir toujours continué. D'après cela, je crois qu'il faut suivre la même distinction que dans la note précédente. Si c'est la femme qui est présente, et qu'elle accepte la communauté, comme elle sera tenue, en cas de retour de son mari, de lui remettre les objets tombés dans son lot, ainsi que les prélèvemens qu'elle aura reçus, elle doit donner caution pour sûreté de cette restitution; si elle renonce, elle doit également donner caution pour la restitution de ses reprises. Il en est de même, si le contrat de mariage contient une donation en sa faveur.

Quant au mari, il sera très-rarement tenu de donner caution. En effet, ce ne peut être à l'égard des biens provenant du partage de la communauté : en qualité de chef de cette même communauté, il avoit la libre disposition des biens qui la composoient; et son droit, à cet égard, est plutôt restreint qu'étendu par la dissolution de la communauté. Seroit-ce à l'égard des biens provenant d'une donation qui lui auroit été faite par sa femme? Si cette donation est prise sur la communauté, il faut appliquer ce que nous venons de dire relativement aux biens de la communauté; si elle consiste en biens personnels de la femme, le mari ne peut être tenu de donner caution pour la restitution des fruits, puisqu'ils font partie de la communauté. La caution ne pourroit donc avoir d'autre objet que les objets mobiliers faisant partie des propres de la femme, et les dégradations qui pourroient être commises sur les immeubles.

(2) *Au profit des ayant-droit. Quid*, si l'époux absent reparoît? La communauté est rétablie de droit, ou, plutôt, elle est censée n'avoir jamais été dissoute. Par conséquent, elle comprend toutes les acquisitions que l'époux présent a pu faire depuis la dissolution provisoire, et qui sont de nature à tomber dans la communauté, le tout sans préjudice des droits acquis à des tiers; c'est-à-dire, que, si c'étoit la femme qui fût présente, tous les actes qu'elle a pu faire avec des tiers, et qui n'excédoient pas les bornes de sa capacité, doivent être exécutés, (Argument tiré de l'article 1451.)

(3) *A cette même communauté. Quid*, si la communauté est devenue désavantageuse par la faute de la femme? Je pense qu'elle peut toujours y renoncer, sauf à tenir compte aux héritiers de l'absent des pertes qu'elle a pu leur occasionner. Sa renonciation aura toujours pour elle l'effet qu'elle ne sera pas tenue des pertes antérieures à son option, ni de celles qui sont arrivées, autrement que par sa faute. Mais alors, qui administrera les biens? Il y aura lieu à l'envoi provisoire au profit de ceux qui étoient héritiers présomptifs de l'absent au jour de la disparition ou des dernières nouvelles, de leurs successeurs ou ayant-cause.

Cette disposition ne contredit pas celle portée dans l'article 1455. Dans ce dernier article, la communauté est dissoute, et la femme l'a acceptée, c'est-à-dire, qu'elle a déclaré vouloir y prendre sa part, dans l'état où elle se trouve. Elle n'est censée faire cette déclaration que d'après la connoissance qu'elle a prise, ou dû prendre, des forces de cette même communauté. Cette acceptation est un quasi contrat entr'elle, d'une part, et les héritiers de son mari et les créanciers de la communauté, d'autre part. Il est juste qu'elle ne puisse s'en désister.

Mais ici, la communauté n'est pas dissoute. La femme ne déclare pas qu'elle l'accepte: elle en demande seulement la continuation, sauf à l'accepter, ou à y renoncer, lors de la dissolution. Elle est, d'ailleurs, présumée n'en pas connoître les forces. L'inventaire, qui pourroit l'éclairer à cet égard, ne peut être fait qu'après qu'elle aura opté. (Art. 126.) Il est donc juste qu'elle puisse renoncer à cette communauté, si l'inventaire, par exemple, lui démontre qu'elle est désavantageuse; si des opérations commencées avant la disparition, réussissent mal, etc.; et, dans ce cas, elle exerce les mêmes droits que si elle avoit demandé d'abord la dissolution provisoire.

Ce raisonnement pouvant également s'appliquer aux envoyés en possession, je pense qu'ils peuvent, après l'inventaire, renoncer au droit résultant de l'envoi, et abandonner les biens aux créanciers.

(4) *A exercer contre lui.* Jusqu'à l'époque de la déclaration d'absence, les assignations aux présumés absens doivent être données, ou à leur domicile, s'ils en ont un, dans la forme prescrite par l'art. 68 du Code de Procédure. S'ils n'ont pas de domicile connu, l'exploit doit être affiché à la principale porte de l'auditoire du Tribunal où la demande est portée, et une seconde copie est donnée au Procureur impérial, lequel vise l'original. (*Ibid.*, art. 69, §. 8.)

Mais de quelle nature est l'action que les créanciers de l'absent peuvent exercer contre les envoyés en possession? Comme ces envoyés sont *vice hæredum*, les créanciers peuvent exercer contr'eux les mêmes actions qu'ils pourroient exercer contre de véritables héritiers; mais comme ils ne sont en même temps que *bonorum possessores*, ils ne peuvent être tenus *ultrà vires*. En un mot, je pense que, relativement aux créanciers du défunt, ils peuvent être, sous presque tous les rapports, assimilés à des héritiers bénéficiaires.

Quid, à l'égard de la prescription, si l'absent étoit majeur, et que l'envoyé en possession soit mineur, la prescription sera-t-elle suspendue pendant la minorité de ce dernier?

Cette question doit être résolue par le même principe, la présomption de mort du jour de la disparition. En conséquence, la prescription est réputée avoir été suspendue, à compter de cette époque. Mais comme cela n'est fondé que sur une présomption, si l'absent revient, comme il est certain, alors, que le mineur n'avoit aucun droit au bien prescrit, la prescription est censée avoir couru pendant tout le temps, et n'avoir éprouvé aucune espèce de suspension.

Il en faut dire de même de l'action rescisoire qui pourroit se trouver dans les biens de l'absent. Les envoyés en possession peuvent l'exercer dans le même délai que si l'absent fût réellement mort le jour de sa disparition.

(5) *L'époux commun en biens.* L'article 125 dit, en général, que *la possession provisoire est un dépôt :* et il résulte des observations du Tribunat, qu'on a entendu appliquer cette disposition, soit aux envoyés en possession, soit à l'époux administrateur légal; c'est même pour cette raison que l'on a supprimé ces mots, *l'envoi en possession provisoire*, qui se trouvoient dans le projet, et qui n'auroient convenus qu'aux envoyés en possession; et que l'on y a substitué ceux-ci, *la possession provisoire*, qui conviennent, soit aux envoyés, soit à l'époux : ce qui prouve que la femme s'oblige par son option, et que, par conséquent, elle doit être autorisée.

(6) *Envers qui de droit.* En effet, les envoyés en possession sont comptables,

1°. Envers l'absent lui-même, s'il reparoît, ou s'il donne de ses nouvelles;

2°. Envers ses enfans, et autres descendans directs, s'il s'en présente qui ne fussent pas connus au moment de la déclaration d'absence.

3°. Envers les héritiers de l'absent, si l'époque de son décès vient à être connue, et qu'il se trouve que les envoyés en possession ne fussent pas ses parens les plus proches à cette époque.

Quant à l'époux commun en biens, s'il a opté pour la dissolution de la communauté, il n'est comptable, ainsi que nous l'avons dit, qu'envers son époux, s'il revient. Si cependant il étoit prouvé que l'époux est mort postérieurement à l'option, la communauté est censée avoir continué jusqu'à sa mort; et, en conséquence, l'époux peut être tenu, à raison des bénéfices qu'il a pu faire pendant ce temps, et qui étoient de nature à tomber dans la communauté.

Si l'époux a opté pour la continuation de la communauté, il est comptable, soit envers son époux, s'il reparoît; soit envers les héritiers de l'absent, s'il ne reparoît pas, mais lors de la dissolution de la communauté seulement.

(7) *Et des titres de l'absent.* Sur quels biens doit porter cet inventaire, quand l'époux présent a opté pour la continuation de la communauté? doit-il comprendre les biens de la communauté, si c'est le mari qui est présent? Oui, sans doute, et même les biens personnels du mari; car les fruits de ces biens tombent dans la communauté, à laquelle ont droit l'absent ou ses héritiers; le tout, sans préjudice des droits du mari, comme maître de la communauté.

Les héritiers de l'absent doivent-ils, dans ce cas, être appelés à l'inventaire? Cela seroit, sans doute, plus régulier. Ils sont des contradicteurs, bien plus intéressés que le Procureur impérial, à ce que l'inventaire soit exact. Mais comme la loi n'exige pas cette présence, on ne pourroit arguer l'inventaire de nullité, par cela seul que ces héritiers n'auroient pas été appelés. Mais s'ils demandoient à y intervenir, je pense qu'on ne pourroit les exclure. Ils ont bien certainement intérêt.

(8) *Ou de l'administrateur légal.* C'est le nom donné par le Code à l'époux, commun en biens, qui a opté pour la continuation de la communauté.

(9) *Suivant que le Tribunal le juge convenable.* Ainsi, dans le cas où l'époux aura opté pour la continuation de la communauté, il arrivera le plus souvent que le Tribunal l'autorisera à garder tout ou partie du mobilier. Il en est de même, si, au nombre des biens de l'absent, il se trouve des objets rares, et dont la perte seroit difficile à réparer.

(10) *Ainsi que des fruits échus.* Ces mots prouvent que les fruits échus avant la déclaration d'absence, ne font point partie de ceux dont les envoyés en possession peuvent retenir une partie, en cas de retour de l'absent, ainsi que nous l'allons voir tout-à-l'heure.

De ce que les envoyés en possession sont tenus de faire emploi, l'on doit en conclure qu'ils doivent les intérêts des sommes dont ils étoient débiteurs envers l'absent, du moment de leur échéance, et quand même la dette auroit été originairement stipulée sans intérêts.

Par la même raison, la prescription ne peut courir en leur faveur contre l'absent, du moment de l'envoi en possession. (*Debuerunt à semetipsis exigere. L.* 6, §. 12, *L.* 8, ff. *de Negotiis Gestis.*)

(11) *Établis par la loi.* Ainsi, un créancier de l'absent pourroit, en vertu d'un titre exécutoire, faire saisir réellement ses immeubles. Quant à l'hypothèque, je pense que, s'il y avoit nécessité d'emprunter, le Tribunal pourroit, en connoissance de cause, autoriser l'hypothèque. (Argument tiré de l'article 457.)

(12) *Ou en vertu de jugement.* En conséquence, le créancier de l'absent peut, en obtenant un jugement de condamnation, acquérir une hypothèque judiciaire sur les immeubles de l'absent. (Art. 2123.)

(13) *Doit être homologué.* L'homologation est, en général, l'acte par lequel le Tribunal, en connoissance de cause, revêt de son autorité un acte émané de simples particuliers, lequel doit être alors considéré comme émané de l'autorité publique, et exécuté comme tel.

PAGE 48.

(1) *De le rendre de même.* De quelles réparations sont tenus les envoyés en possession? On distingue en droit deux espèces de réparations: les grosses réparations, qui sont celles des gros murs et des voûtes, le rétablissement des poutres et des couvertures entières, celui des digues et des murs de soutenement et de clôture, aussi en entier. Toutes les autres réparations sont d'entretien. (Art. 606.)

Les réparations d'entretien étant charge des fruits (Art. 605), elles doivent être supportées par ceux qui ont la possession des biens de l'absent, dans la même proportion qu'ils gagnent les fruits, c'est-à-dire, qu'ils en supportent les quatre cinquièmes, ou les neuf dixièmes, suivant qu'ils ont droit de retenir les quatre cinquièmes, ou les neuf dixièmes des fruits.

Quant aux grosses réparations, comme elles sont charge de la propriété (Art. 605), elles doivent être supportées par l'absent, c'est-à-dire, que les envoyés en possession sont bien tenus de les faire, comme administrateurs des biens de l'absent, et ce, sous peine des dommages et intérêts qui pourroient en résulter. Mais si l'absent revient, ils peuvent en exiger le remboursement, soit par compensation avec la portion de fruits qu'ils sont obligés de lui restituer, soit même par voie de saisie-arrêt, et en général par toutes les voies d'exécution. Ils pourront même retenir les biens de l'absent, jusqu'au remboursement. (Argument tiré de l'article 867.)

Les envoyés en possession seroient même tenus, en leur nom, des grosses réparations, si elles avoient été occasionnées par le défaut de réparations d'entretien.

(2) *Des biens de l'absent.* On a demandé si le cohéritier, qui n'auroit pas été envoyé en possession, pourroit demander sa part dans les jouissances, et l'on a décidé l'affirmative. Je ne suis pas de cet avis.

1°. Parce que ces jouissances sont le prix de l'administration des biens dont ce cohéritier n'a pas été chargé;

2°. Parce qu'il faudroit décider, par la même raison, que si l'héritier le plus proche n'a pas demandé l'envoi en possession, et qu'il ait été demandé par des héritiers d'un degré plus éloigné, le premier auroit le droit, même après quinze ans, de se faire rendre toutes les jouissances; ce qui seroit absolument injuste;

3°. Parce que, ou les cohéritiers envoyés en possession étoient de bonne foi, c'est-à-dire, ignoroient l'existence de l'autre, et alors ils doivent gagner les fruits (Argument tiré de l'art. 138): ou ils le connoissoient, et ils lui ont offert de partager l'envoi en possession, ce qu'il a refusé; et alors n'ayant pas voulu des charges, il ne doit point profiter des bénéfices.

L'avis précité ne pourroit donc avoir lieu que dans le cas où, par le dol des envoyés, le cohéritier seroit resté dans une ignorance complète de la disparition et de l'envoi en possession.

Cette jouissance d'une portion des revenus n'est susceptible d'aucune difficulté pour ce qui concerne les envoyés en possession, ou tous autres qui ont joui en vertu de l'envoi provisoire, tels que les donataires, les légataires, etc. Il n'en est pas de même à l'égard de l'époux commun qui a opté pour la continuation de la communauté En effet, que l'on prenne garde qu'il s'agit ici d'époux communs en biens; que cette communauté se compose, en partie, des revenus de tous les biens des deux époux (Art 1401); enfin, qu'elle n'est point dissoute. Si donc l'époux absent reparoît, la communauté qui a toujours existé, se continue avec lui dans l'état où elle se trouve, avec les augmentations provenant du versement des revenus de ses propres biens; car tous les bénéfices faits par les époux pendant le mariage, et provenant de leur industrie, faisant essentiellement partie de leur communauté, l'on voit clairement que, si, dans le cas de retour de l'absent, on donnoit à l'époux présent une partie des revenus de l'autre époux, ce seroit un bénéfice fait pendant la communauté, et qui devroit en conséquence appartenir à cette même communauté; il seroit donc obligé d'y remettre, d'une main, ce qu'il auroit pris de l'autre.

Si l'époux absent ne reparoît pas dans les trente ans de la déclaration d'absence, ou si son décès est prouvé dans l'intervalle, la communauté est dissoute de droit, et ceux qui étoient ses héritiers présomptifs au moment de sa disparition ou de son décès, peuvent en demander le partage. Dans ce cas, ne pourroit-on pas encore faire le même raisonnement? La communauté ayant continué jusqu'à cette époque, la perception des revenus de l'absent en a fait partie; de droit strict, ces revenus paroîtroient donc devoir entrer dans le partage à faire de cette même communauté. Cependant, comme l'article 127 suppose évidemment que l'administrateur légal peut avoir le droit de retenir tout ou partie des revenus, et qu'il faut bien donner un sens à cette partie de l'article, on pourroit prétendre, dans ce dernier cas, que ce droit ne s'ouvrant en faveur de l'époux présent qu'au moment de la dissolution de la communauté, le bénéfice qui en résulte ne peut faire partie d'une communauté qui n'existe plus, et que ce droit peut, en conséquence, être exercé sur la portion revenant aux héritiers de l'absent dans les bénéfices faits depuis la déclaration d'absence. Espèce:

D'après l'inventaire fait au moment de la déclaration d'absence, la masse partageable de la communauté étoit de cent mille francs: part de chacun, à cette époque, cinquante mille francs. Lors de la dissolution, un nouvel inventaire constate que la même masse s'élève à cent soixante mille francs: part de chacun, quatre-vingt mille francs. Le bénéfice fait depuis la déclaration d'absence est de trente mille francs, pour la part des héritiers de l'absent. On pourroit, dis-je, prétendre que l'époux présent exercera la retenue légale sur ces trente mille francs, dont il retiendra, en conséquence, les quatre cinquièmes, ou vingt-quatre mille francs, si le partage a lieu dans les quinze ans; les neuf dixièmes, ou vingt-sept mille francs, si c'est après les quinze ans; et, enfin, la totalité, si c'est après les trente ans depuis la déclaration d'absence. En un mot, l'époux présent devroit être traité, dans ce cas, comme les envoyés en possession le seroient eux-mêmes, s'ils étoient obligés, comme dans l'espèce de l'article 130, de rendre la succession à d'autres personnes.

(3) *Des revenus*, échus depuis la déclaration d'absence. Nous avons vu que ceux échus auparavant augmentent la masse des biens, et qu'il doit en être fait emploi.

(4) *Si l'absent reparoît*, ou si son décès est prouvé, et que les envoyés en possession ne soient pas ses héritiers.

Quid, si l'on a de ses nouvelles, sans néanmoins qu'il reparoisse? Alors la jouissance doit cesser, et l'on commence une nouvelle période de présomption d'absence. (Art. 131.)

En cas de retour de l'absent, que deviennent les baux faits par les envoyés en possession? Je pense que ceux faits sans fraude doivent être maintenus, comme le sont les baux faits par l'usufruitier. (Art. 595.)

(5) *Du jour de sa disparition.* Les Motifs disent *après quinze ans d'absence*, ce qui paroîtroit devoir s'entendre d'*absence déclarée*. J'avoue que je préférerois volontiers cette version, parce que cela partageroit les trente ans que dure l'envoi provisoire, en deux parties égales, et que, d'ailleurs, comme il peut se faire que l'envoi en possession n'ait lieu qu'après dix, douze et même quinze ans de disparition, il arriveroit, dans ce cas, en suivant la lettre de l'article, que la seconde époque déterminée pour la retenue des neuf dixièmes des revenus, commenceroit presqu'en même temps que l'envoi en possession; ce qui paroît contraire à l'intention du Législateur, consignée dans les Motifs. Cependant il faut convenir, d'un autre côté, que l'article 127 dit formellement, *à compter de la disparition*, et que, dans le présent Titre, le mot *absence* se prenant ordinairement pour l'*absence déclarée*, est loin d'être synonyme à celui de *disparition*.

(6) *Avant l'expiration des trente ans.* De là on doit conclure que, si la centième année venoit à se compléter avant la déclaration d'absence, l'on pourroit obtenir de suite l'envoi définitif, sans avoir besoin de passer par l'intermédiaire de la possession provisoire.

(7) *Des biens de l'absent.* Cette disposition est relative principalement au cas où l'envoi en possession provisoire n'a pas eu lieu, parce que l'époux présent a opté pour la continuation de la communauté; autrement, il n'y a pas de doute que les héritiers présomptifs ont pu faire, dès le moment du premier envoi, un partage, définitif pour ce qui les concernoit, mais toujours subordonné à la circonstance du retour de l'absent.

(8) *Par le Tribunal.* Il faudra donc encore un jugement qui ordonne l'envoi; lequel jugement ne pourra avoir lieu, qu'après une enquête constatant que l'on n'a pas eu de nouvelles de l'absent depuis la déclaration d'absence.

PAGE 49.

(1) *Irrévocablement.* En effet, l'article 132 ne donne pas à l'absent, qui revient après l'envoi définitif, le droit de revendiquer les objets aliénés, mais seulement celui d'en répéter le prix contre les envoyés en possession : donc il ne peut troubler les acquéreurs; donc l'aliénation est irrévocable.

(2) *Dans les trente ans.* La minorité des enfans suspendroit-elle cette espèce de prescription? Je ne le pense pas, l'article ne dit pas que l'action des enfans sera prescrite par trente ans; ce qui supposeroit que l'on doit appliquer les règles de la prescription; mais il dit, que les enfans ne pourront réclamer que dans les trente

ans; ce qui n'admet point de distinction. D'ailleurs, il s'agit ici d'enfans qui, le plus souvent, seront nés depuis la disparition. S'il falloit donc ajouter aux trente ans écoulés depuis l'envoi définitif, le temps des minorités, qui peuvent même se succéder, il en résulteroit que le délai seroit indéfini; ce qui est contraire au sens et à la lettre de l'article.

Mais les collatéraux de l'absent, autres que les envoyés en possession, pourroient-ils réclamer sa succession postérieurement à l'envoi définitif, en prouvant qu'il étoit décédé à cette époque, et qu'ils étoient alors ses héritiers? Je pense qu'oui: c'est ici une action en pétition d'hérédité, qui ne se prescrit que par trente ans, à compter du décès. L'on oppose l'article 133, qui paroît n'accorder ce droit qu'aux héritiers directs. Mais je réponds que cet article a établi un droit tout particulier en faveur de ces héritiers: car, d'abord, ils n'ont pas besoin de prouver le décès ni l'époque du décès, tandis que cette charge est imposée aux collatéraux. En second lieu, les descendans ont trente ans, à compter de l'envoi définitif. Les autres héritiers n'ont que trente ans, à compter du décès prouvé. L'on ne peut donc argumenter de l'article 133, pour prétendre que le Législateur a entendu exclure les collatéraux du droit de réclamer la succession, même après l'envoi définitif.

(3) *Où ils se trouvent alors*: par conséquent avec les hypothèques dont ils sont grevés, sauf leur recours contre les envoyés en possession. Quant aux fruits, ils sont acquis irrévocablement aux envoyés en possession, sans aucune distinction entre les revenus payés et ceux encore dus, mais qui étoient échus au moment du retour de l'absent. Cette distinction imaginée par un auteur, n'a aucun fondement dans la loi.

(4) *Le prix de ceux aliénés.* Mais je pense qu'il faut ajouter la modification, *quatenùs possessores locupletiores facti sunt.* (*LL.* 20, §. 6, et 25, §. 11, ff. *de Hered. Petit.*). Par conséquent, si le prix étoit encore dû, l'envoyé en possession seroit seulement tenu de céder ses actions contre l'acheteur; et si l'aliénation avoit été faite à titre gratuit et sans fraude, l'envoyé en possession ne seroit point tenu. (*L.* 25, §. 11, *eod.*)

Par la même raison, je ne pense pas qu'il soit tenu des dégradations ou détériorations survenues depuis l'envoi définitif, et dont il n'a pas profité. *Qui rem quasi suam neglexit, nulli culpæ subjectus est.* (*L.* 31, §. 3, *eod.*)

(5) *A prouver qu'il existoit.* Remarquez que le Législateur a fait un article pour établir que celui qui veut exercer un droit subordonné à la condition de l'existence d'un individu non présent, est tenu de prouver que cet individu existoit à l'époque à laquelle ce droit s'est ouvert; mais qu'il n'existe aucune disposition portant que celui qui voudra exercer un droit subordonné à la condition du décès du même individu, sera obligé de prouver le décès. Or, d'où peut résulter cette différence, sinon de ce que la présomption du décès existe dans la loi et par la loi? en conséquence, non-seulement elle dispense de toute preuve, mais encore elle oblige celui qui prétend que l'absent a survécu à sa disparition, à le prouver.

Cette observation est importante, et va trouver tout-à-l'heure son application.

(6) *Dont l'existence n'est pas reconnue.* Remarquez que dans les articles 135

et 136, on a évité de se servir du mot *absent*, parce que ce mot se prenant ordinairement, dans ce Titre, pour celui dont l'absence est déclarée, l'on auroit pu en conclure que les dispositions de ces articles ne dèvoient s'appliquer qu'aux déclarés absens, tandis qu'elles s'appliquent à tous ceux dont l'existence est incertaine. Mais il faut prendre garde aussi de donner aux expressions de ces articles un sens trop étendu, et d'en conclure avec quelques personnes, que l'on peut exclure provisoirement d'une succession, tous ceux des héritiers, de l'existence desquels on n'a pas la preuve légale au moment de l'ouverture de la succession; en sorte que, suivant cette opinion, un individu parti pour les colonies, pourroit être exclu provisoirement d'une succession ouverte quinze jours après son départ, sous prétexte qu'il est incertain s'il existoit au moment de l'ouverture, sauf à lui à exercer par suite l'action en pétition d'hérédité. Ce système seroit d'autant plus dangereux, qu'il n'en seroit pas des biens de cette succession, comme de ceux de l'absent déclaré. Ceux-ci ne peuvent être aliénés, ni hypothéqués, qu'après l'envoi définitif. On exige des cautions de la part des envoyés en possession, etc.; mais les biens d'une succession échue à un individu depuis sa disparition, appartiennent de suite, et sans caution, à ceux qui ont droit de la recueillir à son défaut: ils en ont la libre disposition, sauf l'action en pétition d'hérédité en faveur de l'absent ou de ses ayant-cause; mais cette action ne donne à l'absent le droit de demander aucune portion des fruits (Art. 138); elle n'a aucun effet contre ceux qui ont acquis de bonne foi du possesseur de l'hérédité (argument tiré des articles 790 et 1240); enfin elle est entièrement inutile, si le possesseur a aliéné les biens, et est devenu insolvable. Il est donc important de bien déterminer le sens de ces expressions de l'article 136, *un individu dont l'existence n'est pas reconnue*. Par qui, en effet, faut-il que cette existence soit reconnue? sera-ce par ceux qui ont droit de recueillir la succession à défaut de l'individu? ils ont intérêt de dire qu'ils ne la reconnoissent pas. Sera-ce par ceux qui réclament la succession de son chef? De leur côté, ils ont toujours intérêt de déclarer qu'ils la reconnoissent. Dans ce conflit, je pense que c'est au Tribunal seul qu'il appartient de décider, d'après les circonstances, si l'appelé à la succession est dans le cas de l'article 136, et si l'on doit dire que son existence n'est pas reconnue, sans néanmoins que la décision à intervenir sur ce point, puisse influer en rien sur la disposition des autres biens de l'absent, à l'égard desquels on suivra les mesures prescrites par les deux chapitres précédens.

PAGE 50.

(1) *Qui l'auroient recueillie à son défaut.* On a proposé sur cet article la question suivante: Un homme meurt, laissant un fils et des petits enfans d'un autre fils qui a disparu: qui recueillera sa succession? Les personnes accoutumées à juger conformément aux règles du bon sens et de la saine raison, qui sont certainement les meilleures qu'on puisse suivre pour l'interprétation des lois, seront sans doute étonnées de me voir proposer cette question; mais elles le seront sûrement encore davantage, quand elles sauront qu'un auteur grave (M. PROUDHON) a décidé que, dans l'espèce, la succession du père devoit appartenir en entier au fils présent,

l'exclusion des enfans de l'absent, et cela, d'après ce raisonnement : on ne peut recueillir une succession du chef d'une autre personne, que de deux manières, ou par droit de représentation, ou par droit de transmission; par droit de représentation, quand celui du chef duquel on vient, est mort avant celui de la succession duquel il s'agit; par droit de transmission, quand il est mort après. Or, voici l'argument que M. PROUDHON met dans la bouche de l'oncle : « Venez-vous, dit-il à ses neveux, » par droit de représentation? Comme on ne représente pas une personne vivante, » prouvez que votre père étoit mort lors du décès de votre aïeul. Venez-vous par » droit de transmission? La transmission suppose que celui qui a transmis, existoit » au moment du décès : prouvez donc que votre père existoit à cette époque. » Et comme les neveux sont dans l'impossibilité de prouver l'un et l'autre, M. PROUDHON en conclut qu'ils doivent être exclus de la succession de leur aïeul. Certainement il est difficile de trouver une décision plus contraire, je ne dirai pas seulement à la droite raison, mais même à l'humanité; et s'il étoit possible que la loi parût la favoriser, ce seroit bien plutôt le cas de chercher dans les règles générales d'interprétation, le moyen d'écarter une pareille doctrine. Mais rassurons-nous; non-seulement cette décision n'est pas dans la loi, mais encore elle en donne une toute contraire, ainsi que nous allons le démontrer tout-à-l'heure. Quant à l'argument qui vient d'être proposé, il prouve tout simplement qu'il n'est pas de vérité, soit de raison, soit de sentiment, qu'on ne puisse venir à bout de rendre problématique; et d'ailleurs ce qui démontre que cet argument, que quelques personnes ont trouvé insoluble, est un pur sophisme, c'est qu'il est possible de lui en opposer un encore plus péremptoire.

En effet, les neveux ne peuvent-ils pas répondre avec avantage : « Il ne peut y » avoir de milieu; notre père étoit vivant ou mort, à l'époque du décès de notre aïeul: » s'il étoit vivant, il a recueilli sa part dans la succession, et il nous l'a transmise » avec la sienne propre; nous pouvons donc la prendre par droit de transmission. » S'il étoit mort, nous pouvons le représenter, et par conséquent prendre sa part, par » droit de représentation. » Certainement cet argument est beaucoup plus fort que celui de l'oncle, et il a pour lui l'avantage de favoriser le parti de la justice et de l'humanité : mais en supposant même pour un instant qu'ils soient d'égale force, il faudroit en conclure qu'ils se détruisent mutuellement, et que, dès-lors, il faut recourir à d'autres raisonnemens. D'ailleurs il n'est pas indifférent pour les enfans de l'absent, de venir à la succession de leur aïeul, par droit de transmission ou par droit de représentation. La transmission suppose, comme nous l'avons dit, que l'absent a recueilli la succession, et l'a transmise à ses enfans; mais alors ceux-ci ne pourroient la recueillir qu'autant qu'ils auroient accepté la succession de leur père, et ils se trouveroient exposés par là à l'action de ses créanciers. Si au contraire ils viennent à la succession de leur aïeul par droit de représentation, comme on peut représenter celui à la succession duquel on a renoncé, ils abandonneront les biens de leur père à ses créanciers, et n'en recueilleront pas moins sa part dans la succession de l'aïeul : il est donc important pour eux de prouver qu'ils viennent à cette même succession par droit de représentation; et voïci à cet égard leurs raisonnemens :

« Votre argument, diront-ils à leur oncle, est une véritable pétition de prin» cipes. En effet, vous nous constituez demandeurs, et, comme tels, vous prétendez » nous obliger de prouver; mais nous ne pouvons être demandeurs, qu'autant » qu'on vous supposera saisi de toute la succession. Or, comme notre aïeul avoit » deux enfans, vous ne pouvez être saisi de toute sa succession, que dans » l'hypothèse que votre frère est mort avant lui; mais si cela est, nous, ses » représentans, sommes saisis de la moitié de la succession, et vous seule» ment de l'autre moitié: car notre père ne peut pas être mort pour vous, qu'il » ne le soit également pour nous, et vous ne pouvez le supposer mort pour prendre » sa part dans la succession de notre aïeul; et ensuite, quand nous venons pour le » représenter dans cette même succession, nous obliger de prouver son décès: » n'est-il pas prouvé, à votre égard, par votre prétention même? » Certes, ce raisonnement est plus que suffisant pour renverser les prétentions de l'oncle; mais maintenant il faut répondre aux créanciers du père, et leur prouver que les enfans de l'absent ne viennent à la succession de l'aïeul que par représentation; ce qui n'est pas difficile. En effet, il n'existe pas, nous ne disons pas dans le Titre *de l'Absence*, mais dans tout le Code, une seule circonstance, le mariage excepté (et il y a, à cet égard, une raison particulière), dans laquelle la disparition n'emporte pas présomption de mort. L'article 123 ne dit-il pas expressément, qu'à compter de la déclaration d'absence, tous ceux qui ont des droits subordonnés à la condition du décès d'un absent, peuvent les exercer? Et le légataire qui seroit décédé au moment de la déclaration d'absence, mais qui auroit existé au moment de la disparition, ne seroit-il pas censé avoir recueilli le legs, et l'avoir transmis à ses propres héritiers? Or, sur quoi cette décision, qui est adoptée par M. Proudhon lui-même, peut-elle être fondée, si ce n'est sur ce que l'absent est présumé mort du jour de sa disparition? Eh bien! le droit qu'ont les enfans, de représenter leur père, est un droit subordonné à la condition de son décès : ce droit, ils l'ont acquis du moment de la disparition, comme le légataire a acquis son legs au même moment; ils peuvent donc l'exercer, à quelqu'époque que s'ouvre ensuite la succession de l'aïeul.

L'article 136 ne dit-il pas que « s'il s'ouvre une succession à laquelle soit appelé » un individu dont l'existence n'est pas reconnue, elle sera dévolue exclusivement » à ceux avec lesquels il auroit eu le droit de concourir, ou *à ceux qui l'auroient » recueillie à son défaut.* » Eh bien! les enfans n'ont-ils pas droit de recueillir, à défaut de leur père, toutes les successions qui peuvent lui échoir en ligne directe?

J'avoue, encore une fois, que je ne vois aucune réponse solide à ces différentes raisons, si ce n'est un prétendu système d'incertitude de vie ou de mort, que quelques personnes ont voulu étendre à tous les cas. Sans doute, il est incertain si l'absent est mort ou vivant; et c'est cette incertitude qui a fait établir toutes les précautions prescrites par les lois pour la conservation de ses biens; mais il n'en est pas moins vrai que cette incertitude ne s'applique qu'aux biens que l'absent possédoit au moment de la disparition; mais que, pour tous les autres, et dans tous les cas où la loi est obligée de prendre un parti, et de présumer l'absent vivant ou mort, elle le suppose toujours mort du moment de la disparition.

S'agit-il, en effet, de déterminer quelles sont les personnes qui doivent recueillir sa succession? On examine uniquement quels étoient ses héritiers au moment de la disparition; et c'est à eux seuls que la succession est adjugée.

S'ouvre-t-il une succession à laquelle l'absent auroit eu droit, s'il eût été présent? On l'en exclut, et la succession est adjugée à ceux qui ont droit de la recueillir à son défaut. En un mot, dans toutes les circonstances où il faut absolument décider si l'absent est vivant ou mort, c'est toujours la présomption de mort qui l'emporte; et ce qu'il y a de plus singulier, c'est que ce système de présomption de mort est établi par M. Proudhon lui-même dans tout le cours de son Titre *des Absens*. Il répète à chaque instant que l'absent est présumé mort. Ce grand principe, *actoris est probare*, qu'il oppose aux enfans de l'absent, dans l'hypothèse ci-dessus, il le néglige dans tout le cours du Titre; il va même jusqu'à prétendre, et ce avec raison, et ainsi que nous l'avons toujours enseigné, que le propriétaire de la chose dont l'absent a l'usufruit, a droit d'en demander la restitution, au moins après la déclaration d'absence, et cela sans être obligé de prouver le décès; et il ne veut pas que, même après la déclaration d'absence, les enfans de l'absent soient admis à le représenter. C'est uniquement dans ce cas, le plus favorable de tous, qu'il écarte la présomption de mort, pour exclure des enfans, déjà assez malheureux d'ignorer ce qu'est devenu leur père, et que l'on voudroit encore priver d'une succession à laquelle ils ont droit dans toutes les hypothèses quelconques. Certainement il est impossible de faire prévaloir un pareil système.

Il faut donc tenir pour principe certain, que, dans tous les cas, celui du mariage seul excepté, l'absent est présumé mort du jour de sa disparition; et que, par conséquent, si, à compter de cette époque, il s'ouvre une succession à son profit, soit en directe, soit en collatérale dans le cas de la représentation, ses enfans ont droit d'y venir de son chef, et par droit de représentation; que par la même raison, s'il s'agit d'une succession en collatérale, hors du cas de la représentation, les enfans de l'absent ne peuvent y venir qu'autant qu'ils se trouvent, de leur chef, dans l'ordre des degrés appelés par la loi pour y succéder.

Jugé conformément à cette opinion, par la Cour impériale de Paris, le 27 janvier 1812. (Sirey, 1812, IIe. Partie, pag. 292.)

(2) *A réclamer*, par l'action appelée en droit, *pétition d'hérédité*. (*Voyez* au Digeste, le Titre *de Hereditatis Petitione*.)

(3) *Dans le délai de la prescription*, c'est-à-dire, celui de trente ans. Remarquez qu'ici l'article 137 dit formellement que l'action ne s'éteindra que par le laps de temps établi pour la prescription: d'où l'on peut conclure que l'on devra appliquer toutes les règles relatives à l'interruption et à la suspension de la prescription. Mais de quand courra le délai? du jour de l'ouverture de la succession (Art. 789), c'est-à-dire du décès de celui de la succession duquel il s'agit.

(4) *Les fonds et les capitaux.* Toujours à la charge de prouver que l'absent existoit au moment de l'ouverture de la succession.

(5) *S'ils les ont perçus de bonne foi*, c'est-à-dire, si, au moment où ils les ont perçus, ils ignoroient le décès de l'absent. Observez que la bonne foi se présume toujours, et que c'est à celui qui allègue la mauvaise foi, à la prouver. (Art. 2268.)

(6) *Seroit recevable.* Si donc le mariage étoit attaqué par une autre personne, on ne jugeroit point le fond, c'est-à-dire la question de la validité du mariage; mais on déclareroit purement et simplement le demandeur non-recevable.

(7) *De la preuve de son existence.* Cette explication concilie la disposition de cet article 139, avec celles des articles 147 et 184.

Mais faut-il conclure de la manière dont est rédigé l'article 139, que, dans tous les cas, même celui du retour de l'absent, le second mariage ne pourra être attaqué que par lui? Je ne le pense pas, et voici quels sont les motifs de mon opinion :

1°. Il est constant que le Législateur n'a pas voulu que l'absence, quelque longue qu'elle soit, quelque forte que soit la présomption de décès, pût être une cause même de divorce, et encore moins de dissolution de mariage. Il n'a pas voulu que les époux, par une absence volontaire, et peut-être même convenue entr'eux, pussent se créer à eux-mêmes une cause de divorce. On peut juger d'ailleurs, par les difficultés sans nombre dont il a entouré le divorce par consentement mutuel, combien il se défie de ce même consentement, et avec quelle peine il se détermine à laisser aux époux eux-mêmes, malgré leur accord bien prouvé, le droit de rompre leur propre union. D'après cela, peut-on croire qu'il ait voulu leur donner un moyen aussi facile de dissoudre leur mariage? L'un des époux disparoîtroit, l'autre prendroit un nouveau domicile où son premier mariage ne seroit pas connu, il y en contracteroit un nouveau : le premier époux reviendroit ensuite; et parce que, d'après les arrangemens convenus entr'eux, il n'attaqueroit pas le mariage, il faudroit que la société supportât un pareil scandale !

2°. L'on voit, par l'attention que le Législateur a eue, d'admettre la séparation de corps, qu'il a voulu respecter l'opinion de ceux dont la croyance religieuse n'admet point le divorce. Or, si le second époux est de ce nombre, et s'il s'est marié de bonne foi, peut-on le forcer de vivre conjugalement avec celui ou celle dont le premier époux existe, et qui n'est pas même divorcé?

3°. Enfin, supposons pour un instant que les deux époux, dont l'un s'est absenté, viennent à se réunir, et qu'il naisse des enfans de leur commerce : comment considérera-t-on ces enfans? Certainement ils ne sont pas enfans naturels, puisqu'ils sont nés d'un mariage légitime et non dissous : d'un autre côté, les enfans qui naîtroient du second mariage, pendant le même temps, seroient également légitimes, puisque le mariage n'est pas attaqué, et que, dans l'hypothèse, il ne peut l'être que par l'absent. Voilà donc un époux qui, au vu et au su de tout le monde, aura, dans le même temps, des enfans légitimes de deux époux différens. Dira-t-on qu'aux termes de l'article 340 du Code Pénal, il sera puni comme bigame? Mais d'abord, cela ne fait rien quant à la légitimité des enfans; et, en admettant qu'il soit poursuivi comme bigame, n'y auroit-il pas une nouvelle contradiction? Il sera, d'un côté, puni comme bigame, pour avoir contracté un second mariage avant la dissolution du premier : il faudra donc prouver que ce premier mariage existoit à l'époque de la célébration du second : et cependant personne ne pourra demander la nullité de ce second mariage. D'ailleurs, la condamnation du bigame n'étant que temporaire, que deviendront ses deux mariages, quand il aura subi sa peine? Pourra-t-il vivre avec ses deux époux? Pourra-t-il avoir, de tous deux, des enfans légitimes?

De toutes ces raisons, je conclus qu'il seroit contre tous les principes, et contre toutes les règles de la morale, d'entendre l'article dans le sens restrictif qu'il paroît avoir; que l'on a voulu seulement prévenir la conséquence que l'on auroit pu tirer de l'article 147, portant que l'*on ne peut contracter un second mariage avant la dissolution du premier;* que de cet article, et sur-tout de la manière dont il est conçu, *on ne peut contracter*, l'on auroit pu inférer qu'un deuxième mariage est nul, et peut être attaqué par tous ceux qui ont intérêt, conformément à l'article 184, par cela seul qu'au moment où il a été célébré, il n'étoit pas prouvé que le premier mariage fût dissous; que l'on n'a pas voulu que des tiers pussent, sur ce seul fondement, venir attaquer une union tranquille et qui est peut-être légitime dans le fait et dans le droit; puisque, si rien ne prouve que le premier mariage fût dissous à l'époque de la célébration du second, rien ne prouve davantage que ce mariage existât à la même époque. On a même prévu le cas où l'absent auroit laissé une procuration, et l'on n'a pas voulu même que le fondé de pouvoir pût attaquer le mariage, à moins qu'il ne justifiât de l'existence actuelle de l'absent: à plus forte raison, n'a-t-on pas voulu donner à l'époux présent le droit d'attaquer son propre mariage, et de venir pour cela exciper de son propre délit; mais je pense fermement que tout cela n'est que pour le cas où il y a réellement incertitude sur la vie et la mort de l'absent; et que, du moment qu'il réparoît ou que son existence est certaine, les règles établies pour le cas d'absence doivent cesser d'avoir leur application, et que l'on doit, au contraire, appliquer l'article 184, qui permet, soit à l'époux, soit aux parties intéressées, soit même au Ministère public, d'attaquer tout mariage contracté avant la dissolution de la première union.

PAGE 51.

(1) *Du Mariage.* Voyez, sur ce Titre, les Œuvres de Pothier, *Traité du Contrat de mariage*, et un petit traité de *la Puissance maritale*, qui est à la tête de son *Traité de la Communauté.*

PAGE 52.

(1) *A ces cinq conditions.* Le mariage des princes et princesses de la Maison Impériale, quel que soit leur âge, est nul de plein droit, et sans qu'il soit besoin de jugement, toutes les fois qu'il a été contracté sans le consentement formel de l'Empereur, exprimé dans une lettre close, contre-signée par l'Archichancelier de l'Empire.

Ce consentement suffit seul, et tient lieu de dispense d'âge et de parenté, dans tous les cas où ces dispenses sont nécessaires. (*Statut du* 30 *mars* 1806, art. 4 ; *Bulletin*, n°. 1432.)

PAGE 53.

(1) *Quand ce consentement n'existe pas.* Un interdit pourroit-il se marier ? Cela pouvoit faire question anciennement, parce que l'interdiction pouvoit être prononcée en cas de prodigalité, et que la prodigalité n'ôte pas la faculté de consentir. Maintenant que l'interdiction ne peut être prononcée que pour fureur, démence ou imbécillité, toutes causes qui détruisent le consentement, je ne pense pas que le mariage d'un interdit puisse être valable. On voit, à la vérité, dans la discussion, que le Tribunat avoit proposé une disposition expresse à ce sujet, et qu'elle n'a pas été admise. Mais il est possible, et même très-probable, que, si on l'a rejetée, ce n'est pas qu'on ait entendu déclarer valable le mariage d'un interdit ; mais c'est qu'au contraire on a craint que, si on s'expliquoit précisément sur le mariage de l'interdit, on n'en tirât la conséquence que tout mariage contracté avant l'interdiction étoit valable, et ne pouvoit être attaqué, tandis qu'aux termes de l'article 503, tous actes antérieurs à l'interdiction peuvent être annullés, si la cause de l'interdiction existoit notoirement à l'époque où ils ont été faits. On a donc préféré décider d'une manière générale, qu'il n'y a pas de mariage quand il n'y a pas de consentement; et comme, tant que dure l'interdiction, l'interdit est censé incapable de consentir, il en résulte qu'il ne peut se marier, et que le mariage qu'il auroit contracté avant l'interdiction, pourroit même être annullé aux termes de l'article 503 ; et ce qui vient encore à l'appui de cette opinion, c'est d'abord, que l'Orateur du Conseil-d'État, qui a présenté au Corps-Législatif la loi sur l'interdiction, a dit, en termes formels, que l'interdit diffère de celui auquel il a été donné un conseil judiciaire, en ce que celui-ci peut se marier ; ce que ne peut faire l'interdit.

En second lieu, l'article 174 permet à tous parens, du degré de cousin germain au moins, de s'opposer au mariage de son parent, pour cause de démence, mais à la charge de provoquer l'interdiction. Cet article suppose donc que la démence de l'un des époux est un empêchement du mariage, quand même il ne seroit pas interdit ; à plus forte raison, si l'interdiction a été prononcée.

(2) *D'une crainte grave. Talis metus qui possit cadere in constantem virum.* (Cap. 28, X. *De Sponsalibus et Matrim.*)

Vis atrox, præsens, et adversùs bonos mores. (*L.* 3, §. 1. *LL.* 6 *et* 9, ff. *Quod metûs causâ.*) Voyez POTHIER, *du Contrat de Mariage*, n° 315 et suivans.

Et d'ailleurs, pour déterminer d'une manière précise quels sont, dans notre droit, les caractères de la violence qui peut donner lieu à la dissolution du mariage, voyez, ci-après, la note (1) de la page 71.

(3) *Pour le mariage.* Nous disons *pour le mariage*, parce que, pour tous les autres actes, sauf l'adoption (Art. 346), la majorité est fixée généralement, et pour les individus de tout sexe, à vingt-un ans accomplis. (Art. 488.)

(4) *L'avis du père doit l'emporter*, quand même il seroit divorcé : la prééminence est accordée ici au sexe et à la qualité de père, et non à celle d'époux.

(5) *De manifester sa volonté.* S'il est absent, interdit, ou mort civilement, ou seulement privé de l'exercice de ses droits civils. (Art. 28, et *Code Pénal*, art. 29.)

(6) *Le consentement de la mère suffit. Quid* si la mère est remariée ? Malgré la généralité de l'article, je pense que cela peut faire une très-grande question.

D'abord, si la mère n'a pas été maintenue dans la tutelle, je regarde comme contraire à tous les principes, que son avis puisse l'emporter sur celui de la famille. En effet, d'après l'article 1398, le mineur habile à contracter mariage, peut consentir valablement toutes donations dans son contrat de mariage, pourvu qu'il soit assisté, dans ce contrat, des personnes dont le consentement est nécessaire pour la validité du mariage. Donc, si le consentement seul de la mère suffisoit pour le mariage de son fils mineur, il s'ensuivroit que ce même consentement suffiroit pour autoriser l'époux à disposer de tout son bien par contrat de mariage. Or, puisque nous la supposons non maintenue dans la tutelle, il en résulte qu'elle ne peut autoriser la disposition de l'objet le plus modique appartenant à ses enfans ; et l'on voudroit qu'elle pût seule les autoriser à disposer d'eux-mêmes, et par suite, de tous leurs biens ! Il y auroit là une contradiction manifeste. Ne peut-on pas dire, d'ailleurs, que la femme mariée étant soumise au pouvoir marital, peut être regardée comme étant dans l'impossibilité de manifester sa propre volonté, puisqu'elle peut être supposée n'en avoir d'autre que celle de son mari ? Il est vrai que cette dernière raison s'appliqueroit également à la mère remariée et maintenue dans la tutelle. Aussi ne verrois-je aucune difficulté à regarder le consentement de la mère remariée comme pouvant être insuffisant, quoiqu'elle ait été maintenue dans la tutelle, et que par suite son mari ait été nommé co-tuteur. D'abord l'on sait, en général, avec quelle malheureuse légèreté se font les délibérations des conseils de famille. D'ailleurs on a pu penser qu'il n'y avoit pas de danger à conserver la tutelle à la mère, au moyen de la responsabilité solidaire qui pèse sur elle et sur son second mari. Mais il n'y a aucune responsabilité à encourir pour un consentement donné mal-à-propos à un mariage. D'ailleurs, le mari étant censé n'être pour rien dans ce consentement, il n'y auroit, dans aucun cas, de recours à exercer contre lui.

D'après tous ces motifs, je n'hésite pas à penser que, si le mariage étoit une fois célébré avec le consentement de la mère remariée, il seroit difficile de l'attaquer pour raison d'insuffisance de ce consentement ; mais que, s'il n'étoit pas encore célébré, et qu'il y eût opposition de la part de la famille, les juges pourroient y avoir tel égard que de raison ; et ce qui me confirme dans cette opinion, c'est qu'on avoit proposé au Conseil-d'État d'ajouter, qu'en cas de mort du père ou de la mère, le consentement du survivant suffiroit, *quand même il auroit contracté un second mariage.* L'on a supprimé ces derniers mots, sans doute parce qu'on a pensé que la circonstance d'un second mariage pouvoit avoir, dans ce cas, quelqu'influence ; et effectivement l'on voit dans la discussion que l'on a été jusqu'à dire qu'il pourroit arriver que le juge ait à examiner jusqu'à quel point le consentement du père même, remarié, pourroit suffire au mariage. *A fortiori*, en doit-on dire autant de la mère remariée.

PAGE 54.

(1) *A défaut du père et de la mère.* Ces mots, *à défaut*, *etc.*, ne signifient pas, *si le père ou la mère ne veulent pas consentir;* car alors aucun consentement ne peut suppléer le leur: mais, *s'ils sont morts*, *ou dans l'impossibilité de manifester leur volonté.*

(2) *Et ainsi de suite.* C'est-à-dire, que, s'il n'y a ni aïeuls, ni aïeules, mais seulement des bisaïeuls, leur consentement est nécessaire, etc.

(3) *Dans la même ligne.* Et au même degré, c'est-à-dire, que, si, par exemple, l'aïeul paternel consent, le mariage peut avoir lieu, quoique l'aïeule paternelle ne consente pas. Mais s'il n'y a point d'aïeul paternel, le consentement de l'aïeule doit suffire, quand même le bisaïeul paternel ne consentiroit pas.

(4) *Entre les deux lignes.* Si l'aïeul paternel donne son consentement, et que l'aïeul maternel le refuse, ou *vice versâ.*

(5) *Ce partage emporte consentement.* Cette disposition a cela de singulier, que, si le futur époux a ses deux aïeuls paternels et ses deux aïeuls maternels, l'avis d'un seul l'emportera sur l'avis des trois autres. Il suffira, en effet, que l'aïeul maternel, par exemple, soit d'avis du mariage; car son avis l'emportera sur celui de l'aïeule de la même ligne. On pourra donc dire que la ligne maternelle est d'avis du mariage. Il y aura donc dissentiment dans les deux lignes; ce qui emportera consentement. Il en sera de même, s'il n'y a dans la ligne maternelle qu'une aïeule, qui soit d'avis du mariage; elle l'emportera, à elle seule, sur les deux aïeuls paternels. Cependant l'on sait, en général, avec quelle facilité les aïeules sur-tout condescendent aux désirs de leurs petits-enfans, et combien il est à craindre que ces derniers n'abusent de la foiblesse de leurs aïeules, pour contracter des mariages mal assortis. Il me semble que j'aurois préféré décider, qu'en cas de partage, les voix des aïeuls mâles devoient l'emporter, et que, si les voix des aïeuls mâles, ou des aïeules à défaut d'aïeuls, étoient partagées, alors ce partage emporteroit consentement.

(6) *Lorsque tous les ascendans sont morts.* Nous verrons plus bas comment l'on peut justifier de leur décès, quand il est impossible de s'en procurer l'acte.

(7) *Dans les cas où il est requis.* Ainsi la peine doit avoir lieu par cela seul que le consentement n'est pas énoncé, et ce, quand même la nullité du mariage ne seroit pas demandée, et même quand les consentemens nécessaires auroient été donnés, soit postérieurement, soit au moment même du mariage. L'officier public est en faute, pour ne les avoir pas énoncés, et pour avoir exposé par là un mariage légitime à être attaqué, sous prétexte du défaut de consentement de la famille.

(8) *L'obligation de demander leur conseil.* Remarquez la différence de rédaction des articles 148 et 151. Dans le 148e. il est dit: *le fils ou la fille qui n'a pas atteint*, etc., *ne peut contracter mariage sans le consentement*, etc., d'où il résulte, d'après le principe que nous établirons ci-après, que, s'ils l'ont contracté de fait

sans ce consentement, la nullité du mariage peut être demandée, quoique l'article n'ait pas dit *à peine de nullité*. Dans le 151e., au contraire, il est dit: *Les enfans de famille ayant atteint l'âge de majorité, sont tenus, avant de contracter mariage, de demander le conseil, etc.* Ici la loi est simplement impérative; et comme l'on n'a pas ajouté la peine de nullité, il s'ensuit que l'inobservation de cette condition ne porteroit pas atteinte à la validité du mariage, mais donneroit seulement lieu à des condamnations contre l'officier de l'état civil, ainsi que nous le verrons plus bas.

(9) *Requis pour le mariage*, et dans l'ordre déterminé ci-dessus, c'est-à-dire aux père et mère, s'ils sont vivans tous deux; sinon, au survivant d'eux; à leur défaut, aux aïeul et aïeule, etc. S'il y a père et mère, faut-il notifier l'acte respectueux à chacun? Je pense qu'oui. L'article 148 exige le consentement des père et mère; il ajoute, à la vérité, qu'en cas de dissentiment le consentement du père suffit; mais pour qu'il y ait dissentiment, il faut qu'ils soient consultés tous deux. Ainsi jugé à Bruxelles, le 5 mai 1808. (SIREY, 1809, IIe. Partie, pag. 84.)

(10) *Par deux notaires*, et non par un huissier, dont le ministère ne convient pas à la nature de l'acte et à la déférence que des enfans doivent à leurs parens.

(11) *Et deux témoins.* L'enfant doit-il être présent? La question est controversée. Il y a des arrêts pour et contre. Il paroît qu'anciennement on exigeoit que l'enfant se transportât avec le notaire. Il me semble que cela seroit plus convenable. L'enfant demande conseil à son père; il faut bien qu'il soit là pour le recevoir.

(12) *Mention de la réponse*, ou du défaut de réponse. Ce défaut est lui-même une réponse; car il équivaut à un refus.

L'acte doit-il être notifié à la personne de l'ascendant? Je ne le pense pas: je crois qu'il suffit qu'il le soit à son domicile: autrement il dépendroit de l'ascendant d'éluder la disposition de la loi, en se dérobant aux recherches, et en se transportant dans un lieu éloigné de son domicile.

(13) *De mois en mois.* Si le premier acte a été fait le 20 mai, le deuxième pourra-t-il être fait le 20 juin? On a jugé l'affirmative à Paris, le 19 octobre 1809. (SIREY, 1810, IIe. Partie, pag. 271.) Je ne suis pas de l'avis de cet arrêt. Il paroît bien résulter de la rédaction des articles 152 et 153, et sur-tout du délai exigé entre la dernière signification et le mariage, que le Législateur a voulu qu'il y eût un mois d'intervalle entre chaque signification: or, comme, aux termes de l'article 1033 du Code de Procédure, le jour de la signification et celui de l'échéance ne doivent pas être comptés dans les actes signifiés à personne ou domicile, l'on doit en conclure que, lorsque la première signification a eu lieu le 20 mai, le mois n'expire que le 20 juin suivant; et que, conséquemment, la seconde signification ne peut être faite que le 21 juin.

Ajoutez, en outre, que les actes respectueux ne sont pas des actes favorables. L'on doit donc y observer rigoureusement toutes les formalités exigées par la loi.

PAGE 55.

(1) *Une seule notification suffit.* Il paroîtroit résulter de la lettre de l'article 153, que, jusqu'à l'âge de trente ans, les filles sont obligées de faire trois actes respectueux.

Mais, en comparant cet article avec le 152ᵉ et avec la discussion du Conseil-d'État il est évident qu'il y a inexactitude dans la rédaction, et que l'article doit être entendu dans le sens que nous lui donnons ici.

(2) *Du mariage des majeurs.* Les mineurs ont toujours besoin du consentement du conseil de famille.

(3) *Du consentement des père et mère*, seulement, et non pas des aïeuls ou aïeules. L'enfant naturel ne peut être reconnu que par son père ou sa mère; et cette reconnoissance ne lui donne des droits de famille qu'à leur égard, et nullement à l'égard de leurs parens.

PAGE 56.

(1) *D'un tuteur nommé.* Par qui sera nommé ce tuteur? Ce ne peut être par la famille. L'enfant naturel, même reconnu, n'a pas civilement de famille. Je pense que, dans ce cas, s'il a été reconnu, l'on doit appliquer la disposition de l'article 409, et que le tuteur doit être nommé par un conseil de famille, composé de personnes connues pour avoir eu des relations habituelles d'amitié avec le père ou la mère du mineur. Si l'enfant n'a pas été reconnu, le juge-de-paix composera le conseil comme il le jugera convenable.

(2) *Ad hoc*, c'est-à-dire, spécialement, à l'effet de consentir au mariage : en conséquence, si l'enfant avoit déjà un tuteur, il faudroit en nommer un autre, ou que celui qui existe, fût spécialement autorisé à consentir.

(3) *D'un mois au moins. Quid*, si les actes respectueux ont été faits, mais qu'il n'en ait pas été fait mention dans l'acte de célébration? L'officier public n'est passible d'aucune peine. La raison de différence avec le cas de l'article 156, relatif au défaut d'énonciation du consentement de la famille, est qu'il n'y a le plus souvent d'autre trace de ce consentement, que l'énonciation qui en est faite dans l'acte de célébration. Il pourroit donc arriver que le défaut de cette énonciation donnât lieu à la nullité du mariage : si, par exemple, l'ascendant qui a consenti venoit à décéder, ou à prétendre qu'il n'a pas consenti. L'acte respectueux, au contraire, étant notarié, il en doit rester minute, et l'on est toujours conséquemment à même d'en prouver l'existence. D'ailleurs, en supposant même que cette minute ne se retrouve pas, le défaut d'acte respectueux ne donneroit pas lieu à la nullité du mariage : le défaut d'énonciation de ces actes n'auroit donc pas les mêmes conséquences que le défaut d'énonciation du consentement.

(4) *A donner au mariage*, c'est-à-dire, en premier lieu, au père ; à son défaut, à la mère ; à défaut des deux, aux aïeuls et aïeules. Remarquez qu'au Conseil-d'Etat l'on avoit décidé que l'article 173 seroit ainsi conçu : *A défaut des père et mère, les aïeuls ; à défaut d'aïeuls, les aïeules peuvent former opposition, etc.* Cependant l'article est resté tel qu'il est. Est-ce par inadvertance, comme l'ont pensé quelques personnes? et doit-on tenir que les aïeules n'ont droit de former opposition qu'à défaut *d'aïeuls?* Je ne le pense pas. A défaut des père et mère, les aïeules concourent avec les aïeuls, dans les différentes lignes, pour le consentement à donner au mariage. Or, le droit de former opposition est fondé sur le droit de consentir.

(5) *Au cousin ou à la cousine germaine majeurs*. Et non pas aux neveux et nièces, quoique plus proches en degré que les cousins et cousines : cela eût été, en quelque sorte, contraire à l'ordre de la nature, parce qu'à l'égard de leurs oncle et tante, *referunt speciem liberorum*.

Je ne vois pas pourquoi l'on a restreint à ces seuls parens le droit de former opposition. Il peut arriver souvent que l'un des futurs époux n'ait pas de parens au degré de cousin germain ; et alors, pourquoi refuser aux autres parens le droit de s'opposer, puisqu'ils feroient partie du conseil de famille, et qu'en cette qualité ils auroient le droit de donner leur vœu pour la demande en nullité du mariage ? Ne vaut-il pas mieux leur donner celui de l'empêcher ? Il me semble qu'il eût été plus exact de dire que tout parent qui, aux termes de l'article 407, auroit le droit de faire partie du conseil de famille, auroit également celui de former opposition au mariage. D'ailleurs, les deux motifs pour lesquels il est permis aux collatéraux de former opposition, sont assez importans, pour qu'il semble qu'on ne risqueroit rien d'en admettre de plus éloignés, à défaut de plus proches.

Je ne vois pas non plus pourquoi l'on n'a pas permis aux collatéraux de former opposition dans d'autres cas d'une plus grande conséquence, même pour l'ordre public, tels que ceux d'inceste ou de bigamie, etc. Ce ne peut être que parce que l'on a pensé que le futur mariage pouvoit être alors dénoncé au ministère public, qui formeroit opposition, dans l'intérêt des mœurs : car, quoique ce droit ne lui soit pas expressément accordé, dès qu'on lui donne celui de demander la nullité du mariage dans certains cas, à plus forte raison doit-il avoir celui de l'empêcher dans les mêmes cas.

(6) *En état de démence*. Je pense qu'il en seroit de même, dans le cas de fureur ou d'imbécillité. Il y a même motif.

(7) *De l'opposition*. S'il est notoire que la démence n'existe pas, et que c'est un subterfuge employé uniquement pour retarder le mariage.

PAGE 57.

(1) *Dont il peut requérir la convocation*. L'article dit : *qu'il pourra convoquer* ; mais il résulte du Titre *de la Minorité*, que les particuliers ne peuvent que requérir la convocation, qui doit toujours être faite par le juge-de-paix. (Art. 406.)

N'est-il pas à craindre que, pendant l'intervalle de temps nécessaire pour la convocation, le mariage ne se trouve célébré ? En général on a dû favoriser les mariages, autant que possible. Mais il me semble que la crainte des dommages-intérêts étoit bien suffisante pour empêcher un tuteur de former une opposition mal fondée, sur-tout d'après le petit nombre de cas dans lesquels il peut la former.

Quid, à l'égard de l'enfant naturel non reconnu, ou de celui qui, ayant été reconnu, a perdu ses père et mère ? Je ne vois nulle raison pour refuser au tuteur, même non autorisé, le droit de former opposition dans les cas prévus par l'article 174. A quoi bon convoquer un conseil de famille ? Le mineur n'en a pas.

Nota. Nous ne parlons point ici de l'opposition qui peut être formée par un des époux, au second mariage de son conjoint. Il en sera question, quand nous traiterons des empêchemens du mariage.

(2) *Le droit de la former.* A-t-on entendu par ces mots, combinés avec la fin de l'article, donner à l'huissier le droit de juger la qualité de celui qui se présente pour former opposition? Je ne puis le penser. Mais je crois que cela doit être entendu dans le sens, que l'opposition doit énoncer la qualité d'après laquelle l'opposant *se prétend en droit de la former. Quid*, en effet, si c'est le mari d'une sœur encore vivante, et qui argumente de l'article 408? *Quid*, s'il est veuf, mais qu'il ait des enfans, et qu'il allègue en sa faveur l'article 206? L'huissier peut-il être compétent pour juger s'il a qualité? Ce sera aux tribunaux à statuer sur le mérite de l'opposition. Il suffit que les parties connoissent la qualité de l'opposant, quelle qu'elle soit.

(3) *Doit être célébré:* afin de ne point vexer les parties, en les obligeant d'assigner l'opposant à son domicile réel, qui peut être très-éloigné.

Mais si les deux futurs époux demeurent dans deux communes différentes, comme le mariage peut être célébré indifféremment dans l'une ou dans l'autre, l'opposant sera-t-il obligé d'élire domicile dans les deux communes? Je ne le pense pas. Je crois qu'il suffit que l'élection ait lieu dans la commune où demeure celui sur lequel l'opposition est formée. Comme ce sera à lui à assigner l'opposant, il n'y a que lui qui ait intérêt à ce que l'élection de domicile ait lieu, et qu'elle ait lieu dans la commune où il demeure, puisqu'alors il pourra porter l'affaire devant son propre juge.

(4) *D'un ascendant.* L'ascendant ayant un pouvoir illimité de former opposition, peut avoir telle raison qu'il ne voudroit pas énoncer en public. D'ailleurs, il est possible qu'il ne veuille que retarder le mariage, afin de donner à l'époux le temps de faire les réflexions convenables. Il n'en est pas de même du collatéral, qui ne peut former opposition, que pour les motifs, et dans les cas déterminés par la loi.

(5) *Ou au domicile des parties*, au pluriel. Par conséquent, l'opposition formée au mariage d'un des futurs époux, doit être signifiée à son domicile et à celui de l'autre époux. Mais celui sur lequel l'opposition n'a pas été formée, pourroit-il en demander la main-levée? Je ne le pense pas. Si l'autre ne la demande pas, c'est qu'il renonce au mariage. Mais alors, pourquoi signifier l'opposition aux deux parties? C'est afin que celle sur qui elle n'est pas formée, en ait cependant connoissance, et sache à quoi s'en tenir sur son futur mariage, et même ne le contracte pas, s'il arrivoit que l'officier de l'état civil, ignorant ou prévaricateur, consentît à le célébrer.

(6) *Et à l'officier de l'état civil.* Il suffit qu'il soit signifié à l'officier de l'une des communes où le mariage a été ou doit être publié. (Argument tiré de l'article 69.) C'est sûrement par inadvertance qu'il est dit dans l'ouvrage de M. PROUDHON, qu'il suffit de notifier l'opposition à l'officier de l'état civil du do-

micile de l'opposant. Ce domicile est ici une chose fort indifférente, à moins qu'il ne soit le même que celui de l'un des époux.

(7) *Main-levée*. Observez cependant que le mariage célébré nonobstant l'opposition, ne seroit nul, qu'autant que le motif de l'opposition seroit suffisant par lui-même pour faire prononcer la nullité.

(8) *Devant le Tribunal de première instance.* Sans avoir besoin de recourir au préliminaire de conciliation. (*Procéd.* 49.)

(9) *Que les ascendans.* Les ascendans sont toujours supposés avoir un bon motif : les autres peuvent avoir été mus par un esprit de malveillance.

(10) *Pour tout acte de main-levée*, volontaire ; mais alors cet acte doit être passé devant notaire, *et avec minute*, aux termes de l'article 67, qui exige qu'il en soit remis une expédition à l'officier de l'état civil.

PAGE 58.

(1) *Sera destitué.* Mais le mariage est toujours valable, puisque le décret ne prononce pas la nullité, et n'est pas même conçu en termes prohibitifs.

PAGE 59.

(1) *En absolus et relatifs.* On distinguoit anciennement deux sortes d'empêchemens du mariage : les empêchemens prohibitifs, et ceux dirimans.

Les empêchemens prohibitifs étoient ceux qui empêchoient bien de contracter le mariage, mais qui ne le faisoient pas annuller quand il étoit contracté : tel étoit, entre autres, celui résultant des fiançailles avec une autre personne.

Les empêchemens dirimans étoient ceux qui, non-seulement empêchoient de contracter le mariage, mais encore qui pouvoient en faire prononcer la nullité.

Il existe encore, dans le droit actuel, des empêchemens prohibitifs parmi ceux qui naissent du défaut des conditions prescrites pour la légitimité du mariage ; tels sont ceux résultant du défaut d'actes respectueux ou de publications, etc.

Mais il n'en est point de ce genre parmi ceux dont il s'agit dans cette section, et qui résultent de la qualité des personnes ; il sont tous dirimans.

(2) *Du premier.* Remarquez que ce n'est pas ici une loi religieuse, mais une loi civile ; d'où il résulte qu'elle oblige, même les Français sectateurs d'une religion qui permettroit la polygamie.

Indépendamment de la nullité du second mariage, l'article 340 du *Code Pénal* prononce encore la peine des travaux forcés à temps, contre l'époux remarié, et contre l'officier public qui a prêté sciemment son ministère au mariage.

(3) *Légalement prouvée.* La loi qui ordonne de rapporter la preuve légale de la dissolution du premier mariage, avant d'en pouvoir contracter un second, n'admet aucune exception, même en faveur des femmes des militaires, et nonobstant toutes présomptions résultantes, soit de témoignages vocaux, soit de l'absence prolongée. (Avis du Conseil-d'Etat, approuvé le 17 germinal an 13, *Bulletin*, n° 666.)

(4) *De son premier mariage.* Ainsi l'on pourroit dire, à la rigueur, que le défaut de preuve du décès du premier époux est un empêchement simplement

prohibitif, tant que l'existence du premier époux n'est pas certaine. Je ne pense donc pas que l'on doive admettre la distinction apportée par M. Proudhon, entre le temps antérieur ou postérieur à la déclaration d'absence. A quelque époque que le second mariage ait été contracté, si l'on ne peut pas prouver que le premier existoit encore au moment de la célébration du second, il n'y a pas bigamie, et le second mariage ne peut être attaqué : cela est fondé sur le principe, que l'absent qui ne reparoît pas, est présumé mort du jour de sa disparition.

(5) *Après cette dissolution.* Outre le motif tiré de l'honnêteté publique, cette disposition a encore pour but principal d'empêcher la confusion de part, *confusionem partûs.* Une femme se marieroit un mois après la mort de son premier mari; elle accoucheroit huit mois après : quel seroit le père de l'enfant? C'est pour prévenir toute incertitude à cet égard, que l'article a été fait; mais cet empêchement est-il dirimant, ou n'est-il que prohibitif? C'est un point controversé, parce que, dit-on, la loi n'a pas prononcé la nullité; et que, d'ailleurs, cette prohibition n'est pas rangée parmi les causes de nullité du mariage, dont il est traité au Titre *du Mariage*, chap. IV. Tels sont les principaux motifs d'un arrêt de la Cour de Cassation, du 29 octobre 1811 (*Jurisp. du Cod. Nap.*, tom. 18, pag. 1), lequel paroît avoir jugé que cet empêchement est purement prohibitif. Mais j'observe d'abord que, pour qu'un empêchement soit regardé comme dirimant, il n'est pas nécessaire qu'il entraîne toujours la nullité du mariage : il suffit qu'il puisse l'entraîner, quoique des circonstances particulières puissent, dans certains cas, déterminer les juges à ne point statuer sur le fond, et à se décider, par exemple, par une fin de non-recevoir. Cela posé, voici les motifs qui m'ont déterminé à ranger cet empêchement au nombre des empêchemens dirimans. Le premier, c'est qu'il y a ici prohibition de la loi : *la femme ne peut*, dit l'article 228. Or, *ea quæ lege fieri prohibentur, si fuerint facta, non solùm inutilia, sed pro infectis etiam habeantur, licèt Legislator fieri prohibuerit tantùm, nec specialiter dixerit inutile esse debere, quod factum est.* (*L.* 5, Cod. *de Legibus.*) Et, en effet, s'il suffit, pour que l'acte soit valable, que la loi n'ait pas prononcé la nullité, il s'ensuit que, pour peu qu'il se rencontre un officier public ignorant ou corrompu, ou même qu'on parvienne à le tromper, les époux divorcés pourront se réunir; l'époux divorcé pour cause d'adultère, pourra épouser son ou sa complice; etc. (Car, dans aucun de ces cas, la loi n'a prononcé la nullité, et ils ne sont pas compris au nombre des causes de nullité, énumérées dans le chap. IV.) Je ne crois pas que les partisans de l'opinion contraire osent aller jusque-là; et cependant la règle doit être générale. Je pense donc que, toutes les fois que la loi s'est exprimée d'une manière prohibitive, qu'elle a dit *qu'un individu ne peut faire tel ou tel acte*, elle a, par cela seul, attaché à sa personne l'incapacité légale de faire l'acte prohibé; et qu'elle a aussi, par cela seul, frappé de nullité l'acte fait contre sa prohibition. *Particula negativa*, dit Dumoulin, *præposita verbo potest*, *tollit potentiam juris et facti, designans actum impossibilem.*

J'ajoute que, dans la plupart de ces cas, la loi n'ayant prononcé aucune peine particulière, ni contre les époux, ni contre les officiers de l'état civil, si l'on prétendoit encore qu'il ne peut jamais y avoir lieu à la nullité du mariage, il en résulteroit que toutes ces dispositions, très-importantes d'ailleurs, n'auroient aucune sanction, et pourroient être violées impunément. Or, *la loi seroit trop imparfaite; qui n'annulleroit pas ce qui seroit fait contre ses défenses, et qui laisseroit impunie la contravention.* (Domat, liv. prélim., Tit. I, sect. I, art. 20.)

Ces principes sont, au surplus, généralement applicables à tous les cas dans lesquels la loi s'est contentée d'établir une prohibition, sans prononcer expressément la nullité; mais, d'un autre côté, j'avouerai que, comme il n'y a point de matière dans laquelle les fins de non-recevoir doivent être admises plus favorablement que dans celle du mariage, il est très-possible que, dans le cas de l'article 228, les tribunaux, sans juger le fond, se décident facilement par une fin de non-recevoir quelconque; *putà*, si le second mariage a duré long-temps, on pourra penser que *novo quasi consensu convaluit*, sur-tout s'il n'est résulté aucun inconvénient de la contravention; par exemple, s'il n'est pas né d'enfant du second mariage, ou si la naissance n'a eu lieu que quelques années après qu'il a été contracté. Mais si une femme se marioit huit jours après la mort de son mari, et venoit à mourir deux mois après, je ne vois pas comment les tribunaux pourroient se dispenser de prononcer la nullité du mariage, si elle étoit demandée; car elle ne pourroit l'être que par les héritiers de la femme, et pour annuller les donations qui auroient pu être faites au mari par contrat de mariage. Or, comment pourroit-on valider, dans l'intérêt du mari, un acte qu'il n'a pu passer qu'en transgressant la loi, et lui faire tirer un avantage de cette même transgression? Si nous supposons, d'ailleurs, que l'on a découvert par l'ouverture du cadavre, que la femme étoit grosse au moment de son décès, et qu'elle pouvoit l'être même à l'époque de la mort de son premier mari, voilà une union qui auroit eu pour effet nécessaire d'induire la confusion de part, et d'occasionner par là un inconvénient majeur, que la loi a voulu singulièrement éviter; et cependant cette union sera inattaquable, et la loi accordera toute sa protection à un acte qui n'a eu d'autre but que de la violer dans une de ses dispositions les plus importantes! Je le répète, dans tous ces différens cas, je regarde comme incontestable l'application des principes que je viens d'établir, et qui me paroissent aussi conformes à la raison qu'à la morale.

Mais si, nonobstant la prohibition de la loi, la femme contractoit de fait un second mariage un mois ou deux après la dissolution du premier, et qu'elle vînt à accoucher sept ou huit mois après, à laquelle des deux unions appartiendroit l'enfant? L'embarras dans lequel jeteroit la décision de cette question, suffit seul pour démontrer combien la prohibition de l'article 228 est importante. Je pense, au surplus, que cela rentreroit entièrement dans le domaine du juge, qui devroit se décider d'après les circonstances, sauf à prendre, toutes choses égales d'ailleurs, le parti le plus utile à l'enfant.

PAGE 60.

(1) *Pour cause déterminée.* Lorsque le divorce a eu lieu par consentement mutuel, il faut trois ans, comme on va le voir.

(2) *Engagée par mariage.* Il n'y a que le mariage qui puisse donner droit de former opposition. Une simple promesse de mariage ne suffiroit pas comme autrefois ; mais donneroit-elle lieu au moins à des dommages-intérêts? Je ne le pense pas. La promesse de mariage n'est pas obligatoire, et il ne peut y avoir de dommages-intérêts pour défaut d'exécution d'une obligation nulle. Si, cependant, par suite de la promesse, l'une des parties avoit fait des dépenses qui lui deviendroient inutiles, le refusant seroit tenu de l'indemniser, en vertu des articles 1382 et 1383.

(3) *Celle de la famille.* Le droit de former opposition appartient-il, dans ce cas, exclusivement à l'époux? D'abord, s'il existoit des ascendans, comme la loi n'a pas déterminé la nature des motifs sur lesquels ils peuvent fonder leur opposition, nul doute qu'ils ne puissent et ne doivent s'opposer, dans la circonstance dont il s'agit; mais, eux exceptés, je ne vois pas que le même droit puisse appartenir à d'autres. Il ne resteroit donc, à mon avis, d'autre moyen, ainsi qu'il est dit ci-dessus, dans la note (5) de la page 56, que de dénoncer le fait au Ministère public, qui, sous le rapport des mœurs et de l'ordre public, pourroit former opposition.

(4) *A compter de la prononciation du divorce.* Cette disposition est fondée sur ce que ce divorce ayant lieu sans aucune cause apparente, on n'a pas voulu que les époux pussent s'y déterminer par la perspective d'une union prochaine avec l'objet de quelque passion nouvelle.

Quant aux motifs qui me font regarder cet empêchement comme dirimant, voyez ce que je dis, note (5) de la page précédente, relativement à la prohibition faite à la femme, de se remarier dans les dix mois à compter de la dissolution de son premier mariage. Les mêmes raisons peuvent s'appliquer ici.

(5) *Le divorce et le crime.* En outre, par une circulaire du 8 nivose an 11, le Grand-Juge a prévenu les Préfets que l'intention du Gouvernement étoit qu'il ne fût reçu aucun acte de mariage, soit entre des blancs et des négresses, soit entre des nègres et des blanches. (*Supplém. des Codes*, par Rondonneau). Une autre lettre du Ministre des cultes, au Préfet de la Loire-Inférieure, en date du 30 janvier 1807, contient une décision de l'Empereur, portant que l'on ne doit pas tolérer le mariage des prêtres qui, depuis le concordat, se sont mis en communion avec leur évêque, et ont continué ou repris les fonctions de leur ministère ; qu'on abandonne à leur conscience ceux d'entre les prêtres qui auroient abdiqué leurs fonctions avant le concordat, et qui ne les ont plus reprises depuis, etc. (*Jurisp. du Cod. Nap.*, tom. 13, pag. 330.)

(6) *Et les parens de ceux-ci.* Cela ne contrarie pas ce que nous avons dit plus haut, que les enfans naturels, même reconnus, n'ont point de famille. En effet, l'on sent aisément que ce principe ne peut s'appliquer qu'aux rapports civils, et que, quant aux rapports naturels, tels que ceux résultant du lien du sang, ils sont les mêmes entre les enfans naturels et les parens de leurs père et mère, qu'entre les enfans légitimes et ces mêmes parens.

Au surplus, j'avoue que j'ai vu avec peine, dans un ouvrage, destiné principalement aux jeunes gens, donner pour seuls motifs des empêchemens de parenté, la nécessité de croiser les générations, de multiplier les affections sociales, et d'attacher l'homme à sa patrie par un plus grand nombre de liens. Le premier motif, celui tiré du croisement des races, ravale évidemment l'homme à la qualité des bêtes : il seroit parfaitement à sa place dans un code des haras, plutôt que dans un code civil. Quant aux deux autres, ils sont purement politiques; et qui a jamais pu dire que les empêchemens de mariage, entre parens, fussent tous, sans distinction, fondés uniquement sur des considérations politiques, qui, par leur nature, peuvent varier d'après les circonstances, et au gré des Gouvernemens? Que j'aime bien mieux ce que disoit le Gouvernement lui-même, par la bouche de son orateur, en présentant au Corps-Législatif le Titre *du Mariage* :

« Les causes de prohibition en ligne directe sont si fortes et si naturelles, qu'elles » ont agi presque par toute la terre, indépendamment de toute communication...... » Ces prohibitions ne sauroient être susceptibles de dispense. Il n'est pas au pouvoir » des hommes de légitimer les contraventions aux lois de la nature...... L'horreur » de l'inceste du frère avec la sœur dérive du principe de l'honnêteté publique, etc. »

Voilà de ces vérités de sentiment, bien préférables, sans doute, à tous les raisonnemens que l'on pourroit faire sur une pareille matière.

PAGE 61.

(1) *L'adoptant :* seul, et non ses ascendans; la loi n'établit aucun lien entre l'adopté et les ascendans de l'adoptant. (Art. 348.)

(2) *Naturels.* Observez que ce mot a une différente signification en droit, suivant le mot auquel il est opposé. S'il est opposé au mot *légitime*, il signifie l'enfant né d'un commerce prohibé. Opposé au mot *adoptif*, il signifie, non-seulement l'enfant né d'un commerce prohibé, mais encore, et principalement, l'enfant légitime.

(3) *Ou collatérale : quasi à latere.* Parce qu'en effet, la ligne collatérale est composée de deux lignes directes qui s'élèvent à côté l'une de l'autre, pour se réunir à une souche commune. Il n'y a point de premier degré en collatérale. Les collatéraux les plus proches sont les frères, qui sont au deuxième degré; l'oncle et le neveu, au troisième; les cousins germains, c'est-à-dire, les enfans des deux oncles, au quatrième; au cinquième degré, sont l'*oncle à la mode de Bretagne*, c'est-à-dire le cousin germain du père, et le fils du cousin germain, dit cousin issu de germain; les deux cousins issus de germains sont au sixième: au-delà de ce degré, les parens collatéraux sont désignés sous le nom générique de *cousins*.

(4) *Descendans.* Le bisaïeul, l'aïeul, le père, sont des ascendans; le fils, le petit-fils, l'arrière-petit-fils, sont des descendans. De là il résulte que, dans la même ligne, le même individu, considéré sous différens rapports, peut être tout-à-la-fois ascendant et descendant. Soient l'aïeul, le père et le fils, tous trois vivans; il est clair que le père, ascendant à l'égard du fils, est descendant à l'égard de l'aïeul.

(5) *En souche commune.* L'oncle et le neveu sont parens en collatérale; leur souche commune est l'aïeul du neveu.

(6) *Une ligne directe.* Du bisaïeul à son arrière-petit-fils, il y a trois degrés, parce qu'il y a trois générations. Le bisaïeul a engendré l'aïeul, première génération, un degré; l'aïeul a engendré le père, seconde génération, deux degrés; le père

engendré le fils, qui est l'arrière-petit-fils du bisaïeul, troisième génération; trois degrés.

(7) *Autant il y a de degrés de parenté.* Supposons que je veuille connoître à quel degré de parenté je suis avec ma cousine, issue de germain, c'est-à-dire, avec la petite-fille de mon oncle. Je suppute ainsi : La souche qui nous est commune est mon aïeul; de moi à mon père, première génération, un degré; de mon père à mon aïeul, deuxième génération, deux degrés; de mon aïeul à son fils, qui est mon oncle, troisième génération, trois degrés; de mon oncle à son fils, qui est mon cousin-germain, quatrième génération, quatre degrés; enfin, de mon cousin germain à sa fille, qui est ma cousine issue de germain, cinquième génération, cinq degrés; je suis donc, à son égard, au cinquième degré de parenté.

La manière de compter les degrés, en droit canonique, est la même, pour ce qui concerne la ligne directe; mais, en collatérale, il y a des différences essentielles, qu'il n'est peut-être pas inutile de faire connoître. Dans ce droit donc, ou les parens, dont il s'agit, sont à une égale distance de la souche commune, ou à une distance inégale. Dans le premier cas, ils sont entr'eux au même degré, que chacun d'eux l'est de la souche commune. Ainsi, deux cousins germains étant chacun à une égale distance de la souche commune, c'est-à-dire, chacun à deux degrés, sont entr'eux à deux degrés de parenté. Si les deux parens sont à une distance inégale de la souche commune, alors la règle est que, *remotior trahit ad se proximiorem*, c'est-à-dire, qu'ils sont entr'eux au même degré, que le plus éloigné de la souche commune, l'est de cette même souche commune. Ainsi, dans l'espèce ci-dessus, où il s'agissoit de connoître à quel degré je suis avec ma cousine issue de germain, il faudroit supputer ainsi en droit canonique : Notre souche commune est mon aïeul; je suis à deux degrés de cet aïeul, ma cousine en est à trois; il y a distance inégale : nous sommes donc ensemble au même degré de parenté que ma cousine l'est de la souche commune, c'est-à-dire, à trois degrés. L'église catholique a conservé cette manière de compter les degrés, relativement aux mariages entre parens; et ces mariages sont prohibés canoniquement; savoir :

En ligne directe, à l'infini;

En ligne collatérale, aussi à l'infini, *inter eos qui referunt speciem parentum et liberorum*, c'est-à-dire, entre les oncles et tantes, leurs neveux et nièces, et les descendans de ceux-ci.

Entre les autres parens, la prohibition va jusqu'au quatrième degré inclusivement, compté à la manière canonique.

La prohibition est la même, soit que la parenté soit mixte, ou simplement naturelle.

Elle est également la même à raison de l'alliance, lorsqu'elle résulte d'une union légitime. Elle ne passe pas le second degré en collatérale, lorsque l'alliance résulte d'une union illégitime (4e. Concile de Latran, can. 50; et Concile de Trente, sess. 24, *Reformatione Matrimonii*, cap. 4); le tout, sauf dispense, en certains cas.

(8) *Aux parens*, mais non aux alliés. Il n'y a aucun lien entre un des époux et les alliés de l'autre époux.

(9) *A l'infini*. Il faut cependant excepter le cas de la parenté civile, dans lequel il paroît, comme nous l'avons dit, que le mariage n'est pas prohibé, en ligne directe ascendante, au-delà du premier degré. Ainsi, le père pourroit épouser la fille adoptive de son fils. *Quid*, si la parenté naturelle n'est pas reconnue légalement, pourra-t-on être admis à la prouver, à l'effet d'empêcher le mariage, ou de le faire annuller, s'il a été contracté? Il faudroit décider la négative dans le système de ceux qui prétendent que, dans aucun cas, la paternité ne peut être recherchée. Mais voir ci-après, note (4) de la page 96, les raisons très-fortes qui peuvent être alléguées contre cette opinion, qui tend à consacrer l'inceste; par la même raison, je pense que le fils ne peut épouser la concubine de son père, *et vice versâ*.

PAGE 62.

(1) *Que jusqu'au deuxième degré*. Ainsi, je ne puis épouser la fille naturelle (la bâtarde), ni la fille adoptive de mon père, même adoptif: mais je puis épouser la fille de l'une ou de l'autre. Pourroit-on, d'après cela, adopter les deux époux? La raison de douter se tire de ce qu'aux termes de l'article 348, le mariage est prohibé entre les enfans adoptifs du même individu. Mais il faut remarquer que cette prohibition est fondée, ainsi que l'a dit l'orateur du Gouvernement, sur ce que *les rapports physiques que la cohabitation fait naître entre les enfans adoptifs du même individu, prescrivoient de ne point offrir d'aliment à leurs passions par l'espoir du mariage*. Or, cette raison n'a pas lieu, quand les deux personnes sont déjà mariées.

(2) *De cette même souche commune*. Ainsi, je ne puis épouser une descendante de mon frère ou de ma sœur légitime, à quelque degré que ce soit, *quià referimus speciem parentum et liberorum*.

(3) *Et les subséquens*. Ainsi l'oncle et la nièce, la tante et le neveu, peuvent se marier avec dispense.

(4) *En ligne directe, à l'infini*. Ainsi, je ne puis épouser la descendante ni l'ascendante de ma femme, à quelque degré que ce soit.

Pourroit-on épouser la fille de sa femme, née après le divorce? On ne le pouvoit chez les Romains, mais non pas à raison de l'alliance. Ils pensoient que, dès que le mariage n'existoit plus au moment de la naissance de la fille, elle n'avoit jamais été alliée du mari de sa mère. Mais ils regardoient ce mariage comme contraire à l'honnêteté publique. Cette raison ne seroit pas admise chez nous. Le Code ne reconnoît d'autres empêchemens d'honnêteté publique, que ceux qui sont formellement exprimés. Mais je ne vois pas pourquoi, chez les Romains eux-mêmes, on n'auroit pas regardé cette fille comme l'alliée du mari. L'alliance est le lien qui existe entre un des époux et tous les parens de l'autre. La fille est-elle moins la parente de la femme, parce qu'elle est née après la dissolution du mariage; et n'est-elle pas, par cela même, l'alliée du mari? Je penserois donc que, dans notre droit, ce mariage devroit être également prohibé.

(5) *Au deuxième degré*. Ainsi, je ne puis pas épouser la sœur naturelle ou légitime de ma femme; mais je puis épouser la fille de cette sœur.

(6) *D'une parenté civile.* Ainsi, je ne puis pas épouser la fille adoptive de ma femme, ni la veuve de mon fils adoptif : mais je puis épouser la fille de l'un ou de l'autre.

(7) *Se remarier ensemble.* Mais cette prohibition ne concerne point les époux divorcés avant la promulgation de la loi sur le divorce, qui a eu lieu le 10 germinal an II.

PAGE 63.

(1) *D'habitation continue.* Ainsi, il n'y a plus ici à discuter l'intention, comme dans les questions ordinaires de domicile. C'est le fait seul de l'habitation qu'il s'agit de constater. Et effectivement, c'est au lieu de la résidence, c'est-à-dire, au lieu où les parties sont le plus connues, que doivent se faire les publications. Ceux qui auroient intérêt de s'opposer au mariage, peuvent fort bien ignorer le domicile des futurs époux : ils ne sont pas présumés ignorer le lieu de leur résidence.

(2) *Du dernier domicile.* Jusqu'à quelle époque devra-t-on publier au dernier domicile? Les Motifs disent qu'on n'a entendu rien changer à l'ancienne jurisprudence. Or, anciennement, quand on avoit changé de diocèse, il falloit avoir demeuré un an dans le nouveau diocèse, pour être dispensé de faire publier les bancs dans l'ancien. Je pense donc qu'il en doit être de même actuellement, pour le changement de commune. Par la même raison, je pense que si le futur époux n'a pas un an de résidence dans la commune où il demeure actuellement, les publications doivent être faites, non-seulement dans cette commune, mais encore dans toutes celles où il a demeuré depuis un an. C'étoit l'ancienne jurisprudence, en cas de changement de résidence.

(3) *Sous la puissance desquels ils se trouvent.* Lorsque le mineur n'a aucun ascendant, il est alors, pour le mariage, sous la puissance du conseil de famille (160). Ce conseil est composé de diverses personnes, pouvant avoir différens domiciles : où se feront, dans ce cas, les publications? Je pense que ce conseil n'ayant d'existence que du moment qu'il est convoqué, on doit considérer comme son domicile le lieu où il a été tenu, et que c'est, en conséquence, à la municipalité de ce lieu que doivent se faire les publications.

PAGE 64.

(1) *A compter de l'expiration dudit délai.* Je crois que c'est ainsi qu'il faut entendre ces mots, *du délai des publications*, qui se trouvent dans l'article 65. Ainsi, la seconde publication d'un mariage a été faite le dimanche 6 décembre 1807; il ne pouvoit donc être célébré au plus tôt que le mercredi 9. S'il n'est pas célébré au plus tard le 9 décembre 1808, il faudra procéder à de nouvelles publications.

(2) *La nullité du mariage.* Sauf peut-être le cas prévu par l'article 170. Il y est dit : *Le mariage sera valable, pourvu qu'il ait été précédé des publications*, etc. Donc, si les publications n'ont pas été faites, le mariage n'est pas valable. (*Voir*, ci-après, les notes (4), (5), et (6), de la page 66.)

(3) *De tous ceux dont il est requis*, dans le cas où il est nécessaire d'en rapporter acte, par exemple, s'il s'agit du consentement du conseil de famille ou d'un

ascendant non présent ; car si l'ascendant, dont le consentement est requis, est présent, il est inutile de rapporter un acte particulier de son consentement ; il suffira de l'énoncer.

On a jugé avec raison, en Cassation, le 6 août 1807, que l'action de celui qui s'est dit faussement père de l'un des contractans, à l'effet de consentir au mariage, étoit un faux caractérisé. (SIREY, 1809, Ire partie, pag. 86.)

PAGE 65.

(1) *Qu'il n'existe point d'opposition.* Cette disposition prouve, ainsi que nous l'avons dit plus haut, qu'il suffit que l'opposition soit signifiée à l'officier de l'état civil de l'une des communes où le mariage a été, ou doit être publié. (*Voyez* ci-dessus, la note (6) de la page 57.)

(2) *De l'un des époux*, et même des deux, si le cas y échéoit ; mais alors il faudroit un acte de notoriété particulier pour chacun.

(3) *Autant approximative qu'il sera possible.* L'article dit : *autant que possible, l'époque de la naissance.* Je n'ai pas cru qu'il fallût entendre par là que l'on pût ne faire aucune mention de la naissance ; car le but principal de l'acte étant de constater l'âge de l'époux, il doit contenir une désignation, au moins approximative, de l'époque de sa naissance, ou, ce qui est la même chose, de son âge actuel.

(4) *De ses père et mère.* Remarquez bien que cet acte, ainsi que nous l'avons dit dans la note précédente, n'a d'autre but que de constater, autant que possible, l'âge de l'individu, et nullement de prouver sa filiation ; en sorte qu'il ne pourroit se servir aucunement de cette pièce, dans une question d'état, pas même comme d'un commencement de preuve par écrit, puisque ce n'est, dans le fait, qu'une déclaration de témoins. Tout au plus pourroit-il servir à établir une fin de non recevoir contre les personnes qui l'auroient signé, si elles venoient à contester l'état ou les qualités qui y auroient été donnés à l'époux.

(5) *Ou refuse son homologation*, suivant qu'il juge suffisantes ou insuffisantes les déclarations des témoins, et les causes qui empêchent de rapporter l'acte de naissance.

(6) *Où l'un des époux a son domicile.* Or, comme le domicile, quant au mariage, s'établit par six mois d'habitation continue dans la même commune, il s'ensuit que, pour que le mariage puisse être célébré, il faut que l'une des parties, au moins, réside depuis six mois dans la même commune. Ce principe a été formellement établi dans un avis du Conseil-d'État, approuvé le 4 complémentaire an 13, concernant les mariages des militaires. (*Bulletin*, no. 1071.)

Observez qu'il semble avoir été convenu, dans la discussion sur l'article 165, que celui qui auroit une résidence de six mois, et un domicile distinct de sa résidence, pourroit célébrer son mariage dans le lieu de son domicile. Cela me paroît impossible à concilier avec ledit article, dont la disposition est précise. D'ailleurs, il n'auroit pu y avoir de question, relativement aux militaires; car le militaire a toujours un domicile ; c'est ordinairement celui qu'il avoit au moment où il est entré au service.

(7) *Et devant l'officier civil de ce domicile.* Il faut appliquer au défaut de présence de l'officier civil, ce qu'on disoit anciennement du défaut de présence du propre curé. La nullité étoit, et est encore telle, qu'elle peut être invoquée par les époux eux-mêmes. (Art. 191.)

(8) *Publiquement, dans la maison commune.* Quant au défaut de publicité, il est bien constant qu'il doit emporter la nullité du mariage. Cela est décidé formellement par l'article 191. On n'est pas aussi généralement d'accord sur l'effet du défaut de célébration dans la maison commune. On m'opposera sans doute le fameux arrêt de Thémines. (Cet arrêt a été rendu par la Cour d'Appel d'Agen, le 10 décembre 1806.) (*Jurisp. du Code Nap.*, tom. 8, p. 5.) On s'est pourvu en cassation, et le pourvoi a été rejeté par arrêt du 22 juillet 1807. (*Ibid.*, tom. 9, p. 68.) Mais c'est précisément ce qui s'est passé dans cette affaire, qui me détermineroit à penser que, si le défaut de célébration dans la maison commune n'entraîne pas toujours nécessairement la nullité du mariage, il doit, en cas de contestation, former au moins un violent préjugé que le mariage n'a pas été contracté régulièrement. Il est très-présumable que, si le mariage de mademoiselle Phelippeaux eût eu lieu, comme cela devoit être, le jour, et dans la maison commune, ou il n'eût jamais été célébré, ou, s'il l'eût été, elle n'eût pas réclamé aussi fortement, et avec autant d'avantage, contre la violence qu'elle prétendoit avoir essuyée.

Remarquons d'ailleurs qu'il n'y a aucune peine prononcée contre les époux, ni contre l'officier de l'état civil, pour le défaut de célébration dans la maison commune. Si donc il ne peut jamais entraîner la nullité du mariage, il s'ensuivra que cette disposition de la loi, qui est de la plus haute importance, peut être violée impunément. Autant vaudroit-il dire que le Code de Procédure n'ayant pas prononcé formellement la nullité des jugemens rendus hors de l'auditoire, un tribunal peut se réunir dans une maison particulière pour y prononcer un jugement.

Enfin, il ne faut pas perdre de vue que, de l'aveu de tous, la publicité est la formalité la plus importante pour la célébration du mariage. *La plus grave de toutes les nullités*, dit l'orateur du Gouvernement, *est celle qui dérive de ce qu'un mariage n'a pas été contracté publiquement.* Or, qui garantira cette publicité, dans une maison particulière? On a été jusqu'à dire, dans les motifs de l'arrêt de Thémines (et c'est aussi l'avis de M. Proudhon), que la publicité consistoit dans la présence de l'officier civil et des témoins : comme si les articles 75 et 165 n'exigeoient pas la présence de l'officier civil et des témoins, et en outre la publicité, et la célébration dans la maison commune; et comme si cette interprétation ne répugnoit pas à l'acception du mot *publiquement*, qui signifie, *en présence du public*, de quiconque veut assister et voir. D'ailleurs le but principal de la publicité est de prévenir les inconvéniens qui résultent d'un mariage clandestin, et sur-tout de garantir la pleine liberté des époux. Or, que deviendra cette garantie, si l'on fait consister la publicité dans la seule présence de l'officier et des témoins, sur-tout si l'un des époux prétend que la violence a été exercée précisément par l'officier et les témoins ?

Enfin l'on oppose l'article 193, qui suppose qu'il peut arriver que le défaut de publicité ne soit pas suffisant pour faire prononcer la nullité du mariage. Mais d'abord, qui prouve trop, ne prouve rien. Or, l'article 193 s'applique également au défaut de présence de l'officier civil compétent : en doit-on conclure qu'un mariage contracté hors cette présence, seroit valable ? *Il n'y a pas mariage*, dit l'orateur du Gouvernement, *mais commerce illicite, entre des personnes qui n'ont point formé leur engagement en présence de l'officier civil compétent.* Qu'a donc voulu le législateur dans l'article 193 ? Deux choses.

Premièrement, il a voulu faire connoître que, quand même le mariage ne seroit pas attaqué, le ministère public pouvoit toujours faire prononcer contre l'officier de l'état civil les peines portées par l'article 192, si, par exemple, lors de la vérification qu'il est tenu de faire aux termes de l'article 53, il s'aperçoit que l'article 165 a été violé.

Secondement, comme il n'est point de matière, ainsi que nous l'avons déjà fait observer, dans laquelle les fins de non recevoir soient admises plus facilement que dans les questions de validité de mariage, on a prévu le cas où un mariage célébré contre la disposition de l'article 165, ne seroit pas annullé, non par un jugement au fond, mais parce que la partie qui l'attaqueroit, seroit non recevable ; *putà*, si elle n'avoit pas d'intérêt ; et néanmoins, comme la loi n'en a pas moins été enfreinte, on a voulu que l'officier civil fût toujours passible des peines portées par l'article 192.

En résumé, je pense donc qu'il doit y avoir cette différence entre le mariage contracté dans ou hors la maison commune, que, dans le premier cas, la présomption est pour la publicité, et pour la liberté des parties, et que c'est à ceux qui soutiennent le contraire, à le prouver d'une manière évidente. Dans le second cas, le mariage doit, jusqu'à preuve contraire, être présumé clandestin ou forcé, et, comme tel, entaché de la nullité portée par l'article 180 ou 191.

PAGE 66.

(1) *Sur les droits et devoirs respectifs des époux.* Cette lecture ne peut avoir d'autre but que de faire connoître aux époux leurs devoirs respectifs, à une époque où ils sont encore libres. On en conclut, avec assez de raison, que l'on ne peut se marier par procureur.

(2) *Et domiciles des témoins.* Cette disposition est déjà portée au titre *des Actes de l'Etat Civil.* (Art. 34.)

(3) *En pays étranger. Quid*, à l'égard des mariages contractés en France par des étrangers ? Ils sont assujettis aux lois de leurs pays pour la capacité de contracter, et aux lois françaises pour les formalités à remplir.

(4) *Le mariage est valable, pourvu, etc.*, dit l'article 170. Il sembleroit résulter de cette rédaction, que, dans ce cas seulement, le défaut de publications pourroit entraîner la nullité du mariage : et, en effet, la publicité est essentiellement requise

pour le mariage ; et, ici, les publications sont le seul moyen de publicité pour la France.

(5) *Par le précédent paragraphe.* Où doivent se faire ces publications? Observez que, d'après la discussion, cette nécessité des publications paroît avoir été introduite, principalement pour les Français qui voudroient se soustraire aux dispositions des lois françaises sur la publicité des mariages, en allant célébrer le leur dans un pays étranger, où les publications ne seroient pas exigées. Dans ce cas, je pense que les publications doivent se faire au lieu de leur domicile en France. Quant aux Français réellement domiciliés depuis long-temps en pays étranger, il ne paroît pas que cet article puisse les concerner. En effet, *le Français*, dit l'article 170, *est astreint aux publications prescrites par l'article* 63. Aux termes de l'article 166, ces publications doivent se faire à la municipalité du domicile. Donc si les Français dont il s'agit, n'ont en France ni domicile, ni résidence, ils ne sont pas obligés d'y faire de publications.

Nota. Il existe sur cette question un arrêt de la Cour de Trèves, rendu le 2 décembre 1811 (*Jurisp. du Code Nap.*, tom. 18, p. 297), qui a confirmé un mariage qui n'avoit pas été précédé des publications prescrites. Mais, d'abord, cet arrêt n'est pas contraire à notre opinion, puisqu'il s'agissoit d'un homme qui, à ce qu'il paroissoit, n'avoit pas de domicile en France. Mais il faut remarquer que cet arrêt suppose que l'art. 170 a entendu parler de publications à faire en pays étranger; ce qui n'est pas exact. Il est évident qu'il s'agit, dans cet article, de publications à faire en France; cela a été dit clairement dans la discussion : et, d'ailleurs, comment la loi française pourroit-elle exiger en pays étranger l'observation d'une formalité qui ne pourroit être remplie que par les officiers du pays, qui ne sont pas obligés d'obéir à nos lois, et, peut-être même, chez une nation qui ne seroit pas dans l'usage de faire ces sortes de publications?

(6) *De son domicile. Quid*, si cette transcription n'avoit pas eu lieu? Quoique la loi n'ait pas attaché la peine de nullité à l'inobservation de cette formalité, je pense néanmoins que, dans ce cas, le mariage n'étant pas légalement connu en France, n'auroit aucun effet civil à l'égard des Français, ou des biens situés en France; qu'en conséquence les enfans de ce mariage n'hériteroient pas desdits biens, au préjudice des autres parens français; qu'il ne pourroit servir de motif pour faire annuller un second mariage contracté en France avant sa dissolution, etc.

(7) *Les lois personnelles*, c'est-à-dire, celles relatives à la capacité de la personne.

(8) *Il est tenu*, le Français, mais non l'étranger qui contracteroit avec lui. Si donc le mariage avoit lieu dans un pays où les filles peuvent se marier à douze ans, le Français pourroit épouser valablement une fille de ce pays, qui n'auroit que cet âge.

(9) *Et aux empêchemens.* Quoique l'article 170 paroisse n'assujettir le Français qui se marie en pays étranger, qu'aux règles rapportées dans le chapitre Ier., ce qui sembleroit le dispenser de celles relatives à la mort civile (art 25), à l'adul-

tère (art. 298), au divorce (art. 295 et 297), à l'intervalle qui doit exister entre le premier et le second mariage de la femme (art. 228) ; néanmoins, comme ces dispositions établissent des incapacités personnelles, elles doivent suivre le Français par-tout.

Quid, à l'égard du divorce ? Si la loi du pays où le mariage a été célébré, ne l'autorise pas, l'époux français pourra-t-il le demander en France ? Il faut distinguer. Si c'est la femme qui est française, et que le mari soit étranger, comme elle devient étrangère par le fait de son mariage, il n'est pas douteux qu'elle ne soit entièrement soumise aux lois du pays de son mari, et qu'elle ne soit exclue du droit de demander le divorce. Mais si c'est le mari qui est Français, comme la femme devient française par le fait seul de son mariage, elle est censée s'être soumise aux lois de France ; et par conséquent le divorce pourra être demandé contr'elle en France, comme elle pourra le demander contre son mari. Il faudroit appliquer la même distinction à la puissance maritale.

PAGE 67.

(1) *La possession d'état.* (*Voyez*, à la fin du présent chapitre, ce qu'on doit entendre par *possession d'état.*)

(2) *A l'égard des époux entr'eux*, c'est-à-dire, que si l'un des époux prétendus contestoit le mariage, l'autre ne pourroit lui opposer une fin de non recevoir, tirée de ce qu'il l'a laissé jouir du titre et des droits d'époux légitime. A plus forte raison, ne pourroit-elle pas être opposée à des tiers ; autrement, comme il dépend des époux seuls de se procurer cette possession, il dépendroit également d'eux seuls de se procurer une preuve de leur mariage.

(3) *La nullité dudit acte.* Ainsi, l'un des époux ne pourroit argumenter de ce que l'acte de mariage est sur une feuille volante, de ce que les témoins n'ont pas les qualités requises, etc. Mais remarquez que c'est seulement l'acte de mariage dont les époux ne peuvent demander la nullité. Quant au mariage en lui-même, ils peuvent l'attaquer dans tous les cas de nullité absolue ; *putà* pour inceste, bigamie, défaut de publicité, incompétence de l'officier public, etc. ; en un mot, pour toutes les causes rapportées dans les articles 184 et 191.

(4) *Tous les effets civils.* C'est une exception au principe contenu dans les articles 326 et 327, portant que les tribunaux civils sont seuls compétens pour statuer sur les réclamations d'état, et que l'action criminelle contre un délit de suppression d'état ne peut commencer qu'après le jugement définitif des tribunaux civils sur la question d'état qui en résulte. Il est évident, en effet, que la célébration d'un mariage est bien plus susceptible d'être prouvée par témoins que l'état d'un enfant.

(5) *Ou même celui de l'un d'eux.* L'article 199 ajoute : *Sans avoir découvert la fraude.* Mais je pense que ces derniers mots ne sont dits qu'*enuntiativè*, et non dans l'intention d'exclure les tiers, dans le cas où les époux ayant découvert la fraude, auroient cependant négligé de la poursuivre. On sait jusqu'à quel point certaines personnes poussent l'insouciance ; tranquilles pendant leur vie, s'inquiétant peu de ce qui arrivera après leur mort, elles n'ont pas voulu se donner les soins, les embarras d'un procès criminel. Ira-t-on, pour cela, priver leurs enfans

du moyen que la loi a entendu leur donner, de prouver leur état? Je ne puis le penser; et c'est pour cela que j'ai rédigé le texte d'un emanière tout-à-fait générale.

(6) *Qu'après la mort du coupable.* L'article 200 ne parle que de la mort *de l'officier public*, parce qu'il suppose que c'est lui qui a commis le crime; ce qui est effectivement le cas le plus ordinaire. Mais l'article 51 suppose aussi qu'il peut être commis par tout autre que par le dépositaire du registre, parce qu'effectivement une feuille, par exemple, peut être arrachée par un tiers, sans la participation du dépositaire; et il n'est pas douteux que, dans ce cas, ce sera la mort du coupable, et non celle du dépositaire, qui devra déterminer l'application de l'article 200.

(7) *De dénoncer.* Pourquoi ne peuvent-elles pas poursuivre elles-mêmes, puisqu'il ne s'agit plus que d'une action civile? C'est pour éviter la connivence. On ne veut pas qu'elles puissent s'entendre avec les héritiers du coupable, à l'effet d'obtenir un jugement duquel résulteroit la preuve du mariage.

PAGE 68.

(1) *Les héritiers du coupable :* et le jugement du tribunal civil aura, dans ce cas, le même effet, relativement à la preuve du mariage, que l'auroit eu le jugement criminel.

(2) *Sont décédés tous deux.* Il suffisoit anciennement qu'il y eût un seul des époux décédé, pour que les enfans fussent dispensés de rapporter l'acte de célébration du mariage de leurs père et mère. On pensoit qu'il ne falloit pas laisser à l'un des époux la faculté de priver l'enfant de son état par une réticence coupable. L'on exige aujourd'hui que les deux époux soient décédés; et je pense qu'on a bien fait. Il est difficile de supposer qu'un père ou une mère haïsse ses enfans, au point de vouloir les priver de leur état, au risque de passer eux-mêmes pour concubins : et, si cela arrivoit, ce seroit un de ces malheurs résultant de l'imperfection qui caractérise en général les ouvrages des hommes. Mais cela n'est pas à comparer au danger qu'il y auroit, de procurer à des enfans, issus d'un commerce criminel, la facilité d'acquérir l'état d'enfans légitimes, par une possession d'état, toujours si aisée à acquérir, lorsque le père et la mère sont d'accord pour la favoriser.

Mais, dira-t-on, ce dernier inconvénient aura également lieu après la mort des deux époux. Je réponds que c'est ordinairement après la mort de l'époux premier décédé, que s'élève la question d'état, relativement à la succession de cet époux. Et par conséquent, si cette question est jugée une fois contre l'enfant, elle ne peut plus être renouvelée après la mort de l'époux survivant. Je sais bien que cela peut arriver autrement, si, par exemple, la succession de l'époux premier décédé, est plus onéreuse que profitable, et que, par conséquent, personne n'ait intérêt de contester l'état de l'enfant. Mais d'abord, c'est un cas particulier que la loi n'a pas dû considérer; et il n'étoit pas possible, d'un autre côté, de priver les enfans d'un état qu'ils sont censés posséder, et cela pour défaut de représentation d'un acte qui a été passé avant leur naissance.

(3) *Avant leur naissance.* L'enfant peut dire qu'il ne sait pas où ses père et mère se sont mariés. L'époux ne peut pas dire qu'il ignore où son mariage a été célébré.

(4) *Par leur acte de naissance.* Cela ne veut pas dire qu'ils sont obligés de représenter leur acte de naissance; car la possession d'état y supplée. (Art 320.) D'ailleurs, l'article ne dit pas qu'il faut que la possession soit conforme à l'acte, mais qu'il faut qu'elle ne soit pas contredite par cet acte. Or, si l'acte n'est pas représenté, l'on ne peut dire qu'il y a contradiction. Mais, s'il est représenté, et que l'enfant, par exemple, y soit qualifié de *fils naturel*, il y a contradiction ; et l'enfant est tenu alors de rapporter l'acte de célébration du mariage de ses père et mère.

Ainsi donc, lorsque l'acte de naissance est représenté, l'on peut supposer trois cas, relativement à l'enfant qui a en sa faveur la possession d'état d'enfant légitime, et dont les père et mère ont eu la possession de l'état de mari et femme, et sont tous deux décédés.

Ou l'acte de naissance porte qu'il est *fils légitime* de, etc.; et alors il est conforme à la possession d'état : nulle obligation de rapporter l'acte de célébration.

Ou il est porté comme *fils naturel* de, etc.; l'acte est alors contraire à la possession d'état : obligation indispensable de rapporter l'acte de célébration.

Ou enfin il est porté simplement comme *fils* de tel et telle ; et alors l'acte n'est ni conforme ni contraire à la possession. Mais comme il ne la contredit pas, l'enfant n'est pas tenu de rapporter l'acte de célébration. (*Voy.*, ci-dessus, la note (5) de la p. 30.

(5) *De l'état d'enfant légitime.* C'est ce que l'on appelle avoir *nomen*, *tractatus*, *fama.*

Nomen, s'il a porté le nom de tel individu.

Tractatus, si cette personne l'a traité comme son fils.

Fama, s'il a toujours passé pour tel dans l'opinion commune. *Talis plerisque videbatur* (dit la loi 3, ff. *de Senat. Maced.*) *sic agebat*, *sic contrahebat*, *sic muneribus fungebatur.* Ces caractères s'appliquent à tous les cas où il peut s'élever des questions sur des actes dans lesquels une partie a figuré avec une qualité qu'elle n'avoit pas réellement, quoiqu'elle lui fût attribuée par l'opinion commune. On peut voir à ce sujet la fameuse loi *Barbarius Philippus*, 3. ff. *de Off. Præt.*, qui a déclaré valables des jugemens rendus par un esclave, cru libre, et qui, d'après cette opinion, avoit été élevé à la dignité de Préteur. C'est dans ce sens que l'on dit que *error communis facit jus.* Mais il faut qu'il y ait vraiment erreur commune. Il ne suffiroit pas de dire que la personne avec laquelle on a traité, s'est présentée sous telle ou telle qualité. C'est à celui qui traite, à prendre des informations sur la condition réelle de la personne avec laquelle il contracte, et on lui opposeroit alors cette maxime: *Omnis gnarus debet esse conditionis ejus cum quo contrahit.*

Remarquez qu'aux termes de l'article 321, la possession d'état s'établit par *une réunion suffisante de faits*, *dont les principaux sont*, *etc.* Ce qui laisse penser qu'il y a encore d'autres faits susceptibles de constituer la possession d'état, et qui sont laissés à l'arbitrage du juge.

(6) *Et par le ministère public.* Telles sont, comme nous l'avons déjà dit, les

nullités résultant de l'inceste, de la bigamie, du défaut de publicité, de l'incompétence de l'officier public, etc.

PAGE 69.

(1) *Sous ce rapport.* Telle est celle résultant du défaut de consentement des parens, dans le cas où il est requis. Il est évident que cette nullité n'a été établie que dans l'intérêt des parens, pour faire respecter leur autorité, et des enfans, pour les empêcher de contracter des unions mal assorties. Elle ne peut donc être invoquée que par eux; et lorsqu'il s'est écoulé un temps suffisant pour que l'on puisse présumer que les premiers approuvent le mariage, ou que les seconds n'ont point à se repentir de leur union, ce seroit favoriser le caprice et la légèreté, que de leur permettre encore d'attaquer le mariage. Au contraire, lorsque la nullité est fondée sur des infractions faites à l'ordre public ou à la morale, comme on ne prescrit pas contre l'abus, le recours doit être perpétuellement ouvert aux parties intéressées.

(2) *Quand il a été contracté de bonne foi.* C'est-à-dire, que les enfans jouiront des droits d'enfans légitimes, et que les époux pourront demander respectivement l'exécution de leurs conventions matrimoniales, comme s'il y avoit eu un véritable mariage.

Cette doctrine, qui étoit la même dans l'ancien droit, a été établie dans le principe par une décision du pape Innocent III, qui se trouve dans la *Collection des Décrétales de Grégoire IX*, cap. 14, *Qui filii sint legitimi.* (*Voir* aussi la loi 57, §. 1, ff. *de Ritu Nupt.*)

(3) *De contracter mariage ensemble.* Si, par exemple, la femme d'un militaire s'est remariée sur la foi d'un acte de décès de son mari, qu'on a cru mort, et qui ne l'étoit pas. Mais remarquez que, pour qu'il y ait bonne foi, à l'effet de donner les effets civils au mariage, il faut que l'erreur des époux soit une erreur de fait, telle que celle que nous venons d'énoncer, ou autre semblable. Car si c'étoit une erreur de droit, la nullité auroit tout son effet, et le mariage seroit privé des effets civils; *putà*, s'il manquoit une formalité ou une condition exigée par la loi à peine de nullité, les époux ne seroient pas recevables à dire qu'ils ignoroient qu'elle fût exigée: *nemo jus ignorare censetur.*

Il en seroit de même, dans le cas d'erreur de fait, si les époux n'avoient pas pris les mesures requises par la loi pour connoître les empêchemens qui pouvoient exister; *putà*, s'il n'y avoit pas eu de publications.

(4) *Que de la part de l'un des époux.* Si, par exemple, un homme marié, et non veuf, ni divorcé, a contracté un second mariage, en se faisant passer pour garçon.

(5) *Et des enfans issus du mariage.* Ainsi, les enfans jouiront des droits d'enfans légitimes, à l'égard des deux époux. Mais l'exécution des conventions matrimoniales ne pourra être demandée que par l'époux qui n'a pas participé à la fraude: les enfans succéderont, non-seulement à l'époux innocent, mais encore à l'époux de mauvaise foi; mais celui-ci n'aura aucun droit à leur succession.

Il s'est élevé sur cette disposition une question importante et assez singulière, c'est celle de savoir si un pareil mariage auroit pour effet de légitimer les enfans que les deux individus auroient eus de leur commerce auparavant, comme le feroit un mariage légitime. L'arrêt dit de La Boissière, rendu par le Parlement de Paris, le 15 mars 1674, paroît avoir jugé la négative; et l'on pourroit inférer la même chose de ces mots de l'article 202 : *enfans issus du mariage.*

Peut-être conviendroit-il de distinguer si la cause de nullité du mariage existoit à l'époque de la conception des enfans. Ainsi, un homme et une femme, tous deux célibataires, vivent en mauvais commerce, et il en naît des enfans. Le père voyage, et se marie en pays étranger. Il revient, et sans parler de son mariage, qu'il cache au contraire avec soin, il épouse la mère de ses enfans naturels, qui est supposée de bonne foi. Il est certain que ce second mariage est nul, mais que la cause de nullité n'existoit pas au moment de la conception des enfans, comme si le père eût déjà été marié à la même époque. Or, dans les deux cas, celui où le père auroit été marié au moment de la conception des enfans, et celui où il ne l'auroit pas été, le mariage aura-t-il pour effet de légitimer les enfans?

Ou les légitimera-t-il dans un cas, et non dans l'autre?

Ou, enfin, ne les légitimera-t-il dans aucun cas?

Je serois assez porté à penser que les enfans doivent être regardés comme légitimes, toutes les fois que la cause de nullité n'existoit pas à l'époque de leur conception; mais que, dans le cas contraire, le mariage putatif n'a aucun effet relativement à la légitimité.

La première partie de cette opinion est fondée sur ce que le principe général résultant des articles 201 et 202, est que le mariage nul, mais contracté de bonne foi par l'une des parties, produit les effets civils à l'égard des enfans. Or, bien certainement, la légitimation des enfans est un des effets civils du mariage. L'article 202 ajoute, à la vérité, *issus du mariage*; mais, d'un autre côté, l'article 333 dit que les enfans légitimés sont censés nés du mariage qui les a légitimés : d'ailleurs, il est de principe que, *fictio tantùm operatur in casu ficto, quantùm veritas in casu vero.* Or certainement, dans l'espèce, si le mariage étoit valable, les enfans seroient légitimés : donc ils doivent l'être, quoiqu'il soit nul, puisque la loi le regarde comme valable à leur égard.

Maintenant, pourquoi le mariage putatif n'a-t-il pas le même effet, lorsque la cause de nullité existoit à l'époque de la conception des enfans? C'est que, dans tous les cas, même de mariage valable, les enfans ne peuvent être légitimés, qu'autant qu'ils sont aptes à recevoir le bénéfice de la légitimation. Or, nous avons vu que ceux-là seuls peuvent être légitimés, dont le père et la mère pouvoient contracter mariage ensemble à l'époque de la conception; et il résulte de l'exposé ci-dessus, que, dans l'un des deux cas, le père, au moment de la conception des enfans, étoit déjà marié à une autre personne. A la vérité, la mère l'ignoroit; mais cette ignorance de sa part doit-elle avoir le même effet, que si elle eût existé au moment du mariage seulement? C'est ce que nous allons examiner en décidant la question suivante, que

POTHIER examine, ainsi que la précédente, dans son *Traité du Contrat de Mariage*, part. V, chap. II.

Un homme marié, mais cru célibataire, vit en mauvais commerce avec une femme libre : il devient veuf, et épouse cette femme. Ce mariage, qui est valable, légitimera-t-il les enfans nés précédemment, quoique bâtards adultérins? La raison de douter se tire de ce que la femme étoit de bonne foi lors de la conception. Or, si la bonne foi de l'un des époux suffit pour donner aux enfans les droits d'enfans légitimes, quoiqu'issus d'un mariage vicieux et déclaré nul, il semble que, dans l'espèce proposée, la bonne foi de la femme doit également suffire pour ôter aux enfans la tache de l'adultère, et par conséquent pour les rendre aptes à recevoir le bienfait de la légitimation. Cependant il faut tenir avec POTHIER, que ces enfans ne seront point légitimés; et cela a été ainsi jugé au Parlement de Paris, le 4 juin 1697, sur les conclusions de M. D'AGUESSEAU, dans l'affaire de Tiberio-Fiorelli, dit Scaramouche. (47ᵉ. Plaid.) Le motif de cette décision a été, que le mariage étant une chose permise et même louable en soi, l'ignorance de l'époux qui le contracte de bonne foi, est une ignorance innocente, qui doit conséquemment être excusée. Au contraire, l'ignorance de la femme qui vit en mauvais commerce avec un homme marié qu'elle croit célibataire, n'est point une ignorance innocente, puisque *dat operam rei illicitæ*. Cette ignorance n'est donc pas excusable; car celui qui se rend coupable d'une action prohibée, est responsable de toutes les suites de cette action, même de celles qu'il n'a pu prévoir. C'est ainsi que l'homme ivre est responsable de tous les actes qu'il se permet dans l'ivresse, quoiqu'il les ait commis sans connoissance, et sans qu'il eût même l'usage de sa raison. C'est ce qu'exprime très-bien le cardinal de Palerme, dans ce passage cité par POTHIER, dans le traité susmentionné :

« *Contrahens matrimonium dat operam rei licitæ ; ideò ignorantiâ suâ excusatur; sed admittens virum sine matrimonio, dat operam rei illicitæ ; ideò ignorantia sua non est probabilis : non debet indè consequi præmium ; et danti operam rei illicitæ. imputantur omnia quæ sequuntur præter voluntatem ejus.* »

Et nous avons adopté ce principe dans presque tous les articles de nos lois criminelles, qui concernent les complices de crimes ou délits. Nous voyons, en effet, par les articles 381, 382 et suiv., du Code Pénal, que l'auteur d'un vol est puni d'une peine plus ou moins grave, suivant les circonstances qui ont accompagné le vol. Mais lorsqu'il s'agit des complices, il résulte de la combinaison des articles 62 et 63, qu'à l'exception de certains cas, les complices doivent être punis de la même peine que l'auteur du vol, quand même ils auroient ignoré les circonstances aggravantes. Or, sur quoi cela peut-il être fondé, sinon sur ce que *danti operam rei illicitæ, imputantur omnia quæ eveniunt, etiam præter voluntatem ejus ?*

Nous voyons actuellement pour quoi le mariage nul, quoique contracté de bonne foi, ne légitime pas les enfans, lorsque la cause de nullité existoit, quoiqu'ignorée, à l'époque de la conception. Car, si le mariage, même valable, ne légitime pas dans ce cas, ainsi que nous venons de le démontrer, à plus forte raison le mariage nul ne doit-il pas avoir cet effet.

Maintenant, pourquoi avons-nous décidé que le mariage putatif légitimoit, lorsque la cause de nullité n'existoit pas à l'époque de la conception des enfans? C'est que, dans ce cas, l'ignorance de la nullité a eu lieu à l'époque du mariage, c'est-à-dire, à une époque où les époux *dabant operam rei licitæ.* Or, nous avons démontré qu'en pareil cas l'ignorance est innocente, et conséquemment excusable. Dans l'autre hypothèse, au contraire, l'ignorance a existé au moment de la conception, c'est-à-dire, dans un instant où les époux *dabant operam rei illicitæ.* Cette ignorance n'étoit donc pas innocente, et ne devoit donc pas être excusée; elle ne peut donc ôter aux enfans provenant de ce commerce, la tache de l'adultère. De là il suit que, dans les deux cas, le mariage a bien les effets civils; mais que, dans le premier, les enfans sont aptes à recevoir le bienfait de la légitimation, tandis qu'ils ne le sont pas dans le second.

L'arrêt de La Boissière, dont nous avons parlé plus haut, ne répugne pas à cette distinction, puisque la femme Maillard étoit mariée à l'époque du commerce qu'elle avoit eu avec le sieur La Boissière.

Nota. Comme anciennement la loi considéroit le mariage, non-seulement comme acte civil, mais encore comme acte religieux, elle reconnoissoit des mariages comme valables dans le for intérieur, mais auxquels elle n'accordoit pas les effets civils. Tels étoient,

1°. Les mariages contractés par les morts civilement;

2°. Les mariages clandestins, c'est-à-dire, tenus secrets jusqu'à la mort de l'un des conjoints;

Et 3°. ceux contractés *in extremis*, c'est à-dire, à une époque où l'un des conjoints étoit attaqué d'une maladie qui avoit prochainement trait à la mort, et dont il mouroit effectivement.

Le mariage n'étant plus considéré, dans le Code, sous le rapport religieux, toutes ces distinctions ne doivent plus avoir lieu.

(6) *Se couvre.* L'on dit qu'une nullité est couverte, quand elle ne peut plus être invoquée.

(7) *De ces six mois :* A plus forte raison, si elle a conçu avant d'avoir l'âge compétent. Cette nullité étant principalement fondée sur le défaut de puberté, dès que la preuve matérielle de la puberté existe, la nullité ne peut plus être demandée par qui que ce soit.

PAGE 70.

(1) *N'auroit pas lieu.* Ce n'est pas que ces causes de nullité ne soient radicales; mais c'est qu'il n'y a pas de matière, ainsi que je l'ai dit, dans laquelle les fins de non-recevoir doivent être admises plus facilement que dans le mariage. Or, il est possible que les juges se décident ici par une fin de non-recevoir, si c'est, par exemple, l'époux lui-même, complice du délit, qui vient réclamer contre son mariage.

(2) *La nullité du mariage.* Par exemple, si ce sont des parens du mari qui réclament, on leur opposera qu'il est possible que la femme meure sans enfans, et qu'alors ils n'aient point d'intérêt de contester le mariage. *Quid*, si c'étoit un mariage contre les mœurs, par exemple, bigame ou incestueux? La prohibition faite aux collatéraux par l'article 187 est générale. Mais le ministère public peut et doit demander la nullité. (Art. 190.)

Quid, à l'égard des ascendans? Il paroît que, dans tous les cas, ils peuvent demander la nullité, quand même ils n'auroient aucun intérêt. D'abord, ils ne sont pas compris dans la prohibition portée par l'art. 187. En second lieu, l'art. 191 distingue formellement les ascendans, de ceux qui ont besoin d'avoir un intérêt né et actuel, pour réclamer. C'est la suite du système d'après lequel les ascendans sont toujours censés mus par un sentiment de bienveillance et un intérêt d'affection, et exercent, comme dit l'orateur du Gouvernement, une sorte de magistrature domestique.

(3) *Prononcer sur cette validité.* Il ne faut pas conclure de là que l'on puisse légalement contracter un second mariage, lorsque le premier est nul, sans en avoir fait prononcer la nullité. Quelqu'évidente qu'elle soit, l'officier de l'état civil peut et doit refuser son ministère, tant qu'on ne lui représente pas un jugement qui ait déclaré le premier mariage nul. Mais il en est ici comme dans le cas du mariage du conjoint de l'absent. Si l'officier public, trompé par les parties, ou de concert avec elles, a célébré le second mariage, il est évident qu'avant d'en prononcer la nullité, l'on doit commencer par statuer sur la validité du premier.

(4) *Il doit. Peut et doit*, dit l'article 190. On a même jugé, et avec raison, à Bruxelles, le 1er. août 1808, que le ministère public pouvoit agir par voie d'action, lorsqu'il s'agissoit de prévenir un mariage du nombre de ceux dont il doit, aux termes dudit article, demander la nullité. (Sirey, 1808, IIe. Partie, pag. 273.)

Dans l'espèce, un mari veuf vouloit épouser la sœur de sa femme, nonobstant la prohibition portée dans l'article 162. Pour y parvenir, il avoit imaginé, de concert avec le père de sa première femme, qui étoit absent et émigré lors du premier mariage, de faire demander par ce dernier la nullité de ce premier mariage, sous prétexte du défaut de consentement. Un premier jugement, rendu de connivence, avoit prononcé la nullité, et le délai de l'appel alloit expirer, lorsque le Procureur général se porta appelant. On le soutint non-recevable; d'abord, parce que le droit d'appeler ne lui étoit accordé par aucune loi; et, en second lieu, parce que le Procureur impérial avoit été d'avis de la nullité en première instance, et que le ministère public étant indivisible, il ne pouvoit pas appeler d'un jugement qui avoit été rendu conformément à ses conclusions. Mais la Cour de Bruxelles jugea avec raison que l'action de la loi dans le ministère public appartient, tant au Procureur impérial, qu'au Procureur général, chacun en droit soi, et suivant la nature et l'état de l'affaire qui en provoque l'exercice; et, en outre, que, puisque le ministère public a le droit de faire annuller le mariage après qu'il a été contracté, il doit avoir, à plus forte raison, celui d'empêcher la réussite des moyens frauduleux que l'on voudroit prendre pour y parvenir.

(5) *Dont nous avons parlé;* lorsque la femme qui n'avoit pas l'âge compétent a conçu; lorsque l'existence du premier époux n'est pas certaine, etc.

(6) *Sont vivans tous deux.* Si l'un d'eux est mort, il n'y a plus de scandale. Il résulte, au surplus, de la combinaison des articles 184, 187, 190 et 191, que, dans les cas y relatés, le mariage peut être attaqué, savoir: par les époux eux-mêmes et par les ascendans, en tout temps; par le ministère public, seulement tant que vivent les deux époux; et par les collatéraux, seulement quand ils ont un intérêt né et actuel.

(7) *C'est une faculté qu'il exerce. Peut*, seulement, dit l'article 191.

PAGE 71.

(1) *N'a pas été libre.* Quelles qualités doit avoir la violence pour donner lieu à la nullité du mariage? Il faut qu'elle ait les caractères décrits dans l'article 1112, c'est-à-dire qu'elle soit de nature à faire impression sur une personne raisonnable, et qu'elle lui inspire la crainte d'exposer sa personne ou sa fortune à un mal considérable et présent.

Il faut, en outre, que cette crainte soit d'une chose contraire aux lois ou aux bonnes mœurs, *adversùs bonos mores*, dit la loi 3, §. 1, ff. *Quod metûs causâ.* Si donc un débiteur contraignable par corps contractoit mariage pour éviter l'effet des condamnations, le mariage ne pourroit être attaqué. Dans ce cas, il y a bien une sorte de violence; mais elle n'est pas *adversùs bonos mores*.

Au surplus, dans toutes ces circonstances, il est évident qu'il faut avoir égard à l'âge, au sexe, et à la condition des personnes. La même chose n'inspire pas une crainte égale à un garçon ou à une fille, à une femme de trente ans ou à une fille de seize, à une femme du peuple ou à une fille qui a reçu une éducation soignée.

La crainte révérentielle, c'est-à-dire la crainte de déplaire à son père, à sa mère, ou à ses ascendans, ne suffit pas pour annuller le mariage, si d'ailleurs il n'y a pas eu d'autre violence exercée.

Lorsque la violence est de nature à entraîner la nullité, il n'est pas nécessaire qu'elle ait été exercée sur la partie contractante elle-même: il suffit qu'elle l'ait été sur ses descendans ou ses ascendans. La vive affection qu'on est présumé avoir pour ces personnes, fait que nous sommes aussi touchés des événemens qui leur arrivent, que s'ils arrivoient à nous-mêmes.

(2) *Celle de la réclusion. Quid*, si la personne enlevée a plus de vingt-un ans? Alors on appliquera, suivant les circonstances, les articles 331, 341, ou 344 du Code Pénal.

(3) *Quant à la personne.* Par exemple, si j'ai intention d'épouser *Marie*, et que l'on y substitue *Sophie* que l'on me fait épouser à sa place. L'erreur sur d'autres points, quelqu'importans qu'ils soient, ne peut, *stricto jure*, faire annuller le mariage.

Je dis, *stricto jure*, parce qu'il peut arriver que l'erreur sur la qualité emporte erreur sur la personne. Car, si voulant épouser la fille de tel individu que je ne connois pas, on me fait épouser une autre femme que l'on dit être cette fille, je pourrai demander la nullité du mariage.

L'article 181 dit, que la cohabitation n'empêche pas de proposer le moyen de nullité, à moins qu'elle n'ait continué pendant six mois. Mais s'il naît un enfant de cette cohabitation, quoique moindre de six mois, quel sera son état? Il sera légitime. L'époux induit en erreur est dans la bonne foi; celui qui est violenté est aussi favorable.

(4) *Qui a été induit en erreur.* Faut-il conclure de là que les ascendans n'auroient pas droit d'attaquer le mariage contracté par erreur ou violence? Non sans doute; mais c'est qu'ils n'ont pas besoin du moyen de violence ou d'erreur. En effet, dans le cas d'erreur, ou ils ont été trompés eux-mêmes, ou non. S'ils ne l'ont pas été, et que néanmoins ils aient donné leur consentement, ils sont non-recevables à attaquer le mariage. S'ils ont été trompés, leur consentement étant fondé sur une erreur, est nul (Art. 1109); et, par conséquent, ils peuvent attaquer le mariage pour défaut de consentement. Même distinction dans le cas de violence. S'ils ont consenti librement, ils ne peuvent réclamer. Si la violence a eu également lieu à leur égard, leur consentement est nul, et ils peuvent attaquer le mariage pour défaut de consentement.

(5) *Le défaut de consentement des parens.* Il faut entendre par ces mots, les ascendans, ou le conseil de famille, à leur défaut.

PAGE 72.

(1) *Qui avoit besoin de ce consentement.* Ce qui prouve que le consentement des parens est exigé, non seulement *propter reverentiam*, mais encore pour l'intérêt des mineurs. L'on dira peut-être que, quand l'époux s'est marié librement, il est lui-même coupable de n'avoir pas obtenu le consentement de sa famille, et que, dans ce cas, il ne doit pas être reçu à alléguer sa propre faute. C'étoit même anciennement l'opinion commune; mais l'on a pensé que, si la loi déclare les mineurs incapables de consentir seuls à leur mariage, c'est parce qu'elle les connoît plus foibles et plus susceptibles de séduction. Elle doit donc leur donner le bénéfice de restitution contre le consentement que la séduction a pu leur arracher; et la séduction est présumée, toutes les fois que les ascendans n'ont pas consenti.

Quid, si l'enfant naturel mineur, et non reconnu, ou n'ayant ni père ni mère, s'est marié sans le consentement d'un tuteur *ad hoc*, ainsi qu'il est prescrit par l'article 159? Il est évident que, dans ce cas, la demande en nullité ne peut être formée que par lui.

(2) *Connoissance du mariage. Quid* si, avant l'expiration de cette année, l'époux a acquis la majorité requise pour le mariage? Je ne pense pas que cela puisse empêcher la réclamation des ascendans. La loi qui exige leur consentement a été violée: cela suffit pour leur donner le droit d'attaquer le mariage. Si, après le jugement, l'époux persiste dans son choix, il pourra sans doute contracter une nouvelle union avec la

même personne ; mais il sera encore obligé de faire les actes respectueux requis. L'article 183 paroît d'ailleurs favoriser cette opinion. En effet, après avoir dit que l'action ne peut plus être intentée *par les époux ni par les parens*, lorsque ceux-ci ont approuvé le mariage expressément ou tacitement, il ajoute : *elle ne peut être intentée non plus par l'époux* (il ne dit pas, *ni par les ascendans*), *lorsqu'il s'est écoulé une année sans réclamation de sa part, depuis qu'il a atteint l'âge compétent pour consentir par lui-même au mariage.* Or, lorsqu'après avoir dit que, dans un cas, l'action ne peut être intentée par l'époux ni par les parens, l'article ajoute que, dans un autre cas, elle ne peut plus être intentée par l'époux, sans ajouter, ni *par les parens;* c'est bien certainement réserver à ceux-ci le droit de l'intenter dans ce second cas. Or, dans ce second cas, il s'agit de l'enfant qui a atteint la majorité requise pour le mariage. Donc, même après la majorité de l'enfant, les parens peuvent attaquer le mariage, tant qu'ils ne l'ont pas approuvé expressément ou tacitement.

Quid, si l'ascendant qui avoit droit de demander la nullité, est mort sans la demander, mais étant encore dans le délai utile pour le faire, et sans avoir approuvé le mariage? Il est clair que, dans ce cas, le mariage ne peut plus être attaqué que par l'époux qui avoit besoin du consentement.

(3) *Faire supposer l'approbation.* Par exemple, le père qui reçoit sciemment chez lui la femme de son fils, qui la traite comme sa bru, etc., est censé approuver le mariage.

(4) *Dont le consentement étoit nécessaire.* Le consentement des ascendans exclut toute idée de séduction exercée sur le mineur.

Quid, si ce consentement n'intervient qu'après que la demande en nullité a été intentée par l'époux? Je pense que, tant qu'il n'existe pas un jugement passé en force de chose jugée, qui ait déclaré le mariage nul, le consentement des ascendans forme une fin de non recevoir insurmontable, qui doit faire rejeter la demande de l'époux; car, à quel titre et sur quel moyen annulleroit-on, soit en première instance, soit sur l'appel, un mariage qui, au moyen du consentement des ascendans, se trouve purgé de la seule irrégularité qui pouvoit le rendre attaquable?

(5) *Par lui-même au mariage.* Quel est cet âge? Il n'est pas douteux que ce ne soit vingt-un ans pour les filles. Mais est-ce l'âge de vingt-un ans, ou celui de vingt-cinq, pour les garçons? Pour décider cette question, il convient d'entrer dans quelques détails.

Nous avons vu dans une note précédente, que le droit de demander la nullité pour défaut de consentement des parens, est accordé, même à l'époux dont les parens n'ont pas été consultés, parce que la loi, dans ce cas, le présume séduit à raison de la foiblesse de son âge, et le restitue en conséquence contre le consentement que l'on suppose lui avoir été en quelque sorte extorqué. Mais cela peut-il s'appliquer au garçon qui s'est marié après vingt-un ans? Je ne le pense pas; et je me fonde sur ce que, s'il n'avoit pas d'ascendant, il auroit pu se marier valablement sans le consentement de qui que ce soit. Or, l'existence ou la non existence des ascendans ne peut avoir aucune influence sur sa capacité. Si, dès qu'il a vingt-un ans, la loi le dispense de l'obligation d'obtenir le consentement du conseil de famille, c'est qu'elle lui suppose l'intelligence nécessaire pour faire un choix convenable. Or, il l'auroit également, quand même il auroit des ascendans. Si donc l'on exige encore, après vingt-un ans, le consentement de ces derniers, c'est uniquement, dans ce cas, *propter reverentiam.* J'en conclurois donc que, si le garçon qui s'est marié sans le consentement de ses ascendans, avoit, au moment de son mariage, vingt-un ans révolus, il ne peut réclamer contre son mariage; et que, s'il s'est marié avant cet âge, il ne pourra plus réclamer, dès qu'il aura laissé passer un an sans réclamer, depuis qu'il l'a atteint. C'est ainsi que me paroissent devoir être entendus ces mots : *l'âge compétent pour consentir par lui-même au mariage.*

Observez que, si l'époux a ratifié son mariage, expressément ou tacitement, depuis sa majorité, il est non-recevable à l'attaquer, quoiqu'il ne se soit pas encore écoulé une année. Si donc, étant majeur, il a continué de cohabiter avec son épouse, il est non-recevable à réclamer.

(6) *Fidélité :* ce qui exclut tout commerce adultérin.

(7) *Secours.* On entend par là l'obligation de contribuer aux charges du mariage, et même, en cas de nécessité, sur les biens dont la jouissance, d'après les conventions matrimoniales, ne seroit pas mise en commun. (Art. 1448, 1537 et 1575.)

(8) *Assistance.* Ainsi, les infirmités, les malheurs et les accidens qui surviennent à l'un des époux, une maladie contagieuse, ne peuvent autoriser une demande en séparation d'habitation. *Quid enim*, dit Ulpien, *tàm humanum est*, *quàm ut fortuitis casibus mulieris maritum*, *vel uxorem viri participem esse.* (*L.* 22, §. 7, ff. *Solut. Matrim.*) Il n'y a que le crime et les mauvais traitemens qui puissent fonder une demande en séparation.

(9) *D'habiter avec le mari.* La femme peut-elle être contrainte par corps à l'exécution de cette obligation? On l'a jugé ainsi dans plusieurs tribunaux, et notamment à Paris. Je ne puis néanmoins partager cette opinion. On avoue qu'il s'agit ici de l'exécution d'une obligation : or, le juge peut-il prononcer la contrainte par corps pour l'exécution d'une obligation quelconque, hors les cas spécialement désignés par la loi? Ce droit lui est expressément interdit par l'article 2063. Or, où est la disposition de la loi qui permet de prononcer la contrainte par corps contre la femme, pour l'obliger d'habiter avec le mari? Et, d'ailleurs, quel est, dans les cas ordinaires, l'effet de la contrainte par corps? C'est de retenir le débiteur en prison, jusqu'à ce qu'il ait payé la dette, ou exécuté son obligation. Or, cela peut-il avoir lieu dans l'espèce? L'obligation de la femme se prolonge pendant tout le mariage; elle s'exécute à chaque instant. Quand le mari aura contraint sa femme de revenir dans le domicile commun, la retiendra-t-il en charte privée? L'ordre public s'oppose à ce qu'on lui en donne le droit. La femme pourra donc abandonner encore la maison conjugale. Le but de la contrainte par corps seroit donc ici totalement manqué.

L'on insiste, et l'on dit : Si l'on n'emploie pas la contrainte par corps, il en résulte que l'obligation imposée à la femme est nulle; car, comme il n'y a pas d'autre moyen pour la contraindre à l'exécuter, si le mari ne peut l'employer, la femme pourra contrevenir impunément à la loi qui lui ordonne de résider dans le domicile commun.

L'on peut répondre, d'abord, qu'en supposant ce raisonnement exact, il prouveroit tout au plus l'insuffisance de la loi, et non pas la nécessité d'étendre, contre les dispositions formelles du Code, une disposition aussi odieuse que la contrainte par corps. L'on ajoutera que le mari a un autre moyen pour obliger la femme de venir habiter avec lui; c'est de la priver de tout secours; et, si elle se conduit mal, il peut la faire punir conformément au Code Napoléon, ou aux dispositions des articles 336 et suivans du Code Pénal. Il est vrai que la femme peut être séparée de biens, et avoir en conséquence le droit de toucher ses revenus; mais je ne vois rien qui s'oppose à ce que le mari obtienne du juge la permission d'arrêter ses revenus. Cela n'est pas dit formellement dans la loi. Mais l'article 2093 porte, en général, que les biens d'un individu sont affectés à l'exécution de ses obligations: et, d'ailleurs, si on a pu aller jusqu'à prétendre que l'on pouvoit exercer contre la femme la contrainte par corps, quand cela est prohibé formellement par la loi, on doit être bien moins scrupuleux pour donner au mari le droit d'arrêter ses revenus.

(10) *Où il juge à propos de résider.* Même hors du territoire français. Cela a été formellement décidé dans la discussion. Le projet contenoit une disposition qui dispensoit la femme de cette obligation, lorsque le mari avoit quitté le sol de l'Empire, pour autre cause que pour mission du Gouvernement, exigeant résidence. Cette addition a été retranchée, par la raison que l'obligation de la femme, de suivre son mari, est générale, et doit s'appliquer à tous les cas.

(11) *Et sa fortune.* Un avis du Conseil-d'État, approuvé le 11 janvier 1808 (*Bulletin*, n°. 2937), autorise le Ministre de la guerre à ordonner, s'il y a lieu, la retenue d'un tiers au plus, sur la pension ou solde de retraite de tout militaire qui ne rempliroit pas, à l'égard de sa femme et de ses enfans, les obligations qui lui sont imposées par les chap. 5 et 6 du Titre *du Mariage*, sauf le recours du mari au Conseil-d'État, Commission du Contentieux.

Quid, si le mari refuse de recevoir sa femme? Il doit être condamné à lui payer une pension proportionnée à son état et à ses facultés. Ainsi jugé à Lyon, le 30 novembre 1811. (Sirey, 1812, IIe. Partie, pag. 63.)

PAGE 73.

(1) *Du testateur seul. Testamentorum jura ipsa per se firma esse oportet, non ex alieno arbitrio pendere.* (*L.* 32, ff. *de Hered. Instit.*) Et d'ailleurs, le testament ne doit avoir d'effet qu'après la mort de la femme, temps où elle n'est plus soumise à la puissance maritale.

(2) *Ester en jugement, stare in judicio.* Paroître dans un procès, y être partie, soit en demandant, soit en défendant. Mais remarquez que la femme n'est privée que du droit d'ester en jugement, c'est-à-dire, de faire des actes qui doivent mener à un jugement. Je pense donc qu'elle peut faire, seule et sans autorisation, tous les

actes, même du ministère des huissiers, qui ne sont pas, à proprement parler, *actes judiciaires*, tels que les protêts, les oppositions; mais quant à ces derniers actes, comme, aux termes de l'article 563 du Code de Procédure, l'opposition est nulle quand elle n'a pas été dénoncée dans la huitaine au débiteur saisi, avec assignation en validité, il est évident que cette assignation étant un acte judiciaire, qui doit mener à un jugement, ne pourra être donnée que par la femme valablement autorisée.

Observez que, lorsqu'une femme mariée est assignée, le mari doit être mis en cause en même temps, à peine de nullité de l'assignation donnée à la femme. Ainsi jugé en Cassation, le 7 octobre 1811 (*Jurisp. du Cod. Nap.*, tom. 18, p. 88), et le 25 mars 1812. (Sirey, 1812, Ire. Partie, pag. 317.)

Quid, si une femme, ayant un procès, se marie? Il faut distinguer: Si l'affaire est en état, le jugement ne peut être différé. (*Cod. de Proc.*, art. 342.) L'affaire est censée en état, lorsque la plaidoirie est commencée; et la plaidoirie est réputée commencée, quand les conclusions ont été prises contradictoirement à l'audience. Dans les affaires instruites par écrit, la cause est en état, quand l'instruction est complète, ou quand les délais pour les productions et réponses sont expirés. (*Ibid.*, art. 343.)

Si l'affaire n'est pas en état, les procédures peuvent être continuées, la partie adverse n'étant pas obligée de connoître le changement d'état que la femme a éprouvé. (*Ibid.*, art. 345.) Mais le mari peut, s'il veut, reprendre l'instance, ou intervenir, suivant la nature de l'affaire.

Quid, si la femme a figuré, dès le principe, dans l'instance, comme fille ou veuve, quoiqu'elle fût mariée? Je pense qu'il faut distinguer: Si la femme s'est dite simplement fille ou veuve, mais qu'il ait été facile à l'autre partie de s'assurer du contraire, alors l'acte peut être annullé pour défaut d'autorisation, d'après la maxime: *Omnis gnarus debet esse conditionis ejus cum quo contrahit.* (Argument tiré de l'article 1307.) D'ailleurs, ce seroit ouvrir la porte à l'abus, puisqu'il ne tiendroit qu'à la femme de prendre la qualité de fille ou de veuve, pour éluder l'effet de la puissance maritale. Mais si, dans le lieu où la femme réside, l'on ignore son mariage, et qu'elle passe notoirement pour fille ou veuve, alors c'est le cas d'appliquer l'autre maxime, *Error communis facit jus*, et de décider que les actes et procédures faits par elle ou contre elle, quoique non autorisée, sont valables. Jugé ainsi en Cassation, le 30 août 1808. (Sirey, 1809, Ire. Partie, pag. 43.)

(3) *A titre gratuit.* La femme ne peut même faire sa condition meilleure sans l'autorisation de son mari, parce que la nécessité de cette autorisation n'est fondée en aucune manière sur l'intérêt de la femme, mais sur des motifs tirés de l'ordre public et de l'intérêt des mœurs. D'ailleurs, s'il s'agit d'une succession, le mari a intérêt à ce que sa femme n'accepte pas une succession onéreuse; si c'est une donation, le mari a un intérêt moral d'en connoître les motifs. La même raison n'existe pas, à la vérité, pour les legs, ou au moins elle n'est pas aussi forte; mais il y a toujours l'intérêt de la puissance maritale, qui doit être respecté, et qui doit, par suite, faire annuller tous les actes qui seroient faits au mépris de cette même

puissance. Mais remarquez que, si la donation a été autorisée, soit par le mari, soit par justice, la femme peut faire tous les actes non judiciaires qui sont nécessaires pour la valider et pour en assurer l'exécution. C'est pour cette raison qu'il est décidé, art. 940, que la femme peut, sans l'autorisation de son mari, faire transcrire la donation qui lui a été faite, et qu'elle a été autorisée à accepter.

(4) *Sans son concours dans l'acte.* Aujourd'hui il suffit que le mari concoure à l'acte. Cela n'auroit pas suffi avant le Code; il falloit, en outre, l'autorisation formelle : c'étoit une véritable chicane de mots.

(5) *Ou son consentement par écrit.* Lequel peut avoir lieu postérieurement à l'acte pour lequel il est nécessaire; et alors il vaut ratification, et rend l'acte inattaquable de la part, tant du mari, que de la femme, et de leurs héritiers.

Quid, si l'acte est dans l'intérêt du mari, celui-ci pourra-t-il autoriser sa femme? J'avoue que j'ai vu avec étonnement la négative décidée par un arrêt de la Cour d'Appel de Lyon, et même par un arrêt de Cassation, du 14 février 1810, rapportés tous deux par Sirey, 1810, Ire. Partie, pag. 189, et cela sur le fondement que *nemo potest esse auctor in rem suam.* Mais, comment a-t-on pu appliquer à la puissance maritale cette maxime établie en matière de tutelle? Certainement les Cours de Cassation et de Lyon connoissent mieux que moi la différence essentielle qui existe entre l'autorité du tuteur et la puissance maritale. La première n'a d'autre fondement, d'autre motif, que la nécessité de suppléer à l'incapacité morale du pupille. La femme, au contraire, a toute l'intelligence, toute la capacité nécessaire pour passer tous les actes quelconques; et si l'on exige qu'elle soit autorisée, c'est uniquement pour la maintenir dans l'état de soumission et d'obéissance qu'elle doit à son mari. L'autorité du tuteur est toute en faveur du pupille; et si l'acte est avantageux à ce dernier, ou si le mineur, parvenu à la majorité, ne réclame pas, le tuteur ne peut se plaindre de ce que son autorité a été méprisée. La puissance maritale est toute en faveur du mari, tellement que, quelle que soit la volonté de la femme, et quelqu'avantageux que l'acte paroisse, et soit même effectivement, le mari peut en demander la nullité, si la femme n'a pas été autorisée. Voilà des principes certains, constans, et auxquels il est impossible de se refuser. Comment, d'après cela, vouloir appliquer à la puissance maritale la maxime que *nemo potest esse auctor in rem suam*? Sans doute, le tuteur ne peut pas, dans une affaire qui l'intéresse personnellement, venir interposer, au nom de son pupille, une autorité qui ne lui est déférée que dans l'intérêt de celui-ci. Cette autorité n'étant requise que pour suppléer à l'incapacité du mineur, il est clair qu'il seroit dangereux, et même contradictoire en quelque sorte, de permettre au tuteur de venir suppléer à cette incapacité, dans son propre intérêt. C'est bien là être *auctor in rem suam*, et ce qui est, et a dû être prohibé. Mais la puissance maritale étant toute en faveur du mari, et la femme majeure ayant d'ailleurs toute la capacité morale nécessaire pour faire tous les actes de la vie civile, pourquoi le mari ne pourroit-il pas lui donner, même pour les actes qui le concernent, une autorisation qui est, à la vérité, exigée impérieusement par la loi, mais qui n'en est pas moins uniquement une marque de déférence et de respect pour lui. Et d'ailleurs, comme on l'observoit avec raison dans cette affaire, il résulteroit bientôt de ce système, que l'autorisation de justice seroit le principe, et l'autorisation maritale l'exception; car, dans la plupart des cas, c'est dans l'intérêt du mari que la femme traite; c'est une procuration qu'il lui donne, un cautionnement qu'elle contracte pour lui; une vente faite par lui, qu'elle garantit, etc.: il faudroit donc que, dans toutes ces circonstances, nonobstant la présence et le concours du mari, elle se fît encore autoriser par justice. Enfin le Code lui-même paroît avoir décidé formellement la question. En effet, l'article 1419 porte que le paiement des dettes contractées par la femme, avec le consentement du mari, peut être poursuivi sur les biens du mari même: or, cette disposition ne peut être fondée que sur ce que la loi suppose que l'obligation a été contractée dans l'intérêt du mari; et cependant l'article suppose que le consentement du mari a dû suffire pour sa validité.

Mais, ajoutent les partisans du système contraire, tout cela pouvoit être vrai dans l'ancienne législation, où la nullité résultant du défaut d'autorisation, étoit absolue, et pouvoit être invoquée par tous ceux qui avoient intérêt, et même par ceux qui avoient traité avec la femme non autorisée; mais il en doit être autrement sous le Code, qui ne fait de ce défaut qu'une nullité relative, proposable seulement par le mari, la femme ou ses héritiers. D'abord je viens de prouver que, sous le Code même, et d'après l'article 1419, la même doctrine doit avoir lieu; mais, au surplus, j'avoue que je ne vois pas quel peut être le résultat du raisonnement opposé. Que la nullité dont il s'agit, soit absolue ou relative, en sera-t-il moins vrai que l'autorisation n'est exigée que dans l'intérêt du mari; qu'elle n'a nullement pour but de suppléer la capacité morale de la femme; qu'elle ne peut être comparée à l'autorité du tuteur, puisque celui-ci ne peut jamais se plaindre en son nom de ce qu'elle a été méprisée, tandis que le mari peut, non-seulement demander la nullité en son propre nom et malgré sa femme, mais encore empêcher celle-ci de la demander, en ratifiant l'obligation, à quelqu'époque que ce soit. Les rédacteurs du Code ont pensé que celui qui traite sciemment avec une femme non autorisée, devoit s'imputer de l'avoir fait, d'avoir facilité par là, à la femme, le moyen d'éluder la loi sur la puissance maritale; et, d'après la maxime que, *nemo ex improbitate suâ debet consequi actionem*, ils n'ont pas voulu qu'il pût demander la nullité de l'acte qu'il a lui-même consenti. Mais, encore une fois, en est-il moins constant que cette autorisation est exigée uniquement comme marque de soumission de la part de la femme, et que, conséquemment, il suffit que cette marque existe, pour que l'acte soit valable, quelle que soit sa nature, et quelle que soit la personne dans l'intérêt de laquelle il a été passé.

Enfin, le législateur lui-même paroît avoir consacré de nouveau cette opinion par une disposition postérieure. L'on voit, en effet, par le décret du 17 mai 1809 (*Bulletin*, n°. 4393), que la femme autorisée par son mari, peut constituer, sur ses biens propres, un majorat en faveur de son mari lui-même. Or, certainement ici, l'acte est bien dans l'intérêt du mari.

Il en pourroit être autrement, si la femme étoit mineure, pour les actes que le mineur émancipé ne peut faire qu'avec l'assistance de son curateur. Dans ce cas, le mari est bien curateur légitime de sa femme (Art. 2208) ; mais comme l'autorité du curateur a pour but de suppléer à l'incapacité du mineur, la maxime, *nemo potest esse auctor in rem suam*, reprend toute sa force ; et l'on pourroit soutenir que l'autorisation du mari ne suffit pas pour les actes qui seroient faits dans son intérêt.

Au surplus, les principes établis dans cette note prouvent qu'il n'étoit pas nécessaire, pour justifier la nécessité de l'autorisation maritale, d'alléguer l'imprévoyance et la légèreté des femmes, comme l'a fait un auteur. Je ne pense pas que, dans des matières aussi graves, il soit convenable de se permettre des inculpations de cette nature. Certes, la loi qui nomme la femme tutrice, de droit, de ses enfans, qui permet de la nommer tutrice de son mari interdit, est bien loin de la taxer d'imprévoyance et de légèreté. Et d'ailleurs, à quoi bon apprendre aux jeunes gens à mépriser leurs mères, et celles qui sont destinées à être un jour leurs compagnes? N'y avoit-il pas une excellente raison à donner, en disant que, dans une société indissoluble de deux personnes, on avoit dû prévoir le cas où les parties ne seroient pas d'accord ; que, pour ne pas réduire la société à l'état d'inaction, il avoit bien fallu donner la préférence à l'avis de l'un des associés, et que la nature des choses exigeoit que cette préférence fût donnée au mari ; que, d'ailleurs, dans nos mœurs, un préjugé, peut-être salutaire, ayant attaché une espèce de honte pour le mari, à la mauvaise conduite de la femme, la loi avoit dû nécessairement mettre dans la main de celui-ci les moyens nécessaires pour prévenir ou arrêter les effets de cette mauvaise conduite. *D'ailleurs, la femme a besoin de protection*, dit l'orateur du Gouvernement, *parce qu'elle est plus foible ; l'homme est plus libre, parce qu'il est plus fort. La prééminence de l'homme est donc indiquée par la constitution même de son être.* Il est tout simple, en effet, que l'individu qui est protégé, soit sous la dépendance de l'individu qui protège. Enfin, la nature même des fonctions que la nature a départies à la femme, l'éloigne, au moins tant que dure le mariage, de l'administration extérieure. Il est donc tout simple que la puissance appartienne à l'associé qui réunit l'expérience à l'habitude des affaires.

(6) *Est poursuivie.* Donc, si c'est elle qui poursuit, elle doit être autorisée. La défense est nécessaire et de droit naturel. La poursuite est un acte volontaire de sa part.

Au surplus, cette disposition est une suite du principe, que ceux qui ne peuvent s'obliger par contrat, peuvent s'obliger par délit ou par quasi-délit. Pour ce qui concerne le mineur, voyez l'article 1310.

Quid, si la femme a géré, sans autorisation, les affaires d'un absent, c'est-à-dire d'un non présent? Il faut distinguer : Elle n'est point tenue des obligations qu'elle a pu contracter envers des tiers pour les affaires de l'absent ; ceux qui ont contracté avec elle, ont dû connoître sa condition. *Omnis gnarus esse debet condi-*

tionis ejus cum quo contrahit. Ils n'auront donc d'action à exercer que contre l'absent, *et quatenùs locupletior factus est.* Mais si elle a dilapidé ou dégradé les biens de l'absent, en un mot si elle a mal ou négligemment géré ses affaires, c'est une espèce de délit ou de quasi-délit dont elle doit être tenue. Le mari est censé, d'ailleurs, avoir autorisé la gestion, par cela seul qu'il ne s'y est pas opposé : et je pense, que s'il y avoit communauté de biens, l'on pourroit même, suivant les circonstances, appliquer l'article 1419, et faire porter l'obligation, tant sur les biens de la communauté, que sur les biens personnels du mari. Autrement, il seroit à craindre que celui-ci, d'intelligence avec sa femme, ne profitât lui-même, ou ne fît profiter la communauté, des dilapidations commises sur les biens de l'absent.

(7) *Ou de police*, quelle qu'elle soit, municipale ou correctionnelle.

(8) *Par justice.* A quel tribunal doit être demandée l'autorisation? Il faut distinguer : S'il s'agit de la passation d'un acte, ou d'une demande judiciaire à former par la femme, c'est le tribunal du domicile commun qui doit accorder l'autorisation. Mais s'il s'agit d'un procès dans lequel la femme soit défenderesse, l'autorisation peut être accordée par le tribunal devant lequel la demande est portée.

Quid, si la femme perd son procès, et est condamnée aux dépens? D'abord il est évident qu'il ne s'agit ici que des causes relatives aux biens personnels de la femme, puisque le mari peut procéder seul en jugement pour les biens de la communauté. Cela posé, je pense qu'il faut distinguer : s'il y a communauté, et que le mari ait accordé l'autorisation, l'exécution peut avoir lieu, pour les dépens, sur les biens personnels de la femme; mais si elle n'a été autorisée que par justice, cette exécution ne peut être poursuivie que sur la nue propriété de ces mêmes biens, et non sur l'usufruit, qui fait partie des biens de la communauté, dont la femme ne peut, en général, disposer sans le consentement du mari. Cette distinction me paroît résulter évidemment de la combinaison des articles 1413 et 1417. Si les époux sont séparés de biens, l'exécution des dépens ne peut être poursuivie que sur les biens personnels de la femme. S'ils sont mariés sous le régime dotal, l'exécution a lieu sur les biens paraphernaux. Nous verrons plus en détail, au Titre *du Contrat de Mariage*, quel est, dans les divers cas, l'effet différent de l'autorisation maritale, et de celle qui a été donnée par justice.

(9) *D'absence*, présumée ou déclarée, ou même de non présence, suivant les circonstances. A la vérité, l'article 863 du Code de Procédure ne prévoit que le cas d'absence proprement dite, présumée ou déclarée. Cependant il peut arriver fréquemment que le mari soit à une grande distance, sans être cependant dans le cas de présomption d'absence, et qu'il soit nécessaire d'autoriser la femme pour une procédure, ou pour un acte qui ne souffre point de délai. Dans ce cas, nul doute que le juge ne puisse accorder l'autorisation.

(10) *Ou de minorité*, si l'acte excède les bornes de la capacité du mineur émancipé.

Quid, s'ils sont mineurs tous deux? Comme ils sont émancipés par mariage, la femme peut faire, avec l'autorisation de son mari, tous les actes permis au mineur émancipé. Quant aux autres actes, soit judiciaires, soit extrajudiciaires, la femme ne peut y procéder qu'avec les formalités et conditions requises à l'égard des mineurs émancipés, c'est-à-dire avec l'assistance d'un curateur, et l'autorisation du conseil de famille, dans les cas où elle est requise.

Quid, si la femme est mineure, et le mari majeur? Je pense que le mari est son curateur de droit, sauf pour les actes auxquels il auroit lui-même intérêt, et, en outre, sauf l'autorisation du conseil de famille, comme dessus.

Ces distinctions sont tirées par argument des dispositions de l'article 2208.

(11) *Afflictive ou infamante.* Observez : 1°. que, dans ce cas, le mari ne pourroit pas, même avec le consentement de sa femme, accorder l'autorisation (Argument tiré de l'art. 29 du Code Pénal); et 2°. que, d'après les articles 6 et 7 du même Code, toute peine qualifiée afflictive est en même temps infamante. Les peines afflictives et infamantes sont :

1°. La mort;
2°. Les travaux forcés à perpétuité;
3°. La déportation;
Ces trois peines emportent la mort civile, comme nous l'avons vu.
4°. Les travaux forcés à temps;
5°. La réclusion (*Code Pénal*, art. 7).
Les peines infamantes et non afflictives sont :
1°. Le carcan;
2°. Le bannissement;
3°. La dégradation civique. (*Ibid.*, art. 8.)

Les peines correctionnelles ne sont ni afflictives, ni infamantes.

(12) *Pendant toute la durée de la peine.* Cette addition semble inutile au premier coup d'œil. Car, d'un côté, toute peine afflictive est infamante; et, d'un autre côté, l'infamie accompagne le coupable pendant toute sa vie. Il paroît donc devoir résulter de là, que le mari ne peut plus désormais autoriser sa femme, à quelque époque que ce soit. Cependant, comme, aux termes des articles 619 et suivans du Code d'Instruction Criminelle, tout condamné à une peine afflictive ou infamante n'emportant pas mort civile, peut être réhabilité après qu'il a subi sa peine, et que la réhabilitation fait cesser pour l'avenir, dans la personne du condamné, toutes les incapacités résultant de la condamnation, et par conséquent l'infamie, il s'ensuit que le réhabilité recouvre la puissance maritale, et, par suite, la capacité d'autoriser sa femme, soit pour ester en jugement, soit pour contracter.

PAGE 74.

(1) *De celui de son mari. Secùs*, si elle ne fait que détailler les marchandises du commerce de son mari. Dans ce cas, c'est le mari qui est marchand, et la femme n'est que son commis; et elle n'est tenue qu'autant qu'elle s'est obligée avec l'autorisation ou le concours de son mari.

Quid, si elle est dans l'habitude de signer seule les factures, et même les billets de commerce de son mari? Cette circonstance se rencontre souvent dans le cas où la femme seule sait écrire. Je pense, avec POTHIER, que les effets signés par elle seule, valent *propter bonam fidem*, et obligent le mari. La femme mariée est censée, dans ce cas, fondée de pouvoir de son mari, *quasi ejus institrix*. Obligent-ils la femme? Cela dépend de la rédaction de l'acte. Si le billet est fait au nom collectif du mari et de la femme, et qu'ils soient dans l'usage de le faire ainsi, il les oblige tous deux. Mais si la femme a signé pour et au nom de son mari, ce dernier seul est obligé.

Observez que, dans le cas même où la femme est obligée, elle n'est pas sujette à la contrainte par corps, parce que cette contrainte ne peut avoir lieu contre les femmes, que quand elles sont marchandes publiques, et que, dans notre hypothèse, la femme ne l'est pas, puisqu'elle ne fait pas un commerce séparé de celui de son mari.

Quid, si une femme non marchande publique, et non autorisée, tire une lettre de change sur son mari? Si le mari accepte, ils sont obligés tous deux : le mari en vertu de son acceptation ; et la femme, parce que le mari, par cette même acceptation, est censé approuver l'obligation que la femme a contractée en tirant la lettre ; mais la contrainte par corps n'a pas lieu contre elle. (*Code de Comm.*, art. 113.) Si le mari n'accepte pas, ils ne sont obligés ni l'un ni l'autre.

Quid, si c'est la femme qui accepte la lettre tirée par son mari? Elle est obligée, mais non par corps, si elle n'est pas marchande publique.

(2) *Sans le consentement de ce dernier.* Mais le consentement tacite suffit.

(3) *S'obliger seule.* Son mari, en l'autorisant à faire un commerce séparé, est censé l'avoir autorisée à faire tous les actes sans lesquels ce commerce ne pourroit avoir lieu.

(4) *S'il y a communauté entre eux.* Comme, au moyen de cette communauté dont le mari est le chef, et en quelque sorte le propriétaire, il profite des bénéfices commerciaux faits par la femme, il est juste qu'il soit tenu de ses engagemens ; et il en sera tenu, non-seulement sur les biens de la communauté, mais encore sur ses biens personnels (Art. 1419). Il est réellement l'associé *en nom collectif* de sa femme, et, comme tel, on doit lui appliquer l'article 22 du Code de Commerce. (Voyez mes *Instituts de Droit commercial.*) (*)

Mais le mari n'est-il tenu que quand il y a communauté? Il faut distinguer : s'il y a séparation de biens, il est certain que le mari n'est pas tenu, puisqu'il est censé ne profiter en rien des bénéfices que sa femme peut faire dans le commerce. Il en est de même, si les époux sont mariés sous le régime dotal, excepté dans le cas où la constitution de dot embrasseroit tous les biens à venir de la femme ; car alors les bénéfices du commerce appartenant au mari, au moins quant à l'usufruit, il doit être tenu.

S'il y a sinplement exclusion de communauté, comme alors tous les gains ap-

(*) 2 vol. in-8°., à Paris, chez le même.

partiennent au mari, à l'exclusion de la femme, à plus forte raison doit-il être tenu.

Mais dans les cas où le mari est tenu, l'est-il par corps? Je pense que oui, avec POTHIER et SAVARY. Le mari est, comme nous l'avons dit, réputé l'associé de sa femme; et l'associé est tenu, par corps, des engagemens contractés par l'associé qui a droit de signer pour la société.

(5) *Ses immeubles personnels.* Ceci est une dérogation aux articles 223 et 1538 du Code Napoléon, qui ne permettent pas au mari de donner à sa femme, même par contrat de mariage, une autorisation générale d'aliéner ses immeubles; et ici l'autorisation tacite de faire le commerce suffit. Mais c'est la faveur due au commerce, qui a fait introduire cette nouvelle disposition.

(6) *Ne peut être hypothéqué ni aliéné.* Autrement, c'eût été changer les conventions matrimoniales; ce qui ne peut avoir lieu après le mariage (Art. 1395). Les deux familles, en choisissant le régime dotal, ont voulu que l'immeuble constitué en dot ne pût être aliéné, même avec l'autorisation spéciale du mari (Art. 1554). Il ne faut pas qu'avec une simple autorisation générale, et qui pourroit même être simulée, de faire le commerce, l'aliénation puisse avoir lieu.

Il faut observer, cependant, que, si l'immeuble dotal ne peut, dans ce cas, être aliéné directement, il peut l'être indirectement; car, la femme étant marchande publique, si l'on exerce contre elle ou contre son mari, la contrainte par corps, pour défaut d'exécution de ses engagemens commerciaux, l'immeuble pourra être aliéné pour tirer l'un ou l'autre de prison (Art. 1558). Mais, dans ce cas même, il faut la permission du juge, qui examinera s'il y a vraiment nécessité d'aliéner.

(7) *A l'égard des biens paraphernaux.* On entend par là tous les biens que la femme ne s'est pas constitués en dot (Art. 1574); de παρα *extrà*, et φερνη *dos*; c'est-à-dire, *quæ sunt extrà dotem*.

PAGE 75.

(1) *L'aliénation de ses immeubles*, sauf ce que nous avons dit relativement à la femme marchande publique.

(2) *Est présumé conçu.* La nature ayant couvert l'époque de la conception d'un voile impénétrable, on n'a pu établir à cet égard qu'une présomption fondée sur le rapport qui existe nécessairement entre cette époque et celle de la naissance considérée dans ses deux extrêmes, c'est-à-dire, d'après le terme le plus court et le terme le plus long de la gestation. C'est une présomption dite *juris*, puisqu'elle peut être détruite, dans certains cas, par la preuve contraire.

(3) *Est de droit illégitime.* L'article 315 dit que, dans ce cas, *la légitimité de l'enfant, né trois cents jours après la dissolution du mariage, pourra être contestée.* Cette rédaction a fait naître deux questions: la première est celle de savoir si l'article seroit applicable à un enfant né le trois centième jour après la dissolution du mariage, ou, en d'autres termes, s'il faut un intervalle de deux cent quatre-vingt-dix-neuf ou de trois cents jours, entre le jour de la dissolution du mariage et celui de la naissance, pour que l'enfant soit illégitime. Si l'on appliquoit à ce cas

la disposition de l'article 1033 du Code de Procédure, il est certain qu'il faudroit un intervalle de trois cents jours. Mais peut-on convenablement faire cette application, et quelle analogie peut-il y avoir entre une règle de procédure, et une disposition qui détermine le temps le plus long de la gestation d'un enfant? Nous voyons, d'ailleurs, dans la discussion, que ce n'est que par l'effet d'une faveur extrême, que le temps de la gestation a été prolongé jusqu'à trois cents jours: mais il est un terme à la faveur, et sur-tout dans une pareille circonstance, où certainement la présomption morale est pour l'illégitimité. Voyons donc si nous ne trouverons pas, dans quelque autre article du Code, une raison de décider.

L'article 312 dit que le père peut désavouer, s'il prouve que, pendant le temps qui a couru depuis le trois centième jusqu'au cent quatre-vingtième jour avant la naissance de l'enfant, il y a eu impossibilité de cohabitation. Donc il suffit que l'impossibilité ait commencé dans le courant du trois centième jour qui a précédé la naissance. Donc il suffit d'un intervalle de deux cent quatre-vingt-dix-neuf jours.

Remarquons, d'ailleurs, que, dans la même discussion, il avoit été décidé que le terme le plus court de la gestation étoit de cent quatre-vingts jours: or il résulte de l'article 314, qu'il suffit d'un intervalle de cent soixante-dix-neuf jours entre le mariage et la naissance, pour que l'enfant ne puisse être désavoué. Donc l'on n'a pas entendu compter le jour de l'accouchement. Donc, *à pari*, le terme le plus long ayant été fixé à trois cents jours, il suffit d'un intervalle de deux cent quatre-vingt-dix-neuf jours entre le jour de la dissolution du mariage et celui de la naissance, pour que l'enfant soit illégitime.

La deuxième question qu'a fait naître l'article 315, a été celle de savoir si l'enfant est illégitime par le seul fait de la naissance tardive; ou si seulement, alors, sa légitimité peut être contestée, sauf aux tribunaux à prononcer.

L'on voit, par la manière dont j'ai rédigé le texte, que je regarde, dans ce cas, l'enfant comme étant, de droit, illégitime; et, en effet, si le mot *contesté* devoit être pris dans son acception ordinaire, pour une simple demande sujette au jugement des tribunaux, qu'étoit-il besoin de dire que, dans le cas de l'article 315, la légitimité pourroit être contestée? Est-il nécessaire, pour cela, qu'il y ait naissance tardive? Ne conteste-t-on pas tous les jours la légitimité d'un enfant né et conçu pendant le mariage, sauf aux tribunaux à admettre ou à rejeter la demande? Quand donc le Législateur a dit spécialement que, dans le cas de naissance tardive, la légimité pouvoit être contestée, il a certainement pris ce dernier mot dans une autre acception; et voici quels ont pu être ses motifs.

L'on venoit de déterminer, dans l'article précédent, les cas dans lesquels l'enfant pouvoit être désavoué par le mari; et il résulte bien de la rédaction de cet article, que, dans ces cas, le mari n'a rien à prouver, et que son désaveu seul suffit pour déterminer le jugement qui doit priver l'enfant de tout droit à la légitimité. Il ne reste à celui-ci d'autre moyen, que de prouver qu'il n'est pas dans un des cas prévus. On a voulu appliquer la même disposition à l'enfant dont la naissance est tardive. Mais l'on n'a pu se servir du mot de *désaveu*, parce qu'il auroit bien convenu au mari qui auroit voulu repousser l'enfant né trois cents jours après le divorce ; mais il n'auroit pas convenu également au cas où la dissolution du mariage seroit survenue par le décès du mari, et où l'état de l'enfant seroit contesté par les héritiers de ce dernier. Le mari peut désavouer l'enfant, parce que l'enfant prétend qu'il est au mari, qu'il est né de ses œuvres. On ne pouvoit en dire autant des héritiers. Il a donc fallu chercher une autre expression, et on a pris celle de *contester*. Mais comme le simple désaveu du mari suffit, dans l'art. 314, pour ôter à l'enfant la qualité d'enfant légitime, sauf à celui-ci à prouver qu'il n'est pas dans les cas du désaveu, il faut dire de même que, dans le cas de l'article 315, la simple contestation de la part du mari ou des héritiers a le même effet, et doit déterminer le jugement, à moins que l'enfant ne prouve qu'il n'existe pas un intervalle de deux cent quatre-vingt-dix-neuf jours entre le jour de sa naissance et celui de la dissolution du mariage. Autrement, si l'on entendoit le mot *contester* dans une autre acception, il faudroit dire que, dans l'espèce d'un enfant né, même dix ans après la dissolution du mariage, les tribunaux auroient encore à examiner la question de légitimité ; ce qui est absurde.

Enfin, il résulte bien évidemment de la discussion très-longue et très-lumineuse, qui a eu lieu sur cet objet au Conseil-d'Etat, que le terme le plus long de la gestation, dans l'ordre de la nature, est de deux cent quatre-vingts jours. Il avoit été porté par la Commission à deux cent quatre-vingt-six jours; et enfin il fut fixé, lors de la discussion, à deux cent quatre-vingt-dix-neuf jours, pour éviter toute discussion, et uniquement à cause de la faveur due à la légitimité; d'où il suit qu'il n'est pas douteux que le Conseil n'ait regardé comme illégitime, de plein droit, l'enfant qui naîtroit après cette époque; et ce qui prouve encore en faveur de ce système, c'est que l'art. 312 déclare illégitime l'enfant conçu même pendant le mariage, si le mari prouve que pendant l'espace qui s'est écoulé depuis le trois centième jusqu'au cent quatre-vingtième jour avant la naissance, il a été dans l'impossibilité physique de cohabiter avec sa femme. Donc cette preuve une fois faite, les Tribunaux devront prononcer nécessairement l'illégitimité. Donc, dans l'espèce, l'enfant est, de droit, illégitime.

Il faut remarquer, en terminant, que, si l'enfant étoit né deux cent cinquante jours seulement après la mort du mari, mais qu'il fût prouvé que dans les cinquante jours qui ont précédé cette mort, il y a eu impossibilité physique de cohabitation, cela rentreroit dans le cas de l'article 312; et ces deux circonstances réunies suffiroient sans doute pour faire déclarer l'enfant illégitime.

De ce que l'enfant né trois cents jours après la dissolution du mariage, est illégitime *ipso jure*, il résulte : 1°. que la reconnoissance du mari n'opéreroit rien en sa faveur, comme elle opéreroit dans le cas du désaveu;

Et 2°. qu'à quelqu'époque que la légitimité soit contestée, la disposition de l'article 315 devra être appliquée.

(4) *Auroient pu avoir ensemble auparavant;* et, dans ce cas, il seroit regardé comme légitimé par mariage subséquent.

(5) *Tant qu'il n'est pas désavoué par le mari.* Il s'est présenté à ce sujet une question assez singulière à la Cour d'Appel d'Orléans.

Une mère se marie quinze jours après la mort de son fils. Cent quarante-deux jours après le mariage, elle accouche d'une fille qui n'est pas désavouée. Il s'agissoit de savoir si cette fille avoit recueilli la succession de son frère, mort cent cinquante-sept jours avant sa naissance, et par conséquent à une époque où elle étoit certainement conçue.

La Cour d'Orléans avoit jugé l'affirmative. Elle s'étoit fondée, sur ce que l'enfant né dans le mariage, quoique conçu auparavant, est réputé légitime lorsqu'il n'est pas désavoué. Or, ajoutoit-on, l'enfant conçu *pro nato habetur, quoties de ejus commodis agitur.* Il a donc droit de recueillir toutes les successions ouvertes depuis l'époque de sa conception, sous la seule condition qu'il naîtra viable et légitime. Or, dans l'espèce, l'enfant étoit né viable et légitime.

Mais la Cour d'Orléans n'avoit pas pris garde que la loi ne reconnoît que deux espèces d'enfans légitimes; les enfans légitimes proprement dits, et les enfans légitimés. L'enfant légitime est celui qui peut être présumé avoir été conçu pendant le mariage. (Art. 312.) Tout autre enfant est simplement légitimé. A la vérité, lorsque le mariage, quoique postérieur à la conception, a cependant précédé la naissance, la loi veut bien dispenser l'enfant de l'obligation de rapporter une reconnoissance formelle; elle se contente qu'il ne soit pas désavoué. On a regardé le mariage contracté avec une femme enceinte, et le silence gardé par le mari postérieurement à l'accouchement, comme un aveu suffisant que l'enfant est né de ses œuvres. Mais il n'est toujours que légitimé. Il n'est pas légitime, car il n'est pas provenu d'un commerce légitime. Or, l'effet de la légitimation est de donner à l'enfant légitimé les mêmes droits que s'il étoit né du mariage, c'est-à-dire, que s'il avoit été conçu pendant le mariage. Mais, d'un autre côté, aux termes de l'article 725, la capacité de succéder doit exister au moment de l'ouverture de la succession. Or, dans l'espèce, la succession étoit ouverte avant le mariage. La conception de l'enfant, quoiqu'antérieure à l'ouverture de la succession, devoit cependant être regardée comme lui étant postérieure, puisqu'aux termes de l'article 333, elle devoit être supposée postérieure au mariage, qui étoit lui-même postérieur de quinze jours à l'ouverture de la succession. Il devoit donc être tenu pour constant, dans la cause, que la succession dont il s'agissoit, n'avoit pu être déférée à l'enfant légitimé, mais bien à ceux qui avoient, d'après la loi, le droit de la recueillir à son défaut, et qui, une fois saisis, ne pouvoient être dépouillés par aucun fait postérieur, indépendant de leur volonté.

Tels sont les motifs très-fondés qui ont déterminé la cassation de cet arrêt, prononcée le 11 mars 1811. (Sirey, 1811, Ire. Partie, pag. 129.)

PAGE 76.

(1) *Avant le mariage.* On présume alors que le mari n'a contracté le mariage que

pour réparer sa propre faute; et il ne peut être tenu à alléguer qu'il a épousé sciemment une femme enceinte des œuvres d'un autre. *Non audiendus turpitudinem allegans.* Mais c'est à ceux qui soutiennent la légitimité, à prouver que le mari a eu cette connoissance. Comment se fera cette preuve? Le Code ne disant rien à cet égard, il paroît qu'on n'a pas entendu exiger un genre de preuve particulier, et qu'on a entendu remettre le tout à la sagesse des Tribunaux, qui devront, au surplus, dans ce cas, se déterminer principalement par les circonstances.

(2) *Qu'il ne sait signer.* Cela équivaut à une reconnoissance expresse, qu'il n'est plus au pouvoir du mari de rétracter. Mais il est bien entendu que l'acte de naissance contient la déclaration que le mari est père de l'enfant; autrement, il est évident que sa présence et sa signature ne produiroient aucun effet contre lui.

Mais la disposition du Code doit-elle être limitée au cas où la reconnoissance du père a été faite par l'acte de naissance? Je ne le pense pas: il en doit être de même, si elle a eu lieu par tout autre acte, même sous seing-privé. Car, si le silence du mari pendant un mois, suffit pour élever contre lui une fin de non-recevoir insurmontable, à plus forte raison une reconnoissance expresse, quoique sous seing-privé, doit-elle avoir le même effet. *Nec obstat* l'article 334, portant que la reconnoissance d'un enfant naturel ne peut être faite que par acte authentique. Car ici l'enfant n'est pas naturel; il est présumé légitime ou au moins légitimé; présomption qui ne peut être détruite que par le désaveu du mari, lequel n'est lui-même recevable à désavouer que dans un délai très-court, comme on va le voir.

(3) *Si l'enfant n'est pas né viable. Viable*, qui peut vivre. Un enfant n'est pas viable, quand le temps de la gestation n'a pas été suffisant pour le constituer de manière à pouvoir vivre, et ce, quand même il vivroit quelques heures, ou même quelques jours. Mais l'on sent que, dans ce cas, l'époque de la conception étant toujours inconnue, la question de viabilité ne peut être décidée que par les gens de l'art.

Lorsque l'enfant est déclaré non viable, le désaveu n'est pas reçu, pour deux raisons: la première, c'est que le mari n'a pas d'intérêt, puisque l'enfant ne peut vivre, et qu'étant né non viable, il n'a pu recueillir aucun droit; et la deuxième, c'est que la non viabilité étant une preuve que le temps ordinaire de la gestation n'a pas été rempli, l'époque de la naissance ne peut plus servir de base pour déterminer si celle de la conception a précédé, ou non, le mariage.

(4) *Autre cependant que l'impuissance naturelle.* Le mari peut donc alléguer son impuissance accidentelle, pour fonder son désaveu. Mais il faudroit que l'accident qui a causé l'impuissance, fût postérieur au mariage. Autrement les mêmes raisons qui l'empêcheroient de proposer le moyen tiré de l'impuissance naturelle, l'empêcheroient également d'être admis à proposer le moyen tiré de l'impuissance accidentelle, mais antérieure au mariage.

On a voulu argumenter de cet article, pour soutenir que l'un des époux ne pourroit actuellement demander la nullité du mariage pour cause d'impuissance de l'autre époux. Mais, sans rien préjuger en ce moment sur cette question, je crois pouvoir dire que cet article ne peut être d'aucun poids pour la resoudre. En effet; que décide-t-il? Que le mari, impuissant naturellement, ne peut pas venir alléguer lui-même son impuissance, pour justifier son désaveu. Mais il en eût été de même anciennement. De tout temps, le mari qui fût venu alléguer sa propre impuissance pour demander la nullité de son mariage, eût été déclaré non recevable. Mais cela n'auroit pas empêché que, dans le même cas, l'action de la femme n'eût été admise. Au surplus, la question de la nullité du mariage pour cause d'impuissance, s'est déjà présentée devant les Cours d'appel de Trèves et de Gênes. Elle a été jugée à Trèves pour l'affirmative, et pour la négative à Gênes. (*Jurisp. du Cod. Nap.*, tom. 17, pag. 183 et 201.) Il me semble qu'en point de droit j'adopterois l'opinion de la Cour de Trèves. Je ne vois d'objection un peu forte contre ce systême que celle tirée de l'indécence des visites qu'une pareille demande peut nécessiter. Mais n'est-il pas plusieurs autres cas dans lesquels de semblables visites doivent nécessairement être ordonnées, sur-tout en matière criminelle; par exemple, en cas d'accusation de viol, d'infanticide, d'avortement forcé, de suppression de part? Ne faudroit-il pas employer ce moyen, même en matière de désaveu, si le mari alléguoit une impuissance accidentelle? C'est un malheur attaché à l'imperfection des institutions humaines, mais qui, à ce qu'il me semble, ne peut empêcher les Tribunaux d'accueillir une nullité aussi radicale que celle dont il s'agit.

L'on objectera peut-être que, si, le jour même du mariage, l'un des époux éprouvoit un accident qui le mît hors d'état de le consommer, l'autre époux n'auroit pas le droit de demander la nullité, ni même le divorce. Cela est vrai: mais que l'on fasse bien attention que, dans ce cas, l'époux qui a éprouvé l'accident, n'a rien à se reprocher; il ne pouvoit deviner ce qui lui est arrivé. C'est un cas fortuit, un malheur inopiné, dont l'autre époux doit supporter sa part; *Humanum est*, comme nous l'avons dit, *fortuitis casibus mulieris maritum*, *vel uxorem mariti participem esse*. Mais, dans l'autre cas, l'époux impuissant a dû connoître son état; il est coupable d'avoir violé la dignité du contrat le plus sacré: il est venu tromper les magistrats et son époux; et l'on voudra le récompenser de son dol, en rejetant toute demande en nullité, de la part de l'épouse trompée! Et si cette dernière se permet le moindre écart, ne sera-t-on pas forcé d'admettre la plainte du mari, et de punir la malheureuse femme qui ne s'est peut-être laissé séduire, que parce qu'on l'a privée du droit de contracter un véritable mariage.

On insiste, et l'on prétend que cette cause de nullité est abrogée par le Code, par cela seul que, dans le chapitre IV, intitulé *des Demandes en nullité de mariage*, il n'est rien dit relativement au mode de la former, ni au délai dans lequel elle doit être intentée. Mais il est plusieurs cas dans lesquels il n'y auroit certainement pas mariage, et qui ne sont pas prévus dans le chapitre susmentionné. (Voir ci-dessus, la note (5) de la page 59). Si, par exemple, il avoit été contracté un fantôme de mariage entre deux personnes du même sexe, pourroit-on repousser la demande en nullité d'un pareil mariage, par la raison qu'il n'en est pas question dans le chap. IV?

Et pourquoi décideroit-on autrement dans le cas où l'un des époux n'auroit aucun sexe, ou auroit été dépouillé de celui que la nature lui a départi ?

Tels sont les motifs qui me détermineroient à adopter l'opinion de la Cour de Trèves, en point de droit, et sauf aux tribunaux à statuer suivant la nature et la pertinence des faits allégués, et, dans tous les cas, à n'admettre la demande qu'avec la plus grande circonspection.

(5) *Si la naissance lui a été cachée.* Sera-ce au mari à prouver que la naissance lui a été cachée, ou à l'enfant à prouver que le mari en a eu connoissance? Le mystère de la naissance me paroît un fait négatif. Car, prouver qu'une chose nous a été cachée, c'est prouver que nous n'en avons pas eu connoissance ; ce qui est bien certainement un fait négatif. Or, *factum negantis nulla est probatio.* Je pense donc que c'est à l'enfant à faire la preuve.

(6) *Propres à justifier qu'il n'est pas le père.* La nature et l'importance de ces faits sont laissées à la prudence du juge. Mais on n'exigera pas du mari une preuve aussi rigoureuse, que quand il argumente de l'impossibilité de co-habitation. Mais *quid* à l'égard de l'enfant conçu postérieurement à une demande en divorce ou en séparation de corps? Je pense qu'il y a ici présomption d'impossibilité morale, et que l'enfant doit être déclaré illégitime, à moins qu'il ne prouve qu'il y a eu réconciliation. Autrement, en effet, l'on tomberoit dans un cercle vicieux. Car si cet enfant étoit présumé être l'enfant du mari, l'on devroit, par une conséquence nécessaire, en induire une réconciliation. Il s'ensuivroit donc que la femme défenderesse en divorce, ou en séparation de corps, même pour cause d'adultère, pourroit, en commettant un nouveau crime, faire déclarer son mari non recevable.

Nota. On a jugé en Cassation, le 8 juillet 1812 (Sirey, 1812, Ire. Partie, p. 377), qu'il n'étoit pas nécessaire que l'adultère fût préalablement jugé.

(7) *Et dans les deux mois.* On lui en donne un pour apprendre la naissance, et un pour former le désaveu.

(8) *Il étoit absent.* C'est-à-dire, non présent : il n'est pas nécessaire qu'il soit absent proprement dit.

Quid, s'il est fou, furieux, imbécille, ou attaqué d'une maladie qui l'empêche de sortir? Je pense que le délai de deux mois ne doit courir que du moment où l'on peut raisonnablement penser qu'il a eu connoissance de l'accouchement.

(9) *Il a deux mois.* Il faut encore deux mois, parce qu'on lui en donne un pour prendre des renseignemens précis.

(10) *Ses héritiers.* Par conséquent, les autres enfans du mari pourront former le désaveu, du vivant même de leur mère. Cela auroit pu souffrir quelque difficulté, parce que c'est une de ces actions appelées *famosæ*, et qu'elle tend à entacher la réputation de la mère. Mais c'est la force des choses qui rend ici cet inconvénient inévitable.

Quelques personnes ont prétendu que par ce mot, *héritiers*, il falloit entendre seulement les héritiers légitimes ; de manière que, dans cette opinion, quelqu'évidente que fût l'illégitimité de l'enfant, le légataire universel seroit non recevable à l'opposer. M. Proudhon accorde le droit de désavouer, aux légataires universels et aux légataires à titre universel, et le refuse aux légataires particuliers. Tout cela est arbitraire. Comment le fait, que la succession du père est déférée par testament, ou *ab intestat*, qu'il existe un legs universel, ou seulement des legs particuliers, peut-il avoir quelqu'effet, relativement à l'état et aux droits de l'enfant, et lui ôter ou lui conférer, suivant le cas, la qualité d'enfant légitime? Il est d'ailleurs bien évident que par ces mots, *les héritiers*, le Législateur a entendu tous ceux qui ont, à la succession du père, des droits auxquels la légitimité de l'enfant pourroit préjudicier. (*L.* 170, ff. *de Verbor. Signific.*) Autrement, l'on va voir quel seroit l'effet du sysême contraire.

Un homme, après avoir séjourné deux ans dans les colonies, y meurt, laissant un testament par lequel il dispose, en legs particuliers, de la totalité de sa fortune. Sa femme, qui n'est pas sortie de France, accouche peu de temps avant sa mort. Dans le système que je combats, l'enfant pourroit venir réclamer sa réserve sur les biens du mari, sans que les légataires eussent le droit de contester sa légitimité. Une pareille conséquence emporte avec elle la réfutation du principe.

Il faut observer cependant qu'il y a cette différence entre les héritiers du sang et les légataires, quels qu'ils soient, que ceux-ci n'ayant d'intérêt à contester l'état de l'enfant, qu'autant qu'il voudroit, à raison de l'état qu'il réclame, leur faire éprouver quelque réduction, ils doivent être déclarés non recevables, toutes les fois que cette réduction n'a pas lieu, soit parce qu'ils ont renoncé à leur legs, soit parce que l'enfant n'élève, à cet égard, aucune prétention. Il n'en est pas de même de l'héritier du sang, qui peut contester l'état, quand même il auroit renoncé à la succession de celui que l'enfant prétend être son père. Et, en cela, je suis encore d'un avis contraire à celui de M. Proudhon. Car, comme la qualité de fils d'un individu, lui donne des droits, non seulement à la succession de son père, mais encore à celle de tous les parens de ce dernier, il peut être utile aux héritiers de ce même individu, de faire statuer sur l'état de l'enfant, afin de ne lui pas laisser acquérir une prétendue possession d'état, et de l'écarter de toutes les successions auxquelles il pourroit prétendre par la suite. Et, en effet, qu'arriveroit-il autrement? Supposons la succession du père mauvaise, et répudiée en conséquence par tous les héritiers : l'enfant se présente, et accepte, soit purement et simplement, soit par bénéfice d'inventaire. Les créanciers n'ont pas d'intérêt de contester son état : il traite avec eux, il prend dans tous les actes la qualité de fils et héritier d'un tel ; et l'on croit que les autres enfans n'auroient pas le droit de demander qu'il lui soit fait défense de prendre ce nom et cette qualité! Certainement ils ont intérêt, ne fût-ce que celui de ne pas laisser un individu passer faussement pour leur frère légitime, et s'arroger un nom qui ne lui appartient pas. Et s'ils ne contestoient pas, ne pourroit-on pas leur opposer par la suite la disposition de l'article 317, qui fait courir le délai de deux mois qui leur est accordé, du jour où l'enfant s'est mis en possession des biens du mari ?

(11) *Dans cette possession*, parce que ce n'est que de l'une de ces deux époques qu'ils sont censés connoître son existence.

Mais que doit-on entendre par *trouble?* Je pense, comme je l'ai dit dans la note précédente, que cette expression doit s'entendre de tout fait qui annonce, de la part de l'enfant, l'intention de venir réclamer un jour l'état et les droits d'enfant légitime, et qu'il suffiroit, par exemple, qu'il portât publiquement le nom de celui qu'il prétend être son père, pour que les héritiers fussent fondés à l'attaquer.

(12) *Un acte extrajudiciaire.* Il faut entendre par là tout acte qui n'a pas pour but de mener à un jugement, tel qu'une simple protestation. Il suffiroit même d'une protestation devant notaires, parce que, s'il falloit nécessairement qu'elle fût faite par huissier, il vaudroit autant intenter l'action. D'ailleurs, pour la faire signifier, il faudroit que l'enfant eût un tuteur, et il paroît que l'article a donné le délai d'un mois pour lui en faire nommer un.

(13) *Mais cet acte.* Remarquez que c'est l'acte seul qui est non avenu, et que le désaveu peut être encore formé, si le délai du désaveu n'est pas écoulé.

(14) *D'une action en justice.* Il est dit dans un des Motifs d'un arrêt de cassation, du 9 novembre 1809, dont le dispositif est d'ailleurs très-juste, qu'il suffiroit que l'acte extrajudiciaire fût suivi, dans le mois, d'une citation en conciliation, quoique la demande introductive d'instance n'eût été formée qu'après le mois, et quoique, dans l'espèce, la demande étant dirigée contre une mineure, ne fût pas susceptible de conciliation. (Sirey, 1810, Ire. Partie, pag. 77.)

Mais, d'abord, cette opinion me paroît difficile à concilier avec le texte de l'art. 318, qui exige une demande en justice. Or, on n'a jamais regardé ni pu regarder le préliminaire de conciliation comme une demande en justice, puisqu'il tend, au contraire, à la prévenir et à l'empêcher. Secondement, il résulteroit de cette disposition un effet tout contraire au but que s'est proposé la loi, c'est-à-dire, un retard indéfini dans l'action. Car, comme le préliminaire de conciliation ne tombe pas en péremption, il en résulte que, même après dix ans, il n'a pas besoin d'être renouvelé. Il suivroit donc de là que, tandis que la loi veut que les questions d'état soient formées dans le plus bref délai, elle auroit, d'un autre côté, donné un moyen pour les faire durer indéfiniment.

Voudroit-on appliquer ici l'article 2245, portant que la citation en conciliation n'interrompt la prescription que quand elle est suivie, dans le délai d'un mois, d'une demande en justice? Mais, d'abord, cette application est purement arbitraire; et, en second lieu, il en résulteroit toujours que le délai se trouveroit prolongé d'un mois au-delà du terme fixé par l'article 318.

Enfin, une troisième raison de ne pas admettre le système proposé, c'est que, dans l'espèce, la citation en conciliation étoit absolument nulle, puisque l'affaire n'étoit pas susceptible de conciliation, par elle-même, et attendu la minorité de l'enfant. Or, *quod nullum est, nullum producit effectum.* (Argument tiré de l'article 2247.)

(15) *Contre un tuteur ad hoc.* Pourquoi pas contre la mère, puisque c'est elle qui paroît avoir le plus grand intérêt? On n'a pas voulu donner à la mère le désagrément d'être obligée de défendre à une demande de cette nature, dont l'effet doit

être d'entacher sa réputation. Il est vrai qu'elle doit être appelée : mais rien ne l'empêche de faire défaut ; au lieu qu'elle ne le pourroit pas, si elle agissoit comme tutrice, et au nom de son enfant.

Mais comment sera nommé ce tuteur ? Il me semble que, comme il s'agit précisément de savoir si l'enfant est, ou non, de la famille du père, on ne peut appeler au conseil de famille, de parens paternels. Ce conseil devra donc être composé de trois parens maternels, et de trois amis pour compléter l'autre ligne.

(16) *Et en présence de sa mère.* La mère doit être appelée, parce qu'elle a double intérêt ; d'abord, celui de son enfant, qu'on veut priver de la légitimité ; et le sien propre, puisque, comme il est évident, son honneur se trouve compromis.

PAGE 77.

(1) *Que par l'acte de naissance.* Remarquez : 1°. que l'article dit, *la filiation des enfans légitimes*, parce que l'acte de naissance ne suffit pas pour prouver la filiation des enfans naturels, à moins qu'il ne soit signé du père ou de la mère ; auquel cas, il vaut comme reconnoissance de la part de celui ou de ceux qui l'ont signé. Quant aux enfans légitimes, il fait preuve de la filiation, même à l'égard du père, parce qu'il fait preuve de l'accouchement. Or, quand la mère est mariée, d'après la règle *pater est*, tout enfant né depuis le mariage est, jusqu'à désaveu jugé valable, présumé l'enfant du mari ;

2°. Qu'il est dit, *la filiation des enfans légitimes*, et non pas la légitimité. Nous avons vu, en effet, plus haut, qu'outre leur acte de naissance, les enfans sont, en général, obligés, pour prouver leur légitimité, de rapporter l'acte de célébration du mariage de leurs père et mère ;

3°. Que le titre, quand il est seul, fait bien preuve, mais qu'il n'exclut pas la preuve contraire, s'il n'est accompagné, en même temps, de la possession d'état. (Art. 322.)

On a jugé à Paris, le 15 juillet 1808, dans l'affaire *Virginie* (SIREY, 1809, IIe. Partie, pag. 112), que l'inscription d'un enfant sur les registres de l'état civil, sous le nom d'une femme qui étoit alors mariée, mais qui n'étoit désignée dans l'acte que sous ses noms de fille, avec l'addition de ces mots, *non libre*, et l'indication d'un autre père que le mari, non-seulement ne prouvoit pas la légitimité, mais n'étoit pas même un commencement de preuve par écrit, susceptible de faire admettre la preuve testimoniale. Cet arrêt est fondé sur les principes rigoureux du droit ; et, dans l'espèce, il étoit très-probablement conforme à l'équité.

(2) *Ou à défaut d'acte.* C'est-à-dire, quand il n'est point présenté d'acte de naissance. L'enfant peut ignorer à quelle municipalité il a été présenté au moment de sa naissance ; mais si l'acte est représenté, et qu'il soit contraire à la possession, elle n'est plus d'aucune importance.

(3) *Ne peut lui être contesté.* Il résulte de la combinaison des articles 320 et 322, que le titre et la possession réunis font une preuve complète, qui exclut toute preuve contraire ; mais si l'un des deux manque, l'autre fait-il preuve également, sauf la preuve contraire ? Je pense qu'il faut distinguer : celui qui a le titre sans la possession, doit encore prouver l'identité, c'est-à-dire, qu'il est celui auquel ce titre s'applique :

mais celui qui a la possession d'état, est dispensé de toute preuve : c'est à celui qui conteste l'état possédé, à prouver qu'il ne lui appartient pas.

(4) *Sous de faux noms.* Il faut donc que l'enfant commence par prouver qu'il a été inscrit sous de faux noms. Mais comment se fera cette preuve ? par une inscription de faux, mais seulement de faux incident civil, à cause de la disposition de l'article 327 ; et d'ailleurs, cette inscription même, étant, dans l'espèce, un préliminaire indispensable, et pouvant même former préjugé sur la question d'état, ne doit être admise, qu'autant qu'il y a un commencement de preuve par écrit, ou une réunion de faits constans assez graves pour déterminer l'admission de la preuve testimoniale. (Art. 323.) Ainsi jugé en Cassation, le 28 mai 1809. (Sirey, 1809, Ire. Partie, p. 455.)

(5) *Assez graves.* Par exemple, il est constant que la mère réclamée par l'enfant est accouchée à une époque qui correspond à celle de la naissance du réclamant : on ne représente ni l'enfant dont elle est accouchée, ni son acte de décès. La réunion de ces faits pourroit suffire, dans certains cas, pour faire admettre la preuve testimoniale.

(6) *Du père ou de la mère.* L'on n'exige pas qu'ils soient décédés, comme dans l'article 46, parce qu'ici, ces registres et papiers ne font pas preuve comme dans ledit article, mais seulement commencement de preuve, et encore si le Tribunal juge à propos de les admettre.

(7) *A la preuve contraire.* Observez que la preuve contraire n'a pas besoin d'être ordonnée; elle est de droit, toutes les fois que l'une des parties est admise à la preuve. (*Cod. de Proc.*, art. 256.)

(8) *Par tous les moyens.* Même par la preuve testimoniale, sauf au juge à en apprécier le mérite.

(9) *L'enfant du mari* : par exemple, qu'il y a eu impossibilité de cohabitation, ou adultère et naissance cachée.

La Cour de Cassation a jugé avec raison, le 6 janvier 1809, que le mari pouvoit former tierce opposition à un arrêt rendu pendant son émigration, et qui avoit déclaré la maternité, et par suite, la paternité constante. (Sirey, 1809, Ire. Partie, p. 49.)

(10) *La voie criminelle.* En rendant plainte, par exemple, en suppression d'état, en s'inscrivant en faux principal contre l'acte de naissance, etc.

PAGE 78.

(1) *Relatives à la filiation.* Nous avons ajouté ces mots, parce que, s'il s'agit du mariage, la preuve de la célébration peut, ainsi que nous l'avons vu, s'acquérir par le résultat d'une procédure criminelle. La raison de différence peut être que la suppression du titre ne suffit pas pour détruire l'état de l'enfant, puisqu'il peut encore invoquer la possession d'état ; au lieu que le titre est tout pour les époux, qui ne peuvent invoquer la possession. D'ailleurs, le mariage est un acte public, dont l'existence peut être facilement prouvée par témoins. On n'en peut dire autant de la maternité, et sur-tout de la paternité.

(2) *Ne peut avoir lieu*, même de la part du Ministère public. Ainsi jugé en Cassation, le 2 mars 1809. (Sirey, 1809, Ire. Partie, p. 300.) C'est une dérogation à l'article 3 du Code d'Instruction Criminelle, qui veut, au contraire, que l'exercice

de l'action civile résultant d'un délit, soit suspendu, tant qu'il n'a pas été prononcé définitivement sur l'action publique, soit que cette dernière ait été intentée avant, ou pendant la poursuite de l'action civile.

Cette dérogation est fondée sur ce que les questions d'état étant de la plus haute importance, on a pensé qu'il valoit mieux courir le risque de laisser un crime impuni, que de fournir à un individu les moyens d'entrer dans une famille qui ne seroit pas la sienne.

Mais l'action criminelle pourroit-elle avoir lieu après le jugement définitif sur la question d'état, si ce jugement avoit rejeté la réclamation de l'enfant? Je ne le pense pas; ce seroit donner ouverture à la fraude : l'enfant commenceroit par intenter une action civile, qu'il sauroit mal fondée, pour pouvoir donner cours ensuite à l'action criminelle, et se procurer, par là, un genre de preuve que la loi lui refuse.

(3) *Sur la question d'état.* En outre, pour éviter toute collusion dans des affaires qui présentent, en général, un grand intérêt, et qui, par leur nature, peuvent préjudicier à d'autres qu'à ceux qui y sont parties, aucune question de ce genre ne peut être jugée sans communication préalable au Ministère public.

Observez que, si la cause est portée au criminel, les individus coupables d'enlèvement, de recélé ou de suppression d'un enfant, de substitution d'un enfant à un autre, ou de supposition d'un enfant à une femme qui n'est pas accouchée, sont punis de la réclusion. La même peine est prononcée contre ceux qui, étant chargés d'un enfant, ne le représentent pas aux personnes qui ont droit de le réclamer. (*Code Pénal*, art. 345.)

Observez encore que, pour qu'il y ait lieu à l'application des articles 326 et 327, il faut qu'il y ait question d'état. Si donc il n'y avoit pas question; si, par exemple, celui qui se plaint de la suppression de son état, étoit en possession libre et tranquille de l'état supprimé, je pense que l'action criminelle pourroit avoir lieu de suite, et qu'il en seroit de même, s'il s'agissoit d'un délit qui n'eût aucune connexité avec la question d'état; *putà*, de l'exposition d'un enfant.

(4) *Dans la personne de l'enfant.* La prescription est introduite pour ne pas laisser les propriétés incertaines; et, ici, elle auroit au contraire, pour effet, de laisser l'état de l'enfant incertain. Mais remarquez qu'il n'y a que l'action en réclamation d'état qui soit imprescriptible. Les droits pécuniaires qui pourroient résulter en faveur de l'enfant, de l'état qu'il réclame, sont prescriptibles à son égard, comme à l'égard de tout autre. Si donc il vient, en vertu de son nouvel état, réclamer une succession ouverte depuis plus de trente ans, l'on pourra, s'il y a lieu, lui opposer la prescription, etc.

(5) *Quant à ses héritiers.* Il faut entendre ce mot dans le même sens que pour le cas de désaveu, c'est-à-dire de tous ceux qui peuvent avoir un intérêt pécuniaire à réclamer l'état de l'enfant, tels que les légataires, à quelque titre qu'ils le soient, les donataires, même les créanciers, etc.

(6) *Du dernier acte de la procédure.* Il paroîtroit résulter de la discussion, que

cette espèce de prescription, qui peut être opposée aux héritiers de l'enfant, ne pourroit lui être opposée à lui-même, et qu'à son égard tout est imprescriptible. Cependant, comme le Code de Procédure est postérieur au Code Napoléon, et qu'il décide (art. 397 et 398) que la péremption court dans toute instance, et contre toutes sortes de personnes, je crois devoir revenir sur l'opinion que j'avois émise dans mes précédentes éditions, et décider que la péremption peut être opposée, même à l'enfant qui réclame son état; et, si elle n'éteint pas l'action, qui est imprescriptible, elle aura au moins pour effet de l'empêcher de se prévaloir d'aucun des actes de la procédure périmée. (*Procéd.*, art. 401.)

(7) *Ou dans les cinq ans de sa majorité.* Mais alors, quel délai auront les héritiers? On ne peut disconvenir que le délai de trente ans ne soit fort long. Mais, néanmoins, dans le silence de la loi, on ne peut appliquer ici que l'article 2262. Bien entendu que les trente ans devront courir du jour du décès de l'enfant.

(8) *Par mariage subséquent.* Ce mode de légitimation, établi dans le principe par le droit romain (*L.* 10, Cod. *de Natural. Liberis*), avoit été introduit dans notre droit par une décision du pape Alexandre III, qui se trouve au chapitre VI, *extrà; Qui filii sint legitimi.*

(9) *De ce mariage même.* Ainsi, l'enfant légitimé est censé né du mariage qui l'a légitimé. Il ne peut donc recueillir les successions ouvertes avant le mariage, quoique postérieurement à sa conception, et même à sa naissance. Par la même raison, il ne seroit pas l'aîné à l'égard des enfans d'un précédent mariage, quand même il seroit plus âgé qu'eux, comme dans l'espèce suivante:

« Pierre a un enfant naturel de Jeanne: il épouse Marie, dont il a des enfans » légitimes; devenu veuf, il épouse Jeanne. Ce mariage légitime bien l'enfant » qu'il a eu de Jeanne; mais, quoiqu'il soit plus âgé que les enfans de Marie, » ils sont néanmoins tous censés ses aînés. »

Cette disposition peut être de quelqu'importance, dans le cas d'un majorat.

Observez cependant cette différence, que, si l'enfant légitimé étoit réellement né du mariage, il révoqueroit toutes les donations faites antérieurement à ce mariage; au lieu qu'il ne révoque que celles qui sont faites antérieurement à sa naissance (Art. 960). En conséquence, il ne révoque pas celles qui sont faites dans l'intervalle de sa naissance au mariage qui l'a légitimé.

Au reste, tout ce qui vient d'être dit, prouve que la légitimation par mariage subséquent n'est fondée, ni sur une fiction de la loi, qui feroit remonter l'époque du mariage à celle de la conception, autrement l'enfant légitimé seroit l'aîné des enfans du mariage intermédiaire; ni sur une autre fiction, qui feroit redescendre la conception de l'enfant à l'époque du mariage; autrement il révoqueroit toutes les donations antérieures au mariage. Cette légitimation ne peut donc être fondée, comme dit Pothier, que sur ce que la loi suppose que les parties avoient, lors de la conception, l'intention de contracter mariage ensemble; que c'est la violence de la passion qui les a fait succomber; que leur commerce est une espèce d'anticipation du mariage qu'ils se proposoient de contracter, et qu'ils ont depuis contracté en effet; en sorte que les enfans nés de ce commerce doivent être regardés comme des fruits anticipés du mariage. De là il suit que, si à l'époque de la conception il existoit un empêchement au mariage, l'enfant ne pourroit être légitimé, quand même l'empêchement se trouveroit levé par la suite, et que le mariage auroit effectivement lieu. C'est ainsi que, comme nous le verrons dans la note suivante, l'enfant né du commerce d'un oncle avec sa nièce, n'est point légitimé par le mariage de ses père et mère, contracté même avec dispense. Il en devroit être de même, à plus forte raison, si l'empêchement existant au moment de la conception, étoit alors à-peu-près insurmontable.

Nonobstant ces principes, que je tiens pour incontestables, la Cour de Bourges a jugé le 14 mars 1809 (Sirey, 1809, IIe. Partie, p. 206), que l'enfant né avant la révolution, du commerce d'un prêtre avec une fille, avoit pu être légitimé par le mariage contracté par ses père et mère depuis la révolution; comme si l'on pouvoit supposer que les époux avoient, lors de la conception, l'intention de se marier un jour. On a dit que, d'après la Décrétale précitée, *6*, *X. Qui filii sint legitimi*, le mariage seul légitimoit, sans le secours d'aucune fiction. Mais alors, pourquoi la même décrétale dit-elle que les adultérins ne pourront être légitimés; disposition qui a été adoptée par le Code, dans l'article 331? Le mariage des père et mère ne suffit donc pas pour légitimer les enfans, il faut encore que ceux-ci soient aptes à recevoir le bienfait de la légitimation; ce qui n'a lieu que quand ils sont nés *ex soluto et solutâ*. Or peut-on dire qu'un prêtre étoit *solutus* avant la révolution?

L'enfant pourroit-il être légitimé malgré lui? Je pense qu'il doit consentir, au moins tacitement, c'est-à-dire qu'il faut qu'il ne réclame pas; et je me fonde sur ce qu'il n'y a pas de légitimation sans reconnoissance, et que toute reconnoissance peut être contestée par tous ceux qui ont intérêt. Elle peut donc l'être par l'enfant lui-même, s'il a intérêt, comme nous le verrons sur l'article 339. C'est d'après cela que la Cour impériale de Paris a jugé, le 28 décembre 1811, que la nullité de la légitimation pouvoit être prononcée sur la demande de l'enfant. (Sirey, 1812, IIe. Partie, pag. 67.)

(10) *Incestueux ou adultérin.* Nous verrons, ci-après, au Titre *des Enfans Naturels*, ce qu'on doit entendre par un commerce incestueux ou adultérin.

L'enfant né du commerce d'un oncle avec sa nièce peut-il être légitimé par le mariage subséquent de ses père et mère, contracté avec dispense de l'Empereur, comme cela est permis par l'article 164? Je ne le pense pas; car ce ne peut être précisément que ce cas que l'article 331 a eu en vue, quand il a dit que l'enfant incestueux ne pourroit être légitimé par le mariage subséquent de ses père et mère. En effet, l'article suppose évidemment qu'il peut arriver que le père et la mère d'un enfant incestueux contractent un mariage valable; et il décide qu'un pareil mariage ne légitimera pas l'enfant. Or, il ne peut y avoir mariage valable entre le père et la mère d'un enfant incestueux, que dans le cas de l'article 164, c'est-à-dire, quand les époux sont l'oncle et la nièce, le neveu et la tante, et que l'enfant provient de leur commerce. Donc c'est précisément pour ce cas, et pour ce cas unique, que l'art. 331 a décidé que le mariage subséquent ne légitimeroit pas l'enfant incestueux.

Remarquez que le même article 331 dit, *les enfans nés hors mariage, pourront*, etc., et non pas, *les enfans conçus hors mariage*, quoique cependant ce ne soit pas l'époque de la naissance, mais celle de la conception, qui détermine la légitimité; mais c'est parce que l'enfant né dans le mariage, quoique conçu auparavant, n'a pas besoin d'être reconnu pour être légitimé. Il suffit qu'il ne soit pas désavoué (Art. 314). Au lieu que l'enfant conçu et né hors mariage, n'est légitimé, même par mariage subséquent, qu'autant qu'il a été reconnu au plus tard au moment de la célébration. L'on voit, d'après cela, que le sort de l'enfant conçu avant le mariage, mais né dans le mariage, ayant été précédemment réglé par l'article 314, l'article 331 n'avoit plus à s'occuper que de l'enfant conçu et né avant le mariage.

L'article ajoute : *pourront être légitimés*. De ce mot *pourront*, il ne faut pas conclure que la légitimation soit entièrement facultative de la part des père et mère. Ils sont libres, sans doute, de ne pas reconnoître l'enfant provenu de leur commerce, et par là ils le priveront du bénéfice de la légitimation; mais s'ils l'ont une fois reconnu, la légitimation a lieu de droit, et il ne dépend plus d'eux de l'empêcher. Il faut donc entendre ce mot *pourront*, dans le sens que le mariage est un moyen que la loi offre aux père et mère naturels pour légitimer leurs enfans. Il y a, au surplus, ici, dérogation à l'ancien droit, d'après lequel l'enfant, quoique non reconnu, étoit légitimé de droit par le mariage de ses père et mère, en prouvant par lui, qu'il étoit provenu du commerce que les deux époux avoient eu ensemble avant le mariage. Cette différence tient à ce qu'il étoit permis alors à l'enfant naturel de rechercher la paternité ; ce qui lui est défendu maintenant par l'article 340.

L'on propose la question suivante : Un enfant naturel a été reconnu par son père seulement. Ce dernier se marie avec la mère de l'enfant, mais qui ne l'a pas reconnu. L'enfant peut, aux termes de l'article 341, rechercher la maternité. Mais s'il parvient à la prouver postérieurement au mariage, sera-t-il censé avoir été légitimé par le mariage? Je ne le pense pas. La preuve de la maternité équivaut, en effet, à la reconnoissance de la mère. Mais elle ne peut avoir plus d'effet. Or, la reconnoissance de la mère, postérieure au mariage, opéreroit-elle la légitimation? Non, sans doute, puisque, d'après l'article 331, elle doit être faite, au plus tard, dans l'acte de célébration. Donc, etc.

(11) *Dans l'acte de célébration*. Peut-il être reconnu pendant le mariage? Oui. (Art. 337.) Mais il ne pourra, dans ce cas, réclamer que les droits d'enfant naturel. Pourquoi cette différence? C'est probablement parce que l'on a craint que les époux, par un concert frauduleux, ne se portassent à reconnoître, et par conséquent à légitimer un enfant qui ne leur appartiendroit pas.

(12) *De ceux prédécédés*. Espèce : Pierre et Jeanne ont deux enfans naturels qu'ils ont reconnus : l'un d'eux vient à mourir, laissant des enfans; Pierre épouse ensuite Jeanne. Non-seulement l'enfant naturel survivant est légitimé ; mais encore les enfans de celui qui est prédécédé, ont les mêmes droits que si leur père avoit été réellement légitimé.

PAGE 79.

(1) *De nourrir*, c'est-à-dire, leur fournir la nourriture proprement dite, l'habillement et le logement. *Legatis alimentis*, dit la loi 6, ff. de Alimentis vel cibariis legatis, *cibaria, et vestitus, et habitatio debetur, quia sine his ali corpus non potest.*

(2) *Et élever*, c'est-à-dire, leur donner l'éducation proportionnée à l'état et aux facultés des parens, ainsi qu'au rang que les enfans devront tenir un jour probablement dans le monde; les mettre, s'il y a lieu, en état de gagner leur vie, en leur faisant apprendre un métier, ou de toute autre manière. Mais l'obligation se borne à l'apprentissage, et ne s'étend pas jusqu'à l'établissement. (Art. 204.)

(3) *Leurs enfans. Quid*, s'ils sont majeurs? L'obligation de les nourrir subsiste toujours, lorsqu'ils sont dans le besoin, et dans l'impossibilité actuelle de gagner leur vie. Un arrêt de la Cour de Grenoble a même jugé qu'un père étoit tenu de fournir des alimens à sa fille qui s'étoit mariée malgré lui: et le pourvoi contre cet arrêt a été rejeté le 7 décembre 1808. (SIREY, 1809, Ire Partie, pag. 38.) *Necare videtur qui alimonia denegat.* (*L.* 4, ff. *de Agnosc. et Al. liberis.*)

Quid, si l'enfant a été mis précédemment en état de gagner sa vie? Le juge appréciera si le besoin de l'enfant provient de sa faute, de sa paresse, ou bien des circonstances. *Aditi à te competentes judices*, dit la Loi 5, §. 7, eod. tit. *ali te à patre tuo jubebunt pro modo facultatum ejus : si modo, cum opificem te esse dicas, in eâ valetudine es, ut operis sufficere non possis.* Il en seroit de même, s'il étoit constant que l'ouvrage manque, et que l'enfant ne peut s'en procurer.

Quid, si l'enfant s'est rendu coupable d'une injure considérable envers son père? La loi 5, §. 11, *eod.*, dispensoit le père qui avoit été dénoncé par son fils, de l'obligation de lui fournir des alimens. En seroit-il de même chez nous? Peut-être pourroit-on appliquer ici l'article 727, et admettre, pour le cas d'alimens, les mêmes causes d'indignité que pour les successions, c'est-à-dire les deux premières rapportées dans ledit article; car, si la loi décide que, dans ces cas, l'enfant doit être privé de tout droit à la succession de son père, à plus forte raison doit-il l'être du droit de lui demander des alimens pendant sa vie.

Il faut observer: 1°. que l'obligation de nourrir les enfans du mariage, imposée aux époux par l'article 203, leur est imposée à tous deux conjointement; d'où il suit que c'est une obligation qui leur est naturellement commune, et qui doit être acquittée par tous deux, et solidairement, quand même il n'y auroit pas communauté entr'eux;

2°. Que par le mot *enfant*, il faut entendre tous les descendans, sauf que le droit ne peut être exercé qu'en remontant graduellement, et non *omisso medio.* Ainsi, le petit-fils qui a encore père ou mère, doit s'adresser d'abord à eux; et ce n'est qu'en cas d'impossibilité de leur part, qu'il peut s'adresser à l'aïeul. (*L.* 8, ff. *eod.*)

(4) *Par mariage ou autrement.* Mais si l'obligation de doter n'est point fondée

sur la loi civile, elle est néanmoins toujours regardée comme une obligation naturelle, ainsi que nous le verrons au Titre *du Contrat de Mariage*.

(5) *Et autres ascendans*, mais en observant la même gradation dont nous avons parlé relativement aux descendans, c'est-à-dire, que l'aïeul doit s'adresser au fils, avant de poursuivre le petit-fils, et ainsi de suite.

Nous pensons, au surplus, avec Pothier (*du Contrat de Mariage*, n°. 391), que l'obligation des alimens est solidaire à l'égard de ceux qui doivent les fournir, c'est-à-dire, que l'ascendant, qui est dans le besoin, peut s'adresser à celui de ses descendans qu'il veut choisir pour lui demander la totalité de la pension alimentaire, s'il est en état de la payer. L'ascendant est déjà assez malheureux d'être obligé de demander du pain à ses enfans, sans qu'on le force encore de diviser son action entre chacun d'eux. D'ailleurs, chaque enfant, considéré seul, lorsqu'il a le moyen, est obligé par le droit naturel, de fournir à son père la totalité, et non pas une partie de ce qui lui est nécessaire pour sa subsistance. On veut bien lui permettre, lorsque ses frères ont également le moyen, d'exercer contre eux un recours; mais cela ne diminue en rien son obligation à l'égard de son père.

Quant à la quotité de la part que chaque enfant doit rembourser à celui qui a payé, elle est égale, s'ils ont tous également le moyen d'y fournir; sinon, elle est proportionnée aux facultés de chacun d'eux; de manière que, si un, ou plusieurs d'entre eux, sont hors d'état d'y contribuer, la pension est entièrement à la charge des autres.

Les mêmes dispositions doivent s'appliquer aux ascendans qui se trouvent au même degré, et qui doivent solidairement des alimens à ceux de leurs descendans qui sont dans le besoin.

Quid, si la même personne a son père et son fils, tous deux en état de lui fournir des alimens? Le fils seul est tenu. Sa dette est plus sacrée. Et d'ailleurs, si la personne étoit riche, son fils lui succéderoit seul. Or, *eumdem sequi debent onera, quem sequuntur emolumenta*.

Dans la Loi 5, §. 17, *eod.* Ulpien examine la question si l'obligation de fournir des alimens au père dans le besoin, peut être regardée comme une charge de la succession du fils, et doit être en conséquence acquittée par son héritier, et il décide l'affirmative. Cette décision seroit, sans doute, suivie chez nous, dans le cas où l'ascendant se trouveroit n'avoir rien à recueillir dans la succession du descendant. L'obligation de se fournir mutuellement des alimens, est contractée par l'ascendant, et le descendant au moment de la naissance de ce dernier. Elle est contractée sous deux conditions conjointes; si l'un est dans le besoin, et si l'autre est dans la possibilité de fournir des alimens. L'accomplissement des deux conditions a un effet rétroactif au moment où l'obligation a été contractée (art. 1179). Elle passe donc, avec les biens, à tous les héritiers ou successeurs à titre universel.

(6) *Leurs beau-père ou belle-mère*. Le mot *gendre* indique assez que, par *beau-père et belle-mère*, il faut entendre ce que les Latins expriment par *socer*, *socrus*, c'est-à-dire, le père et la mère du mari ou de la femme, et non pas le

second mari de la mère ou la seconde femme du père, *vitricus*, *noverca*, auxquels il n'est dû d'alimens dans aucun cas, par leurs beaux-fils ou belles-filles.

Remarquez qu'il s'agit ici du cas où les alimens sont à prendre sur les biens personnels des gendre et belle-fille, ce qui ne peut avoir lieu du vivant de l'autre époux, que subsidiairement, et en cas d'insuffisance des biens dudit époux; car si, par exemple, la fille mariée étoit elle-même riche, les alimens seroient dus par elle, et sur ses biens, à tous ses ascendans; et, par conséquent, si elle étoit commune en biens, la dette des alimens devroit être acquittée à la vérité par le gendre, mais comme dette mobilière de la femme, et, par conséquent, comme dette de la communauté. Il en seroit également tenu, s'il y avoit exclusion de communauté, puisque, dans ce cas, il perçoit tous les revenus des biens de sa femme. Mais si la femme est séparée de biens, ou si, étant mariée sous le régime dotal, elle a des paraphernaux, les alimens doivent être fournis par elle, et sur ses biens personnels; et ce n'est, comme nous avons dit, qu'en cas d'insuffisance, qu'ils pourroient être pris sur les biens personnels du gendre.

L'article 206 ne parle que du beau-père et de la belle-mère : doit-on en conclure que les gendre et belle-fille ne devroient point d'alimens aux autres ascendans de leurs époux? M. Proudhon est d'avis de la négative, attendu que l'article n'en parle pas. Je ne partage pas son opinion. Les gendre et belle-fille doivent les alimens, parce qu'ils sont *loco filii* ou *filiæ*. Ils sont donc sujets à toutes les obligations d'un fils ou d'une fille, et par conséquent à celle de nourrir leurs ascendans par alliance. Ce n'est pas dans une matière aussi favorable que celle des alimens, que l'on doit suivre aussi littéralement le texte de la loi.

(7) *Si la belle-mère s'est remariée.* C'est alors à son nouveau mari à pourvoir à sa subsistance; d'ailleurs, en se remariant, elle a passé dans une nouvelle famille. Ces raisons ne peuvent s'appliquer au beau-père qui se remarie.

(8) *Ainsi que les enfans issus de son union.* Donc, s'il y a des enfans, les alimens sont dus; mais par qui le sont-ils? Il sembleroit résulter de la rédaction de l'article 206, que, dans tous les cas, ils sont dus par le gendre ou la belle-fille survivant. Je pense néanmoins qu'il faut distinguer : si les enfans provenant de l'union sont en état de fournir les alimens, ils en sont tenus seuls; les liens qui unissent les petits-enfans à l'aïeul, sont bien plus étroits et plus sacrés que ceux qui unissent un gendre ou une belle-fille à ses beau-père ou belle-mère. L'obligation des gendre et belle-fille ne doit donc être, dans ce cas, que subsidiaire.

(9) *Excepté dans les cas.* Si donc la belle-mère est remariée, le gendre ne peut plus lui demander d'alimens. De même, si la fille est morte sans laisser d'enfans, son mari ne peut plus demander d'alimens à ses beau-père ou belle-mère; par la même raison, la belle-fille remariée ne peut plus demander d'alimens à ses beau-père et belle-mère.

(10) *Dispensés de les fournir.* Je pense qu'il faudroit également excepter le cas où les gendres ou belles-filles auroient eux-mêmes des enfans en état de leur fournir

des alimens. L'obligation des enfans est plus sacrée que celle des beau-père ou belle-mère.

(11) *Dans la proportion du besoin.* Il faut entendre ici le besoin relatif, c'est-à-dire, proportionné à l'âge, à la force, à l'état de santé ou de maladie, et même, le cas échéant, au rang que la personne a tenu précédemment dans le monde.

(12) *Ou la réduction de la pension*; et l'on peut s'adresser, pour cela, au même tribunal qui l'a d'abord fixée. Cela n'est point contraire au principe de pratique judiciaire, qui ne veut pas qu'un tribunal puisse se réformer lui-même. Ici il ne se réforme pas. Il a jugé dans tel temps, et eu égard à telles circonstances, que la pension devoit être fixée à tant: les circonstances ayant changé, il juge actuellement qu'elle doit être supprimée, réduite, ou même augmentée; ce n'est point là se réformer, c'est juger une autre affaire.

(13) *En connoissance de cause.* On examinera, par exemple, si l'enfant n'a pas à redouter des mauvais traitemens ou des mauvais exemples, sur-tout si c'est une fille.

PAGE 80.

(1) *Qu'elles ne peuvent payer en argent.* Les père et mère ne sont point assujettis à cette preuve. L'enfant ne peut jamais être humilié de venir prendre ses alimens dans la maison paternelle.

De ce que les ascendans et descendans sont tenus de se fournir mutuellement des alimens, doit-on en conclure qu'il y auroit lieu entre eux à ce que les auteurs appeloient *le bénéfice de compétence*? C'étoit une exception au moyen de laquelle une personne ne pouvoit être condamnée envers certains créanciers, au-delà de ce qu'elle pouvoit payer, *ultrà id quod facere poterat.* Ce bénéfice étoit accordé aux ascendans, au patron et à ses enfans et descendans, au mari assigné en restitution de la dot, aux associés entre eux, aux militaires, et au donateur à l'égard du donataire. (*LL.* 16, 17, 18 et 19, ff. *de Re judicatâ.*) Ce bénéfice est abrogé en France depuis long-temps. Sans doute la loi naturelle défend à un fils de diriger contre son père des poursuites rigoureuses; mais enfin, s'il le faisoit, et si ses demandes étoient conformes aux lois, les juges seroient tenus de prononcer et de faire exécuter comme à l'égard de toute autre personne, sauf au père à former ensuite contre son fils une demande en prestation d'alimens.

(2) *Envers qui de droit.* Cette disposition a principalement pour but la prestation des alimens aux ascendans. Il est pourvu au besoin des descendans par la disposition du même article, qui leur assure la moitié de la réserve sur les biens confisqués. Si cependant l'enfant se trouvoit dans le cas de ne pouvoir réclamer cette moitié, *putà*, parce qu'il auroit reçu le montant de sa réserve, du vivant de l'ascendant dont les biens sont confisqués, il pourroit également réclamer l'application de l'article 38 du Code Pénal.

(3) *Ou civile de l'un des époux.* Le Code dit: *Par la condamnation, devenue définitive, de l'un des époux à une peine emportant mort civile.* Mais il est clair que cette rédaction n'est pas tout-à-fait exacte. Il résulte formellement de l'ar-

ticle 25, que le mariage du condamné n'est dissous que par la mort civile : et la mort civile n'est pas encourue par la condamnation, même devenue définitive; il faut encore qu'il y ait eu exécution.

PAGE 81.

(1) *En vertu de la sentence du juge.* On exige la prononciation de l'officier de l'état civil d'après la maxime : *Res eodem modo debent dissolvi, quo fuerunt colligatæ.* C'est lui qui a prononcé que les époux étoient unis par mariage ; c'est lui qui doit prononcer que leur union est dissoute. Mais comme il n'est pas compétent pour juger s'il existe une cause suffisante de divorce, si les conditions requises par la loi ont été remplies, il ne peut prononcer le divorce qu'après qu'il a été admis par un jugement. Cette prononciation est donc de pure forme ; car il ne peut se dispenser de la faire. Mais en même temps elle est de rigueur; car les parties ne peuvent, à peine de déchéance, se dispenser d'y recourir.

(2) *Qu'autant qu'il a tenu*, etc. Ce n'est pas que la violation de la foi conjugale ne soit, en elle-même, aussi criminelle de la part du mari que de la part de la femme; mais c'est que l'adultère de la femme a des suites bien plus graves, puisqu'il peut avoir pour effet d'introduire dans la famille du mari des enfans étrangers. D'ailleurs, la pudeur semble s'opposer à ce qu'une femme vienne se plaindre de l'adultère simple de son mari; mais quand il est accompagné de la cohabitation de la concubine dans la maison commune, cette cohabitation devient une injure grave, qui donne à la femme le droit de demander le divorce.

Anciennement, le mari seul pouvoit intenter l'accusation d'adultère contre la femme; cependant, s'il mouroit après la plainte, mais avant le jugement, l'on pensoit que les héritiers pouvoient poursuivre, à cause de l'intérêt pécuniaire qu'ils avoient, l'effet de la condamnation de la femme étant d'annuller les donations qui lui avoient été faites, et de faire confisquer sa dot au profit du mari. Les héritiers auroient-ils aujourd'hui le droit de poursuivre la demande en divorce? La raison de différence, est que le mari, dans le droit ancien, intentoit simplement l'accusation d'adultère : la séparation de corps en étoit bien la suite; mais la plainte en adultère étoit réellement l'affaire principale. Or, il ne répugne pas à la nature des choses, qu'une plainte de cette nature, formée par le mari, soit suivie par ses héritiers. Aujourd'hui, c'est tout le contraire: d'après le Code Napoléon, la demande principale est celle du divorce ou de la séparation de corps. L'allégation de l'adultère n'est que le moyen à employer pour y parvenir : or il paroît répugner qu'une demande en divorce ou en séparation de corps soit suivie par les héritiers. Comment, en effet, demander à la justice la dissolution d'un mariage qui n'existe plus, ou la séparation de deux époux, dont l'un est décédé? Nonobstant ces raisons, je pense que les héritiers du mari peuvent suivre l'action intentée, sauf à eux, lors de la reprise d'instance, à modifier les conclusions, en se bornant à demander la révocation des avantages; et ce qui me confirme singulièrement dans cette opinion, c'est que : 1°. il paroît résulter des articles 336 et 339 du Code Pénal actuel, que le mari peut dénoncer l'adultère de sa femme, et réciproquement, sans qu'il soit nécessaire pour cela de demander le divorce ou la séparation de corps; et 2°. il résulte également de l'art. 317 du Code Napoléon, que les héritiers du mari peuvent désavouer l'enfant dans tous les cas où le mari pouvoit le faire, et par conséquent dans le cas d'adultère, aux termes de l'article 313. Il est donc nécessaire qu'ils soient, au moins dans ce cas, admis à prouver l'adultère.

Au surplus, ce que nous disons des héritiers du mari, doit s'appliquer également à ceux de la femme, lorsque le divorce a été demandé par elle.

(3) *Dans la maison commune.* Il n'est pas nécessaire que ce soit dans le domicile commun, il suffit que ce soit dans la maison ou l'habitation commune; *putà*, dans une maison de campagne où les époux auroient été passer la belle saison.

(4) *Les excès.* On entend principalement, par ce mot, les actes qui peuvent mettre en danger la vie de l'époux.

(5) *Sévices.* Mauvais traitemens personnels, et sur-tout continuels. *Secùs*, si c'étoit un simple mouvement de vivacité.

(6) *Ou injures graves*, outrages, diffamations: mais bien entendu que, pour ce qui concerne les sévices ou injures, tout est relatif. Tel acte seroit sévice ou injure grave à l'égard d'une personne d'un rang honnête, qui ne le seroit pas à l'égard d'une autre personne d'une condition inférieure.

(7) *De l'un des époux envers l'autre.* Ainsi, le mari peut actuellement demander le divorce pour cette cause. Autrefois, il pouvoit seulement former la plainte en adultère; et si la femme étoit condamnée, la séparation de corps s'ensuivoit.

PAGE 82.

(1) *A une peine infamante.* Nous avons vu plus haut ce qu'il faut entendre par ces mots; mais remarquez: 1°. qu'il faut que la condamnation soit postérieure au mariage; si elle étoit antérieure et connue, l'époux innocent devroit s'imputer d'avoir contracté un pareil mariage, et seroit en conséquence non-recevable à demander le divorce pour cette cause;

2°. Qu'il ne s'agit pas ici d'une peine emportant mort civile; autrement le mariage seroit dissous de plein droit par l'exécution, et sans qu'il fût nécessaire de recourir au divorce.

(2) *Par aucune voie légale.* Si donc le jugement est par contumace, le divorce ne peut être prononcé qu'après vingt ans, à compter de la date dudit jugement (*Cod. d'Instr. Crim.*, art. 476 et 635); mais si la condamnation étoit de nature à emporter mort civile, le mariage seroit dissous de plein droit, à l'expiration des cinq ans à compter de l'exécution.

(3) *Du Tribunal civil*, et ce, quand même les faits allégués seroient de nature à donner lieu à une action criminelle. Ce n'est point à un époux à intenter une pareille action contre son époux; il doit laisser agir le Ministère public, qui saura bien, s'il y a lieu, revendiquer l'affaire, pour la poursuivre au criminel.

(4) *Du domicile commun. Quid*, dans le cas où le divorce est demandé trois

ans après la séparation de corps, conformément à l'article 310 ? Si c'est le mari qui poursuit, comme la femme séparée de corps peut avoir un domicile distinct, je pense qu'il doit faire poser les significations au domicile de la femme, et l'assigner devant le juge de ce domicile.

(5) *En personne.* La femme a-t-elle besoin d'être autorisée par justice ? Le Code ayant précisé avec grand soin toutes les formalités du divorce, et n'ayant pas parlé de l'autorisation, il ne paroît pas qu'elle soit nécessaire. Aux termes de l'article 88 du Code de Procédure, il faut, en matière de divorce, se conformer strictement aux règles de Procédure établies par le Code Napoléon. Ainsi jugé en Cassation, le 25 germinal an 13 (*Journal de la Jurisprudence du Code Civil*, tom. IV, pag. 418.)

(6) *Par maladie.* Il paroît, d'après la discussion, que c'est le seul cas d'exception, et que l'absence, même pour service public, ne seroit pas admise comme excuse. Je conçois qu'on a pu ne pas permettre à un absent de demander le divorce pour excès ou sévices. Puisqu'il est absent, il n'a rien à craindre. Mais il paroîtroit devoir en être autrement dans le cas de diffamation ou d'adultère. Ces causes ont leur effet aussi bien de loin que de près. Probablement l'on a voulu absolument qu'il y eût tentative de conciliation, ce qui ne pourroit avoir lieu, si le demandeur étoit absent.

(7) *Lors de la reprise de l'action.* L'époux coupable peut être absous de l'accusation criminelle, et cependant sa faute peut être assez grave pour faire admettre le divorce.

Mais quel sera l'effet du jugement criminel dans le cas contraire, c'est-à-dire, s'il a condamné le défendeur? Le fait doit être alors regardé comme certain; et le Tribunal civil n'aura plus à examiner s'il existe ou non, mais seulement s'il est de nature à faire prononcer le divorce. Dans tous les cas, si la condamnation est infamante, elle suffira pour le faire admettre.

(8) *Il dresse. Il*, le juge, et non point le greffier. Tant qu'il existe espérance de réconciliation, la loi veut que la demande ait le moins de publicité possible, et que tout se passe en conséquence avec le magistrat seul.

Nota. On a jugé à Besançon, le 16 août 1811 (Sirey, 1812, IIe. Partie, pag. 106), que le Titre *du Divorce*, dans le Code Napoléon, ne contenant aucune disposition semblable à celle de l'article 1040 du Code de Procédure, tous les actes préliminaires du divorce pouvoient être faits en l'hôtel du juge.

(9) *Il ordonne.* Cette ordonnance a des effets remarquables, ainsi que nous le verrons plus bas, sect. III.

(10) *Est adressée par lui.* Par le juge et non par un huissier; même raison que dans l'avant-dernière note. D'ailleurs, il faut éviter tout ce qui peut tendre à aigrir les époux.

(11) *Si l'autre ne se présente pas.* Mais si le défendeur se présente, il doit être, ainsi que le demandeur, seul, sans avoué ni conseil. (Argument tiré de l'article 877 du Cod. de Proc.) (*Voir* aussi la note (5) de la page suivante.)

PAGE 83.

(1) *Accorde ou suspend.* Quoique le demandeur ait refusé de se réconcilier, néanmoins le Président peut avoir aperçu dans ses réponses qu'un rapprochement n'est pas impossible : c'est le motif de cette disposition. Mais faudra-t-il, à l'expiration du délai, demander de nouveau la permission au Tribunal? Je pense qu'oui : puisque le Tribunal a suspendu la permission de citer, il ne l'a donc pas accordée. *Sic* jugé à Besançon, le 16 août 1811. C'est le même arrêt qui est déjà cité dans la note (8) de la page précédente.

(2) *En personne.* Il est bien entendu qu'il n'y a pas lieu au préliminaire de conciliation devant le tribunal de paix; il a eu lieu devant le Président.

(3) *A huis clos.* L'on veut encore éviter la publicité.

(4) *Dans le délai de la loi*; c'est-à-dire, dans huitaine. (*Cod. de Proc.*, art. 72.)

(5) *S'il le juge convenable.* De ce que la loi ne donne qu'à cette époque, au demandeur, le droit de se faire assister d'un conseil, on doit conclure que, jusque-là, il a dû comparoître seul. (*Voyez* aussi l'article déjà cité 877 du Cod. de Procéd.)

(6) *Ses fins de non-recevoir.* L'article 243 dit en général, *ses observations*; mais il paroît résulter de l'article 246, que ce sont les fins de non-recevoir qui doivent être proposées avant tout.

(7) *A l'audience publique.* Tout espoir de rapprochement étant éteint, la loi sur la publicité des audiences reprend toute sa force; cependant les juges pourroient encore, d'après les circonstances, ordonner que les plaidoiries auront lieu à huis clos. (*Procéd.*, art. 87.)

(8) *Si le défendeur est défaillant.* Donc, s'il n'est pas défaillant, le prononcé vaudra signification.

PAGE 84.

(1) *A la demande en divorce.* J'indique ceci par forme d'observation générale, pour éviter, à chaque disposition, la répétition fastidieuse de ces mots : *le procureur impérial entendu.*

(2) *Sur les fins de non-recevoir.* La non-pertinence des faits doit-elle être regardée comme une fin de non-recevoir sur laquelle il doive être statué par le premier jugement? Jugé pour la négative par la Cour de Cassation, le 18 frimaire an 14. (*Journal de la Jurisprudence du Code Civil*, tom. VI, pag. 273.) Et, en effet, l'examen de la nature des faits paroît tenir davantage au fond de l'affaire.

(3) *La principale.* Nous disons *la principale*, parce qu'il peut en exister d'autres; par exemple, si la femme qui a quitté le domicile commun, ne réside pas dans la maison qui lui a été indiquée par le tribunal (Art. 269); si le tribunal est incompétent; si le divorce est demandé par le mari, pour cause d'adultère, et qu'il soit lui-même dans un cas tel, que le divorce puisse être demandé contre lui pour la même cause. (Argument tiré de l'article 336 du Code Pénal.)

(4) *Sur lesquels la demande est appuyée.* Mais il faut remarquer que cette fin de non-recevoir, ni aucune autre, ne peut avoir lieu lorsque le divorce est demandé

pour condamnation à une peine infamante, puisque, d'après l'article 261, il n'y a aucune procédure, et que le défendeur n'est pas même appelé.

Quid, si l'époux défendeur, antérieurement à la prononciation du divorce par l'officier de l'état civil, allègue un fait de réconciliation postérieur au jugement qui a admis le divorce? Il faut distinguer: si le jugement est de première instance, et que le délai de l'appel ne soit pas encore expiré, il devra appeler, et proposer la fin de non-recevoir. Mais, si le jugement est passé en force de chose jugée, il n'y a plus de procès, plus de procédure, et par conséquent il n'est plus possible de proposer de fins de non-recevoir.

La continuation de cohabitation, depuis la demande, seroit-elle une preuve de réconçiliation? Non: l'article 268 donne à la femme la faculté de quitter le domicile commun; mais il ne lui en impose pas l'obligation.

La grossesse de la femme seroit-elle une preuve de réconciliation? Oui, sans doute, si c'est elle qui est demanderesse. Elle ne peut prétendre qu'elle est enceinte des œuvres d'un autre que de son mari. *Nemo auditur suam turpitudinem allegans.* Mais si elle est défenderesse, ce sera au tribunal à statuer d'après les circonstances. Il pourroit arriver que, bien loin d'être une preuve de réconciliation, cette grossesse fût une nouvelle injure pour le mari.

(5) *Pour l'appuyer.* Le défendeur est d'autant plus coupable, qu'il a plus abusé de la patience du demandeur.

(6) *Statue au fond.* Ainsi il doit y avoir deux jugemens distincts: le premier, par lequel la demande est admise; et le second, qui statue sur le mérite de la demande, soit en déboutant le demandeur, si les faits allégués ne sont pas pertinens; soit en admettant le divorce, si les faits sont pertinens et prouvés; soit en ordonnant la preuve des faits pertinens, s'ils ne sont pas suffisamment établis.

Remarquez que les tribunaux ne doivent admettre qu'avec précaution la preuve résultant des aveux de l'époux défendeur, et seulement dans le cas où ces aveux sont accompagnés de circonstances qui en démontrent la vérité. (Argument tiré de l'article 870 du Code de Procédure.) Autrement les époux pourroient s'entendre pour faire prononcer le divorce pour cause déterminée, et éluder par là les dispositions de la loi relatives au divorce par consentement mutuel.

Nota. Il a été jugé en Cassation, le 10 mai 1809 (Sirey, 1809, Ire. Partie, p. 264), que l'obligation de juger le fond immédiatement après l'admission de la demande, étoit particulière aux tribunaux de première instance, et ne devoit pas être étendue aux Cours Impériales, auxquelles il est seulement enjoint, par l'article 262, de juger comme en matière urgente.

L'époux qui a défendu au fond en première instance, après l'admission de la demande, est-il recevable à appeler du jugement qui a rejeté ses fins de non-recevoir, et à les proposer de nouveau sur l'appel? L'affirmative ne peut être douteuse. Puisque le tribunal doit statuer au fond immédiatement après le jugement d'admission, il a bien fallu que l'époux défendît au fond, avant de pouvoir appeler du premier jugement.

(7) *Des faits pertinens.* On appelle, en général, faits *pertinens*, ceux qui, en les supposant prouvés, sont suffisans pour justifier la demande. Il est clair qu'il est inutile d'admettre à la preuve de faits non pertinens. *Frustrà probatur, quòd probatum non relevat.*

(8) *A la preuve contraire.* Observez que la preuve contraire est de droit, qu'elle n'a pas même besoin d'être ordonnée ou réservée par le jugement. (*Cod. de Procéd.*, art. 256.)

(9) *Faire proposer par un conseil.* Après le rapport du juge, et avant que le Procureur impérial ait pris la parole. (Art. 248.) C'est une dérogation à l'article 111 du Code de Procédure.

(10) *L'accompagne en personne.* *Quid*, en cas de maladie ? L'article dit, *en aucun cas ;* ce qui n'excepte pas même le cas de maladie. Mais alors le tribunal, sur la preuve de la maladie, doit renvoyer la cause.

PAGE 85.

(1) *Sur-le-champ.* Passé cette époque, les parties ne peuvent plus désigner de nouveaux témoins. (Art. 249.)

(2) *Les domestiques.* Dans les causes de divorce, les domestiques sont, en quelque sorte, témoins nécessaires, et, le plus souvent même, les seuls témoins.

(3) *Leurs descendans.* Je pense que les descendans sont non-seulement reprochables, mais encore qu'ils ne peuvent être entendus. On ne peut pas les admettre à déposer contre leur père ou leur mère.

(4) *Ne peuvent être reprochés.* Reprocher un témoin, c'est alléguer les moyens que l'on croit propres à faire rejeter sa déposition.

(5) *Ou de la domesticité.* Mais ils pourront l'être pour autre cause. (*Voy.* l'article 283 du Code de Procédure.)

(6) *A huis clos.* Ici la procédure redevient secrète, afin de ne point gêner la liberté des parties et des témoins. Il est possible, d'ailleurs, que les faits sur lesquels doivent rouler les dépositions, ne soient pas de nature à être exposés en public.

(7) *Au défendeur.* Pourra-t-on se dispenser de la lui signifier, s'il est présent ? La loi a fait cette distinction dans l'article 245. Elle ne la répète pas ici. Par conséquent, il ne paroît pas qu'elle doive être admise : et il y a peut-être une raison ; c'est qu'ici la chose est plus grave, puisqu'il s'agit du jugement définitif.

(8) *Après le rapport du juge.* Nouvelle exception à l'article 111 du Code de Procédure.

PAGE 86.

(1) *Autoriser la femme.* Demanderesse ou défenderesse.

(2) *L'époux demandeur peut.* Ce mot *peut*, prouve, à mon avis, que le délai n'est pas fatal : et, effectivement, il est possible qu'un rapprochement soit sur le point de s'opérer, et il ne faut pas que la crainte d'une déchéance puisse l'empêcher. Mais aussi je pense que, s'il n'y a pas d'espérance de réconciliation, et que le

demandeur ne cite point le défendeur au bout de l'année, alors celui-ci peut poursuivre l'audience, pour faire rejeter la demande en divorce. (Argument tiré de l'article 310.)

(3) *Ou par défaut.* Pour le jugement par défaut, c'est une exception à l'art. 443 du Code de Procédure, qui ne fait courir le délai, dans ce cas, que du jour où l'opposition n'est plus recevable.

On a jugé, au surplus, d'après cet article combiné avec le 265e. du Code Napoléon, et le 881e. du Code de Procédure, que l'on ne pouvoit se pourvoir par opposition, mais seulement par appel, contre un jugement de première instance rendu en matière de divorce. (Arrêt de la Cour d'Aix, du 7 mars 1809. SIREY, 1809, IIe. Partie, pag. 253; et de la Cour de Paris, du 21 juillet de la même année. *Ibid.*, 1810, IIe. Partie, pag. 59.)

On a jugé également à Angers, le 5 mai 1808 (SIREY, 1812, IIe. Partie, p. 377), que l'on ne pouvoit pas appeler des jugemens interlocutoires rendus en matière de divorce, et cela d'après l'article 262, qui paroît effectivement n'admettre l'appel que pour les jugemens rendus, soit sur l'admission de la demande, soit sur le fonds.

(4) *Est suspensif.* C'est encore une exception aux règles de la procédure; dans les cas ordinaires, le pourvoi en cassation n'est pas suspensif. Mais l'on sent combien cela seroit dangereux ici, puisqu'il en résulteroit que le mari pourroit se remarier peu de jours après la prononciation du divorce, et la femme dix mois après; et si l'arrêt qui a admis le divorce, venoit ensuite à être cassé, et le divorce rejeté, que deviendroit le second mariage? C'est probablement la même raison qui a déterminé le Législateur à ne point admettre la requête civile contre les jugemens d'admission de divorce.

(5) *Le défendeur dûment appelé. Quid,* dans le cas où le divorce a été admis pour condamnation à une peine afflictive ou infamante? Je pense qu'il n'est pas nécessaire d'appeler l'époux défendeur devant l'officier de l'état civil, puisqu'on n'est pas même obligé de l'appeler devant le tribunal. D'ailleurs, dans la plupart des circonstances, il est hors d'état de comparoître, *putà*, lorsqu'il est condamné aux travaux forcés, à la réclusion, etc.: dira-t-on que l'on doit appeler le curateur? Mais la règle, *Res eodem modo dissolvi debent, quo fuerunt colligatæ*, n'en seroit pas mieux observée, puisque le mariage ne pourroit avoir lieu par le moyen du curateur. D'ailleurs, il n'y a pas de curateur dans le cas du bannissement. (*Cod. Pén.*, art. 29.)

(6) *A compter de l'expiration du délai de l'opposition.* Si le défendeur a avoué en cause, il ne paroît pas y avoir difficulté, parce que l'art. 157 du Code de Procédure porte que *l'opposition n'est recevable que pendant huitaine, à compter de la signification à avoué* : les deux mois ne commencent donc qu'à compter de l'expiration de cette huitaine. Cependant il peut se présenter encore une difficulté. Supposons, en effet, qu'un arrêt ait été rendu par défaut le 8 janvier, et qu'il ait été signifié le 12: le délai de l'opposition expire le 20. On pourra donc, aux termes de l'article 265, faire prononcer le divorce, deux mois après, c'est-à-dire, le 22 mars;

et cependant le défendeur a jusqu'au 13 avril pour se pourvoir en cassation; lequel pourvoi est suspensif.

Mais si le défendeur n'a pas d'avoué, alors la question se complique encore bien davantage. En effet, l'article 158 du même Code de Procédure porte que, *quand le jugement par défaut est rendu contre une partie n'ayant pas d'avoué, l'opposition est recevable jusqu'à l'exécution du jugement.* Or, ici, le jugement ne peut recevoir d'exécution que par la prononciation du divorce; et cependant le divorce ne peut être prononcé, que lorsqu'il ne reste plus aucun moyen de se pourvoir contre le jugement. Il est vrai que ce cas sera très-rare; car il faut supposer que c'est le défendeur qui a gagné en première instance, et que sur l'appel il n'a pas constitué avoué. Car s'il a perdu en première instance, et qu'il ait appelé, son acte d'appel a dû contenir constitution d'avoué. (*Procéd.* 456.) Mais enfin, le cas peut arriver; et, d'après cela, il seroit peut-être nécessaire que le législateur fixât ces points de procédure par une décision particulière.

L'on dira peut-être que le demandeur peut faire exécuter pour les dépens, et par là faire courir les délais. Mais je répondrai que, tant que le divorce n'est pas prononcé, l'on ne peut exécuter le jugement, même pour les dépens. Car, puisque le demandeur est déchu du bénéfice du jugement, s'il ne fait pas prononcer le divorce dans les deux mois, il ne peut donc s'en prévaloir avant cette prononciation : la difficulté reste donc entière.

Au surplus, il résulte bien évidemment des articles 263 et 265, qu'il n'y a pas lieu à requête civile en matière de divorce; et, en effet, la nature de l'affaire y répugne entièrement.

(7) *S'ils sont contradictoires. Quid*, si l'on s'est pourvu en cassation, et que le pourvoi ait été rejeté? Ce cas n'est pas prévu; cependant il doit l'être, puisque le pourvoi est suspensif. Je crois qu'il faut décider, par analogie, que les deux mois courront du jour que le demandeur aura eu connoissance du rejet. Mais comment constater l'époque à laquelle il a eu cette connoissance? Si la requête n'a pas été admise, il n'a pas dû être mis en cause; et certainement le défendeur ne lui signifiera pas le rejet. En général, ce titre a besoin de quelques dispositions additionnelles.

Au surplus, de ce que la loi ne fait courir le délai de deux mois que de l'expiration des délais de l'appel, de l'opposition ou du pourvoi en cassation, on en doit conclure que l'acquiescement donné, avant l'expiration de ces délais, à un jugement susceptible d'être attaqué, ne préjudicieroit, en aucune manière au droit d'appeler ou de se pourvoir; et cet effet, par la même raison que les parties ne pourroient pas consentir le jugement, de même elles ne doivent pas pouvoir y acquiescer. A la vérité, le défaut d'appel ou de pourvoi équivaut à un acquiescement; mais du moins l'on est sûr que la partie a eu tout le délai que la loi a voulu lui donner, pour délibérer sur l'appel ou le pourvoi.

PAGE 87.

(1) *Sur la demande.* Quelle que soit la latitude laissée au tribunal, il faut cependant qu'il soit provoqué. Il ne peut rien ordonner d'office.

(2) *Soit de la mère.* Il n'est pas question du père, qui ne peut avoir de demande à former à cet égard, puisque l'administration des enfans lui reste de droit, en cas de silence de la mère, de la famille, et du ministère public.

(3) *Le domicile de son mari.* La femme n'a pas, à proprement parler, besoin d'être autorisée par le tribunal pour quitter le domicile commun. Mais comme elle ne peut le quitter que pour se retirer dans une maison indiquée par le tribunal, elle est toujours obligée de recourir au juge pour faire faire cette indication.

On a même jugé à la Cour impériale de Paris, le 4 décembre 1810 (Sirey, 1811, IIe. Partie, page 435), que le tribunal de première instance n'avoit pas pu autoriser la femme à résider dans un lieu situé hors de l'arrondissement. Il est vrai qu'il s'agissoit d'une demande en séparation de corps. Mais les motifs sont les mêmes. Il convient que la femme, même plaidant en divorce, ne réside pas à une telle distance, que le mari ne puisse la surveiller, s'assurer, par exemple, si elle réside dans la maison indiquée, etc.

Si la femme ne quittoit pas le domicile commun, le mari pourroit-il la faire condamner à se retirer? Je pense qu'oui, s'il étoit à craindre, soit d'après la situation actuelle du mari, soit d'après d'autres circonstances, que l'habitation commune n'exposât celui-ci à quelque danger.

(4) *Ni même à sa subsistance.* Par exemple, si elle est mariée en communauté ou sous la clause de non communauté; ce qui produit à son égard le même effet. *Secùs*, si elle étoit séparée de biens, ou mariée sous le régime dotal, et que, dans l'un ou l'autre cas, elle eût des biens particuliers.

(5) *Est obligé de lui payer.* Cela seroit-il réciproque? Il est difficile que le mari se trouve dans une position qui rende la réciprocité nécessaire. En effet, s'il y a communauté, le mari en est le maître (Article 1421); s'il y a exclusion de communauté, il a le droit de percevoir seul, et à son profit, tous les revenus de sa femme (Article 1530). S'il y a séparation de biens, et qu'il n'y ait point de convention relative aux charges du mariage, la femme doit y contribuer jusqu'à concurrence du tiers de ses revenus (Article 1537), et ce tiers doit être remis au mari. Il en est de même dans le cas où les époux sont mariés sous le régime dotal, et où tous les biens de la femme sont paraphernaux (Article 1575). S'il y a eu constitution de dot, le mari a le droit de jouir de tous les biens qui la composent (Article 1549). Il ne pourroit donc y avoir de difficulté que dans le cas où, les époux étant séparés de biens, ou mariés sous le régime dotal, mais sans constitution de dot, il y auroit dans le contrat de mariage une clause qui dispenseroit totalement la femme de contribuer aux charges du mariage. Mais sans rien préjuger sur la validité de cette clause, il n'est pas douteux que le mari, qui se trouveroit absolument hors d'état de pourvoir à sa subsistance et aux frais du procès, ne puisse, soit en vertu de l'article 212, soit par analogie de l'article 268, obliger sa femme de lui payer une pension jusqu'au jugement définitif.

PAGE 88.

(1) *Toutes les fois qu'elle en est requise.* C'est à elle à justifier qu'elle réside

dans la maison indiquée ; ce n'est pas à son mari à prouver qu'elle n'y réside pas : ce seroit un fait négatif, *et factum negantis nulla est probatio.*

(2) *Elle peut être déclarée non recevable.* On a jugé à la Cour de Turin, le 12 février 1811, que cette disposition ne s'appliquoit pas à la demande en séparation de corps. (Sirey, 1811, IIe. Partie, pag. 436) On a jugé de même à Bruxelles le 26 décembre 1811. (*Journal de jurisprudence du Code Napoléon*, tom. 18, pag. 96.) Je ne puis être de l'avis de ces arrêts. Il y a entière parité de raison dans les deux cas ; et il y a peut-être même plus de raison pour la séparation de corps, qui ne dissout pas le mariage, et qui, par conséquent, ne détruit en rien l'intérêt que le mari peut avoir à ce que sa femme ne mène pas une conduite désordonnée. (*Voir* au surplus, ci-après, la note (6) de la page 95.)

(3) *De requérir.* Donc les scellés sont apposés sur la seule réquisition de la femme, sans connoissance de cause, et sans qu'il soit besoin même de l'autorisation du tribunal. Il seroit à craindre que, pendant le délai que tout cela entraîneroit, le mari ne parvînt à tout soustraire.

La femme pourroit-elle s'opposer à la levée des scellés, ou demander le séquestre des fruits des immeubles ? En point de droit strict, je ne le pense pas. Il suffit que le mari en réponde comme gardien judiciaire. Si cependant il étoit allégué des faits probables de dissipation ou de mauvaise conduite, je pense que le Tribunal pourroit, *ex æquo et bono*, prendre toutes les mesures nécessaires pour la conservation des droits de la femme. (Argument tiré de l'article 271.)

(4) *De la communauté.* Doit-on conclure, de ce mot, que la mesure ne doit avoir lieu que dans le cas où les époux sont mariés sous le régime de la communauté ? Je pense qu'il en doit être de même, s'ils sont mariés sous le régime dotal, et qu'il y ait entr'eux une société d'acquêts : c'est une véritable communauté (Art. 1581)

(5) *Des deux parties.* Parce que c'est le moment où la procédure commence à être contradictoire, et connue en conséquence du mari.

(6) *Comme gardien judiciaire.* L'effet de cette disposition est de le rendre contraignable par corps (Art. 2060). *Quid*, s'il ne veut pas prendre cette qualité ? Les scellés ne seront pas levés.

Mais le mari, constitué gardien judiciaire, peut-il aliéner les objets inventoriés, sauf à répondre de leur valeur ? Jugé pour la négative, à Bruxelles, le 31 août 1808. (Sirey, 1809, IIe. Partie, pag. 47.) Je crois que la solution de cette question dépend de la manière dont elle est posée. En effet, si l'on entend mettre en question si la femme peut s'opposer à la vente, l'affirmative ne me paroît pas douteuse ; mais si l'on prétend que la vente est tellement nulle, que la femme puisse revendiquer contre les tiers de bonne foi, je soutiens fermement la négative, fondé sur les deux principes que, *les meubles n'ont pas de suite*, et *qu'en fait de meubles, la possession vaut titre ;* principes consacrés par l'article 1141 ; sauf, dans ce cas, le recours de la femme contre le mari.

Dans tous les cas, je crois que ce dernier peut, en connoissance de cause, se faire autoriser à vendre tout ou partie des objets compris dans l'inventaire ; par exemple, les objets périssables ou d'une conservation difficile ou dispendieuse : de même, s'il fait un commerce, il faut bien qu'il continue à débiter les marchandises.

(7) *En fraude des droits de sa femme.* Il faut qu'il y ait fraude des droits de la femme ; ce qui prouve que la nullité n'est établie que dans l'intérêt de la femme, et qu'elle seule peut la demander.

Au surplus, pour qu'il y ait fraude, et, par conséquent, action en nullité, il faut qu'il y ait *consilium* et *eventus*. *Consilium*, c'est-à-dire, l'intention, de la part du mari, de préjudicier aux intérêts de la femme. *Eventus*, c'est-à-dire, qu'il faut que la femme ait souffert effectivement du dommage.

(8) *Frauduleusement.* Même observation que dans la note précédente.

(9) *A la charge de la communauté.* Il eût été à désirer, pour l'exécution de ces dispositions, que l'on eût appliqué ici celle de l'article 958 ; c'est-à-dire, que l'on eût autorisé la femme à prendre inscription sur les biens de la communauté, immédiatement après l'ordonnance de comparution. Comment, en effet, les tiers peuvent-ils être avertis de l'incapacité imposée au mari par le présent article? Je pense, au reste, que l'action révocatoire, qui est ici accordée à la femme, peut être comparée à l'action Paulienne des Romains, et qu'en conséquence il faut admettre la distinction établie par la loi 5, Cod. *de revoc. his quæ in fraudem credit.* Si l'acquéreur est à titre onéreux, *putà*, un acheteur, un échangiste, l'aliénation ne peut être annullée, qu'autant qu'il sera prouvé qu'il est complice de la fraude, c'est-à-dire, qu'il connoissoit, lors de l'acquisition, la situation du mari, et la procédure dirigée contre lui; mais s'il est à titre gratuit, comme un donataire, il suffira qu'il y ait fraude de la part du mari, pour que l'aliénation soit annullée. Pour connoître les motifs de cette distinction, *voyez* au IIe. vol., la note (4) de la pag. 35.

PAGE 89.

(1) *Tous les avantages.* Il ne perd que les avantages, mais non sa part dans la communauté, ni la dot, si c'est la femme. Anciennement, la femme convaincue d'adultère étoit déchue de sa dot, de son douaire, et de toutes ses autres conventions matrimoniales. Il y avoit, au surplus, pour cela, une raison qui n'existe plus actuellement ; c'est que la femme, dans ce cas, étoit condamnée à la peine de l'authentique, qui étoit ordinairement perpétuelle, et qui, conséquemment, l'empêchoit de se remarier. Aujourd'hui la peine de l'adultère est temporaire et même assez courte; et la femme peut se remarier après l'avoir subie.

(2) *Soit depuis le mariage.* Ce n'est pas que les donations faites entre époux, pendant le mariage, soient irrévocables. Car, au contraire, elles sont essentiellement révocables. (Art. 1096.) Mais ici le donateur n'aura pas même besoin de les révoquer ; elles le sont de plein droit.

Quid, à l'égard des donations qui auroient pu être faites à l'époux défendeur par les parens de l'époux demandeur, soit par le contrat de mariage, soit depuis? Je pense qu'elles sont également révoquées. Argument tiré de l'article 1113, qui regarde comme cause de nullité du contrat, la violence exercée sur les ascendans et les descendans de la partie contractante ; ce qui ne peut être fondé que sur ce que l'on est censé ressentir les outrages faits à ces sortes de personnes, comme ceux faits à soi-même. D'ailleurs, dans l'hypothèse, ces avantages doivent toujours être présumés faits en considération, soit du mariage, soit de l'autre époux; et sous l'un et l'autre rapports, ils doivent être révoqués par le divorce : et je pense que cela doit avoir lieu dans tous les cas où l'époux demandeur est héritier du donateur.

Il faut, au surplus, remarquer que toutes les révocations qui peuvent avoir lieu, ne peuvent préjudicier en aucune manière aux droits acquis par des tiers. C'est ici une espèce d'action d'ingratitude; et, aux termes de l'article 958, la révocation pour cette cause ne peut préjudicier, ni aux aliénations faites par le donataire, ni aux hypothèques et autres charges réelles qu'il a pu imposer sur les objets donnés, antérieurement à la révocation.

(3) *Par l'époux défendeur.* Soit par contrat de mariage, soit depuis le mariage; avec cette différence néanmoins, que les donations faites aux époux depuis le mariage, étant, comme nous l'avons dit, essentiellement révocables, l'époux défendeur conserve le droit de les révoquer. On a voulu prétendre le contraire, et s'appuyer à cet égard sur l'article 300, qui paroît décider indistinctement que l'époux demandeur conserve tous les avantages qui lui ont été faits. Mais il faut remarquer qu'à l'époque où l'on a adopté l'article 300, le titre *des donations entre-vifs et des testamens* n'étoit pas encore rédigé; on ignoroit donc encore si l'on conserveroit les dispositions de l'ancien droit, qui prohiboient les donations entre époux, à l'exception du don mutuel, lequel n'étoit révocable que du consentement des deux parties. On ne peut donc pas dire que l'article 300 a eu en vue les donations dont il est question dans l'art. 1096. D'ailleurs, que signifie l'art. 300, quand il dit que l'époux demandeur conserve les avantages? Rien autre chose, sinon que ces avantages ne sont pas révoqués de plein droit, comme ceux faits à l'époux défendeur? Mais s'il les conserve, c'est dans le même état, et avec les mêmes conditions qu'auparavant. Or, auparavant, ils étoient révocables : donc ils doivent continuer de l'être. Nous voyons, en effet, dans plusieurs dispositions que l'intention du Législateur a été que le divorce ne pût nuire à celui qui l'avoit obtenu; mais nous ne voyons nulle part qu'il ait voulu qu'il lui profitât. Au reste, cela est conforme au droit Romain, dont nous avons adopté les principales dispositions, relativement aux donations entre mari et femme, lesquelles, à Rome, étoient même révoquées de plein droit par le divorce, sans distinction entre les époux. (*L.* 62, §. 1, ff. *de Donat. inter vir. et ux. L.* 18. Cod. *eod.*)

(4) *Les gains de survie. Quid*, si ces gains ont été stipulés pour le cas de dissolution du mariage? Je crois que l'intérêt des mœurs exige que cela soit entendu du cas de dissolution par décès. On ne doit pas présumer que les époux, en se mariant, ont prévu le cas du divorce. *Matrimonium est individuum, inspecto animo contrahentium.* Je vais même plus loin. Je pense qu'une clause par laquelle on auroit, dans un contrat de mariage, prévu le cas du divorce, devroit être regardée comme contraire aux bonnes mœurs, et devroit, en conséquence, annuller la disposition à laquelle elle seroit jointe. A la vérité, un arrêt de la cour d'Amiens, du 22 août 1810,

paroît avoir jugé le contraire, et le pourvoi contre cet arrêt a été rejeté le 14 août 1811. (Sirey, 1811, Ire. Partie, pag. 353.) Mais, dans l'espèce, les époux avoient prévu le cas de dissolution, non pas du mariage, mais de la communauté; ce qui ne présente pas les mêmes inconvéniens.

(5) *De l'autre conjoint.* Par conséquent, en cas de prédécès de l'époux qui a obtenu le divorce, les gains de survie n'ont pas lieu.

(6) *Une pension alimentaire.* Observez que cette faculté n'est pas réciproque, comme elle l'étoit sous l'empire de la loi du 20 septembre 1792, §. 3, art. 8, c'est-à-dire que l'époux défendeur, qui est dans le besoin, n'a pas le droit de demander une pension alimentaire sur les biens de l'autre époux. Le motif de la loi de 1792 étoit probablement que le divorce pouvoit être, et étoit le plus fréquemment demandé sans cause, ou pour la cause vague d'incompatibilité d'humeur; en sorte qu'il eût été très-souvent difficile de connoître de quel côté étoient les torts. Aujourd'hui, hors le cas de consentement mutuel, dont il n'est pas ici question, l'admission du divorce suppose toujours des torts de la part du défendeur.

Quid, si le besoin n'existoit pas au moment de la prononciation du divorce, mais qu'il soit survenu depuis; l'époux demandeur aura-t-il toujours le droit de demander des alimens à l'autre époux? Le divorce a rompu tous les liens qui unissoient les deux époux, et les a mutuellement dégagés de leurs obligations respectives, et notamment de celles qui sont contenues dans l'article 212. *Sic* jugé en Cassation, le 8 janvier 1806. (*Journal de la Jurisprudence du Cod. Civil*, tom. 6, pag. 111.) D'après cette raison, qui me paroît fondée, je pense que si le besoin étoit survenu, et la demande formée depuis le jugement, mais avant la prononciation du divorce, les alimens devroient être accordés.

(7) *Pour cause d'adultère.* Nous avons déjà fait connoître pourquoi l'adultère de la femme est puni plus sévèrement que celui du mari.

(8) *Par le même jugement*; et par conséquent, par le tribunal civil.

(9) *Du ministère public.* Ainsi, quand le mari ne requerroit pas l'application de la peine, la femme ne devroit pas moins être condamnée.

(10) *Ni excéder deux années.* On a laissé de la latitude aux juges, afin qu'ils pussent distinguer la simple foiblesse, du déréglement habituel.

(11) *De* 100 *fr. à* 2000 *fr.* Mais il y a cette différence, que le complice n'étant et ne pouvant pas être partie dans l'instance en divorce, ne peut être condamné par le même jugement que l'époux adultère. Il faudra donc agir contre lui par voie de police correctionnelle, et par appel, s'il y a lieu, à la Cour Impériale.

L'époux adultère pourroit-il être poursuivi de la même manière? Ou, en d'autres termes, l'époux innocent pourroit-il intenter contre son conjoint une accusation d'adultère, sans demander le divorce? L'affirmative paroît résulter des articles 336, 337 et 339 du Code Pénal. En effet, l'article 336 dit que l'adultère de la femme ne peut être dénoncé que par le mari. Or, cette disposition seroit absolument inutile, s'il ne pouvoit être dénoncé qu'en formant la demande en divorce; car, qu'eût-il été besoin de dire que le mari seul pouvoit former cette demande? En second lieu, l'article 337 décide d'une manière générale, et sans distinction, que le mari est le maître d'arrêter l'effet de la condamnation, en consentant à reprendre sa femme. Or cela ne pourroit s'appliquer au cas où le divorce auroit été demandé et admis. Enfin l'article 339 parle de plainte à rendre par la femme contre le mari adultère. Or le mot *plainte* ne peut s'appliquer qu'à une procédure criminelle.

PAGE 90.

(1) *Ou même d'une tierce personne.* Dans ce cas, l'époux, ou le tiers, auquel les enfans seront remis, sera-t-il tuteur? Je suis d'avis de l'affirmative. A la vérité, le Code ne le dit pas formellement; mais l'article disant que *les enfans seront confiés à*, etc., donne évidemment à celui ou à celle à qui ils sont confiés, l'administration de leurs personnes. L'administration de la personne entraîne ordinairement celle des biens: *Tutor datur personæ, rebus verò per consequentias.* Or, qu'est-ce que la tutelle, sinon l'administration de la personne et des biens? D'ailleurs, l'article 303 dit que les père et mère surveilleront; ce qui suppose qu'une autre personne sera chargée de l'administration, ou, ce qui est la même chose, de la tutelle. Enfin l'article 390 n'a prescrit de mesures pour la tutelle des enfans, que dans le cas de dissolution du mariage par la mort naturelle ou civile de l'un des époux. Ce qui prouve que ce qui étoit relatif au cas du divorce, étoit réglé par d'autres articles; et ce ne peut être que par les articles 302 et 303.

On oppose à cette opinion le texte de l'article 303, portant que les époux *conservent le droit de surveiller*, et l'on conclut de là qu'ils conservent non-seulement la tutelle, mais encore les droits de la puissance paternelle. Mais dans les tutelles ordinaires, le subrogé-tuteur n'a-t-il pas le droit de surveiller? cela empêche-t-il que le tuteur ne soit vraiment tuteur? Quant à la puissance paternelle, nous verrons plus bas ce que devient la jouissance légale. (*Voir* ci-après, la note (8) de la p. 100.) Pour ce qui concerne la puissance sur la personne, et les moyens de correction, je pense qu'il faut distinguer: si c'est au père que les enfans ont été remis, il conserve la puissance paternelle dans toute son étendue; si c'est à la mère, la puissance ne peut être exercée que du commun consentement des époux; si c'est à un tiers, il faudra en outre le consentement de ce tiers.

(2) *Une cause péremptoire de divorce*, qu'ils ne veulent point divulguer. Ainsi le consentement des époux n'est point ici la cause du divorce, mais le signe qu'il existe une autre cause réelle et péremptoire. C'est pour cette raison que tous les actes relatifs à ce divorce, doivent, sans en excepter un seul, être faits par les deux époux conjointement; si l'un des deux faisoit défaut, il en résulteroit la présomption qu'il n'a pas persisté dans son consentement; que, conséquemment, il a reconnu qu'il n'existoit pas de cause de divorce; et, dans ce cas, le divorce ne pourroit avoir lieu.

PAGE 91.

(1) *Vingt-cinq ans*, accomplis. C'est la majorité pour le mariage; et il faut bien que le mari ait, pour dissoudre cette union, le même âge que la loi exige pour la contracter.

(2) *Et pas plus de quarante-cinq.* Je ne vois pas la raison qui a pu déterminer à exiger que la femme n'ait pas plus de quarante-cinq ans.

(3) *Et au plus vingt.* Avant deux ans de mariage, les époux n'ont pas encore eu le temps de se connoître et de s'éprouver. Après vingt ans, une aussi longue cohabitation prouve qu'il n'y a point incompatibilité de caractère.

(4) *Par l'article* 150, avec cette différence, que ce consentement est requis ici, quoique les époux soient majeurs. Cela est fondé sur ce que l'on suppose toujours que le consentement mutuel cache une cause réelle de divorce que les époux ne veulent pas rendre publique, et dont les ascendans doivent être les meilleurs juges. Leur intervention est donc une garantie que la loi n'a pas dû négliger.

C'est pour la même raison que l'article 278 ne rappelle pas l'article 148, qui décide que, si le père et la mère sont tous deux dans la possibilité de manifester leur volonté, le dissentiment de la mère ne peut empêcher le mariage; d'où il faut conclure que, dans le cas de divorce, la même disposition n'auroit pas lieu, et que le consentement simultané du père et de la mère est expressément requis. Le refus de l'un d'eux, de consentir au divorce, doit faire supposer qu'il n'est pas certain qu'il existe une cause de divorce. D'ailleurs, le Législateur a voulu entraver le divorce, autant qu'il a voulu favoriser le mariage. *Sic* jugé en Cassation le 3 octobre 1810. (SIREY, 1811, Ire Partie, pag. 8.)

La même disposition doit-elle avoir lieu à l'égard des aïeuls? c'est-à-dire, s'il n'y a ni père ni mère, mais un aïeul et une aïeule, le consentement de l'aïeul seul suffira-t-il pour autoriser le divorce? S'il y a des aïeuls dans les deux lignes, et qu'ils ne soient pas d'accord, le partage emportera-t-il consentement? L'affirmative de ces deux propositions paroît résulter de ce que l'article 150, qui prescrit toutes ces distinctions, est rappelé purement et simplement dans l'article 278. Cependant la discussion prouve évidemment que telle n'a pas été l'intention du Législateur. L'on voit, en effet, dans le procès-verbal, que la rédaction proposée au Tribunat étoit ainsi conçue :

« Dans aucun cas, le consentement mutuel des époux ne suffira, s'il n'est autorisé » par leurs père et mère, ou par leurs autres ascendans vivans, si le père et la » mère sont morts. »

Le Tribunat observa que cette rédaction laissoit de l'incertitude sur l'ordre dans lequel les ascendans devoient être appelés, et qu'il paroissoit convenable que cet ordre fût le même que pour le cas du mariage. Sur cette observation, l'on ajouta les mots, *suivant les règles prescrites*, etc. Il paroît donc que l'on n'a entendu renvoyer à l'article 150, que pour l'ordre à observer entre les ascendans de différent degré, et nullement pour déterminer l'effet que devoit avoir le dissentiment entre les ascendans du même degré. Il faut donc recourir à un autre principe pour décider la question, et ce principe ne peut être autre que celui qu'on vient d'établir pour les père et mère : et comme, ainsi qu'il vient d'être démontré, le consentement de tous deux est exigé, quand ils sont tous deux vivans, il y a même raison d'exiger le consentement de tous les ascendans qui sont appelés à consentir au mariage, en observant cependant l'ordre des degrés, c'est-à-dire, en n'appelant ceux du troisième degré, qu'à défaut de ceux du second, etc. C'est ce qui paroît avoir été également préjugé par l'arrêt de Cassation susmentionné.

Quelques personnes avoient prétendu qu'à défaut d'aïeuls ou d'aïeules, il n'étoit pas nécessaire d'appeler les bisaïeuls, s'il en existoit. Elles se fondoient sur ce que l'article 283 oblige de justifier seulement du décès des pères, mères, aïeuls, et aïeules. Mais il est clair que la conséquence n'est pas juste. On n'a pas voulu exiger les actes de décès des bisaïeuls, parce que, le plus souvent, il eût été impossible de les représenter. Beaucoup de personnes ignorent où leurs bisaïeuls sont décédés. Mais cela n'empêche point que, s'ils sont vivans, et qu'il n'y ait point d'ascendans plus proches, leur consentement ne doive être exigé.

(5) *Et à la procédure qui doit la suivre.* Observez, en général, que l'intention bien évidente du Législateur ayant été d'entraver, autant que possible, cette espèce de divorce, toutes les formalités prescrites doivent être observées à peine de nullité. Jugé dans ce sens par l'arrêt de cassation, du 3 octobre 1810, rapporté dans la note précédente. Mais je pense que cette disposition n'est applicable qu'aux formalités qui dépendent des parties, et qu'un arrêt, par exemple, ne seroit pas nul, pour avoir été rendu après les dix jours (Art. 293). Les parties ne peuvent être responsables de la négligence des juges. Mais après les dix jours, l'action en déni de justice pourroit être intentée.

(6) *A l'amiable.* Il faut que tout se passe d'accord. Ils pourront donc compromettre sur leurs droits.

(7) *La personne*, soit l'un d'eux ou tout autre; mais alors cette personne sera tutrice.

(8) *Pendant le temps des épreuves.* Pourront-ils convenir que la femme restera dans la maison commune? Je ne vois rien qui s'y oppose.

PAGE 92.

(1) *Toutes ces conventions.* Il faut qu'il y ait convention, c'est-à-dire, consentement volontaire des époux sur tous ces points. S'ils étoient obligés de recourir aux tribunaux sur un seul, il n'y auroit plus de consentement mutuel. Si donc ils s'en sont rapportés à des arbitres, ils devront se conformer à leur décision pure et simple, sans avoir besoin de la faire revêtir de l'ordonnance d'*exequatur*; autrement, ce seroit un jugement et non une convention.

(2) *Par écrit.* Est-il nécessaire qu'il soit authentique? Non. Si l'écriture étoit contestée, comme elle ne peut l'être que par l'un des époux, il n'y auroit plus de consentement mutuel.

(3) *Inclusivement.* Remarquez qu'ici ces actes de décès ne peuvent être suppléés par aucune déclaration, comme pour le mariage. C'est toujours la même raison. On veut favoriser le mariage et entraver le divorce; en conséquence, le consentement du père ne suffira, qu'autant qu'on justifiera du décès de la mère, *et vice versâ.* Celui des aïeux ne sera admis, qu'autant qu'on justifiera du décès du père et de la mère, etc.

(4) *Par les notaires.* Il paroît que le greffier ne doit point être présent, et que ce sont les notaires qui en remplissent les fonctions. Les pièces doivent même rester entre leurs mains, jusqu'après l'expiration de l'année qui suit la première déclaration. Comme cette année est donnée entièrement pour amener un repentir de la part des époux, l'on ne veut pas que, s'ils venoient à se désister, il restât des traces de leur demande dans les archives des tribunaux.

(5) *Du consentement des ascendans.* Comme ils ne comparoissent pas, il faut bien justifier qu'ils persistent dans leur premier avis.

PAGE 93.

(1) *Par le greffier du tribunal.* Ici commencent les fonctions du greffier. La réunion des époux est devenue improbable. La justice doit reprendre son cours ordinaire.

(2) *Par les deux parties.* Si l'une d'elles n'appeloit pas, c'est qu'elle ne seroit plus d'avis du divorce. Le consentement ne seroit donc plus mutuel.

(3) *Le dixième jour au plus tôt?* L'article dit, *dans les dix jours au plus tôt*; mais il est évident qu'il y a inexactitude de rédaction : ces mots, *dans les dix jours*, signifieroient qu'on peut appeler dès le lendemain; et alors que voudroient dire ceux-ci, *au plus tôt?* L'on a entendu dire, *au plus tôt le dixième jour*. On a voulu laisser aux époux le temps de réfléchir avant d'appeler. C'est la même raison qui a déterminé l'article 449 du Code de Procédure, qui défend d'appeler, avant la huitaine, de tous jugemens, excepté de ceux qui sont exécutoires par provision.

(4) *A compter de la date*, et non de la signification. Il n'est pas besoin de signification, puisque tout doit se passer de commun accord. Si l'une des parties réclamoit, il n'y auroit plus de consentement mutuel.

(5) *Au Procureur Impérial.* Afin de lui faire connoître qu'il doit transmettre les pièces au Procureur-général.

PAGE 94.

(1) *Ensemble et en personne*, et sans qu'il soit besoin de citation. Si l'une des parties ne se présentoit pas, il n'y auroit plus de consentement mutuel. *Quid*, en cas d'impossibilité constatée? La loi n'a pas prévu le cas. Je pense que l'officier de l'état civil peut être requis de se transporter chez l'époux malade, à l'effet de prononcer le divorce. (Argument tiré de l'article 256.) La loi n'exige pas que la prononciation ait lieu dans la maison commune.

(2) *Pour faire prononcer le divorce.* Si l'un des époux est commerçant, l'on doit ensuite observer les formalités prescrites par l'article 872 du Code de Procédure. (*Cod. de Comm.*, art. 66.) *Voyez* ci-dessus à la fin de la section II du chap. I.

(3) *Du jour de leur première déclaration*, pourvu que le divorce se soit ensuivi. Ainsi, il ne faut pas entendre que la perte de cette moitié soit encourue par le fait seul de la déclaration; mais que, s'il y a divorce en définitif, les enfans sont censés avoir été propriétaires de cette moitié, du jour de la première déclaration.

(4) *Nés de leur mariage.* Le germe de cette disposition se trouve dans les Novelles 117, chap. 10, et 134, chap. 11, lesquelles prononçoient même des peines

encore plus sévères contre les époux qui divorçoient sans une des causes mentionnées dans les chap. 8 et 9 de la même Novelle 117. *Quid*, s'il y a des enfans d'un premier mariage? Je pense, avec M. LOCRÉ, que ces enfans sont censés venir à partage dans la moitié des biens appartenant à leur auteur; que les enfans provenant du mariage dissous par le divorce, prennent part dans la moitié des biens des deux époux; mais qu'il y a cette différence entr'eux et les enfans du premier lit, que les parts assignées à ceux-ci restent dans la libre disposition de leur auteur, au lieu que les parts échues aux autres enfans leur sont acquises de plein droit.

Cette décision est fondée, d'une part, sur ce que l'intention du Législateur n'a pas été de favoriser les enfans du mariage divorcé, au préjudice de leurs frères et sœurs, ainsi que cela résulte des motifs de la loi *sur les donations et testamens;* et, de l'autre, sur ce que l'article 305 a pour but de dédommager, autant que possible, les enfans, du tort, souvent irréparable, que leur cause le divorce de leurs père et mère; motif qui n'existe pas à l'égard des enfans du premier lit.

Quid, si les époux ont aliéné depuis l'époque de leur première déclaration? Je pense que l'aliénation est nulle pour la part que la loi adjuge aux enfans. Il est vrai que l'acquéreur pourra être trompé; car il ne peut savoir qu'il existe une première déclaration de divorce. Aussi je regrette que l'on n'ait pas assujetti les époux à faire inscrire cette première déclaration aux Bureaux des Hypothèques dans l'arrondissement desquels leurs biens-immeubles sont situés. Il en avoit été question dans la discussion. Cela avoit été renvoyé au Titre *des Hypothèques*, où l'on ne trouve rien d'analogue. Au surplus, il en est de cette circonstance, comme de celle d'un acquéreur ordinaire, qui ne peut savoir si l'immeuble qu'il achète, n'a pas déjà été vendu à un autre. Dans tous les cas, il y a l'action en stellionat contre le vendeur.

Au reste, je pense que l'action des enfans contre les acquéreurs ne peut être que subsidiaire, et seulement en cas d'insuffisance des biens de l'époux vendeur, pour leur fournir la moitié que la loi leur adjuge. (Argument tiré de l'article 930.) Ce droit n'est pas plus sacré que celui de la légitime.

(5) *La séparation de corps.* Les membres de la Maison Impériale peuvent demander la séparation de corps. Elle s'opère sans forme ni procédure, par la seule autorisation de l'Empereur. Elle n'a d'effet que relativement à l'habitation commune, et ne change rien aux conventions matrimoniales. (*Statut du* 30 *mars* 1806, art. 8.)

(6) *A l'un des époux.* La séparation de corps peut être actuellement demandée pour les mêmes causes par le mari ou par la femme. Anciennement, comme nous l'avons dit, le mari pouvoit seulement intenter l'accusation d'adultère, et la condamnation entraînoit de fait la séparation de corps.

PAGE 95.

(1) *Elle diffère du divorce.* L'époux qui a demandé et obtenu la séparation de corps, pourroit-il demander ensuite le divorce pour une nouvelle cause? On a jugé pour la négative, à la Cour d'appel d'Aix; on s'est fondé sur ce que le divorce et la séparation de corps sont deux voies parallèles, et qu'en géométrie

deux parallèles ne peuvent jamais se rencontrer. Il est à remarquer que la séparation de corps avoit été prononcée contre la femme, pour sévices et injures graves, et que le divorce étoit demandé contre elle, pour cause d'adultère.

Ce jugement prouve combien il est dangereux d'appliquer à une science les principes d'une autre science absolument étrangère. De ce que, dans la discussion sur la séparation de corps, il est échappé à un des opinans, de dire que le divorce et la séparation de corps étoient des voies parallèles qui ne pouvoient jamais se réunir, on a cru pouvoir faire de cette phrase la base d'un arrêt. D'ailleurs cela étoit vrai dans le sens où cela a été dit. On vouloit exprimer seulement cette idée, que l'époux qui a pris la voie de la séparation de corps, ne peut plus la quitter pour reprendre celle du divorce; mais une fois la séparation obtenue, le parallélisme cesse; et, s'il survient une nouvelle cause, l'on ne voit pas pourquoi le divorce ne seroit pas admis, sur-tout, si, comme dans l'espèce, la seconde demande avoit réellement un motif raisonnable. La séparation avoit été obtenue pour injures graves. La femme défenderesse profitoit de la liberté que lui donnoit cette séparation, pour vivre dans le libertinage: le mari pouvoit craindre qu'elle ne donnât naissance à des enfans qui, se prétendant nés dans le mariage, seroient venus un jour réclamer un droit dans sa succession. Il veut prévenir cet inconvénient, et il demande le divorce. Je ne vois pas sur quel fondement une pareille demande pourroit être repoussée: aussi l'arrêt d'Aix a-t-il été cassé le 16 décembre 1811. (SIREY, 1812, Ire. Partie, pag. 89.)

(2) *Par consentement mutuel.* Pour plusieurs raisons: la première, c'est que la séparation ne dissolvant pas le mariage, il seroit impossible de l'entourer de toutes les entraves dont on a hérissé le divorce par consentement mutuel. On ne pourroit défendre aux époux de se réunir. On ne pourroit les forcer d'abandonner une partie de leurs biens à leurs enfans. Beaucoup de personnes qui tiennent encore assez à l'opinion publique pour ne pas prendre la voie du divorce, s'empresseroient de prendre celle de la séparation de corps, qui concilieroit tout-à-la-fois l'honneur du mariage avec l'attrait d'une vie indépendante.

La deuxième raison, c'est que la séparation de corps entraîne la séparation de biens, qui est le plus souvent un changement aux conventions matrimoniales. Or, il est de principe que les époux ne peuvent changer leurs conventions matrimoniales, postérieurement à leur mariage. (Art. 1395.)

De là il faut conclure, qu'en fait de séparation de corps comme de biens, l'aveu de l'époux défendeur, s'il étoit seul, ne seroit pas regardé comme une preuve suffisante des faits qui peuvent donner lieu à la séparation.

(3) *Aux deux époux*, ou à l'époux demandeur seul, si le défendeur ne comparoît pas. (Argument tiré de l'article 239.) Et, en effet, les mots de l'article 877, *seront tenus de comparoître en personne*, ne signifient pas que le défendeur est absolument tenu de comparoître; (quelle voie d'ailleurs prendroit-on pour l'y contraindre?) mais que, s'il comparoît, ce doit être en personne, sans avoué ni conseil.

(4) *A opérer un rapprochement.* La séparation de corps étant contraire à l'essence

du mariage, et pouvant d'ailleurs entraîner le divorce, comme nous l'allons voir tout-à-l'heure, on a dû prendre les mêmes mesures pour parvenir à réconcilier les deux époux.

(5) *Et autorise.* Il faut ici une autorisation, parce que la séparation ne tend pas à dissoudre le mariage. Il faut donc suppléer à l'autorisation maritale par celle du juge. *Secùs* dans le divorce. On a dû, au surplus, dans ce cas, comme dans celui du divorce, supprimer le préliminaire de conciliation devant le juge-de-paix, puisqu'il a eu lieu devant le président.

(6) *Comme à l'ordinaire.* Ceci doit être entendu avec quelque modification. En effet il résulte bien évidemment de la discussion du Conseil-d'Etat, qu'en admettant la séparation de corps, le Législateur n'a eu d'autre motif que de venir au secours des époux dont la conscience s'opposeroit au divorce ; il ne doit donc y avoir d'autres différences entre ces deux voies, que celles qui peuvent résulter de ce que l'une dissout le mariage, tandis que l'autre le laisse subsister. Mais, sous tous les autres rapports, les effets doivent être absolument les mêmes ; et, ce qui le prouve, c'est que l'article 1518 suppose que les donations sont révoquées par la séparation de corps. Or, il n'y a d'autre article relatif à cette révocation, que le 299e et le 300e, placés au chapitre des *Effets du Divorce.* Le Législateur a donc pensé que toutes les dispositions relatives au divorce devoient être, de fait, appliquées à la séparation de corps, à l'exception de celles qui ont un rapport nécessaire avec la dissolution du mariage. En second lieu, et cette raison me paroît péremptoire, la séparation de corps ayant été établie uniquement afin que la conscience de l'époux ne fût pas gênée, le but de la loi seroit manqué totalement, si la séparation ne présentoit pas les mêmes facilités et les mêmes résultats que le divorce, sauf la dissolution du mariage, et les règles de procédure particulières au divorce.

D'après cela, je pense que l'on doit appliquer à la séparation de corps les dispositions des articles 234, 235, 251, 261, 267 à 274, et 298 à 304.

(7) *Séparation de biens*, laquelle n'aura effet, à l'égard des tiers, qu'après l'observation des formalités prescrites par les articles 1445 du Code Napoléon, 872 et 873 du Code de Procédure.

Observez que, lors même que les époux viendroient à se réunir, la séparation de biens continue de subsister, sauf aux époux à rétablir leur communauté, s'ils le jugent convenable, en se conformant aux dispositions de l'article 1451.

Nous verrons dans les notes sur l'article 1445, si l'on doit appliquer à la séparation de corps la disposition finale dudit article, qui fait remonter les effets du jugement au jour de la demande. (*Voir* au IIe. volume, la note (2) de la page 111.)

(8) *Pour cause d'adultère.* Il me semble qu'il eût été juste d'appliquer la même exception au mari contre lequel le divorce auroit été obtenu pour adultère commis dans la maison commune.

(9) *Pour la même cause*, et en suivant les mêmes formes, c'est-à-dire, par le même jugement, et sur la réquisition du ministère public.

(10) *A la reprendre.* Mais, dans ce cas, les donations révoquées revivent-elles

par l'effet de la réconciliation? Je ne le pense pas dans le droit actuel. En effet, une donation entre particuliers, non conjoints, revivroit-elle par l'effet de la réconciliation, si elle avoit été une fois révoquée pour cause d'ingratitude par un jugement formel? Non, sans doute. Eh bien, pourquoi la révocation de la loi n'auroit-elle pas le même effet que celle qui est prononcée par le juge? D'ailleurs, il résulte de l'article 1451, que la communauté même n'est pas rétablie de plein droit par la réconciliation. A plus forte raison, les donations ne peuvent-elles l'être. Mais si la donation faite primitivement par contrat de mariage, est renouvelée, reprendra-t-elle le caractère de donation contractuelle, ou celui de donation faite pendant le mariage? Lui appliquera-t-on l'article 1096, ou l'article 1395? En un mot, sera-t-elle, ou non, irrévocable? Je pense qu'elle est révocable. Ce que l'on appelle ici renouvellement de donation, est bien certainement une nouvelle donation. Elle en a tous les caractères; *liberalitas, nullo jure cogente, facta.* Elle est faite pendant le mariage, donc elle est révocable; d'ailleurs, tous les motifs qui ont fait adopter l'article 1096, s'appliquent à cette espèce. (*Voyez* ci-après, liv. III, tit. IV, chap. VI, sect. II.)

Page 96.

(1) *Conçus hors mariage. Conçus*, et non pas *nés*. Il n'est pas nécessaire d'être né dans le mariage pour être légitime, puisque l'enfant né dans les deux cent quatre-vingt-dix-neuf jours après la dissolution du mariage, est légitime (Art. 315). Et réciproquement, un enfant peut être né dans le mariage, et n'être pas légitime; si, par exemple, il est né avant le cent quatre-vingtième jour du mariage. Il est donc évident que c'est du moment de la conception, calculé d'après celui de la naissance, qu'il faut partir, pour décider si le commerce dont l'enfant est provenu, est, ou non, illégitime.

(2) *Avec une autre personne.* Ainsi l'enfant né pendant le mariage, et du commerce même des deux époux, peut être adultérin. Exemple:

« Pierre, veuf depuis deux mois, épouse Jeanne enceinte de ses œuvres, et qui » accouche deux mois après le mariage. Dans ce cas, l'époque de la conception » remontant à deux mois, au moins, avant la dissolution du premier mariage de » Pierre, l'enfant est adultérin, et ne peut jamais, en conséquence, devenir légitime, » ni même être légalement reconnu. »

(3) *Au degré prohibé.* Et ce, quand même ils auroient obtenu, depuis, des dispenses à l'effet de se marier. Leur commerce n'en étoit pas moins incestueux au moment de la conception; et nous avons démontré, sur l'article 331, que les enfans qui en provenoient, ne pouvoient, aux termes dudit article, être légitimés par mariage subséquent.

(4) *Est rigoureusement interdit.* Le motif de cette disposition a été, est-il dit dans le discours de présentation au Corps-Législatif, « Que les recherches de paternité » exposoient les tribunaux aux débats les plus scandaleux, aux jugemens les plus » arbitraires, à la jurisprudence la plus variable; que l'homme dont la conduite » étoit la plus pure, celui même dont les cheveux avoient blanchi dans l'exercice de

» toutes les vertus, n'étoient point à l'abri de l'attaque d'une femme impudente, ou » d'enfans qui lui étoient étrangers; que ce genre de calomnie laissoit toujours des » traces affligeantes; en un mot, que les recherches de paternité étoient regardées » comme le fléau de la société. » Nous aurons peut-être occasion de revenir sur ces différens motifs.

L'article 340, quoique fort clairement rédigé, a cependant donné lieu à une difficulté assez grave, et sur laquelle les opinions sont loin d'être d'accord.

L'on convient bien, en général, que, d'après cet article, la paternité ne peut être recherchée, au nom de l'enfant, et dans son intérêt. Mais ne pourroit-elle pas l'être contre lui? Ainsi, l'article 908 défend aux père et mère de donner à leurs enfans naturels au-delà de la part qui leur revient *ab intestat*, d'après l'article 757. Le père d'un enfant naturel, dans l'intention d'éluder cette disposition, ne le reconnoît point, et l'institue son légataire universel. La même chose peut arriver à l'égard de l'enfant adultérin ou incestueux, qui ne peut être reconnu. Les héritiers légitimes du testateur pourroient-ils être admis à prouver la paternité, et faire réduire par-là l'enfant à la part qui lui est assignée par la loi? La négative a été jugée en Cassation, les 14 mai 1810 (Sirey, 1810, Ire. Partie, pag. 272), et 14 mai 1811 (*Journ. de la Jurisp. du Cod. Nap.*, tom. XVI, pag. 442).

Malgré ces deux arrêts, qui annoncent une jurisprudence bien établie, j'oserai encore élever quelques doutes, et je vais développer les motifs de mon incertitude à cet égard.

On s'est appuyé fortement, lors de ces deux arrêts, sur le texte de l'article 340, *la recherche de la paternité est interdite.* Cela est général, a-t-on dit, et n'admet aucune exception. Mais l'on sait qu'en fait d'interprétation des lois, l'on doit appliquer les règles établies pour l'interprétation des conventions. Or, la première règle à cet égard, est qu'il faut plutôt rechercher l'intention, que s'arrêter au sens littéral des termes. L'intention du Législateur est évidemment exprimée dans les Motifs. Qu'a-t-il voulu? sinon *mettre l'homme honnête et d'une conduite pure, à l'abri des attaques d'une femme impudente et d'enfans qui lui sont étrangers.* Ce ne sont donc que les recherches dirigées par la femme ou par les enfans qu'il a entendu proscrire, et nullement celles qui pourroient avoir lieu contre l'enfant même, pour le priver des avantages qu'on voudroit lui assurer en fraude de la loi.

Une seconde règle d'interprétation, c'est que tous les articles d'une loi, comme toutes les clauses d'une convention, doivent être entendus les uns par les autres. Or, si l'article 340 paroît conçu à l'impersonnel, et d'une manière générale, il n'en est pas de même de l'article 342. Le but de ce dernier article est d'établir que la recherche de la paternité ou de la maternité ne peut avoir lieu dans les cas où la reconnoissance n'est pas admise, c'est-à-dire, lorsque l'enfant est adultérin ou incestueux. Or, dans cet article, le Législateur s'est-il servi, comme dans le 340e, de l'expression impersonnelle, *la recherche de la paternité est interdite?* Non. Il a dit seulement: *un enfant ne sera admis*, etc. Il a donc entendu, dans ce cas, prohiber la recherche, soit de la paternité, soit de la maternité, à l'enfant seul, et non aux autres personnes ayant intérêt. Il faut donc convenir qu'au moins dans les cas prévus par l'article 342, c'est-à-dire, lorsque l'enfant est attaqué comme incestueux ou comme adultérin, la loi ne défend pas de prouver contre lui la maternité ou la paternité. Donc, d'après l'article 342 lui-même, l'article 340 ne doit pas être entendu d'une manière aussi générale que le soutiennent les partisans du système que nous combattons.

Troisième règle d'interprétation. Lorsqu'une disposition de la loi présente deux sens, dans l'un desquels elle seroit contraire aux dispositions les plus sacrées du droit naturel, ou même seulement à celles d'autres lois civiles, l'on doit plutôt l'entendre dans le sens qui ne présente aucun de ces résultats. Or, si l'article 340 est entendu d'une manière absolue, il s'ensuivra :

1°. Que l'inceste aura lieu publiquement, notoirement, sans qu'aucune autorité puisse le prévenir ni l'empêcher. Le père pourra épouser celle qui est connue publiquement pour sa fille, le frère épousera sa sœur ; il suffira pour cela qu'il n'y ait point de reconnoissance. Car comment empêcher le mariage, sans rechercher la paternité?

2°. Que l'enfant adultérin et incestueux se trouvera placé dans une situation bien plus favorable que l'enfant naturel proprement dit, que la loi favorise cependant bien davantage. Car, si l'on suppose que ce dernier est institué légataire universel par sa mère, l'on pourra, d'après l'article 341, rechercher contre lui la maternité, à l'effet de le réduire à la part dont la mère pouvoit disposer en sa faveur; tandis que celà sera impossible, aux termes de l'article 342, s'il est adultérin ou incestueux.

3°. Enfin, qu'il n'y aura rien de plus facile dorénavant, que d'éluder toutes les précautions que la loi a prises pour empêcher que les héritiers légitimes ne soient dépouillés entièrement pour enrichir les enfans du crime. Il suffira de ne pas reconnoître ces derniers.

On parle des résultats scandaleux que les recherches de paternité peuvent occasionner, des sacrifices que la crainte de pareilles recherches peut imposer à des personnes honnêtes. Mais d'abord il est très-douteux que de semblables poursuites aient souvent été dirigées contre des personnes d'une vertu exemplaire et d'une réputation intacte. C'eût été trop maladroit de la part des demandeurs. Il est certain, au contraire, que ces sortes d'actions étoient presque toujours intentées contre des hommes d'une réputation plus que douteuse, et dont la conduite irrégulière donnoit la plus grande probabilité à la demande. D'ailleurs, si tel eût été effectivement le motif de l'article 340, pourquoi l'article 341 permet-il de rechercher la maternité? Ne peut-il pas en résulter les mêmes inconvéniens? Ne sont-ils pas même d'autant plus fâcheux, que la réputation d'une femme est plus délicate, plus facilement entachée? Mais, a-t-on dit, il est possible de prouver physiquement la maternité, au lieu que la preuve physique de la paternité est impossible. Mais que l'on prenne garde qu'il s'agit ici seulement du scandale que ces procès peuvent occasionner; et, sous ce rapport, une femme a-t-elle moins à craindre un procès scandaleux? Et si l'on a pu, comme le prétendent les partisans de l'opinion contraire, former des demandes en paternité, dénuées de tout fondement, contre des hommes d'une vertu exemplaire, uniquement pour les contraindre à des sacrifices, pourquoi n'emploieroit-on pas les mêmes moyens à l'égard d'une femme d'une conduite irréprochable ? N'a-t-elle pas à redouter également l'arme terrible de la calomnie, qui sait si bien s'emparer des moindres circonstances, et que l'arrêt le plus solennel ne peut désarmer ? Et, si elle est mariée à une personne autre que celui que l'on dit être le père de l'enfant (car le Code ne distingue pas), sa situation ne sera-t-elle pas horrible ; et n'est-ce pas sur-tout dans ce cas qu'elle se croira obligée de faire tous les sacrifices possibles, pour acheter sa tranquillité et le bonheur de son ménage ? Sa position n'est-elle pas mille fois plus pénible que celle du père ? Car, il faut le dire, dans les mœurs actuelles, quel est l'homme qui se croit déshonoré pour avoir donné le jour à un enfant naturel ? Et cependant, si l'on n'a pas craint d'admettre la recherche de la maternité, si l'on a pensé que l'intérêt de l'enfant et celui des familles devoient l'emporter sur toutes ces considérations, qui sont néanmoins de la plus grande force, pourquoi, toutes les fois que l'intérêt des mœurs et celui des familles l'exigent impérieusement, n'admettroit-on pas les recherches de la paternité, dont les résultats, comme on vient de le démontrer, sont infiniment moins dangereux ?

A la vérité, ces recherches étoient loin d'avoir, dans l'ancien droit, le même effet qu'elles auroient actuellement. Comme l'enfant naturel reconnu n'avoit aucun droit à la succession de ses père et mère, mais seulement à des alimens, l'on pouvoit se montrer plus facile sur ces sortes de demandes. Aussi, dans la législation actuelle, qui accorde des droits bien plus étendus à l'enfant naturel, suis-je loin de critiquer la disposition de l'article 340, dans le sens qu'elle interdit à l'enfant toute recherche de paternité. Mais il ne s'ensuit nullement de là, que ce même enfant puisse abuser d'une disposition dirigée uniquement contre lui, pour s'approprier des avantages que la loi prohibe de la manière la plus expresse. L'on parle de l'impossibilité de prouver la paternité ; mais d'abord n'y a-t-il pas la possession d'état, qui, de l'aveu des rédacteurs du Code, est la preuve la plus forte et la plus solennelle, lorsqu'elle réunit le *nomen*, *tractatus et fama* ? En outre, quel inconvénient y auroit-il donc à se conformer, sur ce point, à la marche adoptée par les anciens tribunaux ? Ils faisoient résulter la preuve de la paternité, de celle du concubinage. Ce n'étoit qu'une présomption, dira-t-on : cela est vrai ; mais la légitimité des enfans conçus dans le mariage est-elle fondée sur autre chose que sur une présomption, et même qui, dans plusieurs circonstances, approche bien moins de la vérité ? Supposons, en effet, l'homme le plus honnête, époux d'une femme libertine. Quand même les juges seroient pleinement convaincus, comme hommes, qu'il n'y a eu entre les époux aucune espèce de cohabitation, et que les enfans sont en conséquence le fruit de l'adultère, ils n'hésiteront cependant pas à les déclarer légitimes, par la seule raison qu'il n'est pas impossible que le mari ait coopéré à leur formation. Sur cette seule présomption, ils seront forcés de laisser des enfans étrangers s'introduire dans la famille du malheureux époux. L'on a vu même, et cela devoit être ainsi, la mère condamnée comme adultère, et l'enfant dont elle étoit accouchée, déclaré légitime, sur la seule présomption qu'il pouvoit être l'enfant du mari. Et l'on craindroit d'employer la même présomption contre l'homme dont le libertinage est prouvé! comme si, au contraire, l'on ne devoit pas lui appliquer ce principe rappelé par POTHIER sur une autre question, mais qui revient parfaitement à celle-ci : *danti operam rei illicitæ, imputantur omnia quæ sequuntur præter voluntatem ejus.* Eh! quelle inconséquence trouveroit-on donc dans ce raisonnement? Le fornicateur, l'adultère, sont certainement bien moins favorables que le mari ; et cependant l'on adjuge au mari l'enfant de la femme adultère, toutes les fois qu'il est possible qu'il y ait eu cohabitation. Pourquoi donc refuseroit-on d'adjuger au fornicateur ou à l'adultère dont le crime est prouvé, l'enfant né de la femme avec laquelle il vivoit en mauvais commerce au moment de la conception, sur-tout lorsqu'il s'agit de prévenir la violation des dispositions les plus sacrées des lois naturelles ou civiles? D'ailleurs, la recherche de la paternité est une sauve-garde pour les mœurs. Si l'homme qui vit en mauvais commerce, n'a à craindre aucune des suites qui peuvent en résulter, croit-on qu'il sera plus disposé à renoncer à ses mauvaises habitudes? S'il peut assurer au fruit de son crime la totalité de son bien, se portera-t-il bien volontiers à en épouser la mère? Ne craindra-t-il pas même d'avoir des enfans légitimes qui pourroient mettre obstacle aux effets de sa bienveillance envers l'enfant du libertinage ou de l'adultère? Si, au contraire, il peut craindre que la seule fréquentation d'une femme de mauvaise vie ne l'expose, lui ou sa mémoire, à un procès désagréable, ne deviendra-t-il pas plus circonspect dans le choix de ses sociétés, et les mœurs n'y gagneront-elles pas infiniment?

Enfin, il faut se bien pénétrer d'un principe qu'on a perpétuellement perdu de vue dans l'examen des questions relatives aux enfans naturels, c'est que les dispositions rigoureuses qui les concernent, n'ont point du tout été établies en haine de ces mêmes enfans. Autrement il faudroit accuser tous les Législateurs anciens et modernes de l'injustice la plus criante ; car comment pourroit-on punir de malheureux enfans, du crime qui a présidé à leur naissance? Ces dispositions sont fondées sur ce que ce crime est un de ceux que, dans la plupart des cas, il est difficile, pour ne pas dire impossible, de punir. Comme donc on ne peut atteindre directement les pères et mères, on a voulu les punir au moins en les privant du droit de disposer de leurs biens en faveur de leurs enfans, au-delà d'une portion quelconque déterminée par la loi d'après les circonstances. D'un autre côté, la faveur du mariage exigeoit que les fruits du crime ne fussent point rangés sur la même ligne que les enfans provenus d'une union légitime. Il est donc constant, et cela ne peut être révoqué en doute, que les dispositions concernant les enfans naturels sont établies, *non in odium eorum, sed in odium parentum, et in favorem matrimonii.* Or, le contraire résulteroit précisément du système que nous combattons ; car, d'abord, il nuiroit au mariage, ainsi que nous l'avons fait observer. En outre, l'on prohibe à l'enfant la recherche de la paternité. Cette prohibition, déjà très-rigoureuse, et qui n'a pu être dictée que par des motifs puissans d'ordre public, n'en est pas moins, par le fait, toute en faveur du père naturel. Si, d'un autre côté, on lui donne le droit d'éluder, par le fait seul de la non-reconnoissance, les dispositions qui lui défendent d'avantager, au-delà de telle portion, les fruits de son crime, il en résultera que toutes les chances seront en sa faveur, puisqu'il ne tiendra qu'à lui de se donner le droit, non-seulement de placer l'enfant de l'inceste et de l'adultère sur la même ligne que l'enfant légitime, mais encore de le traiter plus favorablement ; car, si l'on suppose un père ayant six enfans légitimes, et un enfant adultérin, il pourra donner à ce dernier le quart de ses biens, tandis que chacun de ses enfans légitimes n'aura qu'un huitième.

Telles sont les conséquences qu'il faudroit tirer de la doctrine des arrêts ci-dessus, et les motifs qui m'ont, jusqu'à présent, empêché d'en adopter les principes. Je n'ai rien vu, dans tout ce qui a été dit sur cette question, qui pût détruire les raisons que je viens d'alléguer. (*Voyez* en outre la note (7) de la pag. suivante.)

(5) *Celui d'enlèvement.* Il faut donc d'abord que le rapt soit prouvé. Je pense qu'il en seroit de même en cas de viol.

(6) *A celle de la conception.* Si, par exemple, l'enlèvement a eu lieu pendant le temps qui a couru depuis le trois centième jusqu'au cent quatre-vingtième jour avant la naissance de l'enfant.

(7) *Peut*, et non pas *sera déclaré.* Il y aura encore connoissance de cause. S'il résulte, en effet, de la constitution de l'enfant, et du rapport des gens de l'art, que l'époque de la conception doit nécessairement être reportée à un temps antérieur à l'enlèvement, il est évident que la circonstance de l'enlèvement ne peut plus établir de présomption de paternité. Tel seroit le cas où la naissance auroit eu lieu deux cents jours après l'enlèvement, et où il seroit constaté, par l'état de l'enfant, qu'il est venu au terme de neuf mois.

(8) *De preuve par écrit.* Nous avons vu, au Titre *du Mariage*, chap. IV, sect. II, §. 1, ce qu'on doit entendre par commencement de preuve par écrit, lorsqu'il s'agit de question d'état.

Remarquez qu'il y a ici deux choses à prouver : d'abord l'accouchement de la mère, et ensuite l'identité de l'enfant qui réclame, avec celui dont la mère est accouchée. Ce n'est que pour l'identité que la loi exige un commencement de preuve par écrit. Quant à l'accouchement, je pense qu'il peut être prouvé par témoins, quand même il n'existeroit aucun commencement de preuve par écrit. De droit commun, les faits se prouvent par témoins, excepté dans les cas où la loi exige un autre genre de preuve. Or ici, elle exige bien le commencement de preuve par écrit ; mais c'est uniquement pour l'identité.

Le registre de l'état civil seroit-il regardé comme une preuve, ou, au moins comme un commencement de preuve par écrit ? Il faut distinguer. Quant à l'accouchement, il établit une présomption qui vaut, jusqu'à preuve contraire, si la mère y est désignée. Sinon, il ne fera pas même commencement de preuve. Mais quant à l'identité, il ne peut, dans aucun cas, faire même commencement de preuve ; car il prouve bien que telle personne est accouchée d'un enfant de tel sexe ; mais il ne prouve en rien que le porteur de l'acte soit l'enfant dont cette personne est accouchée. Ce qui est précisément la question d'identité. Jugé dans ce sens en cassation, le 28 mai 1810. (SIREY, 1810, Ire Partie, pag. 202.)

La possession constante de l'état de fils naturel de la mère réclamée, seroit-elle regardée comme une preuve ou comme un commencement de preuve? L'on avoit proposé au Conseil-d'État un article portant qu'elle seroit regardée comme un commencement de preuve suffisant pour faire admettre la preuve testimoniale; mais cet article a été supprimé, sur le fondement que cette possession étant le plus puissant de tous les titres, devoit, par conséquent, faire preuve entière. (Procès-verbal du 26 brumaire an 10.)

Appliqueroit-on à l'enfant naturel qui recherche la maternité, la disposition du §. 1er de l'article 323, qui admet la preuve testimoniale, lorsqu'il existe des présomptions ou indices résultant de faits dès-lors constans, et assez graves pour déterminer l'admission de cette preuve? L'on a jugé la négative en Cassation, le 28 mai 1810 (SIREY, 1810, Ire. Partie, pag. 193), attendu, est-il dit dans l'arrêt, que l'art. 323 est placé sous la rubrique *de la filiation légitime*. Cette décision peut être conforme à la lettre de la loi; mais elle me paroît bien rigoureuse. Il est plusieurs articles du chapitre II du Titre *de la Paternité et de la Filiation*, qui, quoique placés sous la rubrique *de la filiation des enfans légitimes*, doivent néanmoins être appliqués nécessairement aux enfans naturels, quoique les dispositions n'en soient pas rappelées sous la rubrique *des enfans naturels*. Tel est l'article 320, relatif à la possession d'état; l'article 324, qui établit ce qu'on doit entendre par commencement de preuve par écrit; l'article 325, qui permet la preuve contraire à celle faite par l'enfant; les articles 326 et 327, qui établissent la compétence exclusive des tribunaux civils en matière de filiation; les articles 328, 329 et 330, relatifs à l'imprescriptibilité de l'action dans la personne de l'enfant, et à sa prescriptibilité à l'égard de ses héritiers. Pourquoi l'article 323 se trouveroit-il seul excepté de l'application? L'on peut dire cependant, pour justifier l'opinion contraire, que la première partie du §. 1er de l'article 323, se trouvant rappelée expressément dans l'art. 341, l'on doit présumer que, par cela seul que le Législateur a omis la seconde partie de ce paragraphe, il n'a pas voulu l'appliquer à l'enfant naturel. Mais, je le répète, cette opinion, qui est soutenable, me paroît extrêmement rigoureuse.

PAGE 97.

(1) *Au moins directement*, parce que l'article 762 suppose qu'ils peuvent être reconnus, au moins indirectement, par exemple, dans les cas des articles 312 et suivans. Espèce: Une femme mariée depuis dix ans, accouche; l'enfant est inscrit sous son nom et celui de son mari, et par conséquent comme légitime. Le mari le désavoue, en alléguant que, pendant le temps qui a couru depuis le trois centième jusqu'au cent quatre-vingtième jour avant la naissance, il étoit dans l'impossibilité physique de cohabiter avec sa femme. La preuve est faite, et le désaveu est jugé valable. Il y a là reconnoissance indirecte de la part de la mère. De même, un homme, déjà marié, trompe l'officier de l'état civil, et se marie avec une femme qui a connoissance de son premier mariage. Les enfans qui proviennent de leur union, sont

portés au registre de l'état civil, comme enfans légitimes. La bigamie est ensuite découverte, et les enfans déclarés adultérins : ils n'en sont pas moins reconnus par leurs père et mère.

En un mot, il faut entendre l'article 335, dans le sens que les enfans adultérins ou incestueux ne peuvent jamais être reconnus en cette qualité; mais la reconnoissance, quelle qu'elle soit, ne peut, dans tous les cas, leur donner droit qu'à des alimens. (Art. 762.)

La même disposition auroit lieu, si, d'après l'opinion que nous avons précédemment émise, la maternité étoit recherchée contre l'enfant, et que de la procédure il résultât la preuve qu'il est adultérin : le jugement, dans ce cas, équivaudroit à une reconnoissance, et lui donneroit droit à des alimens contre la mère ou sa succession. Il en seroit de même à l'égard du père, dans les cas où, d'après la même opinion, la paternité pourroit être recherchée contre l'enfant.

(2) *Par le père ou la mère.* L'aïeul ne peut reconnoître l'enfant naturel de son fils; et de même, la reconnoissance du père ne donne au fils naturel aucun droit sur la succession de l'aïeul. En un mot, l'enfant naturel, même reconnu, n'a civilement d'autres parens que son père ou sa mère. Nous disons *civilement*, parce que la parenté naturelle existe toujours entre lui et les parens de ses père et mère. Aussi voyons-nous que le mariage est prohibé entre les ascendans et les descendans, ainsi qu'entre les frères et sœurs, naturels.

(3) *Ou dans un autre acte authentique.* Antérieur ou postérieur à la naissance. On a jugé avec raison en Cassation, le 16 décembre 1811 (Sirey, 1812, Ire Partie, pag. 81), que l'argument tiré du sens littéral que présente l'article 334, n'étoit pas suffisant pour annuller une reconnoissance faite pendant la grossesse. Pour connoître ce qu'on doit entendre par acte authentique, voyez l'article 1317. Nous allons voir tout-à-l'heure pourquoi l'on exige un acte de cette espèce.

La reconnoissance pourroit-elle être faite par un fondé de pouvoir ? Oui, pourvu que le pouvoir fût authentique, et spécial à l'effet de reconnoître tel enfant. Et dans ce cas même, si celui qui a donné le pouvoir, venoit à mourir avant que la reconnoissance eût été effectuée, l'on pourroit prétendre avec fondement que la procuration équivaut à la reconnoissance même.

La reconnoissance d'un enfant naturel peut-elle être tacite ? Oui, pourvu que l'acte dont on la fait résulter, soit authentique ; si, par exemple, un homme passant un acte avec un autre individu, lui donne ou lui laisse prendre dans l'acte la qualité de son enfant naturel.

La reconnoissance faite par testament est-elle valable ? Oui, si le testament est mystique, ou par acte public, parce que, dans ce cas, il est authentique. *Secùs*, s'il est olographe ? Cela auroit pu souffrir difficulté, à l'égard du testament olographe, sous la coutume de Paris, qui réputoit cette sorte de testament, *acte solennel.* Mais cette disposition n'ayant pas été conservée dans le Code, ce testament est rentré dans la classe des actes sous seing-privé.

Quid, si une personne a écrit à l'officier de l'état civil que tel enfant est de ses œuvres, et que la lettre ait été relatée dans l'acte de naissance, ou y ait été annexée, cela équivaudra-t il à une reconnoissance authentique? On a jugé l'affirmative à Bruxelles, le 11 juillet 1808. (*Journal de la Jurisprudence du Code Napoléon*, tom. XI, pag. 269.) Et la même doctrine paroît consignée dans un des motifs d'un arrêt de Cassation, rendu le 11 août de la même année. (Sirey, 1808, Ire Partie, p. 499.) Je ne puis partager cette opinion. En effet, quel a été le but du Législateur, en exigeant un acte authentique? Quelques personnes, du nombre desquelles est M. Proudhon, ont dit que c'étoit parce que l'état des personnes devoit être immuable, et qu'il n'étoit permis à aucun individu de l'aliéner ni d'en changer; qu'il y auroit donc de l'inconséquence à laisser reposer les droits de la paternité et de la filiation sur la frêle garantie d'une écriture privée. Je ne puis croire que tel ait été le motif du Législateur; car, d'abord il faudroit en conclure que l'acte de reconnoissance ne peut être fait qu'avec minute; ce qui n'est pas : ensuite il résulteroit de ce système, que l'authenticité de l'acte n'est exigée que dans l'intérêt de l'enfant, et pour assurer son état; et que par conséquent le défaut d'authenticité ne pourroit lui être opposé; ce qui est contraire à tous les principes actuels. D'ailleurs, la possession, en matière d'état, a toujours été regardée comme le titre le plus puissant, et plus puissant peut-être que l'acte le plus authentique, puisqu'elle établit en même temps l'état, et l'identité de l'individu qui la réclame; et cependant, cette possession n'est d'aucun poids dans la recherche de la paternité. La véritable raison pour laquelle on a exigé l'acte authentique, a été, que l'on a voulu mettre les personnes foibles à l'abri des sollicitations et des séductions, à l'aide desquelles on pourroit essayer de leur arracher une reconnoissance. L'on présume que, devant un officier public quelconque, la personne doit jouir de toute sa liberté, qu'elle est à l'abri de toute contrainte, et que, par conséquent, la reconnoissance qu'elle signe, est l'effet de sa pure et simple volonté. Or, peut-on appliquer ces caractères à une lettre missive écrite à l'officier de l'état civil? Cette lettre n'est-elle pas écrite par l'individu qui l'a signée, seul, hors la présence de l'officier public, présence qui garantit aux tribunaux la parfaite liberté de celui qui a reconnu? En un mot, une lettre missive, tant qu'elle n'est pas reconnue devant notaires par celui qui l'a écrite, est-elle autre chose qu'un acte sous seing-privé? et un tiers peut-il, en l'annexant à un registre public, hors la présence de celui qui l'a signée, lui donner la force d'un acte authentique? En seroit-elle moins sujette à la simple dénégation, à la vérification d'écriture, etc.? Je pense donc que, dans aucun cas, une lettre de ce genre ne peut équivaloir à la reconnoissance voulue par la loi.

Quid, si l'acte sous seing-privé contenant la reconnoissance, a été lui-même reconnu authentiquement? Il faut distinguer. Si la reconnoissance de l'acte a eu lieu volontairement, c'est comme si la reconnoissance de l'enfant avoit été faite par acte authentique. Si la reconnoissance est demandée en justice, les père et mère peuvent s'y refuser, et se contenter de demander la nullité de l'acte. Mais si, de fait, ils ont reconnu l'acte sans protestation ni réserve, je pense que cela doit équivaloir à une reconnoissance authentique.

La reconnoissance forcée, dans les cas où elle est admise, auroit-elle le même effet que la reconnoissance volontaire? La question s'est présentée à la Cour Impériale de Paris, où elle a été jugée pour l'affirmative le 27 juin 1812 (SIREY, 1812, IIe Partie, pag. 418), et avec raison. Les adversaires de l'enfant naturel prétendoient qu'il n'y avoit que la reconnoissance volontaire qui pût donner droit à la succession; que toute autre reconnoissance ne donnoit droit qu'à des alimens. L'arrêt de Paris a proscrit cette distinction, dont il n'existe aucune trace dans le Code, qui se sert par-tout de ces expressions, *légalement reconnus.* Or, la reconnoissance par jugement est tout aussi légale que la reconnoissance volontaire. Je n'hésite donc pas à penser qu'elles doivent avoir toutes deux les mêmes effets.

On pourroit peut-être opposer à cette décision l'article 200 du Code de Procédure, qui admet pour pièces de comparaison, dans les vérifications d'écritures, les pièces reconnues par celui à qui est attribuée la pièce à vérifier, mais non celles déniées ou non reconnues par lui, *encore qu'elles aient été précédemment vérifiées, et reconnues être de lui* : d'où l'on pourroit conclure que la loi établit une différence entre la reconnoissance volontaire et la reconnoissance forcée.

Mais d'abord l'on peut dire qu'ici la distinction est formellement énoncée dans la loi, et que précisément la nécessité dans laquelle le Législateur a cru être de l'exprimer, prouve que, de droit commun, la reconnoissance forcée a le même effet que la reconnoissance volontaire.

L'on peut dire, en second lieu, que c'est l'autorité de la chose jugée qui fait attribuer à un individu la pièce qu'il a méconnue, mais qui a été reconnue judiciairement avec lui. Or, l'autorité de la chose jugée n'a lieu qu'à l'égard de ce qui a fait l'objet du jugement; par conséquent, lorsqu'il s'agit de vérifier un écrit, on ne peut se servir d'un jugement rendu sur la vérification d'un autre écrit.

Dans l'espèce, au contraire, il s'agit du même fait, du même objet, entre les mêmes parties ou leurs ayant cause, et l'on prétendra que le jugement de reconnoissance ne doit pas avoir le même effet que la reconnoissance volontaire, ou doit en avoir un moindre! C'est comme si l'on soutenoit que tel acte qui pourroit fonder une action pour le capital et les intérêts, s'il étoit reconnu volontairement, ne donneroit action que pour le capital, s'il avoit été reconnu en justice.

Un mineur peut-il reconnoître son enfant naturel? L'affirmative ne me paroît pas douteuse. Mais pourroit-il se faire restituer contre cette reconnoissance? Je pense qu'oui, comme contre toute autre espèce d'obligation. Mais il faut bien prendre garde que le mineur ne peut être restitué qu'en prouvant la lésion : or, il ne peut y avoir lésion dans une pareille reconnoissance, qu'autant que le mineur prouveroit que l'enfant ne provient pas de ses œuvres, que la reconnoissance a été l'effet du dol, de l'erreur ou de la violence, etc. En effet, il ne peut pas dire qu'il est lésé, parce qu'il a reconnu. La reconnoissance n'est pas ce qui constitue son obligation; elle n'en est que la preuve. L'obligation a existé du moment où l'enfant a été conçu: il n'a fait que son devoir en le reconnoissant, il ne peut donc se faire restituer contre la reconnoissance. D'un autre côté, il ne peut se faire restituer contre l'obligation résultant de ce qu'il a donné naissance à l'enfant. Car le fait de la conception est, de sa part, un acte criminel; et il est de principe que le mineur n'est pas restituable contre les obligations résultant de son délit ou de son quasi-délit. (Art. 1310.) Je pense, par les mêmes raisons, qu'il peut faire cette reconnoissance sans aucune autorisation.

On demande enfin si la reconnoissance d'un enfant naturel, faite sous seing-privé, pourroit donner, au moins, à l'enfant, le droit de demander des alimens à son père, ou à sa mère, ou à leur succession. Cette question a été controversée dans le principe. Il paroîtroit cependant qu'on est revenu à l'opinion qu'une semblable reconnoissance est entièrement nulle. On se fonde sur ce que la paternité est indivisible; qu'elle ne peut être scindée; que l'on ne peut être père dans un cas, et ne pas l'être dans l'autre, etc.

Nonobstant la jurisprudence presque générale sur ce point, j'ose encore soutenir l'opinion que j'ai embrassée il y a sept ans, savoir, que l'enfant ainsi reconnu ne peut prétendre, à la vérité, à aucun droit à la succession, mais qu'il a au moins celui de demander des alimens: et voici, à cet égard, quels sont mes motifs.

Il faut distinguer avec soin, dans les différens droits qui peuvent être exercés, ceux qui descendent du droit civil ou du droit naturel. Comme les premiers sont accordés par la loi civile seule, elle a bien pu attacher le droit de les exercer, à l'observation de telle ou telle formalité; mais quant aux seconds, comme ils sont indépendans de la loi civile, ils ne doivent être soumis qu'aux règles générales et communes du droit. C'est ainsi que la loi refuse au mort civilement le droit de succéder, soit *ab intestat*, soit par testament, et qu'elle lui accorde cependant la faculté de recevoir à titre d'alimens. Les successions sont de droit civil, dans le sens que c'est la loi civile qui les défère, et qui détermine l'ordre dans lequel elles doivent être recueillies; elle peut donc n'y admettre que ceux qui ont rempli telle ou telle condition. Mais les alimens sont de droit naturel; ils sont indépendans de toute disposition civile; et la loi qui défendroit au père de nourrir ses enfans, seroit une loi impie, et digne des temps les plus barbares. Or, si le droit de demander des alimens n'est pas du domaine de la loi civile, elle n'a pas pu en subordonner l'exercice à l'observation de certaines formalités. Que, pour éviter les procès scandaleux, l'on prohibe la recherche de la paternité, la disposition est déjà assez dure, comme nous l'avons démontré; mais quand cette paternité est prouvée de la manière qui seroit suffisante pour prouver toute espèce d'obligation, quand il ne peut y avoir de procès, si ce n'est une simple vérification d'écriture en cas de dénégation, vérification qui ne peut entraîner aucun scandale, l'on ne voit pas comment le père pourroit se soustraire à l'obligation de fournir les alimens, et comment un acte qui, dans une affaire ordinaire, seroit jugé suffisant pour le constituer débiteur d'une somme, quelque considérable qu'elle fût, ne suffiroit pas pour donner à l'enfant naturel le droit de demander des alimens.

On ne peut, dit-on, scinder la paternité: cela est un pur sophisme. Sans doute il n'est pas possible que la même personne soit, et ne soit pas tout-à-la-fois père du même enfant. Aussi n'est-ce pas, dans notre système, la paternité qui est scindée; ce sont ses effets, dont les uns étant du droit naturel, et les autres du droit civil, peuvent être l'objet de différentes dispositions. Il est très-possible qu'un enfant puisse exercer un des droits de la filiation, et ne puisse pas exercer tel autre. Ainsi, l'enfant adultérin ou incestueux peut réclamer des alimens, et n'est pas admis à la succession. Le fils du mort civilement peut être tenu, du moins nous le pensons, de fournir des alimens à son père; et il n'y a cependant entr'eux aucun rapport civil de paternité où de filiation. Dans le cas de l'article 202, le père de mauvaise foi seroit père, à l'effet de transmettre sa succession aux enfans du mariage putatif contracté avec l'épouse de bonne foi; et il ne le seroit pas, à l'effet de recueillir leur propre succession. Enfin, y a-t-il rien qui paroisse plus indivisible, que la qualité d'héritier? et cependant ne peut-il pas arriver que la même personne soit et ne soit pas, tout-à-la-fois, héritière du même individu à l'égard de différentes personnes? (Voyez, ci-après, la note (3) de la pag. 203.) Tous ces divers cas peuvent se présenter. Concluons donc que la prétendue scission de paternité est une chimère.

On insiste, en disant : Sans doute le père est tenu de fournir des alimens à son fils naturel; mais, pour cela, il faut, même d'après le droit naturel, lui prouver qu'il est le père : or la loi civile n'admet d'autre preuve de la paternité, que l'acte de naissance ou un acte authentique. Je réponds d'abord qu'il est contradictoire de dire, d'un côté, que, de droit naturel, et indépendamment de toute loi civile, le père est tenu de nourrir son enfant; et d'un autre côté, de subordonner cette obligation à une formalité qui n'est pas exigée pour les obligations, même civiles. Je réponds, en second lieu, que l'article 762 accorde des alimens à l'enfant adultérin et incestueux, qui, cependant, ne peut être reconnu, ni par son acte de naissance, ni par un autre acte authentique. La loi elle-même a donc décidé que l'article 334 n'étoit point applicable à la simple demande d'alimens. D'ailleurs, la cause est si favorable, qu'y eût-il du doute, la question devroit être décidée en faveur de l'enfant.

(4) *Sans son aveu*, c'est-à-dire, que le père peut reconnoître, sans indiquer la mère, et que, lors même qu'il l'a indiquée, cette indication n'a aucun effet à l'égard de la mère, tant qu'elle n'a pas elle-même reconnu l'enfant; et réciproquement, que la mère peut reconnoître sans indiquer le père, ou que, si elle l'a indiqué, cette reconnoissance n'a aucun effet à l'égard de ce dernier. De là il faut conclure que, si l'enfant est porté dans l'acte de naissance comme né de père et mère inconnus, il peut être reconnu par sa mère, et venir à sa succession comme enfant naturel, fût-il adultérin ou incestueux; ce qui seroit le plus grand abus, si l'on n'admettoit pas le système que j'ai établi plus haut, que la paternité peut être recherchée contre l'enfant.

Nota. Les Membres de la Maison Impériale ne peuvent reconnoître leurs enfans naturels, sans le consentement de l'Empereur. (*Statut du* 30 *mars* 1806, art. 12.)

(5) *Dans les biens de sa succession.* On verra quels sont ces droits, au Titre *des Successions.*

(6) *Ayant intérêt.* Mais il faut un intérêt né et actuel. (Argument tiré de l'article 187.) En conséquence, la reconnoissance ne peut être contestée par les tiers, qu'après la mort de celui qui a reconnu; mais elle peut l'être en tout temps par l'enfant lui-même, parce qu'il a toujours intérêt de n'avoir pas civilement d'autre père ou mère, que ceux qui lui ont été donnés par la nature.

(7) *Soit quant au fond.* Si l'on prétend que l'enfant est adultérin, incestueux, ou le fils d'un autre, ou même qu'il ne peut être l'enfant de celui qui l'a reconnu; si, par exemple, à l'époque présumée de la conception, il y avoit impossibilité physique de cohabitation entre celui qui se prétend le père, et la véritable mère.

La plupart de ces motifs seroient inadmissibles, s'il n'étoit permis, dans aucun cas, de rechercher la paternité. Pour écarter cette objection, on a prétendu que la reconnoissance ne pouvoit être contestée que sous le rapport de la forme. Mais alors, la disposition de l'article 339 seroit entièrement inutile, et même absurde: car, après que l'article 334 a déterminé la forme dans laquelle doit être faite la reconnoissance, qu'étoit-il besoin de dire que l'on pourroit contester celle dans laquelle cette forme n'auroit pas été observée? Est-ce que, par cela seul que telle forme est prescrite pour un acte, toute personne intéressée n'acquiert pas le droit de s'opposer à l'exécution de celui dans lequel cette forme n'a pas été suivie? Et d'ailleurs, l'article 339 range sur la même ligne la reconnoissance du père ou de la mère et la réclamation de l'enfant. Or, dira-t-on que la réclamation de l'enfant ne peut être contestée au fond, mais seulement quant à la forme? Donc, on ne peut le dire davantage de la reconnoissance; donc on a soutenu avec fondement qu'il résultoit de l'article 339, que la paternité pouvoit être recherchée contre l'enfant.

(8) *Soit quant à la forme.* Si l'on prétend que l'acte de reconnoissance n'est pas authentique.

(9) *Que son époux. Quid*, si l'enfant reconnu provient du commerce que les deux époux ont eu ensemble avant le mariage? Cette reconnoissance ne le légitimera pas (Art. 331); elle eût dû, pour cela, être faite, au plus tard, au moment de la célébration. Mais si elle a eu lieu de la part des deux époux, elle lui donnera au moins les droits d'enfant naturel. La raison de différence, c'est que, dans ce dernier cas, l'autre époux connoissoit ou devoit connoître l'existence de l'enfant; il ne peut donc dire que l'on a trompé sa bonne foi.

Il s'est présenté, sur l'article 337, une question qui, bien certainement, n'eût jamais dû en faire une. Un individu avoit, depuis la dissolution de son mariage, reconnu un enfant naturel qu'il avoit eu, avant le mariage, d'une autre personne que de sa femme. Cet enfant a prétendu qu'il pouvoit réclamer les droits d'enfant naturel, quoiqu'il existât des enfans légitimes. Il s'est fondé sur ce que l'article 337 n'exclut que l'enfant reconnu *pendant* le mariage, et que, par conséquent, on ne pouvoit le lui opposer, puisqu'il avoit été reconnu depuis la dissolution du mariage. Il est évident que cette distinction est purement judaïque et entièrement contraire à l'intention du Législateur : cependant elle a été adoptée par un arrêt de la Cour d'appel de Pau, du 5 prairial an 13. (*Journal de la Jurisprudence du Code Civil*, tom. V, pag. 331.) L'on s'est pourvu en Cassation, et le pourvoi a été rejeté par arrêt du 6 janvier 1808. (*Ibid.*, tom. X, pag. 182.)

Il est possible qu'en droit strict, la Cour de Cassation ait pu rejeter le pourvoi, par la raison que l'arrêt attaqué n'avoit pas violé la lettre de l'article 337; mais il est bien constant qu'il en violoit absolument l'esprit. Qu'a voulu, en effet, le Législateur? Qu'un père ou une mère ne vînt pas, par une reconnoissance tardive, nuire aux droits résultant du mariage en faveur de son conjoint, ou des enfans issus de leur union, et tromper par là l'espoir des deux familles. Or, que la reconnoissance soit faite pendant ou après le mariage, quand il existe des enfans, ne préjudiciera-t-elle pas également à leurs droits? Ne diminuera-t-elle pas la part de chaque enfant, de ce qui est nécessaire pour compléter celle de l'enfant naturel? La Cour de Pau a prétendu que le but unique du Législateur avoit été d'empêcher que la paix du ménage ne fût troublée; mais si cela étoit, il se seroit contenté d'annuller la reconnoissance, dans l'intérêt de l'autre époux seulement, ou plutôt il auroit défendu toute reconnoissance pendant le mariage. Mais il n'a pas été jusque-là : il autorise ces reconnoissances, tellement qu'elles ont tout leur effet, si l'autre époux meurt sans enfans, ou si, après sa mort, les enfans viennent à mourir avant celui qui a reconnu. Donc ce n'est pas la crainte de troubler la paix du ménage, qui a déterminé la disposition; donc, l'interprétation donnée par la Cour de Pau, à l'article 337, est, comme nous l'avons dit, entièrement inadmissible. M. Proudhon a adopté la même interprétation. Mais il est évident, par la raison qu'il donne, qu'il n'a pas saisi le sens de l'article 307.

(10) *Sans postérité.* Ceci a besoin d'explication, car il pourroit arriver que, même dans ce cas, la reconnoissance ne produisît aucun effet. Si, par exemple, c'étoit l'époux innocent qui eût survécu, et qu'il y eût donation universelle en sa faveur, l'enfant ne pourroit rien prétendre, puisque sa reconnoissance ne peut nuire à cet époux; elle ne peut donc avoir d'effet, qu'autant que la part de l'enfant, dans la succession, ne préjudicie en rien aux droits assurés par le contrat de mariage, ou par la loi, à l'époux survivant.

Cependant il seroit difficile de refuser des alimens à l'enfant naturel, reconnu même pendant le mariage. Les alimens sont de droit naturel; ils sont dus sur les biens de l'époux qui a reconnu, quand même il existeroit des enfans du mariage, ou quand il y auroit donation universelle au profit de l'autre époux. *Bona non intelliguntur, nisi deducto ære alieno.* Mais je pense qu'ils ne sont dus que dans les cas et les proportions déterminés par les articles 763 et 764. Cet avis paroît être aussi celui de la Cour de Cassation, ainsi qu'il résulte de l'un des *considérant* d'un arrêt rendu le 27 août 1811. (Sirey, 1812, Ire. Partie, pag. 13.)

L'article 337 suppose que l'un des époux, le mari ou la femme indistinctement, peut reconnoître, pendant le mariage, l'enfant qu'il a eu auparavant, d'un autre que de son époux, sauf que cette reconnoissance ne peut préjudicier, ni à l'autre époux, ni aux enfans. Mais dans ce cas, si c'est la femme qui reconnoît, doit-elle être autorisée? Je ne le pense pas; et par les mêmes raisons qui m'ont fait décider que le mineur pouvoit reconnoître son enfant naturel, sans être autorisé. Ce n'est pas la reconnoissance, c'est le fait de la conception qui constitue l'obligation: la reconnoisance n'en est que la preuve.

PAGE 98.

(1) *Aussi bien qu'au père.* Le principe que, même durant le mariage, le droit de la puissance paternelle appartient au père et à la mère, quoique le père seul puisse l'exercer, résulte de la combinaison des articles 372 et 373. Le premier dit que l'enfant reste sous leur autorité, c'est-à-dire, *sous l'autorité de ses père et mère jusqu'à sa majorité*, etc. L'article 373 ajoute: *le père seul exerce cette autorité durant le mariage*; ce qui distingue bien le droit en lui-même, de l'exercice du droit: distinction qui peut être utile pour résoudre plusieurs questions sur cette matière.

Nota. L'Empereur a la puissance paternelle sur tous les membres de sa famille, pendant leur minorité. (*Statut du* 30 *mars* 1806, art. 1.) S'il est mineur, cette puissance est exercée par le régent et le conseil de régence. (*Ibid.*, art. 2.)

(2) *Pendant le même temps*, c'est-à-dire pendant le mariage. *Quid* après la dissolution? Si c'est par mort, elle appartient au survivant; si c'est par divorce, se reporter à ce que nous avons dit ci-dessus, note (1) de la page 90. Cependant deux arrêts de la Cour d'Appel de Paris, rapportés tous deux dans le *Journ. de la Jurisp. du Cod. Nap.*, tom. X, pag. 337, ont jugé que, même lorsque, par suite du divorce, les enfans avoient été confiés à la mère, le père conservoit la puissance paternelle, et par conséquent la tutelle. Mais quand la mère est chargée exclusivement d'administrer la personne des enfans; quand, d'un autre côté, il est de principe que l'administration de la personne emporte celle des biens, *tutor datur personæ, rebus per consequentias tantùm*, je le demande, sur quoi peut s'exercer la tutelle ou la puissance paternelle?

(3) *Ou son émancipation. Quid*, si le père ou la mère est condamné à une peine afflictive ou infamante? Si c'est la mère, il n'y a point de difficulté, la puissance continue d'être exercée par le père; mais si c'est le père, je pense que cet exercice doit lui être ôté, quand même le divorce ne seroit pas demandé. (Argument tiré de l'article 221.) La puissance paternelle sera donc exercée par la mère, avec le concours des deux plus proches parens paternels. (Argument tiré de l'art. 381.)

(4) *Les articles* 148, 149, 150, *etc.*, *du Code.* Le décret n'a pas rappelé l'article 151. L'on doit en conclure que les filles majeures de vingt-un ans ne sont pas obligées, dans ce cas, de demander le conseil de leurs père et mère, ou autres ascendans; et cela, pour deux raisons: la première, c'est que l'engagement dans une congrégation est loin d'avoir les mêmes résultats que le mariage; et la

deuxième, c'est que ces engagemens, même à l'égard des novices majeures, n'est que pour cinq ans. (Art. 8 du même décret.)

PAGE 99.

(1) *Du tribunal de son domicile.* Quoique la simple demande du père, même sans énonciation de motifs, soit suffisante pour faire détenir l'enfant, il faut néanmoins toujours l'ordre du président: d'abord, parce que l'arrestation exige le concours de la force publique, qu'un simple particulier n'a pas le droit de mettre en action; et, en deuxième lieu, parce qu'aux termes de l'article 120 du Code Pénal, le gardien ou concierge de la maison de détention ne peut recevoir qui que ce soit, sans un ordre de l'autorité compétente, à peine d'un emprisonnement de six mois à deux ans, et d'une amende de seize à deux cents francs.

Le germe de cette disposition se trouve dans la loi 3, Cod. *de Patriâ Potestate.*

(2) *Si le père est remarié.* On peut craindre que le père ne se laisse séduire par les artifices d'une belle-mère.

(3) *L'enfant détenu.* Ces mots prouvent que l'ordre d'arrestation a dû s'exécuter provisoirement, et que le pourvoi de l'enfant n'est pas suspensif.

(4) *En donne avis au père*, ou à la mère, ou au tuteur, si c'est par eux que la détention a été requise.

(5) *Avec le concours.* Il paroît qu'il faut le concours des deux. Si l'un des deux ne consentoit pas, la détention ne pourroit avoir lieu, au moins par cette voie. Mais elle pourroit être requise, soit par le tuteur, soit par la mère même, si elle étoit tutrice, suivant la forme prescrite par l'art. 468, c'est-à-dire, avec l'autorisation du conseil de famille.

(6) *Des deux plus proches parens paternels. Quid*, s'il n'y avoit pas de parens paternels, ou s'ils demeuroient à une distance trop éloignée? Il faudroit alors recourir à l'article 468.

(7) *Ou requis la détention.* Quoique l'article 379 paroisse ne donner ce droit qu'au père, je pense cependant, contre M. PROUDHON, qu'il n'y a aucune raison de le refuser à la mère ou au tuteur, en observant que ces derniers doivent être assujettis, pour abréger la détention, aux mêmes formalités qui sont exigées pour qu'ils puissent la requérir; et, ce qui prouve combien il est dangereux de s'attacher trop servilement à la lettre de la loi, c'est que M. PROUDHON, qui refuse à la mère légitime le droit d'abréger la détention de son enfant, même avec le concours des parens paternels, accorde ce même droit à la mère naturelle, seule, et sans le concours de qui que ce soit. L'immoralité de cette distinction suffiroit seule pour la faire proscrire.

PAGE 100.

(1) *Dans la jouissance desdits biens.* Ce droit ressemble beaucoup à celui qui, dans la plupart des anciennes coutumes, étoit accordé au survivant des père et mère, et même quelquefois aux autres ascendans. Dans quelques provinces il se nommoit *bail;* dans d'autres, et notamment à Paris, on l'appeloit *garde.* POTHIER et RENUSSON ont fait chacun un Traité sur cette matière.

(2) *Des charges usufructuaires.* Pour connoître quelles sont ces charges, voyez les articles 605 et suiv., et ci-après, au Titre de l'*Usufruit.*

(3) *Les arrérages ou intérêts des capitaux.* Dans l'ancien droit, le bailliste ou gardien étoit obligé de payer même les capitaux de toutes les dettes mobilières du défunt. Il est vrai qu'alors l'obligation n'eût pas été aussi étendue qu'à présent, parce que, dans la plupart des coutumes, les rentes étoient immeubles.

(4) *Et ceux de dernière maladie.* De quels frais a-t-on entendu parler ici? Il est certain qu'à prendre l'article seul, en lui-même, et sans aucun rapport au droit qui a précédé le Code, l'on entendra toujours les frais funéraires et de dernière maladie de l'enfant. Ce qui a fait question à ce sujet, c'est que, dans l'ancien droit, le gardien étoit chargé de payer les frais funéraires de ceux dont la succession échéoit aux mineurs, et tomboit en garde; mais, néanmoins, je pense qu'il faut conserver à l'article le sens qu'il présente naturellement, et l'entendre des frais funéraires et de dernière maladie de l'enfant, des biens duquel le père ou la mère a la jouissance; et je me fonde :

1°. Sur ce que les auteurs mettoient autrefois les frais funéraires en première ligne, parce que c'étoit effectivement les premiers que devoit payer le bailliste ou gardien. Le Code, au contraire, les place en dernière ligne, probablement par la raison que ce sont les derniers que doit payer le père : or ils ne peuvent être les derniers, qu'autant qu'ils concernent l'enfant.

2°. Sur ce que la plupart des coutumes n'assujettissoient pas expressément le gardien au paiement de ces frais. On jugeoit néanmoins qu'il en étoit tenu, parce que ces frais faisoient partie des dettes mobilières de la succession, dettes dont le gardien étoit généralement tenu. Aujourd'hui, le père ou la mère, qui a la jouissance, n'est pas tenu des capitaux de ces dettes. Il ne doit donc pas être tenu des frais funéraires du prédécédé, plus que de toute autre dette. Ces frais ont dû être payés pas la succession, et la diminuer d'autant. *Bona non intelliguntur, nisi deducto ære alieno.*

(5) *Ou une industrie séparée.* Cela ressemble beaucoup au pécule castrense et quasi-castrense des Romains, sauf que ces deux pécules étoient moins étendus.

(6) *Que les père et mère n'en jouiront pas*, pourvu toutefois que l'enfant n'ait pas un droit de réserve ou de légitime sur ces biens. Car la disposition de l'article 387 étant fondée sur ce que celui qui pouvoit donner ou ne pas donner, a pu mettre à sa donation telle condition qu'il a jugée convenable, elle ne peut s'appliquer à la réserve, que le légitimaire a droit de recueillir, indépendamment de la volonté, et même contre la volonté du défunt, ainsi que nous le verrons au Titre *des Donations.* Si donc l'aïeul paternel d'un enfant dont le père est mort, l'institue son légataire universel, sous la condition que la mère survivante n'aura pas la jouissance, il faudra distraire du legs la portion que l'enfant auroit pu réclamer dans les biens de son aïeul, à titre de légitime ou de réserve, et la jouissance de cette portion devra être accordée à la mère.

(7) *Que pendant sa viduité.* La femme qui se remarie, passe dans la famille de son mari : le père reste toujours chef de la sienne.

Quid, si la femme qui a perdu la jouissance par un second mariage, redevient veuve avant que ses enfans aient atteint l'âge de dix-huit ans, ou aient été émancipés, la jouissance revivra-t-elle à son profit? Je ne le pense pas. La loi ne dit pas que la jouissance est suspendue, mais qu'elle cesse. Il faudroit donc une disposition expresse de la loi pour la rétablir.

Au surplus, de ce que la femme qui se remarie perd la jouissance, on en a conclu avec assez de fondement, et à plus forte raison, que la femme qui vit dans un déréglement de mœurs notoire, doit en être également privée. Ainsi jugé à Limoges, les 16 juillet 1807 et 2 avril 1810. (*Journ. de la Jurispr. du Cod. Nap.*, tom. XV, pag. 279.)

(8) *N'a pas lieu au profit de celui*, etc. Donc elle a lieu au profit de l'autre. Je ne crois donc pas que l'on doive admettre l'opinion de ceux qui prétendent que, si le divorce a été prononcé contre le père, la mère ne peut réclamer la jouissance qu'après la mort de ce dernier. Ils se fondent sur ce que l'article 384 dit que *la jouissance appartient au père durant le mariage, et, après la dissolution du mariage, au survivant des père et mère.* Or, disent-ils, dans l'espèce proposée, le mariage est bien dissous; mais la mère n'est pas encore survivante; donc elle ne pourra réclamer la jouissance qu'après la mort du père. C'est encore là un des effets de ce mode d'interprétation judaïque, qui paroît vouloir s'introduire, et à laquelle tous les bons esprits doivent s'opposer de tous leurs efforts. En effet, il est évident que l'article 384 a entendu parler du cas le plus fréquent de dissolution, celui où elle arrive par mort; et ce qui le prouve, c'est qu'immédiatement après ces mots, *après la dissolution*, on ajoute, *le survivant.* D'ailleurs, *lex statuit de eo quod plerumquè fit.* Enfin, qui prouve trop ne prouve rien : or, si l'on prenoit l'article 384 à la lettre, comme le mot *survivant* peut s'appliquer au père aussi bien qu'à la mère, il faudroit dire que le père qui a la jouissance pendant le mariage, cesse de l'avoir par l'effet du divorce prononcé contre la mère, tant qu'il ne lui survit pas; ce qui est absurde. Donc il faut restreindre l'art. 384 au cas où le mariage est dissous par la mort naturelle ou civile de l'un des conjoints. Quant au cas de divorce, il faut se référer à l'article 386, qui dit que la jouissance n'a pas lieu au profit de celui du père ou de la mère; contre lequel le divorce aura été prononcé; d'où l'on doit conclure qu'elle a lieu au profit de l'autre. *Nec obstat* ce que nous avons dit dans la note (2) de la page 98, qu'après le divorce, la puissance paternelle appartient concurremment au père et à la mère; car nous avons entendu parler, dans cette note, seulement des droits quant à la personne, dont les effets doivent être distingués avec soin de la jouissance des biens. Les droits de la personne sont tous en faveur de l'enfant; le divorce des père et mère ne peut y préjudicier. Les droits sur les biens sont en faveur des père et mère; il est juste que celui qui a mérité que le divorce fût prononcé contre lui, en soit privé.

(9) *A été prononcé. Quid*, si le divorce a eu lieu par consentement mutuel? Je pense que, dans ce cas, la jouissance doit cesser tout-à-fait; d'abord, parce qu'aucun des deux époux ne peut dire que le divorce n'a pas été prononcé contre lui, et que, dans le doute, il semble que l'on doit décider en faveur de l'enfant; et, en second lieu, parce que l'effet de ce divorce étant de faire passer de plein droit, aux enfans, la moitié des biens de leurs père et mère, il paroîtroit contradictoire que ceux-ci conservassent en même temps la jouissance des biens personnels de leurs enfans.

(10) *Avant cet âge.* Nous verrons plus bas, que l'enfant qui a père ou mère, peut être émancipé à quinze ans. (Art. 477.)

Quid, si l'enfant meurt avant dix-huit ans? la jouissance cesse-t-elle, ou bien continue-t-elle jusqu'à l'époque à laquelle l'enfant auroit eu dix-huit ans? La raison de douter se tire, 1°. de ce qu'anciennement, en pays de droit écrit, le père conservoit pendant toute sa vie l'usufruit des biens de ses enfans morts avant l'émancipation; et 2°. de ce que l'article 620 porte que l'usufruit accordé jusqu'à ce qu'un tiers ait atteint tel âge, doit durer jusqu'à cette époque, encore bien que le tiers soit mort avant l'âge fixé.

Néanmoins, je pense que la jouissance des père et mère doit cesser par la mort de l'enfant décédé avant l'âge de dix-huit ans ou avant son émancipation; et je me fonde, 1°. sur ce que l'article 385 place en dernière ligne, comme nous l'avons déjà fait observer, les frais funéraires et ceux de dernière maladie de l'enfant, parce qu'il suppose que ce sont les derniers qui devront être à la charge du père. D'ailleurs, cet article charge le père qui a la jouissance, de la nourriture, de l'entretien et de l'éducation de l'enfant. Toutes ces charges cessent par la mort de l'enfant; donc le profit doit également cesser.

Secondement, la loi donne au père ou à la mère la jouissance des biens de leurs enfans. Lorsque les enfans sont morts, les biens ne leur appartiennent plus. Donc les père et mère ne doivent plus en jouir, puisqu'ils n'ont droit de jouir que des biens qui appartiennent à leurs enfans; et c'est probablement pour cela que la loi s'est servi du mot *jouissance*, au lieu du mot *usufruit*, parce qu'on auroit pu en conclure que cet usufruit ne devoit s'éteindre que des mêmes manières dont s'éteint l'usufruit ordinaire.

Troisièmement enfin, la jouissance dont il s'agit a beaucoup plus de ressemblance et d'analogie avec la garde noble ou bourgeoise des pays coutumiers, qu'avec l'usufruit accordé au père en pays de droit écrit. Or la garde finissoit par la mort naturelle ou civile du mineur.

La jouissance légale peut cesser encore par la renonciation du père. Mais l'on demande à cet égard, 1°. si cette renonciation seroit regardée comme un avantage sujet à rapport. L'affirmative ne nous paroît pas douteuse. L'article 843 ordonne le rapport de tout ce qui a été donné par le défunt, directement ou indirectement. Or, la renonciation à un droit acquis est bien certainement un avantage indirect en faveur de celui qui profite de la renonciation.

On demande 2°. si les créanciers du père pourroient, en vertu des articles 1167 et 622, faire révoquer une pareille renonciation, comme faite au préjudice de leurs droits? Je pense, par la même raison, que, si l'on doit regarder une pareille renonciation comme un avantage, les créanciers peuvent en demander la révocation. (Argument tiré de l'article 788.)

Mais il est bien entendu que ces deux décisions ne s'appliquent qu'au cas où la renonciation a été pure et simple; mais lorsqu'elle est la suite de l'émancipation, comme la cessation de la jouissance, dans ce cas, ne provient pas, à proprement parler, du fait du père, mais de la disposition de la loi; que d'ailleurs l'émancipation est un acte émané du droit de puissance paternelle, droit exclusivement attaché à la personne du père et de la mère, il est évident que les créanciers, qui n'ont certainement pas le droit d'attaquer l'émancipation, n'ont pas davantage celui de demander la continuation de la jouissance, dont la cessation est la suite nécessaire de l'émancipation. Par la même raison, il n'y aura pas, dans ce cas, lieu au rapport.

On avoit anciennement, sur ces différens points, une singulière opinion en pays de droit écrit. On pensoit que la renonciation du père à l'usufruit légal, même sans émancipation, n'étoit point un avantage sujet à rapport; et d'un autre côté, l'on soutenoit que cette renonciation, même lorsqu'elle étoit la suite de l'émancipation, pouvoit être révoquée à la requête des créanciers. Il paroît difficile de donner une raison plausible de cette jurisprudence, qui semble peu d'accord avec elle-même; et nous croyons que le systême que nous venons d'établir, est ce qu'on peut imaginer de plus raisonnable.

(11) *Les droits sur la personne*, mais non les droits sur les biens, qui sont uniquement à l'avantage des parens. Or, *nemo ex delicto suo debet consequi emolumentum.* Il est à remarquer que l'article 383 se contente de déclarer communs aux pères et mères des enfans naturels, les articles 376, 377, 378 et 379. Pourquoi n'a-t-il pas ajouté les 380, 381 et 382? Quant à l'art. 381, il y a une raison sensible, c'est que l'enfant naturel n'ayant d'autres parens que ses père et mère, étant absolument étranger, quant aux rapports civils, aux parens de ceux-ci, on ne pouvoit exiger le concours des parens paternels. Mais j'avoue qu'il m'est impossible de trouver une raison plausible pour justifier l'omission des articles 380 et 382. La malveillance de la femme du père est-elle moins à craindre pour l'enfant naturel, que pour l'enfant légitime de son mari? Les motifs qui ont fait exiger le concours de l'autorité pour l'arrestation de l'enfant mineur de seize ans, lorsqu'il possède des biens personnels, ou qu'il exerce un état, qui lui donnent, dans les mêmes cas, le droit de se pourvoir contre l'ordre d'arrestation, sont-ils moins puissans à l'égard de l'enfant naturel que de l'enfant légitime? Je pense donc que les articles 380 et 382 sont également applicables aux enfans naturels. M. Proudhon, qui est d'un avis contraire relativement à l'article 382, en donne pour raison qu'il est plus difficile de supposer un état et des biens dans la personne d'un enfant naturel, que dans celle d'un enfant légitime. Mais cette raison est évidemment nulle. En quoi

la qualité d'enfant naturel peut-elle influer sur tout cela? Quel est l'état qu'un enfant de quinze ans pourra avoir s'il est légitime, et dont il sera privé s'il est naturel? D'un autre côté, l'enfant naturel ne peut-il pas avoir des biens provenant de la succession de son père ou de sa mère? etc.

Mais il reste ici une difficulté: comment la puissance paternelle sera-t-elle exercée à l'égard de l'enfant naturel? L'article 373 n'est pas applicable ici, puisqu'il n'y a pas de mariage. D'après le principe que nous avons précédemment établi, que la puissance paternelle réside virtuellement dans la personne des père et mère, nous pensons que, si l'enfant n'a été reconnu que par le père ou la mère, la puissance doit être exercée par celui qui a reconnu. S'il a été reconnu par les deux, ils doivent l'exercer conjointement. Et en effet, lorsque le père et la mère sont mariés, il est tout simple que la femme, qui est elle-même sous la puissance du mari, n'ait pas l'exercice de la puissance paternelle. Or, cette raison n'existe point ici. On oppose l'article 158, qui n'exige que le consentement du père pour le mariage de l'enfant naturel, même lorsqu'il est reconnu par sa mère. Mais il est évident que cette dernière disposition est uniquement relative au mariage, que la loi cherche toujours à favoriser. Mais si le père n'a pas reconnu, ou s'il est mort, comment la puissance sera-t-elle exercée par la mère, si l'enfant est au-dessous de seize ans? M. Proudhon pense que la mère peut, dans ce cas, ordonner la détention. Je ne puis partager cette opinion: d'abord, parce qu'il me paroit immoral d'accorder à la mère naturelle un droit que la loi refuse à la mère légitime; et en second lieu, parce que l'intervention du juge est d'autant plus nécessaire ici, que l'on est privé de la garantie qui résulte, à l'égard de la mère légitime, du concours des deux plus proches parens paternels.

Quid, si la mère naturelle est mariée à une autre personne? Elle ne doit pas être traitée plus favorablement que la mère légitime, qui est privée, dans ce cas, de l'exercice de la puissance paternelle. Elle appartiendra donc alors au père seul; et, à son défaut, au tuteur, conformément à l'article 468.

PAGE 102.

(1) *Qui n'existoient pas naturellement.* J'ai rédigé cette définition, d'après l'opinion dans laquelle j'ai toujours été, que l'on ne pouvoit adopter son enfant naturel. Mes motifs étoient, et sont encore:

1°. Que cela étoit formellement défendu dans le droit romain (*L.* 7, Cod. *de Natural. Liberis*, et Novell. 89, cap. 7);

2°. Que ce seroit un moyen facile d'éluder la disposition prohibitive contenue dans l'article 908; et effectivement il est arrivé par le fait, que presque toutes les adoptions qui ont eu lieu depuis l'introduction du système que je combats, ont été des adoptions d'enfans naturels. D'ailleurs, l'article 908 porte que l'enfant naturel ne peut, par donation entre-vifs, ni par testament, rien recevoir au-delà de ce qui lui est accordé au Titre *des Successions*. Or, qu'est-ce que l'adoption à l'égard de l'enfant naturel? Rien autre chose qu'une donation entre-vifs de la succession; car on ne compte que quatre effets de l'adoption:

· Permission à l'adopté de prendre le nom de l'adoptant ;

Obligation de se fournir mutuellement des alimens ;

Prohibition de mariage entr'eux, et à l'égard de certaines personnes.

Enfin institution irrévocable d'héritier, en faveur de l'adopté.

Or, de ces quatre effets, les trois premiers existent à l'égard de l'enfant naturel reconnu, par sa seule qualité d'enfant naturel, et indépendamment de l'adoption : donc l'adoption n'est réellement qu'une institution contractuelle. Or, soit que vous considériez cette institution, avec quelques auteurs, comme une donation entre-vifs de la succession, ou, avec d'autres, comme un testament irrévocable, sous l'un et l'autre rapport elle est comprise dans la prohibition de l'article 908 : donc cet article prohibe implicitement l'adoption de l'enfant naturel.

Enfin mon troisième motif est, que ce seroit aller directement contre l'intention perpétuellement manifestée par le Législateur, d'encourager le mariage et de le favoriser par tous les moyens possibles. L'on voit, en effet, dans le discours de l'orateur du gouvernement, qu'un des motifs qui a fait balancer à admettre l'adoption, a été la crainte qu'elle ne nuisît au mariage.

« L'adoption, dit-il, bonne en soi, manqueroit son but, si elle nuisoit au mariage. » Plus bas : « Si la faculté d'adopter pouvoit être un encouragement général au » célibat, il faudroit, sans doute, ravir cette faculté aux célibataires, plutôt que » d'exposer la société toute entière aux maux résultant de l'abandon du mariage. »

Or, l'adoption de l'enfant naturel doit avoir précisément tous ces résultats dangereux ; elle contrarie même ouvertement le principe qui a fait admettre la légitimation par mariage subséquent. Cette légitimation est, en effet, un puissant encouragement au mariage, puisque, le plus souvent, le mariage avec la concubine n'a lieu que pour légitimer les enfans, et leur assurer les droits de successibilité. Or, les père et mère n'auront plus besoin maintenant de recourir au mariage, puisqu'ils parviendront au même but par l'adoption. Ils craindront même de contracter un autre mariage, qui pourroit leur donner des enfans légitimes, dont l'existence feroit obstacle à l'adoption.

Telles sont les raisons qui, réunies à d'autres que nous ferons connoître successivement, me portent encore à penser, sur-tout dans le silence de la loi, que l'enfant naturel ne peut être adopté.

L'on a fait cette objection : Comme la prohibition ne peut avoir lieu qu'à l'égard de l'enfant naturel reconnu, il en résultera qu'on ne reconnoîtra pas l'enfant, afin de pouvoir l'adopter ; de là il suivra que l'adoption n'aura pas moins lieu, et que la doctrine que nous voulons établir aura seulement pour effet de nuire à l'enfant naturel, dont le père, par exemple, viendra à décéder avant sa majorité, et par conséquent avant d'avoir pu l'adopter.

Rien de plus facile que de rétorquer cet argument. En effet, il faut observer que les partisans de l'adoption de l'enfant naturel sont les mêmes qui soutiennent que la recherche de la paternité doit être interdite en général, même contre l'enfant. Or, d'après cela, ne peut-on pas leur dire : Il étoit fort inutile de prohiber les avantages excessifs faits aux enfans naturels, parce que cette prohibition ne pouvant s'appliquer qu'aux enfans naturels reconnus, il en résultera qu'on ne les reconnoîtra pas, afin de pouvoir les avantager. Il y a même cette différence, que le seul fait de la non-reconnoissance suffit, dans l'opinion de ces personnes, pour donner le droit d'éluder toutes les lois prohibitives des avantages, tandis que ce fait seul ne suffit pas pour donner le droit d'adopter, puisqu'il faut encore la réunion de certaines conditions, et l'observation de certaines formalités.

Dans notre systême, au contraire, toutes ces contradictions s'évanouissent.

Recherche de la paternité contre l'enfant.

Prohibition d'adopter son enfant naturel.

Avec ces deux dispositions, qui peuvent très-bien se concilier avec celles du Code, nul moyen d'enfreindre les lois prohibitives des avantages faits aux enfans naturels, adultérins, ou incestueux.

Encouragement donné au mariage, comme étant le seul moyen de donner à l'enfant naturel le droit d'un enfant légitime.

Nul intérêt de ne pas reconnoître l'enfant naturel; intérêt, au contraire, de le reconnoître, puisque, soit qu'il y ait reconnoissance ou non, la prohibition d'avantager sera toujours la même, etc.

(2) *Au moins cinquante ans*, révolus. C'est ainsi, je pense, qu'on doit entendre ces mots: *âgés de plus de cinquante ans.*

(3) *Durant sa minorité.* L'on veut que les soins aient été donnés à une époque où l'adopté en avoit le plus besoin.

(4) *Et pendant six ans au moins.* On veut être sûr que l'adoption n'est pas l'effet d'un caprice, ou d'un sentiment de haine envers les héritiers, mais bien d'une affection particulière pour l'adopté. On voit, dans la Discussion et dans les Motifs, qu'on a eu l'intention de récompenser, par la faculté d'adopter, les vues bienfaisantes de celui qui a voulu se charger d'un enfant pendant sa minorité. Et c'est encore là une très-forte objection contre le systême de l'adoption des enfans naturels. Peut-on, en effet, savoir gré à un père, des soins qu'il a donnés à son enfant? et la loi qui croiroit avoir besoin de récompenser l'accomplissement d'un des devoirs les plus sacrés de la nature, seroit-elle une loi bien morale?

Au reste, il suffit que les soins aient été donnés gratuitement et sans obligation, il n'est pas nécessaire qu'ils aient été donnés en vue de l'adoption; et ce qui le prouve, c'est qu'il suffit que l'adoptant n'ait pas d'enfans à l'époque de l'adoption, quand même il en auroit eu à l'époque où il donnoit des soins à l'adopté.

Six années de tutelle pourroient-elles compter pour l'adoption? Je pense qu'il faut distinguer si le tuteur pouvoit s'excuser de la tutelle ou non. Dans le premier cas, les années de tutelle peuvent compter; *secùs* dans le second. La raison de différence, c'est que, dans le premier cas, la tutelle est un bienfait de l'adoptant, qu'il pouvoit accorder ou refuser; dans le second, c'est une charge qui lui étoit déférée, et qu'il étoit obligé d'accepter. On ne peut donc le récompenser d'avoir fait ce que la loi l'obligeoit de faire. Mais si le tuteur, quoiqu'étant dans la classe de ceux que la loi pouvoit contraindre d'accepter, a fait pour le pupille plus que les devoirs de la tutelle ne l'obligeoient de faire, *putà*, s'il lui a donné à ses frais une brillante éducation, je pense que par là il a rempli la condition de la loi. En un mot, le principe constant sur cette matière est, qu'il faut, et qu'il suffit qu'il ait été donné des soins, *nullo jure cogente:*

(5) *Ni descendans légitimes. Quid*, si l'on en avoit d'adoptifs? Cela n'empêcheroit pas l'adoption. L'article 348 suppose que la même personne peut avoir plusieurs enfans adoptifs.

Est-il nécessaire que les enfans soient nés, pour empêcher l'adoption? Non: il suffit qu'ils soient conçus. La prohibition est établie dans l'intérêt des enfans mêmes; et *infans conceptus pro nato habetur*, *quoties de commodis ejus agitur*. Cependant l'adoption qui auroit eu lieu pendant la grossesse, ne seroit pas nulle *de plano;* elle seroit seulement *in suspenso:* elle seroit valable si l'enfant naissoit mort, ou non viable; et nulle, dans le cas contraire.

Mais à quelle époque la naissance de l'enfant devra-t-elle avoir lieu, pour qu'il soit présumé avoir été conçu au moment de l'adoption? Je pense qu'il doit naître au plus tard le deux cent quatre-vingt-dix-neuvième jour après celui de l'adoption (ci-dessus, note (3) de la page 75). C'est le terme le plus long de la gestation; et comme le Code prend tantôt le terme le plus court, et tantôt le terme le plus long, suivant l'intérêt de l'enfant légitime, il convient ici de prendre le plus long, puisque l'enfant légitime a intérêt que l'adoption soit annullée.

(6) *Si l'on est marié*. Ce consentement préjudiciera-t-il aux droits que le conjoint pourroit avoir à exercer sur la succession de l'adoptant, par exemple, à l'effet d'une institution contractuelle qui auroit été faite en sa faveur par l'adoptant? Je ne le pense pas. Ce seroit une donation, et *nemo facilè donare præsumitur*. D'ailleurs, ce seroit, de la part du conjoint, une renonciation à une succession future. Or, ces sortes de renonciations sont expressément prohibées par le Code (art. 1130). Mais, dira-t-on, le principal effet de l'adoption est de donner à l'adopté le droit de succéder à l'adoptant. Ce droit est absolument nul, s'il y a une institution universelle par contrat de mariage, au profit du conjoint de l'adoptant. Or, on ne peut supposer que les parties aient voulu faire un acte nul. Je réponds d'abord que ces raisons ne sont pas suffisantes pour détruire celles que nous venons de donner en faveur de l'opinion contraire. D'ailleurs, il est très-possible que, même dans le cas proposé, l'adoption ait effet; si, par exemple, le conjoint donataire prédécède sans enfans, l'institution contractuelle s'évanouit, et le droit de l'adopté revit dans son entier.

Nota. Les membres de la Maison Impériale ne peuvent adopter sans le consentement de l'Empereur. (*Statut du* 30 *mars* 1806, art. 12.)

(7) *Des flammes ou des flots*. Pourquoi le Code a-t-il ajouté ces exemples, et ne s'est-il pas contenté de dire, *auroit sauvé la vie à l'adoptant?* C'est afin de faire voir que l'exception doit être restreinte aux cas où l'adopté a pu lui-même courir quelque danger pour sauver l'adoptant. Il n'en seroit pas de même, par exemple,

si l'adopté étoit un médecin qui eût tiré l'adoptant d'une maladie dangereuse, à moins, toutefois, que la maladie ne fût de nature à mettre les jours du médecin même en danger: peut-être, dans ce dernier cas, pourroit-on, par analogie, autoriser l'adoption.

(8) *Et plus âgé que l'adopté.* Mais il faut toujours que l'adoptant ait le consentement de son conjoint, et qu'il n'ait, au moment de l'adoption, aucuns descendans légitimes.

(9) *Au nombre de trois.* Observez que ces conditions sont exigées dans tous les cas, c'est-à-dire, même lorsque l'adopté a sauvé la vie à l'adoptant.

(10) *Des père et mère.* Si la mère refusoit de consentir, le consentement du père suffiroit-il, comme pour le mariage? Je ne le pense pas: l'article paroît exiger le consentement des deux; et d'ailleurs l'adoption n'est pas aussi favorable que le mariage; et ce qui le prouve, c'est que l'on exige l'âge de vingt-cinq ans pour dispenser la fille, comme le garçon, de rapporter le consentement de ses père et mère, tandis que, pour le mariage d'une fille, l'âge de vingt-un ans suffit.

(11) *Ou du survivant d'eux.* Il résulte de l'article, que, si l'adopté n'a ni père ni mère, il n'a besoin du consentement de personne, quand même il auroit d'autres ascendans. Dans ce cas, la simple majorité de vingt-un ans suffit, pour qu'il puisse consentir seul à l'adoption.

PAGE 103.

(1) *Vingt-cinq ans accomplis*, de quelque sexe que soit l'adopté. On n'a pas admis ici la même distinction que pour le mariage.

(2) *Qu'il requière leur conseil.* Quels doivent être la forme et le nombre des réquisitions? Je crois que la forme doit être la même que celle des actes respectueux pour le mariage. Quant au nombre, la loi ne l'ayant pas désigné, je pense qu'une seule réquisition doit suffire, et qu'un mois après, l'adoption peut avoir lieu.

(3) *Celui de l'adoptant.* Cette disposition prouve encore que l'on n'a pas entendu consacrer le principe de l'adoption de l'enfant naturel reconnu; car il porte déjà le nom de son père.

(4) *Sur la succession.* Donc, il n'a des droits que sur la succession. On peut conclure de là, qu'il a un droit de légitime ou de réserve sur les biens donnés par testament, mais non sur ceux donnés entre-vifs, qui ne font point partie de la succession de l'adoptant: et il y a peut-être une raison, c'est que l'adoption étant irrévocable, on a voulu par là procurer à l'adoptant le moyen de punir l'adopté qui se comporteroit mal à son égard. D'ailleurs, remarquons que le donataire entre-vifs est propriétaire des objets donnés, du moment de la donation (Art. 938); que l'esprit général du Code est de laisser le moins d'incertitude possible dans les propriétés. L'on a cependant pensé que le droit sacré de légitime, en faveur des enfans et des ascendans du donateur, devoit être préféré au droit du donataire, et même de ceux auxquels il auroit pu transmettre les biens donnés. Mais c'est précisément parce que cette atteinte portée à la propriété, en faveur de la réserve, est une exception au droit commun et au système général du Code, que l'on ne doit pas en étendre

les dispositions, sur-tout lorsque le cas n'est pas, à beaucoup près, aussi favorable. Le droit des ascendans et des descendans dérive de la nature elle-même : celui de l'adopté ne résulte que de la loi civile ; il ne repose que sur une fiction. Et ce qui prouve que le Législateur lui-même n'a pas entendu donner à l'adopté le même droit qu'à l'enfant légitime, relativement aux donations entre-vifs, c'est que l'adoption ne révoque pas ces donations, comme le feroit la survenance d'un enfant légitime. L'adoption étant un acte qui dépend entièrement de la volonté de l'adoptant, on n'a pas voulu mettre dans sa main un moyen de révocation des donations qu'il auroit pu faire. C'eût été contrarier ouvertement le système de la législation, relativement à l'irrévocabilité des donations entre-vifs. D'après toutes ces raisons, je pense donc que l'adopté ne peut faire réduire ces sortes de donations. Quant aux dispositions testamentaires, il n'y a pas les mêmes inconvéniens : les légataires n'ont jamais été saisis ; ils n'ont pu transmettre à d'autres ; ils n'ont pas dû compter sur leurs legs, arranger leurs affaires en conséquence. D'ailleurs, le texte est formel. L'adopté *a tous les droits d'un enfant légitime*. Or, un de ces droits est celui de prendre sa réserve sur les biens donnés. A la vérité, il n'a ces droits que sur la succession ; mais comme les objets légués font partie de la succession, il paroît difficile de lui refuser le droit de faire réduire les legs, pour le complément de sa réserve.

(5) *Que s'il étoit issu de lui en mariage*. Par conséquent, il exclura tous les collatéraux, et même les ascendans ; mais s'il étoit mort avant l'adoptant, ses enfans pourroient-ils le représenter dans la succession de ce dernier ?

L'on peut dire pour l'affirmative, que l'enfant adoptif a les droits d'un enfant légitime, et qu'au nombre de ces droits, est celui de transmettre à ses enfans la faculté de le représenter dans les successions ouvertes depuis son décès. Mais l'on pourroit répondre que l'adopté n'a de droit que sur la succession ; que son droit ne naît conséquemment qu'au moment de l'ouverture de la succession : or, dans l'espèce, nous le supposons mort avant cette ouverture ; il n'a donc jamais eu de droit ; il n'a pu en transmettre aucun.

D'ailleurs, dans notre droit, et à considérer la chose sous son véritable point de vue, l'adoption n'est réellement autre chose qu'une institution irrévocable d'héritier, une donation de la succession. Or, il est de principe que toutes les dispositions de ce genre sont caduques par le prédécès du donataire. Il n'y a qu'une seule exception en faveur des institutions faites par contrat de mariage ; mais, encore une fois, il est impossible d'argumenter, par analogie, du mariage à l'adoption.

(6) *Nés depuis l'adoption*. Cette dernière phrase a été ajoutée, parce que l'adoption étant, comme nous l'avons dit, une véritable donation, l'on auroit pu croire qu'elle devoit être révoquée par la survenance d'enfans.

L'adoptant venant à se marier depuis l'adoption, l'on demande si l'adopté pourroit se prévaloir du bénéfice de l'article 1098, et faire réduire à une part d'enfant le moins prenant, et au plus au quart, les avantages faits par l'adoptant à son conjoint.

Il me semble que la solution de cette question dépend du systême qui sera adopté, relativement à l'action en retranchement. En effet, si l'on décidoit, conformément à l'opinion que nous venons d'émettre, que l'adopté n'a aucun droit sur les biens donnés entre-vifs, mais qu'il peut exercer le droit de réserve sur les biens donnés à cause de mort, je pense que l'on devroit appliquer la même distinction aux donations faites à l'époux depuis l'adoption, sauf qu'on devroit regarder comme donations testamentaires, celles de biens à venir, faites par contrat de mariage.

(7) *Des parens de ce dernier.* Et c'est ce qui constitue encore une différence essentielle entre l'adopté et le fils légitime ou légitimé.

(8) *Que s'il n'eût pas été adopté.* Le Code ne rappelle, à la vérité, expressément, dans l'article 349, que l'obligation relative aux alimens: nous allons en voir tout-à-l'heure la raison. Mais en disant que l'adopté reste dans sa famille, qu'il y conserve tous ses droits, c'est bien dire qu'il n'est dégagé d'aucuns des liens naturels, ni, par conséquent, d'aucune des obligations qui en résultent. Il sera donc obligé, pour se marier, d'obtenir le consentement, ou de requérir le conseil de ses ascendans naturels, etc.

Mais est-il assujetti, envers l'adoptant, à d'autre obligation qu'à celle de lui fournir des alimens? Le Code est entièrement muet sur ce point; il auroit cependant paru naturel qu'il fût soumis à ces devoirs de déférence que la reconnoissance seule semble exiger. Mais comme il n'existe, ainsi que nous venons de le dire, aucune disposition de la loi à ce sujet, il ne peut y avoir, de la part de l'adopté, aucune obligation civile.

(9) *Envers ses ascendans naturels.* Quoique l'article 349 paroisse ne rappeler, relativement à la prestation des alimens, que l'obligation qui existe entre l'adopté et ses père et mère, il ne faut pas en conclure que la même obligation ait cessé d'exister entre l'adopté et ses autres ascendans. L'article 349 a été rédigé ainsi, parce que le Législateur ayant voulu établir un terme de comparaison, pour la prestation des alimens, entre la famille naturelle et la famille adoptive de l'adopté, n'a pu étendre cette comparaison aux autres ascendans naturels, puisque l'adopté n'acquiert aucune relation, même civile, avec les ascendans de l'adoptant, et, par conséquent, ne seroit tenu, dans aucun cas, de leur fournir des alimens.

(10) *Il s'en trouve en nature. Quid,* si les biens ont été aliénés, mais que le prix en soit encore dû? Je pense que ce prix appartient à l'adoptant, et qu'il en doit être de même dans le cas où il existeroit dans la succession de l'adopté, une action en reprise de ces mêmes biens. (Argument tiré de l'art. 747.)

Quid, si l'adopté a disposé? Si c'est par donation entre-vifs, il n'est pas douteux que l'adoptant ne soit exclu, puisque les objets ne se retrouvent plus en nature dans la succession de l'adopté. La même raison n'existe pas, quand l'adopté a disposé par testament. Mais il faut observer qu'ici ce n'est pas un droit de retour, mais une véritable succession; et ce qui le prouve, c'est que l'adoptant est tenu des dettes au prorata. C'est d'ailleurs une succession légitime, puisqu'elle dérive de la disposition seule de la loi. Or, il est de principe, qu'en matière de succession, hors le cas de réserve, la disposition de l'homme détruit la disposition de la loi. Donc, si l'adopté a disposé, même par testament, des choses données, l'adoptant est exclu. Voir, d'ailleurs, ce que nous dirons sur l'article 747, dont les dispositions ont une parfaite analogie avec celles de l'article 351.

(11) *A la charge de contribuer aux dettes*, dans la proportion des biens qu'il prend à la masse de la succession. Si la succession totale est de cent mille francs, que les biens repris par l'adoptant valent quarante mille francs, et qu'il y ait trente mille francs de dettes, l'on dira: les biens repris égalent les deux cinquièmes de la masse; l'adoptant est donc tenu des deux cinquièmes des dettes, ou de douze mille francs.

(12) *Acquis à des tiers.* Droits d'usufruit, d'usage, de servitude, d'hypothèque, avec cette différence cependant, que les droits d'usufruit, d'usage ou de servitude, étant des démembremens de la propriété, doivent être supportés par l'adoptant seul, sans recours contre les autres héritiers de l'adopté: le bien est censé se trouver en nature dans la succession, moins l'usufruit, l'usage, etc. L'hypothèque, au contraire, n'est pas un démembrement de la propriété; elle ne diminue en rien la valeur du fonds hypothéqué, dans la main du propriétaire; elle a pour objet unique d'assurer le paiement d'une créance. En conséquence, la reprise, par l'adoptant, du bien hypothéqué, ne peut, à la vérité, préjudicier à l'hypothèque, dans le sens que le créancier pourra toujours l'exercer sur ce bien; mais si l'adoptant est obligé, par suite de l'action hypothécaire, de payer toute la dette, il aura son recours contre les autres héritiers de l'adopté, pour la part qu'ils doivent supporter dans cette même dette.

PAGE 104.

(1) *Morts eux-mêmes sans postérité.* Mais je pense que, si l'adopté a laissé plusieurs enfans, l'adoptant ne succédera qu'au dernier mourant, et seulement aux choses trouvées en nature dans sa succession : car il résulte bien évidemment de l'article 351, que, même pour les choses données par l'adoptant, la loi a voulu lui préférer les descendans de l'adopté; par conséquent, tant qu'il existe un de ces descendans, il doit être préféré à l'adoptant. (Voir ci-après la note (2) de la page 192, à la fin.)

(2) *Qu'elle veut adopter.* Sont-ils tenus de se présenter en personne? Je ne le pense pas. En général, on peut se faire représenter dans tous les actes pour lesquels la loi n'a pas exigé expressément la présence des parties elles-mêmes.

Un étranger peut-il adopter? Je ne le pense pas, à moins qu'il ne jouisse des droits civils. L'adoption est une institution de pur droit civil, et qui ne tient en rien au droit des gens. Par la même raison, je pense qu'un étranger ne peut être adopté, même par un Français. D'ailleurs, dans ce dernier cas, à quoi serviroit l'adoption, puisque l'étranger, ne jouissant pas des droits civils, ne pourroit recueillir la succession de l'adoptant?

(3) *De leurs consentemens respectifs.* Il paroît que c'est cet acte qui forme le contrat entre les parties, tellement qu'il ne seroit plus au pouvoir de l'une d'elles

de le révoquer sans le consentement de l'autre. (Argument tiré de l'article 360, et de ce que, dans toutes les formalités suivantes, l'on n'exige plus que l'intervention d'une seule partie.)

De là je conclus également, contre M. PROUDHON, que c'est au moment du contrat que doivent exister toutes les qualités qui constituent la capacité respective de l'adoptant et de l'adopté, et que les incapacités qui pourroient survenir depuis, soit avant l'admission de l'adoption par les tribunaux, soit avant l'inscription sur les registres de l'état civil, ne pourroient empêcher l'adoption; comme si, par exemple, l'adoptant venoit à se marier dans l'intervalle; si sa femme devenoit enceinte, etc. En un mot, je regarde l'adoption comme entièrement opérée du moment du contrat, à la vérité, sous deux conditions suspensives: si elle est admise par les tribunaux, et si elle est inscrite sur les registres dans le délai prescrit; mais il est de principe que les conditions une fois accomplies, ont un effet rétroactif au moment où l'obligation a été contractée (art. 1179). Or il suffit, en général, dans les obligations conditionnelles, que la capacité des parties existe au moment du contrat; il n'est pas nécessaire qu'elle subsiste jusqu'à l'événement de la condition. Pourroit-on, en effet, prétendre qu'une obligation contractée sous condition, par deux personnes jouissant de toute leur raison, pût être annullée par la démence de l'une des parties, survenue avant l'accomplissement de la condition?

Cette opinion paroît, au surplus, consacrée, comme je l'ai dit, par l'article 360, qui décide formellement que la mort de l'adoptant, survenue depuis le contrat, n'annulle pas l'adoption. Or, quelle plus grande incapacité que celle qui résulte de la mort? Donc l'incapacité survenue depuis le contrat, n'annulle pas l'adoption.

(4) *Dans les dix jours suivans.* L'acte seroit-il nul, s'il n'étoit présenté qu'après ce délai? Le Tribunat avoit proposé de décider que tous les actes et jugemens, à l'égard desquels on n'auroit pas observé les délais prescrits, seroient regardés comme non aveuus. Cette proposition n'a pas été admise. Il paroît, d'après cela, qu'on a voulu abandonner le tout à la prudence des juges, qui, prononçant, dans ces sortes d'affaires, comme jurés, et pouvant, en conséquence, se déterminer par tous les motifs qui leur paroissent convenables, pourront prendre en considération le défaut d'observation des délais prescrits.

PAGE 105.

(1) *Le tribunal prononce*, en la chambre du conseil. Il paroît, d'après l'article 348, qu'il n'y a que le jugement d'appel qui doive être prononcé publiquement, et encore quand il admet l'adoption.

(2) *Sans énoncer de motifs.* Il pourroit se faire, en cas de rejet de l'adoption, que le jugement fût fondé sur des motifs déshonorans pour l'adoptant. On a dû lui épargner ce désagrément.

(3) *Le jugement*, soit d'admission, soit de rejet; mais avec cette distinction, que, si l'adoption a été admise, le pourvoi est forcé, et l'adoption ne peut avoir lieu qu'en vertu de l'arrêt de la Cour Impériale. Mais si l'adoption a été rejetée, il est

bien entendu que l'on n'est pas obligé de se pourvoir : mais si l'on ne se pourvoit pas, on est censé renoncer à l'adoption.

(4) *Dans le mois de sa date.* Voyez la note (4) de la page précédente.

(5) *Est prononcé à l'audience.* Il doit donc être prononcé en secret, si l'adoption est rejetée : même motif que pour le jugement de première instance. Mais pourquoi celui-ci doit-il être secret, même lorsqu'il admet l'adoption? C'est qu'il peut être infirmé par la Cour, et que, jusqu'à ce que l'adoption soit définitivement admise, on ne veut lui donner aucune publicité. Le public, qui sauroit qu'on a voulu adopter, et que l'adoption a été rejetée, pourroit former des conjectures désagréables pour l'adoptant.

Y a-t-il lieu au recours en cassation? Je ne le pense pas. En effet, ce recours ne pourroit avoir lieu, de la part de ceux qui poursuivent l'adoption, qu'autant que l'arrêt l'auroit rejetée. Mais alors les parties ne pourroient alléguer que des défauts de forme. Car la Cour ne devant pas donner de motifs, il est impossible de prouver, au fonds, que l'arrêt est en opposition avec la loi. Or la violation des formes n'est pas un moyen de cassation. Ce ne peut être davantage, dans l'espèce, un moyen de requête civile; car aucune des formes n'est requise à peine de nullité. (*Cod. de Proc.*, art. 480, n°. 2.) Il n'y a donc réellement pas, dans le cas du rejet de l'adoption, de recours à exercer de la part de ceux qui l'ont poursuivie. Mais si l'adoption a été admise, et qu'au décès de l'adoptant elle soit attaquée par ses héritiers, quelle voie devront-ils prendre? Ce n'est, ni la cassation, ni la requête civile. Ces voies ne sont ouvertes qu'à ceux qui ont été parties dans les jugemens. Ce n'est pas davantage la tierce-opposition. Les jugemens qui ont admis l'adoption n'ayant pas été rendus sur contestation et entre parties, je partage l'opinion de ceux qui pensent qu'il n'est pas même besoin d'y former tierce-opposition; et qu'ils sont, à l'égard des tiers, comme non avenus. (Argument tiré de l'article 100.) Les héritiers de l'adoptant, qui veulent attaquer l'adoption, doivent donc se borner à en demander la nullité par instance principale, laquelle subira les deux degrés de juridiction. On oppose à ce systême, que l'on verra donc un tribunal de première instance examiner le mérite, et prononcer même la nullité d'une adoption qui a été admise par une Cour Impériale. Mais l'on peut répondre que cela peut arriver tous les jours. D'abord, pour les arrêts sur requête. Il est très-possible que la rectification d'un acte de l'état civil ait été ordonnée par arrêt; et cela n'empêchera pas un tribunal de première instance de statuer sur une contestation, comme si la rectification n'eût pas été ordonnée. Et même, quant aux jugemens rendus sur contestation, entre parties, il est de principe que la tierce-opposition ne peut être employée que pour arrêter l'exécution du jugement; que, lorsqu'il est exécuté, la tierce-opposition est inutile; qu'il suffit d'assigner celui qui a obtenu le jugement, auquel, s'il en excipe, l'on opposera l'article 1351 du *Code Napoléon*; il arrivera donc, de là, qu'un tribunal de première instance pourra, mais entre d'autres parties, juger le contraire de ce qui a été jugé par une Cour Impériale. Ainsi, Pierre et Paul se disputent la propriété d'une créance; elle est adjugée à Pierre.

Il notifie l'arrêt au débiteur. Je prétends être propriétaire de cette créance : je ne puis empêcher le débiteur de payer, qu'en formant tierce-opposition à l'arrêt. Mais s'il a payé, et que je veuille agir contre Pierre en restitution, je ne devrai point me rendre tiers opposant ; mais je serai tenu de me pourvoir contre lui par action principale.

(6) *Du jugement définitif.* L'article 360 dit que : « si l'adoptant vient à mourir » après que l'acte d'adoption a été reçu par le juge-de-paix, et porté devant les » tribunaux, et avant que ceux-ci aient définitivement prononcé, l'instruction sera » continuée, etc. » D'où quelques personnes ont voulu conclure que, si le décès de l'adoptant arrivoit dans le délai accordé par l'article 354 pour porter l'acte devant les tribunaux, l'adoption seroit nulle. Je ne puis partager cette opinion. Comme je l'ai déjà dit, tout est consommé par l'acte passé devant le juge-de-paix, puisque l'on n'exige plus, pour le reste des opérations, que l'intervention d'une seule des parties. Quant à la rédaction, un peu embarrassée à la vérité, de l'article 360, je crois qu'on a voulu seulement exprimer deux choses : la première, qu'il n'étoit pas nécessaire que les deux parties vécussent jusqu'au moment où l'adoption seroit définitivement admise ; et la seconde, que le décès arrivé pendant l'instruction, ne l'interromproit pas ; et cela par dérogation aux règles ordinaires de procédure, qui veulent, que dans les affaires qui ne sont pas encore en état de recevoir jugement, toutes procédures faites postérieurement à la notification de la mort de l'une des parties, soient nulles. (*Cod. de Proc.*, art. 344.)

(7) *L'adoption inadmissible.* Ils auroient le droit de faire annuller, après le décès de l'adoptant, l'adoption, même consommée pendant sa vie, si elle étoit contraire aux lois ; à plus forte raison doivent-ils avoir celui d'en empêcher l'admission dans le même cas.

PAGE 106.

(1) *Aux titres du Mariage et de l'Adoption.* Sauf encore le cas d'interdiction, et celui du sourd-muet, qui, s'il ne sait pas écrire, ne peut accepter une donation que par le ministère d'un curateur. (Art. 936.)

PAGE 107.

(1) *A ces différens objets.* Ce qui constitue une seconde différence entre le tuteur officieux et le tuteur ordinaire, qui, quand il n'est pas un des ascendans, n'est tenu, à la rigueur, de pourvoir à la subsistance et à l'éducation du pupille, qu'autant que les biens de ce dernier peuvent y suffire. *Tutor de suo pupillum alere non compellitur.*

(2) *A une autre tutelle. Quid*, s'il a père ou mère, ou tous deux ? L'adoption ne détruisant point les liens de famille, la tutelle officieuse peut encore moins y préjudicier ; en conséquence, l'enfant reste donc soumis à son père ou à sa mère, en tout ce qui ne porte pas atteinte aux droits et aux obligations du tuteur officieux : par exemple, quant au mariage.

(3) *Qu'il ait plus de cinquante ans* révolus. (*Voyez* la note (2) de la pag. 102.) Il peut paroître étonnant que cette tutelle ne soit permise qu'à cinquante ans ; d'où

il résulte que, l'adoption ne pouvant avoir lieu que plusieurs années après, le tuteur officieux ne peut adopter qu'à l'âge de soixante ans, et même davantage, tandis que l'adoption ordinaire peut avoir lieu à cinquante ans. Mais c'est qu'on n'a pas voulu nuire au mariage : on a donc voulu qu'un célibataire ne pût contracter d'obligation, soit par l'adoption, soit par la tutelle, qu'à l'âge auquel on paroît avoir renoncé au mariage.

Nota. Les Membres de la Maison Impériale ne peuvent être tuteurs officieux, qu'avec le consentement de l'Empereur. (*Statut du* 30 *mars* 1806, art. 12.)

(4) *Qu'il soit mineur de quinze ans.* La principale obligation du tuteur officieux étant de pourvoir à l'éducation physique et morale de l'enfant, cette obligation deviendroit à-peu-près nulle, si ce dernier avoit plus de quinze ans : à cet âge l'éducation est finie, ou fort avancée. D'ailleurs, comme on peut être adopté à vingt-un ans, on a voulu conserver la règle qui exige six ans au moins de secours et de soins à l'enfant pendant sa minorité.

(5) *D'un conseil de famille.* L'on ne voit pas d'abord pourquoi, à défaut du père et de la mère, le consentement des ascendans ne suffit pas, dans l'ordre prescrit pour le mariage. L'on a peut-être pensé que les ascendans étant chargés, par la loi, du soin de nourrir et d'élever leurs descendans, ne seroient peut-être pas fort délicats sur les moyens de se décharger de cette obligation, et pourroient, en conséquence, consentir légèrement à la tutelle officieuse ; et l'on a cru convenable de réunir l'opinion du conseil de famille, auquel, d'ailleurs, les ascendans doivent être appelés.

(6) *Du domicile de l'enfant*, à la différence de l'adoption, dont l'acte doit se passer devant le juge du domicile de l'adoptant. Ici, c'est une véritable tutelle; et, dans toute tutelle, c'est le domicile de l'enfant qui détermine la compétence du juge-de-paix, comme nous le verrons ci-après.

(7) *Si ce dernier y consent*, et s'il n'est point survenu d'obstacle à l'adoption; *putà*, si le tuteur qui n'avoit pas d'enfant au moment de la tutelle, se trouve en avoir au moment de la majorité, l'adoption ne pourra avoir lieu. (Argument tiré de l'article 366.)

PAGE 108.

(1) *Si cette réquisition.* Donc, pour que la disposition de l'article ait lieu, il faut que le pupille requière l'adoption dans les trois mois à compter de sa majorité. *Secùs*, s'il ne la requiert pas ; à plus forte raison, s'il la refuse.

(2) *N'a pas d'effet.* Remarquez que l'article ne dit pas, *si le tuteur refuse*, parce que la disposition doit avoir lieu, quelle que soit la cause du défaut d'adoption, si toutefois elle provient du tuteur, et quand même il y auroit impossibilité de sa part ; *putà*, s'il lui est survenu des enfans légitimes ; s'il s'est marié depuis la tutelle, et que son conjoint refuse de consentir à l'adoption, etc.

(3) *Peut*, et non pas *doit.* Il est possible que le pupille ait mené une conduite qui justifie le refus du tuteur; que ce dernier, riche au moment de la tutelle, se trouve ensuite hors d'état de faire aucun sacrifice, etc.

(4) *A lui procurer un métier*, laquelle obligation passe à ses héritiers, comme nous allons voir tout-à-l'heure.

(5) *Dans la prévoyance de ce cas.* Cela ne veut pas dire que l'indemnité aura toujours lieu, indépendamment des stipulations ; mais que si, par l'acte de tutelle, le tuteur s'est engagé, par exemple, à payer au pupille, dans le cas où il ne l'adopteroit pas, une pension viagère supérieure aux secours que le pupille auroit pu exiger d'après la loi, la convention doit être exécutée.

(6) *Depuis le commencement de la tutelle. Quid*, si le testament contenant l'adoption, est fait avant l'expiration des cinq années, mais que le tuteur ne vienne à mourir qu'après les cinq ans, l'adoption sera-t-elle valable ? La raison de douter se tire de ce que le testament n'ayant d'effet que du jour du décès, il semble que toutes les dispositions qui y sont contenues, doivent se référer à cette date. Néanmoins, l'avis contraire me paroît préférable, et je me fonde,

1°. Sur le texte de l'article 366, qui paroît exiger formellement un intervalle de cinq ans entre la délation de la tutelle et l'adoption, même testamentaire;

2°. Sur ce que cette disposition se combine parfaitement avec l'esprit général du Législateur, qui veut qu'il y ait toujours un délai assez long entre l'adoption, et le moment où l'adoptant a commencé à donner des soins à l'adopté ;

3°. Enfin, sur la règle Catonienne, qui veut que la disposition, qui eût été nulle si le testateur fût mort immédiatement après la confection de son testament, soit toujours nulle, quoique le testateur ait vécu plus long-temps. (*L.* 1, ff. *de Regulâ Caton.*)

L'on insiste et l'on dit : Ou le testateur a révoqué l'adoption avant de mourir, ou non. S'il l'a révoquée, il n'y a plus de question. S'il ne l'a pas révoquée, c'est comme s'il l'avoit confirmée, ou comme s'il en avoit fait une nouvelle au moment de sa mort ; et, dans ce cas, le délai prescrit par la loi est observé. Je réponds :

1°. Que, sur-tout en matière de testament, ce raisonnement est inadmissible; car il en résulteroit qu'il n'est pas nécessaire que le testateur ait la capacité au moment du testament, et qu'il suffit qu'il l'ait au moment du décès; d'où il suit que le testament fait par un mineur de dix à douze ans, seroit valable, par cela seul que le testateur seroit mort à vingt-un ans révolus; ce qui est contraire à tous les principes ;

2°. Que ce n'est pas en matière de testament que l'on peut dire que la non révocation équivaut à une disposition ; que l'on sait combien en général les personnes âgées sur-tout, répugnent à s'occuper de ce qui a trait à la mort, et par conséquent de tout ce qui a rapport à leurs dernières volontés, etc.

(7) *Que si elle eût été faite entre-vifs.* Il est bien entendu que, dans ce cas, le consentement du conjoint n'est pas nécessaire. (Art. 344.) Cette adoption devra-t-elle être inscrite? Je ne le pense pas. D'abord, l'article 366 n'en parle pas; et il y a d'ailleurs une raison, c'est que le principal effet de l'adoption étant de donner à l'adopté le droit de succéder à l'adoptant, et cet effet se réalisant au moment même où l'adoption est connue, il paroît inutile de lui donner une plus grande publicité.

(8) *Des moyens de subsister.* Donc, si le pupille a d'ailleurs des moyens d'existence, il n'a rien à demander, sauf l'exécution des conventions particulières. Mais

remarquez que par ces mots, *moyens de subsister*, il faut entendre, non-seulement les alimens nécessaires actuellement, mais encore les moyens nécessaires pour le mettre en état de gagner sa vie à l'avenir ; par exemple, l'apprentissage d'un métier. (Argument tiré de l'art. 369.)

(9) *Le père est administrateur.* Cette administration est-elle une tutelle ? La question présente quelqu'importance, parce que la qualité de tuteur imposeroit au père des obligations particulières, ne fût-ce que celle de faire nommer un subrogé-tuteur. Il paroît résulter de l'intention du Tribunat, sur la proposition duquel cette disposition a été adoptée, que le père n'est astreint à aucune des formalités que la loi impose au tuteur, et notamment à l'obligation d'obtenir, en certains cas, l'autorisation du conseil de famille, à faire nommer un subrogé-tuteur, etc. Néanmoins, je pense que, si l'enfant se trouvoit avoir des intérêts opposés à ceux de son père, *putà*, si la succession d'un de ses frères venoit à s'ouvrir *ab intestat*, il faudroit bien que le partage de cette succession, s'il avoit lieu, se fît avec un contradicteur légitime, tuteur *ad hoc*, subrogé-tuteur, ou autre. Je pense également que le père, quoiqu'administrateur, ne pourroit, de sa seule autorité, aliéner ou hypothéquer les immeubles de son fils. Il faudroit, pour cela, qu'il fût autorisé au moins par le Tribunal, qui, probablement, ne manqueroit pas de consulter la famille. Ainsi, la seule différence notable que je vois entre le père tuteur et le père administrateur, c'est que le premier ne peut s'immiscer dans la gestion, avant d'avoir fait nommer un subrogé-tuteur (art. 401), tandis que le second n'y fera procéder qu'en cas de nécessité.

(10) *Gratuitement.* Ce n'est pas que le tuteur ne puisse réclamer le remboursement des dépenses raisonnables qu'il a faites pour la personne et les biens du mineur; mais néanmoins la tutelle est dite gratuite, dans le sens que le tuteur ne peut réclamer aucune indemnité pour ses peines et soins personnels.

PAGE 109.

(1) *Est déférée au survivant.* Les biens des princes et princesses de la Maison Impériale, dont le père est décédé, sont, pendant leur minorité, administrés par un ou plusieurs tuteurs nommés par l'Empereur. (*Statut du* 30 *mars* 1806, art. 9.)

PAGE 110.

(1) *De l'absence et du divorce.* Voyez les articles 141, 142, 143, pour le cas d'absence, et 280, 302 et 303, pour le cas de divorce.

Les père et mère naturels sont-ils tuteurs légitimes de l'enfant qu'ils ont reconnu? L'on voit que l'art. 383 leur donne tous ceux des droits de la puissance paternelle, qui sont établis en faveur de l'enfant. Or, la tutelle est toute en faveur du pupille. D'ailleurs, les droits que la tutelle donne au tuteur sont bien moins étendus que ceux qui résultent de la puissance paternelle. De là je conclus que la tutelle légitime a lieu à l'égard des père et mère naturels; que, pendant leur vie à tous deux, elle doit être exercée par le père ; après sa mort, par la mère, si elle est fille ou veuve ; sinon, que l'on doit se conformer, à son égard, aux articles 395 et 396. On a jugé dans ce sens, à Bruxelles, le 4 février 1811. (SIREY, 1811, IIe. Partie, pag. 476.) A la vérité, il a été rendu un arrêt contraire, à Paris, le 9 août 1811. (*Ibid.* 475) ; mais les motifs de ce dernier arrêt ne m'ont pas paru suffisans, pour me déterminer à changer d'opinion sur ce point.

(2) *Sur tous les actes de la tutelle*, d'administration seulement. Je ne pense pas que cela puisse s'étendre aux actes relatifs à la personne, ni aux droits qui appartiennent à la mère, à raison de la puissance paternelle. (Argument tiré de l'article 1388.) Le père ne peut même, quant aux biens, qu'obliger la mère de prendre l'avis du conseil désigné. Il ne peut confier à d'autres les actes d'administration qu'elle a droit de faire comme tutrice. *Sic* jugé, et avec raison, à Gênes, le 10 août 1811. (*Journ. de la Jurisp. du Cod. Nap.*, tom. XVII, pag. 465.)

(3) *Qu'il a expressément spécifiés.* Si l'opération étoit de nature à préjudicier au mineur, et à donner lieu à des dommages-intérêts, l'avis du conseil déchargeroit il la mère de toute responsabilité? Je ne le pense pas ; et mon opinion en cela est conforme à celle de Papinien, rapportée par Ulpien, dans la loi 5, §. 8, ff. *de Admin. et Peric. Tut.* Le conseil ne peut forcer la mère d'agir. Tout ce qu'elle fait, elle le fait donc volontairement ; elle doit donc être responsable. En vain diroit-elle qu'elle n'avoit pas assez de lumières, qu'elle s'en est rapportée au conseil ; c'étoit à elle à ne pas accepter la tutelle, puisqu'elle pouvoit la refuser impunément. Mais le conseil seroit-il également responsable ? La question est plus difficile. Peut-être pourroit-on distinguer : si le préjudice causé au mineur résultoit d'une mauvaise opération faite par la mère, l'on pourroit dire que cette dernière étant toujours maîtresse d'agir ou de ne pas agir, c'est le cas d'appliquer la loi 47, ff., de Regulis Juris : *Consilii non fraudulenti nulla est obligatio.* Mais si le préjudice résulte d'une opération qui auroit dû être faite, et qui a été empêchée par la seule opposition du conseil, je pense qu'il doit être tenu, et seul tenu des dommages-intérêts du pupille.

Une seconde question encore plus délicate, est celle de savoir si les actes faits avec la tutrice, non assistée du conseil, dans les cas où cette assistance étoit requise, peuvent être valables. Par exemple, le père, entr'autres choses, a défendu à la mère tutrice de recevoir aucun capital mobilier sans l'assistance du conseil ; un débiteur de la succession, ignorant la clause du testament, paye à la mère seule : l'argent se trouve dissipé. Le débiteur sera-t-il obligé de payer une seconde fois? Je ne le pense pas ; et je me fonde sur l'article 1240, portant que le paiement fait de bonne foi à celui qui est en possession de la créance, est valable, quand même il n'en seroit pas propriétaire. Or, ici la mère, par sa qualité de tutrice, a pour elle le droit apparent de toucher toutes les sommes mobilières appartenant à ses enfans. Il n'y a rien qui donne de la publicité à la nomination d'un conseil. Mais il faut que le débiteur soit de bonne foi; car s'il est prouvé qu'il avoit, ou même seulement qu'il devoit avoir, par la notoriété publique, connoissance de la nomination du conseil, le paiement sera nul, et devra être renouvelé, sauf le recours du débiteur contre la mère.

(4) *Soit par acte de dernière volonté.* Si cet acte étoit, par défaut de forme,

nul, comme acte de dernière volonté, mais qu'il fût valable comme acte ordinaire, *putà*, si l'un des témoins étoit incapable, vaudroit-il, au moins, quant à la nomination du conseil? Cette question tient à une autre beaucoup plus importante, que nous traiterons au titre *des Testamens*. (Voyez la note (10) de la page 265.) Nous pouvons, en attendant, dire que nous regarderions, dans ce cas, la nomination du conseil comme valable.

(5) *Ne change rien à la tutelle*, par la raison que le père remarié reste toujours chef de sa famille, au lieu que la femme remariée passe dans la famille de son mari.

(6) *N'est conservée à la mère. Quid*, si elle est remariée avant l'ouverture de la tutelle? *putà*, un divorce est prononcé : la tutelle des enfans est conservée au père; la mère se remarie, le père meurt avant que les enfans soient majeurs, *quid juris*? Je pense qu'il faut appliquer les articles 395 et 396, c'est-à-dire, qu'avant de s'immiscer dans les opérations de la tutelle, la mère doit faire décider par le conseil de famille si la tutelle doit lui être conservée, et que, dans le cas de l'affirmative, le second mari doit être nommé co-tuteur. (Voir un arrêt de Paris, du 4 décembre 1807. (*Journ. de la Jurisp. du Cod. Civ.*, tom. X, pag. 329.)

(7) *Déchue de plein droit de la tutelle.* Mais l'on a jugé à Turin, et avec raison, le 25 juin 1810 (Sirey, 1812, IIe. Partie, pag. 417), que la mère restoit tutrice jusqu'à l'entrée en fonction du nouveau tuteur, et que les actes faits par elle, ou contre elle, en cette qualité, étoient valables à l'égard des tiers de bonne foi.

Lorsque la mère est déchue, par l'effet de la présente disposition, et qu'il y a des ascendans, la tutelle leur est-elle déférée de plein droit? La négative a été jugée en cassation le 26 février 1807 (*Journ. de la Jurisp. du Cod. Civil*, tom. VIII, pag. 324), et avec raison. L'article 395 dit bien que la mère perd la tutelle de plein droit, c'est-à-dire, sans qu'il soit même besoin, à cet égard, du prononcé du conseil de famille; mais il ne défend pas de l'appeler de nouveau à la tutelle, si le défaut de convocation, de sa part, n'est pas l'effet du dol, mais de l'oubli, ou même de l'ignorance du droit, et que le second mari soit jugé capable de gérer la tutelle. Mais je crois bien aussi que si le conseil décide le contraire, et confirme la déchéance, la tutelle est déférée de plein droit à l'ascendant le plus proche, dans l'ordre établi par l'article 402. Le cas est absolument le même que si la mère avoit été destituée.

(8) *Solidairement.* Deux débiteurs sont solidaires, quand chacun d'eux peut, d'après le titre de l'obligation, être poursuivi pour toute la dette, de manière, cependant, que le paiement fait par l'un libère l'autre à l'égard du créancier.

(9) *De toutes les suites*, c'est-à-dire, de toute la gestion, même antérieure au mariage, et même du défaut de gestion.

Y aura-t-il lieu, sur les biens du mari, à l'hypothèque tacite que l'article 2135 accorde au mineur sur les biens de son tuteur? Je ne le pense pas. Le mari n'est pas tuteur dans ce cas; et, dans le système hypothécaire actuel, l'hypothèque tacite est un droit exorbitant qui ne peut être étendu.

(10) *Nommé co-tuteur.* Observez qu'il n'est pas tuteur, mais co-tuteur. Ce sera

cependant lui qui, le plus souvent, gérera de fait la tutelle. Mais on a voulu faire entendre par là, d'abord, que les actes de la tutelle devoient être faits par les deux époux conjointement; et, de plus, que le mari ne peut être tuteur qu'autant que la mère sera tutrice : de manière que, si elle vient à cesser de l'être, par mort, destitution, etc., il cessera également, et de plein droit, d'être tuteur. (Argument tiré de l'art. 400, et de la discussion sur cet article.)

Quid, si le mari gère mal la tutelle, et encourt la destitution? La mère doit cesser également d'être tutrice, sauf, s'il y a lieu, à lui déférer la tutelle de nouveau, après la dissolution du mariage, s'il est prouvé qu'elle n'a participé en rien aux malversations de son mari. Jugé dans ce sens à Bruxelles, le 18 juillet 1810. (Sirey, 1811, IIe partie, pag. 453.)

(11) *Postérieure au mariage.* Mais non de celle antérieure, et c'est en cela qu'il diffère de celui qui a épousé une mère tutrice, sans que le conseil de famille ait été préalablement convoqué.

(12) *Si la mère est enceinte*, ou se déclare enceinte. Il n'est pas nécessaire de recourir aux moyens de vérification, qui pourroient être insuffisans. Il n'y a, d'ailleurs, aucun inconvénient à s'en rapporter, dans ce cas, à la déclaration de la mère, dont la vérité ou la fausseté ne peut tarder à se manifester.

(13) *Un curateur au ventre*, et non pas un tuteur. Le tuteur n'est donné qu'à la personne, et le posthume n'existe pas encore. D'ailleurs, la nomination de ce curateur a lieu dans l'intérêt, non-seulement du posthume, mais encore de tous ceux qui devront recueillir la succession, si l'enfant est mort né, ou ne naît pas viable. En un mot, ce curateur est chargé de conserver la succession pour ceux qui y auront droit d'après l'événement de la grossesse. Par conséquent, il est censé donné aux biens, plutôt qu'à la personne. Je pense, au surplus, qu'il a, quant aux biens, les mêmes droits que le tuteur.

(14) *Tutrice légitime.* Il est bien entendu qu'il s'agit ici du cas où il n'existe pas d'autres enfans; car alors, comme les enfans déjà nés et le posthume ont le même intérêt, les mesures prises à l'égard des uns suffiront à l'égard de l'autre. Mais si le posthume avoit, par événement, un intérêt opposé à celui de ses frères, l'on devroit se conformer à l'article 393.

PAGE 111.

(1) *De la tutelle des ascendans.* Régulièrement, nous n'aurions dû traiter de la tutelle des ascendans, qu'après la tutelle testamentaire, puisque cette dernière, quand elle existe, empêche celle des ascendans; mais nous n'avons pas cru devoir diviser ce qui concernoit les deux espèces de tutelle légitime.

(2) *Et de tuteur désigné par eux.* Il faut entendre ces mots, non-seulement du cas où il n'a pas été désigné de tuteur, mais encore de celui où le tuteur désigné ne peut exercer, pour cause, soit d'exclusion, soit de destitution, ou d'excuse légitime, et même du cas où le tuteur viendroit à mourir avant la fin de la tutelle. L'article 405 dit qu'il n'y a lieu à la tutelle dative, que lorsqu'il n'y a ni père ni

mère, ni tuteur testamentaire, ni ascendant mâle. Donc, dès qu'il existe un ascendant mâle, capable de gérer la tutelle, elle lui est déférée de plein droit.

Nec obstat la disposition du droit romain, qui décidoit qu'il y avoit lieu à la tutelle dative, tant que le tuteur testamentaire existoit, quoiqu'il fût excusé ou destitué. Cela tenoit à ce que, chez les Romains, la tutelle légitime des agnats étoit vue sous un rapport défavorable, parce qu'elle tendoit à confier la personne du pupille à celui qui devoit recueillir sa succession, et qui, par conséquent, avoit intérêt à avancer ses jours. Chez nous, au contraire, la tutelle légitime des ascendans est extrêmement favorable. *Nullus est affectus qui vincat paternum.*

(3) *Dative ou testamentaire*, parce que ces deux dernières tutelles supposent un choix de la part de l'autorité ou de la personne qui les confère. On suppose donc que l'ascendante ne sera nommée, qu'autant qu'elle sera jugée capable de gérer la tutelle. Il n'en est pas de même, lorsque la tutelle est légitime, puisqu'elle est déférée de plein droit. Il resteroit, à la vérité, le moyen d'exclusion ou de destitution; mais on a voulu éviter ce désagrément à l'ascendante. *Turpiùs ejicitur quàm non admittitur.*

(4) *Est toujours préféré.* Mais l'ascendant maternel, plus proche, est préféré à l'ascendant paternel plus éloigné. Ainsi, l'aïeul maternel est préféré au bisaïeul paternel.

(5) *Doit être confiée.* Mais il ne peut choisir qu'entre les deux bisaïeuls.

Page 112.

(1) *Par le dernier mourant des père et mère.* Pourvu toutefois qu'ils n'aient été eux-mêmes exclus ni destitués de la tutelle. L'article 445 exclut, même des conseils de famille, les individus qui ont été exclus ou destitués d'une tutelle. A plus forte raison doivent-ils être privés du droit de choisir seuls le tuteur.

Le père ou la mère pourroient-ils nommer plusieurs tuteurs? Il paroît que l'esprit général du Code est qu'il ne soit nommé qu'un tuteur, excepté dans le cas prévu par l'article 417. Je pense, néanmoins, que le dernier mourant pourroit, sans préjudicier à la tutelle légitime ou dative qui pourroit avoir lieu, prescrire les mesures qu'il croiroit convenables pour l'éducation de ses enfans, et désigner même les personnes auxquelles cette éducation devra être confiée.

(2) *De son premier mariage. Quid*, si la mère, sans être remariée, a usé de la faculté qui lui est accordée par l'article 394, de refuser la tutelle? Il me semble qu'il n'est pas convenable de lui donner, dans ce cas, le droit de nommer un tuteur par testament. En effet, elle a refusé la tutelle, ou par insouciance, ou parce qu'elle s'est reconnue incapable de la gérer. Dans le premier cas, elle ne mérite pas qu'on lui donne le droit de désigner un tuteur. Dans le second, il est peu probable qu'elle ait assez de discernement pour en choisir un. D'ailleurs, il est tout simple que, lorsque les enfans restent sans défenseur, le père ou la mère leur choisisse un tuteur. Mais, ici, ils doivent en avoir un nommé, soit par la loi, soit par le conseil de famille. Est-il juste, est-il même

de l'intérêt du mineur, que ce tuteur, qui a rempli jusque-là une charge onéreuse, soit obligé de la céder à une personne, qui n'a en sa faveur que le choix d'une mère insouciante ou incapable?

(3) *Par le conseil de famille.* La loi ne distingue pas si la mère est veuve ou non; ce qui prouve la vérité de ce que nous avons dit, que le mari d'une femme tutrice, même maintenue dans la tutelle, cesse d'être tuteur, quand la femme cesse d'être tutrice; et ce qui le démontre encore davantage, c'est que l'on voit, par la discussion, que l'intervention du conseil de famille est principalement exigée ici, parce que l'on a pensé que la mère pourroit choisir pour tuteur son second mari, ou une personne désignée par lui.

PAGE 113.

(1) *De la formation du conseil de famille.* Pour la composition et les fonctions du conseil de famille de la Maison Impériale, voyez le Titre V, et les articles 11 et 13 du Titre Ier. du Statut du 30 mars 1806.

(2) *Ou de toute autre partie intéressée.* Ainsi, la convocation peut être requise par un débiteur du mineur, qui veut se libérer; par un co-propriétaire, qui veut faire liciter l'immeuble commun, etc.

(3) *Peut dénoncer, etc.*, et non pas *requérir.* Il n'y a que les parens, les créanciers, et autres personnes intéressées, qui ayent droit de requérir, et à la réquisition desquels le juge-de-paix soit tenu de déférer.

(4) *Ou alliés.* L'alliance dure-t-elle encore après la mort de la femme qui la produisoit? Oui, si toutefois il reste des enfans du mariage. (Argument tiré de l'article 206.) Ainsi jugé en cassation, le 16 juillet 1810. (*Journ. de Jurisp. du Cod. Nap.*, tom. XV, p. 261.)

(5) *Les ascendantes veuves*, et non pas les veuves d'ascendans. Ce terme m'a paru trop général, en ce qu'il comprendroit même les secondes femmes des ascendans, que le Législateur n'a certainement pas eu l'intention d'appeler au conseil de famille convoqué pour les enfans ou descendans du premier lit; et ce qui le prouve, c'est que l'on avoit d'abord mis les *ascendantes*, ce qui ne pouvoit s'entendre des ascendantes seulement par alliance; mais sur l'observation qui fut faite, que l'on pourroit en conclure que les ascendantes mariées pourroient être appelées concurremment avec leurs maris, l'on substitua ces mots, *veuves d'ascendans.* Donc le changement n'a eu pour but que d'empêcher le concours du mari et de la femme dans le même conseil de famille, et non pas de donner aux ascendantes par alliance le droit d'y être appelées.

(6) *Et les maris des sœurs germaines.* Si toutefois la femme vit encore, ou s'il reste des enfans du mariage. (*Voyez* la note (4), ci-dessus.)

Quid, à l'égard des sœurs filles ou veuves? Elles ne peuvent être appelées. Aux termes de l'article 442, nulle femme, excepté la mère ou les ascendantes, ne peut être appelée au conseil de famille.

Quid, à l'égard des neveux, enfans de frères germains? La question peut s'élever, notamment en cas d'interdiction. On a jugé, par l'arrêt de cassation ci-dessus, qu'ils devoient être appelés, et qu'ils comptoient pour les deux lignes. Cela est d'ailleurs conséquent aux dispositions du Code, relativement aux successions collatérales.

(7) *Ils peuvent être remplacés. Ils peuvent*, et non pas *doivent*. Nous allons voir tout-à-l'heure que le juge-de-paix peut les appeler, nonobstant l'éloignement.

(8) *Par des parens d'un degré plus éloigné*, si toutefois ils ne se trouvent pas actuellement dans la distance requise. Car je pense qu'un parent, quoique domicilié même à cinquante lieues, et qui se trouve accidentellement sur les lieux, ou dans la distance de deux myriamètres, au moment de la convocation, non seulement pourroit, mais encore devroit être appelé, s'il étoit en ordre de l'être.

Au surplus, le motif qui paroît avoir fait admettre que les parens plus proches seroient remplacés, lorsqu'ils demeureroient à une certaine distance, a été d'épargner des frais au mineur, qui seroit obligé de leur rembourser les dépenses du voyage. De là je conclus que s'ils offrent de venir à leurs frais, et qu'il n'en résulte pas un retard préjudiciable aux intérêts du mineur, on n'a pas droit de les remplacer.

(9) *De l'une ou de l'autre ligne.* Ainsi, il suffit qu'une des deux lignes ne soit pas complète, pour qu'on soit obligé d'appeler des amis. On ne peut la compléter avec des parens ou alliés de l'autre ligne. On a voulu éviter l'influence de l'une des lignes sur l'autre.

(10) *Le juge-de-paix.* C'est le juge-de-paix qui a seul droit d'appeler. On peut, à la vérité, lui désigner certaines personnes; mais il est seul juge de leur idonéité, et il peut appeler celles qu'il juge à propos. Un arrêt de la Cour d'appel de Besançon, du 9 avril 1808 (SIREY, 1809, IIe. Partie, pag. 158), a annullé, avec raison, la délibération d'un conseil de famille, auquel avoient été appelés trois amis, convoqués seulement par celui qui avoit requis la convocation. On sent combien il est important, pour les intérêts du mineur, de ne pas abandonner à celui qui requiert la convocation, le droit de composer le conseil comme il le juge convenable. Mais remarquez la différence du pouvoir du juge-de-paix, relativement aux parens ou aux amis. Il peut appeler des parens, à quelque distance qu'ils demeurent; et ils sont tenus de comparoître, sauf à eux à se faire représenter: au lieu que les amis ne sont obligés de se rendre à la convocation, qu'autant qu'ils habitent dans la commune où se tient le conseil de famille. *Dans la commune même*, est-il dit dans l'article 409.

PAGE 114.

(1) *Ou égaux en degré.* Il ne pourroit en appeler d'un degré plus éloigné.

(2) *Ou dont les père ou mère.* A plus forte raison, si ce sont leurs femmes ou leurs enfans, qui aient avec le mineur un procès de cette espèce. Je pense qu'il en doit être de même, s'il existe entre le mineur et la personne qui doit faire partie du conseil, un procès qui intéresse l'état ou la fortune de cette dernière.

(3) *Ou destitués d'une tutelle.* Appliqueroit-on cette disposition à la mère remariée et non maintenue dans la tutelle? On a jugé la négative à Bruxelles,

le 30 mai 1810. (Sirey, 1810, IIe. Partie, pag. 397.) Je ne suis pas de l'avis de cet arrêt. Ce n'est pas que je regarde la déchéance prononcée par l'article 395, comme équivalant entièrement à une destitution, puisque je pense que la mère, et par suite le second mari, peuvent être appelés de nouveau et de suite à la même tutelle; mais, ou elle y a été appelée en effet, ou il a été nommé un autre tuteur. Ce n'est pas du premier cas qu'il peut être question ici, puisque nous raisonnons dans l'hypothèse que la mère n'a pas été maintenue dans la tutelle; dans le second cas, la mère ne peut encore être appelée au conseil de famille, puisqu'aux termes de l'article 408, les ascendantes n'ont ce droit qu'autant qu'elles sont veuves; et son mari ne doit pas l'être davantage, puisque la nomination d'un autre tuteur prouve qu'il ne jouit, en aucune manière, de la confiance de la famille, et que cela, joint à la déchéance prononcée contre la mère, peut bien équivaloir à une destitution.

(4) *Moindre de trois jours.* Ce délai est accordé, autant pour donner aux personnes convoquées le temps de comparoître, que pour qu'elles puissent réfléchir sur l'objet de la convocation, et apporter un avis plus mûr à la délibération.

(5) *De la même assemblée.* Autrement, il pourroit arriver, et il arriveroit souvent que la même personne réuniroit les pouvoirs de tous les membres; ce qui rendroit illusoire la disposition de la loi. D'ailleurs, plus il y a de délibérans, plus la délibération est mûrie et discutée. Je pense même, d'après cela, que celui qui se fait représenter, ne pourroit pas prescrire à son mandataire d'opiner de telle ou telle manière, de nommer tel ou tel individu. Car il suivroit de là que la délibération ne pourroit plus être éclaircie par la discussion, puisque, quelles que fussent les lumières qu'on en obtiendroit, le mandataire ne pourroit toujours voter que de la manière qui lui auroit été prescrite.

(6) *Ajourner ou proroger. Ajourner,* quand la remise a lieu, sans indication de jour; si, par exemple, le membre absent est malade, et qu'on veuille l'attendre: *proroger,* quand la remise est faite à jour indiqué.

(7) *Si les trois quarts.* On a mis les trois quarts, dans la prévoyance du cas où le conseil seroit composé de plus de six parens; par exemple, s'il y a huit ascendans, ascendantes, frères germains, ou maris de sœurs germaines.

(8) *Convoqués.* Or, comme le juge-de-paix n'est pas convoqué, il ne doit pas être compté pour établir les trois quarts.

PAGE 115.

(1) *A la pluralité absolue*, et non relative; autrement il pourroit arriver que la délibération fût formée par deux personnes seulement; d'ailleurs l'article dit que la voix du juge-de-paix est prépondérante en cas de partage. Or, le partage s'entend toujours du cas où il ne se forme que deux opinions, ayant chacune un nombre égal de voix. (Argument tiré de la combinaison des articles 117 et 118 du Code de Procédure.) Jugé dans ce sens à Metz, le 16 février 1812.

(SIREY, 1812, IIe. part., pag. 389.) Je pense, d'après cela, qu'il n'y a lieu à la prépondérance, qu'autant que le conseil est en nombre pair.

(2) *Est prépondérante. Quid*, s'il y a sept membres, dont trois, y compris le juge-de-paix, sont d'un avis, trois d'un autre avis, et un seul d'une opinion mitoyenne? Je ne pense pas qu'il y ait lieu à la prépondérance. Autrement ce seroit en donner une double à la voix du juge-de-paix; car, d'abord, la prépondérance auroit pour effet de compter quatre voix pour l'opinion à laquelle il s'est rangé. Mais comme il se trouve encore quatre voix qui ne sont pas de son avis, il faudroit ajouter une seconde prépondérance pour faire pencher la balance. Mais alors comment se formera la délibération? La voix unique devra se ranger du côté de l'une des deux autres opinions. (*Cod. de Procéd.*, art. 117.)

(3) *Et dans ce cas.* Il paroîtroit résulter de là, que la délibération ne peut être attaquée quand elle a été unanime. Mais il est clair qu'il faut entendre cette disposition, dans le sens que la délibération prise à l'unanimité, ne peut être attaquée par ceux qui y ont pris part, comme cela est évident. Mais, dans tous les cas, elle peut être attaquée par tous ceux qui ont intérêt, et qui n'y ont pas assisté; *putà*, par le mineur, par les personnes qui prétendroient avoir dû être appelées de préférence à d'autres, etc., sauf, toutefois, l'exécution des actes passés avec des tiers de bonne foi.

Je ne m'arrêterai pas à relever ici les conséquences qui résultent d'un arrêt de la cour d'Agen, en date du 10 décembre 1806 (*Journ. de la Jurisp. du Cod. Civil*, tom. VIII, pag. 5), que nous avons cité plus haut, et qui a été rendu dans l'affaire Thémines; cet arrêt paroît avoir décidé que, quelle que soit la forme employée pour la convocation d'un conseil de famille, quelles que soient les personnes convoquées, il ne peut y avoir lieu à annuller les opérations de ce conseil, attendu que nulle part la loi n'a prononcé cette nullité; comme si cela étoit nécessaire; comme si la loi, en disant : il y aura conseil de famille quand telles et telles personnes seront réunies, quand telle forme aura été observée, n'avoit pas, par cela même, dit que, dans le cas contraire, le conseil n'existeroit pas; comme si la loi avoit besoin de dire qu'un jugement prononcé par des personnes qui n'ont pas qualité pour juger, n'est pas un jugement.

Il résulteroit, en effet, de l'arrêt cité, que le conseil de famille pourroit n'être composé que d'une ou de deux personnes;

Qu'il pourroit n'être convoqué ni présidé par le juge-de-paix;

Qu'il pourroit être composé de personnes tout-à-fait étrangères au mineur, même quand il existeroit des parens très-proches, etc.

Car, dans tout cela, la loi n'a pas prononcé la nullité. Un pareil systême emporte avec lui sa réfutation.

(4) *Qui composent la majorité.* Il eût été utile, ce me semble, de décider que, dans le cas de dissidence, la majorité qui a formé la délibération, seroit tenue de nommer un de ses membres pour la défendre, si elle étoit attaquée. Cela

eût évité l'embarras et les frais d'une demande à former contre quatre ou cinq personnes à-la-fois.

Les membres des conseils de famille sont-ils responsables de leurs opérations? En général, non. Si cependant il y avoit prévarication manifeste, ou même négligence impardonnable et notoire, je pense qu'ils pourroient être condamnés aux dommages-intérêts du mineur. (Art. 1382 et 1383.)

(5) *En a spécialement chargé.* Il est possible que la délibération ait été prise contre l'avis du tuteur : il ne conviendroit pas alors qu'il fût chargé d'en poursuivre l'homologation.

(6) *A la suite des conclusions.* Ainsi, l'expédition de la délibération, la requête à fin d'homologation, l'ordonnance du président, les conclusions du Procureur impérial, et la minute du jugement, tout cela ne doit faire qu'une seule et même pièce; le tout, afin d'éviter les frais.

(7) *Sans répétition.* C'est-à-dire, qu'il ne pourra pas les répéter contre le mineur, à la charge de qui sont ordinairement les frais d'homologation, puisqu'elle est toute dans son intérêt.

PAGE 116.

(1) *Par acte extra-judiciaire*, c'est-à-dire, par un acte d'huissier, signifié à personne ou domicile, lequel ne doit pas contenir assignation.

(2) *Y former opposition.* Dans quel délai? Il n'y en a point. Les délais fixés par le Code de Procédure ne courent que contre ceux appelés, et ici les opposans ne l'ont point été. Le délai sera donc indéfini. C'est une espèce de tierce-opposition, avec la différence, que, dans le cas où les opposans succomberoient, il n'y auroit point lieu à l'amende fixée par l'article 479 du Code de Procédure.

(3) *Par la voie de l'appel*, avec les distinctions suivantes : s'il a été rendu après contestation, et contradictoirement, ceux qui y ont été parties ne peuvent l'attaquer que par la voie de l'appel; s'il a été rendu après contestation, mais par défaut, ils peuvent y former opposition dans les délais fixés par les articles 157, 158 et 159 du Code de Procédure: s'il a été rendu sur requête, et sans contestation, les membres dissidens peuvent, comme nous l'avons vu dans la note précédente, y former indéfiniment opposition, si toutefois ils ont formé opposition à l'homologation. Quant aux autres personnes auxquelles le jugement d'homologation pourroit préjudicier, il faut seulement distinguer si la délibération qui leur préjudicie, a été exécutée, ou non. Si elle n'a pas été exécutée, elles pourront arrêter l'exécution par la voie de la tierce-opposition. Dans le cas contraire, elles se pourvoiront par action principale. (*Voir* ci-dessus, la note (5) de la page 105.)

(4) *Sommairement.* Nous ne rappelons ici que les fonctions du conseil de famille, directement relatives au Titre *de la Tutelle*. Il en est plusieurs autres qui ont été, ou qui seront rapportées en leur lieu.

PAGE 117.

(1) *Il est responsable,* et qu'il doit, par conséquent, pouvoir nommer ou révoquer à son gré.

(2) *Des biens*, seulement. Ainsi le protuteur n'a jamais de droit sur la personne.

(3) *A un protuteur.* Le tuteur étant donné principalement à la personne, il est juste que cette qualité appartienne à celui du domicile du mineur : c'est pour cela que l'autre est nommé *protuteur.*

(4) *Sans aucune responsabilité respective.* Il existoit à ce sujet deux déclarations du Roi, l'une du 15 décembre 1721, et l'autre du 1er février 1743, dont les dispositions pourront nous servir à résoudre quelques questions que l'exécution de l'article 417 peut faire naître.

1°. Par qui doivent être nommés les tuteur et protuteur ?

D'après les déclarations susdites, chacun d'eux devoit être nommé dans le pays où il devoit exercer ses fonctions. Il avoit été décidé, au Conseil-d'état, dans la discussion, qu'ils seroient nommés tous deux dans le lieu du domicile du mineur ; mais que, si l'un d'eux venoit à manquer, il seroit pourvu, sur les lieux, à son remplacement. Cette décision ne se retrouve pas dans le Code. Il est probable qu'on a voulu laisser le tout à l'arbitrage du conseil de famille du domicile, qui pourra nommer le protuteur, ou décider que la nomination se fera dans le lieu de la situation des biens.

2°. *Quid*, s'il existe père, ou mère, ou autres ascendans ? Il paroît résulter également de la discussion, que l'art. 417 n'est pas applicable au cas où la tutelle est légitime ; et ce qui confirme cette opinion, c'est qu'il est placé sous la rubrique *de la Tutelle déférée par le conseil de famille.* Or cette tutelle n'a lieu qu'a défaut de tutelle légitime. Anciennement, toute tutelle étoit dative, et les déclarations susdites portoient que, si le père ou la mère survivoit, l'on pouvoit, en les nommant tuteurs, se dispenser de nommer un protuteur. L'on peut effectivement s'en rapporter à l'affection paternelle, pour prendre les mesures nécessaires en pareil cas. Je pense donc que, dans le droit actuel, la même décision pourroit être appliquée au cas de la tutelle légitime.

3°. Nonobstant l'indépendance des gestions respectives, je pense, comme cela étoit établi par la déclaration de 1743, art. 6, que le tuteur peut, en cas de besoin, et avec l'autorisation du conseil de famille, exiger que le protuteur lui envoye les fonds nécessaires pour pourvoir convenablement à l'entretien et à l'éducation du pupille ; et que, réciproquement, le protuteur peut, le cas échéant, exiger que le tuteur lui fournisse les fonds nécessaires pour l'entretien et la réparation des immeubles soumis à son administration. Dans ces deux cas, la quittance de l'un vaut décharge valable pour l'autre.

4°. Enfin, il est bien constant que les immeubles seront soumis à l'administration du tuteur ou du protuteur, suivant qu'ils seront situés en France ou dans les colonies. Il en sera de même à l'égard des meubles corporels. Mais *quid* à l'égard des meubles incorporels, tels que créances, droits, rentes et actions, qui suivent ordinairement le domicile de celui à qui ils appartiennent? Je pense, conformément à l'article Ier. de ladite déclaration, que chacun des deux, du tuteur et du protuteur, est chargé de l'administration des créances, rentes, etc., à exercer sur des personnes domiciliées, ou sur des biens situés dans l'étendue des lieux soumis à son administration.

PAGE 118.

(1) *En toute tutelle.* Donc, s'il y a tuteur et protuteur, l'on doit nommer un subrogé-tuteur, et un subrogé-protuteur. *Quid* en tutelle officieuse? L'article ne fait aucune distinction. La tutelle officieuse est toujours une tutelle. La seule différence, au contraire, c'est que les obligations du tuteur officieux sont plus étendues que celles du tuteur ordinaire.

(2) *A la nomination.* Donc, toute subrogée-tutelle est dative.

(3) *Et même de destitution*, laquelle sera prononcée par un conseil de famille convoqué dans la forme prescrite par l'article 446. Quant aux dommages-intérêts, la condamnation ne pourra être prononcée que par les tribunaux.

(4) *N'appartient pas.* C'est pour éviter la connivence.

(5) *A la nomination du subrogé-tuteur.* Par conséquent, si la tutelle est dative, et si le tuteur faisoit partie du conseil de famille qui l'a nommé, il doit se retirer de l'assemblée, lorsqu'elle procédera à la nomination du subrogé-tuteur.

(6) *Qu'il ne peut pas même provoquer*, et ce, pour deux raisons : la première, parce que le subrogé-tuteur étant le surveillant du tuteur, on ne veut pas faciliter à celui-ci le moyen de se débarrasser d'un subrogé-tuteur dont il craindroit la surveillance; et la seconde, parce que le subrogé-tuteur n'ayant, en général, d'autres fonctions à remplir que cette surveillance, le tuteur est non-recevable à lui reprocher de la négligence à cet égard.

(7) *Avec ceux du tuteur;* par exemple, s'ils se trouvent intéressés tous deux dans la même succession. C'est encore pour cette raison que le subrogé-tuteur est tenu de prendre inscription sur les immeubles du tuteur, sujets à l'hypothèque légale. (Art. 2137.)

(8) *A dû être et a été.* Nous disons, *a dû être*, parce que, si c'est le père ou la mère qui soient tuteurs, ils ne peuvent être assujettis à la remise de ces états, sauf peut-être le cas de l'article 396, où la tutelle n'appartient que de nom à la mère, et de fait à son mari. Et nous disons, *a été*, parce que, même dans les autres tutelles, la remise de ces états ne peut être exigée, qu'autant que le conseil de famille l'a expressément ordonnée.

(9) *La destitution du tuteur.* Le subrogé-tuteur peut-il voter dans le conseil de famille convoqué à ce sujet? Jugé pour l'affirmative, à Rennes, le 14 février 1810 (SIREY, 1812, IIe. Part., pag. 424); et à Rouen, le 17 novembre de la même année (*Journ. de la Jurisp. du Cod. Nap.*, tom. XVI, pag. 154), et avec raison. *Nec obstat* l'article 495, portant que ceux qui ont provoqué l'interdiction, ne peuvent faire partie du conseil de famille appelé à délibérer sur l'état de l'interdit. D'abord, l'interdiction a des effets bien plus importans que la destitution d'un tuteur. Secon-

dement, on peut très-bien supposer des motifs d'intérêt à ceux qui provoquent l'interdiction; il n'est guère possible d'en présumer de semblables, de la part de celui qui provoque la destitution. Enfin, le subrogé-tuteur remplit ici un ministère forcé, puisqu'il pourroit être blâmé, et même condamné à des dommages-interêts, si, connoissant la malversation ou la mauvaise gestion du tuteur, il ne l'avoit pas dénoncé.

(10) *La nomination d'un nouveau tuteur.* Le subrogé-tuteur ne remplace pas de plein droit le tuteur. Il peut avoir les qualités d'un bon surveillant, et ne pas avoir celles d'un bon administrateur.

Devant quel juge-de-paix doit être convoqué le conseil de famille qui doit procéder au remplacement? Devant le même juge qui a présidé le conseil pour la première nomination; et je pense qu'il en doit être ainsi de tous les conseils de famille qui sont convoqués pendant la minorité. A la vérité l'article 406 dit que ce doit être le juge-de-paix du domicile du mineur; et aux termes de l'article 108, le domicile du mineur non-émancipé est chez son tuteur: d'où l'on pourroit conclure qu'en général le conseil doit être convoqué devant le juge-de-paix du domicile actuel du tuteur. Mais l'on sent qu'il y auroit trop d'inconvéniens à admettre ce système, d'après lequel il dépendroit du tuteur d'éloigner du conseil de famille tous les parens de son pupille. Il lui suffiroit pour cela de transporter son domicile à une distance un peu considérable du leur, et de faire composer alors le conseil de famille de prétendus amis, conformément à l'article 409. Jugé dans ce sens en cassation, le 29 novembre 1809. (SIREY, 1810, Ire part., pag. 62.) On a pensé, et avec raison, que l'article 406 devoit être entendu du domicile que le mineur avoit au moment où il étoit tombé en tutelle.

PAGE 119.

(1) *Tant à lui qu'au tuteur.* Et cependant, le délai de la requête civile ne court que de la signification du jugement, faite depuis la majorité. (*Cod. de Procéd.*, art. 484.) Le motif de cette dernière disposition a été probablement que la requête civile s'accorde aux mineurs qui prétendent n'avoir pas été valablement défendus. Or, ils pourroient prétendre qu'ils n'ont pas été valablement défendus lors du jugement sur la requête civile; il faudroit donc leur accorder la requête civile contre le jugement même qui auroit rejeté leur première requête civile; et ce, contre la disposition formelle de l'article 503 du même Code. D'ailleurs, l'infirmation d'un jugement étant bien plus difficile à obtenir par requête civile, que par appel, la disposition de l'article 484 du Code de Procédure n'est pas susceptible d'entraîner de grands, ni de fréquens inconvéniens.

(2) *Que la tutelle.* L'on ne dit pas, à la même époque que les fonctions du tuteur, parce que celles-ci peuvent cesser, sans que les fonctions du subrogé-tuteur cessent pour cela; ce qui arrive toutes les fois que la tutelle finit de la part du tuteur, par sa mort, sa destitution, etc. L'on nomme un nouveau tuteur, et le subrogé-tuteur continue ses fonctions.

(3) *D'excuse.* On appelle en général, *excuse*, tout motif allégué par une personne,

pour se dispenser d'une charge ou d'une fonction, ou pour se justifier d'une désobéissance à la loi ou à justice. Ainsi, la raison alléguée par un témoin, pour se dispenser de comparoître sur l'assignation, ou pour se justifier de n'avoir pas comparu, est une excuse. (*Cod. de Procéd.*, art. 265 et 266.)

(4) *C'est incapacité.* L'excuse n'est admise qu'autant qu'elle est présentée par celui qui veut être excusé. L'incapacité peut être opposée par les tiers.

(5) 28 *floréal an* 12. Ce sont les Princes français, les Grands-Dignitaires, les Grands-Officiers de l'Empire, les Sénateurs, les Conseillers-d'État et les Membres du Corps-Législatif.

(6) *Et de la Cour des Comptes.* (Loi du 16 septembre 1807, art. 7, *Bulletin*, n°. 2792.)

(7) *Hors du territoire*, continental. Je crois qu'une mission dans les Colonies françaises seroit regardée comme une excuse valable, quoiqu'elle ne fût pas, à proprement parler, hors du territoire de l'Empire. (Argument tiré de l'art. 417.)

PAGE 120.

(1) *Articulée comme excuse.* Le Ministre n'est pas obligé, pour cela, de s'expliquer sur la nature et la durée de la mission. Il doit seulement déclarer s'il y a lieu, ou non, à dispenser de la tutelle, à raison de cette mission.

(2) *Toute infirmité*, et non par *maladie.* L'infirmité suppose un état habituel. La maladie n'est que passagère : *perpetuâ valetudine tentus*, dit la loi unique, Cod. *Qui morbo se excusant.*

(3) *Toutes ces causes.* Sauf la première, à laquelle cette disposition ne peut s'appliquer.

(4) *Après l'acceptation.* Car, si la personne étoit déjà, lorsqu'elle a accepté la tutelle, revêtue d'une fonction ou mission qui lui donnoit le droit de se faire dispenser, elle ne pourra plu s'en faire décharger pour cette cause (Art. 430), et elle sera obligée de se faire remplacer dans l'administration, par des personnes gérant pour son compte, et sous sa responsabilité.

L'article 434 paroît appliquer cette disposition, même au cas d'infirmité existant au moment de l'acceptation; mais comme tout doit être traité dans cette matière, *ex æquo et bono*, et qu'il est possible que la personne, ayant cru d'abord que son infirmité ne l'empêcheroit pas de gérer la tutelle, reconnoisse ensuite le contraire, je pense que le conseil de famille ne seroit pas fondé à refuser la décharge, si l'infirmité étoit d'ailleurs grave, et dûment justifiée.

(5) *N'avoit pas cet âge.* Donc le tuteur qui, ayant soixante-cinq ans accomplis lors de sa nomination, accepte la tutelle, sans présenter son excuse, ne peut s'en faire décharger, même à soixante-dix ans.

(6) *Mais à l'âge de soixante-dix ans*, accomplis ou commencés? Je ne crois pas qu'il y ait lieu à s'écarter de la règle : *annus incœptus pro completo habetur.* La cause est favorable dans l'intérêt du tuteur, et même dans celui du pupille, auquel il importe que la tutelle ne soit pas administrée par un homme trop affoibli par l'âge. D'ailleurs, aux termes de l'article 126 du Code de Procédure, le tuteur peut être

contraint par corps, dans certains cas: or, d'après l'article 2066 du Code Napoléon, l'âge de soixante-dix ans commencés décharge de la contrainte par corps.

Pourquoi l'âge de soixante-cinq ans exempte-t-il *à suscipiendâ tutelâ*, *non verò à susceptâ*? C'est pour éviter, autant que possible, le changement de tuteur.

(7) *Epoux ou père*, même d'enfans majeurs. Le privilége est attaché à la seule qualité de père, et même d'époux sans enfans.

(8) *L'existence*. Il ne suffiroit pas que le cinquième fût conçu. La règle, *conceptus pro nato habetur*, n'a lieu que quand il s'agit de l'intérêt de l'enfant, et non pas, comme ici, de celui d'une autre personne. (*L.* 2, §. 6, ff. *de Excusat.*?) *Qui in utero est*, dit la loi 7, ff. *de Statu hominûm*, *perindè ac si in rebus humanis esset*, *custoditur*, *quoties de commodis ipsius partûs quœritur*, *quanquàm alii*, *antequàm nascatur*, *nequaquàm prosit*.

(9) *De cinq enfans légitimes*. Ainsi, les enfans naturels, même reconnus, ne comptent point, par la raison qu'ils sont les fruits du crime, et que *nemo ex delicto suo debet consequi emolumentum*. Les enfans adoptifs ne comptent pas davantage; mais ils comptent à leur père naturel.

(10) *Dans les armées de l'Empire; et quelle que soit la cause de leur mort*, dit le procès-verbal de discussion. Ainsi, quand ils seroient morts de maladie, pourvu qu'ils fussent en activité de service, ils compteroient pour l'excuse. *Quid*, si c'est par suite de duel ou de suicide? Il en est de même. Le genre de mort ne doit pas être constaté.

(11) *En état de gérer la tutelle*. Mais cette excuse n'a lieu qu'en faveur de celui qui n'est ni parent, ni allié. Le parent ou l'allié, à quelque degré que ce soit, ne peut, *stricto jure*, s'excuser sur ce qu'il y a des parens ou alliés plus proches que lui, en état de gérer la tutelle.

Nous disons, *stricto jure*, parce que les Tribunaux auront à examiner si les membres du conseil de famille n'ont pas été uniquement guidés, dans le choix du tuteur, par l'envie de se débarrasser de la tutelle. Les parens les plus proches doivent succéder au mineur; et il paroît assez convenable, comme le dit le droit Romain, que, toutes choses égales d'ailleurs, la charge de la tutelle soit déférée à ceux qui ont l'espérance de la succession. Jugé dans ce sens, à Lyon, le 16 mai 1811. (SIREY, 1812, IIe. Partie, pag. 56.)

Le parent, domicilié au-delà de quatre myriamètres, pourroit-il être forcé d'accepter? Je pense qu'oui. L'article 427 n'admet l'excuse tirée de l'éloignement, que pour les fonctionnaires publics; mais le conseil de famille et les Tribunaux doivent toujours considérer qu'il n'est pas de l'intérêt du mineur d'avoir un tuteur dont le domicile soit très-éloigné.

(12) *S'il est présent*, en personne. Il est censé absent pour ce cas-là, quand même il seroit représenté par un fondé de pouvoir : il a pu ne pas prévoir qu'il seroit nommé tuteur, et par conséquent n'avoir pas chargé son mandataire de proposer ses excuses.

(13) *Lui a été notifiée*, si la tutelle est dative ou testamentaire: si elle est légitime,

les trois jours doivent courir du jour où il a dû avoir connoissance de l'événement qui a donné lieu à la tutelle.

PAGE 121.

(1) *Non-recevable.* Il ne faut pas entendre par là que le conseil de famille ne pourroit admettre l'excuse après le délai : car il peut même admettre la démission du tuteur, sans cause légitime ; mais cela signifie seulement que le conseil, qui auroit été tenu d'admettre l'excuse, si elle eût été présentée dans le délai, ne l'admettra, après l'expiration du délai, qu'autant qu'il le jugera convenable.

(2) *Ceux qui les ont rejetées.* Si donc la délibération n'a pas été unanime, ceux-là seuls pourront être poursuivis et condamnés aux dépens, qui auront été d'avis du rejet. L'on a vu qu'en cas de dissentiment, l'avis de chacun des membres du conseil devoit être consigné au procès-verbal.

(3) *Peuvent*, et non pas *doivent*. La condamnation aux dépens n'aura lieu, à leur égard, qu'autant que le juge estimera que le rejet a été dicté par un esprit de chicane. Dans le cas contraire, les frais seront à la charge du mineur, comme frais de tutelle. Il n'en est pas de même à l'égard du tuteur, qui doit toujours, lorsqu'il succombe, être condamné aux dépens.

(4) *Pour le conseil de famille.* Voyez ci-dessus, sect. III, §. I. Je pense qu'on doit y ajouter également ceux à qui il a été donné un conseil judiciaire.

On trouvera peut-être étonnant que le père ou la mère mineurs, puissent être tuteurs. M. PROUDHON prétend qu'il n'y a pas de difficulté, attendu, dit-il, que le mineur émancipé est capable de tous les actes que le tuteur a droit de faire pour son mineur. Mais cet auteur n'a donc pas observé qu'il est deux actes très-importans que le tuteur peut faire seul, et que le mineur ne peut faire qu'avec l'assistance de son curateur. C'est la défense aux actions immobilières, et la perception des capitaux mobiliers. Ce dernier acte a paru même tellement important, que non-seulement la loi a exigé que le mineur fût assisté de son curateur, pour toucher ; mais encore que ce dernier surveillât l'emploi. Or, donnera-t-on aux pères et mères, pour leurs enfans, un pouvoir qu'ils n'ont pas pour eux-mêmes? Il me semble que, pour ces actes, le subrogé-tuteur devroit remplir les mêmes fonctions que le curateur remplit à l'égard du mineur émancipé. (Argument tiré de l'art. 420.)

(5) *A administrer.* Et elles diffèrent toutes deux de l'incapacité, en ce que celle-ci, absolument inhérente à la personne du tuteur, et indépendante de son fait et de sa conduite, ne préjuge rien contre lui ; au lieu que les deux autres sont fondées uniquement sur un défaut de moralité ou d'intelligence.

(6) *Légitime ou testamentaire.* On a mis en question si le père exclu de la tutelle, conservoit la puissance paternelle. Quelques auteurs, du nombre desquels est M. PROUDHON, ont décidé l'affirmative. Mais la tutelle n'est-elle pas la charge d'administrer la personne et les biens du mineur? Et, je le demande, lorsqu'un père est privé, sur-tout par une disposition pénale, du droit d'administrer la personne et les biens de ses enfans, sur quoi pourra s'exercer sa puissance? D'ailleurs les droits du tuteur sont moins étendus que ceux du père ; et lorsque la loi a jugé le père inca-

pable d'exercer les droits de tuteur, comment peut-on croire qu'elle lui a laissé ceux de la puissance paternelle? Enfin, il est certain que le père exclu ou destitué de la tutelle, ne pourroit pas même être appelé au conseil de famille qui seroit convoqué pour délibérer sur les intérêts de ses enfans (Art. 445); et l'on voudroit qu'il pût exercer, seul, les droits de la puissance paternelle!

Mais, *quid* à l'égard du mariage? Il faut se référer, à cet égard, à ce que nous avons dit au Titre *du Mariage*. (*Voyez* ci-dessus, la note (6) de la pag. 53.) Certainement le mariage contracté avec le seul consentement du père exclu ou destitué de la tutelle, ne pourroit être attaqué; mais si le mariage n'étoit pas fait, et qu'il y eût opposition de la part de la famille, je pense que le juge auroit droit de statuer sur le *quid utilius* pour l'enfant.

Remarquez, au surplus, qu'en parlant de la puissance paternelle, je n'entends parler que des droits sur la personne; quant à la jouissance légale, le père ou la mère peuvent l'avoir sans être tuteurs. Ils n'administreront pas, et le tuteur versera entre leurs mains tout ce qui restera des revenus, après l'acquittement de toutes les dépenses qui sont à la charge de cette jouissance.

(7) *Ou son infidélité. Quid*, en cas de faillite ou d'insolvabilité? Ce motif d'exclusion a été proposé et rejeté. On a pensé, avec raison, qu'il étoit possible que l'insolvabilité provînt de malheurs, et que le failli fût un très-honnête homme. Ce sera au conseil à statuer.

PAGE 122.

(1) *Ou à un degré plus proche. Quid*, si le mineur n'a pas de parens au degré de cousin-germain? Il est vrai que toute personne est admise à dénoncer les faits au juge-de-paix; mais alors ce dernier n'est pas tenu de déférer à la réquisition. Je crois qu'on a voulu décider simplement, que, s'il y avoit des parens au degré de cousin-germain, ou à des degrés plus proches, ceux d'un degré plus éloigné ne pourroient requérir. L'article ainsi entendu, n'excluroit pas les cousins issus de germain du droit de requérir, dans le cas, par exemple, où il n'y auroit pas de cousin-germain.

(2) *Dans ses défenses.* Il est évident que cette disposition ne peut s'appliquer au cas où l'exclusion, ou la destitution, a lieu par suite d'une condamnation à une peine afflictive ou infamante, puisqu'alors le conseil de famille peut nommer, *de plano*, un autre tuteur, sans avoir même besoin de prononcer l'exclusion ou la destitution, qui a lieu de plein droit.

(3) *Et le nouveau tuteur.* Il paroît, d'après cela, que, soit que l'ancien tuteur réclame, ou adhère à la délibération, le conseil de famille doit toujours procéder de suite à la nomination d'un nouveau tuteur: et, en effet, il ne peut en résulter aucun inconvénient; car, si la délibération est confirmée, cela évitera la peine et les dépenses d'une nouvelle convocation. Si elle est infirmée, la nomination sera comme non-avenue.

(4) *S'il réclame*, soit quant à la forme, soit quant au fond. Quant à la forme, s'il prétend que le conseil a été irrégulièrement convoqué ou composé; que les

délibérations n'ont pas été prises conformément à la loi. Cependant, s'il y a assisté, et qu'il ait signé le procès-verbal, sans réclamation, il sera reçu ensuite difficilement à proposer des griefs contre le mode de composition et la forme des délibérations. Jugé dans ce sens, à Bruxelles, le 18 juillet 1810. (Sirey, 1811, IIe. Partie, pag. 433). Quant au fond, s'il prétend que les motifs allégués n'existent pas, ou qu'ils ne sont pas suffisans pour faire prononcer son exclusion ou sa destitution.

(5) *Est poursuivie*, contradictoirement avec le tuteur exclu ou destitué.

(6) *Qu'il sera maintenu dans la tutelle.* Qui administrera pendant le litige? La loi ne s'est pas prononcée sur ce point. Il semble difficile de supposer que l'ancien tuteur puisse continuer à administrer. D'un autre côté, l'article 448 paroît décider que le nouveau tuteur ne doit entrer en fonctions, qu'autant que l'ancien a adhéré à la délibération. A Rome, l'accusation seule suffisoit pour écarter le tuteur de l'administration. Dans tous les cas, et conformément à l'article 135 du Code de Procédure, l'exécution provisoire de la décision du conseil pourra être ordonnée.

(7) *Qui donne lieu à la tutelle.* On a aboli le serment qu'on étoit dans l'usage d'exiger du tuteur.

(8) *Proportionnément aux facultés dudit mineur. De suo tutor pupillum alere non compellitur.* (*L.* 3, §. 6, ff. *Ubi pupillus educari, etc.*) Si donc le pupille n'a pas de quoi subvenir à ses besoins, le tuteur peut, ou le mettre en service, ou le placer, soit chez un maître d'apprentissage, qui se chargeroit, moyennant certaines conventions, de sa nourriture et de son entretien, soit même dans un hospice. (Voyez ci-après, la note (2) de la page 125.)

PAGE 123.

(1) *Du conseil de famille.* On sent bien que cette autorisation ne doit être exigée, qu'autant que le tuteur n'est pas le père. La qualité de tuteur ne peut préjudicier aux droits de la puissance paternelle. Il en est de même de la mère non remariée.

(2) *Dans tous les actes civils*, excepté le mariage.

(3) *De l'établissement de la tutelle*, et non pas de l'entrée en gestion du tuteur, parce qu'il peut arriver que le tuteur commence sa gestion long-temps après l'établissement de la tutelle; *putà*, si c'est un nouveau tuteur, nommé en cas de mort, démission, ou destitution de l'ancien, il est évident que les dispositions de ce paragraphe ne peuvent le concerner: il est seulement tenu de recevoir et de débattre, sous sa responsabilité personnelle, le compte rendu par l'ancien tuteur ou ses héritiers; et c'est du reliquat de ce compte qu'il se trouve chargé.

(4) *A l'inventaire.* Pour savoir ce qu'on doit entendre par *scellé* et *inventaire*, et quelles sont les formalités requises pour ces sortes d'actes, voyez ci-après, au Titre *des Successions*, Chap. IV, Sect. I, §. 1.

(5) *Des parties intéressées*, le mineur, ses héritiers ou ayans-cause.

(6) *Par commune renommée.* On dit qu'un inventaire est fait par titres, quand l'on justifie par titres que le défunt avoit tel ou tel bien. Il est fait par témoins, quand l'on fait entendre des personnes qui déposent qu'il est à leur connaissance

que la fortune du défunt étoit composée de tels ou tels objets. Enfin, l'inventaire est fait par commune renommée, quand les témoins déclarent seulement qu'ils ont entendu dire que le défunt avoit un mobilier de telle valeur, des créances actives pour telle somme ; qu'il passoit pour avoir tant de revenu perpétuel, ou viager, etc. On voit combien cette dernière preuve est vague et incertaine; mais c'est au tuteur à s'imputer de n'avoir pas pris la voie ordinaire. Au surplus, l'article dit *tant par titres, que, etc.*; ce qui suppose que l'on peut cumuler les trois modes à-la-fois.

PAGE 124.

(1) *Que nomme le subrogé-tuteur*. Il n'y a pas lieu à nommer contradictoirement des experts. Il ne s'agit pas, en effet, d'une opération indispensable, comme dans les expertises ordinaires. L'opération dont il est question ici, est toute dans l'intérêt du père ou de la mère, qui sont les maîtres de ne pas prendre les meubles. Toutes les précautions doivent donc être en faveur de l'enfant. Remarquez, en outre, que le jouissant n'est tenu de rendre la valeur, au taux de l'estimation, que dans le cas où il ne représenteroit pas les objets en nature. S'ils existent, quelque détériorés qu'ils soient, pourvu que la détérioration ne provienne pas de l'abus, ou d'un usage extraordinaire qui en auroit été fait, le jouissant n'est tenu d'aucune indemnité. S'ils n'existent pas, on peut présumer que le jouissant les a vendus, lors de son entrée en jouissance; il doit donc en rendre la valeur d'après leur état et leur prix à cette époque. (Argument tiré de l'article 950.)

(2) *Interrompre les prescriptions*. Il est des espèces de prescriptions qui courent contre les mineurs. (Art. 2278, etc.)

(3) *Couvrir les péremptions*. La péremption est l'extinction de la procédure, causée par discontinuation de poursuites pendant trois ans, ou trois ans et demi, suivant les circonstances. Elle court contre les mineurs. (*Procéd.*, art. 398.)

PAGE 125.

(1) *Autre que le père ou la mère. Nullus est affectus qui vincat paternum.* On doit assez présumer des bonnes intentions du père ou de la mère, pour ne pas les astreindre aux règles qui vont suivre. D'ailleurs, le plus souvent, ils ont la jouissance légale. Si, cependant, ils avoient négligé de faire valoir les deniers dont le mineur a la jouissance, il n'est pas douteux qu'ils n'en soient responsables, comme tout autre tuteur.

(2) *Faire régler*. Laquelle fixation ne doit point, en général, excéder les revenus du mineur. (*L.* 3, §. 1, ff. *Ubi pupillus*, etc.) (*Voir* un acte de notoriété du Châtelet de Paris, du 21 mars 1699, cité par DENISART, v°. Tuteur, n°. 62.) *Quid*, si les revenus ne suffisent pas, soit pour la subsistance et l'éducation du mineur, soit pour lui faire apprendre un métier? Le tuteur, comme nous l'avons dit, n'est pas obligé de le nourrir *de suo*. (*L.* 3, §. 6, ff. *eod.*) (*Voyez* ci-dessus, la note (8) de la page 122.) Dans tous les cas, le conseil de famille peut l'autoriser à prendre sur les capitaux du mineur, si cela est nécessaire, soit pour payer

son apprentissage, ou autre chose semblable. La délibération, dans ce cas, doit être homologuée.

(3) *La somme précise*, soit que cette somme provienne de l'excédant des revenus sur la dépense, ou d'un remboursement de capitaux.

(4) *De l'expiration des six mois.* Il en seroit de même, si la somme n'avoit pas été complétée par la faute du tuteur, *putà*, s'il avoit négligé de poursuivre les débiteurs du pupille; à plus forte raison, s'il étoit lui-même débiteur du pupille, et que sa dette soit devenue exigible. *Debuit à se ipso exigere.* (*L.* 9, §. 4, ff. *De Admin. et Peric. Tut.*) Et même, si cette dette ne portoit point intérêt, elle en produit de droit au profit du pupille, à compter du jour où elle est devenue exigible. De même, s'il étoit créancier du pupille, d'une somme portant intérêt, les intérêts cesseront de courir à son profit, du jour de l'échéance, s'il avoit en caisse des deniers oisifs appartenant à son pupille, *quià debuit sibi solvere.*

Remarquez que le délai de six mois est accordé au tuteur, uniquement pour lui donner le temps de trouver un placement, et nullement pour lui procurer un bénéfice. Si donc il a placé avant l'expiration des six mois, il doit les intérêts du jour de l'emploi.

(5) *Même en adjudication publique.* Il seroit à craindre qu'il n'écartât les enchérisseurs. Mais remarquez que cette nullité n'est que relative, et ne peut être invoquée que par le pupille ou ses ayans-cause, et jamais par le tuteur.

(6) *Ni d'aucune créance contre lui. Quid*, si néanmoins il a accepté pareille cession? Chez les Romains tout étoit anéanti, la cession et l'obligation cédée, et le pupille étoit libéré (*Nov.* 72, *cap.* 5.) Et cela étoit fondé en raison. D'abord le cédant ne pouvoit plus exercer l'action, puisqu'il s'en étoit dessaisi en faveur du tuteur. Le cessionnaire avoit transgressé la loi; *et nemo ex delicto suo debet consequi actionem.* Il en résultoit que le pupille étoit libéré, non pas, si l'on veut, par l'extinction de l'obligation, mais parce que personne ne pouvoit en poursuivre l'exécution. En seroit-il de même chez nous? Je le penserois d'autant plus volontiers, qu'il y a les mêmes raisons, et que d'ailleurs l'article 451 prononce la déchéance contre le tuteur qui a seulement omis de déclarer sa créance dans l'inventaire. Or, l'un n'est pas plus coupable que l'autre. C'étoit aussi l'avis de M. de Lamoignon, dans ses Arrêtés. (Titres *des Tutelles*, art. 96.)

Quid, si le tuteur, créancier lui-même de son pupille, a usé de la faculté que lui donne l'article 1251, n°. 1, de rembourser un créancier qui lui est préférable en hypothèque, la subrogation légale aura-t-elle lieu en sa faveur? Je suis d'avis de l'affirmative, sauf le cas de fraude. Je ne crois pas que l'article 450 puisse s'appliquer à ce cas; et ce, par argument de l'article 1701, qui porte que les dispositions de l'article 1699, relatives à l'achat des droits litigieux, doivent cesser, toutes les fois que l'on peut supposer à l'acquéreur un autre motif que celui d'acheter un droit litigieux. Donc, *à pari*, la disposition de l'article 450 doit cesser, lorsque l'on peut supposer au tuteur un autre motif que celui d'acheter une créance sur son pupille.

PAGE 126.

(1) *Dans l'inventaire.* C'est afin de prévenir la fraude. Le tuteur pourroit avoir été soldé de sa créance par l'auteur du pupille; devenu tuteur, et trouvant sa quittance dans les papiers du défunt, il pourroit la supprimer, et demander une seconde fois son paiement. En l'obligeant à faire la déclaration dans l'inventaire, le même inconvénient n'est plus autant à craindre. Comme il ne connoît pas les pièces qui vont se trouver dans les papiers du défunt, il n'est pas présumable qu'il fasse une déclaration dont la fausseté pourra être démontrée dans le cours de l'inventaire. C'est même pour cette raison que je croirois convenable d'exiger la déclaration immédiatement après l'intitulé de l'inventaire. Lors de la clôture, il seroit trop tard.

(2) *Par l'officier public.* De là il faut conclure que, s'il n'y avoit pas eu de réquisition, il n'y auroit pas de déchéance. Mais alors, l'article auroit dû contenir une peine contre l'officier public qui auroit négligé de requérir la déclaration.

(3) *Excédant neuf années.* Il y avoit des provinces où les baux de biens de mineurs étoient adjugés à l'enchère, après apposition d'affiche. Cette disposition n'étant pas rappelée dans le Code, doit être regardée comme abrogée.

(4) *Et ainsi de suite.* Soit un bail fait par un tuteur pour vingt-sept ans. Si le tuteur cesse ses fonctions au bout de quatre ans, le bail ne sera plus obligatoire que pour les cinq années suivantes. Si les fonctions cessoient à la dixième année du bail, il seroit obligatoire encore pour huit ans; enfin, si elles ne cessoient que dans la dix-neuvième année, le bail seroit exécuté en entier. Mais remarquez que le défaut d'obligation n'existe qu'à l'égard du pupille. Si le nouveau tuteur, ou le pupille lui-même, devenu majeur, ou émancipé, veulent continuer le bail, le fermier ne peut en demander la résiliation. (*Voyez* au IIe. vol., la note (9) de la page 178, *in fine.*)

Cette disposition a plusieurs motifs.

Le premier, de ne point ôter trop long-temps au pupille devenu majeur, ou à ses héritiers, la libre disposition des biens.

Le deuxième, de prévenir l'abus des pots-de-vin que le tuteur pourroit exiger à son profit, au moyen d'un bail d'une longue durée.

Le troisième, enfin, c'est que le bail excédant neuf années, est regardé comme une espèce d'aliénation. (Art. 481.)

(5) *Entièrement nuls*, c'est-à-dire, qu'ils sont nuls pour toute leur durée; mais la nullité n'est que relative comme la précédente, et ne peut être demandée que par le pupille ou ses ayans-cause, et non par le fermier ou locataire.

(6) *Par le subrogé-tuteur. Tutor non potest esse auctor in rem suam.* (*L.* 1, *de Auctorit. et Cons. Tut.*)

(7) *Légalement constaté.* Par un certificat des Agens-de-change de la place, qui seuls ont le droit de constater le cours des effets publics. (*Cod. de Commerce*, art. 76.)

Quid? à l'égard des rentes ordinaires? Si le remboursement est offert par le débiteur, le tuteur a qualité pour le recevoir seul; mais s'il s'agit d'une cession, je pense que le tuteur ne peut céder seul que celles de cinquante francs de rente et au-dessous. (Argument tiré de ce qui a lieu pour les rentes sur l'État.) Quant à celles au-dessus, il doit se faire autoriser par le conseil de famille : et, dans tous les cas, je pense que la vente doit se faire, avec affiches et publications, et aux enchères, reçues chez un notaire. Ce n'est pas que les rentes ne soient regardées actuellement comme effets mobiliers; mais cependant la loi ayant cru devoir prescrire des formalités spéciales à l'égard de la saisie et de la vente des rentes constituées (*Code de Procédure*, article 636 et suivans), je pense qu'il en doit être de même, à plus forte raison, quand ces rentes appartiennent à des mineurs. S'il s'agit de rentes foncières, le tuteur devra se conformer, pour le rachat, aux dispositions de la loi du 29 décembre 1790, relative au rachat de ces sortes de rentes.

(8) *Que sous bénéfice d'inventaire.* Voyez ci-après, au Titre *des Successions*, Chap. IV, Sect. I, §. 2, ce que c'est que le bénéfice d'inventaire.

La disposition de l'article 461 est un changement fait à l'ancien droit, et qui est fort utile. Anciennement le mineur, nonobstant toute espèce d'autorisation, pouvoit se jouer de la qualité d'héritier jusqu'à sa majorité; ce qui laissoit, pendant tout ce temps, ses co-héritiers, ou les héritiers du degré subséquent, dans une situation précaire et incertaine. Actuellement, du moins, lorsque les formalités ont été remplies, le mineur ne peut se faire restituer contre l'acceptation. (Argument tiré de l'art. 1314.)

Mais pourquoi exige-t-on l'autorisation du conseil de famille, puisque l'acceptation ne peut avoir lieu que sous bénéfice d'inventaire, et que, par conséquent, le mineur ne s'engage pas au-delà de l'émolument qu'il retire de la succession? C'est pour deux raisons: la première, parce que l'acceptation même sous bénéfice d'inventaire, l'oblige au rapport (Art. 843); et la seconde, parce qu'elle le rend responsable, même sur ses propres biens, de l'administration de la succession, et du paiement du reliquat. (Art. 803.)

Quid, si le tuteur, autorisé ou non, acceptoit purement et simplement? Je pense que cela ne peut préjudicier au mineur. L'article 461 dit que l'acceptation n'aura lieu que sous bénéfice d'inventaire. Il prohibe donc l'acceptation pure et simple. Elle est donc nulle; et le mineur sera toujours réputé héritier bénéficiaire. Jugé à-peu-près dans ce sens, à Angers, le 11 août 1809. (*Journal de la Jurispr. du Cod. Napol.*, tom. XIV, pag. 357.)

La délibération du conseil de famille doit-elle être homologuée? Le Code ne s'est pas expliqué à ce sujet. Je pense néanmoins qu'elle doit l'être, soit qu'elle autorise à accepter ou à répudier. Quant à la répudiation, c'est l'aliénation d'un droit acquis; et sous ce rapport, l'homologation est nécessaire. Si elle autorise à accepter, nous avons vu que cette acceptation peut emporter aliénation, puisqu'elle oblige le mineur au rapport; et, en outre, qu'il peut en résulter obligation des biens du mineur : double raison pour exiger l'homologation.

(9) *Faite au mineur.* Si cependant le tuteur étoit un ascendant du mineur, il n'auroit pas besoin d'être autorisé, puisqu'il pourroit accepter la donation, même sans être tuteur, et en sa seule qualité d'ascendant. (Art. 935.)

(10) *Que s'il étoit majeur*, c'est-à-dire, que si la donation, par la suite, lui devenoit onéreuse, il ne pourroit se faire restituer. Nous traiterons, au Titre *des Donations entre-vifs*, la question très-controversée, si la donation acceptée par le mineur seul, ou par le tuteur non autorisé, seroit valable, au moins dans l'intérêt du mineur. (Voyez ci-après, la note (1) de la page 240.)

PAGE 127.

(1) *Aux droits immobiliers.* On entend par là toute action tendant à revendiquer un immeuble, ou un droit inhérent à un immeuble, comme un usufruit, une servitude. (Art. 526.) Si donc le père du mineur a acquis, pendant sa vie, un immeuble qui ne lui ait pas été livré, l'action qui existe dans sa succession, pour en demander la délivrance, est une action immobilière, qui ne pourra être intentée par le tuteur qu'avec l'autorisation du conseil de famille. Si, au contraire, l'auteur du mineur a vendu un immeuble, dont il n'ait pas touché le prix, l'action en paiement de ce prix est une action mobilière, *quia tendit ad quid mobile.* Elle pourra donc être formée par le tuteur, sans autorisation.

Quid, si, l'acquéreur ne payant pas, il y a lieu à demander la résolution de la vente? C'est une action immobilière, puisqu'en demandant cette résolution, le tuteur demande que l'immeuble soit restitué. C'est donc une action tendant à revendiquer un immeuble. Il en est de même de l'action en rescision, de l'action en réméré. Il faudra donc, dans tous ces cas, que le tuteur soit autorisé.

Quid, à l'égard de l'action confessoire ou négatoire? L'action confessoire est celle qui est formée par celui qui prétend un droit de servitude sur un immeuble, contre le propriétaire du fonds qui doit la servitude, pour qu'il ait à en permettre l'usage : c'est donc réellement une action tendant à revendiquer une servitude, c'est-à-dire, un immeuble; c'est donc une action immobilière. Quant à la négatoire, c'est celle qui est formée par le propriétaire d'un fonds, contre celui qui prétend avoir, et qui exerce un droit de servitude sur ce même fonds, pour qu'il ait à en discontinuer l'usage, et à reconnaître qu'elle ne lui est pas due. Or, comme la servitude est une partie, un démembrement de la propriété, celui qui intente l'action négatoire doit être comparé à celui qui revendiqueroit une partie du fonds qui seroit possédée par une autre personne. C'est donc, dans l'un et l'autre cas, une action immobilière.

Quid, si le mineur ayant un droit d'usufruit sur un immeuble, est troublé dans sa jouissance, quelle est la nature de l'action qui devra être intentée par le tuteur pour faire cesser le trouble? Il faut distinguer : si le trouble est fondé sur ce que c'est le fond du droit qui est contesté, *putà*, parce que l'on prétend que le pupille n'est pas usufruitier, ou que son usufruit ne s'étend pas à telle ou telle partie du fonds: alors l'action à intenter tend à revendiquer le droit, qui est un immeuble; elle est donc immobilière. Mais si le trouble n'a trait qu'à la perception des fruits, *putà*, parce que l'on prétend que telle chose n'est pas un fruit, l'action n'est plus que mobilière, et peut être intentée par le tuteur seul.

Dans ces différens cas, l'autorisation doit-elle être homologuée? Je pense qu'oui. (Argument tiré de l'article 458, qui exige l'homologation pour toutes les délibérations relatives à des actes d'où il peut résulter aliénation des immeubles du mineur.) Or pourquoi exige-t-on l'autorisation du conseil pour l'action immobilière? Ce ne peut être que parce que l'on suppose que la mauvaise direction de la demande pourroit exposer le mineur à perdre le droit immobilier qui est l'objet de l'action. Or le même motif doit faire exiger l'homologation. D'ailleurs, remarquez que l'on met sur la même ligne l'introduction en justice d'une action immobilière, et l'acquiescement à une demande semblable. Or, il n'est pas douteux que, pour l'acquiescement, il ne faille l'homologation, puisqu'elle est nécessaire pour la transaction, même sur des droits mobiliers : donc, etc.

Mais pourquoi le tuteur doit-il être autorisé pour acquiescer à une demande immobilière, tandis qu'il n'a pas besoin de l'être pour prévenir cette même demande, en délivrant la chose qui en est l'objet? Par exemple, le père du mineur a vendu, pendant sa vie, un immeuble qui n'a pas été livré: lorsque l'acquéreur a satisfait à toutes les conditions de la vente, le tuteur n'a pas besoin d'être autorisé pour lui faire la tradition de l'immeuble; mais si l'acquéreur en a fait la demande en justice, le tuteur ne pourra y acquiescer sans autorisation.

Cela paroît effectivement étonnant. Cette disposition peut cependant être fondée sur ce que l'on doit penser que si le tuteur a laissé former la demande, c'est qu'il a regardé le fond du droit comme douteux; et cette incertitude suffit pour l'obliger, lorsqu'ensuite il veut acquiescer à cette même demande, de soumettre l'affaire au conseil de famille.

Le tuteur pourroit-il défendre seul à une action immobilière? L'article 464 n'ayant exigé l'autorisation que pour l'introduction de l'action, il ne paroît pas douteux, d'après la règle, *inclusio unius*, que le tuteur ne puisse y défendre sans autorisation. Mais alors pourquoi lui défend-on d'y acquiescer sans être autorisé, puisqu'en défendant mal il peut perdre le procès; ce qui aura le même effet que l'acquiescement? Pour plusieurs raisons : la première, c'est qu'en laissant prononcer le jugement, le mineur se trouve sous la sauve-garde du ministère public, auquel la cause doit être nécessairement communiquée (*Cod. de Procéd.*, art. 83); la seconde, c'est qu'un mineur peut se pourvoir par requête civile contre un jugement en dernier ressort, lorsqu'il prétend n'avoir pas été défendu, ou ne l'avoir pas été valablement; au lieu qu'il n'auroit pas la même voie contre l'acquiescement donné, soit à la demande, soit à un jugement susceptible d'être attaqué.

(2) *Y défendre sans autorisation.* C'étoit encore une grande question, anciennement, si l'on pouvoit faire avec un mineur, et même en justice, un partage définitif. L'article 1314 a décidé avec raison l'affirmative. Mais l'autorisation, dans ce cas, devra-t-elle être homologuée? Je ne le pense pas, attendu que le partage

doit l'être en définitif. (*Cod. de Procéd.*, art. 981.) Nous verrons plus bas, note (1) de la page 215, pourquoi le tuteur doit être autorisé pour provoquer le partage.

(3) *Transiger au nom du mineur*, même sur une action mobilière. Cependant il pourroit y acquiescer sans autorisation. Mais je pense qu'il y a toujours la même raison que dans l'avant-dernière note. La transaction suppose que le droit est douteux; et l'on ne veut pas, d'après cela, s'en rapporter aux lumières du tuteur seul, pour déterminer les sacrifices que devra faire le mineur.

Pourroit-il compromettre avec autorisation ? Non, d'après les articles 83 et 1004, du Code de Procédure. D'ailleurs le Code lui permet seulement de transiger, et le pouvoir de transiger ne renferme pas celui de compromettre. (Art. 1989.)

Il y a cette différence entre le compromis et la transaction, que, dans la transaction, l'on connoît exactement les sacrifices que l'on est obligé de faire. On peut en évaluer la valeur d'une manière précise. Dans le compromis, au contraire, l'on déclare s'en rapporter à la décision de certaines personnes, décision qui pourra imposer des sacrifices, dont il est impossible d'apprécier d'avance l'étendue.

Il faut cependant excepter le cas où le mineur se trouveroit, du chef de son auteur, intéressé dans une société commerciale. L'arbitrage est alors forcé, et le tuteur ne peut s'y refuser. Seulement, il ne peut renoncer à la faculté d'appeler du jugement arbitral. (*Cod. de Com.*, art. 63.)

Nous disons, *du chef de son auteur*. Car, si le mineur étoit lui-même commerçant, et membre d'une société commerciale, il seroit alors réputé majeur pour tous les faits relatifs à son commerce, et par conséquent à la société. (*Ibid.*, art. 2.) Il pourroit donc renoncer à l'appel, etc. (Voyez mes *Instit. Commerciales*, Liv. I, Tit. III, Chap. II, Sect. V.)

Un tuteur peut-il déférer le serment sans autorisation? Il ne le peut, d'après l'article 464, si l'action est immobilière. Mais *quid*, si l'action étoit mobilière? La raison de douter, c'est que le serment est une espèce de transaction (*L*. 2. ff. *de Jurejur.*), et que le tuteur ne peut transiger seul, même sur une action mobilière. Cependant je pense, conformément à la loi 17, §. 2. *eod*, que le tuteur peut dans ce cas, déférer le serment, seul et sans autorisation. Quant à la comparaison du serment et de la transaction, l'on sent qu'elle n'est pas très-exacte. Car dans le serment, il n'y a pas de sacrifices mutuels; c'est plutôt une espèce d'acquiescement de la part de celui qui le défère. Or, l'article 464 ne défend au tuteur que d'acquiescer à une demande immobilière.

(4) *Emprunter pour son mineur.* Si cependant l'emprunt avoit tourné au profit de ce dernier, il n'est pas douteux qu'il n'en soit tenu, non par l'effet du contrat, mais d'après cette maxime de l'équité: *Nemo debet cum alterius damno locupletari.* Ainsi, il y a cette différence entre l'emprunt fait par le tuteur autorisé, et l'emprunt fait sans autorisation, que, dans le premier cas, le mineur est tenu, quel que soit l'usage que le tuteur a fait des deniers, et quand même il les auroit divertis, ou appliqués à ses propres affaires; au lieu que, lorsqu'il n'y a pas eu d'autorisation, le prêteur ne peut agir contre le mineur, qu'en prouvant que l'em-

prunt a tourné à son profit, *et quatenùs locupletior factus est.* Nous trouverons l'application de cette distinction au Titre *des Hypothèques.* (IIᵉ. vol., note (5) de la page 230.)

(5) *Sur les conclusions du ministère public.* Le ministère public qui a conclu à la non-homologation, peut-il appeler du jugement qui a homologué? La négative a été jugée en cassation, le 26 août 1807. (*Journ. de la Jurisp. du Cod. Civil*, tom. X, pag. 409.) Et en effet, l'appel n'est accordé qu'à celui qui auroit droit d'agir; et ce n'est pas ici un des cas dans lesquels la loi donne l'action au ministère public; il n'a que le droit de donner des conclusions. (*Voyez* l'art. 2 du Tit. VIII de la loi du 24 août 1790.)

(6) *De discuter*, c'est-à-dire, faire saisir et vendre. Cette disposition est fondée sur ce qu'il est beaucoup plus avantageux pour le mineur de conserver des immeubles, que des meubles, qui peuvent se perdre ou se détourner facilement. On ne doit donc permettre l'aliénation de ses immeubles, qu'autant qu'il est certain que la valeur de ses effets mobiliers est insuffisante pour le paiement de la dette.

Quid, si le mineur a des créances mobilières, devront-elles être également discutées? Le mot *mobilier* contenu dans l'art. 2206 paroît général, et comprendre les créances comme tous les autres effets mobiliers. Cependant je pense que, dans ce cas, les tribunaux devroient se décider pour le plus grand avantage du mineur. La discussion n'est pas toujours utile à celui en faveur de qui elle paroît établie; elle entraîne des frais considérables qui sont à sa charge, et le plus souvent en pure perte. Je penserois donc que, pour peu que la créance présentât du doute, soit sur son existence, soit sur la certitude du recouvrement, la discussion ne devroit pas être ordonnée.

Pourroit-on saisir avant de discuter, sauf à surseoir à l'adjudication, jusqu'après la discussion? Je pense qu'oui. (Argument tiré de ces mots *mis en vente*, insérés dans l'art. 2206.) D'ailleurs, la disposition de cet article est prise d'un arrêt de réglement rendu au parlement de Paris, le 30 janvier 1666, et cité dans l'ancien Denisart, vº. *Discussion*, nº. 13, et qui portoit que, « si les criées se poursuivent des biens » de mineurs, auparavant de procéder à l'adjudication, soit faite discussion, etc. » Donc il suffit que la discussion précède l'adjudication.

Nota. Il a été jugé à Agen, le 22 juin 1810, que l'article 83 du Code de Procédure Civile étoit applicable aux poursuites en expropriation dirigées contre un mineur, et qu'en conséquence le Procureur-impérial devoit être entendu lors du jugement d'adjudication. On s'est pourvu en cassation contre cet arrêt, et le pourvoi a été rejeté le 30 octobre 1811. (Sirey, 1812, Iʳᵉ. Partie, pag. 93.)

(7) *Leur soit commune*, parce qu'en supposant que le mineur puisse payer sa part dans la dette, le majeur ne payant pas la sienne, le créancier auroit toujours le droit, ou de provoquer la licitation du chef de ce dernier, ce qui dépouilleroit également le mineur, ou de faire vendre la portion indivise du majeur. Dans ce dernier cas, l'acquéreur ayant le droit de faire vendre l'immeuble entier par licitation, l'on a pensé qu'il valoit autant le laisser vendre à la requête du créancier.

Aussi l'article suppose-t-il que l'immeuble est possédé indivisément; car, si les parts sont faites, ou si seulement il peut se diviser commodément, la discussion du mobilier du mineur devient nécessaire, attendu que, si ce mobilier suffit pour payer sa part dans la dette, le créancier ne pourra saisir que la part du majeur dans l'immeuble; et comme nous le supposons divisé, ou commodément divisible, l'acquéreur de cette part ne pourra pas demander la licitation du tout. (Art. 827.)

(8) *Auquel le mineur a succédé.* On ne peut exiger, dans ce cas, que le créancier interrompe la poursuite en expropriation, dont les formalités sont toutes de rigueur, ainsi que les délais, pour commencer une discussion du mobilier.

(9) *Par indivis.* En effet, si les parts sont faites, le majeur peut vendre la sienne séparément.

(10) *Majeur. Quid*, si le provoquant est aussi mineur? Il faudra une délibération du conseil de famille, dûment homologuée, pour autoriser son tuteur à provoquer. Mais il n'en faudra pas du côté de celui contre lequel la licitation est provoquée.

PAGE 128.

(1) *La licitation.* La licitation est, en général, la mise aux enchères, d'une chose appartenant à divers propriétaires. Dans la licitation proprement dite, les co-propriétaires enchérissent seuls; mais ordinairement l'on y admet les étrangers, c'est-à-dire, les tiers non-propriétaires. Cette admission est même de rigueur, toutes les fois qu'au nombre des co-propriétaires, il se trouve des mineurs. (Art. 460 et 1687.)

(2) *Par les circonstances.* J'ai ajouté cette phrase, parce que la disposition qui autorise le conseil de famille à indiquer l'immeuble ou les immeubles à vendre de préférence, ne peut s'appliquer qu'au cas où il y a nécessité de vendre, *putà*, pour payer les dettes du mineur; mais si l'aliénation est proposée pour avantage évident, par exemple, s'il s'agit d'un échange avantageux pour le mineur, ou de la vente d'un bien qui lui est plus à charge qu'utile, il est clair que, dans ces différens cas, il n'y a pas à délibérer sur le choix de l'immeuble, et que le conseil de famille doit se contenter de déclarer s'il croit l'opération avantageuse ou non.

(3) *D'un ou de trois experts*, et non de deux, pour éviter le partage d'opinions et la nomination d'un tiers expert.

(4) *Au greffe ou chez le notaire. Au greffe*, quand c'est un juge qui a été commis; *chez le notaire*, quand c'est un notaire.

(5) *Du Code de Procédure.* Ces lieux sont:

1°. La principale porte de chacun des bâtimens dont la vente est poursuivie;

2°. La principale porte des communes de la situation des biens; et à Paris, la principale porte seulement de la municipalité dans l'arrondissement de laquelle les biens sont situés;

3°. La porte extérieure du tribunal qui a permis la vente; et celle du notaire, si c'est devant un notaire qu'elle doit avoir lieu.

PAGE 129.

(1) *De lésion des sept douzièmes.* Le respect dû à l'autorité de la justice, sous les yeux de laquelle la vente s'est faite, exigeoit cette disposition.

(2) *Qui intéressent les mineurs.* Je crois cependant que cela est susceptible de quelque distinction. Pour ce qui concerne le mineur non émancipé, il n'y a pas de difficulté. Le tuteur ne peut transiger; le préliminaire est inutile. Mais si le mineur est émancipé, et que l'objet n'excède pas les bornes de sa capacité, *putà*, s'il s'agit de fermages échus, comme il peut en disposer, et par conséquent transiger sur le prix qui y est relatif (Art. 2045), je ne vois pas pourquoi il seroit dispensé du préliminaire de conciliation.

(3) *Par requête civile.* Pour la nature et les formes de la requête civile, voir les articles 480 à 504 du Code de Procédure. (*Voyez*, au surplus, ce qui est dit ci-dessus, note (1) de la pag. 119.)

PAGE 130.

(1) *Comment finit la tutelle.* Remarquez que la fin de la tutelle ne fait pas cesser la responsabilité du tuteur. Il est responsable, tant qu'il administre, même après la tutelle terminée. (*L. unic.* Cod. *ut causæ post pubert.*)

(2) *A lui-même. Quid*, s'il y a plusieurs pupilles soumis à la même tutelle? Chacun d'eux a le droit d'exiger un compte particulier lors de sa majorité ou de son émancipation. Car, à son égard, l'on peut dire que la gestion du tuteur est terminée.

(3) *D'un curateur*, et non pas de son curateur, comme dans l'article 482. Je crois que la raison de différence provient de ce que, dans l'article 480, il s'agit d'un curateur *ad hoc*, qui est simplement donné au mineur pour l'assister dans l'audition du compte toutes les fois que le tuteur conserve la curatelle, et dont les fonctions cessent, aussitôt que le compte est apuré; au lieu que, dans l'article 482, il s'agit du curateur ordinaire du mineur, qui est, le plus souvent, le ci-devant tuteur. Cette explication détruit en même temps l'objection que l'on pourroit tirer de cet article 480, contre l'opinion que je développerai plus bas, (Note (8) de la page 132) que le père émancipateur est curateur de droit, et n'a pas besoin d'être nommé.

(4) *Jusqu'à la nomination d'un nouveau tuteur*, qu'ils peuvent et doivent provoquer, aux termes de l'article 406. Ils sont bien parties intéressées.

(5) *En présence du subrogé-tuteur.* Je crois que cette présence doit être exigée ici, par la même raison qu'elle est requise dans le cas des articles 451, 452 et 459; mais il n'est besoin d'aucune autre autorisation, excepté dans le cas où quelques articles du compte présenteroient des difficultés, sur lesquelles il pourroit être utile de transiger.

(6) *S'il y a lieu.* Nous disons, *s'il y a lieu*, parce qu'il y a, à ce sujet, plusieurs distinctions à faire. D'abord, si la tutelle finit *ex parte pupilli*, *putà*, par sa mort, sa majorité, ou son émancipation, il n'y a pas de doute que les frais du compte ne doivent être supportés par lui ou par sa succession. Mais si la tutelle a fini *ex parte tutoris*, je pense qu'il faut encore distinguer: si le fait qui donne lieu au changement de tuteur, provient du dol ou de la faute du tuteur, *putà*, dans le cas de destitution, je pense que les frais de compte sont à sa charge; *secùs* dans

les autres cas. On pourroit appuyer cette distinction sur le texte même de l'art. 471, qui porte que le compte de tutelle sera rendu aux dépens du mineur, *lorsqu'il aura atteint sa majorité ou obtenu son émancipation*; ce qui fait supposer qu'il pourra arriver, dans les autres cas, que les frais ne soient pas supportés par lui.

(7) *Utiles*, c'est-à-dire, qui ont été utiles dans le principe, dans le moment où elles ont été faites, quand même, par événement, elles seroient devenues inutiles. *Sufficit tutori benè et diligentèr negotia gessisse, etsi eventum adversum habuit, quod gestum est.* L. 3, § 7, ff. *De Contrariâ Tut., etc.* Par exemple, si le tuteur a fait réparer une maison qui, depuis, a été incendiée, il n'en a pas moins droit de répéter les frais de réparation.

(8) *Et suffisamment justifiées.* L'article n'ajoute pas *par écrit*, parce qu'on ne peut astreindre le tuteur à prendre des quittances pour toutes les dépenses qu'il fait. Il doit s'en munir le plus qu'il lui est possible; mais il y a presque toujours une infinité de menues dépenses, qui ne peuvent être justifiées par écrit, et qui cependant doivent être allouées.

Observez que, même lorsque le compte est rendu en justice, les quittances des fournisseurs, ouvriers, maîtres de pension, et autres de même nature, produites comme pièces justificatives du compte, sont, d'après l'article 537 du Code de Procédure, dispensées de l'enregistrement.

PAGE 131.

(1) *A partir de la clôture du compte.* Mais, à partir de la même époque, il ne doit plus les intérêts des intérêts.

(2) *De demande en justice.* Sauf l'exception portée en l'article 542 du Code de Procédure, c'est-à-dire, que si le compte a été rendu en justice, et que le mineur ait fait défaut, le tuteur peut garder le reliquat, sans intérêts, lesquels cessent de ce moment.

(3) *Il peut.* La contrainte par corps n'est pas de droit, dans ce cas; elle est laissée à l'arbitrage du juge.

(4) *Le bénéfice de cession.* Le bénéfice de cession est la faculté accordée au débiteur malheureux et de bonne foi, de se faire décharger de la contrainte par corps, en abandonnant tous ses biens à ses créanciers. Ce bénéfice est refusé au tuteur, parce que, la contrainte par corps étant facultative, si le juge ne voit pas de dol dans la conduite du tuteur, il ne la prononcera pas. Dans le cas contraire, le tuteur est indigne de jouir de ce bénéfice.

(5) *De la sommation de payer.* Remarquez qu'il n'est pas nécessaire de former une demande. Il suffit d'une sommation: il ne faut donc pas de préliminaire de conciliation. Les formalités de la sommation sont bien moins nombreuses et moins rigoureuses que celles de la demande. La sommation ne se périme pas: La demande se périme par une discontinuation de poursuites pendant trois ans, etc.

(6) *Après la clôture du compte.* Et il n'a point d'hypothèque légale sur les biens de son pupille.

(7) *De l'oyant compte.* L'on ne veut pas que le tuteur, qui doit avoir par-

faite connoissance des affaires de la tutelle, puisse induire en erreur le pupille, qui, tant qu'il n'y a pas eu de compte rendu, est censé ignorer sa véritable situation. On a jugé à Paris, le 14 août 1812, (SIREY, 1812. IIe Partie, pag. 434) que la disposition de cet article devoit être appliquée, quand même le traité auroit eu lieu dans le contrat de mariage du mineur.

(8) *Relativement aux faits de la tutelle.* C'est une prescription particulière introduite pour ce genre d'action, parce qu'il a paru trop dur de laisser le tuteur exposé pendant trente ans aux poursuites du mineur ou de ses ayant-cause. D'ailleurs, pendant ce temps, les élémens dont le compte doit être composé, doivent nécessairement disparoître, et l'on perd la trace d'une infinité de faits dont la connoissance seroit nécessaire pour l'intelligence et l'apurement du compte. Mais cette prescription s'appliqueroit-elle à une action que le mineur pourroit avoir contre son tuteur, mais non en qualité de tuteur; si, par exemple, ce dernier étoit débiteur particulier du mineur, pour raison d'obligations qu'il auroit contractées envers son auteur? Je pense qu'il faudroit distinguer: si cette dette étoit devenue exigible pendant la tutelle, comme alors le tuteur a dû se payer à lui-même, c'est-à-dire, porter le montant de son obligation au crédit du mineur, celui-ci ne pourroit en poursuivre de nouveau le paiement, qu'en prouvant que cette opération n'a pas eu lieu; ce qui ne pourroit se faire que par l'examen du compte, que le mineur ne peut plus demander. Dans ce cas, l'action résultant de la créance se trouveroit donc enveloppée dans la prescription introduite par l'article 475. Mais si l'époque de l'exigibilité de la dette du tuteur étoit postérieure à la fin de la tutelle, comme alors le tuteur n'a pas dû se payer à lui-même, la raison alléguée ci-dessus cesse d'être applicable; et la créance rentre dans le droit commun sous le rapport de la prescription.

Quid, si le tuteur prétend que la balance du compte est en sa faveur, le mineur pourra-t-il lui opposer également la prescription de dix ans? Si l'on s'en rapporte à la lettre de l'article 475, il est certain qu'il ne paroît pas devoir s'appliquer au cas proposé. Je pense, néanmoins, qu'il doit y avoir réciprocité. D'abord, il y a même motif. Cette disposition étant fondée, comme nous l'avons déjà dit, sur ce que l'intervalle de dix ans a été jugé suffisant pour faire disparoître les élémens du compte, doit s'appliquer, à bien plus forte raison, au tuteur agissant contre le mineur. D'ailleurs, on peut supposer que si ce dernier n'a pas agi contre son tuteur, c'est par déférence pour lui. La même supposition ne peut avoir lieu de la part du tuteur.

Quid, si le compte a été rendu et arrêté? Je pense que l'action en paiement du reliquat, doit durer trente ans, à compter du jour de l'arrêté; et ce, tant à l'égard du tuteur que du mineur. (Argument tiré de l'article 2274.)

(9) *A compter de la majorité.* Par conséquent, si les fonctions du tuteur viennent à cesser pendant la minorité, *putà*, par sa mort, sa destitution, ou sa démission, les dix ans ne courent toujours que du jour de la majorité. Il en seroit de même

en cas d'émancipation, et quand le compte auroit été rendu au mineur, assisté de son curateur.

(10) *De se gouverner lui-même*, mais non pas de disposer de sa personne, par le mariage, l'adoption, etc.

PAGE 132.

(1) *Ou à son défaut.* Il faut toujours entendre ces mots du cas où le père est mort, ou dans l'impossibilité de manifester sa volonté, et non pas de celui où il ne voudroit pas émanciper.

Quid, si la mère est remariée ? Je pense, sur cette question, ainsi que sur toutes celles qui peuvent s'élever sur l'application de l'article 477, que le principe général en cette matière, est que le droit d'émanciper n'est accordé aux pères et mères, que comme une suite, une conséquence nécessaire de la puissance paternelle, et que, par conséquent, toutes les fois qu'ils sont privés de cette puissance, ils doivent être privés du droit d'émanciper. Or, la mère est privée de la puissance paternelle, par le fait seul de son second mariage : je pense donc qu'elle ne peut émanciper, quand même elle auroit été maintenue dans la tutelle. Et, en effet, pourquoi perd-elle, dans ce cas, la puissance paternelle ? C'est parce qu'on a pensé que, la mère étant elle-même soumise à la puissance maritale, la puissance paternelle se trouveroit alors exercée par son mari, et non par elle. Par la même raison, lorsqu'elle est maintenue dans la tutelle, il est vrai de dire, dans le fait, comme nous l'avons déjà démontré, que c'est vraiment le mari qui est tuteur. L'enfant doit donc être placé dans la catégorie de ceux qui sont soumis à un tuteur étranger, et par conséquent il ne peut être émancipé que par le conseil de famille. D'ailleurs, remarquez que, si la loi permet aux pères et mères d'émanciper leurs enfans à l'âge de quinze ans, c'est parce que, l'émancipation ayant pour effet de faire cesser la jouissance légale, on doit présumer que les pères et mères ne se porteront à émanciper leurs enfans, avant l'âge de dix-huit ans, qu'autant qu'ils le jugeront utile et même nécessaire pour le bien de leurs enfans. Or, cette raison n'a pas lieu à l'égard de la mère remariée, puisqu'elle a perdu la jouissance par le fait seul de son mariage.

Je ne dois pas cependant dissimuler que deux arrêts, l'un de Colmar, du 17 juin 1807 (*Jurisp. du Cod. Nap.*, tom. XII, p. 18), et l'autre de Liège, du 6 mai 1808 (*Ibid.*, pag. 97), ont jugé que la mère remariée, et même non maintenue dans la tutelle, pouvoit émanciper; mais je n'ai rien vu, dans les motifs de ces arrêts, qui m'ait paru suffisant pour me déterminer à changer d'opinion sur ce point.

Quid, à l'égard du père non-tuteur? Je pense qu'il faut distinguer : s'il a été exclu ou destitué de la tutelle, je ne crois pas qu'il puisse émanciper; il a perdu, par sa faute, l'administration de la personne de ses enfans. Comment auroit-il pu conserver le droit de les émanciper? *Secùs*, s'il est seulement excusé. *Quid*, à l'égard de la mère non tutrice, mais non remariée? Je pense qu'on doit lui appliquer la même décision qu'au père.

Quid, à l'égard de l'enfant naturel? S'il a été légalement reconnu, comme alors ses père et mère ont sur sa personne tous les droits de la puissance paternelle, je pense qu'ils peuvent l'émanciper.

(2) *De dix-huit ans accomplis.* Pourquoi cette différence avec le cas précédent? C'est qu'ici l'on peut craindre que le tuteur ne fasse émanciper son pupille, uniquement dans la vue de se débarrasser de la tutelle. On n'a pas la même chose à redouter de la part du père ou de la mère, qui sont toujours présumés n'être mus que par des sentimens de bienveillance pour leurs enfans, et qui, d'ailleurs, n'ont pas d'intérêt de provoquer une émancipation prématurée, qui doit les priver de la jouissance légale. Ce motif confirme ce que nous venons de dire pour le cas où la mère est remariée, puisqu'on peut supposer au second mari le motif que la loi suppose ici dans tout tuteur qui n'est pas le père ou la mère, c'est-à-dire, l'envie de se débarrasser d'une charge onéreuse.

(3) *A la réquisition du tuteur.* Pour le cas où le mineur auroit des biens dans les colonies, voir les articles 2 et 3 de la déclaration du 15 décembre 1721, et l'art. 10 de celle du 1er février 1743, citées ci-dessus dans la note (4) de la pag. 117.

(4) *Si le tuteur*, autre que le père ou la mère. Tant qu'ils existent, ou l'un des deux, ils ne peuvent être forcés d'émanciper leurs enfans, quel que soit l'âge de ces derniers : ils sont présumés connoître mieux que personne leur capacité.

(5) *Ou alliés du mineur.* Pourroit-elle l'être par le mineur lui-même? La loi ne lui donne pas ce droit. Lorsque nul parent ne requiert l'émancipation, l'on doit penser que le mineur n'en est pas digne; et alors on veut éviter aux parens et à lui, le désagrément d'un refus. Mais, dira-t-on, il peut arriver qu'un mineur n'ait pas de parens, ou n'en ait qu'à un degré plus éloigné que celui de cousin-germain. Cela est vrai; aussi j'aurois désiré que, dans ce cas le droit de requérir eût été attribué au subrogé-tuteur. D'ailleurs je pense que si le tuteur s'obstine, sans aucune raison, à ne point requérir la convocation, toute personne peut dénoncer le fait au juge-de-paix, qui alors convoquera d'office, s'il le juge convenable.

(6) *N'excède pas neuf ans.* Voyez ci-dessus, la note (3) de la page 126.

(7) *Où le majeur le seroit lui-même.* Ainsi il pourra être restitué contre ces actes, pour erreur, dol ou violence, mais non pour simple lésion. (Art. 1305 et 1313.)

(8) *De son curateur.* Remarquez la différence qui existe entre le mineur en tutelle, et le mineur émancipé. Le premier ne paroît point; c'est le tuteur qui agit seul. Le mineur émancipé, au contraire, paroît et agit toujours; seulement, il est assisté de son curateur, dans les cas où cette assistance est requise. Au surplus, je ne pense pas que la présente disposition doive s'appliquer aux capitaux que le mineur émancipé auroit formés lui-même avec ses économies. Il pouvoit les dépenser; donc, à plus forte raison, doit-il pouvoir en donner quittance. Mais c'est alors à celui qui soutient la validité du remboursement, à prouver l'origine des deniers.

Nous voyons que le mineur émancipé a, dans un grand nombre de circonstances, besoin de l'assistance d'un curateur. Cependant le Code ne parle de la nomination de ce curateur, que dans l'article 480, où il est dit, « que le compte de tutelle est » rendu au mineur émancipé, assisté d'un curateur qui lui est nommé par le conseil » de famille ». En doit-on conclure que, dans tous les cas, le curateur doit être nommé de cette manière? Non, sans doute; car il en résulteroit cette conséquence absurde, que le père, tuteur légal, qui auroit émancipé ses enfans, ne pourroit jamais être leur curateur. En effet, c'est lui qui doit rendre le compte de tutelle; il ne peut donc assister ses enfans pour le recevoir. Je pense donc que le Code ne s'est point occupé, en général, des nomination, exclusion, destitution et incapacité des curateurs, parce qu'il a pensé qu'on devoit leur appliquer toutes les règles établies à l'égard des tuteurs. Et, en effet, pourquoi le père émancipateur ne conserveroit-il pas, de droit, la curatelle de ses enfans? Pourquoi la curatelle légitime n'auroit-elle pas également lieu à l'égard de la mère ou des ascendans, tuteurs? Il seroit impossible de donner une bonne raison de la négative; car les fonctions de curateur étant bien moins importantes que celles de tuteur, on ne verroit pas pourquoi la loi qui défère la tutelle, de plein droit, au père, à la mère, ou aux ascendans, leur refuseroit le droit d'être curateurs légitimes. Le silence du Code sur le mode de nomination des curateurs, vient encore à l'appui de cette opinion. Quant à l'article 480, il est, d'après ce que nous venons de dire, très-aisé à expliquer. Si c'est le père ou la mère qui a émancipé, ils restent curateurs de droit; et comme ils ne peuvent pas assister le mineur dans l'audition du compte de tutelle, il faut bien nommer à l'émancipé un curateur, qui n'aura d'autre fonction que celle d'assister le mineur dans ce compte; fonction qui cessera conséquemment, aussitôt que le compte aura été apuré. Si le tuteur étoit un ascendant, il en sera de même. Si c'étoit un étranger, alors, ou il a été maintenu dans la tutelle, et il faudra bien nommer un curateur pour l'audition du compte; ou l'on a choisi un autre curateur, et alors le mineur sera assisté, dans le compte, par ce curateur, qui aura dû être encore nommé par le conseil de famille: donc, dans tous les cas, il y a lieu à l'application de l'article 480, sans qu'on doive en conclure, pour cela, que la curatelle légitime n'a pas lieu à l'égard du père, de la mère, ou des ascendans.

(9) *Être assisté de son curateur.* L'assistance du curateur suffira-t-elle? Je ne le pense pas, au moins dans le cas où il s'agit d'intenter l'action. L'art. 484 porte qu'en général, pour tous les actes, autres que ceux de pure administration, le mineur émancipé est comparé au mineur non émancipé. Or, l'action immobilière appartenant au mineur non émancipé, ne peut être intentée que par le tuteur dûment autorisé; la même autorisation doit donc être exigée, même dans le cas où le mineur est émancipé.

Quid, à l'égard des actions mobilières? Il faut distinguer. Si l'objet de l'action est du nombre des effets mobiliers dont le mineur peut disposer seul, nul doute qu'il ne puisse intenter l'action, ou y défendre seul; mais si c'est un capital, comme il ne peut en disposer sans l'assistance de son curateur, je pense que la même assistance sera nécessaire pour intenter l'action, ou pour y défendre.

(10) *Tels qu'emprunts.* Mais ne peut-il pas emprunter, au moins jusqu'à con-

currence de ses revenus? Cela paroîtroit assez naturel au premier coup-d'œil, puisqu'il peut en disposer; cependant on avoit proposé cette exception, et elle a été rejetée, et avec raison; car alors le mineur pourroit contracter, avec différentes personnes, des dettes, dont chacune, prise séparément, seroit inférieure à ses revenus, mais qui, réunies toutes ensemble, les excéderoient considérablement. Dans ce cas, si tous les créanciers étoient de bonne foi, il n'y auroit pas de raison d'annuller une obligation plutôt que l'autre, et le mineur se trouveroit par là avoir entamé ses fonds et capitaux.

Nota. J'avois embrassé l'opinion contraire dans mes *Institutes Commerciales* (Note (1) de la pag. 3), mais j'ai cru devoir revenir à celle-ci, qui me paroît plus saine, et plus conforme aux principes.

PAGE 133.

(1) *D'après les circonstances*, c'est-à-dire, en prenant en considération la fortune du mineur, la bonne ou mauvaise foi des personnes qui ont contracté avec lui, l'utilité ou l'inutilité des dépenses.

(2) *Et alors*, c'est-à-dire, lorsque les engagemens auront été réduits. Cela paroît résulter de la rédaction de l'article 485. Cependant il me semble que cette circonstance ne doit pas être absolument nécessaire. Car l'article 484 ayant dit que les tribunaux doivent prendre en considération, entr'autres choses, la bonne ou la mauvaise foi des personnes qui ont contracté avec le mineur, il pourra arriver que l'obligation ne sera pas réduite à cause de la bonne foi des créanciers, quoique le mineur ait d'ailleurs mérité d'être remis en tutelle; et je ne vois pas pourquoi, dans ce cas, l'on ne pourroit pas lui retirer le bénéfice de l'émancipation.

(3) *Peut.* L'émancipation n'est pas révoquée de droit, c'est au père ou à la mère à statuer, ou au conseil de famille à délibérer à ce sujet.

(4) *Pour la conférer.* On a voulu conclure, de ces dernières expressions, que cette disposition ne pouvoit concerner le mineur émancipé par mariage, attendu, dit-on, que, dans ce cas, l'émancipation a lieu sans aucunes formes. Je crois d'autant moins que ce soit là l'intention du Législateur, que l'exception avoit été formellement proposée au Conseil-d'État, et qu'elle n'a pas été admise. Je crois donc qu'il faut entendre cet article dans le sens que, pour révoquer l'émancipation, quelle qu'elle soit, tacite ou expresse, il faut employer les formes qui ont ordinairement lieu pour la conférer, c'est-à-dire, que, si le mineur a encore père ou mère, il faudra une déclaration de celui des deux qui auroit droit d'émanciper; sinon, il faudra convoquer le conseil de famille, etc.

Le mineur pourroit-il se pourvoir contre la délibération du conseil de famille, qui a révoqué son émancipation? Je pense qu'oui, soit, quant à la forme, soit quant au fonds; si, par exemple, le mineur prétend qu'il ne se trouve pas dans le cas prévu par l'article 485, il faudra bien que le tribunal vérifie le fait.

(5) *Jusqu'à sa majorité.* Par conséquent, il ne pourra être émancipé de nouveau.

Celui qui étoit tuteur avant l'émancipation, le redevient-il, de droit, après qu'elle a été révoquée? Il est certain que c'est une nouvelle tutelle; mais, néanmoins, cette circonstance n'aura aucun effet, à l'égard du père, de la mère, ou des autres ascendans, puisque, dans tous les cas, ils sont tuteurs de droit. Mais si le tuteur ancien étoit datif ou testamentaire, comme sa mission a été terminée par l'émancipation, je pense qu'il y aura lieu à convoquer le conseil de famille, qui procédera à la nomination d'un tuteur, soit l'ancien ou autre.

Dans tous les cas, l'hypothèque légale, pour raison de la nouvelle gestion, n'aura rang que du jour de l'entrée en gestion de la nouvelle tutelle.

Si l'émancipation et la révocation de l'émancipation ont eu lieu avant l'âge de dix-huit ans, les père et mère recouvreront-ils la jouissance légale? La loi paroît décider l'affirmative, puisqu'elle décide, non pas simplement que le mineur est remis en tutelle, mais encore qu'il est privé du bénéfice de l'émancipation : or, un des effets de l'émancipation est de faire cesser la jouissance légale.

(6) *Dix-huit ans révolus.* Ceci est relatif au cas où le mineur auroit père ou mère. Il peut alors être émancipé à quinze ans; mais il ne pourra toujours être autorisé à faire le commerce qu'à dix-huit.

(7) *Qu'il ait été autorisé.* Ainsi, quoiqu'âgé de dix-huit ans, et émancipé, il doit encore être autorisé spécialement à faire le commerce. En effet, la capacité du mineur commerçant est bien plus étendue que celle du mineur simplement émancipé. Celui-ci ne peut disposer que de ses revenus; il ne peut toucher, ses capitaux mobiliers, qu'avec l'assistance d'un curateur qui doit veiller au remploi; il ne peut emprunter sans l'autorisation du conseil de famille, etc. L'autre peut seul, même hypothéquer ses immeubles. Les engagemens de l'émancipé, causés pour achats, peuvent être réduits : ceux du commerçant ne peuvent l'être, que comme le seroient ceux d'un majeur. Le mineur commerçant peut se soumettre à la contrainte par corps ; et il y est effectivement soumis pour tous les faits de son commerce : l'émancipé ne peut y être soumis, quand il feroit des actes de commerce, et même des lettres-de-change. (*Cod. de Com.*, art. 114.) Il suit de là que les père, mère, ou le conseil de famille, ont pu consentir à l'émancipation du mineur, sans qu'on doive en conclure qu'ils ont voulu, pour cela, l'autoriser à faire le commerce.

(8) *Ou à son défaut.* Cela ne veut pas dire, *si le père ne veut pas l'autoriser;* car, alors, personne n'a le droit d'accorder l'autorisation; mais, *si le père est mort, ou dans l'impossibilité de manifester sa volonté*, par exemple, s'il est absent ou interdit.

(9) *Enregistré et affiché.* Ainsi, tous les actes, même commerciaux, qu'il feroit avant l'enregistrement ou l'affiche, seroient regardés comme faits par un mineur non commerçant, et réglés par les dispositions du Code Napoléon.

(10) *Est réputé majeur.* Ainsi, le seul effet du défaut de formalités, c'est qu'il n'est pas réputé majeur. Néanmoins, s'il est émancipé, il peut valablement faire tous les actes qui sont permis au mineur émancipé.

(11) *Pour tous les faits de son commerce*, ou de l'art dont il fait profession. Jousse, sur l'art. 6 du Tit. Ier. de l'Ordonnance de 1673, pense, en effet, et avec raison, que cette disposition s'applique également à l'artisan.

L'Ordonnance disoit, *pour le fait de leur commerce;* d'où l'on concluoit que, quoique l'engagement fût pour fait de commerce, s'il s'agissoit d'un commerce étranger à celui du mineur, il pouvoit, en cas de lésion, se faire restituer; comme si, par exemple, il avoit cautionné un marchand, même pour marchandises; et que le fait pour lequel le cautionnement avoit eu lieu, n'eût aucun rapport au commerce du mineur. Notre article dit, en général, pour *faits de commerce.* Doit-on en conclure que l'on a voulu rejeter l'ancienne distinction? Je ne le pense pas; et je me fonde sur ce qu'elle est formellement consacrée à l'égard de la femme mariée, par l'article 5, qui porte que la femme marchande publique peut s'obliger sans l'autorisation de son mari, pour tout ce qui concerne *son négoce.* Il n'y a aucune raison de penser qu'on ait voulu établir une disposition différente à l'égard du mineur. Cette opinion est aussi celle de M. Locré, dans son ouvrage intitulé *Esprit du Code de Commerce.*

(12) *Hypothéquer ses immeubles*, et cela sans autorisation du conseil de famille. Elle n'est requise que pour l'aliénation; mais si la vente d'un de ses immeubles est poursuivie par expropriation forcée, le poursuivant devra-t-il se conformer à l'art. 2206 du Code Napoléon, qui exige que le mobilier des mineurs soit discuté avant l'expropriation de leurs immeubles? Je ne le pense pas, si toutefois le poursuivant est créancier pour raison du commerce du mineur. L'article 2206 ne s'applique qu'au mineur; et le mineur commerçant est réputé majeur pour tous les faits relatifs à son commerce.

M. Locré pense, sur cet article, que le mineur commerçant ne pouvant s'engager que pour fait de son commerce, l'hypothèque consentie par lui n'est valable, qu'à la charge, par le créancier, de prouver qu'elle a eu lieu pour fait de commerce. Je ne suis pas de cet avis. L'article 638 du Code de Commerce, alinéa premier, décide qu'en général tout engagement d'un commerçant est présumé fait pour son commerce; d'où il résulte que, dans le doute, c'est à celui qui prétend le contraire, à le prouver.

(13) *Du Code de Commerce.* C'est-à-dire, que, quoique le mineur ne fasse pas sa profession habituelle du commerce, cependant, si toutes les formalités requises ont été remplies, et qu'il vienne à faire un seul acte de commerce, il sera réputé majeur pour cet acte, et soumis, en conséquence, à la juridiction commerciale, et à la contrainte par corps, pour tout ce qui y est relatif.

(14) *De droit.* Aussi avons-nous mis cette tutelle au nombre des tutelles légitimes.

Page 134.

(1) *Par un simple acte administratif;* c'est-à-dire, par une délibération qui ne doit être revêtue d'aucune forme judiciaire.

Page 135.

(1) *Qu'à l'égard des individus.* L'article dit, *le majeur.* Doit-on en conclure qu'il n'y a jamais lieu à interdire un mineur? Je ne le pense pas; la loi a parlé du majeur, parce qu'elle statue sur les cas les plus ordinaires. *Lex statuit de eo*

quod plerumquè fit. Mais d'abord, il est certain que le mineur émancipé a une capacité que ne doit pas avoir celui qui est dans les cas d'interdiction. On pourra, dit-on, lui retirer l'émancipation. Mais, d'abord, la révocation de l'émancipation ne peut avoir lieu que dans les cas prévus par les articles 484 et 485, où il n'est nullement question des causes qui donnent lieu à l'interdiction. D'ailleurs, il y a encore des différences essentielles entre le mineur, même non émancipé, et l'interdit. Le premier ne peut se faire restituer qu'en prouvant la lésion : les actes passés par l'interdit sont nuls de droit, c'est-à-dire, par cela seul qu'il est interdit. Le premier, parvenu à l'âge de seize ans, peut disposer par testament de la moitié de ce dont il pourroit disposer, s'il étoit majeur : l'interdit ne peut tester en aucune manière. Je pense, d'après cela, que l'on peut, le cas échéant, provoquer l'interdiction du mineur, même non émancipé.

On opposera sans doute à cette décision la Loi 3, §. 1, ff. *de Tutelis*, qui décide que, si un mineur de quinze ans est furieux, il faut lui donner un curateur, *non ut furioso, sed ut adolescenti.* Mais le Jurisconsulte donne dans la même loi le motif de cette décision, *quià*, dit-il, *in pupillorum personâ, agnatos curatores non admittimus.* D'après la Loi des Douze Tables, il y avoit lieu, pour les furieux, à la curatelle légitime des agnats. Cette curatelle étoit vue d'un œil défavorable; d'abord, parce qu'elle mettoit au hasard le choix du curateur; et ensuite, parce que l'agnat le plus proche étant en même temps curateur, et héritier légitime du furieux, à défaut de descendans ou d'héritiers testamentaires, il paroissoit dangereux de confier le soin d'un individu à celui qui pouvoit avoir intérêt, ou d'accélérer sa mort, ou au moins d'empêcher sa guérison, qui l'eût mis dans le cas de disposer de ses biens. On ne conservoit donc cette espèce de curatelle, que parce qu'on n'osoit pas abolir une institution consacrée par la Loi des Douze Tables. Mais aussi, toutes les fois que l'on pouvoit trouver un moyen de l'écarter, on le saisissoit avec empressement. Or, comme il n'étoit point question, dans la Loi des Douze Tables, des curateurs pour les mineurs, il n'y avoit point pour eux de curatelle légitime; elle étoit toujours dative. En conséquence, dans l'espèce proposée, comme le furieux étoit en même temps mineur, le Jurisconsulte, décide dans son intérêt, qu'il vaut mieux lui nommer un curateur comme à un mineur, que l'assujettir à la curatelle légitime des agnats. L'on voit donc que cette décision n'est d'aucun poids dans notre droit, où la tutelle de l'interdit est toujours dative, excepté dans un seul cas.

(2) *D'imbécillité, de démence, ou de fureur.* L'imbécillité est un affoiblissement de toutes les facultés morales. La démence est un dérangement de ces mêmes facultés. La fureur est une démence portée à l'excès. L'on n'interdit plus actuellement pour cause de prodigalité. L'on se contente de donner au prodigue un conseil judiciaire. Chez les Romains, au contraire, où l'interdiction étoit une peine, l'on n'interdisoit que le prodigue, et l'on nommoit seulement un curateur à l'imbécille, au fou, ou au furieux. Ces deux derniers même, jouissoient de toute l'étendue de leurs droits pendant les intervalles lucides; et les fonctions de curateur étoient

alors suspendues. (*L.* 6, Cod. *de Curat. furios*, *vel Prod.*) Mais l'on sent combien une semblable disposition devoit entraîner d'inconvéniens et de contestations.

(3) *Que l'état de démence ou de fureur.* Nous ne parlons ici que du cas de démence ou de fureur, parce qu'ordinairement l'imbécillité est perpétuelle.

(4) *Dans la nomination*, par le tribunal, et non par le conseil de famille.

(5) *Plaider*, en général, ni en demandant, ni en défendant.

(6) *Ni hypothéquer ses biens.* De ce que la loi a énuméré avec soin les actes pour lesquels l'assistance du conseil est nécessaire, il s'ensuit que le prodigue peut faire seul tous les actes non compris dans cette énumération. Il peut donc se marier, tester. Cependant, pour ce qui concerne les effets du mariage, cela pourroit souffrir quelque difficulté, à cause de l'hypothèque tacite qui a lieu en faveur de la femme sur les biens du mari. (Art. 2135.) Peut-être pourroit-on soutenir que le mariage est valable, mais que la femme n'a point d'hypothèque. *Debet sibi imputare quod tali nupserit.*

PAGE 136.

(1) *Quant au mode de provocation.* La nomination d'un conseil au prodigue pourroit donc être provoquée par le ministère public. Le Tribunat avoit proposé l'exception : elle n'a pas eu lieu. Peut-être a-t-on voulu laisser ce droit au Procureur impérial, dans le cas, par exemple, où le prodigue auroit des enfans, et n'auroit ni conjoint, ni proches parens.

(2) *A cette dernière disposition.* Aux termes de l'article 13 du Statut du 30 mars 1806, l'interdiction des membres de la Famille Impériale est prononcée par le conseil de famille établi par le Titre V dudit Statut ; et le jugement n'a d'effet qu'après avoir été approuvé par l'Empereur.

(3) *Soit par l'autre époux.* La femme doit-elle être autorisée par justice, pour provoquer l'interdiction de son mari ? Un arrêt de réglement, du 17 avril 1734, rapporté dans l'ancien DENISART, au mot *Interdiction*, n°. 53, l'ordonnoit ainsi. Et en effet, le principe général est que la femme ne peut ester en justice, sans l'autorisation de son mari. Il y a une exception, mais pour le cas de divorce seulement ; car la femme même qui demande la séparation de corps, doit être autorisée. (*Procéd.*, art. 878.) Il n'y a pas donc de raison de la dispenser de cette formalité, quand elle provoque l'interdiction de son mari.

(4) *Ni parens connus*, ou que ceux qui existent, sont dans l'impossibilité de provoquer l'interdiction ; *putà*, s'ils sont mineurs, interdits, absens, domiciliés dans les colonies, etc.

(5) *Le Magistrat doit.* Dans le premier cas, il peut seulement requérir l'interdiction, et encore, s'il n'y a ni époux, ni parens : dans le second, il doit le faire, quand il y auroit époux et parens, si ceux-ci ne provoquent pas. Le bon ordre est alors intéressé. Le fou ou l'imbécille ne peut nuire qu'à lui ou à ses parens, en dissipant ses biens : le furieux peut nuire à autrui par ses excès. Mais pourquoi ne s'est-on pas contenté d'autoriser le Magistrat à faire enfermer le furieux? C'est par respect pour la

liberté individuelle. On n'a pas voulu que le Magistrat pût ordonner la réclusion d'une personne, dont l'état n'auroit pas été juridiquement constaté.

(6) *La demande s'introduit.* Il est évident qu'il ne peut y avoir lieu au préliminaire de conciliation.

(7) *Voix délibérative.* Donc, s'ils n'ont pas provoqué l'interdiction, ils peuvent assister, avec voix délibérative.

(8) *Interrogé par le Tribunal.* Lequel interrogatoire pourra être renouvelé, si le tribunal le juge convenable. (Argument tiré de ces mots, de l'art. 497 : *Après le premier interrogatoire.*)

PAGE 137.

(1) *Hors de la présence du défendeur.* Par exemple, dans le cas de fureur.

(2) *Ou dûment appelées.* Ainsi il faut assigner celui dont l'interdiction est provoquée ; il pourra constituer avoué, etc.

(3) *En rejetant la demande.* Les parens pourroient-ils se contenter de demander la nomination d'un conseil? Il paroît qu'ils doivent toujours demander l'interdiction, sauf au tribunal à nommer seulement un conseil judiciaire, s'il le juge convenable. Mais alors les provoquans doivent-ils être condamnés aux dépens, aux termes de l'article 130 du Code de Procédure? Je ne le pense pas. On ne peut pas dire qu'ici les provoquans succombent, puisqu'il est jugé que l'état du défendeur exigeoit qu'il fût pris à son égard des mesures particulières, et que la loi ne leur donnoit d'autre moyen que celui de provoquer l'interdiction. D'ailleurs, l'article 894 du Code de Procédure porte : qu'en cas de nomination d'un conseil, l'appel du jugement de première instance est dirigé contre le provoquant. Donc, c'est le provoquant qui est censé avoir gagné son procès : il seroit contradictoire de le condamner aux dépens.

Anciennement il étoit permis à la personne qui sentoit elle-même ses facultés s'affoiblir, de demander la nomination d'un conseil. Cela avoit été conservé dans le projet du Code, où l'on trouvoit un chapitre intitulé, *du Conseil volontaire ;* mais ce chapitre a été supprimé dans la rédaction définitive.

(4) *Qui a prononcé l'interdiction.* Cela ne veut pas dire qu'il faut attendre, pour nommer le tuteur, que le délai de l'appel soit écoulé ; mais, bien, que le défendeur ne peut empêcher la nomination, qu'en appelant. L'appel est donc suspensif à cet égard, mais non pour ce qui concerne la capacité de l'interdit, comme nous le verrons plus bas.

(5) *Il est nommé.* Le Tribunat avoit proposé que l'on supprimât le mot *nomination*, parce que cette expression exclut la tutelle légitime ; ce qui est vrai. Or, comme ce mot a été conservé, il faut en conclure qu'à l'égard de l'interdit, il n'y a pas lieu à la tutelle légitime, excepté dans un seul cas, dont il va être parlé. Il est possible, en effet, que la situation particulière dans laquelle se trouve l'interdit, à raison de son état ou de ses affaires, exige que la tutelle ne soit déférée qu'en connoissance de cause. *Sic* jugé en Cassation, le 11 mars 1812. (SIREY, 1812, Ire. Part., pag. 217.)

(6) *De sa femme interdite.* C'est le seul cas où il y a lieu à la tutelle légitime, à l'égard de l'interdit.

PAGE 138.

(1) *Qu'autant qu'elle est nommée*, et cette nomination lui tiendra lieu d'autorisation générale pour tous les actes d'administration, même de ses propres biens; mais elle ne pourra aliéner ses immeubles sans l'autorisation de justice.

(2) *Devant les tribunaux.* Ceci est une disposition particulière à la femme. Ce n'est pas que les délibérations des conseils de famille ne puissent être attaquées en matière d'interdiction, comme en matière de minorité; mais elles ne peuvent l'être que dans l'intérêt du mineur ou de l'interdit; ou bien, parce qu'ils blessent les droits que la loi attribue au tuteur, en sa qualité de tuteur. Ici, la loi permet à la femme de réclamer, non pas comme tutrice, mais dans son propre intérêt; *si elle se croit lésée*, dit l'article 507. La raison de différence, c'est qu'à l'égard des autres tuteurs, le conseil de famille doit se borner à prendre les mesures convenables, relativement à la personne de l'interdit. Ici, au contraire, il doit s'occuper également du sort de la femme. Il doit lui assigner les sommes nécessaires pour la mettre à même de soutenir l'état que lui donnent le rang et la fortune de son mari. Si elle se croit lésée par les mesures prises à ce sujet, elle peut, sans doute, réclamer, et c'est ce droit qui lui est assuré par l'article 507, et qu'elle pourroit exercer, quand même elle ne seroit pas tutrice.

(3) *Ou descendans.* Ce mot prouve que le fils peut être nommé tuteur de son père interdit.

(4) *Au bout de dix ans.* Il y a encore entre le mineur et l'interdit, une différence que nous ferons connoître, relativement à la nullité des actes passés par eux. (Voyez la Note (6) ci-après).

(5) *Du jour du jugement*, même de première instance, et quand il y auroit appel. La discussion sur l'article 501 le prouve évidemment. Il est de principe, d'ailleurs, que tout jugement de première instance, qui est confirmé sur l'appel, doit avoir son effet du jour qu'il a été rendu. La confirmation prouve qu'il avoit été bien jugé dans le principe. Mais cet effet n'a lieu que pour ce qui concerne la capacité de l'individu : quant à la nomination du tuteur, nous avons vu qu'elle étoit suspendue par l'appel.

(6) *Sont nuls de droit.* Les nullités de droit sont, en général, celles qui n'ont pas besoin d'être prononcées; telle est celle portée par l'article 692 du Code de Procédure. Ce n'est point de cette nullité qu'il s'agit ici. L'acte passé par l'interdit est si peu nul dans ce sens, que la nullité doit, à peine de déchéance, en être demandée dans les dix ans, à compter de la main-levée de l'interdiction. Je crois donc qu'il faut entendre ces mots, *nuls de droit*, dans ce sens, que l'interdit n'a rien à prouver pour faire prononcer la nullité: il lui suffit de justifier qu'il étoit interdit quand l'acte a été passé; à la différence du mineur, qui, outre sa minorité, doit prouver encore qu'il a été lésé par l'acte dont il demande la nullité, suivant cette maxime : *minor restituitur non tanquàm minor,*

sed tanquàm læsus. Ce qui doit s'entendre toutefois du mineur capable de consentir; car s'il étoit d'un âge tel, qu'il fût absolument incapable de consentir, il est certain qu'il devroit être rangé dans la même classe que l'interdit. Mais c'est un cas si extraordinaire, qu'il est à-peu-près inutile de s'y arrêter. Observez, au surplus,

1°. Que la nullité dont il s'agit n'est point absolue, mais seulement relative, c'est-à-dire, qu'elle ne peut être demandée que par l'interdit seul, ses héritiers ou ayant-cause, et jamais par ceux qui ont traité avec lui. (Art. 1125.)

Et 2°. que la nullité des actes passés depuis le jugement de première instance, jusqu'à l'arrêt rendu sur l'appel de ce jugement, est subordonnée au succès de l'appel. Si le premier jugement est confirmé, les actes restent nuls. Ils deviennent, au contraire, valables, si le premier jugement est infirmé, puisqu'il est jugé, dans ce dernier cas, que l'individu n'a jamais été dans le cas d'être interdit.

(7) *Dans le cas d'interdiction*, seulement. Il paroît qu'il n'en seroit pas de même dans le cas de nomination d'un conseil; tous les actes passés auparavant, sont entièrement inattaquables. Cependant un prodigue pourroit bien, ne fût-ce que par un dépit mal entendu, se ruiner dans l'intervalle qui s'écoule, depuis la demande jusqu'au jugement. Aussi pensoit-on anciennement que l'interdiction du prodigue (nous avons déjà dit que le prodigue pouvoit être interdit, comme le furieux), que cette interdiction, dis-je, étoit censée avoir commencé du jour de la première procédure. (Ricard, *Des Donations*, Part. I, n°. 146.)

(8) *Notoirement.* Je crois que cela peut s'entendre, non-seulement de la notoriété absolue, mais encore de la notoriété relative, c'est-à-dire, du cas où l'état de l'individu, sans être connu de tous, l'étoit cependant de celui avec lequel il a contracté. Mais il y auroit cette distinction à faire, que, si l'état étoit absolument notoire, l'acte pourroit être annullé, sans qu'on ait besoin de prouver que l'autre partie connoissoit cet état; mais si la notoriété n'étoit que relative, la nullité n'aura lieu qu'autant que l'on prouvera que l'état de l'individu étoit connu de celui qui a traité avec lui.

(9) *De l'acte même attaqué.* Nous examinerons, au Titre *des Donations*, si cette disposition doit s'appliquer aux testamens.

(10) *L'enfant d'un interdit*, même quand il seroit majeur.

(11) *Ou avancement d'hoirie. Hoirie*, est un vieux mot qui signifie succession. *Avancement d'hoirie*, est donc ce qu'un père ou une mère donnent à leurs enfans, par anticipation sur leur succession future.

(12) *Du conseil de famille.* Cette disposition paroît, au premier coup d'œil, difficile à concilier avec l'article 1398, qui porte « que le mineur habile à contracter » mariage, peut faire toutes donations dans son contrat de mariage, et consentir » toutes sortes de conventions matrimoniales, avec la seule assistance de ceux dont le » consentement est nécessaire pour son mariage. » Or, il est très-possible que l'enfant d'un interdit n'ait pas besoin du consentement du conseil de famille pour se marier; par exemple, s'il a encore sa mère ou d'autres ascendans. Et, cependant, l'art. 511 ne distingue pas; il exige, dans tous les cas, le consentement du conseil de famille, et

quand même l'enfant seroit majeur. Mais il faut bien remarquer que l'article 1398 est pour le cas où le mineur se dote *de suo*, et fait quelques stipulations sur ses propres biens. Alors, il suffit qu'il soit assisté de ceux dont le consentement est nécessaire pour son mariage. Mais dans l'article 511, il s'agit d'un enfant, majeur ou mineur, mais qui n'a pas de biens suffisans pour se doter; et comme l'article suppose qu'il faut prendre cette dot sur les biens de l'interdit, voilà pourquoi il exige que le montant de cette dot, et les autres conventions matrimoniales, soient réglés par le conseil de famille. Remarquez encore qu'il n'est point question du consentement à donner au mariage, mais seulement du réglement des conventions; parce qu'effectivement il peut arriver, ou que l'enfant soit majeur, ou que, s'il est mineur, le consentement doive être donné par d'autres que par un conseil de famille, c'est-à-dire, par la mère ou par les ascendans.

Dans tous les cas, la disposition de l'article ne doit avoir lieu, qu'autant que la mère interdite est veuve, ou que c'est le père qui est interdit. En effet, si c'est la mère qui est interdite, et que le père existe, il a le droit de doter seul l'enfant, soit sur ses propres biens, soit sur ceux de la communauté. L'avis du conseil de famille ne pourroit donc être, au plus, nécessaire, dans cette circonstance, que pour le cas où, les biens personnels du père, et ceux de la communauté, n'étant pas suffisans, il seroit nécessaire de doter l'enfant sur les biens personnels de la mère.

Mais il se présente ici une autre question. La loi dit que les conventions matrimoniales seront réglées par un avis du conseil de famille: mais de quel conseil entend-on parler? Est-ce celui de la famille de l'enfant ou de celle de l'interdit? La question n'est pas indifférente; car, si c'est le conseil de la famille de l'enfant, il faudra convoquer trois de ses parens paternels, et trois de ses parens maternels; si c'est celui de la famille de l'interdit, il faudra convoquer trois parens paternels et trois parens maternels de l'interdit, mais qui seront tous parens de l'enfant du même côté. Je crois que, comme il s'agit de disposer des biens de l'interdit, c'est le conseil de sa famille qu'il faut convoquer; et d'ailleurs, l'article 511, en disant: *par un avis du conseil de famille*, a entendu nécessairement parler de celui dont il a été question jusqu'à présent, et qui est bien évidemment celui de la famille de l'interdit. Si donc l'enfant de l'interdit est mineur, et n'a pas d'autres ascendans, il pourra arriver qu'il ait besoin de l'intervention de deux conseils de famille: d'abord du sien, pour le consentement à donner au mariage; et ensuite de celui de son père, pour le réglement de la dot et les conventions matrimoniales, si le mineur n'a pas, dans ses propres biens, de quoi se doter d'une manière convenable.

Nota. Un arrêt de Nismes, du 3 janvier 1811, a jugé, et avec raison, que la disposition de l'art. 511 étoit applicable au fils d'un sourd-muet, dont le père étoit dans l'impossibilité de manifester sa volonté. (*Journ. de la Jurisp. du Cod. Nap.*, tom. XVII, pag. 379)

PAGE 139.

(1) *Tout jugement.* Ce qui comprend même celui de première instance, et ce qui confirme l'interprétation que nous avons donnée à l'article 501.

(2) *Et inscrit.* Cependant il n'est pas nécessaire que le jugement soit signifié à tous les notaires de l'arrondissement: il suffit d'en remettre l'extrait au secrétaire de leur chambre, qui en donne récépissé, et le communique à ses collègues, lesquels sont tenus, à peine de dommages-intérêts, d'en prendre note, et de l'afficher dans leurs études. (*Tarif des frais et dépens, du* 16 *février* 1807, liv. II, Tit. II, chap. II, §. VIII, *Bulletin*, n°. 2240; et *Loi sur l'organisation du notariat, du* 25 *ventose an* 11, art. 18, *Bulletin*, n°. 2440.)

(3) *De l'arrondissement.* Observez que ces formalités ne sont ordonnées que pour prévenir les tiers, et qu'elles ne sont nullement nécessaires pour la validité de l'interdiction, qui, aux termes de l'article 502, a son effet du jour du jugement. Mais si le défaut de ces formalités ne valide pas les actes passés par l'interdit depuis le jugement, il peut, au moins, donner lieu à des dommages-intérêts contre ceux qui sont tenus de les remplir, et en faveur des personnes qui auroient traité de bonne foi avec l'interdit.

Cependant un arrêt de la Cour d'appel de Douay a décidé que les actes passés par celui à qui il avoit été donné un conseil judiciaire, étoient valables, par cela seul que le jugement n'avoit pas reçu la publicité exigée par l'article 501. On s'est pourvu en cassation contre cet arrêt, et le pourvoi a été rejeté le 16 juillet 1810 (*Journ. de la Jurisp. du Cod. Nap.*, tom. XVI, pag. 80), contre les conclusions du Ministère public. Je n'en regarde pas moins la décision rendue par la Cour de Douay, comme entièrement contraire à l'esprit et à la lettre des dispositions du Code. L'article 502 porte formellement que le jugement d'interdiction, ou de nomination d'un conseil, a son effet du jour qu'il a été rendu; qu'à compter de ce jour, tous les actes passés par l'interdit, ou par celui à qui il a été donné un conseil, sont nuls de droit; et cependant l'article 501 donne dix jours pour faire afficher. Voilà donc un intervalle de dix jours, pendant lequel le jugement aura eu son effet, sans avoir été public. Donc cet effet n'est pas subordonné à la publicité. D'ailleurs, les actes passés dans les dix jours, sont nuls de droit, dit l'article 502; et cependant, si, au bout de ces dix jours, le jugement n'a pas été affiché, ces mêmes actes deviendront valables, et l'interdit pourra se trouver dépouillé de tous ses biens; cela seroit contradictoire.

En outre, l'interdiction ou la nomination d'un conseil n'est-elle pas prononcée spécialement dans l'intérêt de l'interdit ou du prodigue? et alors peut-on en faire dépendre l'effet, de la négligence des tiers, ou peut-être même du hasard?

Enfin, la publicité n'a lieu que dans l'arrondissement du domicile de l'interdit; et cependant il est possible qu'il aille contracter dans un lieu fort éloigné, où le jugement sera entièrement inconnu. Le contrat e sera-t-il moins nul? Et cependant il devroit être valable, dans le système de la Cour de Douay. Encore une fois, ce système paroît totalement inadmissible: il est, d'ailleurs, absolument contraire à l'ancien droit attesté par LACOMBE, v°. *Interdiction*, n°. 8, et auquel les rédacteurs du Code n'ont certainement pas voulu déro ger

PAGE 140.

(1) *De la distinction des biens.* (Voyez POTHIER, *de la Communauté*, Part. Ire., chap. II, sect. Ire., art. 1er.)

(2) *Corporels ou incorporels.* Cette distinction est consacrée implicitement par le Code. (*Voir* les articles 1607, 2075, etc.) Nous avons cru devoir la placer au premier rang, parce qu'outre qu'elle est fondée sur la nature des choses, elle est encore telle, que les lois civiles n'y ont apporté, et ne peuvent même y apporter aucun changement. La loi ne peut pas faire qu'une chose corporelle ne soit pas toujours telle, *et vice versâ.* Il n'en est pas de même à l'égard des meubles et des immeubles. Nous allons voir tout-à-l'heure que des choses sont tantôt meubles et tantôt immeubles, suivant le rapport sous lequel la loi les considère.

(3) *Meubles ou immeubles.* Il est une infinité de circonstances dans lesquelles il est essentiel de déterminer si une chose est meuble ou immeuble. Deux époux se marient sous le régime de la communauté : cette communauté comprend les meubles, mais non les immeubles qu'ils possédoient au moment du mariage. Un testateur a fait un legs de tous ses meubles, et un legs de tous ses immeubles. Il faut bien connoître, dans le premier cas, ce qui tombera, ou non, dans la communauté; et dans le second, ce que chaque légataire aura droit de réclamer. En procédure, les actions concernant les meubles se portent, en général, devant le juge du domicile du défendeur. Celles qui sont relatives à des immeubles se portent ordinairement devant le juge de la situation.

Cette distinction étoit néanmoins encore bien plus importante anciennement, parce que les Coutumes reconnoissoient des héritiers des meubles, et des héritiers des propres qui étoient des immeubles; et d'ailleurs, les lois sur les successions étant différentes suivant les différentes coutumes, il falloit encore distinguer les meubles des immeubles, parce que la succession des premiers étoit toujours régie par la coutume du domicile du défunt, quelque part qu'ils fussent situés, tandis que la succession des seconds étoit régie par la loi du lieu de la situation. Actuellement que la loi est unique, ces motifs de distinction n'existent plus.

(4) *Les êtres animés.* Nous avons substitué ces expressions aux mots *les animaux*, portés dans l'article 528, afin d'y comprendre les nègres, qui, dans les colonies, sont regardés comme meubles. (*Edit. de mars* 1685, dit Code Noir, art. 44.) Cependant, aux termes de l'article 48, les sucreries, indigoteries, ou habitations, ne peuvent être saisies réellement, sans que l'on y comprenne les esclaves qui y travaillent, depuis l'âge de quatorze ans jusqu'à soixante, lesquels ne peuvent être saisis séparément, sinon pour ce qui resteroit dû du prix de leur achat.

PAGE 141.

(1) *Les différentes espèces*, parce que, quand nous connoîtrons toutes les différentes espèces d'immeubles, il suffira, pour faire connoître les choses que la loi regarde comme meubles, de dire que ce sont toutes celles qui ne sont point comprises dans la classe des immeubles.

(2) *Ou par leur destination.* Il eût peut-être été plus exact de dire, *par ac-*

cession ; mais le Code ayant consacré le mot *d'immeuble par destination*, je n'ai pas cru devoir le changer. Pour connoître plus en détail les choses qui doivent être regardées comme l'accessoire d'un fonds, voyez les Titres du Digeste, *de Act. Empt.*, et *de Instructo vel Instrum. Legato.* (Voyez aussi Pothier, *de la Communauté*, n°. 32 et suiv.)

(3) *Faisant partie du bâtiment*, autant toutefois qu'ils ont été bâtis sur le fonds par le propriétaire. Pothier pense, avec raison, qu'un moulin bâti par l'usufruitier sur le fonds dont il a l'usufruit, est meuble, et tombe en conséquence dans la communauté qui peut exister entre lui et sa femme, etc. Il en seroit de même de tout autre édifice; à plus forte raison, si la construction a été faite par le locataire.

En général, le bâtiment n'est immeuble que comme un accessoire du fonds. Quand il est accessoire du fonds, il appartient au propriétaire de ce même fonds: donc, quand il appartient à un autre, il ne peut plus être considéré comme acccessoire du fonds; il perd donc ce qui lui donnoit la qualité d'immeuble. D'ailleurs, quand on le considère comme appartenant au locataire, ou à l'usufruitier, il faut le considérer comme détaché du fonds; car autrement il appartiendroit au propriétaire, puisque la propriété du sol emporte celle du dessus et celle du dessous. (Art. 552.) Or, détaché du fonds, ce n'est plus un bâtiment; ce sont des matériaux, et par conséquent des meubles.

(4) *Tant qu'ils ne sont pas cueillis; quia fundo adhærent.* Remarquez cependant que, si le propriétaire vend la récolte ou la coupe de bois sur pied, elle devient meuble dans la main de l'acheteur, même avant d'avoir été coupée. En effet, elle n'étoit immeuble dans la main du propriétaire, que parce qu'elle étoit un accessoire du fonds qui lui appartenoit. Dans la main de l'acquéreur, elle n'est plus un accessoire du fonds; elle cesse donc d'être immeuble. C'est par la même raison, que les récoltes appartenant à un mineur peuvent être vendues sans employer les formalités requises pour la vente de ses immeubles; que l'on peut saisir une récolte sur pied, sans recourir aux formes de la saisie immobilière (*Cod. de Procéd.*, art. 626 et suiv.) En un mot, les fruits sont immeubles, toutes les fois qu'on les considère comme ne faisant qu'un avec le fonds; mais quand on les considère comme devant être détachés du fonds, ils sont meubles.

(5) *Quand même ils ne seroient pas encore enlevés.* Il faut cependant excepter le cas de la saisie immobilière, dans lequel les fruits perçus depuis la dénonciation au saisi, sont censés immeubles, et distribués, en conséquence, par ordre d'hypothèques. La même disposition a lieu à l'égard des loyers et des fermages, pourvu qu'il y ait eu saisie-arrêt. (*Procéd.*, 689 et 691.)

(6) *Tant qu'ils ne sont pas abattus*, sauf la distinction portée dans la note précédente.

L'article 521 porte que les *coupes ordinaires des bois taillis, ou de futaies mises en coupe réglée, ne deviennent meubles qu'au fur et à mesure que les arbres sont abattus.* Doit-on conclure de cette rédaction, que les futaies non mises en coupe réglée ne deviennent pas meubles, quand elles sont abattues? Ceci a besoin de quelque explication.

Lorsqu'il s'agit d'une coupe ordinaire de taillis, ou de futaie mise en coupe réglée, il est certain que les arbres abattus sont meubles, non-seulement à l'égard de l'acheteur, mais encore à l'égard de tous. C'est ainsi qu'on a jugé en Cassation, le 26 janvier 1808 (SIREY, 1809, Ire. Part., pag. 65), que le créancier hypothécaire ne pouvoit empêcher la coupe des bois taillis existant sur le fonds qui lui est hypothéqué, quand cette coupe est faite à l'époque ordinaire. Cette décision est très-juste. Le taillis parvenu au point où il doit être coupé, est regardé comme un fruit, à la perception duquel le créancier n'a pas plus le droit de s'opposer, qu'il ne pourroit empêcher la fauchaison d'un pré ou la récolte d'une moisson. Il peut seulement, si sa créance est exigible, faire saisir-brandonner la coupe, comme il le pourroit à l'égard de tout autre fruit.

Par la même raison, le prix de cette coupe tomberoit dans la communauté qui existeroit entre le vendeur et sa femme, et ce, sans indemnité. Si elle appartenoit à un mineur, elle pourroit être vendue par le tuteur, sans autorisation, etc.

Mais s'il s'agissoit d'une coupe de futaie non mise en coupe réglée, les arbres abattus seroient bien toujours meubles à l'égard du vendeur usant de ses droits, et de l'acquéreur; mais il n'en seroit pas de même à l'égard des tiers qui auroient intérêt, ni même à l'égard du vendeur qui n'auroit pas la libre administration de ses biens.

A l'égard des tiers: Ainsi, le créancier auquel le fonds seroit hypothéqué, auroit le droit d'exiger le remploi du prix de la coupe, ou le remboursement de sa créance. Jugé ainsi à Paris, le 17 juillet 1727, suivant arrêt rapporté par LACOMBE, au mot *Arbres*, n°. 1.

La communauté qui auroit touché le prix d'une pareille coupe seroit tenue d'indemniser l'époux propriétaire du fonds.

Si le fonds étoit sujet à un usufruit, le prix de la coupe appartiendroit au propriétaire, et non à l'usufruitier, etc.

A l'égard du vendeur: S'il étoit mineur, le tuteur ne pourroit faire une pareille coupe, sans l'autorisation du conseil de famille. Si le mineur étoit émancipé, il ne pourroit en toucher le prix, qui devroit être employé par son curateur.

Mais, hors ces cas et autres semblables, toutes les fois qu'une futaie est abattue par le propriétaire usant de ses droits, et sans qu'il en résulte aucun préjudice pour des tiers, elle est meuble comme le taillis, soit qu'elle ait été, ou non, mise antérieurement en coupe réglée; par conséquent, les arbres coupés pourroient être saisis avec les formalités requises seulement pour les meubles: la vente de cette coupe ne donneroit lieu qu'au droit d'enregistrement du mobilier. Cependant on a jugé fréquemment, et avec raison, que, lorsque l'acquéreur de la superficie non abattue, devient, peu après, propriétaire du fonds, le droit immobilier étoit dû, même sur le prix de la superficie. L'on présume, dans ce cas, que la futaie a été vendue comme accessoire du fonds, et que les parties n'ont fait des actes séparés, que pour éluder la loi de l'impôt immobilier.

Observez que les arbres des pépinières sont immeubles, tant qu'ils ne sont pas arrachés.

Quid, à l'égard des fleurs, arbustes, etc.? Ils sont immeubles, s'ils sont plantés en pleine terre; *secùs*, s'ils sont dans des caisses ou des pots, quand même les pots seroient mis en terre. Les oignons de fleurs, même ceux qu'on retire de terre pendant l'hiver, restent toujours immeubles par destination; mais il faut qu'ils aient été mis en terre au moins une fois. Ceux qui auroient été achetés pour être plantés, et qui ne l'auroient pas encore été, conservent leur qualité de meubles. La même distinction doit avoir lieu à l'égard des échalas des vignes. (*L.* 17, §. 11, ff. *de Act. empt.*)

(7) *Ou réservoir.* La raison de différence consiste en ce que ces animaux sont du genre de ceux appelés *feræ naturæ*. Or, ces sortes d'animaux, comme toutes les choses dites *nullius*, « qui n'appartiennent à personne, » sont, en général, acquis au premier occupant, comme nous le verrons dans le livre suivant, et sauf l'exécution des réglemens relatifs à la chasse et à la pêche. Ils ne sont donc *in bonis nostris*, et nous ne pouvons dire que nous les possédons, qu'autant qu'ils ont été appréhendés par nous, et que nous les tenons sous notre main, *sub custodiâ nostrâ*, comme dans un clapier, une volière, ou un réservoir: alors ils conservent leur qualité de meubles. Mais quand ils jouissent de toute leur liberté, qu'ils sont, comme dit Pothier, *in laxitate naturali*, comme dans la garenne, le colombier, etc., nous ne pouvons dire que nous les possédons, mais bien que nous possédons une garenne garnie de lapins, un colombier peuplé de pigeons, etc.; ces animaux ne sont donc pas, quant au droit du propriétaire, quelque chose de distinct de la garenne ou du colombier, dont ils ne sont, au contraire, que les accessoires, et à la nature desquels ils doivent en conséquence participer.

(8) *Que le propriétaire.* Si les mêmes objets étoient placés par le locataire ou l'usufruitier, ils seroient meubles: ils ne pourroient pas être regardés comme l'accessoire du fonds; et, d'ailleurs, on ne peut supposer que celui qui les a placés, ait eu l'intention qu'ils y restassent perpétuellement attachés. Ceci confirme la note (3) ci-dessus.

(9) *A perpétuelle demeure.* Ainsi, une salle construite dans un jardin, même par le propriétaire, mais pour une fête, et pour être abattue ensuite, seroit meuble.

(10) *A la culture.* Cette disposition n'existoit pas dans l'ancien droit. Mais, Pothier démontre, dans son *Traité de la Communauté*, n°. 44, combien il étoit utile qu'elle fût adoptée.

Page 142.

(1) *Sur estimation.* Parce que l'estimation, dans ce cas, n'est pas censée faite dans l'intention de transférer au fermier la propriété de ces animaux, mais seulement de les mettre à ses risques, et de déterminer d'avance le prix que le fermier devra payer, s'il ne les représente pas à la fin du bail. (Art. 1822.)

(2) *Par l'effet de la convention.* Si donc le propriétaire les vendoit réellement au fermier, ils deviendroient meubles, quand même ils resteroient sur le fonds, parce qu'ils n'y seroient plus par l'effet de la convention primitive.

Quid, à l'égard des troupeaux de moutons, ou autres, appartenant au propriétaire, et étant sur un fonds exploité par lui? C'est le cas d'admettre la distinction de la loi 9, ff. *de Instructo vel Instrum. legato.* Si les troupeaux ont été acquis uniquement pour être revendus après avoir été engraissés, ou pour en vendre le croît, ils sont meubles; mais si c'est dans la vue d'engraisser le fonds, ils sont immeubles.

(3) *Donnés à cheptel.* Le bail à cheptel est un contrat par lequel une des parties donne à l'autre tout ou partie d'un fonds de bétail pour le garder, le nourrir, et le soigner, sous la condition de partager les profits et les pertes, suivant les conventions respectives. (*Voyez* le Titre *du Louage.*)

(4) *Par le propriétaire de la ferme.* Il est évident que, si les animaux sont donnés à cheptel par un autre que par le propriétaire de la ferme, ils conservent leur qualité de meubles. Ils ne sont pas alors l'accessoire du fonds; et celui à qui ils appartiennent, n'a pas pu avoir l'intention qu'ils restassent à perpétuité sur un fonds dont il n'est pas propriétaire.

(5) *A l'amélioration du fonds. Secùs*, s'ils sont amassés pour revendre et en faire commerce; ils sont alors meubles. (*L.* 17, §. 2, ff. *de Act. empt.*)

(6) *Ou colons partiaires.* Le colon partiaire est celui qui prend à ferme un bien rural, sous la condition de donner, pour prix de ferme, une partie aliquote des fruits qui se recueilleront chaque année. Cette portion est le plus souvent la moitié; et c'est de là qu'est venu le mot de *métayer*, qui est le nom donné dans plusieurs pays à ces sortes de fermiers.

(7) *Les ruches à miel.* Cela étoit anciennement controversé. CHOPIN et LEBRUN étoient de l'avis de l'article. POTHIER regardoit les abeilles comme meubles. Il faut avouer que son opinion est plus conforme aux principes que nous avons posés dans la note (7) de la page précédente. Nous ne possédons pas les abeilles par elles-mêmes, mais comme l'accessoire de la ruche, qui est un meuble. Elles devroient donc être meubles, ainsi que la ruche. Mais le Code ayant décidé formellement le contraire, tout raisonnement ultérieur devient inutile.

(8) *Cuves et tonnes.* Anciennement on distinguoit les différentes espèces de pressoirs et de cuves; on ne regardoit comme immeubles que ceux de ces objets qui ne pouvoient se transporter sans être désassemblés : les autres étoient censés meubles. Aujourd'hui le Code les range tous, sans distinction, dans la classe des immeubles.

(9) *Y manquer quelque chose. Cum posita sunt ad integrandam domum*, dit POTHIER, de la Communauté, n°. 53; *ea esse ædium solemus dicere*, dit ULPIEN (*L.* 13, §. ult. ff. *de Act. empt.*), *quæ pars ædium sunt, vel propter ædes habentur.*

(10) *Pour les recevoir*, pourvu toutefois que tous ces objets ayent été placés par le propriétaire.

(11) *Par le propriétaire lui-même.* Ainsi, l'hypothèque sur un fonds frappe bien sur tout ce qui est censé immeuble, d'après les règles posées ci-dessus; mais il y a cette différence entre le fonds lui-même, qui est immeuble par sa nature, et les objets qui ne sont immeubles que par destination, et comme accessoires du fonds, que le premier ne peut perdre sa qualité d'immeuble qu'en périssant tout-à-fait; d'où il résulte que l'hypothèque le suit toujours, dans quelque main qu'il se trouve; les seconds, au contraire, n'étant immeubles qu'à raison de ce qu'ils sont accessoires du fonds, cessent d'être sujets à l'hypothèque, du moment qu'ils sont passés en mains-tierces, séparément du fonds. C'est sur ce principe qu'est fondé l'art. 2119, portant *que les meubles n'ont pas de suite par hypothèque.*

PAGE 143.

(1) *Dans une construction.* Les Romains faisoient, à cet égard, une distinction. Ils regardoient comme meubles, les matériaux assemblés pour construire un édifice, et comme immeubles, ceux qui avoient été détachés d'un édifice, pour y être replacés. *Ea quæ ex ædificio detracta sunt, ut reponantur, ædificii sunt : at quæ parata sunt ut imponantur, non sunt ædificii.* (*L.* 17, §. 10, ff. *de Act. empt.*) Cette distinction peut se concilier avec la disposition du Code, si l'on entend l'article 532, des matériaux provenant d'un édifice entièrement démoli, qui sont bien certainement meubles, jusqu'à ce qu'ils soient employés dans une autre construction. Mais quant à ceux qui ont été détachés momentanément, pour cause de réparation, et pour être ensuite replacés, je pense qu'ils conservent leur qualité d'immeubles. *Posita sunt ad integrandam domum.*

(2) *De ces objets.* Et sans préjudice également des dispositions des articles 190 et 191 du Code du Commerce, relativement aux dettes auxquelles les navires peuvent être spécialement affectés.

(3) *Et non fongibles.* Cette distinction est nécessaire, notamment pour l'intelligence des dispositions relatives à l'usufruit, au prêt à usage, ou de consommation. Ces deux espèces de choses diffèrent principalement, quant au droit, en ce qu'à l'égard des choses non fongibles, le droit de jouissance peut être distingué de celui de propriété, et appartenir à une autre personne qu'au propriétaire; tandis que ces deux droits se confondent nécessairement, lorsqu'ils s'appliquent à des choses fongibles.

(4) *Que civilement. Quæ tangi non possunt, et quæ in jure consistunt.* (Instit., lib. 2, tit. 2, §. 2.)

PAGE 144.

(1) *Ils se rapportent. Qui actionem habet ad rem recuperandam, ipsam rem habere videtur.* (*L.* 15, ff. *de Regulis juris.*)

(2) *Ou une rente perpétuelle.* Anciennement, dans la plupart des pays coutumiers, les rentes perpétuelles étoient regardées comme immeubles.

(3) *Ou sur particuliers.* Il faut néanmoins observer, à l'égard des rentes sur particuliers, que, sans sortir de la classe des meubles, elles ne peuvent être saisies qu'avec des formalités spéciales, dont on peut voir le détail dans les articles 636 et suivans

du Code de Procédure. Quant aux rentes sur l'Etat, elles ne sont point saisissables. (Loi du 8 nivose an 6.)

(4) *Les actions ou intérêts. L'action* diffère de *l'intérêt*, en ce que l'intéressé est ce que l'on appelle *associé en nom collectif.* (*Cod. de Comm.*, art. 20 et suiv.) Il court tous les risques de l'affaire, et peut être poursuivi sur tous ses biens, pour raison des dettes de la société. L'actionnaire, au contraire, n'est jamais qu'*associé commanditaire* (*Ibid.*, art. 23 et 26), c'est-à-dire qu'il ne peut jamais perdre au-delà de la valeur de son action.

(5) *Sont également meubles.* Cependant, aux termes de l'article 7 du décret du 16 janvier 1808 (*Bulletin*, n°. 2953), les propriétaires d'actions de la Banque peuvent, en remplissant certaines formalités, leur donner la qualité d'immeubles; auquel cas, lesdites actions sont soumises aux dispositions du Code, relatives à l'aliénation des immeubles, et aux priviléges et hypothèques auxquels les immeubles peuvent être assujettis. Ces actions, et les rentes sur l'État, peuvent encore être immobilisées pour former un majorat. (*Statut impérial du* 1er *mars* 1808, art. 2, 3, 4 et 5, *Bulletin*, n°. 3207.) Mais elles reprennent leur qualité de meubles, si la demande en institution de majorat est rejetée, ou retirée. (*Décret du 21 décembre* 1808, *Bulletin*, n°. 4029.) Toutes ces dispositions sont appliquées aux actions des canaux d'Orléans et de Loing, par l'article 13 du décret du 16 mars 1810. (*Bulletin*, n°. 5355.)

(6) *Propriétaires d'immeubles*, parce que la compagnie est un être moral, distinct des actionnaires ou intéressés qui la composent, et qui sont tous censés ses créanciers. Or, une créance n'est pas immobilière, parce qu'elle doit être exercée contre un propriétaire d'immeubles. Ce ne sera donc qu'au moment de la dissolution de la société, et par le partage, que l'on saura si tel ou tel associé est, ou non, propriétaire d'immeubles. C'est pour cela que l'article dit, que ces actions ou intérêts sont réputés meubles à l'égard de chaque associé, tant que dure la société.

(7) *La durée de la société.* Si donc la société, ou compagnie, propriétaire d'immeubles, est débitrice, en son nom, envers des tiers, ces immeubles pourront leur être hypothéqués; ils pourront les faire saisir réellement, etc.

(8) *De l'usufruit des immeubles. Ususfructus pars dominii est.* (*L.* 4, ff. *de Usufructu.*)

PAGE 145.

(1) *Le débiteur personnel. Secùs*, s'il n'est poursuivi que comme détenteur, et par l'action hypothécaire. Il peut alors toujours se libérer, en délaissant l'immeuble. De même, s'il s'agissoit d'une rente foncière établie avant la loi qui a déclaré ces sortes de rentes mobilières, je pense que cette loi n'a pu avoir d'effet rétroactif; qu'elle n'a pu, en conséquence, imposer au possesseur de l'héritage une obligation personnelle à laquelle il n'étoit pas assujetti, et que ce possesseur peut toujours se libérer de la prestation de la rente, en déguerpissant.

(2) *Glaces*, excepté cependant celles dont le parquet fait corps avec la boiserie, et qui sont immeubles, quand elles appartiennent au propriétaire de la maison. (Art. 525.)

(3) *Les statues, tableaux.* Même observation que dans la note précédente.

(4) *Les meubles meublans.* En effet, par maison meublée, on entend une maison garnie des meubles servant à son usage ou à son ornement, c'est-à-dire, des meubles meublans. Par la même raison, l'on ne doit entendre que les meubles destinés à l'ameublement de la maison même, et non pas ceux qui n'y seroient qu'en dépôt, tels que les meubles d'une autre maison en réparation, et qui auroient été transportés dans la maison vendue ou donnée, jusqu'à ce que les réparations fussent terminées.

Quid, à l'égard des carrosses et des chevaux? Il a été jugé au Châtelet, le 31 mars 1708, que les carrosses et chevaux de carrosse étoient compris dans le legs de meubles meublans. Ce jugement est rapporté dans l'ancien DENISART, au mot *Meubles*, n°. 13. Je ne pense pas que cette décision doive être adoptée aujourd'hui, à cause de la disposition de l'article 533. Quant aux chevaux de selle, ils n'ont jamais été mis au nombre des meubles meublans.

Quid, de la batterie de cuisine? Elle est comprise sous le nom de meubles meublans; c'est le meuble de la cuisine.

Quid, le linge? Il faut distinguer : le linge de table peut être regardé comme meuble meublant, mais non le linge de corps. (Argument tiré de l'art. 533.)

(5) *A l'exception de l'argent comptant.* En droit Romain, la même chose étoit décidée par la loi 92, §. 1, ff. *de Legatis*. 3°. Cette disposition est fondée sur ce que l'argent comptant n'étant censé avoir de valeur que comme signe, ou comme moyen de se procurer les objets dont on a besoin, on a cru devoir le comparer au titre d'une créance, qui n'est rien par lui-même, et qui ne vaut que comme moyen de se faire payer de l'objet compris dans ladite créance.

(6) *S'y trouver déposés.* En effet, le titre n'est pas la créance; il n'en est que la preuve. La créance étant une chose incorporelle, n'est, à proprement parler, nulle part; ou plutôt, c'est un droit inhérent à la personne du créancier.

(7) *A laquelle il est joint.* Ainsi, lorsque, dans les dispositions de l'homme ou de la loi, il est opposé au mot *immeuble*, il signifie tous les objets mobiliers quelconques. Par exemple, si un testament est ainsi concu : *Je lègue à Pierre tous mes meubles, et à Paul tous mes immeubles*, je pense que Pierre pourra réclamer tout le mobilier. Il en est de même dans les dispositions de la loi. (*Voyez* les art. 826, 880, 1564, 1565, 2099, etc.) Il est même des dispositions dans lesquelles, quoique le mot *meuble* soit seul, et non opposé au mot *immeuble*, il doit cependant être entendu de tous les meubles, ou au moins de tous ceux corporels. (*Voyez* les art. 452, 805, 825, 2101, 2102, et plusieurs autres, dont le sens ne peut être douteux.) C'est pour cette raison que je n'ai pas cru devoir adopter tout-à-fait la rédaction de l'article 533, parce qu'en la prenant à la lettre, il en résulteroit des conséquences contraires à tous les principes du droit. Ainsi le locataire ne pourroit, pour sûreté de ses loyers, saisir les objets énumérés dans ledit article. Le tuteur ne seroit pas obligé de vendre les mêmes objets, qui appartiendroient à son pupille, etc.

(8) *Plutôt qu'à un autre.* Si, par exemple, un individu a laissé à quelqu'un tous ses meubles, et qu'il n'existe dans le testament aucune disposition qui puisse faire connoître le sens que le testateur a attaché au mot *meubles*,

PAGE 146.

(1) *Ou patrimoniaux.* Cette division ne comprend pas, et n'a pas dû comprendre les choses qui n'appartiennent à personne, et dont l'usage est commun à tous, tels que l'air, la mer, etc. Cet usage étant lui-même, quand le cas y échet, réglé par des lois de police (art. 714), je n'ai pas dû m'en occuper; et d'ailleurs ce sont, à la vérité, des choses; mais ce ne sont pas, à proprement parler, des biens.

(2) *Sans changer de nature*, parce que ces choses n'étant hors du commerce qu'à raison de leur nature et de l'usage auquel elles sont destinées, il est clair qu'elles doivent y rentrer, du moment que cette nature ou cet usage ne sont plus les mêmes. C'est pour cela qu'un rempart est hors du commerce, tant que la place est ville de guerre, et qu'il devient susceptible d'être propriété privée, quand la place n'est plus ville de guerre, parce qu'alors ce n'est plus, à proprement parler, un rempart. (Art. 540, 541.)

(3) *Les fleuves et rivières.* Le fleuve diffère de la rivière, en ce que le premier conserve son cours, et ordinairement son nom, jusqu'à la mer; la rivière, au contraire, se jette dans un autre fleuve ou rivière. La Seine, la Loire, le Rhône sont des fleuves. La Marne, l'Aube, la Saône, sont des rivières.

(4) *Les rivages* de la mer. Les rives des fleuves et rivières, peuvent appartenir aux particuliers, à la charge de laisser, s'il y a lieu, le marche-pied ou chemin de halage. (art. 556.) Au surplus, on entend par *rivage de la mer*, le terrain qu'elle couvre dans ses plus hautes marées; *quousquè maximus fluctus à mari pervenit.* (*L.* 96, ff. *de Verb. Signif.*)

(5) *Lais et relais de la mer*, sont les portions de terrain que la mer abandonne en se retirant insensiblement. Ils appartiennent à l'Etat, à la différence des lais et relais des fleuves et rivières, qui appartiennent aux propriétaires riverains. (Art. 557.) C'est que l'Etat est propriétaire du rivage de la mer, tandis que, comme nous venons de le dire, la rive du fleuve appartient aux propriétaires riverains, *pro modo latitudinis cujusque agri.*

(6) *Hâvres.* Le hâvre est un port qui ne peut recevoir que des bâtimens d'une moindre grandeur.

(7) *Rades.* La rade est une partie de la mer, où les bâtimens peuvent mouiller, en attendant le moment favorable pour entrer dans le port.

(8) *Et sans maître.* Cependant les trésors n'appartiennent pas à l'Etat, mais se divisent par moitié entre l'inventeur et le propriétaire du fonds, comme nous le verrons au troisième Livre.

(9) *Un droit acquis.* On a jugé en Cassation, le 22 pluviose an 12, rapporté par M. de Malleville, sur l'article 516, que les biens des hospices n'étoient pas propriété nationale; et qu'en conséquence les discussions y relatives n'étoient pas de la compétence des autorités administratives.

PAGE 147.

(1) *Contre ceux qui le représentent.* Ceci a d'autant plus besoin d'explication, que le Code Napoléon a introduit un changement considérable, quant à l'effet de l'obligation de donner, et à la nature de l'action qui en résulte.

En effet, dans l'ancien droit, on tenoit pour principe, conformément aux lois Romaines, que la propriété ne pouvoit s'acquérir par la simple convention, mais qu'il falloit en outre la tradition. (*L.* 20, Cod. *de Pactis.*) Si, donc, Paul m'avoit vendu une maison, tant que cette maison ne m'étoit pas livrée, je n'en avois pas la propriété, qui continuoit toujours de résider sur la tête de Paul. A la vérité, en me la vendant, il avoit contracté envers moi l'obligation de me la livrer, et j'avois contre lui une action pour l'y contraindre; mais il pouvoit arriver, cependant, que Paul, par mauvaise foi, vendît et livrât à un autre cette même maison : dans ce cas, comme je n'avois pas encore le *jus in re*, mais seulement le *jus ad rem*; que je n'avois, en conséquence, que l'action résultant de l'obligation de Paul, action purement personnelle, et que je ne pouvois exercer que contre lui, il s'ensuivoit que je n'avois aucun recours contre le nouveau possesseur, qui étoit devenu réellement propriétaire par la livraison, et que je pouvois seulement faire condamner Paul en mes dommages-intérêts, pour s'être mis, par son fait, dans l'impossibilité de remplir son obligation.

Si, au contraire, la maison m'avoit été livrée avant de l'être au second acquéreur, et que, par quelqu'événement, un autre en fût devenu possesseur, autrement que par mon fait: alors, comme, par la livraison, j'avois acquis le *jus in re*, que j'étois devenu propriétaire de la chose, j'avois l'action réelle contre le détenteur, quel qu'il fût, pour le forcer de m'en restituer la possession.

Aujourd'hui le Code Napoléon a fait sur ce point, comme nous l'avons dit, un changement considérable, en décidant que le *jus in re*, où la propriété, est transféré par la seule convention, et avant toute livraison. (Art. 1138.) Le même exemple ne peut donc servir à distinguer les cas où l'action réelle a lieu, de ceux où l'on ne peut intenter que l'action personnelle, puisque, dans la même espèce, j'aurois, par le droit actuel, le *jus in re*, et par conséquent l'action réelle, immédiatement après que la vente auroit été consentie par Paul, et avant toute tradition. (Art. 1583.)

Mais, néanmoins, il est encore plusieurs cas où même, dans l'obligation de donner, la livraison est nécessaire pour donner le *jus in re* et l'action réelle.

Ainsi, par exemple, si la vente est d'une chose indéterminée, comme un cheval, un arpent de terre, sans autre désignation, il est évident qu'avant la livraison je ne puis avoir que l'action personnelle contre le vendeur, puisque, dans ces sortes d'obligations, ce n'est que la livraison qui détermine la chose individuelle à laquelle j'ai droit.

De même, s'il s'agit d'une chose mobilière, l'article 1141 a également établi, *favore commercii*, que je ne puis avoir l'action réelle contre le possesseur de bonne foi, qu'autant que la chose m'a été livrée avant lui.

Enfin, dans la donation, le droit de poursuivre l'immeuble donné, contre les détenteurs, ne s'acquiert que par la transcription, qui est une espèce de tradition feinte.

J'observerai, en terminant, que l'on peut avoir tout-à-la-fois, et par rapport à la même chose, l'action personnelle et l'action réelle contre différentes personnes. *Exemple :* J'ai prêté mon cheval à Pierre, qui l'a perdu : par suite, il se trouve entre les mains d'une autre personne. Il est clair qu'en qualité de propriétaire, je puis exercer contre le possesseur l'action réelle, au moins pendant trois ans (art. 2279); mais j'aurai, en même temps, contre Pierre, l'action personnelle résultant du contrat de prêt, pour le contraindre à m'indemniser, s'il y a lieu, soit des détériorations que la chose a pu éprouver, soit du retard que j'ai essuyé dans la restitution.

Il existe encore une autre différence essentielle entre l'action personnelle et l'action réelle : c'est que la première étant dirigée spécialement contre la personne de l'obligé, peut être exécutée sur tous ses biens; la seconde, au contraire, n'étant dirigée contre telle personne, que parce qu'elle détient la chose dont il s'agit, elle peut toujours se libérer de l'effet de l'action, en abandonnant la chose, si toutefois elle n'est pas en dol; car alors il résulte du dol une action personnelle, qui rentre dans la première classe dont nous venons de parler.

PAGE 148.

(1) *De la propriété.* (*Voyez* OEuvres de POTHIER, *Traité de la Propriété.*)

(2) *Le droit.* Il faut bien distinguer le droit de propriété en lui-même, de l'exercice de ce même droit. Ainsi le mineur, l'interdit, la femme mariée, sont bien réellement propriétaires, quoique la loi, pour leur propre intérêt, ou pour des raisons d'ordre public, leur interdise l'exercice des principaux droits attachés à la propriété. De même, le saisi réellement est bien propriétaire jusqu'à l'adjudication; et cependant il ne peut disposer. (*Cod. de Procéd.*, art. 690 et 692.)

(3) *Au propriétaire. Droit de dénaturer :* le propriétaire d'une terre labourable peut en faire un étang, y planter un bois. *Droit de détériorer :* il peut la laisser en friche. *Droit de perdre :* le propriétaire d'un tableau peut l'effacer; celui d'un livre peut le jeter au feu.

(4) *D'utilité publique.* Ainsi, il n'est pas nécessaire qu'il y ait nécessité, il suffit qu'il y ait utilité. Il y a même des cas où il suffit de l'utilité particulière, comme dans les articles 660, 661 et 682.

Nota. Un avis du Conseil-d'État, approuvé le 12 janvier 1811 (*Bulletin*, n°. 6467), a déclaré que la disposition d'un ancien arrêt du Conseil, du 9 juillet 1718, qui autorisoit les salpêtriers à continuer de jouir, même après l'expiration des baux, des lieux où étoient établis leurs ateliers, ne devoit plus avoir force de loi.

PAGE 149.

(1) *Par les lois.* Par exemple, celles qui défendent de vendre des grains en vert, ou de vendre telle ou telle denrée, ailleurs qu'aux marchés.

(2) *Ou les réglemens.* Par exemple, ceux relatifs à l'ouverture et à la fouille des carrières, et à la construction de certaines usines qui peuvent incommoder sensiblement les voisins, tels que les fours à chaux, à plâtre, etc. (*Voir* aussi le décret du 11 janvier 1808, *Bulletin*, n°. 2926.)

(3) *Soit du public.* Ainsi, comme il est de l'intérêt public qu'une mine, qui peut

être un objet précieux pour tout l'Empire, soit exploitée, et en même temps qu'elle ne le soit que par des personnes qui aient le talent et les moyens suffisans pour en retirer le plus grand produit possible, le propriétaire du terrain où elle se trouve, ne peut l'exploiter, qu'après avoir obtenu la concession du Gouvernement, qui peut même l'accorder, sans son consentement, à tout autre qu'à lui, s'il ne la demande pas, ou s'il n'est pas en état de l'exploiter. (Loi du 21 avril 1810, *Bulletin*, n°. 5401.)

(4) *Grevés de restitution.* Si je charge mon fils ou mon frère de rendre à ses enfans, lors de son décès, la portion de mes biens dont je dispose en sa faveur, cette portion est dite *grevée de restitution.*

(5) *A faculté de rachat.* Je vends ma maison sous la condition que je pourrai, pendant deux ans, la reprendre, en rendant le prix de l'acquisition. C'est une vente faite *à faculté de rachat.*

(6) *Une propriété imparfaite.* Il sera traité de ces différens cas, sous les Titres qui les concernent.

PAGE 150.

(1) *Des vues immédiates.* La vue est *immédiate*, quand le mur où elle est prise donne immédiatement sur le fonds voisin. On peut avoir vue sur le fonds voisin, sans avoir pour cela un droit de vue; il suffit que le mur où est prise la vue, soit à une certaine distance de la ligne de séparation des deux héritages. Dans ce cas, le voisin n'en a pas moins la propriété parfaite de son fonds, puisqu'il peut, s'il le juge à propos, élever son mur assez haut pour empêcher qu'on ne voie ce qui se passe chez lui.

(2) *Le droit réel de jouissance.* Il faut bien observer que nous ne considérons ici le droit de jouissance, qu'autant qu'il est droit réel, c'est-à-dire, démembrement de la propriété. Cela est d'autant plus essentiel à remarquer, qu'il existe beaucoup d'autres cas dans lesquels on peut avoir la jouissance de la chose d'autrui, sans avoir pour cela le *jus in re*, comme dans le louage, le commodat, l'antichrèse. Et ce qui prouve que, dans ce cas, le droit de jouissance ne fait pas partie de la propriété, c'est que la valeur de la chose ne s'en trouve point, ou presque point diminuée dans la main du propriétaire. (*Voyez* la note suivante.)

(3) *Du présent livre.* Je ne parle point ici de l'hypothèque, qui est cependant un droit réel, mais seulement dans le sens qu'elle produit l'action réelle, c'est-à-dire, qu'elle peut être exercée contre tout détenteur. En effet, il faut remarquer que je ne traite ici des droits réels, qu'autant qu'ils sont des démembremens de la propriété, c'est-à-dire, qu'ils font réellement partie du domaine de la chose, et qu'ils en augmentent ou en diminuent la valeur, suivant qu'ils sont réunis à la propriété, ou qu'ils en sont détachés. Or, ces caractères ne se rencontrent point dans l'hypothèque : elle n'est point un démembrement de la propriété; elle n'en diminue pas la valeur dans la main du propriétaire, qui vendra toujours le fonds tout ce qu'il peut valoir, quoiqu'il soit grevé d'hypothèques bien au-delà de sa valeur; tandis que, souvent, il n'en retirera pas la moitié du prix réel, s'il est grevé d'un usufruit.

On peut voir un effet de cette différence, dans la note ci-dessus (12) de la page 103, au Titre *de l'Adoption*.

Une seconde différence résultant de la première, entre l'hypothèque et les autres droits réels, c'est que l'hypothèque n'ayant d'autre motif que d'assurer le paiement d'une créance, le propriétaire du fonds hypothéqué peut toujours, par son fait seul, par sa simple volonté, c'est-à-dire, en remboursant le créancier, même malgré lui, faire disparoître le droit réel résultant de l'hypothèque : ce qu'il ne peut faire à l'égard de celui qui a sur le fonds un droit réel, dit *démembrement de la propriété*, tel qu'un usufruit, une servitude.

Enfin, une troisième différence, c'est que les droits réels, proprement dits, prennent la nature de l'objet auquel ils s'appliquent, et sont en conséquence meubles ou immeubles, suivant que les objets le sont eux-mêmes : l'hypothèque, au contraire, quoique ne pouvant s'appliquer qu'à des immeubles, suit entièrement la nature de la créance pour sûreté de laquelle elle est établie.

PAGE 151.

(1) *De l'usufruit.* (*Voyez* le Traité *du Douaire*, de POTHIER, chap. 5, 6 et 7.)

(2) *La substance et la forme.* J'ai changé quelque chose à la rédaction de l'art. 578. D'abord il y est dit que l'usufruitier a le droit de jouir comme le propriétaire ; ce qui n'est pas tout-à-fait exact, puisque le propriétaire a toujours le droit de changer le mode de jouissance ; ce que ne peut pas toujours l'usufruitier. (Art. 592 et 598.) L'article 34 du Sénatus-consulte du 8 frimaire an 12, sur l'administration des sénatoreries, défend aux titulaires desdites sénatoreries, qui peuvent être regardés comme des usufruitiers, de changer la nature de l'exploitation des biens ruraux qui en dépendent. (*Bulletin*, n°. 3377.)

Secondement, l'article impose seulement à l'usufruitier l'obligation de conserver la substance. Je pense qu'il est également tenu de conserver la forme. (*L.* 7, §. 3, *LL.* 8, et 13, §. 4 et 7, *de Usufructu.*) Si cependant l'opposition du propriétaire étoit évidemment fondée sur des motifs de chicane ou de malveillance, je pense qu'elle pourroit être rejetée ; si, par exemple, il s'opposoit à ce que l'usufruitier défrichât une lande. *Malitiis non est indulgendum.*

(3) *De ces derniers.* On peut regarder aussi comme un usufruit légal, le droit en vertu duquel les fruits et revenus des biens personnels des époux mariés sans contrat, appartiennent à la communauté (art. 1401), ainsi que le droit accordé par l'article 127 aux envoyés en possession des biens d'un absent, de percevoir tout ou partie des fruits desdits biens.

(4) *Donation entre-vifs ou testamentaire*, et avec les formalités voulues pour ces sortes d'actes.

Observez, au surplus, que l'usufruit, étant un démembrement de la propriété, ne peut être concédé que par le propriétaire ayant capacité d'aliéner. S'il a été concédé *à non domino*, il peut seulement, s'il y a bonne foi, être acquis par la prescription de dix ou vingt ans.

(5) *Ou purement :* auquel cas il commence de suite, et finit ainsi qu'il sera dit ci-après.

(6) *Ou à certain jour.* Ce qui peut s'entendre de deux manières. D'abord, *ex die*, pour ne commencer que tel jour : *je donne et lègue l'usufruit de ma terre à Pierre, à compter d'un an après ma mort.* L'usufruit commence le premier jour de la seconde année, et finit par les manières ordinaires. Ensuite, *ad diem*, pour finir tel jour : *je donne et lègue, etc., pendant dix ans.* L'usufruit commence de suite, et finit à l'expiration de la dixième année. On voit, d'ailleurs, que le même usufruit peut être *ex die* et *ad diem*.

(7) *Ou sous condition*, suspensive ou résolutoire. *Suspensive*, lorsque l'usufruit ne doit avoir lieu, qu'autant que tel événement arrivera ou n'arrivera pas. *Résolutoire*, lorsqu'il commence de suite, mais qu'il doit finir dans le cas où tel événement arrivera ou n'arrivera pas.

(8) *Non fongible.* On sent, en effet, que ces principes ne peuvent s'appliquer aux choses fongibles, sur lesquelles on ne peut réellement établir d'usufruit proprement dit. C'est plutôt un prêt qu'un usufruit.

PAGE 152.

(1) *Habituel*, parce que, si on ne regardoit comme fruits naturels que ceux qui n'ont absolument aucun besoin de l'industrie humaine, on en réduiroit infiniment le nombre, puisque les bois mêmes ont toujours besoin de quelque soin, ne fût-ce que pendant leur jeunesse. Mais cependant, comme ces soins ne sont pas habituels, et ne se renouvellent pas à des époques périodiques, comme pour les moissons, on range les bois dans la classe des fruits purement naturels. Au surplus, cette division des fruits, en naturels et industriels, n'est mise, ici, que pour complément ; car il n'en résulte pas de différence dans le droit.

(2) *Le prix des baux à ferme.* Ce prix n'étoit pas mis anciennement au nombre des fruits civils, parce que, disoit-on, il représentoit les fruits du fonds. De ce changement il est résulté une différence dans le droit de l'usufruitier, au commencement et à la fin de l'usufruit, ainsi que nous le verrons tout-à-l'heure. (*Voyez* la Note (4) de la page suivante.)

(3) *D'autres pertes. Quid*, si ce sont des choses qui se dégradent peu-à-peu par l'usage, comme des meubles meublans, et que l'usufruitier n'en représente aucun vestige, prétendant qu'elles ont été entièrement consommées par le service. Je pense que, dans ce cas, il est tenu d'en rembourser le prix sur le pied de la valeur des objets, au commencement de l'usufruit. (Argument tiré de l'art. 950, qui assujettit à cette obligation le donateur qui s'est réservé l'usufruit, et qui est bien certainement le plus favorable de tous les usufruitiers.) On doit présumer, comme nous l'avons déjà dit, Note (1) de la page 124, ci-dessus, qu'il a vendu les objets dès le commencement de son usufruit, et qu'il en a retiré conséquemment la valeur qu'ils avoient alors. C'est à lui, s'il veut empêcher l'effet de cette présomption, à représenter au moins les vestiges qui ont dû lui rester, et à remplir par là l'obligation qui lui est imposée par l'article 603, de représenter les objets à la fin de l'usufruit.

Il est, au surplus, bien entendu que, si l'usufruitier prétend que les objets soumis à l'usufruit, ont péri entièrement par cas fortuit, il doit être admis à le prouver. Et cette preuve faite, si le propriétaire soutient que le cas fortuit a été précédé d'une faute qui y a donné lieu, ce sera à lui à le prouver à son tour. (Argument tiré de l'art. 1808.)

(4) *Ou par sa faute.* Si donc, par exemple, l'usufruit est établi sur un animal qui vienne à périr sans la faute de l'usufruitier, son droit cesse; mais il n'est pas tenu d'en rendre un autre, ni d'en payer l'estimation.

(5) *Sans être tenu à restitution.* Ces mots ont été ajoutés, parce qu'il y avoit des auteurs qui pensoient qu'une rente viagère n'ayant pas de capital, n'étoit autre chose que la créance des arrérages qui devoient courir pendant le temps de sa durée; que ces arrérages faisoient tout le principal, tout le fonds de la rente viagère, laquelle s'éteignoit par partie, à mesure que le créancier les recevoit. Ils concluoient de là que l'usufruitier n'ayant pas le droit de consommer le fonds de la chose dont il a l'usufruit, pouvoit bien percevoir les arrérages de la rente viagère, mais qu'il étoit tenu de les restituer à la fin de l'usufruit, et que son droit se bornoit à la propriété des revenus que ces arrérages, placés à fur et mesure, pouvoient lui procurer. Cette opinion, déjà rejetée dans l'ancien droit, n'a pas été adoptée davantage dans le Code. On a considéré la rente viagère comme un être moral, distingué des arrérages qu'elle produit, et qui en sont les fruits. On a donc abandonné irrévocablement ces arrérages à l'usufruitier, qui est seulement tenu, à la fin de l'usufruit, de rendre l'être moral qui les produit, s'il subsiste encore, c'est-à-dire, le droit de percevoir les arrérages qui écherront postérieurement à la cessation de l'usufruit, si la tête sur laquelle repose la rente est encore vivante. Et en effet, la rente viagère peut, en quelque sorte, être mise au nombre des choses non fongibles, puisqu'il est vrai de dire qu'elle périt peu-à-peu par l'usage. L'on trouve, au surplus, une décision à-peu-près semblable, dans la loi 7, §. 2, ff. *de Jure dotium*, où il s'agit d'un usufruit qui a été donné en dot: l'on demande si les fruits perçus pendant le mariage doivent être rendus lors de sa dissolution, et le jurisconsulte décide qu'il n'y a que le droit d'usufruit qui soit dotal, et qui doive conséquemment être restitué: *Jus ipsum in dote esse, non etiam fructus qui percipiuntur.*

PAGE 153.

(1) *Ou l'estimation.* Sur quel pied? Est-ce d'après la valeur de la chose au commencement ou à la fin de l'usufruit? L'article dit bien, *d'en rendre l'estimation, à la fin de l'usufruit;* mais comme ces mots, *à la fin de l'usufruit*, sont séparés de ce qui précède, par une virgule, ils doivent, d'après les règles grammaticales, se rapporter à la phrase principale, c'est-à-dire, à l'obligation de rendre, et ils signifient simplement, que la chose, ou l'estimation, doit être rendue à la fin de l'usufruit; ce qui est hors de doute, et ce qui ne lève point la difficulté. Ceux qui prétendent que l'on doit considérer la valeur à la fin de l'usufruit, s'appuient sur ce que la loi donne à l'usufruitier le choix de rendre la chose en nature ou en argent. Il paroît donc conforme à l'équité, que, s'il ne la rend pas en nature, il rende une valeur

égale à celle de l'objet en nature, ou, en d'autres termes, la valeur qu'a l'objet au moment de la restitution, c'est-à-dire à la fin de l'usufruit.

Les partisans de l'opinion contraire répondent qu'il n'en est pas des choses fongibles comme des choses non fongibles; qu'à l'égard des premières, le droit de jouissance se confond avec celui de propriété : l'usufruitier devient donc, dans ce cas, propriétaire, dès le principe, de la chose soumise à son usufruit, à la charge d'en rendre pareille quantité et qualité, ou d'en payer la valeur; que cette valeur, quand il préfère la payer, doit être celle dont il a eu l'usufruit, et, par conséquent, celle qu'avoient les objets quand l'usufruit a commencé. Ils citent, à l'appui de leur opinion, la loi 7, ff. *de Usuf. ear. rer.*; le §. 2, Instit., *de Usuf.*; l'opinion de DOMAT, Tit. *de l'Usufruit*, Sect. III, n°. 7; l'art. 868 du Code, qui assujettit l'héritier, donataire de meubles, au rapport de la valeur qu'avoient les objets donnés au moment de la donation; et enfin, l'article 1532, qui, dans le cas d'exclusion de communauté, assujettit le mari à restituer les choses fongibles faisant partie du mobilier apporté par sa femme, sur le pied de l'estimation qui a dû en être faite au moment du contrat de mariage.

Quelque forts que soient les motifs de cette dernière opinion, je pense que l'on doit, d'après la loi et l'équité, s'en tenir à la première. D'abord, on peut l'appuyer sur l'article 922 du Code, qui décide que, pour déterminer si une donation excède ou non la quotité disponible, il faut considérer la valeur des objets au temps du décès du donateur; sur l'article 1895, portant que le débiteur d'une somme d'argent doit rendre la somme numérique prêtée, en espèces ayant cours au moment du paiement, sans égard à l'augmentation ou à la diminution d'espèces, qui auroit pu arriver dans l'intervalle; enfin, et cela me paroît décisif, sur l'article 1903, portant que l'emprunteur de choses fongibles, qui se trouve dans l'impossibilité de les restituer en nature, est tenu d'en payer la valeur, eu égard au temps et au lieu où la chose devoit être rendue d'après la convention. Or, dans tous ces cas, le débiteur étoit devenu propriétaire dès le principe; et, d'ailleurs, comme nous l'avons dit ci-dessus, note(8) de la pag. 151, l'usufruit des choses fongibles est réellement un véritable prêt.

Enfin l'opinion contraire seroit trop préjudiciable aux intérêts du propriétaire. En effet, la loi donnant à l'usufruitier le choix de rendre la chose en nature, ou sa valeur, le propriétaire n'a pas grand intérêt à recevoir l'une plutôt que l'autre, s'il s'agit de la valeur à la fin de l'usufruit; mais si, au contraire, l'on décidoit qu'il s'agit de la valeur qu'avoit l'objet au commencement de l'usufruit, il est clair que l'usufruitier, qui a le choix, ne manquera pas de rendre cette valeur, si les objets ont augmenté de prix, ou de rendre les objets mêmes en nature, s'ils ont diminué; en sorte que toutes les chances se trouveront contre le propriétaire. Cette dernière raison rend absolument inapplicables à la question proposée les autorités citées en faveur de l'opinion contraire. En effet, dans ces différentes dispositions, le débiteur n'a pas le choix, il doit rendre, dans tous les cas, le montant de l'estimation qui a été faite dans le principe : son sort est dès-lors fixé, soit que l'objet augmente ou diminue de valeur; en sorte que la chance est égale pour lui, comme pour le créancier.

(2) *A l'ouverture de l'usufruit*, pourvu, toutefois, que l'usufruit ne vienne pas à s'éteindre avant qu'ils soient perçus; autrement, comme ils se trouveroient encore pendans par racines au moment de la cessation de l'usufruit, ils appartiendroient au propriétaire.

(3) *Ou à la fin de l'usufruit.* C'est-à-dire, que si, par exemple, il y a sur le fonds, au commencement de l'usufruit, un fermier à moitié, quoique l'usufruitier ait, dans la règle générale, le droit de percevoir tous les fruits, cependant il ne pourra toucher à la moitié réservée au fermier. On veut bien dispenser l'usufruitier de rembourser les frais de labours et semences, lorsqu'ils ont été faits par le propriétaire, mais non pas lorsqu'ils l'ont été par un tiers qui a dû compter sur l'exécution de son bail.

Il en est de même de la part du propriétaire, à l'égard du colon partiaire qui pourroit se trouver sur le fonds à la fin de l'usufruit.

(4) *Du prix des baux à ferme.* C'est ici le lieu d'expliquer comment le Code, en rangeant dans la classe des fruits civils le prix de fermage des biens ruraux, qui étoit regardé anciennement comme fruit naturel ou industriel, a changé le droit de l'usufruitier.

Soit une ferme, louée douze mille francs payables à Noel chaque année, et dont la récolte commence au 1er juillet, et se termine au 31 août; que l'on suppose maintenant que cette ferme est sujette à un usufruit, et que l'usufruitier vient à décéder le 30 juin. On pensoit anciennement, conformément à la loi 58, ff. *de Usufructu*, que le prix du bail étoit représentatif de la récolte; qu'il étoit, en conséquence, acquis en entier à l'usufruitier, dès que la récolte étoit terminée, quand même l'époque du paiement n'auroit pas été encore échue, le délai étant accordé uniquement en faveur du fermier, afin de lui donner le temps de vendre ses fruits et de se procurer des fonds. Par la même raison, l'on pensoit qu'aucune partie du prix n'étoit acquise à l'usufruitier, tant que la récolte n'étoit pas commencée, quand même le fermier auroit été tenu de payer par termes, et qu'il y auroit eu un ou deux termes échus. D'après ces principes, on voit que, dans l'hypothèse ci-dessus, la succession de l'usufruitier n'auroit rien eu à réclamer sur le prix du fermage de la dernière année, puisque nous supposons qu'il est mort le 30 juin, et que la récolte ne devoit commencer que le lendemain. Dans le droit actuel, sa succession pourroit réclamer six mille francs.

Si nous supposons maintenant qu'il est mort le 1er. septembre, il est évident que, dans l'ancien droit, sa succession auroit eu à réclamer douze mille francs, prix total de l'année, puisque nous supposons que la récolte entière a été terminée la veille de sa mort. Dans le droit actuel, elle ne pourroit réclamer que huit mille francs.

Il faut avouer que l'ancien droit étoit plus conforme à la rigueur des principes. Il est, en effet, singulier que le droit de l'usufruitier change, suivant qu'il a donné à ferme, ou qu'il exploite lui-même le bien sujet à l'usufruit; car on voit que, dans l'hypothèse ci-dessus, si le bien étoit exploité par l'usufruitier lui-même, celui mort le 30 juin n'eût perçu aucun fruit, et celui mort le 1er. septembre les eût recueillis tous. Mais, d'un autre côté, l'ancien droit donnoit aussi matière à beaucoup de difficultés, sur-tout lorsque l'usufruitier venoit à mourir pendant la récolte. Il falloit estimer ce que la partie recueillie étoit à la récolte totale, afin de donner à la succession de l'usufruitier une part correspondante dans le prix du fermage; il falloit donc expertise, ventilation, etc. On a voulu éviter tout cela, et on a admis un moyen terme qui fait, après tout, en quelque sorte, compensation, puisque l'usufruitier peut gagner dans un cas, comme il peut perdre dans l'autre.

(5) *Le mode de jouissance.* D'un pré, d'un bois, le propriétaire peut faire une terre labourable, *et vice versâ;* l'usufruitier ne le peut pas.

(6) *Ou à l'usage constant des propriétaires.* Mais aussi, en se conformant à cet usage, il profite de toutes les coupes dont l'époque arrive pendant la durée de son usufruit; de sorte que, si l'on suppose un taillis qui se coupe tous les douze ans, et qui en ait onze au moment de l'ouverture de l'usufruit, il suffira que l'usufruit dure un an, pour que l'usufruitier ait le droit de faire la coupe et de se l'approprier; *et vice versâ*, si le taillis n'avoit qu'un an au moment de l'entrée en jouissance, l'usufruitier n'auroit rien à prétendre, si ce n'est dans le cas où son usufruit se prolongeroit jusqu'à l'époque à laquelle le bois auroit atteint sa douzième année.

Quid, s'il a fait la coupe avant l'époque fixée par l'aménagement ordinaire? La propriété de cette coupe est *in suspenso*, et demeure subordonnée à la durée future de l'usufruit. S'il se prolonge jusqu'au moment où les bois auroient eu l'âge prescrit, la coupe appartient à l'usufruitier: sinon, il est dû indemnité au propriétaire; et cette indemnité doit être égale à la différence qui se trouve entre l'âge du bois qui existe au moment de la cessation de l'usufruit, et l'âge qu'il auroit eu si la coupe n'avoit pas été faite indûment. Par exemple, la coupe devoit être faite à douze ans; l'usufruitier l'a faite à huit, il est mort trois ans après : le propriétaire ne trouve sur son terrain qu'un bois de trois ans, tandis que si l'usufruitier n'eût pas fait une coupe prématurée, il en eût trouvé un de onze ans. L'indemnité doit être réglée d'après cette base.

Nota. Aux termes de l'Ordonnance de 1669, Tit. XXVI, le taillis ne peut être coupé avant l'âge de dix ans. A l'âge de quarante ans, il est réputé *futaie;* et à soixante ans, *haute-futaie.*

(7) *A l'égard des futaies.* Le taillis est regardé comme fruit, et non la futaie, parce que le taillis se coupe périodiquement, et à des époques même assez rapprochées, tandis que la futaie ne se coupe ordinairement que quand elle est couronnée. D'ailleurs, le taillis n'a pas d'autre destination que celle d'être coupé; la futaie sert ordinairement pour l'agrément. Mais comme l'usufruitier a le droit de jouir comme jouissoit le propriétaire, si celui-ci a mis antérieurement les futaies en coupe réglée, l'usufruitier a le droit d'en continuer l'exploitation sur le même pied.

(8) *Soit de baliveaux.* On nomme ainsi des arbres qui, aux termes des réglemens, doivent être réservés sur chaque coupe, soit de taillis, soit de futaie. Leur nombre est de seize par arpens, ancienne mesure; ils doivent être de la plus belle espèce et de la meilleure qualité. Les baliveaux sur taillis ne peuvent être coupés avant

l'âge de quarante ans, et ceux sur futaie avant l'âge de cent vingt ans. (Arrêt du Conseil-d'État, du 19 juillet 1723.) Cette mesure a pour objet de conserver des bois de construction, et principalement des bois de marine.

Notre article suppose que l'usufruitier peut avoir droit aux coupes de baliveaux; et effectivement, il paroît, d'après l'usage rapporté par DENISART, v°. *Baliveaux*, n°. 5, que les baliveaux sur taillis appartiennent à l'usufruitier, tant qu'ils n'ont pas l'âge requis pour être réputés futaies, c'est-à-dire de quarante à soixante ans.

D'après l'article 39 du Sénatus-Consulte, déjà cité, du 8 frimaire an 12, relatif aux sénatoreries, le titulaire d'une sénatorerie ne peut disposer des baliveaux, même sur taillis, quel que soit leur âge.

Quid, si l'usufruitier a vendu la coupe, comme cela se fait ordinairement, et que l'usufruit vienne à cesser avant qu'elle soit faite, quel sera le droit de l'acquéreur?

Je pense qu'il faut distinguer : si la vente a été faite à l'époque et suivant les formes déterminées par l'usage ou les réglemens pour ces sortes de ventes, elle doit être maintenue; mais le prix doit en être versé dans les mains du propriétaire : dans le cas contraire, il est libre au propriétaire d'en demander la nullité.

POTHIER, dans son Traité *du Douaire*, n°. 200, émet, à la vérité, une opinion contraire, pour le premier cas, relativement à la propriété du prix; mais comme cette opinion est fondée sur une disposition particulière de l'article 75 de la Coutume d'Orléans, disposition qui n'est pas renouvelée dans le Code Napoléon, je n'ai pas dû y avoir égard.

Observez que nous n'admettons pas, dans notre droit, la distinction subtile du droit Romain, qui n'adjugeoit les fruits à l'usufruitier, qu'autant qu'ils avoient été perçus par lui ou en son nom. Dans tous les autres cas, *putà*, s'ils étoient tombés d'eux-mêmes, ou s'ils avoient été volés, ils appartenoient au propriétaire. (L. 12, §. 5, ff. *de Usuf.*, et L. 13, ff., *Quibus modis usuf. amitt.*)

Chez nous, il suffit que les fruits ayent été séparés du fonds, pour qu'ils appartiennent à l'usufruitier, de quelque manière que la séparation ait eu lieu.

(9) *Pendant sa jouissance.* Si, cependant, il avoit été empêché de faire ces coupes par l'effet d'une force majeure qui lui fût étrangère, *putà*, par une inondation, ou par une disposition réglémentaire, momentanée, je ne pense pas qu'il doive en être privé.

PAGE 154.

(1) *Par accident.* Donc, hors le cas de réparation, les futaies arrachées ou brisées appartiennent au propriétaire.

Nota. Les arbres arrachés ou brisés par accident se nomment, en termes de forêts, *chablis;* et l'on nomme *arbres de délit*, ceux qui ont été coupés ou renversés clandestinement. L'article ne parle que des premiers; en seroit-il de même des seconds? A plus forte raison. Autrement il en résulteroit, ou que l'usufruitier négligeroit de surveiller les bois, ou pourroit même les faire couper clandestinement pour se les approprier.

Quid, à l'égard des arbres morts? Ils doivent également appartenir au propriétaire, ne fût-ce que pour empêcher la fraude. L'article 592 dit que, *dans tous les autres cas*, l'usufruitier ne peut toucher aux arbres de haute futaie. La loi 18, ff. *de Usuf.*, paroît décider le contraire; mais je ne pense pas qu'elle doive être suivie dans notre droit; il en résulteroit trop d'inconvéniens.

Le propriétaire a-t-il le droit, pendant la durée de l'usufruit, de faire couper et vendre les futaies? Il faut distinguer : si la futaie se couronnoit, de manière qu'il fût à craindre que les arbres mourussent, l'usufruitier n'a pas le droit de s'opposer à la coupe; mais autrement le propriétaire ne peut en disposer. Ce seroit nuire aux droits de l'usufruitier, auquel ces arbres peuvent être utiles, soit pour l'ombrage et la promenade, soit à raison des produits qu'il peut en retirer, comme les échalas, la glandée, le faine, etc.

(2) *Lui appartiennent.* Pourquoi cette différence avec les futaies? C'est qu'un arbre fruitier se remplace, au lieu qu'un arbre de futaie ne peut se remplacer; ou du moins, il faut un temps si considérable, que cela excède la durée ordinaire d'un usufruit. Il y a, d'ailleurs, une autre raison: c'est que l'usufruitier ne peut jamais avoir d'intérêt à abattre un arbre fruitier; on ne peut donc supposer que l'accident prétendu provienne de son fait. Il n'en est pas de même d'un arbre de futaie.

(3) *Ou périodiques.* Tels que les menus brins de bouleau, les têtes des saules, l'ébranchage des peupliers et des ormes, les glands, les faines, etc.

(4) *Relatifs aux mines.* (*Voyez* ci-dessus, la note (3) de la page 149.)

(5) *Au commencement de l'usufruit.* Mais le propriétaire pourroit-il en ouvrir pendant la durée de l'usufruit, sans le consentement de l'usufruitier? Il faut distinguer s'il s'agit de mines, minières ou carrières.

D'abord, sont considérées comme mines, celles qui contiennent en filons, en couches, ou en amas, de l'or, de l'argent, du platine, du mercure, du plomb, du cuivre, du zinc, de la calamine, du bismuth, du cobalt, de l'arsenic, du manganèse, de l'antimoine, du molybdène, de la plombagine ou autres matières métalliques, du soufre, du charbon de terre ou de pierre, du bois fossile, des bitumes, de l'alun, des sulfates à base métallique, ainsi que du fer en filons ou couches. (Loi du 21 avril 1810, *Bulletin*, n°. 5401, art. 2.)

Les minières comprennent les minerais de fer dits d'*alluvion*, les terres pyriteuses propres à être converties en sulfate de fer, les terres alumineuses, et les tourbes. (*Ibid.*, art. 3.)

Les carrières renferment les ardoises, les grès, pierres à bâtir et autres, les marbres, granits, pierres à chaux, pierres à plâtre, les pozzolanes, le trass, les basaltes, les laves, les marnes, craies, sables, pierres à fusil, argiles, kaolin, terres à foulon, terres à poteries, les substances terreuses, et les cailloux de toute nature, les terres pyriteuses regardées comme engrais; le tout exploité à ciel ouvert, ou avec des galeries souterraines. (*Ibid.*, art. 4.)

Cela posé, voici les distinctions que nous croyons devoir établir, quant au droit du propriétaire, relativement aux mines, minières, ou carrières, non encore ouvertes au commencement de l'usufruit.

Les mines ne pouvant être, en général, exploitées qu'en vertu d'une concession du

Gouvernement, laquelle peut, comme nous l'avons déjà fait observer, être accordée à tout autre qu'au propriétaire, et sans son consentement, il est clair que l'usufruitier ne peut, à plus forte raison, s'opposer à la concession qui seroit faite de la mine, soit au propriétaire, soit à tout autre. (Art. 16 de ladite loi.) Mais aussi n'auroit-il pas droit à l'usufruit de l'indemnité qui, aux termes des articles 6 et 42 de la même loi, doit être payée par le concessionnaire au propriétaire de la surface? Cela me paroît de toute justice. Il est certain que l'exploitation de la mine doit préjudicier à son usufruit. L'on opposera peut-être que, d'après l'article 598, l'usufruitier n'a aucun droit aux mines non encore ouvertes; et de ce mot *aucun*, l'on conclura qu'il n'a rien à réclamer sur l'indemnité accordée au propriétaire. Mais d'abord il n'est nullement question ici de l'indemnité. L'article dit que l'usufruitier n'a aucun droit aux mines elles-mêmes, ce qui est bien différent. Pour entendre cette distinction, il faut se reporter à l'époque à laquelle l'article a été rédigé. Alors la législation relative aux mines étoit régie par la loi du 13 pluviose an 9 (*Bulletin*, n°. 513), laquelle donnoit, dans tous les cas, la préférence, pour la concession de la mine, au propriétaire de la surface, lorsqu'il consentoit à exploiter aux mêmes clauses et conditions offertes par les autres concessionnaires. Or, d'après cela, quand on a dit, dans l'article 598, que l'usufruitier n'auroit *aucun droit* aux mines, etc., on a voulu dire simplement, que, lorsqu'il y auroit un usufruitier, il ne pourroit réclamer la préférence que la loi accordoit au propriétaire seul. Entendu, dans ce sens, qui est d'ailleurs fort raisonnable, l'article 598 ne s'opposeroit point à notre opinion, qui est, comme nous l'avons dit, fondée sur une rigoureuse justice. Car, puisque l'indemnité est accordée au propriétaire, en raison du préjudice que l'exploitation de la mine apporte à sa propriété, et que ce préjudice, pendant toute la durée de l'usufruit, retombe entièrement sur l'usufruitier, n'est-il pas juste qu'il ait, au moins, pendant le même temps, la jouissance de l'indemnité?

Il y a plus : l'article 44 de la loi de 1810 dit que, quand l'occupation des terrains pour la recherche ou les travaux des mines, privera les propriétaires du sol, de la jouissance du revenu au-delà du temps d'une année, ou, lorsqu'après les travaux, les terrains ne seront plus propres à la culture, les propriétaires des mines pourront être forcés d'acquérir les terrains à l'usage de l'exploitation; et même, que, si une pièce de terre se trouve trop endommagée ou dégradée, sur une trop grande partie de sa surface, le propriétaire de la surface pourra exiger qu'elle soit achetée en totalité par le concessionnaire de la mine. Or, s'il y a un usufruit sur ces pièce ou terrain, et que l'usufruitier n'ait pas le droit de jouir du prix de l'acquisition, il s'ensuivra que l'usufruit se trouvera éteint par le fait du propriétaire; ce qui est contre tous les principes, puisque, dans le cas même où l'usufruit cesse par le fait de l'usufruitier, *putà*, pour abus fait pendant sa jouissance, le propriétaire, en rentrant dans la possession de l'objet, peut être condamné à payer à l'usufruitier une somme annuelle ou déterminée, jusqu'à l'époque où l'usufruit auroit dû cesser.

Enfin l'article 609 porte que, si, pendant la durée de l'usufruit, il est imposé quelque charge sur la propriété, le propriétaire est obligé d'en faire l'avance, mais que l'usufruitier doit lui tenir compte des intérêts. Donc, *à pari*, s'il est porté à la propriété quelque préjudice, pour lequel le propriétaire reçoive une indemnité, l'usufruitier doit avoir le droit de toucher les intérêts, ou, ce qui est la même chose, de jouir, de cette même indemnité.

Quid, si la mine est concédée au propriétaire de la surface? L'on fera comme il est dit par l'article 19 de ladite loi, pour le cas où il existe des créanciers hypothécaires sur la surface, c'est-à-dire que l'on évaluera l'indemnité, comme si la concession avoit été faite à un étranger ; et l'usufruitier en aura la jouissance.

Les mêmes dispositions doivent être appliquées aux minières produisant du minerai de fer d'alluvion, lorsqu'elles sont susceptibles d'être concédées; ce qui ne peut avoir lieu que dans les deux cas suivans :

1°. Lorsque l'exploitation à ciel ouvert cesse d'être possible, et que l'établissement des puits, galeries, etc., devient nécessaire;

2°. Lorsque l'exploitation à ciel ouvert, quoique possible encore, ne doit durer que peu d'années, et doit rendre ensuite impossible l'exploitation avec puits et galeries. (*Ibid.* 69.)

Si la minière n'est pas dans le cas d'être concédée, comme alors le propriétaire est tenu de l'exploiter, et que, faute par lui de le faire, les maîtres de forge voisins peuvent l'exploiter à sa place (*ibid.*, art. 59 et 60), je pense que l'usufruitier a droit de l'exploiter comme feroit le propriétaire, à la charge, néanmoins, de rendre, à la fin de l'usufruit, le terrain, propre à la culture, ou d'indemniser le propriétaire. (Argument tiré de l'art. 63.) S'il n'exploite pas, et que l'extraction du minerai soit faite par les maîtres de forge, je pense qu'il a droit de jouir de l'indemnité qui doit être payée par eux, aux termes des articles 63 et 66.

Il en doit être de même à l'égard des terres pyriteuses et alumineuses. (*Ibid.*, art. 71 et 72.)

Les motifs d'utilité publique, qui ont fait déroger aux lois sur la propriété, lorsqu'il s'agit des mines et minières, n'existant pas à l'égard des carrières et tourbières, dont l'exploitation ne peut en conséquence jamais avoir lieu que du consentement du propriétaire (*Ibid.*, art. 83), je ne pense pas qu'il puisse en ouvrir pendant la durée de l'usufruit, sans l'aveu de l'usufruitier, et conformément aux conventions faites entr'eux.

(6) *Ni comme une partie du fonds.* Si c'étoit un produit, il en auroit la propriété. Si c'étoit une partie, il en auroit au moins la jouissance, comme de l'alluvion.

S'il a trouvé lui-même le trésor, il en a la moitié, mais comme inventeur. (*L.* 7, §. 12, ff., *Soluto Matrim.*)

(7) *Par alluvion.* L'alluvion est un accroissement qui se fait imperceptiblement à un fonds riverain. La disposition qui en adjuge la jouissance à l'usufruitier, est fondée sur la loi 9, §. 4, ff., *de Usufructu.* En seroit-il de même de l'île née dans une rivière non navigable et non flottable, et qui, aux termes de l'article 561, appartient également au propriétaire riverain? La même loi décide la négative.

Quelle est la raison de différence? Il ne peut y en avoir d'autre, que celle qui est donnée par le jurisconsulte lui-même dans la loi précitée. D'abord, il paroît établir en principe, que, de droit strict, l'usufruitier ne devroit pas avoir plus de droit sur l'alluvion que sur l'île; mais que, cependant, comme il est difficile, pour ne pas dire même quelquefois impossible, de déterminer l'époque de l'alluvion, ainsi que l'augmentation qui en est résultée, l'on n'a pas cru devoir séparer l'alluvion, du terrain auquel elle accroît : *ubi latitet incrementum*, dit PAUL, *augetur ususfructus*. Ce motif ne pouvant s'appliquer à l'île qui est un terrain absolument séparé, le principe reprend toute sa force, et l'île est adjugée en entier au propriétaire. *Ubi autem apparet separatum, fructuario non accedit.*

(8) *Provenant de son fait.* Par exemple, une friche qu'il a mise en valeur, un bois qu'il a fait planter.

(9) *En seroit augmentée.* Cela paroît, au premier coup d'œil, contraire à l'équité, et au principe que, *nemo debet cum alterius damno locupletari.* Cependant cela est fondé en raison. On n'a pas voulu que, par des dépenses que le propriétaire n'eût peut-être pas faites, l'usufruitier pût le surcharger de répétitions qui pourroient le ruiner, ou l'obliger de vendre la chose elle-même, pour pouvoir les payer. D'après cette raison de décider, qui est également fondée sur l'équité, je pense que, si l'usufruitier a fait des améliorations d'un côté, et de l'autre commis des dégradations, il doit y avoir compensation jusqu'à concurrence, non pas de ce que lui ont coûté les améliorations, mais de l'augmentation de valeur qu'elles ont procuré au fonds : *quatenùs res pretiosior facta est.* Le motif ci-dessus n'existe plus, puisque le propriétaire peut, au moyen de la compensation, payer les améliorations, sans bourse délier.

(10) *Qu'il a fait placer.* Même quand ils seroient scellés, ou qu'ils feroient corps avec la boiserie. Pour qu'ils fussent censés, dans ce cas, faire partie du fonds, il faudroit qu'ils y eussent été placés par le propriétaire. (Art. 524, à la fin.)

De ce que l'article ne donne à l'usufruitier que le droit d'enlever les ornemens qu'il a fait placer; de ce qu'il ne lui accorde aucune indemnité pour l'amélioration qu'il a pu faire à la chose dont il a l'usufruit, en doit-on conclure que si, par exemple, il avoit fait bâtir une maison sur le fonds soumis à l'usufruit, il ne pourroit pas la détruire et en emporter les matériaux, si le propriétaire ne vouloit pas s'en arranger avec lui? Je pense qu'il le pourroit. Il faut, en effet, concilier cet article avec le 555e., qui porte que, lorsque des ouvrages ont été faits par un tiers, et avec ses matériaux, sur un fonds qui appartient à autrui, le propriétaire a le choix, ou de l'obliger à les enlever, à la charge par le tiers de remettre les choses dans leur premier état et d'indemniser le propriétaire du retard, ou de les retenir, en payant les frais de main-d'œuvre et le prix des matériaux. Or l'article parle en général du tiers qui bâtit sur le fonds d'autrui, sans distinction; ce qui s'applique aussi bien à l'usufruitier qu'au locataire; d'ailleurs il est certain que cette disposition seroit applicable au possesseur même de mauvaise foi, ainsi qu'il résulte de la disposition finale du même article, qui contient une exception en faveur du possesseur de bonne foi. Or, certainement, le possesseur de mauvaise foi est moins favorable que l'usufruitier. Quant à ce que dit l'article 599, que l'usufruitier ne peut prétendre aucune indemnité pour les améliorations qu'il a faites au fonds dont il a l'usufruit, je pense que cela doit s'entendre des améliorations intrinsèques, et qui ne peuvent être détachées, comme s'il a mis une friche en valeur; mais que cela ne doit pas s'appliquer aux améliorations extrinsèques, et qui peuvent être détachées : cela seroit contraire au principe d'équité ; et l'on ne pourroit donner le même motif que nous avons donné dans la note précédente, pour justifier l'exception, puisque le propriétaire est toujours le maître d'exiger la suppression des ouvrages, et n'est conséquemment jamais obligé d'en payer la valeur.

(11) *Dont il a l'usufruit.* Mais pourroit-il intenter la complainte, et autres actions possessoires? Je pense qu'oui, s'il est troublé dans sa jouissance ; mais il ne pourroit la former que dans son intérêt, et pour le maintien de son droit seulement, en sorte que le jugement rendu pour ou contre lui, seroit, à l'égard du propriétaire, *res inter alios acta.* (Pothier, coutume d'Orléans, Tit. XXII, Sect. 3, §. 2.) C'est pour cela que l'article 614 l'oblige de dénoncer les usurpations au propriétaire.

Nota. Les titulaires des sénatoreries ont, d'après l'article 64 du sénatus-consulte déjà cité, le droit de suivre les actions possessoires, en leurs noms et à leurs frais, à la charge seulement d'en informer le chancelier, qui intervient, s'il le juge convenable. Mais c'est une disposition particulière, qui ne doit pas être appliquée aux autres usufruitiers, non plus que celle de l'article 62, qui les autorise à suivre, à la vérité, aux frais du sénat, et au nom et sous la direction du chancelier, même les procès concernant la propriété. Les titulaires sont censés, pour ces différens objets, les délégués, les fondés de pouvoirs du sénat. L'usufruitier ordinaire n'a pas la même qualité à l'égard du propriétaire.

Page 155.

(1) *Que ceux des biens de mineurs.* Ces règles sont relatives aux baux de plus de neuf ans, et aux baux faits par anticipation. (Voyez la page 126 du texte.) Il faut avouer cependant qu'il n'y a pas ici la même raison pour maintenir les baux, même de neuf ans. Le tuteur est regardé comme le procureur légal du mineur ; il n'en est pas de même de l'usufruitier à l'égard du propriétaire. Mais c'est principalement la faveur de l'agriculture qui a dicté cette disposition. Le fermier, qui n'est pas certain de la durée de sa jouissance, ne fait pas les améliorations nécessaires, ne se livre à aucune spéculation ; d'ailleurs, l'on a pensé qu'il valoit mieux, même pour le propriétaire, courir le risque d'une perte qui, après tout, ne peut être considérable, et qui, d'ailleurs, n'existera pas, si l'usufruitier a de la probité, que de trouver sa terre en médiocre état à la fin de l'usufruit.

L'usufruitier seroit-il tenu d'entretenir les baux faits par le propriétaire? Oui, sans doute, quelle qu'en soit la durée, puisque l'acquéreur même de la propriété y est obligé, aux termes de l'article 1743. Mais y auroit-il lieu à la distinction établie dans le même article, entre le bail qui a, ou qui n'a pas, une date certaine?

D'abord, si l'usufruit a été acquis à titre onéreux, l'article 1743 est applicable dans tout son contenu, et l'usufruitier n'est tenu d'entretenir le bail, qu'autant qu'il a une date certaine antérieure à la vente.

Si l'usufruit a été constitué à titre gratuit, il faut distinguer : si c'est par testament, comme le bail fait par le testateur a acquis une date certaine par sa mort, l'usufruitier devra l'entretenir; mais si c'est par donation entre-vifs, et que le bail soit sous seing-privé, je pense que, *stricto jure*, le locataire ou fermier pourroit être expulsé; mais que cependant l'on pourroit, *benigniter*, décider le contraire, sauf le cas de fraude. (*Voir* au deuxième volume, la note (9) de la page 178, à la fin.)

(2) *Aux droits de l'usufruitier.* En conséquence, il ne peut, sans le consentement de ce dernier, faire de nouvelles constructions (*L.* 7, §. 1, ff. *de Usuf.*), ou en détruire d'anciennes, sur le fonds sujet à usufruit; il ne peut, comme nous l'avons dit, abattre les futaies, à moins qu'elles ne soient couronnées; il ne peut imposer de nouvelles servitudes, à moins qu'elles ne soient de nature à ne pas nuire aux droits de l'usufruitier, telles que celle *altiùs non tollendi.* Mais il peut en acquérir au fonds sujet à l'usufruit, même sans le consentement de l'usufruitier. Car il peut améliorer le fonds, pourvu qu'il n'en résulte aucun trouble ni aucune diminution dans la jouissance de l'usufruitier. (*L.* 15, §. 7, *eod.*) La même loi décide que le propriétaire ne peut, même avec le consentement de l'usufruitier, imposer sur le fonds de nouvelles servitudes. Mais cette décision est fondée sur une pure subtilité, qui ne seroit pas admise dans notre droit.

Observez que, quand l'on dit que le propriétaire ne peut, de quelque manière que ce soit, nuire aux droits de l'usufruitier, il faut entendre cette prohibition, seulement par rapport à l'héritage soumis à l'usufruit; car, s'il étoit en même temps propriétaire d'un héritage voisin, il pourroit y faire tout ce qu'il jugeroit à propos, quand même l'usufruit en recevroit quelqu'atteinte, pourvu cependant que cela ne détruisît pas entièrement la jouissance. C'est ainsi que Paul, dans la loi 30, ff. *eod.*, décide que le propriétaire peut élever la maison voisine qui lui appartient, de manière à diminuer le jour de l'usufruitier, pourvu toutefois que la maison soumise à l'usufruit soit encore habitable.

(3) *Formellement.* Ainsi, le simple consentement donné à la vente par l'usufruitier, ne suffiroit pas. *Secùs*, chez les Romains. (*L.* 4, §. 12, ff. *de Doli mali et metûs except.*) En effet, la renonciation gratuite à l'usufruit doit être regardée comme une donation. Or, *nemo facilè donare præsumitur.* On peut penser que la présence et le consentement de l'usufruitier ont eu pour motif, de dispenser l'acquéreur de la nécessité de lui notifier son acquisition.

(4) *Dans l'état où elles sont.* Faut-il conclure de là qu'il ne pourroit obliger le propriétaire de faire les grosses réparations qui se trouveroient nécessaires au moment de l'ouverture de l'usufruit? Je pense qu'il faut distinguer : s'il y a, sur le fonds sujet à l'usufruit, un bâtiment qui tombe en ruine, le propriétaire ni l'usufruitier ne seront tenus de le rétablir. (Art. 607.) Mais si, par exemple, l'usufruit reposoit sur une maison qui fût bonne d'ailleurs, mais dont la couverture entière eût besoin d'être refaite, je ne pense pas que le propriétaire fût recevable à refuser de

la réparer, sauf ce qui sera dit ci-après, note (4) de la page suivante. Et en effet, que s'ensuivroit-il de ce refus? Que, si l'usufruitier s'obstinoit également à ne pas réparer, la maison finiroit par se détruire totalement. En conséquence, le propriétaire se seroit nui à lui-même, pour ne pas faire l'avantage de l'usufruitier. C'est bien le cas d'appliquer la maxime : *Malitiis non est indulgendum*. C'est, je crois, d'après cette distinction, que l'on doit entendre la loi 65, §. 1, ff., *de Usufructu*, qui dit que : *Non reficere debet heres quod vetustate jam deterius factum reliquisset testator.*

(5) *Des immeubles sujets à l'usufruit.* L'usufruitier pourroit-il se dispenser de faire dresser cet état, sous la seule peine d'être présumé avoir reçu les fonds en bon état, et d'être obligé de les rendre de même, et ce, par argument de l'article 126? Je ne le pense pas. Cette disposition a pour but, de constater non-seulement l'état, mais encore la forme extérieure des héritages, que l'usufruitier ne peut changer. Or, il pourroit changer cette forme, et rendre cependant les fonds en bon état. Nous examinerons plus bas la question de savoir si l'usufruitier est tenu de faire les réparations d'entretien qui se trouvent à faire au moment de la cessation de l'usufruit.

Aux frais de qui doivent être faits cet état et cet inventaire? Aux frais de l'usufruitier. C'est à lui qu'est imposée l'obligation, et les frais de paiement sont à la charge du débiteur. (Art. 1248.)

Le testateur pourroit-il dispenser l'usufruitier de l'obligation de faire dresser ces états ou inventaires? Je pense qu'oui, si toutefois il n'y a pas d'héritiers à réserve, ou que les biens restans soient suffisans pour la fournir. Il pouvoit donner l'objet en toute propriété. Or, qui peut plus, peut ordinairement moins. *Quid*, si, dans ce cas, l'héritier offre de faire dresser ces état et inventaire, mais à ses propres frais? Je ne pense pas que cette demande puisse être refusée. L'on doit présumer que l'intention du testateur, en accordant la dispense, a été seulement d'en épargner les frais à l'usufruitier. *Sic* jugé à Bruxelles, le 18 décembre 1811. (Sir., 1812, IIe. Part, p. 145.)

(6) *D'en donner caution.* *Quid*, si l'usufruit est sur des choses fongibles? Comme, dans ce cas, la jouissance emporte la propriété, la caution doit être du montant total des objets; sinon, l'on appliquera l'article 602.

(7) *Par le titre constitutif de l'usufruit.* L'acquéreur d'un usufruit à titre onéreux est-il tenu de donner caution, si le titre n'en dit rien? Je ne le pense pas. Le vendeur qui se réserve l'usufruit, n'étant pas tenu de la caution, malgré le silence du titre, il y a d'autant plus de raison de décider de même pour l'acquéreur, qu'en général, dans la vente, les clauses obscures ou ambiguës s'interprêtent contre le vendeur. (Art. 1602.)

(8) *Sur les biens de leurs enfans.* Mais y auroit-il lieu à la caution, si les père et mère avoient sur les biens de leurs enfans un usufruit autre que l'usufruit légal; si, par exemple, les enfans sont héritiers ou légataires universels dans une succession, et que le défunt ait légué au père l'usufruit d'un objet dépendant de cette même succession? Il me semble qu'il seroit inconvenant de donner aux enfans le droit de demander caution; et ce, par la même raison qui en a fait dispenser les père et mère

dans le cas de l'usufruit légal. On doit présumer trop de la bienveillance paternelle; pour croire qu'ils pourront négliger ou détériorer les biens de leurs enfans. Ce motif n'étant pas applicable au cas de l'article 754, où les propriétaires peuvent n'être pas même leurs parens, je ne pense pas qu'il y ait lieu à les dispenser de la caution.

PAGE 156.

(1) *Sur sa simple caution juratoire.* La caution juratoire est la simple promesse du débiteur, accompagnée de son serment. Le but principal de cet article est de favoriser les dispositions que des époux peu fortunés se font réciproquement de l'usufruit de leur mobilier; dans ces cas, l'intérêt du prix des meubles ne remplaceroit certainement pas l'avantage que l'usufruitier eût tiré des meubles en nature.

(2) *De les représenter*, ou d'en rembourser le prix sur le pied de la valeur qu'avoient les objets au commencement de l'usufruit. (Argument tiré de l'art. 950.)

(3) *Aux réparations d'entretien.* Mais pourroit-il se décharger de cette obligation en renonçant à l'usufruit? Les lois 48 et 64, ff. *de Usufruct.*, décident l'affirmative. La loi 65, au contraire, paroît décider la négative; mais je crois qu'elles peuvent se concilier par la distinction suivante: Si les réparations à faire, sont uniquement le résultat de la jouissance, sans qu'il y ait eu de la part de l'usufruitier, ou de ses ayant-cause, aucun abus qui y ait donné lieu, l'usufruitier peut s'en décharger en abandonnant l'usufruit. (Argument tiré de l'art. 656.) C'est le cas des lois 48 et 64. Mais s'il y a eu abus de la part de l'usufruitier; si, par exemple, il a employé la chose à un autre usage que celui auquel elle étoit naturellement destinée; s'il a négligé de faire en temps utile les réparations d'entretien, et qu'il soit résulté de tout cela une détérioration de la chose soumise à l'usufruit, il ne peut être reçu à abandonner l'usufruit pour se décharger de l'obligation de remettre la chose en bon état. C'est le cas de la loi 65. *Cum fructuarius debeat*, y est-il dit, *quod suo suorumque facto deterius factum sit, reficere.* (*Voyez* ROUSSEAU DE LACOMBE, v°. *Usufruit*, sect. II, n°. 11.)

Quid, à l'égard des réparations d'entretien qui sont à faire au moment de la cessation de l'usufruit? Je crois que l'usufruitier, ou sa succession, en est tenu. (Argument tiré des articles 1730 et 1731.) La raison de différence est que, dans le cas précédent, le propriétaire est dédommagé de ce que lui coûteroient les réparations, par l'abandon anticipé de l'usufruit. Ici, il n'y a pas de dédommagement, puisque nous supposons l'usufruit éteint.

POTHIER, *du Douaire*, n°. 237, est d'un avis contraire quant au premier cas. Il pense que, même pour les simples réparations résultant de la jouissance, l'usufruitier ne peut s'en faire décharger qu'en abandonnant l'usufruit, non seulement pour l'avenir, mais encore pour le passé, c'est-à-dire, en rendant tous les fruits qu'il a perçus. C'est ainsi que cet auteur entend les lois précitées 48 et 64. Cette opinion pourroit être vraie, s'il s'agissoit de réparations qui auroient dû être faites plus tôt. Mais d'ailleurs il est impossible d'entendre ces lois dans ce sens. Elles disent que l'usufruitier peut se décharger des réparations existantes, en abandonnant l'usufruit. Certainement, si le jurisconsulte eût entendu cet abandon dans le sens de POTHIER, il eût ajouté, *et en restituant les fruits perçus.* D'ailleurs, le propriétaire d'un mur mitoyen est déchargé, en abandonnant la mitoyenneté pour l'avenir seulement, de l'obligation de faire réparer, et même reconstruire le mur. (Art. 656, déjà cité.) Pourquoi l'usufruitier n'auroit-il pas le même droit ?

(4) *A la charge du propriétaire.* L'usufruitier pourroit-il obliger le propriétaire de les faire ? Cela faisoit question anciennement, parce que, disoit-on, l'usufruit étoit une servitude, et que *servitutum non ea natura est*, *ut aliquid faciat quis*, *sed ut aliquid patiatur*, *aut non faciat.* (L. 15, §. 1er, ff. *de Servitutibus.*) Cependant je penserois avec Pothier, *du Douaire*, n°. 246, que le propriétaire peut être contraint de faire les réparations qui sont à sa charge ; je me fonde à cet égard sur l'art. 605, qui ne se contente pas de dire que les grosses réparations ne sont pas à la charge de l'usufruitier, mais qui dit formellement qu'elles sont à la charge du propriétaire : donc le propriétaire est tenu de les faire ; et sur l'art. 599, portant que le propriétaire ne peut nuire par son fait aux droits de l'usufruitier. Mais, dit-on, il faudra donc qu'un propriétaire peu aisé vende ou hypothèque ses autres biens, pour faire les grosses réparations nécessaires à une chose dont il n'a pas la jouissance ? Cette objection, qui est vraiment fondée, me détermineroit, dans le cas où c'est l'usufruitier qui exige que les réparations soient faites, à appliquer la disposition des articles 609 et 612. Ne peut-on pas, en effet, comparer alors les grosses réparations, à une charge qui seroit imposée sur la propriété, et décider que c'est au propriétaire à en faire la dépense, sauf à en répéter les intérêts contre l'usufruitier, ou que, si le montant en est avancé par ce dernier, il peut en répéter le capital à la fin de l'usufruit ?

Cette mesure est même conforme à ce qui se fait naturellement en pareil cas. Un propriétaire qui ne veut pas prendre sur ses autres biens de quoi faire les réparations nécessaires à un héritage, emprunte une somme pour les faire, et en paye les intérêts sur les fruits. Ici, le propriétaire est censé être dans ce cas ; car, encore une fois, on ne peut l'obliger de diminuer le surplus de son patrimoine, et peut-être même de vendre la chose soumise à l'usufruit, pour payer les réparations. La mesure proposée paroît donc susceptible de concilier tout-à-la-fois ses intérêts et ceux de l'usufruitier.

(5) *Et des voûtes.* Remarquez que le propriétaire est tenu de toutes les réparations des gros murs et des voûtes, même de celles d'entretien ; mais qu'il n'est tenu que du rétablissement en entier, et non de l'entretien, des poutres, couvertures, digues, etc.

(6) *Ni le propriétaire.* Cela ne contredit point ce que nous avons dit dans l'avant-dernière note. Si la maison sujette à l'usufruit a un gros mur qui soit mauvais, le propriétaire sera tenu de le réparer ; mais si la maison entière tombe en ruines, il ne sera pas tenu de la rebâtir. C'est pour cela que j'ai ajouté le mot *entièrement. Quid*, si le propriétaire rebâtissoit ? Il faut distinguer : si l'usufruit ne reposoit que sur la chose détruite, il a été éteint par sa destruction, et il ne peut revivre par l'effet de la reconstruction. Mais si la chose détruite faisoit seulement partie de celles qui sont sujettes à l'usufruit, l'usufruitier auroit le droit de jouir de l'édifice reconstruit. (Argument tiré de l'art. 624.)

(7) *Et autres semblables*, non-seulement de celles existant au moment de l'ouverture de l'usufruit, mais encore de toutes celles du même genre qui pourroient être imposées pendant sa durée.

(8) *Sur la propriété.* Tel seroit un emprunt forcé, imposé sur les propriétaires.

(9) *Les intérêts.* Ces intérêts sont regardés comme une charge des fruits.

(10) *L'usufruitier peut*, et non pas doit. Il a intérêt de le faire; car, à défaut de paiement, le fonds seroit vendu. Mais pourroit-il forcer le propriétaire de payer? Je crois que l'on devroit appliquer ici la distinction portée dans l'art. 612, et permettre au propriétaire de vendre, jusqu'à due concurrence, une partie du bien sujet à l'usufruit.

PAGE 157.

(1) *De la contestation.* Par exemple, si un fermier prétend que le prix de son bail est moindre que celui qui lui est demandé; s'il demande une remise pour raison d'accident imprévu; ou s'il est commis sur le fonds des voies de fait qui aient pour objet de priver l'usufruitier d'une partie des fruits, etc.

Quid, si le procès intéressoit tout-à-la-fois le propriétaire et l'usufruitier, *putà*, si l'on prétendoit que celui qui a constitué l'usufruit, n'étoit pas propriétaire de la chose, ou ne l'étoit qu'en partie? Mais, d'abord, dans ce cas, l'action en revendication doit-elle être formée en même temps contre le propriétaire et contre l'usufruitier? L'affirmative n'est pas douteuse; car l'usufruit est un démembrement de la propriété. Le propriétaire et l'usufruitier doivent donc être assimilés à deux copropriétaires ou deux co-possesseurs, contre lesquels l'action en revendication doit être également formée. Quant au paiement des frais, il faut distinguer si l'usufruit a été constitué à titre gratuit ou à titre onéreux. Si c'est à titre onéreux, comme l'usufruitier doit alors être garanti par le constituant, et que cette garantie comprend le paiement des frais (art. 1630), il n'est pas douteux que le constituant ne doive tenir compte à l'usufruitier de tous les frais qu'il a pu faire, tant sur la demande originaire, que sur la demande en garantie. Mais si l'usufruit a été constitué à titre gratuit, comme c'est alors une véritable donation, et que le donateur n'est pas tenu de la garantie, alors les frais faits par l'usufruitier sont à sa charge. Il faut excepter cependant le cas où le constituant auroit été *in dolo*, *putà*, si, au moment où il a constitué l'usufruit, il savoit que la chose ne lui appartenoit pas. Il doit pleinement garantir l'usufruitier, comme dans le cas de l'acquisition à titre onéreux. (*L.* 18, §. 3, ff. *de Donationibus.*)

(2) *Commises sur le fonds.* Dans quel délai est-il tenu de faire cette dénonciation? Dans le même délai que celui qui est réglé, en cas d'assignation, suivant la distance des lieux, par les articles 72 et 1033 du Code de Procédure, c'est-à-dire, huitaine, plus un jour par trois myriamètres de distance. (Argument tiré de l'art. 1768.) Il faut que le propriétaire soit averti assez à temps, pour intenter l'action possessoire.

(3) *Pour le propriétaire.* Mais toujours avec la restriction, que *malitiis non est indulgendum.* Les tribunaux doivent rejeter l'opposition du propriétaire, si elle est évidemment fondée sur l'esprit de chicane et sur la seule envie de gêner la jouissance de l'usufruitier.

(4) *De neuf manières.* Remarquez que les cinquième, septième et huitième modes d'extinction ne peuvent, comme il est évident, s'appliquer à l'usufruit des choses fongibles.

(5) *De celui qui l'a constitué*, suivant la maxime, *resoluto jure dantis*, *resolvitur jus accipientis.* Ainsi, l'usufruit constitué par un acquéreur à réméré, s'éteint, si le vendeur exerce le réméré; *idem*, par un donataire, lorsque la donation est révoquée par survenance d'enfant. Il n'en seroit pas de même, si elle étoit révoquée pour cause d'ingratitude, et que la constitution d'usufruit fût antérieure à la transcription de la demande en révocation au bureau des hypothèques. Nous verrons, au Titre *des Donations*, le motif de cette différence. (Voir aussi l'article 132.)

(6) *Quand même il seroit mort auparavant.* Nous avons fait voir, au Titre de la *Puissance paternelle*, que cette disposition n'étoit pas applicable à la jouissance légale des pères et mères.

(7) *Par la mort naturelle ou civile.* Peut-être pourroit-on soutenir, par argument de l'opinion que nous avons émise au Titre *de la Mort civile*, que le propriétaire de la chose soumise à l'usufruit peut être tenu, s'il y a lieu, de fournir, ou de contribuer au moins à fournir des alimens à l'usufruitier.

L'usufruit s'éteindroit-il également par la mort civile de l'usufruitier, s'il avoit été constitué à titre onéreux? La raison de douter se tire de ce que, dans les conventions, le mot de *mort* s'entend toujours de la mort naturelle seulement. Peut-être la réponse à cette question devroit-elle dépendre des termes du contrat.

Si, par exemple, il étoit dit que, moyennant telle somme, Pierre a concédé à Paul le droit de jouir, *pendant toute sa vie*, de telle terre, on pourroit prétendre que l'usufruit ne seroit pas éteint par la mort civile de l'usufruitier, et que, le cas arrivant, ses héritiers auroient droit d'en jouir, tant qu'ils justifieroient de son existence. C'est la décision de la loi 3, ff. *quibus modis ususfructus amittitur*, fondée sur ce que, comme nous venons de le dire, les mots de *vie* ou de *mort*, insérés dans les conventions, doivent toujours être entendus de la vie, ou de la mort naturelle : on ne peut présumer que les parties aient prévu que l'une d'elles subiroit la mort civile; au lieu que, dans la loi, le mot de *mort* se prend indistinctement pour la mort, tant naturelle que civile. Ce principe paroît avoir été adopté par le Code lui-même, dans l'article 1982. Mais si l'acte portoit une simple concession d'usufruit, sans l'addition de ces mots, *pendant toute sa vie*, on pourroit prétendre que les parties n'en ayant pas fixé le terme, se sont rapportées entièrement à la loi, pour la durée et l'extinction de cet usufruit, et qu'en conséquence il s'éteindra par la mort civile de l'usufruitier.

PAGE 158.

(1) *Dans la personne de l'usufruitier*, et non pas du propriétaire; car alors la consolidation ne seroit pas un mode particulier d'éteindre l'usufruit. Il y auroit consolidation, toutes les fois que l'usufruit s'éteindroit, de quelque manière que cela arrivât, puisque, toutes les fois qu'il s'éteint, il y a réunion de l'usufruit à la propriété.

(2) *Pendant trente ans.* Il ne faut pas conclure de là que l'on ne puisse, dans aucun cas, opposer à l'usufruitier d'autre prescription que celle de trente ans. Car si le

propriétaire a, par exemple, vendu ou cédé le même usufruit à un tiers de bonne foi, et que celui-ci en ait joui pendant dix ou vingt ans, sans réclamation de la part du premier usufruitier, il est certain que le second acquéreur est devenu propriétaire du droit d'usufruit (art. 2262), et que, par conséquent, le premier usufruitier en est privé. Mais alors l'usufruit n'est pas éteint; il est seulement transféré à une autre personne: au lieu que, dans notre article, il s'agit de l'extinction de l'usufruit, c'est-à-dire, de sa réunion à la propriété; ce qui ne peut avoir lieu que par une non-jouissance de trente ans.

(3) *Du sol et des matériaux*: Parce que, dans l'hypothèse, ce n'est pas l'usufruit du sol et des matériaux, mais bien celui de la maison, qui a été constitué. Nous avons vu, en effet, que l'usufruitier n'a que le droit de jouir de la chose, considérée dans son état ordinaire, et telle qu'elle étoit à l'époque de l'établissement de l'usufruit. Or, le mode de jouissance n'étant pas le même à l'égard d'un terrain vide, qu'à l'égard d'une maison, il s'ensuit que, si la maison vient à périr, il n'y a plus d'usufruit; car il ne peut plus subsister sur la maison, puisqu'elle n'existe plus; il ne peut, davantage, avoir lieu à l'égard du sol, puisque c'est l'usufruit d'une maison, et non d'un sol, qui a été constitué. Il est donc entièrement éteint.

Au surplus, le Code a adopté, à cet égard, la décision des lois Romaines (*L.* 5, §. 2, ff. *quibus modis ususf. amitt.*), contre l'avis de POTHIER, *du Douaire*, n°. 255. Cette décision est peut-être un peu rigoureuse, sur-tout lorsque l'usufruit a été constitué à titre onéreux. Dans les lois Romaines, qui ont consacré le même principe, il est toujours question d'un usufruit légué.

Quid, si la chose ne périt pas, mais vient à changer de nature? *putà*, si par l'effet d'une inondation, une terre labourable ou un pré devenoit étang, ou *vice versâ?* Par suite de l'art. 703, et du principe qui a dicté la disposition de l'art. 624, il faudroit décider que l'usufruit est éteint; car l'usufruitier ne pourroit plus jouir de la chose, considérée telle qu'elle étoit au commencement de l'usufruit. C'étoit aussi la décision des lois Romaines. (*L.* 10, §. 2, 3, 4, 5, *eod.*) Mais si, avant le délai de trente ans, la chose revient à son premier état, je pense que l'usufruit est rétabli. (*L.* 71, ff. *de Usufructu,* et argument tiré de l'article 704.) En seroit-il de même, si la maison écroulée étoit rebâtie avant les trente ans? Non. L'usufruit ne revivrait pas. La raison de différence, c'est que, dans ce cas, c'est une nouvelle maison, qui n'est plus celle sur laquelle l'usufruit a été établi; au lieu que, si la terre labourable, devenue étang, redevient terre labourable, c'est toujours le même objet sur lequel, par conséquent, l'usufruitier conserve son droit, tant qu'il n'est pas éteint par la prescription.

Nous ne pouvons, au surplus, nous dissimuler que toutes ces décisions ne soient plus subtiles qu'équitables. Mais il falloit les adopter, ou se trouver en contradiction avec le principe sur lequel est fondé l'article 624.

(4) *S'il n'y a point de faute, etc.* De quelle faute est tenu l'usufruitier? Le Code ne s'explique point à cet égard. Je pense qu'il faut distinguer: si l'usufruit a été constitué à titre onéreux, je pense que l'usufruitier doit être comparé au vendeur ou au créancier engagiste, et que l'on doit appliquer les articles 1624 et 2080; mais

s'il a été constitué à titre gratuit, il doit être tenu comme l'emprunteur à usage : appliquer l'article 1882.

(5) *Avant que l'extinction soit prononcée.* Ainsi, ils peuvent intervenir dans l'instance ; mais s'ils ne sont pas intervenus, ils ne peuvent s'opposer à l'exécution du jugement.

PAGE 159.

(1) *Au préjudice.* Suffit-il qu'il y ait préjudice des créanciers, pour que toute espèce de renonciation soit annullée ? Je pense qu'il faut distinguer : Si la renonciation est faite à titre onéreux, *putà*, si l'usufruitier a reçu du propriétaire le prix de sa renonciation, elle ne pourra être annullée, qu'autant qu'il y aura fraude de la part des deux parties. Mais si elle est faite à titre gratuit, il suffira qu'il y ait préjudice pour les créanciers. C'étoit à-peu-près la doctrine des lois Romaines (*Voir* aux *Pandectes*, le Titre *de His quæ in fraudem*) : le tout, sauf l'action hypothécaire des créanciers auxquels l'usufruit auroit pu être hypothéqué.

(2) *De l'usage et de l'habitation.* (*Voyez*, dans les *OEuvres* de POTHIER, un petit Traité du *Droit d'habitation*, qui se trouve à la tête de son Traité *des Donations entre mari et femme.*)

(3) *Et garanties.* Cependant la caution n'est due, par l'usager, que quand il perçoit les fruits par lui-même ; car s'il reçoit de la main du propriétaire la portion de fruits nécessaire à ses besoins, il est évident qu'il n'y a pas lieu à exiger de caution.

(4) *Qui les constitue.* Ainsi, il est possible que l'usage emporte le droit de percevoir une plus grande quantité de fruits que celle qui est absolument nécessaire pour les besoins de l'usager. Mais ce sera toujours un droit d'usage, tant que la jouissance n'embrassera pas tous les fruits. C'est à-peu-près la seule différence qui existe entre le droit d'usage et celui d'usufruit, ou plutôt c'est celle d'où découlent toutes les autres.

(5) *Et ceux de sa famille.* Que doit-on entendre par ces mots? D'abord sa femme et ses enfans ; puis ceux auxquels il est tenu, d'après la loi, de fournir des alimens. Quant aux autres parens, peut-être pourroit-on distinguer, et lui permettre de prendre des fruits pour les besoins de ceux qu'il avoit à sa charge quand le droit d'usage a été établi ; *secùs*, pour ceux qu'il a pu prendre depuis.

(6) *De l'établissement du droit.* Par conséquent, celui qui a un droit d'habitation, qui se marie, et à qui il survient des enfans, peut exiger un logement plus étendu. Cependant on tenoit anciennement, que le droit d'habitation accordé à une femme par son mari, s'éteignoit par son second mariage. Je pense qu'il en seroit de même encore aujourd'hui. C'est à son second mari à la loger. Et il seroit contre toute bienséance qu'elle l'introduisît dans une maison, dont l'habitation doit être présumée ne lui avoir été accordée par le premier époux, que dans la supposition qu'elle resteroit en viduité.

(7) *A des tiers.* Je pense, cependant, qu'il faudroit excepter le cas où l'usage absorberoit tous les fruits du fonds, et l'habitation, la maison entière ; car, alors,

ce seroit vraiment un usufruit ; et par conséquent, comme le jouissant seroit assujetti à toutes les obligations de l'usufruitier (art. 635), il devroit en avoir tous les droits.

De ce que les droits d'usage et d'habitation ne peuvent être cédés ni vendus, il faut en conclure qu'ils sont insaisissables. Et en effet, ce sont vraiment des alimens. *Legatis alimentis, cibaria et vestitus, et habitatio, debebitur.* (*L.* 6, ff., *de Aliment. vel Cibar. legat.*)

(8) *Par des lois particulières. Voyez* l'Ordonnance des Eaux et Forêts, du 13 août 1669, et un avis du Conseil-d'Etat, approuvé le 16 frimaire an 14. (*Bulletin*, n°. 1173.)

PAGE 160.

(1) *Au moins éventuel.* Ainsi, je puis stipuler pour mon fonds la servitude de pacage, quoique je n'aie pas de troupeau pour le moment. Je crois que c'est dans ce sens qu'il faut entendre la loi 19, ff. *de Servitut.*; mais s'il s'écoule trente ans avant que la servitude soit exercée, elle sera éteinte.

(2) *Elle est stipulée.* De là il résulte que si, par événement, la servitude devient inutile, le propriétaire du fonds dominant ne peut en réclamer l'usage. Ainsi, par exemple, je suis séparé du propriétaire voisin par un terrain vague et qui n'appartient à personne : je stipule de ce propriétaire la servitude *altiùs non tollendi.* Tant que les choses restent dans le même état, je puis empêcher le voisin d'élever son édifice. Mais le Gouvernement vend le terrain intermédiaire, et l'acquéreur bâtit au-delà de la hauteur stipulée avec le voisin. Je ne puis empêcher ce dernier d'élever son édifice à la même hauteur, parce que je n'ai pas d'intérêt à le faire. Mais si l'édifice intermédiaire vient à être détruit avant l'expiration du temps nécessaire pour que j'aie perdu la servitude par prescription, je pourrai faire abattre l'exhaussement. (*L.* 6, ff. *Si servitus vindicetur.*)

(3) *Et non en faveur d'une personne.* Ce n'est pas qu'on ne puisse établir en faveur d'une personne seulement, une charge du genre de celles dont il est question dans ce titre. Ainsi, je puis stipuler que j'aurai pendant ma vie un droit de passage, un droit de vue, etc. Mais alors ce droit, qui eût été appelé chez les Romains *servitude personnelle*, ne seroit point une servitude dans le sens du Code. Ce seroit une espèce de droit d'usage, qui se régiroit d'après les principes énoncés au Titre précédent.

Observez que l'article 686 du Code a eu principalement pour motif d'empêcher le retour des redevances féodales, et que c'est pour la même raison que le Législateur n'a pas employé la division du droit Romain en servitudes réelles et personnelles.

Quid, s'il y a doute, si le droit stipulé est réel ou personnel, c'est-à-dire, si celui envers qui l'obligation a été contractée, a stipulé pour lui, ou pour le fonds dont il est propriétaire? Les juges doivent se décider d'après les circonstances; l'intention des contractans, s'il est possible de l'apercevoir; le prix convenu, si le droit a été constitué à titre onéreux, etc. S'il y a encore incertitude, je pense que le droit devroit être présumé plutôt personnel que réel, parce que, dans le doute, l'on doit toujours interpréter en faveur du débiteur.

PAGE 161.

(1) *Ou du fait de l'homme*, et non pas seulement, comme dit l'article 639, *des conventions passées entre les propriétaires*, parce qu'une servitude peut être établie par testament; et alors il n'y a pas de convention.

(2) *Est assujetti à recevoir.* Il est assujetti à les recevoir; mais il ne peut exiger qu'on les lui transmette, excepté dans les cas des articles 642 et 644, ou à moins qu'il n'y ait à cet égard stipulation expresse; ce qui constitueroit alors, à son profit, la servitude appelée par les auteurs, *fluminis non avertendi*.

(3) *Qui découlent naturellement.* Ainsi je ne puis, sans le consentement du propriétaire inférieur, faire, même sur mon fonds, un ouvrage qui porte sur le sien des eaux qui n'y auroient pas coulé naturellement. Mais aussi, si l'écoulement est naturel, quel que soit le dommage qui en résulte pour lui, il est tenu de le souffrir, sans pouvoir réclamer, à raison de ce, aucune indemnité.

Cependant je pense que, si ce dommage étoit effectivement considérable, et qu'il fût possible de le diminuer, en divisant, par exemple, l'écoulement des eaux sur plusieurs points, et sans qu'il en résultât un préjudice bien sensible pour le propriétaire supérieur; je pense, dis-je, que, dans ce cas, les Tribunaux pourroient ordonner les mesures convenables, sauf indemnité. (Argument tiré de l'article 645, et des principes du droit naturel, que nous avons précédemment établis.)

De même, si les eaux étoient tellement étendues sur le fonds supérieur, qu'elles en diminuassent considérablement l'usage, je pense que le propriétaire de ce fonds pourroit obtenir des Tribunaux l'autorisation de les réduire sur un ou plusieurs points, de la manière la moins dommageable aux fonds inférieurs, et sauf indemnité.

Quid, si une source, inconnue auparavant, vient à paroître, par où les eaux devront-elles s'écouler? Je pense qu'en cas de contestation, il y a lieu à la nomination d'experts, qui détermineront le point par lequel les eaux de cette source devront sortir de l'héritage sur lequel elle a été trouvée, et cela, de manière à concilier l'intérêt des propriétaires de la source, et celui des propriétaires inférieurs; sauf indemnité, s'il y a lieu, en faveur de ces derniers, si c'est le propriétaire de la source qui lui a donné issue, en exécutant des ouvrages quelconques; et sans indemnité, si la source est sortie naturellement. Cette distinction rentre dans la disposition de l'article 640, et paroît d'ailleurs consacrée par l'article 46 du projet de Code Rural.

(4) *Une concession particulière.* C'est alors la servitude que les Romains appeloient *jus, seu servitus stillicidii* (L. 20, §. 3, *de Servit. præd. urban.*), quand l'eau tomboit goutte à goutte, *guttatim*, des toits; et *jus fluminis*, quand elle étoit réunie dans une gouttière ou dans un ruisseau. (Instit., *de Servit.*, §. 1er; et VINNIUS sur icelui.) Si donc je veux donner un égout à mon toît, et que je n'aie pas un droit d'égout sur le voisin, je dois reculer mon bâtiment, de manière que l'égout tombe sur

mon terrain ; ou je dois entourer mon toit d'un conduit qui reçoive les eaux pluviales, et les ramène sur mon fonds.

C'est, au surplus, à des experts à décider encore, en cas de contestation, à quelle distance l'égout du toit doit être du fonds voisin, pour que le propriétaire de celui-ci n'en soit point incommodé ; s'il n'existe pas sur le terrain une pente qu ramène les eaux sur le fonds voisin; si l'endroit où tombent les eaux, ne doit point être pavé, afin de prévenir les dégradations que le séjour et l'infiltration de l'eau pourroient causer aux constructions voisines, etc.

(5) *Ou aggraver la servitude*. Le propriétaire du fonds supérieur ne peut rien faire qui rende la chute de l'eau plus rapide ; et le propriétaire inférieur ne peut rien faire qui la fasse refouler vers le fonds supérieur.

Quid, si, par succession de temps, et par l'effet de la stagnation des eaux, ou autre cause naturelle, le fonds inférieur s'étoit comblé de manière à faire refouler les eaux sur le fonds supérieur? Le proprié taire supérieur auroit le droit de faire faire le curement à ses propres frais, sans que le propriétaire inférieur pût s'y opposer. C'est la décision de la loi 2, §. 1 et 6 (*de Aquâ et aquæ pluviæ arcendæ*); et cette décision, fondée sur l'équité, seroit certainement suivie chez nous.

Par la même raison, Paul décide, dans la loi 2, §. 5, *eod.*, que, si une digue qui se trouvoit dans le fonds supérieur, vient à être renversée, le propriétaire inférieur, auquel la chute de l'eau seroit alors plus dommageable, peut faire rétablir la digue à ses frais, s'il n'en résulte aucun préjudice pour le propriétaire supérieur.

(6) *Est traversé*. Il en seroit autrement, si la source étoit dans son fonds, comme nous le verrons tout-à-l'heure.

(7) *Qui ne fait point partie du domaine public*, c'est-à-dire, qui n'est ni navigable, ni flottable ; autrement l'on ne pourroit en user qu'autant qu'il n'en résulteroit aucune gêne pour la navigation. (*Loi du* 6 *octobre* 1791, Tit. Ier., sect. 1re. art. 4.)

Aux termes d'un avis du Conseil-d'Etat, du 24 ventôse an 12, les contraventions aux réglemens de police sur les rivières non navigables, canaux et autres petits cours d'eau, doivent être portées, suivant leur nature, devant les Tribunaux de police municipale ou correctionnelle; et les contestations qui intéressent les propriétaires, devant les Tribunaux civils.

Nota. Cet avis n'est point inséré au Bulletin ; mais il est rappelé dans un décret du 12 avril 1812. (*Bulletin*, n°. 7903.)

(8) *Qu'elle parcourt sur son fonds. Quid*, si, par l'usage qu'il en fait, le volume d'eau se trouve considérablement diminué à la sortie de l'héritage? Cela est égal; il a usé de son droit. *Sic* jugé à Paris, le 9 juillet 1806. (*Jurisp. du Cod. Nap.*, tom. VII, pag. 245) ; mais bien entendu, pourvu qu'il n'y ait pas de méchanceté de sa part. Il a le droit d'user de l'eau, mais non d'en abuser. D'ailleurs, *malitiis non est indulgendum*.

Mais pourroit-il en permettre l'usage à un autre? Je crois qu'oui, pourvu que l'usage s'en fasse sur son fonds; car, bien certainement, il ne pourroit permettre à un voisin de s'en servir pour l'irrigation de ses propriétés: ce seroit alors en changer le cours, au moins en partie.

(9) *Pour l'irrigation de ses propriétés : Irrigare, aquam per rivos deducere.* C'est faire des coupures à une rivière ou ruisseau, pour remplir des canaux ou rigoles pratiqués exprès. Cela est sur-tout en usage dans les départemens où l'on cultive le riz.

(10) *Qui a la source dans son fonds.* Je pense qu'il en seroit de même, s'il s'agissoit d'eaux pluviales réunies naturellement, ou par artifice, sauf le cas de l'article 640.

(11) *Réellement propriétaire.* Au lieu que ceux dont l'héritage est seulement traversé ou bordé par cette eau, ne sont, en quelque sorte, que de simples usagers. Mais il n'a ce droit, qu'autant que cette source ne donne pas naissance à une eau faisant partie du domaine public.

(12) *Comme il le juge convenable.* Pourvu, toutefois, qu'il n'en abuse pas uniquement par méchanceté, et dans l'intention d'en priver tel ou tel propriétaire inférieur. Appliquer toujours le principe : *Malitiis non est indulgendum.*

(13) *Le propriétaire du fonds inférieur.* Doit-on entendre, par-là, tout propriétaire inférieur, ou bien seulement celui qui touche immédiatement l'héritage supérieur ? Je pense que c'est de ce dernier seul que l'article a entendu parler ; et cela, pour plusieurs raisons :

D'abord, l'article dit : *le propriétaire du fonds inférieur*, et non pas *d'un fonds*. Le pronom *du* est ici déterminatif, et indique qu'il ne s'agit que d'un seul fonds ; or, ce fonds ne peut être autre que le fonds immédiatement inférieur.

En second lieu, l'article exige que les ouvrages soient apparens, c'est-à-dire qu'ils aient pu et dû être connus du propriétaire supérieur. Or, comment pourra-t-il les voir ou les connoître, s'ils sont faits dans un fonds situé peut-être à un quart de lieue du sien ?

Enfin, l'article dit : *des ouvrages destinés à faciliter la chute de l'eau :* or, ce mot, *la chute*, indique bien le point où l'eau sort de l'héritage supérieur pour entrer dans l'héritage inférieur. Donc il s'agit ici du voisin immédiat.

Nota. Un arrêt de cassation, du 25 août 1812 (SIREY, 1812, 1re. partie, pag. 550), paroît avoir décidé qu'il falloit que les ouvrages eussent été faits *sur le fonds supérieur*, par le propriétaire du fonds inférieur. Si cette interprétation étoit vraie, la question que nous venons de décider ne pourroit avoir lieu. Mais il me semble que l'article 642 n'exige pas du tout que les ouvrages soient faits sur le fonds supérieur; et certes, une disposition semblable méritoit bien d'être formellement exprimée. La loi exige seulement que les ouvrages soient apparens, c'est-à-dire, qu'ils aient pu être connus du propriétaire du fonds supérieur. Il n'est pas possible d'ajouter à ce qu'elle prescrit. L'orateur du Gouvernement a appuyé assez fortement, dans son discours, sur cette disposition. Nulle part il n'est question d'ouvrages faits sur le fonds supérieur. « Mais si, pendant plus de trente ans, y est-il dit, le » propriétaire supérieur a laissé aux eaux de sa source un cours, à l'occasion

» duquel le propriétaire inférieur ait fait des travaux apparens, dans la vue d'user » de ces eaux, et qu'en cet état, etc. » Certes, on ne voit rien là qui indique la nécessité d'un fait aussi extraordinaire que le seroit celui de la confection de travaux sur le fonds d'autrui, sans le consentement du propriétaire; et si cela étoit, ce même orateur, qui fait résulter de ces travaux la présomption d'un arrangement primitif, dont il ne reste plus de traces, n'auroit pas manqué d'appuyer fortement sur la présomption, bien plus forte encore, qui résulteroit de la confection de ces mêmes travaux sur le fonds supérieur.

(14) *Et terminé.* Il faut qu'ils soient terminés. Ce ne sera donc que du moment de l'entière confection des ouvrages, que la prescription commencera à courir.

(15) *Des ouvrages.* Il faut qu'il y ait des ouvrages. Autrement le non changement du cours, de la part du propriétaire de la source, seroit regardé comme un acte de pure faculté, qui ne peut servir de base à la prescription. (Art. 2232.) Mais lorsqu'il y a des ouvrages, on présume que le propriétaire du fonds inférieur ne les a fait faire que par suite d'arrangemens passés avec le propriétaire de la source, et dont les traces n'existent plus.

(16) *Apparens*, c'est-à-dire, qui aient pu être connus du propriétaire de la source. Ce sont ces actes qui constituent, de la part du propriétaire du fonds inférieur, la possession nécessaire pour prescrire : or, il faut, aux termes de l'article 2229, que cette possession ait été publique, c'est-à-dire, qu'elle ait pu être probablement connue de celui contre lequel on veut prescrire. Mais, dira-t-on, lorsque le propriétaire du fonds inférieur aura fait des ouvrages, il faudra donc que le propriétaire de la source en change le cours malgré lui, pour ne pas laisser acquérir la prescription? Je ne le pense pas : je crois qu'il suffira qu'avant l'expiration des trente ans il fasse signifier au propriétaire inférieur un acte, contenant protestation contre toute induction qu'il prétendroit tirer du non changement de cours, et déclaration que, si ce cours n'a pas été changé, c'est uniquement par pure faculté, et non en vertu d'aucune obligation particulière. Cette protestation, suivie du silence du propriétaire, doit suffire pour détruire la présomption dont il est question dans la note précédente. (Argument tiré de l'article 2244.)

(17) *La chute.* Il faut donc que ces ouvrages soient, comme nous l'avons dit, faits précisément au point où l'eau quitte le fonds supérieur, pour tomber sur le fonds inférieur.

PAGE 162.

(1) *Ou par prescription.* Ainsi les habitans n'ont pas besoin de la prescription pour conserver l'usage de l'eau, mais seulement pour s'affranchir du paiement de l'indemnité; au lieu que les particuliers qui n'ont pas de titre, ne peuvent acquérir l'usage que par prescription; mais aussi, alors, ils n'ont point d'indemnité à payer.

(2) *Avec le respect dû à la propriété.* C'est la conséquence de ce principe que nous avons si souvent répété, et qui dérive du droit naturel : *Malitiis non est indulgendum.*

(3) *Chemin de halage.* Haler des bateaux, c'est les faire tirer par des hommes

ou par des chevaux, soit pour leur faire remonter des rivières, soit pour les faire aller plus vîte en descendant.

Le chemin de halage est de vingt-quatre pieds : mais on ne peut clorre qu'à trente pieds du côté où se tirent les bateaux, et à dix pieds de l'autre côté.

(4) *Ou réglemens particuliers.* Voyez l'*Ordonnance des eaux et forêts* de 1669, titre XXVIII ; *un arrêt du Conseil, du* 3 *mai* 1720, rapporté dans l'ancien Denisart, au mot *Chemin*, n°s. 15 et 16 ;

La loi du 29 floréal an 10 (*Bulletin*, n°. 1606), relativement aux contraventions en matière de grande voierie ;

Celle du 9 ventôse an 13 (*Bulletin*, n°. 587), relative aux plantations des grandes routes et des chemins vicinaux ;

Un décret impérial, du 22 janvier 1808 (*Bulletin*, n°. 2954), qui déclare applicable à toutes les rivières navigables de l'Empire, l'article 7 du titre XXVIII de l'Ordonnance de 1669 ;

Un autre décret, du 7 mars 1808 (*Bulletin*, n°. 3177), relative à la distance à observer dans les constructions qui avoisinent les cimetières, etc. ;

Enfin, un décret impérial, du 16 décembre 1811 (*Bulletin*, n°. 7644), relativement aux constructions et réparations des routes, et aux plantations faites ou à faire le long des routes.

(5) *Du quasi-contrat.* On nomme *quasi-contrat*, un fait licite, qui, sans convention, produit cependant obligation et action. Ainsi, le propriétaire d'une maison en lègue la moitié à Pierre, et l'autre moitié à Paul. L'acceptation que chacun d'eux fait séparément de son legs, forme entr'eux un quasi-contrat, dit *de communauté*, d'où résultent plusieurs obligations respectives, telles que celle de contribuer aux réparations, etc.

(6) *Dans la classe des servitudes.* (*Voyez*, sur ces sortes de servitudes, le Traité de Desgodets, intitulé : *Lois des Bâtimens*, avec les notes de Goupy.)

PAGE 163.

(1) *Et des gros murs.* Je pense qu'il en doit être de même des digues, des voûtes et murs de caves, etc. ; en un mot, de tous les objets nécessaires à la solidité de l'édifice entier.

(2) *De la valeur de l'étage.* Remarquez que le rez-de-chaussée, quand il y en a un, est regardé comme un étage.

(3) *Qui lui appartient.* Ainsi, il faut estimer la valeur de la maison entière, et celle de chaque étage pris separément. *Espèce :* La maison entière, de quatre étages, est estimée 6,000 fr. : le premier étage est estimé séparément 2,400 fr. ; le second, 1,600 fr. ; le troisième, 1,200 fr. ; et le quatrième, 800 fr. La valeur du premier étage étant égale aux deux cinquièmes de la valeur totale de la maison, le propriétaire de cet étage paiera les deux cinquièmes des réparations. Par la même raison, le propriétaire du second en paiera les quatre quinzièmes ; celui du troisième, le cinquième ; et enfin, celui du quatrième, les deux quinzièmes. C'est cette opération que l'on nomme *ventilation*.

(4) *Et ainsi de suite.* Cette disposition n'est peut-être pas conforme à la stricte justice ; car il est certain que les propriétaires du second et au-dessus, devroient contribuer aux frais de l'escalier du premier ; que ceux du troisième et au-dessus, devroient contribuer aux frais des escaliers du premier et du second, et ainsi de suite. Mais l'on a voulu éviter les difficultés, et les calculs que cela eût nécessités.

Mais remarquez que le propriétaire du rez de-chaussée n'est tenu de réparer que son plancher, et non les voûtes des caves qui peuvent se trouver dessous, et qui sont, comme nous l'avons dit, à la charge de tous les co-propriétaires.

Quid, à l'égard des plafonds ? Chaque propriétaire doit être tenu du sien. (GOUPY sur DESGODETS.)

(5) *Du droit de bornage.* (*Voyez* au Digeste, le titre *Finium regundorum.*)

(6) *Tout propriétaire.* L'usufruitier, le fermier, pourroient-ils intenter l'action de bornage ? L'usufruitier étant regardé comme co-propriétaire, puisque l'usufruit est un démembrement de la propriété, je pense, conformément à la loi 4, §. 9, ff. *Finium regund.*, qu'il peut intenter l'action. Mais il est de l'intérêt du voisin de mettre en cause le propriétaire, parce qu'autrement le bornage seroit, à l'égard de ce dernier, *res inter alios acta*, et par conséquent ne pourroit lui être opposé.

Quant au fermier, comme il n'a pas le *jus in re*, il ne peut intenter cette action. Mais s'il résultoit du défaut de bornage quelque trouble dans sa jouissance, il pourroit demander, ou que le propriétaire le fît cesser, en procédant au bornage, ou que son bail fût résilié avec dommages-intérêts. Je pense, par la même raison, qu'il n'a pas le droit d'intervenir au bornage demandé par ou contre le propriétaire. Mais si, par l'effet du bornage, la jouissance qui lui avoit été assurée par le bail, se trouve diminuée, il aura recours contre le propriétaire, pour se faire indemniser, ou même pour faire résilier le bail, s'il y a lieu.

(7) *En tout temps.* Le droit de demander le bornage, est imprescriptible : d'abord, parce que c'est un acte de faculté qui ne peut servir de base à la prescription (art. 2232) ; en second lieu, parce qu'il est de l'intérêt public, que les propriétés particulières soient distinctes. La prescription a été introduite pour mettre fin aux procès ; et ici elle auroit pour effet d'en occasionner d'interminables.

(8) *A frais communs.* Mais, s'il y a contestation, les frais de la contestation sont supportés par la partie qui succombe.

En cas de contestation, comment déterminer la limite des propriétés respectives ? Le juge doit se décider d'après les titres et la possession respective des parties ; mais cependant, à l'égard de la possession, il faut distinguer : si la partie qui ne possède pas, a des titres contraires à la possession de l'autre partie, la possession ne pourra être opposée, qu'autant qu'elle aura été suffisante pour opérer la prescription : sinon, la simple possession annale suffit. Le possesseur est toujours présumé propriétaire jusqu'à preuve contraire.

(9) *Des usages prohibitifs.* Il paroît que cette prohibition existoit assez généralement dans la province de Champagne, au moins jusqu'à l'année 1769, qu'il intervint un édit du roi, portant permission à tout propriétaire de se clorre. (*Voyez*

l'ancien Denisart, au mot *Parcours*, n°. 25.) Au surplus, l'abrogation de ces usages avoit déjà été prononcée par la loi du 6 octobre 1791, Tit. I, Sect. IV, art. 4.

Page 164.

(1) *Parcours et vaine pâture.* Le droit de *vaine pâture* est celui de mener ses bestiaux paître dans certains endroits désignés par les réglemens ruraux, tels que les grands chemins, les prés après la dépouille, les guérets et les terres en friche, les bois de haute futaie, les taillis après la quatrième ou la cinquième pousse suivant l'usage des lieux, les chaumes après un temps qui est réglé par les usages locaux; et généralement tous les héritages où il n'y a ni semences, ni fruits, et qui, par la loi ou l'usage du lieu, ne sont pas en défense. Mais ce droit ne peut être exercé par les habitans d'une commune, que sur les terres faisant partie du territoire de la commune: c'est pour cela qu'on y a ajouté, dans quelques endroits, le droit de *parcours* ou *d'entre-cours*, en vertu duquel les habitans de deux communes voisines peuvent envoyer mutuellement leurs bestiaux en pâturage, d'un territoire sur un autre. (*Voyez* la loi du 6 octobre 1791, Tit. I, Sect. IV.)

(2) *Qu'il y soustrait.* C'est-à-dire que si, par exemple, il a clos la moitié de son terrain, il ne peut envoyer à la vaine pâture que la moitié de ses bestiaux, et ainsi à proportion. Cela est très-juste en théorie; mais il faut convenir que l'application peut entraîner beaucoup de difficultés. Au surplus, cette disposition suppose, comme cela est évident, que le propriétaire qui se clot, soustrait, par cela seul, son terrain au droit de parcours et de vaine pâture. Il est bien certain qu'il le peut, lorsque le droit de parcours est appuyé seulement sur la possession. L'on peut comparer cela à un acte de pure faculté, qui, comme nous l'avons déjà vu, ne peut fonder de prescription. Mais le pourroit-il également, s'il y avoit titre? La négative a été jugée par deux arrêts de Cassation, l'un du 14 fructidor an 9, et l'autre du 13 décembre 1808 (Sirey, 1809, Ire Partie, p. 72); à la vérité, sous l'empire de la loi de 1791, dont l'article 11, Section IV, paroissoit favoriser cette distinction. En seroit-il de même sous le Code? On peut dire pour la négative, que l'article 647 paroît n'admettre d'autre exception au droit de se clorre, que celle qui est portée dans l'article 682, pour le cas d'enclave. Cependant une disposition qui donneroit à une partie le droit de se soustraire à l'exécution d'une convention consentie par elle ou par ses auteurs, est tellement exorbitante du droit commun, qu'il paroît difficile de l'admettre, à moins qu'elle ne soit formellement énoncée. Cette vérité est tellement reconnue, que, toutes les fois que le Législateur a voulu accorder à une partie un droit contraire à la convention qu'elle avoit formée, il a soin d'ajouter ces mots: *nonobstant toute stipulation contraire*, ou autres semblables. (*Voyez* les articles 1268, 1453, 1674, 2220, etc.) Je pense donc que, quand il y a titre, la faculté de se clorre est interdite.

(3) *Aucune issue.* Il faut qu'il n'ait aucune issue. S'il en avoit une qui fût suffisante pour l'exploitation de son héritage, quelqu'incommode qu'elle lui fût, il ne pourroit user du bénéfice de l'article 682.

(4) *Pour son exploitation.* Pourroit-il réclamer le passage pour un temps seule-

ment, si le chemin, de son héritage à la voie publique se trouvoit momentanément obstrué? Oui, sans doute; mais ce ne seroit pas alors, à proprement parler, une servitude.

(5) *Qui doit en résulter. Quid,* si le fonds enclavé a été vendu par un des propriétaires intermédiaires entre ce fonds et la voie publique; et ce, sans mention du droit de passage? Je pense que, dans ce cas, le droit est toujours dû, sans indemnité. (Argument tiré de la loi 23, §. 3, ff., *de Servit. Prœd. rustic.*, qui n'est faite, à la vérité, que pour le cas de partage, mais dont la disposition est applicable à la vente, qui est un contrat de bonne foi, comme le partage, et avec laquelle, d'ailleurs, le partage avoit, chez les Romains, une grande ressemblance.) L'on pourroit en outre fonder cette décision par analogie, 1°. sur l'article 696. Si celui qui concède une servitude, est obligé d'accorder tout ce qui est nécessaire pour en user, quoique le titre n'en dise rien; *à pari*, celui qui vend un fonds, doit être tenu d'accorder tous les droits sans lesquels ce fonds seroit absolument inutile dans la main de l'acquéreur; 2°. sur l'article 1018, portant que la chose léguée doit être livrée avec tous les accessoires nécessaires. Donc, si le fonds enclavé avoit été légué, et s'il n'y avoit d'autre issue pour aller sur la voie publique, que de passer sur un des fonds de la succession, l'héritier seroit tenu de livrer gratuitement le passage, quand même il n'en auroit été fait aucune mention dans le testament; 3°. enfin, sur l'article 1615, qui décide dans les mêmes termes que la chose vendue doit être livrée avec tous ses accessoires et tout ce qui est destiné à son usage perpétuel. Or, comment ne pas comprendre dans les choses destinées à l'usage perpétuel d'un fonds, le passage sans lequel l'exploitation de ce fonds seroit absolument inutile? Telle paroît avoir été également l'opinion de COQUILLE, question 74.

(6) *A la voie publique*, ou jusqu'à un autre héritage appartenant au propriétaire de l'enclave, et donnant sur la voie publique.

(7) *Il est accordé* : c'est-à-dire que, si l'endroit ou le trajet le plus court, est en même temps le plus dommageable, comme une cour, un verger, etc., on doit prendre le passage autre part; mais si tous les endroits sont également dommageables, on doit prendre le chemin le plus court.

Quid, si, postérieurement au réglement fait pour la fixation du partage, le propriétaire du fonds enclavé venoit à acquérir un héritage tenant au sien, et donnant sur la voie publique? Il me semble que l'équité exigeroit que, dans ce cas, le propriétaire qui a été obligé d'accorder le passage sur son fonds, pût demander sa décharge, sauf réglement pour l'indemnité, si elle ne consistoit pas dans une prestation annuelle. Cette décision pourroit être appuyée, par analogie, sur les art. 209, 301, et sur-tout sur le 701, duquel il résulte que, principalement en matière de servitude, les principes du droit doivent céder à ceux de l'équité naturelle.

(8) *A cela de particulier.* Parce qu'en effet, comme nous le verrons au chapitre III, la servitude de passage ne peut s'acquérir par prescription, quand elle n'est pas légale. La raison de différence est simple : dans le cas d'enclave, on n'a pas besoin de la prescription pour acquérir la servitude en elle-même, puisque le propriétaire

peut être forcé d'accorder le passage; mais la prescription est utile pour l'acquérir gratuitement, parce que l'action en indemnité, comme toutes les autres actions, se prescrit par trente ans.

Mais de quelle époque courent les trente ans? Du jour où le propriétaire de l'enclave a commencé à passer; car c'est de ce moment que l'indemnité étoit exigible. Mais remarquez qu'il faut que le passage ait été nécessaire dès le principe : car si l'on suppose que le fonds n'a pas toujours été enclavé, et que le propriétaire a commencé à passer à une époque où l'enclave n'existoit pas encore, les trente ans ne commenceront à courir que du moment où le fonds a commencé à être enclavé. Jusque-là c'eût été une servitude ordinaire de passage, qui ne peut s'acquérir par la prescription.

(9) *Dans les villes et faubourgs*, mais non dans les campagnes. Pourroit-on, dans les campagnes, obliger le voisin d'entretenir ou de refaire les clôtures existantes? Oui, si elles sont mitoyennes (Art. 655), sauf la faculté accordée au voisin de se dispenser d'y contribuer, en abandonnant son droit à la clôture et au terrain sur lequel elle est construite, si c'est un mur, ou plantée, si c'est une haie.

(10) *De la clôture.* En quoi doit être faite cette clôture, s'il s'agit d'une construction nouvelle? En mur de maçonnerie, construit suivant l'usage des lieux; à Paris, en bon moellon. Si l'un des deux vouloit le faire en pierres d'un prix plus élevé, il doit payer la plus-value. *Quid*, s'il existoit une clôture ancienne en bois? L'un des voisins peut contraindre l'autre à la refaire en maçonnerie : la sûreté publique l'exige; d'abord, à cause de la communication du feu; et ensuite, parce qu'il est plus difficile de se faire un passage à travers un mur en moellon. (Desgodets, sur l'art. 209 de la *Coutume de Paris.*)

(11) *A l'avenir.* Ainsi, dans les lieux où l'usage n'est pas constant, si le mur de clôture, qui n'a pas la hauteur fixée par la loi, n'a pas actuellement besoin d'être rétabli, le voisin ne peut exiger qu'il soit exhaussé; *et vice versâ*, s'il a plus que cette hauteur, un des voisins ne peut demander qu'il soit abaissé, sauf à se décharger de contribuer aux réparations de cet excédant, en en faisant l'abandon.

Remarquez, en effet, que l'on n'empêche point celui qui veut se clore à une plus grande hauteur, de le faire; mais il ne peut forcer l'autre à y contribuer au-delà de la hauteur déterminée par notre article. Il doit donc payer l'excédant, et il est tenu des charges à raison de cet excédant. Mais aussi, cet excédant lui appartient exclusivement. Il peut y pratiquer des jours, dans la forme prescrite par l'article 676; il peut empêcher le voisin d'y appliquer aucun ouvrage, etc.

(12) *Dix pieds au moins de hauteur*, à compter du sol. *Quid*, si les deux terrains sont d'une égale hauteur? On doit partir du terrain le plus élevé. C'est l'opinion de Desgodets, et je la crois fondée; mais cet auteur ajoute que, dans ce cas, le propriétaire du terrain le plus bas ne doit contribuer aux frais de clôture que jusqu'à la hauteur légale, prise de son côté, et que l'autre propriétaire doit non-seulement payer à lui seul les frais du surplus, mais encore rembourser les charges. Cela me paroît contradictoire; car, si l'on force le propriétaire du fonds supérieur

d'élever son mur à dix pieds, à partir de son sol, ce n'est pas dans son intérêt, ni pour sa sûreté, puisque nous supposons que le mur a dix pieds de hauteur de l'autre côté; ce ne peut donc être que pour la sûreté du voisin, ou au moins dans son intérêt, pour empêcher que le propriétaire du fonds plus élevé ne puisse voir, par-dessus le mur, ce qui se passe dans le fonds inférieur. Or, il seroit étonnant que ce voisin fût précisément dispensé de contribuer aux frais d'une construction qui n'est exigée que pour lui. Peut-être l'opinion de DESGODETS pourroit-elle être admise, si le propriétaire du fonds inférieur déclaroit qu'il lui suffit que le mur ait, de son côté, la hauteur exigée par les réglemens; car, puisque l'excédant est exigé uniquement dans son intérêt, il n'est pas douteux qu'il ne puisse renoncer à un droit qui est introduit en sa faveur.

PAGE 165.

(1) *A des obligations respectives.* Ainsi ce droit diffère de celui de clôture, en ce que, dans celui-ci, il s'agit de forcer le voisin de se clorre; au lieu que, dans celui de mitoyenneté, on considère la clôture comme existante, et on établit les obligations respectives qui en résultent. Aussi, la servitude de clôture n'existe-t-elle que dans les villes et faubourgs, tandis que celle de mitoyenneté existe partout où il y a des clôtures mitoyennes, ou présumées telles.

(2) *A une présomption légale.* Nous avons vu précédemment ce qu'on doit entendre par présomption légale. Nous rappellerons seulement que c'est, en général, une conséquence tirée de ce qui a lieu le plus ordinairement, *ex eo quod plerumquè fit.* Ainsi, comme il arrive le plus souvent que la clôture entre deux voisins est mitoyenne, la loi présume, jusqu'à ce que le contraire soit prouvé, que toute clôture est mitoyenne.

(3) *Tout mur de séparation*, et de séparation immédiate; car s'il y avoit un espace au-delà, quelque modique qu'il fût, appartenant au propriétaire du terrain qui est en-deçà du mur, ce seroit au contraire une preuve que le mur appartient en entier à ce propriétaire. Il en seroit de même si l'espace étoit public.

(4) *Jusqu'à l'héberge. Héberge* est un vieux mot qui signifie *logement*, d'où vient le mot *héberger*, etc. *Entre bâtimens jusqu'à l'héberge*, c'est-à-dire, que le mur entre deux bâtimens est présumé mitoyen, jusqu'au point d'élévation du bâtiment le moins élevé. Si donc un des bâtimens a cinquante pieds de haut, et que l'autre n'en ait que trente, le mur est censé mitoyen jusqu'à trente pieds.

(5) *Ou entre cours et jardins. Quid* entre bâtimens et jardins? Je pense qu'il faut distinguer: si c'est dans un endroit où l'on peut être forcé de se clorre, comme dans une ville ou un faubourg, le mur doit être présumé mitoyen jusqu'à la hauteur de clôture. Dans les autres lieux, il faut encore distinguer: si le jardin est clos de tous côtés, je pense que le mur doit être présumé mitoyen, jusqu'à la hauteur du mur qui forme la clôture des autres côtés. Si le jardin n'est clos que du côté du bâtiment, je pense que le mur doit être présumé appartenir en entier au propriétaire du bâtiment. (Argument tiré de l'art. 670.)

(6) *Entre enclos*, au pluriel, c'est-à-dire entre deux champs tous deux enclos en

entier; car si un seul étoit clos, et que l'autre ne le fût que du côté où est le mur dont il s'agit, je pense que le mur doit être présumé appartenir en entier au propriétaire du champ clos. (Argument tiré de l'art. 670.)

(7) *Dans les champs.* Et dans ce cas, c'est-à-dire, entre cours, jardins et enclos, le mur est censé mitoyen dans toute sa hauteur, s'il n'y a titre ou marque du contraire.

(8) *Ou marque du contraire. Quid*, s'il y a tout-à-la-fois marque de non-mitoyenneté, et titre qui prouve la mitoyenneté? Le titre doit l'emporter, à moins qu'il n'y ait prescription; ce qui peut avoir lieu, si les marques sont apparentes et existent depuis trente ans, et si elles sont appuyées de la possession; par exemple, si, depuis le même temps, l'un des propriétaires a agi comme propriétaire seul et unique du mur, *putà*, s'il l'a toujours fait réparer à ses frais, s'il y a fait des ouvrages sans appeler l'autre propriétaire, etc. (Argument tiré de l'art. 690.)

(9) *Il y a marque de non-mitoyenneté.* C'est encore ici une présomption légale, fondée sur ce qu'ordinairement les murs ne se construisent de cette manière, que quand ils appartiennent en totalité à celui qui les fait construire.

Ces marques doivent-elles faire présumer la non-mitoyenneté du mur dans toute sa hauteur? Je pense qu'il faut distinguer: si c'est dans un lieu où la clôture n'est pas forcée, je pense que le mur entier doit être présumé non-mitoyen; mais dans les villes et faubourgs, il y a toujours présomption de mitoyenneté jusqu'à la hauteur légale. On ne peut pas présumer que celui qui pouvoit faire payer au voisin la moitié de cette hauteur, ait préféré faire le mur entier à ses frais.

(10) *Un plan incliné*, pour servir d'égout aux eaux de pluie, qui alors ne tombent que d'un côté. Or l'on ne peut présumer que le propriétaire, du côté duquel les eaux s'écoulent, eût consenti à les recevoir en totalité, si le mur eût été commun.

(11) *Des filets.* On appelle ainsi la partie du chaperon qui déborde le mur, afin que l'eau, tombant au-delà du parement du mur, ne le dégrade pas. Ce filet se nomme aussi *larmier*. (Descodets.)

(12) *Et corbeaux.* L'on nomme ainsi une pierre en saillie, que l'on a coutume de mettre aux murs peu épais, afin de poser les poutres dessus. (*Ibid.*)

(13) *En bâtissant le mur.* On reconnoît que le corbeau a été mis en bâtissant le mur, quand l'épaisseur du mur et la saillie sont faites d'une seule pierre. Cette condition est exigée, parce qu'autrement il seroit possible à un des propriétaires de placer ces corbeaux de son côté, à l'insu de l'autre, et de se procurer par là frauduleusement une marque de non mitoyenneté.

(14) *Est censé:* parce que ce n'est toujours qu'une présomption, qui cesseroit, si la mitoyenneté étoit prouvée par titres.

PAGE 166.

(1) *Ou les filets.* Mais depuis combien de temps faut-il que les choses soient en cet état, pour établir la présomption de non-mitoyenneté? Je pense que la possession annale suffit, sauf au voisin qui prétend que le mur est mitoyen, à le prouver

Par titres; auquel cas, la preuve résultant des titres ne pourra être détruite que par la possession trentenaire.

Quid, si l'un des voisins fait exhausser à ses dépens le mur mitoyen, conformément à l'article 658, et qu'il fasse faire de son côté le chaperon ou filet? L'autre voisin doit veiller à ce que le filet de l'ancien chaperon soit conservé de son côté, ou refait, s'il avoit été démoli : autrement, au bout d'un certain temps, l'autre voisin pourroit prétendre que le mur lui appartient en entier, ou au moins à partir de la hauteur légale, si c'est dans un lieu où la clôture est forcée. Si cependant il avoit payé les charges, à raison de l'exhaussement, et que la quittance fût produite, elle seroit pour le voisin une preuve de la mitoyenneté de l'ancien mur. Il en seroit de même de toute autre pièce, d'où l'on pourroit induire que le voisin a reconnu cette mitoyenneté.

(2) *A toujours le droit. Toujours*, en tout temps. C'est un acte de faculté qui ne peut être écarté par la prescription. Remarquez que cette faculté à lieu, même hors des villes et faubourgs. On ne peut, à la vérité, dans les campagnes, forcer le voisin de se clorre; mais si la clôture existe, et appartient en entier à l'un des voisins, il peut être forcé d'en vendre la mitoyenneté.

Quelques personnes pensoient anciennement, que le voisin ne pouvoit user de ce droit, qu'autant qu'il vouloit bâtir contre le mur, ou y appliquer quelqu'ouvrage. Autrement, disoient-elles, ce seroit favoriser la méchanceté d'un propriétaire, qui n'acheteroit la mitoyenneté que par pure malveillance, et uniquement dans l'intention de nuire au voisin; par exemple, pour lui faire boucher ses jours, ou pour pouvoir élever le mur, à l'effet d'obscurcir le bâtiment voisin. DESGODETS cite même un arrêt qui a jugé dans ce sens. Il me paroîtroit difficile d'admettre cette opinion sous le Code. L'article ne distingue pas; et d'ailleurs il est très-possible que celui qui achète la mitoyenneté, n'ait d'autre motif que celui de faire boucher les jours, sans avoir, pour cela, l'intention de nuire au voisin, mais seulement d'empêcher qu'on n'ait vue sur lui, qu'on ne jette quelque chose dans sa cour ou son jardin, ou autre chose semblable. D'ailleurs, si l'on exigeoit absolument qu'il fût fait des ouvrages, il seroit bien aisé d'en appliquer de légers, que l'on détruiroit ensuite. Permettroit-on alors au voisin de revenir sur la vente de la mitoyenneté? Il en résulteroit une foule de procès, qu'il est toujours si essentiel de prévenir.

(3) *Sur lequel le mur est bâti.* Le mur, ou la portion du mur, quand il ne veut prendre qu'une portion de la longueur du mur; car, s'il le prend dans toute sa longueur, il doit la moitié de la valeur de tout le terrain, quand même il ne voudroit pas rendre le mur mitoyen dans toute sa hauteur.

Observez qu'il y avoit des coutumes qui n'obligeoient point les propriétaires voisins de contribuer à la clôture, mais qui donnoient à celui qui vouloit se clorre, le droit de prendre, sur le fonds voisin, la moitié du terrain sur lequel le mur devoit être bâti. Il est certain que, pour les héritages situés dans ces coutumes, les terrains sur lesquels sont bâtis les murs de clôture, doivent être présumés, jusqu'à preuve contraire, appartenir aux deux propriétaires, et que, par conséquent, celui qui veut acquérir la mitoyenneté du mur, n'est obligé de payer que la moitié de la valeur du mur, mais non la moitié de la valeur du terrain.

Quid, si le mur, qui seroit, à dix-huit pouces, d'une épaisseur suffisante pour clôture, se trouve en avoir vingt-quatre ou trente-six? Celui qui veut acheter la mitoyenneté, sera-t-il obligé d'acheter la moitié du mur, tel qu'il est, ou la moitié d'un mur de dix-huit pouces? Je suis de ce dernier avis. Il ne doit pas être au pouvoir du voisin d'empirer sa condition, ni de lui imposer une obligation plus onéreuse que celle dont il est probable que la loi a voulu le charger. Mais si celui qui a acheté la mitoyenneté, à raison de dix-huit pouces, vouloit ensuite appliquer contre le mur des ouvrages, et profiter par là de l'excédant d'épaisseur, le voisin pourroit le forcer de payer la moitié de cet excédant, au moins dans la proportion de l'épaisseur qui seroit nécessaire pour les nouveaux ouvrages.

Remarquez que si le mur est très-élevé, et que le voisin ne veuille acheter la mitoyenneté que jusqu'à une certaine hauteur, il en a le droit. Dans ce cas, on estime la valeur de la moitié du terrain, puis la valeur de la moitié du mur pris dans la hauteur qu'il veut rendre mitoyenne; et de ces deux sommes réunies, l'on déduit la valeur des charges qui sont dues à raison de l'exhaussement.

(4) *De la valeur actuelle*, ce qu'il faut entendre, non pas de la valeur réelle du mur, mais de la valeur qu'il devroit avoir dans son état actuel, et relativement à l'usage auquel il est destiné. Si donc le mur étoit construit en pierres, on l'estimeroit comme s'il étoit bâti en moellon. De même, si le propriétaire voisin avoit fait faire des fondations considérables, par exemple, pour caves, le voisin qui ne voudroit pas faire de caves, ne seroit tenu de payer que moitié de la valeur d'une fondation ordinaire.

(5) *S'il y a possession*. Pourquoi n'est-il question de possession que pour la haie seulement? C'est que les haies se coupant périodiquement, il est bien plus aisé de fonder la possession, sur-tout celle à titre de propriétaire, telle qu'elle est exigée pour la prescription. Le curage du fossé, des réparations même passagères au mur, ne peuvent seules, et sans marques de non-mitoyenneté, établir une possession suffisante, parce qu'on peut croire que le propriétaire de l'héritage n'a fait tout cela que pour sa propre commodité; au lieu qu'en s'appropriant les produits périodiques de la haie, il a fait réellement acte de propriétaire; mais il faudroit que cette possession eût duré trente ans sans interruption. (Art. 2262.)

(6) *En état de clôture*. Par exemple, si l'un des deux héritages est fermé en entier, et que l'autre soit ouvert de tous les côtés, excepté du côté de la haie, elle est censée appartenir en entier au propriétaire de l'héritage totalement fermé.

De même si, entre la haie et l'un des héritages, il y a un fossé, la haie doit être présumée appartenir à celui dont elle touche immédiatement l'héritage, sans néanmoins que cela empêche que le fossé ne puisse être réputé mitoyen, s'il n'y a titre ou marque du contraire.

(7) *Et reconstruction*. Observez que, pour qu'il y ait lieu à faire contribuer les deux propriétaires, il faut que la nécessité des réparations ou reconstructions soit le résultat

de la vétusté, ou de quelque cas fortuit; car, si c'étoit le fait de l'un des propriétaires qui y eût donné lieu, non seulement il ne pourroit forcer l'autre de contribuer aux frais, mais encore il seroit tenu de l'indemniser de tous les dommages que les réparations pourroient lui occasionner.

(8) *De tous ceux qui y ont droit.* Et ce, tant dans les villes que dans les campagnes; et c'est, comme nous l'avons dit, en quoi le droit de clôture diffère de celui de mitoyenneté. Le premier ne peut être exercé que dans les villes et faubourgs; au lieu que, partout où il existe une clôture mitoyenne, le droit de mitoyenneté peut être exercé, avec cette différence, cependant, que, dans les campagnes, on ne peut demander la réfection que du mur, tel qu'il est, même au-dessous de huit pieds; au lieu que, dans les villes, chaque co-propriétaire peut être forcé de l'entretenir, et même de l'exhausser, si le cas y échet, jusqu'à la hauteur de huit ou dix pieds, suivant la population.

(9) *De cette charge.* Pourvu que les réparations ou reconstructions soient occasionnées par vétusté ou force majeure; car, si elles provenoient du chef d'un des co-propriétaires, l'abandon de la mitoyenneté le déchargeroit bien pour l'avenir, mais non pour les réparations à faire actuellement.

(10) *Son droit de mitoyenneté*, c'est-à-dire, le droit de co-propriété qu'il a dans le mur et dans le terrain sur lequel il est bâti. Mais il faut observer encore ici une différence entre les villes et les campagnes. Dans celles-ci, où l'on n'est pas forcé de se clore, le voisin peut abandonner le mur et le terrain en totalité, et par-là se dispenser de contribuer en rien aux frais du mur. Mais dans les villes, où la clôture est forcée, il est évident qu'il ne peut abandonner le mur que depuis le haut, en descendant jusqu'à la hauteur de clôture, c'est-à-dire, à huit ou dix pieds du sol.

(11) *Ou y adosser une cheminée.* Remarquez que l'on ne peut enfoncer une cheminée dans le mur mitoyen, mais seulement l'y adosser, et encore avec contremur. (*Cout. de Paris*, art. 189.) L'observation de cet article de la coutume est prescrite par l'article 674 du Code Napoléon.

Quid, si le voisin se trouve avoir une cheminée adossée à l'endroit où l'autre voisin veut placer sa poutre? D'abord, il est clair que la poutre ne peut excéder la moitié de l'épaisseur du mur, puisque, si elle étoit placée, l'on pourroit l'y réduire à l'ébauchoir. Ensuite le propriétaire de la cheminée a dû faire un contre-mur, conformément aux usages locaux. (Art. 674.) S'il ne l'a pas fait, il peut être contraint de démolir sa cheminée.

En général, il est de la prudence, même lorsqu'on est propriétaire en entier d'un mur de clôture, de n'y appliquer que les ouvrages que l'on pourroit appliquer contre un mur mitoyen, puisqu'il peut le devenir forcément d'un moment à l'autre.

PAGE 167.

(1) *Quelqu'ouvrage*, qui puisse dégrader le mur. *Secùs*, si c'étoient des peintures, de légers treillages, ou autres choses semblables.

(2) *Ou à son refus.* Comme il ne s'agit que d'ouvrages à appliquer contre le mur, ou de simple enfoncement à y pratiquer, on n'exige pas le consentement volontaire du voisin. Il en seroit autrement, s'il s'agissoit de percer tout-à-fait le mur, pour y pratiquer des vues. (Art. 675.)

Observez qu'un des voisins ne peut, même à ses frais, démolir et reconstruire le mur mitoyen, sans avoir fait préalablement constater par experts la nécessité de la démolition. Une pareille opération cause, en général, beaucoup de gêne, et même de dommage à l'autre voisin. L'un des propriétaires ne peut obliger l'autre à les souffrir, sans motif légitime.

(3) *Et réglemens locaux.* (*Voyez*, pour Paris, les articles 188 et suivans de la Coutume.)

(4) *Mitoyen ou non.* Par ces mots, *ou non*, doit-on entendre le mur appartenant en entier à celui qui veut construire, ou bien celui qui appartient en entier à l'autre voisin? Ces mots doivent être pris dans le premier sens; je l'infère de ce que l'article suppose que l'on veut y adosser une cheminée, une étable, etc. Or, on ne peut appliquer ces sortes d'ouvrages, même avec des contre-murs, contre le mur qui appartient en entier au voisin.

(5) *Les puits*, ou conduites d'eaux.

(6) *Fosses d'aisance.* (*Voyez*, pour la construction des fosses d'aisance de la ville de Paris, le décret du 10 mars 1809, *Bulletin*, n°. 4190.)

(7) *De matières corrosives*, telles que des soudes, du poisson salé, etc. Il en est de même à l'égard des fumiers, des terres jectisses ou rapportées.

(8) *De faire exhausser le mur.* Pourroit-il le faire exhausser, au point d'ôter entièrement le jour de la maison voisine? Il paroîtroit difficile de l'empêcher. Cependant, s'il n'existoit aucun motif apparent d'utilité pour lui, peut-être alors, d'après la maxime, *Malitiis non est indulgendum*, les juges pourroient fixer la hauteur de l'exhaussement. Mais pour peu qu'il existe un motif quelconque, ne fût-ce que celui d'empêcher qu'on ne voye ce qui se passe chez lui, je ne vois pas comment on pourroit empêcher l'exhaussement. Le voisin a dû, comme nous l'avons dit, prévoir ce cas, et disposer ses bâtimens en conséquence. (Goupy sur Desgodets, art. 195.)

Quid, si le voisin, au lieu de faire exhausser le mur, veut lui donner plus de profondeur souterraine, s'il en a besoin, par exemple, pour construire des caves? Il a le même droit, en prenant toutefois les précautions nécessaires pour soutenir le mur pendant les travaux, de manière qu'il n'en résulte aucun dommage pour le voisin.

(9) *L'indemnité de la charge.* Cette indemnité est fondée sur ce qu'un mur, auquel on fait supporter un exhaussement quelconque, dure moins long-temps, et a besoin d'être réparé et refait plus souvent que celui qui ne supporte rien. Le propriétaire voisin, qui conserve son droit de mitoyenneté sur l'ancien mur, et qui est par conséquent obligé de contribuer à sa réparation et à sa reconstruc-

tion, doit donc être indemnisé de ce que ces réparations se renouvelleront plus fréquemment. Aux termes de l'article 197 de la Coutume de Paris, l'indemnité est, dans les pays ci-devant régis par cette Coutume, de la valeur du sixième de la partie exhaussée. Si, par exemple, un mur mitoyen est exhaussé de trente-six pieds, l'indemnité sera de la valeur de six pieds de mur, pris dans toute la longueur de l'exhaussement. Observez que le paiement de cette indemnité doit être renouvelé, chaque fois que l'on refait la partie mitoyenne du mur.

(10) *De la partie exhaussée.* Cela est tout simple, puisqu'elle lui appartient en totalité, et que l'autre n'y a aucun droit, comme nous allons le voir tout-à-l'heure.

(11) *A ses frais.* Ce qui comprend les frais de déplacement et de replacement de tout ce qui étoit appuyé contre le mur du côté du voisin, mais non pas les frais d'ornemens, peintures ou autres, que le voisin auroit pu y faire appliquer. (*L.* 15, §. 1, ff. *de Servit. Præd. urban.*)

(12) *L'excédant d'épaisseur.* Dans ce cas, il ne doit point d'indemnité pour la surcharge; mais aussi l'ancien mur, quoique reconstruit en entier par lui, reste toujours mitoyen, et il est tenu d'indemniser le voisin des dommages qu'ont pu lui causer la démolition et la reconstruction de la partie mitoyenne.

Il peut aussi faire fortifier l'ancien mur seulement, si cela est suffisant, en prenant l'excédant d'épaisseur de son côté; et il ne paiera les charges, qu'à raison de l'état où étoit le mur avant qu'il y fît toucher. Mais aussi, lorsqu'il sera nécessaire de faire réparer la partie mitoyenne, le voisin ne sera tenu d'y contribuer que proportionnément à l'ancienne épaisseur du mur.

Quid, si, après que le voisin a fait reconstruire ou fortifier le mur, de manière à ce qu'on pût y appuyer un bâtiment, l'autre voisin veut bâtir également de son côté? Il doit indemniser le premier, à raison de la valeur actuelle du mur.

(13) *En acquérir la mitoyenneté*, en tout ou en partie, en observant que, s'il ne l'acquiert qu'en partie, il ne doit contribuer aux dépenses qu'en proportion de la partie qu'il veut acquérir.

(14) *De la dépense totale.* Cela ne veut pas dire que si, par exemple, trente ans après l'exhaussement, le voisin veut acquérir la mitoyenneté, il est obligé de payer la moitié de toute la somme qui a été réellement dépensée dans le principe. Cela ne seroit pas juste; car un mur, au bout de trente ans, ne vaut pas ce qu'il valoit trente ans auparavant. Mais cela signifie que, pour établir ce que doit payer le voisin, il faut faire entrer en ligne de compte tous les frais qu'a eu à payer celui qui a fait l'exhaussement, tels que les dépenses de construction, l'indemnité pour la charge, les frais de reconstruction de la partie mitoyenne, si elle a été reconstruite, etc.; et lorsque la moitié de la dépense a été ainsi composée, la diminuer en raison de l'ancienneté de la construction.

(15) *Sans le consentement.* Il faut ici le consentement, parce qu'il s'agit de percer les murs d'outre en outre, et d'y pratiquer des ouvertures. Quand il n'est question

que d'enfoncement, d'application d'ouvrages, nous avons vu que ce consentement n'étoit pas nécessaire, et qu'il suffisoit d'un réglement.

(16) *A frais communs*, sauf au voisin à se décharger de cette dépense, en abandonnant la mitoyenneté; pourvu cependant que le fossé ne soit pas du nombre de ceux que l'on pratique pour l'écoulement des eaux des héritages respectifs; car, alors, il ne peut y avoir lieu à l'abandon. Il en est de ce cas comme de celui du propriétaire qui a un bâtiment appuyé sur le mur mitoyen, et qui ne peut abandonner le mur pour se dispenser de contribuer aux réparations.

(17) *Sont également mitoyens*. Il en est de même de ceux qui sont sur la ligne séparative des deux héritages.

(18) *Qu'ils soient abattus*. De là il suit que, s'ils meurent, ou sont abattus par accident, l'un des propriétaires n'a pas le droit de les remplacer sans le consentement de l'autre.

PAGE 168.

(1) *Ou réglemens locaux*, qui sont ordinairement relatifs à la nature et à la qualité des arbres, dont les uns exigent une distance plus considérable, soit à raison de la force et de l'extension de leurs racines, ou de l'odeur qu'ils jettent, et qui pourroit nuire à l'héritage voisin. C'est ainsi qu'à Rome il falloit cinq pieds pour les arbres ordinaires, et neuf pieds pour les oliviers et les figuiers. (*L.* 13, ff. *Finium regund.*)

(2) *Soit arrachée*. Je pense qu'il faut excepter le cas où les plantations existeroient depuis trente ans dans le même état, sur-tout si elles étoient de haute tige. Il me semble que c'est bien là une servitude continue et apparente, qui, aux termes de l'art. 690, peut s'acquérir par la possession de trente ans.

(3) *Sur sa propriété*. Chez les Romains l'on distinguoit : si l'arbre avançoit sur une maison, il devoit être coupé au pied; si c'étoit sur un champ, l'on devoit couper toutes les branches, depuis la terre jusqu'à quinze pieds d'élévation. (*L.* 1, §. 9, ff. *de Arbor. cædend.*) Chez nous on ne distingue pas; lorsque l'arbre est dans la distance requise, le voisin ne peut demander que l'ébranchement.

(4) *Il peut les couper lui-même*. Pourquoi cette différence ? D'abord, parce qu'il lui est beaucoup plus aisé de couper les racines, sans sortir de son terrain, que de couper les branches; et, en second lieu, parce que la manière de couper les racines est assez indifférente pour la santé de l'arbre, au lieu que l'ébranchement peut se faire d'une manière plus ou moins nuisible. La Cour de cassation a même jugé, le 15 février 1811, peut-être un peu rigoureusement, que le propriétaire qui se permet d'ébrancher lui-même les arbres avançant sur son terrain, commet un délit punissable par voie correctionnelle. (*Jurisp. du Cod. Nap.*, tom. XVIII, pag. 395.)

(5) *La servitude légale*. Le droit de vue peut résulter d'une convention, et alors l'étendue en est réglée d'après la stipulation.

(6) *Seul propriétaire*. Cela ne veut pas dire qu'il faut être propriétaire du mur

dans toute sa hauteur, mais qu'il faut être seul propriétaire de la partie où l'on veut pratiquer les jours.

(7) *Joignant immédiatement l'héritage d'autrui.* Il faut que le mur joigne immédiatement l'héritage d'autrui; autrement l'on appliqueroit alors les articles 678 et 679.

(8) *Des jours ou fenêtres.* Remarquez que cela ne peut préjudicier au droit qu'a toujours le voisin d'acquérir la mitoyenneté du mur; et, s'il le fait, il aura droit de faire boucher les jours.

(9) *A verre dormant*, c'est-à-dire, un châssis qu'on ne puisse ouvrir. Ces précautions sont exigées, afin qu'on ne puisse rien jeter dans le fonds voisin.

(10) *De la chambre qu'on veut éclairer.* L'on pensoit anciennement que, lorsque les terrains étoient inégaux, l'on devoit compter la hauteur à partir du terrain le plus élevé. Notre article prescrit, comme l'on voit, une autre règle.

Quid, si le lieu qu'on veut éclairer est un escalier? Il faut en faire suivre la direction au jour que l'on veut pratiquer.

(11) *Pour les étages supérieurs.* Ceci est établi, afin qu'on ne puisse pas voir, à travers le châssis, ce qui se passe dans le fonds voisin. On n'exige pas que le jour soit aussi élevé pour les étages supérieurs, parce que les plafonds sont ordinairement moins hauts.

Remarquez que le Code ne contient aucune disposition sur la grandeur du jour. La Coutume de Paris n'en parloit pas davantage. Il faut en conclure que l'on peut les faire de telles dimensions que l'on veut, pourvu qu'ils soyent à la hauteur requise.

(12) *Des vues droites.* La vue droite, ou fenêtre d'aspect, est celle qui regarde en face l'héritage voisin, ou, autrement, qui est pratiquée dans un mur parallèle à la ligne de séparation des deux héritages.

(13) *Ou obliques.* La vue oblique, ou de côté, est celle qui est pratiquée dans un mur qui fait angle avec la ligne de séparation.

(14) *Clos ou non clos.* On jugeoit anciennement que, quand l'héritage voisin n'étoit pas clos, on pouvoit avoir des vues droites dans un mur à soi appartenant, et joignant sans moyen ledit héritage. On a mieux fait de ne pas distinguer. Le voisin peut vouloir se clorre, acheter en conséquence la mitoyenneté du mur; que deviendroient alors les vues?

(15) *Par la loi.* Desgodets pense que cette disposition ne doit avoir lieu que quand les deux héritages se joignent; mais que, s'ils sont séparés par un chemin public, quand même ce chemin n'auroit pas six pieds de large, on peut prendre des vues droites, parce qu'alors, dit-il, la vue est sur le chemin, et non sur l'héritage voisin. Cette raison n'est pas très-concluante; car, quand les deux héritages se touchent, et que je pratique une vue droite, à quatre pieds, par exemple, en arrière de la ligne de séparation, je puis dire que je prends vue sur mon terrain, et non sur l'héritage voisin; et cependant je n'ai pas droit de la prendre. Je crois qu'il vaut mieux dire que l'assujettissement dont il s'agit, ne doit avoir lieu qu'entre voisins, c'est-à-dire, entre personnes dont les héritages se touchent. Mais ici, chacun

des deux propriétaires est voisin du chemin public, et ne l'est pas de l'autre propriétaire.

(16) *Des deux propriétés.* Si les deux propriétés sont séparées par un mur mitoyen, la distance se compte à partir du parement extérieur du mur où se fait l'ouverture, jusqu'à la ligne formant le milieu de l'épaisseur du mur mitoyen. Si le mur appartient en entier à celui qui pratique les vues, la distance se compte jusqu'au parement extérieur du mur du côté du voisin; s'il appartient en entier à l'autre propriétaire, la distance se compte jusqu'au parement du mur, du côté de celui qui pratique la vue.

Quid, dans l'espèce suivante? Le mur que nous supposons de dix-huit pouces d'épaisseur appartient en entier à celui qui pratique la vue. Il s'agit d'une vue droite; elle est pratiquée, en conséquence, à six pieds du parement extérieur du mur du côté du voisin. Mais celui-ci achète la mitoyenneté du mur: la ligne de séparation se trouve alors rapprochée de neuf pouces, du côté de celui qui a pratiqué la vue. Il résulte de là que la vue qui étoit à six pieds, n'est plus qu'à cinq pieds trois pouces de cette ligne de séparation. Le voisin pourra-t-il exiger que la vue soit bouchée? Je ne le pense pas. C'est le cas d'appliquer le principe du droit naturel, que nous devons faire le bien du prochain, même lorsqu'il en résulte un préjudice pour nous, toutes les fois que ce préjudice est infiniment modique en comparaison du dommage que le prochain éprouveroit; or, il n'est pas très-important pour le propriétaire sur lequel donne la vue, qu'une vue soit éloignée ou rapprochée de neuf pouces; et il seroit très-préjudiciable, pour l'autre, que l'on fît boucher des fenêtres, sans lesquelles son bâtiment seroit peut-être inhabitable. Je pense donc que les choses doivent rester, *interim*, dans le même état; mais que, si le bâtiment vient à être détruit, le voisin pourra exiger que les vues soient reculées.

Dans cette opinion, il sera nécessaire qu'il soit fait un acte pour constater ce qui s'est passé; car, autrement, le droit de vue étant une servitude continue et apparente, le voisin auquel appartient le bâtiment qui a les vues, pourroit, après trente ans, prétendre qu'il a acquis la servitude par prescription.

PAGE 169.

(1) *De la même manière.* Mais d'où partira-t-on pour compter la distance? Il me semble que ce doit être du jambage de la croisée, le plus proche de l'héritage voisin. DESCODETS pense même que, si le balcon a assez de saillie pour qu'on puisse s'y tenir entièrement hors de la croisée, alors, quand même les deux murs seroient à angle droit, néanmoins le côté du balcon qui est en face de l'héritage voisin, doit être censé vue droite sur ledit héritage, et ne peut être conséquemment qu'à la distance de six pieds.

(2) *Ou en faveur de sa propriété;* et non pas sur la personne, ou en faveur de la personne; ce qu'il faut entendre dans ce sens, que l'on ne peut stipuler, par exemple, que le propriétaire de tel fonds sera tenu de rendre tel service personnel au propriétaire de tel autre fonds; d'ailleurs, cela seroit contraire à la nature de la servitude: *non ea est natura servitutum, ut quis agat, sed ut patiatur.* Mais, comme

nous l'avons déjà fait observer, je puis stipuler que j'aurai, pendant ma vie, le droit de passer sur tel terrain. C'est une espèce de droit d'usage.

(3) *L'ancienne féodalité.* Ainsi, l'on ne pourroit stipuler que le propriétaire du fonds *A* sera obligé d'aller moudre à tel moulin situé sur le fonds *B*.

(4) *Ou non apparentes.* Il y a encore une division des servitudes, en urbaines et rustiques; mais comme il n'existe réellement aucune différence, dans le droit, entre ces deux espèces de servitudes, nous avons cru qu'il étoit inutile d'en parler.

(5) *La servitude continue.* Il faut distinguer *continu* de *perpétuel.* Il est de la nature de la servitude d'être *perpétuelle*, mais non pas d'être *continue.* Un droit de passage est *perpétuel*, puisqu'on peut en user à perpétuité; mais il n'est pas *continu*, parce qu'on n'en use pas à chaque instant.

Nous disons qu'il est *de la nature* de la servitude d'être perpétuelle. Chez les Romains, on tenoit que cela étoit de leur essence. Ainsi, le droit de faire tomber sur l'héritage voisin les eaux de mon toît, auroit été une servitude, parce que les eaux pluviales sont quelque chose de naturel, et par conséquent de perpétuel; mais le droit de faire tomber chez le voisin les eaux d'un évier, n'eût pas été regardé comme une servitude. (*L.* 28, ff. *de Servit. præd. urban.*) Cette subtilité ne seroit pas admise chez nous.

Quid, si un usufruitier a concédé une servitude à un voisin, pour en jouir tant que durera l'usufruit, l'acquéreur auroit-il l'action réelle pendant la durée de l'usufruit? L'usufruitier peut céder son droit; et bien certainement l'acquéreur auroit l'action réelle: or on peut régarder la concession d'une servitude comme une cession partielle du droit d'usufruit.

(6) *Du fait actuel.* On a ajouté ce mot, *actuel*, parce que la plupart des servitudes continues ont eu besoin du fait de l'homme, pour être établies dans le principe; mais une fois établies, elles se conservent d'elles-mêmes, sans avoir besoin du fait actuel de l'homme pour être exercées.

PAGE 170.

(1) *Quelles qu'elles soient*, apparentes ou non apparentes. J'avoue que j'ai de la peine à apercevoir une différence, au fond, entre la servitude de vue, et la servitude de passage manifestée par un signe extérieur, par exemple, par une porte donnant sur le terrain voisin; et cependant notre droit établit ici une différence essentielle entre ces deux espèces de servitudes, puisque la servitude de vue s'acquiert par la possession de trente ans, et que celle de passage ne peut s'acquérir que par titres. On peut dire, pour justifier cette disposition, que la possession, pour la prescription, devant être *continue* et publique (art. 2229), elle ne peut s'appliquer aux servitudes qui ne sont pas en même temps continues et apparentes; et comme le Code met au nombre des servitudes discontinues, celle de passage, même lorsqu'elle est manifestée par une porte donnant sur l'héritage voisin, il a dû décider, par la même raison, que cette servitude ne pouvoit s'acquérir par la prescription.

(2) *Qui ne sont pas apparentes*, telles que les servitudes négatives.

(3) *Que par titres*, émanés du propriétaire ayant capacité d'aliéner. La servi-

tude étant un démembrement de la propriété, est toujours regardée en droit comme emportant aliénation, et ne peut en conséquence être consentie que par celui qui a droit d'aliéner l'immeuble assujetti. *Quid*, si elle avoit été consentie *à non domino*, pourroit-elle être acquise avec bonne foi, par dix ou vingt ans? Je pense qu'il faut distinguer : toute servitude est un immeuble, et tout immeuble peut être acquis de cette manière (art. 2265); d'ailleurs, puisque l'on pourroit acquérir ainsi l'immeuble entier, à plus forte raison peut-on acquérir la servitude, qui en est une partie, un démembrement; mais comme il faut que la possession soit publique et continue pour fonder la prescription, je pense que, même avec titre et bonne foi, l'on ne pourroit acquérir de cette manière que les servitudes continues et apparentes.

(4) *Pour les établir.* Ainsi, on ne pourroit intenter l'action possessoire, à raison de ces sortes de servitudes; car l'action possessoire est fondée sur le principe, que tout possesseur est réputé propriétaire jusqu'à preuve contraire; et, quand elle est admise, son effet est de dispenser de toute preuve celui à qui la possession a été adjugée, et d'obliger, au contraire, la partie adverse de prouver sa propriété. Or, ici, la présomption de propriété, résultant de la possession, ne peut avoir lieu, puisque celui qui réclame la servitude, est toujours obligé de justifier de son droit par titres. L'action possessoire lui seroit donc absolument inutile, puisque, quand même la possession lui seroit adjugée, il n'en seroit pas moins obligé de justifier de sa propriété.

Mais *quid*, si l'on alléguoit la possession annale acquise avant le Code, dans un pays où la servitude dont il s'agit, pouvoit s'acquérir par la prescription, l'action possessoire pourroit-elle avoir lieu? Je serois d'avis de l'affirmative. Puisque l'on supposé que la propriété de la servitude pouvoit s'acquérir par la prescription, le possesseur doit être réputé propriétaire jusqu'à preuve contraire (art. 2230); et si la possession est adjugée au réclamant, son effet sera d'obliger l'adversaire de prouver qu'au moment de la promulgation du Code, la prescription nécessaire pour acquérir la propriété n'étoit pas encore accomplie. (Voir au surplus, à ce sujet, un arrêt de Cassation, du 13 août 1810. SIREY, 1810, Ire. Partie, pag. 333.)

Quid, si la possession est appuyée sur un titre quelconque, même contesté? Dans ce cas, le possessoire doit être admis; et son effet sera d'obliger la partie adverse de prouver l'inefficacité du Titre. (Voir un arrêt de la même Cour, du 24 juillet de la même année. *Ibid*, pag. 334.)

(5) *Qui se trouvoient acquises.* Il faut donc que la prescription ait été complétée au moment de la promulgation : il ne suffiroit pas qu'elle eût été commencée. C'est une exception au principe posé dans l'article 2281.

Mais qui devra prouver? Si nous supposons que celui qui prétend avoir acquis la servitude étoit en possession au moment de la promulgation du Code, il doit, d'après les principes établis dans la note ci-dessus, être présumé propriétaire, jusqu'à la preuve contraire : ce sera donc à la partie adverse à prouver que la prescription n'étoit pas acquise au moment de la promulgation. S'il ne possédoit pas, ce sera à lui, au contraire, à prouver.

(6) *Continues et apparentes.* Pourquoi n'y a-t-il que ces sortes de servitudes qui puissent s'acquérir par prescription ? Nous venons de le dire, c'est qu'il n'y a qu'à elles que peuvent s'appliquer les caractères de la possession, telle qu'elle doit être pour opérer la prescription. (Art. 2229.) *Il faut que cette possession soit continue :* elle ne peut donc avoir lieu que pour les servitudes continues. *Il faut qu'elle soit publique :* il faut donc que la servitude soit apparente.

(7) *Ou par la possession de trente ans.* Quand il y a des ouvrages apparens existant depuis trente ans, on présume qu'il y a eu dans le principe une convention dont la trace s'est perdue ; mais ce n'est qu'une présomption, qui doit céder à la réalité. Si donc il existe la preuve qu'il y a eu, à la vérité, concession, mais à titre précaire, la plus longue possession ne suffira pas pour acquérir la servitude ; cela rentreroit dans la classe des actes de tolérance, qui ne peuvent servir de base à la prescription. Ce principe est général, et s'applique à toutes les choses qui peuvent s'acquérir par la prescription. C'est dans ce sens que l'on dit : *Melius est non habere titulum, quàm habere vitiosum.* Ces servitudes pourroient-elles s'acquérir par dix ou vingt ans, avec titre et bonne foi ? (*Voyez* ci-dessus, note (3.)

Pourroit-on acquérir par la prescription un nouveau mode d'exercer la servitude ? Il faut distinguer : ou le nouveau mode augmente, ou il diminue la servitude ancienne, ou il en constitue une nouvelle. S'il diminue l'ancienne servitude, comme toute servitude, quelle qu'elle soit, se perd par le non-usage, on perd alors ce qu'on peut appeler en quelque sorte l'excédant de l'ancienne servitude sur la nouvelle, que l'on conserve, dans ce cas, telle qu'elle a été exercée en dernier lieu, *quia minus majori inest.* Tel est le cas où, ayant le droit de passer en voiture sur votre terrain, j'y ai passé à pied pendant trente ans ; comme le droit de passer en voiture renferme celui de passer à pied, j'ai conservé ce dernier droit, et j'ai perdu le premier.

Si le nouveau mode augmente la servitude, il faut encore distinguer : si la servitude est de nature à être acquise par prescription, le nouveau mode peut être acquis de la même manière, *secùs* dans le cas contraire ; seulement, toujours par la même règle, que *minus majori inest*, l'on conservera l'ancienne servitude. Tel est le cas où ayant le droit de passer à pied sur votre terrain, j'y ai passé à cheval ou en voiture pendant trente ans : comme le passage à cheval ou en voiture renferme le passage à pied, j'ai conservé mon ancien droit ; mais je n'ai pas acquis le nouveau mode de passage, parce que c'est une servitude discontinue, qui ne peut s'acquérir par la prescription.

La même distinction doit avoir lieu, lorsque le nouveau mode change l'ancienne servitude et en constitue une nouvelle. Si la nouvelle est continue et apparente, elle pourra s'acquérir par prescription ; sinon l'ancienne sera éteinte, et la nouvelle ne sera pas acquise. On peut donner pour exemple du premier cas, celui où ayant droit de prendre des vues sur une partie déterminée de votre fonds, je les ai prises pendant trente ans sur une autre partie ; dans ce cas, j'ai perdu la servitude primitive, et j'en ai acquis une nouvelle. On peut donner pour exemple du second cas, celui où ayant droit de passer sur une partie déterminée de votre fonds, j'ai passé sur une autre partie pendant trente ans; j'ai perdu alors la première servitude, et je n'ai pas acquis la nouvelle.

Il faut, au surplus, observer une différence essentielle entre la perte de l'ancienne servitude et l'acquisition de la nouvelle, c'est que, même à l'égard des servitudes continues et apparentes, il pourra arriver que l'ancienne soit éteinte, et que la nouvelle ne soit pas acquise; dans le cas, par exemple, où pendant le délai de la prescription, le fonds assujetti a été possédé par un propriétaire contre lequel la prescription ne couroit pas, *putà*, par un mineur où par un interdit; car alors il aura acquis par le non-usage, pendant trente ans, de la part du propriétaire dominant, la libération de l'ancienne servitude; et ce dernier n'aura pas acquis la nouvelle contre lui, dans le même délai, puisque nous supposons que la prescription a été suspendue, pendant quelque temps, par la minorité ou par l'interdiction du propriétaire du fonds servant.

Ces décisions paroîtront peut-être un peu rigoureuses en quelques points; mais je les crois fondées en principe, et nécessaires, d'ailleurs, pour empêcher les atteintes que les propriétaires des fonds dominans sont toujours disposés, sur-tout dans les campagnes, à porter au titre constitutif de la servitude.

(8) *Que par un titre recognitif*, ou par un jugement rendu avec ce propriétaire, et passé en force de chose jugée. *Res judicata pro veritate accipitur.*

Observez qu'aux termes de l'article 1337, le titre recognitif ne dispense de la représentation du titre primordial, qu'autant qu'il en relate spécialement la teneur, ou bien lorsqu'il y en a plusieurs conformes, soutenus de la possession, et que l'un a au moins trente ans de date. J'avoue cependant que, nonobstant la disposition de cet article, qui paroît bien formelle et bien générale, il me semble difficile de l'appliquer à la matière des servitudes, qui se traite principalement entre gens de la campagne. Comment, en effet, pourroit-on regarder comme insuffisant, l'acte par lequel un propriétaire auroit reconnu purement et simplement que son fonds est assujetti envers tel autre à telle servitude? Je pense donc que le Législateur a seulement voulu dire, dans l'article 695, que, quelque fortes que soient les présomptions alléguées par celui qui réclame une servitude du nombre de celles qui ne peuvent s'acquérir par prescription, elles ne peuvent jamais suppléer le titre constitutif, qui ne peut être remplacé que par une reconnoissance émanée du propriétaire du fonds asservi. Cette interprétation paroît même d'autant plus probable, que le titre *des Obligations*, dont l'article 1337 fait partie, n'ayant été discuté et décrété que long-temps après celui *des Servitudes*, l'on ne peut pas dire que le Législateur a eu en vue, dans l'article 695, la disposition de l'article 1337.

PAGE 171.

(1) *Lui ou ses auteurs. Secùs*, si c'est un usufruitier, un fermier, ou autre possesseur semblable.

(2) *L'acte d'aliénation.* Il en seroit de même, si c'étoit un acte de partage entre co-héritiers ou co-propriétaires.

(3) *Ou sur le fonds aliéné.* Remarquez que cette disposition est fondée, non

pas sur le principe que la servitude est un droit réel qui suit le fonds dans toutes les mains où il passe ; car, ici, il n'y a pas de servitude : *nemini res propria servit ;* mais sur ce que, quand le propriétaire de deux immeubles en vend un, il est censé le vendre dans l'état où il se poursuit et comporte, et l'acquéreur est censé l'acheter de la même manière.

Il faut donc que la servitude soit apparente ; autrement l'acquéreur pourroit dire qu'il a été trompé, s'il s'agissoit d'une servitude passive ; ou, si elle étoit active, il ne pourroit dire qu'il a entendu acheter le fonds avec tel droit de servitude.

Il faut que ce soit le propriétaire qui ait mis la chose dans l'état d'où résulte la servitude ; autrement, il pourroit l'avoir ignoré, et la présomption de volonté n'auroit pas lieu de sa part.

Enfin, il est évident que, si l'acte d'aliénation contient une stipulation contraire au droit prétendu, la présomption doit cesser.

Observez encore qu'il n'est plus nécessaire, comme l'exigeoit l'art. 216 de la Coutume de Paris, que la destination du père de famille soit prouvée par écrit.

(4) *La stipulation expresse.* Suivant l'adage : *qui veut la chose, veut les moyens.*

(5) *Pour y aller.* Mais remarquez la différence qui existe entre le droit qu'on n'a que de cette manière, c'est-à-dire, par suite ou comme accessoire, ou conséquence, d'un autre droit, et celui que l'on a directement et par lui-même. Si le droit de puisage m'a été accordé, j'ai, comme il vient d'être dit, le droit de passage pour aller à la fontaine ; mais ce dernier droit n'étant qu'une conséquence du premier, périt avec lui. Si donc je laisse prescrire le droit de puisage, j'ai perdu par cela seul le droit de passage. Mais si ces deux droits m'ont été accordés, soit par deux titres séparés, soit par le même titre, mais d'une manière distincte, et sans relation de l'un à l'autre, je peux perdre l'un et conserver l'autre.

(6) *Qu'il peut également faire*, bien entendu dans le fonds voisin. Il n'a pas besoin d'une permission de la loi, pour faire dans son fonds ce qu'il juge convenable. Ainsi, il peut faire réparer, dans le fonds voisin, le chemin qui mène à la fontaine où il a droit de puiser.

(7) *A ses frais.* Cela est fondé sur le principe général en matière de servitude, que, *servitutum non ea natura est, ut aliquid faciat quis, sed ut aliquid patiatur aut non faciat.* (L. 15, §. 1er, ff. *de Servitutibus.*)

(8) *A moins que le titre*, soit celui d'établissement, ou tout autre, même postérieur. L'article 698 n'est pas limitatif.

Dans le cas où cette convention existeroit, quelques auteurs ont pensé qu'elle ne faisoit point partie de la servitude, et qu'elle n'engendroit qu'une simple obligation personnelle. La question est importante, parce que, dans ce systême, le droit qui résulteroit d'une pareille convention, seroit également personnel, et par conséquent ne suivroit point l'immeuble dans toutes les mains où il passeroit. Mais ce qui prouve le peu de fondement de cette opinion, c'est que l'art. 699 décide que le propriétaire qui a consenti une pareille convention, peut s'en libérer en abandonnant le fonds. Donc il n'est tenu que comme détenteur ; donc il n'est pas tenu personnellement; donc l'action ne peut être que réelle. C'est la décision de la loi 6, §. 2, ff. *Si servitus vindicetur*, où il est dit que, *hanc servitutem non hominem debere, sed rem.* C'est donc, en quelque sorte, une seconde servitude ajoutée à la première; et comme ce seroit alors une servitude discontinue, elle ne pourroit être acquise par prescription.

PAGE 172.

(1) *En abandonnant le fonds*, entier. L'obligation de réparer est réelle, comme nous l'avons démontré dans la note précédente. Elle affecte donc tout l'héritage; on ne peut donc s'en libérer qu'en abandonnant l'héritage entier. (Argument tiré de l'art. 2114.) *Quid*, si l'héritage vient à être divisé, et que celui dans la part duquel se trouve le chemin qui doit être entretenu, abandonne cette part, quel sera l'effet de cet abandon? Il sera libéré; mais les autres co-propriétaires ne pourront l'être, qu'en abandonnant également leur part. C'est une conséquence nécessaire de la réalité du droit. D'ailleurs, l'article 699, lui-même, confirme cette décision; car il y est dit que le propriétaire pourra toujours s'affranchir de la charge, en abandonnant le fonds assujetti; *le fonds*, est-il dit, et non pas *une partie seulement du fonds.* Enfin, le systême opposé seroit entièrement contraire à la justice; car, d'abord, il en résulteroit qu'il seroit au pouvoir des débiteurs de diminuer, et presque d'anéantir le droit du créancier; et en second lieu, il pourroit arriver que l'obligation d'entretenir fût très-onéreuse, et que le propriétaire dominant ne se trouvât pas suffisamment indemnisé de l'extinction du droit, par l'abandon d'une part, peut-être très-modique, dans l'héritage.

(2) *Par le même endroit. Quid*, si c'est une servitude de puisage ou de pacage, et que, par l'effet de la division du fonds dominant, le besoin d'eau ou le nombre des bêtes se trouve augmenté? Cela est égal. La servitude est due au fonds, et par conséquent à tous ceux qui l'habitent. Il en seroit autrement, si le mode et l'étendue de la servitude avoient été déterminés; par exemple, dans la servitude de pacage, si le nombre des bêtes avoit été fixé par le titre. Il est évident que, dans ce cas, quel que soit le nombre des propriétaires, celui des bêtes ne peut jamais être augmenté.

Quid, si c'est le fonds servant qui est divisé? dans le cas, par exemple, où le propriétaire est mort, laissant plusieurs héritiers? Par la même raison, la servitude sera due en entier par chaque co-héritier, si toutefois elle est de nature à avoir son effet sur le fonds entier, telles que seroient les servitudes, *altiùs non tollendi, luminum, prospectûs*, et autres semblables. Mais si elle étoit telle, qu'elle ne pût être exercée que sur une partie du fonds, comme un droit de passage, il n'y auroit alors que la portion dans laquelle se trouveroit le passage concédé, qui resteroit grevée de la servitude à l'égard du propriétaire dominant, sauf les arrangemens respectifs des co-propriétaires du fonds assujetti.

(3) *Ne pourroit s'y refuser.* Cela est fondé sur le principe de droit naturel, que nous avons établi au commencement de cet ouvrage, et d'après lequel nous sommes obligés de faire le bien du prochain, toutes les fois qu'il n'en résulte pour nous aucun préjudice.

(4) *Suivant son titre. Quid*, s'il s'élève une contestation sur un point à l'égard duquel le titre ne s'est point expliqué? Le juge doit se décider par le principe d'équité, qui veut que l'on concilie toujours le plus grand avantage du fonds dominant, avec la moindre incommodité du fonds servant; et que, dans le doute, l'on se décide toujours en faveur de ce dernier. Il y a, d'ailleurs, des règles de convenance auxquelles le juge doit se conformer : telle est celle qui veut qu'un droit de passage par une cour, ou autre dépendance d'une maison habitée, ne s'exerce pas à une heure indue, etc.

(5) *De celui qui l'a constituée*. Sauf, toutefois, les cas où la loi décide que les aliénations ne sont pas résolues, nonobstant la résolution du droit de l'aliénateur. (*Voyez* la note (5) de la page 157.)

(6) *Parfaite et irrévocable*. Car si la réunion vient à cesser par suite d'une cause antérieure à l'acquisition, la servitude renaît en faveur de l'ancien fonds dominant. (Argument tiré de l'article 2177.) Il en est de même de l'usufruit. Mais, hors ce cas, et toutes les fois que la réunion a été parfaite et irrévocable dans son principe, la servitude est entièrement éteinte et ne peut renaître. Si, donc, le propriétaire du fonds dominant a acquis le fonds servant, et qu'il vienne ensuite à le vendre, sans s'être réservé le droit de servitude, le fonds aliéné en est totalement et irrévocablement affranchi. Il faut cependant excepter le cas où il s'agiroit d'une servitude apparente, dont il auroit laissé subsister le signe jusqu'au moment de la vente. Mais même, dans ce cas, ce ne seroit pas l'ancienne servitude qui revivroit, c'en seroit une nouvelle, résultant de la destination du père de famille.

(7) *Du fonds dominant*. Pourvu qu'il soit majeur et usant de ses droits, et que, si la remise est gratuite, le propriétaire du fonds servant soit capable de recevoir de lui à titre de donation.

(8) *Pendant trente ans*. Quand même ce non-usage ne seroit pas du fait du propriétaire; si, par exemple, un usufruitier a joui quarante ans d'une terre, et qu'il ait négligé, pendant trente ans seulement, d'user d'une servitude, elle est prescrite, sauf le recours du propriétaire contre lui, pour se faire indemniser. (Argument tiré des articles 614 et 1428.)

Mais remarquez que l'intervalle de trente ans n'est exigé que lorsque le fonds servant est resté entre les mains de celui qui a consenti la servitude, ou de ses héritiers; car, s'il a passé entre les mains d'un tiers, la servitude doit être prescrite par le même intervalle de temps qui seroit suffisant pour acquérir la propriété, c'est-à-dire, par trente ans, si le tiers n'avoit ni titre, ni bonne foi, ou s'il n'avoit que le titre sans bonne foi; et par dix ou vingt ans, s'il avoit l'un et l'autre. La raison de différence, c'est qu'à l'égard de celui qui a consenti la servitude, ou de ses héritiers, c'est une prescription à l'effet de se libérer, pour laquelle il faut ordinairement trente ans; au lieu qu'à l'égard du tiers, c'est une prescription à l'effet d'acquérir, pour laquelle dix ou vingt ans suffisent, avec titre et bonne foi. Et, en effet, il est constant d'abord que, dans ce dernier cas, il ne peut être question de la prescription à l'effet de se libérer; car le tiers n'a contracté aucune obligation envers le propriétaire du fonds dominant : en second lieu, la servitude est, comme nous l'avons dit, un démembrement de la propriété; donc, quand j'achète un fonds grevé de servitude, j'achète la propriété du fonds, moins la portion de cette propriété qui compose la servitude; donc, quand je l'achète comme libre, je suis censé acheter *à non domino*, cette portion de propriété; donc, pour en devenir propriétaire, je n'ai besoin que de la prescription à l'effet d'acquérir.

L'on peut, au surplus, fonder cette distinction sur l'article 2180, portant que la prescription de l'hypothèque est acquise au tiers détenteur, par le temps réglé pour la prescription de la propriété à son profit; tandis qu'à l'égard du débiteur personnel, et pour les biens qui sont dans sa main, la prescription de l'hypothèque n'est acquise que par le temps fixé pour la prescription de la créance qui produit l'hypothèque. Le débiteur a besoin de la prescription à l'effet de se libérer; et le tiers, seulement de celle à l'effet d'acquérir.

PAGE 173.

(1) *Commence à courir.* Si donc j'ai un droit de passage, et que je sois trente ans sans passer, la servitude est prescrite; mais si j'ai un droit de vue, quand la maison à qui ce droit est dû, auroit été inhabitée pendant soixante ans, si les jours sont restés, la servitude subsiste; mais si les jours ont été bouchés pendant trente ans, elle est prescrite. La raison de différence, c'est que la servitude de passage ne se manifeste au-dehors que par le fait de l'homme, parce que ce n'est que par ce fait que s'exerce le droit qui est l'objet de la servitude. Si donc ce fait a cessé pendant trente ans, la prescription est acquise. Mais, dans le deuxième cas, la servitude n'a pas besoin du fait actuel de l'homme pour être exercée, elle l'est par le seul fait du jour qui reste ouvert: ce n'est donc que du moment de la clôture de ce jour, que la prescription peut commencer.

Quant aux servitudes négatives, telles que celle *altiùs non tollendi*, il est évident qu'elle est exercée par le fait seul de non construction de la part du propriétaire du fonds servant, et que, tant qu'il ne bâtit pas, la prescription ne peut courir. Ce ne sera donc que du moment qu'il aura fait un acte contraire à la servitude, c'est-à-dire, qu'il aura commencé à bâtir au-delà du point fixé par la convention, que la prescription pourra commencer à courir.

On voit, par ces exemples, qu'il est indifférent que l'acte contraire à la servitude soit fait par l'un ou l'autre des propriétaires. Seulement il doit arriver par la nature des choses, que cet acte sera fait le plus souvent par le propriétaire du fonds dominant, lorsqu'il s'agira de servitudes affirmatives, et qu'il sera toujours fait par le propriétaire du fonds servant, lorsqu'il s'agira de servitudes négatives.

Quelques auteurs avoient pensé qu'il falloit qu'il y eût, dans tous les cas, un acte de la part du propriétaire du fonds servant; ils se fondoient sur la disposition de la loi 6, ff., *de Servit. Præd. Urban.*, qui décide que, si j'ai la servitude *tigni immittendi*, sur un fonds qui vous appartient, et que j'aie enlevé ma poutre qui étoit soutenue sur votre mur, la prescription ne commencera à courir en votre faveur, que du jour où vous aurez bouché le trou où la poutre étoit placée. De même, si j'ai la servitude *ne luminibus officiatur*, il ne suffit pas que j'aie bouché mes fenêtres, pour que la prescription coure en votre faveur, il faut encore que vous ayez élevé votre édifice. Mais ces personnes n'ont pas pris garde, d'abord, que cette dernière servitude étoit une servitude négative, ce qui rentre dans la distinction que nous venons d'établir.

2°. Que la disposition de la loi 6 tient à une distinction que les Romains faisoient, quant à l'extinction par le non-usage, entre les servitudes urbaines et les servitudes rustiques (VINNIUS, sur le §. 4, Instit., *de Servit.*); distinction qui n'existe point dans notre droit.

3°. Qu'il faut bien distinguer, dans les servitudes positives, celles qui ont besoin, pour être établies, du fait des deux propriétaires, telle que la servitude *tigni immittendi.* En effet, il faut le fait du propriétaire dominant, *immissio tigni*, et il faut, de plus, le fait du propriétaire servant: *foramen in ejus pariete.* Or, comme il est de principe que, *res eodem modo dissolvi debent quo fuerunt colligatæ,* il en résulte que, pour éteindre ces espèces de servitudes, il faut un acte contraire, de la part des deux propriétaires.

4°. Que, dans ce systême, il y auroit des servitudes continues qui ne pourroient jamais être éteintes par la prescription. En effet, quel est l'acte contraire au droit d'égout, que pourroit faire le propriétaire servant? Et même, à l'égard de la simple servitude de vue, quel acte contraire pourroit faire le même propriétaire? Dira-t-on qu'il faut qu'il élève un mur, un édifice? Mais remarquez que le simple droit de prendre des jours, quand il ne comprend pas la servitude, *altiùs non tollendi*, ou *ne luminibus officiatur*, n'empêche pas le propriétaire servant de faire des constructions. Donc, quand il en fait, l'on ne peut pas dire qu'il fait un acte contraire à la servitude.

5°. Enfin, l'article 665 est formellement contraire à ce systême; car il décide que si le mur, ou la maison à laquelle est due une servitude, est resté démoli pendant le temps nécessaire pour la prescription, la servitude est éteinte. Or, il n'y a là aucun fait de la part du propriétaire du fonds servant.

Concluons donc que ce seroit mal-à-propos que l'on prétendroit que, dans tous les cas, il doit y avoir un acte contraire fait par le propriétaire servant; que cela n'est nécessaire que lorsqu'il s'agit de servitudes négatives, ou de celles positives pour l'établissement desquelles le fait du propriétaire servant a été nécessaire; mais que, pour toutes les autres, il suffit d'un acte contraire de la part du propriétaire dominant, pour faire courir la prescription.

(2) *Comme la servitude elle-même.* Ainsi, j'ai le droit d'avoir des vues droites sur le fonds voisin. Si, depuis trente ans, je n'ai que des vues obliques, le droit d'avoir des vues droites est éteint par la prescription. (Voir à cet égard ce que nous avons dit ci-dessus, note (7) de la page 170.)

(3) *N'ait pu courir.* Par exemple, un mineur. Cela tient à l'indivisibilité de la servitude, qui ne peut se perdre ni s'acquérir par partie. Mais remarquez qu'il faut pour cela que le fonds soit indivis. S'il étoit divisé, chaque portion seroit séparément créancière de toute la servitude, et pourroit conséquemment la perdre toute

entière par la prescription. Mais si le fonds est *indivis*, il n'y a aucune portion dans laquelle celui qui a joui, ou le mineur, n'ait un droit, et à laquelle, par conséquent, la servitude n'ait été conservée. De là cette maxime : *minor relevat majorem in individuis*.

Il faut observer, au surplus, que toute servitude est indivisible *obligatione*, à moins que le contraire ne résulte de la stipulation.

Je dis qu'elle est indivisible *obligatione*, dans le sens qu'elle est due toute entière par chaque héritier du débiteur, et à chaque héritier du créancier de la servitude; et que, quelque division qu'éprouve le fonds dominant ou le fonds servant, la servitude est due en entier à chaque partie de l'un, et par chaque partie de l'autre; sauf aux divers propriétaires du fonds dominant à s'arranger pour ne pas aggraver la condition du fonds servant.

A moins que le contraire ne résulte de la nature de la stipulation. Car si, par exemple, la servitude de pacage a été accordée pour cent bêtes, il est évident que, si le fonds dominant vient à être divisé, tous les propriétaires devront s'arranger pour ne pas envoyer paître plus de cent bêtes pour eux tous.

De même, lorsque le passage a été accordé par telle partie du fonds servant, et qu'il vient à être divisé, il n'y a que la ou les portions traversées par la voie fixée pour le passage, qui soient assujetties à la servitude; les autres sont libérées. Mais ici, ce n'est pas par l'effet d'aucune divisibilité de la servitude, puisqu'elle seroit toujours indivisible à l'égard des propriétaires du fonds dominant; mais c'est parce que l'intérêt étant le mobile de l'action, le propriétaire dominant, qui jouit de son droit de passage dans toute son étendue, n'a pas d'intérêt d'agir contre les propriétaires des autres portions du fonds servant. Cela est si vrai, que, s'il se trouvoit avoir intérêt, il pourroit, sans aucun doute, agir contre eux tous. Si, par exemple, outre le droit de passage, il y a eu, dans le principe, stipulation que le chemin seroit entretenu aux frais du propriétaire servant, et que celui dans le lot duquel est tombé le chemin, refuse de l'entretenir, et offre de délaisser sa part, le propriétaire dominant sera-t-il tenu de s'en contenter? Nous avons décidé la négative, ci-dessus, note (1) de la page 172, et nous avons démontré que la totalité du fonds ayant été primitivement affectée à l'acquittement de cette obligation (Art. 699), la division de ce fonds n'a pu préjudicier au droit du propriétaire dominant, qui pourra agir en conséquence contre tous les propriétaires, pour qu'ils aient à entretenir le chemin, ou à délaisser leurs portions.

Remarquez encore que la servitude, quoiqu'indivisible *obligatione*, peut être divisible *effectu*. En effet, rien ne paroît plus indivisible que la servitude *altiùs non tollendi*: cependant elle est divisible *effectu*; car, si j'ai cette servitude sur un terrain de quarante pieds de face, que le propriétaire servant ait bâti sur vingt pieds, et que son bâtiment soit resté dans le même état, et sans réclamation de ma part, pendant trente ans, il aura acquis sur vingt pieds seulement la libération de la servitude, qui subsistera sur les vingt pieds restans, d'après la règle : *tantùm præscriptum quantùm possessum*.

(4) *Les servitudes cessent,* et non pas sont éteintes. On a changé l'expression, pour faire voir qu'elles peuvent revivre, par le rétablissement de la chose, dans son ancien état.

(5) *User de la servitude.* Si le fonds sur lequel j'avois droit de passer, est devenu étang par suite d'une inondation ; si la fontaine où j'avois droit de puiser, est tarie, etc.

(6) *Pour la prescription.* Ainsi, la prescription court, quoiqu'il n'ait pas été au pouvoir du propriétaire du fonds dominant d'user de la servitude. C'est une exception au principe, *contrà non valentem agere non currit præscriptio*, et contraire également à la décision de la loi 14, ff. *Quemadm. servit. amitt.* Mais elle est fondée sur la nécessité de prévenir les procès, et sur ce qu'il y auroit trop d'inconvéniens à admettre la prétention de celui qui viendroit réclamer l'usage d'une servitude éteinte depuis cinquante ou soixante ans, sur un fonds qui a passé depuis entre les mains de divers propriétaires, qui ont tous pu ignorer l'existence de la servitude.

(7) *Qui devoient.* Il paroît résulter de l'article 665, que, si j'ai, par exemple, la servitude *tigni immittendi* sur le mur du voisin, et que ce dernier, profitant du moment où ma maison est démolie, fasse abattre son mur, et ne le rebâtisse pas pendant trente ans, je perds ma servitude. Cela est contraire à la loi 18, §. 2, ff. *Quemadmod. servit. amitt.* Et en effet, il est étonnant que je perde mon droit, par le seul fait de mon débiteur, et sans qu'on puisse me reprocher aucune négligence. Mais pourrois-je au moins le conserver, en faisant signifier au propriétaire du mur, avant l'expiration du temps requis pour la prescription, une sommation de rebâtir son mur, avec protestation que le défaut de reconstruction ne pourra pas entraîner l'extinction de mon droit? Cela me paroîtroit assez juste, et conséquent à l'opinion que j'ai émise ci-devant, dans la note (16) de la page 161.

(8) *Ou auxquels étoit due.* Ainsi, ma maison avoit un droit de vue sur la maison voisine : je la fais démolir, et je laisse passer trente ans sans la rebâtir ; la servitude est prescrite. Cette décision est juste. Si je perds la servitude, c'est par mon fait, c'est à moi seul que je dois l'imputer.

PAGE 174.

(1) *Et par la prescription.* La loi est aussi une manière d'acquérir ; par exemple, l'usufruit des pères et mères, sur les biens de leurs enfans, est acquis par la seule force de la loi.

(2) *De l'occupation.* (Voyez le *Traité de la Propriété*, de POTHIER, Part. Ire, chap. II, sect. 1 et 2.) Quelques personnes, du nombre desquelles est M. Chabot, dans son *Traité des Successions*, art. 712, ont prétendu que l'occupation, comme moyen d'acquérir la propriété, étoit abrogée dans notre droit. Mais alors quel nom donnera-t-on au droit en vertu duquel la chose trouvée et non réclamée appartient à celui qui l'a trouvée ?

A celui en vertu duquel la moitié du trésor appartient à l'inventeur ?

A celui en vertu duquel le chasseur ou le pêcheur s'approprie le gibier ou le poisson qu'il prend ?

On oppose, quant à ce dernier objet, qu'il y a des réglemens particuliers pour la chasse et la pêche : cela est vrai ; mais c'est-à-dire, que pour avoir le droit de chasser ou de pêcher, il faut avoir rempli certaines conditions et formalités; mais une fois ces formalités remplies, à qui appartient la bête ou le poisson pris, si ce n'est au premier occupant?

Nul doute donc, que l'occupation ne soit, chez nous, comme chez les Romains une manière d'acquérir la propriété.

(3) *A la chasse ou à la pêche.* Pour la chasse, voyez principalement la loi du 30 avril 1790, et le décret du 11 juillet 1810 (*Bulletin*, n°. 5729);

Et pour la pêche, savoir, sur les rivières navigables, le titre V de la loi du 14 floréal an 10 (*Bulletin*, n°. 1490), et l'arrêté du 17 nivôse an 12 (*Bulletin*, n°. 3496);

Et pour la pêche et la police, sur les rivières non navigables, la loi du 14 floréal an 11 (*Bulletin*, n°. 2763), relative au curage et à l'entretien des digues des canaux et rivières non navigables;

L'Avis du Conseil-d'Etat, approuvé le 24 ventôse an 12, et rapporté ci-dessus, note (7) de la page 161;

L'Avis du Conseil-d'Etat, approuvé le 30 pluviôse an 13 (*Bullet.*, n°. 932).

Voyez aussi, pour la pêche des moules et autres coquillages, l'Avis du Conseil-d'Etat, du 24 septembre 1807, portant que cette pêche sur les plages des côtes maritimes est libre, ainsi que la pêche en pleine mer, et n'est pas susceptible d'être concédée. (Cet avis est rapporté dans *le Journal de l'Enregistrement*, pag. 186.)

Nota. Un Avis du Conseil-d'Etat, approuvé le 19 octobre 1811, a décidé que le droit de pêche sur les rivières non-navigables étoit inhérent à la propriété des terrains riverains; qu'il en étoit inséparable; et qu'en conséquence on ne pouvoit aliéner ce droit, en conservant la propriété desdits terrains. (*Bulletin*, n°. 7460.)

(4) *De toute leur liberté* : oiseaux, quadrupèdes, ou poissons.

(5) *De lui appartenir*, parce qu'elles cessent d'être l'accessoire de son étang, de sa garenne, ou de son colombier. (*Voyez* ci-dessus, la note (7) de la page 141.)

PAGE 175.

(1) *Toute chose :* or, argent, bijoux, médailles, vases, urnes, statues, etc.

(2) *Cachée ou enfouie.* Donc, si elle n'étoit ni cachée ni enfouie, ce ne seroit pas un trésor, mais une chose perdue, à laquelle on appliqueroit la disposition qui va suivre.

(3) *Au propriétaire.* Nous avons vu, au Titre de *l'Usufruit*, que l'usufruitier n'avoit aucun droit sur cette moitié.

(4) *L'a découvert.* Que doit-on entendre par ce mot? C'est-à-dire, rendre la chose visible en fouillant ou en abattant. Il n'est pas nécessaire qu'on s'en soit saisi le premier. Si donc un ouvrier, en travaillant dans un champ en présence du maître, découvre un trésor, et que le maître l'empêche de le prendre, et s'en saisisse lui-même, l'ouvrier n'en a pas moins le droit d'en réclamer la moitié comme

inventeur. Jugé dans ce sens, et avec raison, à Bruxelles, le 15 mars 1810. (SIREY, 1810, IIe. part., pag. 230.)

(5) *Par le pur effet du hasard.* Cette restriction a été prise dans le droit Romain. (*L. unic.*, Cod. *de Thesauris.*) Elle a pour motif d'empêcher des étrangers d'aller inconsidérément fouiller les champs d'autrui pour y chercher des trésors. Il est, au surplus, évident que cette restriction n'a pas lieu, quand le trésor a été trouvé par le propriétaire lui-même.

Remarquez que la moitié du trésor trouvé dans le fonds d'autrui, appartient à l'inventeur, quand même il l'auroit trouvé en travaillant de l'ordre et pour le compte du propriétaire. C'est ce qui a été jugé par l'Arrêt que nous venons de citer; et c'est aussi l'avis de POTHIER, *de la Propriété*, n°. 65. Si cependant, le maître, soupçonnant qu'il y a un trésor caché, faisoit venir des ouvriers pour fouiller, et leur enjoignoit de lui remettre tout ce qu'ils trouveroient, je pense que les ouvriers n'auroient rien à réclamer. Il est évident que, dans ce cas, le maître avoit l'intention de chercher un trésor, et que c'est lui qui l'a trouvé par le ministère des ouvriers qu'il a employés.

(6) *Au propriétaire du fonds.* Cette disposition n'est pas contenue textuellement dans l'article 716; mais comme il admet la distinction faite par la loi *unic.* Cod., *de Thesauris*, relativement au trésor trouvé à dessein ou par hasard dans le fonds d'autrui, j'ai pensé que le Législateur avoit admis, au moins implicitement, la peine portée par cette même loi, contre celui qui auroit fouillé de dessein prémédité, peine qui consiste dans la privation de tout droit au trésor. D'ailleurs, l'article décide que la chose trouvée n'est trésor, qu'autant qu'elle a été trouvée par hasard. Donc, si elle n'a pas été trouvée ainsi, elle n'est plus trésor, et l'inventeur ne peut plus réclamer l'application de l'article 716.

(7) *Les choses abandonnées.* Ces choses peuvent être mises au nombre des biens vacans qui appartiennent à l'Etat, ainsi qu'il a été dit au Livre précédent.

(8) *Par des lois particulières.* Je ne connois pas de lois relatives à ce genre d'acquisition. Les lois anciennes accordoient la chose trouvée, dite *épave*, au seigneur justicier. L'Etat a-t-il succédé au droit du seigneur à cet égard? Je le répète : je ne connois pas de loi qui l'ait décidé; et il paroît que, dans la pratique, la chose trouvée appartient à l'inventeur, quand le propriétaire ne se représente pas dans les trois ans. S'il revendique dans cet intervalle, l'inventeur est tenu de la restituer, s'il l'a encore en sa possession. S'il l'a vendue, le propriétaire a également le droit de la revendiquer contre le nouveau possesseur, et même sans indemnité, à moins que celui-ci ne prouve qu'il l'a achetée dans une foire, dans un marché, dans une vente publique, ou d'un marchand vendant des choses pareilles; auquel cas, le propriétaire ne peut se la faire rendre, qu'en restituant au possesseur ce qu'elle lui a coûté. (Art. 2279 et 2280.)

(9) *En cas de gros temps.* (Voyez le *Cod. de Comm.*, Liv. II, Tit. XII, et mes *Institutes de Droit Commercial français*, Tom. I, Liv. II, Tit. IV, et Tom. II, pag. 253 et suivantes.)

(10) *De ceux rejetés par la mer.* (*Voyez* les articles 19 à 42 du Tit. IX du Liv. IV de *l'Ordonnance de la Marine*, de 1681 ; la *Loi du* 13 *mai* 1791, relative à la caisse des Invalides de la marine; l'*Arrêté des Consuls*, du 17 floréal an 9, *Bulletin*, n°. 665.)

(11) *Qui croissent sur ses rivages.* Ce sont ces plantes que *l'Ordonnance de la Marine* (Liv. IV, Tit. X) appelle *Varech*, *Vraicq*, *Sar* ou *Goesmon.* (Voyez *l'Arrêté des Consuls*, du 10 thermidor an 10, *Bulletin*, n°. 1885.)

PAGE 176.

(1) *De l'accession.* (Voyez POTHIER, *de la Propriété*, Part. Ire., Chap. II, Sect. III.)

(2) *Principalement;* parce que ce droit s'applique également à tous les produits que le propriétaire perçoit à cause de la chose, quoiqu'ils n'en soient pas fruits naturels, ni civils; par exemple, au trésor trouvé dans le fonds, etc.

(3) *Le droit de les percevoir*: par exemple, l'usufruitier, le fermier, le créancier à antichrèse.

Remarquez que le croît des animaux appartient toujours au propriétaire de la femelle, parce que ce croît *est pars viscerum matris.* (*L.* 5, §. 2, ff. *de Rei Vindicat.*) Il en est de même dans les Iles, à l'égard des enfans des esclaves. C'est toujours au maître de la mère qu'appartient l'enfant, quand même le père seroit libre et le reconnoîtroit.

(4) *Faits par des tiers*, quand même ces tiers auroient été possesseurs de mauvaise foi. (*L.* 36, §. 5, ff. *de Hered. Petit.*) Et en effet, le propriétaire eût toujours été obligé de faire ces dépenses, *et locupletior factus est*, *quatenùs propriæ pecuniæ pepercit.* Il faut cependant excepter le cas de l'usufruit. Nous avons vu, au Livre précédent, que les fruits pendans au moment de l'extinction de l'usufruit, appartiennent au propriétaire, sans récompense pour les frais de labours et semences. (Art. 585.)

(5) *Les fruits perçus.* Il suffit qu'ils soient perçus. On ne distingue pas, comme chez les Romains, s'ils sont consommés, ou encore existans. De même, on ne distingue pas s'ils sont naturels, industriels ou civils.

Lorsque la chose possédée étoit une hérédité, les lois romaines décidoient que le possesseur, même de bonne foi, devoit rendre les fruits, *quatenùs locupletior factus fuerat*, jusqu'à concurrence de ce dont il se trouvoit plus riche au moment de la demande. (*L.* 40, §. 1, ff. *de Hered. Petit.*) Et cette décision est adoptée par M. CHABOT, pag. 246 de son *Commentaire sur le Traité des Successions.* Cependant il est certain que le Code en a décidé autrement. L'article 138 porte formellement que tous les fruits perçus de bonne foi appartiennent au possesseur de l'hérédité. Cela est d'ailleurs plus juste, et j'oserai mêmes le dire nonobstant la décision des lois Romaines, plus conforme aux principes même du droit Romain. Le possesseur de bonne foi est *loco domini*, tant qu'il possède. Or, *bona fides tantùmdem possidenti præstat quantùm veritas.* (L. 136, ff. *de Regulis juris.*) Remarquez, en outre, que, chez les Romains, on pouvoit demander par la pétition d'hérédité, un objet singulier, une maison, par exemple. Il suffisoit, pour cela, qu'elle fût possédée *pro hœrede* ou *pro possessore*. Le même objet étoit aussi susceptible d'être revendiqué par l'action réelle ordinaire. Or, si on demandoit la maison par la pétition d'hérédité, on avoit les fruits. Si on la demandoit à titre de propriétaire et par la revendication, le possesseur de bonne foi gagnoit les fruits. C'est là une de ces distinctions subtiles que notre droit n'a pas dû admettre.

Quid, dans l'action en revendication, si le possesseur de bonne foi a fait des dépenses sur la chose possédée ? Les lois Romaines distinguoient :

Quant aux dépenses usufructuaires, elles étoient censées charge des fruits, que le possesseur de bonne foi faisoit siens ; elles étoient donc à sa charge.

Les dépenses nécessaires se compensoient avec les fruits, et le possesseur ne pouvoit réclamer que l'excédant.

Quant aux autres dépenses, le possesseur pouvoit les réclamer, *quatenùs res pretiosior facta fuerat.*

Il en seroit de même chez nous, pour les dépenses usufructuaires. Quant aux nécessaires, je ne pense pas que la décision des lois romaines fût suivie dans notre droit. Nous voyons, en effet, dans l'article 862, que le donataire sujet au rapport, et qui gagne les fruits conformément à l'article 856, peut, en outre, répéter le montant des dépenses nécessaires qu'il a faites sur l'objet donné. Cette disposition s'appliqueroit également aux dépenses utiles, conformément à l'article 555, qui décide dans sa disposition finale, que le possesseur de bonne foi, et qui est autorisé, en conséquence, à garder les fruits, peut, néanmoins, demander le montant des dépenses qu'il a faites, sans distinction. Seulement on laisse au propriétaire le choix de lui payer, ou la valeur totale des dépenses, ou seulement *quatenùs res pretiosior facta est ;* ce qui comprend bien les dépenses utiles.

Mais, au surplus, dans tous ces cas, le juge doit avoir égard aux circonstances. L'on peut consulter, à ce sujet, les dispositions très-équitables, contenues dans la loi 38, ff., *de Rei Vindicat.* Et en effet, si le propriétaire est peu aisé, et que les impenses utiles faites par le possesseur, même de bonne foi, soient tellement considérables, que le propriétaire seroit obligé de vendre son fonds pour les payer, l'équité ne permet pas qu'on le prive de son héritage, pour rembourser des dépenses qui n'étoient pas nécessaires. Le possesseur peut, à la vérité, réclamer également l'équité en sa faveur ; mais cependant sa cause est moins favorable que celle du propriétaire : d'abord, parce que le droit de ce dernier est certain, tandis que la bonne foi étant toujours présumée, et n'ayant pas besoin d'être prouvée, il peut très-bien arriver que le possesseur soit réputé de bonne foi, quoiqu'il soit réellement de mauvaise foi; et en second lieu, parce que les cas dans lesquels il est absolument impossible à un acquéreur de s'assurer que la chose qu'il acquiert n'appartient pas à celui qui la lui transmet, sont infiniment rares. Il y a donc presque toujours quelque négligence à lui imputer ; donc la cause du propriétaire doit être préférée à la sienne.

Je pense, au reste, par argument de l'article 2277, qu'il ne peut jamais être demandé que cinq années de fruits. (*Voir* la note suivante.)

(6) *Que ces vices lui sont connus :* par conséquent, même avant la demande. Cet article rejette donc l'opinion de ceux qui prétendoient que, dans aucun cas, le possesseur ne devoit être réputé de mauvaise foi avant la demande ; il n'a fait que se conformer, en cela, aux dispositions des lois Romaines. La loi 48, §. 1, ff. *de Adquir. rerum dom.*, décide formellement qu'il peut y avoir mauvaise foi, quant à la perception des fruits, quoique l'usucapion continue à courir ; or, s'il y avoit eu contestation en cause, ce qui équivaut chez nous à la demande, l'usucapion auroit été interrompu. Donc, puisque la loi suppose que l'usucapion continue, elle suppose qu'il n'y a pas eu de demande ; et cependant elle décide que le possesseur peut être constitué en mauvaise foi auparavant : et il en seroit de même dans notre droit, actuellement que pour la prescription, comme chez les Romains, on n'exige plus la bonne foi qu'au commencement de la possession. De même, il pourroit arriver chez nous, comme chez les Romains, que la prescription ne courût pas, et que cependant le possesseur fît les fruits siens ; si, par exemple, la chose appartenoit à un mineur. *Lege eâdem.*

Mais, dira-t-on, il peut donc arriver que le propriétaire ait droit de réclamer les fruits, sans pouvoir revendiquer le fonds. Si l'on suppose, en effet, que Pierre ait acquis un héritage de bonne foi ; que sa bonne foi ait cessé deux ans après son acquisition, et qu'il ait néanmoins continué de posséder pendant le temps suffisant pour la prescription, l'ancien propriétaire ne pourra plus revendiquer le fonds, puisqu'il est prescrit ; mais il pourra réclamer les fruits, à compter du jour où la bonne foi a cessé.

Réponse : Tout ce que nous avons dit jusqu'à présent relativement aux fruits, n'a lieu que pour le cas où celui qui veut les faire siens, n'a d'autre titre pour les réclamer, que sa possession de bonne foi. Or, remarquons que celui qui a prescrit, n'est plus simplement possesseur ; il est propriétaire, et il est censé l'être, du moment qu'il a commencé à prescrire ; il ne gagne donc plus les fruits comme possesseur, mais comme propriétaire, et par droit d'accession : il n'y a donc plus à examiner s'il est de bonne ou de mauvaise foi ; il ne seroit donc tenu de rendre les fruits, qu'autant qu'il seroit obligé de restituer le fonds.

Quid, si les fruits ont été perçus par un héritier de bonne foi, qui a succédé à un possesseur de mauvaise foi ?

D'abord il ne peut y avoir de difficulté quant aux fruits perçus par le défunt ; en les percevant de mauvaise foi, il a contracté l'obligation de les rendre : cette obligation se trouve dans sa succession, et son héritier y succède. Mais quant aux fruits perçus par l'héritier lui-même, la question est plus difficile. Remarquons, en effet, qu'il n'en est pas de l'acquisition des fruits, comme de celle de la propriété. Pour la prescription de la propriété, l'on ne considère qu'un moment, celui de l'entrée en possession. Quand la possession a été vicieuse dans le principe, et dans la personne du défunt, elle se continue toujours sur le même pied, même dans la personne de l'héritier de bonne foi, qui ne peut se changer à lui-même le titre de sa possession. Mais pour les fruits, il y a autant d'époques à considérer, qu'il y a de perceptions. *Magis est, ut singula momenta spectemus* (*L.* 23, §. 1, ff. *de Adquir. rerum dom.*); tellement que, si j'étois de bonne foi hier, et que j'aie cessé de l'être aujourd'hui, tous les fruits que j'ai perçus hier m'appartiennent, et je suis obligé de restituer au propriétaire tous ceux que j'ai perçus aujourd'hui. D'après cela, il semble vrai de dire que les fruits perçus par l'héritier, l'ayant été de bonne foi, il ne doit pas être tenu de les restituer. Ajoutez, 1°. que ces mêmes fruits n'ont jamais été possédés par le défunt, et que, par conséquent, on ne peut dire qu'il a contracté l'obligation de les restituer, et que l'héritier a succédé à cette obligation;

2°. Que décider autrement, ce seroit aller directement contre le vœu de la loi, qui n'a pas voulu qu'une personne qui a compté sur un tel revenu, et qui a arrangé ses dépenses en conséquence, se vît tout-à-coup ruinée, par une restitution de fruits qui peut être considérable, et d'un très-grand nombre d'années, puisque, si la possession du défunt a été précaire, le fonds pourra être revendiqué en tout temps, et même après cent ans, et que, si elle a été seulement de mauvaise foi, elle a pu, à la vérité, servir de base à la prescription de trente ans; mais comme cette prescription a pu être suspendue par des minorités successives, il pourra arriver que, même dans ce cas, la restitution soit de quarante ou cinquante années de fruits.

Cette opinion est celle de Voet, sur le Titre *De Adquir. rerum dom.*

Néanmoins la loi 2, Cod. *De Fructibus et litium expensis*, décide que l'héritier succède au vice du défunt, et qu'il est assujetti aux mêmes obligations que le seroit le défunt lui-même, s'il étoit vivant. Cette décision est confirmée par le suffrage des auteurs les plus recommandables, Perez, Domat, Pothier, etc. : ils se fondent sur ce que, du moment que le défunt a été en mauvaise foi, il a contracté l'obligation, non-seulement de rendre la chose, mais encore d'indemniser le propriétaire de tous les dommages que peut lui causer le retard apporté dans la restitution. Or, au nombre de ces dommages, est bien certainement la valeur des fruits perçus depuis la mauvaise foi. Cette obligation, une fois contractée par le défunt, fait partie des charges de sa succession; en sorte que son héritier en est tenu, non pas comme possesseur, mais par sa seule qualité d'héritier, indépendamment de sa bonne ou de sa mauvaise foi. Quant à l'inconvénient résultant de l'accumulation d'un grand nombre d'années, il y est pourvu, dans notre droit, par la disposition de l'article 2277, qui déclare toute redevance annuelle prescriptible par cinq ans; ce que je crois applicable au possesseur obligé de restituer les fruits, puisqu'elle l'est au fermier, au débiteur de rentes constituées ou viagères, qui ne sont certainement pas des possesseurs de bonne foi, relativement au locateur, ou au créancier de la rente. Par toutes ces raisons, je pense que l'héritier, même de bonne foi, du possesseur de mauvaise foi, est tenu de rendre les fruits qu'il a perçus.

Observez que le possesseur de mauvaise foi est tenu de rendre, non-seulement les fruits qu'il a perçus, mais encore tous ceux que le propriétaire eût pu percevoir *honestè*, si la chose lui eût été rendue; car cela fait partie des dommages-intérêts dont il est tenu. *Non quæritur an fruitus sit, sed an petitor frui potuerit.* (*L.* 62, §. 1, ff. *de Rei Vindicat.*)

PAGE 177.

(1) *A former un seul tout :* par exemple, un diamant enchâssé dans une bague, une doublure mise à un habit.

PAGE 178.

(1) *La valeur de l'autre objet.* Il y a, dans l'article 566, une obscurité de rédaction que j'ai dû faire disparoître. En effet, il est ainsi conçu :

« Lorsque deux choses appartenant à différens maîtres, qui ont été unies de » manière à former un tout, sont néanmoins séparables, en sorte que l'une puisse » subsister sans l'autre, le tout appartient au maître de la chose qui forme la partie » principale, etc. »

Il sembleroit résulter de cette rédaction, que le principe qui adjuge le tout formé de deux choses au maître de la chose principale, ne doit avoir lieu que lorsque les deux choses sont séparables; tandis que c'est un principe général qui s'applique à tous les cas où l'une des deux choses peut être regardée comme la chose principale, soit que la séparation puisse avoir lieu ou non. (Argument tiré de l'article 573.) On a voulu, je pense, consacrer dans cet article l'opinion émise par POTHIER, dans son *Traité de la Propriété*, n°. 170 à 174; et voici, d'après cela, comme je pense qu'il doit être entendu, ainsi que le suivant:

En général, la chose accessoire appartient au propriétaire de la chose principale, quand même les deux choses seroient séparables ; il reste donc à déterminer ce qu'on doit entendre par chose principale ; et à cet égard il faut distinguer :

Si des deux choses qui composent un tout, l'une ne peut subsister sans l'autre, et que l'autre puisse subsister séparément, c'est cette dernière qui doit être réputée la chose principale. Il y a cependant une exception pour la peinture et l'écriture. Le tableau et l'écrit sont regardés comme choses principales, *propter excellentiam.*

Si chacune des deux choses unies peut subsister sans l'autre, alors est réputée partie principale celle pour l'usage, l'ornement, ou le complément de laquelle l'autre a été ajoutée.

L'on voit, par cette explication, qui est fondée sur les vrais principes, que la question de la séparabilité des choses unies ne fait rien, quant au principe, que, le tout formé de deux choses, appartenant à différens maîtres, doit appartenir au maître de la chose principale; mais qu'il faut entendre l'article 566, comme s'il y avoit : *quoique deux choses appartenant, etc., soient séparables, néanmoins le tout,* etc.

(2) *A été ajoutée.* Ainsi, dans les exemples cités dans l'avant-dernière note, le diamant et le dessus de l'habit sont les choses principales.

(3) *Est l'accessoire de l'autre.* Ainsi, dans un meuble, quelle est la chose principale, de l'étoffe ou du bois?

(4) *A-peu-près égales. Quid,* si tout étoit égal, ou à-peu-près? Comme alors il n'y auroit pas de raison d'adjuger la chose à l'un des propriétaires plutôt qu'à l'autre, je pense qu'elle seroit commune, et devroit être licitée.

(5) *De la chose principale.* Par exemple, un gros diamant à la poignée d'une épée.

Ici, rigoureusement parlant, l'épée est la chose principale ; mais cependant, s'il y a une disproportion considérable dans le prix, le propriétaire du diamant pourra le revendiquer.

(6) *Qu'elle soit séparée.* C'est l'action *ad exhibendum*, des Romains. (Voyez au *Digeste*, le Titre de ce nom.)

(7) *Quelque dégradation de la chose principale;* et, dans ce cas, sans dommages-intérêts. Il est évident, au reste, que le législateur suppose ici que la chose accessoire a été unie à la chose principale par le propriétaire de cette dernière chose. Mais *quid*, si les deux choses ont été unies par un tiers, à l'insu des deux propriétaires? Je pense que chacun d'eux a droit de demander la séparation, sauf leur recours, pour les dommages respectifs, contre celui qui a fait l'union, s'il étoit de mauvaise foi.

(8) *Sa première forme.* Un gobelet d'argent peut être remis au creuset, et redevenir lingot; mais le bois avec lequel on a fait un meuble, ne peut redevenir ce qu'il étoit. Le Code rejette ici l'opinion consacrée par Justinien, dans ses *Institutes*, et adopte celle des Sabiniens, avec l'adoucissement dont il va être question tout-à-l'heure.

(9) *D'une partie de la matière.* Par exemple, un objet de fonte fabriqué avec des métaux appartenant en partie au fondeur. *Quid*, si aucune des deux matières n'appartient à celui qui a fait la nouvelle espèce? Alors, suivant les circonstances, ou elle appartient en commun aux propriétaires des deux matières, à la charge de rembourser à l'ouvrier le prix de sa main-d'œuvre (Argument tiré de l'art. 572); ou elle appartient au propriétaire de la chose principale, conformément aux articles 571 et 574, à la charge de rembourser le prix de la main-d'œuvre, et la valeur de l'autre partie de matière.

(10) *Et de celui de sa main-d'œuvre.* Exemple : la pièce fabriquée est estimée en entier 3,000 fr. La portion de matière appartenant à l'ouvrier est estimée 800 fr.; celle qui appartient à autrui 1,000 fr.; la main-d'œuvre 1,200 fr. L'ouvrier ayant fourni, d'abord en matière 800 fr., plus 1,200 fr. de main-d'œuvre, en tout 2,000 fr., sera propriétaire des deux tiers de la chose totale.

PAGE 179.

(1) *Celui de la matière.* Cela peut arriver souvent pour des pièces d'orfévrerie, de tapisserie, etc.

(2) *La chose travaillée.* Cette disposition est extrêmement équitable, quand l'ouvrier est de bonne foi; mais je ne crois pas qu'elle doive être appliquée quand il a employé la matière de mauvaise foi. (Argument tiré de l'art. 577.)

(3) *De la matière*, c'est-à-dire, en lui remboursant le prix de la matière, avec dommages-intérêts, s'il y a lieu. (Argument tiré de l'art. 554.)

(4) *Qui en a été fait.* S'il a connu l'emploi, et que, pouvant l'empêcher, il ne l'ait pas fait, il est censé l'avoir approuvé.

(5) *Mesure et bonté*, le tout avec dommages et intérêts, si l'ouvrier étoit de mauvaise foi.

(6) *A divers propriétaires.* Il s'agit ici du mélange de deux matières, soit de

même espèce, comme du blé, du vin, soit d'espèces différentes, mais cependant de nature à ne faire qu'un seul corps, comme des métaux fondus ensemble, des liqueurs faites avec de l'eau-de-vie appartenant à l'un, et du sucre appartenant à l'autre. On suppose, au surplus, dans ce paragraphe, que tous les propriétaires n'ont pas consenti au mélange ; autrement la chose leur seroit commune dans tous les cas, et sans aucune distinction, en proportion de la quantité et de la valeur de la matière appartenant à chacun d'eux.

(7) *Peut.* C'est une faculté qu'il peut ne pas exercer ; et alors, on appliquera la règle qui va être établie, pour le cas où aucune des deux matières ne peut être regardée comme chose principale.

(8) *Peut demander la division. Quid*, s'il ne la demande pas? Appliquer ce qui va être dit pour le cas où la séparation ne peut avoir lieu.

(9) *Licitée ;* c'est-à-dire, adjugée au plus offrant.

PAGE 180.

(1) *Des poursuites extraordinaires ;* telles que l'accusation de vol ou d'escroquerie.

PAGE 181.

(1) *Aux réglemens de police*, relativement à la hauteur des bâtimens, aux précautions exigées dans certaines constructions (Art. 674), au chemin à laisser le long des rivières navigables, etc.

(2) *Des lois de police*, concernant l'exploitation des carrières.

(3) *A l'exploitation des mines.* (*Voyez* ci-dessus, la note (3) de la page 149.)

(4) *Sous le bâtiment.* Remarquez, 1°. qu'il faut supposer que la possession de ce souterrain a pu être connue du propriétaire du bâtiment. Autrement, la propriété ne pourroit en être acquise par la prescription, puisque, pour pouvoir prescrire, il faut posséder publiquement. (Art. 2229.)

2°. Qu'il faut bien distinguer le droit de propriété d'un souterrain sous le bâtiment d'autrui, du droit de passage qu'on pourroit avoir, à titre de servitude, sous le même bâtiment. Cette distinction est importante pour l'acquisition et la conservation du droit. On peut acquérir la propriété par la prescription. *Secùs*, du droit de passage. On perd le droit de passage, par le simple non usage pendant trente ans, *secùs*, du droit de propriété, à moins que, pendant ce temps, la chose n'ait été possédée par un autre. C'est, au surplus, aux juges à arbitrer si la jouissance qui sert de base à la prescription, doit être regardée comme le résultat d'un droit prétendu de servitude, ou de propriété ; en un mot, si celui qui réclame la prescription, a possédé *animo domini*, ou seulement, *animo dominantis.* Exemple :

J'ai habité à Paris une maison située au fond d'une cour. Pour y arriver, il falloit passer sous un bâtiment appartenant à un autre propriétaire, mais qui avoit son entrée par une autre porte à côté. S'il n'y eût pas eu de titre, et qu'il eût fallu décider s'il s'agissoit, dans l'espèce, d'un droit de propriété ou d'un droit de servitude, j'aurois pensé que le passage appartenoit en propriété au bâtiment que j'habitois, attendu que le propriétaire du bâtiment sous lequel on passoit, n'avoit aucune issue sur le passage, qui étoit possédé exclusivement par le propriétaire du bâtiment du fond. Or, on ne peut concevoir un droit de servitude qui donne au propriétaire dominant le droit d'interdire au propriétaire servant tout usage de la chose assujettie. Il peut bien gêner cet usage ; il peut bien le restreindre sous certains rapports, comme dans la servitude *altiùs non tollendi ;* mais il ne peut l'en exclure entièrement. (Voir un Arrêt de cassation, du 22 octobre 1811, SIREY, 1811, 1re. Part, pag. 369.)

(5) *Soit de toute autre partie du bâtiment même.* Dans les pays, par exemple, où les divers étages d'une maison appartiennent à différens propriétaires, il est évident que la propriété d'un étage peut être acquise par prescription.

(6) *S'il y a lieu :* s'il est de mauvaise foi, et sans préjudice des poursuites extraordinaires, si le cas y échet (Art. 577), et sauf l'application des règles posées dans les articles 2279 et 2280.

Je pense, au surplus, que la créance de la valeur des matériaux doit être privilégiée sur le bâtiment, d'après les §. 3 et 4 de l'article 2102, et même d'après le §. 4 de l'art. 2103.

(7) *A raison des ouvrages faits.* Si donc les ouvrages ont coûté 10,000 fr., et qu'ils aient augmenté la valeur du fonds de 20,000 fr., le propriétaire pourra les retenir pour 10,000 fr. Mais aussi, dans le cas contraire, qui est le plus fréquent, si les ouvrages ont coûté 20,000 fr., et n'ont augmenté la valeur du fonds que de 10,000 fr., le propriétaire ne pourra les retenir, qu'en payant 20,000 fr. Il est vrai que comme il a le droit, ainsi que nous allons le voir tout-à-l'heure, de forcer celui qui les a faits, de les enlever, il pourra l'obliger par là de consentir à une diminution.

(8) *Des dommages et intérêts,* pour raison du retard qu'il aura pu éprouver dans la jouissance du fonds, des dégradations que les ouvrages et leur destruction auront pu occasionner, etc.

(9) *Par un possesseur de bonne foi.* Il faut entendre par là celui qui possède, comme propriétaire, en vertu d'un titre translatif de propriété, dont il ignore les vices. Cette explication est nécessaire, parce que le locataire, l'usufruitier, pourroient, sous quelques rapports, être regardés comme des possesseurs de bonne foi, dans le sens qu'ils ne sont pas ce que les lois romaines appellent *prædones*, puisqu'ils possèdent, ou plutôt qu'ils détiennent la chose, en vertu d'un titre approuvé par les lois. Mais néanmoins, comme ils ne possèdent pas à titre de propriétaire, c'est la première partie de l'article qui doit leur être appliquée.

(10) *A l'augmentation de valeur du fonds.* Il peut paroître extraordinaire que, dans l'hypothèse où le propriétaire du fonds veut garder les ouvrages, le possesseur de mauvaise foi soit mieux traité que le possesseur de bonne foi ; car le premier peut réclamer la valeur entière des constructions, sans égard à la plus-value du fonds, tandis que le second ne peut jamais réclamer que la plus-value. Mais aussi, il y a compensation d'un autre côté, parce que, comme nous l'avons fait observer, le propriétaire du fonds pouvant, dans le premier cas, obliger celui qui a fait les travaux, de les enlever à ses frais, profitera de cette faculté pour le forcer

de les laisser à un prix moindre que celui pour lequel ils ont été faits : or, il n'a pas le même droit à l'égard du possesseur de bonne foi.

PAGE 182.

(1) *Conformément aux réglemens.* (*Voyez* ci-dessus, la note (3) de la page 162.) Observez que le chemin de halage n'est pas propriété publique ; il est censé, jusqu'à preuve contraire, appartenir aux propriétaires riverains. L'Etat n'en jouit qu'à titre de servitude légale. De là il résulte que, si la rivière vient à se retirer, le droit de servitude sur l'ancien chemin s'évanouit, et les propriétaires riverains en recouvrent la jouissance, en laissant toujours un chemin semblable, qui est pris alors sur le terrain abandonné par la rivière.

(2) *Mais dans l'année seulement. Quid*, si le propriétaire du fonds, d'où la partie est détachée, est mineur? On tient en général que toutes les prescriptions courtes, c'est-à-dire au-dessous de dix ans, courent contre les mineurs, sauf leur recours contre leurs tuteurs. D'ailleurs, ici, cette espèce de prescription tient en quelque sorte à l'ordre public.

(3) *Abandonne son lit.* Mais il faut que cet abandon se fasse d'une manière sensible et prompte; car s'il étoit lent et successif, on pourroit le regarder comme un alluvion.

(4) *A titre d'indemnité.* Parce qu'en effet, suivant les principes rigoureux du droit, rapportés dans les Institutes de JUSTINIEN, §. 23, *de Rerum Divis.*, il devroit appartenir aux propriétaires riverains.

PAGE 183.

(1) *Dans des crues extraordinaires.* C'est qu'ici il y a une limite de la propriété, qui est déterminée par la décharge de l'étang.

(2) *Des attérissemens.* Je crois que l'île diffère de l'attérissement, en ce que l'île est une portion du lit même du fleuve, qu'il laisse à découvert, en s'élargissant d'un côté et de l'autre; au lieu que l'attérissement est un amas de sable que le fleuve amoncelle sur un seul point, et qui finit par s'élever au-dessus de la surface de l'eau.

PAGE 184.

(1) *Des successions.* Il existe sur cette matière deux traités principaux, l'un de LEBRUN, assez bon ouvrage, mais diffus, comme tout ce qui est sorti de la plume de cet auteur; l'autre, de POTHIER, ouvrage posthume, à la vérité, mais qui contient des choses excellentes, notamment pour ce qui concerne la matière des *rapports* et celle des *partages*.

(2) *Dans celui des lois.* (Article 869 et suivans.)

(3) *En mourant.* C'est ainsi qu'on dit une succession avantageuse, opulente, insolvable, etc.

(4) *Ordinairement héritier.* J'ai dit *ordinairement*, parce que, d'après les articles 757 et 758, les enfans naturels reconnus ont le droit de recueillir une quote-part, et même quelquefois la totalité de la succession; et cependant ils n'ont pas le titre d'héritiers.

(5) *Des successions légitimes.* Il ne faut cependant pas croire que tout ce qui va être dit dans ce titre, s'applique exclusivement aux successions *ab intestat*; plusieurs

dispositions sont également applicables aux successions testamentaires; notamment celles qui concernent le paiement des dettes, les partages, la garantie des lots, etc.

PAGE 185.

(1) *Est définitivement fixé.* C'est aussi ce moment qu'il faut considérer pour savoir si l'héritier est, ou non, capable de succéder. (Art. 725 et 906.)

(2) *A ses propres héritiers.* C'est l'explication de cet adage: *Le mort saisit le vif.*

(3) *Soit présumée*, en cas d'absence. Nous avons vu que l'absent qui ne reparoît pas, est présumé mort du jour de sa disparition. C'est donc de ce moment que sa succession est ouverte; et c'est par suite de ce principe, qu'elle est déférée, en définitif, à ceux qui étoient ses héritiers présomptifs à cette époque. Il est donc vrai de dire que la succession s'ouvre par la mort présumée.

(4) *Qui est morte la première.* Supposons qu'un père et un fils unique ont péri ensemble. Si le fils a survécu, il a recueilli la succession de son père; et, en mourant, il l'a transmise à ses propres héritiers, qui, s'il n'a pas d'enfans, sont ses plus proches parens paternels, pour une moitié, et ses plus proches parens maternels, pour l'autre. (Art. 733.)

Si, au contraire, le fils est mort le premier, il n'a pu recueillir la succession de son père, qui, s'il n'y a pas d'autres descendans, est dévolue aux parens paternels et maternels de ce dernier, et les parens maternels du fils en seront exclus. Il est donc important de décider lequel des deux est prédécédé.

(5) *S'il en existe de suffisantes.* Si un incendie a commencé par le premier étage d'une maison, celui qui demeuroit à ce premier étage, est présumé mort avant celui qui demeuroit plus haut. Dans une bataille, celui qui étoit à l'avant-garde, est censé avoir été tué avant celui qui étoit au centre ou à l'arrière-garde. *Secùs*, dans une retraite. Le malade alité est censé mort avant celui qui se portoit bien, et qui a pu, en conséquence, se dérober au danger pendant quelques instans. Dans un naufrage, celui qui a été aperçu le dernier, est censé avoir survécu; enfin, dans un massacre par des voleurs, on présumera qu'ils ont tué le père ou la mère avant les enfans en bas âge, parce que les premiers étoient plus en état de se défendre et d'appeler du secours. (Arrêt de Bobé, rapporté par Le Brun, *des Successions*, liv. I, chap. I, sect. Ire., n°. 17.)

(6) *Et l'autre moins de soixante.* Ce cas n'est pas formellement prévu dans le Code; mais cela paroît devoir résulter naturellement de la décision contenue dans le dernier alinéa de l'article 721; car il est déjà assez singulier qu'un enfant d'un an soit présumé avoir survécu à un homme de soixante ans: et certes, on ne doit pas présumer qu'il a survécu à un homme de quarante.

(7) *Et l'autre, plus de soixante.* Il peut paroître étonnant, comme nous venons de le remarquer, que l'enfant d'un an, d'un mois, même d'un jour, soit présumé avoir survécu à un homme de soixante-un ans. Il semble que l'on auroit dû fixer un âge au-dessous duquel la présomption de survie auroit été en faveur du plus âgé; par exemple, depuis un jour jusqu'à cinq ou six ans; et de cet âge à quinze, la présomption eût été en faveur du plus jeune. Au surplus, les juges se croiroient peut-être autorisés à appliquer l'article 720, et à regarder le bas âge de l'enfant

comme une circonstance capable de déterminer la présomption de survie en faveur du père.

(8) *Plus de soixante*. Ce cas n'est pas encore prévu ; mais si celui qui a moins de quinze ans, est présumé avoir survécu, à plus forte raison doit-on en dire autant de celui qui a plus de quinze ans.

PAGE 186.

(1) *Avoir survécu. Quid*, s'il y a égalité d'âge et parité de sexe : *putà*, deux jumeaux du même sexe ? Les juges décideront d'après les renseignemens qu'ils pourront se procurer sur les forces respectives de chacun d'eux.

Toutes ces présomptions auroient-elles lieu en matière de succession testamentaire ; si, par exemple, le testateur et le légataire sont morts ensemble ? Dans notre droit, je serois d'avis de la négative, pour plusieurs raisons :

D'abord, les dispositions dont il s'agit sont placées sous la rubrique *des Successions ab intestat*, et ne sont rappelées, en aucune manière, sous le titre *des Testamens*.

2°. Il paroît résulter de la rédaction même de l'article 720, qu'on n'a pas entendu en appliquer la disposition aux successions testamentaires ; car il y est dit qu'il est fait pour le cas où les personnes qui ont péri ensemble, *sont respectivement appelées à la succession l'une de l'autre*. Or, le légataire est bien appelé à recueillir une partie de la succession, ou plutôt des biens du testateur ; mais le testateur n'est pas appelé à recueillir les biens du légataire.

3°. Il est de principe général, que c'est au demandeur à prouver le fait qui sert de fondement à son action. *Onus probandi incumbit actori*. C'est donc à celui qui tire son droit d'un prétendu prédécès, à prouver que ce prédécès a eu lieu. (*L*. 9, §. 3, et *L*. 16, ff. *de Rebus dubiis*.) C'est ce qui paroît résulter, et de l'opinion émise par POTHIER, dans ses *Traités de la Communauté*, n°. 444, et *du Douaire*, n°. 154, et sur-tout de la disposition établie par l'article 135 du Code Napoléon, dont la décision sur ce point me paroît formelle. En effet, il y est dit que, *quiconque réclame un droit échu à un individu dont l'existence n'est pas reconnue, doit prouver que cet individu existoit quand le droit s'est ouvert*. Or, ici, l'existence du légataire ne peut être reconnue, puisqu'il est mort. C'est donc à celui qui réclame, de son chef, le legs qui lui a été fait, à prouver qu'il a survécu au testateur. En matière de succession légitime, le même principe ne peut être appliqué ; car, tant que la présomption de survie n'est pas déterminée, personne n'est saisi de la succession. L'on ne peut donc déterminer qui est le demandeur, ni à qui l'on doit imposer la charge de prouver. Il faut donc que la loi intervienne, pour décider à qui la succession doit être adjugée. Mais lorsqu'il y a seulement doute sur la question de savoir lequel, du testateur ou du légataire, est prédécédé, les héritiers légitimes sont là ; ils ont pour eux la vocation de la loi qui les saisit de la succession. Quoi qu'il arrive, les biens ne resteront pas vacans. Il n'y a donc pas de nécessité d'admettre les présomptions de survie ; et le principe, *actori incumbit onus probandi*, reprend toute sa force, et doit être appliqué dans toute son étendue.

Je ne dois cependant pas dissimuler que RICARD, à la fin de son *Traité des Dis-*

positions conditionnelles, n°. 576 et suivans, soutient l'opinion contraire. Mais il ne donne d'autre motif de sa décision que les lois Romaines, et notamment la loi 9, §. 4, ff. *de Rebus dubiis*; et, à cet égard, je me contenterai de faire observer:

Premièrement, qu'il n'y avoit pas la même raison de décider chez les Romains, qui n'admettoient pas la maxime, *le mort saisit le vif*. Chez eux, l'héritier légitime qui n'étoit pas héritier sien, n'étoit saisi de la succession que du moment qu'il l'avoit acceptée. Il ne pouvoit l'accepter qu'autant qu'elle lui étoit déférée; et il étoit de principe que la succession n'étoit déférée *ab intestat*, que du moment où il étoit certain qu'il n'y avoit pas d'héritier testamentaire. Il falloit donc commencer par décider s'il y avoit, ou non, un héritier testamentaire.

2°. Les dispositions testamentaires sont bien loin d'être aussi favorables chez nous que chez les Romains. Dans le doute, nos lois préfèrent toujours l'héritier du sang. Chez les Romains, au contraire, il y avoit une espèce de honte à n'avoir pas d'héritier de son choix. Dans le doute, la loi prenoit donc toujours le parti qui tendoit à maintenir l'institution; et ce qui prouve que c'est là le principal motif de la décision contenue dans la loi précitée 9, §. 4, ff. *de Rebus dubiis*, rapportée par Ricard, c'est le mot *solum*, qui s'y trouve. En effet, l'on suppose, dans ce paragraphe, qu'un père est mort avec son fils pubère, qu'il avoit institué son seul héritier; et l'on décide que le fils est censé avoir survécu. Le mot *seul* n'est pas ajouté ici sans raison; il est possible que l'on n'eût pas donné la même décision, s'il y eût eu d'autres héritiers institués qui eussent soutenu le testament, et qui eussent empêché le père de mourir *intestat*.

3°. En général, chez les Romains, c'étoit la faveur de la cause, qui, dans presque tous les cas, déterminoit la présomption de survie. Dans la loi 9, §. 1, *eod.*, on suppose le père mort avant le fils, en faveur de la mère, qui, dans l'hypothèse contraire, auroit été exclue par les agnats. Dans le §. 2, le père affranchi est, au contraire, présumé avoir survécu, *reverentiâ patronatûs*, afin que sa succession soit dévolue au patron. Quand une cause n'étoit pas plus favorable que l'autre, on revenoit au principe, et c'étoit à celui qui vouloit tirer avantage d'un prétendu prédécès, à le prouver. Ainsi, dans la loi 8, où il s'agit d'une donation entre mari et femme, laquelle, comme l'on sait, n'étoit confirmée que par le prédécès du donateur, le mari et la femme étant morts ensemble, l'on décide que le donataire ne peut être évincé, à moins qu'on ne prouve que le donateur a survécu.

Dans la loi 18, deux frères qui avoient été substitués l'un à l'autre, meurent ensemble. Le jurisconsulte décide que les deux successions sont déférées *ab intestat*, à moins qu'on ne prouve que l'un d'eux a survécu : cependant il s'agit ici de dispositions testamentaires; mais il n'y a pas la même raison que dans la loi 9, §. 4, puisque l'auteur de la substitution a eu, dans tous les cas, un héritier de son choix.

Dans la loi 16, une mère, en dotant sa fille, a stipulé que la dot lui seroit rendue par son gendre, si sa fille mouroit avant elle. La mère et la fille meurent ensemble. Le jurisconsulte décide que les héritiers de la mère ne peuvent exiger la restitution de la dot, parce qu'ils ne peuvent prouver que la mère a survécu.

Enfin, dans la loi 17, où il s'agit d'un legs, l'on décide que si le légataire est mort avec le testateur, les héritiers ne sont pas tenus de la prestation du legs, à moins que le prédécès du testateur ne soit prouvé. Cet exemple est précieux, parce que je crois que c'est le seul où il soit spécialement question du légataire mourant en même temps que le testateur. Je pourrois citer plusieurs autres dispositions, qui toutes prouvent que, chez les Romains même, le principe *actori incumbit, etc.*, avoit lieu, soit dans les conventions, soit dans les dispositions à cause de mort, toutes les fois que la présomption de survie n'étoit pas déterminée par la faveur attachée à l'une des parties.

L'opinion de M. Chabot, sur cette question, est fort singulière. Il prétend que non-seulement les articles 721 et 722 doivent être appliqués aux dispositions testamentaires, mais encore que c'est à l'héritier du testateur à prouver le prédécès du légataire; comme si l'héritier n'étoit pas possesseur, et comme si le possesseur avoit jamais rien à prouver. Le legs est toujours censé fait, sous la condition que le légataire survivra au testateur : quand le légataire se présente lui-même pour demander la chose léguée, il est bien certain que la condition est accomplie ; mais quand c'est son héritier, il doit, comme demandeur, prouver que cet accomplissement a eu lieu ; sinon, l'héritier du testateur doit être renvoyé de sa demande, d'après la règle, *actore non probante, reus absolvitur*, et conformément à l'article 135, auquel M. Chabot paroît n'avoir pas pensé. Que l'on soutienne que l'héritier du légataire peut, pour prouver le prédécès du testateur, faire valoir les présomptions résultant des articles 721 et 722, c'est une opinion qui n'est pas la nôtre, comme on vient de le voir, mais qui peut néanmoins être défendue. Mais que l'on aille jusqu'à dire que c'est à l'héritier du testateur à prouver le prédécès du légataire, c'est choquer toutes les règles du droit. Quant à l'arrêt cité par M. Chabot, et qui est rapporté par Lebrun, dans son *Traité des Successions*, Liv. I, Chap. I, Sect. I, n°. 19, comment M. Chabot n'a-t-il pas pris garde que cet arrêt détruit son opinion, bien loin de la confirmer? Qu'a-t-il jugé, en effet? Que le mari donateur et la femme donataire étant morts dans le même naufrage, la donation devoit avoir son effet, et n'étoit pas censée révoquée par le prédécès de la femme. Je dis que cet arrêt détruit l'opinion de M. Chabot : en effet, il confirme la règle *actoris est probare ;* car, par la donation, la femme étoit saisie. Les héritiers du mari revendiquoient les objets, attendu, disoient-ils, que la femme, comme plus foible, devoit être présumée périe la première; mais comme ils étoient demandeurs, on jugea que c'étoit à eux à prouver le prédécès de la femme ; et, faute par eux de faire cette preuve, ils furent déboutés de leur demande. C'est absolument l'espèce de la loi 8, *de Rebus dubiis*, citée ci-dessus. Donc cet arrêt a jugé qu'en matière de donations pour cause de mort, qui ont la plus grande analogie avec les dispositions testamentaires, les présomptions de survie ne devoient pas avoir lieu, et que c'étoit au demandeur à prouver le prédécès.

Il n'y auroit, dans le droit actuel, qu'un cas qui pourroit donner lieu à une difficulté sérieuse ; ce seroit celui d'un légataire universel, institué par un individu qui n'auroit point d'héritiers à réserve. Ce légataire est, aux termes de l'article 1006, saisi de la succession, au préjudice des héritiers légitimes. On ne peut donc lui appliquer le même raisonnement qu'aux légataires particuliers, puisque, tant qu'il n'est pas décidé à qui la saisine doit appartenir, on ne peut dire, *quis sit actor, quis sit reus.*

Je pense néanmoins que, même dans ce cas, les héritiers du légataire ne peuvent réclamer la succession, qu'en prouvant le prédécès du testateur; et je me fonde sur ce que,

1°. Comme je l'ai déjà fait observer, nos lois et nos mœurs favorisent toujours les héritiers du sang; et que, par conséquent, dans le doute, la présomption doit être en leur faveur;

2°. Si la présomption de survie n'a pas lieu en faveur des légataires, soit particuliers, soit à titre universel, il n'y a pas de raison d'accorder plus d'avantage au légataire universel, quoique saisi. Il seroit, en effet, singulier que, si un homme a institué deux légataires à titre universel, chacun pour moitié, ses héritiers *ab intestat* pussent retenir sa succession jusqu'à ce que la survie des légataires fût prouvée; tandis que, s'il n'avoit institué qu'un seul légataire pour la totalité, la même preuve ne pourroit pas être exigée;

3°. Il y a toujours cette différence, que l'héritier légitime est saisi par la loi, comme le légataire, mais sans aucune condition. Le légataire, au contraire, même universel, n'est saisi que sous la condition qu'il survivra au testateur; tant qu'il n'est pas prouvé que cette condition est accomplie, la saisine du légataire est donc *in suspenso*, tandis que celle de l'héritier, étant pure et simple, a lieu de suite et de plein droit, du moment du décès;

4°. Enfin, il ne s'agit point ici de l'intérêt du légataire lui-même, puisque nous le supposons décédé en même temps que le testateur; il s'agit uniquement de l'intérêt de ses héritiers, peut-être même de ses légataires, donataires, ou même de ses créanciers, c'est-à-dire, de gens entièrement inconnus au testateur, qu'il n'est pas censé avoir embrassés dans sa libéralité; tellement que, s'il étoit prouvé qu'il a survécu un quart-d'heure à son légataire, ils seroient exclus. Or, il me semble que, toutes choses égales, les héritiers du testateur doivent être préférés à ceux du légataire.

Tels sont les motifs qui me déterminent à penser que les présomptions de survie établies par les articles 720, 721 et 722, ne doivent jamais avoir lieu dans les dispositions à cause de mort, et que l'exécution ne peut en être réclamée qu'à la charge de prouver le prédécès du disposant.

(2) *Au domaine public.* Je n'ai pas dit que les successions irrégulières étoient celles qui avoient lieu à défaut de successions régulières, parce que la succession de l'enfant naturel est une succession irrégulière; et cependant, il n'est pas exclu par les successeurs réguliers.

(3) *Droits et actions du défunt.* Cela est toujours vrai, quand il n'y a pas de légataire universel. Lorsqu'il en existe un, l'héritier n'est saisi que quand il est du

nombre des légitimaires (Art. 1004); sinon, la saisine appartient au légataire universel. (Art. 1006.)

(4) *Par justice.* Cependant l'enfant naturel ne doit recourir à la justice, que lorsqu'il prend la totalité de la succession. Dans le cas contraire, il doit seulement demander la délivrance aux successeurs réguliers avec lesquels il concourt.

Les successeurs irréguliers sont-ils obligés de prendre le bénéfice d'inventaire pour n'être pas tenus des charges au-delà des forces de la succession? Je ne le pense pas, pour deux raisons:

La première, c'est qu'ils ne sont pas saisis, puisqu'ils sont obligés de se faire envoyer en possession. Ils ne représentent donc pas le défunt. Ils ne sont donc pas la continuation de sa personne.

La seconde, c'est qu'ils ne peuvent appréhender la succession, qu'après avoir rempli non-seulement toutes les formalités imposées à l'héritier bénéficiaire, mais encore d'autres, qui tendent à une plus grande publicité, et à une conservation plus exacte des biens de la succession. (Art. 769, 770 et 773.)

PAGE 187.

(1) *A l'ouverture de la succession.* La définition donnée par le Code, dans l'article 739, pouvoit être bonne pour le Législateur et pour le juge; mais je n'ai pas cru devoir la conserver dans un ouvrage classique, pour plusieurs raisons.

D'abord, cette définition contient les mots de *représentant* et de *représenté*. Or, en général, il faut, d'après les règles de la bonne logique, éviter de faire entrer dans une définition le mot qu'on veut définir.

En second lieu, elle ne détermine en aucune manière le rapport qui doit exister entre le représentant et le représenté; il me semble qu'il est nécessaire que la définition de la représentation fasse connoître qu'on ne peut être représenté que par ses descendans.

3°. Enfin, la définition du Code dit, que la représentation fait entrer le représentant dans les droits du représenté. Cependant l'article 744 dit qu'il n'y a lieu à la représentation, qu'autant que la personne qu'on veut représenter, est morte avant l'ouverture de la succession; et d'un autre côté, l'article 725 décide que, pour avoir des droits à une succession, il faut exister au moment de son ouverture. Il résulte donc, de la combinaison de ces deux articles, que le représenté n'a jamais eu de droit à la succession, et que, par conséquent, l'on ne peut dire que le représentant succède à un droit qui n'a point existé. Il m'a donc paru plus exact de dire, que la représentation donne au représentant les droits qu'auroit eus le représenté, s'il eût survécu à l'ouverture de la succession.

(2) *Dans chaque ligne.* Ainsi, l'ascendant le plus proche dans une ligne, n'exclut pas l'ascendant plus éloigné de l'autre ligne, si ce dernier se trouve le plus proche dans sa ligne. Si donc une personne vient à mourir, sans postérité, ni frères, ni sœurs, et laissant, pour ascendans les plus proches, son père et son aïeul maternel, ils prendront la moitié de la succession.

(3) *D'une personne morte.* Le mot de *mort* est pris ici *lato sensu*, comme il est

pris en général, dans le style des lois, pour la mort naturelle ou civile. *Secùs*, dans les conventions, où le mot de *mort* s'entend en général de la mort naturelle seulement.

(4) *Et sans le secours de la représentation.* Un homme meurt, laissant deux enfans, dont l'un renonce à sa succession : elle est dévolue en totalité à l'autre fils, quand même le renonçant auroit des enfans, parce que ces enfans étant de leur chef au second degré, et ne pouvant représenter leur père, sont exclus par leur oncle, qui est au premier degré. Mais si nous supposons que l'autre fils a renoncé également, ou a été déclaré indigne, alors les enfans du premier n'ayant pas besoin du secours de la représentation, pourront venir à la succession ; et si leur oncle a également des enfans, la succession se partagera, non pas en deux parts, comme dans le cas où ils viendroient tous par représentation, mais par têtes, c'est-à-dire, en autant de parts qu'il y a de petits enfans de l'un et de l'autre fils.

Mais remarquez que, quand l'on dit que la part de l'héritier renonçant accroît à ses cohéritiers, il faut entendre aux cohéritiers de sa ligne. De même, quand l'on dit que, s'il est seul de son degré, sa part est dévolue au degré subséquent, il faut entendre toujours, dans la même ligne. (*Voyez* ci-après les notes (4) et (5) de la page 205.)

(5) *Dont le père a renoncé ;* et ce, quoiqu'il soit éloigné du bisaïeul d'un degré de plus que le petit-fils ; mais c'est que, pouvant s'aider du bénéfice de la représentation, il monte au degré de son grand-père, c'est-à-dire, au premier degré ; tandis que le petit-fils ne pouvant représenter son père, reste au second degré. Il en est de même du petit-neveu, qui, lorsqu'il peut s'aider du secours de la représentation, exclut le neveu dont le père a renoncé ou a été déclaré indigne. Mais le petit-neveu dont le père a renoncé, seroit-il également exclu par l'oncle du défunt ? C'est une question que nous examinerons, en traitant de la succession des ascendans. (*Voyez* ci-après, la note (7) de la page 190.)

Remarquez aussi que la représentation n'a jamais lieu, *omisso medio*, mais qu'elle va toujours de degré en degré. Si donc, dans le cours des degrés, il s'en trouve un seul qui soit rempli, ou dans une des causes d'indignité, la représentation ne peut franchir ce degré, pour aller au degré supérieur. Ainsi l'arrière-petit-fils, dont le père a renoncé ou est indigne, ne peut venir, par représentation de son aïeul, à la succession de son bisaïeul ; car le degré qui se trouve rempli dans l'intervalle, arrête le cours de la représentation, qui ne peut, en conséquence, aller au-delà, ni monter jusqu'à l'aïeul.

(6) *Et en prenant sa place*, et quand même il seroit mort au moment de l'ouverture de la succession ; car, s'il étoit vivant, ses enfans se trouveroient exclus de la représentation par un autre motif, c'est qu'on ne peut représenter une personne vivante. Mais s'ils n'ont pas besoin du secours de la représentation, ils peuvent succéder, soit que l'indigne soit mort ou vivant, *putà*, si leur père étoit seul de son degré, ou si les autres héritiers du même degré que lui, sont également indignes ou renonçans.

(7) *Par souche.* On entend ordinairement par *souche*, l'individu qui tient immédiatement au défunt, et par *branches*, les divers individus provenant de la même souche.

Le partage se fait par *souche*, à l'égard de ceux qui viennent par représentation : on fait alors autant de parts qu'il y a de personnes représentées, et chaque part se subdivise ensuite en autant de portions qu'il y a de branches de la souche.

Le partage se fait *par tête*, à l'égard de ceux qui viennent de leur chef. On fait autant de parts qu'il y a de personnes venant à la succession; et il n'y a point ordinairement de subdivision ultérieure.

Au reste, il peut arriver que, dans la même succession, il y ait tout-à-la-fois partage par tête et par souche. Si, par exemple, un père meurt, laissant deux fils au premier degré, deux petits-enfans d'un troisième fils, prédécédé, et enfin quatre autres petits-enfans d'un quatrième fils, aussi prédécédé, sa succession sera divisée en quatre parts, dont une pour chaque fils au premier degré : à leur égard, le partage se fait par tête. Une troisième part sera dévolue aux deux enfans du troisième fils; et une quatrième, aux quatre enfans du quatrième. A l'égard des petits-enfans, le partage se fait donc par souche.

(8) *Entre les diverses branches d'une même souche.* Observez que la même personne peut être *branche* à l'égard du défunt, et *souche* à l'égard de ses descendans. Exemple :

Un homme a deux enfans. L'un meurt laissant deux enfans, dont l'un meurt également, laissant aussi des enfans. L'auteur commun vient à mourir. Sa succession se partage en deux parts, dont l'une est dévolue au fils vivant, et l'autre aux descendans du fils prédécédé. Mais pour subdiviser cette dernière part, il faudra en faire encore deux portions, dont l'une sera adjugée au petit-fils vivant, et l'autre aux enfans du petit-fils décédé. Ce dernier est donc *branche* à l'égard du défunt, et *souche* à l'égard de ses enfans.

PAGE 188.

(1) *En ligne directe descendante à l'infini*, c'est-à-dire, qu'à quelque degré que soit un descendant, il pourra toujours venir à la succession de son ascendant le plus éloigné, par représentation de ses auteurs prédécédés. Ce principe est vrai sans exception, en fait de descendance, qui est tout-à-la-fois naturelle et légitime. En fait de descendance purement naturelle, il y a lieu à la représentation, comme nous le verrons, dans le sens que les descendans de l'enfant naturel reconnu peuvent le représenter dans la succession de ses père et mère; mais il ne peut, quant à lui, représenter ses père et mère dans la succession de leurs ascendans ou de leurs frères et sœurs.

Il en est de même à l'égard de l'adopté, qui ne peut, dans aucun cas, représenter l'adoptant. Nous avons traité, au Titre *de l'Adoption*, la question de savoir s'il peut être représenté lui-même dans la succession de l'adoptant. (*Voir* ci-dessus, la note (5) de la page 103.)

(2) *Au même degré.* Ainsi, quand même une personne, en mourant, n'auroit laissé

que des petits-enfans, il pourra encore y avoir lieu à la représentation, s'ils sont issus de différentes souches ; et il en résultera que, si, par exemple, elle a eu deux fils morts tous deux, et laissant, savoir : l'aîné, un fils unique ; et le cadet, quatre enfans ; le fils de l'aîné prendra la moitié de la succession, et les enfans du cadet n'auront que l'autre moitié pour eux quatre. Dans ce cas, cependant, les petits-enfans n'ont pas besoin de la représentation pour venir à la succession, puisqu'ils sont tous au même degré. Mais cette disposition est fondée sur ce qu'on n'a pas voulu que ces enfans gagnassent ou perdissent à la mort de leur père. Cette observation est essentielle, parce que nous aurons peut-être occasion de la rappeler quelquefois dans le cours du présent ouvrage.

(3) *On a renoncé*. C'est ici le lieu de faire connoître la différence qui existe entre, venir à une succession *par droit de transmission*, ou *par droit de représentation*. Par l'effet de ces deux droits, l'on prend dans une succession la part qu'y auroit recueillie une personne décédée. Mais il y a cette différence, qu'il n'y a représentation, qu'autant que le représenté est mort avant l'ouverture de la succession ; il n'y a transmission, au contraire, que quand la personne, du chef de laquelle on vient à une succession, est décédée depuis l'ouverture de cette même succession. N'eût-elle survécu qu'un instant, comme nous l'avons dit, eût-elle même ignoré le décès, elle est toujours censée avoir recueilli la succession, et l'avoir transmise à ses propres héritiers. De là résultent les différences suivantes:

La première, c'est que, comme nous venons de le dire dans le texte, on peut représenter celui à la succession duquel on a renoncé, parce que ce n'est pas de lui, mais de la loi seule que le représentant tient son droit. Il est bien au lieu et place du représenté ; mais c'est la loi seule qui l'y met, indépendamment du fait et de la volonté de la personne représentée, et quand même elle auroit manifesté une volonté contraire. Mais quand il y a transmission, comme la succession a été recueillie par celui qui transmet, et qu'elle se trouve faire partie de sa succession personnelle, on ne peut prendre sa part dans la première succession, qu'autant qu'on est son héritier, et qu'on a accepté sa propre succession.

2°. La représentation n'a lieu qu'en ligne directe descendante, ou en collatérale, à l'égard des descendans des frères et sœurs. La transmission a lieu de la part de tout héritier, dans quelque ligne et à quelque degré qu'il se trouve.

3°. Il n'y a que les descendans d'un individu, qui puissent le représenter dans une succession. La transmission a lieu en faveur de tous les successeurs, héritiers, légataires, donataires, créanciers même de celui qui transmet, et même en faveur du fisc. En un mot, on vient par représentation, comme enfant ou descendant du représenté, sans avoir besoin d'être son héritier. On vient, au contraire, par transmission, en qualité de successeur de celui qui transmet, sans qu'il soit même nécessaire d'être son parent.

Ces différences ont un résultat fort important, principalement dans deux cas:

Le premier, quand la personne que l'on représente ou qui transmet, a laissé une succession onéreuse. Supposons, en effet, un fils mort vingt-quatre heures après son père, et laissant des enfans, et une succession insolvable. Il a recueilli la succession de son père, elle fait partie de la sienne; ses enfans ne pourront donc y venir qu'en acceptant la sienne propre, c'est-à-dire, qu'en acquittant toutes ses dettes, dont le paiement pourra être poursuivi sur les biens provenant, tant de la succession du fils que de celle du père.

Si, au contraire, nous supposons le fils mort deux heures avant son père, il n'a jamais recueilli sa succession; elle n'a jamais fait partie de ses biens. Ses enfans peuvent donc renoncer à sa propre succession, et l'abandonner aux créanciers; mais cela ne les empêchera pas de prendre, par droit de représentation, la succession de leur aïeul, à laquelle les créanciers ne pourront pas toucher.

Le second cas dans lequel il importe de distinguer la représentation, de la transmission, c'est quand la personne qui représente ou qui transmet, a fait des dispositions testamentaires, soit universelles, soit à titre universel. Supposons, en effet, deux fils morts, l'un deux heures avant son père, et l'autre deux heures après, tous deux sans enfans, et ayant institué chacun un légataire universel : le légataire du fils mort avant le père, n'étant point dans le cas de la représentation, ne recueillera que la succession du fils, sans avoir aucun droit à celle du père, qui appartiendra en totalité au légataire du fils qui a survécu.

Par la même raison, si nous supposons que le fils mort avant le père, a laissé des enfans et un légataire universel, les enfans de ce fils pourront prendre la part totale de leur père, dans la succession de l'aïeul, et réclamer, en outre, leur réserve ou légitime dans la succession de leur père; tandis que, si ce dernier étoit mort après l'aïeul, ses enfans ne pourroient prendre qu'un droit de légitime dans la masse réunie des deux successions.

(4) *Il vient par représentation.* Si donc il est, à l'égard de la personne à la succession de laquelle il vient par représentation, dans un des trois cas d'indignité mentionnés dans l'article 727, il pourra être exclu de la succession.

Il en est de même s'il n'étoit pas conçu au moment de l'ouverture.

Quid, s'il étoit dans un des cas d'indignité à l'égard du représenté? Cela ne doit pas l'exclure, puisqu'il ne vient pas comme héritier du représenté.

(5) *Soit de leur chef.* L'article 745 dit que *les descendans succèdent par égales portions et par tête, quand ils sont tous au premier degré et appelés de leur chef*: il falloit dire, *ou appelés de leur chef:* d'abord, parce que les descendans au premier degré sont toujours appelés de leur chef; il étoit donc inutile de réunir les deux conditions; et ensuite, parce que des descendans peuvent être appelés de leur chef, et succéder en conséquence par tête, sans être au premier degré. Exemple : un père meurt laissant deux fils qui renoncent tous deux; ils ont chacun des enfans; ces derniers viendront de leur chef à la succession de leur aïeul, et succéderont par tête; et cependant ils sont au deuxième degré.

PAGE 189.

(1) *Ou même plus proche.* Ainsi, l'arrière-petit-fils dont le père a renoncé, et qui est conséquemment au troisième degré, exclut le frère du défunt, qui est au

second; il excluroit même le père, s'il étoit possible qu'il vécût. Mais, entre les descendans, le plus proche exclut le plus éloigné, lorsque celui-ci ne peut s'aider du bénéfice de la représentation.

(2) *De la ligne maternelle.* On entend par parent de la ligne paternelle, les parens du côté du père; et par parens de la ligne maternelle, les parens du côté de la mère, sans distinction de la ligne par laquelle ils tiennent au père ou à la mère. Ainsi, les parens de la ligne maternelle du père de Titius sont de la ligne paternelle de Titius: *et vice versâ*, les parens de la ligne paternelle de sa mère, sont de sa ligne maternelle. C'est un principe dont il faut bien se pénétrer, et qu'il ne faut jamais perdre de vue.

(3) *Ou à l'origine des biens.* Ainsi est abrogée la règle des pays coutumiers, *paterna paternis, materna maternis.* Cependant on a conservé, comme l'on voit, dans les successions, autres que celles des descendans et des frères, en certains cas, la division en ligne paternelle et ligne maternelle; mais cela diffère du droit ancien, en ce que la règle précitée avoit uniquement pour but la conservation des biens dans les familles: en conséquence, les parens paternels ne pouvoient réclamer que les propres paternels, c'est-à-dire les biens venant par succession du père et des parens paternels; et les parens maternels, les propres maternels. Actuellement, quand tous les biens seroient propres paternels, ou propres maternels, ou même tous acquêts dans la personne du défunt, la succession ne se diviseroit pas moins en deux parts, dont l'une pour l'héritier le plus proche de la ligne paternelle, et l'autre pour l'héritier le plus proche de la ligne maternelle. Ce mode de partage est fort simple et fort aisé dans la pratique; et il faut avouer que c'est un très-grand avantage, et qui compense bien les légers inconvéniens dont il peut être susceptible.

(4) *De la même ligne.* Cela décide la fameuse question de la refente, qui s'étoit élevée sous la loi du 17 nivose: voici en quoi elle consistoit, et quelle en étoit l'espèce:

On demandoit si, après que la première division en deux lignes, paternelle et maternelle, avoit été opérée, il falloit encore faire une pareille division dans chaque ligne et à chaque degré.

Ainsi, Pierre meurt, laissant pour plus proches parens paternels, Paul et Jacques, ses cousins, mais à divers degrés. Jacques est le neveu de son aïeul paternel; Paul est le petit-neveu de son aïeule paternelle.

Les partisans de la refente prétendoient que, non-seulement une première division devoit s'opérer entre les parens paternels et maternels du défunt; mais qu'ensuite il devoit y avoir une subdivision de la part échue, par exemple, à la ligne paternelle, entre les parens paternels et maternels de son père, et de même dans la ligne maternelle. En conséquence, dans l'espèce proposée, Jacques étant le plus proche parent paternel, et Paul le plus proche parent maternel, du père de Pierre, ils auroient dû prendre chacun la moitié de la part dévolue aux parens paternels de Pierre.

Ce système, qui avoit déjà été proscrit par plusieurs arrêts antérieurs au Code, se trouve formellement abrogé par l'article 734, qui décide que, sauf le cas de la représentation, la part dévolue à chaque ligne, appartient à l'héritier le plus proche de chaque ligne, sans distinction de branche. D'après cela, dans l'espèce proposée, la part dévolue à la ligne paternelle de Pierre appartiendroit en entier à Jacques, comme plus proche parent paternel du défunt.

(5) *Auxquels il ne succède pas :* c'est-à-dire, auxquels succèdent les parens collatéraux mentionnés dans l'article précédent; car si le défunt a disposé, les père et mère n'ont pas le droit de réclamer l'usufruit du tiers des biens auxquels ils ne succèdent pas. La réserve des père et mère est fixée par l'article 915, et ils ne peuvent rien prétendre au-delà.

PAGE 190.

(1) *Les trois quarts de la succession.* Et dans ce cas, c'est-à-dire, lorsque le père et la mère, ou l'un d'eux, concourent avec des frères ou descendans d'eux, ils n'exercent point le droit d'usufruit dont nous venons de parler.

(2) *Germains, utérins ou consanguins.* Les frères germains sont ceux qui ont le même père et la même mère; les utérins, qui ont la même mère, mais un père différent; et les consanguins, qui ont le même père, mais non la même mère.

(3) *Du même lit*, c'est-à-dire, ou tous germains, ou tous utérins, ou tous consanguins.

(4) *Pour ce qui les concerne.* Parce que cette seconde division n'a d'autre motif que de fixer les droits respectifs des frères ou sœurs entr'eux, et n'intéresse en aucune manière les père et mère, dont elle ne peut augmenter ni diminuer la part.

(5) *Dans leur ligne respective.* Pour faire mieux comprendre cette disposition, nous allons poser quelques-unes des espèces qui peuvent se rencontrer.

Soit une succession de valeur de soixante mille francs; les héritiers sont, trois frères, le père et la mère. La part de ces derniers est de trente mille francs; il reste trente mille francs à partager entre les frères. Maintenant faisons les hypothèses suivantes :

Un germain, deux utérins;

Un germain, deux consanguins;

Un germain, un utérin, et un consanguin;

Enfin, un utérin et deux consanguins.

Nous disons que, dans tous les cas, la part dévolue aux frères doit se partager par moitié entre les deux lignes, paternelle et maternelle. Dans l'espèce, il revient à chaque ligne quinze mille francs.

Premier cas. Un germain, deux utérins. — Le germain étant seul de la ligne paternelle, prendra à lui seul les quinze mille francs revenant à cette ligne; et, comme il est en même temps de la ligne maternelle, il partagera les autres quinze mille francs avec les utérins; ce qui fera pour sa part vingt mille francs, et pour chaque utérin cinq mille francs.

Il en est de même dans le second cas, mais en sens inverse des lignes, c'est-à-dire, que le germain prendra seul ce qui revient à la ligne maternelle, et partagera le surplus avec les deux consanguins.

Troisième cas. Un germain, un utérin et un consanguin. — Le germain partagera la part de chaque ligne avec chacun des deux autres : il prendra, en conséquence, sept mille cinq cents francs dans la part de la ligne paternelle, autant dans la part de la ligne maternelle, en tout quinze mille francs ; et chacun des deux autres aura sept mille cinq cents francs.

Quatrième cas. Un utérin et deux consanguins. — L'utérin prendra les quinze mille francs revenant à la ligne maternelle ; et les consanguins partageront par moitié les quinze mille francs revenant à la ligne paternelle.

Ces espèces pourront servir à décider toutes les autres.

(6) *Des frères, sœurs*, quels qu'ils soient, germains, utérins ou consanguins. Cela avoit fait difficulté dans le principe, d'après la disposition de l'article 733, qui décide d'une manière générale, que les parens utérins ou consanguins ne doivent prendre part que dans leur ligne. Mais enfin il est actuellement passé en principe, que les frères, quels qu'ils soient, excluent tous autres collatéraux, et même les ascendans, autres que les père et mère. On s'est fondé :

1°. Sur ce que l'article 750 ne distingue pas, et donne, en général, à tous les frères, le droit d'exclure les ascendans et les collatéraux ;

2°. Et, ceci est péremptoire, sur ce que le Code, dans l'article 752, et dans l'hypothèse où il n'existe pas de frères germains, a mis les frères utérins ou consanguins sur la même ligne que les frères germains, et leur a donné les mêmes droits, lorsqu'ils concourent même avec le père ou la mère ; à plus forte raison, doit-on penser qu'ils jouissent des droits de frères germains, lorsqu'ils concourent avec d'autres ascendans ou avec des collatéraux.

(7) *Ou descendans d'eux. Quid*, si ces descendans ne peuvent représenter leur auteur, *putà*, parce qu'il a renoncé, ou qu'il est indigne? Il seroit possible de conclure, du texte de l'article 750, qu'ils excluent les ascendans, autres que les père et mère, par cela seul qu'ils sont descendans de frères et sœurs, et quand même ils ne pourroient s'aider du bénéfice de la représentation. Et il y a peut-être une raison : Les neveux et petits-neveux sont, en quelque sorte, la descendance collatérale de leur oncle ou grand-oncle : *referunt speciem liberorum*. Or, les descendans, même ceux qui ne peuvent s'aider de la représentation, excluent tous autres héritiers. On peut opposer, à la vérité, les articles 749 et 751, qui paroissent exiger qu'ils soient représentans, pour qu'ils puissent concourir avec les père et mère. Mais l'on peut répondre que la loi a mis, au Titre *des Successions*, une telle différence entre les père et mère et les autres ascendans, qu'il est possible qu'elle ait voulu exiger plus de droit dans la personne des descendans de frères et sœurs, pour leur donner le droit de concourir avec les père et mère, que pour leur donner celui d'exclure les autres ascendans. C'est, au surplus, une opinion que je hasarde, et qui est fondée uniquement sur ce qu'il est singulier qu'il ne soit question des *représentans* des frères et sœurs, que dans les articles 749 et 751, où ils concourent

avec le père ou la mère ; tandis que dans les articles 746, 750 et 753, où on les suppose en concours avec d'autres ascendans, on les désigne sous le terme générique de *descendans*. J'avoue, d'ailleurs, que cette raison n'est pas très-forte, et que je ne tiendrois pas beaucoup à cette interprétation, si la jurisprudence en consacroit une contraire ; mais dans le cas où elle viendroit à prévaloir, il est évident que le petit-neveu, de son chef, et sans le secours de la représentation, excluroit, à plus forte raison, l'oncle du défunt.

PAGE 191.

(1) *Ce n'est pas un droit de retour.* Si c'étoit un droit de retour, le donataire ne pourroit point disposer, même à titre onéreux, au préjudice du donateur ; les aliénations qu'il auroit pu faire, seroient résolues par son prédécès, et les biens rentreroient dans la main du donateur, libres de toutes charges et hypothèques. (Art. 952.)

Dans le principe, le droit de retour n'avoit été établi que pour la dot. (*L.* 6, ff. *de Jure dotium.*) Les motifs de cette disposition étoient :

1°. D'épargner à l'ascendant, qui avoit eu le malheur de perdre sa fille, le nouveau chagrin de voir passer dans des mains étrangères les objets qu'il lui avoit donnés. C'étoit, disent les lois romaines, *solatii loco, ne et filiæ amissæ, et pecuniæ damnum sentiret.*

2°. D'encourager et d'exciter la libéralité des ascendans, par l'espérance de recouvrer les objets donnés, en cas de prédécès du donataire sans postérité.

Ces motifs avoient paru si favorables, que l'on crut devoir, dans notre droit, appliquer la même disposition à toutes les donations faites par des ascendans à leurs descendans. Cependant l'effet n'étoit pas le même en pays de droit écrit et en pays coutumier. Dans les premiers, c'étoit un véritable droit de retour, qui annulloit toutes les aliénations et hypothèques consenties par le donataire. Dans les pays coutumiers, au contraire, c'étoit une simple succession aux objets donnés. L'ascendant étoit un véritable héritier ; et comme l'héritier est tenu de garantir tous les faits du défunt, il en résultoit qu'il ne pouvoit attaquer, comme donateur, aucun des actes de disposition, faits par le défunt à titre gratuit ou onéreux, entre-vifs ou par testament. C'étoit ainsi que l'on entendoit, et que l'on appliquoit généralement l'article 313 de la Coutume de Paris, qui a été à-peu-près copié dans l'article 747, et dont le sens bien entendu, nous servira à résoudre plusieurs des difficultés qui se présenteront sur ledit article.

(2) *En proportion de la valeur desdits objets*, et même *ultrà vires emolumenti*, à moins qu'ils n'acceptent sous bénéfice d'inventaire. C'est une véritable succession. Ils sont donc héritiers, et, comme tels, tenus des dettes indéfiniment, au prorata de leur émolument.

(3) *Ni par testament.* C'est une succession *ab intestat* ; et comme, chez nous, la disposition de l'homme fait cesser la disposition de la loi, sauf le cas de réserve quand elle a lieu, il suit que, si le donataire a disposé des objets donnés, l'ascendant donateur ne peut plus exercer le droit résultant de l'art. 747. C'étoit aussi de cette manière que l'on entendoit anciennement l'art. 313 de la Coutume de Paris. Si l'ascendant a droit à une

réserve, il pourra, à la vérité, l'exercer sur les biens donnés comme sur les autres biens de la succession; mais alors ce n'est pas comme donateur qu'il agira, mais comme ascendant, puisqu'il auroit le même droit, quand il n'auroit rien donné.

(4) *Faites par le défunt. Quid*, si le donataire a concédé un droit réel sur l'objet donné? Il faut distinguer : si le droit concédé est un démembrement de propriété, comme un usufruit, ou une servitude, comme il y a alors vraiment aliénation partielle, et que toutes les aliénations sont maintenues au préjudice du donateur, l'ascendant ne peut reprendre que ce qui reste en nature, c'est-à-dire le fonds, moins l'usufruit ou la servitude concédée; et il n'a aucun recours à exercer, à raison de ce, contre la succession. Mais si le droit est simplement réel, sans être un démembrement de propriété, comme un droit d'hypothèque, le donateur qui reprend le bien donné, le reprend, à la vérité, grevé de l'hypothèque, dans le sens que le droit de reprise ne peut préjudicier à l'action hypothécaire du créancier. Mais comme l'hypothèque ne diminue point la propriété dans la main du propriétaire, qu'elle n'est qu'un contrat accessoire, ayant pour motif d'assurer le paiement d'une dette dont l'ascendant ne doit que sa part, il s'ensuit que, s'il est obligé de la payer en totalité par suite de l'action hypothécaire, il aura un recours contre ses cohéritiers, pour tout ce qui excède la part pour laquelle il est tenu d'y contribuer.

(5) *De l'action hypothécaire.* L'action hypothécaire est celle par laquelle le créancier, auquel un immeuble a été hypothéqué, a le droit de le suivre, dans quelque main qu'il passe, et peut, en conséquence, exiger son paiement total du détenteur, quel qu'il soit.

(6) *D'après les règles établies ci-dessus.* S'il n'y a pas dans la succession de quoi fournir la légitime du père, ou des autres ascendans survivans, l'ascendant donateur sera-t-il obligé de la fournir, ou de la compléter sur les biens donnés? Je ne le pense pas. L'article 915 dit que les ascendans n'ont droit à une légitime ou réserve, que dans l'ordre où la loi les appelle à succéder. Or, ici, l'ascendant donateur est seul et exclusivement appelé par la loi à succéder aux choses données par lui : donc les autres ascendans n'y ont aucun droit; donc ils ne peuvent réclamer de légitime sur ces biens.

(7) *Dans le surplus de la succession.* L'ascendant donateur qui auroit droit à une réserve, seroit-il tenu d'imputer sur sa réserve les biens auxquels il succéderoit en vertu de l'article 747? L'affirmative ne me paroît pas douteuse. Le légitimaire est tenu, en général, d'imputer sur sa légitime tout ce qu'il prend à titre héréditaire. Or, ici, l'ascendant succède *jure hæreditario;* et il y a même d'autant plus de raison d'admettre l'imputation, que l'on peut dire, en quelque sorte, que l'ascendant tient les biens donnés de la libéralité du donataire, puisque celui-ci pouvoit l'en priver en en disposant, et que c'est le cas d'appliquer cet adage du droit Romain : *dat qui non adimit.*

(8) *Aux choses*, mobilières ou immobilières; l'article ne distingue pas. A la vérité, l'on tenoit, dans l'ancien droit, que la disposition de l'article 313 de la Cou-

tume ne devoit s'appliquer qu'aux immeubles. Mais la raison en étoit, qu'il s'agissoit, dans cet article, des biens connus sous le nom de *propres*, ainsi qu'il résultoit de la combinaison dudit article avec le précédent. Or, il n'y avoit que les immeubles qui eussent la qualité de *propres:* cela restreignoit donc la signification ordinaire et générale du mot *choses*. Mais dans notre droit, où la distinction des propres et des acquêts n'existe plus, ce mot doit conserver sa signification ordinaire, qui comprend les meubles et les immeubles. D'ailleurs, l'article 747 donne à l'ascendant le droit de succéder, même au prix de la chose donnée, si elle a été aliénée par le donataire, et que le prix soit encore dû; disposition qui n'existoit pas, et qui ne pouvoit pas exister dans l'ancienne Coutume, puisque l'ascendant donateur ne succédoit à la chose donnée que comme à un propre, et qu'il n'y avoit de propres que les immeubles. (LEBRUN, *Des Success.*, liv. I, chap. V, sect. 2, n°. 49.) Or, ce prix est une chose mobilière; donc la loi a déterminé elle-même la signification qui doit être donnée au mot *choses*, et qui comprend toutes sortes de biens, tant meubles qu'immeubles.

(9) *Dans la succession du donataire.* Il en étoit de même sous l'empire de la Coutume de Paris, mais par un motif différent. Par la Coutume, comme nous l'avons dit, l'ascendant succédoit à la chose donnée, comme à un propre; cette succession ne pouvoit donc avoir lieu, qu'autant que le défunt n'avoit pas disposé de l'objet pendant sa vie. Ce motif ne peut être le même sous le Code, qui ne reconnoît plus de propres. Mais l'on peut dire que c'est ici un mode spécial de succéder, qui intervertit l'ordre légal et ordinaire des successions; il ne peut donc s'appliquer qu'aux objets pour lesquels il a été établi. Tant que ces objets existent, ou, s'ils ont été aliénés, tant que le prix qui les représente, n'a pas été confondu avec les autres biens du défunt, la loi a bien voulu favoriser l'ascendant donateur, en lui accordant le droit de succéder, à l'objet donné ou au prix. Mais une fois que la confusion a eu lieu, de manière qu'il n'est plus possible de faire la distinction, le motif de la loi s'évanouit, et la succession est déférée d'après les règles ordinaires et accoutumées. D'ailleurs, l'on n'a pas voulu retirer ces biens de la circulation; ce qui fût arrivé, si l'ascendant avoit pu exercer son droit, même à l'égard des tiers détenteurs. Enfin, il ne tenoit qu'à l'ascendant de stipuler le droit de retour: s'il ne l'a pas fait, il doit se l'imputer, et se trouver encore fort heureux que la loi lui donne le droit de reprendre les objets dont le donataire n'a pas disposé, ou leur prix, s'il est encore dû.

Quid, si l'objet a été aliéné par le donataire, mais que, néanmoins, il se retrouve en nature dans sa succession; *putà*, s'il l'a racheté, ou s'il a succédé à l'acquéreur, l'ascendant donateur y succédera-t-il? M. Chabot soutient la négative dans son commentaire sur le même article 747; et il en étoit ainsi dans l'ancien droit. Mais il faut observer que cela étoit fondé sur la même raison que nous avons déjà donnée plusieurs fois, c'est que, aux termes de la Coutume, l'ascendant succédoit à l'objet donné, comme à un propre. Or, la chose avoit perdu la qualité de propre par l'aliénation. Mais dans notre droit, où l'on ne connoît plus les propres, je ne crois pas qu'il soit possible d'admettre cette décision; elle me paroît trop contraire au texte de la loi, qui subordonne l'exercice du droit de l'ascendant, à la seule condition que les objets donnés se retrouvent en nature dans la succession du donataire. Or ils s'y retrouvent dans l'espèce : donc, etc. D'ailleurs, comme nous l'avons dit, le principal motif qui a déterminé le Législateur à exclure l'ascendant, lorsque l'objet a été aliéné, c'est qu'il n'a pas voulu qu'un acquéreur qui possède depuis long-temps, sur la foi d'une donation qu'il a dû croire irrévocable, pût être dépossédé par l'exercice d'un droit auquel il n'a pas dû s'attendre. Or, ce motif n'existe plus ici, puisque, dans l'hypothèse, le bien se retrouve dans la succession du donataire.

D'ailleurs, même quand l'objet a été aliéné, tant que le prix n'en est pas confondu avec les autres biens de la succession, l'ascendant succède au moins à ce prix ; donc, à plus forte raison, doit-il avoir droit de reprendre l'objet même, lorsqu'il se retrouve en nature dans la succession. En effet, remarquez la contradiction qui résulteroit du systême contraire. Si le donataire a vendu, quoiqu'il ait bien manifesté par là l'intention de faire sortir l'objet de ses mains, cependant s'il n'a pas encore reçu le prix, même pour raison d'impossibilité, *putà*, s'il est mort peu de jours après la vente, et avant la transcription, le prix appartiendra à l'ascendant; si, au lieu de recevoir le prix, il a racheté l'objet même, l'ascendant en sera privé. Je le répète, il y auroit là une trop forte contradiction.

Enfin, le droit résultant de l'article 747 est si favorable, que, même dans le doute, l'on devroit décider en faveur de l'ascendant : *favores ampliandi.*

(10) *Que pouvoit exercer le donataire.* Si donc le père a, par exemple, donné une somme de deniers en dot à sa fille, et qu'elle vienne à mourir sans enfant, il succède à l'action en restitution de la dot, qui a lieu contre le mari.

Quid, si l'objet a été aliéné par le donataire, mais que l'aliénation soit résoluble, *putà*, si elle a été vendue à faculté de rachat, ou sous telle autre condition résolutoire ; s'il y a lieu à rescinder la vente pour cause de vilité de prix, ou à demander la résolution à défaut de paiement? Je pense que toutes les actions qui appartiennent au vendeur, dans ces différens cas, sont des espèces d'actions en reprise, et qu'en conséquence le donateur y succède, mais à la charge par lui d'acquitter de ses deniers, et sans recours contre la succession du donataire, toutes les répétitions que l'acquéreur peut avoir à exercer. En effet, ces répétitions sont des charges spéciales de l'action, elle lui sont inhérentes; l'action ne peut exister sans elles : il est donc juste qu'elles soient acquittées par celui à qui appartient l'action. Si donc il y a lieu au réméré, et que le prix ait été payé par l'acquéreur, le donateur ne pourra exercer le réméré, qu'en acquittant de ses deniers toutes les obligations imposées dans ce cas au vendeur, et qui sont relatées dans l'article 1673. S'il y a lieu à rescision, et que l'acquéreur préfère de conserver l'immeuble, en complétant les neuf dixièmes du juste prix (Art. 1681), ce qui sera payé par lui appartiendra au donateur; car cela est censé être une partie du prix, qui est encore due. Mais s'il préfère rendre l'immeuble, l'ascendant sera tenu envers lui de toutes les obligations contenues dans l'article 1682, c'est-à-dire, de la restitution du prix qu'il a payé, avec les intérêts, dans les cas et les proportions déterminés par ledit article. En un mot, la succession du donataire étant entièrement étrangère à l'action, doit l'être à tout recours, à toute répétition auxquels l'exercice de cette action pourroit donner lieu.

Quant au cas de la résolution pour non-paiement du prix, il ne peut y avoir de difficulté. Le prix n'étant pas payé, il n'y a aucune répétition à exercer. Si cependant il avoit été payé quelques sommes à-compte, et que la résolution de la vente fût demandée pour défaut de paiement du surplus, comme elle ne pourroit être prononcée qu'à la charge de restituer ce qui auroit été payé sur le prix, ce seroit au donateur à opérer cette restitution à ses frais, et sans répétition.

Quid, si le donataire a encouru la confiscation? Je pense que l'ascendant est exclu. La confiscation peut être considérée, ou comme une peine infligée au donataire, à raison du crime commis par lui, ou plutôt comme une indemnité du dommage que ce même crime a causé à l'État. C'est donc, dans les deux hypothèses, le résultat d'une obligation contractée par lui (*obligatio delicto contrahitur*), et au préjudice de laquelle le droit de l'ascendant ne peut être exercé.

PAGE 192.

(1) *Au père ou à la mère du donataire.* Cela décide une question fort controversée dans l'ancien droit, mais qu'on avoit fini cependant par décider dans le sens de notre article.

(2) *Au préjudice de la postérité du donataire.* L'ascendant qui donne à son descendant, est toujours censé embrasser dans sa libéralité toute la descendance du donataire. Tous les descendans de celui-ci sont donc, en quelque sorte, co-donataires avec le donataire lui-même, et doivent en conséquence exclure l'ascendant de tout droit aux choses données. *Quid*, si le donataire laisse un enfant naturel? Aux termes de l'article 757, l'enfant naturel, concourant avec un ascendant, a le droit de prendre la moitié de ce qu'il auroit pris, s'il eût été légitime : en le supposant légitime, il eût exclu l'ascendant de tout droit aux objets donnés; puisqu'il est naturel, il ne peut donc l'exclure que de la moitié; et l'autre moitié appartiendra au donateur.

Quid, si le donataire laisse un enfant adoptif? S'il laisse également des enfans légitimes, il n'y a point de difficulté. Les enfans légitimes excluant l'ascendant, et les biens donnés restant alors dans la succession, l'enfant adoptif y prend part, comme s'il étoit légitime, conformément à l'article 350. Il ne peut donc y avoir question, que pour le cas où il n'y a que des enfans adoptifs : ce qui est, à la vérité, le plus fréquent. Je pense qu'alors l'ascendant est exclu. Qu'est-ce, en effet, dans nos mœurs, que l'adoption? Laissons de côté le droit, pour l'adopté, de prendre le nom de l'adoptant, l'obligation mutuelle de se fournir des alimens, quelques empêchemens au mariage; tous effets produits par l'adoption, et qui en sont des résultats fort peu importans : il est certain que le principal, ou, pour mieux dire, le seul effet considérable de l'adoption, c'est de donner à l'adopté, sur la succession de l'adoptant, tous les droits d'un enfant légitime. Or, bien certainement, un enfant légitime excluroit l'ascendant. Donc, etc. D'ailleurs, l'adoption considérée sous ce rapport, n'est rien autre chose, dans le fait, qu'une donation irrévocable de la succession de l'adoptant. Or, nous avons vu que le donataire peut, en disposant, soit entre-vifs, soit par testament, des objets donnés, priver l'ascendant de tout droit résultant de l'article 747. Ainsi, une simple donation entre-vifs, un legs, même particulier, de l'objet donné, suffiroit pour exclure l'ascendant; pourroit-on penser que, quand il donne toute sa succession, un pareil acte ne préjudiciera pas à l'ascendant donateur; concluons donc que l'ascendant est exclu par l'enfant adoptif, comme il le seroit par un enfant légitime.

Quid, si le donataire meurt, laissant des enfans, mais que ces enfans viennent eux-mêmes à mourir sans postérité avant le donateur? Je pense que c'est encore le cas d'appliquer l'article 747; et je me fonde sur la même raison qui fait préférer la postérité, du donataire au donateur lui-même. C'est, avons-nous dit, parce que le père qui donne à son fils, est présumé embrasser dans sa libéralité tous les descendans de ce fils : et cette présomption peut d'ailleurs se fonder sur l'article 1082, qui décide que les donations de biens à venir, faites par contrat de mariage (et c'est presque toujours ainsi que se font les donations des ascendans à leurs descendans), sont censées faites, non-seulement au futur époux, mais encore aux enfans issus du mariage. Les descendans du donataire sont donc censés être eux-mêmes, comme nous l'avons dit, les donataires de l'ascendant : et quand ils décèdent eux-mêmes sans postérité, il est vrai de dire avec DOMAT, Liv. II, Tit. II, Sect. III, que le cas prévu par l'article 747 est arrivé.

Ajoutons que, quand le Législateur adopte une disposition déjà consacrée par la législation ancienne, il est présumé, à moins qu'il n'ait formellement énoncé l'opinon contraire, l'adopter dans le sens qu'elle a eu jusqu'alors. Or, l'article 313 de la Coutume de Paris, qui a été copié, à-peu-près mot pour mot, dans l'art. 747, a toujours, depuis deux cents ans au moins, été entendu dans le sens que l'ascendant donateur devoit succéder aux choses données par lui, lorsqu'elles se retrouvoient en nature, non seulement dans la succession du donataire, mais encore dans celle des enfans du donataire, décédés eux-mêmes sans postérité avant le donateur : cela ne faisoit pas même question. (RICARD, *des Donations*, Partie III, n°. 786; FERRIÈRES, sur l'art. 313 de la Coutume de Paris; LE BRUN, *des Success.*, Liv. I, chap. V, sect. II; n°s. 33 et 34; POTHIER, *des Successions*, chap. II.) Or, on ne peut douter que les rédacteurs du Code, qui, en rédigeant l'article 747, avoient évidemment sous les yeux l'article 313 de la Coutume, n'ayent parfaitement connu le sens dans lequel il étoit entendu généralement et sans aucune controverse. Donc, puisqu'ils l'ont copié mot à mot sans rien ajouter qui pût décéler une intention contraire, ils doivent être certainement présumés l'avoir entendu dans le même sens. Il y a plus : c'est que, dans un cas parfaitement analogue, où ils ont eu, non pas à copier une ancienne disposition, mais à en faire une nouvelle, ils ont expliqué clairement leur intention. Nous voyons, en effet, que l'article 352 donne formellement à l'adoptant donateur, le droit de reprendre les choses données par lui, non seulement dans la succession de l'adopté, mais encore dans celle des enfans et descendans de ce dernier, morts sans postérité. Peut-on croire que l'on ait entendu refuser le même droit à l'ascendant naturel, qui est bien plus favorable? Et si cette espèce de succession a été établie, comme cela résulte des dispositions des lois, *solatii causâ*, ne doit-elle pas avoir lieu encore plutôt en faveur de celui qui perd sa descendance légitime, que de l'adoptant, qui ne perd que des individus auxquels il ne tenoit que par des liens civils ; et si le Législateur ne s'est pas expliqué d'une manière aussi formelle dans l'article 747 que dans le 352, ne doit-on pas croire qu'il a regardé cela comme absolument inutile, et qu'il a pensé que cette interprétation ne devoit souffrir aucune difficulté, d'après la manière dont étoit entendu par tous les auteurs l'article 313 de la Coutume ?

Il est étonnant, d'après ces observations, que M. Chabot ait pu dire dans son Commentaire sur l'article 747, et après avoir cité les plus fameux jurisconsultes qui ont adopté l'opinion que nous venons d'émettre ; que cet auteur, dis-je, ait pu avancer que l'article 747 est venu changer le droit à cet égard, et établir une disposition contraire. Quoique M. Chabot ne cite pas une seule fois l'article 313 de la Coutume de Paris, qui est bien évidemment le type de l'article 747, il est impossible de supposer qu'il ne l'ait pas connu. Or, comme c'est précisément au Parlement de Paris, et sous l'empire de cette Coutume, que l'on jugeoit en faveur du donateur, et que l'article 747 du Code n'est que la copie de l'article 313 de la Coutume, comment cet auteur a-t-il pu dire que le Code avoit établi une disposition contraire ?

Il y a plus : c'est que le seul changement qui ait été fait, et qui est très-peu de chose, est en faveur de notre opinion. En effet, l'article 313 portoit: *Succèdent ès choses données à leurs enfans décédans sans enfans.* Certainement, de ce mot *décédans*, qui est un participe présent, on auroit pu conclure que la succession de l'ascendant n'avoit lieu qu'au moment où le donataire mouroit sans enfans. Et cependant on jugeoit uniformément le contraire dans tout le ressort du parlement de Paris. Or, dans l'article 747, au mot *décédans* on a substitué le mot *décédés*, qui est encore bien plus favorable à notre opinion, puisque, d'un côté, il suffit que le donataire soit décédé sans postérité, pour que la succession de l'ascendant ait lieu; et que de l'autre, lorsque toute la postérité du donataire est mort avant le donateur, il est certain qu'à l'égard de celui-ci, l'on peut dire avec Domat, *loco citato*, que le donataire est mort sans postérité.

Quid, si le donataire laisse plusieurs enfans, le donateur succédera-t-il à chacun d'eux, ou seulement au dernier? Pour décider cette question, il faut rappeler le principe que nous avons posé, que tous les descendans du donataire sont censés compris dans la libéralité de l'ascendant. D'après cela, je pense que, dans l'espèce, il faut distinguer :

Si l'enfant qui meurt le premier, laisse pour seuls héritiers ses frères et sœurs, descendans comme lui du donateur, il n'est pas douteux que l'ascendant ne soit exclu. Il ne pourra donc exercer son droit qu'à la mort du dernier, et autant qu'ils seront tous décédés sans postérité.

Mais si les frères ou sœurs, descendans du donateur, concourent avec d'autres à la succession de leur frère, décédé sans postérité, *putà*, avec un frère d'un autre lit, ou avec un ascendant autre que le donateur, je pense que ce dernier a droit de succéder à la portion des biens donnés, qui n'est pas recueillie par ses descendans.

Il est, au surplus, bien évident que s'il existe un descendant unique du donataire, mais qui renonce à la succession, ou qui en soit déclaré indigne, le droit de l'ascendant revit, à l'exclusion des collatéraux.

(3) *Dans les deux lignes*. Cette disposition s'applique également aux descendans des frères germains, utérins, ou consanguins. L'on suit alors la marche indiquée dans la note (5) de la page 190, sauf qu'on opère sur la succession entière, au lieu d'opérer seulement sur la moitié. D'autres parens peuvent encore avoir droit de prendre part dans les deux lignes. Exemple : Le frère de mon père épouse la sœur de ma mère. Les enfans qui proviennent de ce mariage, sont mes cousins germains, tout-à-la-fois paternels et maternels. Si donc ils se trouvent les plus proches héritiers dans chaque ligne, ils prendront part dans les deux lignes. Je dis, *s'ils se trouvent les plus proches dans chaque ligne*, parce qu'ils peuvent être les plus proches dans une ligne, et être exclus dans l'autre par un parent plus proche, *putà*, par un oncle.

PAGE 193.

(1) *Ou sa majorité*. Il paroît, d'après cela, que la succession des enfans élevés dans les hospices, mais décédés après leur sortie, leur émancipation ou leur majorité, est dévolue à ceux qui y ont droit, d'après les règles ordinaires, et sans indemnité pour la maison.

(2) *A compter du jour de la demande*. Bien entendu, toutefois, pourvu que le délai de la prescription ne soit point écoulé. C'est une véritable pétition d'hérédité, qui se prescrit par trente ans, comme toutes les autres actions. Observez que la conséquence de cette disposition est, que le possesseur de l'hérédité gagne les fruits par lui perçus de bonne foi.

(3) *Le droit*. Quelle est la nature de ce droit? Est-ce un *jus in re* ou *ad rem*? Je pense qu'il est *in re*. C'est absolument la même chose qu'un legs à titre universel. Cela est important, parce que, s'ils ont le *jus in re*, ils sont propriétaires ; et, par conséquent, l'héritier ne peut faire aucune disposition des biens de la succession, à leur préjudice. En un mot, ils ont le droit d'un véritable héritier, sauf qu'ils n'ont pas la saisine.

M. CHABOT, dans son Commentaire sur l'art. 756, prétend, à la vérité, que leur droit est un *jus ad rem*; mais comme il soutient, en même temps, qu'ils sont copropriétaires de la succession, et que, précisément, la différence essentielle qui existe entre le *jus ad rem* et le *jus in re*, est que le second transfère la propriété, tandis que le premier n'en transfère aucune, l'on doit en conclure que cet auteur a, par inadvertance sans doute, confondu le *jus ad rem* avec le *jus in re*, et qu'au fond il partage notre opinion.

Transmettent-ils à leurs héritiers, s'ils viennent à décéder avant d'avoir obtenu la délivrance de leurs portions? (*Voyez* ci-après, la note (2) de la page 195.)

(4) *Légalement reconnu*, ou que la maternité a été prouvée. La preuve de la mater-

nité équivaut, à l'égard de la mère, à une reconnoissance volontaire. Jugé dans ce sens, à Paris, et avec raison, le 27 juin 1812. (Sirey, 1812, IIe. Partie, page 421.)

Page 194.

(1) *S'il eût été légitime lui-même.* Observez que l'article ne dit pas que l'enfant naturel aura le tiers de la part d'un enfant légitime, mais le tiers de la part qu'il auroit eue, s'il eût été légitime; ce qui est bien différent. Supposons, en effet, deux enfans, l'un légitime, et l'autre naturel, et une succession de vingt-quatre mille francs. Si l'enfant naturel devoit avoir le tiers de la part de l'enfant légitime, celui-ci auroit dix-huit mille francs, et l'enfant naturel six mille francs; mais comme c'est, au contraire, le tiers de ce qu'il auroit eu, s'il eût été légitime, et que, dans cette hypothèse, il auroit eu douze mille francs, il ne pourra réclamer que quatre mille francs.

Au surplus, cette disposition ne présente aucune difficulté, lorsqu'il n'existe qu'un enfant naturel; mais quand il y en a plusieurs, l'on a élevé la question de savoir si l'on devoit les supposer tous légitimes à-la-fois, afin de déterminer, dans ce cas, la part qu'ils auroient eue, et de leur en donner le tiers; ou bien si l'on devoit faire la part de chacun, comme concourant avec des enfans légitimes et des enfans naturels. Ainsi, dans l'hypothèse de deux enfans naturels, Pierre et Paul, et un légitime, ayant à partager une succession de soixante-trois mille livres, doit-on les supposer tous trois légitimes, ce qui feroit pour chacun vingt-un mille francs, dont le tiers revenant à chaque enfant naturel seroit de sept mille francs? ou bien, doit-on faire la part de chacun d'eux, séparément, et comme s'il étoit légitime, concourant avec un enfant légitime et un enfant naturel? Ainsi, dans ce dernier système, Pierre diroit: si j'étois légitime, concourant avec un enfant légitime et un naturel, il reviendroit à mon frère naturel sept mille francs: je partagerois les cinquante-quatre mille francs restans, avec mon frère légitime, ce qui feroit pour chacun vingt-sept mille francs, dont je dois avoir le tiers, c'est-à-dire neuf mille francs. Paul feroit ensuite le même raisonnement. La part de chacun se trouveroit donc augmentée de deux mille francs, et la part du fils légitime diminuée de quatre mille. On donne pour motif de cette dernière opinion, que la part d'un cohéritier doit être plus considérable, en raison de ce que ses cohéritiers ont le droit de moins prendre; et que, par conséquent, la part de l'enfant naturel, concourant avec un naturel et un légitime, doit être plus forte que s'il concouroit avec deux enfans légitimes.

Mais d'abord, remarquez qu'il a fallu se creuser la tête, pour élever et résoudre ainsi cette question: que, certainement, dans l'espèce proposée, le sens de l'article, qui se présente le plus naturellement à l'esprit, consiste à supposer tous les enfans légitimes à-la-fois, à faire leurs parts en conséquence, et à en donner le tiers à chaque enfant naturel. Nous devons donc présumer que telle a été également l'intention du Législateur. D'ailleurs, quand il en résulteroit une légère augmentation dans la part de l'enfant légitime, il est certain que, même dans le doute, la faveur de la légitimité devroit l'emporter. Enfin, il faut observer que ce système ne peut se concilier avec le surplus des dispositions de l'article 757. Prenons, en effet, la dernière hypothèse de cet article, celle de deux enfans naturels, Pierre et Paul, concourant avec des collatéraux, et établissons la part qu'ils auroient, dans le systême que nous combattons en ce moment.

Pierre se présente, et dit : Je dois avoir les trois quarts de ce que j'aurois, si j'étois légitime; or, si j'étois légitime, concourant avec un frère naturel, je serois tenu de lui abandonner seulement le sixième de la succession ; j'aurois donc les cinq sixièmes restans. Comme je suis naturel, concourant avec des collatéraux, je dois avoir les trois quarts de ce que j'aurois eu si j'eusse été légitime; si j'eusse été légitime, j'aurois eu les cinq sixièmes; je dois donc avoir les trois quarts de cette quotité, ou quinze vingt-quatrièmes = cinq huitièmes. Paul vient ensuite et fait le même calcul, et il en résulte qu'ils ont droit aux trente vingt-quatrièmes ou aux cinq quarts de la succession, c'est-à-dire, à un quart de plus que la succession toute entière : ce qui est absurde, et ce qui démontre l'impossibilité d'agir autrement qu'en les supposant tous à-la-fois légitimes.

(2) *Avec lesquels il concourt.* Nous avons vu, en effet, que la reconnoissance d'un enfant naturel, faite après le mariage, ne peut préjudicier aux droits des enfans issus de ce mariage. Si, cependant, il étoit provenu du commerce que les deux époux ont eu ensemble avant le mariage, nous avons vu également qu'il n'étoit pas, à la vérité, légitime, mais qu'il pouvoit réclamer au moins les droits d'enfant naturel.

(3) *Ni frères ni sœurs. Quid*, s'il n'y a que des descendans de frères et sœurs ? Je pense qu'ils ont le même droit que leurs auteurs. La disposition de l'art. 740, qui les admet au bénéfice de la représentation, est générale, et n'excepte aucun cas ; et si j'en fais l'observation, ce n'est pas que la question m'ait jamais paru douteuse, mais c'est parce que quelques personnes, et même des tribunaux, ont cru pouvoir penser le contraire. Il existe en faveur des neveux un arrêt de la Cour d'Appel de Pau, du 10 avril 1810 (Sirey, 1810, IIe. Partie, pag. 239) ; et en faveur des enfans naturels, un arrêt de Riom, du 29 juillet 1809 (*Ibid.*, pag. 266), et un autre arrêt de Paris, du 16 juin 1812. (*Ibid.*, 1812, IIe. Partie, pag. 407.)

Rien de plus léger, cependant, que le principal, et j'oserai dire, le seul moyen qui ait été imaginé pour exclure les neveux. L'article, a-t-on dit, qui donne le droit de représentation aux descendans des frères et sœurs, fait partie de la Sect. II du Chap. III. Or, ce Chapitre ne traite, dans tout son contenu, que des successions régulières. Donc, le Législateur, en faisant, de la loi sur la représentation, une Section de ce Chapitre, n'a entendu appliquer cette loi qu'aux successions régulières, et nullement aux successions irrégulières, dont il n'est question que dans le Chapitre IV. Je le répète, il est bien étonnant que l'on ait cru détruire un texte formel, avec un raisonnement aussi foible. Mais en le prenant tel qu'il est, et en l'accordant même tout entier, qu'en résultera-t-il? Que le principe de la représentation ne peut être appliqué aux successions irrégulières, c'est-à-dire, que les successeurs irréguliers ne peuvent en invoquer le bénéfice. Mais cela est de toute vérité ; tellement que, quand le Législateur a voulu, dans un seul cas (celui de l'article 759), appliquer à ce genre de successions le principe de la représentation, il en a fait une disposition formelle. Mais le neveu qui vient à la succession de son oncle, est-il un successeur irrégulier ? Et sa qualité peut-elle changer, en raison de la qualité de ceux qui ont droit de venir lui demander une part dans la succession, et auxquels la loi refuse même le titre d'héritier ? Dès l'instant du décès de son oncle, la loi l'a fait monter au degré de son père, et lui en a donné tous les droits. Il est devenu réellement, quant à la succession, le frère du défunt : peu lui importe quelles seront les personnes qui viendront par la suite en réclamer une portion. Sa qualité est immuable, et l'on ne peut l'en priver qu'en l'excluant de la succession. D'ailleurs, les deux argumens suivans me paroissent péremptoires. Que l'on suppose une succession à laquelle concourent un enfant naturel, un aïeul, et un neveu du défunt : ce dernier, aux termes de l'article 750, exclut l'aïeul. La loi le préfère donc à l'aïeul ; et, cependant, elle ne lui donneroit que le quart de la succession ; tandis que, s'il n'eût pas existé, l'aïeul en auroit eu la moitié. De même, si nous supposons qu'il y ait des frères et des neveux concourant avec un enfant naturel, il faudra donc que les neveux aient, et n'aient pas tout-à-la-fois le bénéfice de la représentation ; car ils l'auront bien certainement à l'égard des frères et sœurs, qui, autrement, les excluroient ; et ils ne l'auront pas à l'égard de l'enfant naturel ; ce qui ne peut pas être. Concluons donc, comme nous l'avons toujours soutenu, depuis que nous enseignons, que le systême contraire aux neveux n'a aucune espèce de fondement ; que la représentation doit avoir lieu à leur égard, dans le cas de l'article 757, comme dans toute autre circonstance, et qu'ils ont droit, comme leur auteur, à la moitié de la succession.

Le droit de l'enfant naturel doit-il être fixé en raison de la qualité des parens que laisse le défunt, ou seulement de ceux qui viennent à sa succession ? Je m'explique. Un père naturel a un frère et un cousin germain : le frère renonce à la succession ; le cousin l'accepte. L'enfant naturel aura-t-il moitié ou les trois quarts ?

Si, comme l'usage paroît malheureusement s'en introduire, l'on suivoit judaïquement le texte de l'article 757, il faudroit décider que, dans l'espèce, par cela seul qu'il existe un frère, l'enfant ne peut avoir que moitié : *il est de la moitié*, dit l'article, *lorsque les père ou mère laissent des frères ou sœurs*. Or, ici, le père a laissé un frère : donc, etc. Je pense, néanmoins que, d'après l'esprit de la loi, l'on doit adopter l'opinion contraire. En effet, pourquoi le Legislateur auroit-il augmenté ou diminué la part de l'enfant naturel, en raison du degré de proximité des parens, s'il ne s'agissoit pas de ceux qui viennent à la succession ? Et d'ailleurs l'on voit, dans les divers articles du Code, où le mot *laisse* est employé, qu'il ne doit pas être pris dans son acception littérale. En effet, le Législateur s'est servi de cette même expression dans les articles 913 et 915, où il s'agit de la réserve des descendans et des ascendans. *Si le défunt laisse à son décès un enfant légitime*, dit l'article 913 ; *si, à défaut d'enfans, le défunt laisse un ou plusieurs ascendans*, dit l'article 915. Or, il est bien évident qu'il s'agit, dans ces deux articles, d'enfans ou descendans venant à la succession ; autrement, il faudroit dire que si le défunt a laissé un enfant et des frères et sœurs, et que l'enfant renonce à la succession, les frères et sœurs pourront réclamer une réserve; ce qui est absurde. Donc la simple existence d'un enfant ne suffit pas pour qu'il y ait lieu à une réserve; donc, également, dans l'article 757, la simple existence d'un frère ne suffit pas pour réduire l'enfant naturel à moitié, si, d'ailleurs, ce frère ne vient pas à la succession; donc, dans l'espèce proposée, l'on ne considérera que la personne du cousin germain, pour fixer la part de l'enfant naturel, qui aura droit, en conséquence, aux trois quarts de la succession.

Quid, si le père naturel laisse des parens au degré successible, mais dont aucun, par le fait, ne lui succède, *putà*, s'il a institué un légataire universel, ou fait une institution contractuelle universelle? Nous répondrons à cette question quand nous traiterons celle de savoir si les enfans naturels ont une réserve sur les biens de leurs père et mère. (*Voyez* ci-après, note (8).)

Quid, s'il y a, dans chaque ligne, des parens de degrés différens, par exemple, s'il y a un ascendant dans une ligne, et dans l'autre des collatéraux, autres que des frères et sœurs ou des descendans d'eux? Je pense que la part de l'enfant naturel, dans chaque ligne, doit varier suivant la qualité des héritiers de la ligne. Il prendra donc moitié dans la ligne de l'ascendant, et les trois quarts dans l'autre.

(4) *Au degré successible. Quid*, s'il n'y a de parens successibles que dans une ligne, la part de l'autre ligne appartiendra-t-elle à l'enfant naturel, en vertu de l'article 758, ou aux parens de l'autre ligne, en vertu de l'article 755? Il sembleroit conséquent à la réponse que nous avons donnée à la dernière question de la note précédente, de décider que l'enfant naturel doit être préféré; car s'il prend une part différente dans chaque ligne, en raison de la qualité des héritiers de la ligne, il paroît naturel qu'il prenne toute la part dévolue à la ligne, quand il ne s'y trouve pas de successibles. Cependant je pense que les parens de l'autre ligne doivent être préférés; et voici, à cet égard, la raison de différence : quand il y a des parens de différens degrés dans chaque ligne, *putà*, dans une ligne un ascendant, et un cousin dans l'autre, personne ne peut empêcher l'enfant naturel de prendre les trois quarts dans cette dernière ligne. Qui pourroit, en effet, s'y opposer? Ce n'est pas l'ascendant, puisqu'il n'auroit aucun droit à la part de cette ligne, quand même il n'existeroit pas d'enfant naturel. Ce n'est pas le cousin, puisque le texte de l'article 757 seroit formellement contraire à sa prétention. Mais il n'en est pas de même, dans l'hypothèse, par exemple, qu'il existe dans une ligne un ascendant, et qu'il n'existe pas de parens au degré successible dans l'autre. Dans ce cas, l'ascendant ayant, aux termes de l'article 755, droit à la totalité de la succession, le concours s'établit entre lui et l'enfant naturel; et comme il résulte de l'article 757, que l'enfant naturel concourant avec un ascendant, n'a droit qu'à la moitié de ce qu'il auroit eu s'il eût été légitime, il ne pourra prendre que la moitié de la succession, au lieu des trois quarts qu'il auroit, si la part de la ligne qui manque lui étoit dévolue en totalité : il en faudroit dire autant de tout autre parent au degré successible.

(5) *Ses descendans. Quid*, s'il ne laisse que des enfans naturels? L'article 756

semble les exclure ; car il décide que, dans aucun cas, les enfans naturels d'un individu n'ont de droit sur les biens des parens de leurs père ou mère. Cependant le contraire semble avoir été décidé dans la discussion. L'on peut dire, en faveur de cette dernière opinion, que l'article 756 n'a entendu parler que des parens légitimes des père et mère; et que, d'ailleurs, l'article 759 ne distinguant pas, il semble naturel de penser que, sous la rubrique des *enfans naturels*, le mot *descendans* peut être entendu de toute descendance, tant légitime que naturelle.

(6) *Suivant les règles ci-après établies*. (*Voyez* Chap. V du présent Titre, Sect. I, §. I.)

(7) *Il a reçu*. Il faut donc qu'il ait reçu. Il ne suffiroit pas que cela lui eût été assuré, *putà*, par une donation de biens à venir. On a voulu que le retranchement qu'il éprouve, fût compensé par l'avantage de recevoir, du vivant même de ses père et mère, et de n'avoir plus à courir la chance de la diminution de leur fortune. D'après cela, le père pourroit-il réduire, par testament, la part de l'enfant naturel? Il le peut sans doute, indirectement, en faveur d'autres personnes; car, puisqu'il peut diminuer, par des dispositions, la part de l'enfant légitime, à plus forte raison doit-il avoir le même droit à l'égard d'un enfant naturel; mais je ne pense pas qu'il le puisse faire par un simple acte de sa volonté, qui ne seroit accompagné d'aucun acte de disposition envers des tiers, comme s'il disoit: *Je donne telle chose à mon fils naturel, et j'entends qu'il s'en contente pour tout droit*. Je pense que, dans ce cas, l'enfant pourroit réclamer le complément nécessaire pour parfaire la totalité de sa portion. Si, au contraire, le père a fait la même disposition par acte entre-vifs, quand même il n'auroit fait aucune autre disposition en faveur de qui que ce soit, l'enfant ne pourra toujours réclamer que le complément nécessaire pour parfaire la moitié de la portion légale. En effet, dans ce cas, il faut qu'*il ait reçu*, dit l'article, c'est-à-dire qu'il ait consenti à recevoir, et par conséquent à n'avoir qu'une part réduite ; or, la même raison n'existe pas, quand la disposition est faite par testament.

(8) *Pour parfaire cette moitié*. Je ne pense pas, néanmoins, que cette disposition soit applicable au cas où le donateur ne laisseroit d'autre héritier que le fisc, ni qu'elle pût alors empêcher l'enfant de recueillir, dans ce cas, la totalité de la succession; mais pour peu qu'il existe un parent au degré successible, ou même un conjoint non divorcé, je pense que l'enfant naturel ne pourroit réclamer, au plus, que la moitié de la succession.

C'est, au surplus, ici, le lieu d'examiner la question de savoir si l'enfant naturel peut exercer un droit de réserve sur les biens de ses père et mère. Il y a, sur ce point, trois systêmes différens.

Les uns refusent à l'enfant naturel tout droit de réserve.

Les autres, au contraire, lui accordent une réserve sur tous les biens donnés, soit entre-vifs, soit par testament.

D'autres, enfin, distinguent entre les différentes espèces de donations, lui accordent une réserve sur les biens donnés par testament, et la lui refusent sur les biens donnés entre-vifs.

Les premiers se fondent sur les art. 913, 915 et 916, desquels il résulte, qu'à défaut d'ascendans et de descendans *légitimes*, les dispositions entre-vifs, ou par testament, peuvent épuiser la totalité des biens. Or, disent-ils, il n'est nullement question, dans ces articles, des enfans naturels ; donc la loi ne leur accorde point de réserve. Sans prétendre tirer ici argument de ce que, dans l'art. 916, il n'est question que des ascendans et des descendans en général, sans distinction entre les légitimes et les naturels, et en reconnoissant que cette raison est nulle, puisque le sens de cet article est déterminé par celui de l'art. 913, il me semble qu'il étoit inutile que la loi fît une mention particulière des enfans naturels au Titre *des Donations*. Dès qu'elle avoit dit, Titre *des Successions*, que leur droit étoit de même nature que celui des enfans légitimes, sauf la quotité qui devoit être moindre, il suffisoit de déterminer ensuite le droit des enfans légitimes, pour fixer, par cela même, celui des enfans naturels.

Les seconds, prenant dans toute son étendue l'argument dont nous venons de nous servir, en tirent la conséquence que l'enfant naturel doit avoir un droit de réserve sur toute espèce de donations, puisque ce droit est attribué aux enfans légitimes par l'art. 913. Mais il faut observer qu'en même temps que l'art. 757 statue que le droit de l'enfant naturel est le même que celui de l'enfant légitime, il décide de suite, et par la même disposition, qu'il ne pourra exercer ce droit, que *sur les biens de ses père et mère décédés*, c'est-à-dire, sur les biens appartenant à ses père et mère au moment de leur décès. Or, aux termes de l'art. 938, la donation entre-vifs, revêtue de toutes les solemnités requises, transfère au donataire la propriété des objets donnés. Ces objets ont donc cessé d'appartenir au donateur : ils ne font point partie de ses biens au moment de son décès ; la réserve des enfans naturels ne peut donc les atteindre.

En un mot, voici mon argument contre le premier systême :

Le droit de l'enfant naturel est proportionnellement le même que celui de l'enfant légitime. Or, l'enfant légitime a une réserve, donc l'enfant naturel a une réserve.

Voici maintenant mon raisonnement contre le second systême :

L'enfant naturel peut exercer le même droit que l'enfant légitime, mais seulement sur les biens qui appartiennent à ses père et mère au moment de leur décès. Or, ses père et mère ont cessé, de leur vivant, d'être propriétaires des objets par eux donnés entre-vifs : donc la réserve des enfans naturels ne peut frapper sur ces mêmes objets.

L'on voit, d'après cela, que je suis d'avis d'accorder une réserve à l'enfant naturel, mais seulement sur les biens dont leurs père et mère ont disposé par testament.

Le premier systême étant presque généralement réprouvé, nous n'insisterons pas davantage sur sa réfutation ; mais les partisans de la seconde opinion étant beaucoup plus nombreux, il convient d'examiner les motifs sur lesquels elle est fondée, et de répondre aux objections qui pourroient être faites contre notre propre systême. Ceux que nous combattons en ce moment, ont bien senti la force de l'argument tiré de ces mots, *les biens de leurs père et mère décédés*, que le Législateur a affecté de répéter dans les art. 756 et 757 ; et pour l'écarter, ils ont prétendu qu'on avoit voulu dire seulement, par là, que l'enfant naturel n'avoit de droit sur les biens de ses père et mère qu'après leur décès. Mais il ne faut pas, pour se tirer d'une difficulté, faire dire au Législateur une absurdité. Pouvoit-il, en effet, tomber sous le sens, que l'enfant naturel pût exercer un droit sur les biens de ses père et mère, pendant leur vie; et ne seroit-il pas absurde d'avoir fait une disposition à cet égard, tandis qu'on avoit pensé, et avec raison, qu'elle n'étoit pas nécessaire, même à l'égard de l'enfant légitime? La loi accorde, à la vérité, à ce dernier, le droit de demander des alimens à ses père et mère; mais il est à-peu-près reconnu que l'enfant naturel auroit le même droit en cas de besoin. (*L.* 5, §. 4, ff. *de Agnos. et alend. liberis.*) Ainsi, ou il faut soutenir que ces mots, *sur les biens des père et mère décédés*, n'ont aucun sens raisonnable; ou il faut reconnoître qu'ils ne peuvent signifier autre chose que *les biens possédés par les père et mère au moment de leur décès:* et comme les objets donnés entre-vifs ne font pas partie de ces biens, il en faut conclure que ces objets ne sont pas passibles de la réserve de l'enfant naturel.

Quant aux objections qui peuvent être faites contre la distinction que nous établissons, elles se réduisent à trois:

1°. Dans ce systême, a-t-on dit, le père pourra donc, en disposant entre-vifs de tous ses biens, priver son enfant naturel de tout droit, et même des alimens, dont la dette est sacrée? Mais on peut répondre: premièrement, que le père a le même droit à l'égard de ses enfans légitimes; qu'il y a, à la vérité, cette différence, qu'il ne peut pas dépouiller ceux-ci par des donations; mais il peut le faire de plusieurs autres manières, soit en s'obligeant, en contractant des dettes pour une valeur égale, et même supérieure à la totalité de ses biens, soit même, sans contracter aucune obligation, et même sans se dépouiller, en plaçant ou vendant tous ses biens à rente viagère; qu'il n'y a rien d'étonnant que la loi ait établi une différence entre l'enfant naturel et l'enfant légitime, en accordant au père, à l'égard du premier, un droit qui lui est refusé à l'égard du second; que, d'ailleurs, il est bien rare de voir une personne se dépouiller entièrement, de son vivant, par des donations entre-vifs; que cela avoit été toujours tellement reconnu, que, dans l'ancien droit, on n'avoit pas hésité à laisser au donateur une plus grande disponibilité qu'au testateur, puisque le premier pouvoit disposer de la totalité des propres, tandis que le second n'en pouvoit donner que le cinquième; que, d'après cela, il est encore bien plus difficile de présumer qu'un père se dépouillera entièrement, de son vivant, uniquement dans la vue de réduire son fils naturel à la misère; que l'on voit, en général, beaucoup plus de fils ingrats que de pères dénaturés; que l'on remarque même, que les parens ont en quelque sorte une plus grande prédilection pour les fruits d'un commerce illégitime, ainsi que cela est démontré par les précautions mêmes qui ont été prises de tout temps pour empêcher les avantages indirects en faveur des enfans naturels; précautions qui prouvent que, si l'on a cru avoir quelque chose à craindre de la part des pères, c'étoit un excès de bienveillance plutôt que de cruauté.

Mais, a-t-on dit en second lieu, sur quel motif peut être appuyée la distinction que l'on fait ici entre les biens donnés entre-vifs et ceux donnés par testament? Pourquoi faire porter aux uns une charge qui ne porteroit pas sur les autres? Je réponds qu'il y a de très-fortes raisons pour établir cette distinction. En effet, la donation entre-vifs transfère au donataire la propriété des objets donnés, du moment qu'elle est parfaite, c'est-à-dire, du moment de l'acceptation du donataire. Cette propriété a pu être depuis transférée à des tiers. Or, nous avons déjà eu occasion de faire remarquer que l'esprit général du Code est de favoriser la circulation des biens, de pourvoir, autant que possible, à la sécurité des possesseurs qui ont acquis dans les formes et d'après les modes déterminés par la loi, et de ne porter atteinte à leurs droits que pour des motifs de la plus haute importance. Un de ces motifs est, sans doute, la réserve due aux enfans légitimes; mais ce n'est pas une raison pour en conclure que la même disposition doive avoir lieu en faveur des enfans naturels. La révocation d'un droit de propriété, acquis peut-être depuis un grand nombre d'années, et après que l'objet a passé dans plusieurs mains, mérite les plus grandes considérations. Il falloit un droit aussi sacré que celui de la réserve des enfans légitimes, pour donner lieu à cette révocation; mais quand il s'agit d'enfans naturels, les mêmes considérations n'existent plus; et pour leur donner le même droit, il faudroit que le Législateur se fût exprimé d'une manière formelle. Nous voyons, au contraire, par le discours de présentation du Titre *des Donations*, que l'intention du Législateur a été de ne leur donner aucun droit sur les biens aliénés par leurs père et mère, pendant leur vie, à quelque titre que ce soit :

« Il ne doit être fait, y est-il dit, aucune déduction (sur les biens donnés entre-» vifs), à raison du droit des enfans naturels; ce droit n'est point acquis avant la » mort, et *c'est, sous le titre de créance, une participation à la succession.* »

Il n'est pas possible d'énoncer plus clairement l'idée, que les enfans naturels ne peuvent exercer de réserve sur les biens donnés entre-vifs; et quand on voit ensuite cette affectation du Législateur, de répéter, dans deux articles différens et qui se suivent immédiatement, que ces mêmes enfans n'ont de droit que *sur les biens des père et mère décédés*, il est impossible de n'en pas conclure qu'on a eu l'intention bien prononcée de leur refuser tout droit sur les biens donnés entre-vifs.

Enfin, il faut remarquer qu'en général, lorsque la loi se porte à révoquer une propriété, elle tâche de faire en sorte que le propriétaire puisse s'y attendre, qu'il existe des données d'après lesquelles il ait pu calculer ce qu'il avoit à craindre ou à espérer. Ainsi, lorsqu'une personne reçoit à titre de donation, d'un individu qui a des enfans légitimes, il sait qu'il pourra arriver qu'il soit obligé un jour de fournir, ou de compléter la légitime de ces mêmes enfans; il s'arrange d'après cette idée, et il ne compte qu'autant qu'il convient, sur les objets qui font partie de la donation. Mais dans le cas où il n'existe que des enfans naturels, quelles données peut avoir le donataire? Il est impossible que l'homme assez lié avec un individu pour en recevoir des donations, ne sache pas s'il a, ou non, des enfans légitimes. En est-il de même des enfans naturels? Il faut, à la vérité, qu'ils soient reconnus par acte authentique; mais d'abord ils peuvent ne l'être que long-temps après leur naissance, long-temps après la donation; et d'ailleurs, quand ils le seroient auparavant, le donataire en auroit-il pour cela connoissance? Un acte, pour être authentique, en est-il moins secret?

Ajoutez que c'est mettre dans la main du donateur un moyen de révoquer ou de laisser subsister à son gré la donation, en reconnoissant ou ne reconnoissant pas son enfant naturel ; ce qui est contraire à tous les principes de la matière. Et qui garantira même qu'il ne reconnoîtra pas un enfant étranger, uniquement dans la vue de porter atteinte à la donation ? Dira-t-on que le donataire pourra, dans ce cas, contester la reconnoissance, aux termes de l'article 339 ? Mais ne sent-on pas qu'il sera extrêmement difficile de prouver qu'un enfant inscrit, par exemple, comme né de père et mère inconnus, n'appartient pas à celui qui l'a reconnu ? Il résultera donc de là un moyen presqu'infaillible de violer la loi sur l'irrévocabilité des donations entre-vifs.

Aucune de ces raisons n'est applicable aux legs, sur lesquels le légataire n'acquiert de droit qu'à l'époque du décès, c'est-à-dire, au même moment où l'existence et l'état des enfans naturels doivent être constans ; il est donc tout simple que le Législateur ait établi une différence marquée entre le legs et la donation entre-vifs.

On a voulu tirer une troisième objection des embarras et des difficultés que présenteroit la fixation de la réserve due à l'enfant naturel, sur-tout dans le cas où il existeroit d'autres légitimaires. Mais, d'abord, la même difficulté existe, soit que la réserve ait lieu sur les donations entre-vifs, ou seulement sur les dispositions testamentaires. C'est donc plutôt une objection contre le principe de la réserve, en général, que contre notre opinion en particulier ; et comme, ainsi que nous l'avons déjà fait observer, on est assez généralement d'accord sur le principe qu'il est dû une réserve à l'enfant naturel, nous pourrions nous dispenser de répondre à cette objection. D'ailleurs, il seroit singulier que l'on rejetât une disposition qui paroît écrite textuellement dans la loi, par le seul motif que la disposition contraire seroit d'une exécution plus facile. Au surplus, le principe général, en cette matière, me paroît aisé à établir. Aux termes de l'article 757, pour faire la part de l'enfant naturel, il faut le supposer légitime ; il me semble, d'après cela, qu'il est bien facile de déterminer le montant de la réserve à laquelle il auroit droit, dans cette hypothèse, sur les biens existant au décès seulement, et de lui en donner le tiers, la moitié, etc., suivant les circonstances. Mais avant de faire l'application de ce principe au cas du concours de l'enfant naturel avec d'autres légitimaires, il est nécessaire de décider préalablement la question suivante :

Quel sera le droit de l'enfant naturel, si le père laisse des parens au degré successible, mais qui, par le fait, ne lui succèdent pas, *putà*, si, ayant un frère ou des neveux, il institue un légataire universel, ou fait une institution contractuelle ? D'après le principe que nous avons établi dans la note (3) ci-dessus, que le parent qui ne vient pas à la succession, doit être considéré comme n'existant pas, je pense que, dans l'espèce, il faut distinguer si le légataire universel est, ou non, du nombre des successibles.

S'il n'est pas successible, l'enfant naturel doit, d'après le principe ci-dessus, être traité comme s'il n'y avoit pas de parens au degré successible. Dans ce cas, et s'il n'y avoit pas de disposition, il auroit eu, d'après l'article 758, droit à la totalité de la succession, c'est-à-dire, que, dans ce cas, son droit seroit le même que celui d'un enfant légitime. Or, un enfant légitime, concourant avec un légataire universel, a droit à la moitié de la succession. Donc l'enfant naturel a droit de réclamer cette moitié.

L'on objecte contre cette décision, que l'enfant naturel se trouve, par là, traité, comme s'il étoit réellement légitime. Cela est vrai. Mais cet inconvénient, si c'en est un, résulte nécessairement de la disposition même de la loi, qui, lorsqu'il n'y a pas de parens au degré successible, traite elle-même l'enfant comme s'il étoit légitime, puisqu'elle lui donne la totalité de la succession.

Si le légataire universel est un des successibles, alors l'enfant naturel aura une réserve fixée d'après la part que l'art. 757 lui donne, eu égard au degré de parenté du légataire. Si, par exemple, le légataire est un frère, comme aux termes de l'article 757, l'enfant naturel concourant avec le frère, doit avoir la moitié de ce qu'il auroit eu s'il étoit légitime, et que, s'il étoit légitime, concourant avec un légataire universel, il auroit eu moitié de la succession, il aura, dans l'espèce, la moitié de la moitié, ou le quart.

Cette question résolue, et avant de passer à l'application du système que nous venons d'établir, nous croyons devoir poser les principes suivans pour le cas le plus difficile, c'est-à-dire, pour celui où l'enfant naturel concourt avec des héritiers légitimes qui sont en même temps légitimaires, et avec un légataire universel. Ces principes sont :

1°. Que la réserve des enfans naturels doit être établie, en les supposant légitimes, et en raison de leur nombre particulier, s'il n'y a pas d'autres enfans ; et dans le cas contraire, en raison de ce même nombre, réuni à celui des enfans légitimes ;

2°. Que leur part, ainsi fixée, doit être regardée comme une dette, comme une délibation de la succession, qui doit être supportée par les légitimaires et les légataires universels ou à titre universel, chacun en proportion de ce qu'il prend dans la succession ;

3°. Que, cependant, il est un point où les légataires ne doivent plus rien supporter dans la réserve due à l'enfant naturel ; c'est quand, au moyen de cette réserve, et de celle qui peut être due à d'autres légitimaires, le disponible se trouve réduit au *minimum* fixé par l'art. 913, c'est-à-dire au quart. En effet, puisque père a toujours le droit de disposer de ce quart, même quand il a des enfans légitimes, et quel que soit leur nombre, à plus forte raison doit-il avoir le même droit, quand il se trouve parmi eux des enfans naturels ;

4°. Que la part des enfans naturels, ainsi établie et prélevée, la réserve due aux autres héritiers légitimaires doit être fixée à raison de leur nombre particulier, de leur qualité, et de ce qui reste dans la succession, déduction faite des dettes et de la part des enfans naturels.

Cela posé, nous allons passer, comme nous l'avons dit, à l'examen de quelques espèces qui nous serviront à appliquer ces principes.

Première hypothèse. Un enfant légitime, un enfant naturel, un légataire universel,

Masse de la succession, 27,000 fr. Si l'enfant naturel étoit légitime, la réserve seroit des deux tiers, ou de 18,000 fr., dont chaque enfant prendroit la moitié, ou 9,000 fr. L'enfant naturel concourt avec un légitime : il ne doit donc avoir que le tiers de cette somme, ou 3,000 fr. Cette part prélevée, la masse de la succession est de 24,000 fr. : l'enfant légitime en prendra moitié, aux termes de l'art. 913, et le légataire, l'autre moitié.

Deuxième hypothèse. S'il y avoit deux enfans légitimes, l'on feroit la même opération, et l'on diroit : Si l'enfant naturel étoit légitime, ils seroient trois ; la réserve seroit donc des trois quarts, ou de 20,250 fr., dont chaque enfant auroit le tiers, ou 6,750 fr. L'enfant naturel doit avoir le tiers de cette somme, ou 2,250 fr. : cette part prélevée, il reste dans la succession 24,750 fr. Les ayant-droit sont deux enfans légitimes, et le légataire universel ; la réserve est donc des deux tiers, ou 16,500 fr., dont chaque enfant légitime prendra la moitié, ou 8,250 fr. ; et il restera pareille somme pour le légataire universel.

Troisième hypothèse. S'il y a trois enfans légitimes, ou davantage, il n'y a qu'une seule opération à faire ; car, d'après le troisième principe ci-dessus, la part du légataire ne pouvant plus varier, dès qu'elle a été réduite au quart, il en résultera que, dans l'espèce, le légataire prendra le quart de la succession, ou 6,750 fr. ; et le surplus sera partagé entre les enfans légitimes et les naturels, sauf que ceux-ci ne prendront que le tiers de ce qu'ils auroient eu, s'ils eussent été légitimes.

Quatrième hypothèse. Un enfant naturel, un ascendant dans chaque ligne, et un légataire universel. Masse de la succession, 24,000 fr.

Si l'enfant étoit légitime, concourant avec un légataire universel, il auroit moitié de la succession, ou 12,000 fr. Mais comme il est naturel, et qu'il concourt avec des ascendans, il doit avoir moitié de cette somme, ou 6,000 fr. Il reste donc dans la succession 18,000 francs, dont moitié appartiendra aux deux ascendans, conformément à l'art. 915, et l'autre moitié au légataire universel. S'il n'y avoit d'ascendans que dans une ligne, la réserve de l'enfant naturel seroit la même ; mais le légataire prendroit les trois quarts du restant, ou 13,500 fr. ; et les 4,500 fr. restant, appartiendroient à l'ascendant.

Quid, s'il existe tout-à-la-fois des dispositions entre-vifs et testamentaires ? S'il n'y a que des enfans naturels, l'on opérera comme il vient d'être dit, sans aucun égard aux biens donnés entre-vifs, c'est-à-dire, que l'on composera la masse, uniquement des biens extans au décès, y compris ceux légués ; et ce sera eu égard à cette masse seulement, que sera fixée la réserve due aux enfans naturels.

S'il existe d'autres héritiers légitimaires, on opérera de la même manière ; mais la part des enfans naturels une fois déterminée, l'on fera comme il est dit dans l'art. 922, pour déterminer ce qui revient aux autres légitimaires, c'est-à-dire, qu'on réunira les biens donnés entre-vifs aux biens restant dans la succession, déduction faite des dettes et de la part des enfans naturels, et l'on déterminera en conséquence la réserve des autres légitimaires. Exemple : Un homme a donné vingt mille francs entre-vifs ; il institue un légataire universel, et meurt laissant un enfant légitime, un naturel, et une succession montant à vingt-sept mille francs. On dira : Si l'enfant naturel étoit légitime, la réserve seroit des deux tiers ; calculée sur la succession seule, et sans aucun égard aux biens donnés entre-vifs, elle produiroit dix-huit mille francs, dont moitié pour chaque enfant. L'enfant naturel doit avoir le tiers de cette moitié, ou trois mille francs. Reste dans la succession vingt-quatre mille francs, qui, réunis aux vingt mille francs donnés entre-vifs, forment un total de quarante-quatre mille francs, dont il revient à l'enfant légitime moitié, ou vingt-deux mille francs, qu'il prendra sur les biens extans. Le legs universel se trouvera donc par là réduit à deux mille francs.

Ces développemens m'ont paru à-peu-près suffisans pour résoudre les questions qui peuvent se présenter.

Quelques personnes ont imaginé un autre systême ; elles ont prétendu que la portion disponible devoit toujours rester au même taux où elle eût été, si tous les enfans naturels eussent été légitimes ; et que la réduction qui doit s'opérer sur leur part, en leur qualité d'enfans naturels, devoit tourner au profit de l'héritier légitimaire seul. Ainsi, dans la première espèce ci-dessus, où nous avons supposé un enfant légitime, un enfant naturel, un légataire universel, et une masse de vingt-sept mille francs, en supposant les deux enfans légitimes, la portion disponible eût été du tiers, ou de neuf mille francs ; il fût resté, pour la réserve, les deux tiers, ou dix-huit mille francs, dont moitié eût appartenu à l'enfant naturel, s'il eût été légitime ; mais comme il est naturel, et qu'il se trouve, pour cette moitié, en concours avec un enfant légitime, ces personnes le réduisent au tiers de cette moitié, ou à trois mille francs, et adjugent le surplus, montant à quinze mille francs, à l'enfant légitime.

Je n'ai pas cru devoir admettre ce systême, parce qu'il me par[illegible]ontre toute raison que la part de l'enfant légitime soit moins forte quand il est [illegible], que quand il a des frères naturels. Or, dans l'espèce, l'enfant légitime se[illegible] n'auroit eu que douze mille francs ; et parce qu'il a un frère naturel, ce qui devroit diminuer sa part, elle se trouve au contraire augmentée de trois m[illegible]e francs.

(9) *Dont les héritiers.* Observez que nous ne parlons ici que des successions *ab intestat.* Il y a des cas où le légataire universel a la saisine, comme nous le verrons dans le Titre suivant.

PAGE 195.

(1) *Dans les formes usitées.* Quelles sont ces formes ? Je pense que ce sont celles indiquées dans l'article 620 du Code de Procédure.

(2) *Du procureur impérial.* Si l'enfant naturel vient à décéder avant d'avoir obtenu, ou même demandé cet envoi, transmet-il son droit à ses propres héritiers ? L'affirmative ne m'a jamais paru susceptible d'aucun doute ; et je n'aurois même jamais pensé que cela dût faire question, si je n'avois trouvé la négative décidée par M. Chabot, dans son Commentaire sur l'article 724. Cet auteur prétend que l'enfant naturel n'est pas propriétaire, parce qu'il est obligé de se faire envoyer en possession. Cependant, page 151 du même ouvrage, M. Chabot dit formellement que l'enfant naturel est co-propriétaire de la succession. D'ailleurs, M. Chabot ne peut

ignorer la différence qui existe entre la propriété et la possession ; et que c'est au contraire parce que l'enfant naturel a le droit de demander l'envoi en possession, qu'il faut en conclure qu'il est propriétaire. Qu'est-ce, en effet, qu'une demande de la possession, quand elle n'est pas formée par action possessoire, si ce n'est une revendication ? Or, la revendication n'est donnée qu'au maître, ou à celui qui a un *jus in re* quelconque. La demande de la possession, de la part de l'enfant naturel, suppose donc en lui un droit antérieur, dont il est saisi du moment de l'ouverture de la succession. Et ce droit, qu'est-il autre chose qu'un droit de propriété ? Or, si l'enfant a été saisi de la propriété de la succession, du moment de l'ouverture, cette propriété étoit dans ses biens, et il l'a transmise, avec sa propre succession, à ses héritiers, qui pourront en conséquence demander l'envoi en possession, de son chef. C'est absolument le même principe qu'à l'égard du légataire particulier, qui est obligé de demander la délivrance, et qui a cependant, dès le moment du décès, un droit à la chose léguée ; droit qu'il transmet à ses propres héritiers. (Art. 1014.)

Concluons donc que, lorsqu'on dit que les héritiers irréguliers ne sont pas saisis, l'on doit entendre qu'ils ne sont pas saisis de la possession, mais qu'ils n'en sont pas moins saisis, du moment du décès, de la propriété, qu'ils transmettent, en conséquence, à leurs propres héritiers, s'ils viennent à mourir avant d'avoir obtenu, ou même demandé l'envoi en possession.

Cette disposition s'applique également à l'époux, ainsi qu'à l'enfant naturel concourant avec des parens au degré successible.

(3) *Aux héritiers.* Donc cette caution n'est exigée que dans l'intérêt des héritiers qui pourroient se présenter, et elle ne seroit sujette en aucune manière à l'action des créanciers.

(4) *Tant qu'elle n'est pas prescrite. Quid*, à l'égard des fruits ? M. Chabot, dans son Commentaire sur l'article 771, est d'avis que l'héritier qui réclame avant les trente ans, a droit d'exiger la restitution de tous les fruits, et cela sans distinction entre le possesseur de bonne ou de mauvaise foi. Mais il est évident que cette opinion, dont Pothier avoit déjà démontré l'injustice, dans son *Traité de la Propriété*, n°. 430, ne pourroit se concilier avec les principes de la législation actuelle, qui ne veut pas qu'un possesseur, sur-tout de bonne foi, puisse être ruiné par une restitution de fruits dont il a cru être propriétaire, et qu'il a dépensés d'après cette opinion. En vain diroit-on qu'en dépensant les revenus de la succession, il a pris d'autant moins sur ses autres biens, et que, par conséquent, *locupletior factus est, quatenùs propriæ pecuniæ pepercit.* Car il est certain que l'on dépense, en général, en raison de son revenu, et que celui qui croit être propriétaire d'une succession opulente, peut dire avec grande raison qu'il a augmenté ses dépenses en conséquence. Il y auroit donc une souveraine injustice à l'obliger de restituer tous les fruits. Aussi voyons-nous que l'opinion contraire a été consacrée par l'article 138 du Code, et en outre par l'article 9 de la loi du 15 pluviose an 13, relative à la succession des enfans admis dans les hospices. (*Voyez* le texte des *Institutes*, Titre *des Successions*, chap. II, sect. III, §. I.) Il faut donc tenir pour constant, que celui

qui possède une hérédité de bonne foi, n'est tenu de rendre les fruits qu'à compter du jour de la demande. Mais je pense que le possesseur qui n'a pas fait les publications et affiches prescrites par l'art. 770, doit être, par cela seul, réputé de mauvaise foi.

Quid, à l'égard de l'aliénation des immeubles? Je ne pense pas qu'elle puisse avoir lieu dans les trois ans. A quoi serviroit, en effet, la précaution que la loi prend à l'égard du mobilier, si elle permettoit à l'envoyé en possession de vendre les immeubles de la succession? Mais après les trois ans, les aliénations doivent être valables (argument tiré des art. 132, 790 et 1240); sauf l'action en restitution du prix, en faveur des héritiers, contre les envoyés en possession, si toutefois les formalités requises par l'article 770 ont été observées dans le principe. Autrement, je pense que, tant que le délai de la prescription n'est pas expiré, les héritiers peuvent exercer la revendication contre les tiers détenteurs; c'étoit à eux à s'assurer si les formalités avoient été remplies.

(5) *A des dommages intérêts* : si, par exemple, le défaut d'apposition des scellés avoit donné lieu au divertissement des effets de la succession, quand même ce divertissement ne seroit pas du fait de l'enfant.

(6) *Sont également appelés*, même à l'exclusion des frères naturels; ce qui est assez étonnant. En effet, nous avons vu que dans les successions ordinaires, le père légitime, lorsqu'il existe des frères, ne prend que le quart de la succession. Et ici l'on donne au père naturel, qui est certainement bien moins favorable, la totalité des biens à l'exclusion des frères; mais la loi s'étant expliquée clairement à cet égard, il ne peut y avoir de question.

On a demandé si le père naturel, succédant à son fils naturel, étoit héritier, ou successeur irrégulier. L'article 765, qui fonde le droit du père naturel, étant placé sous la rubrique *des successions irrégulières*, il paroîtroit conséquent de décider qu'il est plutôt successeur irrégulier. Cependant, comme il n'est astreint à aucune des formalités imposées au conjoint ou à l'enfant naturel, je pense qu'il est, au moins *effectu*, un véritable héritier, tenu, en conséquence, des dettes *ultrà vires*, à moins qu'il n'accepte sous bénéfice d'inventaire.

Est-il tenu de demander l'envoi en possession? Non. (Argument tiré des art. 769 à 773.) Et en effet, cet envoi n'est exigé que dans le cas où une succession est dévolue à un héritier irrégulier, à défaut de successibles. L'on suppose que ceux qui pourroient avoir droit à l'hérédité, comme successeurs réguliers, peuvent être éloignés, et conséquemment n'être pas connus: l'envoi en possession, et les formalités qui le précèdent, sont donc établis uniquement dans l'intérêt des héritiers légitimes, qui, au moyen de ces formalités, sont avertis de l'ouverture de la succession à laquelle ils peuvent avoir intérêt. Mais ici, il n'y a que les enfans qui puissent exclure les père et mère. Or, l'existence des enfans ne peut être ignorée, comme il est difficile qu'ils ignorent la mort de leur père ou de leur mère.

Les père et mère naturels pourroient-ils réclamer une légitime sur les biens de leur enfant? Je ne le pense pas. Il s'agit ici d'une succession *ab intestat*, qui n'a lieu, conséquemment, qu'à défaut de dispositions; ils ne sont mis nulle part au nombre des héritiers auxquels la loi accorde une réserve ; d'ailleurs, le droit qui leur est accordé de succéder *ab intestat*, est un privilége particulier, une dérogation au principe qui veut que, *nemo ex delicto suo possit consequi emolumentum ;* principe que le Code a consacré lui-même à l'égard des père et mère naturels, en leur refusant la jouissance légale des biens de leurs enfans. Or, toute dérogation doit être renfermée dans le cas pour lequel elle est faite, et ne peut être étendue à d'autres.

(7) *Sans postérité. Quid*, s'il n'y a que des enfans naturels ? Je pense qu'ils doivent exclure le père et la mère : ils sont, à la vérité, enfans naturels ; mais le père est aussi père naturel, ils ont donc le même vice : cependant l'enfant est préférable ; car il est innocent, et le père ne l'est pas. D'ailleurs, si les enfans légitimes excluent les ascendans légitimes, il me semble qu'*à fortiori* les enfans naturels doivent exclure les père et mère naturels. Enfin, nous avons déjà fait observer sur l'article 759, que, sous le titre *des enfans naturels*, il paroissoit raisonnable d'entendre par le mot de *postérité*, ou de *descendans*, la descendance, soit légitime, soit naturelle, de l'individu.

(8) *Passent*. Est-ce une succession, ou un droit de retour ? C'est une succession. L'article est placé sous le titre *des Successions ab intestat*. D'ailleurs, les enfans du donateur ne peuvent être plus favorables que le donateur même ; il faut donc leur appliquer tout ce que nous avons dit sur l'article 747.

(9) *A ses frères et sœurs légitimes*, ou à leurs descendans, par droit de représentation. La représentation est de droit : il n'est pas nécessaire qu'elle soit énoncée dans la loi, il suffit qu'elle ne soit point exclue. (*Voyez* ci-dessus, la note (3) de la page 194.)

PAGE 196.

(1) *Indépendamment de toute reconnoissance*. (*Voyez* ci-dessus, la note (1) de la page 97.)

(2) *Des héritiers*. Ainsi qu'aux besoins de celui qui réclame.

L'article 763 dit, *eu égard à la qualité des héritiers légitimes* : j'ai supprimé ce dernier mot, parce qu'il peut très-bien arriver que l'enfant concoure avec des héritiers testamentaires.

(3) *Un art mécanique*, pourvu toutefois qu'il puisse l'exercer. Autrement, en effet, ce seroit comme s'il n'en avoit pas appris, *putà*, s'il étoit malade, infirme, etc.

(4) *De leur succession*. Ainsi il suffit que l'un des deux, du père ou de la mère, lui ait assuré des alimens, ou lui ait fait apprendre un métier, pour qu'il ne puisse rien prétendre dans la succession de l'autre : je pense même qu'il ne pourroit élever aucune réclamation contre l'une ou contre l'autre, s'il se trouvoit, soit par son industrie personnelle, soit par des libéralités étrangères, en état de pourvoir à ses propres besoins. La prestation des alimens est fondée sur le besoin ; elle doit donc cesser, dès que le besoin n'existe plus.

(5) *Non divorcé*. Il avoit été décidé formellement au Conseil-d'État, que la séparation de corps auroit le même effet que le divorce ; ce qui paroissoit assez naturel,

puisqu'elle est fondée sur les mêmes causes. Cependant on n'a laissé subsister que la mention du divorce, qui étoit même assez inutile; car le divorce rompt le lien: dès qu'il y a divorce, il n'y a plus de conjoint. Il me semble que l'on auroit pu admettre l'époux qui a obtenu la séparation de corps, à la succession de l'autre époux, mais sans réciprocité.

Quid, si le mariage est seulement putatif? Si la cause de nullité a été découverte et jugée avant l'ouverture de la succession, le conjoint ne peut succéder. Si, même quand il y a eu mariage, le divorce empêche la succession du conjoint, il en doit être de même, à plus forte raison, lorsqu'il est jugé qu'il n'y a jamais eu de mariage.

Si le mariage a subsisté jusqu'à la mort, il faut distinguer: si les deux époux sont de mauvaise foi, la succession n'a lieu de part ni d'autre. S'ils sont tous deux de bonne foi, elle a lieu indistinctement en faveur de l'un ou de l'autre. Si un seul est de bonne foi, il peut succéder à l'autre, mais sans réciprocité.

(6) *N'est pas assujettie.* Il est encore d'autres cas dans lesquels la succession est dévolue au domaine, tels que celui de confiscation, quand elle a lieu; la succession aux biens acquis par le mort civilement, depuis la mort civile encourue; enfin, celle de l'étranger décédé en France, sauf la restriction portée aux articles 11 et 13.

(7) *Au moment de l'ouverture de la succession.* Ainsi soit cette espèce: Pierre meurt, laissant un fils unique, et un neveu. Postérieurement au décès, la femme du fils devient enceinte: pendant la grossesse, le fils renonce, et meurt; le neveu, plus hardi, accepte la succession. La veuve du fils accouche un an après la mort de l'aïeul. L'événement ayant prouvé que la succession pouvoit être avantageuse, le petit-fils la réclame. Est-il fondé? Il faut décider que non; parce que, comme il n'existoit pas, et qu'il n'étoit pas même conçu au moment de la mort de l'aïeul, il n'a pu lui succéder. Le fisc même succéderoit à son préjudice. En effet, la succession n'est déférée qu'une fois, et dans un seul instant, celui du décès. D'un autre côté, celui qui renonce est censé n'avoir jamais été héritier: celui qui accepte est censé avoir été héritier du moment de l'ouverture de la succession. Or, cette présomption ne peut avoir lieu à l'égard de l'enfant qui n'étoit pas même conçu à cette époque.

(8) *Pourvu toutefois qu'il naisse viable.* Remarquez que, pour déterminer dans ce cas la viabilité, l'on ne peut prendre pour base la disposition de l'article 312, parce que, dans cet article, l'on a un point d'où l'on peut partir pour calculer le temps de la gestation. Mais ici il n'y en a point. Il faudra donc que la question de viabilité soit jugée par les gens de l'art.

PAGE 197.

(1) *Sauf la restriction portée aux articles* 11, *etc.* C'est-à-dire qu'il peut succéder, dans les mêmes cas et de la même manière qu'un Français succéderoit à son parent dans le pays de cet étranger, d'après les traités faits avec la nation à laquelle il appartient. (*Voyez* un décret du 20 décembre 1810, relatif aux Autrichiens prisonniers, morts pendant la guerre, *Bulletin*, n°. 6244.)

Le parent français succéderoit-il à son parent étranger n'ayant pas les droits civils? Cette question est traitée ci-dessus, dans la note (9) de la page 14.

(2) *Condamné.* Il ne suffiroit donc pas, pour exclure l'héritier, d'alléguer, et même de prouver qu'il a donné la mort au défunt. Il faudroit dénoncer le fait au ministère public, à l'effet de faire condamner le coupable. De là il suit que si, devant la Cour criminelle, il est prouvé, ou que le fait n'est pas constant, ou qu'il n'est pas de nature à donner lieu à une condamnation, *putà*, si le meurtre a eu lieu dans le cas de défense légitime, il n'y a pas d'indignité. (*Cod. Pén.*, art. 328 et 329.)

Quid, si le coupable a obtenu sa grace? Je pense que cela ne détruit pas l'indignité; la grace remet la peine, mais n'éteint pas le crime. D'ailleurs, l'article n'exige pas l'exécution, mais seulement la condamnation.

Quid, si le coupable a été déclaré excusable, comme il est dit dans les articles 321 et 322 du Code Pénal? Comme le fait d'excuse n'empêche point la condamnation, mais ne fait que diminuer la peine, l'on pourroit soutenir, *stricto jure*, que l'indignité n'est pas moins encourue; cependant, comme la disposition de l'article 321 a lieu, même lorsque le meurtre a été provoqué par des coups ou violences graves, je pense que ce sera aux juges à se décider d'après les circonstances.

(3) *Une accusation.* Il faut entendre, par ce mot, *une dénonciation.* Dans nos mœurs, il n'y a que le ministère public qui accuse. Mais il faut qu'il y ait eu dénonciation : l'injure la plus grave, même jugée calomnieuse, ne suffiroit pas.

(4) *Capitale.* Que doit-on entendre par ce mot? A-t-on voulu dire qu'il falloit que le crime dénoncé fût de nature à mériter la peine de mort? J'ai de la peine à le croire. Le mot *caput*, d'où vient *capitalis*, *capital*, ne signifie pas seulement en droit *la tête* ou *la vie*, mais encore, et le plus souvent, *l'état civil. Capitis diminutio* signifie, comme l'on sait, un changement d'état. *Is demùm videtur capitis accusasse, qui tali judicio appetit, cujus pœna aut supplicium habuit, aut exilium, quod sit vice deportationis, ubi civitas amittitur.* (L. 14, §. 3, ff. de Bonis libertorum.) *Appellatio capitalis*, dit la loi 103, ff., de Verbor. signific., *mortis vel amissionis civitatis intelligenda est. Qui capitali crimine damnatus est, non debet pro alio postulare.* (*L.* 1, §. 6, ff. *de postulando.*) Ces différentes lois prouvent évidemment que le crime, dit *capital*, n'est pas toujours celui qui emporte la peine de mort. D'ailleurs, pour un homme honnête, l'honneur n'est-il pas plus cher que la vie? Je penserois donc que, dans notre article, il faut entendre par *accusation capitale*, toutes celles qui sont de nature à faire prononcer contre l'accusé une peine infamante.

(5) *Jugée calomnieuse.* Ainsi, il ne suffiroit pas que l'accusation eût été rejetée, et l'accusé renvoyé absous; il faut encore que l'accusation ait été jugée calomnieuse. L'article 358 du Code d'Instruction criminelle suppose évidemment que l'un n'est pas toujours une suite de l'autre, puisqu'après avoir dit que, si l'accusé a été déclaré non coupable, la Cour statuera sur les dommages-intérêts respectivement prétendus; il ajoute, que l'accusé *pourra* aussi obtenir des dommages-intérêts contre ses dénonciateurs, pour fait de calomnie; ce qui suppose qu'il est possible que l'accusé soit acquitté, sans que les dénonciateurs soient déclarés calomniateurs.

(6) *Étant majeur.* S'il est mineur, on ne peut lui rien imputer.

(7) *Le meurtre du défunt.* Il doit dénoncer le meurtre, mais il n'est pas obligé de dénoncer le meurtrier. Il peut, en effet, ne pas le connoître; ou, s'il le connoît, il peut craindre de s'exposer à des dommages-intérêts.

Quel délai a-t-il pour dénoncer? Il doit le faire aussitôt qu'il a connoissance du genre de mort. Ce sera aux tribunaux à déterminer l'époque à laquelle il doit être présumé avoir eu cette connoissance.

(8) *Ou alliés aux mêmes degrés.* J'ai transposé ces derniers mots, qui, dans le texte, sont placés après ceux-ci, *aux ascendans et descendans du meurtrier.* J'ai pensé qu'il y avoit faute d'impression, et ce, pour deux raisons : la première, c'est qu'en droit, l'allié à degré égal est toujours assimilé au parent. (*Cod. de Procéd.*, art. 268, 283 et 378; *Cod. Nap.*, art. 206, 407, 408; et *Cod. d'Instr. crim.*, art. 156 et 322.) La deuxième, c'est que, si le mot d'*alliés* se rapportoit à ce qui précède, c'est-à-dire, aux ascendans ou descendans, on eût dû dire *alliés dans la même ligne*, et non pas *aux mêmes degrés*, puisqu'on n'a pas encore énoncé de degrés.

Au surplus, la disposition de l'article 728 est fondée sur ce qu'on ne peut exiger qu'une femme dénonce son mari, un fils son père, un oncle son neveu, etc.

(9) *Qu'après la mort du défunt.* Jusque-là personne ne peut être reçu à l'alléguer, parce que personne n'a d'intérêt. Mais dans quel délai l'action doit-elle être intentée? (*Voyez* la note (7) ci-dessus, *in fine.*)

(10) *La saisine.* Par conséquent, les actes passés sans fraude avec les tiers, sont valables. (Argument tiré des art. 790 et 1240.)

(11) *De les restituer.* C'étoit la disposition des lois Romaines. (*LL.* 17 et 18, ff. *de His quæ ut indignis, etc.*) Reste-t-il sujet à l'action des créanciers? Non, sans doute. *Eumdem sequuntur onera, quem sequuntur commoda.* (*L.* 18, §. 1. *eod.*) Mais le droit Romain décidoit que, s'il étoit créancier du défunt, sa créance, qui avoit été éteinte par la confusion, ne pouvoit revivre. (*Ibid.*, et *L.* 8, *eod.*; et *L.* 29, §. 2, ff. *de Jure fisci.*) Cette décision tient à des principes qui ne sont pas admis chez nous : on a toujours jugé, conformément à l'avis de Dumoulin et Lebrun, qu'il n'y a que la propriété incommutable, qui engendre une confusion irrévocable.

L'indigne doit-il les intérêts des sommes de deniers trouvés dans la succession ou provenant de la vente des objets dépendans de la succession? La loi 1, Cod., *de His quibus ut indignis, etc.*, décide que ces intérêts ne sont dus que du jour de la demande. Cette décision seroit sans doute suivie dans notre droit. L'article 729 dit qu'il est tenu de rendre tous les fruits et revenus dont il a eu la jouissance; ainsi il seroit tenu de rendre les arrérages des sommes placées à intérêt par le défunt, mais non les intérêts de celles qui n'étoient pas placées au moment du décès.

(12) *Sans le secours de la représentation.* La représentation n'a pas lieu pour deux raisons : la première, c'est qu'on ne représente pas une personne vivante; la seconde, c'est que la représentation a pour effet de donner les droits du représenté, et ici, le représenté n'a et n'auroit eu aucun droit. De là il résulte que, si c'est le fils du défunt qui a été déclaré indigne, ses enfans ne peuvent venir à la succession de leur aïeul, qu'autant que ce dernier n'a pas laissé d'autres descendans; car, s'il en avoit,

fussent-ils même au quatrième degré, ils se trouveroient, par le secours de la représentation, placés au premier degré, tandis que les enfans de l'indigne, ne pouvant s'aider du même secours, ne seroient qu'au second degré. Mais s'il n'y a pas d'autres descendans, ceux de l'indigne prendront la succession, parce qu'en leur seule qualité de descendans, ils excluent les ascendans et les collatéraux.

Quid, si l'indigne est mort avant l'ouverture de la succession? S'il n'a point laissé de descendans, la question d'indignité est inutile, puisqu'il n'y a personne à exclure. Il en est de même, si celui de la succession duquel il s'agit, n'a point laissé d'autres descendans que ceux de l'indigne; puisqu'ils n'ont pas besoin du bénéfice de la représentation pour exclure tous les autres parens. Mais s'il y a d'autres descendans, ils seront admis à prouver l'indignité contre les descendans de l'indigne, pour les priver du bénéfice de la représentation.

(13) *Provenant de cette succession.* Mais si le petit-fils qui a hérité de son aïeul, à l'exclusion de son père indigne, vient à mourir avant son père, ce dernier pourra-t-il lui succéder? La raison de douter se tire de ce qu'alors il pourra retrouver dans la succession de son fils, celle dont il a été déclaré indigne. Mais la raison de décider, c'est qu'une succession recueillie n'est plus une succession, mais le patrimoine de l'héritier; *hereditas adita*, *jàm non est hereditas*, *sed patrimonium heredis.* Le père pourra donc, dans l'espèce, succéder à son fils. C'étoit, au surplus, la décision des lois Romaines (*L.* 5, §. 7 et 8; et *L.* 7, ff. *de His quæ ut indignis*, *etc.*), et elle seroit suivie chez nous sans nulle difficulté.

M. Chabot, dans son Commentaire sur l'article 731, prétend que les lois Romaines décidoient le contraire; mais comme il n'en cite aucune à l'appui de cette assertion, et que les deux lois précitées consacrent formellement l'avis que nous venons d'émettre, nous sommes fondés à penser que cet auteur a été induit en erreur sur ce point.

L'indigne seroit-il admis à prouver que le défunt s'est réconcilié avec lui; et, cette preuve faite, recouvreroit-il, par cela seul, son droit à la succession?

On peut alléguer pour l'affirmative, d'abord la jurisprudence ancienne (Lebrun, *des Successions*, liv. III, chap. IX, n°. 15; et Pothier, *Ibid.*, chap., Ier, sect. II, art. 4, §. 2); et en deuxième lieu, l'art. 957 du Code Napoléon, qui décide que le silence seul du donateur, pendant un an, à compter du jour qu'il a pu avoir connoissance du délit, suffit pour qu'il ne puisse plus intenter l'action en révocation pour cause d'ingratitude.

Néanmoins, je ne pense pas que la simple réconciliation, même prouvée, suffise pour empêcher l'effet de l'indignité; et je vais faire connoître les motifs de mon opinion, en répondant aux moyens qui peuvent être apportés pour soutenir l'opinion contraire.

Quant à la jurisprudence ancienne, il faut observer que les causes d'indignité étoient bien plus nombreuses anciennement, puisqu'on regardoit comme telles toutes les causes d'exhérédation (Lebrun, *loco citato*). Mais aujourd'hui le nombre en est tellement restreint, et elles sont d'une nature telle, que le bon ordre lui-même et l'intérêt des mœurs semblent s'opposer à ce qu'elles soient censées remises par une réconciliation. LEBRUN lui-même exceptoit de la disposition ancienne la première cause d'indignité, celle résultant du meurtre volontaire du défunt : *on ne peut hériter de ceux qu'on assassine.* Parce qu'un mourant aura cru devoir à Dieu, à son prochain et à lui-même, de pardonner à son meurtrier, la loi civile doit-elle pour cela faire remise à ce dernier de la peine qu'il a encourue? La peine corporelle, qui est bien plus forte, ne pourroit certainement pas être remise. La peine pécuniaire ne doit pas l'être davantage. Quant aux deux autres causes, il est évident que la question ne peut s'élever, relativement à la troisième. Reste donc la seconde. Mais il me semble que dans l'ordre moral, on pourroit la regarder comme la plus forte des trois. Oui, il est vrai de dire que, considérée sous son véritable point de vue, l'accusation capitale, calomnieuse, peut être regardée comme un assassinat moral, plus terrible que l'assassinat réel : on se défend contre ce dernier plus aisément que contre le premier. D'ailleurs, l'assassinat n'ôte que la vie; la dénonciation calomnieuse peut ôter la vie, et de plus l'honneur, qui, comme nous l'avons déjà dit, est plus cher à l'homme bien né, que la vie même. D'ailleurs, la troisième cause d'indignité, celle qui résulte de la non dénonciation du meurtre du défunt, est certainement celle des trois qui suppose moins de culpabilité, et cependant elle n'est pas susceptible d'être remise par le défunt, puisqu'elle ne peut être encourue qu'après sa mort. Seroit-il conséquent, d'après cela, d'accorder au plus coupable une chance, un avantage dont ne pourroit jouir celui auquel on ne peut reprocher peut-être que de la négligence ou de l'insouciance?

Quant à l'art. 957, l'on peut dire : 1°. que les causes de révocation des donations sont, en général, à l'exception de la première, plus faibles que les causes d'indignité;

2°. Que, par l'action d'indignité, on écarte seulement un individu de la succession; au lieu que, dans l'art. 957, il s'agit de révoquer ce qui est fait, de révoquer une propriété qui est transférée peut-être depuis long-temps. Or, *difficiliùs ejicitur, quàm non admittitur.*

3°. Que, dans l'art. 957, le donataire tire son droit de la seule volonté du donateur. Lors donc que ce dernier a manifesté, expressément ou tacitement, qu'il persiste dans la même intention, il ne paroît pas convenable que ses héritiers soient admis à le contredire. L'héritier, au contraire, ne tire que de la loi son droit à la succession : or, c'est la même loi qui lui donne la succession, quand il est capable, et qui l'en prive dans les cas d'indignité. La volonté de l'homme ne doit donc compter ici pour rien.

4°. Et cette raison me paroît la plus forte : la disposition de l'art. 957 est purement facultative : la loi permet au donateur de faire révoquer la donation. Or, il est loisible à chacun de renoncer au droit qui lui est accordé; et lorsque le donateur a laissé passer un an sans réclamer, il est censé avoir renoncé à son action. Dans l'article 727, c'est la loi qui par elle-même, *suâ ipsius vi, suâ ipsius potestate*, déclare l'héritier indigne, et l'exclut, en conséquence, de la succession. Il est donc, sous le rapport de la succession, entièrement semblable à un étranger. Il a perdu tous les droits d'héritier légitime. Or ces droits ne peuvent être conférés que par la loi : un particulier n'a donc pas le droit de les rendre à celui qui les a perdus. Tout au plus, si le défunt, non-seulement se réconcilioit avec l'indigne, mais encore lui faisoit quelque libéralité, pourroit-on prétendre, *benigno jure*, qu'il est capable de la recevoir, mais seulement en qualité de légataire ou de donataire, et non comme héritier légitime.

PAGE 198.

(1) *Saisi*, non-seulement de la propriété, mais encore de la possession. C'est même cette saisine de la possession, qui distingue le droit de l'héritier, de celui de plusieurs autres personnes qui sont également saisies, du moment du décès, mais de la propriété seulement ; tels sont les légataires à titre universel ou particulier, les enfans naturels, etc., qui, tous, sont obligés de demander la délivrance.

(2) *Qui lui est échue*. Dans quel cas une succession peut-elle être acceptée ou répudiée valablement ? (*Voyez* la note (2) de la page suivante, *in fine*.)

(3) *Avoir été saisi* ; non-seulement de sa part, mais encore des parts de ceux qui viendroient à renoncer par la suite. (Art. 785.)

(4) *Et toujours rétroactivement* ; c'est-à-dire que, dans le cas de répudiation de l'héritier au premier degré, celui qui accepte à son défaut, est toujours censé avoir été saisi du moment de l'ouverture de la succession.

PAGE 199.

(1) *Dans un acte authentique ou privé*. *Quid*, si l'on a pris cette qualité dans une lettre missive ? L'article 778 dit *un acte*. Or, une lettre n'est pas un acte ; cependant l'on pourroit même induire de là une acceptation tacite. Si, par exemple, l'héritier présumé avoit écrit à un créancier de la succession ; que dans cette lettre il ait pris la qualité d'héritier, et qu'en cette qualité il lui ait demandé un délai pour le paiement, certainement cela devra être regardé comme une acceptation : ce sera donc aux juges à décider d'après les circonstances.

(2) *Nécessairement*. Ainsi, tout ce que l'on peut supposer avoir été fait par l'héritier, avec une autre intention que celle d'accepter, n'emporte pas acceptation ; et voici la règle qui me paroît devoir être suivie dans ce cas. Par l'acceptation, l'héritier devient maître, propriétaire de tous les objets qui composent la succession. Or, la propriété est le droit de jouir et de disposer d'une chose. Si donc l'héritier a joui de la chose, c'est-à-dire, s'il s'en est approprié les revenus, à plus forte raison, s'il a disposé de la chose elle-même, il a fait acte de propriétaire, et par conséquent d'héritier ; *pro herede gerit, qui rebus hereditariis quasi dominus utitur :* (*Ulpian. fragm.*, Tit. 22, §. 26.) C'est ce que suppose l'article 796, portant que l'héritier, qui veut vendre les objets périssables ou dispendieux à conserver, faisant partie de la succession, sans qu'on puisse induire de cet acte une acceptation, doit s'y faire autoriser. Mais si l'acte est tel, qu'on puisse supposer que l'héritier, en le faisant, a eu seulement l'intention de gérer les affaires de la succession, il n'en résultera pas acceptation. (Argument tiré de l'art. 779.)

Il suit de ces principes, qu'on n'est pas réputé héritier, parce qu'on a payé les frais funéraires. On a pu le faire, *pietatis causâ*. (*L.* 20, §. 1, ff. *de adquir. vel omitt. hered.*)

Quid, si l'héritier présumé a payé d'autres dettes de la succession? Je pense qu'il faut distinguer : s'il a payé de ses deniers, et en déclarant qu'il n'entendoit pas faire acte d'héritier, mais seulement arrêter les poursuites du ou des créanciers, il a pu le faire *animo gerendi negotia hereditatis.* S'il a payé des deniers de la succession, il a disposé, puisque le paiement est un moyen de transférer la propriété. Il a donc fait acte d'héritier.

L'acceptation étant un acte de l'intention, plus encore que du fait, peut résulter même de la disposition d'une chose qui n'appartenoit pas au défunt, si l'héritier croyoit qu'elle lui appartenoit, et qu'elle faisoit en conséquence partie de la succession. (*L.* 88, ff. *de adquir. vel omitt. hered.*)

Quid, s'il a demandé la nullité du testament? Cela emporte acceptation. S'il ne vouloit pas être héritier, quel intérêt avoit-il d'attaquer le testament?

Quid, s'il étoit fondé de pouvoir du défunt, et qu'il ait continué de faire en cette qualité, après le décès, des actes inhérens à la propriété? Il faut distinguer : S'il ne connoissoit pas le décès, il n'a pu faire acte d'héritier, comme nous l'établirons ci-après. S'il le connoissoit, il faut encore distinguer : s'il a fait seulement les actes pour lesquels il y avoit péril en la demeure, il n'est pas censé avoir accepté, puisqu'il eût été responsable s'il ne les eût pas faits (Art. 1991); mais s'il a fait tout autre acte de propriétaire, cela emportera acceptation, parce que, hors les cas d'urgence, *mandatum finitur morte mandantis* : il n'a donc pu faire ces actes comme mandataire, mais seulement comme propriétaire, ou, ce qui est la même chose, comme héritier.

Quid, si, en faisant un acte emportant évidemment acceptation, il a protesté qu'il n'entendoit pas qu'on pût induire de cet acte une acceptation? Les protestations sont nulles. Elles sont, comme dit POTHIER, démenties par la nature de l'acte. Que diroit-on, en effet, d'un homme qui, en s'appropriant, sans nulle cause légitime, quelque chose qui ne lui appartient pas, protesteroit qu'il n'entend pas qu'on impute cela à aucun dessein criminel de sa part?

Mais remarquez que, pour qu'une succession puisse être acceptée, expressément ou tacitement, il faut le concours de deux circonstances : 1°. que la succession soit ouverte; et 2°. que l'héritier sache qu'elle est ouverte.

Il faut 1°. *qu'elle soit ouverte*. Si donc j'accepte une succession, croyant qu'elle est ouverte, et qu'elle ne le soit pas, l'acceptation est nulle, quand même cette succession viendroit à s'ouvrir par la suite en ma faveur. (*L.* 27, ff. *de adquir. vel omitt. heredit.*) Il en seroit de même, si je l'avois répudiée : la répudiation seroit également nulle.

Il faut 2°. *que l'héritier sache que la succession est ouverte.* Si donc je m'immisce dans les affaires d'une personne dont je suis héritier, mais ayant des raisons probables de croire qu'elle est encore vivante, quoiqu'elle soit décédée, je ne suis pas censé accepter. (*L.* 32, ff., *eod.*)

(3) *Même de tous ses cohéritiers.* On conçoit que la vente, ou le transport que fait un héritier de ses droits successifs, même en faveur de quelques-uns de ses cohéritiers, emporte acceptation. On ne vend, on ne transporte que ce dont on est propriétaire ; et l'héritier ne peut être propriétaire de sa part, qu'autant qu'il a accepté. Il en est de même de la donation de ces mêmes droits, quand elle est faite à un étranger, ou à quelques-uns des cohéritiers. Mais on ne voit pas d'abord comment la même donation faite au profit de tous les cohéritiers, et sans aucune charge, peut emporter acceptation, puisqu'au premier coup d'œil, cela paroît être absolument la même chose qu'une renonciation pure et simple. Il est cependant très-vrai de dire qu'il y a, entre une pareille donation et une renonciation, une différence essentielle, ainsi que l'espèce suivante va le démontrer.

Soyent trois cohéritiers, *Primus*, *Secundus*, et *Tertius*. *Primus* renonce ; *Secundus* accepte ; *Tertius* renonce. La succession appartiendra en totalité à *Secundus*. Si nous supposons maintenant que *Tertius*, au lieu de renoncer, a donné ses droits successifs à *Primus* et à *Secundus*, *Primus*, quoiqu'ayant renoncé, viendra prendre le quart de la succession, du chef de *Tertius*, qui avoit droit à la moitié, par suite de la renonciation de *Primus*.

L'on voit par là qu'il s'en faut de beaucoup qu'une pareille donation vaille renonciation. De cette première différence en découlent plusieurs autres :

1°. La donation seroit sujette au retranchement pour la légitime des enfans du donateur. La renonciation ne le seroit pas, à moins qu'il n'y eût fraude ; si, par exemple, l'héritier avoit renoncé à une succession évidemment avantageuse.

2°. La donation impose des obligations au donataire, ne fût-ce que celle de fournir des alimens au donateur, s'il se trouve dans le besoin. Il n'en est pas de même dans le cas de renonciation.

3°. La renonciation est irrévocable, excepté pour dol, violence, ou erreur dans un seul cas, (Art. 783.) La donation est, en outre, révocable pour cause d'ingratitude de la part du donataire, et pour survenance d'enfans au donateur.

(4) *Si elle n'est pas faite gratuitement.* Autrefois cela n'étoit pas regardé comme une acceptation. (*L.* 24, ff. *de Adquir. vel omitt. heredit.*) *Non vult heres esse*, disoit la loi 6, ff. de Regulis juris, *qui ad alium transferre voluit hæreditatem.* Il est probable que les rédacteurs du Code ont regardé cela comme une espèce de vente des droits successifs. Cependant il y a réellement une différence. Car, dans l'espèce posée au commencement de la note précédente, une pareille renonciation ne donneroit pas à un autre cohéritier, qui auroit renoncé auparavant, le droit de revenir à la succession. Au reste, la décision de l'article est formelle ; il faut donc s'y tenir. C'étoit au surplus l'avis de DOMAT. Mais il se fondoit, pour cela, sur la loi 2, ff. *Si quis omissâ causâ testamenti*, qui dit formellement le contraire : *Pro herede gerere non videtur*, dit cette loi. Elle ajoute, à la vérité, qu'il est tenu des legs, mais c'étoit par une raison particulière ; c'est que l'édit du préteur ordonnoit que quiconque seroit présumé avoir renoncé en fraude à une hérédité testamentaire, à l'effet d'annuller par-là le testament, et par suite les legs, seroit tenu des legs, comme s'il eût accepté. Mais il n'eût pas été tenu des dettes ; donc il n'étoit pas censé héritier

(3) *De quelques-uns des cohéritiers.* S'il avoit renoncé purement et simplement, sa renonciation auroit profité à tous ses cohéritiers. Dès qu'il ne renonce qu'au profit de quelques-uns, c'est une disposition qu'il fait, de sa portion, en faveur de ceux-ci. Or, il ne peut disposer de cette portion, qu'autant qu'il en est propriétaire, et il ne peut l'être devenu que par l'acceptation.

PAGE 200.

(1) *Actes purement conservatoires.* Inscriptions hypothécaires, saisies-arrêts sur les débiteurs de la succession, demandes à l'effet d'interrompre des prescriptions, etc.

(2) *De surveillance.* Il peut s'opposer au déménagement d'un locataire qui n'a pas payé, arrêter les dégradations qui pourroient se commettre sur les fonds de la succession, etc.

(3) *Ou d'administration provisoire.* Si le défunt étoit propriétaire ou principal locataire d'une maison, l'héritier présumé peut recevoir les congés donnés par les locataires, donner à bail les appartemens vacans, etc.

(4) *La qualité d'héritier.* Mais il procédera, en qualité d'habile à se dire et porter héritier.

Au surplus, d'après le droit que l'article 779 donne ici à l'héritier présumé, il pourroit bien, suivant les circonstances, être déclaré responsable, même après sa renonciation, ou son acceptation sous bénéfice d'inventaire, des dommages que le défaut d'actes conservatoires ou de surveillance de sa part, auroit pu causer à la succession, *putà*, s'il a laissé sciemment parfaire une prescription, périmer une action, etc. Il étoit là; on ne savoit point s'il avoit l'intention d'accepter ou de renoncer. Sa présence a pu empêcher les autres parties intéressées de prendre les précautions que les circonstances pouvoient exiger.

(5) *Avant d'avoir pris qualité.* Prendre qualité, c'est déclarer si l'on entend accepter une succession, ou y renoncer.

(6) *A un mineur*, même émancipé. (Art. 484.) La seule différence qu'il y ait, c'est que le mineur émancipé peut accepter, avec l'assistance de son curateur, dûment autorisé; au lieu que, s'il s'agit d'un mineur non émancipé, c'est le tuteur seul qui agit.

(7) *Pour dol ou violence. Quid* de l'erreur, qui est aussi une cause de nullité des conventions? (Art. 1109.) Il ne pourroit y avoir erreur ici, qu'autant que l'héritier prétendroit avoir été trompé sur les forces de la succession; et alors cela rentreroit dans le cas de la lésion, dont il va être parlé.

On a prétendu trouver ici une dérogation à l'article 1116, qui veut que le dol ne donne lieu à la nullité de l'obligation, qu'autant qu'il a été pratiqué par une des parties. Car, a-t-on dit, par l'acceptation de la succession, l'héritier s'engage envers tous les légataires et les créanciers de la succession; or, il n'est pas nécessaire que le dol ait été pratiqué par toutes ces personnes, pour qu'il y ait lieu à restitution. Cela est vrai; mais si c'étoit réellement une dérogation, elle seroit fondée sur la nature des choses. Il étoit impossible, d'un côté, de ne pas accorder la restitution, lorsque l'héritier avoit été engagé par dol à accepter; et, de l'autre, on ne pouvoit exiger, pour l'accorder, que tous les créanciers eussent participé au dol. D'ailleurs, l'héritier, par son acceptation, s'est bien engagé envers les créanciers et les légataires; mais ceux-ci n'ont pas contracté avec lui : la restitution de l'héritier ne change rien à la situation dans laquelle ils se trouvoient au moment du décès. L'on ne peut donc comparer ce cas à celui où deux personnes ont contracté ensemble. Mais, au surplus, je soutiens qu'il n'y a pas de dérogation à l'article 1116. En effet, ce dernier article n'exige pas que le dol ait été pratiqué par toutes les parties, mais seulement par l'une d'elles : or, qui empêche de supposer qu'il s'agit, dans l'article 783, de manœuvres employées par un de ceux avec lesquels l'héritier a quasi-contracté, créancier, légataire, ou même cohéritier? Et si cela est, le cas rentre entièrement dans celui de l'article 1116. Si le dol avoit été pratiqué par quelqu'autre personne, ce qu'il est difficile de supposer, alors ce seroit *dolus incidens in contractum*, qui ne donneroit pas lieu à la nullité de l'obligation, mais seulement à des dommages-intérêts, contre celui qui se seroit rendu coupable du dol. Entendu de cette manière, l'article 783, bien loin d'être une dérogation à l'art. 1116, n'en seroit, au contraire, que la conséquence et l'application.

Mais dans le cas où la restitution a lieu, la part de l'héritier restitué accroîtroit-elle aux autres cohéritiers acceptans et non restitués? La loi 61, ff. *de adquir. vel omitt. Hæredit*, décide que l'accroissement n'a lieu que de leur consentement. A la vérité, c'est dans le cas où la restitution a eu lieu pour cause de minorité. Mais la raison de décider est la même. Quant à moi, il me semble que l'on pourroit distinguer, et adopter la décision de cette loi, quand l'acceptation des cohéritiers a été postérieure ou simultanée à celle du cohéritier restitué. Ils peuvent dire qu'ils n'ont accepté, que parce que l'autre acceptoit également, et qu'ils ne pouvoient prévoir qu'il seroit restitué. Mais je ne vois pas de raison d'admettre la décision de la loi Romaine, quand l'acceptation du cohéritier restitué a été postérieure : les autres co-héritiers ne peuvent dire alors que c'est cette acceptation qui les a déterminés à accepter. En acceptant, ils ont pris sur eux toutes les conséquences de leur acceptation, au nombre desquelles est l'obligation de se charger de toutes les parts qui ne seroient pas acceptées par la suite.

(8) *Au moment de ladite acceptation.* Ainsi la découverte de nouvelles créances, quelque considérables qu'elles soient, ne peut donner lieu à la restitution. La raison de différence, est que l'héritier peut connoître quelle étoit la conduite du défunt pendant sa vie, son esprit d'ordre ou de désordre; et pour peu qu'il ait le moindre doute sur l'état de ses affaires, il peut prendre le bénéfice d'inventaire. Mais la connoissance de tous ces faits ne sert de rien, pour le cas d'un testament. L'homme le plus riche, le plus rangé, a pu disposer de la totalité de ses biens. L'héritier n'avoit donc aucun moyen pour se soustraire à la responsabilité; et si on ne lui accordoit pas, dans ce cas, la restitution, ce seroit l'obliger à prendre, dans toutes les circonstances, le bénéfice d'inventaire.

Au reste, il peut s'élever sur ce point une question très-délicate. La restitution pour raison de la découverte d'un testament, doit-elle profiter à l'héritier, à l'égard des créanciers, comme à l'égard des légataires? Rappelons d'abord, 1°. ce que nous venons d'établir, que l'art. 783 n'accorde point la restitution pour raison de la découverte de créances inconnues au moment de l'acceptation; 2°. que la découverte d'un testament est une chose tout-à-fait indifférente pour les créanciers, puisque, dans le concours du créancier et du légataire, le premier est toujours préféré; tellement que, quand la succession est acceptée sous bénéfice d'inventaire, le créancier non payé peut se pourvoir directement, au moins, pendant trois ans, contre le légataire qui a reçu son legs. (Art. 809.) Or, comme le nombre des créanciers, quel qu'il soit, et quelle que soit la quotité de leurs créances, ne peut jamais être une cause de rescision de l'acceptation, comment l'héritier pourroit-il leur opposer une restitution qui ne peut jamais être obtenue contr'eux, et qui ne peut conséquemment avoir d'autre objet que de le soustraire, lui héritier, à l'action des légataires? Qu'importe aux créanciers qu'il y ait un testament, qu'il y ait ou non des légataires, puisqu'ils doivent être toujours payés avant eux, et qu'encore une fois, la découverte du testament est, pour eux, une chose tout-à-fait étrangère, et qui ne peut, sous aucun rapport, leur préjudicier?

Il résulte encore de cette décision, qui nous paroît conforme aux principes, que l'héritier pur et simple est tenu des legs *ultrà vires*. Car, autrement, pourquoi lui accorderoit-on une restitution qui ne peut lui profiter qu'à l'égard des légataires?

PAGE 201.

(1) *Qui en sont susceptibles*. Pour les formes à suivre lors de l'apposition du scellé, voir les art. 912 à 925 du Code de Procédure.

(2) *A la succession;* soit comme héritiers, soit comme légataires, soit même comme donataires de biens à venir.

(3) *Ou à la communauté*. Dans le cas où le défunt étoit marié sous le régime de la communauté, la veuve peut requérir l'apposition des scellés, quoiqu'elle n'ait aucun droit à la succession de son mari; il suffit qu'elle ait droit à la communauté.

(4) *Par tout créancier*, de la succession. *Quid*, de ceux de l'héritier? Je pense, contre M. Chabot, sur l'art. 820, qu'ils peuvent faire apposer le scellé, comme exerçant les droits de leur débiteur, et ce, en vertu de l'art. 1166: ce n'est pas là un droit exclusivement attaché à la personne, il est certainement plutôt relatif aux biens. Mais il faut qu'ils aient titre exécutoire, ou permission du juge: car, puisqu'on l'exige du créancier de la succession, à plus forte raison doit-on l'exiger du créancier de l'héritier.

(5) *En titre exécutoire*. Le titre exécutoire est celui dont l'exécution peut être poursuivie sur les biens du débiteur, sur simple commandement, et sans qu'il soit nécessaire d'obtenir un jugement. Tels sont les jugemens eux-mêmes, et les actes notariés, lorsqu'ils sont revêtus de la formule prescrite par l'article 141 du Sénatus-Consulte organique du 28 floréal an 12. (*Bulletin*, n°. 1.) Il est étonnant qu'on exige un titre exécutoire, pour que le créancier puisse requérir l'apposition du scellé; il me semble qu'un acte authentique auroit dû suffire. L'apposition des scellés est un acte purement conservatoire, et nullement d'exécution. Le créancier n'a pas

même besoin d'un titre authentique pour faire une saisie-arrêt, qui est bien un acte d'exécution. A plus forte raison l'authenticité devroit-elle suffire pour autoriser l'apposition du scellé. Il est bien entendu qu'il n'est pas nécessaire d'attendre les huit jours exigés par l'article 877.

(6) *De non présence.* L'article dit, *en cas d'absence.* Mais il est clair que, par ces mots, il faut entendre la simple non présence, et non pas l'absence déclarée, ni même l'absence présumée.

(7) *Sans tuteur.* Donc, s'il y a un tuteur, légitime ou autre, le scellé ne peut être apposé d'office. La question étoit douteuse d'après l'article 819 du Code Napoléon : elle a été décidée par l'article 911 du Code de Procédure.

PAGE 202.

(1) *Y former opposition.* Pour les formalités de cette opposition, voir les articles 926 et 927 du Code de Procédure.

(2) *Ni permission du juge.* On n'exige ici ni titre, ni permission du juge, parce que le scellé étant une fois apposé, une opposition de plus ou de moins est un objet de peu d'importance, au lieu que l'apposition du scellé peut entraîner des frais et des délais considérables.

(3) *Depuis l'inhumation.* C'est pour donner le temps aux ayant-droit d'y former opposition : l'inhumation est le premier acte qui donne de la publicité au décès, et qui, par conséquent, avertit les tiers de prendre leurs précautions.

(4) *Qui alors,* comme en général, dans tous les cas où des non-présens sont intéressés dans une succession. (Art. 113.)

(5) *La levée du scellé.* Pour les formes à observer lors de la levée des scellés, voir les art. 928 à 940 du Code de Procédure.

(6) *Et sans crue.* Ces mots sont relatifs à un usage qui existoit avant le Code, et d'après lequel les effets mobiliers d'une succession devoient toujours, sauf quelques exceptions, être prisés dans l'inventaire au-dessous de leur juste valeur; et l'on appeloit *crue*, la différence qui existoit entre cette juste valeur et le prix de l'estimation. Cette différence varioit suivant les pays. A Paris, elle étoit du quart en sus de la prisée. Ainsi, des meubles estimés quatre cents francs, étoient censés en valoir cinq cents.

(7) *De l'ouverture de la succession.* Pour le surplus des formalités de l'inventaire, voyez les articles 941 à 944 du Code de Procédure. En général, l'inventaire doit être fidèle et exact. Nous verrons ci-après, que le successible qui a diverti des effets de la succession, ou qui a omis sciemment de les faire comprendre dans l'inventaire, est tenu pour héritier pur et simple, nonobstant toute renonciation ou déclaration de bénéfice d'inventaire, et que, s'il a des cohéritiers, il est privé, en outre, de toute part dans les objets divertis ou omis.

Nota. Aux termes de l'article 20, tit. IX, liv. I, de l'Ordonnance de la Marine, les Consuls sont tenus de faire l'inventaire des biens et effets de ceux qui décèdent sans héritiers sur les lieux, et d'en charger le Chancelier au pied de l'inventaire, en présence de deux notables marchands, qui le signeront. Copie de l'inventaire doit être adressée au Ministre de la marine, qui prendra les mesures convenables pour rendre public le décès, afin d'avertir les héritiers. (Argument tiré de l'article 60 du Code Napoléon.) *Voyez* VALIN, sur l'article précité de l'Ordonnance de la Marine.)

(8) *Des trois mois ci-dessus*, quand même l'inventaire ne seroit pas terminé.

(9) *Aucune condamnation*, si toutefois il oppose l'exception dilatoire, fondée sur ce qu'il est encore dans les délais pour délibérer: car l'on peut former contre lui toutes sortes de demandes; et il ne peut éviter la condamnation qu'en proposant l'exception. Si donc il ne la propose point, il pourra être condamné, même avant l'expiration des délais, comme héritier pur et simple; et si le jugement venoit à passer en force de chose jugée, il seroit tenu de l'exécuter, nonobstant toute renonciation.

(10) *Légitimement.* Donc les autres frais sont à sa charge; *putà*, s'il s'est laissé condamner par défaut, et qu'après avoir formé opposition, il ait opposé l'exception, je pense que les frais du défaut ne doivent pas être à la charge de la succession.

(11) *En demander un nouveau.* Et si le nouveau délai est accordé pour faire inventaire, le délai de quarante jours, pour délibérer, ne courra que du jour de la clôture de l'inventaire, s'il a été terminé avant l'expiration du délai; sinon, il courra du jour de l'expiration de ce délai. (*Cod. de Procéd.*, art. 174.)

PAGE 203.

(1) *Soit des contestations survenues.* Ainsi, il peut arriver que le tribunal accorde un nouveau délai, et que néanmoins l'héritier soit passible des frais. Si, par exemple, il est prouvé qu'il ne lui a pas été impossible de prendre une connoissance suffisante des forces de la succession, on pourra lui accorder un délai qui ne préjudicie à personne, et cependant le condamner aux frais, qu'il auroit pu éviter en faisant plus de diligence.

(2) *Que par trente ans*, à compter de l'ouverture de la succession. Ceci peut présenter quelque difficulté; car, si l'héritier a laissé passer trente ans, sans prendre qualité, sera-ce la faculté de renoncer, ou celle d'accepter, qui sera prescrite, ou, en d'autres termes, sera-t-il présumé acceptant ou renonçant? L'on peut trouver dans les lois Romaines la réponse à cette question. Nous voyons, en effet, dans la loi 69, ff., *de adquir. vel omitt. hæred.*, que lorsqu'il y avoit substitution vulgaire, le substitué pouvoit demander au juge, qu'il fût fixé un délai dans lequel l'institué seroit tenu d'accepter ou de répudier la succession, et que, faute par l'institué d'avoir pris qualité dans ce délai, il étoit présumé renonçant, et la succession étoit dévolue au substitué. D'un autre côté, la loi 22, §. 14, *in fine*, Cod. *de Jure deliber.*, décidoit que, si l'héritier avoit demandé ce que les Romains appeloient *jus deliberandi*, c'est-à-dire, le délai pour délibérer, et qu'il n'eût pas renoncé avant l'expiration de ce délai, il étoit censé avoir accepté, à l'égard des créanciers de la succession, et il étoit tenu, en conséquence, de toutes les charges de l'hérédité. En appliquant ces principes à notre article, ne

peut-on pas dire que l'héritier est, après le temps fixé pour la prescription, présumé acceptant ou renonçant, suivant l'intérêt de celui qu'il attaque, ou par qui il est attaqué. Si, par exemple, l'héritier d'un degré postérieur s'est emparé de la succession, et que celui auquel elle étoit dévolue avant lui, vienne à réclamer après les trente ans, on lui opposera que la faculté d'accepter est prescrite; et il sera présumé renonçant. Mais si, au contraire, la succession est restée vacante, mais sans renonciation de la part de l'héritier, et qu'il soit assigné, après trente ans, par quelques créanciers de cette même succession dont la créance ne soit pas prescrite, il ne pourra se faire décharger de la demande, en renonçant, parce qu'on lui opposera que la faculté de renoncer est prescrite. Il sera donc, dans ce cas, présumé acceptant; le tout sauf les suspensions de droit, en cas de minorité, par exemple, de sa part ou de ses ayant-cause.

Telle est la seule interprétation que je crois pouvoir donner à l'article 789; j'avoue, cependant, qu'entendu ainsi (et il ne peut l'être autrement), cet article se concilie difficilement avec le principe, que les actes de faculté ne sont pas susceptibles d'être prescrits (art. 2322). De ce que j'ai été cent ans sans bâtir sur mon terrain, on ne peut en conclure que j'ai perdu le droit d'y bâtir. Or, les actes dont il est question dans l'article 789, sont des actes de faculté, puisque l'article les nomme même ainsi. Il paroîtroit donc qu'ils ne devroient pas se prescrire. Cependant je pense qu'on auroit pu faire à cet égard une distinction. La faculté d'accepter donne nécessairement naissance à une action, savoir la pétition d'hérédité, qui doit être intentée contre ceux qui se sont emparés de la succession. Or, cette action, comme toutes les autres, doit se prescrire par trente ans, à compter du moment où elle est née, c'est-à-dire, à compter de l'ouverture de la succession. Ainsi, ce ne sera pas, si l'on veut, la faculté d'accepter, mais ce sera le droit de revendiquer, qui sera prescrit. Il résultera, au moins de cette distinction, que si, par événement, quelque bien étoit resté vacant, l'héritier, en acceptant, même après trente ans, pourroit s'en mettre en possession. Mais quant à la faculté de renoncer, j'avoue qu'elle ne me paroît prescriptible sous aucun rapport. La renonciation ne produit pas d'action, elle ne produit qu'une exception; et il est de principe que l'exception doit durer autant que l'action. *Temporalia ad agendum, perpetua ad excipiendum.* D'ailleurs, il peut résulter de cette disposition des inconvéniens graves. Un homme meurt dans la plus profonde misère; ses héritiers ne pensent même pas qu'il puisse exister une succession à accepter ou à répudier; et parce qu'ils auront resté trente ans dans cet état de tranquillité, ou, si l'on veut, d'insouciance, ils se trouveront exposés à l'action indéfinie des créanciers du défunt, qui auront eu le bonheur de conserver leur action par des minorités, etc.! Encore une fois, cela peut être fort dangereux. Mais, au surplus, la loi est claire, il est impossible de l'entendre autrement; il faut donc s'y conformer. Seulement, pour adoucir l'effet de cette disposition, qui est vraiment exorbitante du droit commun, l'on peut dire que la loi n'ayant pas distingué entre les deux espèces d'acceptation, rien n'empêchera l'héritier qui aura laissé prescrire la faculté de répudier, d'accepter sous bénéfice d'inventaire, et de se libérer, par là, de l'obligation d'acquitter les dettes de la succession sur ses biens personnels.

(3) *En qualité d'héritier pur et simple.* Mais s'il existoit un pareil jugement, l'héritier seroit-il privé de la faculté de renoncer, ou de se porter héritier bénéficiaire, à l'égard de tous les créanciers, ou seulement à l'égard de celui qui a obtenu le jugement? On dit pour le premier avis, qui est celui de M. Chabot, dans son Commentaire sur l'article 800, que la disposition de l'article est conçue d'une manière générale :

« L'héritier conserve la faculté de se porter héritier bénéficiaire.... s'il n'existe pas contre lui de jugement, etc. »

Donc, lorsqu'il existe un jugement, il a perdu cette faculté; donc il est héritier pur et simple. D'ailleurs, la qualité d'héritier étant indivisible, on ne peut pas être tout-à-la-fois héritier à l'égard de l'un, et ne pas l'être à l'égard de l'autre.

Mais l'on peut, à mon avis, répondre avec avantage, que l'axiôme de droit, *res judicata aliis neque prodesse, neque nocere potest*, axiôme consacré par l'art. 1351 du Code, est d'une application tellement générale, qu'il semble que, pour l'abroger en ce qui concerne l'héritier, il auroit fallu une disposition plus formelle et plus expresse que celle de l'article 800. D'ailleurs, cet article exige formellement, pour que l'héritier soit réputé héritier pur et simple, que le jugement qui le condamne en cette qualité, soit passé en force de chose jugée. Or, l'article 1351 décide que jamais un jugement ne peut acquérir la force de chose jugée, à l'égard d'autres personnes que de celles qui y ont été parties. Donc la condition exigée par l'article 800, ne peut jamais se réaliser qu'à l'égard de celui-là seul, qui a obtenu le jugement de condamnation. Quant à l'argument tiré de l'indivisibilité de la qualité, il n'a rien de solide; il est certain, en effet, que, dans le cas où un individu a laissé plusieurs héritiers, qui sont assignés par un créancier de la succession, chacun pour leur part, il peut arriver que le créancier fasse juger à l'égard de l'un d'eux que la dette existe, et qu'il soit jugé à l'égard de l'autre qu'elle n'existe pas; d'où il résultera que la même personne sera jugée tout-à-la-fois être, et n'être pas créancière de la même dette; que même, sans sortir de la matière dont il s'agit, il peut arriver, que par un premier jugement il soit décidé contre un créancier, qu'une personne n'a pas fait acte d'héritier, et qu'il soit jugé le contraire avec un autre; que bien certainement, dans ce cas, le second jugement ne pourra anéantir l'effet du premier, ni être anéanti par lui: d'où il arrivera que les deux jugemens pourront subsister tout-à-la-fois, et que la même personne sera héritière à l'égard de l'un, et ne le sera pas à l'égard de l'autre. Je pense donc, d'après cela, que, dans l'espèce de l'art. 800, l'héritier ne sera censé héritier pur et simple, qu'à l'égard du créancier qui a obtenu la condamnation. C'est aussi l'avis de Pothier, dans son *Traité des Successions.*

Il est vrai que, lors de la discussion, l'on présenta un article qui le décidoit d'une manière formelle, et qu'il ne fut pas admis. Mais il faut observer que la plupart de ceux qui votèrent pour le rejet, se décidèrent uniquement parce qu'ils crurent que la même disposition résultoit clairement de l'article 1351, et qu'il étoit inutile de la répéter au Titre *des Successions ;* en sorte que la non-admission de l'article proposé, bien loin d'affoiblir l'opinion que je viens d'émettre, ne fait que la confirmer davantage.

Nota. Je crois pouvoir citer en faveur de cette opinion, un arrêt de la Cour de Cassation, du 14 mars 1812, qui a jugé (et il paroît que cela se juge ainsi constamment à cette Cour), qu'un tribunal de première instance avoit pu statuer en dernier ressort sur la qualité d'héritier, lorsque la contestation étoit accessoire à une demande inférieure à la somme de mille francs. (SIREY, 1812, Ire Partie, p. 325.) Or, l'on sent que cette décision seroit contre tous les principes, si un pareil jugement pouvoit profiter à d'autres qu'à celui qui l'a obtenu; car il en résulteroit qu'un tribunal de première instance statueroit en dernier ressort sur une qualité qui pourroit coûter deux à trois cent mille francs à l'une des parties; ce qui est inadmissible.

(4) *Au-delà de l'émolument.* Peut-on interdire à son héritier la faculté d'accepter sous bénéfice d'inventaire? Il paroît qu'anciennement on tenoit la négative; et l'on en donnoit pour raison, que *privatorum pactionibus juri publico derogari non potest*, comme si le mode d'acceptation d'une succession pouvoit être une chose de droit public. Le bénéfice d'inventaire, ajoutoit-on, est un droit accordé par la loi à l'héritier; et le défunt ne peut l'en priver. Pur sophisme: le bénéfice d'inventaire est un droit, si l'on veut; mais c'est un droit de pure faculté, auquel on peut conséquemment renoncer, si on le juge convenable. Certainement la propriété est un droit, et un des plus sacrés. Qui doute cependant qu'un testateur ne puisse imposer à son héritier l'obligation de donner sa propre chose à une personne désignée? Et, d'ailleurs, n'étoit-il pas singulier que, dans l'ancien droit, l'on refusât au testateur le droit d'interdire à son héritier le bénéfice d'inventaire, et que, d'un autre côté, l'on donnât à un héritier plus éloigné, et qui offroit d'accepter purement et simplement, le droit d'exclure l'héritier plus proche, qui ne vouloit accepter que sous bénéfice d'inventaire? Je ne vois donc pas pourquoi le testateur ne pourroit pas imposer à son héritier cette condition, qui n'a rien de contraire aux bonnes mœurs, et à laquelle il peut avoir intérêt, puisqu'une acceptation sous bénéfice d'inventaire entache en quelque sorte sa mémoire. (Argument tiré de l'article 2146, qui assimile l'état d'une succession bénéficiaire à celui d'un homme en faillite.) Mais il faut en même temps que le testateur institue un légataire universel, pour le cas où son héritier légitime n'obéira pas à la condition; autrement, ce dernier ayant droit à la succession, *ex lege*, et indépendamment de la volonté du défunt, tant qu'il n'y a pas de disposition au profit d'une autre personne, pourroit désobéir impunément. L'on voit, d'après cela, que, si les héritiers légitimes sont en même temps légitimaires, le testateur ne peut leur imposer d'autre peine, que de les priver du disponible.

Il est cependant un cas dans lequel la prohibition n'auroit aucun effet; ce seroit celui où l'héritier seroit mineur ou interdit; car, comme les successions échues à ces sortes de personnes ne peuvent, aux termes des articles 461 et 509, être acceptées autrement que sous bénéfice d'inventaire, la prohibition qui leur seroit faite d'accepter ainsi, devroit être regardée comme contraire aux lois, et, comme telle, réputée non écrite.

(5) *Si fait n'a été.* Par conséquent, l'inventaire peut avoir lieu, soit avant, soit après la déclaration.

(6) *Seroit déchu du bénéfice. Quid*, si c'est un mineur qui ait recélé ? Je pense qu'il en doit être de même, s'il est *doli capax.* Les dispositions pénales s'appliquent au mineur, toutes les fois qu'il est prouvé qu'il a agi avec discernement. (Art. 1310 du Code Napoléon, 66 et 67 du Code Pénal.)

(7) *Des fautes graves.* Je ne crois pas qu'il faille entendre par là, la faute lourde des Romains : *culpa lata, quæ dolo æquiparatur.* Et, en effet, nous voyons que dans le dépôt, même lorsqu'il est supposé fait uniquement dans l'intérêt du déposant, le dépositaire est tenu d'apporter à la garde du dépôt le même soin qu'il apporte à ses propres affaires. Je ne pense pas que l'héritier bénéficiaire doive être traité plus favorablement. C'est, au surplus, la décision de la loi 25, §. 16, ff. *Familiæ Ercisc.*

Mais pourquoi l'héritier bénéficiaire n'est-il tenu que de cette espèce de soin, tandis qu'en général, ceux qui gèrent les affaires d'autrui, sont tenus *de culpâ levissimâ*, ou au moins de *culpâ levi?* (§. 1, Instit. *de Obligat. quæ quasi ex cont. nascuntur*, et dans notre droit, art. 1999.) C'est parce que, dans ces textes, il est question du mandataire ou du *Negotiorum gestor*, qui, n'ayant aucun intérêt dans l'affaire, pouvoient ne pas s'en charger. Lors donc qu'ils ont entrepris la gestion, ils doivent y apporter tous les soins possibles. L'on ne peut en dire autant de l'héritier bénéficiaire : il a eu une raison pour prendre l'administration, et une raison tirée de son propre intérêt, c'est parce qu'il a espéré qu'il y auroit un reliquat qui lui appartiendroit : *causam habuit gerendi*, dit la loi précitée, ff. *Familiæ Ercisc.*

L'héritier bénéficiaire seroit-il tenu, sur ses propres biens, des frais des procès qu'il a soutenus et perdus, soit en demandant, soit en défendant ? L'article 132 du Code de Procédure décide l'affirmative, dans le cas où l'héritier a compromis les intérêts de son administration ; ce qui laisse la décision du fait à l'arbitrage du juge.

(8) *En abandonnant.* Cet abandon est-il une renonciation ? Non, sans doute : *semèl heres, sempèr heres.* C'est une espèce de cession des biens de la succession. Dans la cession ordinaire, le débiteur reste toujours débiteur, quoique les créanciers ne puissent plus le poursuivre ; de même, ici, l'héritier est toujours héritier, quoique les créanciers et les légataires ne puissent plus le poursuivre : et, en effet, si, par l'effet d'un événement imprévu, la succession devenoit tout-à-coup avantageuse, l'héritier n'auroit-il pas le droit de prendre ce qui resteroit après le paiement des dettes et des legs ? Qui pourroit, en effet, le lui contester ? Ce ne pourroit être les créanciers ni les légataires ; nous les supposons entièrement acquittés. Seroit-ce les héritiers d'un degré ultérieur ? Ce n'est pas à eux que l'abandon a été fait ; c'est, à leur égard, *res inter alios acta.* La renonciation se fait sur un registre public, ouvert à tout le monde, parce qu'elle profite à tous ceux qui ont intérêt. L'abandon

se fait par acte signifié à parties, ou passé entr'elles; il ne peut, par conséquent, profiter qu'à ceux à qui il est fait.

Au surplus, la question peut être importante, non-seulement à cause des événemens qui peuvent rendre la succession avantageuse, mais encore à cause du rapport dont l'héritier, même bénéficiaire, est tenu envers ses cohéritiers, et dont il seroit dispensé, s'il avoit renoncé.

Cette opinion est celle de POTHIER et de BASNAGE, sur l'article 89 de la Coutume de Normandie. Ce dernier auteur cite même un arrêt qui l'a jugé ainsi, et qui est rapporté au tome VIII du *Journal du Palais.*

(9) *Tous les biens de la succession*, c'est-à-dire, qui appartenoient au défunt au moment du décès : il n'est donc pas tenu de leur abandonner,

1°. Les biens qui lui ont été donnés entre-vifs, quoiqu'il soit tenu de les rapporter à ses cohéritiers ;

2°. La part qu'il prend dans les objets rapportés par ses cohéritiers eux-mêmes.

Ces deux dispositions sont fondées sur l'article 857, qui porte que le rapport n'est dû, ni aux légataires, ni aux créanciers : ils ne peuvent donc le demander, ni en profiter.

3°. Enfin, la part qu'il prend dans les objets provenant du retranchement des donations entre-vifs, qui excèdent la portion disponible. (Art. 921.)

(10) *Et des immeubles.* L'héritier bénéficiaire pourroit-il se rendre adjudicataire des biens de la succession? Je pense qu'il faut distinguer : si les biens sont vendus à la requête des créanciers, ou même à la requête de l'héritier, mais les créanciers présens ou dûment appelés, je pense qu'il peut se rendre adjudicataire; il n'y a point à craindre de collusion; les créanciers sont là pour y veiller. *Nec obstat* que nul ne peut être à-la-fois vendeur et acheteur; car l'héritier qui a pris le bénéfice d'inventaire, *sustinet duas personas.* Comme héritier, il est le représentant du défunt, la continuation de sa personne; mais, au moyen du bénéfice d'inventaire, il est en même temps personne étrange, ne confondant point son patrimoine avec celui du défunt, conservant le droit de faire valoir ses créances contre la succession, etc. Il peut donc vendre comme héritier, et acheter comme tout autre étranger. Mais si les créanciers n'ont pas été appelés à l'adjudication, je ne pense pas que l'héritier puisse acquérir. (Argument tiré de l'art. 1596.) Ce n'est pas qu'il n'y ait la même raison ; mais c'est que, dans ce cas, la fraude seroit trop à craindre ; il seroit trop aisé à l'héritier d'écarter les enchérisseurs. On dira peut-être que, lors du purgement, les créanciers pourront surenchérir. Mais, d'abord, les formalités de la surenchère sont extrêmement rigoureuses; rien de si facile que d'encourir une nullité : et, d'ailleurs, cette raison ne pourroit s'appliquer aux créanciers chirographaires, qui n'ont pas le droit de surenchérir.

PAGE 204.

(1) *A peine d'être réputé héritier pur et simple.* Donc les ventes sont valables, puisque la qualité d'héritier bénéficiaire, qui auroit pu laisser quelques doutes sur leur validité, est éteinte, et qu'il ne lui reste plus que celle d'héritier pur et simple,

qui lui donne la pleine propriété des biens de la succession (*Voyez* la note (12) ci-après); le tout, sauf le droit des créanciers contre l'acquéreur, soit par l'action hypothécaire, s'ils ont rempli les formalités prescrites pour conserver leurs priviléges sur les biens de la succession, conformément à l'article 2111, soit par la Paulienne, s'il y a eu fraude, et s'il est prouvé que l'acquéreur y a participé.

(2) *Dépréciation et détérioration.* Ces deux mots diffèrent, en ce qu'une chose peut être dépréciée sans être détériorée. Un meuble étoit fort à la mode au moment de l'ouverture de la succession : si l'héritier l'eût vendu à cette époque, il en eût tiré bon prix. Il ne l'a pas vendu, la mode est passée ; le meuble est déprécié, quoiqu'il ne soit pas détérioré ; et l'héritier sera tenu de la dépréciation.

(3) *Sans autorisation préalable.* (*Avis du Conseil-d'Etat, approuvé le* 11 *janvier* 1808, *Bulletin*, n°. 2946.) Mais comment doit être accordée cette autorisation? Probablement sur requête présentée au tribunal, qui ordonnera, s'il le juge convenable, que les créanciers seront appelés.

(4) *De leurs priviléges et hypothèques.* L'article 806 du Code Napoléon portoit que l'héritier étoit tenu de déléguer le prix des immeubles vendus, aux créanciers hypothécaires qui s'étoient fait connoître. A cette époque, la loi sur les hypothèques n'étoit pas encore faite: l'on ignoroit si l'on rétabliroit les dispositions de l'édit de 1771, ou si l'on conserveroit le système de la loi de brumaire. Aussi, le Code de Procédure, promulgué postérieurement à l'adoption du nouveau régime hypothécaire, a-t-il modifié l'article 806, comme il est dit dans le texte.

(5) *Par contribution.* Pour les formalités de cette contribution, voyez les art. 656 à 672 du Code de Procédure.

(6) *Entre les créanciers opposans*, sauf le cas où, parmi les opposans, il y auroit des créanciers privilégiés, lesquels doivent être payés de préférence. (Art. 2101 et 2102.)

(7) *A mesure qu'ils se présentent.* En cas de concurrence d'un créancier et d'un légataire, le créancier doit être préféré, puisqu'il auroit, au moins pendant un certain temps, le droit de répétition, même contre le légataire.

(8) *Si les créanciers.* Est-il nécessaire que cette caution soit demandée par tous les créanciers, ou au moins par la majorité? Non. Un seul peut l'exiger. (*Cod. de Procéd.*, art. 992.)

(9) *Bonne et solvable caution.* Pour les formes à suivre relativement à la demande et à la réception de cette caution, voyez les articles 992, 993 et 994 du Code de Procédure.

(10) *Et aux légataires.* Aussi non payés. Ceux qui sont payés n'ont pas d'intérêt. (*Voir*, pour les formalités de ce compte, les articles 995, et 527 à 542 du même Code de Procédure.)

(11) *Et suffisamment justifiées*, par écrit ou autrement.

Mais si tout l'actif de la succession est absorbé par les dettes et les legs, pourra-t-il demander quelqu'indemnité pour les peines et soins de son administration, au-delà de ses dépenses légitimes? Non sans doute. Nous avons déjà fait observer qu'il n'a pas géré les affaires des créanciers et des légataires, mais les siennes propres. C'est même pour cela qu'il n'est pas tenu des mêmes fautes que le mandataire. Il a consenti à accepter bénéficiairement, et à gérer en conséquence les affaires de la succession, uniquement dans son intérêt, et parce qu'il espéroit un reliquat. C'est une chance qu'il a courue. Si elle n'a pas eu de succès, il ne peut s'en prendre à personne, et ne peut réclamer, à raison de ce, aucune indemnité.

(12) *De ses créances*, lesquelles, sans le bénéfice d'inventaire, auroient été éteintes par la confusion. (Art. 1300.)

De cette disposition, combinée avec l'article 2146, la Cour Impériale de Paris a conclu que, dans le cas d'une succession bénéficiaire, il y avoit séparation des patrimoines de plein droit, et que les créanciers de la succession n'avoient pas besoin, pour conserver leur privilége à l'égard des créanciers de l'héritier, de demander cette séparation, ni de remplir la formalité prescrite par l'article 2111, c'est-à-dire, de prendre inscription dans les six mois. (Arrêt du 20 juillet 1811; SIREY, 1811, IIe. Part., pag. 385.) Je ne puis adopter cette décision. En effet, il ne faut pas perdre de vue que le bénéfice d'inventaire, et toutes ses suites, ont été introduits uniquement en faveur de son héritier, et dans son intérêt;

Que les patrimoines sont, à la vérité, séparés, mais à l'égard de l'héritier seulement, qui peut faire cesser cette séparation d'un moment à l'autre, soit en acceptant purement et simplement, soit en commettant sciemment des inexactitudes dans l'inventaire, soit enfin en n'observant pas les formalités prescrites pour la vente des meubles ou des immeubles de la succession;

Que cette espèce de séparation diffère essentiellement de celle qui est demandée par les créanciers, laquelle a lieu sans le fait de l'héritier, malgré lui, et dont il ne peut empêcher ni modifier l'effet;

Que la succession, quoique acceptée bénéficiairement, n'en est pas moins devenue, sous presque tous les rapports, le patrimoine de l'héritier, puisque tous les auteurs décident que, quand il gère les affaires de la succession, il est censé gérer ses propres affaires;

Qu'il est tellement propriétaire, que la vente faite par lui, même des immeubles de la succession, et sans aucune espèce de formalités, est valable; et que les acquéreurs ne peuvent être inquiétés, s'il n'y a pas de fraude de leur part. En supposant que cette proposition pût paroître douteuse, d'après l'article 806 du Code Napoléon, qui porte qu'*il ne peut vendre les immeubles que dans les formes, etc.*, ce qui sembleroit établir dans sa personne une incapacité morale, dont l'effet seroit d'annuller les ventes faites au mépris de ces dispositions, l'on doit dire que le Code Napoléon a été modifié en cela par l'article 988 du Code de Procédure, qui se contente de dire que *l'héritier bénéficiaire sera réputé héritier pur et simple, s'il a vendu des immeubles sans se conformer aux règles, etc.*;

Que cet article ne dit pas qu'*il pourra être réputé, etc.*; ce qui sembleroit laisser aux créanciers le choix, ou de faire annuller les ventes, ou de faire déclarer l'héritier pur et simple: mais qu'*il sera réputé héritier pur et simple*, *ipso jure*, et à l'égard de tous; qu'en cette qualité, il est entièrement propriétaire des biens de la succession, et qu'il a pu en conséquence les aliéner valablement.

Il n'est donc pas exact de dire que, par le bénéfice d'inventaire, la séparation des patrimoines existe de plein droit, et à l'égard de tous, et qu'elle a non-seulement les mêmes effets que celle qui est demandée par les créanciers, mais en outre celui de les dispenser de prendre inscription.

On oppose l'article 2146, qui seroit, dit-on, en pleine contradiction avec l'article 2111, si ce dernier article étoit applicable aux successions bénéficiaires. En effet, dit-on, l'article 2146 déclare nulles et sans effet, les inscriptions prises par les créanciers d'une succession bénéficiaire, depuis son ouverture; pourquoi donc les obligeroit-on, aux termes de l'article 2111, de prendre, dans les six mois, à compter de ladite ouverture, une inscription, qui ne peut produire aucun effet? Deux mots vont faire disparoître cette objection et cette prétendue contradiction. En effet, l'article 2146 ne dit pas que les inscriptions prises par les créanciers d'une succession bénéficiaire, depuis son ouverture, seront absolument sans effet; mais, ce qui est bien différent, qu'elles seront sans effet *entre lesdits créanciers*: ce qui indique qu'elles pourront avoir effet à l'égard d'autres personnes. Et, d'un autre côté, l'article 2111 dit que, dans le cas de séparation des patrimoines, les créanciers de la succession conserveront leur privilége *à l'égard des créanciers de l'héritier*, par une inscription prise dans les six mois: ce qui détruit toute contradiction entre les deux articles. Un exemple fera encore mieux comprendre cette explication.

Pierre meurt, laissant une succession embarrassée. Presque tous ses créanciers sont chirographaires; un seul, Paul, est hypothécaire, mais non inscrit. L'héritier accepte sous bénéfice d'inventaire. Les créanciers de la succession demandent la séparation des patrimoines, et s'inscrivent dans les six mois. Si la succession etoit acceptée purement et simplement, l'inscription de Paul auroit pour effet de donner rang à son hypothèque, et par conséquent de lui assurer la préférence sur les autres créanciers de la succession; mais elle n'aura point cet effet, si la succession est acceptée bénéficiairement, parce que l'article 2146 décide que, dans ce cas, les inscriptions prises depuis l'ouverture de la succession, n'ont aucun effet entre les créanciers de ladite succession. Mais s'ensuit-il de là qu'elle sera entièrément inutile? Non sans doute; car, aux termes de l'article 2111, elle aura pour effet de conserver le privilége de Paul à l'égard des créanciers de l'héritier, et d'empêcher qu'il ne soit primé par ceux de ces créanciers dont l'inscription seroit antérieure à la sienne. Ainsi, tous les créanciers de la succession, inscrits dans les six mois depuis l'ouverture, seront préférés aux créanciers de l'héritier, aux termes de l'article 2111; mais ils viendront par contribution entr'eux, sans que Paul puisse prétendre aucune préférence, à raison de son hypothèque, aux termes de l'art. 2146. Certes, il n'y a là aucune contradiction; et il est impossible de voir, dans ce dernier article, rien qui puisse dispenser les créanciers de la succession, de l'obligation de prendre inscription dans les six mois, pour conserver leur privilége à l'égard des créanciers de l'héritier.

D'ailleurs, quels inconvéniens ne résulteroient pas du système de la Cour de

Paris? Il est possible que l'héritier bénéficiaire soit huit, dix ans, sans rendre son compte; que, pendant ce temps, il ait administré tous les biens de la succession, comme s'il en étoit propriétaire; qu'il ait fait des dettes; que l'on ait obtenu contre lui des jugemens; que par suite de ces jugemens il ait été pris des inscriptions sur les immeubles de la succession, qui sont présumés lui appartenir; et les créanciers de cette même succession, qui seront restés tranquilles, par négligence ou autre motif, pendant un intervalle de temps considérable, viendront, par une inscription tardive, prise peut-être vingt ans après l'ouverture, primer tous les créanciers de l'héritier! Un pareil résultat est trop contraire au système hypothécaire actuel, pour qu'il puisse être admis.

Mais allons plus loin, et supposons dans la même espèce que, un an ou deux après l'ouverture de la succession, l'héritier bénéficiaire vienne à faire un acte qui, aux termes du Code de Procédure, doive le faire réputer héritier pur et simple. Les six mois accordés par l'article 2111, aux créanciers de la succession, pour conserver leur privilége par l'inscription, seront écoulés. Il en résultera donc que tous les créanciers de l'héritier, inscrits avant eux, leur seront préférés, puisqu'au moyen de l'extinction du bénéfice d'inventaire, la séparation qui avoit lieu, dit-on, de droit, n'existe plus. Comment peut-on dire, après cela, que le bénéfice d'inventaire les dispense de prendre inscription dans les six mois?

Je pense donc que la disposition de l'article 2111 est applicable au cas où la succession est acceptée sous bénéfice d'inventaire, comme au cas où l'acceptation est pure et simple.

(13) *Le curateur à la succession vacante.* (*Voyez* ci-après, sect. III.)

(14) *Sur ses biens personnels.* Observez qu'il faut entendre ici par biens personnels de l'héritier, tout ce qui n'étoit pas dans la propriété du défunt au moment du décès. (*Voyez* ci-dessus, la note (9) de la page 203.)

PAGE 205.

(1) *Des dettes et charges.* L'on entend ordinairement par *dettes* d'une succession, celles qui étoient dues par le défunt; et par *charges*, les dettes de la succession, qui n'ont jamais été dues par le défunt, comme les frais funéraires, les frais de scellé, etc., et les legs.

L'héritier a-t-il besoin du bénéfice d'inventaire pour n'être pas tenu des legs au-delà de l'émolument? On pensoit anciennement qu'une personne pouvoit s'engager au-delà de ce qu'elle a de bien, mais qu'elle ne pouvoit donner au-delà; qu'en conséquence, l'héritier, même pur et simple, n'étoit jamais tenu des legs au-delà des forces de la succession, justifiées par un inventaire. M. CHABOT paroît adopter cette opinion, dans son Commentaire sur l'article 857. « L'héritier pur et simple, dit-il,
» p. 548, est tenu, même sur ses propres biens, de la totalité des dettes de la succession;
» mais il n'est pas également tenu, sur tous ses biens, d'acquitter les legs faits par
» le défunt, il n'en est tenu que sur les biens de la succession : telle est la disposi-
» tion précise de l'article 1017 du Code. » Mais comme, page 624 du même ouvrage, M. CHABOT décide en termes formels, « que l'héritier pur et simple est incontesta-

» blement tenu, *ultrà vires*, d'acquitter les legs », l'on sent que l'opinion de cet auteur ne peut être d'aucun poids sur la question. Quant à nous, nous avons déjà démontré que l'article 783 paroissoit la décider contre l'héritier. On peut tirer la même conséquence de notre article, puisqu'il dit qu'un des effets du bénéfice d'inventaire est que l'héritier n'est tenu du paiement des dettes de la succession, que jusqu'à concurrence des biens qu'il a recueillis. Or, par ce mot *dettes*, l'article entend ici même les legs, puisqu'il dit, une ligne plus bas, que l'héritier peut se décharger du paiement des *dettes*, en abandonnant les biens de la succession aux créanciers et aux légataires. Donc, par le mot *dettes*, l'article entend les créances et les legs; donc, si l'effet du bénéfice d'inventaire est, que l'héritier n'est tenu des dettes et des legs que jusqu'à concurrence des biens qu'il a recueillis, il faut en conclure que, s'il ne prend pas ce bénéfice, il est tenu, *ultrà vires*, des dettes et des legs; savoir, des dettes, comme représentant la personne du défunt; et des legs, non pas en la même qualité, puisque les legs n'ont jamais été dus par le défunt, mais en vertu du quasi-contrat d'addition d'hérédité, qui produit, comme tous les contrats et quasi-contrats, une obligation personnelle. Or, il est de principe que l'obligation personnelle frappe tous les biens présens et à venir de l'obligé. (Art. 2092.) Cela paroît d'ailleurs juste. Le légataire qui a vu la succession acceptée purement et simplement, a dû la croire bonne; il n'a pris en conséquence aucune précaution pour s'assurer si l'inventaire a été exact, si les biens ont été administrés fidèlement, si les ventes ont été régulièrement faites, etc. Il a suivi, en tout cela, la foi de l'héritier; c'est à celui-ci à s'imputer de n'avoir pas pris le moyen que la loi lui offroit, pour décharger ses biens personnels de toute responsabilité.

Quant au principe, qu'on ne peut donner au-delà de ses biens, il n'est rien moins qu'exact. Si un homme, dont le passif est à-peu-près égal à l'actif, fait un acte, par lequel il se reconnoît, à titre de donation, débiteur d'une somme de deniers, envers un individu, certainement le donataire viendra figurer parmi ses créanciers, soit à son rang, s'il a une hypothèque inscrite, soit par contribution avec les autres créanciers. Or, si le principe que l'on oppose étoit vrai, la donation seroit nulle.

Quant à l'article 1017, cité par M. Chabot en faveur de l'opinion contraire, il est évident qu'il n'a aucun trait à la question. Cet article accorde aux légataires une hypothèque légale, et il décide qu'ils ne pourront l'exercer que sur les immeubles de la succession. Cela étoit tout simple. Mais, de ce que les légataires n'ont pas d'hypothèque sur les biens de l'héritier, doit-on en conclure qu'ils n'ont pas d'action personnelle à exercer contre lui?

(2) *Contre les légataires payés*, et non contre les créanciers, ni contre l'héritier. Les légataires *certant de lucro captando*, et le créancier *de damno vitando*. Or, il est de principe que *potior est causa eorum qui certant de damno vitando*, *quàm eorum qui certant de lucro captando*. Mais faut-il conclure de la manière dont l'art. 809 est rédigé, que les créanciers non-opposans, qui se présentent avant l'apurement du compte, auront un recours contre les créanciers payés? Non, sans doute, quand même ils seroient privilégiés; *jura vigilantibus prosunt*. C'étoit à eux à se faire connoître par

l'opposition. D'ailleurs, tous les créanciers *certant de damno vitando*. Ils sont donc tous *in pari causâ*, et *tunc melior est conditio possidentis*. Et ce qui le prouve, c'est que, dans le projet, il y avoit une disposition formelle qui accordoit aux créanciers privilégiés un recours contre les créanciers non privilégiés qui auroient été payés à leur préjudice; et cette disposition a été supprimée à la rédaction. D'ailleurs, le principe a été formellement consacré par l'article 513 du Code de Commerce, qui, dans le cas de faillite, refuse tout recours contre les répartitions consommées, aux créanciers qui n'ont pas comparu dans les délais fixés.

Quant à l'argument que l'on pourroit tirer de la manière dont l'article est rédigé, il faut bien prendre garde qu'en général, les articles 793 à 810 du Code s'occupent uniquement des droits et des obligations de l'héritier bénéficiaire, à l'égard des créanciers de la succession, et nullement des droits respectifs des créanciers entre eux, lesquels sont réglés par les lois spéciales de la matière, et notamment par la loi sur les hypothèques et les priviléges. En conséquence, l'article 809 a voulu dire seulement, qu'une fois le compte apuré, et le reliquat payé, l'héritier est déchargé de toute responsabilité envers les créanciers non opposans, qui n'ont de recours à exercer que contre les légataires, tandis qu'avant l'apurement du compte, ils avoient, et une action contre l'héritier, et un recours subsidiaire contre les légataires.

Il reste encore à observer dans le même article une légère inexactitude de rédaction. Le deuxième alinéa commence par ces mots, *dans l'un et l'autre cas;* ce qui suppose que l'on vient d'énoncer deux cas différens, tandis que l'alinéa précédent ne parle évidemment que d'un seul cas. Mais cela s'éclaircit par la discussion. L'on voit, en effet, dans le projet, qu'après la première disposition qui a été conservée, et qui forme le premier alinéa de l'article 809, il en étoit une seconde, comme nous venons de le dire, qui permettoit aux créanciers qui se présenteroient avant l'apurement, d'exercer un recours contre les créanciers qui auroient été payés à leur préjudice; ce qui faisoit réellement un second cas. L'on a supprimé cette seconde disposition, et l'on a, par inadvertance, laissé subsister ces mots, *dans l'un et l'autre cas.*

(3) *Pendant trois ans seulement.* Il faut bien qu'il y ait un terme après lequel le légataire soit tranquille. Mais remarquez que cette prescription de trois ans n'a lieu qu'à l'égard des légataires. Quant à l'héritier, il est sujet à l'action des créanciers, tant qu'elle n'est pas prescrite; mais toujours seulement *intrà vires hereditatis.*

(4) *A ses cohéritiers*, de la même ligne, et non à ceux de l'autre ligne; et si, dans cette ligne, il y a plusieurs souches, l'accroissement n'a lieu qu'en faveur des cohéritiers de la même souche.

Exemple du premier cas: Titius meurt, laissant pour héritiers deux frères consanguins, et un utérin: un des frères consanguins renonce; sa part accroît à l'autre frère consanguin seul, qui prend alors la moitié de la succession.

Exemple du second cas: Titius meurt, laissant pour héritiers, un frère utérin, un consanguin, et deux neveux enfans d'un autre frère consanguin: un de ces derniers renonce ; sa part accroît exclusivement à l'autre neveu, qui recueille alors le quart de la succession.

Nous traiterons au Titre *de la Vente*, la question de savoir, dans le cas de vente de droits successifs, à qui, du vendeur ou de l'acquéreur, doit appartenir le droit d'accroissement. (*Voir* au II vol. la note (3) de la pag. 165, *in fine.*)

(5) *Au degré subséquent.* De la même ligne, et non à ceux de l'autre ligne, à moins qu'il ne se trouve plus de parens au degré successible dans la ligne du renonçant. *Exemple :* Titius meurt, laissant dans chaque ligne un cousin-germain et un cousin issu de germain. Si les deux cousins-germains acceptent, ils ont chacun moitié de la succession ; mais si l'un d'eux, celui de la ligne paternelle, par exemple, vient à renoncer, sa part est dévolue au cousin issu de germain de la même ligne, qui prend alors, de son chef, la moitié dévolue à cette ligne, à l'exclusion du cousin-germain de l'autre ligne.

La question suivante s'est présentée: L'héritier le plus proche dans une ligne ayant renoncé, pour ne pas être obligé de rapporter ce qu'il avoit reçu du défunt, on a demandé si la succession devoit appartenir en entier à l'autre ligne, ou si elle devoit être divisée par moitié entre les héritiers de cette autre ligne, et les héritiers de la ligne du renonçant, et du degré le plus proche après lui.

Un arrêt de la Cour impériale de Paris, du 1er. juillet 1811, a jugé dans ce dernier sens (SIREY, 1811, IIe. Partie, pag. 398) ; et il seroit difficile de décider autrement. L'on opposoit l'opinion de RICARD et LEBRUN, qui pensent que celui qui renonce pour s'en tenir à son don, doit être regardé comme héritier, et faire part pour la légitime. Mais sans rien préjuger sur cette question, qui doit être décidée par d'autres principes, il est aisé de voir que l'arrêt de Paris est conforme aux dispositions du Code. En effet, si, dans l'espèce, l'héritier qui a renoncé, eût été dispensé du rapport, n'auroit-il pas gardé son don, et ne seroit-il pas venu partager le surplus avec les héritiers de l'autre ligne (Art. 843)? Or, quand il renonce pour ne pas rapporter, sa renonciation doit avoir, quant à la succession, le même effet qu'une dispense de rapport. Donc, dans ce cas, la part qu'il auroit prise dans les biens libres, s'il eût été dispensé du rapport, doit appartenir aux héritiers de la même ligne, et du degré subséquent. (Art. 786.)

(6) *De la succession duquel il s'agit.* Il faut cependant excepter la disposition portée en l'article 918, et dont il sera question au titre suivant.

(7) *Nonobstant toute renonciation.* Si toutefois cela étoit demandé contre lui : car il est évident qu'il ne pourroit se faire un titre de ce qu'il auroit diverti ou recelé des effets d'une succession, pour venir l'accepter après y avoir renoncé.

PAGE 206.

(1) *La faculté de répudier.* (*Voyez* la note (2) de la page 203.)

(2) *Ceux-ci.* Est-il nécessaire que l'autorisation soit demandée par tous les créanciers du renonçant? Je ne le pense pas: un seul peut se faire autoriser, et il acceptera dans son intérêt seulement. Mais je pense que l'autorisation ne doit être accordée qu'aux créanciers munis d'un titre authentique, ou ayant date certaine antérieure

à la renonciation. Autrement, ce seroit procurer à l'héritier qui se repentiroit d'avoir renoncé, le moyen de revenir indirectement contre sa renonciation. Je pense également que l'autorisation ne doit être accordée qu'autant qu'il paroît que le renonçant a eu évidemment en vue de préjudicier à ses créanciers, ou de favoriser ses cohéritiers. Car, pour peu que la succession présentât du doute, à l'époque à laquelle la renonciation a été faite, je pense qu'elle doit être maintenue, quand même, par suite d'événemens postérieurs, la succession seroit devenue avantageuse.

(3) *Se faire autoriser*, par un jugement sur requête, qui, en conséquence, ne pourra être opposé à aucun de ceux qui auront intérêt de contester les prétentions ou les titres des créanciers.

(4) *Du chef de leur débiteur.* C'est une conséquence du principe posé dans l'article 1167. Il en étoit de même dans l'ancien droit, contraire en cela au droit Romain, qui n'accordoit la Paulienne que lorsque le débiteur diminuoit son patrimoine, mais non lorsqu'il manquoit seulement à l'augmenter. (*L.* 6, §. 2, ff. *de his quæ in fraudem credit.*) La disposition des lois Romaines étoit peut-être plus morale, dans le sens qu'elle empêchoit de prêter à une personne, dans la vue des successions qui pouvoient lui écheoir; mais celle du droit Français l'est peut-être davantage, dans le sens qu'elle empêche les accords frauduleux qu'un débiteur pourroit faire avec ses cohéritiers, pour frauder ses créanciers.

(5) *N'a pas été acceptée*, même bénéficiairement. Dans le droit actuel, l'héritier pur et simple n'a pas le droit d'exclure l'héritier bénéficiaire, même en collatérale, comme cela avoit lieu dans plusieurs Coutumes.

(6) *Par d'autres héritiers.* Faut-il entendre par ces mots les successeurs même irréguliers, tels que l'enfant naturel ou le conjoint? M. Chabot, sur l'article 790, est d'avis de la négative. Il donne pour raison, que ces individus n'ont pas la qualité d'héritier. En conséquence, il prétend que, pendant les trente ans accordés par l'article 790, à l'héritier qui a renoncé, pour revenir sur sa renonciation, l'enfant naturel ou le conjoint ne sont que de simples administrateurs, incapables de disposer, et que, par conséquent, toutes les aliénations qu'ils pourroient faire, seroient nulles. Il est impossible d'imaginer un système plus contraire à la saine raison, et à l'esprit général du Code, qui s'attache principalement à maintenir la libre circulation des biens, et qui, pour y parvenir, fait même fléchir quelquefois la rigueur des principes. Il est évident que par le mot d'*héritiers*, le Code a entendu ici, toute personne apte à prendre la succession. Il est une infinité d'articles dans lesquels il est impossible de l'entendre autrement. (*Voyez* les articles 788, 816 et suivans, jusques et y compris le 842, 870 à 892, etc.) Il en étoit ainsi, même en droit Romain, où l'on s'attachoit bien plus strictement encore au sens littéral. (*Voir* la loi 170, ff. *de Verborum Significat.*) Comment peut-on supposer que, lorsqu'une succession a été, après la renonciation formelle de l'héritier légitime, appréhendée par le conjoint ou par l'enfant naturel, l'héritier qui a renoncé, pourra, après vingt-neuf ans de possession tranquille, revendiquer la succession, révoquer toutes les aliénations, etc., et que, pendant tout ce temps, les biens auront été dans un état d'inaliénabilité absolue? Quoi!

un enfant naturel aura cru devoir à la mémoire de son père d'accepter sa succession répudiée par l'héritier légitime; à force de soins, de peines, d'industrie, il sera parvenu à faire honneur à toutes les dettes, et à se ménager encore un modique reliquat; et quand tout cela sera fait, le renonçant viendra tranquillement *ad paratas epulas!* il l'évincera de la succession, et lui dérobera le fruit de ses peines! Certes, un pareil systême emporte avec lui sa réfutation: il est, d'ailleurs, détruit par le texte même de l'article 790. En effet, le Code valide tous les droits qui auroient pu être acquis dans l'intervalle. Mais comment suppose-t-il qu'ils ont pu être acquis? Seulement par prescription, ou par actes faits avec le curateur à la succession vacante. Il suppose donc que, pendant tout ce temps, la succession n'a été appréhendée par personne; car, autrement, il auroit dû nécessairement valider tous les actes valablement faits avec les possesseurs légaux de l'hérédité, qui ont bien autant de droit que le curateur. Mais encore une fois, il est inutile d'insister plus long-temps sur une pareille question.

(7) *Y ont renoncé.* Observez, 1°. que, dans la pratique, il n'est pas nécessaire que les héritiers de tous les degrés renoncent. Il suffit que tous ceux du degré le plus proche ayent renoncé, pour que la succession soit réputée vacante.

2°. [illegible] *par héritiers*, il faut encore entendre ici toute espèce de successeurs.

(8) [illegible] *cette section* Et en effet, il ne faut pas croire, comme on pourroit le con-[illegible]tes 811 et 812, que l'on doit nommer un curateur, toutes les fois qu'il ne se présente personne qui réclame une succession, ou qu'il n'y a pas d'héritier connu. Dans ce cas, la succession est bien vacante; mais l'état la recueillant à titre de déshérance, il n'y a pas lieu à la nomination d'un curateur.

(9) *Des parties intéressées.* Ce sont ordinairement les créanciers. Ce pourroit être aussi les légataires à titre universel ou particulier, qui, étant obligés de demander la délivrance de leurs legs, seroient obligés de faire nommer un curateur, afin de pouvoir diriger leur demande contre lui.

(10) *Du Procureur impérial.* Il est de l'intérêt public que les biens ne restent pas sans être administrés.

(11) *Pour la même succession.* Comme la nomination se fait sur requête, il peut arriver qu'il y ait eu plusieurs requêtes présentées, et par conséquent différentes nominations faites pour la même succession.

(12) *Aux mêmes obligations*, c'est-à-dire, qu'il est tenu de faire les mêmes choses que l'héritier bénéficiaire, comme administrer, etc. Mais je pense qu'il est tenu d'une plus grande exactitude que lui, par deux raisons: la première, parce qu'on ne peut dire de lui, comme de l'héritier, que ce sont ses propres affaires qu'il entend gérer; et la seconde, parce qu'il est ordinairement salarié.

PAGE 207.

(1) *Quant à l'inventaire.* Si toutefois il n'a pas déjà été fait à la requête d'un héritier qui ait renoncé depuis.

(2) *Dans la succession.* Peut-il recevoir valablement le paiement des créances actives de la succession, à la charge d'en verser le montant dans la Caisse d'Amor-

tissement ? Je ne le pense pas. L'article dit qu'il est tenu *de faire verser*, c'est-à-dire, de veiller à ce qu'on verse. Il ne peut donc toucher et verser lui-même.

(3) *Ou immeubles vendus*. Mais, cependant, les adjudicataires d'immeubles hypothéqués ne sont tenus de verser que ce qui reste, après le paiement des dettes que, d'après les articles 2168 et 2184, ils sont tenus d'acquitter. (*Circulaire du Grand-Juge*, *du* 12 *messidor an* 13.)

(4) *Dans la Caisse d'Amortissement*. L'article dit, *dans la Caisse du Receveur de la Régie*. Mais cela a été changé, et la Caisse d'Amortissement substituée à la Caisse de la Régie, par un *Avis du Conseil-d'État*, *approuvé le* 13 *octobre* 1809. (*Bulletin*, n°. 4759).

(5) *Est de l'essence du partage*. Il faut entendre par là une égalité relative au droit que chaque héritier a dans la succession. Sous ce rapport, il peut y avoir égalité, quoique les parts soient inégales. Ainsi, dans une succession dévolue au père ou au frère, les parts sont inégales, puisque le père n'a que le quart, et le frère les trois autres quarts : et cependant, il y aura égalité, si la part du père est réellement égale au quart de la succession ; s'il n'est chargé par le partage que du quart des dettes, etc.

PAGE 208.

(1) *Des rapports*. Nous traitons des rapports, avant de traiter du partage, parce que nous nous attachons particulièrement, dans cet ouvrage, à suivre la marche naturelle des idées, et celle des opérations. Or il faut que l'opération du rapport soit terminée, avant de procéder au partage.

(2) *Réelle ou fictive*. *Réelle*, quand le rapport se fait en nature ; *fictive*, quand il se fait en moins prenant.

(3) *A titre gratuit*. Si donc la donation est rémunératoire, et pour raison de services appréciables à prix d'argent, il est évident qu'elle n'est donation que pour ce qui excède la valeur des services ; et que cet excédant seul est sujet à rapport. Il en est de même, si la donation contient des charges ; elle n'est donation que pour ce qui excède la valeur des charges.

Remarquez que ces mots, *dispositions à titre gratuit*, comprennent non-seulement les donations entre vifs, mais encore les legs. Cependant il n'y a vraiment rapport que pour les donations entre-vifs. Ce n'est qu'improprement que l'on peut dire qu'il y a lieu au rapport pour les legs : on ne rapporte que ce que l'on a. Il y a seulement, à l'égard des legs, obligation de laisser dans la masse de la succession. Cette distinction est importante pour l'application de l'article 857. (*Voyez* ci-après, la note (2) de la page 210, *in princip.*)

(4) *Ou collatérale*. D'après les Coutumes de Paris et d'Orléans, les collatéraux ne devoient point le rapport de ce qui leur avoit été donné entre-vifs.

(5) *De ce qui a été donné à son fils*. Cette disposition, ainsi que plusieurs autres de cette nature, sont contraires à l'ancien droit commun Coutumier. Mais elles sont des conséquences du changement de système. Dans les Coutumes de Paris et d'Orléans, qui faisoient à cet égard le droit commun des pays de

Coutume, l'enfant ne pouvoit être héritier et donataire tout ensemble, même quand le défunt l'eût ordonné, et quand même la donation n'auroit pas excédé la portion disponible. Or, dans ce systême, on vouloit prévenir les fraudes qui auroient pu être commises pour éluder cette disposition. En conséquence, on obligeoit le père de rapporter ce qui avoit été donné à son fils, l'époux ce qui avoit été donné à son époux, etc.

Aujourd'hui qu'il est permis de donner la portion disponible à un successible, en le dispensant du rapport, on a pensé qu'en supposant que le fils ou l'époux pussent être regardés comme personnes interposées, le fait que le défunt avoit donné à une autre personne, manifestoit au moins suffisamment son intention de donner à titre de préciput. C'est même ce qui justifie la rédaction des article 847 et 849, qui ne se contentent pas de dire que le père ne doit pas le rapport de ce qui a été donné à son fils, l'époux de ce qui a donné à son époux, mais qui ajoutent que, dans ces deux cas, les dons sont réputés faits *avec dispense de rapport*.

PAGE 209.

(1) *Il doit le rapport*. Cela est tout simple; le représentant ne peut exercer que les droits qu'auroit eus le représenté. Or, si le père fût venu lui-même à la succession, il eût été assujetti au rapport.

(2) *Quand même il auroit répudié la succession de son père*. *Quid*, si, dans ce cas, au moyen du rapport qu'il est obligé de faire, de ce qui a été donné à son père, il ne trouve pas sa légitime dans la succession de son aïeul? Cela est égal; il n'exerce que les droits de son père, et son père n'auroit pu réclamer davantage. Le père eût été obligé d'imputer sur sa légitime ce qu'il avoit reçu de son propre père: le fils qui le représente, est donc tenu de faire la même imputation.

(3) *A son conjoint*, quand même, par l'effet de la communauté, l'époux successible auroit profité du don fait à l'autre époux: comme aussi, si le don a été fait à l'époux successible seul, il doit le rapport en entier, quoique l'objet donné soit tombé dans la communauté, et quand même, par événement, le donataire n'en auroit pas profité; *putà*, si c'est à la femme commune que le don a été fait, et qu'elle ait renoncé à la communauté.

(4) *A la succession de son père*. Nouveau changement à l'ancien droit, et toujours d'après le même principe. Anciennement, le père étoit tenu de rapporter ce qui avoit été donné à son fils; il étoit donc juste que le fils donataire de l'aïeul rapportât à la succession du père, ce que ce dernier avoit été lui-même obligé de rapporter à la succession de l'aïeul. En effet, la part du père, dans la succession de l'aïeul, avoit été diminuée de tout ce qui avoit été donné à son fils: il s'ensuivoit donc que sa succession étoit d'autant moindre; et si l'on n'eût pas obligé, dans ce cas, le petit-fils au rapport, il en fût résulté une diminution dans la part de ses frères, diminution dont il auroit seul profité; ce qui étoit contraire à l'équité et à l'égalité.

Aujourd'hui le père n'étant plus obligé de rapporter ce qui a été donné à son fils, celui-ci n'est tenu de rien rapporter à la succession de son père.

(5) *Chacun pour moitié.* Quand même, s'ils sont communs en biens, leurs parts dans la communauté seroient inégales, *putà*, s'il avoit été convenu dans le contrat de mariage que le mari auroit les trois quarts de la communauté, et la femme le quart. Il en seroit autrement, si le mari avoit doté seul, en effets de la communauté, comme dans le cas de l'article 1439; car alors la femme, même acceptant la communauté, ne seroit tenue que pour un quart; et par conséquent le rapport ne devroit se faire que pour un quart à sa succession. La raison de différence, c'est que, quand la femme a constitué la dot conjointement avec son mari, elle a contracté personnellement l'obligation de fournir sa part dans la dot. Or, il est de principe, que toute obligation personnelle contractée par deux personnes, sans désignation de la part de chacune dans l'obligation, est supportée, pour moitié, par chacune d'elles, quand même elles seroient convenues particulièrement entr'elles que leurs parts dans l'obligation seroient inégales. Cette convention est, à l'égard du créancier, *res inter alios acta*, qui ne peut lui nuire ni lui profiter. (Art. 1165 et 1863.)

Mais quand la femme n'a pas elle-même constitué la dot, elle n'a pas contracté d'obligation personnelle; et, si elle est obligée quand elle accepte, c'est comme détenteur des biens de la communauté, tellement même qu'elle peut se libérer de l'obligation en les abandonnant (art. 1483): il est donc juste qu'elle ne supporte dans l'obligation qu'une part proportionnée à celle qu'elle prend dans la communauté. (Argument tiré de l'art. 1485.)

(6) *Ou en biens personnels à l'un des époux*, sauf récompense, dans ce dernier cas. Nous verrons, au Titre *du Contrat de Mariage*, ce qu'on doit entendre ici par récompense.

(7) *Avoir payé la moitié de la dot.* Mais, dira-t-on, si la femme qui n'a pas paru au contrat, est obligée de supporter la dot, pour une part proportionnée à celle qu'elle prend dans la communauté, il en résultera donc qu'elle peut être forcée de doter, contre la disposition formelle de l'art. 204? Non. D'ailleurs, l'art. 204 dit, que les enfans n'ont pas d'action contre les pères et mères pour un établissement par mariage. Aussi ne s'agit-il pas ici d'une action à exercer par les enfans. Mais la décision que nous venons de donner, est la conséquence du principe qui fait la base du systême de la communauté, savoir: que, tout ce que fait le mari comme chef de la communauté, et à l'égard des biens de cette même communauté, il le fait, tant en son nom, que comme mandataire de sa femme, en vertu de la procuration tacite résultant du mariage contracté sous le régime de la communauté. Il est permis, à la vérité, à la femme, de se libérer des obligations contractées par le mari seul comme chef, en renonçant à la communauté, ou en abandonnant tous les biens qui en proviennent. (Art. 1483 et 1494.) Mais quand elle n'use de l'un ni de l'autre de ces bénéfices, elle est tenue d'exécuter, pour la part qu'elle prend dans la communauté, toutes les obligations contractées par son mari, comme chef, tant envers les enfans communs, qu'envers toute autre personne.

(8) *Avoir doté seul.* Dans ce cas, la femme ne doit pas récompense, parce qu'elle

n'a pas constitué, et que, par conséquent, elle n'a contracté aucune obligation personnelle relativement à la dot.

PAGE 210.

(1) *Sauf réduction, s'il y a lieu.* Pour le complément de la légitime. Nous avons préféré cette rédaction à celle de l'article 845, parce qu'elle nous a paru exprimer, d'une manière plus exacte, l'intention du Législateur. En effet, il est dit dans l'article, que l'héritier qui renonce, peut retenir le don, ou réclamer le legs, jusqu'à concurrence de la portion disponible; d'où l'on pourroit conclure que le légitimaire, et il ne peut être question ici que d'un légitimaire, puisqu'il s'agit de portion disponible; on pourroit, dis je, conclure que le légitimaire, qui est en même temps donataire de celui sur la succession duquel il a droit de réclamer une légitime, ne peut retenir que la portion disponible, sans pouvoir y joindre la part qu'il a droit de réclamer dans la légitime. Un exemple fera mieux sentir cette difficulté.

Pierre a donné à un de ses fils, pendant sa vie, un objet de valeur de quarante mille francs; il meurt, laissant quatre enfans, et une succession valant quarante mille francs. L'enfant donataire renonce, pour s'en tenir à son don. Si l'on se décidoit, d'après la lettre de l'article, il ne pourroit retenir que vingt mille francs, montant de la portion disponible, et il seroit tenu d'en rapporter autant. Cependant il faut dire que, dans l'espèce, le donataire peut retenir d'abord vingt mille francs, montant de la portion disponible, et ensuite quinze mille francs, pour son quart dans les soixante mille francs restant, qui forment la réserve, et qu'il doit en conséquence rapporter seulement cinq mille francs.

D'abord, cela me paroît formellement décidé par l'article 924, qui est au siége de la matière, sous la rubrique *de la réduction des donations et des legs.*

« Si la donation entre-vifs, réductible, a été faite à l'un des successibles, il pourra » retenir, sur les biens donnés, la valeur de la portion qui lui appartiendroit, » comme héritier, dans les biens non disponibles, s'ils sont de la même nature. »

Il résulte bien évidemment de cet article, que le légitimaire peut retenir sur les biens donnés, sa part dans les biens non disponibles, ou, ce qui est la même chose, dans la réserve. D'un autre côté, il suit de notre article 845, que le légitimaire qui renonce, peut retenir la portion disponible: il peut donc retenir tout-à-la-fois, et le montant de la portion disponible, et sa part dans la réserve.

Remarquons, d'ailleurs, qu'il n'est pas question ici de la part du légitimaire dans la réserve, pour plusieurs raisons: la première, c'est que tout ce qui concerne la réserve, est réglé par d'autres dispositions. La seule question qu'on ait voulu décider ici, est celle de savoir si l'enfant renonçant peut profiter des libéralités qui lui ont été faites par le défunt, quand elles excèdent sa part héréditaire; ce qui étoit prohibé par quelques coutumes, telles que celles de Touraine, Anjou.

La seconde, c'est que l'article dit que l'héritier peut retenir le don, ou réclamer le legs, jusqu'à concurrence de la portion disponible. Or, la réserve n'est ni un don, ni un legs; elle est indépendante de la volonté du défunt, puisque le légitimaire a droit de l'exiger, même contre cette volonté: en sorte que l'on peut dire que le don ou legs fait à un légitimaire, n'est vraiment donation, que pour ce qui excède sa part dans la réserve. Pour tout le surplus, c'est le paiement anticipé d'une dette qui, à la vérité, n'étoit exigible qu'au décès, mais qui n'en existoit pas moins à l'époque où elle a été acquittée.

Concluons donc, et tenons pour certain, que toute donation faite à un légitimaire doit s'imputer d'abord sur la légitime, parce que la légitime est une dette, et que *nemo liberalis nisi liberatus*, et que le surplus seulement est imputable sur la portion disponible.

(2) *Jamais aux légataires*. De là il suit, 1°. que, si le montant des legs excède celui des biens existans au décès, l'héritier donataire entre-vifs n'est obligé de les acquitter que jusqu'à concurrence desdits biens, pourvu toutefois qu'il ait accepté sous bénéfice d'inventaire ; car, s'il avoit accepté purement et simplement, il seroit tenu d'acquitter les legs indéfiniment, comme nous l'avons démontré ci-dessus dans la note (1) de la page 205, mais non pas en vertu de l'obligation du rapport ; car cette obligation existe même à l'égard de l'héritier bénéficiaire ; et, d'ailleurs, il ne seroit tenu alors que sur le montant des biens donnés ; au lieu qu'il est tenu indéfiniment des legs, en vertu de l'obligation personnelle résultant du quasi-contrat d'adition d'hérédité ; obligation qu'il est tenu d'acquitter sur tous ses biens.

Nous avons dit *l'héritier donataire entre-vifs*, parce que, s'il avoit été avantagé par testament, comme ce n'est pas, à proprement parler, au rapport qu'il est astreint dans ce cas, mais plutôt à l'obligation de laisser le montant du legs dans la succession, ou, ce qui est la même chose, de l'imputer sur sa part héréditaire, il ne pourroit prétendre aucune préférence sur les autres légataires ; mais il seroit tenu de venir à contribution avec eux sur la masse des biens extans.

La deuxième conséquence qui résulte du principe que le rapport n'est pas dû aux légataires, c'est que, si un père, après avoir fait à un de ses enfans une donation entre-vifs, laisse à un étranger le quart de ses biens, cet étranger ne peut réclamer que le quart des biens existans au décès, et ne peut exiger le rapport de l'objet donné pour en prendre le quart. Mais néanmoins, si le légitimaire vouloit faire subir une réduction aux legs pour compléter sa légitime, nul doute que les légataires ou donataires ne puissent l'obliger, non pas précisément à rapporter, mais à imputer sur sa légitime ce qu'il a reçu du défunt, afin de diminuer d'autant le retranchement qui doit être opéré sur les legs ou les donations. Cela est fondé sur le principe que nous avons posé dans la note précédente, que tout ce qui est donné à un légitimaire, par celui sur la succession duquel est due la réserve, est censé donné d'abord en paiement de la réserve. Ainsi soit l'espèce suivante :

Un père ayant trois enfans, donne à l'un d'eux, entre-vifs, un objet estimé dix mille francs ; il donne par testament, à un étranger, la moitié de ses biens, et meurt, laissant une succession de quarante mille francs. Nous avons dit que l'étranger ne pouvoit, dans aucun cas, exiger le rapport de l'objet donné ; et par conséquent, il ne pourroit, quand même il n'y auroit pas d'autres enfans, réclamer que la moitié des biens existans, c'est-à-dire, vingt mille francs. Mais cependant, comme, dans l'espèce, cette somme excède encore la portion disponible, qui est du quart, quand il y a trois enfans, il y a lieu à une réduction. Mais comment devra-t-elle s'opérer? Sera-ce d'après la masse des biens extans, égale à quarante mille francs, ce qui réduiroit la portion disponible à dix mille francs; ou, d'après cette même masse, augmentée de l'objet donné au fils, ce qui feroit un total de cinquante mille francs, et porteroit la portion disponible à douze mille cinq cents francs? C'est cette dernière marche qu'il faut suivre sans contredit. (Art. 922.) En conséquence, le légataire pourra dire au fils donataire: la réserve est, dans l'espèce, de trente-sept mille cinq cents francs, dont il vous revient le tiers, ou douze mille cinq cents francs. Vous avez reçu dix mille francs; il ne vous est plus dû que deux mille cinq cents francs; et comme cette somme, réunie aux vingt-cinq mille francs nécessaires pour former la part des autres enfans dans la réserve, excède de sept mille cinq cents francs celle qui resteroit libre après le paiement du legs qui m'a été fait, il en résulte que ce legs doit être diminué d'autant, et réduit en conséquence à douze mille cinq cents francs.

Nous voyons que, dans cette espèce, l'imputation et le rapport ont absolument le même effet. Mais cela n'arrive pas toujours; car, si nous admettons qu'un père, propriétaire de cinquante mille francs de bien, et ayant trois enfans, donne à chacun d'eux quinze mille francs, et laisse ensuite par testament, à un étranger, tout ce dont il peut disposer, le légataire ne pourra réclamer que les biens restés dans la succession, et montant à cinq mille francs; tandis que, s'il pouvoit demander le rapport, il feroit rentrer les quarante-cinq mille francs donnés, dans la masse de la succession, et prendroit, sur le tout, la portion disponible, qui seroit alors de douze mille cinq cents francs.

Il y a, d'ailleurs, une grande analogie dans ces deux opérations, et notamment quant à la qualité des choses qui en sont l'objet; car il est de principe, dans notre droit, que tout ce qui est sujet à rapport, est sujet à imputation. (Ricard, *des Donations*, Partie IIIe., n°. 1149.) Ainsi, pour déterminer ce qui doit être imputé sur la réserve due à un légitimaire, il suffit de voir ce qu'il seroit tenu de rapporter à ses cohéritiers, conformément aux articles 843 et suivans.

(3) *Ni aux créanciers de la succession.* Appliquez la distinction que nous avons établie dans la note précédente entre l'héritier donataire entre-vifs, et l'héritier légataire. Comme ce n'est pas proprement au rapport que ce dernier est tenu, il n'y a pas de doute qu'il ne pourra prendre son prélegs, qu'après l'acquittement de tous les créanciers de la succession.

Les créanciers de l'héritier, qui feroient annuller la renonciation de leur débiteur, conformément à l'article 788, pourroient-ils exiger le rapport des autres cohéritiers? Cela n'est pas douteux, ils exercent tous les droits de leur débiteur, au nombre desquels est celui de demander le rapport. Les créanciers de la succession ont le même droit, quand l'un des héritiers a accepté purement ou simplement, parce qu'étant devenus ses créanciers personnels, par l'effet de son acceptation pure et simple, ils peuvent exercer tous ses droits et actions. (Art. 1166.)

Mais il est bien entendu que, dans les deux cas, le rapport n'est exigé que pour la part de l'héritier débiteur.

(4) *Avec le défunt.* Sauf, toutefois, le cas de l'article 918, dans lequel il y a lieu au rapport, quand même il n'y auroit aucun soupçon de fraude. Il y a, dans ce cas, ce que les Romains appeloient *dolus re ipsâ.*

(5) *Quand elles ont été faites.* Ainsi, un père a vendu à son fils une pièce de terre, pour le prix qu'elle valoit réellement au moment de la vente. Depuis, par l'effet d'une mesure prise par le gouvernement, ou de tout autre événement, cette pièce de terre a augmenté considérablement de valeur. Le rapport de cet excédant de valeur n'est pas dû, parce que la convention ne présentoit aucun avantage quand elle a été faite.

Quid, si le père a cautionné le fils? Remarquez qu'il ne peut y avoir question relativement à la validité du cautionnement considéré en lui-même, et par rapport au créancier, qui conserve toujours son action contre la succession du père, en cas d'insolvabilité du fils; mais comme cette obligation est réellement un avantage fait au fils, aux dépens du père, il en doit le rapport, qui consistera en ce que, si la dette n'est pas exigible, il devra donner caution à ses cohéritiers, pour la garantie de toutes poursuites de la part du créancier; et, si elle est exigible, ses cohéritiers pourront exiger qu'il la rembourse, ou, à défaut, la rembourser eux-mêmes, et lui en imputer le montant sur sa part héréditaire.

(6) *Par un acte authentique.* Cela est exigé pour prévenir les fraudes. Un père qui auroit fait, dans la réalité, seul, une affaire avantageuse, en feroit profiter un de ses fils, qu'il feindroit y avoir associé, d'après un acte sous seing-privé que l'on antidateroit.

Quid, si la société est commerciale, l'affiche exigée par l'article 42 du Code de Commerce équivaudra-t-elle à un acte authentique? Je ne le pense pas : l'affiche ne contient pas les conditions arrêtées entre les associés. (Art. 43 dudit.)

(7) *Entretien et apprentissage.* Cela étoit très-juste anciennement, où le rapport n'étoit dû, en général, qu'en directe. L'ascendant qui nourrissoit et élevoit un descendant, qui lui faisoit apprendre un métier, ne faisoit que payer une dette et acquitter une obligation: cela ne pouvoit donc être regardé comme un avantage sujet à rapport. Mais actuellement que le rapport est dû en collatérale, on ne peut pas dire que le cousin, par exemple, qui nourrit et élève un de ses cousins, paye une dette ou acquitte une obligation. Cependant la loi, en général, paroît n'admettre aucune distinction; mais l'équité semble exiger que l'on admette une exception pour le cas où le parent collatéral, nourri et élevé par le défunt, auroit eu des biens particuliers, suffisans pour subvenir à tous ses besoins. Il me semble qu'alors il y auroit vraiment donation, et qu'il seroit difficile de dispenser le successible du rapport.

Remarquez qu'en général tous les objets qui sont mentionnés dans ces différens articles, comme n'étant point sujets au rapport, ne sont tels, que quand ils ont été donnés entre-vifs. S'ils sont laissés par testament, sans dispense du rapport, ils doivent être rapportés, ou du moins imputés sur la portion héréditaire du successible.

On jugeoit anciennement que les frais de Doctorat en droit étoient sujets à rapport, mais que ceux de Baccalauréat et de Licence ne l'étoient pas. Quant aux grades en médecine, je pense qu'ils sont indistinctement sujets à rapport. La raison de différence est, d'abord, qu'ils sont ordinairement plus coûteux que dans les facultés de droit; et, en second lieu, que l'on ne prend ces grades que pour faire la profession de médecin. C'est donc réellement un établissement. Il n'en est pas de même de la Licence en droit, qui fait partie de l'éducation, et se prend beaucoup plus souvent comme moyen d'arriver à des places, que comme moyen direct d'établissement.

Quid, des sommes données en remplacement de l'enfant conscrit? Nul doute qu'elles ne soient sujettes à rapport.

Quid, des avantages recueillis en vertu de l'article 305, par les enfans des époux divorcés par consentement mutuel? Ils sont sujets à rapport envers les enfans d'un précédent ou d'un subséquent mariage. Il est de principe, en effet, que tout ce qui est imputé sur la légitime, est sujet à rapport, et réciproquement. Or, nous voyons par le discours de présentation du Titre *des Donations et des Testamens*, que ces sortes de biens entrent dans la supputation de la légitime. « On doit y comprendre » (dans la masse des biens sur lesquels se calcule la réserve) les biens dont la » propriété auroit été transmise aux enfans dans le cas de divorce: il ne peut ja- » mais en résulter pour eux un avantage tel, que les autres enfans soient privés » de la réserve légale. »

M. Proudhon, qui est d'avis contraire, fonde son opinion sur ce que les enfans ne prennent pas ces biens *jure hæreditario;* mais ce motif n'est pas concluant; car l'on tient que, si le père a renoncé à une succession qui lui étoit dévolue, pour en faire profiter son fils, il y a lieu à rapport : or certainement le fils n'a pas pris cette succession *jure hæreditario.* (Voyez, au surplus, le principe général sur cette matière, dans la note (3) de la page suivante.)

Page 211.

(1) *Avec dispense du rapport:* ou *à titre de préciput*, ou *hors part*, ou en d'autres termes équivalens, pourvu qu'ils soient suffisans pour manifester l'intention du testateur. (Arrêt de la Cour de Cassation du 25 août 1812. Sirey, 1812, 1re. Partie, page 386.)

Observez que la dispense de rapport peut être prononcée, soit par l'acte même qui contient la donation, soit par un acte postérieur, pourvu qu'il soit revêtu des formes des donations entre-vifs ou des testamens; nous verrons le motif de cette dernière disposition au Titre suivant.

(2) *Pour se faire rembourser.* C'est la faute du père d'avoir choisi un gendre insolvable, qui n'avoit ni métier ni profession, et de lui avoir confié la dot de sa fille; mais je pense que cette disposition ne s'applique qu'au cas où la dot a été constituée en argent comptant, ou en effets mobiliers; car, si elle avoit été constituée en immeubles, le rapport seroit dû dans tous les cas.

En effet, ou la fille est mariée sous le régime dotal, et alors le mari n'a pu aliéner le fonds dotal; s'il l'a fait, l'aliénation est nulle, et la femme peut en demander la nullité. (Art. 1560.)

Si elle est mariée sous le régime de la communauté, ou sous le régime exclusif de la communauté, l'immeuble n'a pu être vendu sans le consentement de la femme. Si elle y a consenti, qu'il n'y ait pas eu de remploi, et que les deniers provenant de la vente aient été dissipés par le mari, la femme doit se l'imputer, et n'en doit pas moins le rapport; mais je pense que, si l'immeuble existe, mais dégradé par le défaut de réparations, la femme dont le mari étoit insolvable, et n'avoit ni art, ni profession au moment du mariage, n'en doit le rapport que dans l'état où il est actuellement; et que, pour le surplus, elle est tenue seulement de rapporter l'action en indemnité qu'elle a contre son mari, ou sa succession, pour défaut de réparations.

(3) *A quelque titre que ce soit.* Ainsi, laissant de côté toutes les distinctions subtiles apportées par Pothier dans son *Traité des Successions*, je pense qu'on peut établir en principe général que, pour qu'il y ait lieu au rapport, il suffit de deux choses : la première, que le successible ait profité; et la seconde, qu'il ait profité aux dépens du défunt. Si l'une de ces deux circonstances manque, il n'y a pas lieu au rapport; mais aussi, quand elles sont toutes deux réunies, le rapport est dû, quelle que soit l'opération qui ait eu lieu, ou le mode employé pour procurer au successible l'avantage dont il s'agit; ainsi il y a lieu au rapport,

Si le défunt a fait remise au successible de tout ou partie d'une créance qu'il avoit à exercer contre lui, même quand ce seroit par suite d'un concordat fait avec les créanciers de l'héritier;

Si le père, institué légataire universel par un testament, a répudié le legs dont le fils a profité, soit comme héritier *ab intestat*, soit comme substitué vulgairement à son père;

Si étant colégataire avec son fils, il a répudié sa part dans le legs, dont le fils a profité par droit d'accroissement.

Si la mère, pour favoriser ses enfans d'un second lit, a renoncé à une communauté opulente d'entr'elle et son second mari, le rapport est dû aux enfans du premier lit.

Il en est de même, si, cette communauté étant onéreuse, elle l'a acceptée sciemment, et qu'elle se soit privée par-là du droit de demander la reprise de ses apports.

Quid, si le père a vendu à vil prix un héritage à son fils? dans ce cas, si l'héritage a été aliéné par l'héritier, il devra le rapport de la différence du prix de la vente avec le prix réel de l'immeuble au moment de la vente; mais si l'héritage est encore entre les mains de l'héritier, le rapport sera-t-il dû de cette différence seulement, ou bien de l'héritage même, à la charge par la succession de restituer au fils le prix qu'il a réellement payé? Je pense qu'en rejetant les distinctions établies dans les lois 5, §. 5, et 31, §. 3, *de Donat. inter vir. et uxor.*, il faut décider cette question par analogie de l'article 866, et distinguer si l'héritage est divisible ou non. Dans le premier cas, le rapport se fera d'une part proportionnée à la différence de prix. Dans le second cas, si la différence est de plus de moitié, l'héritier acquéreur rapportera l'immeuble en totalité, sauf à prélever le prix qu'il a payé; si la différence est de moins de moitié, il pourra retenir l'immeuble, sauf à rapporter la différence de prix.

Mais que doit-on entendre par vente à vil prix? Est-il nécessaire qu'il y ait lésion des sept douzièmes, comme cela est exigé pour la rescision de la vente? Non, sans doute : le rapport est établi pour maintenir l'égalité entre les cohéritiers; et ce qui prouve la différence d'intention de la part du législateur, c'est que le Code, qui exige la lésion des sept douzièmes pour rescinder la vente, n'exige que la lésion du quart pour rescinder le partage. Ce sera donc au juge à décider si la différence du prix réel avec celui de la vente, est telle, que l'on puisse présumer que le défunt, en vendant, a eu *animum donandi.*

Quid, si le père a acheté un héritage de ses deniers, mais au nom de son fils, le fils est-il tenu de rapporter le prix, ou l'héritage même? Je pense qu'il faut distinguer : si le fils a ratifié la vente avant l'ouverture de la succession, il est devenu propriétaire, à titre d'achat, de l'héritage acquis, et débiteur des deniers qui ont servi à le payer; il ne doit donc le rapport que de ces deniers. S'il n'a pas ratifié avant l'ouverture, je pense que l'immeuble doit rester en commun, comme faisant partie de la succession, et que conséquemment il n'y a pas lieu au rapport. (Argument tiré de l'article 1435.)

(4) *Par le défunt à l'héritier.* Il y a cependant cette différence notable entre un pareil prêt et une donation, que l'héritier auquel il a été donné, peut, en renonçant à la succession, retenir le don, pourvu qu'il n'excède pas la portion disponible; tandis que, l'héritier auquel il a été prêté, n'en reste pas moins débiteur, quoiqu'il ait renoncé; seulement il conserve les termes et délais qui lui ont été accordés.

(5) *Quand même elles ne seroient pas encore exigibles.* Mais si le défunt avoit prêté à rente au successible, celui-ci seroit-il obligé de rapporter le capital, ou seulement de continuer de servir la rente à ses cohéritiers? Je pense avec POTHIER que le capital doit être rapporté. Autrement, il y auroit avantage pour lui, en ce qu'il auroit, par ce moyen, l'argent comptant de la succession, et que ses cohéritiers n'auroient qu'une rente à la place. Le rapport se fait donc comme s'il devoit de l'argent comptant, c'est-à-dire, en moins prenant. (Art. 869.)

(6) *Peut même alors se dispenser, etc.* J'ai adopté cette rédaction, pour faire connaître que la dispense du rapport, dans ce cas, est en faveur du donataire, qui peut toujours faire le rapport en nature, s'il le juge convenable.

(7) *Avec dispense du rapport.* Le défunt a donné, avec dispense du rapport, une pièce de terre de cent arpens, qui valent deux cents francs l'arpent. Il se trouve que, d'après le montant de la succession, la quotité disponible est de quinze mille francs. La donation est donc réductible d'un quart. Comme ici la division peut se faire commodément, le donataire rapportera vingt-cinq arpens de terre.

(8) *Ne peut se pratiquer commodément :* si, par exemple, il s'agit d'une maison.

PAGE 212.

(1) *Il peut.* C'est encore une faculté qui lui est accordée. Il peut donc, s'il le

préfère, rapporter l'immeuble en totalité, et prélever sur la masse le montant du disponible.

(2) *Ou à récompenser.* L'article dit, *et à récompenser.* Il est évident qu'il faut *ou*, au lieu de *et*. S'il prend moins, il n'est pas tenu de récompenser.

(3) *Par le donataire.* Ainsi, les acquéreurs sont traités plus favorablement que les créanciers. Si le donataire avoit vendu, l'on ne pourroit inquiéter l'acquéreur. (Art. 860.) S'il a simplement hypothéqué, les hypothèques sont nulles. C'est une observation importante qu'il ne faut pas perdre de vue, et que nous aurons occasion de rappeler plusieurs fois dans le cours de cet ouvrage. En général, on a voulu, autant que possible, éviter ce qui pouvoit entraver la circulation des biens.

Quid, si l'immeuble rapporté tombe dans le lot du donataire? L'hypothèque doit renaître; ou plutôt, elle est censée n'avoir jamais été éteinte. Au moyen du principe adopté dans notre droit, que le partage n'est pas translatif, mais seulement déclaratif de propriété, le cohéritier, dans le lot duquel tombe l'immeuble rapporté, n'a jamais cessé d'en être propriétaire. Il l'a été jusqu'à l'ouverture de la succession, par l'effet de la donation. Il l'a été depuis l'ouverture, par l'effet du partage. La propriété n'a donc pas cessé un instant de reposer sur sa tête. Les hypothèques ont donc dû subsister. Je pense, d'après cela, que la radiation de l'inscription ne doit avoir lieu qu'après le partage; autrement, ce seroit donner ouverture à la fraude, puisqu'au moyen d'une opération purement fictive, il ne tiendroit qu'au donataire de faire disparoître les hypothèques.

M. Chabot est d'un avis contraire sur cette question, dans son commentaire sur l'article 865. Il prétend que, même dans le cas où l'immeuble hypothéqué tombe dans le lot du donataire, toutes les hypothèques spéciales sont éteintes, et ne peuvent revivre que par l'effet d'une nouvelle convention. Il fonde cette opinion sur ce que, dit-il, le donataire n'a jamais été propriétaire. « Si l'on tolère la vente faite par lui, » dit-il, ce n'est pas qu'il ait jamais été propriétaire, ce n'est que par faveur, et » pour qu'il ne soit pas exposé à des dommages-intérêts envers les acquéreurs. Ce » motif n'existant plus quand l'immeuble est rapporté en nature, le principe reprend » toute sa force, et conséquemment l'immeuble doit rentrer franc et quitte de » toutes hypothèques et autres charges, que le donataire n'a pu créer, puisqu'il » n'étoit pas propriétaire. » Et plus bas: « Le droit du donataire, et son titre de » propriétaire ne remontent pas à une époque antérieure au décès du donateur. Il » est donc toujours vrai qu'avant ce décès, et lorsqu'il a constitué l'hypothèque, il » n'avoit pas la propriété: or, il est certain que le propriétaire seul d'un immeuble » a le droit de le grever d'hypothèques. »

D'abord, il est difficile de concilier ce système avec ce que dit le même auteur, sur l'article 863, où il soutient que, du moment de la donation, le donateur n'est plus propriétaire; qu'il est entièrement dessaisi de la propriété par la donation. Mais alors, qui donc est propriétaire, depuis la donation jusqu'à l'ouverture de la succession, si ce n'est ni le donateur, ni le donataire? La propriété est donc restée vacante; ce qui n'est pas, et ne peut pas être.

Une autre conséquence de ce système, c'est que, si, par événement, l'objet donné n'appartenoit pas au donateur, la prescription auroit été interrompue, à compter de la donation. Qui, en effet, auroit pu prescrire? Ce n'est pas le donateur, puisqu'il ne possède plus, et que, d'ailleurs, comme l'avoue M. CHABOT lui-même, il est dessaisi de tout droit sur l'immeuble. Ce n'est pas le donataire, qui possède à la vérité, mais dont la possession n'étant pas à titre de propriétaire, ne pourroit servir de base à la prescription. (Art. 2229.)

Enfin, il résulteroit de là que les hypothèques créées par le donataire sur l'objet donné, seroient nulles *ab initio*, quand même le rapport n'auroit pas lieu, puisqu'il seroit vrai de dire que, dans ce cas, elles auroient été constituées à une époque où le donataire n'étoit pas propriétaire.

Tels seroient les résultats du système adopté par M. CHABOT; résultats entièrement inadmissibles. Disons donc avec POTHIER, que le donataire est réellement propriétaire, du moment de la donation; qu'il est, à la vérité, propriétaire sous une condition résolutoire, comme l'est un acquéreur à faculté de réméré; que cette condition est inhérente à l'objet donné, et a son effet à l'égard des tiers; que c'est pour cette raison que les hypothèques, quoique très-valablement constituées dans le principe, s'anéantissent par le rapport, lorsque par l'effet du partage, l'immeuble tombe dans le lot d'un autre cohéritier; qu'il en devroit être de même de toutes les aliénations; mais qu'on a cru devoir en décider autrement, *ex œquo et bono*, pour ne pas exposer le donataire à des dommages-intérêts, et plus encore, pour ne pas entraver la circulation des biens qui se trouveroient, autrement, frappés d'une sorte d'inaliénabilité, depuis le moment de la donation jusqu'au décès du donateur; que d'ailleurs, lorsque l'objet donné tombe dans le lot du donataire, il est vrai de dire que sa propriété n'a jamais été résolue, ni les hypothèques anéanties.

M. CHABOT ajoute que l'héritage doit rentrer franc et quitte de toutes hypothèques *et autres charges*. Par ces derniers mots, il n'a pu entendre que les charges réelles, telles que l'usufruit et la servitude; mais sous ce rapport, son opinion peut être douteuse: l'usufruit et la servitude sont des démembremens de la propriété, ce sont des parties du fonds. L'aliénation de ces droits ne doit donc pas être résolue, plus que ne le seroit une aliénation partielle du fonds même. A la vérité, l'article 865 se sert du mot générique *charges;* mais il est évident que par ce mot, il a entendu seulement *les hypothèques;* et ce qui le prouve, c'est que l'article ajoute que *les créanciers ayant hypothèque peuvent intervenir au partage, pour s'opposer à ce que le rapport se fasse en fraude de leurs droits.* Or, certainement, l'acquéreur de l'usufruit ou d'une servitude sur le fonds sujet à rapport, auroit également intérêt d'intervenir, pour la conservation de son droit. Donc, dès que l'article n'en fait pas mention, c'est que le rapport ne peut lui préjudicier. Enfin, ce qui vient à l'appui de cette opinion, c'est que l'article 929, où il est question de la réduction pour la réserve, dont les effets sont plus étendus que ceux du rapport, dit formellement que les immeubles à recouvrer, le seront sans charge *des dettes ou hypothèques créées par le donataire*; il n'y est pas question des charges, pour lesquelles il faut se référer à l'article suivant, qui ne permet d'attaquer les acquéreurs, que discussion faite des biens du donataire.

(4) *En fraude de leurs droits.* Si, par exemple, il existoit dans la succession de quoi composer des lots égaux pour tous les autres cohéritiers, les créanciers pourroient s'opposer au rapport en nature.

(5) *Depuis le moment de la donation.* Le principe général, relativement au rapport des immeubles, est que ce rapport, quand il a lieu, a l'effet d'une condition résolutoire. Or, quel est l'effet d'une semblable condition ? C'est de remettre les choses au même état que si l'acte qui est résolu, n'avoit jamais existé. (Art. 1183.) Or, si la donation n'eût pas eu lieu, l'immeuble ne seroit pas sorti des mains du donateur ; dans ce cas, il se trouveroit donc dans sa succession, tel qu'il est effectivement à cette époque. De là, la conséquence nécessaire, que l'immeuble donné doit être rapporté tel qu'il se trouve au moment de l'ouverture de la succession, sauf les détériorations ou améliorations provenant du fait du donataire ou de ses ayans-cause ; et si le rapport n'a pas lieu en nature, *putà*, parce que l'immeuble est aliéné, ou péri par la faute du donataire, la valeur doit en être rapportée sur le même pied. De là il résulte encore que, si le donataire a vendu, le prix de la vente n'entre pour rien dans la fixation de la somme à rapporter ; on ne considère toujours que la valeur de l'immeuble au moment du décès : tant mieux pour le donataire, s'il a diminué de valeur depuis la vente ; et tant pis, s'il a augmenté ; tellement que, s'il a donné l'immeuble, il en doit toujours la valeur au moment du décès, quoiqu'il n'en ait rien retiré ; de même que s'il l'a vendu, et que l'immeuble ait péri depuis la vente par cas fortuit, il ne doit rien, quel que soit le prix qu'il en ait retiré. (*Voyez* les notes (2) et (3) de la page suivante.)

(6) *De la plus-value qui en résulte*, au moment du décès, et non pas au moment du partage, comme semble le dire l'article 861. C'est une erreur de rédaction, fondée sur ce qu'anciennement le rapport de l'immeuble étoit dû sur le pied de la valeur au moment du partage. On n'estimoit donc qu'à la même époque la plus-value résultante des dépenses faites par le donataire. On a changé la législation sur le premier point, puisque maintenant on estime la valeur de l'immeuble au moment du décès : elle a donc dû changer également sur le second point ; car, puisque l'objet cesse d'appartenir au donataire, du moment de l'ouverture de la succession, il est évident que toutes les augmentations ou diminutions qui peuvent survenir depuis, doivent être pour le compte de la succession, et que c'est en conséquence du moment du décès qu'il faut partir, pour déterminer la plus-value qui résulte des améliorations faites par le donataire.

Il résulte de ces principes que, pour fixer la somme dont il doit être tenu compte au donataire, on ne doit pas considérer ce dont l'impense faite par lui a augmenté la valeur de l'immeuble, au temps où elle a été faite, mais ce dont cette valeur se trouve augmentée, au moment de l'ouverture de la succession. Si donc l'objet de l'impense utile, a péri avant le décès, même par cas fortuit, il n'est rien dû au donataire.

Et en effet, le remboursement des dépenses faites par lui, n'est fondé que sur le principe d'équité, qui ne veut pas que personne s'enrichisse aux dépens d'autrui. Il faut donc, pour qu'il y ait lieu à ce remboursement, le concours de deux circonstances; que la succession soit devenue plus riche, et qu'elle soit devenue plus riche aux dépens du donataire. Si elle est devenue plus riche, mais sans qu'il en ait rien coûté au donataire, elle ne doit aucun remboursement. C'est d'après ce principe que toutes les améliorations intrinsèques que l'objet a pu éprouver, profitent à la succession. Si le donataire a fait des dépenses, mais sans que la succession se soit enrichie, elle ne doit donc encore aucun remboursement : et si elle s'est enrichie, mais d'une somme moindre que la valeur des impenses, elle doit rembourser, mais seulement, *quatenùs locupletior facta est.*

Quid, si la maison donnée a péri, et que le donataire l'ait fait rebâtir, lui doit-on tenir compte de la valeur totale du bâtiment actuel, ou seulement de la plus-value de ce bâtiment sur l'ancien? Il faut distinguer :

Si la maison est périe par vétusté, ou par un cas fortuit, et sans aucune faute imputable au donataire, on lui doit compte de la valeur totale du bâtiment actuel, sauf le prix des matériaux de l'ancien bâtiment, s'ils avoient quelque valeur. En effet, s'il n'eût pas fait rebâtir la maison, il n'eût dû que le rapport du sol et de ces matériaux. Donc, s'il a fait rebâtir, il lui est dû, non pas, à la vérité, ce que le bâtiment lui a coûté, mais le prix qu'il vaut au moment du décès.

Mais si la maison a péri par le fait ou la faute du donataire ou de ses ayans-cause, *putà*, par défaut d'entretien, ou autre semblable, il ne doit lui être tenu compte que de la plus-value du nouveau bâtiment sur l'ancien. Le motif de cette distinction est trop clair pour avoir besoin d'explication.

Quid, à l'égard des dépenses voluptuaires? Le donataire peut enlever tout ce qui peut l'être sans détériorer le fonds; mais il ne peut rien réclamer au-delà.

(7) *Il a droit de les répéter*, si toutefois ce ne sont pas des dépenses usufructuaires ou d'entretien : elles sont charge des fruits que gagne le donataire; il ne peut donc en répéter le montant. Il seroit même garant des dégradations que le défaut d'entretien auroit occasionnées. (Art. 605.)

(8) *N'en soit pas augmentée ;* et par conséquent, lors même que le fruit de ces impenses seroit péri depuis : si, par exemple, une ferme a été donnée, et que le donataire ait fait réparer une grange qui a été brûlée depuis par cas fortuit. Et en effet, dès que le rapport a lieu, le principe est, comme nous l'avons dit dans la note (5) ci-dessus, que le défunt est présumé n'avoir jamais cessé d'être propriétaire de l'objet. Or, dans cette hypothèse, comme l'impense est supposée nécessaire, l'on doit présumer que le donateur l'eût faite également; il est donc devenu plus riche, *quatenùs propriæ pecuniæ pepercit.*

Mais le donataire peut-il répéter les impenses nécessaires, si l'immeuble a péri entièrement par cas fortuit? Je ne le pense pas. En vain diroit-on que, si la chose fût restée entre les mains du donateur, il eût fait la dépense, et la chose n'en seroit pas moins périe. Je répondrai que la supposition que l'objet est resté dans la main du donateur, ne doit être faite, qu'autant que le rapport a effectivement lieu. Or, ici, il n'y a pas lieu au rapport, puisque la chose a péri par cas fortuit.

Par la même raison, il faudroit décider que, lors même que la chose existeroit, si la restitution des impenses nécessaires excédoit la valeur actuelle de l'objet, les cohéritiers pourroient, en n'exigeant pas le rapport, se dispenser d'en tenir compte au donataire.

Mais, dira-t-on, il résulte de la loi 18, §. 4, ff. *Commodati*, que le commodataire a l'action contraire pour répéter les dépenses qu'il a faites sur la chose prêtée, quand même elle seroit périe depuis. Je réponds que, dans le commodat, le prêteur n'a jamais cessé un instant d'être propriétaire de la chose prêtée. Or, tout propriétaire est tenu de rembourser les impenses nécessaires qui ont été faites sur sa chose: il eût été obligé de le faire; et par conséquent, *locupletior factus est*, *quatenùs propriæ pecuniæ pepercit*. Mais dans l'espèce dont il s'agit, la propriété appartenoit au donataire au moment où il a fait les dépenses. Cette propriété étoit, à la vérité, résoluble sous condition; mais comme la condition ne s'est jamais réalisée, puisque, dans l'hypothèse, le rapport n'a pas lieu, il en résulte que l'objet a définitivement cessé d'appartenir au donateur, du moment de la donation, et que, par conséquent, toutes les dépenses qui ont pu être faites depuis, doivent tomber à la charge du propriétaire, c'est-à-dire, du donataire.

Les intérêts des impenses sont-ils dus au donataire? Oui, à compter du jour de l'ouverture de la succession. Ces intérêts sont une charge des fruits qui appartiennent à la succession, à partir de cette époque.

(9) *Ou de la moins-value*. Doit-il les intérêts de la somme à laquelle est fixée cette moins-value? Je pense qu'il faut distinguer: si, des dégradations, il est résulté une diminution dans le revenu de l'immeuble, les intérêts sont dus à compter de l'ouverture de la succession, en indemnité du préjudice qu'éprouve la succession à laquelle ces revenus appartiennent à compter du décès. Dans le cas contraire, je ne pense pas que les intérêts soient dus.

De quelles réparations est tenu le donataire? Nous avons déjà vu qu'il est tenu, sans répétition, de toutes celles d'entretien, dites usufructuaires. Quant aux grosses réparations, il en est également tenu, dans le sens que, s'il ne les a pas faites, il est responsable des détériorations qui en sont résultées; mais s'il les a faites, il peut les répéter contre la succession.

(10) *Pour la succession*. C'est encore d'après le principe établi dans la note (6) ci-dessus. Pour qu'il y ait lieu à répétition contre le donataire, il faut que la succession soit devenue plus pauvre, et qu'elle le soit devenue par le fait du donataire. Si elle est devenue plus pauvre, c'est-à-dire, si l'immeuble a diminué de prix, ou même a péri tout-à-fait, mais sans que le donataire y ait contribué, elle n'a aucune action à exercer contre lui. Si c'est par le fait du donataire, il est tenu d'indemniser la succession de la perte qu'il lui a causée, conformément aux articles 1382 et 1383.

Quid, si un immeuble a été donné à un successible, avec faculté de le retenir, en en payant la valeur, ou une somme quelconque fixée par le donateur? On a prétendu que, dans cette hypothèse, quoique l'immeuble eût péri par cas fortuit, le donataire n'étoit pas moins obligé de payer la valeur ou la somme fixée. On fonde cette décision sur l'article 1193 du Code, qui décide que l'obligation alternative devient pure et simple, si l'une des deux choses promises périt, et ne peut plus être livrée.

Il est évident que l'on confond ici deux obligations d'une nature bien différente, savoir : l'obligation alternative, et celle que, dans mes *Institutes*, j'appelle *facultative*. (Liv. 3, Tit. V, Chap. III, Sect. IV.) Je dois telle maison, ou dix mille francs à mon choix; voilà l'obligation alternative. Je dois telle maison, mais j'ai la faculté de me libérer en payant dix mille francs: l'obligation est facultative. Elles diffèrent en ce que, dans l'obligation alternative, les deux choses sont dues : elles sont toutes deux dans l'obligation; le créancier peut et doit les demander toutes deux, sous l'alternative sous laquelle elles sont dues. Dans l'obligation facultative, au contraire, il n'y a qu'une chose dans l'obligation; l'autre est seulement, comme disent les auteurs, *in facultate solutionis* : le créancier ne peut donc demander que la chose principale, jamais celle que le débiteur a la faculté de payer; et si le débiteur ne s'acquitte pas, la condamnation et l'exécution ne peuvent avoir lieu que pour la chose principale.

De là il suit que dans l'obligation alternative, si l'une des deux choses vient à périr, même par cas fortuit, l'obligation subsiste sur celle qui reste; car l'article 1302 décide bien que l'obligation est éteinte par la perte du corps certain qui est dans l'obligation, arrivée sans la faute du débiteur. Mais comme, dans l'obligation alternative, les deux choses sont dans l'obligation, il faut qu'elles périssent toutes deux, pour que l'obligation soit éteinte. Donc, si l'une seulement est périe, l'obligation subsiste sur celle qui reste.

Mais, dans l'obligation facultative, il n'y a qu'une seule chose dans l'obligation, puisqu'il n'y en a qu'une que le créancier puisse demander. Donc, lorsque cette chose est périe sans la faute du débiteur, l'obligation est éteinte, et le débiteur entièrement libéré.

En appliquant ces principes qui sont constans, à l'espèce proposée ci-dessus, l'on voit qu'on a supposé que le donataire devoit le rapport en nature, si mieux il n'aimoit payer telle somme. Or, il est évident qu'il ne peut être forcé de payer la somme; elle n'est donc pas dans l'obligation. Car cela seul est dans l'obligation, que le créancier peut demander, et que le débiteur peut être obligé de payer. Il n'y a donc réellement d'obligation que celle du rapport. Or, l'obligation du rapport, en matière d'immeubles, s'éteint par la perte de l'objet donné, arrivée par cas fortuit, et sans la faute du donataire ou de ses ayans-cause. Donc il faut dire, dans l'espèce proposée, que si la maison donnée a péri par cas fortuit, l'obligation du rapport n'existe plus, même à l'égard de la somme que le donataire avoit la faculté de payer.

PAGE 213.

(1) *Avant l'ouverture de la succession.* A compter de cette ouverture, la suc-

cession est devenue propriétaire. (Art. 856.) A partir de cette époque, le donataire n'a donc pu aliéner.

Il résulte du principe posé dans l'article 860, que l'action en rapport ne se donne jamais contre les tiers détenteurs, à la différence de l'action en réduction pour la légitime, qui, aux termes de l'article 930, a lieu même contre les acquéreurs, mais seulement dans le cas où le donataire est insolvable. Si donc la donation faite au successible excède la portion disponible, et que ce dernier ne soit pas en état de payer la valeur de cet excédant, les légitimaires pourront le revendiquer contre tout détenteur. Mais il faut, comme nous venons de le dire, que le donataire soit insolvable, puisqu'aux termes de l'article 930, il doit être discuté dans ses biens, avant que l'action puisse être exercée contre l'acquéreur. Il ne faut donc pas dire, avec quelques auteurs, que le donataire ne peut, dans ce cas, empêcher l'action en revendication contre les acquéreurs, même en offrant de rapporter la valeur de l'excédant à l'époque de l'ouverture de la succession; puisque, quand même il ne l'offriroit pas, il suffiroit qu'il eût dans ses biens de quoi payer cette valeur, pour que les légitimaires fussent obligés de le discuter, avant de pouvoir attaquer les acquéreurs. C'est une suite du système qui favorise la circulation des biens, et qui maintient, autant que possible, les aliénations.

(2) *Au moment de l'ouverture de la succession*, quel que soit le prix de la vente. (*Voyez* la note (5) de la page précédente.) Cependant je pense avec Pothier, qu'il faut distinguer: Si l'aliénation a été nécessaire; *putà*, si le terrain donné a été pris par le Gouvernement pour la construction d'un chemin, ou pour tout autre établissement public, le donataire ne doit que le prix qu'il a réellement reçu. C'est toujours d'après le même principe. Si l'objet fût resté dans les mains du donateur, celui-ci eût été également forcé d'aliéner, et il n'eût reçu que le même prix qui a été payé au donataire. Mais aussi je pense, par réciprocité, que, dans ce cas, le prix seroit toujours dû, quand même l'objet auroit péri depuis la vente. Il ne seroit pas davantage péri entre les mains du donateur.

(3) *Pour prix de la vente*. Toujours le même principe. Si l'immeuble fût resté dans les mains du donateur, il ne se trouveroit plus dans sa succession, puisque nous supposons qu'il a péri par cas fortuit.

Mais si c'est une maison qui ait été donnée, et qui soit périe par l'effet d'un incendie, admettra-t-on la disposition de l'article 1733, d'après lequel l'incendie est présumé non fortuit, jusqu'à preuve contraire?

Cette question est délicate. Peut-être pourroit-on distinguer ainsi qu'il suit: si le donataire habitoit lui-même la maison au moment de l'incendie, je crois qu'à l'égard de la succession, il doit être assimilé à un locataire, et que l'on doit lui appliquer la disposition de l'article 1733; en conséquence, il répondra de l'incendie, jusqu'à preuve contraire.

Mais si la maison est louée à des locataires, je ne pense pas qu'il en doive être de même par rapport à lui. En effet, l'incendie, quoique présumé non fortuit à l'égard des locataires, est toujours un cas fortuit pour le propriétaire. Dira-t-on qu'il doit répondre des faits de ses locataires, comme il répond de ceux de l'acquéreur? Je réponds qu'il y a une différence. Il pouvoit ne pas vendre; mais il ne pouvoit pas ne pas louer. On ne pouvoit pas exiger qu'il gardât entre ses mains une propriété absolument inutile. Si, donc, il a apporté dans le choix de ses locataires les soins d'un bon père de famille; s'il n'a pas loué à des personnes d'un état dangereux, autre que celui auquel la maison étoit destinée, je pense qu'il est seulement tenu de rapporter l'action qu'il a contre les locataires, d'après l'article 1733. Rappelons toujours le principe. Si l'objet fût resté entre les mains du donateur, n'eût-il pas été obligé de louer? et alors le même accident n'eût-il pas pu lui arriver?

(4) *Au moment de la donation.* Ceci est une exception au principe que nous avons posé; car si les meubles fussent restés dans la main du donateur, certainement ils n'auroient pas valu, à l'époque de son décès, ce qu'ils valoient au temps de la donation, quand même il ne s'en seroit pas servi. Au reste, le Code n'a fait, à ce qu'il paroît, que confirmer l'ancien droit; et j'avoue même qu'il est assez difficile de dire pourquoi l'on a adopté cette disposition en matière de rapport, tandis que l'article 922 décide qu'en matière de réduction pour la légitime, qui paroît encore plus favorable que le rapport, les objets mobiliers doivent être estimés d'après leur valeur au moment du décès. (*Voyez* ci-après la note (3) de la page 235, *in fine.*)

Quid, si ce sont des rentes qui ont été données, le donateur pourra-t-il rapporter les contrats, ou sera-t-il tenu de prendre en moins une somme égale aux capitaux? La raison de douter est que les rentes sont actuellement meubles; il paroîtroit donc qu'on devroit leur appliquer la disposition de l'article 868. Je pense néanmoins qu'elles doivent être placées dans une catégorie particulière. Il est évident que l'article 868 ne s'applique qu'aux meubles corporels, puiqu'on exige un état estimatif, ou, à défaut, une estimation par experts. L'article 869 ne parle que de l'argent comptant: or, les rentes ne peuvent être rangées dans aucune de ces deux classes. D'abord les rentes ne sont pas comparées, même dans le Code, aux meubles corporels. (Argument tiré des articles 533 et 536.) Elles ne sont pas comparées davantage à l'argent comptant; car l'article 1567 dit que, si la dot comprend des contrats de constitution de rente qui aient péri sans la faute du mari, il est quitte en restituant les contrats. Or, s'il avoit reçu de l'argent comptant, les cas fortuits seroient à ses risques. Je pense donc que, malgré la qualité de meuble, donnée aux rentes, on doit leur appliquer l'article 1567, et obliger seulement le donataire à rapporter les contrats. Si les rentes ont été remboursées avant le décès, il devra tenir compte de ce qu'il a reçu. Ce cas doit être comparé à celui d'une aliénation forcée.

PAGE 214.

(1) *A compter de la même époque*, et sans demande, quand même ce seroit de l'argent comptant. C'est une exception à l'article 1153, fondée sur plusieurs raisons:

1°. On a voulu maintenir l'égalité entre les cohéritiers.

2°. On n'a pas voulu obliger les cohéritiers à faire, les uns vis-à-vis des autres, des actes de procédure, qu'ils ne pourroient d'ailleurs faire, qu'après avoir pris connoissance de l'état de la succession et des donations faites; ce qui peut entraîner de longs délais pendant lesquels le donataire jouiroit des sommes données, au préjudice de la succession.

Quid, si c'est un usufruit qui a été donné? Je pense que le donataire ne doit rapporter que le droit d'usufruit; mais qu'il gagne les fruits perçus jusqu'au moment du décès. (Argument tiré de l'article 588.) On pourra objecter contre cette décision, qu'elle donne autant de droit au donataire de l'usufruit, qu'au donataire de la propriété. Cela est vrai; mais, d'abord, il est constant que, pour ce qui regarde les fruits, l'usufruitier est entièrement *loco domini:* il y a toujours, d'ailleurs, cette différence, que le donataire en usufruit ne peut jamais devenir propriétaire, même en renonçant; qu'il n'a pu aliéner l'immeuble, même avant l'ouverture; qu'il n'a jamais été tenu de faire les grosses réparations, ni par conséquent responsable des dégradations que le défaut de ces réparations a pu occasionner, etc.

Les mêmes dispositions s'appliquent à la rente viagère, constituée au profit d'un successible, soit sur sa tête, soit sur celle de tout autre. Le donataire ne sera pas tenu de restituer les arrérages échus avant le décès; mais, à compter du décès, les héritiers auront droit de jouir de la rente jusqu'à son extinction.

(2) *Nul ne peut être contraint à y demeurer.* Ce principe s'applique au partage, non-seulement des successions, mais encore de tout ce qui est possédé par plusieurs personnes indivisément, c'est-à-dire, sans que les parts de chacune soient distinctes et séparées.

(3) *Par aucune prohibition*, de la part du testateur. Mais le testateur pourroit-il défendre le partage au moins pour cinq ans? Quelques personnes ont soutenu la négative, fondée sur ce qu'il est dit dans l'article 815, que le partage peut être suspendu, à la vérité, mais seulement par une des conventions entre les cohéritiers. C'est encore là une de ces interprétations littérales qui me paroissent devoir être proscrites. En général, le testateur peut imposer toutes les conditions qui ne sont pas prohibées par la loi: or, celle de ne pas faire le partage dans les cinq ans, est de ce nombre, puisque la loi permet aux héritiers d'en faire la stipulation. Mais il est bien entendu qu'il s'agit du cas où les héritiers ont été institués par testament; ou, s'ils sont légitimes, la condition ne sera valable, qu'autant que le testateur en aura institué d'autres, pour le cas où les premiers n'obtempéreroient pas à sa volonté; car, autrement, la condition imposée seroit nulle, puisqu'on pourroit y désobéir impunément.

(4) *Seroit nulle de droit.* C'est-à-dire qu'il ne seroit pas besoin d'en faire prononcer la nullité en justice. Remarquez que cette disposition ne s'appliqueroit pas aux sociétés contractées pour un temps limité, dont la dissolution ne peut être demandée avant le temps fixé, sans une cause légitime. (Art. 1871.)

(5) *Tant que dure l'indivision.* C'est-à-dire que l'un des copropriétaires ne peut

pas argumenter de ce que la chose est restée indivise depuis trente, quarante, même cent ans, pour prétendre qu'elle doit toujours rester dans le même état.

(6) *Un des cohéritiers*, ou des copropriétaires, s'il ne s'agit pas du partage d'une succession.

(7) *Pour la prescription*, c'est-à-dire pendant trente ans. Quelques personnes avoient pensé qu'il suffisoit de la prescription de dix ou vingt ans; mais il est évident que cette opinion n'est pas admissible. Pour cette espèce de prescription, il faut un titre; et, dans l'espèce, il ne pourroit y en avoir d'autre qu'un partage, qu'on suppose ne pas exister. Mais, dit-on, après trente ans, la propriété est acquise: il étoit donc fort inutile de dire qu'après ce temps l'action en partage est prescrite. Je réponds que cela n'étoit pas inutile, parce qu'on venoit de décider dans l'article 815, que l'action en partage étoit imprescriptible; il falloit bien conséquemment dire que néanmoins elle seroit prescrite, quand l'un des cohéritiers auroit joui séparément pendant le temps requis pour la prescription.

Au reste, il est évident que cela ne s'applique qu'au cas où la chose est restée entre les mains du cohéritier; car s'il l'a tranférée à un tiers, il n'est pas douteux que ce dernier ne puisse, s'il a titre et bonne foi, prescrire la chose par dix ou vingt ans. Mais alors c'est la propriété de cette chose qui est prescrite, et non point l'action en partage, qui subsiste toujours, sauf l'action en indemnité, que peuvent exercer les autres cohéritiers, contre celui qui a aliéné la chose prescrite.

(8) *Ses droits successifs*. En seroit-il de même, si le cohéritier avoit vendu sa part dans un objet particulier de la succession? Je suis d'avis de l'affirmative. Je pense que l'on peut poser en principe général, sur cette question, que le retrait successoral peut avoir lieu, toutes les fois que la vente donne à l'acquéreur le droit de s'immiscer dans les opérations du partage. Or, il a ce droit, même lorsqu'il a acquis la part du cohéritier dans un objet particulier; car, comme la vente ne peut avoir effet, qu'autant que l'objet tombera dans le lot du cohéritier vendeur, il est évident que l'acquéreur a intérêt d'intervenir, pour tâcher de l'y faire tomber. Il pourroit même arriver qu'une vente pareille causât plus de préjudice, apportât plus d'entraves au partage, que la vente des droits successifs en général. Car, dans ce dernier cas, l'acquéreur n'a que le même intérêt qu'auroit eu le cohéritier vendeur, celui d'avoir une part égale à celle des autres, de quelque manière qu'elle soit composée. Mais lorsque la vente est d'un objet singulier, l'acquéreur a un intérêt qui lui est personnel, celui de faire tomber tel objet dans tel lot, et par conséquent d'entraver toutes les opérations, même les plus utiles, qui pourroient avoir un autre résultat.

Mais remarquez que, dans l'espèce de la vente d'une part dans un objet singulier, l'article 841 n'est applicable, qu'autant que cette vente a lieu avant le partage. *Secùs*, si elle lui est postérieure, et quand même l'objet seroit resté indivis, parce qu'alors la part de chacun dans l'objet, étant déterminée, la vente ne peut préjudicier aux droits des autres cohéritiers, ni procurer à l'acquéreur les moyens de s'immiscer dans les secrets de la famille.

(9) *A un étranger*, c'est-à-dire, à une personne qui ne soit pas héritière, quand même ce seroit un parent du défunt.

Quid, si le cessionnaire est un successible, mais qui ait renoncé à la succession, pour s'en tenir aux dons qui lui ont été faits? Il ne peut être écarté. Le motif de l'art. 841 a été d'empêcher des personnes étrangères de venir s'immiscer dans les secrets et les affaires d'une famille, et d'y porter un esprit de chicane et d'intérêt, dont on peut croire que des parens ne sont pas susceptibles. Ce motif ne peut s'appliquer à un successible, quoique par le fait il ne vienne pas à la succession. (Jugé ainsi en cassation, le 14 mars 1810, Sirey, 1810, Ire. Partie, pag. 230.)

(10) *A titre onéreux*. Cette distinction étoit posée dans les lois, *per diversas*, et *ab Anastasio*, 22 et 23, Cod. *Mandati*, qui, les premières, ont établi un retrait à-peu-près semblable: et elle est maintenue par l'article 841, puisqu'il y est dit que l'on devra rembourser au cessionnaire *le prix* de la cession. D'ailleurs, on ne suppose pas dans le donataire le même esprit de cupidité que dans un acquéreur à prix d'argent.

(11) *Les autres cohéritiers*, ou même un seul, et quand il seroit héritier bénéficiaire. L'article ne distingue pas, et le motif de la loi est le même. D'ailleurs, plus la succession est embarrassée, plus l'on doit craindre de mettre le feu dans les affaires. Mais s'il y a plusieurs cohéritiers, et qu'un seul exerce le retrait, devra-t-il garder pour lui seul la part qu'il a retirée, ou la remettre en commun, en prélevant ce qu'il a remboursé au créancier en sus de sa part dans le prix? La raison de douter se tire du principe adopté dans les lois Romaines, que *venit in actionem familiæ erciscundæ, omne lucrum quod heres ex hereditate sensit*. Or, le droit de retraire la part vendue à un étranger, est un bénéfice que l'héritier retire de la succession; car il n'a ce droit qu'en qualité d'héritier. Néanmoins je pense qu'il peut garder cette part pour lui seul; et je me fonde sur ce qu'il eût pu l'acquérir; et s'il l'eût fait, ses cohéritiers n'eussent pu le forcer de la remettre en commun. Or, on ne peut le traiter plus mal, parce qu'il a voulu faire le bien de la succession, en empêchant un étranger de s'y immiscer.

PAGE 215.

(1) *Mineurs ou interdits*. Mais si la succession est entièrement mobilière, le mineur émancipé ne pourra-t-il pas provoquer le partage, avec l'assistance de son curateur (Art. 482)? Les articles 484 et 817 décident la négative en général, et sans aucune distinction. Dans l'ancienne jurisprudence, l'on regardoit une universalité de meubles, comme un immeuble à l'égard d'un mineur; et il paroît que ce principe a été conservé dans le nouveau droit, puisqu'il est décidé, en général, que le tuteur ne peut répudier ni accepter une succession, quelle qu'elle soit, mobilière ou immobilière, sans l'autorisation du conseil de famille.

Cette même autorisation est exigée pour la demande en partage, parce que le partage est réellement, comme le décident les lois Romaines, une espèce d'aliénation. On tient, à la vérité, dans notre droit, que le partage n'est pas translatif, mais seulement déclaratif de propriété. Mais cette maxime, dont nous donnerons plus bas le développement, n'est, dans le fait, qu'une fiction, qui a été imaginée uniquement pour la commodité des partages, et qui doit être restreinte au cas pour lequel elle a été établie ; car, dans la réalité, l'effet du partage étant de restreindre aux objets compris dans chaque lot, le droit général que chaque cohéritier avoit auparavant sur tous les objets composant la masse de la succession, il est évident que c'est une aliénation, et que, par conséquent, le tuteur doit être autorisé pour le provoquer. Mais il n'a pas besoin de l'être pour y défendre, parce qu'il s'agit alors d'une aliénation nécessaire, et que, d'ailleurs, dès qu'un mineur est intéressé dans un partage, il doit être fait en justice, et homologué.

(2) *A l'égard des cohéritiers absens*, c'est-à-dire, déclarés absens. Pendant la présomption d'absence, ils sont représentés par un notaire. (Art. 113.)

(3) *Aux envoyés en possession.* Bien entendu qu'il s'agit d'une succession échue avant la disparition ou les dernières nouvelles; car si elle étoit échue depuis, l'absent n'y auroit aucun droit. (Art. 136.)

Quid, si l'époux présent a opté pour la continuation de la communauté, et a empêché par là l'envoi en possession? Il faut distinguer : si c'est la femme qui est absente, l'on appliquera l'article 818, sauf que, dans les cas où la femme auroit dû être appelée, on appellera ceux qui étaient ses héritiers présomptifs au moment de la disparition ou des dernières nouvelles.

Si c'est la femme qui est présente, elle ne pourra, dans aucun cas, provoquer le partage de la succession échue au mari, ou y défendre, sans l'intervention des héritiers présomptifs de ce dernier.

(4) *Ou de justice.* C'est toujours par le motif que, pour ce qui concerne la capacité des parties, le partage est regardé comme une aliénation.

(5) *Meubles ou immeubles.* En général, les immeubles échus aux époux par succession, ne tombent pas dans la communauté. Cependant il en peut être autrement, par l'effet d'une stipulation particulière portée au contrat de mariage ; *putà*, par l'effet d'une clause d'ameublissement, s'il y a communauté à titre universel.

Quid, si la succession est de nature à tomber dans la communauté, mais qu'il y ait, dans le contrat de mariage, une clause de reprise d'apport, en faveur de la femme, en cas de renonciation, ne devra-t-on pas l'appeler au partage, puisqu'il est possible qu'en définitif elle renonce à la communauté, et qu'alors elle ait droit, au moyen de la clause de reprise d'apport, de prélever le montant de la succession? Je ne pense pas que cela doive rien changer à ce qui vient d'être dit. La clause de reprise d'apport n'empêche point que le mari ne soit maître des actions mobilières de sa femme ; ce qui comprend même les actions relatives aux immeubles ameublis ; sauf toutefois le recours de la femme contre le mari, si elle se croit lésée par le partage.

Je pense qu'il en doit être de même toutes les fois que la succession est mobilière, quand même, par l'effet d'une clause de réalisation, elle se trouveroit exclue de la communauté. Nous verrons, au Titre *du Contrat de Mariage*, que cette clause n'a aucun effet à l'égard des tiers, et n'a d'effet, même entre les époux qu'au moment de la dissolution de la communauté.

(6) *Soit en défendant.* L'article 1549 dit formellement que le mari a le droit de poursuivre, seul, les débiteurs et détenteurs des biens dotaux ; ce qui comprend bien certainement le droit de provoquer un partage. *Nec obstat* ce qui a lieu sous le régime de la communauté, où tous les immeubles personnels de la femme sont réputés dotaux, et où l'on exige cependant son concours pour le partage définitif. En effet, dans la communauté, l'immeuble de la femme est dotal, à la vérité ; mais, néanmoins, il peut être aliéné ; et il ne peut l'être que par la femme duement autorisée. Or, il est dans l'ordre de faire intervenir au partage celle qui a seule le droit d'aliéner. Sous le régime dotal, au contraire, l'immeuble dotal ne peut être aliéné ni par la femme, ni par le mari, ensemble ou séparément ; à quoi serviroit donc l'intervention de la femme, qui n'est pas plus capable que le mari, de consentir une aliénation ? D'ailleurs, le mari est, sous ce régime, présumé mandataire général de sa femme, pour toutes les affaires relatives aux biens dotaux ; ce qui comprend même les aliénations nécessaires de l'immeuble dotal, ainsi que nous l'allons voir tout-à-l'heure.

Secondement, il existe une grande différence entre le droit attribué au mari par ledit article 1549, et celui qui lui est attribué par l'article 1428, relatif au régime de la communauté. Aux termes de ce dernier article, le mari ne peut intenter seul que les actions possessoires appartenant à sa femme. L'article 1549 ne distingue pas : il donne en général au mari le droit de poursuivre les détenteurs des biens dotaux ; ce qui comprend le pétitoire comme le possessoire.

Troisièmement, enfin, le Code paroît avoir distingué lui-même entre les aliénations nécessaires, et celles qui sont seulement utiles. En effet, après avoir dit dans l'article 1558, qui comprend les cas de nécessité, que l'immeuble dotal peut être aliéné avec permission de justice, il ajoute, dans l'article 1559, qu'il peut être échangé, *mais avec le consentement de la femme.* Ces derniers mots, précédés de la particule adversative *mais*, indiquent que, jusque-là, ce consentement n'a pas dû être exigé.

On a jugé dans ce sens, à Aix, le 9 janvier 1810. (Sirey, 1811, IIe. Partie, p. 469.)

PAGE 216.

(1) *Comme en matière sommaire.* Voyez le Code de Procédure, article 404 à 413 ; mais cette disposition ne doit avoir lieu, qu'autant que la contestation est relative aux formalités du partage, c'est-à-dire, au mode d'y procéder ou à la manière de le terminer. Car si, par exemple, il y a contestation sur les qualités, sur la question de savoir si l'un des prétendans est héritier ou non, sur la validité d'un prélegs, sur l'obligation du rapport, en un mot, sur une question quelconque relative à la propriété, il n'y a pas de doute que la matière ne cesse d'être sommaire, et que l'on ne doive appliquer les règles ordinaires de la procédure.

(2) *Aux licitations.* La licitation est la mise aux enchères d'un bien qui ne peut se partager commodément.

(3) *En rescision de partage :* Il en est de même, 1°. des demandes relatives à l'exécution des dispositions à cause de mort; et 2°. de celles des créanciers du défunt, formées antérieurement au partage. (*Cod. de Procéd.*, art. 59.) Quant à celles faites postérieurement, elles doivent être portées devant les tribunaux des domiciles respectifs des héritiers.

(4) *Dans le cas contraire.* C'est-à-dire, s'il y a des mineurs, interdits, ou des non-présens, qui soient représentés, soit par un notaire à ce commis par le tribunal, soit par des envoyés en possession. Mais comme les frais de partage en justice sont beaucoup plus considérables que les frais du partage à l'amiable, ne doivent-ils pas être supportés par ceux des héritiers dont la qualité a exigé que le partage se fît de cette manière? Non. Tous les cohéritiers ont intérêt de faire un partage définitif et irrévocable. S'ils ne veulent pas supporter les frais, ils n'ont qu'à faire un partage provisionnel. (*Voyez la discussion du Conseil-d'Etat, sur l'article* 466.)

(5) *Et avec les formalités suivantes :* lesquelles doivent être également observées, quand même toutes les parties seroient présentes et usant de leurs droits, si quelques-unes d'elles ne veulent pas consentir au partage à l'amiable.

(6) *Ou que la majorité des cohéritiers l'exige.* On doit y observer les formalités requises par les articles 945 à 951 du Code de Procédure.

PAGE 217.

(1) *Par experts*, au nombre de trois, afin d'éviter le partage d'opinions. Si, cependant, toutes les parties sont majeures, elles peuvent consentir à ce qu'il ne soit nommé qu'un expert. (*Proc.*, art. 971.)

(2) *Nommés d'office.* L'article 466 dit que les experts seront nommés par le tribunal; l'article 824 dit qu'ils seront choisis par les parties, ou nommés d'office, mais seulement au refus des parties. J'ai dû suivre plutôt l'article 824, qui est au siége de la matière, et dont la disposition est d'ailleurs confirmée par l'article 969 du Code de Procédure, qui, étant postérieur au Code Napoléon, doit servir principalement à en déterminer le sens.

(3) *Les bases de l'estimation :* c'est-à-dire que les experts ne doivent pas se contenter de dire, *tel objet vaut tant ;* mais qu'ils doivent donner le motif de leur avis. Ainsi ils diront : *telle ferme est composée de tant d'arpens de telle et telle espèce de terres, dont les unes valent tant, les autres tant, etc.; en conséquence, nous estimons la totalité à tant.* Comme les experts ne sont pas juges, et que le tribunal n'est pas absolument obligé de suivre leur avis, il est bon qu'il connoisse comment ils ont procédé, afin de pouvoir juger si leurs opérations sont exactes.

(4) *Et leur valeur.* Voir, pour les formalités des rapports d'experts, les articles 302 à 323 du Code de Procédure.

(5) *Par jugement*, ou dont les parties peuvent convenir, quand elles sont toutes majeures, présentes, et usant de leurs droits. (Art. 827.)

(6) *Et les étrangers :* c'est-à-dire, les personnes autres que les cohéritiers.

(7) *Y sont nécessairement admis.* Cette disposition est ajoutée, parce que, si toutes

les parties sont présentes, et usant de leurs droits, l'admission des étrangers n'a lieu qu'autant qu'elle est requise par l'une d'elles ; sinon, l'immeuble est licité entre les copropriétaires seulement. (Art. 1687.)

(8) *Soient déjà liquidés.* Il arrive quelquefois que, dans une succession composée de meubles et d'immeubles, les parties divisent entr'elles le mobilier par un premier partage, et laissent les immeubles en commun, en fixant cependant la part indivise que chacun des copartageans doit y avoir. Lorsqu'ensuite le partage de ces immeubles est demandé, c'est le cas d'appliquer la disposition de l'article.

(9) *Après l'entérinement.* L'entérinement est ici la même chose qu'homologation.

(10) *Le juge-commissaire renvoie.* Observez que ce renvoi est forcé, et que le juge-commissaire, ni le tribunal, ne peuvent se réserver les opérations du partage. Ainsi jugé à Paris, le 17 août 1810, conformément à l'article 976 du Code de Procédure, qui est impératif sur ce point. (SIREY, 1811, IIe. Partie, pag. 442.)

(11) *Si elles peuvent :* parce qu'elles n'ont le droit de choisir le notaire, qu'autant qu'elles sont toutes majeures, et usant de leurs droits.

(12) *Peuvent se devoir*, à raison des recettes et dépenses qu'ils ont pu faire pour le compte de la succession, ainsi que des dommages qu'ils ont pu occasionner par leur faute aux choses dépendantes de la succession.

Quid, si l'un des héritiers a fait, pour la succession, des dépenses nécessaires, ou même utiles, peut-il en réclamer les intérêts, et de quand? Je pense que les intérêts sont dus, à compter du jour des avances constatées. (*L.* 18, Cod. *de Neg. gestis*, et Argument tiré de l'art. 2001.)

Si l'un des héritiers a reçu sa part dans une créance de la succession, et que le débiteur soit, depuis, devenu insolvable, sera-t-il tenu de rapporter à la masse commune ce qu'il a reçu, conformément à l'article 1849? Non. Les héritiers ne sont point associés. D'ailleurs, les dettes, tant actives que passives, se divisent de plein droit entre les héritiers. En recevant sa part, il n'a donc reçu que ce qui lui étoit dû. *Suum recepit, et jura vigilantibus prosunt.* Par la même raison, s'il n'a payé que sa part dans une dette de la succession, il n'a rien à répéter contre ses cohéritiers.

Quid, s'il a trouvé un trésor, par l'effet du hasard, dans un fonds de la succession? Un auteur a pensé qu'il devoit le restituer en entier, attendu, dit-il, que l'article 716 ne donne la moitié à l'inventeur, qu'autant qu'il a trouvé le trésor dans le fonds d'autrui. Or, dit cet auteur, l'héritier n'a pas trouvé le trésor dans le fonds d'autrui, puisqu'il en est propriétaire en partie. J'avoue que je ne vois pas la conséquence de ce raisonnement. On auroit pu, à la vérité, appuyer cette opinion sur la loi 22, ff. *Famil. ercisc.* Mais il est aisé de répondre à cette loi avec POTHIER, que le mot *thesaurus* y est pris, improprement, pour une chose enfouie par le testateur lui-même ; ce qui est prouvé par ces mots, *relictum a testatore.* Or, une chose n'est réellement un trésor, que quand on n'en connoît pas le propriétaire. Dans l'espèce de la loi 22, l'objet appartenoit au testateur ; il faisoit donc partie de la succession ;

l'héritier devoit donc en tenir compte. Mais si c'étoit vraiment un trésor, je ne vois pas comment l'héritier, qui en auroit eu la moitié comme inventeur, s'il l'avoit trouvé dans un fonds étranger, perdra tout droit, parce qu'il l'a trouvé dans un fonds de la succession. Mais, dit-on, l'héritier doit faire participer ses cohéritiers, *omni lucro quod ex re hæreditariâ sentit*. Cela est vrai; mais dans l'espèce, quel est le gain, *quod sentit ex re hæreditariâ*. C'est la moitié qui appartient au propriétaire du fonds. Aussi suis-je bien d'avis que cette moitié doit être mise en commun, et qu'il ne peut y réclamer que sa part; mais, quant à l'autre moitié, elle ne lui appartient pas, *propter rem hæreditariam*, puisqu'il l'auroit toujours, quand même le fonds n'appartiendroit pas à la succession; il n'est donc pas tenu de la mettre en commun.

(13) *D'après les règles établies au précédent paragraphe*. C'est cette formation de la masse, que l'on nomme *liquidation*.

PAGE 218.

(1) *Ne se fait pas en nature*. On prélève également les legs qui ont pu être faits aux héritiers, à titre de préciput et hors part.

(2) *Soit en argent*. Ainsi, soit une succession dont chaque part soit de quarante mille francs : il y a deux héritages, dont l'un vaut quarante-cinq mille francs, et l'autre trente-cinq mille francs. Au lieu de morceler le premier de ces deux héritages, on fera un seul lot de chacun, et l'on chargera le lot qui a l'héritage de quarante-cinq mille francs, de payer à l'autre une somme de cinq mille francs. C'est cette somme que l'on nomme *soulte*.

(3) *Aucune hypothèque*. Or, comme l'inscription se prend ici en vertu de l'acte de partage, quel qu'il soit, et qu'aux termes de l'article 819 il peut être sous seing-privé, il s'ensuit que, dans le cas de l'article 2109, l'inscription peut être prise en vertu d'un acte sous seing-privé, duement enregistré. (*Voyez* d'ailleurs, tom. II, la note (6) de la page 225.)

Quid, si le cohéritier propriétaire du lot, et débiteur de la soulte, vend, au lieu d'hypothéquer? Je pense que, dans ce cas, le créancier de la soulte n'a que les quinze jours accordés par l'article 834 du Code de Procédure, à compter de la transcription de l'acte de vente, et que, s'il ne prend pas inscription dans ce délai, son privilége est perdu, au moins à l'égard de l'acquéreur.

Je sais bien qu'on oppose à cette opinion le premier alinéa de ce même article 834, qui, après avoir appliqué le principe de la nécessité de la transcription dans la quinzaine, aux créanciers privilégiés, ajoute: *sans préjudice des autres droits résultant au vendeur et aux héritiers, des articles* 2108 *et* 2109 *du Code Civil*; d'où il sembleroit résulter qu'on a voulu les excepter de la règle générale, qui exige l'inscription dans la quinzaine de la transcription.

Mais je réponds d'abord qu'il est impossible d'entendre l'article dans ce sens. Car le vendeur n'ayant, aux termes de l'article 2108, aucun délai pour faire transcrire ou pour prendre inscription, s'il n'étoit pas assujetti à la règle des quinze jours, il s'ensuivroit que son privilége ne pourroit jamais être purgé à l'égard de l'acquéreur; ce qui est formellement contraire au système actuel sur les hypothèques.

Voici, au surplus, dans quel sens cet alinéa me paroît devoir être entendu :

Je pense qu'une fois la quinzaine de la transcription passée, le premier vendeur, ou le cohéritier créancier de la soulte, peuvent bien encore, par une inscription prise en temps utile, conserver leur privilége, mais seulement à l'égard des autres créanciers de leur débiteur; mais non à l'égard de l'acquéreur qui a fait transcrire. Je le prouve à l'égard du cohéritier, puisqu'il résulte de l'article 2109, que l'effet du privilége accordé par ledit article, est que, pendant les soixante jours, *aucune hypothèque* ne peut avoir lieu sur le bien chargé de soulte, au préjudice de la soulte. *Aucune hypothèque*, est-il dit, et non pas, *aucune aliénation;* ce qui s'accorde parfaitement avec le principe contenu dans l'article 2111, qui conserve le privilége des créanciers et légataires qui ont demandé la séparation des patrimoines, par une inscription prise dans les six mois, mais qui ne le conserve qu'à l'égard *des créanciers des héritiers*, et non à l'égard des acquéreurs. Cela tient au système que nous avons déjà fait remarquer, et qui préfère toujours les acquéreurs aux créanciers.

Si donc le vendeur, ou le cohéritier, n'a pas pris inscription dans la quinzaine, il a perdu tout droit contre l'acquéreur; il ne peut surenchérir; et si l'acquéreur a payé son prix, soit au vendeur lui-même, soit aux créanciers inscrits, il n'a aucun recours à exercer contre lui. Mais s'il a été procédé à un ordre, je pense qu'il suffit, pour la conservation du privilége, que l'inscription soit prise avant la clôture de l'ordre (*Procéd.*, 759), pourvu toutefois que le cohéritier soit encore dans les soixante jours. Qui pourroit, en effet, contester le privilége? Ce n'est pas l'acquéreur; il n'a pas d'intérêt : il lui est indifférent de payer son prix à Pierre ou à Paul, pourvu qu'il soit valablement libéré. Ce ne sont pas les créanciers, puisqu'il suffit que l'inscription soit prise dans le délai, pour que le privilége soit conservé à leur égard.

L'on voit, d'après cela, quel est le motif de l'addition de ces mots, dans l'art. 834, *sans préjudice, etc.* Remarquez, en effet, que l'article ne dit pas, *sans préjudice des droits résultant au vendeur, etc.*, mais, *sans préjudice des autres droits*, c'est-à-dire, des droits autres que celui dont on vient de parler. Or, dans l'alinéa précédent, on a parlé du droit que les créanciers inscrits dans la quinzaine peuvent exercer contre l'acquéreur. On ajoute, *sans préjudice des autres droits;* c'est comme si l'on avoit dit, *sans préjudice des droits que le vendeur ou les héritiers peuvent exercer contre d'autres personnes que contre l'acquéreur*, c'est-à-dire, contre les créanciers. Donc, par cette addition, on n'a pas entendu déroger au principe que l'on venoit d'établir, de la nécessité de l'inscription dans la quinzaine de la transcription.

(*Voyez* au surplus, sur cette question, un arrêt de Grenoble, du 8 février 1810, dont je n'approuve pas d'ailleurs tous les principes. (SIREY, 1810, IIe. Part., pag. 382.)

(4) *A l'amiable, etc.*, devant notaire ou sous seing-privé. Le même privilége a lieu, en cas de licitation, pour le prix de l'objet licité (Art. 2109), si toutefois l'objet

a été adjugé à l'un des cohéritiers. Car s'il l'a été à un étranger, tous les cohéritiers sont vendeurs ; et alors ils conservent leur privilége, comme il est dit à l'égard du vendeur par l'article 2108.

PAGE 219.

(1) *Requiert son ministère.* (*Voyez* l'art. 83 *du Cod. de Procéd.*)

(2) *Le tirage des lots au sort.* Comment se fera le tirage, si les lots sont inégaux, *putà*, si le partage a lieu entre un père et quatre frères du défunt ? Il revient au père le quart, et à chaque frère les trois seizièmes. Je pense que, dans ce cas, il faudra faire deux opérations. L'on fera d'abord quatre lots égaux ; le père en tirera un. L'on partagera ensuite les trois lots restans en quatre parts égales, pour être réparties au sort entre les quatre frères. (Argument tiré des articles 831 et 836.)

(3) *A toute réquisition. Quid*, s'il refuse de les aider ? A l'égard des titres ayant minute, il en sera levé des expéditions ou des secondes grosses, suivant le besoin, et à ses frais. Pour les autres titres, il sera condamné aux dommages-intérêts.

(4) *Il n'est que provisionnel*, à l'égard du mineur, de l'absent ou de l'interdit seulement ; mais s'ils ne réclament pas dans le délai fixé par l'art. 1304, il est définitif à l'égard de toutes les parties.

(5) *Pour les donations entre-vifs.* Par conséquent les copartageans sont saisis irrévocablement.

(6) *Ou les testamens.* Un père et une mère pourroient-ils faire le partage de leurs biens entre leurs enfans, par un seul et même acte ? Oui, mais par donation entre-vifs seulement. (Art. 968.) L'ordonnance de 1735 (Art. 77), en défendant les testamens mutuels, avoit excepté de la prohibition les partages faits par les ascendans. L'article 968 du Code a consacré la prohibition, mais n'a pas admis l'exception. Nous verrons, au Titre suivant, pour quel motif les testamens mutuels sont prohibés.

Si le partage est fait par acte entre-vifs, il faut, alors, acceptation expresse des copartageans (art. 932), transcription, s'il comprend des immeubles, etc. (Art. 939.) Mais, dans ce cas, l'acceptation empêcheroit-elle la demande en rescision pour lésion ? Non, sans doute. Cette demande peut avoir lieu à l'égard d'un partage même convenu entre les parties. A plus forte raison, doit-elle s'appliquer à un partage qui a pu n'être accepté que dans la crainte de déplaire au défunt, et *ne pejus faceret.*

Le partage fait entre-vifs participe de la nature de la donation, dans le sens qu'il saisit le donataire, et qu'il est irrévocable ; mais il en diffère en ce que :

1°. Par une donation, le père qui n'auroit que deux enfans, pourroit avantager l'un, du tiers de sa succession. Par un partage, il ne peut l'avantager que d'un huitième.

2°. L'enfant donataire, sans dispense de rapport, ne pourroit venir à partage des biens laissés par le père, qu'en rapportant l'objet donné. L'enfant avantagé par un premier partage peut prendre également sa part dans les biens qui n'y ont pas été compris, sans être obligé de rapporter ce qu'il a reçu de plus que ses frères, dans le premier partage, et quoiqu'il n'y ait point dispense de rapport.

(7) *Que les biens présens.* On ne peut donner, entre-vifs, que les biens présens. (Art. 943.) *Quid*, si ce même partage contient quelque disposition relative aux biens futurs? Il ne vaudra toujours que pour les biens présens (*ibid.*); et les biens à venir seront partagés conformément à la loi.

(8) *Laissera à son décès;* ce qui peut arriver dans deux cas : si l'ascendant a acquis de nouveaux biens depuis le partage; ou s'il n'y a pas compris tous les biens qu'il possédoit à l'époque où le partage a été fait. On doutoit anciennement si le partage étoit valable dans ce dernier cas. Notre article ne distingue pas. L'article 1076 dit bien que le partage entre-vifs ne peut comprendre que les biens présens; mais il ne dit pas qu'il doit comprendre tous les biens présens.

(9) *Pour les partages ordinaires*, sauf le droit qu'a toujours l'ascendant de faire un nouveau partage de ce surplus.

(10) *A la succession*, c'est-à-dire, entre toutes les souches; car il n'est pas nécessaire qu'il soit fait entre toutes les branches de la même souche. Exemple : un père a quatre enfans; il fait entr'eux quatre le partage de ses biens. Un des enfans meurt, laissant lui-même des enfans. Quoique la part de chacun de ces petits-enfans dans celle de leur père ne soit pas déterminée, le partage ne sera pas moins valable. Seulement, l'on fera une opération secondaire, qui ne concernera que les enfans du fils prédécédé, à l'effet de partager entr'eux la part échue à leur père.

Prendront-ils cette part par droit de transmission, ou par droit de représentation? Cela est important, dans le cas où ils auroient renoncé à la succession de leur père. Je pense qu'il faut distinguer : Si le partage a été fait entre-vifs, comme alors leur père a été saisi irrévocablement de sa part, elle fait partie de sa succession, et ils ne peuvent la prendre que par transmission, et autant qu'ils ont accepté sa succession : dans le cas contraire, ils prennent la part assignée à leur père, par droit de représentation, et quand même ils auroient renoncé à sa succession.

PAGE 220.

(1) *Dans le premier.* Bien entendu, si les non-partagés viennent à la succession. Car s'ils renoncent, comme ils sont censés n'avoir jamais été héritiers, il est vrai de dire qu'alors le partage a été fait entre tous les héritiers. Il ne peut donc être attaqué. Il en seroit de même, si les non-partagés étoient déclarés indignes.

(2) *Des troubles et évictions.* L'éviction, proprement dite, est l'abandon que le possesseur est obligé de faire, de tout ou partie de la chose qu'il possède, par suite d'une action réelle exercée par un tiers. Il faut entendre ici par partie de la chose, tout ce qui est regardé en droit comme un démembrement de la propriété, tel qu'un droit d'usufruit ou de servitude. Le délaissement par hypothèque seroit aussi regardé comme une éviction.

Le trouble est tout acte, soit de droit, soit de fait, tendant à empêcher la jouissance du possesseur. Mais pour que les cohéritiers en soient garans, il faut que le trouble ait été exercé par suite d'un droit réel prétendu sur la chose. Autrement, ils n'en seroient pas tenus, puisque le locateur n'en est pas même tenu à l'égard du locataire ou fermier. (Art. 1725.) C'est alors un cas fortuit, qui doit tomber sur le possesseur.

Observez que l'action en garantie a lieu, même quand le partage a été fait par un ascendant. L'ascendant a voulu que chacun des partagés eût tout ce qu'il lui a attribué par le partage : donc, s'il ne l'a pas, il doit avoir l'action en garantie.

(3) *Dépendans de la succession.* Il est étonnant, d'après la disposition formelle de l'article 2103, qu'un auteur moderne ait pu dire que, dans le droit actuel, le cohéritier évincé n'a d'hypothèque pour sa garantie, qu'autant qu'elle a été stipulée expressément par l'acte de partage, et avec affectation spéciale. Il est bien constant que l'article 2103 attribue expressément un privilége à l'action en garantie. A la vérité, ce privilége n'est pas du nombre de ceux pour la conservation desquels la loi prescrit des formalités particulières. Il est possible que ce soit une omission du Législateur; mais, au surplus, voici comment je pense que l'on doit opérer à cet égard.

Nous avons déjà fait observer que la disposition de l'article 883, aux termes duquel le cohéritier est censé avoir succédé seul, et immédiatement, aux objets tombés dans son lot, étoit une pure fiction, introduite seulement pour la commodité des partages; mais que, dans le fait, le partage étoit une véritable aliénation, et considéré comme tel par la loi. Cela se prouve notamment par les articles 465 et 818, qui exigent les mêmes consentemens pour les partages, que pour les aliénations. L'on peut donc, relativement à la garantie, considérer les cohéritiers comme respectivement vendeurs, les uns à l'égard des autres, et leur appliquer, en conséquence, l'article 2108.

Nec obstat ce qui sera dit ci-après (IIe. Vol., note (2) de la page 170), que le copermutant évincé de la chose qu'il a reçue en contre-échange, ne peut répéter celle qu'il a donnée, qu'autant qu'elle est encore dans les mains du copermutant, mais qu'il n'a aucune action contre les tiers: car il y a cette différence, que, dans l'échange, il n'y auroit aucun moyen pour les tiers d'échapper à l'action du copermutant, puisqu'il s'agiroit d'un droit de propriété, à l'égard duquel les formalités du purgement n'ont aucun effet (art. 2182); au lieu que, dans le partage, il s'agit d'un simple privilége, qui peut être purgé. L'aquéreur a donc un moyen de se mettre à l'abri de l'action du cohéritier évincé, tandis qu'il n'en auroit aucun contre l'action du copermutant.

Le cohéritier évincé peut-il former sa demande en garantie hypothécairement pour le tout, contre chacun des cohéritiers détenteurs d'immeubles provenant de la succession? Je ne le pense pas, et je me fonde à cet égard sur la disposition de l'art. 875, dans lequel nous voyons que l'héritier, qui a payé une dette entière de la succession, comme détenteur, et par suite de l'action hypothécaire, n'a de recours contre ses cohéritiers que chacun pour leur part, quoique, aux termes de l'article 1251, n°. 4, il soit subrogé légalement aux droits du créancier. Le motif de cette disposition a été d'éviter entre les cohéritiers un circuit d'actions. Ce même motif s'applique au cas dont nous parlons. Car si le cohéritier évincé agissoit pour le tout contre un autre cohéritier, celui-ci auroit à son tour un recours contre un troisième, et même contre le premier, s'il étoit détenteur d'immeubles, et ainsi de suite. Il est donc beaucoup plus simple de décider que le co-héritier évincé ne pourra agir contre les cohéritiers détenteurs d'immeubles, que pour la part de chacun; et il aura l'action hypothécaire pour cette part, conformément à l'art. 2103.

(4) *Qu'il a pu éprouver depuis.* Remarquez la différence essentielle qui existe entre l'action en garantie résultant de la vente, et celle qui résulte du partage. Par la première, l'acheteur doit être indemnisé de toute la perte que lui cause l'éviction. Par conséquent, si la chose a augmenté de valeur depuis la vente, le vendeur doit restituer la plus-value, sans préjudice même des autres dommages-intérêts de l'acquéreur. Au contraire, l'action en garantie résultant du partage, n'a pour but que de maintenir l'égalité. Il suffit, d'après cela, de considérer la valeur de la chose au moment du partage. En effet, dès qu'il y a éviction, c'est que l'objet évincé n'appartenoit pas au défunt; c'est donc à tort qu'il a été compris au partage. En conséquence, la part de chaque cohéritier doit être diminuée d'une somme égale à la part qu'il est censé avoir eue dans la valeur de cet objet. Supposons, par exemple, une succession partagée entre quatre cohéritiers : une maison, qui en fait partie, est estimée dans le partage dix mille francs, et adjugée pour cette valeur à l'un des cohéritiers. Elle est ensuite réclamée par un tiers, auquel elle est adjugée par jugement. Il a donc été jugé qu'elle ne devoit pas être comprise dans le partage; de là, il suit que la masse de la succession doit être de dix mille francs moins forte qu'elle n'a été portée lors de la liquidation. Chacun des cohéritiers, autre que celui évincé, doit donc supporter une diminution égale au quart de cette somme, c'est-à-dire, à deux mille cinq cents francs; ce qui fera pour les trois sept mille cinq cents francs, lesquels seront remis au cohéritier évincé, qui se trouvera par là supporter également son quart dans l'éviction. L'on voit, par cet exemple, que les changemens que la chose a pu éprouver, soit en plus, soit en moins, depuis le partage, ne peuvent influer en rien sur le montant de la somme à payer par les cohéritiers garans.

(5) *Même sur celui évincé.* Autrement, il se trouveroit plus avantagé que ses copartageans. (Voyez la note précédente.)

(6) *Expressément.* Ainsi, quand même il paroîtroit résulter du partage que le cohéritier connoissoit la cause de l'éviction, et même que l'héritage lui a été donné pour une moindre valeur, en raison de l'éviction qui étoit à craindre, il y a toujours lieu à l'action en garantie, s'il n'y a une clause expresse qui le charge de l'éviction soufferte. On peut croire que la diminution de valeur donnée à l'objet, a eu pour motif d'indemniser le cohéritier de la crainte qu'il pouvoit avoir d'être évincé, du désagrément de ne pouvoir faire sur l'objet les constructions ou améliorations qu'il jugeroit convenables, etc.

De même, il paroît qu'il ne suffiroit pas d'une clause générale de non garantie; il faut que l'éviction soufferte ait été expressément prévue et exceptée.

Mais même, quand l'exception est expresse, le cohéritier évincé est-il, dans tous les cas, dépourvu de tout recours? Je ne le pense pas. S'il résulte de l'éviction une lésion de plus du quart de la part que devoit avoir le cohéritier dans le surplus de la succession, je crois qu'il peut alors demander la rescision du partage pour cause de lésion.

(7) *Du cohéritier évincé*. Quand même elle proviendroit d'une cause antérieure au partage, *putà*, s'il a laissé compléter une prescription commencée pendant la vie du défunt, sauf peut-être l'exception portée dans la loi 16, ff. *de Fundo dotali.*, si, au moment du partage, il ne restoit qu'un très-petit nombre de jours pour compléter la prescription.

L'action en garantie cesse encore, si le cohéritier a omis de renouveler une inscription, et que le débiteur soit devenu insolvable; s'il s'est laissé condamner sans appeler ses cohéritiers, lorsqu'ils avoient des moyens suffisans pour faire rejeter la demande. (Art. 1640.)

(8) *Postérieure au partage*. Si, par exemple, depuis le partage, le fonds a été pris pour un chemin public, etc.

(9) *Qu'après le partage*. *Quid*, si la créance n'étoit pas exigible, et que l'insolvabilité soit survenue depuis le partage, mais avant l'exigibilité? Le cohéritier ne peut-il pas alléguer que l'insolvabilité ne peut être à sa charge, puisqu'il n'a pu agir? Non; l'insolvabilité, dans ce cas, peut être comparée à un cas fortuit, à une force majeure, qui est toujours à la charge du propriétaire, quoiqu'il n'ait pu l'empêcher. D'ailleurs, l'article 1695 décide formellement que, dans la cession d'une créance, la garantie de la solvabilité du débiteur ne s'entend que de la solvabilité actuelle, et ne s'étend pas au temps à venir, à moins de stipulation expresse. Donc, en supposant la garantie de droit, elle ne doit s'appliquer qu'à l'insolvabilité existante au moment du partage. Aussi est-il d'usage, pour peu qu'une créance soit douteuse, de la laisser en commun, et alors la perte est pour tous les cohéritiers. C'est le parti le plus prudent et le plus juste.

Mais remarquez que, si le défaut de paiement ne provient pas de l'insolvabilité du débiteur, mais de ce qu'il conteste la créance au fond; *putà*, s'il prétend que la dette n'a jamais existé, ou qu'elle a été acquittée du vivant de celui de la succession duquel il s'agit, alors c'est une cause d'éviction antérieure au partage, dont les cohéritiers sont tenus. (Argument tiré de l'art. 1693.)

(10) *Qui suivent le partage*. Je pense que c'est ainsi qu'il faut entendre l'article 886, dont la rédaction est d'ailleurs un peu obscure. En général, il n'y a lieu à garantie, pour raison de l'insolvabilité du débiteur, que quand elle existoit au moment du partage. Mais s'il s'agit d'une rente, et que l'héritier n'ait pas réclamé dans les cinq ans, il ne peut être admis à prouver que l'insolvabilité existoit au moment du partage. Cette dernière disposition a eu probablement pour but d'abolir l'ancienne jurisprudence, d'après laquelle on pensoit que la garantie d'une rente étoit perpétuelle, et qu'elle duroit autant que la rente. (Pothier, *des Successions*, chap. IV, art. 5, §. III.) Cela étoit trop contraire à l'esprit général de la législation actuelle, qui veut qu'après un certain temps les possesseurs soient tranquilles sur

leurs propriétés. D'ailleurs, ou la rente a été servie exactement pendant les cinq ans, ou non. Dans le premier cas, il y a présomption que le débiteur n'étoit pas insolvable au moment du partage ; dans le second, le cohéritier doit s'imputer de n'avoir pas réclamé plus tôt.

PAGE 221.

(1) *Les partages.* Même ceux faits par justice. La loi ne distingue pas. D'ailleurs, l'article 1314 dit que les partages faits avec des mineurs, et avec les formalités requises, sont considérés, comme s'ils avoient été faits entre majeurs. Or, tout partage entre majeurs peut être rescindé ; donc, etc. *Nec obstat* que l'article 1684 n'admet point la rescision dans les ventes qui ne peuvent se faire qu'en justice : car, d'abord, il n'est question, dans cet article, que de la rescision pour lésion, ce qui n'empêcheroit pas les autres causes de rescision, comme le dol, la violence ; mais il y a d'ailleurs une autre raison de différence. Dans les partages, tout se passe entre les cohéritiers seuls : dans les ventes dont il est question dans l'article 1684, les étrangers sont nécessairement admis à enchérir ; ce qui exclut toute idée de lésion.

(2) *Peuvent être rescindés.* Dans quel délai ? Celui de dix ans, à compter de la découverte du dol ou de la cessation de la violence. (Art. 1304.) Quant à la lésion, je pense que le délai doit courir du jour où le partage a été consommé. Il est impossible de fixer une autre époque. Si cependant la lésion étoit la suite d'un dol, il est évident que les dix ans ne courroient que du jour de la découverte du dol.

(3) *Violence, dol et lésion.* Ils peuvent encore être rescindés, ou plutôt annullés, quand l'on n'y a pas compris tous les héritiers. (Argument tiré de l'article 1078.)

La simple lésion, non accompagnée de dol, est ce que les Romains appeloient *dolus re ipsâ*, à la différence du dol personnel, qu'ils appeloient *dolus*, et quelquefois *dolus malus*, et que nous nommons simplement *dol.* Cependant l'expression de dol personnel, a été conservée dans le Code de Procédure, relativement à la requête civile. (Art. 480.)

Le cohéritier qui n'est pas lésé, pourroit-il demander la rescision du partage pour dol ? Non, sans doute ; car, s'il n'est pas lésé, il n'a pas d'intérêt, et les actions n'ont d'autre principe que l'intérêt. Mais aussi observez que, si le dol n'est pas allégué, la lésion n'est un motif de rescision, qu'autant qu'elle excède le quart ; tandis qu'en cas de dol, la simple lésion, pourvu qu'elle soit susceptible d'être prise en considération, suffit pour faire rescinder le partage.

(4) *De toutes les autres conventions.* (*Voyez* le Titre *des Contrats en général*, chap. II, sect. II, §. II et III.) On n'a pas parlé de l'erreur, parce que, ou elle tombe sur la valeur des choses comprises dans le partage, et alors il n'y a lieu à rescision, qu'autant qu'il en résulte lésion de plus du quart ; ou elle consiste dans l'omission de quelques objets ; et alors il y a lieu à un partage supplémentaire.

(5) *Pour l'une de ces deux causes. Quid*, pour cause de lésion ? Le cohéritier lésé qui a aliéné tout ou partie de son lot, peut-il demander la rescision ? L'article 892 paroît décider implicitement l'affirmative, d'après la règle, *Qui dicit de uno, negat de altero.* Cependant je pense qu'il faut tenir la négative : et pour

s'en convaincre, il faut bien se pénétrer de l'esprit qui a dicté l'article 892. En effet, cet article suppose comme constant le principe, que le cohéritier qui a aliéné, ne peut plus intenter l'action en rescision. Comment, en effet, faire un nouveau partage, quand on ne peut plus recomposer la masse générale? Cependant on a considéré que, s'il y avoit eu dol ou violence, et que l'aliénation fût antérieure à la découverte du dol ou à la cessation de la violence, il seroit injuste de priver le cohéritier trompé ou contraint, du bénéfice de la rescision; et l'on a fait l'article 892 pour le lui accorder expressément. Ainsi cet article, nonobstant sa rédaction, a moins pour objet de restreindre la fin de non-recevoir, résultant de l'aliénation, au cas de dol ou violence, que de l'abroger au contraire dans ces deux cas, toutes les fois que l'aliénation est antérieure à la découverte du dol ou à la cessation de la violence. En un mot, l'article n'a pas été fait pour décider que celui qui avoit aliéné, ne pourroit demander la rescision du partage. La loi a supposé cela constant; mais l'on a voulu, au contraire, accorder au cohéritier qui a aliéné, le droit de demander la rescision, pour dol ou violence, lorsque l'aliénation seroit antérieure à la découverte du dol ou à la cessation de la violence. Mais s'il y a eu simplement lésion, sans dol ni violence, à quelqu'époque qu'il ait aliéné, il ne pourra demander la rescision.

(6) *De plus du quart*, c'est-à-dire, du quart de la part qu'auroit dû avoir le cohéritier, si le partage eût été fait également. Ainsi, soit une succession de soixante-quatre mille francs, à partager par égale portion entre quatre cohéritiers. Si l'un d'eux a moins de douze mille francs dans son lot, il peut demander la rescision. *Secùs*, dans la vente qui ne peut être rescindée qu'autant qu'il y a lésion des sept douzièmes. La raison de la différence, c'est que la vente est une espèce de négoce qui a lieu entre étrangers, et dans lequel chacune des parties a intention de faire un bénéfice quelconque: dans le partage, au contraire, l'on ne présume pas que les cohéritiers veulent gagner, mais seulement diviser les biens, et les diviser également. On a donc dû exiger une lésion bien moins considérable, pour donner ouverture à l'action en rescision.

L'action en rescision du partage, est-elle du nombre de celles qui sont appelées en droit romain, *personales in rem scriptæ*, c'est-à-dire, qui, quoique résultant d'une obligation, se donnent cependant contre les tiers, telle que celle dont il est question dans les articles 1654 et 1664? D'abord il est bien constant qu'elle ne pourroit l'être, que discussion préalablement faite du cohéritier qui a aliéné. (Argument tiré de l'art. 891.) Car, puisque le cohéritier lésé est obligé de se contenter du supplément en numéraire, même lorsqu'il est offert par son cohéritier lui-même, à plus forte raison la même disposition doit-elle avoir lieu, lorsqu'il s'agit de dépouiller un détenteur; mais même, en cas d'insuffisance de la discussion, je ne pense pas que les tiers de bonne foi puissent être inquiétés. Cela me paroît trop contraire à l'esprit général du Code, qui, à un très-petit nombre d'exceptions près, veut, en général, comme nous l'avons déjà fait observer fréquemment, pourvoir à la tranquillité des acquéreurs. Quant à l'objection tirée de ce qui a lieu dans la vente, l'on peut répondre:

1°. Que, dans la vente, le délai de l'action n'est que de deux ans, même à l'égard des mineurs, et à compter du jour de la vente. Dans le partage, il est de dix ans, qui même, en cas de dol ou de violence, ne courent que du jour de la découverte du dol ou de la cessation de la violence; que ce délai peut même être prolongé par des minorités; qu'il n'est pas possible de supposer que le Législateur ait voulu laisser des propriétés incertaines pendant un aussi long intervalle.

2°. Que, dans la vente, il s'agit de la rescision pour vilité du prix; que l'acquéreur qui a dû se faire représenter les titres de propriété de son vendeur, a pu voir, par la comparaison du prix avec la valeur réelle de l'objet, qu'il y avoit eu réellement lésion; qu'il a donc pu et dû, s'il a acquis avant les deux ans, s'attendre à l'action en rescision. Au contraire, celui qui acquiert un objet tombé dans le lot d'un cohéritier, ne peut connoître le dol ou la violence qui ont pu être employés. Il ne peut pas davantage connoître la lésion : d'abord, parce que le partage ne lui est pas communiqué. Dans l'usage, on ne délivre pas à chaque cohéritier une expédition du partage, mais seulement un extrait pour ce qui le concerne. L'acquéreur ne connoît donc pas l'ensemble de l'opération. Comment pourroit-il savoir que l'un des cohéritiers a été lésé? D'ailleurs, il est très-possible que l'objet qu'il acquiert ait été porté à sa juste valeur dans le partage, et que la lésion ne provienne que de ce qu'un objet tombé à un autre cohéritier, aura été évalué beaucoup trop haut. Comment pourra-t-il en être instruit? Je pense donc que, sauf le cas de mauvaise foi de la part de l'acquéreur, l'action en rescision ne peut être formée contre lui.

(7) *En supplément de partage.* Quand même il ne résulteroit pas de cette omission une lésion de plus du quart. Quelque modique que soit l'objet, il faut bien savoir à qui il doit appartenir en définitif.

(8) *Sur des difficultés réelles.* Si elles étoient imaginaires, on regarderoit l'acte comme fait en fraude de la loi; et il y auroit lieu à rescision, s'il y avoit lésion de plus du quart.

Quid, si l'on avoit transigé sur des difficultés élevées lors du partage? Je pense que la question rentre entièrement dans le domaine du juge. Si les difficultés présentoient une chance de gain ou de perte réellement douteuse, et qu'en les supposant décidées contre le cohéritier qui se prétend lésé, il en fût résulté un préjudice supérieur aux sacrifices qu'il a faits, il est certain qu'il y a eu de sa part contrat aléatoire, et que le partage ne peut être rescindé. Dans le cas contraire, il peut y avoir lieu à rescision, si toutefois il résulte de ces sacrifices une lésion de plus du quart.

(9) *De procès commencé.* Il peut y avoir transaction, sans qu'il y ait encore de procès. La transaction est un moyen d'éteindre le procès né, ou de l'empêcher de naître. (Art. 2044.)

(10) *Et sans fraude.* Si donc il y a fraude, le partage sera rescindé. Les cas de fraude sont remis à l'arbitrage du juge; mais elle sera présumée plus facilement dans certains cas; si, par exemple, le cohéritier vendeur ignoroit complètement l'état de la succession, et que l'acquéreur en fût instruit.

(11) *Pour cause de lésion.* C'est, dans ce cas, un contrat aléatoire, *propter incertum æris alieni.* A plus forte raison, la rescision ne seroit-elle pas admise, même pour lésion des sept douzièmes, contre la vente faite sans fraude à un étranger.

Cependant nous venons de dire que la rescision est admise contre tout acte qui a pour objet de faire cesser l'indivision, fût-il qualifié de *vente*, *etc.* Mais il faut entendre cette dernière disposition, du cas où l'un des cohéritiers a vendu sa part dans l'actif, à ses cohéritiers ou à l'un d'eux. La raison de différence, c'est que, quand il a vendu sa part dans l'actif seulement, il reste sujet aux dettes ; au lieu que, quand il a vendu ses droits successifs, l'acquéreur étant tenu des dettes, dont le montant peut être incertain, il y a vraiment contrat aléatoire.

(12) *Le supplément*, juste. Ce n'est pas comme dans la vente, où il suffit d'offrir de quoi compléter les neuf dixièmes du juste prix. C'est toujours la même raison, celle de l'égalité.

(13) *Soit en nature*, au choix de lui défendeur. Dès que la loi établit l'alternative, et qu'elle ne réserve pas expressément le choix au créancier, il est toujours au débiteur. (Art. 1190.)

PAGE 222.

(1) *Supérieur à la portion disponible.* Pour entendre cette disposition, il faut se rappeler ce qui a déjà été dit, que l'individu qui a des enfans légitimes, ne peut disposer, à titre gratuit, que d'une partie de ses biens, proportionnée au nombre de ses enfans. Cette partie, que l'on nomme *portion*, ou *quotité disponible*, est de moitié, s'il n'a qu'un enfant ; du tiers, s'il en a deux ; et du quart, s'il en a trois ou davantage.

La quotité disponible peut être donnée, même à l'un des enfans, pourvu que le donateur ait déclaré expressément, en la donnant, qu'il entendoit que le donataire la recueillît à titre de préciput.

Cela posé, prenons l'exemple suivant :

Un père a trois enfans, et ne peut conséquemment disposer que du quart. Il donne, de son vivant, à un de ses enfans, et par préciput, une somme de vingt-quatre mille francs, et meurt, laissant une succession de valeur de quatre-vingt-seize mille francs. Par son testament, il fait le partage de ses biens entre ses enfans. Il résulte de ce partage que l'enfant qui est déjà donataire, a une part égale en valeur à quarante mille francs, et que la part de chacun des deux autres est de vingt-huit mille francs. En prenant la donation et le partage séparément, chacun de ces actes est inattaquable ; car, en réunissant les biens donnés à ceux qu'il laisse à son décès, le total est de cent vingt mille francs, dont le quart disponible est de trente mille francs. Il n'en a donné que vingt-quatre mille : il n'y a pas lieu à réduire la donation. D'un autre côté, la masse partageable est de quatre-vingt-seize mille francs : la part que chaque enfant auroit dû avoir, est de trente-deux mille francs. La part effective des moins prenant est de vingt-huit mille francs ; il n'y a pas lésion du quart. Le partage n'est donc pas rescindable. Mais comme, en réunissant la valeur de la donation à la portion assignée par le partage à l'enfant donataire, il en résulte pour lui une somme totale de soixante-quatre mille francs, supérieure à ce dont le père pouvoit disposer en sa faveur, il y aura lieu à rescision. En effet, la portion disponible étoit de trente mille francs ; s'il l'eût donnée en entier à l'un de ses fils, même à titre de préciput, il seroit resté une somme de quatre-vingt-dix mille francs, qui, partagée entre les trois, eût donné pour chacun trente mille francs. L'enfant donataire ne pouvoit donc avoir au plus, et en totalité, que soixante mille francs. Donc, du partage combiné avec les dispositions faites par préciput, il résulte, en faveur de l'enfant donataire, un avantage supérieur à la portion disponible. Donc, le partage doit être rescindé.

Mais le partage sera-t-il rescindé en totalité, ou bien la part de l'enfant avantagé sera-t-elle réduite au disponible, dans l'espèce, à soixante mille francs ? L'article 1079 paroît comparer ce cas à celui où il y auroit lésion de plus du quart; et alors, bien certainement, le partage est rescindé pour le tout. Je pense qu'il en doit être de même ici. On peut dire du père : *fecit quod non potuit ; non fecit quod potuit.* Il pouvoit donner formellement le disponible, il ne l'a pas fait, il a cherché à éluder la loi par des dispositions indirectes, la loi ne doit pas en protéger l'exécution.

(2) *Dans le lot de chacun d'eux.* Supposons, en effet, une succession dans laquelle il se trouve quatre maisons, et à laquelle aient droit quatre cohéritiers. Chacun d'eux étoit, avant le partage, propriétaire d'un quart dans chaque maison. Par le partage, une maison est abandonnée en entier à chaque cohéritier, sauf retour s'il y a lieu. Or, chaque cohéritier n'ayant été, dans le principe, propriétaire que pour un quart, de la maison qui lui est abandonnée, il sembleroit naturel de dire qu'il a acquis les trois autres quarts de ses cohéritiers, auxquels il a cédé en retour le quart qu'il avoit dans chacune des trois autres maisons. C'étoit ainsi que cela étoit décidé en droit Romain (*L.* 6, §. 8, ff. *Communi divid.*). Cela étoit conforme aux principes rigoureux du droit. Mais on a cru devoir les faire fléchir pour la commodité des partages.

PAGE 223.

(1) *Que les créanciers.* Il en est de même des acquéreurs, de ceux, par exemple, auxquels le cohéritier auroit cédé ses droits successifs, ou même seulement sa part dans les immeubles ou dans les meubles de la succession, sauf le droit de les écarter du partage, accordé aux autres cohéritiers, conformément à l'article 841.

(2) *Peuvent s'opposer.* A qui doit être signifiée l'opposition ? Je pense qu'elle doit l'être à tous les héritiers. Autrement le partage ne pouvant être rescindé par partie, vaudroit, même à l'égard de ceux auxquels l'opposition auroit été notifiée.

Quid, s'il avoit été procédé, non au partage, mais à la licitation d'immeubles dépendans de la succession, sans appeler l'opposant? On a jugé à la Cour impériale de Paris, le 2 mars 1812, qu'il falloit distinguer si l'adjudication avoit été faite à un étranger, ou à l'un des héritiers; que, dans le premier cas, ce n'étoit pas un partage, mais une vente faite à un tiers acquéreur de bonne foi, et qui, par conséquent, devoit être maintenue ; que, dans le second, c'étoit un véritable partage que le créancier avoit le droit de faire annuller. (SIREY, 1812, IIe. Partie, pag. 432.)

Cette distinction est fondée sur les véritables principes de la matière ; car, dans le premier cas, tous les cohéritiers étant vendeurs, leurs créanciers peuvent poursuivre l'acquéreur ; dans le second, au contraire, la licitation anéantit tous les droits des créanciers, autres que ceux du cohéritier acquéreur.

(3) *Ils ne peuvent plus l'attaquer*, de leur chef : mais ils pourroient l'attaquer du chef de leur débiteur. Ces deux cas diffèrent en ce que, si le partage a eu lieu au préjudice de leur opposition, ils peuvent l'attaquer, dans leur seul intérêt, et quand même le partage seroit fait avec toute l'égalité possible ; et cela, par la seule raison qu'ils étoient intéressés à ce qu'il se fît d'une autre manière. Par exemple, le créancier ayant une hypothèque générale, a intérêt à ce qu'il tombe dans le lot de son débiteur des immeubles sur lesquels son hypothèque puisse frapper. Si donc le partage a été fait avec grande égalité, mais que cependant la part du cohéritier débiteur ait été composée entièrement de mobilier, le créancier opposant, qui prétendroit qu'il a dû écheoir des immeubles à son débiteur, auroit droit d'attaquer le partage. Si, au contraire, le créancier n'agit que du chef du cohéritier, il ne pourra l'attaquer que comme exerçant ses droits, et, par conséquent, seulement pour une des causes pour lesquelles le cohéritier lui-même pourroit l'attaquer, c'est-à-dire, pour dol, violence, ou lésion de plus du quart.

Remarquez que, pour écarter le créancier, par la raison que son opposition est postérieure au partage, il faut que ce partage, s'il est sous seing-privé, ait au moins une date certaine ; autrement rien ne prouveroit qu'il est antérieur à l'opposition du créancier. Pour voir comment un acte sous seing-privé peut acquérir une date certaine, voyez l'article 1328.

(4) *A la licitation*, soit entre cohéritiers, soit entre copropriétaires. Nous verrons, au Titre *de l'Expropriation forcée*, si la disposition de l'article 2205 est applicable au cas où un immeuble est indivis entre plusieurs copropriétaires.

PAGE 224.

(1) *Même sur ses biens personnels*, à moins qu'il n'ait accepté sous bénéfice d'inventaire : et ce n'est pas le cas dont il s'agit ici.

(2) *De sa part et portion héréditaire*. Cela ne veut pas dire que chaque cohéritier n'est tenu que jusqu'à concurrence de sa portion, mais bien, qu'il doit supporter dans les dettes et charges une part proportionnelle à celle qu'il prend dans les biens. Si sa portion héréditaire est du quart de la succession, il doit payer le quart des dettes, quel qu'en soit le montant, etc.

L'article dit : *en proportion de ce qu'il prend dans la succession*, ce qui n'est pas exact. Car un héritier, qui est en même temps prélégataire, n'est toujours tenu des dettes, même à l'égard de ses cohéritiers, qu'en proportion de sa part héréditaire, sans aucun égard pour les prélegs. (*L.* 1, Cod. *Si certum petatur.*)

De même, si le partage a été fait inégalement, mais cependant de manière qu'il ne puisse y avoir lieu à rescision, le cohéritier qui se trouve avantagé, n'est toujours tenu des dettes que proportionnément à sa part héréditaire. Il n'est donc pas exact de dire qu'il est tenu en proportion de ce qu'il prend, ou de ce qu'il recueille dans la succession.

Nota. Un arrêt de cassation, du 27 janvier 1812 (*Journ. de Jurisp. du Cod. Nap.*, tom. XVIII, pag. 233), a décidé, et avec raison, que les cohéritiers qui ont chargé un notaire de la liquidation d'une succession, étoient tenus *solidairement* du paiement des honoraires. En effet, ils doivent, relativement à ce, être considérés, non comme héritiers, mais comme mandans. Or, entre plusieurs mandans, la solidarité a lieu. (Art. 2002.)

(3) *Proportionnée à sa part héréditaire*. Il en est de même des débiteurs de la succession, qui ne peuvent payer valablement à chaque héritier qu'une part de la dette proportionnée à sa part héréditaire, ainsi que nous le verrons au Titre *des Contrats en général*.

Quid, si un cohéritier a vendu ses droits successifs? Cela ne change rien au droit. Les créanciers peuvent toujours poursuivre le vendeur pour sa part, sauf son recours contre l'acquéreur. De même, les débiteurs de la succession peuvent payer valablement au vendeur, tant que la cession ne leur a pas été signifiée.

Quid, si, par une clause spéciale du partage, un des cohéritiers a été chargé d'une part plus considérable dans les dettes? Les créanciers peuvent bien lui demander la part qu'il a été chargé de payer (Argument tiré de l'article 1221, n°. 4); mais c'est pour eux un acte de pure faculté; et ils peuvent, s'ils le préfèrent, ne lui demander que sa part, et demander le surplus aux autres cohéritiers, chacun pour leur part, sauf le recours de ceux-ci contre le premier cohéritier, pour ce qu'ils ont été obligés de payer en excédant de ce dont ils étoient tenus d'après le partage.

Mais si les héritiers sont bénéficiaires, ne sont-ils tenus des dettes que pour leur part, ou jusqu'à concurrence de ce qu'ils ont retiré de la succession, quand même cela excéderoit leur part respective dans les dettes? *Espèce :*

Une succession est acceptée bénéficiairement par trois héritiers. Ceux-ci, après avoir payé les créanciers opposans, se sont partagé le surplus, montant à douze mille francs. Chaque héritier a donc touché quatre mille francs. Il se présente un créancier à qui il est dû six mille francs. Il s'adresse à l'un des cohéritiers, et lui demande les quatre mille francs qu'il a touchés. Le cohéritier offre de payer deux mille francs seulement, pour son tiers dans la dette. *Quid juris?* On a jugé en faveur du créancier, à Paris, le 25 août 1810 (Sirey, 1810, IIe. Partie, p. 357), et en faveur de l'héritier, à Colmar, le 23 novembre de la même année (Sirey, 1811, IIe. Partie, pag. 77). Je crois l'arrêt de Colmar plus conforme aux principes. Le bénéfice d'inventaire est établi uniquement en faveur de l'héritier; on ne peut le faire tourner contre lui. L'arrêt de Paris a jugé que l'héritier bénéficiaire n'étoit qu'un comptable; ce qui n'est pas exact. Il est si bien propriétaire, qu'il peut aliéner valablement tous les effets de la succession; il en est quitte pour être réputé héritier pur et simple. L'arrêt de Paris a confondu l'exception avec le droit. Le créancier ne peut, en principe, assigner l'héritier, pur et simple ou bénéficiaire, que pour sa part dans la dette. Si l'héritier, pour se dispenser de payer cette part, oppose le bénéfice d'inventaire, c'est alors qu'il devient comptable, et qu'il est obligé de prouver que ce qu'il a reçu de la succession, ne suffit pas pour payer sa part dans la dette. Mais s'il n'oppose pas le bénéfice, et qu'il paie sa part dans la dette, le créancier n'a pas de compte à lui demander. L'héritier n'est donc pas comptable de droit; il ne l'est que lorsqu'il oppose l'exception du bénéfice.

Nota. Pendant que j'écrivois ceci, l'arrêt de Paris a été déféré à la Cour de Cassation, et cassé par arrêt du 22 juillet 1812. (SIREY, 1812, Ire Partie, pag. 305.)

Comment les héritiers sont-ils tenus des obligations résultant des délits ou des quasi-délits, commis par le défunt? Aux termes de l'article 2 du Code d'Instruction Criminelle, l'action publique pour l'application de la peine s'éteint par la mort du prévenu; mais l'action civile, pour la réparation du dommage, peut être exercée contre ses représentans. En conséquence, l'héritier n'est tenu des peines pécuniaires, c'est-à-dire, des amendes résultant des délits ou des quasi-délits du défunt, qu'autant qu'elles ont été prononcées contre ce dernier. Il en est tenu alors par l'action *judicati*. Mais, quant aux réparations civiles, il en est tenu, tant que l'action n'est pas prescrite. (Voir ci-dessus, la note (9) de la page 25.)

Quid, si le défunt étoit convenu avec son créancier que celui-ci pourroit agir solidairement contre chacun de ses héritiers? (Voir au IIe. vol., la note (4) de la page 30.)

Observez que l'article 873 dit que les héritiers sont tenus des dettes et charges pour leur portion *virile*. Mais je pense qu'il faut entendre par là leur portion héréditaire; ce qui n'est pas toujours la même chose. Supposons, en effet, un père et un frère, seuls héritiers dans une succession: la portion virile de chacun est moitié; la portion héréditaire est un quart pour le père, et trois quarts pour le frère. Je ne pense pas, en effet, que l'intention du Législateur ait été d'obliger deux héritiers succédant inégalement, par exemple, dans l'espèce précédente, le père et le frère, à payer chacun une part égale dans les dettes, sauf recours. A la vérité, l'on pensoit ainsi anciennement; mais cette opinion étoit fondée sur ce que, dans la plupart des successions, l'inégalité des parts provenoit de ce qu'il y avoit des héritiers des propres et des héritiers des acquêts. Or, le créancier ne pouvoit connoître dans quelle proportion les propres ou les acquêts étoient à la masse de la succession, et diriger son action en conséquence, il falloit une liquidation, un partage, que les héritiers étoient maîtres de faire quand ils le vouloient, et que les créanciers n'étoient pas obligés d'attendre. On avoit donc trouvé plus juste de décider que les héritiers seroient tenus chacun pour une part égale, sauf recours. Actuellement, la même raison n'existe plus. La loi doit être connue de tout le monde. C'est elle seule qui détermine la quote revenant à chaque héritier. Il paroît donc convenable qu'il ne soit tenu des dettes que proportionnément à cette part. D'ailleurs, cela évite les recours, toujours désagréables et dispendieux.

Nous examinerons, dans le Titre suivant, la question de savoir si l'héritier légitime concourant avec un légataire universel, ou à titre universel, est tenu, à l'égard des créanciers, pour la totalité des dettes, ou seulement pour une part proportionnée à celle qu'il prend dans la succession. (Voir aussi la note (6) de la page suivante.)

(4) *Qui l'étoient déjà contre le défunt.* On l'exigeoit anciennement en pays de coutume; ce qui étoit assez inutile. Mais il faut observer que les titres ne deviennent exécutoires contre l'héritier, que pour ce qui concerne les biens. S'ils emportoient la contrainte par corps contre le défunt, elle ne pourroit être exercée contre l'héritier.

(5) *Huit jours*, francs. *Dies termini non computatur in termino.*

PAGE 225.

(1) *Qui lui est hypothéqué.* Sauf, dans ce cas, la faculté accordée au possesseur ou détenteur, qui n'est pas obligé personnellement, de se libérer de la dette, en délaissant l'immeuble ou la portion d'immeuble qu'il possède.

(2) *Détenteur, tiers-détenteur.* Ces expressions sont particulièrement consacrées en matières d'hypothèques, pour désigner celui qui n'est pas personnellement obligé à une dette, mais qui possède un immeuble hypothéqué, et qui, à raison de ce, peut être poursuivi par l'action hypothécaire.

(3) *Du total de sa créance.* Ainsi, dans ce cas, il faut distinguer dans chaque héritier détenteur d'immeuble, ou de portion d'immeuble, hypothéqué, deux obligations différentes: l'une personnelle, qu'il a contractée comme héritier et comme représentant la personne du défunt, par le seul effet de son acceptation, et en vertu de laquelle il est tenu de payer, même sur ses propres biens, une part dans la dette, proportionnée à sa part héréditaire; l'autre obligation, réelle ou hypothécaire, à laquelle il n'est assujetti que comme détenteur de tout ou partie de l'objet hypothéqué, et dont il peut conséquemment se libérer en délaissant l'objet; tandis que l'obligation personnelle étant inhérente à la qualité d'héritier qu'il ne peut abdiquer (*semèl heres, semper heres*), il est tenu de l'acquitter sur tous ses biens. *Exemple :* Une personne laisse dans sa succession une dette de dix mille francs, hypothéquée sur une maison. Quatre héritiers acceptent la succession purement et simplement. Par l'événement du partage, la maison hypothéquée tombe à Pierre, l'un d'eux. En conséquence, outre l'obligation personnelle qu'il a contractée, en acceptant la succession, de payer le quart des dettes, et par conséquent deux mille cinq cents francs sur celle dont il s'agit, il peut être poursuivi par le créancier des dix mille francs, pour la totalité de cette somme, comme détenteur de la maison hypothéquée, et sauf son recours contre ses cohéritiers. Mais il y aura cette différence, que pour les deux mille cinq cents francs qu'il doit personnellement et comme héritier, il n'a, comme nous l'avons dit, aucun moyen de se soustraire au paiement, quand même il offriroit d'abandonner tout ce qu'il a recueilli de la succession; au lieu que, pour les sept mille cinq cents francs, qu'il ne doit que comme détenteur de la maison, il peut se dispenser de les payer, en délaissant ladite maison au créancier, qui en poursuivra alors la vente avec les formalités requises; le tout sans préjudice du droit qu'a ce même créancier de poursuivre, s'il le préfère, chacun des trois autres héritiers pour un quart de la dette. En outre, l'héritier assigné

comme détenteur, et qui a payé sa part dans la dette, peut exiger, conformément à l'article 2170, que le créancier discute préalablement les immeubles hypothéqués à la même dette, qui peuvent être encore dans les mains de ses cohéritiers ; car il est vrai de dire que, pour la part de ses cohéritiers, il n'est poursuivi que comme détenteur, et que ce sont eux qui sont réellement débiteurs personnels et principaux.

(4) *A l'action hypothécaire.* Pourquoi a-t-on fait une disposition particulière pour le cas de la rente constituée ? C'est que, comme nous le disons dans le texte, il n'y a pas de terme d'exigibilité, et que, d'un autre côté, le créancier de la rente hypothéquée sur un immeuble, pouvant demander, tous les ans, la totalité de la rente au cohéritier détenteur de l'immeuble hypothéqué, sauf le recours de ce dernier contre ses cohéritiers, il en seroit résulté une série annuelle et perpétuelle d'actions en garantie. C'est pour éviter cet inconvénient, que l'on oblige les cohéritiers, ou de rembourser le capital, ou de charger du service de la rente le lot dans lequel tombe l'immeuble hypothéqué.

Mais l'un des cohéritiers ne pourroit-il pas rembourser le capital entier au créancier, sauf son recours contre ses cohéritiers ? Oui ; mais il n'auroit de recours que pour la continuation de la rente, attendu qu'il est de l'essence de la rente constituée, que le débiteur qui paye exactement les arrérages, ne puisse être jamais forcé de rembourser le capital.

Si l'un des héritiers n'a pas payé les arrérages de la rente pendant deux ans, et que le créancier veuille exiger le remboursement du capital, conformément à l'article 1912, pourra-t-il exiger ce remboursement contre les héritiers qui ont payé exactement leur part ? Oui. (Argument tiré de l'art. 1232.) Mais je pense, *benigno jure*, que ceux-ci pourront se dispenser de rembourser, en payant les arrérages dus par leur cohéritier, et en donnant des sûretés pour le paiement des arrérages à venir. (Argument tiré de l'article 618.)

(5) *Et doit garantir.* Il est tenu de garantir, parce que, comme nous l'avons déjà fait observer, les arrangemens particuliers qui peuvent avoir lieu entre les cohéritiers, ne peuvent, en aucune manière, préjudicier au créancier, qui conserve toujours le droit, ou de poursuivre, pour le total, les détenteurs des immeubles hypothéqués, ou de demander à chaque cohéritier sa part dans la dette, sauf leur recours, dans ce dernier cas, contre celui qui a été chargé, par le partage, de la payer en totalité.

(6) *Soit contre les légataires universels, ou à titre universel.* L'héritier concourt avec le légataire universel, quand il est légitimaire ; il est alors saisi de toute la succession, et le légataire est tenu de lui demander la délivrance. Il est donc le seul représentant de la personne du défunt, et, en conséquence, seul passible de l'action des créanciers, sauf son recours contre le légataire. (*Voyez* ci-après, la note (4) de la page 260.)

(7) *Quand il y avoit subrogation.* Il y a subrogation, toutes les fois que les droits, priviléges et hypothèques du créancier passent à une autre personne. (Art. 1249, 1250 et 1251.)

(8) *A raison de son émolument.* Un exemple est nécessaire pour faire comprendre cette difficulté.

Une personne ayant plusieurs maisons hypothéquées au paiement de la même créance, meurt, laissant quatre héritiers, qui tous acceptent sa succession. Par l'effet du partage, il tombe dans le lot de chaque cohéritier une des maisons hypothéquées. Le créancier, à l'échéance de l'obligation, et en vertu de l'indivisibilité de l'hypothèque, poursuit un seul des héritiers, Pierre, par exemple, en paiement du total de sa créance. Pierre, pour n'être pas obligé de délaisser la maison, paie ce total. Conformément à la disposition portée en l'article 1251 (au 3°.), il est subrogé, de droit, à tous les droits, actions et hypothèques du créancier; en conséquence, comme il ne devoit réellement que le quart de la dette, il veut, par suite de la subrogation, et comme représentant le créancier, demander les trois autres quarts à un de ses cohéritiers, détenteur, comme lui, d'une maison hypothéquée à la même créance. Le peut-il, ou bien est-il tenu de diviser son action, et de demander le tiers de ce qu'il a payé en sus de sa part, ou le quart de la créance au total, à chacun des autres cohéritiers? Telle est la question sur laquelle on étoit partagé anciennement.

Il est certain que de droit strict, et d'après les principes rigoureux de la subrogation, qui met le subrogé au lieu et place du créancier, il semble que, comme ce dernier auroit pu demander le tout à chaque cohéritier détenteur, le subrogé qui le représente, a le même droit, sauf qu'étant lui-même débiteur personnel de la dette pour un quart, il ne peut demander que les trois quarts.

Mais l'on a jugé qu'il résulteroit de ce système un inconvénient notable. En effet, qu'arriveroit-il dans l'espèce, et en admettant le recours du premier cohéritier pour les trois quarts? C'est que le deuxième cohéritier, qui aura été obligé de payer les trois quarts, étant lui-même subrogé par l'effet du paiement, pourra poursuivre le troisième pour le paiement de la moitié, sauf à celui-ci à poursuivre le quatrième, et même à revenir contre le premier qui, en sa qualité de détenteur, est toujours tenu de la dette, tant qu'elle n'est pas entièrement éteinte; de là un circuit perpétuel d'actions, et des procédures sans nombre. Il a donc paru plus convenable d'obliger celui qui a payé le total dans le principe, de demander le tiers du restant, à chacun des autres cohéritiers. D'ailleurs l'on peut dire que la subrogation même est un avantage que le cohéritier a retiré *ex re hereditariâ*, et qu'il doit en conséquence communiquer à ses collègues, conformément à la loi 19, ff. *Famil. Ercisc.*, bien loin de pouvoir le tourner contre eux.

Au reste, la subrogation lui est toujours utile, en ce qu'elle lui donne, pour sûreté du recours, la même hypothèque qu'avoit le créancier sur les biens tombés au lot de ses cohéritiers; mais la seule différence, c'est qu'il ne peut exercer cette subrogation que pour la part de chacun d'eux.

Au surplus, je pense que la disposition de l'article 875 doit être restreinte au cas pour lequel elle a été faite, et qu'en conséquence elle ne seroit pas applicable à l'héritier qui seroit, de son chef, créancier hypothécaire de la succession. On ne peut pas dire, dans ce cas, que l'hypothèque est un avantage que l'héritier retire *ex re hereditariâ*, et qu'il doit communiquer à ses cohéritiers. Mais lorsqu'il aura, par l'action hypothécaire, exigé du cohéritier détenteur la totalité de sa créance, moins la part éteinte par la confusion, celui qui aura payé, se trouvant dans le cas de l'article 875, ne pourra plus agir contre les autres, que chacun pour leur part.

PAGE 226.

(1) *Au marc le franc.* Si nous supposons trois héritiers, le père pour un quart, et deux frères chacun pour trois huitièmes, et que l'un des deux frères soit insolvable, sa part dans la dette sera partagée en cinq parties, dont deux seront à la charge du père, et les trois autres à la charge de l'autre frère. Si donc le père, par suite de l'action hypothécaire, a payé la totalité de la dette, il aura recours contre le frère solvable, d'abord pour les trois huitièmes dont il est tenu personnellement dans la dette, et ensuite pour les trois cinquièmes de la part dont le frère insolvable étoit tenu; ce qui fait les trois cinquièmes au total de la dette: les deux autres cinquièmes restent à la charge du père.

Quid, si la dette étoit chirographaire? L'héritier qui l'auroit payée en totalité, n'auroit point de recours contre ses cohéritiers pour la part de l'insolvable. L'art. 876 n'accorde ce recours que quand la dette est hypothécaire. Et, en effet, les dettes passives se divisant de plein droit entre les héritiers (Art. 1220), le créancier ne pouvoit forcer un seul des cohéritiers de payer en totalité la dette chirographaire : il ne pouvoit demander à chacun que sa part; et alors l'insolvabilité de l'un d'eux fût retombée sur le créancier, et non pas sur les autres cohéritiers. Celui qui a payé volontairement une pareille dette, doit donc se l'imputer, et n'a pas pu imposer par son seul fait, à ses cohéritiers, une obligation à laquelle ils n'étoient pas soumis.

(2) *De la subrogation.* Il pourra, en conséquence, en abandonnant tout ce qu'il a des biens de la succession, agir, pour le total de la créance, contre chacun de ses cohéritiers détenteurs d'immeubles hypothéqués à ladite créance. Il en sera de même, à plus forte raison, s'il est, de son chef, créancier hypothécaire de la succession.

(3) *A ceux non hypothécaires.* La séparation des patrimoines a été établie principalement dans l'intérêt des créanciers chirographaires. Cependant les créanciers, même hypothécaires, peuvent avoir intérêt de la demander, s'ils craignent de ne point venir en ordre utile; ceux qui n'ont qu'une hypothèque spéciale, ont aussi intérêt de demander la séparation, qui leur en donne une générale sur tous les biens de la succession. Enfin, s'ils n'ont pas pris inscription avant le décès, ils ont intérêt de demander la séparation, parce qu'alors l'inscription prise par eux dans les six mois à compter de l'ouverture de la succession, prime toutes celles qui auroient pu être prises auparavant sur les biens de ladite succession par les créanciers de l'héritier : au lieu que, si la séparation n'a pas lieu, leur hypothèque n'a rang, même à l'égard des créanciers de l'héritier, que du jour de l'inscription.

(4) *Plus de dettes que de biens.* Remarquons, en effet, qu'il n'y a de causes de préférence entre créanciers, que les priviléges et les hypothèques. (Art. 2094.) En conséquence, les créanciers qui n'ont ni privilége, ni hypothèque, ayant un droit égal sur tous les biens de leur débiteur, le prix de ces biens se distribue entr'eux

par contribution. (Art. 2093.) Que l'on se rappelle maintenant que, par l'acceptation, l'héritier ne fait qu'un avec le défunt; que les deux patrimoines sont confondus, et que les créanciers du défunt n'étant plus que les créanciers de l'héritier, sont obligés, s'ils n'ont ni privilége, ni hypothèque, de venir à contribution avec les créanciers personnels de l'héritier, sur la masse de ses biens, au nombre desquels se trouvent ceux de la succession. Il est évident, d'après cela, que, si l'héritier avoit personnellement, au moment de l'acceptation, ou se trouvoit avoir par la suite, plus de dettes que de biens, la confusion des deux patrimoines profiteroit à ses propres créanciers, et préjudicieroit par la même raison à ceux du défunt. Car telle succession eût été suffisante, et au-delà, pour acquitter les dettes du défunt, qui, réunie aux biens de l'héritier, ne suffiroit plus pour acquitter les dettes réunies de la succession et de l'héritier.

(5) *La séparation des patrimoines.* Cette séparation peut être demandée dans tous les cas, et quand même la succession seroit acceptée sous bénéfice d'inventaire. Nous avons démontré précédemment (note (12) de la page 204) que la séparation des patrimoines résultant du bénéfice d'inventaire, étoit tout en faveur de l'héritier, et ne pouvoit être invoquée par les créanciers.

La séparation tombe-t-elle sur les biens rapportés, c'est-à-dire, les créanciers de la succession peuvent-ils comprendre dans le patrimoine du défunt la part que chaque cohéritier prend dans les biens rapportés, soit par lui, soit par ses cohéritiers? La même raison qui nous a fait décider que l'héritier bénéficiaire ne devoit pas compte aux créanciers de la succession, des biens rapportés, doit faire décider également qu'ils ne sont pas compris dans la séparation des patrimoines. Les biens donnés avoient cessé d'être le patrimoine du défunt; ils ne pouvoient donc être le gage de ses créanciers. Il est vrai que le rapport anéantit l'action des créanciers de l'héritier, mais uniquement en faveur des cohéritiers, et non des créanciers de la succession, auxquels le rapport n'est dû dans aucun cas. Mais, dira-t-on, supposons l'espèce suivante:

Un père donne à un de ses fils, entre-vifs, et sans dispense de rapport, une maison de valeur de trente mille francs: il meurt, laissant trois enfans et une succession de cent cinquante mille francs, déduction faite des dettes. L'enfant donataire ayant intérêt de venir à la succession, accepte, et rapporte la maison qui lui avoit été donnée. Le partage se fait, et la maison est adjugée en entier à l'un des cohéritiers, autre que le donataire. Cet héritier ayant de mauvaises affaires, les créanciers de la succession demandent à son égard la séparation des patrimoines. Si l'on décide que la maison ne fait point partie des biens de la succession, il en résultera que le rapport aura préjudicié aux créanciers du défunt; car, s'il n'y eût pas eu de rapport, leur débiteur auroit eu cinquante mille francs pour sa part dans les biens laissés au décès; au lieu que, par l'adjudication qui lui a été faite de la maison, il n'en a touché que trente mille. Or, que le rapport ne profite pas aux créanciers de la succession, cela peut être; mais au moins ne doit-il pas leur préjudicier. D'ailleurs, quel droit de préférence les créanciers de l'héritier ont-ils sur cette maison, qui, pendant la vie du père, n'a jamais fait partie du patrimoine de leur débiteur? D'un autre côté, si nous supposons que la séparation est demandée contre le donataire lui-même, auquel, par l'effet du partage, il a été adjugé soixante mille francs à prendre dans les biens laissés au décès, il arrivera que les créanciers de la succession pourront faire comprendre dans la séparation la totalité de ces soixante mille francs, et que les créanciers de l'héritier donataire se trouveront privés de tout droit à cet égard; tandis que, d'après le principe que nous avons posé plus haut, la maison ayant appartenu réellement à leur débiteur, avoit pu être affectée à leurs créances, et que, si leur droit pouvoit être anéanti, ce n'étoit qu'en faveur des cohéritiers, et nullement en faveur des créanciers de la succession.

L'objection seroit effectivement très-forte, si les choses devoient s'opérer ainsi. Mais je pense que, dans l'espèce, l'on ne doit, à l'égard du cohéritier, non donataire, dans le lot duquel est tombé la maison, regarder comme provenant du rapport, que la part qu'il auroit prise dans l'objet rapporté, s'il eût été divisible, et qu'il eût été réellement divisé entre tous les cohéritiers; ou, ce qui est la même chose, que les créanciers peuvent faire comprendre dans le patrimoine du défunt tout ce que ce cohéritier auroit eu, si le rapport n'eût pas eu lieu. Ainsi, dans l'espèce, indépendamment du rapport, ce cohéritier auroit touché cinquante mille francs; il n'a touché que trente mille: la maison qui lui est échue est donc censée faire partie de la succession, jusqu'à concurrence de vingt mille francs, ou des deux tiers de sa valeur. Quant à l'héritier donataire, si la maison tombe dans son lot, nous avons décidé ci-dessus (note (3) de la page 212), qu'elle étoit censée n'avoir jamais cessé de lui appartenir. Elle ne peut donc être comprise dans la séparation des patrimoines, qui, si elle est demandée contre les autres cohéritiers, comprendra alors la totalité des soixante mille francs qui leur sont échus; car si le rapport ne doit pas profiter aux créanciers de la succession, il ne doit pas non plus leur préjudicier. Si la maison ne tombe pas dans le lot de l'héritier donataire, et que la séparation soit demandée contre lui, je pense qu'il faut opérer, à son égard, comme il a été dit ci-dessus, et décider que la somme de dix mille francs, dont sa portion se trouve augmentée, en raison de la part qu'il prend dans l'objet rapporté, ne doit pas être comprise dans la séparation, puisqu'il est vrai de dire, d'un côté, que le rapport ne doit pas profiter aux créanciers de la succession, et, de l'autre, que, s'il n'y eût pas eu de rapport, sa part n'eût été que de cinquante mille francs.

Quid, dans l'espèce suivante? Paul accepte la succession de son père, puis ensuite celle de sa mère, qui se trouvoit créancière de la succession du père, pour ses reprises matrimoniales. Les créanciers de la mère demandent la séparation des patrimoines. L'on demande s'ils peuvent faire comprendre dans cette séparation, et exercer en conséquence à leur profit, les droits que leur débitrice avoit contre la succession du père. L'on oppose à leur prétention, que Paul, en acceptant les deux hérédités, est devenu tout-à-la-fois créancier et débiteur de ces droits; qu'il y a donc eu confusion, et conséquemment extinction de l'obligation. Néanmoins

D'HÉRICOURT, *de la Vente par Décret*, chap. II, sect. XI, décide, et avec raison, en faveur des créanciers de la mère; quant à l'argument tiré de la confusion, il répond que la séparation des patrimoines a précisément pour objet de l'empêcher, et que, conséquemment, dans l'espèce, les créanciers de la mère pourront exercer leurs droits, exclusivement, sur le montant des reprises que leur débitrice avoit à répéter contre son mari.

Le créancier d'une dette cautionnée par un tiers, peut-il demander la séparation des patrimoines contre les créanciers du débiteur devenu héritier de la caution? La raison de douter se tire de ce que l'obligation de la caution paroît éteinte par la confusion. Il faut décider néanmoins, par la même raison que dans l'espèce ci-dessus, que la séparation peut avoir lieu. (*L.* 3, ff. *de Separat.*; et argument tiré de l'art. 2035.)

(6) *A la novation.* La novation est la substitution d'une nouvelle dette à l'ancienne, qui se trouve, en conséquence, éteinte. Ainsi, lorsqu'il y a eu novation, la créance contre la succession est éteinte, et il ne reste plus que celle contre l'héritier. (*Voyez* ci-après, au Titre *des Contrats en général*, chap. V, sect. II.) Or, comme la séparation des patrimoines ne peut être demandée que par les créanciers de la succession, il en résulte que celui qui a consenti à la novation, ayant cessé d'être créancier de la succession, ne peut plus demander la séparation.

(7) *En acceptant l'héritier pour débiteur.* Quand cette acceptation est expresse, que l'intention de faire novation est évidente, la question n'est susceptible d'aucune difficulté. Mais quand elle est tacite, quels sont les faits qui doivent faire présumer cette acceptation? Cela est laissé à l'arbitrage du juge, qui se décidera d'après les circonstances, et en observant qu'aux termes de l'art. 1273, la novation ne se présume pas, et que la volonté de l'opérer doit résulter clairement de l'acte. La loi 1, §. 11 et 15, ff. *de Separat.*, détermine des cas dans lesquels le créancier est censé avoir accepté l'héritier pour débiteur, *secutus esse nomen heredis; putà*, s'il a reçu de lui un gage, ou une caution, quand même, dans ce dernier cas, la caution ne seroit pas solvable.

Quid, s'il a fait assigner l'héritier pour sa part et portion héréditaire? Cela n'emporte pas révocation. (*L.* 7, ff. *de Separat.*) Je pense qu'il en doit être de même s'il lui a accordé un délai. (Argument tiré de l'art. 2039.)

Quid, si les créanciers, qui n'ont pas fait novation, demandent la séparation; profitera-t-elle à ceux qui l'ont faite? La même loi 1, §. 16, *eod.*, décide la négative, par la raison que ces derniers créanciers sont devenus les créanciers de l'héritier. Ils sont donc du nombre de ceux contre lesquels la séparation est demandée; elle ne peut donc leur profiter.

Remarquez que le créancier de la succession n'est pas obligé de demander la séparation des patrimoines contre tous les héritiers; il peut la demander contre quelques-uns, ou même contre un seul, et pour la part qu'il doit supporter dans le passif de la succession. En conséquence, l'acceptation qu'il auroit pu faire de l'un des héritiers, pour son débiteur, ne l'empêchera pas de demander la séparation contre les autres cohéritiers, pour leurs parts respectives.

(8) *Si les biens*, meubles ou immeubles. La loi ne le dit pas formellement pour les meubles; mais puisqu'elle le dit pour les immeubles dans l'article 880, cela doit, à bien plus forte raison, s'appliquer aux meubles, qui n'ont, en général, pas de suite.

(9) *Trois ans.* A compter de quelle époque? A compter de l'ouverture de la succession, et quand même elle n'auroit été acceptée que long-temps après. On peut opposer à cette décision, que la séparation se demande uniquement *intuitu personæ heredis;* et que, tant que la succession n'est pas acceptée, on ne peut savoir quel sera l'héritier. Mais cela est indifférent: l'héritier au premier degré, qui a laissé passer les délais pour faire inventaire et pour délibérer, est censé héritier, tant qu'il ne renonce pas. (Art. 797.) Les créanciers de la succession ont donc dû le poursuivre pour le forcer de prendre qualité, et faire leurs dispositions en conséquence de sa résolution. *Sic* jugé en Cassation, le 9 avril 1810. (SIREY, 1811, Ire. Partie, pag. 18.) Mais remarquez que la séparation ne peut être demandée à l'égard des meubles, même avant les trois ans, qu'autant qu'elle est possible, c'est-à-dire, autant que les meubles de la succession peuvent être distingués et discernés de ceux de l'héritier. S'ils sont tellement confondus que la distinction ne puisse pas se faire, il est clair que la séparation ne peut avoir lieu. (*L.* 1, §. 12, *eod.*)

(10) *Dans la main de l'héritier*, et même après la vente, tant que la vente n'est pas transcrite, et pendant quinzaine après la transcription. (*Code de Procéd.*, art. 834.)

Quid, si l'héritier a vendu ses droits successifs? Il est clair que la séparation ne peut plus être demandée, sauf le cas de fraude; les biens n'existent plus dans la main de l'héritier. (*L.* 2, ff. *de Separat.*)

(11) *A l'égard des créanciers de l'héritier*, seulement; d'où il résulte:

1°. Que l'inscription n'a d'effet, à l'égard des acquéreurs, qu'autant qu'elle est prise, au plus tard, dans la quinzaine après la transcription. Si, cependant, le prix n'est pas payé, ni l'ordre clos, je pense que l'inscription prise dans les six mois, conserve le privilége; car alors l'acquéreur n'a pas d'intérêt de le contester; et quant aux créanciers de l'héritier, ils ne sont pas fondés, puisque l'article 2111 décide formellement que l'inscription prise dans les six mois, conserve le privilége à leur égard;

2°. Que ce privilége n'a aucun effet entre les créanciers de la succession; ce qui doit s'entendre dans le sens, que si deux créanciers chirographaires de la succession se sont inscrits dans les six mois, mais à des époques différentes, ils primeront bien les créanciers de l'héritier; mais le premier inscrit ne primera pas le second. Le privilége n'ayant pas d'effet entr'eux, ils resteront ce qu'ils étoient, c'est-à-dire chirographaires, et viendront par concurrence. Mais si l'un d'eux étoit hypothécaire, son inscription aura pour effet, non-seulement de primer celles qui auroient pu être prises auparavant par les créanciers de l'héritier, mais encore de donner rang à son hypothèque, relativement aux autres créanciers de la succession. Ainsi, il primera, sur les biens de la succession, le créancier hypothécaire de la succession inscrit après lui, et même le chirographaire inscrit auparavant, si toutefois la succession n'a pas été acceptée sous bénéfice d'inventaire : car, alors, l'inscription prise depuis l'ouverture de la succession, n'auroit aucun effet à l'égard des créanciers de la succession même.

De ce que l'inscription prise en vertu de la séparation des patrimoines, n'a aucun effet entre les créanciers de la succession, il suit que, si l'un des inscrits est légataire seulement, tous les créanciers inscrits dans les six mois, doivent lui être préférés. *Nemo liberalis, nisi liberatus.* (Argument tiré de l'article 809.)

3°. Que, si tous les créanciers sont chirographaires, il suffit d'une inscription prise au nom de la masse, et dans laquelle seront relatés les noms de ceux qui l'auront requise ; car il ne s'agit point de fixer leurs droits entr'eux, mais de les conserver contre les créanciers de l'héritier.

Le créancier de la succession, qui a pris inscription dans les six mois, prime-t-il les créanciers de la succession, qui n'ont pris inscription qu'après les six mois ? Je pense qu'il faut distinguer : Si des créanciers de l'héritier ont pris inscription dans l'intervalle, je pense que le créancier de la succession, inscrit dans les six mois, doit, quand même il seroit chirographaire, primer le créancier, même hypothécaire, de la succession, inscrit après les six mois. Car, puisque celui-ci est primé par les créanciers de l'héritier inscrits avant lui, à plus forte raison doit-il l'être par ceux qui priment ces derniers, par la règle, *si vinco vincentem te, à fortiori vinco te.* Mais s'il n'a été pris d'inscription dans l'intervalle par aucun créancier de l'héritier, je pense que l'inscription ne peut avoir d'effet entre les créanciers de la succession. L'article 2111 restreint formellement aux créanciers de l'héritier, le privilége résultant de l'inscription dans les six mois. Donc le créancier inscrit dans les six mois, ne peut se prévaloir de l'inscription contre un autre créancier de la même succession.

(12) *A compter de l'ouverture de ladite succession. Quid*, s'ils n'ont pas pris inscription dans les six mois ? Ils n'ont plus de privilége. Mais ils ont toujours une hypothèque, qui n'a de rang que du jour de l'inscription. (Art. 2113.) Par conséquent, la séparation des patrimoines peut encore être utile aux créanciers après les six mois ; car s'ils sont chirographaires, elle leur donne le droit de prendre une inscription hypothécaire, et de primer par là tous les créanciers chirographaires de l'héritier, et même les créanciers hypothécaires inscrits après eux ; et s'ils n'ont qu'une hypothèque spéciale, la séparation des patrimoines leur en donne une générale sur tous les biens de la succession. Mais je pense que cette hypothèque ne peut avoir d'effet qu'à l'égard de ceux à l'égard desquels le privilége a lieu. Par conséquent, il faudroit appliquer à cette hypothèque tout ce que nous avons dit ci-dessus, et les distinctions que nous avons établies relativement au privilége résultant de l'inscription prise dans les six mois.

L'on voit, d'après cela, que c'est mal-à-propos que quelques personnes ont prétendu qu'il existoit une antinomie entre l'article 880 et l'article 2111. Ces deux articles concordent parfaitement. Le premier dit que la séparation peut être demandée quant aux immeubles, tant qu'ils sont dans la main de l'héritier; mais il ne détermine pas les effets de cette séparation. L'article 2111 porte que, pour conserver le privilége qui résulte de la séparation, il faut prendre inscription dans les six mois de l'ouverture de la succession. Si la séparation n'avoit d'autre effet que de donner le privilége résultant de l'article 2111, ces personnes pourroient avoir raison; mais elle en a un autre très-considérable, qui n'est assujetti à aucune prescription autre que celle de la demande même en séparation, c'est l'hypothèque légale et générale résûltante de l'article 2113; effet qui peut être encore de la plus grande importance. Ainsi, la séparation produit privilége et hypothèque. Comme le privilége a pour effet de primer même les hypothèques antérieures, il a bien fallu, pour ne pas induire les tiers en erreur, fixer un délai pour rendre ce privilége public. De là la règle prescrite par l'article 2111; mais quant à l'hypothèque, comme elle n'a rang que du jour de l'inscription, elle dure pendant tout le temps fixé par l'article 880; ces deux articles sont donc parfaitement d'accord.

Nota. La séparation des patrimoines devant être, et étant le plus souvent demandée par les créanciers chirographaires de la succession, c'est encore un des cas dans lesquels on peut prendre inscription en vertu d'un acte sous seing-privé. (*Voyez*, vol. II, la note (6) de la page 225.)

PAGE 227.

(1) *A leur préjudice*. Ainsi il pourra, pendant les six mois, être établi des hypothèques par l'héritier, sur les biens de la succession. Ces créanciers pourront même prendre inscription pendant le même temps, sur lesdits biens; et ces inscriptions auront tout l'effet qu'elles peuvent avoir, entre les créanciers de l'héritier, et même à l'égard des créanciers de la succession non inscrits dans les six mois; mais elles ne peuvent préjudicier, en aucune manière, aux créanciers de la succession inscrits dans les six mois.

(2) *Contre les créanciers de la succession*. C'est la disposition de la loi 1, §. 2, ff., *de Separat.*; et ULPIEN en donne pour raison, que, *licet alicui, adjiciendo sibi creditorem, creditoris sui facere deteriorem conditionem*. Si le débiteur est assez maladroit pour accepter une succession désavantageuse, tant pis pour ses créanciers. *Sibi imputent qui cum tali contraxerint*, dit le même jurisconsulte, §. 5 de la même loi. Si cependant la fraude du débiteur étoit évidente, je pense que les créanciers seroient admis à faire rescinder l'acceptation dans leur intérêt, ou, ce qui est la même chose, à demander la séparation des patrimoines. (*Dicto* §. 5, et art. 1167 du *Cod. Nap.*)

Il se présente ici une question; c'est celle de savoir si les créanciers de la succession, qui ont demandé la séparation des patrimoines, peuvent, en cas d'insuffisance des biens de ladite succession, venir concourir, avec les créanciers de l'héritier, sur les biens de l'héritier même. PAPINIEN, *L.* 3, §. 2, ff. *eod.*, décide qu'ils ne le peuvent, et qu'ils n'ont de droit sur les biens de l'héritier, qu'après que tous les créanciers de ce dernier sont désintéressés. Et PAUL, *L.* 5, *eod.*, décide qu'ils ne le peuvent dans aucun cas, même quand il n'y auroit point de créanciers. POTHIER, dans son *Traité des Successions*, a embrassé l'avis de PAPINIEN. Le Code n'a rien dit sur ce point. *Quid juris?* Il est en général de droit commun, que les créanciers d'une succession acceptée deviennent les créanciers de l'héritier, sauf le cas du bénéfice d'inventaire. On oppose qu'ils ont demandé la séparation; mais cette séparation est un bénéfice introduit uniquement en leur faveur, puisque les créanciers de l'héritier, même en droit Romain, ne pouvoient la demander contr'eux. Or, il est encore de principe qu'on ne peut tourner contre une personne un droit qui n'est établi que dans son intérêt. La décision de PAUL, et même celle de PAPINIEN, étoient donc des dérogations au droit commun, qui ne peuvent être fondées que sur des dispositions particulières de la loi; et comme il n'en existe aucune dans le Code, je suis fondé à penser que cette doctrine ne seroit pas admise, et que les créanciers de la succession peuvent, dans tous les cas, concourir, suivant leur droit, avec les créanciers de l'héritier, sur le patrimoine de l'héritier même, surtout actuellement que le principal bénéfice résultant de la séparation cesse par le fait de la non-inscription dans les six mois. Il seroit, en effet, bien singulier que l'on admît, dans ce cas, les créanciers de l'héritier à concourir avec ceux de la succession, sur les biens de la succession même, et que l'on empêchât les créanciers de la succession, inscrits ou non inscrits, de concourir avec ceux de l'héritier, sur les biens de l'héritier même.

PAGE 228.

(1) *Des donations entre-vifs et testamentaires.* Il existe, sur cette matière, un excellent Traité de RICARD. Il y a aussi, dans les OEuvres posthumes de POTHIER, deux petits Traités, l'un sur les donations entre-vifs, et l'autre sur les donations testamentaires.

(2) *A titre gratuit.* Disposer à titre gratuit, c'est transmettre sa chose à une autre personne, sans rien recevoir à la place. Disposer *à titre onéreux*, c'est recevoir l'équivalent, ou une chose qui est censée l'équivalent, de ce que l'on donne.

PAGE 229.

(1) *Expressément déterminées.* Il s'est élevé sur cet article une question fort importante, savoir : si celui qui peut faire une donation réelle, peut en faire une simulée; ou, en d'autres termes, si celui qui ne pourroit pas attaquer une donation faite valablement, comme donation, peut attaquer celle qui a été déguisée sous la forme d'un contrat à titre onéreux. Exemple :

Pierre fait une vente simulée de sa maison à Paul. L'acte contient quittance d'un prix qui n'a pas été payé. Les faits sont constans; Pierre meurt, laissant pour héritiers des collatéraux : il pouvoit, en conséquence, disposer de tout son bien. Si donc la maison eût été réellement et ostensiblement donnée, il est certain que les collatéraux n'eussent pu attaquer la donation. Mais dans l'état actuel des choses, ils prétendent que l'acte est nul comme vente, puisqu'il n'y a pas eu de prix ; qu'il est nul comme donation, parce que ce n'est pas une donation que les parties ont déclaré vouloir faire ou recevoir, et que, d'ailleurs, les solemnités requises pour les donations entre vifs n'ont pas été observées ; qu'en conséquence, la propriété de la maison est toujours restée entre les mains du défunt. Sont-ils fondés ?

La Cour de Cassation a d'abord varié sur cette question. Mais enfin elle paroît être fixée à l'opinion que les donations même simulées ne peuvent être attaquées que par ceux qui auroient droit d'attaquer la donation réelle.

Quelque fortes que soient les raisons sur lesquelles paroît appuyée cette dernière jurisprudence, je n'en persiste pas moins dans l'opinion que j'ai émise dans mon premier cours, il y a plusieurs années, qu'un acte de vente simulé ne doit valoir ni comme vente, ni comme donation, et que la nullité peut en être demandée par tous ceux qui ont intérêt.

D'abord, on ne peut disconvenir, ce me semble, que l'article 893 ne soit formel sur ce point. « On ne peut, y est-il dit, disposer de ses biens à titre gratuit, que dans » les formes ci-après établies. » Donc, si ces formes n'ont pas été observées, on n'a pu disposer. Or, nous avons démontré ci-dessus (note (5) de la page 59) quel est l'effet de l'incapacité morale qui résulte de ces mots employés par la loi, *on ne peut*. C'est comme si l'article avoit dit : *Tout homme qui n'aura pas observé telles formes, sera incapable de disposer.* Or, une donation faite par une personne incapable de donner, ne peut-elle pas être attaquée par tous ceux qui ont intérêt ? Si un mineur, si une femme mariée non autorisée, ont donné entre-vifs, l'acte ne peut-il pas être attaqué par leurs héritiers, quels qu'ils soient ? Et cependant la loi ne s'est pas servi d'autres expressions. *Le mineur ne pourra disposer*, disent les articles 903 et 904; *la femme mariée ne pourra*, dit l'article 905, etc. Donc il résulte de l'article 893, que toute disposition à titre gratuit, qui n'est pas faite dans les formes requises pour les donations entre-vifs et les testamens, est nulle; d'un autre côté, il est certain que la nullité résultante de ce que les formes des donations n'ont pas été observées, est absolue, et peut être invoquée par tous ceux qui ont intérêt ; donc, etc.

Mais indépendamment de cet article, dont la disposition me paroît formelle, il n'est pas difficile de démontrer que l'esprit général du Code s'oppose à la doctrine que nous combattons en ce moment, et que le Législateur a, dans toutes les occasions, manifesté l'intention bien prononcée d'annuller les donations indirectes, même quand elles seroient faites entre parties respectivement capables de donner et de recevoir.

Prenons pour première preuve de cette vérité, le Titre *du Contrat de Mariage*, chapitre *de la Communauté*. L'on ne peut nier qu'on n'ait conservé dans ce chapitre le pur droit coutumier, et par conséquent toutes les dispositions de ce droit, qui avoient pour but d'empêcher les avantages indirects entre époux. L'on pourroit citer sur ce point les articles 1403, 1404 alinéa premier, 1433, 1437, et sur-tout l'art. 1595, alinéa dernier. Sous l'ancien droit, cela étoit tout simple. Dans la plupart des coutumes, tout avantage quelconque entre époux étoit sévèrement prohibé. Il n'étoit pas étonnant que l'on eût pris des précautions pour assurer l'effet de la prohibition. Mais dans le droit nouveau, où la prohibition est entièrement abrogée, et où cependant les mêmes dispositions contre les avantages indirects ont été conservées, il faut dire, ou que le Législateur a agi sans nulle raison, sans nul motif, ou qu'il n'a pas voulu que les époux fissent indirectement ce qu'il leur permettoit de faire directement.

Nous pouvons trouver une seconde preuve de l'esprit général du Code, dans l'article 1975, qui annulle le contrat de rente viagère créée sur la tête d'une personne qui est décédée, dans les vingt jours suivans, de la maladie dont elle étoit atteinte au moment du contrat. Or, cet article ne distingue pas s'il s'agit d'une rente constituée sur la tête du bailleur de fonds, ou sur la tête d'un tiers; dans le premier cas, il ne distingue pas davantage si le bailleur de fonds connoissoit, ou non, son état. La disposition est générale, et n'excepte aucun cas; or, si nous supposons que la rente a été constituée sur la tête du bailleur de fonds, et qu'il soit prouvé qu'au moment où il a traité, il connoissoit parfaitement son état, et l'impossibilité dans laquelle il étoit de revenir en santé, il est bien certain alors qu'il a voulu faire une donation. Et cependant le contrat sera nul; et la nullité pourra être demandée par tous ceux qui auront intérêt.

Dans tous ces différens cas, le Législateur a donc appliqué la maxime qui doit être regardée comme le principe fondamental en cette matière : le donateur *fecit quod non potuit, non fecit quod potuit.*

Donc, le système que je combats est en même temps contraire et au texte de la loi et à l'esprit général du Code.

Veut-on considérer la question sous le rapport moral; elle me paroît encore moins douteuse.

En effet, il est certain que celui qui prend une voie détournée pour faire un acte qu'il pourroit faire directement et ostensiblement, doit être présumé avoir de mauvaises intentions, ne fût-ce que celle de vouloir assurer la perpétuité de l'opération, au mépris de la loi qui en ordonne la révocation ou la réduction dans certains cas. Or, certainement il est impossible que la loi accorde sa protection à de pareils motifs.

Mais, disent les partisans de l'opinion contraire, si les dispositions de la loi se trouvent effectivement violées, l'acte sera annullé. Si elles ne le sont pas, si le disposant ne laisse point d'héritiers à réserve, si celui en faveur duquel il a disposé, n'est pas incapable de recevoir, pourquoi annuller une pareille disposition? et puisque le disposant pouvoit dépouiller entièrement ses héritiers, pourquoi ceux-ci se plaindroient-ils, lorsqu'il n'a fait que ce que la loi lui permettoit de faire?

Je réponds d'abord, que ce raisonnement ne peut que favoriser la fraude et l'immoralité. Remarquons, en effet, que, dans ce système, celui qui emploie une voie oblique et détournée, a toutes les chances en sa faveur, et qu'il a, par conséquent, plus d'avantage que celui qui a pris franchement et ouvertement la voie qui lui étoit indiquée par la loi. Que risque, en effet, le premier? Rien, absolument rien; car, si la simulation est découverte, il se trouve dans la même position que s'il avoit employé la voie directe; et si elle ne l'est pas, il sera parvenu à éluder la disposition de la loi. Il a donc tout à gagner à prendre les moyens frauduleux; et certes, un systême qui amène un pareil résultat, doit être banni de toute bonne législation.

Ainsi, un homme ayant enfans, veut les dépouiller, et faire une donation considérable à un individu. Il veut que cette donation ne puisse être attaquée, même quand elle entameroit la réserve. Il prend donc la voie oblique, et déguise sa donation sous la forme d'un contrat onéreux. On le demande, une pareille opération mérite-t-elle la protection ou la défaveur de la justice? Eh bien, cependant, parce que cet homme viendra à décéder sans postérité, et qu'il ne laissera pour héritiers que des collatéraux, sa disposition deviendra inattaquable, et ses parens les plus proches ne seront pas recevables à en demander la nullité! D'un autre côté, un homme incapable de simulation, n'ayant ni descendans ni ascendans, fait ostensiblement une donation modique à un ami: l'officier chargé de rédiger l'acte, y omet quelqu'une de ces formalités que la loi a eu sans doute raison d'exiger, mais qui ne servent en rien à la manifestation de la volonté des parties; dans ce cas, le parent le plus éloigné, un cousin au onzième degré, pourra demander, et obtiendra infailliblement la nullité d'une pareille donation. On le demande encore, seroit-ce là une législation bien équitable? Il est possible que ce systême finisse par prévaloir; mais je n'en persisterai pas moins à réclamer contre une pareille jurisprudence, qui me semble, je le répète, aussi contraire aux dispositions de l'article 893, qu'aux idées morales, qui, quoi qu'on en dise, doivent être prises en grande considération, toutes les fois que cela est possible, et à plus forte raison, quand elles se trouvent d'accord avec les dispositions de la loi.

Cette opinion est, au surplus, fortement défendue par l'un des plus judicieux auteurs qui aient écrit sur la jurisprudence. VALIN, dans son Commentaire sur l'article 44 de la Coutume de la Rochelle, n°s. 56 et 57, dit formellement:

« Qu'il est absurde de soutenir que celui qui peut donner, peut reconnoître » valablement, quoique faisant une fausse reconnoissance; que ce n'est point là » l'esprit de la loi, parce qu'elle ne peut pas protéger la fausseté, qui est l'infraction » de la première loi;

» Qu'il faut juger des actes par eux-mêmes, et reconnoître que tel contrat, qui » ne peut valoir pour l'effet ordinaire attaché à sa nature, ne peut valoir non plus » comme donation ou legs, s'il n'est revêtu des formalités prescrites pour la validité » des donations ou des testamens;

» Que telle étoit, en général, la maxime des pays soumis au droit coutumier; » d'où il est arrivé que, dans les Coutumes même où il est permis de s'avantager » entre conjoints, on a jugé que dans le cas d'exclusion de la communauté par » une clause du contrat du mariage, le mari ne pouvoit pas rappeler sa femme à » la communauté, sous prétexte que ce rappel n'excédoit pas l'avantage qu'il avoit

» droit de lui faire directement. » C'est aussi l'avis de LEBRUN, *de la Communauté*, Liv. I, chap. III, n°. 12.

Et plus bas, art. 48, §. 1, n°. 19, de la même Coutume, il rappelle et confirme le principe « qu'il ne suffit pas d'avoir le pouvoir de donner, pour faire valoir un acte » qui contient un avantage, si cet acte n'est pas dans la forme requise pour les » donations. »

L'on objecte encore l'article 1676, et l'on dit : Si la loi n'accorde que deux ans au vendeur pour demander la rescision de la vente faite à vil prix, comment supposer qu'elle ait entendu introduire une action rescisoire, qui se prolongera nécessairement pendant toute la vie de celui qui a disposé, et même pendant plusieurs années après son décès? Je réponds qu'il y a une très-grande différence entre l'action dont il s'agit ici, et l'action en rescision de la vente pour vilité du prix, en ce que cette dernière se donne même contre les tiers. Il falloit donc, pour ne pas entraver la circulation des biens, fixer un délai fort court, dans lequel elle dût être intentée. L'action en rescision pour fraude n'est pas réelle de sa nature : elle n'est pas même *in rem scripta ;* elle est purement personnelle, telle qu'étoit l'action *de dolo* chez les Romains. Il n'y a donc pas d'inconvénient qu'elle se prolonge indéfiniment, puisqu'elle ne peut jamais être donnée que contre l'artisan ou le complice de la fraude, qui, certes, ne mérite pas de grands ménagemens.

Enfin, le principe sur lequel est fondée notre opinion, est tellement évident, que la Cour de Cassation, elle-même, n'a pu se dispenser d'y revenir, dans un arrêt du 24 novembre 1808 (SIREY, 1809, Ire. Partie, pag. 103), par lequel elle a rejeté le pourvoi contre un arrêt, qui avoit jugé qu'une donation simulée, faite par celui qui laisse des héritiers à réserve, étoit nulle, même pour la portion disponible. Or, il me semble que, quand l'on juge que l'individu qui peut disposer du quart de ses biens, ne peut le faire par un acte simulé, on doit juger également que celui qui peut disposer de la totalité, ne peut davantage le faire par un acte semblable. Car, enfin, quel est le principe qui a dirigé la jurisprudence de la Cour de Cassation, contre laquelle je m'élève en ce moment? c'est que l'on peut faire indirectement tout ce que l'on pourroit faire directement. Or, l'individu qui a trois enfans, par exemple, peut donner directement le quart de ses biens. Sa faculté de disposer, relativement à ce quart, est aussi pleine que celle de l'individu, qui n'a ni descendans ni ascendans, l'est relativement à la totalité des biens. Or, l'arrêt de novembre 1808 a jugé que celui qui pouvoit donner directement le quart de ses biens, n'avoit pu le donner indirectement. Donc, l'on doit juger également que celui qui pourroit donner directement la totalité de ses biens, ne peut pour cela la donner indirectement.

(2) *Moralement ou physiquement impossibles.* Une condition est physiquement impossible, quand les lois de la nature s'opposent à son exécution. Elle est moralement impossible, quand elle est physiquement possible, mais qu'elle ne peut

s'exécuter sans que les lois ou les bonnes mœurs soient violées. Telle seroit la condition de commettre un vol, un assassinat.

(3) *Sont réputés non écrites.* Par conséquent, le donataire recueille la donation, et est dispensé de l'accomplissement de la condition. Il en étoit de même anciennement, quand ces conditions étoient jointes à des dispositions testamentaires. (*LL.* 3, ff. *de Cond. et Demonstr.*, et 14, ff. *de Condit. Instit.*) Il en étoit autrement à l'égard des donations entre-vifs, et en général de tous les actes qui exigeoient le concours des deux volontés; non-seulement ces sortes de conditions étoient nulles, mais encore elles annulloient la disposition à laquelle elles étoient apposées. (*LL.* 31, ff. *de Obligat. et Act.*, et 137, §. 6, ff. *de Verb. Obligat.*)

L'on donnoit pour raison de différence, d'abord, quant aux conditions physiquement impossibles, que ceux qui apposent, ou laissent apposer à un contrat une condition impossible, sont censés avoir voulu badiner, et n'avoir pas pensé sérieusement à s'obliger, ou à en obliger un autre; que l'on ne peut faire la même supposition à l'égard du testateur, qui, en écrivant ses dernières volontés, a nécessairement devant les yeux l'idée de la mort, idée qui exclut de sa part tout soupçon de plaisanterie; qu'on doit plutôt supposer que c'est une erreur échappée à son esprit troublé, et qui ne doit pas vicier la disposition principale. Quant aux conditions moralement impossibles, il y avoit une raison de différence bien plus forte; c'est que, dans l'acte entre-vifs, où les deux partis interviennent, le donataire est censé s'être obligé à exécuter la condition: or, ce consentement lui-même est un délit qui doit être puni par la nullité de l'acte souscrit en sa faveur. On ne peut faire le même reproche aux héritiers institués, ou aux légataires, qui n'interviennent pas dans le testament, qui ignorent le plus souvent ce qui y est contenu; et qui, quand ils le sauroient, ne pourroient empêcher le testateur de disposer comme il le juge à propos.

Le Code a admis la disposition du droit Romain, relativement aux conventions. *Toute condition d'une chose impossible*, dit l'article 1172, *ou contraire aux bonnes mœurs, ou prohibée par la loi, est nulle et rend nulle la convention qui en dépend.* Il peut paroître étonnant, d'après cela, que l'on ait adopté une disposition contraire, dans l'article 900, pour les donations entre-vifs, qui sont de véritables contrats; ou au moins, que l'on n'ait fait aucune distinction entre les conditions réellement impossibles, et celles qui sont contraires aux lois ou aux bonnes mœurs. Comment en effet supposer qu'un homme qui s'est formellement engagé à commettre une mauvaise action, puisse venir demander le prix de sa turpitude? à moins que l'on ne dise que l'on a voulu empêcher par là l'effet de la malveillance du donateur, en favorisant le donataire qui n'obtempéreroit pas à la condition? On peut supposer qu'il n'y a consenti que pour empêcher le donateur de s'adresser à une autre personne qui seroit moins scrupuleuse. D'ailleurs, ou le donataire a accompli la condition, ou non. Dans le premier cas, je pense qu'il est indigne de la protection de la loi, et que toute action doit lui être refusée (Art. 1131 et 1133); dans le second, au contraire, il mérite d'être favorisé;

et il n'y a pas d'inconvénient de le récompenser aux dépens du donateur, qui est bien plus coupable d'avoir cherché à le séduire pour lui faire commettre un crime. Je crois que c'est tout ce qu'il est possible de dire, pour justifier la disposition de l'article 900, en tant qu'elle s'applique aux donations entre-vifs.

La condition de se marier, ou de ne pas se marier, doit-elle être regardée comme contraire aux bonnes mœurs, et par conséquent comme non écrite? D'abord, l'on a toujours regardé comme telle, la condition de ne point se marier; et il y a moins de raison que jamais, d'adopter une autre opinion, actuellement que les vœux religieux perpétuels ne sont pas reconnus en France. Cependant, s'il s'agissoit d'un second mariage, et que la condition fût imposée par l'époux, je pense que l'on devroit regarder cette condition comme valable, ainsi qu'on l'a toujours fait.

Par la raison contraire, la condition de se marier a toujours été admise : il en doit être de même de celle d'épouser telle personne. Cela est si vrai, que toutes les donations par contrat de mariage sont censées faites sous ces deux conditions.

Car, 1°. la donation est nulle, si le donataire ne se marie pas;

2°. Elle est nulle, s'il n'épouse la personne dont il est question dans le contrat.

Quant à la condition de ne pas épouser telle personne, elle doit valoir, à bien plus forte raison; car elle est bien moins restrictive de la liberté, que celle d'épouser telle ou telle.

Telle est aussi l'opinion de Ricard, *des Dispositions conditionnelles*, n°s. 255, 257 et suivans.

(4) *Etant de droit commun.* On dit qu'une chose est de droit commun, quand il n'est pas nécessaire que la loi la permette, mais qu'il suffit qu'elle ne l'ait pas défendue.

(5) *Par la loi.* Je pense néanmoins que l'on doit établir cette différence entre la donation entre-vifs et le testament, que la première devant être regardée, en général, comme un contrat, doit être considérée comme appartenant plutôt au droit des gens, c'est-à-dire, au droit que nous avons appelé *droit naturel secondaire.* Le testament, au contraire, appartient au pur droit civil. Cette distinction, dont il est possible que nous ayons occasion de faire usage par la suite, est fondée sur ce que, dans la donation, tout se passe entre le donateur et le donataire. Il arrive même le plus souvent, et presque toujours, dans les donations mobilières, que l'autorité du donateur seul suffit pour que la donation soit consommée; et si la loi intervient quelquefois pour en procurer l'exécution, ce n'est que de la même manière qu'elle le fait pour les contrats, qui sont bien certainement de droit naturel. Par le testament, au contraire, le testateur dispose de ses biens pour un temps où il ne subsistera plus. Il fait un acte, et l'acte le plus étendu de propriété, pour un temps où il ne sera plus propriétaire, où il ne sera plus là pour protéger l'exécution de ses volontés. Il faut donc que la loi elle-même se charge de les faire exécuter. Par la donation, le donataire devient de suite, et par le fait de la donation, seul propriétaire de l'objet donné; or, la propriété étant de droit naturel, le droit de la transmettre à une autre doit être rangé sur la même ligne. Dans le testament, la

propriété n'est pas transférée au moment de la confection de l'acte; et au moment où elle pourroit l'être, le disposant n'est plus propriétaire. C'est donc la loi seule qui la transmet. Cette transmission est donc de pur droit civil. (*Voyez* ci-après, note (5) de la page 230.)

(6) *Le mort civilement.* Il faut, à l'égard du mort civilement, remarquer une différence essentielle entre la donation entre-vifs et le testament. La donation ayant son effet, et saisissant le donataire de la propriété de l'objet donné, du moment qu'elle est faite, il suffit que le donateur ait le droit de disposer à cette époque. Le testament, au contraire, n'ayant d'effet qu'au moment de la mort du testateur, il faut qu'il ait la faculté de disposer, non seulement à l'époque de la confection de l'acte, mais encore au moment de son décès. En conséquence, la mort civile survenue depuis la donation entre-vifs ne préjudicie en rien au droit du donataire, tandis que le testament du mort civilement est nul de plein droit, quand même il auroit été fait avant la condamnation, et même avant le crime qui y a donné lieu. Il n'en est pas de même du testament fait par l'interdit, et qui est valable, quand même le testateur mourroit en état d'interdiction. La raison de différence consiste en ce que le mort civilement est privé du droit même de disposer, au lieu que l'interdit n'est privé que de l'exercice de ce droit. Si donc il l'a exercé avant l'interdiction, son testament est valable.

(7) *Celui qui n'est pas sain d'esprit.* L'art. 504 doit-il être appliqué aux dispositions à titre gratuit, ou peut-on attaquer ces sortes d'actes, sous le prétexte que le disposant n'étoit pas sain d'esprit, sans avoir fait prononcer, ou au moins sans avoir provoqué son interdiction de son vivant? Il paroît que l'opinion la plus commune est, actuellement, que l'art. 504 ne doit pas s'appliquer aux dispositions à titre gratuit: on se fonde à cet égard sur deux raisons.

La première, que si l'art. 504 eût été applicable à ces sortes d'actes, l'art. 901 devenoit absolument inutile.

La deuxième, que dans le projet de Code on avoit ajouté à ce même article 901 un paragraphe portant que l'on devoit se référer à l'article 504, et que ce paragraphe a été supprimé dans la discussion.

Mais il me semble que l'on peut répondre, d'abord à la seconde raison, que l'on ne voit pas que ce paragraphe ait été rejeté, mais seulement ajourné jusqu'au nouvel examen que l'on devoit faire de l'article 504. Il ne paroît pas que cet examen ait eu lieu; ou, dans tous les cas, l'article est resté comme il étoit, et conçu de la manière la plus générale. « Après la mort d'un individu, les actes par lui faits (*sans* » *distinction*) ne pourront être attaqués pour cause de démence, qu'autant que son » interdiction auroit été prononcée ou provoquée avant son décès; à moins que la » preuve de la démence ne résulte de l'acte même attaqué. »

Vouloir distinguer entre les actes faits à titre onéreux et ceux faits à titre gratuit, et prétendre que l'article 504 ne s'applique qu'aux premiers, et nullement aux seconds, me paroît une opinion entièrement inconciliable avec le texte de l'article, qui ne distingue pas, et avec la raison, qui nous dit que c'est principalement aux actes gratuits que la disposition de l'article 504 doit s'appliquer ; que ce sont eux que les héritiers ont le plus d'intérêt d'annuller, et qu'il importe conséquemment de protéger d'une manière plus efficace contre leur avidité.

L'on peut dire, d'ailleurs, que l'on a eu raison de ne pas admettre le deuxième paragraphe de l'article 901, tel qu'il étoit rédigé. En effet, il y étoit dit : « Que les donations entre-vifs, ou les testamens, ne pourroient être attaqués pour » cause de démence, que dans le cas et de la manière prescrite par l'article 504. » Or, je pense que cette rédaction étoit trop générale, et que, relativement à la question qui nous occupe, il faut distinguer : Si l'état de démence est survenu peu de temps avant la mort de l'individu, de manière que le défaut de provocation de l'interdiction, de la part des parens, puisse être raisonnablement attribué à l'espérance qu'ils avoient, que la guérison pourroit s'opérer, il y auroit de l'injustice à leur refuser le droit d'attaquer la disposition. Mais si la démence avoit duré assez longtemps pour que cette présomption ne pût avoir lieu, je ne vois nullement pourquoi l'on n'appliqueroit pas l'article 504, et pourquoi celui qui ne pourroit pas attaquer une vente, de quelque valeur qu'en fût l'objet, pourroit attaquer une donation ou un testament faits à la même époque, et peut-être même à une époque antérieure.

Cette distinction, en la supposant admise, expliqueroit pourquoi l'on a rejeté le paragraphe proposé ; car il étoit conçu d'une manière tellement exclusive, que le testament d'un individu n'auroit pu, dans aucun cas, être attaqué pour cause de démence, si son interdiction n'avoit pas été prononcée, ou au moins provoquée avant son décès ; quand même, par exemple, la démence ne se seroit manifestée que huit ou quinze jours avant sa mort ; ce qui eût été souverainement injuste. Cette opinion fait voir également comment l'article 901 pouvoit encore être utile, même après l'article 504, puisque nous supposons que le testament pourroit être attaqué dans certains cas, quoique l'interdiction n'ait été prononcée ni provoquée du vivant du testateur. D'ailleurs, n'est-il pas possible de prouver que l'acte a été fait dans un moment d'ivresse ou de délire? Et, dans ce cas, la disposition de l'article 901 ne devient-elle pas nécessaire?

Si le testateur a été déclaré sain d'esprit dans un testament par acte public, et que l'on veuille attaquer le testament comme fait par une personne non saine d'esprit, sera-t-on obligé de passer à l'inscription de faux? Je ne le pense pas. Le notaire n'a pu ni dû assurer que l'individu étoit sain d'esprit, mais seulement qu'il lui a paru tel. Or, il est évident que ce n'est pas là un fait dont il puisse garantir la certitude comme notaire, et que l'on peut en conséquence être admis, s'il y a lieu, à en prouver la fausseté, sans être obligé de s'inscrire en faux contre le testament. L'on seroit de même admis à prouver que le testateur n'a pas été libre, que son consentement a été forcé, sans être obligé de s'inscrire en faux ; d'autant plus qu'il est très-possible que les faits de violence qui ont pu précéder le testament, ou qui auroient pu suivre le refus fait par le testateur de disposer, ou de disposer de telle ou telle manière, ayent été ignorés des notaires.

Peut-on encore alléguer contre les testamens les faits de captation, suggestion, colère, haine, etc.? Il existoit à ce sujet, dans le projet de Code Civil, une disposition ainsi conçue : « La loi n'admet point la preuve que la disposition n'a été faite » que par haine, colère, etc. » Cette disposition ne se retrouve plus dans la rédaction définitive. En faut-il conclure que l'on a entendu admettre la disposition contraire? Cette omission, par elle-même, ne fourniroit qu'une très-légère présomption. On auroit pu penser que l'action *ab irato*, par exemple, ne pouvant avoir lieu qu'autant qu'elle seroit formellement autorisée par la loi, il suffisoit de n'en point parler, et qu'il étoit inutile de la défendre par une disposition expresse. Il paroît cependant que telle n'a point été l'intention du Législateur. C'est ainsi que s'exprimoit l'Orateur du Gouvernement, en présentant le Titre *des Donations et des Testamens*.

« La loi garde le silence sur le défaut de liberté qui peut résulter de la suggestion » et de la captation, et sur le vice d'une volonté déterminée par la colère ou par la » haine. Ceux qui ont entrepris de faire annuller des dispositions par de semblables » motifs, n'ont presque jamais réussi à trouver des preuves suffisantes pour faire » rejeter des titres positifs; et peut-être vaudroit-il mieux, pour l'intérêt général, » que cette source de procès ruineux et scandaleux fût tarie, en déclarant que ces » causes de nullité ne seroient pas admises. Mais alors la fraude et les passions » auroient cru avoir dans la loi même un titre d'impunité. Les circonstances peuvent » être telles, que la volonté de celui qui a disposé n'ait pas été libre, ou qu'il ait » été entièrement dominé par une passion injuste. C'est la sagesse des tribunaux » qui pourra seule apprécier ces faits, etc. »

Il résulte bien clairement de ce passage, que l'on n'a pas entendu supprimer tout-à-fait l'action *ab irato*, mais la restreindre au cas où l'influence de la passion a été telle, qu'elle ait ôté en quelque sorte au disposant l'usage de sa raison. *Pour faire une donation entre-vifs*, *ou un testament*, dit l'article 901, *il faut être sain d'esprit*, c'est-à-dire, jouir de toute l'étendue de sa raison. Or, peut-on dire que celui dont le cœur est rempli d'un sentiment de haine, ou de colère violente, jouisse de la plénitude de sa raison? Il suit de là qu'il seroit difficile d'établir des règles précises pour l'admission du moyen tiré de la colère ou de la haine. Cependant il ne faut pas perdre de vue qu'il doit être admis plus facilement en faveur des enfans que des collatéraux. *Non sanæ mentis sunt*, disent les lois Romaines, *qui sine causâ liberos suos exheredant.* (*L.* 2, ff. *de Inoffic. Test.*)

Au surplus, on peut dire, en général, que pour que la haine ou la colère puisse donner lieu à l'annullation d'une disposition, il faut, 1°. qu'elles soient violentes; 2°. qu'elles soient injustes; 3°. qu'elles soient le seul motif de la disposition.

Violentes. Nous avons vu qu'il falloit que la passion fût telle, qu'elle fût présumée avoir ôté au disposant l'usage de sa raison.

Injustes. Si le demandeur, par ses mœurs, par sa mauvaise conduite, ou par ses mauvais procédés envers le disposant, s'est attribué, à juste titre, la haine de ce dernier, il ne peut imputer qu'à lui-même la disposition qui le blesse, et il est non-recevable à s'en plaindre.

Enfin, *qu'elles aient été le seul motif de la disposition.* Il est bien évident que si, à raison des liens qui attachent le donateur au donataire, à raison des services que le dernier a pu rendre au premier, on peut croire que la disposition a été dictée par l'amitié ou la reconnoissance; l'action *ab irato* n'est pas admissible.

Est-il nécessaire, pour donner lieu à l'action *ab irato*, que la personne dépouillée soit l'objet direct de la haine du disposant? Non; il suffit que la passion soit le véritable motif de la disposition, quand même la haine ou la colère du disposant seroient dirigées contre une personne, autre que celle qui est dépouillée. C'est d'après ce principe, qu'un arrêt du 9 mai 1712 a annullé, comme fait *ab irato*, le testament de M. Le Camus, lieutenant civil, qui avoit déshérité M. de Nicolay de Goussainville, son petit-fils, en haine de M. de Nicolay, son gendre.

L'effet de l'action *ab irato*, lorsqu'elle est admise, n'est pas de faire annuller le testament en entier, mais seulement les dispositions qui sont évidemment dictées par la colère ou par la haine; toutes les autres doivent être conservées.

(8) *Que par contrat de mariage.* Donc, après le mariage, il reste dans les bornes de sa capacité ordinaire. On a bien voulu lui permettre de donner, pour faciliter les mariages : une fois le mariage fait, le motif n'existe plus, et tout rentre dans le droit commun.

(9) *Et l'assistance.* Doit-on conclure de ce mot, que, si le mineur n'a point d'ascendans, tout le conseil de famille, ainsi que le Juge-de-Paix, doivent assister au contrat de mariage? Non. Le mot *assistance* n'est pas toujours synonyme de *présence:* il signifie aussi, *aide*, *secours*, *conseil.* Il suffira donc que les conditions du contrat soient soumises au conseil de famille, et approuvées par lui.

Cette délibération doit-elle être homologuée? Je ne le pense pas, quand même le contrat de mariage renfermeroit une donation. Si les ascendans vivoient, ils pourroient consentir seuls, sans avoir besoin d'être autorisés: donc, *à pari*, la délibération du conseil n'a pas besoin d'être homologuée.

(10) *Pour la validité du mariage.* Si donc il n'a pas d'ascendans, le consentement du tuteur ne sera pas suffisant, et il ne sera pas même nécessaire.

(11) *S'il étoit majeur.* Pourvu toutefois qu'il soit habile à contracter mariage. Il faudra donc qu'il ait l'âge requis pour le mariage, non-seulement à l'époque de la célébration, mais encore au moment de la confection du contrat. L'article 1398 est formel à cet égard; et comme il est placé sous la rubrique du *Contrat de mariage*, c'est à lui principalement qu'il faut se référer dans cette matière.

(12) *Le mineur*, émancipé ou non. La loi ne distingue pas; et ce qui prouve même qu'il ne faut pas distinguer, c'est que la loi permet ici au mineur de tester, pourvu qu'il ait seize ans; or, le mineur qui n'a ni père, ni mère, ne peut être émancipé qu'à dix-huit. D'ailleurs, il faut considérer que dans cette dernière hypothèse, le mineur ne peut être émancipé que par le conseil de famille; que ce conseil est composé des parens les plus proches du mineur, qui ont conséquemment intérêt à ce qu'il ne fasse pas de testament. Si donc l'on subordonnoit la faculté de tester

à l'émancipation, il en résulteroit que le conseil pourroit refuser l'émancipation, uniquement dans la vue d'empêcher le mineur de disposer.

(13) *A l'âge de seize ans*, accomplis ou commencés? Je sais que l'on dit ordinairement que, *annus incœptus pro completo habetur ;* cependant je crois que cet adage doit s'appliquer plus particulièrement au cas où la loi s'est servi de cette expression, *âgé de*, etc. Mais quand la loi a dit, *parvenu à tel âge*, il me semble que cela désigne que l'âge doit être accompli : telle est du moins la décision de la loi 48, ff. *de Cond. et Demonst.* : *Non putabam*, dit le Jurisconsulte Marcellus, dans cette loi, *diem fidei-commissi venisse, cùm sextum decimum annum ingressus fuisset, cui erat relictum, cùm ad annum sextum decimum pervenisset.* Quant à la loi 74, §. 1, ff. *ad Senat. Trebell.*, qui paroît contenir une décision contraire, il est aisé de voir qu'elle est fondée sur des circonstances particulières; et, d'ailleurs, il étoit dit que le fidéi-commis seroit rendu, si le fiduciaire mouroit avant sa vingtième année. Il étoit mort dans la vingtième; on ne pouvoit donc pas dire que la condition fût accomplie. Enfin, c'est déjà bien assez d'avoir donné, dans notre droit, à un mineur de seize ans, même accomplis, le droit de disposer de la moitié de son bien, sans accorder encore le même droit à un enfant de quinze ans.

(14) *Seulement de la moitié.* On lui permet de donner par testament, et non entre-vifs, parce qu'en testant il ne dépouille que ses héritiers, au lieu qu'en donnant entre-vifs, il se dépouille lui-même. Mais cependant, comme il n'a pas toute la capacité et la force d'esprit nécessaires pour le mettre à l'abri de toute influence, l'on réduit, quant à lui, le disponible à moitié. Cette disposition pouvant présenter quelque difficulté dans l'application, quand il y a des héritiers à réserve, nous allons examiner une question, dont la solution servira à résoudre toutes celles du même genre.

Un mineur a son père, et un cousin maternel pour plus proche héritier dans la ligne maternelle. Il a vingt-quatre mille francs de bien : quel sera, à son égard, le disponible? S'il étoit majeur, il pourroit disposer de dix-huit mille francs, à cause de la réserve du quart établie en faveur du père par l'article 915; mineur, il ne peut disposer que de neuf mille francs : mais ces neuf mille francs seront-ils répartis par égale portion sur le père et le cousin? Je ne le pense pas. En effet, il est bien vrai qu'*ab intestat*, ils auroient eu chacun douze mille francs. Mais il y a cette différence, que le testateur, s'il eût été majeur, eût pu disposer de la part entière du cousin, et seulement de la moitié de celle du père. Donc, s'il est mineur, il ne peut disposer que de la moitié de celle du cousin, et du quart de celle du père. Le disponible sera donc toujours de neuf mille francs : mais les quinze mille francs restans seront divisés: savoir, neuf mille francs pour le père, et six mille francs pour le cousin.

Quid, si le testateur décède en majorité, laissant un testament par lui fait en minorité? Estimera-t-on la disponibilité, d'après l'âge qu'il avoit au moment de la confection du testament, ou d'après celui qu'il avoit au moment du décès?

On peut dire, d'un côté, que le testament n'ayant d'effet qu'au moment du décès, c'est ce moment seul qu'il faut consulter pour déterminer la capacité de disposer dans la personne du testateur; que, lorsqu'il y a changement de législation, de l'époque du testament à celle du décès, on se réfère, à la vérité, aux lois existantes lors de la confection du testament, pour tout ce qui est relatif aux formalités; mais on ne consulte que les lois existantes à l'époque du décès, pour déterminer l'étendue des dispositions. Il sembleroit donc que, dans l'espèce proposée, la disponibilité dût être estimée d'après l'âge que le testateur avoit en mourant.

Mais il faut observer que la disposition de l'article 904 est fondée, comme nous l'avons déjà dit, sur ce que la loi ne reconnoît pas dans un mineur la capacité et l'intelligence nécessaires pour disposer de la totalité de ses biens. Si donc il dispose dans cet état d'incapacité partielle, si j'ose m'exprimer ainsi, il est certain que l'acte qu'il fait, doit être restreint dans les bornes de cette capacité, à quelque époque qu'il doive avoir son effet. Cette décision est d'ailleurs conforme à la loi 19, ff. *Qui testamenta facere possunt.* L'on demande dans cette loi, si, lorsque le testateur est mort père de famille, la possession des biens peut être donnée en vertu d'un testament fait à une époque où il étoit fils de famille ou esclave; et le Jurisconsulte décide la négative : *quia*, dit-il, *nullæ sunt tabulæ testamenti, quas is fecit, qui testamenti faciendi facultatem non habuerit.* La parité est parfaite. Enfin, nous avons déjà eu occasion d'établir que, pour prononcer sur la capacité du testateur, il faut considérer deux époques : celle de la confection du testament, et celle du décès. Si, à l'une de ces deux époques, le testateur n'a pas le droit de disposer, le testament est nul; §. 6, Instit., *Quibus modis testam. infirm.* Donc, *à pari*, si, à l'une de ces deux époques, il n'a le droit de disposer que de moitié, le testament ne doit valoir que pour cette moitié.

(15) *Si elle dispose entre-vifs.* Si elle est mariée sous le régime de la communauté, et qu'elle ne soit autorisée que par justice, elle ne peut disposer que de la nue propriété de ses biens personnels; la jouissance fait partie de la communauté, dont elle ne peut disposer qu'avec l'autorisation de son mari. (Argument tiré des art. 1426 et 1555.) Il faut excepter cependant le cas où le mari seroit absent, et où il s'agiroit de doter les enfans communs; elle pourroit alors disposer des biens de la communauté, avec l'autorisation de justice. (Art. 1427.)

(16) *D'objets immobiliers.* Pourquoi l'article 444 du Code de Commerce ne parle-t-il que des donations de propriétés immobilières ? Je n'en vois pas d'autre raison, sinon que ce sont les seules que l'on puisse constater facilement, parce que ce sont les seules pour la validité desquelles il faut absolument un acte. Les donations d'effets mobiliers sont parfaites par la tradition réelle, et sans qu'il soit besoin d'acte. Mais je pense que, si une pareille donation étoit avouée ou prouvée, elle seroit également nulle.

PAGE 230.

(1) *Sont nulles*, de droit, et sans qu'il soit besoin de prouver la fraude.

Quid, si l'acte étoit passé avant les dix jours, ne pourroit-on pas le faire rescinder par l'action Paulienne, conformément à l'article 1167 du Code Napoléon? Je pense que l'on doit admettre, dans ce cas, la distinction des lois Romaines, dont nous avons déjà parlé, entre les aliénations à titre gratuit, et les aliénations à titre onéreux. A l'égard des premières, il suffisoit que le débiteur, ou donateur, fût en fraude. S'il s'agissoit d'une aliénation à titre onéreux, il falloit qu'il y eût également fraude de la part de l'acquéreur. ff. tit. *quæ in fraudem credit.* L'article 444 du Code de Commerce consacre lui-même cette distinction.

Ainsi, il y auroit toujours cette différence, que la donation faite dans les dix jours, seroit nulle de droit, et par cela seul qu'elle seroit faite dans les dix jours, tandis que celle faite auparavant ne seroit annullée, qu'autant qu'il seroit prouvé qu'elle a été faite en fraude, ou même seulement au préjudice des créanciers. (Art. 622, 788, 2225, etc.)

(2) *Relativement à la masse des créanciers;* c'est-à-dire que, si les créanciers n'en demandent pas la nullité, elle ne peut être demandée par le failli, ni par ses héritiers.

(3) *S'il s'agit d'un testament.* L'on suppose ici *benignitèr*, que le legs est fait sous la condition que l'enfant sera conçu au moment du décès. Autrement le legs seroit nul, d'après la règle Catonienne : *Quod, si testamenti facti tempore decessisset testator, inutile foret; id legatum, quandòcumque decesserit, non valere.* (*L.* 1, ff. *de Regulâ Catonianâ.*) Or, cette règle ne s'applique pas aux legs conditionnels. (*L.* 4, *eod.*)

Mais dans quel cas l'enfant seroit-il présumé conçu avant la donation ou avant le décès? Lorsqu'il naîtra le deux cent quatre-vingt-dix-neuvième jour au plus tard, après l'une ou l'autre de ces deux époques.

(4) *Qu'il naisse viable.* S'il ne naît pas viable, il est censé n'avoir jamais existé. Mais comment se déterminera la viabilité? Par le rapport des gens de l'art. Il n'y a pas ici de point de départ, comme dans l'article 314.

(5) *Celle de l'étranger.* Mais l'étranger qui n'a pas les droits civils en France, pourroit-il disposer en faveur d'un Français? Cette question n'est pas résolue dans le Code. On pensoit autrefois qu'il le pouvoit par donation entre-vifs, mais non par testament. On se fondoit sur ce que la donation entre-vifs est un acte du droit des gens, dont les étrangers sont capables, tandis que le testament est de droit purement civil. (RICARD, Part. Ire., n°. 219.) Je crois que cette distinction seroit admise encore aujourd'hui, d'après les principes établis ci-dessus dans la note (5) de la page 229. *Nec obstat* l'article 25, qui paroît ranger sur la même ligne les donations entre-vifs et les testamens, c'est-à-dire, les considérer tous deux comme étant de droit civil, puisqu'il les prohibe également à celui qui a encouru la mort civile. Mais il faut se rappeler, ainsi que nous l'avons fait observer, quand nous avons traité de la mort civile, que le mort civilement n'est pas seulement privé des droits civils, mais qu'il l'est encore de tous les droits naturels qui ne sont pas nécessaires au soutien de sa vie naturelle, du nombre desquels est la donation; et ce qui le prouve, c'est qu'en même temps qu'on lui défend de donner, on lui permet de recevoir, même par testament, pourvu que ce soit à titre d'alimens.

Quid, si l'incapable, institué par testament, se trouve capable au moment du décès? En droit Romain, la disposition eût été nulle. *In extraneis heredibus*, dit la loi 49, §. 1, ff. de Heredib. Instit., *illa observantur, ut sit cum eis testamenti factio, et id duobus temporibus inspicitur; testamenti facti, ut constiterit institutio; et mortis testatoris, ut effectum habeat.* DOMAT pense que chez nous une pareille institution seroit valable. L'on pourroit appuyer cette opinion sur la même raison qui a fait décider que l'enfant non conçu au moment du testament, pouvoit recueillir, s'il étoit conçu au moment du décès. Dans notre droit, où tout se traite *ex æquo et bono*, l'on présumera que la disposition au profit de l'incapable a été faite sous la condition qu'il sera capable au moment du décès (ce qui étoit permis, même chez les Romains, quand la condition étoit expresse, *L.* 62, ff. *de Heredib. Instit.*); comme l'enfant non conçu est censé institué sous la condition, *s'il est conçu au moment du décès.*

Nec obstat ce que nous avons dit ci-dessus, note (6) de la page 108, que l'adoption testamentaire seroit nulle, si elle avoit été conférée avant les cinq ans révolus depuis la tutelle officieuse, quand même les cinq ans seroient accomplis au moment du décès; car les cinq ans sont exigés d'abord, afin que le tuteur ait pu juger si le pupille mérite effectivement le bienfait de l'adoption. Ils remplacent les six ans de soins exigés pour l'adoption entre-vifs. Donc, lorsque les cinq ans ne sont pas écoulés, le tuteur est censé n'avoir pu juger encore du mérite du pupille, et n'avoir pas conséquemment la capacité morale requise pour l'adoption. Ces cinq ans sont encore exigés comme une garantie que l'adoption est l'effet d'une volonté et d'une bienveillance bien déterminée du tuteur envers le pupille, plutôt que d'un caprice ou d'un mouvement de haine envers ses héritiers. Lorsque cette garantie n'existe pas, la loi regarde encore le tuteur comme incapable d'adopter. Il s'agit donc plutôt ici, en quelque sorte, de la capacité du disposant, que de l'héritier; ce qui rentre dans le cas du dernier alinéa de la note (14) de la page précédente.

Quid, si la disposition est conditionnelle, à quelle époque est-il nécessaire que le donataire soit capable? Je pense qu'il faut distinguer: S'il s'agit d'une donation entre-vifs, l'existence de la condition devient indifférente, et il faut toujours que le donataire soit capable au moment de la donation. Mais s'il s'agit d'une disposition testamentaire, il suffit que le donataire soit capable au moment de l'événement de la condition. La raison de différence résulte du principe qu'en général la capacité du donataire est exigée au moment où le droit lui est acquis. Or la donation entre-vifs, quoique conditionnelle, est parfaite par le concours des deux volontés, du moment de l'acceptation du donataire. A compter de ce moment, le droit lui est transmis irrévocablement, sauf l'événement de la condition, tellement que, s'il vient à mourir avant que la condition soit accomplie, il transmet son droit à ses héritiers. (Art. 1179.) Au contraire, dans les dispositions testamentaires, le légataire n'a rien, tant que la condition n'est pas accomplie. Ce n'est donc que du moment de cet accomplissement, que son droit commence à naître, tellement que, s'il venoit à mourir auparavant, il ne transmettroit rien à ses héritiers. (Art. 1040.) Ce n'est donc que ce moment qu'il faut considérer pour savoir s'il est capable, ou non, de recevoir. (*L.* 59, §. 4, ff. *de Heredib. Instit.*)

Je ne pense cependant pas que cela doive s'appliquer à l'enfant non conçu au moment du décès, lequel ne pourroit pas être institué, même sous la condition, *si posteà conciperetur.* (Art. 49 de l'Ordonnance des Testamens, et Boutaric sur icelui.) La raison de différence entre ce cas et celui où le légataire est incapable au moment du décès, mais capable au moment de l'accomplissement de la condition, consiste en ce qu'il faut que la disposition ait un objet quelconque au moins au moment du décès. Or, l'incapable peut être l'objet d'une disposition; il a virtuellement la faculté d'acquérir, quoiqu'à cause d'une incapacité quelconque il ne le puisse pas actuellement. Ce motif ne peut s'appliquer à l'enfant qui n'est pas conçu. Le néant n'est susceptible d'aucun droit, d'aucune capacité, etc.

(6) *En faveur d'un Français*, mais toujours conformément à la disposition de l'article 11.

(7) *Avant la majorité de ce dernier. Quid*, si le mineur est émancipé? La prohibition doit-elle être la même à l'égard de son curateur? Je ne le pense pas. Le curateur n'est point comptable envers son mineur, puisqu'il ne reçoit rien. Le motif de la loi n'existe donc pas à son égard; et comme il s'agit ici d'une disposition prohibitive, elle ne peut être étendue. La même raison s'applique au subrogé-tuteur.

(8) *Rendu et apuré.* C'est pour empêcher qu'on n'élude la disposition de l'article 472, relatif aux traités qui peuvent être faits entre le tuteur et son mineur. Voilà pourquoi il suffit que le compte soit apuré. Il n'est pas nécessaire que le reliquat soit payé; on veut seulement que le mineur, avant de disposer, soit entièrement au fait de sa situation.

(9) *Dans aucun cas.* En général, toutes les fois qu'un acte peut être présumé avoir été déterminé par deux motifs, dont l'un louable, et l'autre illicite, comme le dol ne se présume pas, on doit penser que c'est le motif louable qui a déterminé la disposition. Ici l'on suppose que la donation a été faite en vue des liens du sang seulement, et non par aucun autre motif particulier.

(10) *Au Titre des Successions.* L'exécution de cette disposition a fait naître une question qui mérite d'être examinée; voici l'espèce :

Un père ayant quarante-huit mille francs de biens, un enfant légitime et un naturel, donne entre-vifs à ce dernier douze mille francs; il lègue ensuite à un étranger vingt mille francs : il ne reste donc dans la succession que seize mille francs, somme insuffisante pour compléter la réserve due à l'enfant légitime. M. Chabot pense que l'enfant légitime peut d'abord exiger du donataire étranger la somme suffisante pour ce complément, et qu'ensuite il peut, conformément à l'article 908, faire réduire la donation faite à l'enfant naturel, à ce qui lui est assigné par la loi; mais qu'il n'est pas tenu d'imputer sur sa légitime, à l'égard du donataire étranger, ce qu'il reçoit de l'enfant naturel, par suite de cette réduction. Ainsi, dans cette opinion, le fils légitime devant avoir, suivant cet auteur, une réserve montant à vingt-quatre mille francs, commencera par réduire le legs fait à l'étranger, de huit mille francs; et ensuite comme la donation faite au fils naturel, excède également de quatre mille francs la part qui lui revient d'après l'article 757, cette somme augmentera d'autant la part de l'enfant légitime; en sorte que ce dernier, qui n'auroit pu prétendre qu'à une réserve de vingt-quatre mille francs, s'il avoit été seul, en aura une de vingt-huit mille francs, parce qu'il a un frère naturel; ce qui prouve déjà contre cette opinion. Mais d'un autre côté, elle est contraire aux principes relatifs à la réserve ou légitime. L'on tient, en effet, que le légitimaire doit imputer sur sa légitime tout ce qu'il prend à titre d'héritier, *jure hereditario*. Or, bien certainement, ce n'est qu'en qualité d'héritier du père commun, que l'enfant légitime peut demander la réduction du don fait à l'enfant naturel, et en profiter: car il n'y auroit aucun droit, s'il eût renoncé. L'imputation doit donc avoir lieu. Voici donc comme je pense que l'on doit opérer d'après les principes posés ci-dessus (note (8) de la page 194). S'il n'y avoit pas d'enfant naturel, il reviendroit à l'enfant légitime vingt-quatre mille francs pour sa réserve, et le surplus appartiendroit aux donataires et légataires. Dans l'espèce, l'enfant naturel étant donataire entre-vifs, doit être préféré au légataire. Il doit donc avoir en totalité la part qui lui est assignée par l'article 757, ou huit mille francs; mais comme cette part est une délibation de la succession, une espèce de créance, elle doit diminuer d'autant la masse des biens, qui se trouvera par-là réduite à quarante mille francs, dont il revient moitié, ou vingt mille francs, à l'enfant légitime pour sa réserve. Or, ces vingt mille francs, il les trouve dans les seize mille francs de biens libres, réunis aux quatre mille francs provenant du retranchement fait à l'enfant naturel : le legs ne doit donc éprouver aucune réduction.

PAGE 231.

(1) *Ils ont donné des soins*. Il faut qu'ils aient donné des soins. De là je conclus que la disposition ne seroit pas applicable à l'apothicaire qui n'auroit fait que fournir les drogues ordonnées par les médecins. *Secùs* de celui qui auroit vendu les drogues, et donné des soins en même temps.

(2) *Pendant cette même maladie*. Ainsi, pour que la disposition soit nulle, il faut le concours de trois circonstances :

1°. Qu'elle ait été faite en maladie ;

2°. Qu'elle ait été faite pendant la maladie dont le donateur est décédé;

3°. Que le donataire l'ait assisté pendant cette maladie;

A défaut d'une seule de ces circonstances, la donation est valable.

Je pense qu'on a bien fait d'exiger le concours de ces trois circonstances pour la nullité des dispositions testamentaires faites en faveur des personnes mentionnées dans l'art. 909; mais que, pour ce qui concerne la donation entre-vifs, il eût peut-être dû suffire que le donateur fût malade, et eût été assisté du donataire au moment de la donation, quand même il ne seroit pas mort de cette maladie. En effet, il faut remarquer que les dispositions faites par testament étant révocables jusqu'à la mort du testateur, si celui qui a testé en maladie, revient en santé, et qu'on ait réellement profité de son état pour lui faire faire des dispositions inconvenantes, il peut les révoquer. S'il ne les révoque pas, on pensera avec raison que sa volonté a été libre, et qu'elle n'a été dirigée par aucune influence particulière. Ce raisonnement ne peut s'appliquer à la donation entre-vifs, qui est irrévocable. Il est possible que le malade, troublé par la crainte de la mort, pressé d'ailleurs par des personnes à qui l'on suppose, dans ce moment, un très-grand pouvoir sur son esprit, consente une pareille donation, et que, revenu en santé, il veuille, mais inutilement, la faire annuller. L'on peut dire, cependant, pour justifier la loi, qu'il y va de l'intérêt du malade, parce que l'officier de santé, donataire entre-vifs, sachant que sa donation sera nulle, si le malade meurt, fera tout ce qui dépendra de lui pour lui rendre la santé.

Remarquez qu'à quelque époque que la mort arrive, la donation est nulle, s'il est constant que la mort est la suite de la maladie dont le donateur étoit attaqué au moment de la donation.

Une femme, pulmonique déclarée, épouse son médecin, et l'institue ensuite son légataire universel : le legs est-il valable? L'affirmative paroît avoir été jugée par un arrêt de la cour d'appel de Lyon, du 18 août 1807, confirmé par arrêt de Cassation du 30 août 1808. (*Journ. de la Jurispr. du Cod. Napol.*, tom. XI, pag. 257.) Cette décision pourroit être fondée sur le principe que nous avons posé dans la note (9) de la page précédente, et d'après lequel l'art. 907 déclare valable le legs fait à un ascendant tuteur, quoique le compte n'ait été ni rendu, ni apuré.

Néanmoins, dans l'espèce proposée, je serois d'avis de la nullité, et j'établirois entre ce cas et celui de l'article 907, cette différence, que, dans ce dernier article, la raison d'exception est entièrement indépendante de la volonté du donateur. Il ne dépend pas d'un individu d'avoir telle ou telle personne pour parente. Dans l'espèce proposée, au contraire, le choix du mari dépendoit entièrement de la femme donataire, et il étoit évident qu'elle n'avoit épousé son médecin, que dans l'intention d'éluder la disposition de l'article 909.

Quant à l'arrêt cité, il n'a pas décidé proprement la question; car les héritiers de la femme, au lieu de demander la nullité de la donation, s'étoient avisés d'attaquer le mariage comme simulé: ce qui n'étoit pas proposable, et ce qui a été, avec raison, rejeté.

(3) *De dispositions rémunératoires.* La disposition rémunératoire est celle qui est faite dans la vue de récompenser le donataire des services qu'il a rendus au donateur.

(4) *A titre particulier.* Une donation est *universelle*, quand elle comprend la totalité du disponible. Elle est *à titre universel*, quand elle est d'une quote du disponible, ou de tous les immeubles, ou de tout le mobilier, ou d'une quote des immeubles ou du mobilier. Toute autre donation est censée faite à titre particulier. (Art. 1010.)

Il est, au surplus, difficile d'apercevoir le motif pour lequel on exige que la donation soit faite à titre particulier. Il est très-possible qu'une donation de ce genre soit beaucoup plus considérable qu'une donation à titre universel. Il me semble qu'il eût mieux valu déterminer le rapport dans lequel la donation devoit être à la masse des biens, en décidant, par exemple, qu'elle ne pourroit dans aucun cas excéder le quart, le tiers, etc.

(5) *Ou à un degré plus proche*. *Quid*, s'ils sont alliés au même degré? Ils ne sont pas dans l'exception. Les alliés ne sont pas de la famille. Au surplus, ces exceptions sont fondées sur le principe établi dans la note (9) de la page précédente. C'est au parent, et non au médecin, que la donation est censée faite.

(6) *De personnes interposées;* ce qui peut avoir lieu de deux manières : je puis donner ouvertement à une personne capable, pour que cela parvienne secrètement à l'incapable; ou je puis remettre secrètement au capable, qui donne ensuite, publiquement ou secrètement, à l'incapable. Dans les deux cas, la donation est nulle, si l'interposition est prouvée.

(7) *De droit.* J'ai ajouté ces mots, pour deux raisons: premièrement, parce que, dans ces divers cas, l'on n'a pas besoin de prouver l'interposition. Dès le moment que la donation est faite à une des personnes désignées dans l'article, elle est, sans autre preuve, présumée faite à l'incapable, et doit être déclarée nulle; et en deuxième lieu, parce que l'interposition peut avoir lieu à l'égard d'autres personnes; mais alors elle n'est pas de droit; il faut qu'elle soit prouvée.

(8) *Les père, mère:* les autres ascendans seroient-ils personnes interposées de droit? Je le pense d'autant plus volontiers, que tous les descendans de l'incapable sont présumés personnes interposées à son égard. Or le motif de cette décision s'applique, à bien plus forte raison, aux ascendans, quels qu'ils soient.

(9) *Et descendans de l'incapable. Quid*, si l'enfant de l'incapable est parent du donateur, quoique l'incapable ne le soit pas; *putà*, si ce dernier a épousé une parente du donateur? Je pense que l'on pourroit alors appliquer, par analogie, la disposition du troisième alinéa de l'article 909.

L'enfant naturel de l'incapable, légalement reconnu, seroit-il regardé comme personne interposée? Je pense qu'oui: il y a même raison de décider.

Un arrêt de Grenoble, du 15 juillet 1811, paroît avoir jugé que la mère de l'enfant adultérin ne doit pas être présumée incapable. (*Journ. de la Jurisp. du Cod. Nap.*, Tom. XVII, page 252.) Cependant la même Cour a jugé, en janvier 1812, que des billets faits à une concubine, et qui n'avoient d'autre cause que le concubinage, étoient nuls. (*Ibid.*, Tom. XVIII, pag. 192.)

Il faut observer que dans l'espèce du premier de ces arrêts, le père et la mère de l'enfant adultérin s'étoient mariés. Cette circonstance n'auroit pas suffi pour valider la donation; mais la Cour paroît s'être décidée particulièrement, parce que l'enfant adultérin ne pouvant succéder à sa mère, on ne pouvoit pas dire que la mère fût personne interposée. Mais l'époux n'est pas le successeur de son époux, ou du moins cela est fort rare; et cela n'empêche point que l'époux de l'incapable ne soit mis au nombre des personnes interposées. De même, la disposition qui répute les descendans personnes interposées, n'est nullement fondée sur ce qu'il est possible que les ascendans leur succèdent; car cette espèce de succession n'est pas fréquente;

elle l'est même beaucoup moins que celle des frères et neveux, qui, cependant, ne sont point réputés personnes interposées. L'interposition doit se juger par d'autres principes. On doit regarder, en général, comme personnes interposées, toutes celles qui sont attachées à l'incapable par des liens assez forts, pour qu'on puisse présumer qu'elles ne reçoivent les donations que pour leur en transmettre le profit. Le mot *interposé* n'a pas même d'autre signification. Or, à l'égard de qui une pareille présomption sera-t-elle mieux fondée, qu'à l'égard de la mère de l'incapable?

Au surplus, ceci nous mène à examiner si les concubins sont capables de se faire respectivement des donations. Il paroîtra peut-être étonnant que j'élève encore cette question, la Jurisprudence paroissant fixée pour l'affirmative; mais j'ai déjà prouvé plusieurs fois, que les autorités, excepté celle de la loi, ne sont pas pour moi des argumens irréfragables. Il est de principe que l'abus ne se prescrit pas; et si je démontre que la Jurisprudence est contraire, en ce point, aux lois civiles et à la morale, je croirai avoir rempli le devoir que m'imposent ma conscience et les fonctions que je suis chargé de remplir.

On a prétendu que l'incapacité de donner ou de recevoir, entre concubins, n'existoit plus, parce qu'elle n'étoit point rappelée textuellement dans le Code, et qu'aux termes de l'article 902, toute personne peut recevoir, à moins que la loi ne l'en ait déclarée incapable. Mais d'abord, nous avons déjà démontré dans une de nos précédentes notes, qu'il existoit d'autres causes de nullité que celles qui sont rappelées dans le Code, telles que la captation, la suggestion, l'effet de l'action *ab irato*, etc.

En second lieu, le Code exige que l'incapacité soit déclarée par la loi; mais il n'exige pas qu'elle le soit textuellement; et si je prouve que cette incapacité résulte nécessairement d'autres articles du Code, et que d'ailleurs il faut supposer qu'elle existe, ou que la loi contient des dispositions absurdes ou immorales, je serai en droit de prétendre que cette incapacité est suffisamment déclarée, et que, par conséquent, l'article 902 est applicable aux concubins.

Je citerai d'abord, sur ce point, l'article 1131, portant que toute obligation sur une cause illicite, ne peut avoir aucun effet; et l'article 1133, qui décide que la cause est illicite, quand elle est contraire aux bonnes mœurs. Rien de plus contraire aux bonnes mœurs que le concubinage ou l'adultère. Ainsi, il est certain que toute obligation qui a une cause semblable, doit être déclarée nulle; et c'est sur ces motifs que la Cour d'Appel de Besançon a, par son arrêt du 25 mars 1808, déclaré nuls des billets souscrits au profit de la femme, avec laquelle le signataire des billets vivoit en mauvais commerce. (*Journ. de la Jur. du Cod. Nap.*, tom. XI, p. 284.) L'interrogatoire de la prétendue créancière constatoit que ces billets n'avoient d'autre cause que le concubinage; et cette déclaration a suffi pour déterminer la Cour à annuller les billets, comme contenant une obligation fondée sur une cause illicite. La même chose vient d'être jugée à Grenoble, comme nous l'avons dit, par l'arrêt précité du mois de janvier 1812. Or, maintenant, supposons que le signataire des billets, au lieu de faire pour trente mille francs de billets au profit de sa concubine, se fût constitué, à titre de donation, débiteur envers elle, de ces mêmes trente mille francs : il auroit fallu, dans le système que nous combattons, déclarer la donation valable, et l'obligation qui en résultoit, efficace. Or, on le demande, quand il s'agit de cause illicite, contraire aux bonnes mœurs, la décision de la question peut-elle dépendre de la forme extérieure de l'acte qui contient la disposition criminelle? Et ne seroit-ce pas prêter au Législateur une absurdité des plus complètes, que de prétendre qu'il a permis de contracter, sous la forme de donation, une obligation évidemment contraire aux bonnes mœurs, et qui seroit nulle, si elle eût été contractée sous la forme de prêt, ou autre semblable ?

A cet argument qui paroît sans réplique, j'ajouterai que l'article 911 déclare nulles toutes dispositions faites au profit d'un incapable, sous le nom de personnes interposéés, et que le même article répute de droit personnes interposées, les père et mère de l'incapable. Or, les articles 762 et 908 établissent l'incapacité, soit totale, soit partielle, des enfans nés hors mariage. Supposons maintenant qu'il est résulté un enfant du concubinage : toute disposition universelle faite en faveur de la mère, sera nulle. Les partisans du système que nous combattons, sont forcés d'en convenir. Or, prétendre, d'après cela, que la disposition seroit valable, précisément parce qu'il n'existeroit pas d'enfans du commerce, ce seroit non-seulement une absurdité que l'on prêteroit gratuitement au Législateur, mais encore une des plus dangereuses interprétations que l'on puisse mettre en avant.

Si l'on suppose, en effet, que la concubine est incapable de recevoir, lorsqu'elle a des enfans de son commerce, et que le défaut d'enfant lui rend toute sa capacité, ne voit-on pas que c'est l'inviter ouvertement au crime, la porter à détruire les malheureux fruits de son union coupable, soit avant, soit après leur naissance, ou au moins à les abandonner à la charité publique, en prenant en même temps toutes les précautions pour leur ôter la connoissance de leur état ?

N'avons-nous pas déjà démontré, dans nos notes sur le premier Livre, que l'incapacité des enfans naturels n'a jamais pu être établie *in odium eorum*, mais bien en haine du crime qui a présidé à leur naissance, et, par conséquent, en haine des père et mère qui l'ont commis? Et ne voit-on pas que, si la loi, par respect pour le mariage, a cru devoir frapper d'une incapacité totale ou partielle, suivant les circonstances, les fruits d'une union illégitime, ce seroit faire au Législateur l'injure la plus grave, que de supposer qu'en même temps qu'il punit le fruit innocent du crime, il a voulu que le complice de ce même crime, que le vrai coupable, jouît en paix de tous les avantages de la débauche, et de tous les dons qu'une passion, souvent d'autant plus aveugle qu'elle est plus criminelle, pourroit arracher ?

Oui, je le répète, l'incapacité des enfans naturels emporte de plein droit celle de leurs père et mère. S'il étoit vrai, d'ailleurs, que le Code eût gardé le silence sur cette dernière, il seroit encore du devoir des tribunaux, ne fût-ce que pour l'honneur du Législateur lui-même, de saisir le plus léger moyen de l'établir. Mais le Législateur s'est prononcé sur cette incapacité. Nous venons de le démontrer par la combinaison des articles 911, 1131 et 1133. Il s'est prononcé d'une manière bien plus formelle encore par la bouche de l'Orateur du Gouvernement, dans un discours déjà cité. « Les circonstances peuvent être telles, y » est-il dit, que la volonté du disposant n'ait pas été libre, ou qu'il ait été entiè- » rement dominé par une passion injuste. C'est la sagesse des tribunaux qui pourra » seule apprécier ces faits, et tenir la balance entre la foi due aux actes et l'in- » térêt des familles: ils empêcheront qu'elles ne soient dépouillées par les gens » avides qui subjuguent les mourans, etc. »

Or, on le demande, une disposition excessive, faite au profit de celle qui a vécu en concubinage ou en adultère avec le disposant, ne réunit-elle pas au plus haut point tous les caractères que l'Orateur du Gouvernement semble désirer, pour annoncer l'existence d'une passion destructive de toute liberté, sur-tout si le mauvais commerce a duré jusqu'à la mort? et ne diroit-on pas que c'est précisément une pareille disposition qu'il a signalée d'avance à la sagesse et à la sévérité des tribunaux?

Nous avons dit *une disposition excessive*, parce que nous ne pensons pas que l'incapacité doive s'étendre jusqu'à des dons modiques, proportionnés à la fortune du disposant et aux besoins de la donataire. Ces dons peuvent être considérés comme des alimens, et, comme tels, maintenus. L'on peut alors attribuer la libéralité à des sentimens de pitié de la part du disposant; ce qui détruit l'argument péremptoire, tiré des articles 1131 et 1133.

On a dit encore: prononcer l'incapacité des concubinaires, c'est rétablir les recherches odieuses que le Législateur a voulu prévenir. On verra tous les jours des collatéraux avides attaquer la mémoire de leurs parens pour empêcher l'effet de leur bienfaisance; et il suffira qu'il y ait diversité de sexe entre le donateur et le donataire, pour que l'on vienne demander la nullité de la disposition.

Nous répondrons, d'abord, que ce raisonnement est le même, lorsqu'il s'agit d'obligations, et qu'il n'a pas empêché les Cours de Grenoble et de Besançon de prononcer la nullité de celles qui leur étoient soumises.

En second lieu, qu'il s'en faut bien, comme nous l'avons déjà fait observer ci-dessus (note (4) de la page 96), que ces recherches soient aussi dangereuses qu'on a voulu le faire entendre; qu'il arrive bien rarement, ou, pour mieux dire, qu'il n'arrive jamais, que la mémoire de l'homme qui a toujours été vraiment pur, soit attaquée après son décès; que l'opinion publique se trompe difficilement sur le compte des morts; que la crainte des dommages-intérêts, qui devroient être considérables dans le cas où l'accusation seroit jugée calomnieuse, est un motif suffisant pour réprimer l'avidité des collatéraux.

Troisièmement, que notre système est infiniment plus moral. Il en résultera, en effet, que la crainte de ce qui pourra arriver après la mort, la pensée qu'une conduite honteuse, mais cachée, sera livrée à l'opinion publique, ou empêchera le mauvais commerce, ou préviendra au moins les dispositions excessives que l'on voudroit faire en faveur de l'objet d'une passion coupable; que, dans les deux cas, les mœurs publiques ne peuvent qu'y gagner; et que, sous ce rapport, l'opinion que nous défendons est certainement bien moins odieuse que favorable.

Quatrièmement, enfin, que le Législateur a décidé lui-même que de pareilles recherches étoient permises, au moins en matière criminelle. Ne voyons-nous pas, en effet, que l'article 338 du Code Pénal a établi une peine contre le complice de la femme adultère, en même temps qu'il détermine le genre de preuves qui peuvent être admises, et qui, dans ce cas, doivent être d'autant plus fortes, qu'il ne s'agit point là de la perte de quelques dons, mais d'une véritable accusation criminelle. Le Législateur a donc pensé que l'adultère pouvoit être prouvé; et remarquez maintenant quelles seroient les conséquences du systême qui regarde comme abrogée toute incapacité résultant du libertinage. Un mari intente une accusation d'adultère contre sa femme et le complice de celle-ci: l'adultère est prouvé; et ils sont condamnés tous deux aux peines portées par les articles 337 et 338 du Code Pénal. L'un des deux meurt peu de temps après, et institue l'autre son légataire universel; et la loi devra entourer une pareille disposition de toute sa faveur, de toute sa protection! Car que l'on ne s'y trompe pas; il ne s'agit pas de savoir dans la présente discussion, si l'on admettra tel ou tel genre de preuve, mais si l'on pourra être admis seulement à alléguer l'incapacité: et l'on soutient que la nullité de la donation ne peut pas être demandée; en un mot, que l'incapacité n'existe pas. Ainsi, dans l'espèce proposée, quoique la preuve soit acquise, quoiqu'il n'y ait aucune recherche à faire, le legs universel n'en sera pas moins valable, et l'adultère jouira tranquillement de la récompense de son crime! Non, un pareil systême n'est pas admissible; il ne peut qu'augmenter la corruption des mœurs, que les lois doivent tendre, au contraire, à diminuer autant qu'il est possible.

Que les tribunaux se montrent très-circonspects dans l'admission de la preuve; qu'ils n'admettent que celles qui ne peuvent laisser aucun doute moral sur la certitude du crime; qu'ils se montrent extrêmement sévères contre ceux qui auroient intenté légèrement ou calomnieusement une pareille accusation; rien de plus naturel et de plus convenable. Mais il y a loin de là à établir en principe, qu'ils ne doivent pas même admettre l'allégation d'une pareille incapacité.

PAGE 232.

(1) *En raison de la qualité du donataire.* Nous verrons, en effet, que la quotité de la réserve est différente, si le donataire est le conjoint du défunt.

(2) *La totalité des biens.* Ainsi point de réserve en faveur des collatéraux, même des frères et sœurs.

(3) *A la moitié des biens.* Par ce mot, *biens*, doit-on entendre la succession totale, ou seulement la moitié des biens auxquels les ascendans auroient eu droit, s'il n'y avoit pas eu de disposition? La question est indifférente, quand il n'y a ni frères ni sœurs, ni descendans d'eux; dans ce cas, de quelque manière qu'on entende l'article, les ascendans n'auront jamais que la moitié de ce qu'ils auroient eu, s'il n'y avoit pas eu de disposition; mais il en est autrement, quand

il y a des frères ou sœurs, ou descendans d'eux; car alors, les ascendans, c'est-à-dire, les père et mère (les autres ascendans sont exclus dans ce cas. Art. 750), n'ayant droit *ab intestat* qu'à la moitié des biens, ou au quart, si l'un d'eux est décédé, il est important de décider si la réserve doit être, dans ce cas, de la totalité, ou seulement de la moitié de cette portion. J'avoue que je pencherois pour cette dernière opinion, par les raisons suivantes:

1°. Elle me paroît conforme à l'idée que donne le mot de *réserve*, qui semble supposer une partie moindre que le tout, ainsi qu'à la définition que les anciennes lois nous donnent de la légitime, qui est la même chose que la réserve, et qui étoit définie, *pars portionis ab intestato contingentis* (*L.* 8, §. 6, ff. *de inoff. Testam.*) Or la partie la plus grande d'un tout, est la moitié.

2°. Les ascendans sont certainement bien moins favorables que les descendans, puisqu'ils sont exclus par eux. Or, jamais la réserve des descendans n'est égale à leur portion héréditaire *ab intestat*.

Je sais bien qu'outre le texte de l'article 915, l'on m'opposera encore l'article 61 de l'ordonnance de 1735, concernant les testamens. Cet article fixoit la légitime des ascendans, dans tous les cas, et pour les lieux où elle étoit due, au tiers de la succession; et voici la singularité qui résultoit de cette disposition. Si le défunt étoit mort *ab intestat*, laissant un père et quatre frères, aux termes de la Novelle 118, cap. 2, le père concouroit avec les frères, pour une part virile. Il n'avoit donc que le cinquième de la succession. Supposons maintenant, dans la même espèce, que le défunt eût fait un testament dans lequel il ait institué son père héritier pour une somme très-modique, et donné le surplus de ses biens à un étranger. Le père demandoit sa légitime: il avoit alors, aux termes de l'Ordonnance, le tiers de tous les biens; tandis que s'il n'y eût pas eu de testament, il n'auroit eu que le cinquième.

Mais je répondrai d'abord que cette disposition est, comme dit l'Annotateur de Ricard, une de ces bizarreries qui avoient besoin de tout le poids de l'autorité du Législateur pour être respectées, et que, par conséquent, dans une Législation nouvelle, il seroit difficile d'en tirer argument; que le Chancelier d'Aguesseau avoit tâché, en général, en rédigeant ses Ordonnances, de ménager l'opinion des diverses provinces; que l'article cité ne règle la légitime des ascendans que pour les lieux où elle leur étoit due; qu'ils n'avoient pas de légitime en pays coutumier; et qu'en pays de droit écrit, elle étoit, au moment où l'Ordonnance a parue, presque généralement fixée au tiers des biens. On jugeoit ainsi aux parlemens de Bordeaux, Grenoble, Provence et Bourgogne, et même, dans quelques cas, aux parlemens de Paris et de Toulouse. C'étoit donc à-peu-près le sentiment général que M. D'Aguesseau, peut-être un peu timide pour un Législateur, n'avoit pas voulu fronder.

J'ajouterai qu'il résulte de la discussion du Conseil-d'Etat, et notamment de celle qui a eu lieu au Tribunat, que l'on a entendu la moitié de la portion héréditaire; que l'Orateur du Conseil-d'Etat, en présentant la loi au Corps-Législatif, a énoncé formellement la même opinion, en disant : « Que la réserve des ascendans » ne peut jamais porter sur la portion à laquelle ils n'auroient aucun droit par suc- » cession. » D'où il suit que, quand il y a des frères et sœurs venant à la succession, les ascendans, autres que les père et mère, étant exclus par eux, n'ont pas de réserve à prétendre ; que, dans le même cas, les père et mère eux-mêmes ne peuvent exercer leur droit de réserve que sur la portion à laquelle ils ont droit par succession, c'est-à-dire, sur la moitié, s'ils vivent tous deux ; ou sur le quart, si un seul est vivant ; que le mot *de réserve* excluant nécessairement, comme nous l'avons déjà dit, l'idée de la totalité, il semble plus naturel de penser que cette réserve ne peut jamais être qu'une portion de la part héréditaire, et non pas de la masse totale.

Tels sont les motifs qui m'ont fait balancer à admettre l'interprétation commune donnée à l'article 915.

(4) *Dans l'ordre où ils sont appelés ab intestat.* Cela veut dire deux choses : la première, qu'ils n'ont droit à une réserve que quand ils ont droit de succéder *ab intestat :* si donc, comme nous l'avons déjà fait observer, il y a des frères, les ascendans, autres que les père et mère, sont exclus ; et la seconde, que cette réserve est recueillie par eux, comme le seroit une succession *ab intestat*, c'est-à-dire, que le plus proche exclut le plus éloigné dans chaque ligne.

Il suit de là, que l'article 915, combiné avec le 750, présentera toujours cette singularité frappante, que, d'un côté, l'article 915 accorde une réserve aux ascendans, même autres que le père et la mère, et que l'article 916 refuse toute réserve aux frères et sœurs, qui, cependant, aux termes de l'article 750, excluent les ascendans au-delà du premier degré. Ainsi, au Titre *des Successions*, les frères et sœurs sont préférés aux ascendans. Au Titre *des Donations*, les ascendans sont préférés, puisqu'ils ont un droit de réserve qui est refusé aux frères et sœurs ; en sorte que, si la succession est dévolue *ab intestat*, l'aïeul n'a rien à prétendre, quand il y a des frères et sœurs ; mais s'il y a un légataire universel, les frères et sœurs n'ont pas même le droit de venir à la succession, et l'ascendant qui auroit été exclu par eux, s'il n'y avoit pas eu de testament, viendra prendre sa réserve sur le legs universel.

Tels sont les résultats de ces différens articles. Mais comme ils sont tous très-clairs, et sans aucune espèce d'ambiguïté, il faut en suivre les dispositions, telles qu'elles sont, sans entendre les concilier.

(5) *A laquelle elle est fixée.* Ceci est relatif au cas où il resteroit dans la succession plus qu'il ne faut pour compléter la réserve, mais où ce reste, partagé suivant les règles ordinaires, ne donneroit pas aux ascendans une part égale au montant de leur réserve. La loi veut que, dans ce cas, cette réserve soit complétée sur la part des autres héritiers. *Exemple :*

Pierre meurt, laissant cent mille francs de biens, et pour héritiers, un aïeul paternel et des cousins germains maternels. Il a disposé par testament de soixante mille francs. La réserve de l'aïeul doit être du quart des biens, ou de vingt-cinq mille francs. Si les quarante mille francs de biens dont le testateur n'a pas disposé, étoient partagés comme il a été dit au Titre précédent, l'ascendant en auroit moitié, c'est-à-dire vingt mille francs, et le surplus seroit dévolu aux parens maternels. Mais comme alors la réserve de l'ascendant ne seroit pas complète, il prendra le déficit sur la part des parens maternels, qui se trouveront par là réduits à quinze mille francs.

(6) *Des trois quarts.* Les enfans renonçant comptent-ils pour la computation de la légitime? Anciennement on distinguoit:

Si l'enfant avoit renoncé simplement et gratuitement, il ne comptoit pas.

Si l'enfant renonçoit pour s'en tenir à son don, il comptoit, et sa part dans la légitime accroissoit aux donataires et aux légataires. (Ricard, *des Donations*, Part. 3, chap. 8, sect. 7; Lebrun, *des Successions*, liv. 2, chap. 3, sect. 6. Voir aussi la loi 8, §. 8, ff. *de inoff. Testam.*)

Il n'y a rien dans le droit actuel qui s'oppose à ce que cette distinction, très-équitable en elle-même, soit suivie encore aujourd'hui, en l'appliquant aux dispositions relatives à la fixation de la légitime. Elle est fondée sur ce que le père qui donne à un de ses enfans, sans dispense de rapport, est toujours censé donner en avancement d'hoirie, et conséquemment par imputation sur sa légitime. Supposons donc un père laissant trois enfans, un légataire universel, et une succession de valeur de trente mille francs. L'un des enfans renonce gratuitement: dans ce cas, la réserve sera des deux tiers, et chacun des autres enfans aura dix mille francs. S'il y avoit quatre enfans, la renonciation de l'un des enfans devient une circonstance indifférente pour le légataire, puisque la réserve est la même, soit qu'il y ait trois enfans, ou davantage.

S'il y a trois enfans, et que l'un d'eux renonce pour s'en tenir aux avantages qu'il a reçus entre-vifs, et que nous porterons à dix-huit mille francs, il en résultera une masse de quarante-huit mille francs, savoir: trente mille francs existant au décès, et dix-huit mille francs donnés. L'enfant renonçant devant être compté, la réserve est des trois quarts, ou trente-six mille francs; ce qui fait douze mille francs par chaque enfant. Les deux enfans venant à la succession, prendront donc vingt-quatre mille francs sur les biens laissés au décès, et les six mille francs restant composeront le legs universel.

Si la donation faite à l'enfant étoit de vingt-quatre mille francs, et le nombre des enfans de six, alors la masse des biens existans, réunis aux biens donnés, étant de cinquante-quatre mille francs, la réserve, ou les trois quarts, est de quarante mille cinq cents francs, dont il revient aux cinq enfans acceptans, les cinq sixièmes, ou trente-trois mille sept cent cinquante francs; et comme nous supposons que les biens laissés au décès ne montent qu'à trente mille francs, il est évident que le legs universel est nul, et que la donation faite au fils doit essuyer une réduction de trois mille sept cent cinquante francs. Il lui restera donc vingt mille deux cent cinquante francs, dont treize mille cinq cents francs pour le quart disponible, et six mille sept cent cinquante francs pour sa part dans la réserve; ce qui est conforme aux dispositions des articles 845 et 924.

Quid, si la donation faite à l'enfant renonçant étoit à titre de préciput? Je pense qu'alors elle doit être imputée sur le disponible, à l'égard des donataires postérieurs et des légataires. *Secùs*, à l'égard des donataires antérieurs, qui, étant déjà saisis du disponible, n'ont pu en être dépouillés par une disposition postérieure du donateur.

L'indigne compte-t-il pour la portion disponible? Non. Il doit être assimilé à celui qui a renoncé gratuitement. Il en est de même de celui dont l'existence n'étoit pas reconnue au moment de l'ouverture, sauf, s'il revient, à faire un nouveau réglement pour la fixation de la légitime.

Quelques auteurs avoient imaginé un système différent. Ils prétendoient que tous les enfans existans devoient compter pour la fixation de la légitime; que cette légitime, ainsi calculée, formoit la masse héréditaire de la succession *ab intestat*, qui appartenoit à tous les héritiers, c'est-à-dire aux légitimaires en masse, et qu'en conséquence la part des indignes ou des renonçans devoit appartenir aux acceptans, d'après l'article 786, et par droit d'accroissement. Ils se fondoient sur ce que l'article 913 se sert de ces expressions : *les libéralités ne peuvent excéder*, *etc.*, *si le disposant ne laisse qu'un enfant légitime*, sans ajouter, *venant à la succession.* Donc, disoient-ils, on ne doit considérer que le nombre des enfans existans au décès, sans s'embarrasser s'ils viennent ou non à la succession. Mais d'abord, il est de principe que l'héritier qui ne vient pas à la succession, est censé mort quant à la succession, sauf qu'il remplit son degré, ce que ne fait pas le prédécédé. Nous avons d'ailleurs démontré que, dans plusieurs circonstances, le Code se sert de ces mots : *laisse*, *etc.*, dans le sens de, *laisse pour héritiers*, *venant à sa succession.* (Art. 757, 758.) Prétendra-t-on, par exemple, que l'enfant naturel ne doit pas avoir la totalité des biens, lorsque le défunt laisse un parent au degré successible, qui ne vient pas à la succession? A qui, dans ce cas, appartiendroit l'excédant? Enfin, il résulteroit de ce système, que la réserve pourroit être demandée par les collatéraux. Car si l'on suppose un père, n'ayant qu'un fils renonçant ou indigne, il n'aura toujours pu disposer que de la moitié de ses biens : en effet, si les partisans de ce système argumentent de l'article 786, pour donner aux acceptans la part des renonçans, par droit d'accroissement, les collatéraux argumenteront du même article, lorsque le renonçant sera seul de son degré, pour soutenir que sa part doit leur appartenir.

Concluons donc avec Ricard et Lebrun, et conformément à la loi 8, §. 8, ff. *de inoffic. Test.*, que la légitime n'est pas due en masse à tous les légitimaires, mais à chacun d'eux pour sa part, et que celui qui a tout ce qui doit lui revenir dans la légitime, ne peut attaquer ni faire réduire les libéralités.

Nota. J'appelle *légitimaire*, *brevitatis causâ*, celui auquel la loi assure une réserve ou légitime.

(7) *Dont ils descendent.* L'article dit, *qu'ils représentent*, d'où l'on a voulu conclure que quand les petits-enfans ne viennent pas par représentation à la succession de leur aïeul, ce qui a lieu quand leur père étoit fils unique, alors

ils doivent être comptés par têtes pour l'évaluation de la légitime; en sorte que, suivant cette opinion, celui qui, ayant un fils unique et trois petits-enfans de ce fils, pouvoit disposer de la moitié de ses biens, ne peut plus disposer que du quart, si son fils vient à mourir. Cet exemple peut déjà donner une idée de la singularité de ce systême; un second va la rendre encore plus frappante.

Un homme a deux fils, ayant, l'un cinq enfans, et l'autre six. Si l'on suppose que ces treize enfans et petits-enfans vivent encore au moment de son décès, il a pu disposer du tiers de ses biens. Il en est de même si ses deux fils sont morts, et que les onze petits-enfans soient vivans, parce qu'ils viennent alors par représentation. Mais si l'on suppose qu'après la mort des deux fils, les cinq enfans de l'un sont également décédés, ainsi que trois enfans de l'autre; alors, comme les trois restans sont du même père, ils viennent de leur chef, et la réserve se trouve portée aux trois quarts; en sorte que cette réserve, qui doit naturellement augmenter ou diminuer en raison directe du nombre des enfans, se trouve augmenter en raison inverse de ce même nombre. Tels sont les motifs qui m'ont déterminé à rendre la disposition telle qu'elle est exprimée, et à entendre le mot, *qu'ils représentent*, dans le sens que je lui donne ici. Cette opinion s'accorde d'ailleurs avec ce que dit l'orateur du gouvernement, en présentant le titre *des Successions*, que la loi doit être telle, que les enfans ne puissent perdre ni gagner à la mort de leur père.

Il paroît qu'anciennement on pensoit le contraire en pays de droit écrit (SERRES, *sur les Instit.*, Liv. II, tit. XVIII); mais c'étoit une pure subtilité : et cette opinion, qui est avec raison blâmée par LEBRUN, *des Successions*, Liv. II, chap. III, sect. III, N°. 4, n'étoit pas même invariable sur ce point, puisqu'au Parlement de Toulouse l'on jugeoit que, dans le cas de l'édit *des Secondes Noces*, qui étoit cependant bien plus favorable, les trois petits-enfans d'un seul fils ne devoient compter que pour une tête.

PAGE 233.

(1) *Qui compose cette même réserve.* Il est assez étonnant que l'on ait réduit, dans ce cas, la réserve des ascendans à une nue propriété, dont l'usufruit appartient à une personne qui doit naturellement être, et qui sera, le plus souvent, beaucoup plus jeune.

(2) *En quelque nombre qu'ils soient.* Pourvu qu'ils ne soient pas d'un mariage précédent; car alors la donation ne pourroit être que d'une part d'enfant, et ne pourroit, dans aucun cas, excéder le quart des biens. (Art. 1098.)

(3) *En nue propriété seulement.* L'article dit, *un quart en propriété*, et *un quart en usufruit*, ou *la moitié en usufruit.* Ces derniers mots paroissent assez inutiles; car qui peut donner plus, peut donner moins. Or, il y a plus dans le quart en propriété et le quart en usufruit, que dans la moitié en usufruit : d'un autre côté, cette addition peut donner lieu à une difficulté. Si le défunt avoit laissé à son conjoint tout ce dont il lui est permis de disposer en sa faveur, que seroit-il dû au légataire ? Seroit-ce le quart en propriété et le quart en usufruit, ou

la moitié en usufruit seulement? On peut dire, pour ce dernier parti, que c'est ici une obligation alternative, et que, dans ce cas, c'est aux héritiers, comme débiteurs, à choisir; cependant j'avoue qu'il me paroît difficile d'appliquer ici ce principe. Quand le testateur donne tout ce dont il lui est permis de disposer, il semble qu'il annonce bien l'intention d'aller aussi loin que la loi lui permet d'aller, et par conséquent de donner le *maximum* du disponible. Or, dans l'espèce, le *maximum* est bien certainement le quart en propriété et le quart en usufruit. D'ailleurs, dans une obligation, on doit présumer que le débiteur a entendu s'engager le moins possible; il n'en est pas de même dans les testamens; *pleniùs interpretandæ sunt defunctorum voluntates*.

(4) *En faveur de son époux*. Ce cas est celui où le donateur n'auroit qu'un enfant: la quotité disponible est alors de la moitié des biens en toute propriété; et cependant il ne peut donner à son conjoint qu'un quart en toute propriété, et un quart en usufruit; il reste donc un quart en nue propriété, dont il peut disposer en faveur d'un étranger. Le motif de cette disposition, qui peut paroître singulière au premier coup-d'œil, a été que l'on a pensé qu'un père se porteroit plus difficilement à dépouiller ses enfans en faveur d'un étranger, qu'en faveur de sa femme. Or, comme dit VINNIUS, *Instit.*, Lib. 2, tit. VIII, *Lex arctiùs prohibet quod faciliùs fieri putat*.

Quid, si la donation faite à l'époux concourt avec des dispositions faites en faveur d'un étranger? La question présente d'autant plus de difficulté, qu'elle peut se compliquer davantage.

D'abord, je ne pense pas qu'il puisse y avoir de difficulté à décider en principe, que la disponibilité établie par l'article 1094 ne peut concourir avec celle établie par l'article 913, dans le sens, par exemple, que celui qui a un enfant, et qui a disposé de la moitié de ses biens en faveur d'un étranger, puisse encore donner à son époux le quart en propriété et un autre quart en usufruit, tellement qu'il ne restât à l'enfant, pour tout droit de légitime, qu'un quart en nue propriété. Ce systême ne me paroît pas même susceptible d'une réfutation sérieuse. Cela posé, je vais parcourir les différens cas dans lesquels peut avoir lieu le concours des dispositions faites en faveur de l'époux, avec celles faites en faveur d'un étranger.

Si la donation faite à l'étranger est antérieure, et de plus irrévocable, *putà*, si elle est faite entre-vifs, ou par contrat de mariage, il n'y a pas de doute qu'elle ne doive être exécutée de préférence à celle de l'époux, mais néanmoins avec les distinctions suivantes:

Si le défunt a laissé trois enfans ou plus, comme alors le disponible à l'égard de l'étranger est fixé au quart seulement, et que le même disponible, en faveur de l'époux, embrasse le quart en propriété et le quart en usufruit, il est certain que la donation faite à l'étranger n'a pu porter sur le quart en usufruit, dont le donateur peut alors disposer en faveur de son conjoint.

Si le défunt a laissé deux enfans, comme alors le disponible en faveur de l'étranger est du tiers $= \frac{1}{4} + \frac{1}{12}$, en propriété, il est certain que pour le quart en propriété, qui est commun aux deux disponibles, l'étranger doit être préféré. Mais quant au surplus, il se présente deux manières de résoudre la question : la première consiste à calculer, d'après l'âge de l'époux, si le quart en usufruit est inférieur, égal, ou supérieur au douzième donné à l'étranger en sus du quart en propriété. S'il est égal ou inférieur il ne reste rien de disponible en faveur du conjoint; s'il est supérieur, le donateur pourra disposer de la différence en faveur de son époux.

La seconde manière d'opérer seroit de donner à l'époux, en usufruit seulement, ce dont la disposition faite en faveur de l'étranger est moindre que la moitié des biens, c'est-à-dire, dans l'espèce, un sixième. Ce dernier mode me paroît préférable. Il a l'avantage de faire disparoître ces calculs approximatifs sur la probabilité de la vie, que la loi a voulu éviter autant que possible (art. 917). Il ne préjudicie, pour ainsi dire, point aux enfans, puisqu'ils ont toujours la propriété de la portion dévolue à l'époux, et dont l'usufruit doit s'éteindre un jour par sa mort. Enfin, il ne paroît pas contraire aux dispositions de la loi, puisque l'époux peut dire : tant que la moitié de la succession n'est pas épuisée, j'ai droit à l'usufruit de la différence. A la vérité, si la disposition totale étoit en ma faveur, je ne pourrois réclamer en toute propriété qu'un quart, tandis que l'étranger peut exiger le tiers. Mais cette considération m'est absolument étrangère. D'ailleurs, c'est la loi elle-même qui a établi une différence entre le disponible en faveur de l'époux et le disponible en faveur de l'étranger, différence qui ne peut nuire au droit que j'ai de profiter, au moins en usufruit, de toutes les dispositions faites à mon profit, et qui n'excèdent pas la moitié de la succession.

Si le défunt n'a laissé qu'un enfant, et qu'il ait donné le disponible à l'étranger, comme le disponible est de moitié en toute propriété, excédant par conséquent le disponible en faveur de l'époux, d'un quart en nue propriété, il est clair qu'il ne peut plus disposer de rien en faveur de son époux.

Si le donateur a laissé un ou plusieurs ascendans, la donation faite à l'étranger ne pourra porter que sur le disponible, tel qu'il est fixé par l'article 915, et le donateur pourra disposer en faveur de son conjoint, de tout l'usufruit de l'indisponible.

Si la donation faite à l'époux est antérieure et irrévocable, *putà*, si elle est faite par contrat de mariage, elle doit être exécutée de préférence à toute autre qui seroit postérieure. Si donc le donateur a trois enfans, et qu'il ait donné à son époux tout ce dont il pouvoit disposer, comme le disponible en faveur de l'époux excède le disponible en faveur de l'étranger, toutes les donations postérieures sont nulles. Il en est de même, si l'époux n'a pas d'enfans, mais bien un ou plusieurs ascendans, ou s'il n'a ni descendans, ni ascendans.

Si le donateur a deux enfans, il faudra faire, en sens inverse, ce que nous avons établi pour le cas où le donateur, ayant également deux enfans, la donation faite à l'étranger, seroit antérieure et irrévocable. Si l'on suivoit la première opinion, il faudroit calculer si le quart en usufruit, à raison de l'âge de l'époux, est égal, supérieur, ou inférieur au douzième en propriété. S'il étoit égal ou supérieur, tout le disponible seroit regardé comme épuisé, et toutes les donations postérieures seroient encore nulles; s'il étoit inférieur, le donateur pourroit disposer de l'excédant en faveur d'un étranger. Ou bien, en adoptant le second mode, qui me paroît préférable, comme je l'ai dit, l'on pourroit donner, dans tous les cas, à l'étranger, le douzième en nue propriété, dont l'époux n'a pu disposer en faveur de son conjoint.

Si le donateur n'a qu'un enfant, le donataire postérieur aura le quart en nue propriété, dont le défunt n'a pas pu disposer en faveur de son conjoint.

Mais *quid* si la donation faite à l'époux est antérieure, mais faite pendant le mariage, et par conséquent révocable (art. 1096), et que la donation faite à l'étranger soit postérieure, mais irrévocable? Je pense que si les deux donations sont d'un objet particulier, et du même objet, la deuxième donation, faite à l'étranger, emporte révocation de la première, et doit en conséquence lui être préférée. (*L.* 12, Cod. *de Donat. inter vir. et uxor.*) Mais si elles sont toutes deux d'une quantité, ou en général du disponible, je pense que la décision doit dépendre des circonstances, et que les tribunaux auront à examiner, d'après l'intention du donateur, manifestée, soit dans le second acte de la donation, soit indirectement par d'autres circonstances, s'il a entendu révoquer la première donation. Toutes choses égales, l'on pourroit admettre cette distinction : si le donateur a disposé en faveur de l'étranger, d'une quantité déterminée, alors la donation faite à l'époux seroit censée révoquée, jusqu'à la concurrence de ce dont sa valeur, jointe à celle de la disposition faite en faveur de l'étranger, excéderoit le plus fort disponible. Si, par exemple, ce disponible est de cent, et qu'il ait été donné soixante à l'époux, et cinquante à l'étranger, la donation faite à l'époux sera réduite à cinquante. Mais si la donation faite à l'étranger est en général du disponible, il faudra distinguer : si la donation faite à l'époux n'épuisoit pas le disponible, on pourra présumer que le défunt n'a entendu disposer en faveur de l'étranger que de ce qui lui restoit disponible, après la donation faite à l'époux, laquelle alors sera exécutée dans son entier, et le surplus du disponible sera adjugé à l'étranger; mais si la donation faite à l'époux épuisoit le disponible, comme on ne peut présumer que le défunt ait voulu faire en faveur de l'étranger une disposition illusoire, *actus interpretandus est potiùs ut valeat quàm ut pereat*, la donation faite à l'époux sera censée révoquée jusqu'à concurrence de celle faite à l'étranger : le tout, en observant les proportions déterminées ci-dessus, relativement à la différence du disponible, à l'égard de l'époux et à l'égard de l'étranger.

Le cas le plus difficile est celui où les dispositions sont faites toutes deux par un acte révocable, *putà*, par un testament. Il me semble qu'alors le principe le plus juste et le plus général, est de regarder les deux donataires comme conjoints, et comme concourant entr'eux, jusqu'à concurrence de la quotité disponible qui leur est commune. Quant au surplus, il appartient à celui en faveur duquel la plus grande disponibilité est établie. D'après cela, il faudroit distinguer :

Si le donateur a un enfant, le donataire étranger aura à lui seul un quart en nue propriété, et il partagera avec le conjoint le surplus du disponible, par portion égale.

Si le donateur a deux enfans, on l'on estimera ce que peut valoir le quart en usufruit, et s'il est égal, supérieur ou inférieur au douzième en propriété. S'il est égal, les deux donataires concourront par égale portion; s'il est supérieur, le conjoint aura l'excédant à lui seul, et prendra la moitié du surplus; s'il est inférieur, le donataire étranger aura au contraire l'excédant, et partagera le surplus : ou bien, l'on donnera à l'étranger un douzième en nue propriété, à l'époux un sixième en usufruit, et ils partageront le surplus du disponible, consistant en un quart en propriété, et un douzième en usufruit.

Si le donateur a trois enfans ou davantage, l'époux aura à lui seul le quart en usufruit, et partagera le quart en propriété.

Si le donateur a un ou plusieurs ascendans, l'époux aura à lui seul l'usufruit de la portion indisponible, et partagera le surplus.

Enfin, s'il n'a ni ascendans ni descendans, les deux donataires partageront par moitié toute la succession.

(5) *Ou autres termes équivalens.* Nous avons examiné précédemment (note (2) de la page 210), la question de savoir si, dans ce cas, le disponible doit se calculer seulement sur les biens existans lors du décès, ou sur la masse des biens réunis aux biens donnés aux autres successibles.

(6) *Entre-vifs ou testamentaires.* Ces formalités sont exigées, parce que la dispense du rapport est une véritable donation ajoutée à la première. De là il suit, que la dispense de rapport faite par un acte postérieur, ne peut avoir lieu, au préjudice d'une donation faite dans le temps intermédiaire, à titre de préciput. Ainsi, un père ayant trois enfans, et quarante mille francs de biens, a donné à l'un d'eux dix mille francs, sans dispense du rapport; il a donné à un second cinq mille francs avec dispense du rapport : il dispense ensuite le premier du rapport. Si cette dernière dispense avoit tout son effet, comme elle comprendroit tout le disponible, le second donataire seroit obligé de renoncer à la succession, ou de rapporter; mais comme, au moyen de la dispense de rapport prononcée en sa faveur, il s'est trouvé saisi irrévocablement du droit de prendre sur le disponible le montant de la donation à lui faite, et cela avant que son frère ait été lui-même dispensé du rapport, cette dernière dispense sera nulle, mais dans l'intérêt du second donataire seulement, c'est-à-dire, que le premier sera tenu seulement de rapporter cinq mille francs.

(7) *Des successibles en ligne directe.* Cette disposition s'appliqueroit-elle aux successibles en ligne directe ascendante? Je ne le pense pas. Il n'y a pas la plus légère parité. On peut bien présumer un avantage indirect dans la vente faite à fonds perdu, ou avec réserve d'usufruit, par un ascendant à son descendant; mais la même présomption n'existe pas, quand la vente a lieu de la part d'un descendant à un ascendant.

(8) *Une disposition particulière.* Cette disposition a été prise de l'article 26 de la loi du 17 nivose an 2.

(9) *Ou avec réserve d'usufruit.* Par conséquent, si la vente a été faite à tout autre titre, on n'appliquera pas cette disposition, qui est effectivement exorbitante du droit commun, en ce qu'elle paroît présumer la simulation. Ce n'est pas qu'une vente à forfait, comme tout autre acte passé entre un défunt et un de ses successibles, ne puisse être attaqué, s'il y a lieu, comme simulé, et contenant un avantage indirect. Mais c'est alors aux demandeurs à prouver la fraude ou la simulation; au lieu que dans l'espèce de l'article 918, l'acte est nul de plein droit comme vente, ou plutôt la loi le répute, de plein droit, donation avec dispense de rapport.

(10) *Est rapporté à la masse.* Donc il est vrai de dire que ces sortes de ventes sont en effet présumées, d'après la loi, renfermer une donation, mais à titre de préciput et avec dispense de rapport; et ce qui le prouve, c'est que l'article n'exige que le rapport de ce qui excède le disponible.

Au surplus, cette obligation du rapport prouve qu'il s'agit ici du cas où l'enfant acquéreur vient à la succession; car le rapport n'est dû que par le cohéritier venant à la succession. Par la même raison il faut décider que, si l'enfant acquéreur renonce à la succession, il pourra retenir l'objet vendu, jusqu'à concurrence du disponible, et de sa part dans la réserve; car il auroit ce droit, quand même il seroit réellement donataire. De là il suit encore que, si le disponible est épuisé par des donations irrévocables, antérieures à la vente, la totalité de l'objet vendu doit être rapportée.

Mais ne devra-t-on pas tenir compte à l'acquéreur en viager, de ce qu'il a payé tous les ans, au-delà du revenu de la chose aliénée, et à l'acquéreur de la nue propriété, de ce qu'il a payé pour l'achat de cette nue propriété? La loi du 17 nivose décidoit l'affirmative d'une manière expresse; mais il faut remarquer que cette loi s'appliquoit même aux ventes qui avoient eu lieu avant sa promulgation, à l'égard desquelles l'acquéreur avoit bien pu être de bonne foi, et qui étoient cependant annullées comme les autres. On avoit donc cru devoir adoucir la rigueur de l'effet rétroactif donné à cette loi, en décidant que, lorsqu'il auroit lieu, il seroit tenu compte à l'acquéreur, de ce qu'il auroit payé en sus du revenu de l'immeuble. Mais aujourd'hui qu'il n'y a plus d'effet rétroactif, que le successible sait à quoi il s'expose, en acquérant de cette manière, on n'a pas dû assujettir les cohéritiers à aucune restitution. D'ailleurs, l'acquéreur est indemnisé par l'abandon gratuit de la portion disponible.

(11) *Par les collatéraux.* C'est-à-dire qu'elle ne peut être invoquée de collatéral à collatéral. Les collatéraux ne concourant jamais avec les descendans, ne peuvent être dans le cas d'exiger d'eux le rapport : et nous pensons, ainsi que nous l'avons déjà fait observer, que l'article 918 ne s'applique pas à l'ascendant acquéreur.

(12) *Ou au placement.* Ce consentement donné pendant la vie du disposant, est bien un pacte sur une succession future. Aussi avons-nous fait remarquer cet article, comme contenant une dérogation à la règle générale établie à ce sujet.

(13) *Par le présent paragraphe.* Mais s'il y a des donations antérieures, le légitimaire, qui n'aura eu que moitié de sa réserve sur les biens confisqués, pourra-t-il faire réduire ces donations, pour la compléter? *Espèce :* Un père a

donné vingt mille francs. Il est condamné pour crime emportant confiscation; les biens confisqués montent à quarante mille francs, toutes dettes payées. Il a un enfant. L'article 38 du Code Pénal dit que la confiscation demeure grevée de l'obligation de fournir aux enfans ou descendans moitié de la portion dont le père n'auroit pu les priver; donc, pour déterminer le droit de l'enfant, il faut supposer qu'il n'y a pas eu confiscation, et voir quelle eût été, dans les quarante mille francs, la somme dont le père n'auroit pu disposer au préjudice de son fils. Il est évident que cette somme est de trente mille francs. L'enfant prendra donc quinze mille francs sur les biens confisqués. Mais aura-t-il un recours contre le donataire, pour les quinze autres mille francs?

Pour résoudre cette question, il faut voir comment la confiscation doit être considérée dans notre droit. En général, la confiscation peut être regardée, soit comme une peine infligée au coupable, soit comme une indemnité des dommages causés à l'État par le crime qu'il a commis. Je pense que dans le droit actuel, c'est plutôt sous ce dernier rapport qu'elle doit être considérée; car, d'abord, elle n'est la suite nécessaire d'aucune condamnation; elle n'a lieu que dans les cas où la loi la prononce expressément. (*Code Pénal*, art. 37.) Ces cas sont en petit nombre: ce sont les crimes contre la sûreté intérieure ou extérieure de l'État; le crime de fausse monnaie, et celui de contre-façon du sceau de l'État. Or, l'on voit par la nature de ces délits, qu'on a voulu, en quelque sorte, réparer, autant que possible, par la confiscation, le dommage pécuniaire que l'État, le trésor public, ou les particuliers, ont pu éprouver par suite du délit commis. Quoi qu'il en soit, et sous quelque rapport que l'on considère la confiscation, elle est toujours le résultat d'une obligation contractée par le défunt. *Obligatio delicto contrahitur.* Or, comme les biens extans ne sont évalués, pour la supputation de la légitime, que déduction faite des dettes, il faut également déduire de la succession tout ce que l'État prend à titre de confiscation: or, l'État prend tout, moins les quinze mille francs réservés au fils; il faut donc opérer ensuite, comme s'il n'y avoit que ces quinze mille francs dans la succession, et comme si le reste étoit absorbé par des créanciers; or, en ajoutant ces quinze mille francs aux biens donnés, il en résulte un total de trente-cinq mille francs, dont la moitié, ou dix-sept mille cinq cents francs, appartient au fils. La donation sera donc réduite de deux mille cinq cents francs.

Si le légitimaire étoit un ascendant, comme il ne lui seroit accordé aucune légitime sur les biens confisqués, la masse se composeroit uniquement des biens donnés, sur lesquels il prendroit sa légitime de droit.

PAGE 234.

(1) *Toutes dispositions*, même celles faites en faveur des époux et par contrat de mariage. (Art. 1090.)

(2) *Soit à cause de mort.* Il faut entendre, par là, les donations de biens à venir, et celles faites par testament.

Quid, à l'égard des biens recueillis, en vertu de l'article 305, par les enfans issus d'un mariage dissous par le divorce par consentement mutuel? seroient-ils sujets à retranchement pour fournir la légitime à des enfans d'un mariage antérieur ou postérieur. L'affirmative est décidée expressément par l'orateur du Gouvernement.

« On doit, dit-il, y comprendre (dans la masse des biens sur lesquels se calcule » la réserve) les biens dont la propriété auroit été transmise aux enfans dans le cas » du divorce : il ne peut jamais en résulter pour eux un avantage tel, que les autres » enfans soient privés de la réserve légale. »

(3) *Qui composent sa succession.* Ainsi, pour décider s'il y a lieu à réduction, ou non, ce n'est pas la valeur des biens qu'avoit le disposant quand il a fait la donation, qu'il faut considérer, mais celle des biens qu'il laisse à son décès.

(4) *Ou ayant-cause.* Ainsi, les créanciers, du légitimaire peuvent, de son chef, demander la réduction des donations.

Faut-il être héritier pour demander la réserve, soit à l'égard des légataires, soit à l'égard des donataires? L'affirmative ne me paroît pas douteuse, soit d'après les principes du droit ancien, soit d'après ceux du Code.

En pays de droit écrit, l'on sait que d'après la Novelle 115, cap. 3, *in princip.*, la légitime devoit être laissée expressément à titre d'institution : *non licere penitùs patri vel matri, filium aut filiam præterire, aut exheredes facere, nec si per quamlibet donationem, vel legatum, vel fideicommissum, vel alium quemcumque modum, eis dederit legibus debitam portionem.* La qualité de légitimaire et celle d'héritier étoient donc inséparables. D'ailleurs l'on sait que l'enfant émancipé qui vouloit attaquer le testament de son père, comme inofficieux, devoit commencer par demander la possession des biens, qui étoit l'hérédité prétorienne.

En pays coutumier, les auteurs étoient d'accord sur ce point, et les motifs qu'ils donnoient sont les mêmes dans le droit actuel. Voici comme s'exprime Ricard, *des Donations*, Partie III, n°. 978 :

« La renonciation que font les enfans à la succession de leur père, emporte » avec soi l'exclusion de la légitime ; car, comme elle ne peut s'acquérir que par » la querelle d'inofficiosité, il est nécessaire qu'ils aient la qualité d'héritiers pour » intenter cette action : attendu que les biens du père ne pouvant passer en leurs » personnes qu'à titre de succession, ce seroit à tort qu'ils se plaindroient de ce » qui a été fait par leur père, puisque, d'après leur renonciation, ils ne pourroient » toujours rien prétendre à ses biens, quand même il n'en auroit pas disposé. »

Le Brun partage cette opinion, dans son *Traité des Successions*, Liv. II, chap. 3, sect. 1, n°. 9 et suivans : et M. Espiard, son annotateur, confirme cette doctrine.

Quant au droit actuel, non-seulement il n'est rien dans le Code qui paroisse contraire à cette décision ; mais même elle paroît résulter de plusieurs articles.

D'abord l'article 1004 : « Lorsqu'au décès du testateur, y est-il dit, il y a des » héritiers auxquels une quotité de ses biens est réservée par la loi, ces héritiers » sont saisis, de plein droit, par sa mort, de tous les biens de la succession. »

Lorsqu'il y a des héritiers. Il faut donc être *héritier*, pour avoir droit à la réserve ; et pour que l'on ne crût pas que le Législateur avoit pu prendre le mot *héritier* dans le sens qu'on lui attribue quelquefois, pour *habile à se porter héritier*, il ajoute de suite le caractère le plus distinctif et le plus essentiel de l'héritier proprement dit, c'est-à-dire, de l'héritier acceptant : *Ils sont saisis de plein droit de tous les biens de la succession.* Or, à quel titre peuvent-ils être saisis, si ce n'est à titre d'héritiers? Et ce qui prouve qu'il n'y a nulle différence à établir à cet égard entre les legs et les donations, c'est qu'il est dit par l'article 928, que le légitimaire qui forme l'action en retranchement contre les donataires entre-vifs, dans l'année du décès, peut réclamer les fruits à compter du décès. Or, il ne peut réclamer ces fruits, que parce qu'il a la saisine; il ne peut avoir la saisine que comme héritier : donc il doit être héritier pour attaquer les donations entre-vifs.

2°. L'article 924 : « Si la donation entre-vifs, réductible, y est-il dit, a été faite » à l'un des successibles, il pourra retenir, sur les biens donnés, la valeur de la » portion qui lui appartiendroit, *comme héritier*, dans les biens non disponibles, » s'ils sont de la même nature. » Or, il résulte bien évidemment de cet article, deux choses : la première, qu'il faut être héritier pour obtenir la réserve par voie d'action; et la seconde, qu'on n'a pas besoin de l'être, pour la retenir par voie d'exception. En effet, l'article dit, *qui lui appartiendroit comme héritier*, c'est-à-dire, *s'il étoit héritier.* Donc il faudroit qu'il le fût pour demander la réserve. Mais il n'a pas besoin de l'être pour la retenir par voie d'exception.

3°. L'article 930 : « L'action en réduction, y est-il dit, pourra être exercée *par* » *les héritiers* contre les tiers détenteurs des immeubles, etc. » Donc il faut être *héritier* pour exercer cette action.

4°. L'article 921 lui-même me paroît décisif. En effet, le Législateur a cru qu'il étoit nécessaire d'établir par une disposition formelle, que les créanciers du défunt ne pourroient profiter de la réduction des donations entre-vifs. Il a donc pensé que, sans cette disposition, ils en auroient profité. Or, à quel titre les créanciers de la succession auroient-ils pu poursuivre les biens provenant de cette réduction, dans les mains du légitimaire, s'il n'étoit pas héritier? Mais, d'un autre côté, l'article ne peut considérer le légitimaire comme héritier pur et simple ; car alors rien n'empêcheroit les créanciers du défunt, devenus alors créanciers personnels de l'héritier, de poursuivre les biens provenant de la réduction, comme tous les autres biens personnels de l'héritier. L'article suppose donc deux choses : et que le légitimaire est héritier, et qu'il est héritier bénéficiaire.

Enfin, l'espèce suivante va démontrer quels inconvéniens résulteroient du système contraire.

Un enfant, fils unique, renonce à la succession de son père. Cependant il demande, et obtient sa légitime sur les biens donnés entre-vifs. Un collatéral plus hardi, ou mieux instruit de l'état des affaires du défunt, accepte la succession. Un navire que l'on croyoit perdu, revient avec une riche cargaison : certainement les donataires prétendront, avec raison, que leurs donations n'ont pu être attaquées qu'à défaut de biens existans, et qu'en conséquence, comme il y a dans la succession du père plus qu'il ne faut pour payer la légitime, ce qui leur a été retranché doit leur être restitué. D'un autre côté, le fils ne pourra attaquer les biens existans, parce qu'au moyen de sa renonciation, ils sont dévolus irrévocablement au collatéral qui a accepté ; et s'il oppose cette raison aux donataires, ils lui répondront avec avantage, que c'est par son fait qu'il est privé de ces biens ; que s'il n'eût pas renoncé, il eût eu amplement de quoi compléter sa légitime, et qu'il est en conséquence non-recevable à leur opposer un préjudice qu'il ne souffre que par l'effet de sa seule volonté.

Certainement le raisonnement des donataires est sans réplique, et prouve d'une manière invincible que l'on ne peut former l'action en retranchement sans se porter héritier.

(5) *Quant aux donataires, légataires :* Mais si les donataires, légataires, ne peuvent profiter de la réduction, ils peuvent au moins, comme nous l'avons vu, forcer le légitimaire, qui est en même temps donataire, à imputer sur sa part dans la réserve, ce qu'il a reçu du défunt, directement ou indirectement. (*Voyez* ci-dessus, la note (2) de la page 210.)

(6) *Les donations entre-vifs*, et non les legs. En effet, comme les legs ne peuvent être pris que sur les biens, et que *bona non intelliguntur, nisi deducto œre alieno*, il s'ensuit que les légataires ne peuvent exiger le paiement de leurs legs, qu'après le paiement de tous les créanciers de la succession.

Mais la disposition portant que les créanciers de la succession ne peuvent profiter de la réduction des donations entre-vifs, n'est-elle pas injuste ? La légitime ou réserve, dira-t-on, est une portion de la succession. Or, il est de principe, comme on vient de le dire, qu'il n'y a de biens, de succession, que ce qui reste après le paiement des dettes. *Bona non intelliguntur*, etc. D'ailleurs, le légitimaire devant être, comme nous l'avons vu, héritier pour réclamer la légitime, il est tenu, en cette qualité, des dettes de la succession. Ces raisons sont spécieuses sans doute ; mais il est aisé d'y répondre. En effet, ou il s'agit de créanciers auxquels étoient hypothéqués les biens compris dans la donation, et alors ils n'ont pas besoin de la réduction, ils poursuivront leur paiement par l'action hypothécaire ; ou bien il s'agit de créanciers sans hypothèque, et dans ce cas il faut encore distinguer : Si la donation est postérieure à leur créance, ils pourront l'attaquer par la Paulienne, s'ils peuvent prouver qu'elle a été faite au préjudice de leurs droits. (Art. 1167.) Si elle est antérieure, ils ne peuvent pas dire qu'ils ont contracté avec le défunt, dans la vue de biens qui n'étoient déjà plus dans ses mains au moment où ils ont traité. Leur débiteur étoit dessaisi de tout droit sur ces biens, quand ils sont devenus ses créanciers ; ils ne peuvent donc en prétendre aucun sur ces mêmes biens. Comment l'action en réduction, intentée par le légitimaire, action qui est, à leur égard, *res inter alios acta*, pourroit-elle leur donner un droit qu'ils n'ont jamais eu ? La loi veut bien porter atteinte au droit de propriété résidant en la personne du donataire, quand il s'agit de la dette sacrée de la légitime ; mais si cette légitime, au lieu de profiter à ceux pour lesquels la loi l'a établie, doit devenir la proie des créanciers, il n'y a pas de raison de priver le donataire du droit qu'il a acquis ; et à quel titre, en effet, de simples créanciers prétendroient-ils être préférés à celui qui étoit propriétaire, avant qu'ils ne fussent créanciers ? Mais, ajoute-t-on, le légitimaire est héritier, et en cette qualité il est tenu des dettes, puisque, par son acceptation, les créanciers de la succession sont devenus ses créanciers personnels; ils pourront donc poursuivre les biens provenant de la réduction, sinon comme biens de la succession, au moins comme faisant partie du patrimoine de l'héritier, qui est devenu leur débiteur. Je réponds qu'il est vrai que le légitimaire doit être héritier pour réclamer sa légitime; mais s'il craint les poursuites des créanciers, il prendra le bénéfice d'inventaire, comme il a été dit ci-dessus, note (4); il évitera par là de confondre avec les biens de la succession, les siens propres, du nombre desquels sont ceux provenant de la réduction des donations entre-vifs, auxquels les créanciers n'ont aucun droit. Telle est l'opinion de RICARD et LE BRUN; et je pense que tel doit être aussi le droit naturel.

PAGE 235.

(1) *Et les legs particuliers*, soit de corps certains, soit de sommes d'argent. *Quid*, si les legs étoient portés dans plusieurs testamens de différentes dates? Ils sont censés, quant à leurs effets, n'avoir qu'une seule date, celle du décès.

On pensoit anciennement que le légataire universel devoit acquitter seul toutes les charges de la succession, et par conséquent les légitimes, qui n'étoient prises sur les legs particuliers, que subsidiairement et en cas d'insuffisance seulement des biens compris dans le legs universel. Cela étoit peut-être plus conforme aux principes rigoureux du droit. Le légataire universel étoit tenu de toutes les dettes; les légataires particuliers étoient, et sont encore dispensés d'y contribuer. Le légataire universel ne pouvoit, et ne peut encore réclamer que ce qui reste après le paiement de tous les legs particuliers; de là on concluoit que le testateur avoit entendu préférer ceux-ci, et que, par conséquent, toutes les charges de la succession, du nombre desquelles est la légitime, devoient être acquittées par le légataire universel, comme il étoit tenu d'acquitter toutes les dettes. Cependant je pense que la disposition de notre droit est plus conforme à l'équité. S'il est vrai, dans le droit, que le légataire particulier est préféré au légataire universel, puisque celui-ci est tenu de payer tous les legs particuliers, il n'en est pas moins vrai que, dans le fait, le legs universel est en général regardé comme une marque de bienveillance plus grande, de la part du testateur, que le legs particulier. Il seroit donc contraire à l'équité de grever entièrement du paiement des légitimes, celui que le testateur a eu intention de gratifier davantage.

Au reste, pour évaluer comment, et dans quelle proportion le legs universel doit être réduit, il faut commencer par déterminer le montant de ce qu'il auroit produit, s'il n'y eût pas eu de légitimaire; ce qui se fait, en déduisant de la masse de la succession la totalité des dettes, charges, legs, etc. Le reliquat forme le montant réel et effectif du legs universel, et c'est à raison de ce montant qu'il doit contribuer. *Exemple :*

Pierre a institué un légataire universel, et fait pour quarante mille francs de legs particuliers. Il laisse cent mille francs de biens, dix mille francs de dettes, et un enfant légitime. La réserve est donc de moitié des biens, déduction faite des dettes, c'est-à-dire, dans l'espèce, de quarante-cinq mille francs. Pour connoître la somme pour laquelle le légataire universel doit y contribuer, on déduira de la masse, qui est, comme nous l'avons dit, de cent mille francs, le montant des dettes et des legs, qui est de cinquante mille francs; il reste cinquante mille francs, qui doivent être considérés comme le montant du legs universel. Or, cinquante mille francs sont à quatre-vingt-dix mille francs, montant de la masse déduction faite des dettes, comme cinq est à neuf. Le légataire universel payera donc les cinq neuvièmes de la légitime, ou vingt-cinq mille francs, et les vingt mille francs restans seront acquittés par les légataires particuliers, chacun au prorata de son legs respectif.

(2) *Comme dans le cas précédent.* L'article 922 semble dire que les dettes doivent être déduites sur la masse des biens laissés au décès, réunis aux biens donnés. Cela n'est pas exact: elles doivent être déduites seulement des biens existans au décès. Le résultat est bien le même, quand l'actif excède le passif; mais il n'en seroit pas de même dans le cas contraire. En effet, si nous supposons qu'un père a donné trente mille francs, qu'il laisse un actif égal à quarante mille francs, et vingt mille francs de dettes, et un fils unique, il est fort indifférent que l'on déduise d'abord les dettes, de l'actif, et que l'on réunisse l'excédant aux biens donnés, ou que l'on commence par réunir les biens laissés aux biens donnés, et que du tout l'on déduise les dettes; il restera toujours une somme de cinquante mille francs, dont la moitié appartiendra à l'enfant. Mais supposons l'espèce suivante:

Un père a donné cinquante mille francs pendant sa vie; il laisse cinquante mille francs de biens, cent mille francs de dettes, et un fils unique. Si l'on suivoit judaïquement ce qui est prescrit par l'article 922, il faudroit réunir les biens extans aux biens donnés; total, cent mille francs: de quoi défalquant les dettes montant à cent mille francs, il resteroit zéro; et par conséquent l'enfant n'auroit point de légitime: ce qui seroit absolument contraire à l'article 913, qui porte que, les libéralités ne peuvent excéder la moitié des biens du disposant, lorsqu'il laisse un enfant légitime. Il faudra donc, dans l'espèce, regarder les biens laissés comme zéro, et les biens donnés comme faisant à eux seuls la masse, dont l'enfant prendra la moitié. Sa réserve sera donc de vingt-cinq mille francs.

(3) *Et leur valeur au temps du décès.* Cette phrase a besoin d'explication. En général, lorsqu'il s'agit de réduire les donations d'immeubles, on considère les biens donnés comme s'ils n'étoient pas sortis des mains du donateur. Dans cette hypothèse, et s'ils étoient encore dans sa succession, ils y seroient pour leur valeur au moment du décès. C'est donc cette valeur seule que l'on doit calculer. Quant à leur état, il faut, dit-on, ne considérer que celui qu'ils avoient à l'époque des donations, c'est-à-dire, qu'il faut faire abstraction de toutes les améliorations ou dégradations qu'ils ont pu éprouver, depuis l'époque de la donation, par le fait du donataire ou ses ayant-cause. *Exemple:*

Un père a donné entre-vifs une maison. Le donataire y a fait, depuis, des augmentations considérables. S'il y a lieu à calculer la réserve, la maison ne sera évaluée qu'eu égard à ce qu'elle étoit au moment où elle a été donnée, indépendamment de toutes les augmentations faites depuis; mais, quant à sa valeur, on considérera le temps du décès, c'est-à-dire, que, si cette maison, placée au bord d'une route, au moment de la donation, valoit alors, à raison de ce, cinquante mille francs, et que, par suite du changement de la route, les biens situés dans la même position soient diminués de moitié de leur valeur, elle ne sera portée, dans l'évaluation, qu'à raison de vingt-cinq mille francs, parce qu'effectivement elle n'auroit que cette valeur, si elle étoit restée dans la succession : il en seroit de même, en sens inverse, si la valeur étoit augmentée dans l'intervalle.

Ces mots, *au temps du décès*, indiquent encore qu'il ne faut avoir aucun égard à l'augmentation ou à la diminution, même intrinsèque, que les biens donnés ont éprouvée depuis le décès du donateur, parce que le légitimaire étant saisi du moment de la mort, c'est de ce moment même qu'il faut partir pour évaluer sa légitime. Si donc, à ce moment, il y avoit dans la succession de quoi la compléter, il n'a point d'action contre les donataires, quelqu'augmentation que les biens donnés aient éprouvée depuis. *Exemple :*

Un père a donné entre-vifs une maison de valeur de trente mille francs. Il laisse un fils unique, et une succession montant à trente mille francs. Depuis l'ouverture de la succession, par l'effet de circonstances purement accidentelles, et indépendantes du fait du donataire, la valeur de la maison est augmentée de dix mille francs; le légitimaire ne pourra néanmoins faire subir aucune réduction à la donation, parce qu'il avoit sa réserve complète au moment du décès.

Il y a cependant un cas dans lequel l'augmentation ou la diminution intrinsèque, survenue depuis le décès, profite ou préjudicie au légitimaire : c'est quand il y a lieu au retranchement, et qu'il doit porter sur l'objet augmenté ou diminué ; car la réserve devant être fournie en corps héréditaires, c'est-à-dire, le donataire étant obligé de restituer en nature au légitimaire tout ou partie des objets qu'il a reçus, il s'ensuivra que ce dernier profitera, pour la part qui lui revient, de l'augmentation que l'objet a éprouvée, comme il sera obligé de supporter la diminution dans la même proportion. Ainsi, en continuant l'espèce précédente, si nous supposons que le père, au lieu de laisser trente mille francs à son décès, n'en a laissé que vingt mille, la donation devra être réduite d'un sixième. Le fils deviendra donc propriétaire d'un sixième de la maison donnée; et par conséquent l'augmentation qu'elle aura pu éprouver depuis le décès, lui profitera pour un sixième, comme il supportera la diminution également pour un sixième.

Remarquez que la disposition aux termes de laquelle les objets donnés doivent, pour la supputation de la légitime, être évalués d'après le prix qu'ils valent au temps du décès, est générale, et s'applique aux donations de meubles, comme aux donations d'immeubles; ce qui est difficile à concilier avec l'article 868, qui veut qu'en matière de rapport les meubles donnés soient évalués d'après leur prix au moment de la donation. J'ai déjà fait cette observation, ci-dessus, (note (4) de la page 213). On peut donner pour raison de différence, que l'action en retranchement pouvant avoir pour effet de réduire des dispositions entre-vifs, et par conséquent de révoquer des propriétés peut-être déjà anciennes, l'on a cru devoir appliquer dans toute son étendue la fiction d'après laquelle on suppose les objets réunis à la masse de la succession. Or, dans ce cas, ils n'auroient augmenté cette masse que de la valeur qu'ils avoient au moment du décès. Dans l'article 868, au contraire, il s'agit de l'obligation du rapport, dont le motif, très-favorable sans doute, est de maintenir l'égalité entre les cohéritiers, et qui, d'ailleurs, n'a pas d'effet contre les tiers. On a donc pu appliquer sans crainte le principe d'après lequel, en fait de meubles, la possession vaut titre, et décider, en conséquence, que le donataire des meubles a été propriétaire incommutable du moment de la donation, et par suite, que tous les risques, depuis cette époque, ont dû être pour son compte.

(4) *Aux plus anciennes.* Remarquez qu'ici la réduction ne se fait pas au marc le franc, comme sur les legs, et ce, pour deux raisons : la première, parce que ce sont réellement les dernières donations qui ont entamé la légitime; et la seconde, parce que ce seroit fournir au donateur un moyen de révoquer les premières donations, en en faisant de postérieures; ce qui est contraire au système d'irrévocabilité, établi à l'égard des donations entre-vifs, comme nous le verrons dans le chapitre suivant. On ne peut en dire autant des legs, qui ont tous la même date, celle du décès, et qui doivent en conséquence contribuer proportionnellement.

Les biens donnés par le père pour la formation d'un majorat, seroient-ils sujets à la réduction ? Oui. (Art. 40 du décret du 1er. mars 1808, *Bulletin*, n°. 3207.) Mais je pense que, dans ce cas, la constitution du majorat doit être regardée comme une donation entre-vifs, et qu'elle ne doit être réduite qu'à son rang d'ancienneté.

Il paroît, au surplus, d'après le texte dudit article, que la réduction ne pourroit porter sur les biens qui auroient été donnés par l'Empereur pour la dotation du titre.

(5) *Pour le second cas.* Remarquez que, relativement à l'action en retranchement, l'on doit assimiler entièrement aux donations entre-vifs, proprement dites, les institutions contractuelles, les donations de biens à venir par contrat de mariage; en un mot, toutes les dispositions faites par actes irrévocables. Ainsi, 1°. elles ne peuvent être attaquées, qu'après que toutes les dispositions testamentaires sont épuisées; 2°. on doit suivre à leur égard l'ordre d'ancienneté.

Quid, s'il y avoit donation de biens à venir, et donation de biens présens postérieure ? La raison de douter est que cette dernière saisit le donataire des biens qui en sont l'objet : la première, au contraire, ne lui donne que le droit de réclamer les biens qui existeront au jour du décès. Il sembleroit donc que la donation de biens présens, quoique postérieure, dût être préférée; mais la raison de décider est, qu'aux termes de l'article 1083, la donation de biens à venir peut être entamée, à la vérité, par des dispositions à titre onéreux, mais nullement par des dispositions à titre gratuit, à moins qu'elles ne soient modiques, à titre de récompense ou autrement. Si donc la donation postérieure ne peut être rangée dans cette dernière classe, elle n'a pu être faite au préjudice de la première, et celle-ci doit, en conséquence, lui être préférée.

PAGE 236.

(1) *Qui doivent composer sa réserve.* Et ce qui le prouve, c'est qu'il a les fruits, du jour du décès.

(2) *Au complément de la réserve. Quid*, si la dernière donation est d'argent comptant, mais que le donataire soit insolvable, la perte sera-t-elle pour le légitimaire ? Je ne le pense pas. Les autres donataires seront donc subsidiairement tenus; mais aussi les biens donnés à l'insolvable ne seront pas comptés pour le calcul de la légitime. Cela est fondé sur ce qu'en général le donataire est censé tenir la place du donateur, et le représenter. Si le donateur eût dissipé les biens, ils n'existeroient pas dans sa succession; ils ne seroient donc pas comptés, et la légitime se prendroit sur les donations précédentes, qui seroient alors les dernières.

Le Brun est d'un autre avis (*des Success.*, Liv. II, chap. 3, sect. 8, n°. 25). Il prétend que l'on doit compter les biens donnés à l'insolvable, et que la légitime, calculée en conséquence, doit être prise en entier sur les donataires antérieurs, sauf leur recours contre le donataire insolvable. Mais cet auteur n'a pas pris garde qu'il falloit bien distinguer le cas où la donation consiste en immeubles, et celui où elle est composée uniquement d'effets mobiliers ou d'argent comptant. Dans le premier cas, ce sont réellement les objets donnés que l'on réunit à la masse des biens extans, puisqu'en cas de besoin le légitimaire auroit même l'action réelle contre les tiers détenteurs; mais quand la donation est d'argent comptant, la succession, ou les légitimaires qui la représentent, n'ayant, dans tous les cas, qu'une action personnelle contre le donataire, c'est cette action seule que l'on peut réunir aux biens extans; donc, quand cette action est nulle par l'insolvabilité du débiteur, on n'a rien à réunir; et la légitime ne doit être calculée, qu'abstraction faite des biens donnés à l'insolvable.

(3) *Créées par ce dernier. Secùs*, de celles qui auroient été créées par le donateur, et qui pourroient subsister encore. Il est évident qu'elles ne sont point annullées.

Au surplus, la disposition qui annulle les hypothèques créées par le donataire, et même subsidiairement les aliénations faites par lui, est fondée sur ce que toute donation est censée faite sous la condition de fournir, s'il est nécessaire, la légitime aux enfans du donateur. Or, cette condition affecte les biens dans quelques mains qu'ils passent. Le donataire n'a pu donner plus de droit qu'il n'en avoit lui-même.

PAGE 237.

(1) *Suivant l'ordre de date des aliénations.* Parce que ce sont les dernières aliénations qui ont empêché qu'il ne restât dans les mains du donataire de quoi compléter la réserve.

(2) *Des biens dudit donataire.* Par quel temps l'action en réduction peut-elle être prescrite? Par trente ans, même à l'égard des tiers-détenteurs. Il ne s'agit point ici de prescrire la propriété, mais d'éteindre l'action révocatoire qui appartient aux légitimaires. (Argument tiré de l'article 966, et voir ci-après, la note (1) de la page 248.) Ces trente ans courent du jour du décès, et sans préjudice des interruptions et suspensions de droit; c'est-à-dire, que si les légitimaires sont mineurs, les trente ans ne courront que du jour de leur majorité, etc.

(3) *De ce qui excède la portion disponible.* Et ce, quand même le donataire

ignoreroit le décès de celui sur les biens duquel la légitime est due. C'est une exception au principe d'après lequel le possesseur de bonne foi gagne les fruits. Comme il falloit concilier ce principe avec celui d'après lequel le légitimaire est saisi du moment du décès, l'on a dû faire céder l'intérêt du donataire à celui du légitimaire, qui est bien plus sacré, d'autant plus qu'il n'en peut résulter que la restitution d'une année de fruits, au plus, puisque, si la demande n'est formée qu'après l'année, les fruits ne sont dus que du jour de la demande.

(4) *Du jour de la demande.* Lorsque la demande en réduction n'a pas été formée dans l'année, le donataire a dû croire que le légitimaire avoit trouvé, soit dans la succession, soit ailleurs, de quoi compléter sa légitime. Alors le principe qui fait gagner les fruits au possesseur de bonne foi, reprend toute sa force et son application.

Quid, si les biens ont été aliénés, et que la demande en réduction soit formée contre le tiers-détenteur, de quand devra-t-il les fruits? La question auroit pu présenter beaucoup plus d'intérêt anciennement, que l'on ne connoissoit pas la distinction établie par le Code, entre le cas où la demande a été formée dans l'année, et celui où elle a été formée après l'année. Maintenant que cette distinction est admise, la question n'est pas, à beaucoup près, aussi importante. Quelques auteurs pensent que, dans l'espèce proposée, le tiers ne doit les fruits que du jour de la demande, même quand elle a été formée dans l'année du décès, sauf le recours du légitimaire contre le donataire lui-même, pour les fruits échus depuis le décès jusqu'au jour de la demande. Il me semble que cette opinion ne peut se concilier avec le principe qui veut que l'action en réduction, même contre les tiers, ne se prescrive que par trente ans. En effet, cette décision est fondée sur ce que la donation est censée faite sous une condition résolutoire, que cette condition suit les biens, dans quelques mains qu'ils passent, sans distinction. Lors donc que la condition arrive, elle doit avoir le même effet, quelle que soit la personne qui détienne l'objet. Les fruits doivent donc être restitués par le tiers-détenteur, comme ils le seroient par le donataire.

Quid, si, par l'effet de la réduction, la donation se trouve annullée seulement pour partie? Alors il y a lieu à partage entre le donataire et le légitimaire, d'après les règles établies pour les partages ordinaires, ainsi qu'à l'action en garantie entr'eux. Mais il faut remarquer, à l'égard de la garantie, qu'elle ne doit point être exercée pour la valeur totale de l'objet évincé; car, puisque la chose a été évincée, il est évident qu'elle ne faisoit point partie de la succession, et que, par conséquent, la légitime a été calculée trop haut. Il doit donc être fait, sur la valeur de l'objet évincé, déduction d'une partie proportionnée à la part héréditaire du légitimaire. Si, par exemple, le légitimaire est un fils unique, ayant, par conséquent, droit à une réserve de moitié des biens, et que l'objet évincé soit d'une valeur de quatre mille francs, le légitimaire ne pourra réclamer que deux mille francs : car, dès qu'il y a eu éviction, c'est que l'objet n'appartenoit pas au défunt; il n'a donc pas dû être compris dans la masse des biens, ni entrer dans le calcul de la légitime. La masse devoit donc être moindre de quatre mille francs; et, par la même raison, la réserve devoit être moindre de deux mille francs, dont le légitimaire doit tenir compte; mais comme, d'un autre côté, il a éprouvé une perte de quatre mille francs, il suit qu'il peut réclamer seulement du donataire une somme de deux mille francs.

La même chose doit avoir lieu à l'égard du donataire évincé, contre le légitimaire.

(5) *En toute propriété.* Il est de principe que la légitime ne peut être grevée d'aucune charge. De là on concluoit anciennement que, si le défunt avoit disposé de l'usufruit d'une portion excédant le disponible, la disposition devoit être réduite à l'usufruit du disponible. La légitime, disoit-on, doit être franche de toute charge: d'un autre côté, ajoutoit-on, on ne peut suppléer à la volonté du donateur, qui n'a voulu laisser qu'un usufruit. Le don doit donc être réduit à l'usufruit du disponible. On disoit du donateur: *non fecit quod potuit*, il pouvoit laisser le disponible en propriété, il ne l'a pas fait: *fecit quod non potuit*, il ne pouvoit grever la légitime, il l'a grevée. La disposition de notre article est plus conforme à l'équité; car il est certain qu'il peut arriver que le légitimaire soit amplement récompensé, par la nue propriété du disponible, de la perte qu'il éprouve de tout ou partie de l'usufruit de l'indisponible. D'ailleurs, c'est au légitimaire seul à juger s'il est lésé, ou s'il doit profiter du choix qui lui est donné par l'article 917.

Quid, s'ils sont plusieurs légitimaires, et qu'ils ne soient pas d'accord? Je pense que chacun pourra prendre, pour sa part, le parti qui lui conviendra le mieux.

L'article 917 a pour but d'éviter les difficultés que présente l'évaluation d'une rente viagère ou d'un usufruit. Mais il faut remarquer que cet article ne reçoit son application bien entière, que lorsque la donation de la rente ou de l'usufruit est unique; mais lorsqu'il y en a d'autres, il faut, à mon avis, distinguer.

Si la donation en usufruit est la dernière, alors l'article peut être facilement appliqué. En effet, ou les donations antérieures sont égales à la portion disponible, ou elles l'excèdent, ou elles lui sont inférieures. Si elles l'égalent ou l'excèdent, point de difficulté: la donation en usufruit est totalement annullée. Si elles sont inférieures à la portion disponible, alors les légitimitaires auront le choix, ou d'exécuter la disposition en usufruit, ou d'abandonner en propriété le restant de la portion disponible.

Mais si la donation en viager ou en usufruit n'est pas la dernière, et que les donations antérieures n'absorbent pas la quotité disponible, alors il faudra bien recourir à une évaluation pour déterminer le sort des donataires postérieurs. En effet, soit une donation de cinq mille francs en propriété, une deuxième de huit cents francs de rente viagère, et une troisième de deux mille francs en propriété. Le défunt laisse deux enfans, et une succession de vingt-six mille francs. En réunissant les biens donnés en propriété aux biens extans, il en résulte une masse de trente-trois mille francs, dont le tiers disponible est de onze mille francs. Il est donc certain que la première donation ne peut être attaquée. Mais pour savoir si la seconde ou la troisième peuvent l'être, il faudra bien évaluer la seconde. Cependant il y auroit peut-être encore un moyen d'éviter l'évaluation; ce seroit de faire l'abandon au troisième donataire, des quatre mille francs, faisant avec les deux mille francs qui lui ont été donnés, le restant du disponible, déduction faite du montant de la première donation, à la charge par lui de servir la rente viagère pendant la vie du rentier; s'il refusoit, alors il avoueroit par là que la rente viagère de huit cents francs excède ce restant, et que, par conséquent, la donation qui lui a été faite, doit être annullée. Il seroit donc tenu de remettre à la succession les deux mille francs qui lui ont été donnés; et le légitimaire auroit, conformément à l'article 917, l'option, ou de servir la rente, ou d'abandonner les six mille francs au rentier.

Enfin, si la donation en usufruit, ou en viager, a été faite par testament, conjointement avec d'autres dispositions en propriété, il faudra bien évaluer la première, pour savoir d'abord si le tout excède la portion disponible, et, dans le cas de l'affirmative, quel est le montant de l'excédant. Je sais bien que, dans tous les cas, le légitimaire a la faculté d'abandonner aux légataires, en masse, la totalité du disponible, sauf à eux à s'arranger comme ils le jugeront convenable; mais, entr'eux, la difficulté subsistera toujours, et il faudra bien, en dernière analyse, recourir à l'évaluation de la rente ou de l'usufruit.

(6) *Tout ce qu'il tient.* Nous avons déjà établi que l'on doit suivre, pour l'imputation, les mêmes règles que pour le rapport, c'est-à-dire, que le légitimaire est tenu d'imputer sur sa légitime tout ce qu'il seroit obligé de rapporter, s'il venoit à partager avec d'autres cohéritiers. (*Voyez* la note (3) de la page 211.)

(7) *Des autres légitimaires.* Autrement, il se trouveroit plus avantagé que ses colégitimaires.

Au surplus, dans cet article 924, le Législateur a voulu établir trois choses :

La première, que, s'il faut être héritier pour demander la réserve par voie d'action, on n'a pas besoin de l'être pour la retenir par voie d'exception. Cela s'infère de ces mots, *qui lui appartiendroit comme héritier.* L'article ne dit pas : *qui lui appartient comme héritier*, mais *qui lui appartiendroit.* Ce conditionnel prouve que la chose n'existe pas : c'est comme s'il y avoit, *qui lui appartiendroit, s'il étoit héritier.* Donc il ne l'est pas.

La seconde, c'est que légitimaire, qui est, en même temps, donataire et renonçant, peut retenir d'abord la portion disponible, et ensuite sa part dans la réserve, ainsi que nous l'avons établi sur l'article 845. Si la portion disponible est épuisée par les donations antérieures, alors il ne peut retenir que sa part dans la réserve.

Troisièmement, enfin, le Législateur a voulu, dans cet article 924, prévenir l'inconvénient qui auroit lieu, si on réduisoit la donation faite au légitimaire, pour l'obliger à recourir ensuite contre les donataires précédens, pour sa part dans la réserve. Il étoit beaucoup plus simple de le laisser jouir tranquillement, sauf aux légitimaires qui n'ont pas la réserve complète, à attaquer les donataires antérieurs.

Quid, si la donation antérieure est d'argent comptant, ou d'effets mobiliers, et que le donataire soit insolvable? Appliquez ce que nous avons dit dans la note (2) de la page précédente. L'on ne comptera pas le montant de la donation; et l'action en retranchement sera donnée contre le donataire antérieur à l'insolvable, s'il en existe, sinon contre le légitimaire lui-même.

PAGE 238.

(1) *Un acte solennel.* Pour bien comprendre ce que c'est qu'un acte solennel, il est nécessaire de faire connoître une distinction que les lois établissent en général entre les formalités établies seulement *probationis*, et celles établies *solemnitatis causâ*. Une formalité est établie *probationis causâ*, quand elle n'a d'autre but, d'autre motif, que de prouver l'existence du fait. Elle est établie *solemnitatis causâ*, quand elle n'est pas exigée seulement pour la preuve du fait, mais parce que le Législateur, à raison de l'importance de l'acte, a voulu l'entourer d'une plus grande solennité, soit pour en rendre la supposition ou la suppression plus difficile, soit pour toute autre raison. Il y a, entre ces deux espèces de formalités, cette différence essentielle, que celles qui sont exigées *probationis causâ*, peuvent être suppléées, pourvu que la preuve qui résulte de l'acte supplétif, soit aussi complète que celle qui résulteroit de la formalité même. Ainsi, il est évident qu'un acte sous seing-privé pouvant être facilement mis à une date différente de celle où il a été réellement passé, ne peut faire foi de sa date contre ceux qui n'y ont pas été parties. L'acte authentique, au contraire, fait foi de sa date à l'égard de tous; mais lorsque l'authenticité n'est exigée que pour prouver la date, *probationis causâ*, elle peut être suppléée par tout acte, ou tout fait, tel, qu'il ne laisse aucun doute sur la validité de la date. Si, par exemple, l'acte sous seing-privé a été enregistré, s'il a été relaté dans un acte authentique, si un de ceux qui l'ont signé est mort; comme il est constant que cet acte existoit au moment de l'enregistrement, de la mention, ou du décès du signataire, il aura, même à l'égard des tiers, la date de l'une de ces trois époques. (Art. 1328.)

Mais quand la formalité est de solennité, comme ce n'est pas seulement la preuve de l'existence de l'acte que le Législateur a eu en vue, alors l'acte auquel il manqueroit une seule des formalités requises, n'en seroit pas moins nul, quand même il n'y auroit d'ailleurs aucun doute sur sa sincérité. Ainsi la loi veut, non-seulement que le testament soit écrit par le notaire même, mais encore que le notaire déclare qu'il l'a écrit. En conséquence, quand même la minute du testament seroit représentée, quand même ceux qui ont intérêt de l'attaquer, avoueroient qu'elle est réellement écrite par le notaire; néanmoins, si la déclaration exigée ne s'y trouve pas expressément portée, le juge ne peut se dispenser d'en prononcer la nullité. De même, dans les actes ordinaires, il n'est pas nécessaire que le consentement des parties soit exprès; il peut résulter de certains faits qui le font présumer, tels que leur présence à l'acte, leur signature, etc. Rien de tout cela ne suffiroit pour la donation: il faut que l'acceptation du donataire soit expresse; sinon l'acte est nul, comme nous allons le voir, etc.

Dans le présent Titre, toutes les formalités des donations entre-vifs et des testamens sont de solennité. En conséquence, elles ne peuvent être suppléées par aucune autre, et l'omission d'une seule entraîneroit la nullité du tout. Voilà pourquoi nous avons défini la donation, *un acte solennel.*

Ces dispositions sont de toute sagesse à l'égard des testamens. Ce n'est pas au théâtre seulement qu'on a vu des testamens faits à l'insu, et même après la mort du prétendu testateur. L'on a donc dû les entourer de toutes les solennités susceptibles de garantir à la société, qu'ils renferment l'expression vraie et sincère de la volonté du disposant. La même raison n'existe pas pour les donations entre-vifs. Dans l'ancien droit, il y en avoit une particulière, c'est que la disponibilité par testament étoit bien moins étendue que par donation entre-vifs. Par testament, en pays coutumier, on ne pouvoit donner, en général, que les biens acquis, et une partie des propres, c'est-à-dire, des immeubles recueillis par succession. On pouvoit donner entre-vifs, même la totalité des propres. Il n'étoit donc pas étonnant que le Législateur eût cherché à entraver, d'un autre côté, une disposition qui pouvoit s'exercer avec autant de latitude. Dans le droit actuel, la disponibilité n'est pas plus étendue entre-vifs que par testament. Cependant les formalités sont absolument les mêmes que celles exigées par l'Ordonnance de 1731. Pour justifier cette disposition, il faut d'abord observer que, dans notre droit, bien contraire en cela au droit Romain, les dispositions à titre gratuit ne sont pas en général favorisées. Il faut, en deuxième lieu, rappeler ici, pour ce qui concerne les donations entre-vifs, un principe général déjà établi par Ricard, *des Donations*, Part. Ire., n°. 846; principe consacré d'ailleurs dans le discours de l'Orateur du Gouvernement, et par une disposition même du Code, dont l'application pourra servir à résoudre plusieurs questions qui peuvent s'élever sur cette matière, et sans lequel il seroit impossible de donner une raison, même probable, de la plupart des formalités exigées par le Code pour les donations entre-vifs.

Ce principe est, que l'acte de donation doit être dans une forme telle, qu'il ne soit pas plus au pouvoir du donataire que du donateur d'anéantir la donation; qu'elle soit, en un mot, irrévocable, tant d'une part que de l'autre. « Il est de la » nature des donations entre-vifs, dit Ricard, *loco citato*, qu'elles soient fixes, » permanentes et irrévocables, tant de la part du donataire que du donateur.

» Il ne doit être au pouvoir de l'un ni de l'autre des parties, dit l'Orateur du » Gouvernement, d'anéantir la donation, en supprimant l'acte qui en contient la » preuve. » C'est bien là le principe de Ricard.

Ajoutez qu'il est de l'essence des actes dits *solennels*, d'être nuls ou valables *ab initio. Omnis actus legitimus*, dit Cujas, sur la loi 77, ff. *de Regulis juris*, *momento temporis perficitur.* Et ce principe est consacré, pour les donations, par l'article 1339 du Code, portant que le donateur ne peut réparer par aucun acte confirmatif les vices de forme qui peuvent se trouver dans une donation entre-vifs.

A l'aide de ces principes tout s'explique. Au contraire, en ne les admettant pas, il est impossible, comme nous l'avons dit, de rendre raison d'une infinité de dispositions de la loi. En effet, pourquoi la loi, qui permet de faire un acte de vente, quelqu'important qu'il soit, sous seing-privé, ne permet-elle pas de faire une donation de la même manière ? Dira-t-on que la présence de l'officier public garantit davantage la liberté du donateur ? Mais alors, pourquoi exige-t-on également que la procuration du donataire soit passée devant notaires ? Et en outre, pourquoi exige-t-on que tous ces actes soient avec minute ? Pourquoi l'acceptation ne se présume-t-elle pas ? Pourquoi faut-il qu'elle soit expresse ? Pourquoi, si elle est faite par acte séparé, cet acte doit-il être également passé devant notaires et avec minute ? Pourquoi une procuration générale du donataire n'est-elle pas suffisante ? Je le répète, je ne vois aucune raison valable à donner de toutes ces dispositions. Admettons le principe de Ricard, et tout s'y rapporte parfaitement. Si la donation étoit en brevet, il seroit au pouvoir des parties d'en supprimer l'acte. Si la procuration du donataire étoit en brevet, elle pourroit être également supprimée, et la donation seroit nulle par défaut d'acceptation. Si elle n'étoit pas spéciale, ou générale à l'effet d'accepter toutes donations, le donataire pourroit désavouer le mandataire. Si l'acceptation n'étoit pas expresse, le donataire pourroit la contester, etc., etc., etc.

Nous aurons encore occasion de faire, par la suite, l'application de ce même principe à des questions importantes.

(2) *Dans la forme ordinaire des contrats.* (*Voyez* la sect. II du Titre I de la Loi sur l'Organisation du Notariat, du 25 ventose an 11.)

Deux personnes pourroient-elles se faire une donation mutuelle par le même acte ? L'affirmative n'est pas douteuse. Argument tiré de l'article 968, qui défend seulement les testamens faits de cette manière, et de l'article 1097, qui prohibe ces sortes de donations, seulement entre époux : donc elles sont valables entre toutes autres personnes.

(3) *A peine de nullité*, absolue, laquelle peut être invoquée par le donateur lui-même, et qui ne peut être, comme nous l'avons dit, couverte par aucune confirmation ou ratification de sa part.

La nullité de l'acte de donation empêcheroit-elle la prescription, dans la personne du donataire, si le donateur n'étoit pas propriétaire de l'objet donné ? Oui, quant à celle de dix ou vingt ans (Art. 2267); mais non celle de trente ans, pour laquelle on n'a pas besoin de titre. Nous verrons la raison de cette différence, au Titre *de la Prescription.*

Remarquez, au surplus, que l'article ne dit pas : *Toute donation doit être faite par acte devant notaires*, etc. ; mais *tout acte de donation sera passé devant notaires.* D'où je conclus, que si la donation peut avoir lieu sans acte, l'article 931 ne doit point être appliqué ; *putà*, s'il s'agit d'une donation d'argent comptant, ou d'effets mobiliers, accompagnée de la tradition réelle. *En fait de meubles*, *la possession vaut titre*, dit l'article 2279. *Secùs*, si l'objet donné étoit un immeuble, ou des objets mobiliers qui seroient restés en la possession du donateur. Dans le premier cas, il faut un acte pour prouver la translation de la propriété. Dans le second, il en faut un pour mettre le donataire à portée de se faire délivrer les objets à l'époque convenue par la donation. Dans ces deux cas donc, et dans tous ceux où il aura été nécessaire de passer un acte, l'on devra se conformer rigoureusement aux dispositions des articles 931 et suivans.

(4) *D'effets mobiliers*, corporels. Il est évident que cela ne peut s'appliquer aux donations de rentes ou créances qui portent avec elle leur estimation.

(5) *Et qu'il en ait été passé acte.* L'acte est nécessaire, comme nous l'avons dit, lorsque la donation n'est pas accompagnée d'une tradition réelle; par exemple, si elle est faite à terme, ou sous condition; si le donateur se réserve l'usufruit des effets donnés.

(6) *Un état estimatif.* Cet état est nécessaire, afin que la valeur des objets donnés se trouve fixée au moment même de la donation, de manière qu'il ne soit pas au pouvoir du donateur d'en atténuer l'effet.

On oppose à cette disposition l'article 868, qui suppose qu'une donation d'effets mobiliers peut avoir lieu sans état estimatif. Mais d'abord il est évident qu'une pareille donation a pu exister de fait; qu'en la supposant même nulle *ab initio*, le donateur a pu n'en pas demander la nullité, et qu'il falloit bien déterminer comment le rapport devoit en être effectué. En deuxième lieu, l'article 868 ne peut-il pas être entendu du cas où la donation avoit été accompagnée de la tradition réelle, et où, conséquemment, il étoit inutile d'en passer acte.

Quid, dans cette espèce? Une personne malade dépose entre les mains d'un tiers une somme d'argent, ou un effet mobilier, avec ordre de le lui remettre, si elle revient en santé, ou si elle le lui redemande avant sa mort; ou, dans le cas contraire, de le retenir à son profit. Cette disposition est-elle valable? Je pense qu'oui, non pas comme donation entre-vifs, car il n'y a pas dessaisissement de la part du donateur, mais comme disposition à cause de mort. Mais, dira-t-on, elle n'est pas revêtue des formes testamentaires. Cela est vrai : mais de même que l'on doit décider que la donation entre-vifs d'un objet mobilier est valable sans acte, et par conséquent sans aucune espèce de formalité, quand il y a tradition réelle; de même, dans l'espèce, la disposition doit valoir par la même raison. Il faut un acte pour fonder l'action du donataire ou du légataire. Ici le dépositaire n'a point d'action à intenter, puisqu'il détient la chose. Il n'a donc pas besoin d'acte.

(7) *Ou ayant-cause*, c'est-à-dire, de tous ceux qui auroient intérêt de contester la donation.

(8) *Après son décès. Quid*, si l'acte avoit été fait avant le décès du donateur? Ce seroit un pacte sur la succession d'une personne vivante, et par conséquent nul.

PAGE 239.

(1) *Elle doit être expresse.* Ainsi la présence du donataire à l'acte, sa signature, tout cela, suivi même de sa mise en possession des objets donnés, ne pourroit empêcher qu'il y eût nullité. Il faut qu'il soit dit expressément que le donataire accepte. Cela tient, comme nous l'avons dit, au caractère de solennité que doit avoir la donation; rien ne peut donc s'y faire par équipollent.

(2) *Soit encore vivant.* Si le donateur étoit mort avant l'acceptation du donataire, les deux volontés ne pourroient plus concourir.

Par la même raison, il faut que l'acceptation soit faite du vivant du donataire. Elle ne pourroit donc être faite par ses héritiers. D'ailleurs, la donation est un acte de bienfaisance comme le legs. Or, il est de l'essence de ces sortes d'actes qu'ils soient toujours censés faits en vue de la ou des personnes expressément désignées dans l'acte, *intuitu personæ* : donc le décès du donataire emporte nécessairement changement ou révocation de volonté de la part du donateur ; donc les deux volontés ne concourent plus au moment de l'acceptation : et si le donateur vouloit gratifier les héritiers du donataire, il faudroit qu'il leur fît à eux-mêmes une donation directe.

(3) *Et qu'il en reste minute.* S'il étoit en brevet, on pourroit supprimer l'acceptation, et anéantir par-là la donation. Or, remarquez que, dans ce cas, la suppression de l'acte d'acceptation ne peut naturellement avoir lieu que de la part du donataire : donc le Code a consacré le principe que la donation doit être irrévocable, aussi bien de la part du donataire, que de la part du donateur.

(4) *Devient irrévocable à son égard.* Ainsi les aliénations faites jusque-là par le donateur, ainsi que les hypothèques consenties par lui sur les biens donnés, sont valables.

Aux termes de l'Ordonnance de 1731, art. 5, l'acceptation du donataire obligeoit le donateur, à compter du moment où elle avoit eu lieu. Notre article est plus conforme aux principes. Cette acceptation pouvant, quand elle a lieu par acte séparé, être faite par le donataire seul, sans l'intervention du donateur, ne doit avoir d'effet, à l'égard de ce dernier, que du moment où elle lui a été notifiée.

Observez que l'on pourroit se dispenser de la notification, même quand l'acceptation seroit postérieure, en faisant intervenir le donateur dans l'acte d'acceptation.

L'article dit que la donation n'a d'effet, à l'égard du donateur, que du jour où l'acte d'acceptation, fait par acte séparé, lui a été notifié. *Quid*, à l'égard du donataire, *putà*, dans l'espèce suivante ?

Deux époux se marient, et stipulent une communauté universelle, mais seulement des biens qu'ils acquerront à l'avenir. Le mari accepte, après le mariage, la donation d'un immeuble qui lui avoit été faite auparavant : cet immeuble tombe-t-il dans la communauté ? Oui, sans doute : la donation n'est rien à l'égard de qui que ce soit, tant qu'elle n'est pas acceptée. Seulement la différence qui existe, à cet égard, entre le donateur et le donataire, c'est qu'elle vaut à l'égard du dernier, du jour de l'acceptation ; mais qu'à l'égard du donateur, elle n'a d'effet qu'à compter de la notification de cette même acceptation.

(5) *Expédition.* Il paroît résulter de ce mot que la procuration doit être passée avec minute ; cependant, si elle étoit en brevet, et qu'elle fût annexée en cet état à la minute de la donation ou de l'acceptation, le brevet deviendroit, par cela seul, minute ; et il me semble que le but de la loi seroit rempli.

(6) *A une femme mariée.* Sous quelque régime que ce soit, en communauté, séparée de biens, régime dotal, même quand tous les biens seroient paraphernaux. Dans tous les cas, le mari a intérêt de connaître les motifs de la donation, la personne du

donataire, etc.; et d'ailleurs, la puissance maritale s'oppose à ce que la femme puisse accepter une donation sans être autorisée.

PAGE 240.

(1) *Avec l'assistance de son curateur.* C'est ici le lieu d'examiner une question déjà controversée dans l'ancien droit, et sur laquelle le Code ne s'est pas prononcé, au moins expressément; c'est celle de savoir si la donation faite au mineur ou à la femme, et acceptée par eux sans les autorisations requises, est valable dans leur intérêt, ou si la nullité peut en être demandée contre eux.

Il faut d'abord commencer par écarter une raison de décider, que l'on prétend tirer de l'article 1125, qui porte que la personne capable de s'engager, qui a traité avec un mineur, un interdit ou une femme mariée, ne peut leur opposer leur incapacité; d'où l'on a voulu conclure que, dans l'espèce proposée, le mineur, etc., peut demander la nullité de la donation, mais qu'elle ne peut être demandée contre lui. Nous disons que cette raison n'est pas fondée: car cette même doctrine avoit lieu anciennement. On tenoit généralement que l'incapacité du mineur étoit établie dans son intérêt seul; et cependant, les auteurs les plus profonds et les plus judicieux pensoient que la donation acceptée par le mineur seul, étoit nulle, même à son égard. Et en effet, il y a tant de points à l'égard desquels les donations diffèrent des autres conventions, qu'il est presqu'impossible de raisonner par analogie des unes aux autres.

Qui oseroit prétendre, par exemple, qu'un vendeur peut demander la nullité d'une vente, lorsque l'acquéreur a été présent à l'acte, et qu'il l'a signé, sous prétexte qu'il n'y est pas déclaré expressément que l'acquéreur a consenti à acheter?

Une vente seroit-elle nulle, si elle n'étoit pas faite par acte authentique?

Le défaut de transcription de la vente rendroit-elle valable l'aliénation postérieure faite par le vendeur, comme cela est établi à l'égard de la donation? etc., etc., etc.

Or, à quoi tiennent ces différences? si ce n'est au principe que nous avons déjà établi dans une note précédente, que la donation est un acte solennel, qui est nul ou valable *ab initio*, qui n'a d'existence que quand toutes les solennités requises par la loi ont été observées, et qui, dans le cas contraire, est nul, entièrement, et à l'égard de tous.

« Or, dit RICARD, précisément sur la question dont il s'agit, dans les actes pour » lesquels la loi requiert une solennité exacte, elle requiert, par la même raison, » une habileté dans toutes les personnes dont le consentement est nécessaire.

» Néanmoins, ajoute-t-il, comme on se dispense tous les jours d'approfondir les » matières, par un relâchement que l'on a pour l'étude, et que, par une suite né- » cessaire, l'on s'éloigne en même temps des règles, ayant été curieux de savoir » quels étoient les sentimens du Palais sur cette question (si l'acceptation faite » par le mineur seul étoit valable, au moins dans son intérêt), je les ai trouvés » fort partagés; et quoique les plus solides soient d'avis de la nullité de la dona- » tion, il pourroit bien arriver, si l'on jugeoit à la pluralité, que la balance seroit em- » portée de l'autre côté. » (*Des Donat.* Ier. Part., chap. IV, sect. I, no. 845 et suiv.)

L'on voit, par ces citations, que RICARD ne faisoit aucun doute que la nullité, résultant du défaut d'autorisation, ne fût absolue, et ne pût en conséquence être invoquée, même contre le mineur.

Aussi, M. D'AGUESSEAU ne balança-t-il pas à embrasser cette opinion; et l'article 7 de l'Ordonnance de 1731, fut rédigé dans ce sens; ce qui le prouve, c'est que, lors de l'envoi du projet aux divers Parlemens, celui de Toulouse crut voir qu'effectivement cet article ôtoit aux mineurs, même émancipés, le droit d'accepter les donations qui leur étoient faites; ce qui étoit contraire à sa Jurisprudence. Il fit en conséquence des observations auxquelles M. D'AGUESSEAU répondit entr'autres choses: « Que l'usage d'une très-grande partie du royaume étant d'exiger l'autorité » du tuteur ou du curateur, POUR LA VALIDITÉ DE L'ACCEPTATION, c'étoit un des » points dans lesquels l'avantage de l'uniformité, et l'intérêt public devoient l'em» porter sur toute autre considération. »

SALLÉ, BOUTARIC, DAMOURS, ROUSSEAUD DE LA COMBE ont partagé l'opinion de RICARD.

POTHIER et PRÉVÔT DE LA JANÈS ont embrassé l'opinion contraire; mais comme ils n'ont donné d'autre raison que celle tirée de ce que, dans les actes ordinaires, l'incapacité du mineur est seulement relative; raison qui, ainsi que nous l'avons prouvé, n'est point applicable à la donation, nous n'insisterons pas sur leurs raisonnemens, qui n'ajoutent rien à ce qui a été dit à ce sujet, et qui prouvent seulement la vérité de ce que disoit RICARD, que, quand l'on n'approfondit pas les matières, l'on finit par s'éloigner des règles.

Observons cependant qu'il s'en falloit de beaucoup que l'article 7 de l'Ordonnance fût aussi impératif que notre article 935, puisqu'il y étoit seulement dit: « Si le » donataire est mineur de vingt-cinq ans, l'acceptation pourra être faite pour lui, » soit par son tuteur, etc. »; tandis que notre article dit: « La donation devra être » acceptée, etc. » Or, si M. D'AGUESSEAU, en rédigeant l'art. 7 de l'Ordonnance, qui paroît présenter une disposition simplement facultative, avoit néanmoins l'intention d'annuller, d'une manière absolue, l'acceptation faite par le mineur non autorisé, cette intention ne doit-elle pas être, à plus forte raison, présumée dans les rédacteurs du Code, qui se sont servi de termes réellement impératifs? D'ailleurs, le même article 935 ajoute que le mineur émancipé pourra accepter avec l'assistance de son curateur: donc il ne pourra accepter sans cette assistance.

Enfin, nous voyons dans la discussion, qu'il a été décidé que, s'il a été fait une donation à un établissement public, et qu'elle ait été acceptée par les administrateurs, non autorisés, elle est annullée par la mort du donateur, ou par la révocation, survenue avant l'autorisation, quand même cette autorisation seroit accordée par la suite. Cette décision du Conseil-d'État ne confirme-t-elle pas singulièrement le principe établi par RICARD, que dans l'acte solennel, comme la donation, il est nécessaire que toutes les personnes dont le consentement est requis, aient la capacité requise, au moment même où l'acte est passé?

Je pense donc que la donation non valablement acceptée, doit être regardée comme non-avenue, comme un simple projet, qui peut être révoqué par le donateur, et qui est entièrement annullé par sa mort survenue avant l'acceptation valable; que la nullité de l'acceptation faite par le mineur seul, résulte du principe que nous avons posé, que la donation doit être irrévocable, tant de la part du donataire, que de celle du donateur; ce qui ne seroit pas, si l'on permettoit au mineur d'accepter seul, puisqu'il pourroit, quand il le voudroit, se faire restituer contre son acceptation.

On opposera peut-être à notre principe, que la donation peut être faite sous une condition potestative de la part du donataire, et que l'inexécution de la condition pouvant donner lieu à la révocation de la donation, il n'est pas exact de dire que la donation doit être irrévocable de la part du donataire.

Je réponds que, lorsqu'on dit que la donation doit être irrévocable, tant de la part du donateur que du donataire, il faut entendre qu'elle ne peut être révoquée par l'effet d'une nouvelle volonté de l'un ou de l'autre, ou même des deux ensemble, émise depuis la donation. Mais dans l'espèce, il ne s'agit pas d'une volonté nouvelle, mais d'une volonté inhérente au contrat, et consignée dans l'acte même de donation. Le donateur a déclaré qu'il ne consentoit à donner que sous telles conditions: le donataire a également déclaré qu'il acceptoit aux mêmes conditions. C'est la loi que les parties se sont imposée à elles-mêmes, et qu'elles ne peuvent plus changer. Si la condition n'est pas exécutée, la donation n'est pas révoquée; elle est résolue; ce qui est bien différent. S'il y avoit révocation, il y auroit eu réellement donation; seulement elle cesseroit d'avoir effet à compter de la révocation. Mais *la résolution*, dit l'article 1183, *remet les choses au même état que si l'acte n'eût jamais existé.* Lorsque la donation est résolue, elle est donc comme si elle n'avoit jamais eu lieu. On ne peut donc pas dire qu'elle est révoquée, puisqu'on ne peut révoquer un acte qui n'existe pas, et qui n'a jamais existé. Donc on ne peut rien conclure contre notre principe de la révocation, pour cause d'inexécution des conditions.

Il faut en dire autant de la révocation pour survenance d'enfans, qui a également lieu par l'effet d'une condition résolutoire sous-entendue. Quant à la révocation pour cause d'ingratitude, il faut remarquer, comme dit Ricard, que dans cette action, c'est la vengeance de l'injure faite au donateur qui est le principal. Le retour des choses données n'est que l'accessoire: c'est une peine prononcée par la loi, plutôt *in odium donatarii*, que *in favorem donatoris.* C'est même pour cette raison qu'elle ne passe pas aux héritiers, ni contre les héritiers. On ne peut donc encore en rien conclure contre notre principe.

Quid, si la donation est faite au mineur par son tuteur, comment devra-t-elle être acceptée? Le tuteur ne pouvant être à-la-fois donateur et acceptant, il faudra faire nommer un tuteur spécial pour l'acceptation. Mais remarquez que, dans ce cas, le tuteur, ni ses héritiers, ne pourroient se prévaloir du défaut d'acceptation valable, pour demander la nullité de la donation, non pas qu'elle soit valable en elle-même, mais parce que le tuteur, étant responsable envers son mineur du défaut d'acceptation des donations qui seroient faites à ce dernier, est sujet à la même responsabilité pour les donations qu'il peut lui faire. Ce seroit donc le cas de lui appliquer la règle, *eum quem de evictione tenet actio, eumdem agentem repellit exceptio*, et de le déclarer non-recevable dans sa demande.

(2) *A l'égard du mineur*, émancipé ou non. La loi ne distingue pas ; et, d'ailleurs, en se servant des expressions de tuteur et curateur, elle a suffisamment indiqué qu'elle entendoit parler des mineurs même émancipés.

(3) *Que ses père et mère.* La mère ne pourra-t-elle accepter qu'à défaut du père, c'est-à-dire, si celui-ci est mort, ou dans l'impossibilité de manifester sa volonté? Puisque l'on donne aux autres ascendans le droit d'accepter, même du vivant des père et mère, il me semble que l'on peut bien donner à la mère, du vivant du père, le même droit que l'on donneroit à une aïeule (cependant voyez la note suivante) : mais devra t-elle être autorisée? Je ne le pense pas, puisqu'elle ne contracte aucune obligation personnelle.

Ces dispositions s'appliqueroient-elles à l'enfant naturel reconnu? Je pense qu'oui : les pères et mères naturels ont tous les droits de la paternité, qui sont établis en faveur de l'enfant; mais il est bien clair que cela ne s'étendroit pas aux ascendans. L'enfant naturel n'en a pas.

(4) *Même du vivant des père et mère.* Je pense, néanmoins, que la disposition, qui permet à des ascendans d'accepter des donations faites à leurs descendans mineurs, même du vivant des père et mère, peut être quelquefois susceptible de modification. *Quid*, en effet, si le père a des motifs légitimes de refuser la donation, un aïeul, ou une aïeule, pourront-ils l'accepter malgré lui? Je ne le pense pas. Un père ne peut-il pas, par exemple, avoir un très-grand intérêt à ce que sa fille ne reçoive pas de donation, de telle ou telle personne? Et quelle est l'autorité qui pourroit, dans ce cas, venir usurper ses droits, et préparer, peut-être, des moyens de séduction, qu'il est de son devoir de prévenir? Je pense donc que l'article 935 doit être principalement entendu du cas où, les père et mère n'étant pas sur les lieux, il seroit à craindre que le retard dans l'acceptation ne privât le mineur de l'effet d'une donation qui lui seroit avantageuse; mais si les père et mère avoient refusé d'accepter, les autres ascendans ne pourroient accepter à leur place, sauf à eux à faire convoquer un conseil de famille pour délibérer à ce sujet.

Les père et mère, et autres ascendans sont-ils tenus de se faire autoriser? L'article 935 ne l'exige pas; et cela a été ainsi jugé en Cassation, le 25 juin 1812. (Sirey, 1812, Ire. Partie, pag. 400.) *Nullus est affectus qui vincat paternum ;* et je pense que, nonobstant le défaut d'autorisation, l'acceptation de l'ascendant doit avoir le même effet, que si elle avoit été faite par le tuteur dûment autorisé.

(5) *A ce dûment autorisés.* Il faut rappeler ici ce que nous avons dit dans une note précédente, que l'autorisation doit nécessairement précéder l'acceptation, tellement que, si le donateur venoit à mourir ou à révoquer après l'acceptation, mais avant l'autorisation, la donation seroit nulle. Cela résulte formellement de la discussion.

PAGE 241.

(1) *Avec un tiers.* Il en est de même de la remise d'une dette, qui est une véritable libéralité, et qui n'a besoin d'aucune espèce de formalité. (Art. 1282 et 1283.)

(2) *Au profit d'un tiers*, sauf néanmoins deux conditions:

La première, que le tiers soit capable de recevoir du stipulant. Si, par exemple, Pierre donne une somme d'argent à Paul, pour qu'il fasse une rente viagère à une personne qui seroit incapable de recevoir de lui Pierre, ses héritiers pourront demander la nullité de l'acte (art. 1973), mais seulement en ce qui concerne la personne de l'incapable, c'est-à-dire, qu'ils ne pourront changer la nature du contrat par lequel Paul s'est seulement engagé à payer une rente viagère pendant la vie de telle personne; mais ils pourront exiger que la rente, au lieu d'être payée à la personne désignée, le soit à eux-mêmes, tant qu'elle vivra. De même, quoique le tiers soit capable de recevoir, si la disposition entame la réserve, elle pourra être réduite d'après les règles que nous avons établies ci-dessus, c'est-à-dire, que les légitimaires auront l'option, ou de laisser jouir le rentier, ou de se faire payer la rente à eux-mêmes, en lui abandonnant le disponible.

La seconde condition est que le tiers soit capable de recevoir par le même acte qui contient la stipulation. Ainsi, l'on tenoit anciennement, comme l'on tient encore actuellement, que la donation de tout ou partie des biens que le donateur laisse à son décès, ne peut avoir lieu que par contrat de mariage, et en faveur des époux. Mais il s'étoit néanmoins introduit dans quelques provinces un usage abusif, d'après lequel, celui qui faisoit une donation de ce genre à un des futurs époux, lui imposoit la condition de partager le profit de la donation, pour telle part, avec telle ou telle personne indiquée. Nul doute qu'une pareille condition ne soit nulle, puisque c'est réellement une donation de biens à venir, qui ne peut être faite qu'à un des futurs époux. Mais si une pareille disposition avoit lieu, que faudroit-il décider, soit relativement à la donation principale, soit relativement à la part de la personne associée à la donation? La donation principale seroit-elle nulle, comme renfermant la disposition prévue par l'article 896? Dans le cas de la négative, à qui appartiendra la part de l'associé? Je pense, en premier lieu, que la donation principale est valable. Ce n'est pas le cas de l'article 896. Il n'y a pas charge de conserver et de rendre, puisque l'institué, ou donataire principal, doit partager de suite. Quant à la part de l'associé, il me semble qu'elle doit appartenir au donataire principal; car la condition étant supposée contraire à la loi, doit être réputée non écrite. Or, si elle n'existoit pas, le donataire recueilleroit la totalité de la donation. Donc, etc.

(3) *Que l'on fait pour soi même.* Ainsi, je fais un marché avec vous, et je stipule que si, d'ici à quinze jours, vous ne donnez pas votre cheval à Pierre, vous me paierez trois cents francs de pot-de-vin. La stipulation que je fais en faveur de Pierre, n'est que la condition de celle que je fais pour moi-même. Ni Pierre, ni moi, n'avons le droit de vous forcer à donner le cheval; mais, si vous ne le donnez pas, j'aurai action contre vous pour vous forcer de payer les trois cents francs de pot-de-vin.

(4) *Que l'on fait à un autre.* Je vous donne ma terre, à la charge que vous donnerez dix mille francs à ma sœur. Dans ce cas, comme vous avez accepté la condition avec la charge, j'ai action contre vous pour vous forcer de l'exécuter; et ma sœur l'aura également, du moment qu'elle aura simplement déclaré vouloir en profiter.

(5) *Qu'une simple déclaration, etc.*; et qui peut même être tacite, si, par exemple, la stipulation est de faire une rente à un tiers, et qu'il ait reçu les arrérages.

La déclaration du tiers, qu'il entend profiter de la stipulation, peut-elle avoir lieu après la mort du stipulant? Je pense qu'oui. C'est l'avis de PÉREZ, au Code, Lib. 8, tit. 55. Cet auteur pense même qu'après la mort du stipulant, ses héritiers ne pourroient révoquer; et il se fonde à cet égard sur la loi 3, ff., *qui sine manumissione, etc.* Il s'agit dans cette loi d'un maître qui a vendu son esclave, sous la condition qu'il seroit affranchi après un certain délai. Le jurisconsulte décide qu'à l'expiration du terme, si le vendeur est encore vivant, et n'a pas changé de volonté, l'esclave est affranchi de droit; mais que, s'il est mort, la volonté contraire de ses héritiers ne peut empêcher l'affranchissement, *mortuo venditore, non esse heredum ejus voluntatem explorandam.* Mais je pense que cette disposition des lois Romaines avoit été établie uniquement *in favorem libertatis*, et qu'elle doit être conséquemment restreinte à ce cas; elle est d'ailleurs exorbitante du droit commun, et au principe qui veut que, *unaquæque res eodem modo dissolvi possit, quo fuit colligata.* Or, puisque les héritiers du stipulant pourroient faire remise aux débiteurs du défunt, de toutes les obligations contractées envers lui, l'on ne voit pas comment l'on pourroit excepter de cette règle les stipulations faites au profit d'un tiers, tant que ce tiers ne s'est pas rendu partie au contrat, en acceptant d'une manière quelconque l'avantage stipulé en sa faveur. Je pense donc que la déclaration exigée par l'article 1121, peut être faite, même après la mort du stipulant, tant qu'il n'a pas été dérogé à la convention par les parties contractantes ou leurs héritiers.

Nec obstat l'article 932 du Code, qui porte que l'acceptation du donataire, par acte séparé, ne peut plus avoir lieu après la mort du donateur. Car cela tient à la rigueur des formes qui sont exigées pour la donation entre-vifs, et à ce que cette espèce de donation n'est absolument rien, n'est qu'un simple projet, tant qu'elle n'est pas acceptée. Au contraire, dans l'espèce proposée, où il s'agit d'une convention faite entre deux parties, et contenant un avantage au profit d'un tiers, l'acte est parfait du moment qu'il a été passé, tellement que le stipulant ne pourroit pas même le révoquer pendant sa vie, par sa seule volonté; il faudroit, en outre, le consentement de l'autre partie. Donc, tant que cet acte existe, et qu'il n'est pas révoqué par le consentement mutuel des parties, le tiers peut y intervenir, et le rendre irrévocable à son égard, par sa déclaration qu'il entend en profiter.

(6) *A son profit.* Dans ce cas, l'objet donné est la nue propriété. Le donateur est censé s'en dessaisir, par cela seul qu'il se constitue usufruitier. *Nemini res sua servit.*

(7) *En se réservant.* Ici, l'objet donné est l'usufruit, dont le donateur se dessaisit par la donation.

(8) *Ou ses héritiers.* Mais non contre les tiers, à moins qu'ils n'aient été de mauvaise foi; comme nous le verrons plus bas (art. 1141); et son action, même contre le donateur ou ses héritiers, devient nulle, s'il est prouvé que la chose a péri par cas fortuit et sans la faute du donateur. (Art. 615.)

PAGE 242.

(1) *Et sans qu'il soit besoin de tradition.* Si donc, l'acte une fois parfait, les parties viennent à se repentir, elles ne peuvent résilier la donation; et la propriété des

objets donnés ne peut plus revenir au donateur, que par un nouvel acte translatif de propriété.

Le donateur est-il tenu de l'éviction? Non; il est censé se dessaisir du droit qu'il a sur la chose donnée; mais il n'est présumé donner que cela. Si donc il n'avoit aucun droit, il n'est pas tenu. Cependant la bonne foi a fait admettre deux exceptions: la première, s'il s'est formellement obligé à la garantie; et la seconde, s'il savoit, au moment de la donation, que la chose ne lui appartenoit pas. Mais il y a cette différence entre les deux cas, que dans le premier, le donataire peut, par cela seul qu'il y a éviction, répéter contre le donateur la valeur de la chose donnée; au lieu que, dans le second cas, le donateur est tenu seulement d'indemniser le donataire des dépenses qu'il a pu faire sur la chose donnée. Si donc il n'a été fait aucune dépense, il n'est pas tenu. (*L.* 18, §. *ult.* ff. *de Donationibus.*)

Mais le donateur est tenu de la garantie de ses faits, dans le sens que, s'il a vendu ou hypothéqué la chose donnée, postérieurement à la donation, mais avant la transcription, il est tenu d'indemniser le donataire, *propter dolum.*

(2) *Avant le donataire. Quid*, si la donation est d'une chose incorporelle, *putà*, d'un droit de créance, d'une rente? Il faut signifier la donation au débiteur de la rente ou de la créance; et cette signification vaut tradition, même à l'égard des tiers. (Art. 1690.)

(3) *Par la transcription.* Les conservateurs des hypothèques doivent inscrire en entier, sur un registre, tous les actes qui leur sont présentés, et qui contiennent translation de la propriété d'un immeuble. Cette inscription se nomme *transcription.* On verra dans ce titre, et dans celui *des Priviléges et Hypothèques*, de quelle importance est cette transcription pour tout acquéreur d'immeuble.

La transcription a remplacé l'insinuation qui étoit requise par l'Ordonnance de 1731, mais cependant avec plusieurs différences:

1°. L'insinuation étoit exigée pour toute espèce d'actes de donation. La transcription n'est exigée que pour les donations d'objets immobiliers;

2°. L'insinuation étoit requise à peine de nullité. Le défaut de transcription peut seulement être opposé par ceux qui ont intérêt, et en proportion de leur intérêt; ce qui est bien différent, comme nous aurons occasion de le démontrer.

3°. L'insinuation devoit être faite au domicile du donateur et au lieu de la situation. Il suffit que la transcription soit faite au lieu de la situation.

(4) *Susceptibles d'hypothèque.* Les biens susceptibles d'hypothèque sont: 1°. les biens immeubles qui sont dans le commerce; 2°. l'usufruit des mêmes biens. (Art. 2118.) Mais je regarde cette énonciation comme insuffisante, et je pense que par ces mots, *biens susceptibles d'hypothèque*, il faut entendre tous les droits réels que l'on peut avoir sur un bien susceptible d'hypothèque. Ainsi, par exemple, la donation d'une servitude ne doit-elle pas être transcrite? Les tiers ne doivent-ils pas être avertis de l'existence de cette donation, afin de ne point acheter l'immeuble comme libre? Cela paroît même encore plus nécessaire pour la servitude que pour l'usufruit, parce que l'usufruitier étant ordinairement en possession de l'immeuble, il est bien plus facile

aux tiers d'avoir connoissance de l'usufruit, que de la servitude, qui peut fort bien n'être pas apparente.

(5) *Doit être transcrit.* Dans quel délai ? La loi ne le dit pas, et n'a pas dû le dire. Le donataire est intéressé à faire transcrire promptement, parce que, tant qu'il n'a pas transcrit, si le donateur aliène, le donataire n'a pas d'action contre l'acquéreur. (Art. 941.)

(6) *Tuteurs, curateurs ou administrateurs.* Quand la loi dit que la donation faite à la femme doit être transcrite à la diligence du mari, et celle faite au mineur, à la diligence du tuteur, etc., elle n'entend pas dire que la transcription ne puisse être faite qu'à la diligence des personnes qu'elle dénomme; car toute personne peut faire transcrire, comme toute personne peut prendre inscription pour les femmes, les mineurs. (Art. 2194.) Mais la loi a seulement voulu faire entendre qu'il n'y a que ces personnes auxquelles l'obligation de faire transcrire soit imposée, et qui, par conséquent, soient responsables, envers le donataire, du défaut de transcription.

(7) *S'il y échet.* Car si le défaut de transcription n'a causé aucun préjudice au donataire, *putà*, si le donateur n'a, ni aliéné, ni hypothéqué, il n'y a lieu à aucune responsabilité.

(8) *Ou les interdits. Quid*, à l'égard des établissemens publics ? Doit-on conclure du silence de l'article 942 à leur égard, qu'ils pourroient se faire restituer contre le défaut de transcription ? Je ne le pense pas. *Les Motifs* paroissent les ranger sur la même ligne que les mineurs; et il y a la même raison; la sûreté des acquéreurs.

PAGE 243.

(1) *Par le donateur.* Ainsi, le donateur ne pourroit pas argumenter du défaut de transcription, pour se dispenser de livrer l'immeuble donné, s'il l'avoit encore en sa possession. Mais les héritiers pourroient-ils opposer le défaut de transcription ? J'avois soutenu la négative, en principe général, dans mon premier cours, il y a six ans; et j'ai eu la satisfaction de voir, après bien des controverses, mon opinion triompher. Voici, au surplus, comment j'avois cru devoir discuter cette question.

On disoit, en faveur des héritiers, que le principe posé dans l'article 941 est général; qu'il porte, que le défaut de transcription peut être opposé par toute personne ayant intérêt; que certainement les héritiers ont intérêt que l'objet donné reste dans la succession : en vain diroit-on que les héritiers *certant de lucro captando*, et que ce n'est pas de cette espèce d'intérêt que la loi a entendu parler : qu'on n'a jamais douté, en effet, que le défaut de transcription ne pût être opposé par celui auquel le donateur auroit transmis la chose, même à titre gratuit : or, celui-ci *certat quoque de lucro captando.* On ajoutoit que la manière dont est rédigée la fin de l'article, prouve que l'on a voulu donner aux héritiers du donateur le droit d'opposer le défaut de transcription ; qu'en effet, si l'on avoit voulu les ranger dans la même catégorie que les héritiers de ceux qui sont chargés de faire faire la transcription, il eût été tout simple de rédiger ainsi la disposition finale : « Excepté toutefois » celles qui sont chargées de faire faire la transcription, le donateur, et leurs » ayant-cause. »

Que l'affectation qu'a mise le Législateur à n'appliquer l'exception qu'aux ayant-cause de ceux qui sont chargés de faire transcrire, et de rejeter les mots, *le donateur*, seuls, à la fin de la phrase, prouve évidemment qu'il n'a pas voulu placer sur la même ligne les ayant-cause du donateur.

D'un autre côté, l'on opposoit aux héritiers du donateur le principe, que l'héritier ne peut avoir plus de droit que son auteur; que, pour déroger à une règle dont l'application est aussi générale, il falloit une disposition formelle, et qui ne fût pas uniquement fondée sur un arrangement de mots, qui avoit pu facilement échapper au rédacteur; que cela avoit été parfaitement senti par le chancelier D'Aguesseau, qui, en rédigeant l'article 27 de l'Ordonnance, avoit bien eu soin de comprendre expressément les héritiers du donateur au nombre de ceux qui pouvoient opposer le défaut d'insinuation; que les rédacteurs du Code Civil avoient bien certainement cet article sous les yeux, quand ils ont rédigé le 941e.; que la mention des héritiers étoit encore bien plus nécessaire sous le Code, qui n'avoit pas attaché la peine de nullité au défaut de transcription, que sous l'Ordonnance, dont l'article 20 exigeoit l'insinuation, à peine de nullité; et que, puisqu'on argumente de l'intention des rédacteurs, on peut dire avec avantage que, dès qu'ils n'ont pas énoncé formellement les héritiers du donateur, ainsi que l'avoit fait l'Ordonnance, ils ont entendu laisser subsister à leur égard le droit commun, qui ne veut pas qu'ils aient plus de droit que leur auteur.

Après bien des controverses, un arrêt de Cassation, rendu le 12 décembre 1810 (Sirey, 1811, Ire. Partie, page 33), a consacré le principe que j'avois soutenu jusque-là, en décidant d'une manière générale que les héritiers du donateur ne peuvent opposer le défaut de transcription.

Mais en émettant cette opinion, j'avois cependant pensé que ce principe pouvoit être susceptible de quelque modification. Je fondois cette opinion, non pas, à la vérité, sur l'article 941, mais sur l'article 1383, qui porte, que « Chacun est responsable du dommage qu'il a causé, non-seulement par son fait, mais encore » par sa négligence ou par son imprudence. » Or, cela posé, voici comme je raisonnois :

L'on ne peut nier que le donataire d'immeubles, qui n'a pas fait transcrire la donation, n'ait commis au moins une négligence. D'un autre côté, il est certain que la transcription est établie uniquement dans l'intérêt des tiers, pour les avertir de l'existence de la donation, et les préserver des erreurs, préjudiciables à leurs intérêts, dans lesquelles l'ignorance de la donation pourroit les entraîner. Si donc la donation n'a pas été transcrite, et si un tiers, qui pouvoit probablement l'ignorer, a essuyé un préjudice par suite de cette ignorance, il me semble que, s'il ne peut opposer le défaut de transcription, il peut au moins obliger le donataire de l'indemniser du préjudice qu'il a souffert. Ainsi, soit une personne dont la majeure partie de la fortune est composée d'une maison, que nous supposerons d'une valeur égale à quinze. Il en fait donation, avec réserve d'usufruit, et par conséquent il en conserve la possession jusqu'à sa mort. La transcription n'a pas lieu. Après son décès, le donataire, pour cause d'absence, ou autre quelconque, ne se présente point. L'héritier prend connoissance des forces de la succession. Il vérifie que l'actif est égal à vingt, en y comprenant la maison, et le passif à dix. Il ne voit en conséquence aucun danger, et il accepte purement et simplement. Le donataire vient ensuite réclamer la maison. Il me semble que l'équité exige qu'il indemnise l'héritier du préjudice que lui a causé l'ignorance de la donation, et que celui ci peut lui dire avec fondement : si vous eussiez fait transcrire votre donation, je ne l'eusse pas ignorée, et alors bien certainement je n'eusse pas accepté la succession, et je ne serois pas exposé maintenant à payer les créanciers sur mes biens personnels. C'est un préjudice que j'éprouve par votre fait, et dont vous devez m'indemniser.

L'on voit, au surplus, par là, qu'il y auroit une très-grande différence entre cette action en indemnité, et le droit d'opposer le défaut de transcription. En effet, celui qui use de ce dernier droit, anéantit entièrement la donation dans son intérêt, et quand même elle ne lui auroit causé aucun préjudice personnel. Ainsi, le défaut de transcription peut, comme nous l'avons dit, être opposé par celui à qui le donateur auroit transmis l'objet, même à titre gratuit, postérieurement à la donation, quoiqu'à son égard, il s'agisse seulement *de lucro captando*. Par l'action en indemnité, l'héritier ne peut demander que la restitution du préjudice qu'il éprouve sur les biens personnels. En effet, il ne peut dire autre chose, sinon que, s'il eût connu la donation, il n'auroit pas accepté la succession : or s'il n'eût pas accepté, il n'eût rien perdu, à la vérité, mais aussi il n'eût rien gagné. Il ne peut donc demander qu'à être mis dans le même état.

En deuxième lieu, il importe peu que ceux qui ont droit d'opposer le défaut de transcription, aient connu d'ailleurs la donation. La transcription est le seul moyen légal de lui donner de la publicité : dès qu'elle n'a pas été transcrite, ils sont censés l'avoir ignorée. L'action en indemnité ne peut avoir lieu, qu'autant qu'il est probable que l'héritier a ignoré la donation. Si donc le donataire avoit été mis en possession de l'objet donné, du vivant du donateur, s'il en avoit usé notoirement comme propriétaire, l'héritier n'auroit pas d'action.

Telle est l'opinion que la raison d'équité me porteroit volontiers à embrasser. L'on pourroit peut-être l'appuyer sur l'article 783 du Code, qui permet à l'héritier de se faire restituer contre son acceptation, lorsque la succession se trouve diminuée de plus de moitié, par la découverte d'un testament inconnu lors de l'acceptation. Or, que l'acte qui diminue la succession soit un testament ou une donation, cela me paroît une circonstance totalement indifférente ; il résulte toujours de cet article la preuve que la loi elle-même a cru devoir venir, dans ce cas, au secours de l'héritier. Dans l'article 783, comme il n'y a personne à qui l'erreur puisse être imputée, il a bien fallu lui accorder le remède extraordinaire de la restitution ; mais, dans notre espèce, où l'erreur peut être imputée au donataire, qui ne s'est pas conformé au prescrit de la loi, il paroît juste que ce soit lui qui en subisse la peine.

(2) *De faire transcrire.* Si donc le tuteur a acquis les immeubles donnés à son

mineur, ou le mari ceux donnés à sa femme, ils ne pourront argumenter du défaut de transcription, pour soutenir la validité de leur acquisition. Il en est de même de leurs ayant-cause.

(3) *Par toüs ceux qui ont intérêt;* et quand même ils auroient eu connoissance de la donation par tout autre moyen. (Argument tiré de l'article 1071.)

(4) *Que le donataire peut en retirer.* Dans ce cas donc, l'acte, quoique qualifié de donation par les parties, seroit valable, quoiqu'on n'y eût pas observé les formalités prescrites pour les donations. *Plus valet quod actum, quàm quod scriptum intelligitur.*

PAGE 243.

(1) *Qui dépend de cette seule volonté. Quid*, à l'égard des conditions purement casuelles? Quelques personnes ont voulu établir une distinction entre celles de ces conditions qui, suivant elles, donnent à l'acte le caractère de donation pour cause de mort, et celles qui lui conservent le caractère de donation entre-vifs. Le caractère de la donation pour cause de mort, a-t-on dit, est que le donateur se préfère au donataire, maïs qu'il préfère le donataire à ses héritiers. *Mortis causâ donatio est*, dit le §. 1., Instit., *de Donat.*, *cùm magis se quis velit habere*, *quàm eum cui donat; magisque eum cui donat*, *quàm heredem suum.* Au contraire, le caractère de la donation entre-vifs, est que le donateur préfère le donataire à lui-même. Donc, toutes les fois que la condition casuelle est telle, qu'il en résulte que le donateur s'est préféré au donataire, le caractère de la donation entre-vifs est détruit; et, dans ce cas, l'acte ne pouvant valoir ni comme donation, ni comme testament, puisque l'on suppose que les formalités requises pour le testament n'y ont pas été observées, est entièrement nul, et n'a aucun effet. On cite pour exemple de pareilles donations, celle-ci: *Je donne, si je ne reviens pas de la maladie dont je suis atteint.*

Il me semble qu'il y a dans cette doctrine une confusion de principes. En effet, pourquoi chez les Romains s'étoit-on attaché à déterminer d'une manière précise les caractères particuliers et respectifs de la donation entre-vifs et de la donation pour cause de mort? C'est parce que la première étoit essentiellement irrévocable; tandis que la seconde, au contraire, étoit essentiellement révocable, même par le simple changement de volonté du donateur. Il étoit donc bien important de déterminer quelle étoit la nature de l'acte que les parties avoient voulu faire; et c'étoit pour y parvenir que les Romains avoient établi le principe qui vient d'être cité. Toutes les fois donc que l'acte présentoit quelque incertitude, c'étoit au Juge à déterminer, d'après les circonstances et les diverses clauses, si le donateur avoit entendu se préférer, ou non, au donataire; et si, par conséquent, l'acte devoit être réputé entre-vifs ou à cause de mort.

Chez nous, où nous ne connoissons point, à proprement parler, de donations pour cause de mort (sauf peut-être dans le cas de l'article 1096), et où le seul caractère distinctif de la donation entre-vifs, est qu'elle ne puisse être révoquée, ni par le donateur, ni par le donataire, il me semble que la seule chose à examiner, est de savoir si la donation est faite sous une condition dont l'exécution dépend de la seule volonté du donateur. Or, il est certain que la condition du retour en santé ne dépend pas plus de cette volonté, que toute autre condition casuelle; car la donation n'est pas moins irrévocable de la part du donateur. Et c'est en quoi elle diffère d'une pareille donation faite chez les Romains. En droit Romain, c'eût été une donation pour cause de mort, et en conséquence elle eût été révocable, non-seulement par le retour en santé du donateur, mais encore par le seul changement de sa volonté, survenu avant sa convalescence, et quand même il seroit mort, par la suite, de la maladie dont il étoit attaqué. Elle eût été également révoquée par le prédécès du donataire. Chez nous, au contraire, cette donation ne pourroit être annullée que par le retour en santé du donateur; mais jusque-là aucun autre événement, sauf les cas d'ingratitude et de survenance d'enfans, qui sont prévus expressément par la loi, ne pourroit en opérer la révocation. L'opinion de RICARD me paroît d'ailleurs conforme à cette doctrine. Voici comme s'exprime cet auteur, Part. Ire., n°. 1047:

« La donation étant faite pour avoir lieu au cas que le donateur n'ait pas » d'enfans au jour de son décès, *ou sous une autre condition semblable qui ne* » *se vérifie que par la mort du donateur*, ne laisse pas d'être valable pour donation » entre-vifs. »

Or ceci est bien plus fort; car, dans la donation faite sous la condition que le donateur n'aura pas d'enfans à son décès, ce n'est pas simplement lui, ce sont ses héritiers même que le donateur préfère au donataire; et cependant RICARD ne pense pas qu'une pareille condition altère l'essence de la donation entre-vifs.

Ajoutons que, dans l'espèce proposée, le donateur est dessaisi; qu'il l'est tellement, qu'il n'est point en son pouvoir de rentrer dans la propriété de l'objet donné; que le donataire est devenu réellement propriétaire, à la vérité, sous une condition suspensive ou résolutoire, suivant qu'on veut l'envisager; mais que, dans tous les cas, il ne dépend pas du donateur de faire ou de ne pas faire arriver. Cette donation renferme donc tous les caractères exigés par la loi pour les donations entre-vifs. Elle est donc valable.

Quid, si la donation est stipulée révocable, dans le cas où le donateur se marieroit? Je la crois nulle; car quoique l'on considère cette condition comme mixte, c'est-à-dire, comme dépendante tout-à-la-fois du hasard et de la volonté de la partie, je pense néanmoins qu'il suffit que le donateur puisse, par sa seule volonté, l'empêcher d'exister, pour qu'elle rentre dans la classe de celle, qui, aux termes de l'article 944, annullent la donation.

(2) *Appartiendroit au donataire. Quid*, si le donateur s'est réservé la faculté de disposer d'une rente viagère en faveur de quelqu'un? Le principe général qui résulte de l'article 946, c'est que le donataire ne doit, dans aucun cas, profiter de la chose que le donateur s'est réservée. D'après cela, je pense que, dans l'espèce proposée, il faut distinguer: si la disposition a été faite, et que le rentier ait survécu au donateur, les héritiers de celui-ci n'ont rien à réclamer. En effet, que pourroient-ils demander? Ce n'est pas le fonds de la rente; car, d'abord, une

rente viagère est censée ne pas en avoir; et d'ailleurs, s'il y en avoit un, il seroit bien irrévocablement acquis au donataire, puisque le donateur ne s'étoit réservé que de disposer de la rente. Ce n'est pas la rente elle-même, puisque le donateur en a disposé au profit d'une personne que nous supposons capable de recevoir. Mais si la disposition n'a pas été faite, je pense que les héritiers du donateur peuvent demander que la rente soit servie à leur profit, pendant tout le temps que vivra la personne désignée; car il est certain qu'à l'égard de cette rente, le droit du donataire dépendoit entièrement de la volonté du donateur: ce qui suffit pour annuller la donation.

Quid, si cette personne est décédée avant le donateur? Je pense que les héritiers n'ont rien à réclamer, soit que la disposition ait eu lieu, ou non, puisque l'on peut dire, dans ce cas, que la chose réservée est éteinte. (Voir un arrêt de la Cour d'Appel d'Aix, du 17 thermidor an 13. *Journ. de la Jurisp. du Cod. Napol.*, tom. V, pag. 353.)

(3) *Aux donations de biens à venir.* On entend ordinairement sous ce nom les donations de tout ou partie des biens que le donateur laissera au jour de son décès. Il dépend donc de lui de diminuer, et même d'anéantir l'effet d'une semblable donation.

(4) *Que pour ces derniers.* Dans l'ancien droit, elle étoit nulle pour le tout. (Art. 15 de l'Ordonnance.)

(5) *Ayant date certaine.* (Pour savoir quand un acte a date certaine, voyez l'article 1328.)

(6) *Ou par l'acte même de la donation.* Si la dette n'ayant pas par elle-même de date certaine, est relatée dans l'acte de donation, elle acquiert une date par cette mention. Si l'on n'exigeoit pas que la dette eût une date certaine, il est évident qu'il seroit au pouvoir du donateur d'anéantir l'effet de la donation, en contractant postérieurement des dettes, auxquelles il pourroit, par des antidates, donner une date antérieure à la donation.

Quid, si la donation est universelle de biens présens? Je pense que le donataire est tenu, même sans stipulation, et nonobstant toute stipulation contraire, de payer toutes les dettes existantes à l'époque de la donation, *Æs alienum est onus universitatis* (Art. 1084 et 1085), mais à la charge par le créancier de prouver que sa créance est antérieure à la donation. (Argument tiré de l'art. 1410.) *Idem*, à l'égard du donataire à titre universel, qui doit être tenu des dettes au prorata.

Je dis, *nonobstant toute stipulation contraire*, dans le sens, que la clause qui dispenseroit le donataire d'acquitter toutes les dettes, ou une partie proportionnée à la quote des biens présens qui lui auroit été donnée, seroit à la vérité valable entre lui et le donateur, mais qu'elle n'auroit aucun effet à l'égard des créanciers. (*Voyez* RICARD, *des Donations*, Part. III, n°. 1509 et suiv., et notamment l'art. 1525.)

(7) *Au donateur.* Il y a, en outre, un mode particulier de révocation pour les donations faites entre époux pendant le mariage. Il en sera traité ci-après, chap. VI, sect. II.

(8) *Du droit de retour.* Il existe sur le droit de retour des donations, un Traité particulier, par De la Rouvière.

PAGE 245.

(1) *Et de ses descendans. Quid*, si le droit de retour a été stipulé pour le cas du prédécès du donataire seul, et que ce dernier encoure la mort civile, y aura-t-il ouverture de suite au droit de retour, ou seulement dans le cas où le donataire décéderoit naturellement avant le donateur? La raison de douter se tire de ce que, dans les conventions, le mot de mort s'entend uniquement de la mort naturelle. Cependant je pense que le droit de retour doit avoir lieu de suite dans l'espèce proposée. Il est évident, en effet, que le donateur a entendu se préférer à tous les héritiers du donataire. Toutes les fois donc que la succession du donataire est ouverte au profit de ses héritiers, je pense qu'il doit y avoir lieu au droit de retour. A plus forte raison, la même disposition doit-elle être appliquée, dans le cas de confiscation, et ce, quand même il existeroit des descendans, et que le droit de retour n'auroit été stipulé que pour le cas du prédécès du donataire et de ses descendans. Le donateur a préféré le donataire et ses descendans à lui-même; mais il s'est préféré aux ascendans et aux collatéraux, et à plus forte raison au fisc.

(2) *Ne se présume pas.* Sauf le cas de l'article 747. Mais nous avons fait voir, sur cet article, que ce n'étoit pas, à proprement parler, un droit de retour, mais un droit de succession.

La Cour de Nîmes a jugé le 20 août 1808 (à la vérité sous la loi du 17 nivose, mais il n'y a aucune raison de différence), que ces mots, *en avancement d'hoirie*, renfermoient une stipulation tacite du droit de retour. (Sirey, 1810, IIe. Part., pag. 563.) En point de droit, cette décision ne me paroît point admissible; car toutes donations en ligne directe descendante sont censées faites en avancement d'hoirie: il résulteroit donc de là que toutes ces donations sont censées renfermer le droit de retour; ce qui n'est pas, et ne doit pas être. (Argument tiré de l'art. 747, qui n'accorde à l'ascendant donateur qu'un droit de succession.)

(3) *Qu'au profit du donateur seul.* Autrement, ce seroit une substitution déguisée en faveur de celui au profit duquel on auroit stipulé le droit de retour; et nous avons vu, au commencement de ce Titre, que les substitutions sont en général prohibées. Mais si la clause de retour au profit d'autres que du donateur, existoit, seroit-elle nulle, ou rendroit-elle nulle la disposition? Il me semble que le tout devroit être nul. En vain dira-t-on que la clause de retour ne produit qu'un droit éventuel, qui ne peut jamais se réaliser. Je réponds que, dans une disposition avec charge de conserver et de rendre, la condition apposée à la charge n'empêcheroit pas qu'il n'y eût substitution, et par conséquent lieu à l'application de l'article 896. Donc, s'il est vrai que dans l'espèce il y ait substitution, l'éventualité de la disposition ne doit pas empêcher la nullité.

(4) *Dans lequel la donation a été faite.* La famille de la femme a dû compter, pour la sûreté de la dot, sur la garantie des biens donnés. Souvent même, c'est la

valeur de la donation faite au mari, qui détermine *le quantùm* de la dot. L'espoir de la famille ne doit pas être trompé ; de là je conclus, que, si le donateur a stipulé dans le contrat que les biens donnés ne seront point sujets à l'hypothèque de la femme, la convention est valable et doit être exécutée.

Quid, si les biens que le donataire avoit au moment du mariage, ou qu'il a acquis depuis, étoient d'une valeur suffisante, mais qu'il les ait vendus, et que l'hypothèque légale de la femme ait été purgée, pourra-t-elle exercer son recours sur les biens donnés? Je ne le pense pas, et cela par argument de l'article 2037.

Quid, si la femme vient à mourir, et que l'époux se remarie, la seconde femme aura-t-elle hypothèque pour ses reprises sur les biens donnés? Non sans doute. Son hypothèque ne résulte pas du contrat dans lequel la donation a été faite. Mais le donateur pourroit-il, en intervenant dans le deuxième contrat, consentir l'hypothèque? Je ne vois à cela aucune difficulté. Mais il y auroit cette différence, que l'hypothèque de la première femme étoit légale, et avoit en conséquence effet, sans stipulation et sans inscription ; au lieu que l'hypothèque de la seconde étant conventionnelle, il faudroit qu'elle fût expresse, spéciale, etc. ; en outre, qu'elle fût inscrite ; et elle n'auroit rang que du jour de l'inscription. Je ne pense cependant pas que l'inscription fût nécessaire vis-à-vis du donateur, s'il avoit consenti l'hypothèque, comme elle ne l'est pas, en général, vis-à-vis du débiteur. Mais elle le seroit bien certainement vis-à-vis de ses créanciers.

(5) *Apposées à la donation*. Mais le donateur a-t-il le choix, ou de demander la révocation, ou de forcer le donataire d'exécuter les conditions imposées ? J'avoue que la jurisprudence ancienne, et la majorité des auteurs paroissent avoir embrassé l'opinion que le donataire peut toujours se dispenser d'exécuter les conditions, en renonçant à la donation. Mais je ne vois aucune raison plausible de cette décision, qui me paroît contraire aux principes du droit, et notamment à l'article 1184. En effet, il est bien constant que la donation est un contrat, qu'elle en a tous les caractères, même quand elle est purement gratuite. *Le contrat de bienfaisance*, dit l'article 1105, *est celui dans lequel l'une des parties promet à l'autre un avantage purement gratuit;* à plus forte raison est-ce un contrat, quand elle est faite avec des charges. Or, dans les contrats, *quæ sunt ab initio voluntatis, ex post facto fiunt necessitatis*. C'est pour cela que l'art. 1184 décide formellement que la partie qui a exécuté ses engagemens, peut, à la vérité, demander la résolution du contrat, dans le cas où l'autre partie ne satisfait pas aux siens ; mais qu'elle peut aussi renoncer à cette action, et forcer l'adversaire d'exécuter la convention, lorsqu'elle est possible. D'un autre côté, la résolution de l'acte n'est-elle pas une sorte de peine imposée par la loi à celui qui n'exécute pas la convention ; et l'article 1228 ne porte-t-il pas que le créancier, au profit duquel il a été stipulé une peine, peut s'abstenir de la demander, et poursuivre l'exécution de l'obligation principale ? Que peut-on répondre à ces principes, qui ne peuvent être contestés? L'on dit qu'il ne peut y avoir donation qu'autant qu'il y a avantage pour le donataire. Cela est vrai ; mais quelle est la conséquence que l'on doit tirer de cette proposition ? C'est que, toutes les fois

que les charges excèdent ou égalent les choses données, il n'y a pas donation; dans le sens que le donataire n'est point astreint aux dispositions prescrites pour les donations seulement, telle que la nécessité de la transcription, la réduction pour les légitimes, l'obligation de fournir des alimens au donateur, etc. Mais, de ce que l'acte n'est pas une donation, faut-il en conclure qu'il ne soit rien? Et l'axiôme, *plus valet quod actum, quàm quod scriptum intelligitur*, ne doit-il pas recevoir son application? De ce que les parties ont appelé donation un acte qui n'en est pas une, mais qui est une vente, par exemple, s'ensuit-il que cet acte ne doit point valoir comme vente? Et alors peut-on dire que l'acheteur a le droit de se désister du contrat, pour se dispenser de remplir les conditions imposées?

On opposera peut-être encore l'article 17 de l'Ordonnance des Donations, confirmé par l'article 1084 du Code, qui permet au donataire de biens présens et à venir, de s'en tenir, lors du décès du donateur, aux biens présens, et de renoncer aux biens à venir, si les dettes contractées depuis la donation en excèdent le montant. Mais je répondrai qu'il faut bien se garder de confondre la donation de biens à venir, avec celle de biens présens. La première ne transmet rien; ce n'est qu'une espérance, une promesse de tout ou partie de la succession. Mais la succession ne s'ouvrira toujours qu'au moment du décès; et ce n'est qu'à ce moment que le donataire pourra connoître les charges dont elle est grevée. Il étoit donc juste de lui accorder jusque-là le droit d'y renoncer; et cependant il a fallu encore pour cela une disposition expresse de la loi. Existe-t-il une pareille disposition pour la donation entre-vifs? Non, sans doute, et ce n'est pas sans raison. Dans cette donation, le donataire est saisi de suite. Les charges doivent être exprimées formellement dans l'acte de donation, ou dans un état y annexé. Le donataire ne peut prétendre qu'il en a ignoré le montant; et quand il est censé avoir accepté en pleine connoissance de cause, prétendre qu'il peut se dispenser d'exécuter les conditions, en renonçant à la donation, c'est, à ce qu'il me semble, violer tous les principes relatifs aux obligations conventionnelles.

Enfin l'article 1052 me paroît décisif en faveur de cette opinion. En effet, il décide d'une manière formelle que ceux auxquels il a été fait, en premier lieu, une donation sans aucunes charges, et qui acceptent une seconde donation, sous la condition que les biens précédemment donnés seront grevés de restitution, ne peuvent point renoncer à cette seconde disposition, afin de rendre par là libres, dans leurs mains, les biens compris dans la première. Il me semble qu'il est impossible de décider plus expressément que le donataire n'a pas le droit de renoncer à la donation pour se dispenser d'en exécuter les charges.

Quid, si la condition est à l'avantage d'un tiers; ce tiers aura-t-il action pour en demander l'exécution? Oui. (*L.* 3, *Cod. de Donat. quæ sub modo*, et art. 1121 du Code); mais son action se borne là; et si le donataire refuse, il ne pourra pas former la demande en révocation, qui appartient au donateur seul.

Mais le donateur et le donataire pourroient-ils, par une nouvelle convention, révoquer la condition apposée en faveur d'un tiers? Oui, mais seulement tant que ce dernier n'a pas déclaré vouloir en profiter. (*Voy*. l'article 1121, et les notes (2), (3), (4) et (5), de la page 241, ci-dessus.)

(6) *N'est pas exceptée.* La femme et sa famille ont dû connoître les conditions. C'étoit à eux à veiller à ce qu'elles fussent exécutées.

(7) *Dans les mains du donateur.* Le donateur a donc, dans ce cas, l'action réelle contre les tiers détenteurs; mais si la condition est de nature à être accomplie par toutes sortes de personnes, les tiers peuvent l'accomplir, au nom et en la place du donataire. (Argument tiré de l'article 1237.)

(8) *Et prononcée en justice.* Dans quel délai la demande doit-elle être formée? La loi étant muette à cet égard, il faut appliquer la règle générale, qui veut que toutes les actions se prescrivent par trente ans, lorsque la loi n'a pas déterminé de délai plus court. Ce n'est pas le cas d'appliquer l'article 1304. Il ne s'agit point là de faire rescinder le contrat, mais bien, au contraire, d'en poursuivre l'exécution.

En effet, la condition résolutoire étant sous-entendue dans toutes les conventions synallagmatiques, c'est comme si le donataire s'étoit obligé expressément à rendre les biens, dans le cas où il ne satisferoit pas à la condition imposée. Or, il n'y a pas de doute que l'action résultant d'une pareille convention, ne dure trente ans. C'est aussi l'avis de Ricard, *des Donations*, Part. III, n°. 729.

Il faut observer, au surplus, une distinction importante qui existe entre la condition et le motif. Le non accomplissement de la condition donne lieu à la révocation. La fausseté du motif exprimé dans la donation, n'a pas en général le même effet. (*L.* 3., ff. *de Donat.*) Exemple:

Je donne telle chose à Pierre, s'il a bien géré mes affaires. La donation est conditionnelle; et si Pierre n'a pas géré, ou a mal géré, la donation est nulle; et, dans ce cas, c'est à Pierre à faire la preuve de la gestion, et de la bonne gestion.

Je donne telle chose à Pierre, parce qu'il a bien géré mes affaires. Il n'y a pas de condition, et la donation est valable, quand même Pierre n'auroit pas géré, ou auroit mal géré. Le motif de cette décision est que la donation n'a pas besoin d'autre cause que de la bienveillance du donateur pour le donataire. En conséquence, peu importe que le motif allégué soit vrai ou faux, puisque la donation seroit valable, quand il n'y en auroit aucun.

Mais, néanmoins, si l'on peut prouver que la donation n'auroit pas eu lieu si le motif n'eût pas existé, la donation doit être annullée. C'est encore l'avis de Ricard, *ibid.*, n°. 340, fondé sur la loi 72, §. 6, ff. *de Condit. et Demonstrat.* Je pense qu'il en doit être de même, s'il étoit prouvé qu'il y a eu dol de la part du donataire, *putà*, si, dans l'espèce ci-dessus, il avoit fait accroire au donateur qu'il avoit géré ses affaires, tandis qu'il n'en étoit rien.

PAGE 246.

(1) *Qui peuvent donner lieu à la révocation.* Le donateur pourroit-il, dans l'acte de donation, renoncer à demander la révocation pour cause d'ingratitude? Non. *Servanda non sunt pacta quœ ad delinquendum invitant.* (*L.* 5, §. 1, ff. *de Pactis dotalibus.*)

Les donations mutuelles sont-elles révocables pour cause d'ingratitude? Oui, et sans réciprocité, c'est-à-dire, que la donation faite à l'ingrat est révoquée, et que la donation faite par lui subsiste. (Argument tiré des articles 299 et 300); et ce, quand même les deux donations seroient faites par le même acte.

La remise faite à un débiteur peut-elle être révoquée pour cause d'ingratitude? Oui, c'est une veritable donation. (*L.* 3, §. 10, ff. *de Donat. inter vir. et uxor.*)

Quid, si le donataire est mineur? La donation peut être révoquée, si le donataire est *doli capax*. (Argument tiré de l'article 1310.)

(2) *A la vie du donateur.* Il suffit que le donataire ait *attenté*. On n'exige pas qu'il ait été condamné pour cet attentat, comme l'article 727 l'exige pour que l'héritier soit déclaré indigne. On a probablement regardé le donataire comme plus coupable que l'héritier. Celui-ci tient son droit de la loi; celui-là tient tout de la volonté et de la bienfaisance du donateur.

(3) *Ou injures graves.* Je pense qu'il en seroit de même, si les sévices, etc., avoient été commis envers la femme ou les enfans du donateur. (Argument tiré du §. 2, Instit., *de Injuriis*, et de l'article 1113 du Code.)

(4) *S'il lui a refusé des alimens.* Donc l'acceptation du donataire emporte de sa part obligation de fournir des alimens au donateur. Donc le donateur auroit chez nous, comme chez les Romains, une espèce de bénéfice de compétence, qui consisteroit en ce que, s'il étoit poursuivi par le donataire en exécution de la donation, il ne pourroit être condamné, s'il étoit dans le besoin, qu'à la charge par le donataire de lui assurer des alimens. Mais il y auroit encore cette différence entre notre droit et celui des Romains, que, chez ces derniers, outre le nécessaire pour subsister, le donateur pouvoit encore garder de quoi payer ses dettes (*L.* 19, §. 1, ff. *de Re judicatâ*); ce qui n'auroit pas lieu chez nous. Mais aussi la pension alimentaire payée par le donataire seroit insaisissable, excepté pour cause d'alimens. (*Cod. de Proc.*, art. 581.)

(5) *Pendant une année.* C'est une action d'injures, qui est annale. (*L.* 5, Cod., *de Injuriis.*) Cependant POTHIER pensoit que, quand il s'agissoit d'un crime qui ne pouvoit s'éteindre que par un délai plus long, la révocation pouvoit être prononcée, tant que l'action publique n'étoit pas prescrite. Cette opinion est très-morale: car il semble qu'il seroit bien scandaleux de voir, par exemple, l'homme condamné comme assassin, conserver la propriété de biens provenant de la bienfaisance de celui qu'il a assassiné. Cependant il seroit difficile de concilier cette décision avec la disposition bien claire et bien formelle de l'article 957.

(6) *Après la mort du donataire*, à moins qu'elle n'ait été intentée de son vivant. *Actiones tempore inclusæ litis contestatione perpetuantur.* (*L.* 139, ff. *de Regulis juris.*)

Je pense même qu'il y auroit un cas où la révocation pourroit être demandée contre les héritiers du donataire, ce seroit celui où il seroit prouvé qu'il est mort en attentant, ou peu après qu'il a voulu attenter à la vie du donateur.

(7) *Dans l'année du délit*, si toutefois les héritiers ont su que le délit avoit été commis par le donataire. Ainsi, le donateur a été assassiné, on ignore par qui.

Plusieurs années après sa mort, on vient à découvrir que c'est le donataire qui est l'assassin. Il n'est pas douteux que les héritiers du donateur n'ayent un an, à compter de cette époque, pour demander la révocation.

(8) *D'objets immobiliers.* Les meubles n'ont pas de suite. Ainsi, dans tous les cas, le donateur d'objets mobiliers n'a qu'une action personnelle contre le donataire.

(9) *Sur lesdits objets.* Pourquoi les aliénations et autres charges réelles imposées sur les biens donnés, ne sont-elles révoquées, dans ce cas, qu'autant qu'elles sont postérieures à la transcription de la demande, tandis que la révocation pour cause d'inexécution des conditions, ou pour survenance d'enfans, annulle toutes les charges ou aliénations généralement quelconques, qui ont pu être imposées ou faites par le donataire ou ses ayant-cause? Voici la raison très-fondée qu'en donnent les auteurs. Quand la révocation, disent-ils, a lieu, *ex causâ antiquâ et inexistenti contractui*, pour une cause ancienne, et dont le germe existe dans le contrat même, toutes les charges et aliénations sont résolues. Ainsi, les conditions dont l'inexécution entraîne la révocation de la donation, avoient été apposées par l'acte même de donation. La clause de révocation par survenance d'enfans y est toujours contenue tacitement, *vi ipsâ legis.* En conséquence, ces deux causes de révocation résolvent toutes charges ou aliénations. Mais l'ingratitude du donataire est une cause nouvelle, dont le germe n'existe pas dans le contrat, et qui n'a pas dû même y être prévue. En conséquence, toutes les aliénations faites, ou les charges imposées, avant que la demande en révocation soit connue, doivent subsister. Je vais développer ce raisonnement, de manière à le rendre plus clair pour des commençans.

Quand je traite d'un bien avec une personne, je dois me faire représenter le titre en vertu duquel elle possède; si je vois que ce titre est une donation, et qu'il impose au donataire certaines charges, je dois exiger de lui la preuve qu'il y a satisfait. Si je ne le fais pas, il y a de ma part négligence, ou au moins consentement tacite à courir les chances qui pourront arriver. En conséquence, si la révocation a lieu, je serai obligé de rendre les biens, sauf mon recours en garantie, s'il y a lieu, contre le donataire, mais sans pouvoir, à raison de ce, opposer aucune exception au donateur.

Il en est de même en cas de révocation pour survenance d'enfans. Quoique la clause ne soit pas exprimée dans le contrat, néanmoins, comme personne n'est présumé ignorer le droit, et que c'est la loi elle-même qui est censée insérer dans les donations faites par ceux qui n'ont point d'enfans, la clause de révocation, clause à laquelle elle ne permet pas même de déroger, les tiers sont non recevables à se plaindre de la résolution des droits qu'ils peuvent avoir acquis sur les biens donnés, parce qu'en les acquérant ils ont pu et dû s'informer si le donateur avoit des enfans au moment de la donation; et, s'il n'en avoit pas, et que néanmoins ils aient acquis, ils sont censés s'être volontairement soumis à courir la chance d'une révocation.

Mais rien dans le contrat, ni dans la loi, n'a pu faire pressentir aux tiers que la donation pourroit être un jour révoquée pour cause d'ingratitude. Ils ont dû savoir, à la vérité, que si le donataire étoit ingrat, la donation seroit révoquée; mais ils n'ont pas dû prévoir qu'il seroit ingrat. L'ingratitude est un délit, au moins dans l'ordre naturel; et les délits ne se présument pas. Et ce qui prouve bien évidemment que la différence qui existe entre les diverses causes de révocation, relativement à la résolution des aliénations, tient uniquement à la faculté que les tiers ont pu avoir de connoître la cause qui pouvoit donner lieu à la révocation, c'est que, même dans le cas d'ingratitude, ce n'est ni l'époque de la demande, ni celle du jugement que l'on considère, mais seulement celle de la transcription de la demande au bureau des hypothèques, parce que, à compter de ce moment, les tiers ont eu un moyen facile de connoître s'il existe, de la part du donataire, des faits d'ingratitude qui puissent donner lieu à la révocation.

PAGE 247.

(1) *En faveur du mariage.* Une donation faite en faveur du mariage est censée faite au profit, non seulement de l'époux donataire, mais encore des enfans à naître du mariage, qui ne doivent pas être victimes de l'ingratitude de leur auteur.

Cet article s'applique-t-il à toutes les donations faites par contrat de mariage, tant par des tiers aux époux, que par les époux entr'eux? Je pense qu'il ne s'applique pas à ces dernières. (Argument tiré des articles 299 et 300, qui ne distinguent pas s'il existe, ou non, des enfans du mariage.) Il y a d'ailleurs une raison de différence, c'est que, dans ce dernier cas, la révocation ne préjudicie pas aux enfans, qui retrouveront toujours les objets donnés dans la succession du donateur.

(2) *Sur une présomption.* Cette présomption est une de celles qui n'admettent pas la preuve contraire. Car, quand même le donateur auroit renoncé d'avance à demander la révocation pour cette cause, la donation n'en seroit pas moins révoquée.

(3) *S'il eût cru en avoir un jour.* C'est là le véritable motif de la disposition qui a établi la révocation pour survenance d'enfans. Quelques personnes avoient prétendu que cette révocation étoit fondée sur ce que le donateur ne connoît pas encore les mouvemens de la tendresse paternelle. Mais ce qui prouve que cette raison est nulle, c'est que la donation faite par celui qui a eu des enfans, mais qui n'en a plus au moment de la donation, est également révoquée par la survenance d'un nouvel enfant.

(4) *Rémunératoires. Quid*, si les services étoient de nature telle qu'on pût en demander le prix? La donation est révoquée, jusqu'à concurrence de ce dont elle excède le prix des services; car, jusque-là, c'est un contrat de dation en paiement. Il n'y a que l'excédant qui soit donation. *Quid*, si la donation est d'un corps certain qui ne soit pas naturellement divisible? Appliquez l'article 866.

(5) *Sans postérité*, au moment de la donation. Peu importe qu'elle en ait eu auparavant.

(6) *Par les conjoints l'un à l'autre*; et ce, pour plusieurs raisons: 1°. On ne peut pas dire que le donateur a cru qu'il n'auroit pas d'enfans; on ne se marie

ordinairement que pour en avoir ; 2°. Il a bien pu préférer son époux à ses enfans. 3°. Enfin les enfans retrouveront les biens donnés dans la succession du donataire.

Quid, dans l'espèce suivante? Un homme, en se mariant, fait à sa femme une donation de biens présens, sans stipulation de retour. La femme meurt sans enfans. Des collatéraux recueillent sa succession, qui comprend les biens donnés. L'époux veuf se remarie, et a des enfans du second mariage. La donation sera-t-elle révoquée? Non, d'après la lettre de l'article; oui, d'après son esprit. L'on voit, en effet, par ce que nous venons de dire, que, de tous les motifs qui ont déterminé le Législateur, il n'en est pas un qui puisse être invoqué par les collatéraux. Sans doute, comme dit M. Grenier, le donateur a pu vouloir se dépouiller en faveur de la mère des enfans qu'il auroit; mais il n'est jamais présumé vouloir que ses biens passent à des étrangers, au préjudice des enfans qu'il aura par la suite. Quoi! une donation faite par un étranger, par contrat de mariage, à deux époux, sur la foi de laquelle deux familles se sont unies, une troisième s'est élevée, une pareille donation pourra être révoquée au bout d'un grand nombre d'années par la survenance d'un enfant au donateur; et par un respect judaïque pour la lettre de la loi, on maintiendra, au profit des collatéraux, une donation qui dépouille les enfans même du donateur! Non; telle n'a pu être l'intention du Législateur. Je sais bien qu'un arrêt de Cassation, du 29 messidor an 11 (Sirey, an 12, Ire. Partie, page 21), a rejeté le pourvoi contre un arrêt de la Cour d'Appel de Poitiers, qui avoit jugé contre la révocation; mais comme un arrêt de rejet est toujours fondé sur ce que l'arrêt dénoncé n'a contrevenu à aucune loi, et qu'on pouvoit dire cela à la rigueur de l'arrêt de Poitiers, puisqu'il avoit jugé conformément à la lettre de la loi, il ne résulte de là aucun préjugé, et la question me paroît toujours entière.

(7) *Par leurs ascendans.* L'article ayant commencé par établir que la révocation n'a lieu que quand le donateur n'a point d'enfans au moment de la donation, il sembloit inutile d'excepter de la révocation les donations faites par les ascendans aux conjoints, puisqu'il est certain que, dans ce cas, le donateur avoit des enfans au moment de la donation; mais c'est qu'on a prévu le cas où l'ascendant n'auroit point d'autre enfant que le donataire. L'on auroit pu croire qu'alors la survenance d'un nouvel enfant devoit annuller la donation; et l'article a voulu établir la négative.

(8) *Nés au moment de la donation.* Il ne suffiroit pas qu'ils fussent conçus. (Art. 961.) *Infans conceptus pro nato quidem habetur, sed quotiès de commodis ejus agitur.* Or, ici il a intérêt que la fiction n'ait pas lieu, afin que la donation puisse être révoquée.

Il en seroit de même à l'égard d'un petit-fils, dans l'espèce suivante: Pierre n'ayant eu qu'un fils, qui est mort laissant sa femme enceinte, fait une donation. La veuve accouche, la donation est révoquée.

Pothier applique ce principe même au cas de retour de l'enfant unique du donateur, qui étoit absent, sans nouvelles, au moment de la donation. Cette opinion a, en sa faveur, d'abord bien certainement l'esprit de la loi, et ensuite le principe posé au Titre *des Absens*, que l'absent qui ne reparoît pas, est présumé mort du jour de sa disparition. L'on peut donc penser que c'est cette présomption qui a déterminé le père à faire la donation. D'ailleurs, le retour de l'absent peut être comparé en quelque sorte à une nouvelle naissance.

L'enfant né d'un mariage putatif révoqueroit-il la donation? Si les deux époux étoient de bonne foi, la donation seroit révoquée, quel que fût celui qui ait donné. S'il n'y en avoit qu'un de bonne foi, il n'est pas douteux que les donations faites par lui ne soient révoquées. Quant à celles faites par l'époux de mauvaise foi, cela peut présenter plus de difficulté : le mariage n'ayant pas, dans ce cas, les effets civils à l'égard du donateur, comment lui accorder une action qui suppose la légitimité du mariage? D'ailleurs, *nemo ex delicto suo debet emolumentum consequi*. D'un autre côté, les enfans pouvant réclamer les effets civils, il paroît difficile de les priver du bénéfice de la révocation. Je vais hasarder, à cet égard, une opinion qui semblera peut-être singulière, mais qui me paroît la seule qui puisse concilier le droit des enfans avec les principes; c'est de déclarer la donation révoquée de plein droit, mais dans l'intérêt des enfans seulement, c'est-à-dire, de leur adjuger en propriété, même du vivant du père, les biens provenant de la donation. Il me semble que cette décision ne préjudicie à personne. Quant au donataire, il est certain que la donation est révoquée; les enfans sont réputés légitimes; ils sont nés depuis la donation. Le cas prévu par l'article 960 est donc arrivé : or, dès que la révocation a lieu, peu lui importe que les biens appartiennent aux enfans ou au père. Quant au donateur, de quoi peut-il se plaindre? c'est lui-même qui s'est dépouillé par la donation. Sa mauvaise foi empêche bien certainement qu'il ne puisse réclamer, dans son intérêt, le bénéfice de l'article 960. Quant à lui, la donation est donc irrévocable. Mais si, d'un côté, la donation est révoquée, et si, de l'autre, le père ne peut réclamer les biens donnés, il semble juste et conforme à l'intention du Législateur, de les transmettre directement aux enfans.

(9) *Par la force même de la loi.* Par le fait seul de la naissance de l'enfant, mais pourvu qu'il naisse viable. Autrement il est censé n'avoir jamais existé.

PAGE 248.

(1) *N'ait duré trente ans.* Ainsi, le tiers détenteur, même avec titre et bonne foi, ne pourra prescrire que par trente ans. *Nec obstat* l'article 2265; dans ce dernier article, il s'agit de celui qui a acquis *à non domino*, et qui a besoin de la prescription pour acquérir la propriété. Ici le donataire est propriétaire du moment de la donation; il n'a donc pas besoin de la prescription pour le devenir. L'on doit en dire autant de celui à qui il a transmis l'objet par un acte translatif de propriété. Mais en même temps, le fait de la survenance d'enfans rend le donataire sujet à une action révocatoire, qui, comme toutes les autres actions, ne se prescrit que par trente ans. Ajoutez que, toute donation faite par celui qui n'a pas d'enfans, étant censée faite sous la condition qu'il ne lui en surviendra pas, cette condition affecte les biens donnés, dans quelques mains qu'ils passent, parce que le donataire n'a pu les trans-

mettre qu'avec les charges dont ils étoient grevés. Tout détenteur est donc sujet à l'action révocatoire résultant de l'événement de la condition, action qui, comme on vient de le dire, ne s'éteint que par trente ans. Cependant voyez la note suivante.

(2) *Du dernier enfant du donateur.* Pourquoi pas du premier, puisque c'est du jour de la naissance de ce premier enfant que l'action en revendication a été ouverte, et que, *contra valentem agere currere debet præscriptio?* On a pensé, disent FURGOLE et POTHIER, que le droit étoit, à la vérité, ouvert depuis la naissance du premier enfant, mais que la naissance de chacun des enfans nés depuis, ajoutoit un nouveau droit à celui que le donateur avoit déjà acquis, et que, conséquemment, ce nouveau droit ne pouvoit se prescrire que du jour de la naissance de chaque enfant. Cette raison est évidemment mauvaise. Le droit du donateur est unique : il est acquis, et entièrement acquis par le fait de la naissance du premier enfant, tellement qu'il le conserve même, nonobstant la mort de cet enfant survenue avant qu'il lui en naisse d'autres. En général, je pense qu'on a eu tort de chercher à donner des raisons légales des dispositions de cet article, qui est copié de l'article 45 de l'Ordonnance. Il suffit de dire que le Législateur a voulu singulièrement favoriser ce mode de révocation, et que c'est ce motif qui lui a fait adopter des dispositions qu'il est difficile de concilier avec les principes généraux du droit. En effet, ce que nous avons dit dans la note précédente, relativement à la prescription trentenaire, est-il bien concluant ? Il est certain que la donation est révoquée de plein droit par la survenance du premier enfant du donateur. Cette révocation a pour effet de faire revenir de suite, et *de plano*, la propriété des objets donnés, sur la tête de ce dernier. Le donataire a donc cessé, dès ce même moment, d'être propriétaire. Celui qui a acheté de lui depuis cette époque, a donc acheté *à non domino*. La prescription de dix ou vingt ans devroit donc suffire, quant à lui; et cependant on exige, dans tous les cas, la prescription trentenaire. Mais c'est que, comme je l'ai dit, la matière est extrêmement favorable; d'ailleurs l'on a prévu le cas où le donateur ne se soucieroit pas de faire révoquer la donation ; et l'on a voulu accorder à l'action un terme tellement long, qu'elle pût le plus souvent se prolonger jusqu'à sa mort.

(3) *Telles que de droit.* Pour connoître comment s'interrompt la prescription, voyez les articles 2242 et suivans. Je pense que c'est également sans préjudice des cas où la prescription est suspendue: *putà*, si le donateur vient à mourir, laissant des enfans mineurs, la prescription ne court pas pendant leur minorité. (Art. 2252.)

(4) *A l'exécution dudit contrat.* On a voulu empêcher qu'on ne prît un moyen indirect d'éluder la loi.

PAGE 249.

(1) *Postérieurement à cette notification.* Il est censé possesseur de bonne foi, jusqu'à la notification qui le constitue en mauvaise foi, et qui, par conséquent, fait courir les fruits au profit du propriétaire. De là je conclus que la notification faite au donataire ne suffiroit pas pour rendre le tiers détenteur passible de la

restitution des fruits ; car elle n'empêcheroit pas qu'il ne fût possesseur de bonne foi.

(2) *Seroit nulle et de nul effet.* Ainsi les clauses dérogatoires sont abolies. On entendoit *par clause dérogatoire*, celle par laquelle un testateur déclaroit que tout testament postérieur ne seroit valable qu'autant qu'il contiendroit telle marque ou telle phrase. Voici quel avoit été le motif qui avoit fait imaginer ces clauses :

Un vieillard faisoit son testament ; il craignoit que ses héritiers ne le tourmentassent pour le lui faire révoquer, ou au moins pour lui faire révoquer tout testament quelconque ; il imaginoit un moyen de paroître céder à leurs sollicitations, et cependant de maintenir son testament ; et ce moyen étoit une clause dérogatoire, ainsi conçue : *Je déclare nul d'avance tout testament postérieur, ou toute révocation du présent testament qui ne contiendra pas la phrase*, SIT NOMEN DOMINI BENEDICTUM. Cela fait, si la famille le tourmentoit, il faisoit un testament, ou une révocation, en un mot, ce qu'on demandoit. Ses parens ne pouvoient exiger l'insertion de la phrase qu'ils ignoroient, et tout étoit nul.

C'étoit un léger avantage ; mais il étoit compensé par des inconvéniens assez graves, ne fût-ce que par celui qui résultoit de l'oubli que le testateur pouvoit faire de la phrase indiquée, ce qui emportoit la nullité de ses testamens postérieurs, quoiqu'ils fussent l'expression de sa libre volonté. En conséquence, les clauses dérogatoires avoient été abolies par l'article 76 de l'Ordonnance de 1735 ; et comme elles n'ont pas été rétablies par le Code, et qu'elles sont d'ailleurs contraires aux principes du droit, d'après lesquels nul ne peut s'interdire à soi-même la faculté de tester, ni soumettre l'exercice de cette faculté à l'accomplissement de certaines conditions, il faut regarder cette abolition comme encore subsistante.

(3) *Est nul.* Ces sortes de testamens avoient été conservés entr'époux seulement, jusqu'à l'Ordonnance de 1735, qui les avoit abolis entièrement (art. 77), et avec raison.

D'abord c'étoit soumettre, en quelque sorte, le testament de l'un, à l'influence de l'autre.

Secondement, comme dans ce cas les deux testamens paroissoient être la conséquence l'un de l'autre, l'on prétendoit que la révocation de l'un devoit emporter la révocation de l'autre ; ce qui engendroit des procès extrêmement difficiles à juger.

Troisièmement, enfin, on doutoit si, après le décès de l'un des testateurs, l'autre pouvoit révoquer. Si l'on se décidoit pour l'affirmative, c'étoit, en quelque sorte, violer la bonne foi et la réciprocité. Si l'on tenoit la négative, c'étoit violer la nature du testament, qui est essentiellement révocable.

Tels sont les motifs qui avoient déterminé l'abolition de ces sortes de testamens, même entr'époux ; abolition qui est maintenue par le Code.

PAGE 250.

(1) *Et mystique.* Pour la forme du testament de l'Empereur, voyez les articles 23 et 24 du Statut Impérial du 30 mars 1806. (*Bulletin*, n°. 1432.)

(2) *Par signes.* En conséquence, le muet qui ne sait pas écrire, ne peut faire de testament.

(3) *En entier.* Ainsi, un seul mot d'une autre main annulleroit tout le testament, si toutefois ce mot en faisoit partie, *putà*, s'il étoit dans le corps du testament, ou s'il étoit en interligne ou en renvoi, et approuvé par le testateur. Autrement il seroit au pouvoir du premier venu d'annuller tout testament olographe.

(4) *Daté ;* c'est-à-dire, contenir l'indication des jour, mois, et an où il a été fait. L'indication du lieu est inutile, puisque le testament olographe est toujours valable, dans quelque lieu qu'il ait été fait. (Art. 999.) Il est plus prudent de dater en toutes lettres; mais la date en chiffres n'emporteroit pas nullité.

La date mise par le testateur donne-t-elle à l'acte une date certaine ? Si, par exemple, un majeur décède peu de jours après sa majorité, et que la date de son testament soit postérieure à ladite majorité, cela suffira-t-il pour prouver que le testament n'a pas été fait en minorité ? Je pense que la date doit faire foi, d'autant plus qu'elle suffit pour déterminer la priorité de deux testamens. Ce sera donc à celui qui prétend que la date est fausse, à le prouver. Mais comme l'acte n'est pas authentique, il ne sera pas obligé de passer à l'inscription de faux.

(5) *Et signé. Quid*, s'il y avoit des dispositions signées, et d'autres qui ne le fussent pas ? Si les dispositions signées avoient une date particulière, elles seroient valables, *utile per inutile non vitiatur.* Mais si la date étoit générale, *putà*, si le testateur avoit fait d'abord des dispositions qu'il eût signées, mais non datées ; qu'il en eût fait ensuite d'autres, qu'il eût datées, mais non signées, le tout seroit nul, quand ce seroit sur le même morceau de papier : les premières, par défaut de date ; et les secondes, par défaut de signature.

(6) *A aucune autre forme. Quid*, à l'égard des interlignes? Ils sont valables, s'ils sont de la main du testateur. *Quid*, des ratures? Elles annullent la disposition raturée, si toutefois le testament est trouvé scellé du sceau du testateur, et en sa possession. Dans le cas contraire, l'on sent qu'il seroit possible de supposer que les ratures ont été faites par un autre que par le testateur. Ce sera donc au juge à décider d'après les circonstances.

Remarquez que le testament olographe n'est toujours qu'un acte sous seing-privé, et que par conséquent, si les parties intéressées prétendent, par exemple, qu'il n'est pas de la main du testateur, elles n'ont pas besoin, comme nous l'avons déjà fait observer, de passer à l'inscription de faux. Elles peuvent donc se contenter de dire qu'elles ne connoissent ou qu'elles ne reconnoissent pas l'écriture du défunt; et alors ce sera à ceux qui soutiennent la validité du testament, à la prouver par une vérification d'écritures. *Nec obstat* ce que nous venons de dire, relativement à la certitude de la date. Quand l'on prétend que l'acte présenté n'est pas de la main du testateur, c'est comme si l'on prétendoit qu'il n'y a pas de testament. Il faut donc commencer par prouver qu'il en existe un. Mais cette preuve faite, il fait foi de ce qui y est contenu; ou au moins, il doit en résulter une présomption qui suffit pour rejeter sur l'autre partie la preuve contraire.

On a jugé cependant le contraire à Caen, le 4 avril 1812. (SIREY, 1812, IIe. Part., pag. 336.) On a prétendu que le Code rangeoit le testament olographe dans la classe des actes authentiques, et cela parce qu'il donne la saisine à l'héritier institué par un semblable testament. Mais il est évident que ce motif n'est pas fondé. Le testament olographe donne si peu la saisine, que l'héritier institué doit se faire envoyer en possession par le président du Tribunal. La Cour de Caen a prétendu que l'envoi en possession, prononcé par le président, constituoit demandeur l'héritier légitime, et qu'en cette qualité, c'étoit à lui à prouver la fausseté du testament. Mais d'abord l'Ordonnance du président est rendue sur simple requête; il n'en peut donc résulter aucun préjugé contre les tiers. D'ailleurs, l'héritier du sang peut dire qu'il est également saisi en vertu de l'article 724; que cette saisine ne peut lui être contestée, qu'autant qu'il existe un testament; que c'est donc au légataire qui conteste son droit, à justifier du titre en vertu duquel il prétend un droit contraire; qu'il est donc demandeur sous ce rapport, et, comme tel, tenu de prouver. L'on disoit, dans cette affaire, pour le légataire, que l'obliger à prouver la vérité de l'écriture, c'étoit vouloir le forcer à l'impossible. Mais seroit-il plus aisé à l'héritier de prouver la fausseté; et, *in pari causâ*, ne doit-on pas préférer celui dont le titre est incontestable, puisqu'il est fondé sur la loi, et sur sa qualité de parent le plus proche? Et d'ailleurs, où est donc l'impossibilité? Je conçois qu'il peut quelquefois être difficile de trouver des pièces qui réunissent les qualités requises par l'article 200 du Code de Procédure, pour servir de pièces de vérification. Mais il est dit dans l'article 195 dudit Code, que la vérification d'écritures peut être faite par témoins, et dans l'article 211, que l'on peut entendre comme témoins, ceux qui auront vu écrire la pièce contestée, ou qui auront connoissance de faits pouvant servir à faire découvrir la vérité. Cet article ne donne-t-il pas la plus grande latitude aux juges; et qu'est-il besoin d'introduire un droit nouveau, contraire à tous les principes en matière d'actes privés?

(7) *Ne seroient point en usage.* La règle *locus regit actum*, ne s'applique pas aux actes sous signature privée.

(8) *A peine de nullité.* Une question qui a été très-controversée, étoit celle de savoir si les testamens par acte public sont seulement assujettis aux formalités établies pour ces sortes d'actes par le Code Napoléon, ou s'ils sont soumis en outre aux formalités requises pour les actes notariés, par la loi sur l'organisation du notariat, du 25 ventôse an 11. Sans rapporter ici les divers jugemens rendus à ce sujet, je me contenterai de faire observer, en principe, que le testament par acte public est d'abord un acte notarié, et que, conséquemment, comme tel, il doit être soumis aux formalités générales requises pour ces sortes d'actes; et qu'ensuite, comme testament, il doit être assujetti aux formalités particulières requises pour les testamens. Si l'on n'admettoit pas la première partie de cette proposition, et si l'on prétendoit que c'est au Code Napoléon seul qu'il faut se référer pour déterminer les formalités des testamens, il en résulteroit que les testamens par acte public n'auroient pas besoin d'être datés, ni signés par le notaire; que celui-ci ne seroit pas obligé d'y exprimer le lieu de sa résidence; que deux notaires, parens au degré déterminé par la loi

du 25 ventôse, pourroient concourir à la confection du même testament, etc.; toutes propositions dont il est impossible de soutenir l'affirmative.

Cependant ce principe me paroît devoir souffrir exception dans le cas où le Code Napoléon et la loi du 25 ventôse contiennent chacun une disposition formelle sur le même point, dont l'une paroît déroger à l'autre. Je pense qu'alors le Code Napoléon, comme postérieur en date, doit l'emporter. Ainsi, par exemple, l'article 9 de la loi exige que les témoins soient citoyens français, et domiciliés dans l'arrondissement communal où l'acte est passé; l'article 980 du Code se contente d'exiger qu'ils soient sujets de l'Empereur, et jouissant des droits civils. Il est évident que cette disposition contient dérogation à l'article 9; car s'il falloit qu'ils fussent citoyens français, à quoi bon dire qu'ils doivent être sujets de l'Empereur et jouissant des droits civils? Cela n'est-il pas renfermé expressément dans la qualité de citoyen français? Il est donc évident que le Code a entendu déroger à la loi, et que c'est par conséquent à lui seul qu'il faut se référer pour déterminer les qualités des témoins. (Jugé dans ce sens à Douai, le 27 avril 1812. Sirey, 1812, IIe. Partie, pag. 387.) Cependant, voyez ci-après note (9) de la page 252.)

J'ai été consulté sur la quèstion de savoir si la mention de la déclaration faite par le testateur, qu'il ne sait ou ne peut signer, peut être placée valablement dans le corps de l'acte, comme l'article 973 du Code paroît le permettre, ou si elle doit être placée nécessairement à la fin, comme l'exige l'article 14 de la loi du 25 ventôse an 11. La Cour de Dijon a jugé conformément à la première proposition. Son arrêt qui est du 8 janvier 1811, est rapporté dans Sirey, 1811, IIe. Partie, page 439. Mais le contraire résulteroit des principes établis par la Cour de Turin, dans un arrêt du 18 novembre 1811, rapporté *ibid.* 1812, IIe. Partie, pag. 375. Cette dernière doctrine me paroît préférable. *Nec obstat* ce que j'ai dit dans l'article précédent; car il est évident que l'article 973 n'a pas eu pour but de déroger à l'article 14 de la loi de ventôse, mais bien plutôt d'ajouter à ses dispositions l'obligation d'énoncer la cause qui empêche le testateur de signer. D'un autre côté, il est certain que la déclaration de ne savoir ou ne pouvoir signer, remplace la signature du déclarant; elle doit donc être placée au même endroit que la signature, c'est-à-dire, à la fin de l'acte. D'ailleurs, on va voir l'inconvénient qui résulteroit du système de la Cour de Dijon. Un testateur interpellé par le notaire, déclare au commencement ou au milieu de l'acte (car si l'on prend la lettre de l'article 973, il suffit que la déclaration soit faite dans un endroit quelconque) qu'il ne peut signer à cause de sa foiblesse. Pendant que l'on termine le testament, l'état de foiblesse cesse, et le testateur recouvre la faculté de signer; la déclaration étoit donc prématurée; donc elle ne peut être faite valablement, qu'à l'instant même où le testateur auroit dû signer, c'est-à-dire, précisément à la fin de l'acte.

Nota. Quoique l'article 14 de la loi du 25 ventôse paroisse exiger simultanément la mention de la signature des parties, des témoins et des notaires, cependant un avis du Conseil-d'Etat, approuvé le 20 juin 1810 (*Bulletin*, nº. 5605), a décidé que la mention de la signature du notaire ne devoit pas être exigée à peine de nullité.

PAGE 251.

(1) *En présence de quatre témoins.* Doit-il être gardé minute des testamens? Dans l'usage on le fait, et je pense que c'est le plus prudent; mais j'ai peine à croire que l'on prononçât la nullité d'un testament qui auroit été fait en brevet, et remis au testateur. L'article 20 de la loi sur l'organisation du notariat, après avoir imposé aux notaires l'obligation de garder minute de tous les actes qu'ils reçoivent, ajoute : « Ne sont pas compris dans la présente disposition les certificats de vie, pro- » curations, quittances, etc., et autres actes simples qui, d'après les lois, peuvent » être délivrés en brevet. »

Or, par ces mots, *actes simples*, on entend ordinairement les actes qui n'engendrent point d'obligation, ou qui n'en engendrent que d'un côté : or, un testament, pendant la vie du testateur, est bien un acte simple, sous tous les rapports. D'un autre côté, le Code qui exige que les donations entre-vifs soient passées en minute, à peine de nullité, n'a point répété les mêmes dispositions pour les testamens. Je pense donc, comme je l'ai dit, qu'à la rigueur, le testament peut être fait en brevet et remis au testateur. C'étoit aussi l'avis de FERRIÈRE (*Parfait Notaire*, Liv. I, chap. XXII.)

Si le testament étoit passé en minute, le testateur pourroit-il le retirer? Anciennement, d'après l'article 6 de l'édit du Contrôle, de mars 1693, l'affirmative n'étoit pas douteuse. Aujourd'hui, il paroît que cela souffriroit difficulté, d'après l'article 22 de la loi déjà citée, qui défend aux notaires de se dessaisir d'aucune minute, sans distinction. Cependant il seroit à désirer que l'ancienne disposition fût remise en vigueur. Un testateur, en révoquant son testament, peut être bien aise de le supprimer tout-à-fait.

Nota. Une décision du Ministre des finances, du 25 avril 1809, autorise les notaires à délivrer aux testateurs, pendant leur vie, des expéditions de leurs testamens, quoiqu'ils ne soient pas enregistrés. (SIREY, 1809, IIe. Part., pag. 270.)

Les notaires sont-ils obligés d'insérer à leur date, sur leur répertoire, la mention des testamens qu'ils reçoivent? L'article 29 de la loi sur le notariat ne fait aucune exception; et la Cour de Cassation a jugé dans ce sens par son arrêt du 19 décembre 1808. (SIREY, 1809, Ire. Partie, pag. 231.) Mais l'on sent que cela ne devroit pas avoir lieu, si l'on permettoit aux testateurs de retirer la minute de leurs testamens.

(2) *Par l'un des deux notaires*, *etc.*, lui-même, et non par un clerc.

(3) *Tel qu'il a été dicté.* Cependant, pour concilier les dispositions de l'arrêté du 24 prairial an 11, qui veut que, dans les départemens réunis, tous les actes publics soient écrits en françois, avec l'ignorance dans laquelle plusieurs habitans de ces pays sont de la langue française, l'on a décidé que le testateur n'étoit point obligé de dicter en français; mais seulement que le notaire est tenu de rédiger le testament en langue française (*Décision du Grand-Juge*, *du* 4 *thermidor an* 12, *rapportée dans le Journ. de la Jurisp. du Cod. Nap.*, tom. VII, pag. 501.)

Quid, si le testament est fait à la troisième personne, *a dit le testateur qu'il léguoit*, *etc.*, n'en résultera-t-il pas la preuve qu'il n'a pas été écrit tel qu'il a été dicté? Non; le testateur a pu dicter de cette manière.

(4) *En présence des témoins.* La Cour de Cassation a jugé avec raison, 1°. que ces mots, *fait et passé en présence de, etc.*, placés à la fin du testament, ne contenoient pas mention suffisante de la présence des témoins à la lecture. (Arrêt du 23 mai 1810, Sirey, 1810, Ire. Partie, page 232.) 2°. Que ces mots, *lu au testateur et aux témoins*, ne contenoient pas la mention suffisante que la lecture avoit été faite en présence des témoins. (Arrêt du 6 mai 1812, *Ibid.*, 1812, pag. 333.) *Voyez* la note suivante.

(5) *Des trois précédentes formalités.* Cette mention peut paroître nécessaire pour les faits que l'on nomme fugitifs, c'est-à-dire, dont il ne reste point de trace, tels que la dictée par le testateur, le fait que le testament a été écrit tel qu'il a été dicté, la lecture au testateur en présence des témoins : rien ne constateroit que ces formalités ont été remplies, si l'acte n'en faisoit pas mention. Mais il peut paroître étonnant que la même mention soit exigée pour l'écriture par le notaire, puisque cette écriture est un fait qui porte sa preuve avec lui, et sur l'existence ou la non-existence duquel il ne paroît pas qu'il puisse y avoir de difficulté. Ne semble-t-il pas, en effet, singulier que l'on puisse annuller un testament qui, de l'aveu de toutes les parties, est écrit par le notaire, par la seule raison qu'il n'y est pas dit que c'est le notaire qui l'a écrit? Mais il faut rappeler ici ce que nous avons dit au commencement de ce Titre. Il n'en est pas des testamens comme des actes ordinaires; ceux-ci ont ce qu'on appelle la présomption de solennité, c'est-à-dire, que, par cela seul qu'ils existent, l'on doit présumer, jusqu'à preuve contraire, que toutes les formalités requises par la loi ont été remplies. L. 30, ff. *de Verborum Obligat.* Ainsi, quoiqu'un jugement, par exemple, n'énonce pas qu'il a été prononcé publiquement, cependant la présomption est que cette formalité a été observée. Il n'en est pas de même dans les testamens. Il ne suffit pas que la formalité ait été remplie, il faut encore que l'acte énonce qu'elle l'a été; et quant à l'écriture par le notaire, il peut exister des cas dans lesquels la mention en deviendroit nécessaire. Supposons, par exemple, que la minute d'un testament se perde après qu'il en a été délivré des expéditions; que l'on vienne ensuite à en contester la validité, sous prétexte qu'il n'a pas été écrit par le notaire. Comment le prouvera-t-on? La minute n'existe plus. Les expéditions ne disent rien à cet égard, puisqu'elles ne doivent rapporter que ce qui se trouve dans la minute, et que, dans l'hypothèse, la mention de l'écriture par le notaire ne s'y trouve pas. Voilà donc un testament qui peut être très-valable, et qui est cependant exposé à être annullé.

Au surplus, la mention doit être expresse, c'est-à-dire, qu'elle ne doit laisser aucun doute sur le fait que la formalité a été remplie telle qu'elle est exigée par le Code. En un mot, elle doit être exprimée de telle manière, que, si le fait exigé par la loi n'existoit pas, le notaire pût être condamné à la peine du faux.

Ainsi, cette mention: *lu au testateur et aux témoins*, n'est pas valable, comme nous l'avons dit note précédente; car il est possible que la lecture ait été faite à l'un et aux autres séparément; et, dans ce cas, l'on ne pourroit dire que le notaire a commis un faux.

De même, la mention que *le testateur a déclaré que son testament a été écrit tel qu'il l'a dicté*, me paroît insuffisante. Ce n'est point le testateur, c'est le notaire qui doit faire cette déclaration; autrement, s'il venoit à être prouvé que le testament n'a pas été écrit tel qu'il a été dicté, le notaire pourroit échapper à la peine du faux, en prétendant qu'il n'a pas dit *que le testament a été écrit*, mais bien que *le testateur a déclaré que le testament étoit écrit, etc.*: en sorte que, pour lui appliquer la peine, il ne suffiroit pas de prouver que le testament *n'a pas été écrit tel, etc.*, mais il faudroit encore prouver que *le testateur ne l'a pas déclaré*. Il existe bien un arrêt contraire, de la Cour de Turin, du 29 décembre 1810 (Sirey, 1812, IIe. Partie, pag. 101); mais je pense que cet arrêt n'a pas saisi le véritable sens de l'art. 972.

Ces principes et ces exemples suffiront, je pense, pour déterminer ce qu'on doit entendre par mention expresse.

(6) *De sa déclaration.* Il n'est pas nécessaire qu'il soit fait mention que le testateur a été interpellé de signer.

Quid, s'il est dit que le testateur a déclaré ne savoir pas écrire? Cela ne suffit pas. Il y a des personnes qui savent signer, quoiqu'elles ne sachent point écrire. (*Sic* jugé, et avec raison, par la Cour de Douay, le 9 novembre 1809. (Sirey, 1812, IIe. Partie, pag. 407.)

(7) *Qui l'empêche de signer*, afin qu'on puisse la vérifier. C'est ainsi qu'on a jugé à Bruxelles, le 25 juillet 1810, que la déclaration prétendue faite par le testateur, qu'il ne savoit pas signer, quand il le savoit, pouvoit faire présumer que le testament n'étoit pas l'expression de sa volonté. (*Journ. de la Jurisp. du Cod. Nap.*, tom. XVI, pag. 156.)

(8) *Dans les campagnes.* On doit entendre par-là, tous les lieux autres que les villes et les bourgs clos de murs.

(9) *Des témoins appelés.* Cela ne veut pas dire que, si tous les témoins savent signer, il suffira que la moitié signe: car alors le testament seroit nul; mais cela signifie qu'il suffit que la moitié des témoins sache signer. C'est pour cette raison que, lorsqu'ils ne signent pas tous, l'on doit, au moins dans mon opinion, faire mention, à peine de nullité, de la cause qui les empêche de signer. (Argument tiré de l'art. 998.)

L'article 5 de l'Ordonnance exigeoit que le testament par acte public, en pays de droit écrit, fût fait de suite, et sans divertir à autres actes. *Quid juris*, actuellement? Le Code, qui a répété cette disposition dans l'art. 976, pour le testament mystique, ne l'exige point pour le testament par acte public; d'où l'on peut conclure qu'elle est abrogée pour cette espèce de testament. Et il peut y avoir plusieurs raisons de différence: la première, c'est qu'un testament par acte public, peut être très-long et fatiguer singulièrement un malade que la loi oblige de dicter; l'acte de suscription est très-court, et n'exige qu'une simple déclaration du testateur. En deuxième lieu, si l'on s'y reprenoit à plusieurs fois pour faire l'acte de suscription d'un testament mystique, il seroit à craindre que l'on ne profitât de cette circonstance, pour supposer un testament. La même chose n'est pas à craindre dans le testament par acte public.

Remarquez que l'article 13 de la loi du 25 ventôse an 11 exige que les actes notariés soient écrits en un seul et même contexte ; mais cela ne contrarie pas la décision que je viens d'émettre. Un acte est écrit en un seul et même contexte, quand il est écrit de suite, sans mélange d'aucun autre acte qui lui soit étranger. Ainsi, l'on ne pourroit pas commencer un acte de vente entre deux personnes, faire comparoître ensuite un tiers à qui l'on donneroit une procuration, puis ensuite continuer la vente entre les deux premières parties, et tout cela par le même acte. Mais l'on sent qu'un acte peut être écrit d'un seul contexte, quoique l'on se soit repris à plusieurs fois pour le terminer.

(10) *Signé par le testateur.* Est-il nécessaire qu'il soit daté ? Non, c'est l'acte de suscription qui lui donne date ; et cet acte lui-même doit être daté, puisque c'est un acte notarié. Si donc une personne décède, laissant deux testamens mystiques, c'est celui dont l'acte de suscription est plus récent, qui doit être préféré, quand même il seroit d'une date antérieure à l'autre testament.

(11) *A été appelé.* Comme l'article 976 dit qu'il faut six témoins, au moins, même quand le testateur sait signer, l'on peut en conclure que même, dans ce cas, il est possible d'en admettre plus de six ; il faut donc, pour que l'on sache si le septième témoin a été appelé précisément pour suppléer à la signature du testateur, le dire expressément dans l'acte.

(12) *Clos et scellé.* C'est ce qui a fait donner à ce testament le nom de *mystique*. Il faut que la clôture soit telle qu'on ne puisse l'ouvrir sans la déchirer : autrement, comment seroit-on certain que l'on n'a pas ouvert le paquet pour retirer la feuille contenant le testament, et en substituer une autre ? L'article ajoute, *et scellé*, c'est-à-dire, qu'il doit y avoir une empreinte, un cachet quelconque. On a jugé à Douay, et en Cassation le 7 août 1810, qu'un testament mystique, dont l'enveloppe étoit cachetée avec un simple pain, étoit nul ; et avec raison. Rien de plus aisé que d'ouvrir un tel paquet, sans aucune déchirure apparente. (*Journ. de la Jurisp. du Cod. Nap.*, tom. XV, pag. 269.)

D'ailleurs, l'article 1007 veut que l'on appelle, à l'ouverture des testamens mystiques, ceux des notaires et des témoins qui se trouvent sur les lieux. Ce ne peut être que pour qu'ils reconnoissent l'empreinte, etc.

Toutes ces précautions sont d'autant plus nécessaires à l'égard du testament mystique, que, d'après les articles 976 et 977, l'on voit qu'ils n'ont pas besoin d'être écrits, ni même signés par le testateur.

(13) *Et à six témoins*, et même à sept, comme on va le voir, si le testament n'est pas signé par lui.

(14) *Au moins.* Ainsi, quand même le testament seroit signé par le testateur, l'on peut appeler plus de six témoins.

Les légataires pourroient-ils être témoins ? Oui, la prohibition de l'article 975 n'est faite que pour les testamens par acte public. Ici les légataires ne sont pas connus, et ils ne connoissent pas la teneur du testament. D'ailleurs, dans le testament par acte public, ils attestent que le testateur a fait telles ou telles dispositions; ils sont donc témoins dans leur propre cause. Ici ils attestent que le testateur a fait telle déclaration : or, ils ne sont point parties dans cette déclaration. Il en est de même, à plus forte raison, de leurs parens ou alliés. (*Voyez* l'art. 43 de l'Ordon.)

Quid, des clercs du notaire qui a rédigé l'acte de suscription? Ils ne peuvent être témoins. (Art. 10 de la loi sur le notariat.)

PAGE 252.

(1) *Ou écrit par un autre.* Observez, 1°. que le testateur peut se contenter de dire que son testament est écrit par un autre, sans dire par qui;

2°. Que le testament ne seroit pas nul, quand il auroit été écrit par un légataire. La loi n'a pas prononcé la nullité; et plus elle est rigoureuse dans cette matière, moins il faut en étendre les dispositions : *odia restringenda.* D'ailleurs, le légataire ne remplit là qu'un pur office d'ami; il n'a aucun caractère. Comment le fait qu'il a écrit le testament, pourroit-il l'annuller?

(2) *Ecrive.* L'article dit, *dressera.* Mais, néanmoins, il faut entendre cela dans le sens qu'il doit l'écrire lui-même. Cela s'infère,

1°. De l'article 979, qui décide textuellement que l'acte doit être écrit par le notaire lui-même, dans une circonstance bien moins délicate, puisqu'il s'agit d'un testament entièrement écrit, daté et signé par le testateur;

2°. De ce que l'Ordonnance, art. 9, s'étoit également servi du mot *dresser*, et qu'il, a été décidé depuis, par des lettres-patentes du 6 mars 1751, que par le mot *dresser*, il falloit entendre *écrire.* Or, comme l'artiele 9 est à-peu-près textuellement copié dans l'article 976, l'on doit penser qu'en rédigeant ce dernier article, on a pris les expressions dans le même sens dans lequel elles étoient prises dans l'ancien droit.

Mais il suffit que l'acte soit écrit par le notaire : il n'est pas nécessaire qu'il le déclare; la loi ne l'exige pas.

(3) *Et les témoins.* Doit-on appliquer ici l'exception portée dans l'article 974, et suffiroit-il dans les campagnes que l'acte de suscription fût signé par la moitié des témoins? Cette exception devroit sans doute paroître bien plus nécessaire pour un acte qui exige un bien plus grand nombre de témoins que le testament par acte public. Cependant il seroit difficile d'appliquer la disposition de l'article 974 au testament mystique. En matière de testament, tout est de rigueur; et il est évident que dans ledit article il s'agit uniquement du testament par acte public, puisqu'il y est question de deux notaires, de deux ou quatre témoins. Jugé dans ce sens en Cassation, le 20 juillet 1809. (*Journ. de la Jurisp. du Cod. Nap.*, tom. XIII, pag. 66.)

Cette distinction qui se trouve de fait entre ces deux testamens, et qui est effectivement singulière, tient à ce que, dans le projet, on ne parloit point du testament mystique. Dans la discussion, on en a rétabli l'usage; et on a organisé cette espèce de testament par les articles 976, 977, 978 et 979. Cependant on a laissé subsister à leur place les articles 974 et 975, qui avoient été mis en rapport seulement avec le testament par acte public, parce que c'étoit le seul qui, dans le projet, exigeoit des témoins. Quoi qu'il en soit, la loi est ainsi faite : elle est claire, et il faut s'y soumettre.

Il doit être fait mention de la signature du testateur et des témoins (art. 14 de la loi sur le notariat), à peine de nullité (art. 68 de ladite loi). Quant à la mention de la signature du notaire, qui paroît exigée par ledit article 14, voyez ci-dessus, la note (8) de la page 250, *in fine*.

(4) *Depuis et y compris la présentation au notaire.* L'article ne dit pas cela expressément. Mais il est bien évident, par le commencement de l'article, que le testateur est le maître d'écrire ou de faire écrire ses dispositions, de les signer, de les clore et sceller, quand il le juge convenable. Il ne peut donc être question ici que de ce qui doit être fait nécessairement en présence du notaire et des témoins. Or, le premier acte de ce genre est la présentation du paquet au notaire, etc.

(5) *Et sans divertir à autres actes.* Cela ne signifie pas seulement que l'on ne doit pas interrompre l'acte de suscription pour faire un autre acte, mais encore que tout doit être fait *uno tractu temporis.* L'on sent en effet que si, par exemple, il y avoit un intervalle un peu long entre la déclaration du testateur et l'acte de suscription, rien ne constateroit que le paquet sur lequel est l'acte, est le même que celui qui a été présenté par le testateur. Mais je pense néanmoins qu'un très-modique intervalle, exigé, par exemple, pour satisfaire à un besoin naturel du testateur ou de l'un des témoins, ou autre chose semblable, ne devroit pas emporter nullité.

(6) *Qui ne sait, ou ne peut lire* l'écriture à la main. Il ne suffiroit pas qu'il sût lire l'écriture moulée; et comme celui qui ne sait pas lire, ne peut savoir écrire, il ne pourra faire de testament olographe; il ne pourra donc tester que par acte public; et s'il est entièrement sourd, il ne pourra pas même tester de cette manière, à cause de la lecture. Il mourra donc nécessairement *intestat.*

(7) *Ecrit, daté et signé de sa main.* Il est difficile de dire pourquoi l'on exige, dans ce cas, toutes ces formalités, et sur-tout celle de la date. L'article 12 de l'Ordonnance, dont l'article 979 n'est que la copie, l'exigeoit à la vérité. Mais cette disposition dans l'Ordonnance étoit conséquente. L'article 38 exigeoit, dans le cas du testament mystique ordinaire, la date, non-seulement de l'acte de suscription, mais encore de la disposition. La même formalité devoit être exigée, à plus forte raison, dans le testament du muet. Mais le Code ayant supprimé la nécessité de la date dans l'article 976, parce qu'il a été reconnu, avec raison, que c'étoit l'acte de suscription qui devoit donner la date au testament, l'on ne voit pas pourquoi l'on a conservé la nécessité de la date dans l'article 979. Quoi qu'il en soit, la disposition est précise; et un testament mystique, fait par un muet, seroit certainement nul, aux termes de l'article 1001, s'il n'étoit pas daté.

Au surplus, il peut s'élever à ce sujet une question assez importante. Il est certain que, dans le cas de l'article 979, le testament, indépendamment de l'acte de suscription, réunit toutes les conditions requises pour la validité d'un testament olographe. Si l'on suppose maintenant que l'acte de suscription soit nul, le testament vaudroit-il au moins comme olographe? La même question peut se présenter à l'égard d'un testament mystique, fait par tout individu, et qui se trouveroit entièrement écrit, daté et signé par le testateur. Il est étonnant que le judicieux RICARD ait pu, sur cette question, adopter la négative. (*Des Donations*, Part. Ire., n°. 1610 et suivans.) Il se fonde sur ce que, dit-il, « le défunt ayant témoigné vouloir faire son » testament en une forme plus solennelle, il est censé n'avoir pas eu dessein de confier » sa volonté dans une forme plus commune et moins assurée; et ainsi, ne se trouvant » pas parfait en la manière qu'il a choisie, l'acte qui a été fait, n'est point suffisant » pour faire foi de ses intentions. »

Il est évident que ce raisonnement est un pur sophisme. Quelle intention, en effet, peut-on raisonnablement supposer à l'homme qui, après avoir fait un testament olographe, le revêt de la forme mystique? Peut-on croire qu'il a voulu, par là, annuller son testament comme olographe? Non, sans doute. *Non credendus est quisquam*, dit ULPIEN, dans la loi 3, ff. de Testam. militis, *genus testandi eligere ad impugnanda sua judicia; sed magis utroque genere voluisse propter fortuitos casus*. Or, quels sont les inconvéniens, *fortuitos casus*, que veut prévenir ou empêcher le testateur dans l'espèce proposée? D'abord la suppression de son testament. Le testament olographe peut, à la vérité, être déposé chez un notaire; mais il n'est pas d'usage de faire d'acte de dépôt : en conséquence, rien ne le constate. Le testament mystique est mis ordinairement au nombre des minutes du notaire; son répertoire doit être chargé de l'acte de suscription. Il y a donc bien moins à craindre qu'il soit égaré ou supprimé. En deuxième lieu, le testament olographe est un acte sous seing privé, qui peut, en conséquence, être dénié; et alors, c'est à celui qui en soutient la véracité, à la prouver. L'acte de suscription donne au testament mystique le caractère d'authenticité, d'après lequel il fait foi jusqu'à inscription de faux; et c'est alors à celui qui le prétend faux, à le prouver. Certainement ces motifs sont bien suffisans pour déterminer le testateur à revêtir son testament olographe de la forme mystique, sans qu'on lui prête celui de faire dépendre l'exécution de ses dernières volontés de telle ou telle forme de testament. *Non credendus est voluisse genus testandi elegisse ad impugnanda sua judicia.*

(8) *Est son testament.* Observez que la loi n'exige pas que cette déclaration soit signée.

(9) *Sujets de l'Empereur.* Le Code Civil, première édition, portoit *Républicoles*. Il est probable que le mot *Impéricole* n'étant pas français, on y a substitué, comme synonymes, ceux-ci : *Sujets de l'Empereur.* D'après cela, doit-on regarder comme pouvant être témoin dans un testament, l'étranger admis par le Gouvernement à résider en France, et qui, en conséquence, y jouit des droits civils? L'affirmative ne me paroît pas douteuse. La seule différence qu'il y ait entre cet individu, et le Français qui n'est pas citoyen, quant aux droits respectifs, c'est que cet étranger peut perdre les droits civils en cessant de résider; au lieu que le Français ne peut les perdre, que de l'une des manières exprimées dans les articles 17, 19 et 21 du Code. D'ailleurs, on ne connoît que deux espèces de droits, relativement aux personnes,

les droits civils et les droits politiques. Il est certain qu'on n'a pas regardé le droit d'être témoin dans un testament, comme faisant partie des droits politiques ; car autrement, il eût été beaucoup plus simple d'employer les mots *citoyens français*, ainsi qu'il est dit dans l'article 9 de la loi sur l'organisation du notariat, à l'égard des témoins des actes ordinaires. On a donc pensé qu'il suffisoit de jouir des droits civils, pour pouvoir être témoin dans un testament. Mais alors, dira-t-on, pourquoi avoir réuni les deux qualités de sujets de l'Empereur, et jouissant des droits civils? C'est que l'on peut être sujet de l'Empereur, et ne pas jouir de tous les droits civils ; tels sont ceux contre lesquels a été prononcée l'interdiction portée par l'art. 42 du Code Pénal.

On a jugé dans cette opinion, à Turin, le 10 avril 1809. (SIREY, 1810, IIe. Part., pag. 85.) Mais je ne dois pas dissimuler que le contraire paroît avoir été jugé à Rennes, le 11 août de la même année (*Ibid.*, pag. 89) ; que l'on s'est pourvu contre ce dernier arrêt, et que le pourvoi a été rejeté le 23 janvier 1811. (*Ibid.*, 1811, Ire. Part., p. 243.) Doit-on conclure de là que les mots, *sujets de l'Empereur*, sont synonymes de ceux-ci : *Citoyens français ?* Mais alors, je le répète, il étoit beaucoup plus simple d'employer cette dernière locution, qui n'eût laissé aucune espèce de doute, et de ce qu'on ne l'a pas employée, il me semble qu'on doit nécessairement en conclure que le Législateur n'a pas eu l'intention d'exiger cette qualité. Et d'après cela, peut-on suppléer une nullité qui n'est pas formellement prononcée par la loi, dans une matière d'ailleurs aussi rigoureuse que celle des testamens ?

Est-il nécessaire que les témoins des testamens soient domiciliés dans l'arrondissement communal où l'acte est passé, comme cela est exigé pour les actes notariés en général, par l'article 9 de la loi du 25 ventôse an 11? Je ne le pense pas. L'article 980 du Code ayant spécifié particulièrement les qualités que doivent avoir les témoins, c'est à cet article, comme postérieur à ladite loi, que l'on doit se référer entièrement. Il y a d'ailleurs des raisons de différence entre les testamens et les autres actes : la première, c'est que le testament est de nature à devoir rester secret, et qu'il est par conséquent très-possible que, sur-tout dans une petite commune, le testateur ne se soucie pas que ses dispositions soient connues de gens habitant la même commune ; la deuxième, c'est qu'il faut un bien plus grand nombre de témoins, principalement pour les testamens mystiques ; qu'ils doivent tous savoir écrire ; ce qui rend encore le choix bien plus difficile, parmi ceux que le testateur croiroit dignes de sa confiance.

Doit-on énoncer le domicile des témoins? Oui. L'article 13 de la loi sur le notariat est formel sur ce point. *Nec obstat* ce que nous venons de dire relativement aux qualités des témoins. L'énonciation du domicile n'est pas une qualité ; et d'ailleurs il faut bien que les parties intéressées sachent où trouver les témoins, afin de savoir s'ils ont les qualités requises. *Sic* jugé en Cassation, le 1er. octobre 1810. (SIREY, 1811, Ire. Part., pag. 29.)

(10) *A quelque titre qu'ils le soient.* C'est-à-dire, universels, à titre universel, ou particuliers. Je crois même que la disposition est applicable à tous ceux qui *aliquid*

commodi sentiunt ex judicio defuncti. Par exemple, si une disposition est ainsi conçue : *Je donne et lègue ma maison à Pierre, à la charge par lui de donner mille écus à Paul*, je pense que ni Pierre, ni Paul, ne peuvent être témoins. Car si nous supposons que Pierre ne recueille pas le legs, pour cause de prédécès, répudiation, etc., la succession du testateur, dans la masse de laquelle la maison retombera, sera obligée de payer les trois mille francs à Paul. Paul est donc vraiment légataire.

Quid, s'il a été légué une somme à un ministre du culte, pour être employée en entier en œuvres pies déterminées par le testament, ce ministre pourra-t-il être témoin? Je pense qu'oui, sur-tout s'il a été désigné d'une manière générale; par exemple, s'il a été dit : *Je donne au curé de la paroisse, etc.* Dans tous les cas, ce n'est pas lui qui est, à proprement parler, légataire. *Sic* jugé en Cassation, le 11 septembre 1809. (SIREY, 1809, Ire. Part., pag. 417.)

PAGE 253.

(1) *Jusqu'au quatrième degré inclusivement.* A plus forte raison, les notaires qui reçoivent le testament, ne peuvent-ils être parens ou alliés des légataires jusqu'à ce même degré. Le notaire est le premier témoin des actes qu'il reçoit. Dérogation à l'article 8 de la loi sur le notariat, qui n'étendoit la prohibition qu'au troisième degré en collatérale.

(2) *Employé dans les armées.* Pour connoître ce qu'on doit entendre par ces mots, voyez ci-dessus, la note (4) de la page 40.

PAGE 254.

(1) *Pour laquelle l'autre n'a pas signé.* Remarquez qu'il n'est pas exigé qu'il soit fait mention de toutes ces signatures. On ne peut appliquer la loi sur le notariat; ce n'est point ici un acte notarié.

(2) *Où il peut observer lesdites formalités.* Mais si, avant l'expiration de ces six mois, il est obligé de se rendre dans un lieu où il auroit droit de tester militairement, son ancien testament est valable. (*L.* 38, §. 1, ff. *de Testam. milit.*)

PAGE 255.

(1) *Dans le pays où il a été fait.* D'après la règle, *locus regit actum.* Le testament peut également être fait, suivant les lois françaises, devant le chancelier du consulat. (*Ordonnance de la Marine*, de 1681, liv. Ier., tit. 9, art. 24; et Argument tiré de l'art. 48 du Cod. Nap.)

(2) *Ou de celui qui le remplace.* Il y a cette différence, que, sur les bâtimens de l'État, c'est le commandant qui reçoit, assisté de l'officier d'administration. Sur les bâtimens du commerce, au contraire, c'est l'écrivain qui reçoit, assisté du capitaine. L'on a craint que, dans ce dernier cas, le capitaine ne fût pas en état de recevoir le testament.

(3) *En double original*, c'est-à-dire, qu'il doit en être fait deux doubles absolument pareils, et signés des mêmes personnes.

Doit-il être fait mention que le testament a été fait en double original? La loi ne le dit pas, ainsi qu'elle le dit pour les contrats, dans l'article 1325; et, comme nous l'avons déjà fait observer, les nullités ne se supplécnt pas, sur-tout dans une matière aussi rigoureuse. Mais, au surplus, il peut être très-important de faire cette mention : car, si un seul original étoit rapporté, et que l'on vînt à demander la nullité du testament, pour violation de l'article 990, ce seroit à ceux qui en soutiendroient la validité, à prouver que les deux originaux ont été faits, au lieu que si la mention y étoit, l'acte feroit preuve jusqu'à inscription de faux.

(4) *Clos et cacheté.* L'article dit : *clos ou cacheté ;* mais c'est une faute de rédaction ou d'impression. (Argument tiré de l'article suivant.)

(5) *A la marge.* Après ces mots, il y a, dans l'édition officielle, une virgule qu'il faut retrancher. Le nom du testateur a dû être inscrit sur le rôle d'équipage, avant le départ, comme le nom de toutes les personnes embarquées ; et c'est à la marge de ce nom qu'il faut faire mention de la remise.

(6) *A l'égard de ces testamens.* C'est-à-dire, à l'égard des testamens faits en mer, dans le cours d'un voyage, et non de ceux faits dans un port, conformément à l'article 994, auxquels les deux observations suivantes ne sont point applicables.

PAGE 256.

(1) *Suivant les formes ordinaires.* Donc, s'il se rembarque avant l'expiration des trois mois, le testament est valable. (*L.* 38, §. 1, ff. *de Testam. milit.*)

(2). *L'un des officiers municipaux*, *etc.* L'Ordonnance permettoit aux ministres des cultes de recevoir ces sortes de testamens. Ce sont en effet ceux qui abandonnent le moins souvent les malades dans ces sortes d'occasions. Il est fâcheux que cette disposition n'ait pas été conservée.

(3) *De son dernier domicile connu.* Observez que la loi ne prescrit point de délai pour cet enregistrement.

PAGE 257.

(1) *Ou une partie aliquote de ce même disponible*, comme la moitié, le tiers, le quart.

(2) *Donne au légataire. Ipso jure*, et même sans qu'il le sache. Il en est de cela, comme de la saisine en matière de succession ; toutefois avec cette différence, que l'héritier est saisi, tout-à-la-fois, de la propriété et de la possession, au lieu que le légataire n'est le plus souvent saisi que de la propriété.

Je dis *le plus souvent*, parce que, quand le legs est universel, et qu'il n'y a pas de légitimaire, le légataire est saisi, même de la possession.

(3) *En la chose léguée.* Il faut néanmoins distinguer : si le legs est d'un corps certain et déterminé, le légataire acquiert le *jus in re* dans toute son étendue, c'est-à-dire, la propriété et le droit de revendiquer la chose, sauf l'exécution des actes passés de bonne foi avec l'héritier, dans le cas, par exemple, où le testament seroit resté inconnu, et sauf l'exception résultant de l'article 2280. Mais si la chose léguée est d'une quantité, comme une somme d'argent, ou d'une chose indéterminée, alors le légataire acquiert le *jus in re*, dans le sens d'abord qu'il peut demander la séparation des patrimoines ; et en second lieu, qu'il a, pour sûreté de

son legs, une hypothèque privilégiée, conformément aux articles 1017 et 2211; mais du reste il est clair qu'il ne peut avoir l'action en revendication.

PAGE 258.

(1) *Qu'à l'expiration du délai fixé.* Le terme, en latin *dies*, se divise en *dies certus* et *dies incertus*. Le *jour est certain* quand le terme doit arriver certainement, et à une époque certaine et connue: par exemple, *Je donne et lègue telle somme ou telle chose, payable ou livrable tel jour, ou six mois, un an, après ma mort.* Le terme est incertain, quand il doit arriver certainement, mais à une époque incertaine ou inconnue, comme *je donne et lègue quand Pierre mourra.* Chez les Romains, le terme incertain équivaloit à une condition dans les testamens: *dies incertus conditionem faciebat.* Nous examinerons cette question dans la note (3) ci-dessous, en parlant des conditions.

(2) *Qu'autant que l'événement arrivera*, ou n'arrivera pas. Exemple: *Je donne et lègue mille écus à Pierre, si tel vaisseau arrive ou n'arrive pas des Indes.*

Nota. Il existe, dans les œuvres de RICARD, un traité particulier *des dispositions conditionnelles.* Voyez ci-après, au Titre *des Obligations en général*, quand la condition est censée accomplie ou défaillie. (Vol. II, note (2) et suivantes de la page 15.)

(3) *Avant l'événement de la condition.* Remarquez que, jusqu'à cet accomplissement, l'héritier est propriétaire de la chose léguée. Si elle est *in causâ usucapionis*, la prescription continue dans sa personne. Il peut l'aliéner, l'hypothéquer; mais les aliénations et les hypothèques sont résolues de plein droit, si la condition arrive avant le décès du légataire.

Quid. si la condition est de ne pas faire? Il faut distinguer: si le testateur a fixé une époque avant laquelle il a défendu de faire, comme dans ce legs, *je donne à Pierre, s'il ne va pas à Rome d'ici à sa majorité*, la disposition est réellement conditionnelle, et Pierre ne recueillera le legs, qu'autant qu'il aura atteint sa majorité sans avoir été à Rome. *Quid*, s'il meurt mineur? Il est certain que la condition est accomplie. Mais le legs n'est-il pas caduc? La raison de douter est que la condition n'étant accomplie que par la mort du légataire, on peut dire qu'il n'a pas survécu à l'accomplissement de la condition. Mais, cependant, je pense que le legs est valable, et qu'il doit être payé aux héritiers du légataire; car, comme dit VINNIUS sur le §. 35, *Instit.* de Legatis, *Moriendi momentum vitæ attribuitur, quoniam viventes morimur.* (Voir les lois 4, §. 1, ff. *quando dies legat.*, et 79, ff. *de Condit. et Demonstrat.*)

Mais s'il n'y a pas d'époque fixée pour l'accomplissement de la condition, comme, *je donne à Pierre, s'il ne va pas à Rome*, de droit strict, ce n'est que lors de la mort de Pierre, qu'il sera certain que la condition sera accomplie. Il ne pourroit donc demander le legs pendant sa vie; et si le legs se trouvoit être d'un usufruit, il arriveroit que son droit s'ouvriroit et s'éteindroit dans le même moment. C'étoit pour prévenir ces inconvéniens, que les Romains avoient imaginé la caution Mucienne, au moyen de laquelle le légataire pouvoit demander le legs de suite, en donnant caution de le restituer, s'il n'accomplissoit pas la condition prescrite. Les Jurisconsultes Romains avoient pensé qu'on ne pouvoit supposer au testateur l'intention, d'un côté, de donner une partie de ses biens à un individu, et de l'autre, de le priver, pendant toute sa vie, de la jouissance de la chose léguée. Ils avoient donc décidé que, dans ce cas, la condition seroit regardée comme une charge.

Ces dispositions sont trop raisonnables pour qu'on ne doive pas les appliquer dans notre droit.

Quid, de ce que les Romains appeloient *dies incertus*? Ils entendoient par là, comme nous l'avons dit, un événement qui devoit certainement arriver, mais dont l'époque étoit incertaine, tel que celui de la mort d'une personne, soit que ce fût l'héritier, ou un tiers. Le principe général, chez eux, étoit que *dies incertus conditionem in testamentis faciebat*. (L. 75, ff. *de Condit. et Demonstrat.*) Chez nous, d'après les articles 1040 et 1041, ce seroit une question de fait qui dépendroit entièrement de l'intention présumée du testateur. Mais je pense, qu'à moins qu'il ne résultât évidemment des termes dont il s'est servi, qu'il n'a voulu léguer que dans le cas où le légataire survivroit à la personne désignée, ce devroit être en général regardé plutôt comme un terme que comme une condition. Cette décision me paroît même d'autant plus devoir être admise, que si la clause, *cùm morietur heres*, étoit regardée comme une condition, elle pourroit emporter la nullité de la disposition, parce que l'on pourroit y voir une charge de conserver et de rendre. (Art. 896.) Or *actus interpretandus est potiùs ut valeat, quàm ut pereat.*

Remarquez qu'il peut arriver que le testateur se serve du mot *condition*, sans que la disposition soit pour cela conditionnelle. Ex.: *Je donne ma maison à Pierre, à condition qu'il donnera mille écus à Paul.* Cette dernière disposition est une charge, en droit Romain *modus*, et non pas une condition. En conséquence, le legs est dû, du moment du décès du testateur, pourvu que le légataire lui survive; et s'il vient à mourir avant que la délivrance lui ait été faite, le legs passe à ses héritiers, *cum onere*. Le légataire peut donc exiger la délivrance du legs avant d'avoir acquitté la charge, mais en donnant des sûretés pour son accomplissement; et même si l'objet légué *cum onere*, est un immeuble, je pense que celui au profit duquel la charge est imposée, a sur cet immeuble l'hypothèque légale résultant de l'article 1017.

Dans l'espèce ci-dessus, si Paul meurt avant le testateur, la disposition faite en sa faveur est caduque. Mais au profit de qui tournera-t-elle? sera-ce au profit de Pierre, ou de l'héritier du testateur? Ce doit être au profit de Pierre, *jure non decrescendi*. C'est l'avis de RICARD, part. III, n°. 504, fondé sur la loi 17, ff. *de Legatis*, 2°. et la loi uniq. §. 7, Cod., *de Caducis tollendis*.

Quid, si c'est Pierre qui prédécède, mais que Paul survive au testateur? La maison retourne à l'héritier du testateur, mais *cum onere*, *eâdem lege*, §. 4. Et en effet, il est certain que le testateur a préféré Pierre à son héritier, mais qu'il a préféré Paul à Pierre. Donc, *à fortiori*, il a préféré Paul à son héritier, d'après la règle : *si vinco vincentem te, à fortiori vinco te.*

Quid, si les legs sont susceptibles d'être réduits pour former la légitime, ou pour le paiement des dettes, la charge doit-elle être réduite dans la même proportion? Je pencherois volontiers pour l'affirmative. La disposition dont nous parlons contient réellement deux legs : l'un de la maison, moins mille écus à Pierre; et l'autre, de mille écus à Paul. Cela est si vrai, que, comme nous venons de le voir, le legs fait à Paul subsisteroit, quand même celui de Pierre seroit devenu caduc. L'on peut dire même que Paul est encore plus légataire du testateur que Pierre, puisqu'il est préféré à ce dernier. Or, s'il est légataire, il doit souffrir la réduction proportionnelle, soit pour les dettes, soit pour la légitime.

Quel est, dans l'espèce, le droit de Paul? a-t-il une action; quelle est cette action; et contre qui peut-il l'exercer?

Nous voyons, par la loi 2, Cod. *De his quæ sub modo*, que dans l'ancien droit Romain, le tiers désigné dans la charge n'avoit pas d'action. Seulement, si le légataire n'obéissoit pas à la volonté du testateur, l'héritier avoit le droit de répéter la chose léguée, par l'action appelée *Condictio causâ datâ, causâ non secutâ.* Depuis, on a donné au tiers l'action directe, et il en seroit de même certainement chez nous, d'après l'art. 1121. En conséquence, dans l'espèce, Paul pourra agir, soit contre Pierre, soit contre l'héritier si Pierre n'a pas recueilli le legs. (Art. 1017.) Quant à la nature de l'action, je pense qu'il y a cette différence, que Pierre étant obligé en vertu du quasi-contrat résultant de l'acceptation du legs, Pierre aura contre lui une action personnelle, sans préjudice de l'action hypothécaire sur la maison léguée (Art. 1017); au lieu que l'héritier n'étant tenu que par l'effet de la caducité du legs principal, doit être comparé à un tiers détenteur qui est tenu *propter rem ipsam:* en conséquence, il doit être reçu à se libérer de la prestation de la charge, en abandonnant la chose léguée.

Le légataire grevé d'une charge peut, sans doute, répudier le legs, puisqu'il le pourroit, quand même le legs seroit gratuit; mais *quid*, s'il lui a été fait deux legs, l'un sans charge et l'autre avec une charge, peut-il accepter le premier et refuser le second? Non; il doit les accepter ou les refuser tous deux. (*L.* 22, ff. *de fideicom. Libert.*) En refusant d'exécuter les volontés du défunt, il se rend indigne de ses libéralités.

Le legs fait par une personne, des fruits qui seront produits par tel fonds, l'année d'après sa mort, est-il un legs conditionnel? La raison de douter se tire de ce que le legs ne sera valable qu'autant qu'il naîtra des fruits. Il paroît donc fait pour le cas d'un événement futur et incertain. Mais la raison de décider est, qu'il faut distinguer entre les conditions imposées par le testateur, et celles qui tiennent à la nature de la chose léguée. Les premiers rendent bien la disposition conditionnelle, mais non les derniers. *Conditiones extrinsecùs*, dit la loi 99, ff. de Condit. et Demonstrat., *non ex testamento venientes, id est, quæ tacitè inesse videantur, non faciunt legata conditionalia.* En conséquence, dans l'espèce, le legs sera bien nul, s'il ne naît point de fruits;

mais ce n'est pas par l'effet de la condition, c'est par le défaut d'existence de l'objet légué. De là il suit, que si le légataire vient à mourir avant d'avoir recueilli les fruits, même avant qu'ils soient nés, il transmet son droit à son héritier. (*L.* 6, §. 1, et *L.* 26, ff. *Quandò dies legat. cedat.*)

Il en est de même du legs de la cargaison d'un vaisseau qui est en mer. *Magis mora quàm conditio legato injecta videtur.* (*Dictâ*, *L.* 6, §. 1.)

(4) *L'exécution de sa disposition.* Cela est assez difficile à discerner dans la pratique. On peut citer les exemples suivans de ces deux espèces de legs : *Je donne et lègue à Pierre, s'il parvient à l'âge de vingt-cinq ans :* le legs est conditionnel, et non transmissible. *Je donne et lègue à Pierre dix mille francs, payables quand il aura vingt-cinq ans :* le legs est à terme ; et si Pierre meurt, ses héritiers pourront exiger le legs, à l'époque à laquelle il auroit eu vingt-cinq ans. Dans le premier cas, la clause affecte la substance même du legs ; dans le second, elle n'affecte que l'époque du paiement.

(5) *Le même droit que les créanciers de la succession.* Mais bien entendu, qu'en principe général, ils ne viennent qu'après les créanciers. Cependant, comme cette disposition peut présenter quelque difficulté, je crois devoir établir ici deux espèces qui me paroissent propres à faire connoître les principes d'après lesquels ces questions doivent être décidées.

Première espèce : Pierre légataire, Paul créancier chirographaire, et Jacques créancier hypothécaire non inscrit avant le décès, ont tous demandé la séparation des patrimoines, et se sont inscrits tous trois, dans les six mois de l'ouverture de la succession. Dans quel ordre viendront-ils ? D'abord Jacques, ensuite Paul, et en troisième lieu Pierre ; et ce, quel que soit l'ordre de leurs inscriptions.

Le motif de cette décision est, que le privilége établi par l'article 2111 n'a lieu qu'à l'égard des créanciers de l'héritier. Il n'a donc aucun effet entre les créanciers et les légataires de la succession : ils restent donc entr'eux ce qu'ils étoient, et conservent, l'un à l'égard de l'autre, tous les droits qu'ils avoient auparavant. Ainsi, Paul et Jacques, en leur qualité de créanciers, doivent primer Pierre, qui n'est que légataire. Et Jacques, comme hypothécaire, doit primer également Paul, qui n'est que chirographaire. (*Voyez* ci-dessus, la note (11) de la pag. 226.)

Deuxième espèce : Pierre légataire, s'est inscrit dans les six mois. Paul et Jacques, créanciers, se sont inscrits après les six mois. *Quid juris ?* Il faut appliquer ici la distinction que nous avons établie dans la note précitée. S'il a été pris par des créanciers de l'héritier, inscription sur les immeubles de la succession, antérieurement aux inscriptions prises par Paul et Jacques, comme ces derniers sont primés par les créanciers de l'héritiers inscrits avant eux, ils sont également primés par Pierre, d'après la règle : *Si vinco vincentem te, etc.* Mais si aucun des créanciers de l'héritier ne s'est inscrit, je pense qu'il faudra suivre la décision donnée pour la première espèce, parce qu'encore une fois, les articles 2111 et 2113 ne changent absolument rien aux droits respectifs des créanciers et des légataires de la succession entr'eux. D'ailleurs l'on voit, par l'article 809, que, dans le cas d'une succession bénéficiaire, le légataire, même quand il a reçu son legs, peut être tenu à restitution pendant trois ans, en faveur des créanciers de la succession. Donc, à plus forte raison, ne doit-il pas leur être préféré, quand il n'a pas encore touché.

(6) *Est pur et simple*, ou à terme. Nous avons vu que le legs à terme est censé pur et simple, pour ce qui concerne la transmission aux héritiers du légataire.

(7) *Ou l'incapacité du légataire.* On a annullé à Aix, le 5 juin 1809 (*Journ. de la Jurisp. du Cod. Nap.*, tom. XIII, pag. 241), un legs ainsi conçu : *Mes exécuteurs testamentaires remettront à Pierre une somme de quatorze mille francs, pour laquelle je lui ai fait connoître mes intentions :* et cela, quoique Pierre qui, dans l'espèce, étoit prêtre, et jouissoit de la meilleure réputation, eût offert d'affirmer qu'il n'étoit pas chargé de remettre la somme à un incapable, et qu'il eût même offert de n'en faire l'emploi qu'au vu et au su de la personne qu'il plairoit à la Cour de nommer.

La Cour d'Aix s'est fondée, 1°. Sur ce que l'objet de la libéralité étoit incertain; que la destination de la disposition dépendoit de la volonté d'un tiers ; et que, sous ces rapports, elle étoit nulle. Mais il est évident que l'arrêt a créé ici un moyen de nullité qui n'a aucun fondement dans la loi. Il n'existe pas dans le Code un seul texte, d'où l'on puisse induire que le Législateur ait entendu abroger l'ancienne législation romaine et française qui validoit les legs, et même les institutions faites au profit de personnes incertaines. Cette vérité a été si bien reconnue par la Cour elle-même, que, pour justifier son assertion, elle a été obligée de recourir à une phrase du rapport du Tribunat sur le Titre *des Donations et des Testamens*, dans laquelle il est dit, qu'*en matière de disposition des biens, il ne peut y avoir de facultés que celles qui sont déférées par la loi :* d'où le rapporteur a conclu que, *le projet ne s'expliquant pas sur la faculté d'élire, le silence de la loi suffisoit pour avertir que cette faculté ne pouvoit plus être conférée.*

Personne, plus que moi, ne rend justice aux talens et à la sagacité de l'auteur du rapport dont il s'agit; mais je ne puis néanmoins me dispenser de faire observer que l'article 902 du Code contient précisément une disposition contraire au principe établi par le rapporteur.

« Toutes personnes, y est-il dit, peuvent disposer et recevoir, excepté celles » que la loi en déclare incapables. »

Ainsi, pour qu'une personne soit capable de recevoir, il n'est pas nécessaire que la loi lui en donne le droit ; il suffit qu'elle ne le lui ait pas ôté; donc, tant qu'on ne citera pas un article du Code qui défende de donner à une personne incertaine, je suis fondé à prétendre que ces sortes de dispositions sont valables. Sans doute la faculté d'élire, telle qu'elle existoit dans l'ancien droit, n'existe plus; mais ce n'est point par le motif que la personne à élire est incertaine, c'est parce que cette faculté devant s'exercer à la volonté de l'héritier chargé d'élire, et le plus souvent même au moment de sa mort, ce seroit une véritable substitution, qui rentreroit dans la prohibition de l'art. 896. Mais si un testateur avoit fait une disposition ainsi conçue : *J'institue Pierre mon légataire universel, à la charge par lui de partager ma succession avec celui ou ceux de ses enfans qu'il voudra choisir;* certes, je ne vois pas sur quel moyen il seroit possible d'annuller une pareille institution. Ainsi, le rapporteur du Tribunat a bien pu dire que la faculté d'élire, telle qu'elle existoit anciennement, étoit abrogée, sans qu'on en puisse rien conclure, relativement aux dispositions faites au profit de personnes incertaines. D'ailleurs, l'on voit tous les jours des testamens qui contiennent l'ordre de remettre une somme d'argent à tel Curé, pour être par lui distribuée aux pauvres de sa paroisse, comme il le jugera convenable. Je ne crois pas que l'on se soit encore avisé de contester de pareilles dispositions, sous le prétexte que les légataires sont *personæ incertæ*, et que la destination de la disposition dépend de la volonté d'un tiers. Cependant ces sortes de legs sont radicalement nuls, si le principe avancé par la Cour d'Aix est vrai; car il y a incertitude dans les personnes gratifiées, et faculté d'élire dans la personne du Curé.

La Cour d'Aix a dit en deuxième lieu, qu'autoriser de pareilles dispositions, ce seroit rendre illusoires toutes les lois relatives aux incapables, et ouvrir la porte à toutes sortes de fraudes. Mais cette Cour n'avoit-elle pas devant les yeux l'article 1116 du Code, qui porte que *le dol*, ou la fraude, *ne se présume jamais?* Comment a-t-elle pu, d'après cela, annuller une disposition, sous prétexte *qu'il étoit possible* qu'elle fût faite en fraude de la loi? D'ailleurs, les incapacités étoient encore bien plus nombreuses dans l'ancien droit, qui admettoit cependant sans nulle difficulté ces sortes de dispositions, sauf à obliger, dans certains cas, le légataire, d'affirmer que l'objet, ou la somme, n'étoit pas destiné à une personne prohibée. La jurisprudence ancienne sur ce point étoit constante, ainsi qu'il sera prouvé ci-dessous. Et en effet, que peut-on craindre? Que l'on ne profite de ces dispositions pour gratifier des personnes incapables. Mais que l'on fasse donc attention que le choix fait par le testateur, de la personne désignée par lui, pour lui confier l'exécution d'une disposition dont il ne devra compte qu'à sa propre conscience, est un puissant préjugé en faveur de sa probité; que la supposition même qu'il fera, de la chose léguée, l'emploi ordonné par le testateur, quand ce seroit même en faveur d'une personne incapable, est une preuve qu'on le regarde comme un homme d'une conscience scrupuleuse, et sur la fidélité duquel on peut compter. Peut-on croire, d'après cela, qu'un tel homme ira, en présence de la justice, faire un faux serment, uniquement dans la vue de valider une disposition dont il ne doit tirer aucun profit?

Enfin, n'omettons pas une dernière considération qui est de la plus haute importance, sous le rapport de la morale, et même de l'humanité. Il arrive souvent que, dans les derniers momens de la vie, le remords commande à un mourant des dispositions que la loi civile même ordonne, mais que le soin de sa réputation, de celle de ses enfans, lui défend d'avouer. *Si on l'oblige*, comme dit l'annotateur de Ricard, *de consigner sa propre turpitude dans son testament*, *combien n'en verra-t-on pas qui n'auront pas le courage de sacrifier leur réputation*, *et qui aimeront mieux mourir injustes que déshonorés?* Le même inconvénient auroit lieu, si le testateur savoit que le dépositaire qu'il choisit, pourra être obligé de dévoiler son secret. Je vais plus loin. Je suppose qu'un mourant se croie obligé de faire une restitution: il remet manuellement la somme ou l'objet à restituer, au ministre du culte qui l'assiste dans ses derniers momens. Les héritiers ont connoissance de ce dépôt, et prennent le dépositaire à serment. Celui-ci déclare que telle chose lui a été remise effectivement par le défunt, avec ordre d'en faire un emploi convenu, mais à l'égard duquel il est tenu au secret. Dans le systême de la Cour d'Aix, le dépositaire doit être condamné à restituer ; car l'on sent qu'en pareille matière, la forme prise par le disposant est absolument indifférente, et que les moyens sont les mêmes dans l'un et dans l'autre cas. Je laisse maintenant à juger si un pareil systême est admissible.

Nota. L'on s'est pourvu en cassation contre l'arrêt d'Aix, et le pourvoi a été rejeté le 12 août 1811. (*Journ. de la Jurispr. du Cod. Nap.*, Tom. XVIII, pag. 260.) Les motifs de l'arrêt de Cassation étant les mêmes que ceux donnés par la Cour d'Aix, je n'entrerai pas dans une nouvelle discussion à cet égard ; je ne puis cependant me dispenser de relever un des *considérant* de l'arrêt, dans lequel il est dit que la Cour d'Appel a pu prononcer la nullité de la disposition, comme faite à une personne incertaine, et laissée à la volonté d'un tiers, et ce, sans violer aucune loi, *et en se conformant même au vœu de toutes les législations qui se sont succédées*, notamment de la législation actuelle.

Je suis fondé à penser que le rédacteur du Journal dans lequel j'ai puisé cet arrêt, en a mal copié les motifs. En effet, il est difficile, pour ne pas dire impossible, de penser que la Cour de Cassation ait pu dire que l'arrêt d'Aix étoit conforme au vœu de toutes les législations qui se sont succédées, tandis que, comme nous l'avons annoncé précédemment, et comme nous allons le prouver, la doctrine contraire existe invariablement depuis treize siècles.

C'est Justinien qui, dans le §. 27 des *Instit.* Tit. *de Legatis*, a définitivement abrogé l'ancienne législation Romaine, qui défendoit toutes dispositions en faveur des personnes incertaines. Mais nous voyons par la loi 24, Cod. *de Episcopis et Clericis*, que, même avant le règne de cet Empereur, les legs et même les institutions faites au profit des pauvres étoient valables, quand même, dit la loi 49, §. 1, *eod. non inveniretur de quibus testator cogitaverit;* et, dans ce cas, l'hérédité ou le legs étoit remis à l'hospice le plus pauvre, ou, à défaut d'hospice, à l'économe de la cathédrale, qui en faisoit la distribution aux pauvres. Depuis Justinien jusqu'à présent, c'est-à-dire, pendant près de treize cents ans, la doctrine établie dans le §. 27 des *Instit.*, relativement aux personnes, incertaines a été constamment suivie ; et toutes les fois que des héritiers avides *ont demandé la nullité de pareilles dispositions*, leurs prétentions ont été proscrites, ainsi qu'il est aisé de le voir par les nombreux arrêts cités par Ricard, *des Donations*, Part. Ire., n°. 589 et suivans ; par son annotateur, *ibid.*, et par l'ancien Denizart, v°. *Fideicommis.* Ajoutez ceux rapportés par Catelan, liv. I, chap. 23; par Vedel, *ibid.*; Louet, lett. L, *somm.* 5; Brodeau, Robert, etc. En un mot, *il est difficile de trouver un point de Jurisprudence plus constant et plus invariable.* Et même parmi ces arrêts, il en est un précieux, en ce qu'il a été rendu sur une contestation parfaitement semblable à celle qui étoit soumise à la Cour d'Aix. Un testateur avoit ordonné qu'une somme de neuf mille francs seroit remise au curé de la paroisse de Saint-Jacques-de-la-

Boucherie, à Paris, *pour être employée conformément à ce qu'il lui avoit dit en secret.* Les héritiers demandèrent la nullité de la disposition; et il faut observer que toute la faveur paroissoit être de leur côté. Le testateur avoit été marié deux fois; sa seconde femme lui avoit survécu. La demande en nullité étoit formée par les enfans du premier lit, qui prétendoient (et cela pouvoit paroître vraisemblable) que c'étoit un fidéicommis tacite au profit de leur belle-mère. Et cependant l'arrêt, en date du 23 décembre 1580, ordonna l'exécution du testament, en affirmant, par le Curé, que la veuve ne devoit point profiter de la somme léguée; et l'Arrêtiste observe que l'arrêt fut prononcé en robes rouges, comme devant établir un point de droit dès-lors constant.

Il est donc vrai de dire, comme je l'ai avancé, que cette doctrine a été constamment suivie dans l'ancienne législation, et que jamais de pareilles dispositions n'ont été soumises aux tribunaux, qu'elles n'aient été maintenues sans nulle difficulté.

(8) *De la prestation du legs.* Lorsque le legs est caduc, au profit de qui doit-il tomber, du légataire universel, ou de l'héritier légitime? Du légataire universel, quand même l'héritier seroit légitimaire. C'est lui qui est chargé de tous les legs. (Art. 1009.) Il doit donc profiter de la caducité. *Eumdem sequuntur commoda, quem sequuntur onera. Sic* jugé en Cassation, le 20 juillet 1809. (*Journ. de la Jurisp. du Cod. Nap.*, tom. XIII, pag. 281.) C'est aussi le sentiment de RICARD, Part. III, n°. 501.

(9) *Sauf le cas de substitution vulgaire et celui d'accroissement.* « Je donne et » lègue ma maison à Pierre; si Pierre ne recueille pas le legs, je la donne à Paul. » Voilà la substitution vulgaire:

« Je donne et lègue ma maison à Pierre et à Paul. » La maison est censée léguée toute entière à chacun. Mais s'ils sont tous deux capables de recueillir, comme ils ne peuvent avoir chacun la maison en totalité, le legs se divise nécessairement entr'eux, *concursu faciunt partes*, comme disent les lois Romaines; et chacun aura la moitié de la maison. Mais si l'un d'eux, Pierre, par exemple, est incapable ou prédécédé, alors comme l'exercice de son droit ne s'oppose plus à ce que Paul recueille entièrement le legs qui lui a été fait, Paul aura à lui seul la maison entière. Voilà une des espèces de droit d'accroissement; ou plutôt, c'est, dans l'espèce, un droit de non-décroissement.

Quid, s'il y a tout-à-la-fois colégataire et substitué, lequel sera préféré? Par exemple dans cette disposition: « Je donne et lègue ma maison à Pierre et à Paul: si » Paul ne recueille pas le legs, je lui substitue Jean. » Paul meurt avant le testateur. Pierre réclame sa portion par droit d'accroissement; Jean la réclame par droit de substitution. Lequel sera préféré? Il faut décider que c'est Jean, parce que l'effet de la substitution vulgaire est de mettre le substitué entièrement à la place de l'institué ou du légataire, et de lui donner la part qu'il auroit eue, s'il avoit recueilli l'institution ou le legs. Donc, Jean doit avoir la moitié de la maison; et il n'y auroit lieu au droit d'accroissement en faveur de Pierre, qu'autant que Paul et Jean seroient tous deux prédécédés, ou incapables de recueillir.

PAGE 259.

(1) *Au droit d'accroissement.* Y auroit-il lieu au droit d'accroissement entre deux donataires, dans les cas où ce droit a lieu entre les légataires? Il faut distinguer: Si la donation est de biens présens, comme tous les donataires sont saisis irrévocablement de leur part, au moment même de la donation, il ne peut y avoir lieu au droit d'accroissement. *Secùs*, si la donation est de biens à venir, dans les cas où une pareille donation est valable. Ces donations doivent, en tous points, sauf la révocabilité, être assimilées aux dispositions testamentaires.

(2) *Par une seule et même disposition.* C'est ce que les commentateurs des lois romaines appeloient *conjunctio re et verbis.* Exemple : *Je donne et lègue dix mille francs à Pierre et à Paul.*

(3) *Et sans que la part de chacun ait été assignée.* La désignation des parts empêcheroit-elle toujours le droit d'accroissement? C'est une question extrêmement délicate. On a voulu distinguer si la désignation des parts existoit dans l'institution, ou seulement dans l'exécution. Si, par exemple, le testateur avoit dit : *J'institue Pierre, Paul et Jean, mes légataires universels, chacun pour un tiers;* dans ce cas, a-t-on dit, la désignation des parts affecte l'institution même. Chacun des légataires n'est institué que pour un tiers, et ne peut en avoir davantage, quoi qu'il arrive. Mais s'il a dit : *J'institue Pierre, Paul et Jean, mes légataires universels, à l'effet de diviser entr'eux ma succession par portions égales;* dans ce cas, il les appelle tous d'abord à la totalité de la succession, et il ne parle de parts ou de portions que dans l'exécution; c'est-à-dire, relativement au partage qu'il prévoit devoir être fait après sa mort. Il ne fait alors que dire ce que la loi dit elle-même. Il doit donc y avoir lieu au droit d'accroissement. On a jugé à-peu-près dans ce sens, en Cassation, le 19 octobre 1808. (SIREY, 1809, Ire. Part., pag. 31.) Il me semble que le testateur ayant, dans les deux cas, désigné les parts que chacun devoit avoir, les deux dispositions rentrent également dans le cas prévu par l'article 1044. Quant au moyen tiré de ce que le partage se seroit toujours fait de cette manière, c'est le cas d'appliquer la maxime : *Expressa nocent, non expressa non nocent.* Je pense donc qu'il est plus simple de décider que, toutes les fois que le testateur a désigné les parts, il n'y a pas lieu au droit d'accroissement. Cela paroît plus conforme au texte de l'article 1044, et à l'intérêt des héritiers légitimes, qui, en général, dans notre droit, sont regardés plus favorablement. (*Voyez* RICARD, Part. III, n.º. 508.)

(4) *Non susceptible d'être divisée sans détérioration;* comme une maison. Il m'est impossible d'expliquer pourquoi l'on exige, dans ce cas, que la chose soit à-peu-près impartageable. Il me semble que cela devroit s'appliquer bien plutôt au cas où la chose est donnée à deux personnes par la même disposition. En effet, quand il y a deux dispositions, l'on peut dire que le tout a été donné à chacun des légataires. Lorsqu'ils sont tous deux capables de recueillir, alors nécessairement *concursu partes faciunt:* mais quand l'un ne se présente pas, alors l'autre prend tout, ou plutôt garde tout, non par droit d'accroissement, mais par droit de non-

décroissement. Il devroit peu importer, d'après cela, que la chose fût, ou non, divisible. Mais quand la même chose est léguée à deux personnes par la même disposition, l'on ne peut dire que le tout a été légué à chacun. Donc, quand la chose léguée est divisible, on peut présumer que le testateur a pensé qu'elle seroit divisée, et que, par conséquent, il n'a eu intention que de léguer une portion à chacun. Mais, au surplus, comme la loi est formelle, il n'y a pas lieu à interprêter.

(5) *Par le même acte.* Ce sont les *conjuncti re* des Romains. *Quid*, si c'est par deux testamens différens? Il n'y a pas lieu au droit d'accroissement; mais le dernier legs révoque le premier. (Art. 1036.)

(6) *Conjointement avec lui. Quid*, s'il y a tout-à-la-fois *conjunctio re et verbis*, et *conjunctio re*, dans le cas prévu par l'article 1045, c'est-à-dire, avec impossibilité, ou presqu'impossibilité de partage? Les conjoints *re et verbis*, sont préférés, entr'eux, aux conjoints *re*. Mais aussi ils ne comptent tous ensemble que pour une part. Exemple :

Je donne ma maison à Pierre;

Je donne ma maison à Paul;

Je donne ma maison à Jean et à Jacques.

Si tous les légataires sont capables, le legs se partage par tiers, dont un pour Pierre, un deuxième pour Paul, et le troisième pour Jean et Jacques, qui auront chacun un sixième.

Si l'un est incapable, il faut distinguer : Si c'est un conjoint *re*, sa part se reverse par parties égales, sur l'autre conjoint *re*, et sur les conjoints *re et verbis*, qui ne comptent que pour une tête. Ainsi, dans l'espèce, si Pierre est incapable, sa part accroît pour moitié à Paul, et pour l'autre moitié à Jean et à Jacques, qui auront en conséquence chacun un quart de la maison, et Paul en aura la moitié.

Mais si l'incapable est un des conjoints *re et verbis*, sa part accroît exclusivement à celui qui est conjoint *re et verbis* avec lui; et les conjoints *re* n'ont rien à prétendre dans les parts des conjoints *re et verbis*, que lorsque ces derniers manquent tous, ou sont tous incapables.

Si donc Jean est incapable, sa part accroît à Jacques seul. Si Jean et Jacques sont incapables tous deux, leur part accroît à Pierre et à Paul par portions égales.

Si l'un des colégataires est grevé d'une charge, et qu'il vienne à manquer, sa part accroît-elle *cum onere*, ou *sine onere*? Chez les Romains on distinguoit : Entre les conjoints *re et verbis*, l'accroissement avoit lieu *cum onere*; mais aussi le colégataire pouvoit y renoncer. Entre les conjoints *re tantùm*, l'accroissement avoit lieu, malgré le colégataire; mais aussi il avoit lieu *sine onere*, parce que ce n'étoit pas un véritable droit d'accroissement; c'étoit plutôt, comme nous l'avons dit, un droit de non-décroissement. Ce n'étoit pas la part de l'incapable qui accroissoit à celle du capable; c'étoit la part du capable qui n'étoit pas diminuée de celle de l'incapable. (*L.* unic., §. 11, Cod. *de Caduc. Toll.*) Ces distinctions paroissent fondées sur les véritables principes de la matière, et devoir en conséquence être admises dans le silence du Code à cet égard.

(7) *Quand le legs est sujet à délivrance.* Les legs à titre universel et les legs particuliers sont toujours sujets à délivrance. Les legs universels n'y sont sujets, que lorsqu'il y a des légitimaires. Hors ce cas, ils saisissent le légataire de plein droit.

Mais remarquez qu'en matière de legs principalement, il faut distinguer deux espèces de saisine, celle de la propriété, et celle de la possession. Dans toute espèce de legs pur et simple, ou à terme, la saisine de propriété a lieu de plein droit, lorsque l'objet légué est un corps certain et déterminé. Le légataire est donc, comme nous l'avons dit, propriétaire, de plein droit, de l'objet légué, du moment du décès. Mais la saisine de possession n'a lieu de droit que dans les legs universels, et encore quand il n'y a pas de légitimaires, comme nous l'allons voir tout-à-l'heure.

Quelle est la nature de l'action en délivrance? Elle est purement personnelle; car elle ne peut être dirigée que contre la personne de l'héritier ou du légataire universel. En effet, le legs ne pouvant avoir d'exécution, qu'autant que la validité du testament total, ou de la disposition particulière, n'est pas attaquée, il est évident que la délivrance du legs ne peut être consentie que par ceux qui ont intérêt de contester cette validité. On les assigne, pour qu'ils aient à consentir cette exécution, sinon que le jugement à intervenir vaudra consentement. Mais cette action ne préjudicie en rien aux autres actions que le légataire peut avoir à exercer, et qui varient suivant la nature de l'objet légué. Si c'est un corps certain, le légataire a, comme nous l'avons dit, le *jus in re*, et par conséquent l'action réelle contre tout détenteur de l'objet; action qu'il ne peut néanmoins exercer qu'après que la délivrance du legs aura été ordonnée ou volontairement consentie. Si c'est une somme d'argent, il peut exercer l'action hypothécaire pour le total de son legs, sur tous et chacun des immeubles de la succession (art. 1017). Son hypothèque est même privilégiée à l'égard des créanciers de l'héritier, sauf l'inscription dans les six mois de l'ouverture de la succession. (Art. 2111.)

(8) *Enregistré en totalité.* Mais alors il faut déduire du droit dû sur l'universalité de la succession, le droit perçu sur chaque legs en particulier. *Sic* jugé en Cassation, le 8 septembre 1808. (Sirey, 1809, Ire. Part., pag. 142.)

Aux termes de l'article 21 de la loi du 22 frimaire an 7, les testamens déposés chez les notaires, ou par eux reçus, doivent être enregistrés, dans les trois mois du décès des testateurs, à la diligence des héritiers, légataires, ou exécuteurs testamentaires; et ce, à peine du double droit, aux termes de l'article 38.

(9) *A une ou plusieurs personnes.* Ceci a besoin de distinction. Si le testateur a dit: *J'institue Pierre, Paul et Jacques, mes légataires universels*, c'est le cas de l'article 1003. Ils sont vraiment tous trois légataires universels; ils sont en conséquence saisis, s'il n'y a point d'héritiers à réserve; et si l'un d'eux vient à manquer, il y a lieu au droit d'accroissement. Mais s'il a dit: *J'institue Pierre, Paul et Jacques, mes légataires universels, chacun pour un tiers de mes biens*, quoiqu'ils prennent également à eux trois toute la succession; cependant, comme leurs parts sont désignées, ils ne sont que légataires à titre universel; ils ne sont saisis dans aucun cas, et il ne peut y avoir lieu entr'eux au droit d'accroissement.

Quid, si le testateur avoit dit : *Je lègue le tiers de mes biens à Pierre, et le surplus à Paul?* Il est clair que le mot *surplus* est ici synonyme des mots *deux tiers;* et que le testateur n'a entendu léguer à Paul que ce qui resteroit, le tiers déduit; ils sont donc tous deux légataires à titre universel, et il n'y a pas lieu au droit d'accroissement. Il en seroit autrement s'il avoit dit : *Je donne à Pierre le tiers de mes biens, et j'institue Paul mon légataire universel.* Dans ce cas, si Pierre ne recueille pas, sa part accroît à Paul. (Argument tiré de l'article 1011, qui suppose évidemment qu'il peut y avoir, tout-à-la-fois, legs universel, et legs à titre universel.) D'ailleurs, dans ce dernier cas, le testateur a manifesté l'intention de donner toute sa succession à Paul; à la vérité, en le grevant de legs en faveur de quelques personnes. Mais il résulte toujours de là que, si ces legs deviennent caducs, le montant doit se réunir au legs universel. Dans le premier cas, au contraire, le testateur a désigné la part de chaque légataire. Chacun d'eux ne peut donc, dans aucun cas, réclamer que celle qui lui est assignée; et si l'un d'eux vient à manquer, sa part appartiendra aux héritiers légitimes, et les autres légataires ne pourront y rien réclamer.

Au surplus, dans toutes ces questions, c'est sur-tout à l'intention du testateur qu'il faut se référer, s'il est possible de la connoître par les expressions du testament.

Page 260.

(1) *Si le testateur laisse des héritiers légitimaires. Quid*, s'il n'y a pas d'autre successible qu'un enfant naturel? Le légataire universel est-il obligé de lui demander la délivrance? Je ne le pense pas, quoique l'enfant naturel ait une espèce de réserve sur les legs. L'enfant naturel est tenu de demander l'envoi en possession, même quand il prend la totalité de la succession. Le légataire est donc saisi avant lui, puisqu'il a la saisine de droit.

(2) *Par le légataire.* Lorsqu'il y a un légitimaire, le testateur pourroit-il dispenser le légataire universel de l'obligation de demander la délivrance, et ordonner qu'il sera saisi de plein droit? Non; le légitimaire ne tient son droit de réserve et de saisine, que de la loi: la volonté de l'homme ne peut y déroger.

Devant quel tribunal doit être portée la demande en délivrance des legs? Devant le tribunal de l'ouverture de la succession. (*Cod. de Proc.*, art. 59.)

(3) *A été volontairement consentie.* Dans ce cas, les fruits que le légitimaire a perçus dans l'intervalle, doivent-ils être imputés sur sa légitime, à l'effet de diminuer d'autant la réduction que doit éprouver le legs universel? Je ne le pense pas. Aux termes des articles 922 et 1090, pour calculer la légitime et le disponible, on ne considère la valeur et le montant des biens qu'à l'époque du décès. Le légitimaire est saisi de sa réserve, à compter de ce moment. Quant aux fruits qu'il perçoit depuis, il les gagne comme possesseur de bonne foi, et parce que le silence gardé pendant si long-temps par le légataire, a dû lui faire croire que le legs étoit caduc. C'est donc un fait entièrement étranger à sa légitime, et qui ne peut en diminuer le montant. Enfin la loi 22, §. 2, ff., *ad Senat. Trebell.*, décide formellement que, si l'héritier fidéicommissaire a négligé de demander le fidéicommis, les fruits que

le fiduciaire a perçus dans l'intervalle, ne doivent point être imputés sur la quarte; *quià*, dit la loi, *negligentiâ petentis*, *non judicio defuncti percepti videntur.* Il en seroit autrement dans le cas, par exemple, d'un legs à terme; dans ce cas, les fruits perçus depuis l'ouverture jusqu'à l'échéance du terme, sont imputés, *quià ex judicio testantis percepti videntur.* (Ibid.)

(4) *Personnellement pour sa part et portion.* En est-il tenu à l'égard des créanciers, ou seulement à l'égard du légitimaire? Ou, en d'autres termes, le créancier peut-il agir pour le tout contre le légitimaire, sauf le recours de ce dernier contre le légataire universel; ou est-il tenu de diviser son action entre le légitimaire et le légataire, au prorata de ce que chacun prend dans la succession? La raison de douter se tire de ce qu'il est dit dans l'article 1009, que le légataire universel, concourant avec un légitimaire, est tenu des dettes, personnellement pour sa part et portion, et hypothécairement pour le tout; ce qui paroit devoir s'entendre de l'action des créanciers; car ce n'est qu'à leur égard qu'il peut être tenu hypothécairement pour le tout. Je pense néanmoins que le légitimaire est tenu de toutes les dettes, sauf son recours. En effet, il est constant qu'il est saisi de plein droit de toute la succession, puisque le légataire universel est tenu de lui demander la délivrance. Or, du moment qu'il a accepté, et par l'effet de la saisine, il contracte l'obligation de payer toutes les dettes; et cette obligation, résultant du quasi-contrat d'addition d'hérédité, ne peut être altérée ni diminuée, à l'égard des créanciers, par aucun fait postérieur. L'héritier est donc, dans ce cas, *una eademque persona cum defuncto*, et, comme tel, tenu de toutes ses dettes. Quant à l'article 1009, il peut être entendu dans le sens que, si le créancier veut agir directement contre le légataire universel, il peut le faire, puisque cela tend à prévenir un circuit d'actions; et qu'alors, il peut intenter contre lui l'action personnelle pour sa part et portion seulement, et l'hypothécaire pour le tout.

Il résulte de ce qui vient d'être dit, que le légitimaire ne doit pas se contenter de prendre sa légitime, et d'abandonner le surplus au légataire universel, en le chargeant de payer les dettes; car si celui-ci devenoit insolvable, il se trouveroit exposé aux poursuites des créanciers, sauf son recours contre le légataire, recours qui deviendroit, dans ce cas, inutile. Il doit donc veiller à ce que les dettes soient payées.

(5) *Hypothécairement pour le tout.* Nous avons vu au Titre *des Successions*, ce que signifient ces expressions.

(5) *Tous les legs*, soit particuliers, soit à titre universel. Cela est tout simple. Puisque l'on suppose que le légitimaire n'a que sa réserve, qui ne peut être entamée par des dispositions à titre gratuit, il faut bien que les legs soient à la charge du légataire universel; et dans ce cas, lorsque le légitimaire n'a pris que ce qui lui revient pour sa réserve, les légataires n'ont pas d'action contre lui pour le paiement de leurs legs.

(7) *Sauf réduction, si elle a lieu*, mais pour la légitime seulement. La falcidie est entièrement abrogée, et le légataire universel n'a le droit de faire subir aucune réduction, dans son propre intérêt, aux légataires particuliers. Ainsi donc, voici comment doit être entendu cet article 1009. *Espèce :*

Un père ayant un fils, et des biens de valeur de soixante mille francs, institue un légataire universel, et fait pour trente mille francs de legs particuliers. S'il n'y avoit point de légitimaire, après le paiement des legs particuliers il resteroit trente mille francs au légataire universel; mais comme le fils a droit de prendre, pour sa réserve, la moitié des biens, les legs devront, en conséquence, être réduits à moitié. Les légataires particuliers seront donc réduits à quinze mille francs, et le légataire universel à pareille somme.

Si nous supposons maintenant que, dans la même espèce, les legs particuliers sont de soixante mille francs, il est évident que, quand il n'y auroit pas de légitimaire, le legs universel seroit réduit à zéro. L'existence du légitimaire est donc alors, pour ce qui concerne le légataire universel, une chose absolument indifférente, attendu que, comme il est chargé de payer tous les legs, il ne peut prendre que ce qui reste, après leur entier acquittement. Or ici, les légataires particuliers absorberoient toute la succession, s'il n'y avoit pas de légitimaire. Comme il en existe un, ils seront, à la vérité, obligés de souffrir une réduction pour compléter la légitime; mais le légitimaire une fois satisfait, le reste de la succession leur appartient en entier.

On ne peut, il est vrai, se dissimuler que ce sens, qui est le seul que l'on doive donner à l'article 1009, ne semble contraire à la disposition de l'article 926. En effet, puisque l'article 1009 préfère tous les légataires, quels qu'ils soient, au légataire universel, il sembleroit qu'on auroit dû également l'obliger seul au paiement des légitimes, comme cela étoit dans l'ancien droit; cependant d'après l'art. 926, lorsqu'il s'agit de la légitime, l'on ne fait aucune distinction entre les legs, soit universels, soit particuliers; et ils sont tous obligés de souffrir la réduction, s'il y a lieu, au marc le franc. J'avoue que les dispositions de l'ancien système étoient peut-être plus conséquentes. Cependant celles du Code peuvent encore se justifier. Lorsqu'il y a un légitimaire, il n'y a vraiment pas de légataire universel; c'est tout simplement un légataire à titre universel. C'est l'héritier *sine parte* des Romains, qui ne doit avoir que ce qui reste, après le paiement de tous ceux dont les parts sont désignées. *Partibus autem in quorumdam personis expressis, si quis alius sine parte nominatus erit, si quidem aliqua pars assi deerit, ex eâ parte heres fit.* (§. 6, Instit., *de hered. Instit.*) Il est donc tout simple, dans ce cas, que le légataire universel ne soit pas chargé seul des légitimes, et qu'il y fasse contribuer ses colégataires. Mais lorsqu'il n'y a point de légitimaire, comme alors il y a vraiment legs universel dans toute l'étendue du terme, les principes anciens reçoivent toute leur application; et, comme il n'y a plus de falcidie, il est tenu d'acquitter les legs en totalité.

Ainsi donc, toutes les fois que les legs particuliers, ou à titre universel, égalent ou excèdent le montant de la succession, le légataire universel n'a rien à réclamer, soit qu'il y ait, ou non, des légitimaires.

Mais si le montant des legs, autres que le legs universel, excède le montant de la succession, comment seront-ils payés entr'eux? Le légataire à titre universel, quand il en existe un, devant contribuer au paiement des legs particuliers, aux termes de l'art. 1012, et ainsi que cela est formellement énoncé dans *les Motifs*, j'en conclus que les légataires particuliers doivent lui être préférés. Si tous les legs sont particuliers, alors *decrescent pro ratâ* (§. 3, Instit., *ad Legem Falcid.*) Dans ce dernier cas, s'il y a un légitimaire, il prendra sa réserve, calculée sur la masse, et abandonnera le surplus aux légataires, qui se la partageront au marc le franc, du montant de leurs legs respectifs.

(8) *Sans être obligé de demander la délivrance.* Cependant on a jugé plusieurs fois que l'héritier qui annonce l'intention d'attaquer le testament, peut faire tous les actes conservatoires nécessaires; qu'il peut, en conséquence, faire apposer les scellés, faire procéder à l'inventaire, sauf à en supporter les frais en définitif, si le testament est maintenu. Ce systême me paroît juste et fondé sur l'équité.

(9) *Sans distinction.* En est-il tenu *ultrà vires*? Dans l'ancien droit coutumier on tenoit la négative; mais cela étoit fondé sur ce que le legs, même universel, n'empêchoit pas la saisine de l'héritier légitime, tellement que le légataire étoit toujours obligé de lui demander la délivrance; et si l'héritier avoit renoncé, il devoit diriger son action contre un curateur à la succession vacante, qu'il étoit obligé de faire nommer. Le légataire universel ne représentoit donc pas la personne du défunt: car, autrement, il eût été saisi de plein droit. Il ne succédoit donc qu'aux biens, et il n'étoit tenu des dettes que parce qu'elles sont une charge des biens. Il n'en étoit donc pas débiteur personnel: cette qualité résidoit essentiellement dans la personne de l'héritier légitime, qui, malgré qu'il fût dépouillé entièrement de la succession par le legs universel, pouvoit néanmoins être poursuivi par les créanciers de la succession, tant qu'il n'avoit pas renoncé. Le légataire universel n'étoit donc tenu des dettes que *propter bona.* Or il étoit, et il est encore de principe, que celui qui n'est tenu d'une dette qu'à cause d'une chose qu'il possède, peut s'en décharger en abandonnant la chose. De là on concluoit que le légataire universel, qui avoit fait inventaire, pouvoit se libérer de l'obligation de payer les dettes de la succession, en abandonnant tous les biens compris audit inventaire.

Aujourd'hui que les principes des pays de droit écrit ont prévalu, et qu'il a été décidé qu'à défaut de légitimaire, le légataire universel seroit saisi de plein droit, non seulement de la propriété, mais encore de la possession, sans être tenu de demander la délivrance à qui que ce soit, il faut tenir que le légataire universel, quand il n'y a pas de légitimaire, est un véritable héritier, et, comme tel, tenu des dettes, personnellement, et *ultrà vires*, sauf à lui à prendre le bénéfice d'inventaire. Et, en effet, à quel titre pourroit-il être saisi *ipso jure*, si ce n'est parce qu'il succède à la personne du défunt, qu'il en est, comme disent les Auteurs, la continuation? Il faut bien, d'ailleurs, que cette personne soit continuée. *La place du défunt*, disoit l'orateur du Gouvernement, *ne peut rester vacante.* Dans l'ancien droit coutumier, elle se continuoit dans l'héritier du sang, qui, lors même qu'il y avoit un légataire universel, étoit, comme nous l'avons dit, tenu indéfiniment des dettes, tant qu'il n'avoit pas renoncé. Aujourd'hui, il n'a pas besoin de renoncer, la succession ne lui est pas même déférée; il n'y a jamais eu de droit. Les créanciers n'ont aucune action à exercer contre lui; et s'ils n'avoient point contre le légataire l'action personnelle qu'ils avoient contre le défunt, et qu'ils auroient eue contre l'héritier, s'il n'y avoit pas eu de legs universel, il s'ensuivroit qu'un débiteur pourroit priver ses créanciers du bénéfice de cette action, par cela seul qu'il feroit un legs universel : ce qui est contraire au principe que, *nemo potest proprio facto se ab obligatione liberare*, principe qui ne peut s'entendre que de l'obligation personnelle, puisqu'il est certain que l'on peut se libérer de l'obligation réelle, par son fait, c'est-à-dire, en délaissant la chose à cause de laquelle on est débiteur. Il est donc vrai de dire que, dans le droit actuel, quand il n'y a pas de légitimaire, le légataire universel est ce qu'étoit l'héritier institué des pays de droit écrit, et qu'il doit en conséquence prendre le bénéfice d'inventaire, s'il ne veut pas être tenu indéfiniment des dettes.

Telle paroît avoir été également l'opinion du Conseil-d'Etat. Nous voyons, en effet, que, dans tout le cours de la discussion sur l'article 1014, et sur la question de savoir si la saisine devoit être accordée au légataire universel, de préférence à l'héritier du sang, le premier est continuellement appelé *héritier testamentaire*, et comparé à l'héritier institué des Romains.

« L'héritier testamentaire n'a besoin que de son titre pour se mettre en pos- » session. » (M. *Malleville*.)

« Lorsqu'il existe un héritier testamentaire, il n'y a plus d'héritier légal; car la » loi n'attache pas moins d'effet à la disposition que fait l'homme, en vertu de » l'autorisation qu'elle lui donne, qu'à la disposition qu'elle fait elle-même direc- » tement. Ainsi, l'héritier testamentaire est *héritier légal*, comme l'héritier *ab* » *intestat*. » (M. *Portalis*.)

« La maxime, *le mort saisit le vif*, reçoit ici son application : elle est fondée sur » ce qu'il ne peut y avoir aucun intervalle entre le défunt et son héritier. La pos- » session du premier continue immédiatement dans la personne du second. Peu » importe que l'héritier soit testamentaire ou *ab intestat*. » (M. *Portalis*.)

« Les deux sortes *d'héritiers* ont les mêmes droits au moment où s'ouvre la » succession. » (M. *Muraire*.)

« La loi, qui donne au testateur le droit de disposer de la totalité de sa fortune, » veut certainement aussi que ses droits passent immédiatement, et par le seul effet » de sa volonté, à *l'héritier* qu'il institue. » (Le consul *Cambacérès*.)

Il résulte bien évidemment de ces différens passages que, quand il n'y a pas de légitimaire, le légataire universel, ou héritier testamentaire, a absolument les mêmes droits, et doit conséquemment être sujet aux mêmes obligations que l'héritier du sang; et ce qui le prouve d'une manière bien évidente, c'est que le Code lui-même, dans l'article 896, se sert de ces mots, *l'héritier institué*, pour désigner le légataire universel; et enfin un décret Impérial, du 12 octobre 1812 (*Bulletin*, n°. 8390), autorise l'acceptation, *sous bénéfice d'inventaire*, d'un legs universel, fait à l'œuvre des Pauvres-malades de Villeneuve-lès-Avignon. Le Législateur a donc reconnu lui-même que le légataire universel avoit besoin du bénéfice d'inventaire.

Je pense, d'après cela, que tout ce qui est dit au Titre *des Successions*, relativement à l'héritier *intestat*, doit être appliqué à l'héritier testamentaire, ou au légataire universel; car, comme l'a dit l'un des opinans, leurs droits sont absolument les mêmes. Si l'un a la saisine dans un cas, en vertu de l'article 724, l'autre l'a également dans un autre cas, en vertu de l'article 1006. Or, si le légataire universel est saisi comme l'héritier du sang, il est donc sujet, comme lui, à l'action des créanciers, tant qu'il n'a pas répudié le legs.

Les titres exécutoires contre le défunt, le sont également contre le légataire, après le délai et la formalité prescrits par l'article 877.

Le légataire a les délais pour faire inventaire et pour délibérer, et l'on doit lui appliquer tout ce qui est dit relativement à l'acceptation et à ses effets, ainsi qu'au bénéfice d'inventaire et à la répudiation, par les sections 1 et 2 du chapitre IV du Titre *des Successions.*

Je sais que ces principes pourront paroître singuliers aux Jurisconsultes des pays coutumiers; mais aussi ils paroîtront simples et naturels à ceux des pays de droit écrit : et puisqu'on a adopté l'opinion de ceux-ci, touchant la saisine de l'héritier testamentaire, il y auroit de l'inconséquence à ne pas admettre tous les effets que la loi a nécessairement attachés à cette saisine.

(10) *Si le testament est par acte public.* Parce qu'alors il peut être mis en forme exécutoire.

(11) *Ou mystique.* Quand le testament est mystique, il est bien authentique, puisqu'il est reconnu devant notaire; mais il n'est pas, et ne peut pas être exécutoire. L'acte de suscription n'est qu'un procès-verbal : or, comment donner à un pareil acte la forme exécutoire?

(12) *Par une Ordonnance du Président du tribunal,* dans l'arrondissement duquel la succession est ouverte. Cette Ordonnance est mise au bas d'une requête à laquelle est joint l'acte de dépôt du testament, dont il sera question ci-après, sect. IV. (Art. 1008.)

Remarquez que l'obligation de demander l'envoi en possession n'empêche pas que le légataire ne gagne les fruits, à compter du décès.

Quid, si l'écriture du testament olographe est contestée? L'envoi doit être suspendu jusqu'après la vérification, qui est, comme nous l'avons dit, à la charge du légataire.

Quid, si l'héritier *ab intestat* déclare s'inscrire en faux contre l'acte de suscription du testament mystique? Il est de principe que la simple inscription de faux ne suffit pas pour suspendre l'exécution de l'acte authentique(art. 1319); mais ce sera au juge à prendre les mesures conservatoires, nécessaires pour empêcher le divertissement des effets de la succession, et ce, aux frais de qui il appartiendra.

Quid, s'il y a semblable inscription contre le testament par acte public? La question est plus difficile, puisque le légataire est saisi de droit, sans être obligé de demander l'envoi; mais je pense néanmoins que le Juge pourra prendre les mêmes mesures que dans le cas précédent, et permettre à l'héritier du sang de faire apposer les scellés et procéder à l'inventaire, à ses risques, périls et fortune.

(13) *Ou de tous ses immeubles.* Mais il faut que ces immeubles soient laissés *per modum universitatis*, c'est-à-dire, en bloc, et sans désignation particulière des objets légués; car si, par exemple, le testateur, n'ayant que deux maisons à Paris, avoit dit: *je donne et lègue à Pierre mes deux maisons de Paris*, Pierre ne seroit qu'un légataire particulier, et, comme tel, dispensé de contribuer aux dettes; au lieu que s'il avoit dit: *Je donne à Pierre tous mes immeubles*, ce dernier seroit alors légataire à titre universel, et tenu des dettes au prorata. Et que l'on ne dise pas que c'est là une pure subtilité, une chicane de mots, l'*aucupium syllabarum* des Romains. Il peut, à la vérité, arriver par le fait, que le légataire ne retire pas plus de profit d'un legs que de l'autre; mais il n'en est pas moins vrai que le droit en lui-même est bien différent; car,

1°. Si, depuis le testament, le testateur a acquis d'autres maisons, elles seront comprises dans le legs à titre universel, mais non dans le legs particulier.

2°. Si, depuis la même époque, le testateur a vendu ses maisons de Paris et en a acheté d'autres à la campagne, le legs particulier sera entièrement caduc, au lieu que le légataire à titre universel pourra réclamer les maisons achetées en remplacement.

Quid, si le testateur a légué tous ses bois, tous ses prés, toutes ses terres labourables? Ce sont autant de legs particuliers; car ce ne sont pas des quotes de la succession, ni même des quotes de ses immeubles.

Quid, si le testateur se trouvoit, au moment de son décès, avoir droit à une succession non encore liquidée, et qu'il ait légué cette même succession? Ce sera un legs particulier: ce n'est pas une quote de la succession du testateur. Le légataire ne sera donc pas tenu des dettes propres au testateur. Quant à celles provenant de la succession léguée, il en sera tenu de la même manière que le seroit celui à qui le testateur auroit vendu cette même succession.

PAGE 261.

(1) *Comme un legs à titre universel.* Ce qui le prouve, c'est qu'il est obligé de contribuer aux dettes, comme on le verra tout-à-l'heure.

(2) *De demander la délivrance.* De quand ont-ils les fruits? Puisque l'art. 1012 les assimile au légataire universel sous le rapport des charges, ils doivent également lui être assimilés sous le rapport des bénéfices. Je pense donc qu'on doit leur appliquer l'article 1005. D'ailleurs, dans le cas d'un legs à titre universel, la demande en délivrance est une espèce de pétition d'hérédité; et dans cette action, il est de principe que *fructus augent hereditatem.* On ne doit excepter que le cas où la succession a été possédée de bonne foi. Or, l'article 1005 suppose qu'il n'y a bonne foi de la part de l'héritier, que lorsque la demande a été formée après l'année du décès.

(3) *A défaut, aux légataires universels.* Je crois cependant que, s'il y a un légataire universel, qui ait obtenu la délivrance, un légataire à titre universel, et un légitimaire, le légataire à titre universel doit former sa demande contre le léga-

taire universel. A quoi bon, en effet, dans cette espèce, demander la délivrance au légitimaire, qui ne doit rien, et qui n'a rien à contester?

(4) *Et hypothécairement pour le tout.* Appliquez ici ce que nous avons dit relativement au paiement des dettes par le légataire universel, sauf que les légataires à titre universel ne peuvent jamais être tenus *ultrà vires*, quoiqu'ils n'aient pas pris le bénéfice d'inventaire, pourvu toutefois qu'il y ait eu inventaire. En effet, ils ne sont pas saisis, puisqu'ils sont obligés de demander la délivrance. Ils ne sont donc pas la continuation de la personne du défunt; ils ne sont donc pas tenus personnellement, mais comme détenteurs des biens de la succession; ils peuvent donc se libérer en les délaissant. Ils ne sont donc point tenus *ultrà vires*.

(5) *Sont seuls tenus*, concurremment avec le légataire universel, s'il en existe un. Si donc il y a un légataire universel, un légataire à titre universel, du tiers, par exemple, et des legs particuliers, l'on doit commencer par payer les legs particuliers; le légataire à titre universel prend le tiers du restant, et le légataire universel prend le surplus.

(6) *Quel que soit, dans ces deux cas, le montant des dispositions.* Comme il n'y a point ici de réserve, les héritiers légitimes ne peuvent se dispenser de contribuer aux legs, qu'en renonçant à la succession.

(7) *Doit contribuer aux dettes.* Observez qu'il contribue aux dettes, à l'égard de l'héritier, mais qu'il n'en est pas tenu envers les créanciers, sauf l'action hypothécaire, et sauf ce qui va être dit relativement aux arrérages des rentes et pensions. Il résulte, en effet, de l'article 612, que si l'usufruitier ne veut pas avancer la somme nécessaire pour le paiement des dettes, l'héritier ne peut l'y forcer. Donc à plus forte raison les créanciers n'ont-ils pas d'action contre lui.

(8) *Une portion des biens soumis à l'usufruit.* On ne peut exiger que le propriétaire vende ses biens personnels pour payer les dettes dont sont grevés des biens dont il n'a pas la jouissance.

PAGE 262.

(1) *Léguées par le testateur.* Ici il est tenu, non-seulement à l'égard de l'héritier, mais encore à l'égard des créanciers, qui ont une action directe contre lui, et qui n'en ont que contre lui. « Les legs de pensions ou de rentes viagères, dit l'article 610, doivent être acquittés par le légataire universel en usufruit. » Donc ce légataire en est seul débiteur, tant que dure l'usufruit.

Quid, à l'égard des rentes viagères ou pensions constituées par le testateur, de son vivant? Je pense que l'usufruitier en est également tenu, et que l'article ne parle des legs qu'*enuntiativè*, *non verò exclusivè.* D'ailleurs, si la succession comprend des rentes viagères constituées au profit du testateur, mais qui ne soient pas éteintes par sa mort, le légataire a droit d'en percevoir les arrérages, et sans être obligé à restitution, pendant toute la durée de son usufruit. Donc, réciproquement, il doit acquitter toutes les rentes semblables dont la succession est grevée.

Quid, des arrérages des rentes perpétuelles? Le légataire en usufruit en doit être tenu *à fortiori.* (Argument tiré des articles 385, 608, 609 et 1409); et si l'art. 619

n'a parlé que des rentes viagères, c'est qu'il n'y avoit que celles-là à l'égard desquelles il pût y avoir quelque difficulté, parce que, comme il n'y a pas de fonds dans ces sortes de rentes, on auroit pu regarder les arrérages comme constituant, au moins en partie, le fonds de la rente, et décider en conséquence qu'ils devoient être, pour une portion quelconque, à la charge du propriétaire. Mais, quant aux rentes constituées, il ne pouvoit y avoir de doute. Les intérêts de ces rentes sont charges des fruits ; l'usufruitier doit donc en être tenu, tant que dure son usufruit.

(2) *Il appartient à l'héritier.* En général, le choix appartient toujours au débiteur, quand il n'a pas été expressément accordé au créancier. (Art. 1190 et 1246.)

(3) *Comme il n'est pas obligé de la donner de la meilleure.* Mais remarquez :

1°. Que l'héritier n'est tenu, qu'autant qu'il se trouve dans la succession des choses de la nature de celle qui a été léguée : autrement le legs seroit nul ; car le testateur n'a pu léguer que ce qui lui appartenoit. (Art. 1021.)

2°. Que, dans cette espèce de legs, l'héritier est tenu de l'éviction, si toutefois il existoit dans la succession d'autres choses de la même nature ; car dès qu'il y a eu éviction, c'est que la chose donnée n'appartenoit pas au testateur ; et dès-lors l'héritier n'a pu la donner en paiement du legs, et il doit en délivrer une autre. Mais si la chose livrée étoit unique, il est évident que l'héritier n'est pas tenu de l'éviction.

(4) *Soit que le testateur ait su ou non qu'elle ne lui appartenoit pas.* Il faut cependant excepter la disposition particulière portée en l'article 1423.

Observez qu'entre la disposition du droit Romain, qui déclaroit valable le legs de la chose d'autrui, quand le testateur savoit que la chose ne lui appartenoit pas, et la disposition du droit Français, qui déclare un pareil legs nul, il n'y a de différence, pour ainsi dire, que dans les mots. Car supposons que maintenant quelqu'un fasse la disposition suivante :

« Je sais qu'un tel, mon ami, désire avoir telle maison, qui est en vente en ce » moment ; je charge en conséquence mon héritier de lui fournir la somme néces» saire pour l'acheter aux meilleures conditions possibles. »

Certainement, je ne vois pas comment l'on pourroit contester une pareille disposition ; et cependant c'est à-peu-près le legs de la chose d'autrui, tel que l'entendoient les Romains.

Au reste, il résulte de la disposition de l'article 1021, que, lorsque le legs est d'un corps certain, il ne peut y avoir lieu à garantie pour éviction, en faveur du légataire contre l'héritier. En effet, la chose appartenoit, ou non, au testateur. Dans le premier cas, le légataire ne peut être évincé. Il n'y a donc pas lieu à garantie. Dans le second, le legs est nul, et ne peut conséquemment donner lieu à l'action en garantie. Il en seroit autrement, si l'action en garantie résultoit d'une créance hypothécaire contractée par le défunt. Le légataire n'étant pas tenu des dettes, l'héritier est tenu de le garantir des poursuites des créanciers, ou, s'il a été obligé de dégager l'hypothèque, de lui rembourser ce qu'il a payé à cet effet. (Art. 874.)

(5) *En compensation des gages qui peuvent lui être dus.* Ainsi, ils pourront

demander leurs legs; et, en outre, le créancier, sa créance; et le domestique; ses gages.

Quid, si un malade remet à un de ses amis le billet de son débiteur, avec ordre de le remettre, à lui créancier, s'il revient en santé, et de le remettre au débiteur, s'il vient à mourir? Je crois cette disposition valable (*L.* 3, §. 2, ff. *de Liberat. Leg.*); mais comme donation *causâ mortis*. Elle n'aura lieu en conséquence que *deducto œre alieno*. *Nec obstat* que cette disposition n'est point revêtue des formes testamentaires; car de même qu'une donation d'effets mobiliers est valable sans aucun acte, lorsqu'elle est accompagnée de la tradition réelle, de même celle dont il s'agit, étant accompagnée d'une espèce de tradition, n'a besoin d'être revêtue d'aucune formalité. (Voyez ci-dessus, note (6) de la page 238.)

Quid, si quelqu'un lègue à son débiteur ce qu'il lui doit, et qu'il reçoive son paiement de son vivant? Le legs est caduc. Remarquez, en effet, que ce n'est pas la somme due qui est léguée; car le débiteur en est propriétaire (art. 1893), *et nemini res sua legari potest;* le legs est donc simplement celui de la libération de la créance: or quand la créance n'existe plus, il ne peut plus y avoir de libération.

Quid, si le legs de libération est fait à l'un de deux débiteurs solidaires? Le legs est valable, et la dette est éteinte, même à l'égard de l'autre codébiteur, à moins que le testateur n'ait manifesté expressément l'intention contraire. (Art. 1285.) Mais dans ce dernier cas, et pour déterminer ce que la succession peut demander au débiteur qui n'est pas libéré, nous allons poser l'espèce suivante:

Primus et *Secundus* sont débiteurs solidaires. Le créancier lègue à *Primus* ce qu'il lui doit. Mais il résulte des termes du testament, que le créancier n'a pas eu l'intention que *Secundus* profitât de la libération. Je dis que, dans ce cas, même, il faut cependant encore apporter une distinction, fondée sur ce que l'on doit toujours présumer que le testateur a voulu que le legs profitât à *Primus*.

En conséquence, si *Primus* étoit seul intéressé dans la dette, l'héritier ne pourroit rien demander, même à *Secundus*. Car, comme alors *Secundus* pourroit répéter contre *Primus* tout ce qu'il auroit payé (art. 1216), il en résulteroit que le legs fait à *Primus* lui seroit entièrement inutile. Or, *omne legatum debet esse utile legatario*. Si *Primus* n'étoit pas seul intéressé dans la dette, l'héritier aura action contre *Secundus*, mais seulement jusqu'à concurrence de son intérêt. En effet, s'il étoit obligé de payer davantage, il auroit un recours contre *Primus*. Par la même raison, si *Secundus* étoit seul intéressé dans la dette, l'héritier auroit action contre lui pour le total.

Quid, si le même legs est fait à la caution? Le débiteur principal n'est pas libéré. (Art. 1286.) Mais s'il est fait au débiteur principal, la caution est libérée. (Voyez l'alinéa précédent.)

(6) *Mais il est tenu d'en demander la délivrance*. *Nec obstat* que le légataire particulier est saisi du moment du décès, puisqu'il transmet à ses héritiers; car il est saisi de la propriété seulement, qui est de droit. Mais quant à la possession, qui est de fait, il faut qu'il la demande à l'héritier. Il en est de lui, comme

des héritiers d'un absent, qui sont censés saisis du moment de la disparition, et qui, cependant, sont obligés de se faire envoyer en possession par le tribunal.

(7) *Et il ne peut prétendre les fruits ou intérêts. Quid*, si ce sont des fruits qui sont légués? Par exemple : *Je lègue les fruits qui seront pendans par racines sur telle terre au moment de mon décès.* Ces fruits sont dus bien certainement, mais comme capital, et non comme fruits; et s'ils avoient été recueillis par l'héritier, dans le cas où le légataire ne se seroit pas présenté, celui-ci ne pourroit réclamer les intérêts de la somme représentative de ces fruits, que du jour de la demande.

Quid, si le legs est d'un usufruit? Dans ce cas, comme l'usufruit est quelque chose de distinct de la perception des fruits, *cum consistat in jure, perceptio verò fructuum in facto*, je pense qu'on doit le comparer à une rente viagère, et le regarder comme un être moral produisant des fruits. Les fruits ne seroient donc dus que du jour de la demande.

Quid, si le legs consistoit dans la remise d'une dette portant intérêt? Je pense qu'alors le legs pouvant s'acquérir par voie d'exception, on ne peut forcer le légataire de former une demande en délivrance. Les intérêts cesseront donc de plein droit, à compter du jour du décès. On doit en dire autant du légataire qui est déjà possesseur de la chose léguée à quelqu'autre titre.

Quid, si c'est un prélegs? Comme le prélégataire est saisi comme héritier, je pense qu'on ne peut le forcer de former une demande. Il est vrai, qu'il n'est saisi que pour sa part, et que, *stricto jure*, il devroit former la demande contre ses cohéritiers, chacun pour leur part; mais *res amarè tractandæ non sunt inter coheredes.* Je crois, d'ailleurs, que cela n'est pas dans l'usage.

(8) *Lui a été volontairement consentie.* Le testateur pourroit-il dispenser le légataire de la nécessité de former la demande en délivrance? Oui sans doute. Ce n'est pas que si l'héritier refuse de livrer la chose, il faudra bien que le légataire le poursuive en justice. Mais au moins la disposition du testament aura pour effet de faire courir les intérêts ou les fruits du jour du décès.

PAGE 263.

(1) *Dans son testament*, soit dans celui qui contient la disposition principale, soit dans un testament postérieur. Mais il faut que cette déclaration soit faite par testament, parce que c'est réellement une nouvelle disposition.

(2) *Et qu'il a fait à titre d'alimens.* DOMAT ajoute un troisième cas qui est juste (Liv. IV, tit. II, sect. VIII, art. 3); c'est celui où l'héritier auroit caché le testament. L'héritier seroit alors condamné à des dommages-intérêts, dans lesquels on feroit entrer les fruits ou intérêts de la chose léguée.

(3) *Et hypothécairement pour le tout.* Cette hypothèque est donc du nombre de celles nommées en droit *légales*, parce qu'elle est établie par la loi seule, et indépendamment de toute convention. Mais remarquez que cette hypothèque n'a d'effe qu'à l'égard des débiteurs du legs et de leurs ayant-cause, et non à l'égard des créanciers de la succession, qui doivent être préférés aux légataires, ainsi que nous l'avons

vu au Titre *des Successions*, et d'après la maxime : *Nemo liberalis, nisi liberatus.* (Voyez ci-dessus, la note (5) de la page 258.)

Cette hypothèque frapperoit-elle sur les immeubles échus aux légitimaires pour leur réserve ? Je ne le pense pas. En effet, ils ne peuvent être tenus comme représentant le testateur, puisque le testateur n'étoit pas tenu des legs. D'un autre côté, ils n'en sont pas tenus en vertu du quasi-contrat d'adition d'hérédité, puisqu'aux termes de l'article 1009, ce quasi-contrat ne les oblige pas envers les légataires. Or, d'après l'article 1017, il n'y a que les immeubles échus à ceux qui sont débiteurs des legs, qui soient sujets à l'action hypothécaire des légataires. Enfin, la légitime ou réserve est considérée comme une espèce de dette, payable, à la vérité, après tous les créanciers du défunt, mais aussi payable avant tous les légataires.

(4) *Est périe totalement. Quid*, s'il en reste quelque chose ? Il faut distinguer : Si la chose a péri depuis la mort du testateur, ce qui reste est dû dans tous les cas, parce que le légataire ayant été saisi de la propriété de toute la chose, du moment du décès, il a également droit sur tout ce qui en faisoit partie, soit comme chose principale, soit comme chose accessoire. Mais si la chose a péri pendant la vie du testateur, pour déterminer le droit que le légataire peut conserver sur ce qui reste, il faut d'abord distinguer si ce qui reste peut être regardé comme la chose principale, ou comme en faisant partie. Dans ce cas, il peut être réclamé par le légataire; mais si ce qui reste ne peut être regardé que comme l'accession de la chose léguée, le legs est entièrement éteint. (*L.* 1, ff. *de Peculio legato*) ; et le jurisconsulte en donne la raison dans la loi 2 : *Quia quæ accessionum locum obtinent, extiguuntur, quum principales res peremptæ fuerint.*

Secondement, il peut arriver que la chose léguée n'existe plus en espèce, *in specie*, au moment de la mort du testateur, mais que néanmoins elle existe en matière ; comme si de l'argenterie avoit été léguée, et que le testateur en ait fait faire un lingot. Pour résoudre les questions qui peuvent s'élever à ce sujet, il faut soigneusement distinguer la forme de la matière. C'est la forme qui ordinairement constitue la chose, *forma dat esse rei*. Le legs d'une voiture n'est pas le legs des différens matériaux qui la composent; de même que le legs de ces matériaux, pris ensemble ou séparément, mais désignés comme matériaux, ne seroit pas le legs de la voiture. La forme peut donc changer, sans que la matière périsse; et le legs de la chose n'en est pas moins caduc. Exemple : On a légué un bateau : ce bateau a été ensuite déchiré, et avec le bois on a fait un hangard. La matière subsiste ; mais la forme est changée : le legs est nul. En effet, le bateau n'est pas dû, puisqu'il n'existe plus. Le hangard ne l'est pas davantage, puisque ce n'est pas lui qui a été légué. Le légataire n'auroit pas plus de droit sur les planches, quand elles n'auroient pas été employées. (*L.* 88, §. 2, ff. *de Legatis*. 3°) De même, si des planches ont été léguées, et qu'avec ces planches le testateur ait fait faire un bateau, ou un meuble, le légataire n'a rien à réclamer. (*L. eâd*, §. 1.) A la vérité, le §. 3 de la même loi décide, que si un lingot de métal a été légué, le légataire peut réclamer les vases faits avec ce lingot. Mais cette décision tient à la doctrine des jurisconsultes appelés *erciscundi*, qui distinguoient si la matière pouvoit, ou non, reprendre sa première forme, et qui, dans le cas de l'affirmative, adjugeoient le nouvel ouvrage au légataire, et déclaroient le legs nul dans le cas contraire. Cette doctrine n'est pas admise chez nous. (Art. 570.) Je pense donc, d'après cela, et encore par analogie de l'article 1038, que l'on verroit dans le changement de forme, quel qu'il soit, une preuve du changement de volonté du testateur, et que dans l'espèce du §. 3 de la loi 88, le legs seroit pareillement déclaré nul. Car on ne peut pas dire que des vases soient un lingot.

Quid, si une maison a été léguée, et qu'elle ait été ensuite brûlée du vivant du testateur, le terrain est-il dû? Je pense qu'oui. Il faisoit partie du legs. A la vérité, comme nous l'avons établi précédemment, quand la chose principale a péri du vivant du testateur, le légataire ne peut pas même réclamer l'accessoire; mais ici c'est au contraire l'accessoire qui a péri; le terrain est la chose principale, *ædificium solo cedit.* La règle n'est donc pas applicable. Par la même raison, je pense que, si le testateur avoit fait construire une nouvelle maison sur l'emplacement de l'ancienne, elle appartiendroit au légataire. Car, d'après l'article 1019, si le terrain eût été légué seul, et que le testateur y eût fait bâtir une maison, la maison seroit due; donc, etc. Les Romains distinguoient sur ces différentes questions : Si le terrain avoit été légué, et que sur ce terrain le testateur ait fait bâtir une maison, ils décidoient que le terrain et la maison étoient dus au légataire. (*L.* 44, §. 4, ff., *de Legatis.* 1°) Mais si le testateur avoit légué une maison, et que, cette maison étant brûlée, il en ait fait rebâtir une autre, ils décidoient que le legs étoit caduc, à moins que le légataire ne prouvât que le testateur avoit persévéré à son égard dans la même volonté. (*L.* 65, §. 2, ff. *eod.*) J'avoue que je ne puis admettre cette distinction; elle suppose en effet que, dans le legs d'une maison, c'est la maison qui est la chose principale, et que le terrain n'est regardé que comme l'accessoire; tandis qu'il est de principe que c'est le terrain qui est la chose principale, tellement que la maison bâtie par un tiers avec ses matériaux sur le terrain d'autrui, appartient au propriétaire du terrain. Si donc le terrain est la chose principale, la perte de la maison n'a pu anéantir le legs du terrain. Et dans ce cas, le légataire a droit de le demander, ainsi que toutes les constructions qui ont pu y être faites par le propriétaire, conformément à l'art. 1019.

La même décision n'auroit pas lieu, si c'étoit seulement l'usufruit de la maison qui eût été légué. Nous avons vu les motifs de la différence, au Titre *de l'Usufruit.*

(5) *Du fait.* Il suffit du fait de la part de l'héritier, et quand il n'y auroit point de faute de sa part. Pour comprendre cette distinction, il faut se rappeler un principe que nous avons déjà eu occasion d'établir, que, *qui rem quasi suam neglexit, in culpâ non est.* Si donc un meuble a été légué, et que l'héritier ignorant le testament, en ait disposé, il en doit l'estimation. Cependant il n'y a pas de faute; car il a disposé de la chose comme lui appartenant. Mais il y a un fait de sa part, et cela suffit. *Nemo potest proprio facto se ab obligatione liberare.* (*L.* 91, §. 2, ff. *De verborum Obligat.*) S'il connoissoit le testament lorsqu'il a disposé de l'objet,

alors il y auroit dol, et il seroit condamné, non-seulement à payer l'estimation, mais encore aux dommages-intérêts du légataire.

(6) *Ou de la faute.* De quelle faute est tenu l'héritier? Les Romains décidoient qu'il étoit tenu de la faute légère (*L.* 108, §. 12, ff. *De legatis* 1°.); c'est-à-dire, qu'il étoit tenu d'apporter à la conservation de la chose, les soins d'un bon père de famille. Il en seroit de même chez nous. (Art. 1137.)

Quid, s'il y a plusieurs héritiers, et que la chose ait péri par le fait ou la faute de l'un d'eux? Les autres sont libérés. (*L.* 48, §. 1, ff. *De legatis*, 1°.) Ils ne sont pas débiteurs solidaires; ils sont tenus chacun pour leur part. Le fait de l'un est pour les autres un cas fortuit dont ils ne sont pas garans. Mais le légataire aura action, pour le tout, contre le cohéritier par le fait ou la faute duquel la chose a péri.

(7) *Chez le légataire.* (Voir l'article 1302, et au IIe. Volume, la note (6) de la pag. 58.)

(8) *Avec les accessoires nécessaires*; c'est-à-dire, sans lesquels la chose ne pourroit servir à son usage ordinaire. Si donc un attelage a été légué, le harnois est dû. Il en est de même de la cage d'une pendule. De même, si le fonds légué est enclavé, et qu'il n'y ait d'autre moyen de parvenir à la voie publique, qu'en passant par un fonds appartenant à la succession, l'héritier doit livrer gratuitement le passage. (*L.* 1, §. 1, ff. *Si ususf. petat.*)

Quid, si la chose principale a péri. Nous avons examiné cette question ci-dessus, note (4), et nous avons dit qu'il falloit distinguer: si elle a péri pendant la vie du testateur, le légataire ne peut réclamer l'accessoire. (*LL.* 1 et 2, ff. *de Pecul. legat.*); car l'accessoire n'est dû qu'autant que le principal est également dû. Or, ici, le principal n'a jamais été dû; mais si la chose a péri depuis le décès du testateur, le légataire ayant été saisi de la propriété du principal et de l'accessoire, peut réclamer ce qui reste.

Pour connoître comment on doit entendre le legs d'une maison meublée, ou d'une maison avec tout ce qui s'y trouve, *voyez* ci-dessus, liv. II, tit. I, chap. I, sect. II.

(9) *Au jour du décès du testateur.* Il faut entendre cela, dans le sens que l'héritier est responsable des dégradations commises sur l'objet légué, et qu'il a pu empêcher (Art. 1136 et 1137), comme il auroit droit d'être indemnisé des dépenses que lui auroit coûté la conservation de la chose. Mais quant aux améliorations ou détériorations intrinsèques ou fortuites, que la chose a pu éprouver depuis le décès du testateur, il est évident qu'elles regardent le légataire, puisqu'il est devenu propriétaire à l'époque de ce décès.

(10) *Le légataire ne peut demander qu'elle soit dégagée.* L'article 1020 compare ici l'usufruit à l'hypothèque, dans le sens seulement que l'héritier n'est tenu de dégager la chose dans aucun des deux cas. Ainsi il ne sera pas obligé de payer la dette hypothéquée, avant son échéance. Mais il y a toujours cette différence, que le légataire est obligé de souffrir l'usufruit, sans recours contre l'héritier; au lieu que s'il paye par l'effet de l'hypothèque, il a son recours contre l'héritier, ainsi qu'il est dit dans le texte, et que cela est porté par l'article 874. Cette différence provient de ce que l'usufruit est un démembrement de la propriété. Lors donc, que le testateur a légué un fonds soumis à un usufruit, il a légué le fonds, moins l'usufruit, *deducto*

usufructu. Il n'en est pas de même de l'hypothèque, qui n'est que l'affectation du fonds au paiement d'une créance dont le légataire n'est pas tenu.

(11) *Qu'autant que le testateur l'a expressément ordonné*. Mais si le testateur a fait cette disposition dans le cas de l'usufruit, il a vraiment légué la chose d'autrui, puisque l'héritier est alors obligé, ou de s'arranger avec l'usufruitier pour obtenir sa renonciation à l'usufruit, ou d'indemniser le légataire; ce qui est vraiment léguer la chose d'autrui, dans le sens que l'entendoient les Romains. Il faut dire que c'est une exception à l'article 1021.

PAGE 264.

(1) *A moins que ce fonds ne soit un enclos*, et qu'il n'ait été légué comme enclos, ou comme pièce, ou comme fonds ne formant qu'un tout; comme si le testateur a dit: *Je lègue mon clos, ma pièce de terre, etc., de tel endroit.* Mais s'il avoit légué par mesure, *putà*, s'il avoit dit: *Je lègue dix arpens de terre que j'ai dans tel endroit*, je pense que, quand même ces dix arpens seroient clos, les augmentations n'appartiendroient pas au légataire.

(2) *Et qu'elles n'aient servi à en augmenter l'enceinte.* Il en seroit autrement, si le clos avoit été donné entre-vifs, que le donateur s'en fût réservé l'usufruit, et que, pendant sa jouissance, il en eût augmenté l'enceinte. Le donataire ne pourroit, dans aucun cas, réclamer les augmentations. La raison de différence est que le donataire est saisi du moment de la donation. Il doit donc prendre la chose telle qu'elle étoit à cette époque. Le légataire, au contraire, n'est saisi qu'au moment du décès; il peut donc réclamer la chose telle qu'elle se trouve à cet instant.

(3) *Exécuteurs testamentaires.* Ces exécuteurs testamentaires sont les mandataires du défunt; ou plutôt, ils sont les mandataires des héritiers et des légataires, nommés par le défunt. Il se forme donc entr'eux, et les héritiers et légataires, à-peu-près les mêmes obligations qu'entre un mandant et un mandataire.

L'individu nommé exécuteur testamentaire peut-il refuser cette fonction? Oui, sans doute, excepté toutefois dans les cas suivans:

1°. S'il lui a été fait un legs à cette condition, et qu'il l'ait reçu, comme s'il est dit: *je donne et lègue à . . . . . ., pour les peines et soins que lui causera l'exécution de mon testament.* Si le legs a été fait purement et simplement, l'on pensoit anciennement que le légataire pouvoit prendre le legs, et refuser l'exécution. (RICARD, *des Donat.*, Part. III., n°. 236); mais j'avoue que la disposition des lois Romaines me paroît beaucoup plus équitable. *Omnibus qui contrà voluntatem defuncti faciunt, ut indignis aufertur hereditas.* (PAUL, *Sentent.*, lib. 3, tit. 5.) Et l'opinion de RICARD, sur ce point, peut paroître d'autant plus singulière, qu'il décide tout autrement dans le cas où le légataire a été désigné par le testateur pour être tuteur de ses enfans. Il pense que, dans ce cas, et quoique le legs ait été fait purement et simplement, le légataire qui refuse la tutelle, quand même il auroit une excuse légitime, doit être privé de son legs. Or, certainement les fonctions de tuteur sont bien plus onéreuses et de bien plus longue durée que celles d'exécuteur testamentaire, et par conséquent, celui qui les refuse, est bien plus excusable.

Le second cas dans lequel l'exécuteur testamentaire ne peut refuser, c'est quand il a commencé à gérer. *Contractus ab initio sunt voluntatis, et ex post facto, necessitatis.* Si, cependant, il se trouvoit dans l'impossibilité de continuer la gestion, sans éprouver lui-même un préjudice considérable, alors il pourroit renoncer. (Art. 2007.)

(4) *Qu'ils auront cette saisine.* Quel droit leur donne cette saisine? Si le testateur ne s'est pas exprimé à cet égard, l'exécuteur testamentaire qui a la saisine, peut, si toutefois cela est nécessaire pour le paiement des legs mobiliers, faire vendre les meubles à sa requête; il peut poursuivre les débiteurs de la succession, recevoir les paiemens faits par eux, même le remboursement des rentes constituées, s'il en est offert pendant la saisine. Mais s'il y a contestation de la part des débiteurs, soit sur le fonds de la dette elle-même, soit sur la quotité qui est encore due, l'exécuteur testamentaire doit mettre en cause l'héritier, parce que celui-ci est propriétaire, et qu'il a intérêt. Autrement, le jugement seroit à son égard comme non-avenu, ou, du moins, il auroit le droit d'y former tierce-opposition.

L'exécuteur testamentaire qui a la saisine, est-il chargé de payer les dettes de la succession? Non; et ce qui le prouve, c'est que, lors même qu'il a la saisine, l'héritier peut la faire cesser, en justifiant seulement du paiement des legs mobiliers, ou en offrant la somme nécessaire pour cela.

(5) *Mais elle ne peut durer au-delà de l'an et jour, à compter du décès.* Anciennement que la saisine étoit de droit, il étoit tout simple que la loi en eût fixé la durée. Il étoit encore naturel d'adopter la même disposition dans notre droit, pour le cas où le testateur s'est contenté de donner la saisine, sans en fixer le terme. Mais l'on ne voit pas pourquoi, sur-tout quand il n'y a pas de légitimaire, le testateur ne pourroit pas prolonger la saisine; car il me semble que celui qui peut priver ses héritiers de sa succession, peut leur imposer telle condition qu'il juge convenable, pourvu qu'elle ne soit pas contraire à l'ordre public et aux bonnes mœurs. Le testateur n'a-t-il pas pu prévoir que sa succession seroit d'une liquidation longue et difficile? S'il a fait des legs sous des conditions dont l'événement, ou à un terme dont l'échéance, puisse se prolonger plus d'un an après sa mort, n'a-t-il pas pu désirer que la saisine de l'exécuteur se prolongeât jusque-là? Pourquoi le priver de ce droit? D'après ces raisons qui me paroissent sans réplique, je penserois volontiers que la disposition de l'article 1026 n'est qu'applicable qu'au cas où le testateur s'est contenté de donner la saisine, sans rien déterminer quant à sa durée; et que, dans le cas contraire, la question rentre dans le droit commun, d'après lequel les dispositions des testamens doivent être exécutées, toutes les fois qu'elles ne sont pas contraires aux lois ou aux bonnes mœurs.

Quid, dans le cas où, la saisine ne durant qu'un an, il existe des dispositions qui n'ont pu être exécutées pendant l'année? Si l'exécuteur testamentaire craint que l'héritier ne dissipe la succession, il peut et doit prendre les précautions nécessaires pour l'exécution des legs. Ainsi, je pense qu'il peut et doit, le cas échéant, demander la séparation des patrimoines du chef des légataires dont il est censé le mandataire. Si la succession comprend des immeubles, il doit prendre des inscriptions hypothécaires, conformément aux articles 1017 et 2111. Si elle est toute mobilière, je pense qu'il peut exiger que l'héritier donne caution ou consigne la somme nécessaire pour l'acquittement des legs non encore payés ; qu'il peut même se faire autoriser à faire des saisies-arrêts entre les mains des débiteurs de la succession, etc.

Quid, si le testament ou l'exécution ont été contestés? Je pense que l'année ne doit courir que du jour où l'exécuteur a pu se mettre en possession.

Observez que toutes les causes qui, aux termes de l'article 2003, font cesser le mandat, *ex personâ mandatarii*, telles que la renonciation du mandataire, quand il peut renoncer, sa mort naturelle ou civile, son interdiction ou sa déconfiture, font cesser la saisine.

(6) *Et qu'ils aient tous accepté*. S'ils n'ont pas tous accepté, aucun ne peut agir, comme nous allons voir tout-à-l'heure, note (4) de la page suivante. Il n'y a donc plus de responsabilité.

(7) *Ils sont solidairement responsables*. Pourquoi y a-t-il solidarité entre les exécuteurs testamentaires, tandis qu'aux termes de l'article 1995, elle n'existe pas entre les mandataires? C'est que, dans le mandat, le mandant peut révoquer par l'effet de sa seule volonté; mais ici les héritiers ne peuvent révoquer sans une cause légitime et approuvée par le juge : il étoit donc nécessaire d'augmenter leurs sûretés. D'ailleurs, puisque l'on permet à un seul, ainsi que nous le verrons tout-à-l'heure, d'agir au défaut des autres, il étoit naturel de leur imposer une responsabilité qui les obligeât de se surveiller mutuellement.

(8) *Relatives au mobilier*, ainsi que de l'exécution des autres volontés du testateur, qui doivent se résoudre définitivement en sommes mobilières ; *putà*, pour l'érection d'un monument, ou autres choses semblables. Quant aux legs immobiliers, la même disposition n'a pas lieu, parce que la propriété de la chose étant passée directement au légataire, l'héritier ne peut en disposer à son préjudice.

(9) *De faire apposer les scellés, s'il y a lieu*. Comme nous l'avons vu au titre précédent, l'apposition des scellés n'est indispensable, qu'autant que, parmi les héritiers, il y a des absens, des mineurs ou des interdits non pourvus de tuteurs.

PAGE 265.

(1) *En présence des héritiers*, institués ou *ab intestat*, ou en présence d'un notaire, pour représenter les non-présens. (*Procéd.* 942.) C'est à l'exécuteur testamentaire à faire procéder à cet inventaire, et les héritiers ont seulement droit d'être présens ; c'est donc à lui à choisir le notaire, sauf aux héritiers à en appeler un second, s'ils le jugent convenable.

(2) *Pour l'acquittement des legs*. Les héritiers pourront donc empêcher cette vente, en offrant une somme suffisante. L'exécuteur pourroit-il, en cas d'insuffisance du mobilier, provoquer la vente des immeubles? Je ne le pense pas. Les immeubles ne peuvent être vendus que par expropriation forcée, qui ne peut être poursuivie qu'à la requête du créancier, c'est-à-dire du légataire.

(3) *Relativement à l'exécution dont ils ont été chargés ;* et cela, quand même le testateur auroit fait un legs, nommément pour l'exécution testamentaire, parce que le legs est censé, plutôt la récompense de la peine que cause l'exécution, que le paiement des frais qu'elle occasionne.

(4) *Et qu'ils ont tous accepté. Quid*, s'ils n'ont pas tous accepté ? Il paroît résulter de la rédaction de l'article 1033, que, dans ce cas, ceux même qui ont accepté, ne peuvent agir : et, cette disposition est fondée en raison. Quand ils ont tous accepté, comme ils sont solidairement responsables, l'héritier a toutes les sûretés que le testateur a voulu lui donner. Mais si l'un d'eux n'a pas accepté, il n'est pas tenu. Les sûretés de l'héritier seroient donc diminuées. Il est possible, d'ailleurs, que, de la part du testateur, la désignation ait été indivisible, tellement qu'il n'eût peut-être pas nommé l'un sans l'autre. (Argument tiré de l'article 1858.) Enfin, c'est peut-être la mauvaise réputation de celui qui a accepté, qui a déterminé les autres à refuser.

(5) *Le mineur*, même émancipé, puisqu'il est question de curateur.

(6) *Même avec l'autorisation de son tuteur ou curateur.* Dans ce cas, ce seroit réellement le tuteur ou le curateur qui dirigeroit l'exécution ; or, ce n'est pas à eux que le défunt a donné sa confiance. *Nec obstat* l'article 1990, qui permet de choisir un mineur pour mandataire : car, dans cet article, il s'agit d'un choix volontaire. Or, celui qui charge volontairement un mineur de sa procuration, s'expose à toutes les suites d'un pareil choix, et notamment à voir annuller par l'action en rescision, les obligations que le mineur pourroit avoir contractées envers lui par suite du mandat. *Debet igitur sibi imputare cur talem elegerit.* Mais l'exécuteur testamentaire est mandataire obligé des héritiers et des légataires. On ne peut les forcer de laisser la gestion des affaires de la succession à un homme qui peut, à son gré, se faire restituer contre ses obligations.

Quid, s'il a été fait un legs au mineur, en sa qualité d'exécuteur testamentaire ? Pourra-t-il prendre le legs, ne pouvant se charger de l'execution ? Je pense qu'il faut distinguer : Si le testateur le croyoit majeur, je crois le legs caduc. *Secùs*, s'il savoit qu'il étoit mineur. Dans ce dernier cas, la condition est contraire aux lois ; et, sous ce rapport, elle est réputée non écrite. Mais ce sera à l'héritier à prouver que le testateur a été trompé sur l'âge du légataire.

(7) *Qu'avec l'autorisation de son mari.* Pourquoi ne peut-elle pas se faire autoriser par justice ? Pour plusieurs raisons. D'abord, il n'y a pas nécessité pour elle d'accepter ; en second lieu, il faut, comme nous l'avons dit, donner à l'héritier toutes les sûretés possibles. Or, il n'est pas très-sûr de traiter avec une femme mariée sous le régime de la communauté, et non autorisée par son mari, puisqu'on ne peut alors poursuivre, pendant le mariage, que la nue propriété de ses immeubles personnels.

Quid, s'il y a un legs attaché à l'exécution testamentaire ? Je pense que le legs est caduc, si le mari refuse d'autoriser ; autrement, ce seroit lui procurer le moyen de concerter avec sa femme un moyen frauduleux d'avoir le bénéfice sans les charges. D'ailleurs, il y a cette différence avec le cas précédent, relativement au mineur, qu'à l'égard de celui-ci, la condition est réellement illicite, puisque la loi défend absolument de charger un mineur de l'exécution d'un testament; au lieu qu'elle ne fait pas la même défense à l'égard de la femme; elle se contente de subordonner l'exécution à la volonté du mari.

Quelle sera l'étendue de l'obligation de la femme qui a accepté avec l'autorisation de son mari? Il faut distinguer : s'il lui a été fait un legs mobilier, comme la communauté profite du legs, je pense que l'exécution des obligations contractées par la femme, peut être poursuivie sur les biens personnels de la femme, sur ceux du mari, et sur ceux de la communauté. (Argument tiré des art. 1411 et 1419.) Mais si le legs n'est pas de nature à tomber dans la communauté, *putà*, si c'est un immeuble, la femme est tenue seule, et sur ses biens personnels. (Argument tiré de l'art. 1413.)

(8) *Avec l'autorisation de justice. Quid*, si elle est simplement non commune? Comme ses droits sont encore bien moins étendus que ceux de la femme mariée sous le régime de la communauté, je pense qu'on doit, à plus forte raison, lui appliquer ce qui a été dit, relativement à cette dernière.

Quid, si elle est mariée sous le régime dotal? Lui appliquer ce qui vient d'être dit, relativement à la femme séparée.

(9) *Par le fait du testateur.* Le testament est encore révoqué par le fait du testateur, lorsqu'il encourt la mort civile, ainsi que nous l'avons vu au Livre I.

(10) *Soit dans un testament postérieur. Quid*, si le testateur s'est contenté de dire dans un acte écrit, daté et signé de sa main : *Je révoque mon testament*, ou *tous mes testamens*? Cette révocation est-elle valable? La raison de douter est que cet acte peut être regardé comme un testament, puisqu'il réunit toutes les formalités requises pour les testamens olographes. Mais ce qui me décideroit pour la négative, c'est que le Code a défini lui-même le testament, un acte par lequel on dispose de tout ou partie de ses biens. Or ici, le défunt ne dispose de rien, donc cet acte n'est pas un testament. Mais, objecte-t-on, *Dat qui non adimit*, disent les lois Romaines. *His (Succedentibus ab intestato) creditur paterfamilias spontè suâ relinquere legitimam hereditatem.* (L. 8, §. 1, ff. *De jure Codicill.*) Le testateur, en révoquant son testament, gratifie ses héritiers *ab intestat*, puisqu'il détruit l'acte qui leur ôtoit tout ou partie de ses biens. Donc le testateur dispose réellement en leur faveur par l'acte de révocation; donc cet acte est un testament. Mais qui ne sent que ce raisonnement est un pur sophisme, qu'il n'est pas difficile de mener jusqu'à l'absurde. Car il en résulteroit que toute personne qui meurt *intestat*, a fait un testament: car elle a disposé en faveur de ses héritiers légitimes, par cela seul qu'elle ne leur a pas ôté ce qu'elle pouvoit leur ôter. Quant au principe cité des lois Romaines, il faut se reporter au cas pour lequel il a été établi.

Il faut d'abord savoir que les fidéicommis étoient extrêmement favorisés à Rome, puisqu'on pouvoit les faire, *etiàm nutu*. D'un autre côté, l'on tenoit, comme de raison, qu'on ne pouvoit grever de fidéicommis, que ceux en faveur de qui on avoit disposé. Et, à ce sujet, l'on avoit demandé si l'on pouvoit faire un fidéicommis par codicille, et sans faire de testament. La raison de douter étoit, que l'on ne pouvoit instituer d'héritiers par codicilles. Le fidéicommis ne pouvoit donc frapper que les héritiers *ab intestat*. Or, disoit-on, le testateur qui ne les a pas institués, ne peut les grever de fidéicommis, puisqu'ils ne tiennent pas leur droit de lui, mais de la loi seule. Mais les jurisconsultes Romains, toujours singulièrement portés, comme nous l'avons dit, à favoriser les fidéicommis, avoient décidé néanmoins que le fidéicommis étoit valable, attendu que le testateur étoit censé gratifier ses héritiers *ab intestat*, en ne leur ôtant pas la succession, ainsi qu'il le pouvoit. Mais l'on sent que ce motif ne peut s'appliquer au cas dont il s'agit; car, pourquoi la loi exige-t-elle un acte notarié, quand la révocation n'est pas faite par un testament? C'est afin de protéger le testateur contre l'influence des personnes qui l'entourent, et qui pourroient profiter de sa foiblesse pour lui arracher une révocation. On présume que, devant un officier public, il sera plus libre et plus maître de sa propre volonté. Or, l'inconvénient qu'on a voulu éviter, auroit lieu, s'il suffisoit d'un acte sous seing-privé, même écrit en entier de la main du testateur.

On objecte encore qu'il sera facile d'éluder la loi, en faisant insérer dans l'acte une disposition d'une somme modique, au profit d'un individu quelconque. ce sera alors un testament, dans le sens de l'art. 894; et cela suffira bien certainement pour révoquer. Je réponds que c'est un inconvénient inséparable de la chose même. Dès qu'on admet les testamens olographes, l'on ne peut refuser au testateur le droit d'en faire un second, un troisième, et par conséquent de révoquer le premier. Mais au moins faudra-t-il une disposition; cela sera plus long, et plus difficile à arracher par la fraude ou les sollicitations.

Il s'est encore élevé sur ce même article une question fort importante et fort controversée; c'est celle de savoir si un testament, qui réuniroit toutes les formalités nécessaires pour valoir comme acte notarié, mais qui seroit nul comme testament, *putà*, par l'incapacité d'un des témoins, par le défaut de mention qu'il a été écrit par le notaire; si ce testament, disons-nous, vaudroit au moins comme révocation, dans le cas où il révoqueroit effectivement un précédent testament.

J'avoue que cette question m'a toujours paru extrêmement délicate. L'on prétend qu'elle a été décidée pour la négative par un arrêt de la Cour de Cassation, du 4 novembre 1811. (*Journ. de la jurispr. du Code Nap.*, tome XVIII, pag. 12.) Mais d'abord, c'est un arrêt de rejet, qui ne forme conséquemment point préjugé; et, d'ailleurs, fidèle au plan que je me suis tracé, de discuter, de soumettre au raisonnement toutes les autorités, excepté celle de la loi, je crois pouvoir examiner encore la question, sous le point de vue sous lequel je pense qu'elle doit être envisagée.

Je pense d'abord que, dans notre droit, d'où l'on a banni toutes les subtilités, où tout se traite *ex æquo et bono*, il est difficile de décider ce point de droit d'une manière générale, et que la question peut et doit être résolue diversement, suivant les circonstances. Les personnes qui soutiennent que, dans l'espèce proposée, l'acte est nul, même comme révocation, disent qu'un testament est un tout indivisible, qui ne peut être scindé, et qui doit valoir, ou être nul, pour le tout. Cela est vrai: et si la révocation ne pouvoit se faire que par testament, il seroit également constant que toute révocation contenue dans un testament nul, seroit également nulle. Mais une révocation, aux termes de l'article 1035, peut se faire par tout autre acte que par un testament : et d'après cela, pourquoi ne considéreroit-on pas l'acte dont il s'agit, comme en contenant deux distincts, savoir, un testament et une révocation; et, dans ce cas, pourquoi la nullité de l'un des deux actes entraîneroit-elle la nullité de l'autre? Croit-on qu'un acte sous seing-privé, qui contiendroit une donation entre-vifs, et en même temps pouvoir au donataire de gérer les affaires du donateur, ne vaudroit pas comme procuration, quoique bien certainement il fût nul comme donation? Pourquoi donc, dans l'espèce, l'acte de révocation ne pourroit-il être valable, nonobstant la nullité de l'acte testamentaire? N'est-ce pas le cas d'appliquer la maxime : *Utile per inutile non vitiatur.*

On insiste et l'on dit : Le testateur n'est censé avoir voulu révoquer son premier testament, qu'autant que le second sera valable. Et en effet, si nous supposons qu'un homme ait, par un premier testament, institué un légataire universel; qu'ensuite il en ait fait un second, contenant quelques changemens, et dans lequel il ait cependant institué le même légataire universel; que ce second testament, contenant révocation du premier, comme cela est assez ordinairement d'usage, se trouve nul, par défaut de quelqu'une des formalités requises exclusivement pour les testamens, mais dont l'omission ne l'empêche pas de valoir comme acte notarié, il s'ensuivra que le légataire universel, qui a en sa faveur l'expression bien prononcée de la volonté du testateur, répétée dans deux testamens successifs, se trouvera néanmoins privé de son legs; car il ne pourra le réclamer en vertu du premier testament, puisqu'on suppose la révocation valable. Il ne le pourra pas davantage, en vertu du second, qui est nul. Or, cette disposition seroit souverainement injuste.

Je réponds d'abord, que le principe, d'après lequel on suppose que le testateur n'a voulu révoquer son premier testament, qu'autant que le second seroit valable, étoit vrai dans le droit Romain, où c'étoit une espèce de déshonneur de mourir *intestat*, et où d'ailleurs l'existence seule d'un second testament suffisoit pour emporter révocation totale du premier. On ne présumoit jamais qu'une personne avoit voulu mourir sans avoir disposé de ses biens; et d'après cela, l'on devoit supposer que la révocation du premier testament étoit subordonnée à la validité du second, *quod ita demùm*, (dit la loi 18, ff. *de Legatis* 3°.) *à priore testamento velim recedi, si posteriùs valiturum sit.*

Ces motifs sont bien loin d'exister dans notre droit, où les testamens ne sont pas, à beaucoup près, regardés aussi favorablement que chez les Romains. Quant à l'exemple proposé, j'avoue que l'argument qu'on en tire seroit de la plus grande force, si je prétendois que, par cela seul qu'il existe une révocation dans un second testament, le premier se trouve pleinement et indéfiniment révoqué; mais ce n'est pas là mon système. Je me reporte entièrement au texte de la loi : et voici comme je raisonne à ce sujet :

L'article 1035 dit expressément que les testamens peuvent être révoqués par tout acte devant notaires, *portant déclaration de changement de volonté* : pour qu'il y ait révocation, il faut donc qu'il y ait changement de volonté. Or, peut-on dire qu'il y a changement de volonté, à l'égard des dispositions du premier testament, qui se trouve maintenues par le second; et même à l'égard de celles qui sont seulement modifiées, comme la révocation peut n'être que partielle, l'on peut dire qu'il n'y a pas de changement de volonté, jusqu'à concurrence de la quotité pour laquelle la première disposition est maintenue. Ainsi, soit un premier testament ainsi conçu :

« J'institue Pierre mon légataire universel ;

» Je lègue trois mille francs à Paul, deux mille francs à Jacques, et quinze » cents francs à Guillaume. »

Depuis, le testateur changeant de volonté sur quelques points, fait un second testament contenant révocation du premier, et, en outre, les dispositions suivantes :

« J'institue Paul mon légataire universel ;

» Je lègue trois mille francs à Pierre, deux mille francs à Guillaume, et quinze » cents francs à Nicolas. »

Ce second testament se trouve nul, comme testament, quoiqu'il puisse valoir comme acte notarié. Sans doute, si je prétendois qu'il a révoqué en entier le premier, je donnerois la plus grande force à l'objection ci-dessus, qui me paroîtroit alors insoluble. Mais je suis loin, comme je l'ai dit, d'adopter cette opinion ; et voici comme je raisonne :

Aux termes de l'article 1035, il n'y a révocation que quand il y a déclaration de changement de volonté. Or, peut-on dire qu'il y a changement de volonté dans le sens de l'article, à l'égard des dispositions qui se trouvent maintenues, en tout ou en partie, ou même augmentées, par le second testament? En conséquence, j'examine quelles sont les dispositions du premier testament, à l'égard desquelles il y a changement total ou partiel de volonté.

Je prends d'abord le legs universel fait à Pierre. Je vois que, par le second acte, il est réduit à trois mille francs. Je le regarde donc comme révoqué, en tant qu'il excède trois mille francs. (*Nota.* Il est bien entendu que je suppose, dans l'espèce, le legs universel d'une valeur supérieure à trois mille francs.)

Je prends ensuite le legs de trois mille francs fait à Paul. Y a-t-il, à son égard, volonté contraire? Non sans doute, puisque par le second acte il est institué légataire universel. Le legs de trois mille francs n'est donc pas révoqué.

Même raisonnement pour Guillaume, qui touchera ses quinze cents francs.

Quant à Jacques et Nicolas, ils n'auront rien à prétendre, savoir : Jacques, parce que la révocation a tout son effet à son égard, puisqu'il n'est pas nommé dans le second acte ; et Nicolas, parce qu'il ne peut rien réclamer qu'en vertu du second acte, qui est nul, comme acte de disposition.

L'on voit que, par cette explication, qui paroît dictée par les simples lumières de la raison, et qui n'est nullement en contradiction avec le texte de l'article 1035, l'objection s'évanouit entièrement, puisque je donne au premier testament tout l'effet qu'il peut avoir, relativement aux dispositions à l'égard desquelles le testateur a conservé, ou n'a fait que modifier ses premières intentions. En un mot, supposons un instant, qu'au lieu de faire un testament, le testateur a déclaré dans un simple acte notarié, qu'il entendoit révoquer partiellement son premier testament; qu'en conséquence il révoquoit, purement et simplement, le legs fait à Jacques, ainsi que celui fait à Pierre, en tant qu'il excédoit trois mille francs, etc.: pourroit-on contester une pareille révocation? Non sans doute; car la loi qui permet au testateur de révoquer son testament en entier, lui permet également de le révoquer en partie. Et, parce qu'il aura ajouté à cette révocation bien formelle, bien expresse, quelques autres dispositions qu'il ne pouvoit faire par le même acte, on en conclura que la révocation est nulle, et que les premières dispositions doivent être maintenues! Encore une fois, n'est-ce pas le cas d'appliquer la maxime : *Utile per inutile non vitiatur.*

Quid, dans l'espèce suivante : Un testateur a révoqué son premier testament, par un second qui est valable. Il révoque ensuite le second par un simple acte notarié, dans lequel il déclare que son intention est que le premier ait son effet. *Quid juris?* Quelques personnes ont pensé que la succession devoit être déférée *ab intestat*, et que les deux testamens étoient nuls, savoir : le second, parce qu'il étoit révoqué par un acte en forme; et le premier, parce qu'ayant été une fois annullé par la révocation contenue dans le second testament fait valablement, il ne pouvoit revivre que par une nouvelle manifestation de la volonté du testateur, exprimée dans les formes requises pour les dispositions testamentaires. Je pense que le contraire de cette opinion a été décidé en droit Romain, où les dispositions relatives aux testamens étoient peut-être encore plus rigoureuses que chez nous. Voici, en effet, l'espèce posée par PAPINIEN, dans la loi 11, §. 2, ff. *de Bonorum Possess. secund. tabul.*

Un père de famille fait son testament; il se donne en adrogation, est émancipé, et meurt. PAPINIEN décide que l'héritier institué ne peut réclamer l'exécution du testament qui a été annullé par l'adrogation du testateur. « Il en seroit autre-» ment, dit-il, si le testateur avoit, par un acte quelconque, *codicillis aut aliis* » *litteris*, manifesté l'intention que son testament fût valable. Dans ce cas, sa » volonté qui avoit changé, est censée renouvelée par sa déclaration. *Voluntas* » *quæ defecerat, judicio recenti rediisse intelligitur.* » PAPINIEN compare ce cas à celui où un testateur, après avoir fait un deuxième testament, ce qui, chez les Romains, emportoit de plein droit révocation du premier, auroit ensuite détruit ce second testament, en laissant subsister le premier. Il se fait ensuite l'objection sur laquelle repose précisément le système que nous combattons. « Mais alors, » dit-il, n'est-ce pas fonder un testament sur une simple déclaration de volonté, » *nudâ voluntate*, tandis que cette déclaration doit être entourée d'un grand » nombre de formalités, toutes rigoureusement requises par la loi? Non, ré-» pond-il, *nec putaverit quisquam nudâ voluntate constitui testamentum.* Car il ne » s'agit point ici du droit ou de la validité du testament, mais de l'effet de l'excep-

» tion que l'on peut opposer à l'héritier institué. *Non enim de jure testamenti » maximè quœritur, sed de viribus exceptionis.* » Ce qui a besoin d'être expliqué. C'est comme si PAPINIEN avoit dit :

« Quand l'héritier institué demandera la possession des biens en vertu du pre- » mier testament, si on lui oppose l'exception tirée du changement de volonté, » il détruira cette exception, en disant que le changement de volonté n'existe » pas, puisque le testateur a manifesté depuis une volonté contraire. Les juges » n'auront donc point à examiner la validité du testament, *non de jure testa- » menti quœritur*, mais seulement la valeur de l'exception opposée à la demande » de l'héritier, *sed de viribus exceptionis :* et comme il sera prouvé que le chan- » gement de volonté n'a pas persévéré jusqu'à la mort, l'exception ne sera pas » admise, et par conséquent le testament aura son effet. »

Il me semble que cette décision de PAPINIEN est parfaitement applicable à l'espèce proposée. *Sic* jugé en Cassation, le 4 décembre 1811 (SIREY, 1812, Ire. Part., pag. 129.)

(11) *Portant déclaration du changement de volonté.* Observez que l'acte de révocation peut être fait et expédié sur la même feuille que le testament même. (*Décret impérial du* 15 *juin* 1812, *Bulletin*, n°. 8023.)

PAGE 266.

(1) *Où il ne puisse plus être regardé comme tel ;* et, dans ce cas, la révocation est totale, par exemple, si le testateur a bâtonné ou déchiré son testament.

(2) *Ou qui leur sont contraires.* Le premier testament contient cette disposition : *Je lègue ma maison de ville à Pierre.* Le second contient celle-ci : *Je lègue ma maison de ville à Paul.* Le premier legs est révoqué. *Secùs*, si les deux legs étoient faits par le même acte ; car alors les deux légataires seroient censés conjoints. (Art. 1045.)

Quid, si l'usufruit seulement de la maison, a été légué à Paul par le second testament ? Le legs fait à Pierre est révoqué pour l'usufruit seulement.

Quid, si une somme est léguée à Pierre par un premier testament, et qu'il lui soit légué une somme pareille ou différente par un second testament, qui ne contient pas révocation du premier? Le légataire a droit de demander les deux sommes, à moins qu'il n'apparoisse de la volonté contraire du testateur. (*L.* 12, ff. *de Probat.*)

(3) *Ou le refus du second légataire.* Il en seroit de même, si c'étoit par son indignité, son prédécès.

(4) *Lorsque le testateur a aliéné la chose léguée.* S'il ne l'a aliéné qu'en partie, le legs subsiste pour le surplus. Il en est de même, s'il l'a grevé de droits réels qui constituent ce que nous appelons des démembremens de propriété. La chose passe au légataire avec ses charges, et sans recours. Il en seroit autrement, comme nous l'avons vu, si c'étoit un droit d'hypothèque.

Autrefois on distinguoit entre l'aliénation volontaire et l'aliénation nécessaire. Quand elle avoit été volontaire, elle emportoit révocation ; *secùs*, quand elle avoit été nécessaire ; *putà*, quand un fonds avoit été légué, et acquis ensuite par le

Gouvernement, pour un objet d'utilité publique. Cette distinction auroit-elle encore lieu aujourd'hui ? Je ne le pense pas; non pas peut-être par une présomption de changement de volonté, mais parce qu'actuellement on ne peut léguer la chose d'autrui. Par conséquent il suffit que la chose ne se trouve plus dans les biens du défunt au moment de la mort, pour que le légataire n'ait rien à prétendre.

(5) *Avec faculté de rachat.* Ainsi, le légataire ne pourra pas même réclamer le droit d'exercer, à ses frais, la faculté de rachat.

(6) *Pour cause d'inexécution des conditions, et pour cause d'ingratitude.* Ces deux causes de révocation auront, à l'égard des tiers, le même effet que lorsqu'il s'agit des donations entre-vifs. (*Voyez* les articles 954 et 958.)

(7) *A compter du jour du délit.* Dans quel délai la révocation doit-elle être demandée pour les autres causes? Je pense qu'il faut distinguer. Si la cause d'indignité est proposée par voie d'exception, le droit de l'héritier dure autant que l'action. *Temporalia ad agendum, perpetua ad excipiendum.* Mais si la délivrance du legs a été faite avant que la cause d'indignité fût connue, ou s'il n'y a pas eu lieu à délivrance, *putà*, si c'étoit un legs universel, qu'il n'y eût pas de légitimaire, et que le légataire se soit mis en possession, je pense que l'action ne doit durer qu'un an, à compter du moment où la cause d'indignité a pu être probablement connue des héritiers. (Argument tiré de l'art. 957.)

Les legs seroient-ils révoqués pour cause de survenance d'enfans au testateur? Je pense qu'il faut distinguer : Si le testateur n'a pas connu la naissance ou la grossesse assez à temps pour qu'il ait pu révoquer son testament, les dispositions doivent être annullées, sauf au juge à ordonner l'exécution de celles qui, d'après les circonstances, seroient jugées telles, que l'on pût présumer que le testateur les auroit toujours faites, quand même il auroit connu la grossesse. (*L.* 36, §. 2, ff. *de Testam. milit.*) La décision de cette loi est d'autant plus précieuse, que l'on sait avec quelle faveur les testamens militaires étoient regardés chez les Romains. De là on doit conclure que si le testateur, connoissant la grossesse, a pu révoquer son testament, et ne l'a pas fait, il doit être exécuté. (Voyez l'arrêt dit *de la Poupelinière*, rapporté dans l'ancien Denisart, v°. *Révocation de Testament*, n°. 3.)

Mais, dira-t-on, les donations entre-vifs sont révoquées de plein droit par la naissance d'un enfant au donateur : pourquoi n'en seroit-il pas de même des legs? La raison de différence consiste en ce que, la donation étant irrévocable, tant de la part du donateur que de celle du donataire, il a bien fallu que la loi intervînt en faveur des enfans. Au contraire, les dispositions testamentaires sont révocables *ad nutum.* Le testateur est donc le maître de les anéantir; et s'il ne l'a pas fait depuis qu'il a eu connoissance de la grossesse, il est présumé avoir voulu les maintenir.

Appliqueroit-on au légataire le dernier alinéa de l'article 727, qui déclare indigne l'héritier majeur qui n'a pas dénoncé le meurtre du défunt? Je pense qu'il faut distinguer : S'il s'agit d'un légataire universel qui ait la saisine, comme il est *loco heredis*, la disposition de l'article lui est applicable; *secùs*, dans le cas contraire.

PAGE 267.

(1) *Ou autres papiers concernant la succession.* Si le paquet paroît, par sa suscription ou par quelqu'autre renseignement, appartenir à des tiers, le président ordonne que ces tiers seront appelés à jour fixe. Au jour indiqué, il fait l'ouverture en leur présence, ou à leur défaut; et si les paquets sont étrangers à la succession, il les remet aux parties intéressées, si elles sont présentes, sans en faire connoître le contenu : si elles ne sont pas présentes, il les cachète de nouveau, pour leur être emis à leur première réquisition. (*Procéd.*, 919.)

(2) *Ou substitutions fidéicommissaires.* RICARD a fait un Traité particulier *des Substitutions* directes et fidéicommissaires. Il se trouve dans la collection de ses OEuvres. (*Voir* aussi un petit Traité de POTHIER, *sur les Substitutions fidéicommissaires*, qui se trouve dans ses OEuvres posthumes.)

(3) *Ne voudroit, ou ne pourroit pas recueillir.* Exemple : *Je lègue ma maison à Pierre. Si Pierre ne recueille pas le legs, je la lègue à Paul. Quid*, si le testateur avoit dit : *Je lègue ma maison à Pierre, et je lui substitue Paul.* De quelle substitution le testateur doit-il être présumé avoir entendu parler? Je pense que cela doit s'entendre de la substitution vulgaire. On ne doit pas présumer que le testateur ait voulu faire une disposition prohibée. D'ailleurs, dans le doute, l'acte doit être interprété, *ut valeat, potiùs quàm ut pereat.*

(4) *L'héritier institué.* Pourquoi l'article n'a-t-il pas dit simplement *l'héritier?* C'est que la disposition n'auroit pas de sens à l'égard de l'héritier légitime. En effet, il est dit que la disposition est nulle, même à l'égard de celui qui est chargé de conserver, c'est-à-dire, que celui-là même ne peut en profiter. Or, cela ne peut s'appliquer à l'héritier légitime, même chargé de conserver. Car, comme tous les biens à l'égard desquels il a été fait des dispositions nulles, tombent dans la succession *ab intestat*, quand il n'y a pas de légataires universels, ou à titre universel, il est impossible que l'héritier ne profite pas de la disposition, non pas à la vérité comme grevé, mais comme héritier légitime.

Si cependant ce que l'héritier légitime est chargé de conserver et de rendre, excédoit sa part héréditaire, comme il seroit vraiment légataire pour l'excédant, la disposition seroit nulle pour cet excédant, qui rentreroit alors dans la masse, pour être partagé par égales portions entre tous les héritiers légitimes.

Nota. Celui qui est chargé de conserver et de rendre, se nomme *le grevé;* et celui auquel on doit rendre, se nomme *l'appelé.*

PAGE 268.

(1) *Est chargé de rendre de suite.* Exemple : *Je lègue tout mon mobilier à Pierre, et je le charge de donner ma bibliothèque à Paul.*

(2) *Même à son égard,* c'est-à-dire que le donataire, le légataire, ou l'héritier institué, ne peuvent pas recueillir la disposition, qui rentre alors dans la masse de la succession. On n'a pas même voulu laisser subsister la disposition principale, parce que l'on a craint que, si le légataire avoit une conscience scrupuleuse, il ne se crût obligé de se conformer aux intentions du testateur, et que la circulation des biens

ne se trouvât par là entravée, au moins de fait. C'est une exception au principe de l'article 900; car, suivant cet article, la charge de conserver eût dû être réputée non écrite, et la disposition principale eût dû être exécutée.

Il en seroit de même de la défense d'aliéner, de l'ordre de conserver dans la famille, et autres semblables dispositions.

Quid de cette disposition, *Je donne et lègue à Pierre, à la charge par lui de rendre tout ou partie du legs à celui de ses enfans qu'il voudra choisir?* S'il est chargé de rendre de suite, la disposition est valable; *secùs*, si c'est après un certain temps, parce qu'alors il est chargé de conserver.

Quid, si le légataire a le droit de vendre, aliéner, etc., irrévocablement, mais est seulement prié de laisser à telle personne ce qui restera en nature à son décès? Je crois la disposition valable. Il n'y a point charge de conserver. La circulation des biens n'est pas entravée.

Il existe dans le droit, des dispositions qui ont beaucoup de rapport avec les substitutions, telles qu'elles sont définies dans l'article 896. Ce sont les legs conditionnels, dans lesquels il y a toujours charge de conserver; car, tant que la condition n'est pas accomplie, l'héritier est bien propriétaire de la chose léguée: mais toutes les aliénations sont résolubles, pour le cas où la condition viendra à s'accomplir. Soit, par exemple, le legs d'une maison, fait à un enfant d'un an, s'il parvient à sa majorité. Il est certain que, tant que l'enfant vit et n'est pas majeur, la propriété n'est que précaire dans la main de l'héritier, et que toutes les aliénations qu'il peut en faire, seront résolues, si l'enfant devient majeur. Cependant le Code a conservé les dispositions conditionnelles. Cela résulte évidemment de l'article 1040. De là il suit qu'il est souvent difficile de déterminer si la disposition est conditionnelle, et par conséquent valable, ou si elle renferme une substitution; ce qui en emporte la nullité. Il est difficile de donner des règles certaines sur ce point, dont la décision rentre le plus souvent dans le domaine du juge. Cependant l'on peut dire d'abord, en principe, et conformément à l'article 1157 du Code, que, dans le doute, la disposition doit être présumée conditionnelle. *Intelligendus est actus potiùs ut valeat, quàm ut pereat.* En conséquence, il a été jugé, et avec raison, à Bruxelles, le 13 décembre 1809 (Sirey, 1810, IIe. Partie, pag. 227), que la disposition suivante ne contenoit pas substitution, mais bien des legs conditionnels.

« Je donne et lègue à Pierre telle chose en propriété; mais si ma fille parvient » à sa majorité, j'entends que ledit legs se convertisse en un legs d'usufruit, et » que la nue-propriété appartienne à ma fille. »

En effet, c'est comme si le testateur avoit dit:

« Je donne à Pierre l'usufruit de telle chose:

» Je donne à ma fille la nue-propriété de la même chose, si elle parvient à l'âge » de vingt-un ans;

» Enfin, je donne à Pierre cette nue-propriété, si ma fille meurt avant vingt- » un ans. »

Or, de ces trois dispositions, la première est un legs pur et simple, et les deux autres sont des legs conditionnels.

D'après ces principes, que doit-on décider sur la question suivante?

Un testateur institue Pierre son légataire universel. Il lègue à Jacques et à Jean vingt mille francs, dans le cas où Pierre viendra à mourir avant l'âge de vingt-quatre ans : y a-t-il substitution? L'affirmative a été décidée par arrêt de la Cour d'appel d'Aix, du 5 juin 1809; et le pourvoi contre cet arrêt a été rejeté le 8 juin 1812. (Sirey, 1812, Ire. Part., pag. 363.) Malgré ces autorités, il m'est impossible de voir dans cette disposition autre chose qu'un legs conditionnel. On s'est fondé principalement sur ce que le legs universel fait à Pierre comprenoit la somme léguée à Jacques et à Jean; et l'on en a conclu que Pierre étoit obligé de conserver cette somme, et de la rendre aux légataires, si la condition venoit à s'accomplir. Mais en est-il autrement dans tous les legs conditionnels? Supposons que, dans l'espèce, le testateur eût institué légataire universel tout autre que Pierre, Guillaume, par exemple, et qu'il eût fait le legs de vingt mille francs au profit de Jacques et de Jean, pour le cas où Pierre mourroit avant vingt-quatre ans. Rien, dans le Code, ne défend de faire de l'événement de la mort d'un tiers, l'objet d'une condition. Or, dans cette hypothèse, la somme léguée n'eût-elle pas fait partie du legs universel; et, par conséquent, Guillaume n'eût-il pas été obligé de la conserver, jusqu'à ce que Pierre eût vingt-quatre ans, ou jusqu'à son décès arrivé avant cette époque? Et cependant auroit-on pu dire qu'il y avoit substitution? En général, dans tous les legs faits sous une condition dont l'événement se reporte à une époque postérieure au décès du testateur, l'héritier légitime, ou institué, n'est-il pas tenu de conserver la chose léguée jusqu'à l'événement de la condition? Sa propriété et celle du légataire ne sont-elles pas jusque-là *in suspenso*? Décidera-t-on pour cela qu'il y a substitution dans le sens de l'article 896? Si cela est, il faut rayer les articles du Code qui permettent de faire des legs conditionnels. Or, s'il n'y a pas substitution dans l'espèce, en existe-t-il davantage, parce que c'est la mort même du légataire universel qui est l'objet de la condition?

Mais, dira-t-on, d'après ce système, toutes les substitutions pourront être regardées comme des dispositions conditionnelles, et l'article 896 sera éludé. Je conviens que la nuance qui distingue ces deux espèces de dispositions, n'est pas facile à saisir; cependant il importe de l'établir : car il est certain que si, d'un côté, le Code prohibe les substitutions, de l'autre, il permet les legs conditionnels. Pour concilier ces différentes dispositions, je pense qu'il faut consulter l'esprit du législateur, et sur-tout l'intention qu'il a eue en rédigeant l'article 896. Qu'avoit-il en vue? Il est certain qu'il vouloit abolir les anciennes substitutions, c'est-à-dire, les dispositions par lesquelles le donataire étoit chargé de conserver pendant toute sa vie, et de rendre, à sa mort, à une ou plusieurs personnes nées ou à naître. On ne peut nier que ce n'ait été là les dispositions que l'on a entendu abroger. D'après cela, voici quelques-unes des circonstances qui peuvent servir à décider s'il y a substitution ou legs conditionnel.

1°. On pouvoit substituer une personne à naître : le légataire devoit être au moins conçu au moment du décès du testateur. Si donc la seconde disposition est faite au profit d'une personne non conçue, il est certain qu'il y a substitution; on pourra même le présumer, sauf la preuve contraire, si cette personne n'étoit pas conçue au moment du testament, quand même elle le seroit au moment du décès, parce qu'il est rare qu'on se montre bienfaisant envers quelqu'un qu'on ne connoît pas, et qui n'existe même pas encore.

En second lieu, dans l'ancienne législation, la restitution des biens n'avoit lieu qu'à la mort du grevé, qui restoit conséquemment toute sa vie dans une espèce d'interdiction, relativement aux biens substitués. Si donc la condition apposée à la disposition, dans le droit actuel, étoit susceptible de défaillir du vivant du premier donataire, alors, la disposition n'est pas du nombre de celles que le législateur a entendu proscrire.

Tels sont les principes qui me paroissent devoir être établis, pour distinguer les substitutions des legs conditionnels, et pour concilier l'article qui prohibe les premières, avec ceux qui autorisent formellement les secondes. Or, en appliquant ce principe à l'espèce ci-dessus, l'on voit qu'il ne pouvoit y avoir de substitution. Le légataire particulier étoit vivant au moment du testament. La condition étoit de nature à défaillir du vivant de l'institué, puisque le legs devenoit nul, dans le cas où il parviendroit à sa vingt-quatrième année. Il étoit donc impossible de voir là rien de semblable aux anciennes substitutions, et par conséquent aux dispositions que le législateur a eu intention de prohiber.

Nota. La disposition de l'article 896 n'est point applicable aux biens formant la dotation des majorats, ou autres titres héréditaires que l'Empereur pourroit ériger. (*Voyez* le 3e. alinéa de l'art. 896, dans la seconde édition du Cod. Nap., ainsi que les décrets impériaux du 1er. mars 1808, *Bulletin*, n°. 3206 *et* 3207, ainsi que le décret impérial du 24 août 1812, *Bulletin*, n°. 8210, relatif aux secours accordés aux veuves des titulaires décédés, et aux frères et sœurs des titulaires vivans et mineurs.

Nota. Toutes les contestations qui pourroient s'élever, soit sur le droit au majorat de la part des héritiers, soit sur la pension réclamée par la veuve, doivent être jugées par les tribunaux (*Décret du* 14 *octobre* 1811, art. 7, 8 et 9, *Bulletin*, n°. 7377.)

(3) *La propriété irrévocable de ce qui lui est donné*, et le droit de l'aliéner irrévocablement; ce qui n'a pas lieu dans la substitution proprement dite. Le grevé ne peut aliéner irrévocablement, puisque, si le droit des appelés vient à s'ouvrir, toutes les aliénations sont résolues. Les appelés ne le peuvent davantage, parce que, jusqu'à ce que leur droit s'ouvre, il est incertain s'ils auront jamais aucun droit sur les biens substitués.

(4) *Pourvu toutefois que ces derniers n'aient pas de descendans directs.* Pourquoi cette restriction? Il est impossible d'en donner d'autres raisons que la volonté du Législateur. Car, puisque celui qui a des enfans peut donner à son frère le quart, le tiers ou la moitié de ses biens, suivant le nombre de ses enfans, l'on ne voit pas pourquoi il ne pourroit pas grever ce quart, ce tiers, etc., de substitution, par la même raison qu'il peut grever le tout, quand il peut donner le tout.

(5) *Sur la totalité de ce qui revient aux grevés.* La manière dont est rédigé l'article 1049, a fait naître une singulière question. Voici le texte de l'article :

« Sera valable, en cas de mort sans enfans, la disposition que le défunt aura » faite par acte *entre-vifs* ou testamentaire, au profit d'un ou de plusieurs de ses » frères ou sœurs, etc. »

A prendre cette disposition à la lettre, il sembleroit que la donation entre-vifs faite par un frère à son frère, avec charge de substitution, seroit valable, nonobstant la survenance d'enfans au donateur, si toutefois ces enfans mouroient avant leur père ; ce qui est contraire aux principes qui ont été établis plus haut, relativement à la révocation des donations pour survenance d'enfans. Mais ce seroit une erreur évidente que d'interprêter ainsi cet article. Les dispositions relatives à la révocation des donations pour survenance d'enfans, sont si générales et si positives, qu'on ne doit y admettre d'autres exceptions que celles qui sont expressément prévues par les articles qui ont établi cette espèce de révocation. Quant à l'art. 1049, il faut l'entendre dans le sens que les donations à charge de substitutions faites par un frère au profit de son frère, ne sont valables qu'autant que le donateur ne laissera pas d'enfans ; mais cela ne veut pas dire qu'elles seront valables toutes les fois qu'il ne laissera pas d'enfans, si elles sont annullées d'ailleurs par d'autres dispositions de la loi.

(6) *Ne peut frapper que sur la portion disponible.* La légitime ne peut être grevée d'aucune charge. On ne peut, en effet, imposer de charge ou de condition, qu'autant qu'on est maître de disposer des biens qu'on y assujettit.

PAGE 269.

(1) *Ni préférence d'âge ou de sexe.* L'art. 1048 dit que les pères et mères peuvent donner la quotité disponible à un ou plusieurs de leurs enfans, avec la charge de rendre, etc. Doit-on entendre par ce mot *enfans*, seulement les enfans au premier degré, tellement qu'un aïeul ne puisse grever son petit-fils d'un fils prédecédé, de substitution au profit de ses enfans, arrière-petits-enfans du donateur ? Je ne suis pas de cet avis. En effet, puisque l'on a cru devoir permettre à un père qui connoît le caractère prodigue de son fils, de substituer la portion disponible aux enfans de ce fils, pourquoi n'accorderoit-on pas la même faculté à l'aïeul, en faveur des enfans d'un petit-fils dissipateur dont le père est prédécédé ? Il seroit impossible de donner une raison de différence ; et comme, d'ailleurs, le mot *enfans* se prend souvent en droit pour tous les descendans, (L. 84, ff. *de verborum Signific.*), il n'y a pas de raison de lui donner ici une autre acception.

(2) *Qu'elle ne passe pas le premier degré. Quid*, dans l'espèce suivante ? Un père a un fils, lequel a des petits-enfans d'un ou de plusieurs fils prédécédés. Peut-il grever son fils de substitution en faveur des petits-enfans de ce même fils ? La négative paroît résulter du texte de l'article 1048, ou plutôt du sens qu'il présente au premier coup-d'œil ; car il semble ne permettre d'appeler à la substitution que les enfans, au premier degré, du donataire. Cependant je ne puis adopter

cette opinion. En effet, si l'on excepte le texte de l'article qui paroît la favoriser, il est impossible de trouver aucune raison plausible pour la justifier. Et au contraire, tous les motifs qui ont pu déterminer à adopter les substitutions pour les enfans au premier degré, militent également en faveur des petits-enfans du donataire. Si donc il est possible d'écarter l'induction qu'on peut tirer des paroles de l'article 1048, il me semble qu'alors il ne sera plus douteux que la substitution au profit des petits-enfans, ne soit valable. Et d'abord, ne peut-on pas dire que, dans l'espèce proposée, les petits-enfans montant au degré de leur père par le secours de la représentation, se trouvent par là enfans au premier degré du donataire, et compris en conséquence expressément dans la disposition de l'article 1048? Mais comme il seroit possible que, dans l'espèce proposée, les petits-enfans ne pussent pas s'aider du bénéfice de la représentation, *putà*, si leur père avoit encouru l'indignité avant de mourir, il n'est pas inutile d'examiner si ces mots de l'article 1048, *au premier degré seulement*, ne peuvent et ne doivent pas être entendus dans un tout autre sens que celui qu'ils paroissent présenter naturellement.

Ne peut-on pas dire, par exemple, que ces mots, *au premier degré*, sont synonymes de ceux-ci, *au degré le plus proche*, ce qui signifieroit simplement que l'on ne peut appeler à la substitution que les héritiers directs les plus proches du donataire, ou, en d'autres termes, que la substitution ne peut avoir lieu *omisso medio*; ce qui est vrai. Ainsi le père qui a un fils, lequel a lui-même un fils et des petits-enfans de ce fils, ne peut pas le grever de restitution au profit de ses petits-enfans, au préjudice de ce fils; parce qu'en effet les substitutions actuelles ne sont pas établies pour fournir le moyen de gratifier un descendant au préjudice de l'autre, mais uniquement, comme nous l'avons dit, pour ménager une ressource à la descendance du donataire. D'ailleurs, puisque, si le donataire avoit plusieurs enfans, le donateur ne pourroit en exclure aucun du bienfait de la restitution, à plus forte raison ne peut-il pas en exclure le fils unique. Tel est le premier sens que l'on peut donner aux expressions de l'article 1048. Mais il est encore possible de les entendre autrement; et pour connoître quelle a pu être l'intention du législateur sur ce point, il est nécessaire de se reporter aux dispositions de l'ancien droit, que le Législateur avoit évidemment sous les yeux, quand il a rédigé le chapitre des substitutions.

L'Ordonnance de 1747 permettoit de faire deux degrés de substitution, c'est-à-dire, qu'un père pouvoit grever son fils de substitution envers ses enfans, et grever en outre ceux-ci envers leurs propres enfans. Cela étoit fondé sur ce que les anciennes substitutions avoient principalement pour but la conservation des biens dans les familles. Aujourd'hui que cette raison n'existe plus, et que les substitutions ont un tout autre motif, on n'a pas voulu étendre aussi loin le pouvoir du donateur, et on a restreint au premier degré la faculté de substituer, c'est-à-dire, qu'en permettant au père de grever son fils en faveur de ses petits-fils, on n'a pas voulu qu'il pût, par la même disposition, grever ses petits-enfans en faveur de leurs enfans. Or, n'est-ce pas cette restriction que le législateur a voulu exprimer par ces mots: *Au premier degré seulement ?* C'est-à-dire, qu'après avoir établi un premier degré de substitution, le donateur ne pourra pas en établir un second. Ainsi, d'après cette interprétation qui peut également être admise, tant qu'il n'y aura qu'un degré de substitution, et qu'elle aura lieu au profit des héritiers directs du donataire, les plus proches en degré, la disposition sera valable.

(3) *Quand même il existeroit d'autres enfans au premier degré.*

Quid, si l'appelé étoit fils unique ? Ses enfans pourront-ils recueillir le bénéfice de la substitution ? La raison de douter se tire du texte même de l'article 1051, dont la rédaction semble annoncer que les descendans de l'appelé prédécédé ne doivent être admis à représenter leur auteur, qu'autant qu'il existe d'autres enfans au premier degré ; d'où l'on pourroit conclure que, lorsqu'*il n'y a plus d'enfans au premier degré*, la substitution s'évanouit.

Pour la solution de cette difficulté, il est encore nécessaire de recourir à l'ancien droit. L'article 20 de l'Ordonnance des Substitutions, portoit : « Que les appelés » à une substitution, qui seroient morts avant que leur droit eût été ouvert, ne » seroient censés, dans aucun cas, en avoir transmis l'espérance à leurs enfans ou » descendans, encore que la substitution eût été faite en ligne directe par des » ascendans. »

L'article 21 refusoit également le bénéfice de la représentation dans le même cas, à moins que l'auteur de la substitution ne l'eût ordonné par une disposition expresse.

Il résultoit de ces deux articles, que lorsqu'un appelé mouroit avant le grevé, le bénéfice de la substitution appartenoit en entier aux autres appelés, à l'exclusion des enfans du prédécédé. L'on donnoit pour motif de cette disposition, que la représentation n'a lieu que dans les successions *ab intestat*, et jamais dans les donations entre-vifs ou testamentaires. Mais cette même disposition, qui n'étoit peut-être pas sujette à de grands inconvéniens dans le droit ancien, où les substitutions pouvoient avoir lieu à l'égard de tout individu, même étranger à la famille du substituant, auroit été contraire à la justice dans le droit actuel, qui n'admet les substitutions que dans les cas où la représentation est admise, et qui ne les considère que comme des effets de la tendresse et de la prévoyance paternelle. C'est donc tout simplement cette disposition de l'Ordonnance de 1747, qu'on a voulu abroger, et avec raison, en décidant que, si l'un des appelés venoit à mourir avant le grevé, ses enfans ou descendans pourroient le représenter quant à la substitution, et prendre la part qui lui auroit appartenu dans les biens substitués, et ce, quand même il existeroit d'autres enfans au premier degré, et quand même le testateur ne l'auroit pas expressément ordonné. En conséquence, la conjonction *si* ne doit pas, dans l'article 1051, s'entendre comme faisant condition, mais au contraire, dans le sens de *quoique*, *quand même*, parce qu'effectivement le cas où il existe d'autres appelés au premier degré, étoit le seul où il pût y avoir du doute, attendu que ceux-ci auroient pu prétendre qu'étant appelés personnellement par le donateur, ils devoient recueillir à eux seuls le bénéfice de la substitution, de préférence aux enfans du prédécédé, qui n'étoient pas directement appelés par l'acte de donation. Or, cet article ainsi entendu, bien loin d'exclure les petits-enfans du fils unique de l'appelé, les admet au contraire expressément, puisqu'il les appelle dans le cas même où il existeroit des enfans au premier degré, qui les excluroient dans le système de l'Ordonnance.

(4) *Demeureront grevés de restitution.* Le donataire pourroit-il consentir purement et simplement, et sans qu'il lui fût fait une nouvelle libéralité, à ce que les biens précédemment donnés fussent grevés de restitution? Non. L'on ne peut se grever soi-même, s'interdire à soi-même le droit d'aliéner, de disposer.

Il seroit possible, au surplus, que le donateur se contentât de grever de restitution les biens compris dans la première donation, sans imposer la même charge aux biens compris dans le second.

(5) *Il ne peut plus diviser les deux dispositions*, pourvu toutefois que la substitution ne frappe pas sur la réserve légale, qui, comme nous l'avons dit, ne peut être grevée d'aucune charge.

Mais de quel jour aura effet la charge de restitution à l'égard des tiers, et pour ce qui concerne les biens compris dans la première donation? Du jour de la transcription. Mais quel acte faudra-t-il faire transcrire? Je pense qu'il faudra faire transcrire les deux; le premier, parce qu'il contient la disposition; et le second, parce qu'il contient la charge de restitution. Mais si la charge de restitution ne pèse que sur la première donation, la transcription ne devra toujours être faite qu'au bureau de la situation des biens qui y sont compris.

(6) *Et de rendre les biens qui y sont compris.* C'est de cette disposition que j'ai conclu, que le donateur peut forcer le donataire d'accomplir les conditions qui lui ont été imposées par l'acte de donation, et que celui-ci n'est pas le maître de s'en affranchir, en offrant de restituer les biens donnés. (Voyez ci-dessus, la note (5) de la page 245.)

(7) *Tant que dure la jouissance du grevé.* La charge de restitution pourroit-elle être détruite, anéantie, antérieurement à l'ouverture du droit des appelés, par le seul consentement du donateur et du grevé? L'Ordonnance contenoit à cet égard une disposition négative formelle (Tit. I., art. 11); et, dès qu'elle n'est pas renouvelée dans le Code, l'on doit présumer que le législateur n'a pas entendu la maintenir, et qu'il faut se référer, à cet égard, à la disposition générale du droit qui veut que, *una quæque res disolvi possit eodem modo quo fuit colligata.*

(8) *De quelque manière que ce soit.* Par conséquent, par la mort civile, comme par la mort naturelle du grevé.

Quid, si la charge de restitution est imposée par testament, et que le grevé soit mort avant le disposant, ou ait renoncé à sa succession, ses enfans pourront-ils recueillir le bénéfice de la disposition?

La raison de douter se tire de ce que l'article 1053 dit, que le droit des appelés s'ouvre du moment que cesse la jouissance du grevé. Mais pour que cette jouissance cesse, il faut qu'elle ait commencé. Or, quand le grevé renonce ou est prédécédé, il n'a jamais joui. Il sembleroit donc que, dans ce cas, la disposition dût être anéantie totalement. La solution de cette question dépend de celle de savoir si, dans notre droit, la substitution fidéicommissaire renferme la vulgaire. Il est certain qu'il en étoit ainsi sous l'Ordonnance, art. 27; et quoique la disposition n'ait pas été formellement renouvelée, je pense qu'il en doit être de même sous le Code. Nous voyons, en effet, par l'article 1057, que le grevé, qui n'a pas rempli les formalités prescrites par les articles précédens, est déchu du bénéfice de la disposition, et que néanmoins le droit pourra être déclaré ouvert au profit des appelés. Or, pourquoi la répudiation, qui est une déchéance volontaire, n'auroit-elle pas le même effet que la déchéance forcée? D'ailleurs, il est certain que le testateur a préféré, en quelque sorte, les appelés au grevé, puisqu'il oblige celui-ci de leur conserver les biens. Donc, à plus forte raison, les a-t-il préférés à ses autres héritiers. Donc il est vrai de dire que, dans notre droit, la substitution fidéicommissaire renferme la vulgaire, et que, par conséquent, le droit des appelés s'ouvre, non-seulement quand la jouissance du grevé cesse, mais encore quand elle n'a pas lieu, par prédécès, répudiation, indignité, etc.

(9) *Même par l'abandon anticipé que leur en feroit le grevé.* Mais alors les biens abandonnés seront-ils entièrement libres dans la main des appelés auxquels ils auront été abandonnés? Non, par la raison que, la substitution devant avoir lieu au profit de tous les enfans nés ou à naître du grevé, le nombre des appelés ne peut être déterminé, que du moment où il sera certain qu'il ne peut plus naître d'enfant au grevé. Jusque-là, les appelés auxquels les biens sont abandonnés, sont eux-mêmes grevés de substitution en faveur des autres enfans qui pourroient survenir au grevé.

Au surplus, cet abandon anticipé peut faire naître une question assez singulière.

Un grevé ayant deux enfans, leur fait l'abandon des biens substitués, qu'ils partagent par moitié. L'un des deux vient à mourir sans enfans. Il naît un troisième enfant au grevé. Il est certain qu'il a droit, à la mort du grevé, de réclamer sa part dans les biens substitués. Mais quelle part réclamera-t-il? Sera-ce le tiers ou la moitié? Je pense que ce doit être la moitié. L'abandon anticipé, fait par son père, n'a pu lui préjudicier; son droit et son intérêt sont bien aussi sacrés que ceux des créanciers. Or, si l'abandon n'eût pas eu lieu, il ne se fût trouvé que deux appelés à la mort du grevé, et par conséquent chacun eût recueilli la moitié des biens substitués. Donc, etc.

Mais *quid*, si, dans l'espèce, il n'est pas né de troisième enfant au grevé, l'appelé survivant ne peut-il pas prétendre qu'au moyen du prédécès de son frère, la moitié recueillie par ce dernier doit lui appartenir exclusivement, et cela, d'après le même raisonnement qui vient d'être fait relativement au troisième enfant? Si l'abandon n'eût pas été fait, il se fût trouvé seul appelé à la mort de son père; il eût donc recueilli seul la totalité des biens; donc, etc. Je ne pense pas que cette prétention soit fondée, et voici en quoi je fais consister la différence avec le cas précédent. Dans l'espèce présente, l'appelé survivant a accepté l'abandon. C'est une espèce de contrat aléatoire qu'il a consenti. Le droit pouvoit ne jamais s'ouvrir en sa faveur, comme il pouvoit s'ouvrir pour la totalité. Il a préféré la certitude d'avoir la moitié, ou une portion quelconque, à l'espérance d'avoir le tout. C'est une chance qu'il a courue, et qui, par l'événement, a tourné contre lui. Dans l'espèce précédente, au contraire, le troisième enfant n'étoit pas partie dans l'acte d'abandon. S'il étoit mort avant le grevé, son droit se seroit évanoui entièrement : il n'a donc eu aucune chance en sa faveur ; on ne peut donc exiger de lui aucun sacrifice.

(10) *Antérieurs à l'abandon*, quand même ils seroient chirographaires. La loi ne distingue pas ; mais comme l'article exige aussi que les créanciers soient antérieurs à l'abandon, il s'ensuit que, pour pouvoir profiter du bénéfice de cette disposition, il faudra que leur créance ait une date certaine.

Quel sera le droit des créanciers du grevé, si celui-ci répudie la disposition ? Je pense, par argument tiré de l'article 788, qu'ils pourront l'accepter de son chef et dans leur intérêt seulement, à l'effet de se payer sur les revenus, et même sur la propriété, s'il n'existoit point d'appelés au décès du grevé, mais sans que cette acceptation puisse profiter en rien au grevé. En conséquence, les créanciers une fois payés, la répudiation aura tout son effet, et les biens passeront irrévocablement, soit aux appelés, s'il en existe, soit aux autres héritiers du disposant, mais, dans tous les cas, à la charge de restitution, dans le cas où il naîtroit des enfans au grevé postérieurement à ladite répudiation.

L'article ne parle que des créanciers antérieurs, d'où l'on doit conclure que l'abandon peut toujours être opposé aux créanciers postérieurs. Mais cependant un pareil abandon ne pourroit-il pas être regardé comme une donation, et ne devroit-il pas, en conséquence, être transcrit, s'il y avoit des immeubles au nombre des biens abandonnés ? On dira peut-être que ce n'est qu'un abandon de fruits, qui sont des choses mobilières : mais c'est aussi une aliénation éventuelle de la propriété : car le grevé auroit pu devenir propriétaire incommutable, si, par exemple, tous les appelés mouroient avant lui sans postérité ; et, dans ce cas, toutes les aliénations qu'il auroit pu faire, toutes les hypothèques qu'il auroit pu consentir, auroient été valables. Il semble donc que, sous ce rapport, on auroit pu exiger la transcription.

Quid, à l'égard des acquéreurs ? L'article n'en parle pas. Cependant, comme l'esprit général du Code est, ainsi que nous l'avons déjà fait observer plusieurs fois, de favoriser les acquéreurs beaucoup plus que les créanciers, il faut tenir que la disposition de l'article 1053 doit être appliquée, à bien plus forte raison, aux acquéreurs antérieurs à l'abandon. Ils ont, en effet, acquis, d'abord l'assurance de jouir jusqu'à la mort du grevé, et en second lieu, l'espérance même de devenir propriétaires incommutables, si le grevé venoit à mourir sans postérité. Les conventions particulières, passées postérieurement entre le grevé et les appelés, n'ont pu préjudicier à leurs droits.

PAGE 270.

(1) *Et il est personnellement responsable de leur inexécution* ; et ce, sans préjudice du recours des appelés sur les biens libres du grevé pour raison de l'inexécution des obligations qui lui sont imposées. Le Code ne parle pas de ce recours ; mais il est

de droit. Dès que la loi impose des obligations au grevé, ses biens répondent de l'exécution. (Art. 2092.)

(2) *A défaut de tuteur nommé par le disposant;* c'est-à-dire, s'il n'en a pas nommé, ou si celui qu'il a nommé, vient à manquer.

(3) *Il est procédé à cette nomination.* Par qui sera-t-elle faite? Sans doute par un conseil de famille. Mais de quels parens ce conseil devra-t-il être composé? Comme ce tuteur est établi entièrement dans l'intérêt des appelés, je pense que la nomination doit être faite par le conseil qui seroit convoqué, s'il s'agissoit de nommer un tuteur aux appelés. Si, cependant, le grevé n'étoit pas encore marié, il est évident que l'on ne pourroit composer le conseil de famille que des parens du grevé.

(4) *A compter du décès du disposant.* Par conséquent il ne doit pas être nommé de tuteur pendant la vie du disposant, quand même la substitution auroit été faite entre-vifs, « *du décès du donateur ou testateur*, » dit l'article 1056. On a pensé que le disposant avoit, plus que personne, intérêt à veiller à l'exécution de ses propres dispositions.

(5) *Il est déchu du bénéfice de la disposition*, quand même il seroit mineur, sauf son recours contre son tuteur, sans cependant que l'insolvabilité de ce dernier puisse lui profiter pour demander la restitution. Cette disposition s'applique à toutes les formalités de l'exécution desquelles le grevé est chargé. (Art. 1074.)

(6) *Peut être déclaré ouvert.* Il paroît singulier au premier coup-d'œil, qu'après avoir dit d'une manière formelle, que le grevé est déchu du bénéfice de la disposition, ce qui est pleinement impératif, l'article ajoute que le droit *peut* être déclaré ouvert au profit des appelés; ce qui suppose qu'il pourra ne pas l'être. Cela ne contrarie-t-il pas le principe que nous avons posé plus haut, que le droit des appelés s'ouvre, du moment où il est certain que le grevé n'a pas la jouissance des biens substitués? Non, sans doute; et il est aisé de faire voir que l'article ne pouvoit être rédigé autrement.

Dans tous les cas, le grevé est déchu, par cela seul qu'il n'a pas rempli les formalités qui lui sont prescrites; mais, pour que le droit des appelés s'ouvre, il faut qu'il existe des appelés. Or, il peut fort bien ne pas en exister encore. *Quid juris* dans ce cas? Les biens retourneront dans la masse de la succession *cum onere*, avec la charge de substitution; c'est-à-dire, qu'ils seront partagés *ab intestat*, et que la part de chaque héritier, dans lesdits biens, demeurera grevée de substitution en faveur des enfans qui pourront survenir au grevé. Si le grevé a déjà des enfans, le droit sera ouvert en leur faveur, aussi à charge de restitution. Il faudra donc toujours exécuter les dispositions prescrites, soit dans l'intérêt des appelés eux-mêmes, soit dans l'intérêt des tiers.

PAGE 271.

(1) *De tous les biens et effets composant la succession du disposant.* Cet inventaire ayant pour but de constater la quotité des biens substitués, il est évident qu'il est inutile d'y procéder, quand cette quotité est d'ailleurs certaine; *putà*, si la substitution ne porte que sur un objet déterminé (art. 1058), ou si la disposition

a été faite par une donation entre-vifs proprement dite. Car alors les biens ont dû être spécialement désignés.

(2) *A défaut.* Ces mots ne veulent pas dire : *S'il n'y a pas de tuteur ;* car il a dû nécessairement en être nommé un ; mais si le tuteur ne fait pas procéder à l'inventaire.

(3) *En cas de déchéance du grevé.* Ce sont les appelés, s'ils sont majeurs et usant de leurs droits ; sinon, leur tuteur ou curateur, un de leurs parens, ou le Procureur-Impérial d'office.

(4) *Irrévocablement.* Ils peuvent en effet les aliéner ou les hypothéquer valablement ; mais les aliénations ou hypothèques seront toujours résolubles, dans le cas où le grevé laissera des enfans ou descendans.

Quid, si les appelés majeurs avoient consenti à la vente ? Chez les Romains, la vente eût été irrévocable sans difficulté. (*L.* 120, §. 1, ff. *de Legatis*, 1°.) Mais il faut remarquer que, chez les Romains, l'on pouvoit substituer toute autre personne que les enfans du grevé. Chez nous, la question pourroit paroître un peu plus délicate, parce que, les appelés étant toujours et nécessairement les descendans du grevé, l'on est porté en général à regarder les consentemens donnés par les enfans aux arrangemens faits par leur père, comme dictés par la crainte, *ne pejus faciat.* Cependant, comme ici les appelés ont un droit certain, qui peut, à la vérité, s'évanouir par leur prédécès, mais auquel, tant qu'ils sont vivans, le père ne peut préjudicier, je ne vois pas pourquoi ils ne pourroient pas y renoncer en faveur d'un acquéreur, sauf leur recours, pour le prix, contre la succession de leur père, conformément à la loi 92, ff. *de Legatis*, 1°. Cette opinion qui étoit celle de Ricard, Pothier, et Furgole, peut être appuyée d'ailleurs sur l'article 918 du Code, portant que les enfans qui ont consenti à l'aliénation faite par le père, à fonds perdu, au profit d'un successible, sont non-recevables à contester ladite aliénation, et à demander l'imputation de la valeur de l'objet sur la portion disponible, comme ils le pourroient, s'ils n'avoient pas consenti. Cet article regarde donc ces consentemens comme pouvant avoir quelqu'effet.

Quid, si l'aliénation a été faite sans leur consentement ? Ils peuvent la faire annuller. Mais le pourroient-ils, s'ils avoient accepté la succession du vendeur ? L'affirmative n'est pas douteuse, si l'acceptation avoit eu lieu sous bénéfice d'inventaire, puisqu'alors il n'y a pas de confusion de qualités. L'héritier pourroit donc alors réclamer les objets mêmes, et renvoyer l'acquéreur à se pourvoir en garantie contre la succession bénéficiaire. En seroit-il de même, si l'acceptation étoit pure et simple ? Ce qui peut faire quelque doute, c'est que l'Ordonnance permettoit expressément à l'appelé, même héritier pur et simple du vendeur, de révoquer les aliénations, en remboursant à l'acquéreur le prix total de la vente, ainsi que les frais et loyaux coûts du contrat. (Tit. II, art. 31.) Mais il est clair que c'étoit une disposition exorbitante du droit commun ; car l'héritier du vendeur étant tenu de l'obligation de garantie contractée par son auteur, étoit non-recevable à évincer l'acquéreur, d'après la règle, *eum quem de evictione tenet actio, eumdem agentem repellit exceptio.*

Aussi avoit-il fallu, pour lui donner ce droit, une disposition formelle de la loi; fondée sur ce que, les substitutions anciennes ayant principalement pour but de conserver les biens en nature dans les familles, il n'étoit pas indifférent à l'appelé d'avoir le prix de la chose, à la place de la chose même.

Aujourd'hui que les substitutions n'ont d'autre but que de conserver une ressource aux appelés, il est évident que le motif de l'Ordonnance n'existe plus. Et d'ailleurs, comme cette disposition est exorbitante, ainsi que nous venons de le prouver, il suffit qu'elle ne soit pas maintenue par le Code, pour qu'elle doive être regardée comme abrogée.

Les biens substitués peuvent-ils être acquis par prescription ? Pour résoudre cette question sur laquelle le Code est muet, ainsi que l'étoit l'Ordonnance, il faut rappeler quelques principes. Il paroît résulter de plusieurs articles, que les appelés sont en général assimilés aux mineurs. D'abord, l'article 1061 prescrit au Procureur impérial de faire procéder, à défaut d'autres personnes, à l'inventaire des biens du substituant; en deuxième lieu, l'article 1057, porte, qu'en cas de déchéance du grevé, le ministère public pourra faire prononcer l'ouverture du droit au profit des appelés; enfin l'article 83 du Code de Procédure, au 6°, ordonne la communication au ministère public de toutes les causes où l'une des parties est défendue par un curateur; ce qui s'applique bien certainement aux causes relatives aux biens substitués.

De ces différentes dispositions, qui paroissent mettre absolument les appelés à une substitution sur la même ligne que les mineurs, on doit conclure que la prescription ne peut courir, à leur préjudice, pendant la jouissance du grevé. D'ailleurs, l'art. 2257 porte, que la prescription ne court point à l'égard d'une créance qui dépend d'une condition, jusqu'à ce que la condition arrive. Or, il est certain que le droit des appelés est subordonné à la condition, *si instituto supervixerint*; que, jusqu'à ce que cette condition se soit réalisée, ils sont dans l'impuissance d'agir; et que, par conséquent, jusque-là, l'on doit appliquer la maxime, *contrà non valentem agere non currit præscriptio.* Nous pouvons donc établir, en principe général, que la prescription ne court, au préjudice des appelés, que du jour que leur droit est ouvert, pourvu toutefois que la substitution ait été rendue publique. C'étoit aussi l'ancienne jurisprudence, attestée par l'annotateur de RICARD, *des Substit. Dir. et Fideic.*, Part. II, chap. XIII. Et il paroît qu'il en étoit de même en droit Romain. (*L.* 3, §. 3, ff. *Communia. de Legat.*, *etc.*)

Mais quel sera le délai de la prescription? Je pense qu'il faut distinguer :

Si le titre est émané du grevé, la prescription ne peut s'acquérir que par trente ans. Car il faut bien remarquer que, dans ce cas, il ne s'agit pas de la prescription à l'effet d'acquérir la propriété de l'immeuble, puisque, dans l'hypothèse, cette propriété a été transférée par le grevé, qui étoit lui-même propriétaire. C'est une propriété résoluble à la vérité, mais qui n'en est pas moins une propriété. La prescription ne peut donc servir alors, qu'à acquérir la libération de l'action révocatoire qui compète aux appelés, pour faire rentrer dans leurs mains les biens aliénés par le grevé. Or, cette action ne peut être prescrite que par trente ans. (Argument tiré de l'art. 966.)

Si le titre sur lequel est fondée la prescription, émane d'un tiers, non propriétaire, alors, comme c'est vraiment la propriété qu'il s'agit d'acquérir, la prescription pourra être acquise, soit par dix ou vingt ans, si la possession a commencé de bonne foi, soit par trente ans dans le cas contraire.

Mais remarquez que ce n'est qu'en faveur des appelés que la prescription est suspendue. Si donc la substitution devient caduque par le prédécès de tous les appelés et de leurs descendans, comme alors le grevé est censé avoir été, dès le principe, propriétaire incommutable, tout rentre à son égard dans le droit commun; et toutes les prescriptions qui se sont accomplies pendant sa jouissance, peuvent lui être opposées.

Les jugemens rendus contre le grevé peuvent-ils être opposés aux appelés? L'article 474 du Code de Procédure porte, qu'*une partie peut former tierce-opposition à un jugement qui préjudicie à ses droits, et lors duquel, ni elle, ni ceux qu'elle représente, n'ont été appelés.* Je pense d'après cela qu'il faut distinguer : Si les jugemens ont été rendus contre le grevé seul, et sans y appeler le tuteur à la substitution, il est certain que les appelés ne sont pas censés y avoir été parties, et que, par conséquent, ils peuvent y former tierce-opposition. Mais si le tuteur y est intervenu, comme il est le représentant légal des appelés, ils ne peuvent attaquer le jugement par la voie de la tierce-opposition, mais seulement par celle de la requête civile, dans les cas déterminés par l'article 481 dudit Code, c'est-à-dire, s'ils n'ont pas été défendus, ou s'ils ne l'ont pas été valablement; et par la même raison, aux termes de l'article 484, le délai de trois mois ne doit courir contre eux que du jour de la signification du jugement faite à personne ou domicile, depuis que le droit a été ouvert en leur faveur.

(5) *Le donateur peut ordonner.* C'est la faveur du mariage qui a déterminé cette disposition. Mais, dira-t-on, pourquoi avoir fait une disposition spéciale, pour accorder au donateur une faculté qui semble être de droit commun? Chacun n'est-il pas le maître d'apposer à sa libéralité telle condition qu'il juge convenable? Cela est vrai en principe général. Mais cependant, la permission de la loi étoit réellement nécessaire dans l'espèce. En effet, l'on voit que le Code n'a fait exception à la prohibition générale des substitutions, qu'à l'égard de certaines personnes, et seulement en faveur de la postérité des grevés. C'est uniquement dans l'intérêt de cette postérité, qu'ont été établies l'inaliénabilité et l'indisponibilité des biens substitués. Cependant il résulte de l'article 1054, que cette inaliénabilité peut profiter à d'autres qu'à cette postérité, savoir : à la femme du grevé, puisqu'elle se trouve avoir un recours sur les biens substitués, qui probablement n'existeroient plus, s'ils eussent été aliénables. Nous disons, *qui probablement n'existeroient plus*, pour deux raisons : la première, c'est que le fait de la substitution même doit faire présumer que le grevé ne passoit pas pour avoir beaucoup d'ordre et d'économie. La deuxième, c'est que le recours ne pouvant avoir lieu que subsi-

diairement, et en cas d'insuffisance des biens libres, il en résulte la preuve qu'il a dissipé tout le surplus de ses biens, et qu'il en auroit fait autant des biens substitués, s'il l'avoit pu.

Mais quel est le droit qui résulte, en faveur de la femme du grevé, de la disposition de l'article 1054? Je crois qu'on ne peut mieux le définir, qu'en disant que les biens substitués sont censés biens libres à l'égard de la femme du grevé, et qu'elle aura conséquemment les mêmes droits à l'égard de ces biens qu'à l'égard des autres biens du grevé; mais qu'elle n'en aura pas davantage. Elle pourra donc exercer sur ces biens son hypothèque légale; cette hypothèque pourra être purgée, etc., etc., etc.

Quid, si le grevé épouse successivement plusieurs femmes? L'art. 52 du Tit. Ier de l'Ordonnance leur donnoit à toutes l'hypothèque subsidiaire, sauf qu'elles ne pouvoient l'exercer contre les enfans d'un précédent mariage, quand ils recueilloient l'effet de la substitution. La disposition de l'Ordonnance étoit nécessaire dans l'ancien droit, où le recours des femmes avoit lieu *ipso jure*. Mais actuellement qu'il est nécessaire que le testateur l'ait permis, cela dépendra de la manière dont il se sera exprimé. S'il a dit *la femme du grevé*, cela devra s'entendre seulement de la femme que le grevé avoit au moment de la disposition. *Secùs*, s'il a dit *les femmes*.

(6) *Pour le capital.* Ainsi, le testateur même ne pourroit autoriser le recours pour les intérêts de la dot. On n'a pas voulu accorder un droit, dont la femme ou ses héritiers auroient pu étendre considérablement l'effet, en négligeant de poursuivre le mari après la dissolution du mariage, en restitution de la dot.

(7) *Des deniers dotaux seulement.* Que doit-on entendre par les mots *deniers dotaux*? Ce sont les sommes d'argent constituées en dot, si les époux sont mariés sous le régime dotal; et les deniers réalisés, s'ils sont mariés sous le régime de la communauté.

Quid, à l'égard des deniers mis en communauté? L'hypothèque n'est nécessaire, et ne doit avoir lieu, qu'autant que le contrat de mariage contiendroit la clause de reprise de l'apport en renonçant.

Quid, si les deniers proviennent de la vente des immeubles personnels de la femme mariée sous le régime de la communauté? Je ne pense pas que l'hypothèque subsidiaire ait lieu. L'Ordonnance, bien plus favorable aux femmes que le Code, la leur refusoit dans ce cas. (Tit. I., art. 49.) Et, en effet, ces immeubles n'ont pu être aliénés sans le consentement de la femme; elle doit donc s'imputer de l'avoir donné. D'ailleurs, il dépendroit, dans ce cas, des deux époux, d'étendre considérablement l'hypothèque subsidiaire, et de faciliter par là au grevé les moyens de dissiper les biens substitués. C'est même probablement pour cette raison, que l'article 1054 s'est servi de l'expression de *deniers dotaux*. La même décision seroit applicable aux deniers paraphernaux; le mari n'a pu les toucher sans le consentement de sa femme (Art. 1576.); aux indemnités résultant de l'article 1431, etc.

(8) *Et après affiches*, et en outre en présence du tuteur à la substitution. L'article ne le dit pas formellement; mais cela résulte de la combinaison des divers articles qui précèdent et qui suivent.

(9) *Au moment de la restitution ;* sauf cependant la responsabilité du grevé, relativement aux pertes et détériorations, autres que celles provenant de l'usage ordinaire des objets.

Quid, si les objets ne se retrouvent plus ? Le grevé doit en restituer la valeur, d'après la prisée faite en l'inventaire (Argument tiré de l'art. 950) ; certainement il n'est pas plus favorable que le donateur.

(10) *Et d'en rendre une égale valeur.* C'est une espèce de cheptel de fer. Appliquez en conséquence l'article 1826. Si donc la valeur des bestiaux existant au moment de la restitution, excède la valeur de ceux qui existoient au moment du décès, l'excédant lui appartient, quand ce seroient les mêmes bêtes, et que le nombre n'en seroit pas augmenté. Ainsi, il y avoit, au moment du décès, un troupeau de cent jeunes bœufs, valant trente mille francs : la restitution a lieu au bout de trois ans ; le même troupeau vaut cinquante mille francs : il n'en faudra que soixante pour compléter les trente mille francs dus aux appelés, et les quarante autres appartiendront à la succession du grevé.

PAGE 272.

(1) *L'on doit se conformer à ce qu'il a prescrit.* L'Ordonnance, titre Ier., art. 5, déclaroit nulle toute substitution de deniers comptans, ou d'effets mobiliers, lorsque le donateur n'avoit pas ordonné l'emploi. Cette disposition n'a pas été conservée ; il étoit beaucoup plus simple que la loi établît elle-même la nécessité de l'emploi.

(2) *S'il y a des immeubles ;* ce qui doit s'entendre, non-seulement des immeubles compris expressément dans la substitution, mais encore de ceux qui ont été acquis avec les deniers comptans provenant de la substitution.

(3) *Soient transcrits ;* dans quel délai ? La loi n'en détermine aucun ; mais le tuteur à la substitution a un grand intérêt à faire faire la transcription très-promptement. Car toutes les aliénations faites par le grevé, antérieurement à la transcription, étant irrévocables, le tuteur négligent seroit tenu d'indemniser les appelés de tout le tort qu'ils pourroient éprouver, par suite du défaut de transcription.

(4) *Par l'inscription*, et non *la transcription.* En conséquence, ce n'est point l'acte portant substitution qu'il faudra faire transcrire, mais seulement l'acte portant privilége, qu'il faudra faire inscrire.

A qui les débiteurs des sommes comprises dans la substitution pourront-ils payer valablement ? Sera-ce au grevé seul, ou seront-ils tenus d'appeler le tuteur ? Je pense qu'il faut distinguer : S'il s'agit de sommes prêtées par l'auteur même de la substitution, et au placement desquelles, par conséquent, le tuteur à la substitution n'a pas concouru, je pense que les débiteurs pourront payer valablement au grevé seul. Ils ne sont pas obligés de connoître la substitution. Mais comme le tuteur pourroit être responsable, si le grevé dissipoit les sommes reçues, il fera sagement de dénoncer la substitution aux débiteurs, en leur déclarant qu'ils aient à ne payer que lui duement appelé. D'après cela, s'ils payoient au grevé seul, je pense que le paiement pourroit, en cas d'insolvabilité de ce dernier, être annullé dans l'intérêt des appelés.

Mais s'il s'agit de sommes placées par le grevé depuis son entrée en jouissance, et à l'emploi desquelles le tuteur a concouru, comme les débiteurs ne peuvent ignorer l'existence de la substitution, ils ne pourront payer valablement qu'en présence du tuteur. *Res eodem modo dissolvi debent quo fuerunt colligatæ.* La présence du tuteur a été nécessaire pour l'emploi : elle est également nécessaire pour le remboursement.

S'il y a des meubles compris dans la substitution, et que le testateur ait ordonné de conserver en nature, il n'y a aucune mesure particulière à prendre, attendu que, quelque chose que l'on fît, on ne pourroit empêcher la validité des aliénations que le grevé pourroit en faire ; et ce, d'après l'article 2279, et, en outre, d'après l'esprit général du Code, qui veut, qu'en fait de meubles, le droit d'administrer emporte, à l'égard des tiers, le droit de disposer.

(5) *Tiers-acquéreurs*, à titre onéreux. Nous allons voir tout-à-l'heure, que ce défaut ne peut être opposé par ceux qui ont acquis à titre gratuit, soit de l'auteur de la substitution, soit de ses donataires, légataires, etc.

PAGE 273.

(1) *Ou héritiers légitimes.* Cet article, combiné avec le 941, présente quelque difficulté. Car il est dit, dans le 941, que toute personne ayant intérêt, peut opposer le défaut de transcription. L'on n'excepte que le donateur, et dans notre opinion, ses héritiers. Donc ses donataires, légataires, ne sont point exceptés, et pourroient, sans nul doute, opposer le défaut de transcription. Dans l'art. 1072, au contraire, non-seulement les héritiers du disposant, mais encore ses successeurs à titre particulier, tels que les donataires et légataires, ainsi que leurs donataires, légataires ou héritiers, ne peuvent opposer le défaut de transcription. Mais il faut remarquer :

1°. Qu'il y a une grande différence entre le donataire, auquel on peut imputer de n'avoir pas fait transcrire la donation, et l'appelé, qui n'existoit peut-être pas à l'époque où la substitution a été connue ;

2°. Que dans l'article 1072, il s'agit, à la vérité, de successeurs à titre particulier, mais en même temps à titre gratuit : *qui proindè certant de lucro captando*, et auxquels, d'après cela, on a cru devoir préférer les appelés, puisqu'il s'agit, le plus souvent, de conserver à ceux-ci des moyens d'existence.

3°. Enfin, qu'il n'y a que les appelés qui soient relevés du défaut de transcription, et que ce relief ne profite pas aux grevés, s'ils se trouvent dans le cas de l'article 941. Si donc, par exemple, un immeuble a été donné entre-vifs, à charge de restitution, et que la donation n'ait pas été transcrite, qu'ensuite le donateur ait disposé du même immeuble à titre gratuit, en faveur d'une autre personne, celle-ci pourra opposer le défaut de transcription, au grevé donataire, sans pouvoir l'opposer aux appelés : en conséquence le second donataire conservera l'objet avec la charge de restitution, tellement que, si le grevé meurt laissant des descendans, la seconde donation sera annullée ; mais s'il décède sans postérité, le second donataire demeurera propriétaire irrévocable de l'immeuble.

Telle est l'interprétation que j'ai cru devoir donner de l'article 1072.

Observez que, lorsque la substitution est contenue dans une donation entre-vifs d'objets immobiliers, il est inutile de faire deux transcriptions, puisqu'actuellement la transcription des donations doit avoir lieu dans les mêmes cas et dans les mêmes bureaux que celle des substitutions.

(2) *Elles sont caduques, si le mariage ne s'ensuit pas.* Je crois que cette disposition doit s'appliquer, non-seulement aux donations portées dans le contrat de mariage, mais encore à toutes celles qui sont faites en faveur du mariage. L'article 1088 paroît contenir, sur ce point, une disposition expresse; mais, néanmoins, il y auroit toujours cette différence, que la donation faite par contrat de mariage est présumée, de droit, faite en faveur du mariage, tandis que, si elle est portée dans tout autre acte, elle ne sera réputée telle, qu'autant que le donateur se sera expliqué formellement à ce sujet.

(3) *Elles ne sont point révocables pour cause d'ingratitude.* Appliquez ce qui est dit note précédente. Il suffit que la donation soit faite en faveur du mariage, aux termes de l'art. 959, pour que la disposition de cet article doive être appliquée.

Cette exception est fondée sur ce que celui qui donne en faveur du mariage, est censé embrasser dans sa libéralité les enfans qui doivent en provenir. Cela est si vrai, que, si la donation est de biens à venir, les enfans du mariage sont toujours censés substitués vulgairement à l'époux donataire. (Art. 1082.) Or, si les enfans sont eux-mêmes donataires, il ne seroit pas juste que l'ingratitude de leurs père ou mère fût suffisante pour faire révoquer la donation à leur préjudice. De ces principes qui sont certains, il me semble que l'on peut conclure :

1°. Que la donation peut être révoquée pour cause d'ingratitude, lorsque le mariage est dissous sans postérité ;

2°. Que cette disposition n'est pas applicable aux donations entr'époux, parce qu'alors l'intérêt des enfans n'est plus le même, puisqu'ils retrouveront toujours les objets donnés dans la succession, soit du donateur, soit du donataire. Cette dernière conséquence résulte d'ailleurs nécessairement des articles 299 et 300.

(4) *D'un objet compris.* Il faut, pour que la disposition de l'article 1086 soit applicable, que l'objet soit compris, ou censé compris dans la donation, et que le donateur se soit réservé la faculté d'en disposer. Alors, s'il n'en dispose pas, l'objet réservé appartient au donataire. Mais si le donateur s'est réservé simplement l'objet, sans le comprendre dans la donation, le donataire n'a rien à réclamer, soit que le donateur ait disposé ou non. Si donc il a dit, *je donne ma terre, mais je me réserve la première coupe des bois;* la coupe n'est pas comprise dans la donation; et si le donateur n'en dispose pas, elle appartiendra à ses héritiers; mais s'il a dit, *Je donne ma terre, et je me réserve la faculté de disposer de la coupe*, la coupe est censée comprise dans la donation; et, s'il n'en dispose pas, elle appartiendra au donataire ou à ses héritiers.

La raison de différence consiste en ce que, de droit commun, le don d'une terre emporte le don des arbres qui s'y trouvent sur pied, à moins qu'ils ne soient formellement exceptés. Or, l'exception a eu lieu précisément dans le premier cas, puisque le donateur s'est réservé la coupe. Il a donc déclaré par là qu'elle n'étoit pas comprise dans la donation. Le donataire ne pourroit donc y avoir de droit, qu'autant qu'elle lui seroit donnée par un nouvel acte. Dans le second cas, au contraire, le donateur ne s'est rien réservé; il a donné la terre purement et simplement; il a donné les bois sous la condition résolutoire, *s'il n'en disposoit pas*. La condition est défaillie par le défaut de disposition. La donation des bois devient pure et simple.

PAGE 274.

(1) *Ou à ses héritiers*. En directe seulement. Toutes les fois qu'un objet est donné avec réserve d'en disposer, la donation est censée de biens à venir, ou pour cause de mort, puisque le donataire n'est saisi de rien; et il est de principe que ces sortes de donations sont caduques, si le donateur survit au donataire et à sa postérité.

(2) *Pour ces sortes de donations*. Ainsi elle saisit le donataire: elle n'est point caduque par son prédécès; mais elle le seroit, si le mariage ne s'ensuivoit pas. Elle doit être transcrite, si elle comprend des immeubles. Mais les héritiers du mari ne pourroient opposer à la femme donataire le défaut de transcription, quand même ils auroient intérêt; *putà*, si les biens donnés leur avoient été vendus ou hypothéqués par le donateur, postérieurement à la donation. Le mari est chargé de faire transcrire les donations faites à sa femme (art. 940); il ne pourroit donc lui-même opposer le défaut de transcription, et ses héritiers n'ont pas plus de droit que lui. (Art. 941.)

(3) *Au profit des enfans à naître*. En effet, ou elle seroit faite directement aux enfans, et alors elle seroit nulle, parce qu'aux termes de l'article 906, pour être capable de recevoir entre-vifs, il faut être au moins conçu au moment de la donation; ou elle seroit faite à l'époux, à la charge de rendre aux enfans; et alors ce seroit une substitution prohibée par l'article 896.

(4) *Si ce n'est dans les cas prévus dans le chapitre précédent*. C'est-à-dire, que si l'époux est descendant ou frère du donateur, la donation pourra lui être faite à lui-même, à la charge de conserver et de rendre à ses enfans à naître, mais toujours sous les conditions imposées par le chap. VI. Si donc le donataire est frère du donateur, la disposition ne pourra avoir lieu au profit des enfans à naître du donataire, qu'autant que le donateur n'aura pas de postérité.

Dans tous les cas, la charge de conserver ne pourra être imposée que pour ce qui concerne le disponible.

Enfin, le donateur ne pourra stipuler que les biens donnés seront rendus aux seuls enfans qui naîtront du mariage. Cela est prohibé par l'article 1050.

(5) *Que le donateur laissera au jour de son décès*. C'est ce qu'on appelle *Institution contractuelle*, si toutefois la donation est de tout, ou d'une partie aliquote des biens que le donateur laissera; car si elle étoit d'un objet particulier, par exemple, s'il étoit dit que, *tel objet est donné pour en jouir à compter du décès du donateur, s'il existe encore dans ses biens*, une pareille donation devroit être assimilée à un legs, sauf que le donateur ne pourroit plus disposer de l'objet à titre gratuit, à moins qu'il ne s'en fût réservé expressément la faculté, comme dans l'article 1086.

Les institutions contractuelles peuvent être faites en faveur de l'époux, non-seulement par leurs père et mère, ou autres ascendans, mais encore par leurs collatéraux, et même par des étrangers (art. 1082.) Il existe sur cette matière un traité assez estimé, par BOUCHEUL, intitulé *Des Conventions de succéder*.

Deux personnes pourroient-elles faire, par le même contrat de mariage, une institution contractuelle au profit du même individu ? Oui. Le motif qui a fait adopter la disposition de l'article 968 n'existe plus ici, puisque l'institution contractuelle est irrévocable.

Une femme, mariée sous le régime dotal, pourroit-elle faire une institution contractuelle qui comprendroit même ses biens dotaux? Oui, sans doute, puisqu'elle pourroit les donner par testament.

(6) *A l'égard des enfans.* Il faut entendre par ces mots tous les descendans du mariage.

(7) *En cas de prédécès de ce dernier. Quid*, s'il n'y a pas d'enfans de ce mariage, mais que le donataire en ait d'un mariage postérieur, qui soient existans au moment du décès du donateur, empêcheront-ils la caducité ? La négative me paroît résulter formellement de l'article 1082. Il est dit, dans le premier alinéa, *au profit des enfans à naître* DE LEUR MARIAGE; et dans le second, *au profit des enfans et descendans à naître* DU MARIAGE. L'article entend donc toujours parler des enfans issus du mariage à l'occasion duquel la donation a été faite. On oppose à cette décision l'article 1089, qui ne prononce la caducité des donations comprises dans l'article 1082, *qu'en cas de prédécès du donataire et de sa postérité*, en général, et sans distinction. Il suffit donc, ajoute-t-on, pour empêcher la caducité, qu'il existe des descendans du donataire, de quelque mariage qu'ils proviennent. Mais cette objection sera facilement résolue.

D'abord, il est de principe que tous les articles d'un Code doivent être interprétés les unes par les autres.

En second lieu, quand, de deux articles, l'un exprime une proposition générale, et que l'autre particularise cette proposition, le sens général doit être restreint au cas particulier.

Troisièmement enfin, quand un article présente du doute, il doit être interprété par celui qui n'en présente pas.

Or, en appliquant ces règles à la question qui nous occupe, l'on verra que l'article 1089 parle, à la vérité, de la postérité du donataire; mais que ce mot *postérité* pouvant être entendu également de tous les descendans, ou seulement des descendans du mariage dont il s'agit, le doute à cet égard est levé par l'article 1082, qui désigne clairement et spécialement les enfans issus du mariage à l'occasion duquel la donation a été faite.

Ces principes ont été tellement sentis par les partisans de l'opinion contraire, qu'ils ont été obligés d'apporter à leur système une modification qui le détruit entièrement. Voulant absolument conserver à l'article 1089 le sens général qu'il paroît avoir, et ne pouvant, d'un autre côté, se dérober à la disposition claire et précise de l'article 1082, ils ont imaginé de dire que, quand il existoit tout-à-la-fois des enfans du mariage à l'occasion duquel la donation a été faite, et des enfans d'un mariage postérieur, les premiers devoient être préférés, et profiter seuls de l'institution; mais que, s'il en existoit seulement d'un mariage postérieur, cela suffiroit pour empêcher la caducité. Je dis que cette interprétation détruit tout le système; car, sur quel motif peut être fondée la préférence que l'on accorde ici aux enfans du premier mariage, si ce n'est sur ce que l'on est obligé de convenir que ce sont les seuls que le donateur a entendu embrasser dans sa libéralité? Pour quelle raison donc voudroit-on étendre cette même libéralité aux enfans des mariages postérieurs, que, de l'aveu même des adversaires, le donateur n'avoit, en aucune manière, intention de gratifier? D'ailleurs, il résulte bien évidemment de l'article 1082, que si la loi n'avoit pas établi la présomption qu'il y a substitution vulgaire, la donation seroit caduque par le prédécès du donataire seul; ce qui est d'ailleurs conforme à tous les principes relatifs à ces sortes de donations. Or, ce même article n'établit de substitution vulgaire qu'en faveur des enfans issus du mariage, à l'occasion duquel la donation a été faite. D'un autre côté, il est constant que toute institution contractuelle est caduque par le prédécès de l'institué et des substitués. Comment donc est-il possible de la faire revivre au profit d'individus qui ne sont compris, ni dans l'institution, ni dans la substitution?

Je pense donc que l'article 1089 doit être entendu dans le sens de l'article 1082, et qu'à moins qu'il n'apparoisse d'une volonté contraire du donateur, l'institution contractuelle est toujours censée faite exclusivement au profit de l'époux donataire, et des enfans à naître du présent mariage seulement.

Pourroit-on, par contrat de mariage, donner les biens à venir aux enfans à naître du mariage, sans donner à l'époux? Cela se pouvoit anciennement. Aujourd'hui la négative paroît certaine; il est vrai que le premier alinéa de l'article 1082 dit que l'on peut donner, *tant aux époux qu'aux enfans à naître du mariage;* ce qui peut s'entendre, tant séparément que collectivement. Mais ce qui suit, prouve que l'on doit entendre cette disposition dans le sens que l'on peut donner, soit à l'époux seul, soit à l'époux et aux enfans à naître. En effet, l'article ajoute que l'on peut donner aux enfans à naître, *dans le cas où le donateur survivroit à l'époux donataire.* Il faut donc deux choses, pour que les enfans à naître puissent être l'objet de la libéralité: la première, que l'époux soit lui-même donataire; et la seconde, qu'il prédécède le donateur. D'ailleurs il pourroit résulter du système contraire une sorte de substitution fidéicommissaire, et par conséquent prohibée. Supposons en effet que, dans le contrat de mariage de Paul, Pierre institue seulement les enfans à naître du mariage. Pierre meurt. Paul n'a pas encore d'enfans; mais il peut en avoir. Il ne peut pas recueillir l'effet de l'institution; car ce n'est pas lui qui est institué. Les biens passeront donc à l'héritier de Pierre, mais avec la charge de les conserver et de les rendre aux enfans que Paul pourra avoir. Cela rentrera donc dans la classe des dispositions prohibées par l'article 896.

Observez, 1°. que la disposition par l'effet de laquelle les enfans du mariage sont substitués vulgairement au donataire, est fondée sur une simple présomption de la volonté du donateur ; mais que cette présomption peut être détruite par une volonté contraire. Si donc le donateur a stipulé expressément que l'institution seroit caduque en cas de prédécès du donataire, soit qu'il y ait enfans, ou non, du mariage, la clause est valable, et la substitution n'aura pas lieu au profit des enfans ; car, puisque le donateur peut, même dans le cas d'une donation entre-vifs, qui saisit le donataire, stipuler le droit de retour pour le cas du prédécès du donataire seul, à plus forte raison peut-il stipuler, pour ce même cas, la caducité de l'institution contractuelle.

Par la même raison, je pense que l'instituant pourroit stipuler, qu'en cas de prédécès du donataire avec enfans, il aura la faculté de distribuer entr'eux sa succession, par portions inégales ; car, puisqu'il pouvoit ne leur rien donner, à plus forte raison peut-il leur donner inégalement le tout, sauf le droit de réserve, si c'est un ascendant.

Observez, en second lieu, qu'il y a ici, comme nous l'avons dit, substitution vulgaire en faveur des enfans issus du mariage. En conséquence, ces enfans sont censés tenir de l'instituant seul les biens compris dans l'institution. Ils les prennent donc *jure suo*, comme héritiers de l'instituant, et non comme héritiers de l'institué. Il n'est donc pas nécessaire qu'ils aient accepté la succession de ce dernier : l'institué ne pourroit, par aucune disposition, faire entr'eux un partage inégal des biens compris dans l'institution. Mais quoiqu'ils viennent à la succession du donateur, *jure suo*, ils y viennent néanmoins dans l'ordre de la représentation ; c'est-à-dire, que si l'institué prédécède, laissant des enfans et des petits-enfans, ils succèdent par souches et non par têtes.

Pourroit-on faire une institution contractuelle sous condition? Oui sans doute, et même, comme nous l'avons vu, sous des conditions qui dépendent de la volonté du donateur ; mais elle ne pourroit être faite sous la condition de donner quelque chose à un tiers : car cette condition tendroit à violer la loi, qui ne permet les donations de biens à venir que par contrat de mariage, et en faveur des époux. (*Voir* ci-dessus, la note (2) de la page 241.)

(8) *De la part du donateur. Quid*, s'il vient à mourir avant la célébration du mariage? La donation n'en est pas moins irrévocable. Elle est censée faite sous une condition suspensive. Du moment que la condition est accomplie, elle a un effet rétroactif au moment où la donation a été faite. (Art. 1179.)

(9) *A titre gratuit.* Donc il peut disposer à titre onéreux ; donc toutes les aliénations et hypothèques sont valables ; donc il n'y a pas lieu à la transcription, quand même le donateur seroit propriétaire d'immeubles au moment de l'institution. Et en effet, indépendamment de l'inutilité de la transcription, où feroit-on transcrire? Ce ne sont pas les immeubles que le donateur possède au moment du mariage, qui sont donnés ; ce sont ceux qu'il possédera à son décès. Or, il peut vendre tous ceux qu'il a en ce moment, et en acheter d'autres.

(10) *Le donataire est tenu.* L'article 1086 dit que la donation en faveur des

époux et des enfans à naître du mariage, *pourra* être faite à condition de payer indistinctement toutes les dettes et charges de la succession du donateur. Ce mot *pourra*, qui paroît induire une disposition facultative, peut présenter quelque difficulté; car il est bien évident qu'il s'agit, dans l'espèce, d'une donation de biens à venir, puisqu'il n'y a que celle-là qui puisse être faite aux enfans à naître. Or, si c'est une donation universelle, c'est-à-dire, de tous les biens que le donateur laissera à son décès, le donataire ne pourroit, par l'effet d'aucune stipulation, être libéré de l'obligation de payer toutes les dettes. Il sembleroit donc qu'on ne devroit pas dire que cette donation *pourra* être faite à condition de payer toutes les dettes, puisqu'elle ne peut pas être faite autrement. Cependant on peut donner au mot, *pourra*, deux sens raisonnables : le premier, que le donateur ponrra ne donner à l'époux et aux enfans qu'une quote de sa succession, et leur imposer l'obligation de payer toutes les dettes, et même les charges, c'est-à-dire, les légitimes (*voyez* l'art. 36 de l'Ordon. *des Donations*); et le second, que le donateur pourra les charger de payer tous les legs. Car, quoique l'article 1083 dise que le donateur ne peut plus disposer à titre gratuit, des objets compris dans la donation, si ce n'est pour sommes modiques, etc., cela doit s'entendre du cas où il n'y a aucune stipulation particulière à ce sujet. Car il n'est pas douteux que le donateur ne puisse, par l'acte de donation, se réserver le droit de faire toutes les dispositions qu'il jugera convenables, puisqu'il est dit, par l'article 1086, que la donation peut être faite sous toute condition dont l'exécution dépend de la volonté du donateur. Dans ces deux cas donc, le paiement de toutes les dettes et charges n'est pas de droit; il peut seulement être stipulé par le donateur; et le donataire est tenu de s'y conformer, ou de renoncer à la donation.

(11) *En renonçant à la donation.* Nous avons fait voir précédemment pourquoi, dans ce cas particulier, le donataire pouvoit s'affranchir des charges, en renonçant à la donation. (*Voyez* ci-dessus, la note (5) de la page 245.)

(12) *Existant au moment de la donation.* On n'a pas voulu déroger, même dans ce cas, au principe qui veut que, dans la donation de biens présens, la quotité en soit certaine et invariable au moment de la donation; ce qui n'existeroit pas, si les charges dont ils sont grevés, n'étoient pas dès-lors connues. Par la même raison, si la donation des biens présens comprend des meubles dont la tradition réelle n'ait pas été faite, il doit être joint un état estimatif; autrement ils seront aussi compris dans la donation de biens à venir, et, en conséquence, sujets à l'action des créanciers de la succession.

PAGE 275.

(1) *Et irrévocable.* Sauf les moyens légaux de révocation, qui, à l'exception de celui tiré de l'ingratitude du donataire, s'appliquent aux donations par contrat de mariage, comme à toutes les autres.

(2) *Qu'à l'égard du donataire.* Par conséquent, il est saisi du moment de la donation. Ses enfans ne peuvent recueillir les objets donnés qu'autant qu'ils ont accepté sa succession; si elle comprend des immeubles, elle doit être transcrite.

(3) *Le donataire peut renoncer.* Il n'est donc pas saisi : s'il meurt avant le dona-

teur, ses enfans la recueillent *jure suo*, et quoiqu'ils ayent renoncé à sa succession; il n'est pas nécessaire de la faire transcrire. Les aliénations à titre onéreux, et les hypothèques consenties par le donateur, sont irrévocables, etc.

(4) *Au jour du décès.* Comme il n'y a pas eu réellement de donation entre-vifs, proprement dite, la propriété d'aucun objet n'a été transférée au donataire.

(5) *Toutes les dettes et charges de la succession.* Sur la question de savoir s'il en est tenu *ultrà vires*, et s'il a la saisine, appliquez ce qui a été dit ci-dessus, relativement au légataire universel, et au légataire à titre universel, etc. *Quid*, dans le cas de réserve, s'il y a plusieurs donataires, chacun pour une quote de la succession, doivent-ils concourir par égale portion au fournissement de la légitime, ou doit-on épuiser les dernières donations avant de recourir aux premières? On peut dire pour la première opinion, que le droit de tous les institués s'ouvre au même instant, celui de la mort de l'instituant; que, par conséquent, on doit les comparer aux légataires, qui concourent tous, au prorata, à la prestation de la légitime. Mais l'on peut répondre que le droit des institués s'ouvre, à la vérité, au moment du décès, dans le sens que c'est dans ce moment seul que l'on peut déterminer la valeur de ce qu'ils auront à prétendre, et des charges qu'ils devront acquitter; mais, quant au fond du droit, il est certain et irrévocable du moment de la donation. Il n'en est pas de même des legs. Il faut attendre le moment du décès du testateur, non-seulement pour déterminer le droit du légataire, mais encore pour savoir s'il aura un droit quelconque. La volonté du testateur étant ambulatoire jusqu'au dernier moment de sa vie, le droit du légataire n'existe, ne naît, que du moment du décès; tandis que l'institué a, comme nous venons de le dire, un droit irrévocable du moment de la donation, droit que le donateur ne peut anéantir, quant au fond, quoiqu'il puisse en annuller l'effet, en dissipant tout son bien.

D'ailleurs, l'article 1083 interdit au donateur le droit de préjudicier à la donation de biens à venir, par des dispositions à titre gratuit. Or, il est évident que, si l'on faisoit concourir toutes les donations à la prestation des légitimes, sans égard à l'antériorité des dates, on fourniroit au donateur un moyen d'éluder les dispositions de cet article. Car, en faisant des donations postérieures, il préjudicieroit au donataire antérieur, qui n'auroit pas souffert de retranchement pour la légitime, si les donations postérieures n'eussent pas eu lieu.

Je pense donc que l'on doit suivre l'ordre des dates. C'étoit aussi la disposition de l'article 36 de l'Ordonnance de 1731.

(6) *Si le donateur survit au donataire et à sa postérité*, issue du mariage, ainsi que nous l'avons établie ci-dessus, dans la note (7) de la page 274.

L'article 1089 prononce la caducité, en cas de prédécès du donataire et de sa postérité, des donations comprises dans l'article 1084, sans distinction; d'où quelques personnes ont voulu inférer que, dans tous les cas, la donation de biens présens et à venir étoit sujète à la caducité établie par l'article 1089, soit qu'il y eût, ou non, un état des dettes existantes au moment de la donation. Je ne puis partager cette opinion. D'abord il est constant que la caducité établie par ledit article ne s'applique pas aux donations de biens présens, puisque l'article 1081, qui concerne ces espèces de donations, ne s'y trouve pas rappelé. Il est certain, d'un autre côté, que, dans une donation de biens présens et à venir, lorsque l'état des dettes et charges existantes au moment de la donation est annexé à l'acte, il y a réellement, comme nous l'avons dit, deux donations distinctes, l'une de biens présens, dont le donataire est saisi de suite, à la charge de payer les dettes et charges comprises dans l'état, et l'autre de biens à venir, à laquelle il pourra renoncer, s'il le juge convenable, au décès du donateur. Or, pourquoi l'article 1089 ne seroit-il pas applicable à une donation de biens présens, pure et simple, et le seroit-il à cette même donation, parce qu'elle se trouveroit faite dans le même acte qu'une donation de biens à venir? Il seroit impossible de donner une raison plausible de cette distinction. Il est d'ailleurs étonnant que l'on ait relaté l'article 1084, dans l'article 1089, et que l'on n'y ait point rappelé l'article 1085, où il s'agit bien certainement de donations qui deviennent caduques par le prédécès du donataire et de sa postérité : c'est ce qui a fait penser à quelques autres personnes qu'il s'étoit glissé une faute d'impression dans l'article 1089, et qu'au lieu de 1084, il falloit lire 1085. Mais il est possible néanmoins d'admettre l'article tel qu'il est, sans contredire les principes que nous venons d'établir. S'il existe en effet, dans l'article 1804, une espèce de donation, à laquelle la caducité de l'article 1089 soit applicable, il est inutile de corriger ce dernier article. Or, nous avons déjà démontré plusieurs fois, que dans cet article 1084 il y avoit deux espèces de donations, l'une de biens présens, et l'autre de biens à venir. Pourquoi donc n'appliqueroit-on pas l'article 1089 à la seule donation de biens à venir? Et ce qui prouve en faveur de cette opinion, c'est qu'il faut faire la même distinction à l'égard de l'article 1086, qui est également rappelé dans l'article 1089. En effet, il est bien évidemment question dans l'article 1086 de deux espèces de donations bien distinctes; car, dans la première partie de l'article, il est clair qu'il s'agit d'une donation de biens à venir, puisqu'on suppose qu'elle peut être faite aux enfans à naître; et dans la seconde partie, il s'agit bien évidemment d'une donation de biens présens, puisque l'article en contient l'énonciation formelle. Croiroit-on, d'après cela, devoir décider que, parce que l'art. 1086 est rappelé dans l'art. 1089, la donation de biens présens seroit caduque par le prédécès du donataire et de sa postérité ? On n'ira certainement pas jusque-là ; ce seroit choquer tous les principes. Je pense donc que l'article 1089 doit être entendu ainsi :

« Les donations de biens à venir, faites à l'un des époux, aux termes des articles 1082, 1084 et 1086, deviendront caduques, si le donateur survit au donataire et à sa postérité. »

L'article ainsi interprété ne présente plus aucun doute, puisqu'il ne s'applique alors aux articles 1084 et 1086, que pour la partie relative aux donations de biens à venir.

Quid, si le donataire a aliéné; ce qui est possible, par exemple, dans le cas d'une donation de biens présens et à venir, si l'on a négligé d'annexer l'état exigé par l'article 1084, et que le donataire ait été néanmoins mis en possession des biens présens ? Comme la donation est caduque, les biens reviennent francs et quittes dans la main du donateur. C'étoit aux acquéreurs à s'assurer si toutes les conditions exigées pour rendre la propriété du donataire irrévocable, ont été remplies.

L'institution contractuelle seroit-elle annullée par la mort civile de l'instituant ? Je ne le pense pas, si toutefois il n'y a pas lieu à confiscation. L'institué est saisi irrévocablement, par le fait seul de l'institution, du droit de prendre la succession de l'instituant, à quelqu'époque qu'elle vienne à s'ouvrir. Il suffit donc que l'instituant ait été capable de disposer, au moment du contrat.

(7) *Elles ne peuvent préjudicier à la réserve légale.* Et elles sont, en outre, comme nous l'avons vu, révocables par survenance d'enfans, à moins qu'elles n'aient été faites par un ascendant à son descendant. (Art. 960.)

(8) *Par la survenance d'enfans au donateur.* Sauf ce que nous avons dit ci-dessus, dans la note (6) de la page 247.

(9) *Et l'usufruit du surplus.* (*Voyez* l'observation que nous avons faite ci-dessus, relativement à cette disposttion, note (1) de la page 233.)

PAGE 276.

(1) *De la moitié de ses biens ;* quel que soit le nombre des enfans. Ainsi, il peut disposer de cette quotité, quand il auroit trois enfans ou davantage ; et il ne peut disposer que de cette quotité, quand il n'en auroit qu'un.

(2) *Et de l'autre quart en usufruit.* (*Voyez* les notes (3) et (4) de la page 233.)

(3) *Puisse excéder le quart des biens.* (*Voir*, sur cet article, POTHIER, *du Contrat de Mariage*, nos. 532 et suivans.) Le principe de cette disposition se trouve dans la fameuse loi *Hac Edictali*, 6, Cod. *de Sec. Nuptiis*. Elle portoit en général prohibition à l'époux, ayant enfant d'un premier lit, de donner à son nouvel époux plus qu'une part d'enfant le moins prenant ; et elle ordonnoit que tout ce qui excéderoit, demeureroit inutile et retranché.

Cette prohibition avoit été consacrée dans l'ancien droit, par l'édit de François II, appelé l'Edit des Secondes Noces, et rédigé par le chancelier de Lhôpital. Cet édit avoit deux dispositions, connues sous le nom de Chefs.

Par l'un, il étoit ordonné à l'époux remarié, conformément aux lois 3 et 5, Cod. *de Sec. Nuptiis*, de conserver à ses enfans du premier lit tout ce qu'il avoit reçu de l'hérédité de son premier époux. Cette disposition n'a pas été maintenue par le Code, probablement parce qu'on l'a regardée comme une espèce de substitution.

L'autre chef sanctionnoit la disposition de la loi *Hac Edictali ;* seulement il ne l'avoit appliquée qu'aux femmes remariées. Mais la jurisprudence l'avoit étendue aux hommes ; et c'est dans ce sens que nous la retrouvons dans l'article 1098 du Code, avec cette disposition additionnelle, que, quel que soit le nombre des enfans, la donation au profit du second époux ne peut jamais excéder le quart des biens. Ainsi, celui qui, n'ayant qu'un enfant, pourroit donner la moitié de ses biens à un étranger, ne pourra toujours disposer que du quart en faveur de son époux. Cela est fondé sur un principe que nous avons déjà eu occasion de citer, qu'en matière de prohibition il faut défendre plus rigoureusement les actes auxquels l'on présume, que les parties se porteront plus facilement. *Passim videmus*; dit VINNIUS, Instit., lib. 2, tit. 8, *ea sola legibus prohiberi quæ facilè fieri possunt, cum lex ea fieri non vult, non quæ difficultèr.* C'étoit d'après ce principe que, chez les Romains, la loi *Julia* permettoit au mari d'aliéner le fonds dotal, du consentement de la femme, et ne lui permettoit pas de l'hypothéquer, même de son consentement. L'on présumoit que la femme consentiroit plus volontiers à l'hypothèque, *propter spem luendi pignoris*, qu'à l'aliénation, qui la dépouilloit irrévocablement. Par la même raison, le Sénatus-Consulte Velléien défendoit à la femme de cautionner une autre personne, et ne lui défendoit pas de payer pour un tiers. Enfin la loi *Fusia Caninia* restreignoit les affranchissemens par testamens, et ne limitoit en aucune manière les affranchissemens entre-vifs, etc.

Dans l'espèce de l'article 1098, on a prévu qu'un père ou une mère se porteroit difficilement à dépouiller ses enfans en faveur d'un étranger, mais qu'il pourroit aisément le faire en faveur de son second époux. On a donc dû restreindre les dispositions en faveur de l'époux, précisément par la raison qu'on a dû supposer qu'elles se feroient plus aisément et plus fréquemment. *Lex arctiùs prohibet quod faciliùs fieri putat.*

Cela posé, nous allons examiner les différentes questions qui peuvent naître à l'occasion de l'article 1098, et qui sont assez multipliées.

D'abord, à quelles espèces de dispositions s'étend la prohibition de l'article? A toutes celles dont il peut résulter un avantage quelconque pour le second époux, au préjudice de l'autre conjoint, même aux donations mutuelles, et aux conventions qui, au premier coup d'œil, présentent quelque chose d'aléatoire, telles que les donations faites au survivant. La prohibition de l'article 1098 embrasse même plusieurs dispositions qui, dans toute autre circonstance, ne seroient pas regardées comme des avantages, telles que le préciput, l'apport inégal en communauté, etc. (Art. 1527.) Ainsi, pour qu'il y ait lieu à l'application de l'article 1098, il faut deux choses: que l'époux qui n'avoit point d'enfans, se soit enrichi; et en second lieu, qu'il se soit enrichi aux dépens ou au préjudice de l'autre époux: *Si donator fiat pauperior, et donatarius locupletior.* Si donc le second époux s'est enrichi, mais sans qu'il en soit résulté du préjudice pour l'autre époux, il n'y a pas lieu à l'application de l'article. Il en est de même si l'époux qui avoit des enfans, s'est appauvri, mais sans qu'il en soit résulté d'avantage pour l'autre époux. Mais dès que les deux circonstances concourent, d'un préjudice pour l'un, et d'un avantage pour l'autre, il y a lieu à la disposition de l'article, en observant qu'il ne faut pas prendre le mot *préjudice* dans le sens des Romains, seulement pour la diminution du patrimoine actuel (*L.* 5, §. 13, 14 et 16, ff. *de Donat. inter vir. et uxor.*); mais qu'il faut l'entendre de tout défaut de gain, et par conséquent de tout acte par lequel l'époux ayant enfant, pouvoit augmenter son patrimoine, et ne l'a pas fait, pour avantager son conjoint; *putà*, s'il a répudié un legs qui lui étoit fait dans une succession dont sa femme étoit héritière; s'il a répudié une succession qui lui étoit déférée par testament, et dans laquelle sa femme lui étoit substituée, et autres cas semblables. Nous avons prouvé, au titre *des Successions*, qu'il résultoit de ces actes des avantages sujets à rapport entre cohéritiers; à plus forte raison, sont-ils susceptibles de l'application de l'article 1098, dont la disposition doit être entendue d'une manière encore bien plus stricte.

Quid, si l'avantage résultoit seulement de l'omission d'une clause dans le contrat de mariage ; *putà :* les époux mariés sous le régime de la communauté ont fait des apports inégaux, ou ils n'ont pas stipulé propre le mobilier qui leur adviendroit pendant le mariage : l'apport de l'époux ayant enfant du premier lit, a été plus considérable, ou il lui est échu des successions mobilières d'une plus grande valeur ; ou bien, ils n'ont pas stipulé la séparation des dettes, et il se trouve que les dettes de l'époux, n'ayant pas d'enfans, sont plus considérables que celles de l'autre époux. Tout cela doit-il être regardé comme des avantages? POTHIER, n°. 553, décidoit la négative, à l'égard du mobilier échu pendant le mariage. Je crois que cette décision auroit fait difficulté, même dans l'ancien droit; et je ne pense pas qu'elle doive, à plus forte raison, être admise dans le droit actuel, qui restreint encore plus les avantages faits par l'époux remarié. D'ailleurs, l'article 1496 dit formellement que, si la confusion du mobilier et des dettes opère, au profit de l'un des époux, un avantage supérieur à celui qui est autorisé par l'article 1098, les enfans du premier lit de l'autre époux ont l'action en retranchement. L'article dit en général, *la confusion du mobilier*, sans distinguer d'où il provient. Il faut donc tenir que le défaut de clause de réalisation seroit regardé comme un avantage, soit que le mobilier provienne de l'apport de l'époux, ou qu'il lui soit échu pendant le mariage, et qu'il en seroit de même du défaut de clause de séparation de dettes.

Mais remarquez qu'il faut, d'après l'article 1496, qu'il soit résulté de l'omission de ces clauses, un avantage en faveur de l'époux qui n'a pas d'enfans, au préjudice de l'autre conjoint. Ainsi, il n'y aura lieu à l'application de l'article 1098, pour défaut de clause de stipulation de propre, qu'autant que le mobilier tombé dans la communauté, du chef de l'époux qui a des enfans, excède celui qui est tombé du chef de l'autre époux ; et, dans ce cas, l'avantage est censé être de la moitié de cet excédant. Exemple :

Deux époux se marient sous la communauté légale. L'un des deux a des enfans d'un premier mariage; il a, au moment du mariage, un mobilier de valeur de vingt mille francs : il lui échoit pendant le mariage, pour une somme égale de successions mobilières. L'autre a, en se mariant, pour cinq mille francs de mobilier, et il lui échoit des successions mobilières pour une somme de quinze mille francs: il est évident que le premier a mis dans la communauté vingt mille francs de plus que le second; mais comme il a lui-même moitié de la communauté, et par conséquent de l'excédant, il en résulte que l'avantage en faveur du second, n'est réellement que de dix mille francs. Cependant, si c'étoit la femme ayant des enfans d'un premier lit, qui eût apporté les quarante mille francs, et qu'elle renonçât à la communauté, l'avantage seroit alors de la totalité de l'excédant, ou de vingt mille francs.

De même, si l'époux qui n'a point d'enfant, a pour vingt mille francs de dettes mobilières, que l'autre n'en ait que pour dix mille francs, et que l'apport soit égal de part et d'autre, comme les trente mille francs de dettes tomberont à la charge de la communauté, il s'ensuivra qu'elle payera dix mille francs de plus pour le premier que pour le second. Mais comme la part du premier dans la communauté se trouve elle-même diminuée de cinq mille francs par l'effet de ce paiement, il en résulte que l'avantage n'est réellement que de cinq mille francs. Il faut cependant excepter, comme dans l'exemple précédent, le cas où ce seroit la femme qui auroit pour vingt mille francs de dettes, et où elle renonceroit à la communauté. Comme alors les dix mille francs d'excédant tomberoient à la charge du mari seul, l'avantage seroit de la totalité de ces dix mille francs.

Quid, s'il a été stipulé un forfait de communauté, c'est-à-dire si, dans le contrat de mariage de deux époux, dont l'un a des enfans, il est stipulé que le survivant aura telle somme pour tout droit de communauté? Cette clause aura son effet contre l'époux qui n'a point d'enfans, mais non en sa faveur; c'est-à-dire que, si, par l'effet de la liquidation, la part de l'époux qui n'a pas d'enfans, se trouve monter plus haut que la somme stipulée, il ne pourra réclamer que cette somme; mais que si, au contraire, sa part est inférieure, il ne pourra réclamer que le montant de sa part. Le motif de cette décision est, que le bénéfice de l'article 1098 ne peut être invoqué que par les enfans du premier lit, et nullement par le second époux, qui est non-recevable à revenir contre les conventions qu'il a lui-même consenties. Lors donc que le forfait présentera un avantage aux enfans du premier lit, ils ne réclameront pas; et comme l'autre époux ne peut lui-même réclamer, la clause du contrat de mariage sera exécutée. Si au contraire le forfait est préjudiciable aux enfans du premier lit, ils demanderont l'imputation de l'avantage qui en résultera en faveur du premier époux, sur la portion disponible fixée par l'article 1098, et cela, conformément aux dispositions de l'article 1527, qui porte que, *dans le cas où il y auroit des enfans d'un précédent mariage, toute convention* (sans distinction) *qui tendroit à donner à l'époux qui n'a pas d'enfans, au-delà de la portion réglée par l'article* 1098, *sera sans effet, pour tout l'excédant de cette portion.*

Il faut observer cependant que, si le montant du forfait n'excède pas ce que l'époux qui n'avoit pas d'enfans, a apporté à la communauté, la clause doit être exécutée dans tous les cas. Il est clair qu'alors cet époux n'est pas avantagé au préjudice de l'autre conjoint, puisqu'il ne retire que ce qu'il a apporté.

Les mêmes décisions s'appliquent au cas où il a été assigné des parts inégales dans la communauté, ainsi qu'au cas de communauté à titre universel, toutes les fois qu'il en résulte un avantage en faveur du second époux, au préjudice de l'autre

Quid, de la clause portant que la communauté entière appartiendra au survivant dans le cas où c'est l'époux ayant enfans, qui meurt le premier? J'observe d'abord qu'il faut supposer qu'on a ajouté à cette clause celle de reprise des apports et capitaux tombés dans la communauté du chef du prédécédé. Autrement, il n'y auroit plus de question, puisque la clause seroit regardée comme un avantage, même à l'égard de tous autres que des enfans du premier lit. (Art. 1525.)

Cela posé, l'on pourroit dire en faveur du second époux, que c'est une clause purement aléatoire, et qui, aux termes de l'article précité 1525, « n'est point réputée » un avantage sujet aux règles relatives aux donations, *soit quant au fond*, soit » quant à la forme, mais simplement une convention de mariage, et entre associés ; » que d'ailleurs la diposition finale de l'article 1527 décide formellement que « Les » simples bénéfices résultant des travaux communs et des économies faites sur les » revenus respectifs, quoiqu'inégaux, des deux époux, ne sont pas considérés » comme un avantage fait au préjudice des enfans du premier lit. » Or, la communauté, déduction faite des apports et capitaux qui y sont tombés du chef des époux, n'est plus composée que des simples bénéfices résultant des travaux communs et des économies, etc. Donc il paroîtroit que la clause qui abandonne cette communauté entière au survivant, ne doit point être regardée comme un avantage, même en cas de prédécès de l'époux qui avoit des enfans d'un premier lit.

Nonobstant ces raisons, je pense qu'une pareille convention doit, en cas de survie de l'époux qui n'avoit point d'enfant, être regardée comme un avantage imputable sur le disponible fixé par l'article 1098. D'abord, il est certain que l'époux survivant profite de la part que la succession de l'époux prédécédé auroit eue dans la communauté; il devient donc plus riche aux dépens de l'autre époux ; ce qui suffit pour que l'article 1098 soit applicable. Quant à l'argument tiré de l'art. 1525, je réponds qu'il importe peu que cette clause soit regardée, dans les cas ordinaires, comme une simple convention, et non comme une donation, puisque l'art. 1527 dit formellement que *toute convention..... est sans effet*, *etc.*

Quant à la disposition finale du même article 1527, il faut, pour en saisir l'esprit, se reporter à la question qui s'étoit élevée anciennement. La voici :

Un homme, ayant trente mille francs de revenu, épouse une femme qui n'a qu'un revenu de cinq mille francs. Il est certain que, tous les ans, le mari met dans la communauté vingt-cinq mille francs de plus que la femme. De là il pouvoit résulter, au bout d'un certain temps, une communauté très-avantageuse, dont la moitié appartenoit à la femme. On avoit demandé, si, dans le cas où le mari auroit eu des enfans d'un premier lit, l'on ne devoit pas considérer cela comme un avantage sujet au retranchement ; et les auteurs les plus distingués, tels que Ricard, Pothier, et autres, décidoient la négative. Ils se fondoient sur ce que l'on pouvoit supposer que l'opulence de la communauté pouvoit provenir en partie des travaux de l'autre époux, ainsi que de l'ordre et de l'économie qu'il avoit pu apporter dans l'administration du ménage. C'est évidemment cette décision que l'article 1527 a eu intention de consacrer ; et ce qui le prouve, ce sont les mots, *quoiqu'inégaux*, qui se trouvent dans l'article. L'on voit bien, en effet, que l'inégalité des revenus peut donner lieu à la question, quand la communauté se partage. Mais l'on ne voit pas comment le fait de l'égalité ou de l'inégalité des revenus pourroit influer sur la décision, quand la communauté entière est abandonnée à l'un des époux; car, dans tous les cas, il y a avantage : seulement, quand il y a inégalité, l'avantage est plus grand de la part de celui dont les revenus sont plus considérables. Je pense donc que la clause par laquelle la communauté entière est abandonnée au survivant, même avec la stipulation de reprise des apports, est susceptible de l'application de l'article 1098, lorsque, par le fait, elle profite à l'époux qui n'avoit pas d'enfans lors du mariage. C'est aussi dans ce sens qu'il a été jugé par la Cour de Cassation, le 24 mai 1808 (Sirey, 1808, Ire. Part., page 328.)

Quid, si l'époux, ayant enfans, contracte plusieurs mariages postérieurs? Il ne peut donner à tous ses époux successifs qu'une part d'enfant; de là il suit qu'une fois qu'il a disposé irrévocablement de cette part en faveur de l'un d'eux, il ne peut plus disposer de rien en faveur de ceux qu'il épouse par la suite.

Par qui peut être demandée la réduction, et à qui profite-t-elle? Anciennement on tenoit en général, sur la première question, que la réduction ne pouvoit être demandée que par les enfans du premier lit; mais quant à la seconde, il y avoit diversité de doctrine. En pays coutumier, l'on avoit adopté la disposition de la loi 9, Cod. *de Secund. Nuptiis*, qui faisoit participer aux objets retranchés tous les enfans, même ceux issus de mariages postérieurs. En pays de droit écrit, au contraire, on suivoit la Nov. 22, Cap. 27, qui avoit abrogé en ce point la loi 9; et les enfans du premier lit profitoient seuls du retranchement.

L'article 1098 ne s'est point expliqué sur ces diverses questions; il s'est contenté de dire que, *l'époux ayant enfans d'un premier lit*, *ne pourroit*, *etc.*; ce qui sembleroit induire une prohibition absolue. Je doute cependant que l'on ait eu l'intention d'accorder aux enfans du second mariage, même en cas de non existence d'enfans du premier lit, le droit d'attaquer une donation, sans laquelle on peut présumer que le mariage qui leur a donné naissance, n'auroit pas été contracté; et de demander une réduction qui n'a été établie aucunement dans leur intérêt. Je pense donc qu'ils seroient non-recevables, sauf le droit résultant en leur faveur de l'article 1094. Mais, maintenant, doivent-ils profiter du retranchement, quand il est demandé par les enfans du premier lit?

Je pense qu'oui; d'abord, parce que, d'après l'esprit général du Code, lorsque le droit écrit et le droit coutumier se sont trouvés en opposition, le droit coutumier a été suivi de préférence. (*Voyez* les articles 747, 1393, 1576, etc.)

En deuxième lieu, parce que, si la contravention faite par l'époux à la prohibition de la loi, ne doit pas préjudicier aux enfans du premier lit, l'on ne voit pas non plus pourquoi elle leur profiteroit. Or, si l'époux n'eût pas contrevenu, s'il n'eût donné que ce qu'il pouvoit donner, l'excédant se retrouveroit dans sa succession, et tous ses enfans y participeroient.

3°. Enfin, si l'on n'admettoit pas cette opinion, l'on fourniroit à l'époux un moyen indirect d'avantager ses enfans du premier lit, au préjudice de ceux du second. Il n'auroit qu'à donner à son époux bien au-delà d'une part d'enfant; il priveroit par là ses enfans du second lit de toute part dans l'excédant; car, si l'on décidoit qu'ils ne peuvent prendre part dans les objets retranchés, il faudroit décider également que les enfans du premier lit ne seroient pas obligés de rapporter les objets provenant du retranchement.

Nec obstat, que, s'il n'y a pas d'enfans du premier mariage, les enfans du second n'auroient pas le droit d'attaquer la donation. Car nous avons dans les lois romaines des exemples qui prouvent que telle personne, au profit de laquelle une action ne s'ouvriroit pas, peut cependant profiter du bénéfice de cette action, quand une fois elle est ouverte. C'est ainsi que la loi 3, §. 11, ff. *de Bonor. Posses. contrà tab.*, décide que l'enfant, institué héritier, ne peut demander la possession des biens *contrà tabulas*, attendu qu'il peut demander celle *secundùm tabulas*, qui n'a pas l'inconvénient d'annuller le testament du défunt. Mais elle décide en même temps, que si un autre enfant, non institué, est dans le cas de demander la possession des biens *contrà tabulas*, le premier pourra la demander; ce qui peut lui être avantageux, parce que, s'il n'a qu'un frère, et que le testament soit rescindé, la succession leur est alors déférée à tous deux *ab intestat*. Ils en auront en conséquence chacun moitié, tandis qu'il n'étoit peut-être institué par le testament, que pour une part beaucoup moindre.

Quid, si les enfans du premier lit n'agissent point, *putà*, s'ils ont fait remise de leur action? On pensoit que cela ne pouvoit préjudicier aux enfans du second lit. Il en résulteroit en effet trop d'abus; il seroit possible que l'on obtînt cette remise au moyen d'arrangemens secrets faits entre l'époux et les enfans du premier lit, et qui n'auroient d'autre but que de frauder les enfans du second lit. En un mot, l'action ne peut pas s'ouvrir au profit des enfans du second lit; mais lorsqu'elle est ouverte, ceux du second lit peuvent l'intenter comme ceux du premier. Cette décision est fondée sur la loi citée ci-dessus, et sur la loi 10, §. 6, *eod.*, qui décide que, quand il y a lieu à demander, par un enfant, la possession des biens *contrà tabulas*, ceux qui en profiteroient, mais qui ne pourroient la demander de leur chef, peuvent la demander du chef de l'autre enfant en faveur de qui l'action est ouverte, quoique celui-ci ne la demande pas. *Hi qui, propter alios, contrà tabulas bonorum possessionem petunt, non expectant ut præteriti bonorum possessionem accipiant; verùm ipsi quoque bonorum possessionem petere contrà tabulas possunt. Cum enim semèl beneficio aliorum ad id beneficium fuerint admissi, jam non curant, petant illi, necne, bonorum possessionem.* Mais, dans ce cas, les enfans du second lit ne l'intenteront que pour leur part.

Il en est de même, si les enfans du premier lit ont approuvé la donation. Cela équivaut à une remise de l'action. Il est même à remarquer que cette approbation ne pourroit être opposée même aux enfans du premier lit, quand ils seroient seuls, si elle avoit été faite du vivant du donateur. Cela seroit regardé comme un pacte sur une succession future, et comme un consentement arraché par la crainte, *ne pejus faciat*.

Est-il nécessaire que les enfans qui demandent la réduction, soient héritiers du donateur?

Anciennement l'opinion générale étoit pour la négative. RICARD même, le judicieux Ricard, avoit adopté cet avis, quoiqu'il eût prouvé ailleurs péremptoirement que le légitimaire ne peut demander la réduction des donations entre-vifs, qu'autant qu'il s'est porté héritier du donateur, au moins par bénéfice d'inventaire. Comment cet auteur, avec le bon sens qui le distingue éminemment, n'a-t-il pas senti que les mêmes raisons existoient à l'égard de la réduction des donations faites au second époux?

« Les enfans, disent Ricard et les auteurs qui ont suivi son opinion, ne tiennent » pas leur droit de la loi sur les successions, mais de l'Edit des Secondes Noces. » (Pothier, *du Contrat de Mariage*, n°. 568.) Ce n'est pas non plus de la loi des successions, mais d'une loi particulière, que les enfans tenoient le droit de faire réduire les donations entre-vifs. (*Voir* le tit., Cod. *de inoffic. Donat.*) D'ailleurs, cette raison n'a plus d'application dans le droit actuel, qui n'est, en quelque sorte, composé que d'une seule loi.

« Ce qui a été donné à l'époux, ajoutent-ils, ne fait pas partie des biens du do- » nateur, et ne se trouve plus dans sa succession au moment de son décès. » Mais d'abord il est très-possible, et c'est même le cas le plus fréquent, que la donation soit de biens à venir; et alors les biens donnés se retrouvent dans la succession. Et d'ailleurs, ce qui a été donné entre-vifs à un étranger, s'y trouve-t-il davantage?

Au surplus, sans répéter ici tous les raisonnemens que nous avons déjà employés pour prouver que le légitimaire doit être héritier pour demander la réduction des donations entre-vifs, nous nous contenterons de reproduire celui-ci:

Une femme ayant enfans, a donné à son second mari vingt mille francs. Elle meurt, laissant un fils unique du premier lit: sa succession paroît mauvaise; le fils y renonce. Un collatéral plus hardi l'accepte; l'enfant forme sa demande en réduction contre le mari; et attendu qu'il ne reste rien dans la succession, il fait réduire la donation à cinq mille francs. Un événement inattendu rapporte à la succession soixante mille francs: le collatéral, comme héritier, s'en empare. Le mari demande que l'enfant soit tenu de lui restituer les quinze mille francs, parce qu'au moyen de l'événement survenu, les biens se trouvent monter à quatre-vingt mille francs; la donation n'excédoit donc pas le quart des biens. Quinze mille francs reviennent au mari. En vain l'enfant voudra-t-il opposer qu'il ne profite pas des quarante mille francs nouvellement reçus. Le mari lui répondra avec avantage que, s'il n'en profite pas, c'est par sa faute, et parce qu'il a renoncé à la succession; mais que lui, mari, ne doit pas en être victime. Certainement la demande du mari sera admise; et cet exemple prouve clairement, comme il l'a déjà prouvé à l'égard de la réserve, qu'il faut être héritier pour demander le retranchement ordonné par l'article 1098.

D'ailleurs, remarquons que la plupart des dispositions adoptées, même dans l'ancien droit, et notamment celle qui admettoit les enfans du second lit au partage des biens retranchés, étoient fondées sur ce que, si l'époux n'eût pas contrevenu à la loi, s'il n'eût donné que ce qu'il pouvoit donner, le surplus seroit resté dans sa succession. Or, à quel titre, dans ce cas, les enfans auroient-ils pu recueillir ce surplus, si ce n'est à titre d'héritiers?

Observez enfin, que les mêmes auteurs qui prétendoient qu'on pouvoit demander le retranchement sans être héritier, convenoient qu'il ne pouvoit être demandé par celui qui étoit exclu de la succession pour cause d'indignité.

Au surplus, il faut appliquer ici la disposition de l'article 921, portant que les créanciers du défunt ne peuvent demander la réduction, ni en profiter. Il suffira donc que l'enfant accepte la succession sous bénéfice d'inventaire. Mais même, alors, la question est encore importante, puisque l'enfant, quoiqu'héritier bénéficiaire, n'en est pas moins tenu au rapport envers ses cohéritiers.

L'article dit que la donation faite au second époux, ne peut excéder la part d'un enfant légitime le moins prenant. Si donc le donateur a avantagé l'un de ses enfans, il diminue d'autant, par là, la donation faite à son conjoint. Cette mesure a eu pour principal motif d'empêcher les avantages qui pourroient être faits aux enfans du second lit. On a pensé que la crainte de préjudicier à son conjoint, détermineroit l'époux à maintenir l'égalité entre ses enfans. Mais néanmoins, comme la disposition est générale, elle s'appliqueroit même au cas où l'avantage auroit été fait à un enfant du premier lit. Ce seroit toujours la part de l'enfant le moins prenant, qui seroit la mesure de ce que pourroit retenir l'époux donataire.

Quid, si l'un des enfans désavantagés, et ayant moins que sa légitime, déclare se contenter de ce qu'il a, et ne pas vouloir demander le supplément de sa légitime, devra-t-on déterminer la quotité du retranchement, d'après ce qu'il a, ou d'après ce qu'il auroit eu droit de réclamer? Je pense que c'est le montant de la réserve légale qui doit déterminer ce que l'époux donataire a droit de retenir. Autrement ce seroit donner lieu à la fraude. L'enfant désavantagé s'entendroit avec ses frères pour diminuer la part de l'époux.

Quid, s'il y a des enfans et des petits-enfans, ou seulement des petits-enfans, le retranchement sera-t-il calculé sur la part de l'un des enfans, ou sur celle de l'un des petits-enfans? Ce doit être sur la part de l'enfant, ou de la souche la moins prenant; et ce, quand même tous les petits-enfans seroient issus d'un fils unique prédécédé, et viendroient en conséquence de leur chef. (*Voyez* la note (7) de la page 232.)

Comment doit-on opérer pour savoir s'il y a lieu à retranchement? et comment le retranchement lui-même doit-il être opéré?

Pour juger s'il y a lieu au retranchement, il faut liquider la succession du donateur, faire une estimation de tous les biens dont elle est composée, ainsi que de ceux donnés au conjoint, et déterminer la part de l'enfant le moins-prenant. Si cette part n'excède pas le quart des biens libres, elle détermine le montant de ce qui doit rester au conjoint; sinon, la donation est réduite à ce quart. On suit d'ailleurs la même marche, que pour la réduction, à l'effet de compléter la réserve. En conséquence, on estime les biens extans, d'après leur valeur à l'époque de l'ouverture de la succession. Si donc, d'après cette valeur, il y avoit lieu à réduire la donation, l'époux ne pourroit s'y refuser, sous le prétexte que cette valeur seroit augmentée depuis l'ouverture; et réciproquement, si, d'après la valeur calculée à cette époque, il n'y avoit pas lieu à réduction, la donation ne pourroit être réduite, quelque diminution que les biens aient pu éprouver depuis.

Les biens immobiliers donnés à l'époux doivent être calculés de la même manière, d'après leur valeur au moment de l'ouverture de la succession, déduction faite des améliorations provenant du fait du donataire, si les biens ont été donnés entre-vifs, ainsi que des impenses nécessaires faites par lui pour la conservation de la chose. Quant aux dépenses d'entretien, le donataire n'a rien à répéter ; elles sont une charge des fruits qu'il n'est pas obligé de restituer. Réciproquement, il doit tenir compte des dégradations provenant de son fait.

Les mêmes opérations ont lieu, lorsque l'immeuble donné a été aliéné avant l'ouverture. Si cependant l'aliénation a été forcée, tellement que le donateur eût été lui-même également obligé de vendre, on ne feroit entrer en compte que la somme reçue par le donataire pour prix de la vente.

L'action en retranchement auroit-elle lieu contre les tiers-détenteurs? On le pensoit anciennement; et il en seroit certainement de même aujourd'hui, mais conformément aux dispositions de l'article 930; c'est-à-dire, que les tiers ne pourront être attaqués, que discussion préalablement faite des biens du donataire.

Quant aux fruits, ils sont dus à compter du décès. C'est de ce moment que les enfans sont censés saisis de la portion retranchée; sauf, néanmoins, dans le droit actuel, la disposition de l'article 928, c'est-à-dire, que si la demande en retranchement n'est formée qu'après l'année, les fruits ne sont dus que du jour de la demande. Quant à la question de savoir de quand les tiers-détenteurs doivent les fruits, voyez la note (4) de la page 237.

Dans tous les cas où il y a lieu au retranchement d'une quote des objets donnés, il se forme entre l'époux donataire et les enfans, un quasi-contrat de communauté, qui donne lieu à un partage, dans lequel on suit les règles ordinaires de ces sortes d'actes. (*Voir* la même note (4) de la page 237, *in fine.*)

Si la donation est d'effets mobiliers, il est évident que les enfans n'ont qu'une action personnelle contre le donataire, et n'en ont aucune contre les tiers.

Le donataire prend-il part dans les biens retranchés? Ricard et Pothier sont d'avis de la négative. Ils se fondent sur la loi 6, Cod. *de Suc. Nuptiis*, et sur la Novelle XXII, cap. XXVII. Mais, d'abord, la loi 6 ne décide pas formellement la question. La Novelle dit, à la vérité, que ce qui est retranché à l'époux *filiis competit, et inter eos solos ex æquo dividitur;* mais l'on peut dire avec fondement que ce mot *solos* est mis ici par opposition aux enfans du second lit, qui, d'après la Novelle, ne devoient pas participer aux biens retranchés. D'ailleurs les lois Romaines n'ayant plus force de loi maintenant, il faut recourir à l'article 1098, qui dit simplement que l'époux doit avoir autant que l'enfant le moins-prenant, ni plus ni moins. Or, il est évident qu'il auroit moins dans le système de Ricard; car il auroit de moins la part que les enfans prennent dans les objets retranchés. *Exemple :*

Une femme a donné à son second mari vingt-quatre mille francs. Elle laisse soixante-douze mille francs de biens, et quatre enfans. En faisant abstraction de la donation faite au mari, chaque enfant n'auroit que dix-huit mille francs; il faudroit donc retrancher de la donation six mille francs, qui, partagés entre les quatre enfans, donneroient pour chacun quinze cents francs, qu'ils auroient de plus que le mari; ce qui ne doit pas être.

Nota. L'usage ancien, attesté par l'annotateur de RICARD, étoit contraire à l'opinion de cet auteur, et conforme, par conséquent, à celle que nous venons d'émettre. (*Des Donat.*, Part. III, n°. 1318 et suivans.)

La part que les enfans prennent dans les objets retranchés, doit-elle être imputée sur la réserve?

Les mêmes auteurs que nous venons de citer, pensoient la négative, attendu, disoient-ils, que cette part ne se prend pas *jure hereditario*, et que les enfans la tiennent du bénéfice de la loi, et non de la volonté du défunt, qui a voulu au contraire, donner à un autre, à leur préjudice. Mais il est clair que ces raisons ne sont rien moins que concluantes. D'abord, nous avons établi précédemment qu'il falloit être héritier pour exercer l'action en retranchement. Les enfans prennent donc leur part dans les objets retranchés, *jure hereditario.* Or, il est de principe que tout ce qui se prend *jure hereditario*, s'impute sur la légitime. Quant à la seconde raison, elle est encore moins fondée. Quand le légitimaire, après avoir épuisé tous les legs, attaque les donataires entre-vifs, ne doit-il pas imputer sur sa réserve les sommes provenant du retranchement des legs? Or certainement il ne tient pas ces sommes de la volonté du défunt, qui a voulu, au contraire, les donner à un autre. Donc, etc.

La disposition qui porte que la donation faite à l'époux ne peut excéder la part de l'enfant le moins prenant, a besoin d'explication pour le cas où il existe d'autres dispositions à titre gratuit. En effet, le donateur peut-il, par des dispositions postérieures, porter atteinte au droit acquis par la donation à l'époux donataire? *Exemple :*

Un époux ayant enfans, a donné vingt mille francs entre-vifs à son époux, par contrat de mariage. Il laisse une succession de quatre-vingt mille francs, et trois enfans, dont il institue, l'un son légataire universel. Comment opérera-t-on pour savoir s'il y a lieu à retrancher la donation faite au mari? Il est certain, 1°. que toutes les donations, y compris celle faite à l'époux, ne peuvent excéder la quotité fixée par l'article 913; 2°. que, s'il n'y avoit pas de legs universel, la donation faite à l'époux ne seroit pas réductible; car elle n'excède ni le quart des biens, ni une part d'enfans. Maintenant le donateur a-t-il pu faire une disposition dont l'effet soit d'anéantir ou de modifier la donation irrévocable qu'il a faite à son époux? Je ne le pense pas; et je crois que, pour établir sur ce point, qui est assez délicat, des principes certains, il faut distinguer quatre cas:

1°. Si la donation faite à d'autres qu'au mari, est antérieure et irrévocable, il est évident qu'elle doit être exécutée de préférence à celle du mari, et que, conséquemment, si le donateur a, par cette première donation, épuisé la quotité disponible fixée par l'article 913, il ne peut plus rien donner à son second époux.

S'il ne l'a pas épuisée, il ne peut donner que ce qui reste, pourvu encore que cela n'excède ni le quart des biens, ni une part d'enfant le moins prenant.

2°. Il en est de même, si la donation faite à l'époux, quoiqu'antérieure, est néanmoins révocable, *putà*, si elle est faite pendant le mariage. Dans ce cas, elle est censée révoquée, par cela seul que le donateur a fait une seconde donation irrévocable, qui doit nécessairement anéantir ou diminuer l'effet de la première.

3°. Si la donation faite à l'époux est antérieure et irrévocable, elle doit être préférée à la donation postérieure. Mais il faut faire encore à ce sujet une observation relative à la différence qui peut se trouver entre le disponible en faveur de l'étranger, et le disponible en faveur de l'époux. Si ces deux disponibles sont égaux (ce qui a lieu dans le cas unique où le donateur a trois enfans), et que la donation faite à l'époux égale ou excède le disponible, la donation postérieure est entièrement annullée; sinon, elle est réduite à la différence.

Si le disponible en faveur de l'époux est moindre que le disponible en faveur de l'étranger, ce qui a lieu toutes les fois que le donateur a moins ou plus de trois enfans, alors la donation faite à d'autres qu'à l'époux, est encore réduite à la différence.

Il est inutile de prévoir le cas où le disponible en faveur de l'époux seroit plus considérable que le disponible en faveur de l'étranger, puisque ce cas ne peut exister, le *minimum* du dernier étant égal au *maximum* du premier.

4°. Enfin, quand les deux donations sont révocables, *putà*, si elles sont faites toutes deux par testament, alors elles doivent être réduites concurremment, de manière cependant que la donation faite à l'époux n'excède ni le quart des biens, ni un quart d'enfant le moins prenant. (*Voir*, au surplus, de plus grands détails sur ces questions, dans la note (4) de la pag. 233.)

Il arrive souvent que l'époux ayant enfans, au lieu de donner à son second époux une somme d'argent ou un objet déterminé, lui donne en général une part d'enfant. Cette donation, qui ne peut excéder le quart des biens, quel que soit le nombre des enfans, étant une véritable donation de biens à venir, est assujettie aux règles établies pour ces sortes de donations entr'époux; en conséquence elle est caduque par le prédécès du donataire, même ayant enfans. (Art. 1093.)

Quid, si le donateur meurt sans enfans, comment sera estimée la part d'enfant revenant à l'époux? Anciennement on pensoit, d'après la loi 164, §. 1, ff. *de verborum signific.*, que le donataire devoit avoir moitié de la succession, attendu, disoit-on, que la moitié est la plus grande part du tout. Aujourd'hui il faudroit décider, d'après le même raisonnement, qu'il ne peut avoir que le quart, *ex præsumptâ voluntate donatoris*, qui, en donnant une part d'enfant, est présumé avoir voulu donner la plus grande part qu'il lui fût possible de donner, s'il avoit des enfans à son décès, mais qui n'est toujours censé avoir voulu donner que cette part: *secùs*, si la donation étoit de tout ce dont la loi lui permettoit de disposer; car, alors, s'il n'y avoit pas d'enfans, l'époux auroit toute la succession; sauf, s'il y avoit des ascendans, la nue propriété qui leur est réservée par l'article 1094. On ne peut dire que, dans ce cas, le donateur ait manifesté l'intention de donner seulement une part. (*Voir* RICARD, Part. III, n°. 1281.)

Quid, si la donation d'une part d'enfans concourt avec d'autres dispositions? C'est alors qu'il faut voir quelle est la part de l'enfant le moins prenant; laquelle sera la mesure de la donation faite à l'époux, qui, au surplus, ne pourra jamais excéder le quart des biens.

Le donataire d'une part d'enfant, peut-il demander le rapport des objets donnés, aux enfans qui viennent à la succession, à l'effet d'établir sa part en conséquence? Oui, sans doute, puisqu'il faut qu'il ait une part d'enfant, il faut bien faire la part de tous les enfans, et le traiter fictivement comme un enfant.

(4) *A l'égard d'un étranger.* En effet, celui qui n'a qu'un enfant, pourroit donner à un étranger la moitié de ses biens en propriété, ou le tiers, s'il en avoit deux. Il ne peut toujours donner à son conjoint que le quart en propriété, et le quart en usufruit; et même, si l'enfant est d'un premier mariage, il ne peut donner à son époux que le quart en propriété.

(5) *Par le moyen de personnes interposées.* L'article dit: *à personnes interposées;* ce qui paroît ne comprendre que le cas où le donataire direct et ostensible est personne interposée, à l'effet de remettre à l'incapable. Mais il peut arriver que la donation soit faite directement au second époux, mais qu'elle soit faite par personne interposée, comme si la femme donne secrètement à un tiers, qui donne ensuite ostensiblement au second mari. La donation n'est pas faite à personne interposée, puisqu'elle est faite au mari même; mais elle est faite par personne interposée, et elle sera en conséquence annullée, si l'interposition est prouvée.

(6) *De droit.* (*Voyez* la note (7) de la pag. 231.)

(7) *Les parens dont ledit époux étoit héritier présomptif au jour de la donation. Quid*, de ceux dont il n'étoit pas héritier présomptif au moment de la donation, mais auxquels il a cependant succédé, soit *ab intestat*, soit par testament? Il n'y aura pas interposition de droit. Ce sera au juge à décider, d'après les circonstances, s'il y a interposition de fait. Si, par exemple, la donation a été faite à un oncle de l'incapable, l'interposition ne sera pas facilement présumée, si, à l'époque de la donation, le donataire avoit des enfans; mais si le donataire, quoiqu'ayant des enfans, a ensuite fait une donation à l'incapable, d'une valeur à-peu-près égale à celle qu'il a reçue, l'interposition pourra être présumée plus aisément.

(8) *Quand même par le fait il n'en auroit pas hérité.* L'article dit: *encore que par le fait l'époux n'ait point survécu.* Je ne crois pas que cela doive être entendu *restrictivè*, mais seulement *explicativè*, et que, de quelque manière qu'il arrive que l'époux n'hérite pas, la donation ne doit pas moins être annullée.

(9) *La donation déguisée*, sous la forme d'un contrat onéreux, ou de toute autre manière.

(10) *Mais seulement pour tout ce qui excéderoit, etc.* Il résulte de la manière dont est rédigé l'article 1099, que la donation indirecte, mais de l'époux à l'époux, est valable jusqu'à concurrence de la quotité fixée par la loi, au lieu que la dona-

tion déguisée, ou faite par le moyen de personnes interposées, est entièrement nulle. Mais qu'entend-on par une donation indirecte, distincte d'une donation déguisée? C'est, par exemple, si l'époux répudie une succession, à laquelle son époux est appelé par une substitution; s'il répudie un legs, dont le profit doit venir à son époux par droit d'accroissement, et autres choses semblables. On peut donner pour exemple d'une donation déguisée, si l'époux avoit fait une vente simulée, etc. La loi ne voit pas de fraude dans le premier cas, parce que l'époux n'a pas cherché à déguiser ses intentions. Il a donné indirectement, il est vrai; mais ce qu'il a fait, il l'a fait publiquement. En conséquence la loi se contente de réduire l'avantage au disponible. Dans le second cas, l'époux a voulu dérober la connoissance de la donation qu'il vouloit faire; et la loi annulle entièrement la donation, parce qu'elle punit plus grièvement celui qui prend des voies obliques pour faire même ce qu'il pourroit faire directement et librement. Nouvelle preuve à l'appui de l'opinion émise ci-dessus, dans la note (1) de la page 229.

(11) *Et elles sont assujetties aux mêmes formes;* par conséquent, elles ne sont pas nulles par défaut d'acceptation. (Art. 1087.)

(12) *Et dans celles de biens présens et à venir. Quid*, si cependant cette donation, quoique faite par un seul acte, étoit conçue dans la forme prescrite par l'article 1084, c'est-à-dire, si l'on y avoit annexé l'état des charges existantes au moment de la donation? Je pense qu'alors la donation de biens présens est distincte de celle des biens à venir, et qu'elle est transmissible. (Art. 1092.)

PAGE 277.

(1) *Ne sont point transmissibles aux enfans issus du mariage.* Pourquoi cette différence avec la disposition de l'article 1082? C'est que, comme nous l'avons dit, quand un tiers donne à une personne par contrat de mariage, il est censé embrasser dans sa libéralité, non-seulement l'époux donataire, mais encore sa postérité. Ici l'époux a pu donner à son époux seul, et en sa seule considération. Secondement, il n'a pas besoin de donner à ses enfans, il n'a qu'à ne pas leur ôter. Troisièmement, les enfans retrouveront toujours les objets dans la succession du survivant. Enfin, il est une raison qui, sous le rapport de la morale, n'est pas la moins forte, c'est qu'il n'est pas bon de dépouiller les pères et mères pour enrichir les enfans: il est au contraire, très-utile de conserver aux premiers les moyens de retenir les seconds dans les bornes du respect, dont malheureusement ils ne s'écartent que trop souvent.

(2) *Qu'autant qu'elle est formellement exprimée;* c'est-à-dire, qu'en cas de prédécès du donataire, les biens ne reviendront au donateur qu'autant qu'il aura stipulé le droit de retour.

L'article 1092 dit, que toute donation de biens présens, faite entr'époux par contrat de mariage, est soumise à toutes les règles et formes ci-dessus prescrites pour toutes ces sortes de donations. Ce mot *ci-dessus* renvoye-t-il au chapitre IV, ou au chapitre VIII? Je crois que c'est au chapitre VIII, et que par les mots, *ces sortes de donations*, il faut entendre les donations faites par contrat de mariage. (*Voyez* note (11) de la page précédente.)

Quid, si dans une donation de biens présens il y avoit réserve de la faculté de disposer d'un objet compris dans la donation? Ce seroit, quant à cet objet, une donation de biens à venir, qui, conséquemment, ne seroit pas transmissible aux enfans.

(3) *Mais sans réciprocité.* Pour le cas de séparation de corps, *voyez* ci-dessus, la note (6) de la page 95.

(4) *Quand même elles seroient qualifiées entre-vifs.* Donc elles peuvent être qualifiées autrement; donc elles peuvent être de biens à venir; et, d'ailleurs, ce qui, dans les cas ordinaires, empêche qu'on ne puisse comprendre les biens à venir dans les donations entre-vifs, c'est qu'il seroit alors au pouvoir du donateur d'altérer, et même d'anéantir l'effet de la donation; ce qui est contraire au caractère distinctif et à l'essence des donations entre-vifs. Or ce motif n'existe pas ici, puisque le donateur peut révoquer par un simple acte de sa volonté. Mais quoiqu'elles puissent être des biens à venir, elles doivent néanmoins être revêtues des formes requises pour les donations entre-vifs, puisqu'aux termes de l'article 893, on ne peut en général disposer de ses biens que de deux manières, par donation entre-vifs ou par testament. Il y a, à la vérité, quelques exceptions; mais nous ne voyons nulle part qu'elles s'étendent aux donations entr'époux pendant le mariage. Il n'y a même qu'une différence qui est à leur désavantage, c'est que, si elle est mutuelle, elle ne peut être faite par un seul et même acte; ce qui tient à la révocabilité, qui est essentielle à ces sortes de donations, ainsi que nous l'allons voir tout-à-l'heure.

Je regarde, au surplus, ces sortes de donations comme semblables, presqu'en tous points, aux donations entre mari et femme, telles qu'elles avoient lieu chez les Romains, et qui étoient confirmées par le prédécès du donateur, survenu sans qu'il eût révoqué la donation. Je pense donc que les dispositions des lois Romaines doivent servir à décider presque toutes les questions qui peuvent se présenter sur l'article 1096.

1°. La donation est-elle révoquée par la mort civile du donateur? Non. (*L.* 13, §. 1, ff., et 24, Cod. *de Donat. inter vir. et uxor.*) Elle est au contraire confirmée par cette mort, puisque le donateur ne peut plus la révoquer. Observez, en effet, une différence essentielle qui existe entre ces sortes de donations et les testamens, et dont la décision que nous venons de donner, n'est que la conséquence; c'est que, par le testament, le légataire n'acquiert aucun droit : ce n'est que du moment du décès, que son droit commence à naître. Si donc, à ce moment, le défunt étoit incapable de transmettre, il n'a pu donner au légataire aucun droit sur la chose léguée. Dans la donation entre mari et femme, le donataire acquiert un droit au moment de la donation; ce droit est acquis, à la vérité, sous la condition : *si le donateur ne révoque pas*. Mais cette condition qui est résolutoire, n'empêche pas l'existence du droit; et du moment que la révocation n'a pas lieu, la donation est censée avoir été pure et simple dans le principe : or, à l'époque où elle a été faite, le donateur étoit capable de disposer ; donc ; etc.

Cette donation seroit-elle révoquée par le divorce? Remarquez qu'il ne s'agit pas ici de la révocation des donations faites par le demandeur, puisque le divorce révoque celles même faites par contrat de mariage, qui sont essentiellement irrévocables. Il s'agit de celles faites par le défendeur. Se reporter, à ce sujet, à ce que nous avons dit dans la note (3) de la page 89.

Ces donations seroient également révoquées par le prédécès du donataire. (*L.* 32, §. 14, ff. *eod.*)

La révocation tacite suffiroit-elle? Oui sans doute. La loi 12, Cod. *eod.*, décide que toute aliénation, et même l'hypothèque, emportent révocation. Cependant cela a été changé, quant à l'hypothèque, par Justinien, dans la Novelle 162, cap. 1, §. 1. Je pense que ces dispositions seroient admises dans notre droit, et ce, par argument des articles 874, 1020 et 1038, qui décident que l'aliénation de la chose léguée emporte révocation du legs ; mais qu'il n'en est pas de même de l'hypothèque, établie même depuis le testament, sauf toutefois l'action hypothécaire du créancier, et le recours du donataire qui auroit payé, contre la succession du donateur.

Il résulte, au surplus, de ces dispositions, que ces sortes de donations n'ont pas besoin d'être transcrites ; car les tiers n'ont pas d'intérêt à les connoître, puisqu'elles ne peuvent préjudicier aux droits réels qu'ils pourroient acquérir sur les biens donnés.

(5) *Dans le cas de révocation partielle.* Si l'un révoquoit, et que l'autre vînt à mourir sans l'avoir su, les héritiers de celui-ci pourroient prétendre que les deux donations étant corrélatives, et faites l'une dans la vue de l'autre, la révocation de l'une doit entraîner celle de l'autre.

(6) *Soit testamentaire.* Pour ce qui concerne les testamens, ce n'est point une disposition particulière aux époux. Il y a, à cet égard, une prohibition générale dans l'article 968.

PAGE 278.

(1) *Ne leur est point applicable.* On peut présumer que le donateur a préféré son époux à ses enfans. Mais elles seront réductibles à la quotité portée dans l'article 1094.

Fin des Notes et Explications du Premier Volume.

TABLE

DES LIVRES, TITRES, CHAPITRES, SECTIONS ET PARAGRAPHES,

CONTENUS DANS CE PREMIER VOLUME.

TITRE VII.

TITRE VIII.

TITRE IX.

TITRE X.

TITRE XI.

TITRE XII.

LIVRE II.

De la Distinction des Biens, de la Propriété et de ses Modifications.

TITRE PREMIER.

TITRE II.

TITRE III.

TITRE IV.

LIVRE III.

Des différentes Manières d'acquérir la Propriété.

TITRE PREMIER.

TITRE II.

TITRE III.

TITRE IV.

www.ingramcontent.com/pod-product-compliance
Lightning Source LLC
LaVergne TN
LVHW021039011026
849160LV00007BA/181
* 9 7 8 2 0 1 2 6 4 5 3 7 0 *